中国航天科技集团公司第十一研究所(京)

北京航天石化技术装备工程公司

特种阀门是火箭发动机系统的关键部件，在几十年航天技术研究的基础上，该所按照 API 和 ASME 等先进标准，为石化等用户提供了大量阀门产品。

该单位拥有先进、齐备的阀门生产、检测设备，是国家特种泵阀工程技术研究中心的依托单位，1996 年通过了 ISO9001 质量认证。1999 年获得国家质量技术监督局颁发的“压力管道元件制造单位安全注册证书”。

固体物料换向阀

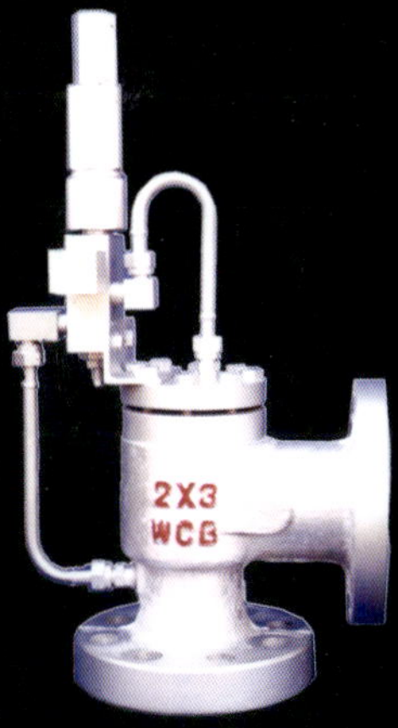

先导式安全阀

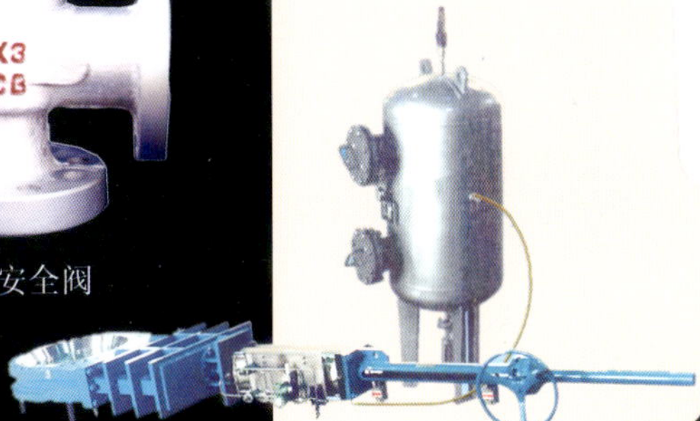
高压聚乙烯手 / 气动刀闸阀

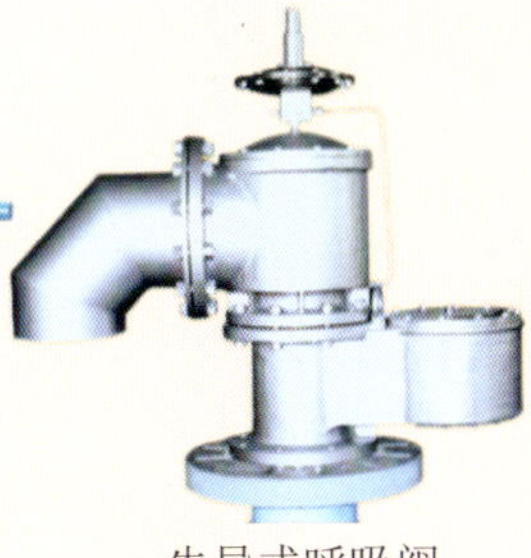
先导式呼吸阀

乙烯裂解炉专用闸阀

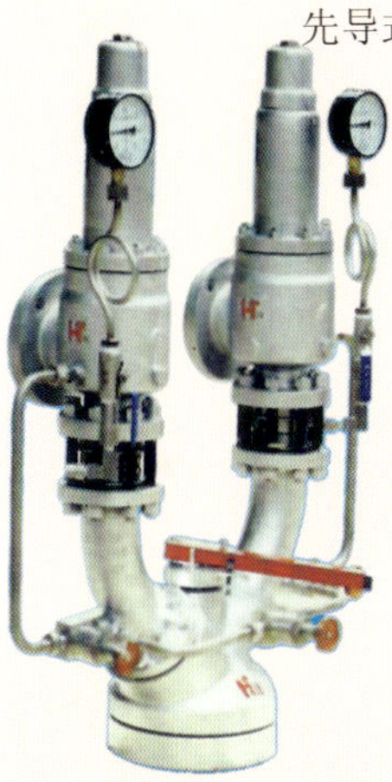
安全阀快速切换装置

自力式调节阀

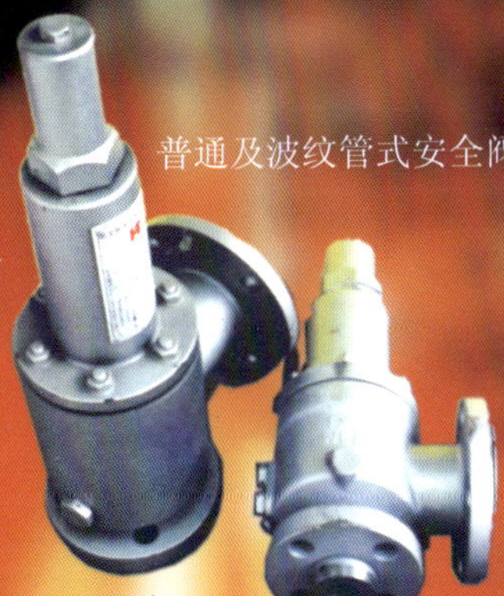
普通及波纹管式安全阀

地址：北京市丰台区东高地南大红门路 1 号
邮编：100076
电话：(010)68382134　68756976
传真：(010)68382214　68382211
E—mail:hanghua@public.bta.net.cn

中国机械工业年鉴系列

中国通用机械工业年鉴

2002

中国机械工业年鉴编辑委员会
中 国 通 用 机 械 工 业 协 会 编

机 械 工 业 出 版 社

广告经营许可证:京工商广临字 200106010 号

图书在版编目(CIP)数据

中国通用机械工业年鉴·2002/中国机械工业年鉴编辑委员会,中国通用机械工业协会编 .—北京:机械工业出版社,2002.4

ISBN 7-111-09019-5/Z·96

Ⅰ.中… Ⅱ.①中…②中… Ⅲ.机械工业—工业企业—中国—2002—年鉴 Ⅳ.F426.4

中国版本图书馆 CIP 数据核字(2002)第 020844 号

责任编辑:白 萍 袁士华

责任印制:王书来

机械工业出版社(北京市百万庄大街 22 号 邮政编码 100037)

北京林业大学印刷厂印刷·新华书店北京发行所发行

2002 年 4 月第 1 版·2002 年 4 月第 1 次印刷

开本:890mm×1240mm 1/16· 印张:34· 插页:74· 千字:1360

定价:158.00 元

中国机械工业年鉴编辑委员会

中国通用机械工业年鉴执行编辑委员会

《中国通用机械工业年鉴》编辑出版工作人员

总编辑　傅兰生
副总编辑　郭　锐
编辑部主任　粟东平
责任编辑　白　萍　袁士华
封面设计　姚　毅
营销部主任　赵　敏
广告部副主任　王亚水

编辑部地址　北京西城区百万庄大街22号
邮政编码　100037
电　　话　(010)68326677—2608
传　　真　(010)68326039
电子信箱　cmiy @ mail.machineinfo.gov.cn
中国时代信息网　http://www.ageinfo.com.cn

中国通用机械工业协会理事会成员

理 事 长
隋 永 滨

副理事长 樊高定
合肥通用机械研究所
所 长

副理事长 黄 劲
中国通用机械工程总公司
总 经 理

副理事长 周子范
中国联合工程公司
董事长、总裁

副理事长 姜永琦
沈阳水泵股份有限公司
董 事 长

副理事长 贺 领
开封高压阀门厂
厂 长

副理事长 徐伟民
中国空分设备公司
总 经 理

副理事长　李孟春
沈阳真空技术研究所
所　长

副理事长　陆来芳
上海化工机械厂
厂　长

副理事长　李　红
天津减速机总厂
厂　长

副理事长　迟庆余
铁岭精工机械有限公司
董 事 长

常务理事　周代荣
石家庄泵业集团有限责任公司
董事长　党委书记

常务理事　徐庆有
天津泵业机械集团有限公司
董事长　党委书记

常务理事　乔廷安
大连大耐泵业有限公司
总 经 理

常务理事　吴京生
长沙通大（集团）有限公司
董事长兼总经理

常务理事　陈　晴
重庆水泵厂
厂　长

常务理事　谭聚申
上海水泵厂
厂　长

常务理事　印建安
陕西鼓风机（集团）有限公司
董事长兼总经理

常务理事　戚　杰
上海鼓风机厂有限公司
董 事 长

常务理事　余德保
武汉鼓风机厂
厂　长

常务理事　苏春模
长沙鼓风机厂有限责任公司
董　事　长

常务理事　周惠民
上海压缩机有限公司
董　事　长

常务理事　李国良
无锡压缩机股份有限公司
董　事　长

常务理事　曾水田
柳州空压机集团有限责任公司
董　事　长

常务理事　李培生
南京压缩机股份有限公司
董事长兼总经理

常务理事　夏朝嘉
自贡高压阀门股份有限公司
董　事　长

常务理事　恒　利
铁岭阀门股份有限公司
董　事　长

常务理事　单金铭
四川空分设备(集团)有限责任公司
董事长兼总经理

常务理事　王西龙
浙江真空设备集团有限公司
董事长兼总经理

常务理事　黄　毅
淄博真空设备厂有限公司
董事长兼总经理

常务理事　钟庆昭
重庆江北机械厂
厂　长

常务副理事长兼秘书长
张雨豹
中国通用机械工业协会

常务副秘书长 于黛印
中国通用机械工业协会

副秘书长 温顺如
中国通用机械工业协会

秘书长 李玉坤
泵行业分会

秘书长 徐常武
风机行业分会

秘书长 康家桥
阀门行业分会

秘书长 王兴亚
压缩机行业分会

秘书长 朱燧炎
气体分离设备行业分会

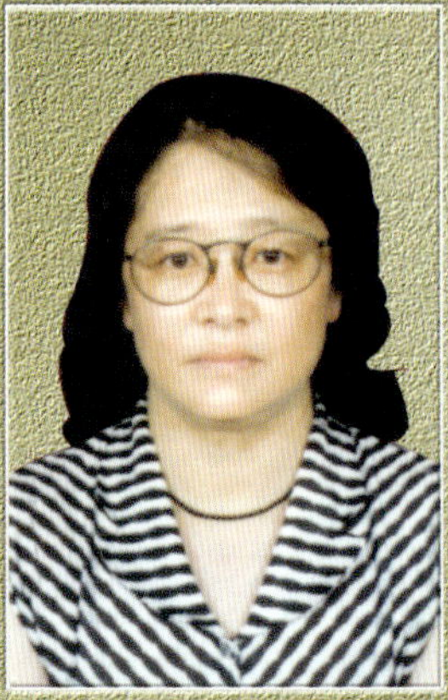

秘书长 李春影
真空设备行业分会

秘书长 郑芳顺
分离机械行业分会

秘书长 王远征
减变速机行业分会

秘书长 周德仁
干燥设备行业分会

中国通用机械工程总公司

GME

中国通用机械工程总公司，简称中通公司（GME），成立于1979年，1990年与中国石油化工设备成套公司合并。是主要从事国内外工程设计、科研开发、工程承包、设备成套、工程设备招标以及进出口等业务，集技、工、贸为一体的工程公司。目前公司拥有甲级工程设计、甲级工程总承包、甲级机电设备成套、甲级工程设备招标、甲级工程咨询和甲级建设监理等资质，并具有一、二、三类压力容器设计和环保专项设计资格。是中国机电产品进出口商会和国际商会中国国家委员会会员及中国通用机械工业协会副理事长单位。享有对外经济合作经营权。

公司总承包的秦皇岛煤码头洒水除尘系统工程

公司在国内外建有5个全资企业、3个控股企业和6个参股企业。并在泰国曼谷、伊朗德黑兰等地设有办事机构。经过20多年的发展，公司具有了工程设计、设备选型、设备监制、成套供货、安装调试及售后服务的强大实力，这是公司的特色与优势所在。

由公司承包获上海市政工程金奖的上海苏州河合流污水二期SB泵站工程

公司自行开发的二氧化碳回收净化装置和成套设备

为北京乙烯工程提供国内外配套设备

公司总承包的泰国泰美纶72万纱锭纺织厂空调工程

地址：北京市宣武区太平街甲2号　邮编：100050
电话：(010)63042288（总机）　传真：(010)63010347
http: www.cgme.com.cn
E-mail: cpgme@public.bta.net.cn

上海化工机械厂

上海化工机械厂系原机械工业部重点企业、国家二级企业，现隶属于上海电气（集团）总公司，是中国通用机械分离机械行业协会理事长单位。企业通过 **ISO**9001 质量认证体系和具有一、二类压力容器设计、制造资质。

从 1958 年起，上海化工机械厂被机械工业部定点为生产离心机、过滤机和压滤机的专业制造厂，至今累计生产量为 3 万多台，产品有二十多种系列 40 多个规格，并且是目前国内生产分离机械产品种类和规格较多的企业。其主要产品有上悬式重力卸料、上悬式刮刀卸料、卧式刮刀卸料、卧式螺旋卸料、立式离心卸料、活塞推料等离心机及外滤面转鼓真空、折带式、预敷层、盘式真空过滤机等。约有 20 多个产品获得原机械工业部、科技部、轻工部、化工部和上海市等优质新产品和质量奖等各种殊荣。产品广泛应用于石化、冶金、轻工、食品、医药和环保等行业，并且远销伊朗、印度尼西亚、韩国及东南亚等国家和地区。

⇧ XJZ1320-N 上悬式离心机

⇧ P275/8-N 盘式真空过滤机，2001 年通过上海市新产品鉴定，规格与技术水平属国内领先。

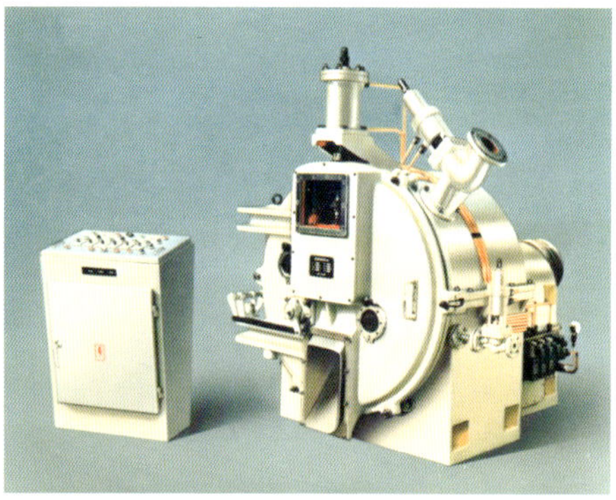

⇧ 卧式刮刀卸料离心机，主要用于淀粉、制药、化工、食品添加剂等行业，获机械工业部优质产品奖

⇧ LW 系列卧式螺旋卸料沉降离心机

⇦ HR、HRZ 系列双级、柱锥活塞推料离心机

厂长：陆来芳

厂址：上海市瞿溪路 1236 号

电话：(021) 56650565（总机）

邮编：200023

传真：(021) 56032194

无锡金辉减速机制造有限公司

(原无锡中策太湖化工机械有限公司)

注册 双轮 商标

无锡金辉减速机制造有限公司（原无锡中策太湖化工机械有限公司、无锡市太湖化工机械厂），是具有三十多年历史的摆线减速机专业生产企业，生产的“双轮”牌减速机规格品种齐全。主要产品有B1（150）、B2（180）、B3（220）、B4（270）、B5（330）、B6（390）、B46（460）、B56（560）、B69（690）九种机型及各类标准机架（DJ、SJ、TJ、JB、JA五大系列），有立式、卧式、电机直联式、电机插入式、双轴式、侧置式、倒置式等多种安装形式，传动范围：一级减速减速比为1/9～1/87，二级减速减速比为1/2057～1/446574，并能按客户要求设计生产各类专用减速机，特殊非标准机架及搅拌装置。

该公司生产摆线针轮减速机经验丰富，检测手段齐全，产品品质优良，具有传动比大、输出扭矩大、传动效率高、过载能力强、运转平稳低噪、耐冲击、持续运行时间长的优点，广泛应用于石油化工、纺织、印染、食品、矿山、冶金、环保、超重运输、工程机械等行业，深受客户信赖，畅销全国并有部分配套出口。公司在2000年10月通过中国船级社ISO9002质量体系认证。

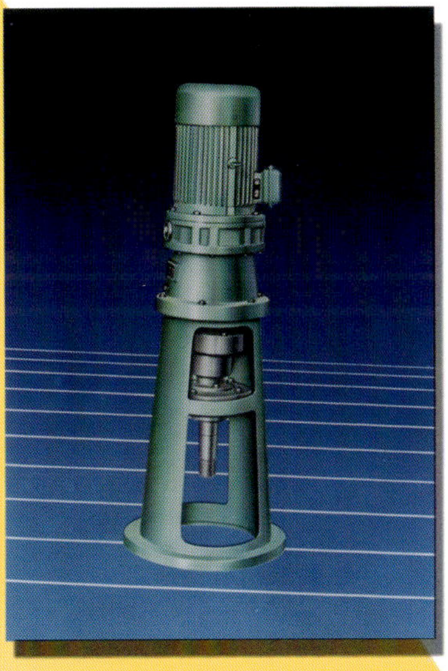

地址：江苏省无锡市江海西路东汀路1号
邮编：214046
电话：(0510)3101906　3109831
传真：(0510)3102160
http://www.wxzhongce.com
E-mail:wxzhongce@sina.com.cn

天津泵业机械集团有限公司

天津泵业机械集团有限公司（原天津市工业泵总厂）是国家重点骨干大型企业，始建于1956年，是我国第一台螺杆泵和船用离心泵的诞生地，也是国内规模最大，品种最全，技术力量最雄厚，质量检测手段最可靠，加工手段最先进的螺杆泵和船用离心泵专业生产厂家之一。

主要产品介绍 公司主要生产单、双、三螺杆泵，船（陆）用离心泵，自吸式加油泵，齿轮泵，螺杆压缩机，环保离心泵以及通用机械产品，共有130多个系列600多个品种4 000多个规格型号。产品广泛用于石油、化工、机械、造船、军工、冶金、化纤、电站和食品等行业。其中单、双、三螺杆泵，船（陆）用离心泵，齿轮泵，螺杆压缩机产品为引进德国、日本先进技术制造，达到国际先进水平。

DET NORSKE VERITAS
QUALITY SYSTEM CERTIFICATE

Certificate No. QSC - 4432

This is to certify that the Quality System of

TIANJIN PUMP & MACHINERY GROUP CO., LTD.

at

No. 10 Guo Yuan Nan Dao, Bei Chen District, Tianjin, P.R. China

has been found to conform to the Quality System Standard:

ISO 9001:1994

This Certificate is valid for the following product or service ranges:

DESIGN AND MANUFACTURE OF INDUSTRIAL PUMP AND COMPRESSOR

Place and date: Rotterdam, May 7th, 1998

This Certificate is valid until: March 2nd, 2001

Original Certification date: March 2nd, 1995

for the Accredited Unit: DNV CERTIFICATION B.V. THE NETHERLANDS

Accredited by the RvA

Ron J. Meijer, Management Representative

Lin Xiaohua, Lead Auditor

Lack of fulfilment of conditions as set out in the Appendix may render this Certificate invalid.

1994年通过挪威DNV的体系审核，并获荷兰政府颁发的ISO9001国际质量标准认证书，为我国水泵行业首家获此证书企业

科研开发体系 公司以其产品的高新技术特点在同行业中著称。公司建有螺杆泵研究所和高效螺杆泵系列产品中试基地，以及市级企业技术中心，拥有一支包括6名国家级专家在内的专业设计队伍，为制造国际一流产品提供了可靠的技术保障。

质量保证体系 质量是企业的生命，公司始终坚持质量第一、用户至上的方针，坚持用国际质量标准规范质量行为。1994年公司在全国泵行业率先通过ISO9001国际质量体系认证。

销售服务体系 公司建有全国销售服务网络及24小时热线服务电话，可以为广大用户提供全天候、全方位、全过程的“三全服务”。

全面、专业、诚信是我们追求的目标，天津泵业机械集团有限公司热诚欢迎各界友好人士光临指导洽谈业务、增进友谊、共同发展。

公司部分产品

PNC35克林贝格全自动数控测量中心

公司引进的5A高精度铣床（英国•霍尔罗伊德）

地址：天津市北辰区果园南道10号
邮编：300400
电话：(022) 26390373　26814864
传真：(022) 26391556

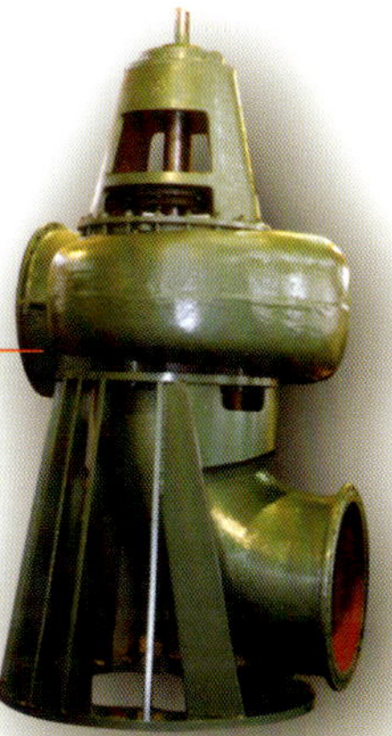

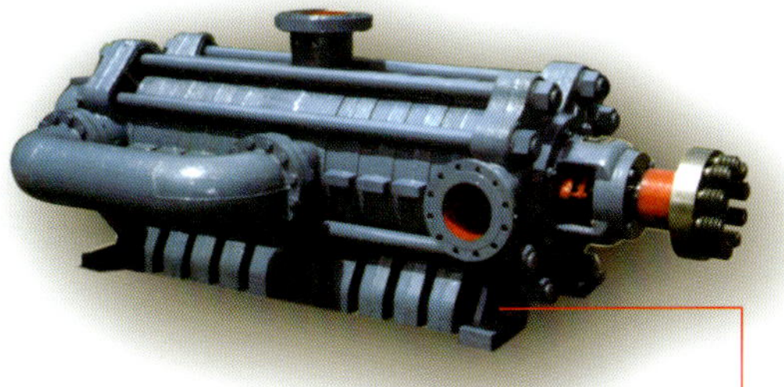

南京真空泵厂

地址：南京市浦口区宁六路161号　邮编：210044
电话：(025) 7028063　传真：(025)7028063　http://www.njvacuum.com

法人代表：聂京祥

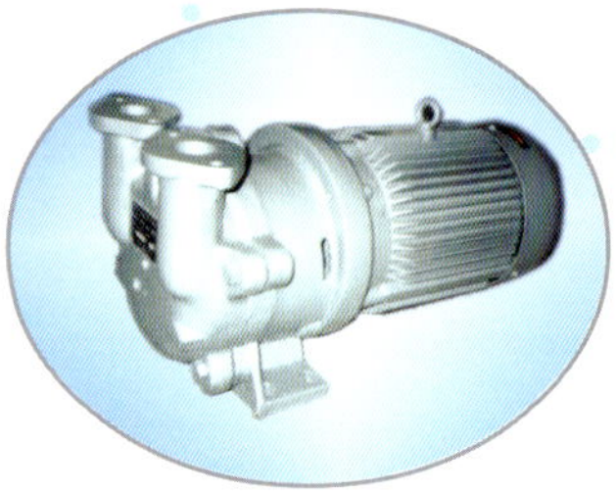
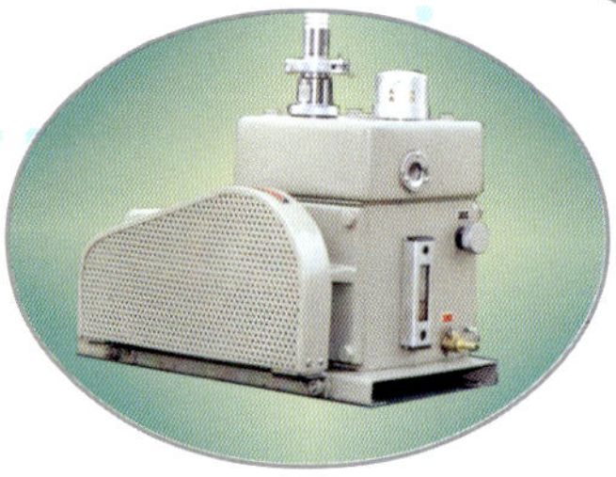

南京真空泵厂始建于1958年，是全国生产真空获得设备和真空应用设备的骨干企业，是中国真空行业协会常务理事单位。

企业拥有装备齐全、年生产能力达1.5万台(套)的专用生产线，并具有物理、化学、热工计量和真空试验等完备的产品质量监控设备，今年已通过ISO9001：2000质量管理体系的认证。

企业产品规格齐全，主要有旋片式、水环式、滑阀式、罗茨式、往复式系列真空泵和真空脱水机组等应用设备。产品广泛应用于冶金、化工、医药、食品、电子、建材、印刷、包装等行业。2001年经国家真空设备质量监督检验中心检验，产品全部符合JB/T6533—1997标准。

据国家真空行业协会调查统计，该厂生产的“飞”牌旋片式系列真空泵，2000年销量全国排名第二位。目前，企业严格遵循ISO9001：2000质量管理体系标准，确保产品质量，服务及时，信守合同，力争使顾客满意。

陕西鼓风机（集团）有限公司

陕西鼓风机（集团）有限公司是国内定点生产透平鼓风机、压缩机的大型骨干企业，国家二级企业，全国质量效益型先进企业，国家机械工业500强企业。企业创建于1968年，1996年改制成立集团公司，1999年6月发起设立西安陕鼓动力股份有限公司。

公司占地面积46万m^2，拥有总资产7亿元，现有员工2 367人，中高级专业技术人员418人，省市专家37人。拥有各种设备2 000余台，其中精、稀、大设备120台，进口设备60余台。

主要产品有轴流压缩机、离心鼓风机、压缩机、能量回收透平装置（TRT）、通风机共五大类30个系列400多个品种。主导产品轴流压缩机、能量回收透平装置均属高效节能产品，市场占有率达98%以上。轴流压缩机荣获国家机械工业名牌产品；同时，AV系列轴流压缩机、TRT系列和E系列离心压缩机产品获陕西省名牌产品。公司产品技术含量高，质量可靠，运行稳定，高效节能、环保，赢得客户信赖，为石油、化工、冶金、电力、城建、环保等支柱产业提供了近6 000台配套装备，产品远销印度、苏丹、巴基斯坦、伊朗、越南、朝鲜等国。

公司内设有国家级技术中心，建有行业较大的具有国内一流水平的6 300kW试车站。拥有完备的制造管理系统、质量管理体系和营销网络。行业首家通过ISO9001质量体系认证，获得全国CAD应用示范企业、全国CIMS应用示范企业。

企业近年来不断加大和加快企业改造步伐，深化改革、立足市场、转机建制、管理创新、强练内功，促进企业生产经营上规模、上水平。2000年公司实现工业总产值3.41亿元，工业增加值1亿元，销售收入3.22亿元，利税总额4 388万元，利润1 425万元。

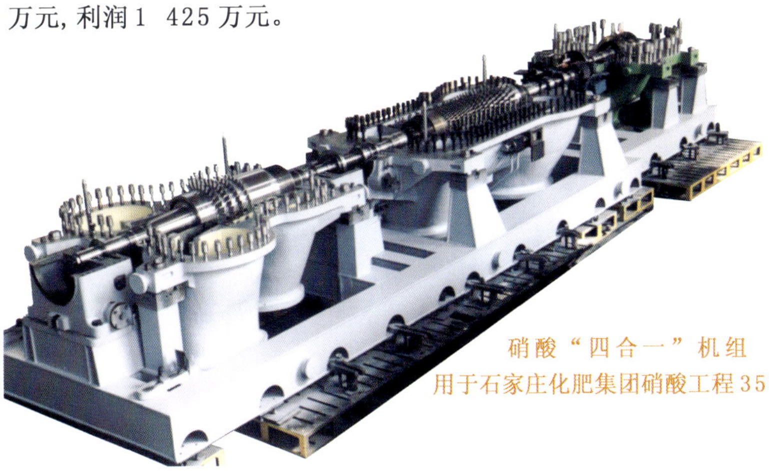

硝酸“四合一”机组
用于石家庄化肥集团硝酸工程350t/d

法人代表：印建安　　地址：西安市临潼区代王办事处　　邮编：710611
电话：(029)3931400　　传真：(029)3931422　　E-mail：Shaangu@Pub.xaonline.com

湖北省风机厂

湖北省风机厂创建于1958年，已有30年生产风机的历史，是原机械工业部定点生产各种透平鼓风机、通风机的专业厂家，中国通用机械风机行业协会第一批成员单位，湖北省机械行业骨干企业。

该厂技术装备优良，设计、工艺水平先进，检测手段完备，有严格的质量保证体系，已获得ISO9001国际质量体系证书。

ISO9001质量证书

该厂自1975年以来依托华中科技大学，开发生产出各类高效、节能专用离心鼓风机和低噪、环保离心通风机，现有三十多个系列500多个品种规格。主要产品有：化铁炉、造气炉、洗煤、高炉冶炼、煤气输送、浮选、水泥、硫酸、烧结、低噪通风、除尘、粮食、轻工等系列离心鼓风机、通风机，一般用途和高温、防腐、耐磨等特殊用途通风机。用途广泛，性能可靠。

该厂产品曾获得全国科学大会奖、国家教委科技成果奖、国家科委科技成果证书、国家工业技术进步成就展览荣誉奖、全国高科技节能产品博览会节能产品一等奖、国家机械工业部优质产品奖。

该厂是煤炭设备成套供应网络单位，是化肥、磷肥、硫酸、建材、钢铁行业设备成套供应单位。产品畅销全国各地，远销东南亚各国。

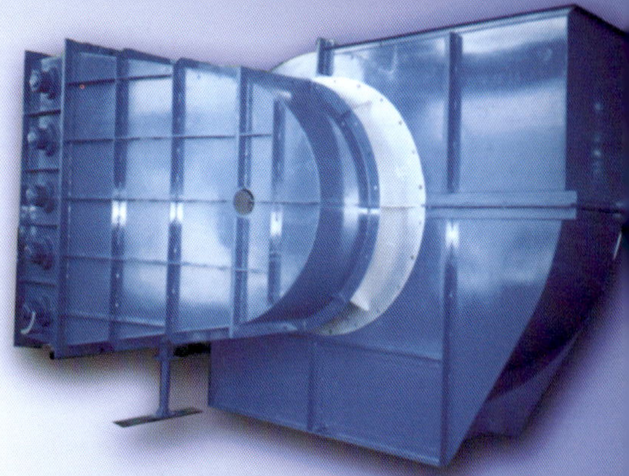

Y4-68离心通风机

HTD化铁炉风机

D系列造气炉离心鼓风机

冶炼高炉离心鼓风机

厂长：李国兴　　经营厂长：毛传新
地址：湖北省广水市永阳大道2号　　邮编：432700
电话：(0712)6231420　　传真：(0712)6231420
http://www.hbfan.com
E-mail:gssfjc@xg.hb.cninfo.net

山东省潍坊生建集团

山东省潍坊生建集团建于1951年，是目前国内最大的压缩机制造厂家之一，列中国500家最大机械工业企业的第391位，是国有大型二档企业，国家一级计量单位，是中石化设备资源市场成员厂，具有一、二、三类压力容器的设计、制造许可证，1998年4月通过ISO9001标准质量体系认证。主导产品曾获国家金质奖1枚、银质奖3枚。占地面积45万m^2，拥有固定资产14000万元，主要生产设备1200余台，是一个具有铸造、锻造、机械加工、热处理、压力容器、钣金、装配实验等各种工艺手段的大型国有企业。

集团生产的气体压缩机已形成一个较为完整的系列体系，主要有D、MD、L、V、H、M型等活塞式压缩机和LG型螺杆压缩机，可压缩空气、二氧化碳、氧气、氢气、石油气、煤气、氮气、火炬气、氯乙烯、丙烷等各种气体，排气量从0.7m^3/min至260m^3/min,排气压力从0.1MPa至31.4MPa。广泛应用于矿山、建筑、机械、食品、纺织、化工、电力等行业及碳氨和尿素工艺流程。

地址：山东省潍坊市潍城区胜利西街252号　邮编：261011
电话：(0536) 8324961　8325411　传真：(0536) 8325324

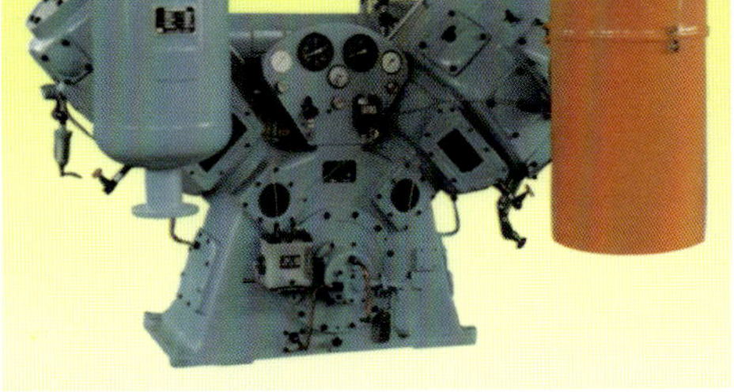

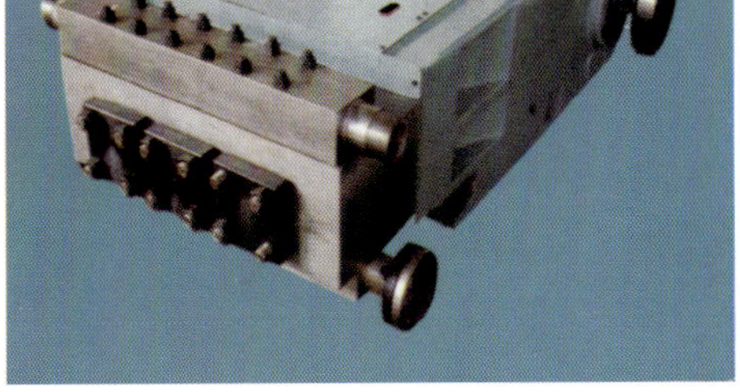

沈阳空气压缩机制造厂

厂长　李铁东

● Z 型系列压缩机

● 螺杆移动压缩机

沈阳空气压缩机制造厂是原国家机械工业部重点企业，企业类型为大二。该厂主要从事压缩机、空气净化设备、环保机械设备的设计和制造，是中国通用机械压缩机行业协会、中国环保机械行业协会常务理事单位和质量体系认证合格单位。

该厂下属有空压机研究所和环保设备研究所两个研究所，8 个分厂，7 个生产车间，现有职工 4 240 人，其中各类专业技术人员 689 人，高级工程师 43 人，企业占地面积 12.9 万 m^2。该厂从 20 世纪 50 年代初开始生产压缩机，主要生产 0.02～100m^3 往复活塞式动力、工艺用压缩机，主导产品有 V 型、Z 型、L 型、D 型四大系列 100 多个品种，广泛用于矿山开采、建筑工程、机械制造、石油化工、仪器仪表、玻璃、水泥、造纸、制药、塑料、制革、

地址：沈阳市铁西区云峰北街 21 号　　邮编：110021
电话：(024) 25873759　25873211　25873545　传真：(024) 25878524　25874185　2587175

D 型系列压缩机

L 型系列压缩机

移动压缩机

V 型系列压缩机

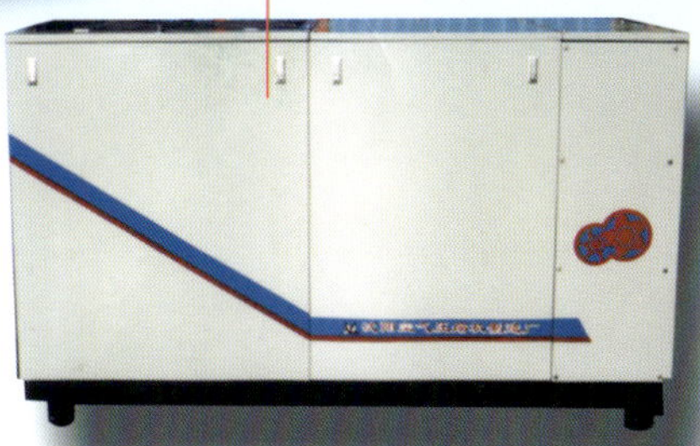

螺杆系列压缩机

食品、纺织等工业部门。该厂 1985 年引进和生产的螺杆压缩机，主机采用德国 GHH 公司机头，螺杆形线，是目前国际上较先进的第四代产品，具有安全可靠、自控水平高、高效节能、使用寿命长等优点，目前是东北地区惟一生产此类产品的专业厂家。该厂生产的 2V-6/8、1V-3/8、V-3/8-1、V-6/8-1 型空气压缩机为部、省、市优质产品、4L-20/8 空气压缩机为部节能产品，4VF-6/7 型空压机获省科技进步奖。自 1986 年以来企业连续获得市质量管理奖，产品质量稳定、低耗高效、可靠耐用，为用户服务及时周到，深受国内外广大用户的赞誉。1996 年被授予“用户满意企业”称号。

DONGFANG

上海东方压缩机厂

厂　长：顾　龙

上海东方压缩机厂隶属上海电气（集团）总公司通用事业部，前身为上海第二压缩机厂和上海第一压缩机厂。

该厂是微型空气压缩机和气阀、阀片的专业加工厂。拥有压缩机生产许可证和一、二类压力容器设计许可证。专业生产各种微小型活塞式空气压缩机，滑片压缩机，半无油、全无油润滑压缩机，小型高压压缩机，各类气阀、阀片的历史长达七十余年。“东方牌”和“乐用牌”商标在市场上享有较高的信誉，在全国近百家生产微小型空压机企业中，产品技术明显占优。

目前，该厂拥有十大系列的产品，压缩机排量从 0.08m³/min 至 22m³/min，排气压力从 0.5MPa 至 30MPa。包括 AV 系列、XP 系列、HP 系列、SG 系列、无油系列、半无油系列、MP 系列、高压系列、小型水冷系列及各类气阀、阀片，企业拥有近百种规格的压缩机品种，600 余种阀片，500 余种气阀，能适应不同用户的需求。产品除满足国内广大用户的配套使用外，还远销美洲、东南亚、非洲等几十个国家和地区，在国内外有着众多的用户。在众多产品中，HP 系列、MP 系列及高压系列产品在国内压缩机行业中技术占优，该厂多项产品荣获国家经委、上海市优秀新产品奖。

上海东方压缩机厂的经销网遍布全国，对产品有着良好的售后服务，并拥有众多的长期配套用户。“东方牌”压缩机和“乐用牌”气阀愿为腾飞的中国提供充足的气源。

L-11/7 空压机

W-1.3/30 中压空气压缩机

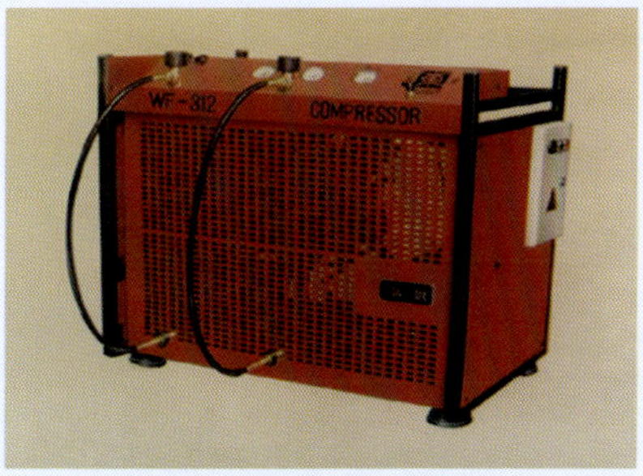

WF-312 微型高压空气压缩机

VF-0.1/200 微型高压空气压缩机

地址：上海市江浦路 667 号　邮编：200082
电话：(021)55212984（总机）　传真：(021)55214495　E-mail:shdfysjk@online.sh.cn

shanghaidongfangyasujichang

鞍山无油空压机有限公司

WW-0.6/7-Ⅱ风冷型全无油润滑空压机

W-0.9/7 有油润滑空压机

VW-0.22/7-B 型全无油润滑空压机

鞍山无油空压机有限公司是生产空压机专业厂家。总资产 4 800 万元，固定资产 2 000 万元，占地面积 3 万 m^2，主要设备 130 台。年生产空压机 6 000 台以上。产品市场覆盖率达 70% 以上。

公司主导产品为“展翅”牌全无油润滑和有油润滑两大系列空压机。全无油润滑空压机共有 30 多种型号：排气量 0.015～4m^3/min，排气压力 0.7～2.5MPa；有油空压机有 10 种型号：排气量 0.36～6m^3/min，排气压力 0.7～1.0MPa。

公司研制的全无油润滑空压机采用自润滑功能的特殊材料制成，与有油空压机相比，运行时无需添加润滑油，不污染作业环境和用气设施，被用户誉为“绿色工业产品”。该产品采用国际标准生产，性能达到国际同类产品水平，获国家新型专利，在 2000 年中国专利技术产业化工程对接洽谈会上被国家知识产权局授予金奖，并被列入国家火炬计划项目和国家级新产品，辽宁省优质产品，鞍山市首批二十种名牌产品之一，鞍山市节能产品。其中，WW-3/7-Q、ZW-0.015/7 分别是该公司率先研制的国内最大和最小规格的全无油润滑空压机，填补了国内空白。

公司拥有空气压缩机和压力容器设计与制造许可证。公司于 1997 年通过 ISO9002 质量保证体系认证。企业以其雄厚的技术实力和生产能力享誉空压机行业。

公司愿以优质产品，热情的服务与世界各界商家真诚合资合作！

法人代表：李雨时
地址：辽宁省鞍山市铁东区矿工路 68 号
邮编：114004
电话：(0412) 5843309　5843141　5483175
传真：(0412) 5843181
http://www.AWK-china.com
E-mail:aswykyj@mail.asptt.ln.cn

湘潭离心机制造有限责任公司

湘潭离心机制造有限责任公司（湘潭离心机厂）始建于1966年，是原机械工业部定点生产分离机械的国有重点骨干企业，中国分离机械行业协会的副理事长单位，湖南省经济活力百强工业企业，通过ISO9001质量体系认证。主要从事固液、液液分离设备的研制、开发和生产，技术力量雄厚，生产设备齐全，检测手段先进，产品广泛应用于化工、制药、制糖、纺织、环保等行业，用户遍及全国并远销东亚、东南亚、中东等30多个国家和地区，在同行业享有较高的声誉和较大的市场占有份额，是分离机械行业中一颗璀璨的明珠。

公司生产的分离设备品种规格齐全，并可根据用户的使用条件、工艺要求或物料的不同提供不同的分离设备，也可根据用户的要求，进行特殊设计制造或选用不同的材质，以充分满足用户的工艺要求。

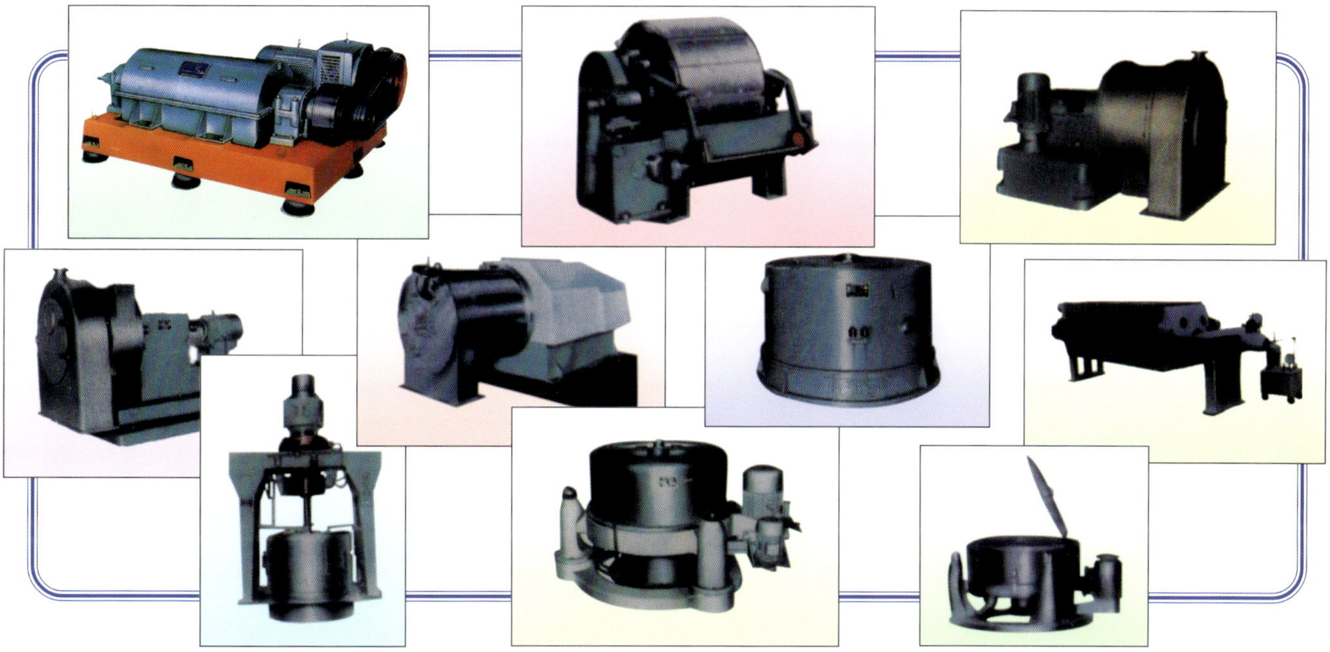

主要产品

1.HR400～1000系列二级活塞推料离心机
2.LW350～920系列卧式螺旋卸料离心机
3.XZ、XR1000～1500系列上悬式离心机
4.HY800—N卧式活塞推料离心机
5.GK800～1600系列卧式刮刀卸料离心机
6.IL、IW300～1500系列离心卸料离心机
7.SG、SGZ800～1500系列三足刮刀卸料离心机
8.SX800～1250系列三足下部卸料离心机
9.SD600～1500系列三足吊袋式离心机
10.SS450～1500系列三足上部卸料离心机
11.LS100～300系列实验室用调速离心机
12.SSF600～1250系列三足电机直联离心机
13.D系列碟片离心机
14.G系列管式分离机
15.各种专用特殊、衬胶衬塑、钛材离心机
16.板框过滤机
17.转鼓真空过滤机
18.膜过滤设备和精密过滤器
19.国产进口卧螺离心机差速器，各种配件

董事长：李继良　地址：湖南省湘潭市易俗河　邮编：411228
电话：(0732)7881242　7880206　7881221　传真：(0732)7880281
http://www.centrifugext.com.cn　E-mail:xiaosou@centrifugext.com.cn

中国空分设备公司

CHINA NATIONAL AIR SEPARATION PLANT CORPORATION

总经理　徐伟民

中国空分设备公司创建于1981年，是经国家机械工业委员会批准，直属于原国家机械工业部的工程咨询、技术开发、设备成套和项目承包的工程公司，是中国机械装备（集团）公司成员之一，也是国内空分设备成套专业公司。公司以大型空气分离设备、大型低温储运设备、低温液化设备、溶解乙炔设备、能源及环保设备以及自动化控制工程项目的工程咨询、设计开发、工程承包、设备成套、工程监理、技术服务和对外经济合作为主要业务。

公司具有一、二、三类压力容器设计资格和专项工程设计资格，是国家批准的甲级机电设备成套单位，甲级建设工程设备招标机构，技术改造项目乙级（预备）招标代理机构，具有经营进出口业务权和境外工程承包和劳务输出权。该公司是溶解乙炔设备的设计归口单位并负责组织机械工业溶解乙炔设备科技情报网。

中国空分设备公司大楼

公司的业务部门主要有空分工程部、自动化工程部、进出口贸易部、能源及环保工程部、售后服务部、技术质量部、工程设计室、招标办公室等，还有两个全资子公司，即浙江振华气体设备备件公司和杭州特种气体公司。

公司坚持“技术先进，配套合理，质量可靠，服务周到”的质量方针，以先进的技术和丰富的专业经验，竭诚为国内外顾客服务，并提供技术咨询、产品设计、项目管理、设备安装调试、人员培训、工程监理、招标代理等服务，直至承包“交钥匙”工程。

公司成立二十年来，承接各类项目合同总金额21.1亿元，进出口业务4 850万美元。先后为国家重点工程以及大中型企业提供1 000（标准状态）m^3/h以上成套空分设备近100套，小型空分和溶解乙炔设备200多台（套），业绩遍及冶金、石油、化工、有色金属、电子、轻纺、建材和城市煤气化等领域。

公司为菲律宾提供380（标准状态）m^3/h空分设备及400（标准状态）m^3/h氮液化设备及贮存系统

地址：杭州市东新路462号
邮编：310004
电话：(0571)85371161(总机)
传真：(0571)85372555

北仪真空

BEIYIZHENKONG

北京北仪创新真空技术有限责任公司（原北京仪器厂）成立于1954年，是中国真空行业骨干企业。现有员工800人，其中工程技术人员近200人。具有真空获得、真空应用、真空测量及大型成套真空项目的设计、研发、制造能力，在光学镀膜设备、电子枪技术和磁控溅射专项技术等方面在国内处于领先地位。

进入21世纪，公司正在以积极的姿态充分盘活利用土地资源，通过企业转制带动企业全面向高科技领域进军，并积极寻找与国际上先进的真空企业合作，加快技术改造，扩充真空领域，全面提升企业在国内和国际市场上的竞争能力和盈利水平，以期几年内在国内真空行业达到领先地位。

ZDF-2A 复合真空计

JZJX-30 罗茨旋片真空机组

LDSX-1350 低压反应离子镀膜机

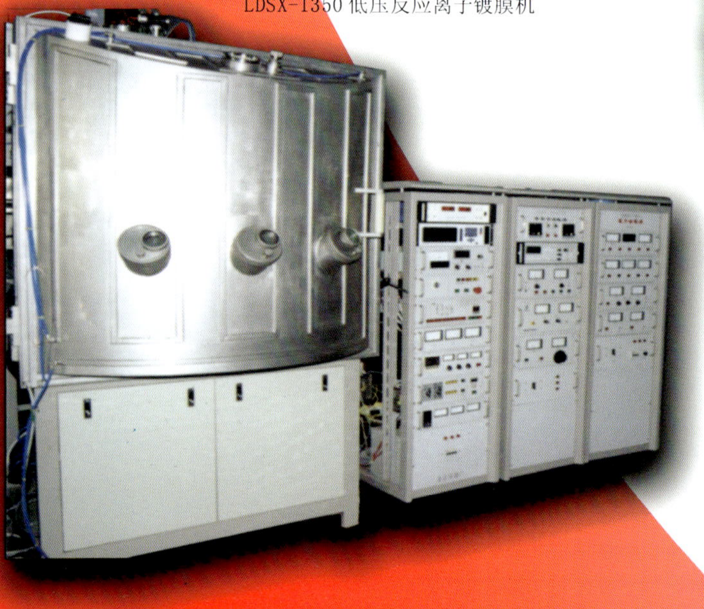

JDS-800 连续磁控溅射生产线

BIFVAC

地址：北京市建外郎家园11号　邮编：100022
电话：(010)65815028　传真：(010)65815727
http://www.bjbyzk.com.cn
E-mail:bjbyzk@bjbyzk.com.cn

中核苏阀科技实业股份有限公司

SUFA

中核苏阀科技实业股份有限公司（简称中核苏阀），是由有五十年专业生产工业阀门的中国核工业集团公司苏州阀门厂控股的上市公司，是全国500家机械制造大型企业之一。现有总资产5亿元，是中国阀门行业的排头兵。

中核苏阀从1979年军转民开始从事石油化工阀门的制造，率先采用国际先进标准。二十多年来，先后向石油、石化、炼油、化工、核电、电力、冶金、机械、制药、造纸、科研等工业部门累计提供了国内外标准12 000多个品种规格的500多万台高中压工业阀门。其中，超低碳不锈钢夹套截止阀和钼二钛球阀分获二枚国家银质奖，钢制2in～48in闸阀被评审为江苏名牌产品，注册的“爱取牌”和“SUFA”商标的阀门产品是知名品牌。产品遍布全国26个省、区，1988年开始，苏阀产品远销北美、西欧、中东的50多个国家和地区。

中核苏阀在国内阀门制造业中，三次率先获得国际权威机构的认证：1982年获得美国石油学会API证书；1993年获挪威DNV船级社ISO9001质量体系认证；2001年首获欧洲联盟CE认证，为产品准入欧共体国家铺平了道路。中核苏阀还取得经复查的中石化、核电、火电以及船用阀门供货的生产许可证，曾被授予全国用户满意产品，优良企业等先进称号，成为中国阀门工业的一面旗帜。

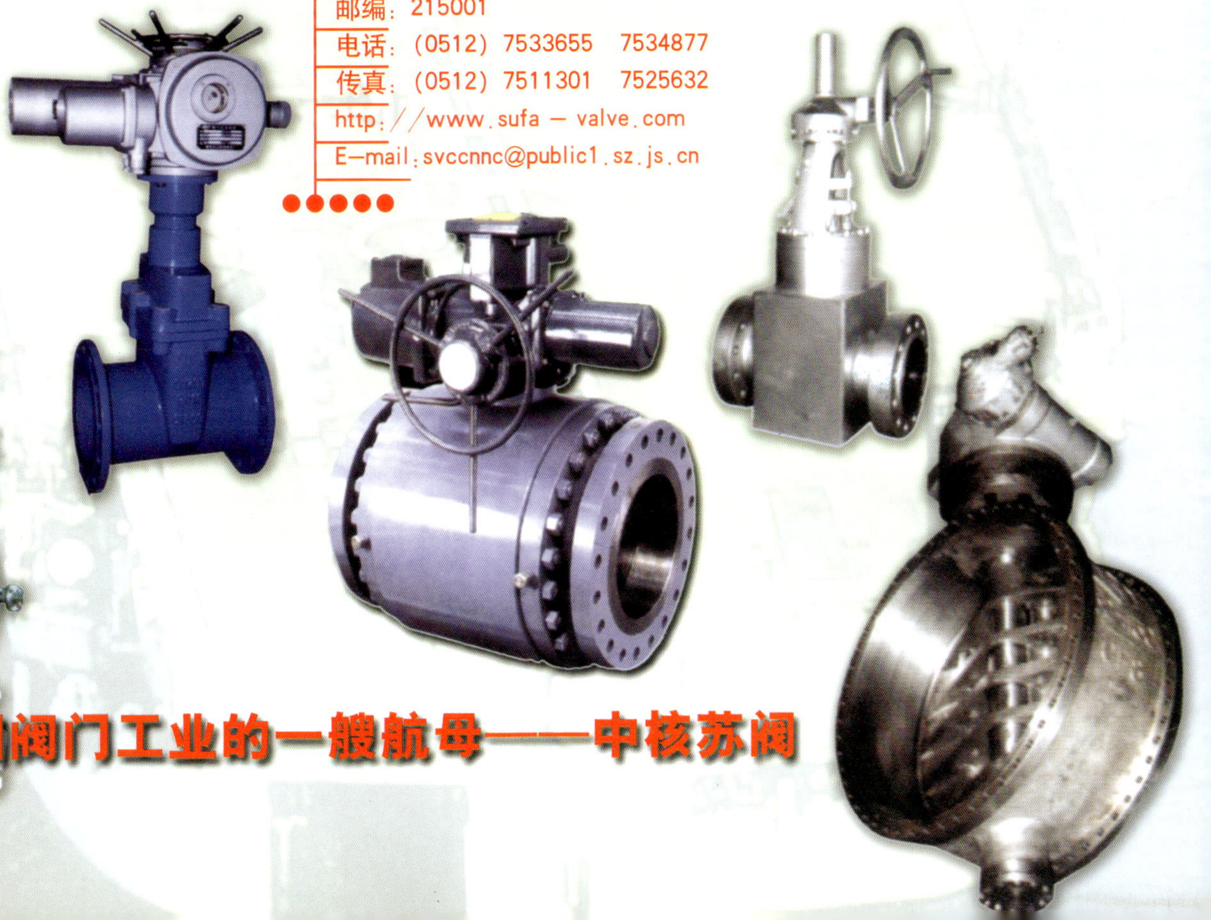

地址：江苏省苏州市人民路679号
邮编：215001
电话：(0512) 7533655　7534877
传真：(0512) 7511301　7525632
http://www.sufa－valve.com
E－mail:svccnnc@public1.sz.js.cn

中国阀门工业的一艘航母——中核苏阀

硬密封球阀

长输管线球阀

轨道球阀

美标球阀

美标截止阀

美标止回阀

美标旋塞阀

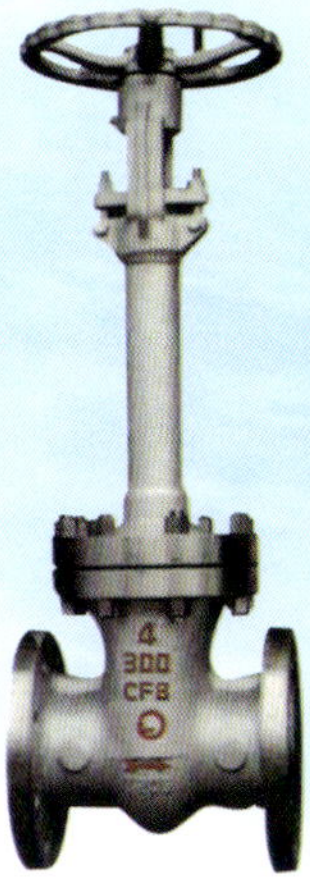

低温美标闸阀

美标闸阀

波纹管截止阀

硬密封蝶阀

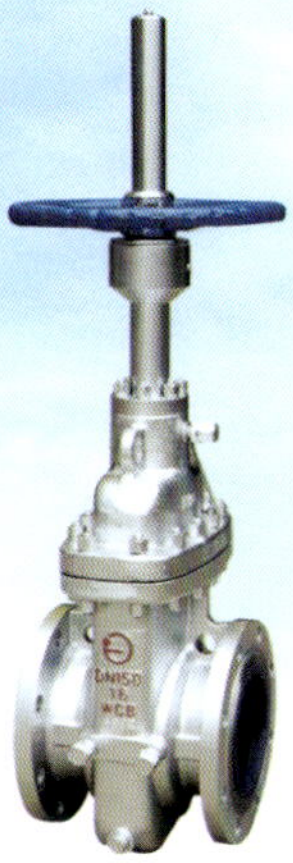

平板闸阀

地址：浙江省温州三桥良精工业园
邮编：325105
电话：（0577）67316888　67316999
传真：（0577）67316880　67316990
http://www.liangjing.com
E-mail:liangjing@mail.wzptt.zg.cn

山东益都阀门厂

SHANDONGYIDUVALVE

山东益都阀门厂坐落在古九州之一的青州，济青高速公路、胶济铁路横贯东西，到青岛和济南分别仅需两个小时和一个半小时的行程，文化通讯事业发达。

该厂始建于 1948 年，现有员工 1 500 人，厂区占地面积 16 万 m^2，拥有固定资产原值近亿元。年产铸钢阀门 4 000t，铸铁阀门 4 500t。其中出口 4 000t，年出口创汇额 400 万美元以上。有铸钢、铸铁、精密铸造、有色金属冶炼、锻造等五个热加工车间和四个冷加工车间。该厂拥有的铸造流水线、树脂沙造型线、喷漆流水线和安装试压工段均处于同行业领先水平。加工车间部分采用了组合机床和数控车床，高中压阀门密封面全部采用等离子喷焊工艺，有效地保证了产品加工精度和密封性能。

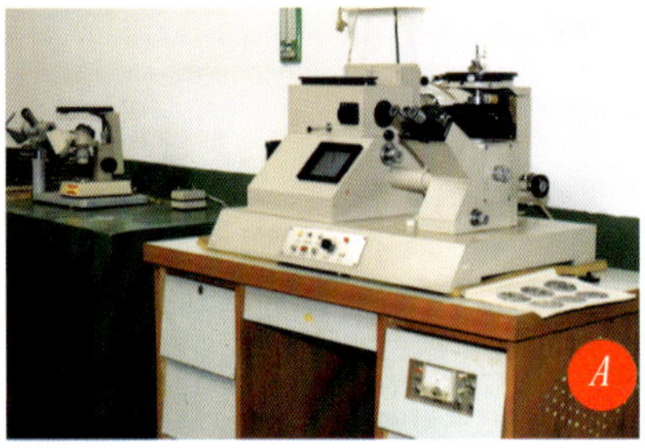

该厂拥有完善的质量保证体系，拥有专业的阀门设计研究所，产品设计采用了计算机辅助设计系统（CAD）。工厂设有炉前化验室和中心理化试验室，装备了许多进口或国产的理化试验设备、仪器等。该厂除加强各工序间的质量检查外，还对成品的强度和性能实行百分之百的检验，确保了产品质量的可靠性。

该厂现生产的国内标准的阀门产品有：公称压力 0.25～35MPa，公称通径 10～2 000mm 的各种手动、电动、齿轮、液压传动的闸阀、截止阀、止回阀、蝶阀、球阀、柱塞阀、浆料阀、氨阀、氯气专用阀、尿素阀、泥浆阀等 100 多个系列、1 000 多种规格的阀门产品。同时采用美国 API、AWWA、MSS、英国 BS、日本 JIS、德国 DIN 等标准制造的闸阀、截止阀、止回阀、蝶阀、过滤器、不锈钢刀型闸阀等，公称压力从 125LB～600LB，公称通径从 2in～80in 以及部分非标阀门产品。

A. 先进的检测设备
B. 计算机辅助设计系统（CAD）
C. 铸铁车间浇铸铁水
D. 铸钢车间炼钢炉

山东益都阀门厂

中国通用机械阀门行业协会副理事长单位
国家重点企业和自营进出口企业之一
国家二级计量单位
山东省特级信誉（AAA）企业
山东省阀门检测中心设在该厂
获得挪威DNV船级社ISO9001认证

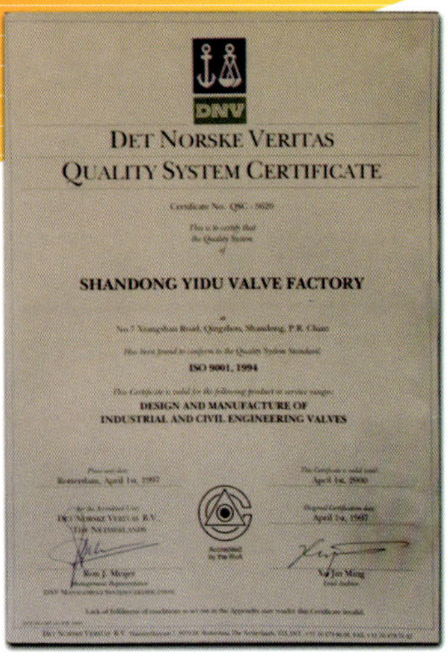

YIDUVALVE

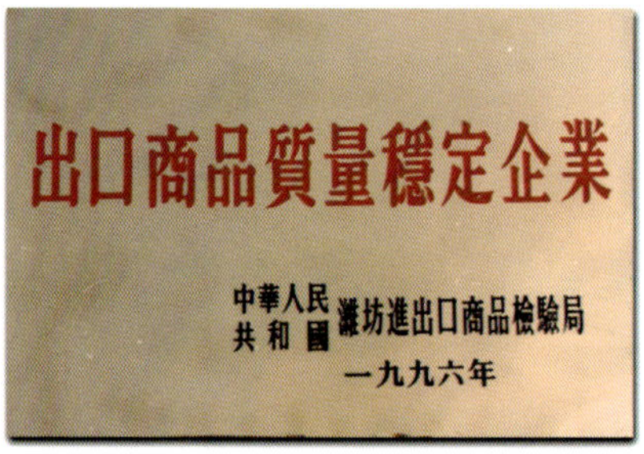

http://www.cnyiduvalve.com

地址：山东省青州市香山路七号
邮编：262500
电话：(0536)3281001　3280566
传真：(0536)3280645
http://www.cnyiduvalve.com
E-mail:ydfm@public.wfptt.sd.cn

天津塘沽瓦特斯阀门有限公司

总经理：张桂翰

天津塘沽瓦特斯阀门有限公司系中美合资企业，是生产中低压阀门的专业厂家，始建于1956年，现为中国通用机械协会理事，中国流体协会、阀门管道技术委员会副主任，中国阀门协会副理事长，天津标准化协会理事单位。1994年，经国家批准与美国WATTS公司正式合资，注册资金为1 532万美元，投资总额为2 642万美元。

公司的产品主要有：对夹式蝶阀、美标蝶阀、金属硬密封蝶阀、耐腐蚀蝶阀、偏心法兰蝶阀、高温烟气蝶阀，自动控制阀、自动调节仪表蝶阀、消防专用蝶阀、橡胶闸阀、微阻缓闭蝶式止回阀及大口径输水蝶阀、方闸、圆闸、铜阀等。年产值达1.6亿。在国内该产品用于石油、化工、冶金、发电、矿山、水泥、纺织、轻工及给排水等行业，向国外出口十几个国家，年创汇1 400万美元。公司目前在全国各大城市下设近50个分公司。

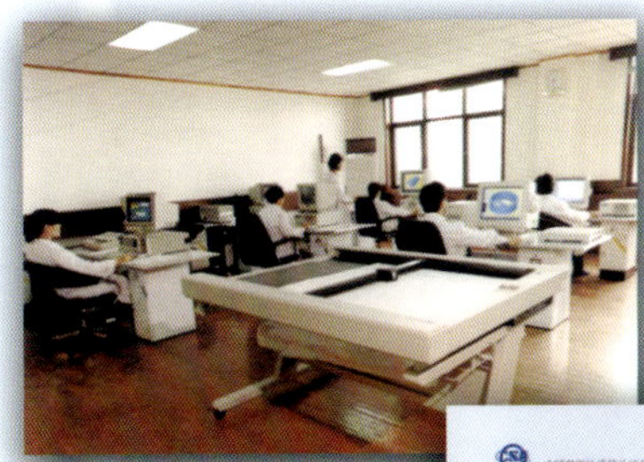

计算机中心

1993年行业第一家获ISO9001证书

测试中心

地址：天津市塘沽区永泰路5号
邮编：300450
电话：(022)65720914　65727717
传真：(022)25718857　65720914
http://www.tjtg-twt.com
E-mail:TWT@tjtg-twt.com

长沙市阀门厂

长沙市阀门厂系中国阀门协会理事，湖南省阀门联合公司董事长单位。主要生产希斯威系列产品：自动保压液控止回蝶阀，三偏心式高精度金属硬密封蝶阀，快关蝶阀及普通手、气、电动蝶阀，并拥有十多项专利，口径从80～5 000mm。

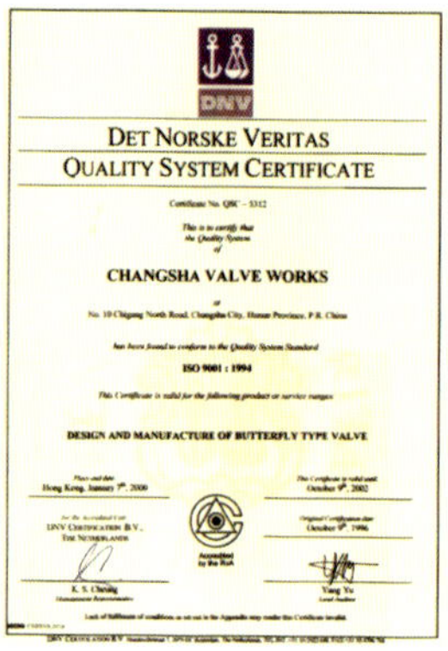

该厂设计手段先进，质量体系完善，生产能力强。拥有先进的CAD/CAE三维动态设计，能对大型蝶阀进行结构优化、动静态受力分析，是全国CAD应用工程示范单位，已通过挪威DNV质量认证。该厂有各种大型加工和起重设备，能承接设计、生产各种国内外标准蝶阀和非标蝶阀。对国家重点工程可全部采用进口元件。

该厂开发的金属硬密封送风切换阀获国家科委成果奖、国家级新产品奖，性能达到国际同类产品先进水平。为武钢高炉设计开发的口径为4 350mm金属硬密封蝶阀，荣获国家科技成果二等奖。该厂2 000mm口径液控蝶阀和电动蝶阀出口巴基斯坦，优良的使用性能受到有关部委的表彰。2000年，该厂的32台1 800mm口径液控蝶阀、电动蝶阀应用在山西万家寨引黄工程上，深受用户的好评，2001年该厂又荣获国内著名的深圳东深供水改造工程（给深圳和香港供水）“机电产品供货标兵单位”称号。目前该厂产品广泛应用于城市自来水厂、火力及水力发电厂、城市供热、大型排灌以及冶金、石化、天然气等国家重点工程，并出口到东南亚及欧洲诸国。

该厂的奋斗目标是争创世界一流阀门企业。

万家寨引黄一期工程
1800KD741X-25Ve液控蝶阀

地址：长沙市赤岗北路10号　　邮编：410007
电话：(0731)5499454　5496286　5498436　5497436
传真：(0731)5496586

DN2600H金属密封重锤式液控蝶阀

开封高压阀门厂

地址：河南省开封市新宋路西段93号　　邮编：475002　　电话：(0378)2925211　2925477　　传真：(0378)2924630

厂　长：贺　领

开封高压阀门厂是中国通用机械工业协会副理事长和中国阀门行业协会理事长单位，其产品广泛应用于电力、石油、化工、冶金、煤炭和国防等领域。

工厂设备精良，20世纪90年代从意大利引进了具有国际先进水平的树脂砂脱箱造型线，有直读光谱仪和钴60 γ射线探伤机等无损检验设备；还有800t多向模锻水压机、3t电弧炉和数控机床等高新设备。

该厂1985年从日本引进高温高压阀门铸钢和产品设计制造技术，先后为平圩、邹县、元宝山、外高桥、常熟、哈尔滨第三电厂等大型火电机组提供了大批优良产品，目前国内电站阀门市场占有率达70%以上并出口国外。通用阀门先后为大庆、齐鲁和扬子乙稀、北京燕山和金陵石化等国家重点工程配套，并向十几个国家和地区出口。

近年来，该厂先后开发出1.3m闸阀、硬密封蝶阀、电站用抽气止回阀和水压试验阀。2001年与北京钢院共同研制成功的P91钢种焊接技术填补国内空白。特别是大口径硬密封球阀和平板阀的成功开发为我国长输管线配套阀门提供了货源。

该厂1994年1月取得美国石油协会API质量认证；1996年5月取得ISO9001质保体系认证。

300MW、600MW主蒸汽电站阀门是该厂独立设计制造，填补了国内空白

1m电液联动输气管道球阀，重22.7t、高3.4m

1.3m电动双闸板闸阀重12.8t、高7m

兰州高压阀门厂

厂长：方立新

兰州高压阀门厂是中国通用机械行业重点企业，中国阀门行业协会副理事长单位，西北地区最大的阀门专业生产厂之一，占地面积近19万m^2，有职工2 000余人。

该厂建于1966年，生产能力居全国阀门行业前列。生产以“GF”为商标的各种碳钢、合金钢阀门以及其他特殊阀门，广泛用于石油、化工、冶金、电力、矿山、轻工和国防科研等部门。生产的高中压阀门达400个型号，公称压力1.6～600MPa，公称通径3～1000㎜，工作温度−196～800℃。主要生产闸阀、截止阀、球阀、止回阀、蝶阀等五大类产品，还可生产特殊要求的专用阀门，年生产能力达3 000多t。

该厂1995年2月获得美国石油学会颁发使用学会标记（API）授权证书，1996年3月获得中国机械工业质量体系认证中心颁发的ISO9001质量体系认证证书。几年来两证的周期复审保持合格有效，“GF”牌阀门在市场有很高的声誉。

GF

地址：兰州市西固区合水路58号　　邮编：730060
电话：(0931)7556711　　传真：(0931)7558452

黄山 安徽省屯溪高压阀门厂

安徽省屯溪高压阀门厂地处世界级旅游胜地——黄山的南麓，1972年正式建厂，是全国阀门行业骨干企业之一。现有职工700多人，厂区占地面积16万m^2，资产总值6 000多万元，年阀门生产能力22万台（1 150t）。

该厂产品注册商标为“黄山牌”。产品设计和试验验收执行中国国家标准和ANSI、API、BS、DIN、JIS等国外先进标准。

该厂坚持不断完善质量保证体系，严格按ISO9001标准和APIQ1规范实施产品生产经营全过程的质量控制与质量保证，并于1996年获得美国石油学会API标志使用许可证（1999年通过换证检查），1997年获得DNV颁发的ISO9001质量认证证书（2001年通过换证复审检查）。2000年度再次获安徽省质量管理奖。“黄山牌”高中压阀门是全国用户满意产品和知名品牌。多年来，该厂产品广泛用于石油、天然气、化工、电力、冶金、航天、医药等重要领域。企业自主开发的大口径波纹管截止阀1998年被认定为国家重点新产品，达到国际先进水平；电站截止阀1997年获省级高新技术产品称号；气动隔膜阀阀体采用静电喷涂氟塑料工艺，能耐各种浓度的硫酸腐蚀，在国内处于领先地位。1999年度“黄山牌”锻钢阀门再次被评为安徽省名牌产品。

该厂将一如既往，继续保持与广大客户的友好合作关系，不断扩展业务领域。热忱欢迎国内外客户前来洽谈业务。

www.HS-Valve.com

法人代表：洪旌林
地址：安徽省黄山市屯溪区徽山路17号
邮编：245000
电话：(0559)2528721　　传真：(0559)2511408
E-mail:hs-Valve@mail ahwhptt.net.cn

铁岭阀门股份有限公司

装配分厂生产现场

铁岭阀门股份有限公司（原铁岭阀门厂）是全国最大的低压大口径阀门专业生产企业之一，始建于1935年，是中国机械行业最大的500家企业之一，原国家机械工业局重点骨干企业，中国阀门行业协会副理事长单位。

公司1995年率先在阀门行业通过挪威DNV船级社认证公司对ISO9001质量保证体系的认证，并取得了国家核安全局核发的中国民用核承压设备设计制造资格许可证。公司“TF”牌注册商标连续两年被评为辽宁省著名商标。

公司设有大口径阀门研究机构，建有全国目前规模最大的阀门测试基地。公司拥有各种专业机械生产设备千余台，可生产灰铸铁、球墨铸铁、低合金铸铁阀门和各类钢板焊接阀门及管件等产品。主导产品有：蝶阀、闸阀、止回阀、截止阀、调节阀、排气阀、球阀、旋塞阀、伸缩节、管路附件、阀门成套管件组等。

BS-AA　DN3000 蝶阀

长系列电动蝶阀

董事长：恒　利
地址：辽宁省铁岭市银州区广裕街118号　邮编：112002
电话：(0410)4603426　传真：(0410)4605151
销售总公司电话：(0410)4603427
传真：(0410)4605037

DN2000 液压主闸阀

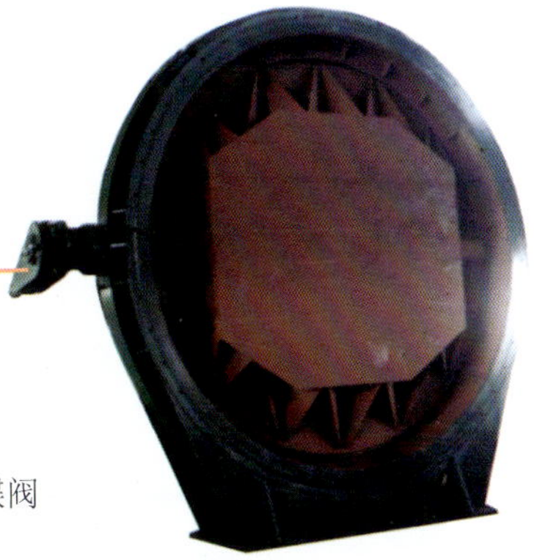
DN4500 焊接蝶阀

TSRM

天津减速机总厂

厂　长：李　红

天津减速机总厂是原机械工业部大型重点骨干企业，中国500家最大机械工业企业之一，中国减、变速机行业协会理事长单位，中国最大减速机生产基地之一。该厂技术力量雄厚，设备先进，管理完善。产品通过挪威DNV船级社ISO9001质量保证体系认证，获英国工贸部金钩证书。企业现有职工2 600多人，占地面积12万m^2，建筑面积达6万m^2。

该厂主要产品有：行星摆线针轮减速机、TJ型油浸式电动滚筒、机架（搅拌传动装置）、JZQ圆柱齿轮减速器、自动扶梯曳引机、XMB行星摩擦式无级变速机、带式输送机托辊、蜗轮蜗杆减速机、双卧轴搅拌机专用减速机、立体停车装置用减速机、NGW行星齿轮减速机、曲柄式行星摆线针轮减速机、TDY75型油冷式电动滚筒、WD型外装式电动滚筒、电机接盘型摆线针轮减速机、隔爆电动滚筒、摆线针轮减速机专用电动机、Y系列三相异步电动机等。主导产品行星摆线针轮减速机荣获行业国家银质奖，并获莱比锡国际博览会金奖和北京国际博览会金奖。产品覆盖全国，并配套出口世界三十多个国家和地区。

在21世纪的今天，天津减速机总厂以改革为动力，以科技为先导，以创新为主题，加大新产品的投入与开发，以具有国际先进水平的X8000系列摆线针轮减速机为代表的各种减速机新产品正广泛地投向市场，跨越式的发展将使天津减速机总厂走向更加辉煌。该厂竭诚为广大用户服务，欢迎国内外客商来人来函洽谈贸易。

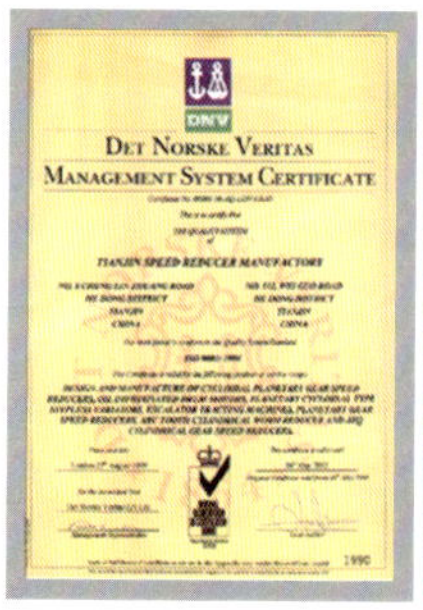

行星摆线针轮减速机

TJ型油浸式电动滚筒

双卧轴搅拌机专用减速机

NGW行星齿轮减速机

地址：天津市河东区唐家口程林庄路8号　邮编：300160
电话：(022)24328923　24329832　24328922
传真：(022)24328568　24326558
E-mail:TSRM@public.tpt.tj.cn

www.TSRM.com.cn

沈阳风机厂

ISO9001 证书

沈阳风机厂始建于 1956 年，是全国最大的生产大中型通风机的制造厂之一，是风机行业协会副理事长单位。全厂占地面积 12 万 m^2，建筑面积 4 万余 m^2。以“铁扇”为注册商标的主导产品多年来为全国的煤矿、电站、石油、化工、冶金、轻纺、建材等行业以及大型公用设施提供了大量的技术装备，并远销世界 20 多个国家和地区。

沈阳风机研究所设在该厂，可按用户的特殊要求研制各种形式的风机产品。

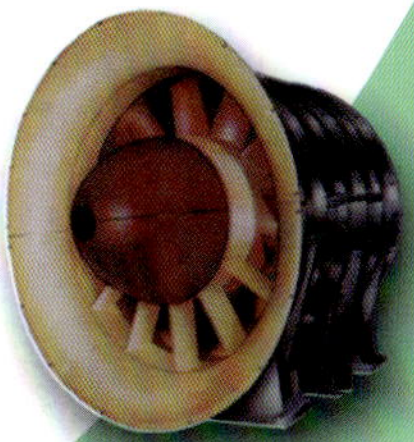

法人代表：刘万军
地址：沈阳市于洪区青海路 81 号
邮编：110141
电话：(024)25891515
传真：(024)25911471

重庆通用工业（集团）有限责任公司

重庆通用工业（集团）有限责任公司是国家大型企业，国内较大的离心式制冷机生产企业和全国五大鼓风机制造企业之一。公司占地面积 50 万 m^2，资产总额 3.25 亿元；现有员工 1 800 余人，国家级技术专家 5 人；拥有大型加工设备 1 200 余台（套）。公司 1998 年引进美国 NREC 离心式制冷机设计技术和国际先进设备，将制冷压缩机和风机的三元流叶轮制造能力提高到了世界一流水平。

公司主要生产各种制冷机、工业风机、军用改装车和环保设备。“重通”牌离心式制冷机和工业高温风机产品多次荣获国家级新产品和高新技术产品奖，并且通过了绿色环境标志产品认证和 ISO9001 质量体系认证。

公司生产的风机产品广泛服务于水泥、建材、化工、石化、冶金、电力、纺织等国民经济各行各业，其中高温风机国内市场占有率一直保持在 50% 以上。风机产品主要有各种离心式通风机、离心式鼓风机、离心式压缩机、轴流通风机、罗茨鼓风机、工业高温风机以及各种耐磨、防腐、防爆、耐高温等特殊用途工业风机。

罗茨鼓风机

离心式高温风机（单吸入式）

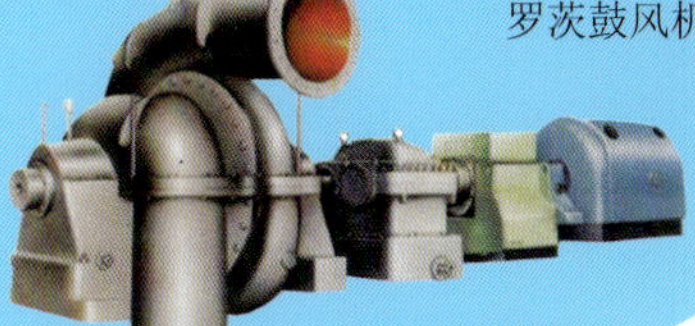

离心式压缩机

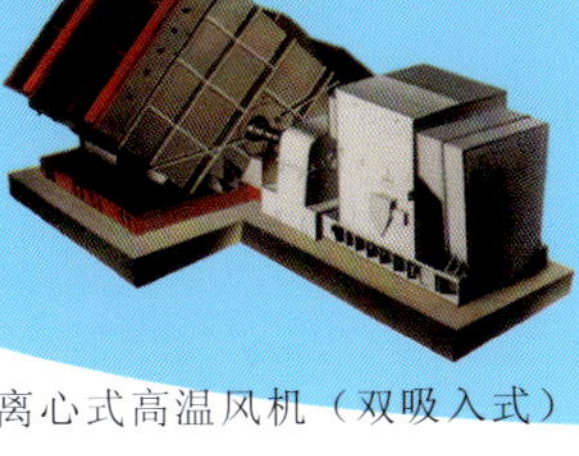

离心式高温风机（双吸入式）

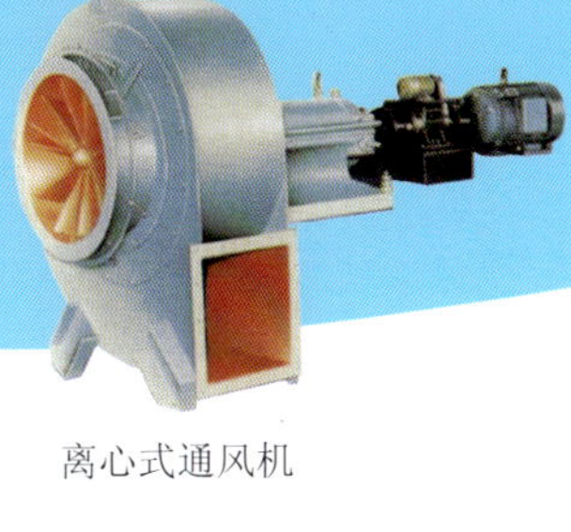

离心式通风机

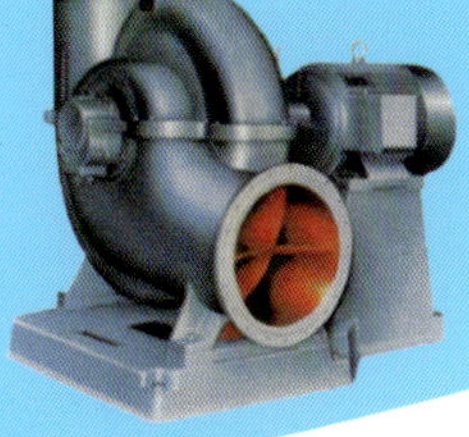

离心式鼓风机

地址：重庆市江北区玉带山 1 号
邮编：400021
电话：(023) 67661176
传真：(023) 67659553
http://www.cqgic.com
E-mail:ctfxc@hotmail.com

KENFLO® 肯富来

- 广东省高新技术企业
- 两广、海南三省最大的制泵企业之一
- 中国泵行业最早获自营进出口权企业之一
- 全国 CAD 应用工程示范企业
- 华南地区最早通过 ISO9001 认证制泵企业之一
- 能生产四十多个系列 2 000 多个品种规格的泵产品

▲ XA系列单级离心泵

▲ CBF系列水环真空泵

▲ CBW1　SKW系列真空泵压缩机

广东省佛山水泵厂有限公司
GUANGDONG FOSHAN PUMP FACTORY CO., LTD.

地址：广东省佛山市河滨路 14 号　　邮编：528000
电话：（0757）2818421　2819544　2812555　传真：（0757）2816443
http://www.kenflo.com　E-mail:Kenflo@kenflo.com

石家庄泵业集团有限责任公司
（原石家庄水泵厂）

石家庄泵业集团有限责任公司始建于 1949 年，是原国家机械工业局大型骨干企业，中国 500 家最大机械工业企业之一，为全国杂质泵的科研和生产基地，年产各种水泵 13 000 台。1997 年通过 ISO9001 质量体系认证及美国 FMRC 公司质量体系认证。荣获国家 863 计划 CIMS 应用示范企业。拥有进出口业务自营权，是“河北省产品质量免检”企业。

主导产品为渣浆泵、污水泵、清水泵。公司建有测试精度达到国际标准的高压试泵站。公司设有面向全行业服务的杂质泵研究所，专门从事杂质泵设计理论、水泵性能、磨损机理、耐磨材料、新产品开发和试验研究工作。

公司具有铸铁、球墨铸铁、镍铸铁、铸钢、不锈钢、铬钼、高铬、硬镍、橡胶等材料的制造和加工能力。公司希望通过代理商购买、来料加工、来图加工、联合投标、合作生产等方式进行合作，为客户提供高质量的产品。

AH 系列渣浆泵

250WQ 型潜水污水泵

董事长：周代荣　　总经理：郭庆白
地址：石家庄市和平东路 19 号　　邮编：050011
电话：（0311）6088906　　传真：（0311）6082677
http://www.cspw.com　　E-mail:sbjt@263.net

浙江轻机实业有限公司

浙江轻机实业有限公司是2000年5月由原国有企业浙江轻工机械厂整体改制后成立。公司总股本1 100万元，其中国资股占10%，企业职工股占90%。公司作为国内分离机重点制造企业之一，主要生产P系列双级活塞推料离心机和“西湖”牌碟式分离机，其中碟式分离机已广泛应用于轻工、化工、制药等行业的物料分离。P系列双级活塞推料离心机是企业引进瑞士苏尔寿公司的先进技术软件，持许可证生产制造的具有国际先进水平的产品，该系列产品对具有良好过滤性能的晶料、颗料及纤维物料的分离有着极好的效果，已能成功地分离200种以上的不同物料，可广泛地应用于轻工、化工、冶金等行业。

公司具有对外贸易自营进出口权，并在泰国曼谷建立了境外合资企业——泰国湖合资有限公司，积极发展自营产品的出口业务。

地址：杭州市拱墅区沈半路263号　邮编：310015
电话：(0571)8011112　8281374　传真：(0571)8281492
http://www.chinaseparator.com
http://www.chinacentrifuge.com
E-mail:xlimp@mail.hz.zj.cn

地址：重庆市沙坪坝区上桥　邮编：400037
电话：(023)65202820　65211579　传真：(023)65215521
市场部电话（传真）：(023)65215519　65203646
CNG公司电话（传真）：(023)65215023
E-mail:a65221524@public.cta.cq.cn

重庆气体压缩机厂

http://www.cqcompressor.com

厂长：吴重江

重庆气体压缩机厂是原国家机械工业部定点生产军用和民用压缩机的重点企业，重庆市高新技术企业。该厂于1998年2月通过ISO9001质量体系认证。目前能生产L型、V型、W型、Z型、S型等七个系列300个规格的中小型、高中低压压缩机，排气量可从0.09～80m³/min，排气压力最高可达41.4MPa，产品广泛适用于各个工业部门。

该厂生产的车用天然气加气站成套设备、全风冷无基础高中低压压缩机及水冷高压压缩机技术在国内均属领先水平。

该厂于1999年11月承担的国家“九五”重点科技攻关项目——“高性能天然气加气站成套设备研制及产业化”，主要技术性能指标处于国内领先，达到国际先进水平。该项目于2001年2月被国家科技部、财政部、国家计委、国家经贸委评为“九五”国家重点科技攻关计划优秀科技成果，同年8月通过国家验收。

W-1.9/4-250型天然气压缩机

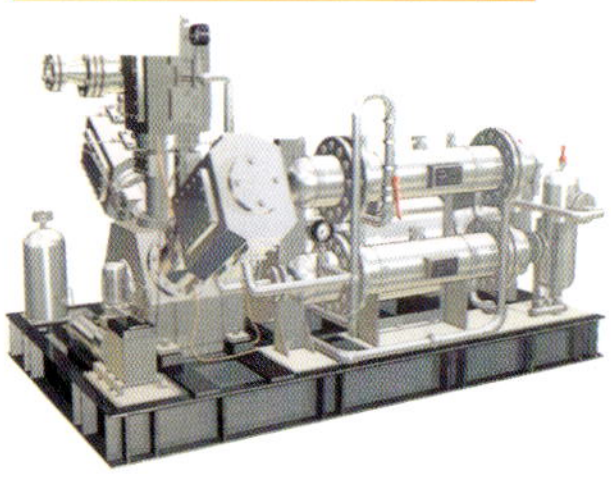

SF系列风冷空气压缩机

WF系列风冷空气压缩机

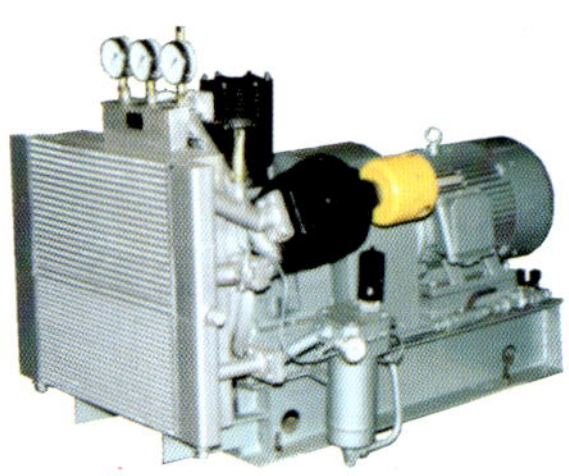

L-4.2/3-250型天然气压缩机

南京压缩机股份有限公司

LGFD-6/7 型螺杆式噪声压缩机

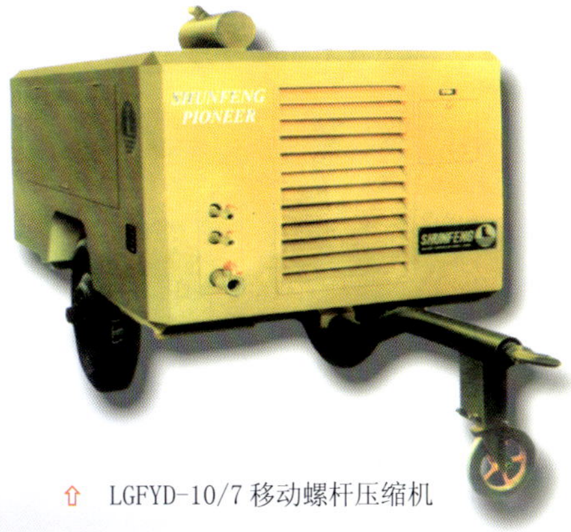

LGFYD-10/7 移动螺杆压缩机

南京压缩机股份有限公司建于1956年，是国家定点生产压缩机的大二型骨干企业，1997年通过ISO9001质量体系认证。

公司占地面积20万m^2，总资产达2亿元，现有员工1 400多人。公司拥有主要生产设备500余台，其中精、大、稀设备50余台，先后从德国和中国台湾等地引进购买了TC—800、TC—1.5K、SOLON4型数控加工中心五台（套）。为提高铸件产品质量与环保需要，公司斥巨资从德国爱柯公司引进了树脂砂系统工程铸造设备。20世纪90年代中期投资建成了国内第一座气力输送试验室。为开发研制螺杆式压缩机，从德国引进了螺杆转子专用加工设备——螺杆转子磨床和三座标测量仪，购置了螺杆转子铣床。公司拥有先进的CAD工作站和新产品实验室，并具有设计和生产一、二类压力容器的许可证及自动焊接设备。

加工中心

公司目前拥有往复活塞式压缩机、螺杆式压缩机、滑片式压缩机、特殊气体用压缩机、船用压缩机、压缩空气兆化装置、粉状物料气力输送系统、散装水泥运输车、混凝土搅拌车、压缩机及生产过程自动化控制系统等九大类260多种产品。

自1992年公司总产值与销售收入实现“双破亿”以来，始终处于稳步增长状态，连续被评为“重合同、守信用”单位，资信等级为AAA，并多年被评为南京市文明工厂和建设南京有功单位。

地址：南京市中华门外小行尤家凹1号　　邮编：210012
电话：(025) 2411128　　传真：(025) 2411128

www.comprssr-hg.com

中　华　之　冠　　气　吞　山　河

螺杆式压缩机

华冠牌压缩机

三达牌压缩机

压力容器

净化设备

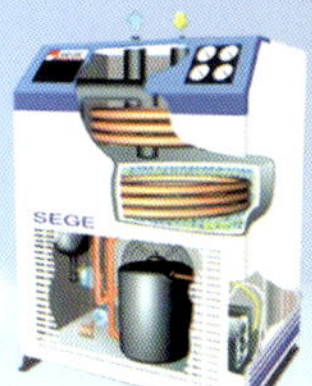

冷干机

南京华冠压缩机有限公司是我国当今生产微小型压缩机的较大一家合资企业，总投资1.2亿元，厂区占地 3.2万m^2，是南京地区最早由国家颁发产品生产制造许可证的企业之一。

本公司产品注册商标为“华冠牌”，主要生产排气量为0.036～10m^3/min，最高压力为6MPa的空气压缩机以及处理气量为100m^3/min以下压缩空气干燥器及过滤器等净化设备。有电动、柴动、低压、中压、有油、无油、螺杆式空压机产品及各类压缩空气净化产品，一、二类压力容器。产品获部优、省优称号，荣获南京名牌产品称号。在迈向二十一世纪的今天，我公司又隆重推出了2000系列及风霸系列空气压缩机，采用分件油漆，防护罩为整板冲裁，其外观更加美观、安全耐用，处于同行业领先地位。公司已通过ISO9001国际质量体系认证。

我公司将本着“质量第一、用户至上”的原则，竭诚为广大客户提供高性能价格比的产品。

市场部：(025)6400974　6422599　　地　址：南京市应天西路166号
传　真：(025)6419682　6411745　　邮　编：210012

浙江五洲阀门有限公司

总经理：陈锦法

浙江五洲阀门有限公司创建于1978年，是中国阀门协会理事单位，浙江省高新技术、科技先进企业，省级阀门专业制造工厂，温州市百强产品工厂之一，温州市名牌产品企业。

公司占地面积2.5万㎡，固定资产3 280万元，拥有加工中心、数控机床及金切加工设备98台，理化检测等综合性能测试设备45台（套），起重设备22台。具有CAD开发设计和CIMS计算机网络管理，加入国际因特网络。

公司于1988年和1999年分别取得挪威DNV船级社ISO9001国际质量体系认证证书和美国石油学会API-6D证书，是中国石油集团物资装备公司、中国天然气集团公司和中国化工装备总公司、上海宝钢集团公司等定点供货成员单位。

公司生产的硬密封高温系列球阀获得国家专利，并被国家科委列为国家重点火炬计划项目和国家级新产品以及国际尤里卡金奖。变偏心蝶阀获专利新产品金奖。闸阀、截止阀等均由国家技术监督局全国统检为一等品。公司为石油、化工、冶金、轻工、电站、城建及输油、输气、天然气、长输管线等工程提供高中压球阀、蝶阀、平板闸阀、闸阀、截止阀、止回阀、电站阀以及引进装置配套的非标和特殊阀门六百余个品种规格。生产通径为DN5～2 000mm，公称压力为1.6～100MPa，工作温度为-196～750℃，阀门的材质有碳钢、不锈钢、耐热合金钢、低温钢以及其他特殊钢种，驱动方式有手动、电动、气动、齿轮传动、蜗轮蜗杆传动、气液联动、电液联动等。产品畅销全国，出口美国、新加坡及欧洲、中东等地。公司坚持质量第一、用户至上的经营方针，以可用性、可信性、可靠性的三性为目标，创建“五洲”一流名牌，以优惠的价格、优良的售后服务热忱欢迎国内外客户光临指导。

Y型料浆阀

WZ型闸阀

地址：浙江省温州市高科技园区永昌工业大街

邮编：325024

电话：(0577)86935008　86932278　86931678

传真：(0577)86933224

E-mail：zjwuzhou@mail.wzptt.zj.cn

抗硫耐腐蚀油气管线专用双套密封球阀

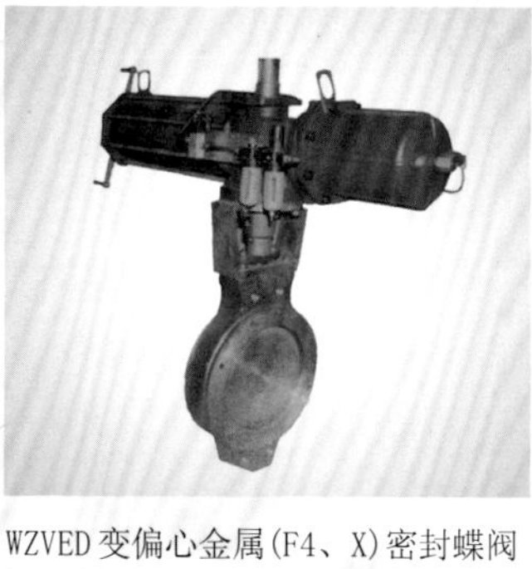

WZVED变偏心金属(F4、X)密封蝶阀

广东明珠球阀集团股份有限公司

GUANGDONGMINGZHUQIUFAJITUANGUFENYOUXIANGONGSI

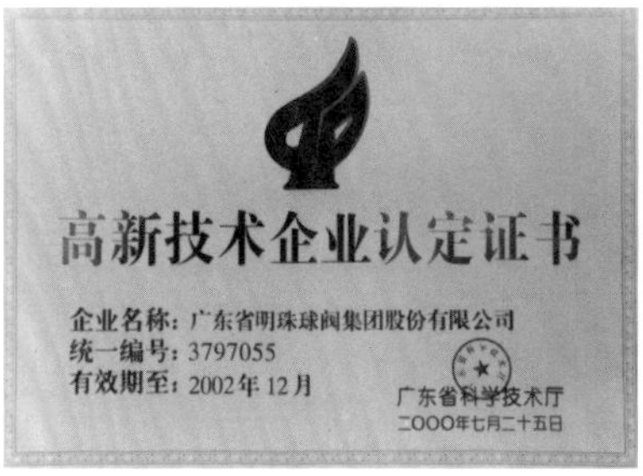

广东明珠球阀集团股份有限公司是我国A股上市公司。证券简称：广东明珠。证券代码：600382。注册商标：明珠牌。

公司一直是我国阀门行业的代表企业，是中国通用机械阀门行业协会会员，我国最大的阀门生产基地之一，是广东省高新技术企业和技术创新优势企业。公司先后获得多个国家级新产品和部、省优质产品等荣誉，取得了ISO9001国际质量保证体系和美国API产品认证。

公司拥有大批经验丰富的工程技术人员，采用国际技术前沿的Pro/E设计软件和一流的检测手段。精心设计、专业制造生产的球阀、闸阀、截止阀、止回阀、蝶阀、减压阀、隔膜阀、疏水阀、旋塞阀等各类阀门，是高附加值产品和替代进口配套出口产品，在我国的工业和民用设施中大量使用，并在世界各地获广泛应用。可向各行业客户提供2 500磅级（中国阀门标准客户为320kgf/cm^2）、−40～550℃、DN6～100mm范围以内的各种材质阀门，可为客户提供个性化设计，根据客户的特别需要提供任何标准的或非标的阀门。产品广泛应用于航天、机械、石油、化工、轻工、食品、制药、纺织、冶炼等多个行业。

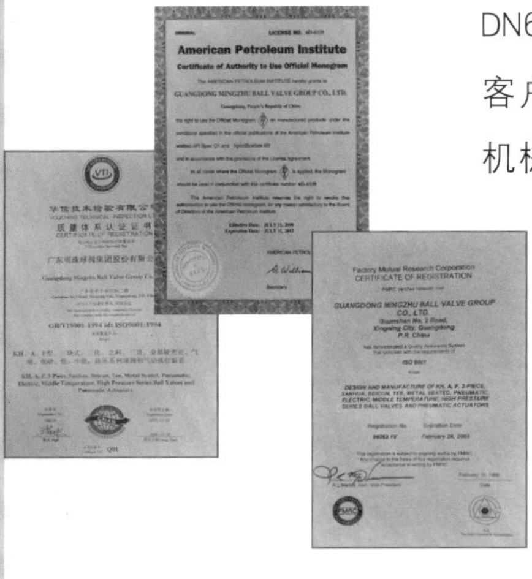

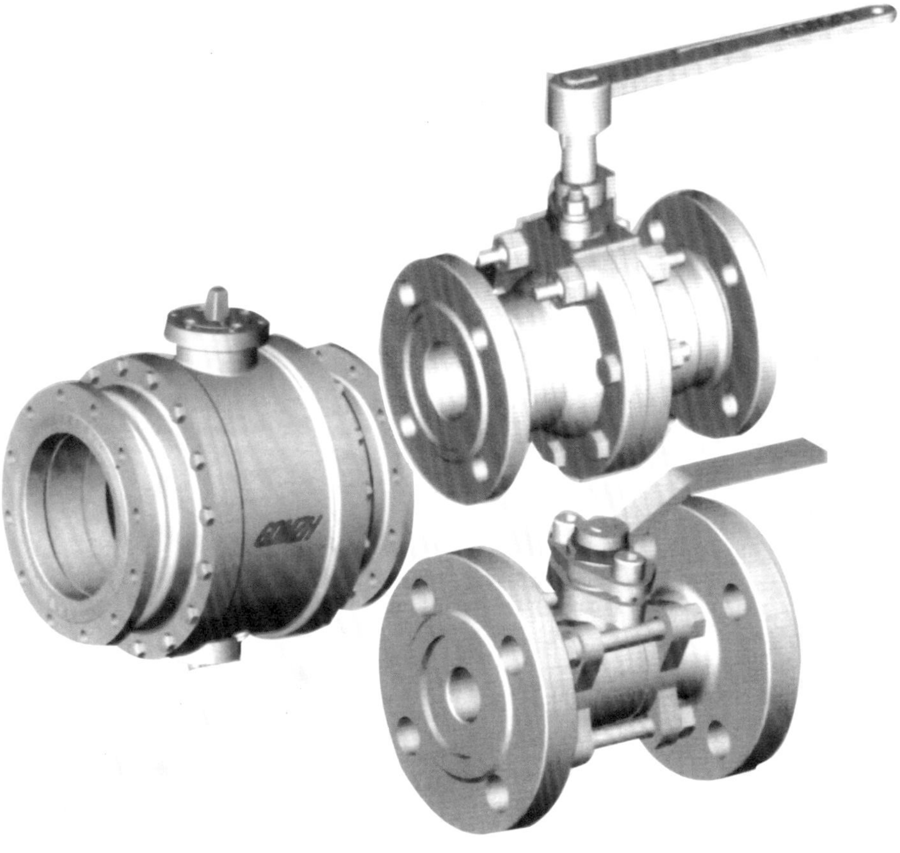

地址：广东省兴宁市兴城镇赤巷口　　邮编：514500
电话：(0753)3337950　　传真：(0753)3337950

SGVAC-上海曙光机械制造厂

厂长：孙凯　　地址：上海市浦东南路2250号　　邮编：200127　　http://www.sgvac.com
电话：(021)58896555　　传真：(021)58810157　　E-mail:sgvac@sgvac.com

上海曙光机械制造厂建于1957年，经过40余年的艰苦创业，已发展成为一家在国内外享有盛誉的真空应用设备专业工厂。

20世纪60～70年代曾成功研制第一台高真空扩散泵、超高真空宇宙模拟试验装置和同步卫星试验装置、直径2.2m大型光学镀膜机、氢原子钟主体、大型深冷液氦储存容器、无油超高真空抽气机组和无油超高真空镀膜机等真空设备，为我国国防建设、尖端科学的发展和工业技术进步作出卓越的贡献。

20世纪80年代，该厂经过产品结构改造，开发出光学镀膜机、装饰镀膜机、制镜镀膜机、卷绕镀膜机、磁控溅射镀膜机、离子镀膜机、真空扩散焊接炉、真空仪表等系列产品。近两年企业以社会化、市场化、现代化的观念为指导，狠抓市场开拓、科技创新、全面质量管理、竞争机制建设等，加大了科技投入，建立了产品试验研究中心和新产品计算机研究开发中心，产品开发全部采用CAD设计，加速了新产品技术发展。新研制的国内第一台JCJ-D1200大型磁控溅射卷绕镀膜机、CD-R光盘镀膜机、大型全不锈钢卷绕镀膜机和ZZ-1800K新系列卷绕镀膜机其功能、质量与自动化程度全面达到国际20世纪90年代水平。目前该厂正在为一家美国著名的500强企业设计制造具有国际领先水平的大型高真空卷绕镀膜机。

目前该厂产品已形成二十八个系列100余个品种，广泛应用于国民经济各个领域并大量出口到澳大利亚、法国、韩国及东南亚、中东、中美洲、非洲等18个国家和地区。

无锡力源压缩机有限公司

董事长：许京沪　　地址：江苏省无锡市健康路康运路1号　　邮编：214031
电话：(0510) 2855982　　传真：(0510) 2855215　　E-mail:jl_compressor@sina.com

无锡力源压缩机有限公司是在无锡市第二压缩机厂基础上组建的有限责任公司，是制造压缩机的专业公司。从20世纪60年代初开始生产小型、微型压缩机，是我国微、小型压缩机主要出口企业之一。

该公司生产的压缩机品种齐全，可为用户提供排气量0.036～11m³/min、压力0.4～4.0MPa的40多种不同规格的Z型、V型、W型、L型往复活塞式微小型和中型压缩机。产品广泛应用于各个行业，遍及全国各省、市，远销亚洲、美洲、欧洲及大洋洲等地区，并以优良的品质和周到的技术服务而深受国内外广大客户的好评。

http://www.wxjlcompressor.com

编辑说明

一、《中国机械工业年鉴》是由中国机械工业联合会主管、机械工业信息研究院主办的大型资料性、工具性年刊，创刊于1984年。

二、根据行业需要，1998年中国机械工业年鉴编辑委员会开始出版分行业年鉴，逐渐形成了"中国机械工业年鉴系列"。该系列丛书已经出版《中国电器工业年鉴》、《中国工程机械工业年鉴》、《中国齿轮工业年鉴》、《中国磨料磨具工业年鉴》和《中国机电产品市场年鉴》。

三、《中国通用机械工业年鉴》作为该年鉴系列之一，2002年创刊，它集中反映了通用机械中泵、风机、压缩机、阀门、气体分离设备、真空获得及应用设备、分离机械、干燥设备、减变速机9个分行业的发展情况，全面系统地提供通用机械行业企业的主要经济技术指标。

四、《中国通用机械工业年鉴》2002年创刊号由综述、专文、产品概况、企业概况、市场需求、获奖项目及新产品、质量、标准、统计资料、大事记及附录等内容构成。

五、本年鉴统计资料中的数据均由中国通用机械工业协会及各行业分会提供，数据截止到2000年。

六、年鉴文中提及的机械系统系指原机械工业部所属系统。

七、本年鉴在编纂过程中得到了中国通用机械工业协会、9个行业分会及多年从事通用机械工业研究的专家、学者和企业的大力支持与帮助。在此我们表示衷心的感谢。

八、由于水平有限，难免出现错误及疏漏，敬请读者批评指正。

目　　录

综　　述

通用机械行业“十五”发展规划 …………………… (3)
通用机械行业回顾与展望 …………………… (19)
工业泵行业“十五”规划 …………………… (21)
风机行业“十五”规划 …………………… (34)
压缩机行业“十五”规划 …………………… (41)
阀门行业“十五”规划 …………………… (51)

专　　文

入世后，通用机械的发展 …………………… (61)
通用机械行业“十五”发展预测 …………………… (64)
加入 WTO 与中国泵行业的发展 …………………… (67)
新形势下风机行业的总体发展方向 …………………… (69)
压缩机行业十二年综述 …………………… (75)
努力实现阀门行业科技发展新跨越 …………………… (77)
空分设备行业“九五”总结 …………………… (81)
中国加入 WTO 对真空设备行业
　的影响及对策 …………………… (84)
加入 WTO 对我国分离机械行业
　的影响及对策 …………………… (87)
“十五”期间干燥设备行业市场浅析 …………………… (88)
减变速机行业协会对“十五”期间
　市场的分析 …………………… (90)

产 品 概 况

泵 …………………… (95)
风机 …………………… (101)
气体压缩机 …………………… (112)
阀门 …………………… (118)
气体分离及液化设备 …………………… (126)
真空获得及应用设备 …………………… (132)
分离机械 …………………… (143)
干燥设备 …………………… (147)
减变速机 …………………… (151)

企 业 概 况

2000 年通用机械行业企业销售 100 强 …………………… (163)
2000 年通用机械各分行业
　产品销售收入排序 …………………… (165)
2000 年通用机械各分行业
　工业增加值排序 …………………… (167)
通用机械行业上市公司分析 …………………… (169)
深化改革　创新发展 …………………… (174)
科技兴厂　铸造辉煌 …………………… (192)
把握先机　开拓市场 …………………… (202)
一线风采 …………………… (210)

市 场 需 求

通用机械行业市场需求分析 …………………… (213)
用户行业对设备的市场需求 …………………… (231)
拟建在建项目市场需求 …………………… (247)

获奖项目及新产品

2001 年度中国机械工业科学技术奖
　获奖项目 …………………… (281)
获国家、部、省级奖产品 …………………… (281)
科技成果 …………………… (289)
新产品 …………………… (297)

质　　量

会员单位通过质量体系认证情况 …………………… (319)

统检获优等品、一等品、合格品情况…………（325）
质量统检概述………………………………（327）

标　准

国家标准……………………………………（333）
行业标准……………………………………（336）

统计资料

中国通用机械工业技术引进项目……………（351）
1999 年通用机械进出口商品量值表…………（356）
2000 年通用机械进出口商品量值表…………（357）
1996 年泵行业协会会员单位经济指标………（359）
1997 年泵行业协会会员单位经济指标………（362）
1998 年泵行业协会会员单位经济指标………（365）
1999 年泵行业协会会员单位经济指标………（368）
2000 年泵行业协会会员单位经济指标………（371）
1997 年泵行业协会会员单位
　经济效益综合指数…………………………（373）
1998 年泵行业协会会员单位
　经济效益综合指数…………………………（377）
1999 年泵行业协会会员单位
　经济效益综合指数…………………………（379）
2000 年泵行业协会会员单位
　经济效益综合指数…………………………（382）
1996 年风机行业协会会员单位
　经济指标……………………………………（385）
1997 年风机行业协会会员单位
　经济指标……………………………………（386）
1998 年风机行业协会会员单位
　经济指标……………………………………（388）
1999 年风机行业协会会员单位
　经济指标……………………………………（390）
2000 年风机行业协会会员单位
　经济指标……………………………………（392）
1996 年风机行业协会会员单位
　经济效益综合指数…………………………（394）
1997 年风机行业协会会员单位
　经济效益综合指数…………………………（395）
1998 年风机行业协会会员单位
　经济效益综合指数…………………………（396）
1999 年风机行业协会会员单位
　经济效益综合指数…………………………（398）
2000 年风机行业协会会员单位
　经济效益综合指数…………………………（400）
1996 年压缩机行业协会会员单位
　经济指标……………………………………（402）
1997 年压缩机行业协会会员单位
　经济指标……………………………………（403）
1998 年压缩机行业协会会员单位
　经济指标……………………………………（405）
1999 年压缩机行业协会会员单位
　经济指标……………………………………（407）
2000 年压缩机行业协会会员单位
　经济指标……………………………………（408）
1996 年压缩机行业协会会员单位
　经济效益综合指数…………………………（410）
1997 年压缩机行业协会会员单位
　经济效益综合指数…………………………（412）
1998 年压缩机行业协会会员单位
　经济效益综合指数…………………………（413）
1999 年压缩机行业协会会员单位
　经济效益综合指数…………………………（415）
2000 年压缩机行业协会会员单位
　经济效益综合指数…………………………（416）
1996 年阀门行业协会会员单位
　经济指标……………………………………（418）
1997 年阀门行业协会会员单位
　经济指标……………………………………（420）
1998 年阀门行业协会会员单位
　经济指标……………………………………（421）
1999 年阀门行业协会会员单位
　经济指标……………………………………（423）
2000 年阀门行业协会会员单位
　经济指标……………………………………（425）
1996 年阀门行业协会会员单位
　经济效益综合指数…………………………（427）
1997 年阀门行业协会会员单位
　经济效益综合指数…………………………（429）

1998 年阀门行业协会会员单位
经济效益综合指数……………………………(431)
1999 年阀门行业协会会员单位
经济效益综合指数……………………………(433)
2000 年阀门行业协会会员单位
经济效益综合指数……………………………(435)
1996 年气体分离设备行业协会会员单位
经济指标…………………………………………(436)
1997 年气体分离设备行业协会会员单位
经济指标…………………………………………(437)
1998 年气体分离设备行业协会会员单位
经济指标…………………………………………(437)
1999 年气体分离设备行业协会会员单位
经济指标…………………………………………(437)
2000 年气体分离设备行业协会会员单位
经济指标…………………………………………(438)
1996 年气体分离设备行业协会会员单位
经济效益综合指数……………………………(438)
1997 年气体分离设备行业协会会员单位
经济效益综合指数……………………………(438)
1998 年气体分离设备行业协会会员单位
经济效益综合指数……………………………(439)
1999 年气体分离设备行业协会会员单位
经济效益综合指数……………………………(439)
2000 年气体分离设备行业协会会员单位
经济效益综合指数……………………………(439)
1996 年真空行业协会会员单位
经济指标…………………………………………(440)
1997 年真空行业协会会员单位
经济指标…………………………………………(440)
1998 年真空行业协会会员单位
经济指标…………………………………………(441)
1999 年真空行业协会会员单位
经济指标…………………………………………(441)
2000 年真空行业协会会员单位
经济指标…………………………………………(442)
1999 年分离机械行业协会会员单位
经济指标…………………………………………(443)
2000 年分离机械行业协会会员单位
经济指标…………………………………………(443)
1999 年分离机械行业协会会员单位
经济效益综合指数……………………………(444)
2000 年分离机械行业协会会员单位
经济效益综合指数……………………………(445)
1999 年干燥设备行业协会会员单位
经济指标…………………………………………(446)
2000 年干燥设备行业协会会员单位
经济指标…………………………………………(447)
1999 年干燥设备行业协会会员单位
经济效益综合指数……………………………(448)
2000 年干燥设备行业协会会员单位
经济效益综合指数……………………………(449)
1996 年减变速机行业协会会员单位
经济指标…………………………………………(450)
1997 年减变速机行业协会会员单位
经济指标…………………………………………(450)
1998 年减变速机行业协会会员单位
经济指标…………………………………………(451)
1999 年减变速机行业协会会员单位
经济指标…………………………………………(452)
2000 年减变速机行业协会会员单位
经济指标…………………………………………(453)
1996 年减变速机行业协会会员单位
经济效益综合指数……………………………(454)
1997 年减变速机行业协会会员单位
经济效益综合指数……………………………(455)
1998 年减变速机行业协会会员单位
经济效益综合指数……………………………(456)
1999 年减变速机行业协会会员单位
经济效益综合指数……………………………(457)
2000 年减变速机行业协会会员单位
经济效益综合指数……………………………(458)

大 事 记

1996 ~ 2000 年通用机械工业大事记…………(461)

附　　录

中国通用机械工业协会及
各行业协会概况……………………………(479)
通用机械行业企业名录…………………………(490)

Contents

Summaries

The Tenth Five - Year Plan for Development of China's General Machinery Industry ········· (3)
Review & Prospect ········· (19)
The Tenth Five - Year Plan of Industrial Pump Industry ··· (21)
The Tenth Five - Year Plan of Fan Industry ········· (34)
The Tenth Five - Year Plan of Compressor Industry ········· (41)
The Tenth Five - Year Plan of Valve Industry ········· (51)

Features

WTO Basic Rules & Development of General Machinery after China's Entry into WTO ········· (61)
Opinions on General Machinery Industry During The Tenth Five - Year - Plan Period ········· (64)
The Entry into WTO & Development of China' Pump Industry ········· (67)
General Development Trends of Fan Industry Under New Situations ········· (69)
Twelve - year Summary of Compressor Industry ········· (75)
Strive for New Leap of Scientific & Technological Development of Valve Industry ········· (77)
Summary of Gas Separating Equipment Industry During The Ninth Five - Year - Plan Period ········· (81)
Effects of China's Entry into WTO to Vacuum Equipment Industry ········· (84)
Effects of China's Entry into WTO to Separating Equipment Industry & Corresponding Measures ········· (87)
Market Analysis of Drying Equipment Industry During The Tenth Five - Year - Plan Period ········· (88)
Market Analysis During The Tenth Five - Year - Plan Period by CGMIA (China General Machinery Industry Association) Speed Reducer & Variator Industry Association ········· (90)

Product Overview

Pumps ········· (95)
Fans ········· (101)
Compressors ········· (112)
Valves ········· (118)
Gas Separating & Liquefying Equipment ········· (126)
Vacuum Preparation & Application Equipment ········· (132)
Separating Equipment ········· (143)
Drying Equipment ········· (147)
Speed Reducers & Variators ········· (151)

Enterprise Overview

Top 100 Enterprises by Sales in General Machinery Industry ········· (163)
Ranking of Products' sales by Sectors in General Machinery Industry ········· (165)
Ranking of Industrial Added Values by Sectors in General Machinery Industry ········· (167)
Analysis of Listed Companies in General Machinery Industry ········· (169)
Deepening The Reform, Striving for The Development ······ (174)
Vitalizing The Enterprise by Science & Technology, Blazing Its Future ········· (192)
Catching The Opportunity, Exploiting The Market ········· (202)
Frontier View ········· (210)

Market Demand

Market Demand Analysis of General Machinery Industry ········· (213)
Equipment Market Demand of Customer Industries ········· (231)
Market Demand of Projects to be Built & Under Building ········· (247)

Projects with Awards & New Products

Projects with Awards of Scientific & Technological Progress of Machinery Industry in 2001 ········· (281)
Products with National, Ministerial & Provincial Awards ········· (281)
Scientific & Technological Achievements ········· (289)
New Products ········· (297)

Quality

Members Passed QC Certifications ········· (319)
Superior, First - Grade & Qualified Products Passed through Unified Quality Inspections ········· (325)
Summary of Unified Quality Inspections ········· (327)

Standards

National Standards ············ (333)
Industrial Standards ············ (336)

Statistics

Projects of Technology Transfer in General Machinery Industry ············ (351)
Quantity and Value of Import & Export Products of General Machinery Industry in 1999 ············ (356)
Quantity and Value of Import & Export Products of General Machinery Industry in 2000 ············ (358)
Economic Status of Members of CGMIA Pump Industry Association in 1996 ············ (359)
Economic Status of Members of CGMIA Pump Industry Association in 1997 ············ (362)
Economic Status of Members of CGMIA Pump Industry Association in 1998 ············ (365)
Economic Status of Members of CGMIA Pump Industry Association in 1999 ············ (368)
Economic Status of Members of CGMIA Pump Industry Association in 2000 ············ (371)
Comprehensive Economic - effect Indicators of Members of CGMIA Pump Industry Association in 1997 ············ (373)
Comprehensive Economic - effect Indicators of Members of CGMIA Pump Industry Association in 1998 ············ (377)
Comprehensive Economic - effect Indicators of Members of CGMIA Pump Industry Association in 1999 ············ (379)
Comprehensive Economic - effect Indicators of Members of CGMIA Pump Industry Association in 2000 ············ (382)
Economic Status of Members of CGMIA Fan Industry Association in 1996 ············ (385)
Economic Status of Members of CGMIA Fan Industry Association in 1997 ············ (386)
Economic Status of Members of CGMIA Fan Industry Association in 1998 ············ (388)
Economic Status of Members of CGMIA Fan Industry Association in 1999 ············ (390)
Economic Status of Members of CGMIA Fan Industry Association in 2000 ············ (392)
Comprehensive Economic - effect Indicators of Members of CGMIA Fan Industry Association in 1996 ············ (394)
Comprehensive Economic - effect Indicators of Members of CGMIA Fan Industry Association in 1997 ············ (395)
Comprehensive Economic - effect Indicators of Members of CGMIA Fan Industry Association in 1998 ············ (396)
Comprehensive Economic - effect Indicators of Members of CGMIA Fan Industry Association in 1999 ············ (398)
Comprehensive Economic - effect Indicators of Members of CGMIA Fan Industry Association in 2000 ············ (400)
Economic Status of Members of CGMIA Compressor Industry Association in 1996 ············ (402)
Economic Status of Members of CGMIA Compressor Industry Association in 1997 ············ (403)
Economic Status of Members of CGMIA Compressor Industry Association in 1998 ············ (405)
Economic Status of Members of CGMIA Compressor Industry Association in 1999 ············ (407)
Economic Status of Members of CGMIA Compressor Industry Association in 2000 ············ (408)
Comprehensive Economic - effect Indicators of Members of CGMIA Compressor Industry Association in 1996 ··· (410)
Comprehensive Economic - effect Indicators of Members of CGMIA Compressor Industry Association in 1997 ··· (412)
Comprehensive Economic - effect Indicators of Members of CGMIA Compressor Industry Association in 1998 ··· (413)
Comprehensive Economic - effect Indicators of Members of CGMIA Compressor Industry Association in 1999 ··· (415)
Comprehensive Economic - effect Indicators of Members of CGMIA Compressor Industry Association in 2000 ··· (416)
Economic Status of Members of CGMIA Valve Industry Association in 1996 ············ (418)
Economic Status of Members of CGMIA Valve Industry Association in 1997 ············ (420)
Economic Status of Members of CGMIA Valve Industry Association in 1998 ············ (421)
Economic Status of Members of CGMIA Valve Industry Association in 1999 ············ (423)
Economic Status of Members of CGMIA Valve Industry Association in 2000 ············ (425)
Comprehensive Economic - effect Indicators of Members of CGMIA Valve Industry Association in 1996 ············ (427)
Comprehensive Economic - effect Indicators of Members of CGMIA Valve Industry Association in 1997 ············ (429)
Comprehensive Economic - effect Indicators of Members of CGMIA Valve Industry Association in 1998 ············ (431)
Comprehensive Economic - effect Indicators of Members of CGMIA Valve Industry Association in 1999 ············ (433)
Comprehensive Economic - effect Indicators of Members of CGMIA Valve Industry Association in 2000 ············ (435)
Economic Status of Members of CGMIA Gas Separating Equipment Industry Association in 1996 ············ (436)
Economic Status of Members of CGMIA Gas Separating Equipment Industry Association in 1997 ············ (437)
Economic Status of Members of CGMIA Gas Separating Equipment Industry Association in 1998 ············ (437)

Economic Status of Members of CGMIA Gas Separating Equipment Industry Association in 1999 ················ (437)
Economic Status of Members of CGMIA Gas Separating Equipment Industry Association in 2000 ················ (438)
Comprehensive Economic – effect Indicators of Members of CGMIA Gas Separating Equipment Industry Association in 1996 ························· (438)
Comprehensive Economic – effect Indicators of Members of CGMIA Gas Separating Equipment Industry Association in 1997 ························· (438)
Comprehensive Economic – effect Indicators of Members of CGMIA Gas Separating Equipment Industry Association in 1998 ························· (439)
Comprehensive Economic – effect Indicators of Members of CGMIA Gas Separating Equipment Industry Association in 1999 ························· (439)
Comprehensive Economic – effect Indicators of Members of CGMIA Gas Separating Equipment Industry Association in 2000 ························· (439)
Economic Status of Members of CGMIA Vacuum Preparation & Application Equipment Industry Association in 1996 ························· (440)
Economic Status of Members of CGMIA Vacuum Preparation & Application Equipment Industry Association in 1997 ························· (440)
Economic Status of Members of CGMIA Vacuum Preparation & Application Equipment Industry Association in 1998 ························· (441)
Economic Status of Members of CGMIA Vacuum Preparation & Application Equipment Industry Association in 1999 ························· (441)
Economic Status of Members of CGMIA Vacuum Preparation & Application Equipment Industry Association in 2000 ························· (442)
Economic Status of Members of CGMIA Separating Equipment Industry Association in 1999 ················ (443)
Economic Status of Members of CGMIA Separating Equipment Industry Association in 2000 ················ (443)
Comprehensive Economic – effect Indicators of Members of CGMIA Separating Equipment Industry Association in 1999 ······ (444)
Comprehensive Economic – effect Indicators of Members of CGMIA Separating Equipment Industry Association in 2000 ······ (445)
Economic Status of Members of CGMIA Drying Equipment Industry Association in 1999 ························· (446)
Economic Status of Members of CGMIA Drying Equipment Industry Association in 2000 ························· (447)
Comprehensive Economic – effect Indicators of Members of CGMIA Drying Equipment Industry Association in 1999 ························· (448)
Comprehensive Economic – effect Indicators of Members of CGMIA Drying Equipment Industry Association in 2000 ························· (449)
Economic Status of Members of CGMIA Speed Reducer & Variator Industry Association in 1996 ································· (450)
Economic Status of Members of CGMIA Speed Reducer & Variator Industry Association in 1997 ································· (450)
Economic Status of Members of CGMIA Speed Reducer & Variator Industry Association in 1998 ································· (451)
Economic Status of Members of CGMIA Speed Reducer & Variator Industry Association in 1999 ································· (452)
Economic Status of Members of CGMIA Speed Reducer & Variator Industry Association in 2000 ································· (453)
Comprehensive Economic – effect Indicators of Members of CGMIA Speed Reducer & Variator Industry Association in 1996 ························· (454)
Comprehensive Economic – effect Indicators of Members of CGMIA Speed Reducer & Variator Industry Association in 1997 ························· (455)
Comprehensive Economic – effect Indicators of Members of CGMIA Speed Reducer & Variator Industry Association in 1998 ························· (456)
Comprehensive Economic – effect Indicators of Members of CGMIA Speed Reducer & Variator Industry Association in 1999 ························· (457)
Comprehensive Economic – effect Indicators of Members of CGMIA Speed Reducer & Variator Industry Association in 2000 ························· (458)

Calendar

Calendar of Major Events from 1996 to 2000 ············ (461)

Appendix

Introductions of China Association of General Machinery Industry & Its Branch Associations ·········· (479)
Directory of Enterprises in General Machinery Industry ··· (490)

China General Machinery Industry Yearbook

中国通用机械工业 年鉴

2002

综述

综 述 ZONGSHU

China General Machinery Industry Yerqrbook

纵览宏观环境

寻找发展商机

通用机械行业“十五”发展规划

通用机械行业“十五”发展规划

国家经贸委投资与规划司

通用机械行业是机械工业的重要组成部分，在国民经济建设中起着十分重要的作用，担负着为石油天然气开发、石油化工、化工、电力、冶金、环保、城市基础设施建设、矿山、水利、军工、建材、医药、轻工等工业提供成套技术装备和配套设备的重任。

通用机械制造业包括工业泵、风机、压缩机、阀门、气体分离与液化设备、真空获得与应用设备、分离机械、干燥设备和减变速机等9个行业，产品广泛应用于国民经济各领域，具有使用量大、服务面广、配套性强、耗能较高等特点。

通用机械行业(以下简称“通用行业”)专业门类繁多，产品品种繁杂，应用领域广阔。“十五”期间，为满足国民经济持续、快速、健康发展的需要，通用行业面临的主要任务是调整产业和产品结构，全面提高行业和企业的综合竞争力。因此通用行业“十五”发展应突出重点，集中力量研究有助于行业结构优化、有利于行业可持续发展和能够形成新经济增长点的重点产品，以带动整个行业的发展。

一、现状与差距

(一)基本情况

据不完全统计，1998年通用行业有生产企业1 283家，职工人数41.3万人，其中工程技术人员3.27万人。行业资产总额409.9亿元，固定资产原价229.8亿元，固定资产净值148.3亿元。

1998年全行业完成工业总产值按不变价为258.9亿元，按当年价为291.8亿元，工业销售产值278亿元，工业增加值90.9亿元；全行业产品产量307万台、102.7万t，实现产品销售收入257.3亿元，出口创汇4.79亿美元；利税总额21.8亿元，其中利润总额6.3亿元。

通用行业1998年主要数据指标见表1。

通用行业1998年按小行业分类主要数据见表2。

表1 通用行业1998年主要数据指标

序号	数据或指标	单位	1998年
1	工业总产值(当年价)	亿元	291.8
2	工业总产值(不变价)	亿元	258.9
3	工业销售产值	亿元	278
4	工业增加值	亿元	90.9
5	销售收入	亿元	257.3
6	利税总额	亿元	21.8
	其中：利润总额	亿元	6.3
7	出口创汇	亿美元	4.79
8	产品进口	亿美元	36

“九五”期间从通用行业总体经营情况看，全行业产销呈逐年增长态势，工业总产值、工业增加值及产品销售收入每年均有不同幅度的增长，平均工业产品销售率为95.5%，平均工业增加值率为27.3%，平均销售收入利税率为8.2%。1996～1998年行业产品进口额逐年减少，但产品出口创汇增长较快，年平均增长37%。

从各种体制企业发展情况看，国有及国有独资企业仍在行业中占主要地位，但近年来集体企业、股份制企业和合资合作经营企业等多种所有制企业发展呈上升趋势，其企业数量、资产总额、工业产值等在行业中所占比重都逐年增长，特别是效益明显好于国有企业。通用行业已经基本不再是国有企业一统天下的局面，行业内企业改组改制已获得初步成效，国有企业必须尽快进行结构调整和机制转换，才能走出经营困境。

表2 通用行业1998年分行业主要数据指标

序号	数据或指标名称	单位	工业泵	风机	阀门	压缩机	其他小行业	合计
1	企业个数	个	270	163	501	90	259	1283
2	职工人数	万人	8.1	6.2	13.7	5.4	7.9	41.3
	其中：工程技术人员	万人	0.7	0.5	0.9	0.5	0.7	3.3
3	资产总额	亿元	99.0	80.4	136.8	82.1	92.6	490.9
4	固定资产原价	亿元	46.2	40.2	61.2	37.1	45.1	229.8
5	固定资产净值	亿元	29.8	24.3	40.7	23.8	29.7	148.3
6	工业总产值(当年价)	亿元	52.3	46.5	105.3	31.8	55.9	291.8
7	工业总产值(不变价)	亿元	45.9	45.3	87.9	32.4	47.4	258.9
8	工业销售产值	亿元	49.9	43.9	101.5	30.6	52.1	278
9	工业增加值	亿元	15.3	14.3	32.7	12.2	16.4	90.9
10	销售收入	亿元	44.1	42.7	90.5	30.8	49.2	257.3
11	产品产量	万台	88	160		25	34	307
		万t			100		2.7	102.7

（续）

序号	数据或指标名称	单位	工业泵	风机	阀门	压缩机	其他小行业	合计
12	利税总额	亿元	3.9	4.3	7.4	2.3	3.9	21.8
13	利润	亿元	1.3	1.9	1.8	0.2	1.1	6.3
14	全员劳动生产率(工业增加值)	万元(人)	1.9	2.3	2.4	2.3	2.1	3.2
15	出口额	亿美元	1.3	0.09	2.4	0.7	0.30	4.79

注:表中数据为全部国有企业和年产品销售收入500万元以上非国有企业主要数据。

(二)“九五”计划完成情况

1. 主要产品产量

随着市场经济和国家重点工程建设的发展,以及人民生活水平的提高和物质精神文明建设的深化,通用机械产品的应用领域日益广阔,需求量不断增加。虽然“九五”期间进口产品数量较大,并以较强的竞争实力占据了一定的国内市场份额,但国产通用机械产品通过提高技术水平和性能质量,市场竞争能力不断增强,为国家重大技术装备和国民经济各行业提供了大量配套产品,基本上满足了不同层次用户的需要。

1998年及2000年行业主要产品产量产值见表3。

表3 1998年及2000年行业主要产品产量产值

序号	产品类别	产量			产值(亿元)	
		单位	1998	2000	1998	2000
1	工业泵	万台	88	93	52.3	60
2	风机	万台	160	200	46.5	57
3	阀门	万t	100	110	105.3	120
4	压缩机	万台	25	25	32	35

2. 引进技术及消化吸收国产化情况

通用行业在“六五”、“七五”和“八五”期间我国先后从国外引进了压缩机、风机、阀门、化工流程泵、化工专用设备等产品的先进设计、制造技术百余项,并结合企业技术改造和科技攻关,对引进技术进行消化吸收,显著地提高了产品技术水平和质量,对“三大化工”和大型火电装置等重大技术装备国产化工作做出了贡献,同时也带动了行业的发展。

“九五”期间通用行业企业主要是通过两种途径促进企业技术进步,使产品性能水平得到进一步提高。一是通过与国外企业合资合作,参与重大工程项目的招标投标,在与国外企业合作过程中,获得和掌握国外的先进设计制造技术,促进企业产品技术水平的提高,增强在激烈市场竞争中的竞争实力;二是企业计算机应用水平普遍提高,强化了自主开发设计能力,不断跟踪世界先进技术发展动向,加快开发研制适应市场需求变化,满足用户需要的新产品,并结合对已引进技术的深入消化吸收和发展创新,使重大技术装备关键设备的国产化率进一步提高,以及部分国内处于空白的产品研制取得突破性进展。

重大技术装备的国产化工作取得了可喜的进展,“九五”末期的目标已经基本实现,即以天然气为原料的30万t/a合成氨装置国产化率达到80%,以煤为原料的国产化率达到70%;52万t/a尿素装置国产化率达到85%;200万t/a渣油加氢脱硫装置国产化率达到80%;大型乙烯装置国产化率达到65%;聚丙烯、丙烯腈、聚乙烯装置国产化率达到70%。在国家有关部门的高度重视和用户部门的关心支持下,经过多方面的共同努力,采取多种承接方式,国产的石油化工装备辅机已在重大技术成套装置中获得了一定市场份额,如乙烯裂解气压缩机组、丙烯压缩机在大庆年产48万t/a乙烯改造工程中得到应用。

除为国家重大技术装备配套的产品外,服务于国民经济各领域的其他通用机械产品对引进技术的消化吸收工作也获得了较大成效。工业泵行业在消化吸收引进技术方面有突出成就的是电站泵,沈阳水泵厂研制的CHT系列给水泵技术性能指标和结构先进性都达到国际先进水平。阀门行通过在20世纪80年代引进的国外先进技术推动了行业的技术进步,目前我国引进的大型石油化工和火电、水电成套装置中配套的进口阀门除少数仍需国外提供外,大部分产品国内厂家均能供货;天津塘沽阀门厂在引进中线对夹式蝶阀技术基础上开发了变型产品,完全满足国内用户需要,并有部分出口。

3. 产品出口创汇

“九五”期间行业产品出口取得了较大发展,出口量逐年增长。据不完全统计,1995年通用行业出口创汇3亿美元,1998年增长为4.79亿美元。虽然在1997年和1998年通用行业产品出口受到亚洲金融危机的影响,部分产品的出口量有所下降,但行业出口总体仍保持逐年增长势头。但在出口产品中60%～70%仍为传统的低中档产品,如压缩机产品中微型压缩机的出口额占压缩机总出口额的58.5%,泵类出口产品主要是低值小铸铁泵,风机的主要出口产品是中小型通风机和风机配件,阀门的出口产品大多数为中低压的闸阀、截止阀、止回阀等。而同时由于国内产品还不能完全满足各类用户的需要,各产业都有部分高技术含量、高附加值的产品进口。因此说明通用机械产品还需进一步提高技术质量水平,增强竞争实力,满足不同层次用户的要求。

通用机械产品的主要出口国家和地区重点集中在亚洲,特别是东南亚和南亚地区,同时还有非洲、中东、南美等国家和地区。传统的中低档通用机械产品主要面向发展中国家和地区,部分产品也销往美国、日本、意大利等工业发达国家。通用行业企业在巩固和抓住传统出口市场的同时,正在积极开拓更为广阔的国际市场领域。随着工业发达国家逐渐将劳动密集型产品的生产向发展中国家和地区转移,我国通用机械产品的技术水平和质量不断提高,价格具有一定竞争实力,可望争取获得更大的国际市场份额。

目前行业中有更多的企业获得了自营出口权,出口产品正在由传统的劳动密集型逐步向技术密集型转化,中高档技术水平的产品在出口中所占比重越来越大，部分技术附加值较高的产品也已开始进入国际市场，如火电机组用泵、大中型压缩机、大型空分设备等。特别是行业已从单件、单套产品出口逐步发展为以产品为龙头，带动工程承包成套项目的出口，使通用行业的出口领域进一步得到扩展，使产品走向更为广阔的国际市场。

4. 固定资产投资进展情况

"九五"规划中固定资产投资计划目标是围绕国家重大技术装备，扩大出口创汇，发展通用节能产品和两个文明建设所需关键产品进行改造，规划改造项目140项，投资70亿元。

"九五"期间是国有企业改革深化的关键时期，同时亚洲金融危机也对国内制造业造成了重要影响。为推动市场经济的深入发展，提高企业参与市场竞争的能力，加快企业发展的步伐，由国家经贸委和国家计委组织，与银行等金融部门相结合，在"九五"期间先后安排了技术改造第一期"双加"工程导向性项目计划、技术改造第二期"双加"工程导向性项目计划、重点工业产品扩大出口专项规划、重点行业结构调整专项规划及1999、2000年国家重点技术改造项目计划(国债专项资金项目)、国家重点技术改造"双高一优"项目导向计划等专项投资项目计划，针对工业企业，特别是国有企业的技术改造给予资金上的支持，拉动了内需，增强了企业活力。在各类专项计划中，通用行业的重点骨干企业和较具发展潜力的企业大部分都得到了国家立项的支持和银行贷款的承诺，以及贴息和国家资本金投入等扶持政策。但由于"九五"期间受国际经济环境的影响和国内市场需求的变化，部分企业经济效益滑坡，资产负债率较高，因此少部分企业的技术改造项目最终没有得到实施或只能部分实施，对企业的发展造成一定影响。

"九五"期间随着我国融资渠道的多元化和投资体制的改革，企业发展资金的筹措已从完全依靠国家技术改造和基本建设项目立项的贷款投资转变为通过银行贷款、吸引外资、股票上市、合资合作等多渠道、多种形式筹措资金。行业内合资合作企业数量不断增加，有部分企业实现了股票上市。同时许多国有企业进行了改组改制，剥离不良资产，盘活优良资产，使企业进入良性发展。

5. 科研开发和重点产品技术水平

"九五"期间在机械行业提出的"三大战役"(即产品质量翻身、组织结构优化、开发能力提高)思想指导下，企业特别注重提高开发设计能力，强化开发手段，提高计算机辅助设计应用水平，积极与科研院所和大专院校合作，采用多种形式开发新产品，提高产品技术水平。1998年通用行业全年产品销售收入中新产品销售收入约占23%。

根据国家有关改革方案，科研院所在"九五"期间进行了体制改革，实行企业化，使之成为科研与生产相结合、立足市场竞争的经营企业，在体制上为科研单位参与市场竞争，在竞争中求得发展创造了条件，也使产品的开发和研究更加贴近和满足市场的需求。

"九五"期间通用行业对引进技术进一步消化吸收，并通过自我开发取得了许多科研成果，使我国通用机械产品的技术性能和质量水平得到较大提高。目前从整体上看，我国通用机械产品中有50%～60%达到国际20世纪80年代水平，有10%达到国际90年代初、中期水平，主要产品的国内市场占有率达60%～70%。依据市场需求的变化情况，为满足国民经济各领域工业现代化水平的提高和人民生活素质改善对通用机械产品的需要，部分采用新科技、运用新工艺的新产品开发获得突破。

"九五"期间，工业泵行业科研成果和新产品数量近280个，并有6个企业建立了技术中心。沈阳水泵厂的产品中有91个品种规格达到或接近20世纪90年代国际同类产品水平，占全部产品的18.3%；天津泵业机械集团公司在引进技术基础上发展了螺杆泵系列产品，其开发的新产品中有60%以上达到国际水平。风机行业通过对引进技术的消化吸收，使企业增强了技术发展后劲，技术创新取得较大进展，1996年风机行业开发的新产品就达163种。

(三)国内外科技发展趋势

1. 相关领域技术发展趋势

国际上炼油、化肥、乙烯等能源工业发展迅速，其技术发展主要体现以下几方面特点：

(1)石化装备技术与装置大型化趋于稳定、成熟。随着石化产品的世界市场竞争越来越激烈，石化工程的建设也趋向追求最佳化经济规模，以求得单位产量的成本最低。因此目前单套装置的规模及其所要求的单台设备规格参数逐步加大，系统装置不仅形成了高配套性、高可靠性，而且达到了高效率和高效益，科学管理水平和加工制造技术水平越来越高。

(2)多功能高性能化。随着高新技术的发展，技术密集型的石化工艺装置已朝着缩短流程、简化设备和节能降耗的方向发展。在促进工艺和催化剂更新换代的同时，设备的多功能化发展也是这一趋势的重要标志。同时石化装备的产品结构也发生了极大变化，专用机械设备发展较快，其应用领域越来越宽，水平越来越高。

(3)石化装置运转可靠性增加，延长了使用寿命。石化生产装置具有高温、高压、深冷、易燃、易爆、有毒和强腐蚀等特点，操作安全和运转可靠都与石化专用机械设备的可靠性和使用寿命有关。随着计算机技术和相关科学理论的发展，石化设备的设计已更加注重于实验分析和系统设计等分析设计，注重对设备的形状及结构的优化，使产品在加工制造过程中处于最佳状况，实现了程序控制、自动跟踪检测，达到既保证安全运行又延长设备寿命，并充分利用材料的性能和强度，降低造价。近年来发达国家在断裂力学分析、在线监制、诊断技术、判废技术等方面做了大量研究工作。

"八五"、"九五"期间我国的能源工业也有了飞速的发展，其生产规模和技术水平都得到了很大提高，整个产业与国际先进水平的差距有所减小，大型成套技术装置的国产化率越来越高，更多的关键设备都已经能够立足国内制造。"十五"期间能源工业仍是我国国民经济的重点发展领域，其总体发展趋势是更加大型化、集约化和自动化，要求装置以实现较高经济效益为主要目的，因此对装置的连续化大生产、单台及单元系统设备的可靠性、装置的自动化控制水平等都提出了更高的要求。

2. 国内外产品技术水平及发展趋势

国民经济相关领域的发展战略和技术发展趋势决定了通用行业的产品技术发展方向，通用机械产品将更加紧密地跟踪能源工业和其他领域的技术发展动向，贴近用户的实际需要，满足不同层次用户的不同技术要求。通用机械产品的总体技术发展方向是产品的机电一体化水平，提高自动化控制水平，增强成套性，扩大适用范围，更加广泛应用新材料、新工艺、微电子技术等，大大提高产品的性能稳定性、使用寿命和可靠性，逐步缩小与国际同类产品先进水平的差距。

工业泵

国外泵行业继续向专业化方向发展，采用模块化技术，使多品种、小批量生产方式逐步转化为大批量生产方式；生产密封件、轴承和模块零件的专业厂家飞速发展，泵用密封、轴承等部件制造业向大型化、专业化发展。

绿色制造将成为21世纪泵制造业的主要特征，主要体现在三个方面：第一，要求生产过程无污染；第二，无泄漏密封泵成为满足输送可对环境造成污染介质时绝对无点滴泄漏这一环保要求的最具竞争力的产品；第三，泵是水污染防治设备中的关键产品，随着我国环保部门逐步解决大中城市水质保护和污水再生问题，对环保用泵类产品的需求量将大大增加，环保业成为泵产品的重要潜在市场。

泵类产品的技术发展趋势为大型化、高速化、机电一体化、成套化、标准化、系列化和通用化，产品实现多品种、性能广、寿命长及高可靠性。高效率、轻量化、超高压等高附加值产品将被大力开发研制。

目前我国泵业重点产品中，约有20%达到或接近国际20世纪90年代初同类产品水平，其中部分产品和技术处于世界领先地位，大约35%的产品处于国际80年代水平。从总体上我国泵业发展趋势是在质量和性能方面加大发展力度，质量的提高主要体现在可靠性和机电一体化技术的发展，性能水平的提高主要体现在效率、汽蚀性能及材质水平等方面的提高。

压缩机

国外压缩机产品正在向结构紧凑、低能耗、低噪声、高效率、高可靠性以及高强排气净化能力的方向发展。20世纪90年代由于计算机技术的发展和应用，机械产品机电一体化水平得到很大提高，压缩机产品实现了采用微电脑进行全自动控制，实现优化节能运行状态：除中小型和微型成套压缩机组外，不少大型机组也可实现撬装无基础、全罩低噪状态，大大减少了机组安装、基础和调试费用。工业发达国家普遍应用CAD进行产品设计，使压缩机热力学、动力学计算软件和压缩机工作过程模拟软件等都得到了广泛使用和不断完善，新产品的开发、设计和科研工作向自动化、最佳化方向发展；同时产品设计中将更加重视工业设计和环境保护，使压缩机产品以优美的外型、安静的运行、卓越的品质面向市场。

目前我国采用消化吸收引进技术或与国外合作生产的工艺用往复式压缩机已接近国际同类产品水平，部分产品达到国际先进水平。沈阳气体压缩机股份有限公司为茂名石化公司年产200万t渣油加氢脱硫装置配套的4M80型新氢压缩机，其活塞力、最终排气压力、排气量等技术参数均达国际水平。上海压缩机有限公司与美国德莱赛—兰公司合作为40万t/a加氢装置提供的新氢压缩机和循环氢压缩机都达到国际先进水平。但目前仍有一些大型工艺用往复式活塞压缩机在产品性能稳定性、可靠性等方面与国外差距较大，不能完全满足重大技术装置的配套需要，须依赖进口；螺杆压缩机产品的品种不断增加，与国外合作生产或消化引进技术生产的产品已达国际技术水平，但工艺用螺杆压缩机与国际先进水平差距较大；动力用往复式活塞压缩机产品技术比较成熟，主要技术指标与国际先进水平相当，基本占领国内市场；微型压缩机主要技术参数达到国际水平，品种规格可以满足国内需要，但全无油润滑微型压缩机技术性能还不能完全满足市场需要。

阀门

国外阀门行业的发展水平较高，发展速度较快，主要体现在：第一，随着国外大型成套装置技术的发展，与之配套的阀门产品也趋向大型化、高参数化、自动化和成套化。第二，随着各类成套设备工艺流程和性能的改善，新型阀门品种不断出现，如紧急切断阀、快速关闭阀、防火阀、水冷阀等，阀门派生品种发展很快。第三，阀门基本参数大大提高，闸阀最大口径达到4 200mm，温度1 050℃，压力105MPa。第四，阀门产品质量水平更高，密封可靠，寿命提高，如球阀最高寿命次数能达到10万次以上无泄漏。由于计算机辅助设计得到广泛应用，通过对产品热态性能、动态性能、耐磨、抗振、防火、可靠性等多方面性能参数的优化设计，使产品结构设计更趋于合理，性能更佳。

我国阀门行业技术水平目前相当于国外20世纪90年代初水平，成套水平还比较低，自动控制阀门产品的性能不稳定，品种少，部分产品还处于空白。随着我国现代化工业的发展，除应用量大面广的通用阀门产品外，各种新的工艺流程对阀门产品提出了更高的技术要求，如温度、压力等性能参数的提高，耐腐蚀和寿命要求的提高，低温、超低温、超临界机组等领域应用的产品都将需要大力发展。随着大型成套装置自动化程度的提高，控制阀门和自动阀门将得到越来越多的应用，如调节阀、安全阀、疏水阀、减压阀等。我国开发阀门新产品的重点将是阀门新材料的应用，超低碳不锈钢等新材料阀门应得到更快地发展。同时阀门产品的应用领域将继续不断扩大，环保汽车用多功能瓶用阀门、长输管线用阀门等产品将发展迅速。从阀门结构来看，蝶阀和球阀研制成功金属密封结构后，其温度和压力范围得到了扩大，将逐渐取代一部分闸阀和截止阀；止回阀采用对夹式结构安装方便，体积小，将取代一部分升降止回阀和旋启式止回阀；缓闭蝶形止回阀将取代大口径旋启式止回阀；具有背压高、漏气量小和动作可靠等特点的自由浮球式蒸汽疏水阀将取代噪声大、漏气量大的圆盘式蒸汽疏水阀；电动装置将通过采用传感器和光电管结构的智能型装置实现阀门的程控、群控自动化。

风机

随着火电、石油化工装置向着更加大型化、连续化方向的发展，国外风机产品技术水平也得到了进一步提高。通过采用先进的动力学理论和计算机设计软件，推动产品向高效、大容量、结构优化、更高自动化控制水平的方向发展，同时国外也正在深入研究采用新技术更好地解决由于风机大型化和高速化带来的噪声问题。

我国风机产品未来的技术发展方向是发展大型离心压缩机、大型轴流压缩机、大型轴流和离心式送引风机等产品，满足电力、石油化工及冶金等工业装置大型化的需要；采用新型气体密封、磁力轴承和无润滑联轴器等新技术，开发超高压及小流量压缩机等产品；进一步研究三元流动理论，扩大其应用范围，采用离心式通风机变转速调节、轴流式通风机的动静叶片角度调节及鼓风机、压缩机的进口导叶调节等调节方式，扩大调节范围，提高变负荷条件下的风机运行效率；通过优化结构、提高转速，并采用液体动力旋转气体密封、高速气体轴承及磁力悬浮轴承等当代最新技术成果，实现风机高速小型化；采用噪声防护、改进结构设计等方式降低风机形成的噪声污染。

（四）行业存在的问题和主要差距

1．产品结构不合理造成产需矛盾突出

随着市场经济的不断深入发展，通用行业的市场供求关系也发生了很大变化，以“短缺”为特征的卖方市场已基本成为历史，以“结构性过剩”为特征的买方市场已基本形成，产品结构性矛盾造成市场产需不平衡。

通用行业产品从总体能力看已处于供大于求的态势，特别是一般中低档次的通用机械产品已普遍存在能力过剩的状况，低水平重复生产情况比较严重，许多淘汰产品仍然占据大量市场，这种现象在工业泵、风机、阀门、压缩机等小行业更为严重。而对于国内市场急需的技术含量较高的高参数、大规格、特殊用途、特殊材料、自动化控制水平较高的高档次产品在技术水平、性能参数、质量、可靠性、交货期和生产能力等方面还达不到用户的要求，造成部分产品仍有大量进口。

目前国内泵行业的市场容量为120～130亿元，基本采用国内产品，但在外商投资项目中和特殊、高温、有毒、易燃易爆等使用场合的泵产品进口量较多。炼油设备国产化率目前达95%，石化装置如30万t/a乙烯装置国产化率为65%以上，大型化肥装置国产化率为70%～85%，1995～1998年石化专用设备进口2.45亿美元。压缩机产品中的沙漠石油用天然气动力压缩机、大型氢压机、核电站专用压缩机、无油螺杆压缩机等产品国产化率不高，主要依靠进口。

随着我国加入世贸组织，国外产品将在国内市场中对国产通用机械产品造成更大的冲击，通用行业将面临更为激烈的市场竞争，若不尽快调整和发展，产需矛盾将更加突出。

2．产品技术水平不高，科技投入少，产品开发能力差

目前通用机械产品的平均水平只相当于国外80年代末和90年代初技术水平，与国外先进技术水平相比还具有相当大的差距，主要表现在企业科技投入少，国外企业用于技术开发的研究费用普遍达到销售收入的5%左右，大型跨国公司、企业集团达到10%以上，而国内通用行业企业普遍低于1%，少数企业达到1%～3%。科研投入不足造成企业技术基础薄弱，设计手段落后，产品设计水平低，紧密跟踪国外先进技术和用户的发展需要开发新产品的能力弱，在结构分析、参数选择、系统匹配、材料应用、工艺研究等方面计算机应用水平不高，同时缺乏有效的技术创新机制。行业现有产品的品种和规格系列不完善，产品变型能力弱，对不同层次用户的不同需求满足度差，使用户在产品形式、性能参数和规格范围内选择的余地很小。通用机械产品普遍缺乏满足大规格和高温、高压、大流量等高参数以及低温、超低温、耐腐蚀等特殊环境条件和操作精度、自动控制、配套性、专用性水平要求较高的产品。

大型电站、大型乙烯和化肥等成套技术装置是通用行业的重点配套领域，多年来围绕国家重大技术装备的建设，虽然引进和消化吸收了大量国外先进设计制造技术，通过在行业内组织技术攻关研制，使各类大型技术装置的国产化率都有了不同程度的提高，但随着国外电力和石油化工装置向更加大型化、集约化和连续化大生产的方向发展，装置规模和单机设备规格加大，配套产品性能参数和技术质量都要求更高，如大型火电装置规模已从200～300MW机组发展到600MW机组、大型乙烯装置规模从30万t/a发展为60～70万t/a等等，而对于不少关键设备绝非简单的放大，因此国内企业在设计和制造上面临着新的难题和挑战，已经国产化的产品可能又面临着新一轮进口的局面。

3．企业工艺装备落后，管理水平低，产品质量不高，可靠性差

通用行业企业大部分为建厂时间较久的老企业，经过几个五年计划的技术改造，许多企业引进和添置了部分国内外先进设备，使企业工艺装备水平得到了较大提高。但从总体来看行业工艺制造水平不高，设备老化状况严重，通用型设备多，专用机床少，加工中心及其他数控机床等工艺装备占企业加工设备的比例很低，缺乏高、精、尖关键设备，试验检测手段不完善，致使产品的加工精度和质量难于保证，生产效率低下。

企业管理水平不高，质量保证体系不完善，缺乏全员质量意识，职工总体素质不高，造成产品质量较差，性能不稳定，可靠性差，故障率高，寿命期短，机、泵、阀等产品的跑、冒、滴、漏现象仍非常普遍，维修不及时，满足不了现代化工业工况复杂、高参数、连续化生产和追求高效益的使用要求，缺乏令用户满意的名牌产品。

4．行业组织结构不合理，专业化生产水平低，规模效益差

大部分产品生产集中度不够高，大多数企业经营规模

小，低水平分散重复生产、重复建设严重，企业趋同化、地区趋同化，特别是在阀门、风机、工业泵等产品领域，一些乡镇企业、民营企业发展过多、过快，失去控制，存在着盲目竞争、相互压价的现象。行业中尚未形成一批占有较大市场份额、代表行业水平、具有国际市场竞争力的大型企业集团，缺少一批产品有特色、并按经济规模组织生产的协作配套厂，行业专业化水平低，不能形成规模效益，在一般企业中，"大而全，小而全"和"两头弱、中间大"的状况依然存在。

（五）差距形成的主要原因

1. 机制转换滞后，市场观念淡薄

在国有企业的改革改制进程中，企业机制仍未得到彻底转变。大部分国有企业产权关系不明晰，传统的国有企业弊端使企业政企不分，职能错位，企业还没有真正成为自主经营、自负盈亏的市场主体，缺乏强烈的市场意识和竞争意识，抵御市场风险能力差。企业的经营观念、管理和组织结构等不能完全与市场经济接轨，大部分企业仍处于被动适应市场的状况，积极研究市场、自主创新、开拓抢占市场还没有成为企业参与市场竞争的自觉行为。

2. 企业负担重，投入不足，竞争实力弱

长期计划经济体制造成企业社会负担重，冗员多，由于社会保障机制不健全，下岗分流压力大。企业生产资金周转困难，银行信誉不高，致使生产投入和技术改造投入不足。由于种种原因，"九五"期间列入国家各专项的企业技术改造项目有部分未得以实施，使企业缺乏技术创新手段和工艺装备落后的现状不能尽快得到彻底改善，企业经济效益一再滑坡，无法形成较强的市场竞争实力。

3. 行业力量分散、无序发展

由于计划经济体制下的部门分割、地区分割等历史原因，使许多通用机械产品存在多行业、多领域生产现象，机械工业系统与石油、化工、轻工、建材等各行业长期未能实现真正的大行业管理，未能实现很好的统筹规划、协调发展，造成比较严重的行业性和地区性重复建设，不利于行业的健康发展。

4. 世界油价不稳和金融危机影响行业发展

"九五"中后期世界油价不稳定，国内石油化工行业发展趋缓，市场疲软；国内电力短缺状况缓解，电力工业也在多年的高速发展之后进入降低发展速度时期，造成通用机械产品主要配套领域的需求不旺。亚洲特别是东南亚地区是通用机械产品的重要传统出口市场，东南亚金融危机造成主要出口市场需求量下降，这些因素都在一定程度上制约了行业的发展。

二、市场发展预测

（一）国内市场需求

1. 重点需求领域

a. 能源工业

"十五"是我国经济结构调整的关键时期，国家对基础产业和基础设施建设的投资仍将占国家投资的相当大的比重，石油化工、电力、冶金等能源工业仍是国民经济重点发展产业。大型炼油、大型乙烯及后处理、大型化肥、大型火电和水电、核电装置的建设和改造将为通用机械产品提供广阔的市场容量，而重大技术装备的国产化率在"十五"期间也将得到进一步提高，从而使国产通用机械产品获得更多的市场份额。

石油和石油化工

石油、天然气是我国的重要能源之一，"十五"期间，石油、天然气的勘探开发仍是国民经济发展的重点，是通用机械行业的主要服务领域。"十五"期间石油、天然气工业的发展战略是"利用两种资源，开发两个市场"，即在开发利用国内油气资源的基础上，适当进口部分国际市场原油，并到国外勘探开发原油、天然气资源，满足国内市场缺口。国内石油钻采的发展方向是稳定东部，大力开发西部，适当发展海上石油；重点加速天然气的开发利用，西气东输，提高天然气在一次能源结构中的比例；同时建设跨国油气管道，从邻国进口油气资源。根据国内外油气资源的品位结构和科技进步的需要，要求石油钻采设备和配套机泵阀等通用机械产品能够适应低渗透、深层、稠油、三次热采的技术发展需要；满足石油天然气长输管线、天然气处理及液化的技术发展需要；满足适应恶劣海洋气候、连续高速开采生产条件的勘探开发成套技术发展的需要。

目前我国原油年产量1.6亿t，居世界第五位，天然气年产量为219亿m^3。到2005年我国原油的年需求量为2.34亿t，天然气的年需求量为637亿m^3；国内原油供给量将达到1.64亿t，进口6 000万t，并到国外开采部分原油。海洋油气产量目前原油产量突破1 600万t，占全国原油产量10%，天然气产量达到40亿m^3，接近全国产量的1/5。2005年前海洋油气开发的总体规划是实现南海地区原油稳产1 000万t，渤海地区原油产量达到1 000万t，全海域天然气产量达到100亿m^3，折合油当量1 000万t。

根据石油、天然气工业总体发展战略，"十五"期间西气东输是天然气发展的总体目标，即以新疆天然气资源为基础，以长江三角洲天然气市场为目标，建设由新疆塔里木至东部的输气管道。目前已具备启动条件的是塔里木—上海输气管道，全长约4 200km，年供气能力120亿m^3。同时还计划修建重庆—武汉、西安—武汉—上海、青海—兰州—北京、塔里木—兰州—长江中下游等几条输气管道，并将修建东西伯利亚—乌兰巴托—北京、东西伯利亚伊尔库斯克—乌兰巴托—北京—山东日照、萨哈林群岛—哈尔滨—沈阳、哈萨克—乌鲁木齐—洛阳、西西伯利亚—乌鲁木齐—兰州—上海、乌兹别克—哈萨克—乌鲁木齐—兰州—上海等跨国输油气管道。

石油化工装置将继续向大型化、高效化方向发展。炼油装置的新建项目规模单套装置能力将在800～1 000万t/a以上，并将继续大力发展加氢技术，提高我国采用先进加氢技术处理的油量占原油加工总量的比重，加氢装置的规模也在不断增大，加氢精制装置以180万t/a以上规模为主，加氢裂化装置以120万t/a以上规模为主。

乙烯装置将大力发展60～70万t/a规模项目，包括扩建改造现有40～45万t/a装置和新建大型乙烯装置，同时相应提高丙烯、丁二烯等乙烯主要衍生物和合成塑料、合成橡胶、合成纤维三大合成材料原料生产能力，如加速发展目前国产化率还比较低的化纤成套装置等。“十五”期间我国乙烯生产能力将进一步提高，计划改造燕山、扬子、上海、齐鲁、茂名等5套大型乙烯装置，从40～45万t/a规模提高到60～70万t/a，同时将中原、天津、北京东方14万t/a中型乙烯装置扩建改造为30万t/a规模能力，还将与国外公司合资建设扬子60万t/a、上海65万t/a、福建60万t/a、天津60万t/a大型乙烯装置。

化肥工业发展的重点是提高国产化肥产品的竞争能力和产品技术水平，30～45万t/a合成氨和52～80万t/a尿素大型化肥装置等将是我国化肥工业“十五”期间发展的主要规模，以山东德州18万t/a装置改造工程为依托落实1套完全国产化的30万t/a合成氨装置；根据资源条件新建几套以天然气为原料的大型合成氨、尿素等化肥装置；同时还将采用新技术对12万t/a规模以上的中型化肥装置进行改造，重点是提高装置的运行效率和技术水平。

电力工业

“十五”期间全国电力需求平均年增长5%，净增装机规模达4 000万kW，同时调整机组结构，预计“十五”期间新增装机总容量将达6 000～7 000万kW。目前我国电力工业的主要矛盾不是能力问题，而是大中小机组结构性问题和输配电结构性问题，因此“十五”期间我国电力工业进入结构优化和调整阶段，重点是进行产业结构调整。

电力工业的总体发展战略是优先发展火电，积极发展水电，适当发展核电，因地制宜发展新能源发电。火电主要发展300MW以上高参数、高效率、调峰性能好的机组，根据电力需求和电网运行经济性和可靠性需要积极推进超临界机组、洁净煤燃烧机组、燃汽蒸汽联合循环机组等先进装备的发展。以河南沁北为依托，推广2～3个600MW超临界机组项目，采取技贸结合引进技术，实现国产化；发展循环流化床锅炉（CFB），建设一批100MW机组，以白马300MW引进机组为依托，实现300MW机组CFB国产化；燃汽轮机发电机组实现200MW机组国产化；以烟台300～400MW机组为依托，实现燃气蒸汽联合循环机组国产化；发展大型空冷电站。

水电重点发展黄河上游、长江中下游、红水河、澜沧江、乌江等水域调节性能好、水能指标优越的大型水电和抽水蓄能电站；以云南小湾和奚洛度工程为依托，发展大容量混流机组；发展大容量水轮发电机组；抽水蓄能机组实现200m水头、250WM机组国产化。

核电目前正在运行的有3座机组，已在建设的有秦山二期、三期、岭奥、田湾等4座机组，发展方向为1 000MW的压水堆机组。

输变电重点完善各省主干网、大区干网，建设跨区电网，发展百万伏交流输变电及50万V直流输变电。

冶金工业

冶金工业在生产组织结构、产品结构和工艺结构方面都还存在较大矛盾，“十五”期间钢铁工业的发展建设速度将减缓，而以调整产业结构为主，重点进行企业布局调整和工艺结构调整，提高产品技术水平。炼铁工业重点发展无料钟炉顶、低富氧鼓风、高喷煤粉等先进工艺；炼钢工业重点发展大型转炉，提高电炉炼钢比例；继续发展高效连铸工艺，小方坯连铸完全实现国产化，大方坯、合金钢坯、大板坯实现国产化率70%，改造53条连铸生产线，提高其生产效率；发展薄板坯连铸工艺。

b. 机械工业在“十五”期间要实现从主要为生产资料服务向为生产资料和生活资料服务的转变，随着市场经济的深入发展和人民生活水平的提高，满足不同层次用户的不同需要，为提高现代生活素质服务的新型通用机械产品将具有巨大的市场潜力。紧紧围绕市场的需要开发功能性强、方便快捷、性能价格比好的通用机械产品将成为行业发展的新增长点。

c. 开拓“三农”市场，实现农业现代化，加快农村经济发展，满足农民生活需要是通用机械服务于国民经济的重要任务。开发和生产“三农”市场急需的短线产品，积极发展适应于现代农业的节水、节能产品，为农村经济产业化、提高农业生产和农民生活质量服务将为通用行业开拓新的市场领域。

d. 中共中央经济工作会议及九届人大三次会议都将调整地区经济结构、实施西部大开发，促进区域经济、城乡经济协调发展作为今后国民经济进行战略性调整的重要内容。西部地区自然资源丰富，特别是石油、天然气保有储量都在全国占有很大比例。西部地区长期以来实施的资源导向型发展战略为通用行业的石油钻采、石油化工设备提供了较大的需求市场。随着市场环境的变化，西部资源开发与发展也将做战略性调整，由资源导向型战略转变为以市场为导向、多元化的产业发展战略，将西部资源优势向经济优势转化。因此随着西部相对落后的地方经济的发展，通用机械行业将获得新的区域性发展机遇。

2. 重点产品需求预测

a. 风机

一般通用风机目前生产能力过大，供大于求，需要压缩产量。“十五”期间使用最广泛、需求量最多的仍为一般中小型离心通风机和轴流通风机；对包括防腐风机、高温风机、耐磨风机、防振风机等在内的特殊用途风机以及罗茨鼓风机将有一定需求；化肥、乙烯等重大工程成套装置主要需要压力高、流量大、技术含量较高的透平压缩机。

化肥工业“十五”期间新建和改造装置的建设以及现有31套大型合成氨、尿素等装置中100多台特殊介质压缩机已进入更新换代时期，将对离心压缩机形成较大潜在市场。乙烯装置用裂解气压缩机、丙烯压缩机、乙烯压缩机仍是需求重点，并随着装置规模的扩大，对乙烯三机在技术性能上要求更高。在石油钻采油田成套装置中油田注气离心压缩机将有一定市场。新建国内国际天然气管道加气站将需要大批管线压缩机，天然气输送管线中两个加压站距离不小于100km，在流量较小、压力较高的条件下可采用活塞式压缩机，但在流量较大时，一般多采用离心压缩机。天然气加压站一般采用由二台相同技术参数压缩机组成的机组。“十五”将改变天然气离心压缩机依赖进口的状况，为天然气工程提供国产离心式压缩机。同时天然气－蒸汽联合循环机组的发展对离心式压缩机也有较大需求。冶金工业对1 000m^3 以上高炉的喷煤改造、高炉顶压压差发电、转炉煤气余热的回收和利用以及干熄焦等方面改造将对离心压缩机、回收透平机组等产品有一定市场需求。电力工业推广洁净煤发电技术，发展100～300MW燃煤电站烟气脱硫成套设备，开发建设600MW超临界机组、单机火电机组容量600MW级大型空冷机组，将对电站风机、罗茨鼓风机以及大直径轴流风机等产品形成一定市场需求。在城市污水处理领域中，大量中小型污水处理成套装置是曝气鼓风机的广大潜在市场；城市垃圾处理设备、超声污染治理（声屏障）工程也是风机产品的潜在市场。

根据风机行业协会历年风机产量按几种方法进行预测，至2005年全国风机产量达260～290万台，其中：协会企业产量达31万台。2010年全国风机产量达310～325万台，其中：协会企业产量达35万台。

b. 工业泵

工业泵产品的主要配套领域是电力、石油、三大化工、环保及城市自来水供应等市场。

“十五”期间电力市场所需电站泵还将有稳定需求，大致年增长率为5%，总容量小于“九五”期间。预计至2005年电力工业重点需求给水泵、前置泵、循环泵、冷凝泵、冷凝器用水环真空泵、离心式除灰泵、往复式降灰泵、偶合器、计量泵等主要泵种3 500～4 200余台；需求核主泵、上冲泵、停堆冷却泵、喷淋泵、锅炉给水泵、计量泵等核电机组用泵1 400～1 800台。

石油工业需求油田稠油泵、电潜泵、注水泵、增压泵等原油开采用泵8 000～9 000台；需求海上石油开采用泵200～240台；需求各种离心油泵、离心水泵、耐腐蚀泵、往复泵、旋涡泵、螺杆泵等原油炼制和深度加工用工业泵4 000～5 000台。“三大化工”中乙烯及衍生物、三大合成材料、氮肥、钾磷肥和复合化肥等生产发展需求各类化工流程泵、耐腐蚀泵、耐磨泵和液下泵等各类化工泵产品10～12万台。

环保及城市自来水供应领域需求大型立式及潜水污水泵等环保用泵和大型轴流泵、S泵等自来水工程用泵及用于河道、港口疏浚的大型挖泥船用泵约10 000台。

c. 阀门

量大面广的各类中、低压通用阀门仍是阀门需求市场中的主体，占整个阀门需求量的75%左右；随着现代化工业的发展，满足温度、压力、耐腐蚀、寿命等参数特殊要求的低温阀门、超低温阀门、超高温阀门等特种阀门和满足大型成套装置较高自动化程度要求的调节阀、三通合流阀、三通分流阀、安全阀、疏水阀等控制阀门和自动阀门产品的需求量逐年上升；同时为满足国民经济建设各部门的需要，急需开发采用新材料和应用于新领域的阀门产品。

预测至2005年各类主要阀门产品的市场需求量为：

高中压阀门：

闸阀110 000t、截止阀37 000t、球阀15 000t、安全阀15 000t、止回阀10 000t、蝶阀2 500t、减压阀2 500t、疏水阀1 250t、旋塞阀1 000t。

低压阀门：

闸阀360 000t、蝶阀270 000t、截止阀90 000t、止回阀54 000t、球阀27 000t、旋塞阀18 000t、安全阀18 000t、减压阀9 000t、疏水阀9 000t。

d. 压缩机

“十五”期间大中型压缩机的总需求量不会出现较大的增长势头，在现有需求总量基础上略有升降；工艺用压缩机的产品品种、规格将不断增加；压缩机需求数量不会有大的增加，但需求的总价值量将有较大增长。

预测“十五”期间各领域对压缩机产品的市场需求量如下：

石油化工领域

乙烯工程需要新氢、循环氢、富气、废气、乙烯进料等工艺用往复压缩机约150台；燃料气、丁二烯等螺杆压缩机约25台；炼油装置需要新氢压缩机、富气压缩机等工艺用往复压缩机约200台（套）；石油、天然气工业需要燃气摩托压缩机等以天然气为动力的压缩机200台；天然气、石油气集输用往复式压缩机150台；负压螺杆压缩机和油气混输螺杆压缩机200台；现有石油气、天然气压缩机每年更新160台。

化肥领域

中小型化肥装置需要氮氢气压缩机、二氧化碳气压缩机等产品约240台。

煤化工领域

需要城市煤气加压气化装置用氧压机、煤气输送用输气压缩机300台。

环境保护领域

需要环保型汽车清洁燃料加气站和相应供气管网用天然气压缩机400台。

钢铁工业领域

高炉喷煤需大中型螺杆压缩机约100台。

其他领域

纺织、食品、轻工、医药等各行业及电站、乙烯、化肥等大型装置的仪表控制系统需要部分无油润滑压缩机、隔膜压缩机等。

“十五”期间总计年需各种工艺用往复式活塞压缩机1 000台，价值12亿元；动力用大中型往复式压缩机年需1 200台，价值5.5亿元，其中大型动力用往复式压缩机450台，价值1.5亿元；螺杆压缩机年需6 000台，价值8亿元；大中型压缩机的总需求量为22 000台，价值30亿元。微型压缩机年需10～20万台，价值2～4亿元。

（二）国外市场需求

通用行业是比较稳定成熟的传统出口行业，历年来都有一定量的产品出口，随着我国外贸体制进一步改革，东南亚经济逐步复苏和我国生产企业对国外市场开拓力度的加大，特别是我国加入世贸组织后，将有利于国产通用机械产品在公平贸易条件下拓展国际市场，出口将呈上升趋势。

1. 风机

风机行业主要传统出口产品为中小通风机及风机配件，“十五”期间将保持中小风机出口量，主要目标国为非洲、拉丁美洲等地区；风机配件主要销售到西欧、日本、美国等地；争取大型风机打开东南亚地区的市场。

2. 工业泵

工业泵行业世界市场增长比较稳定，技术含量较高的火电机组用泵、石化工业用磁力泵等电站、石油、“三大化工”用泵出口量将开始增长；长轴深井潜水泵、7.5kW以下的各种小型潜水泵等技术含量适中、属劳动密集型的量大面广通用泵类产品出口前景十分广阔，上升势头较猛；部分耐腐蚀泵、渣浆泵、螺杆泵和电厂加药装置等成套设备都具有出口潜力。工业泵产品出口的主要市场为东南亚、孟加拉、巴基斯坦和巴西等，并进一步开拓欧美市场。

3. 阀门

阀门行业的主要出口产品是通用阀门，高中压阀门的主要品种为闸阀、截止阀、球阀和止回阀，材质大部分为碳钢，一部分为合金钢；低压阀门的主要品种为蝶阀、闸阀、止回阀和截止阀，材质为铸铁和铜合金。阀门产品出口的主要市场为美国、西班牙、意大利、巴基斯坦、孟加拉、科威特、阿联酋等国。

4. 压缩机

压缩机行业中微型压缩机产品国际市场看好，尤其在美国、日本、阿根廷、澳大利亚等国家有较大需求；大中型压缩机近几年出口发展较快，在亚洲、中东地区仍有较大的需求市场，大中型往复式压缩机和螺杆压缩机在国外销售有较好的经济效益，应进一步大力开拓国际市场。

各主要产品行业出口额预测见表4。

表4 各主要产品行业出口额预测

序号	行业名称	出口额(万美元)
1	风机	5000
2	工业泵	30000
3	阀门	28000
4	压缩机	6300
	微型压缩机	4800
	大中型压缩机	1500

三、行业发展思路

(一)面临的形势

1. 国际形势

(1)21世纪石油、天然气等燃料能源仍是世界各国保证经济发展的重要战略物资。据专家预测，下一个世纪将是天然气的时代，其开发、利用总量将得到大幅度提高，这一趋势将对石油化工设备产品结构的发展产生重要影响。

(2)20世纪90年代后期世界石油价格大幅下降，油价下跌促进产油国家加速改组石油工业，允许国外投资者参与其石油生产和勘探开发，并实行多样化经营，发展和改进石油化学工业。据预测1999~2005年将是全球石化工业发展较快的时期，高峰可能出现在2001~2003年间，将为石油化工设备制造业提供新的发展机遇。

(3)随着地球资源的逐步减少和人类生存自然环境的恶化，使世界各国都更加注重制定维持人类社会持续发展的能源战略和环境保护战略，对机械产品在节约能源、减少对环境的污染和发展利用新能源的产品方面提出了更高的技术要求。

(4)国外大企业的跨国联盟和超强重组形成国际市场新格局，经济的全球化、一体化特征日益明显，全球已进入了一个更为激烈的竞争时代。新的国际市场竞争格局必将对国内市场带来巨大的挑战和影响。

2. 国内形势

(1)国内市场国际化进程日益加快，行业内各产品领域都有越来越多的外国公司开始或已经以资金、技术、服务等多种方式进入。国内市场加快开放和自由化进程已成为不可逆转之势，中国已加入世界贸易组织，通用行业面临的竞争形势更趋严峻，部分行业和部分产品将受到较大的冲击和挑战。

(2)国内买方市场已经形成，经济的结构性过剩日趋明显，机械行业实施战略性结构调整的时机已渐趋成熟。目前通用行业的结构性过剩是制约行业发展的主要矛盾，加快向以市场为中心的战略调整迫在眉睫。

(3)“十五”期间是我国市场化规范发展的关键时期，良好的市场运行环境和市场结构需要完善的市场法规建设。国内市场中实行行业自律、规范经营、公平竞争已成为企业共识，行业自律行为正在走向成熟、科学和规范的发展态势有利于促进通用行业改善无序化竞争状况，健康发展。

(4)我国正面临着全球性知识经济时代到来的冲击和挑战，要求机械工业加快进行产业结构升级换代，迎接挑战。通用行业如果不抓住机遇，加快企业技术进步，提高行业整体技术素质，就将使行业与世界技术发展步伐的差距进一步拉大。

(二)战略思想

根据《“十五”机械工业发展规划纲要》，机械工业要通过改组改造、优化结构、提高水平，基本实现战略性结构调整，实现重点行业和重点领域的发展振兴，成为国民经济的支柱产业，最终实现装备中国的战略目标。

针对通用行业的结构性矛盾和存在的主要问题，“十五”发展的总体战略思想是：抓住国内、国外两个市场；围绕国家重大技术装备国产化和市场潜力大、可形成行业新增长点的两类产品方向；搞好产品结构和企业组织结构两个调整。以市场为导向，以国家重大技术装备为重点突破口，树立行业“名牌”产品形象，依靠科技进步促进企业发展，实现与国民经济建设同步发展。

(三)基本任务

根据机械工业总体战略目标和通用行业发展的战略思路，“十五”行业工作的重点主要在以下五个方面：

1. 进一步推进重大技术装备国产化进程，满足国民经济发展需要

重大技术装备是“十五”机械工业发展的四个重点领域

之一，国家重大技术装备立足国内，是机械工业振兴的重要标志。因此"十五"期间加快重大技术装备的研制，进一步提高国产化比例，推进重大技术装备国产化的进程，是通用行业发展的首要任务。

"十五"要抓好大型超临界火电机组、700MW级大型水电机组、抽水蓄能机组、百万千瓦级核电机组等大型、高效节能、新型电力设备工程项目；60～80万t/a乙烯及配套下游装置和30万t/a及以上合成氨、52万t/a尿素成套装置；大型环保设备等工程项目的成套技术装备国产化工作。通过"十五"发展，提高产品档次和水平，使关键设备基本立足国内制造，挡住进口，满足大型重大技术装置工程项目建设的需要。

重大技术装备国产化工作是一项重要而艰巨的任务，推进重大技术装备的国产化，重点需要做好以下工作：

(1)紧密追踪世界先进技术，结合使用部门的装置规模和技术发展趋势，研究和开发满足用户新建和改扩建装置工艺技术要求的配套产品，力争使过去已经引进技术、基本实现国产化的关键设备能够尽快提高规格性能参数，尽量减少用户重新引进国外产品。

(2)坚持质量第一，组织行业中具备承担重大技术装备研制能力的企业认真做好科研攻关和研制生产，加强质量管理，提高产品性能稳定性和可靠性，按期、保质、保量完成重大技术装备的供货任务，搞好售后服务，提高国产设备信誉，使用户满意。

(3)加快国有企业经营机制的转变，增强企业技术开发能力，在企业标准、质量保证体系等方面加快与国际接轨的步伐，提高与国外产品的综合竞争实力，并通过合作生产、技贸结合等多种方式，扩大国产重大技术装备的实际运行业绩，加快国产化进程。

(4)充分利用关贸总协定对发展中国家的特定条款，采取规定国产化率、体现关税差别的关税和附加费用、进口最低价格制度等关税及非关税保护措施，以及对重点保护产品实行优惠税收、对发展国产化率高的产品实行优惠利率、对购买国产产品实行优先贷款、对承担国家重点产业发展任务的国有企业给予政策性补贴和提供政策性保险等产业政策，保护从事石化、电力等重大技术装备产品生产的民族工业。

2. 加快行业产品结构调整，提高产品技术水平和质量

为电力、冶金、石油和石油化工等国家重大技术装备配套的通用机械产品涵盖了行业的主要产品领域，围绕重大技术装备关键设备的发展，带动整个行业产品技术水平和质量的提高。结合满足重大技术装备和市场急需产品的发展需要，通过引进技术、合资合作和自我开发，提高产品档次，缩短与国外先进水平的差距。要大力培育和造就一批通用行业的"名牌"产品，提高产品性能质量水平，特别是注重提高产品的性能稳定性和可靠性，树立良好的产品形象，满足用户需求。

通用行业从总体上已处于能力过剩状况，特别是中低档次产品尤为突出。"十五"期间行业产品发展的战略重点不再是增加产品产量，而是进行产品结构的调整，开发新产品，增加品种，扩大规格系列，重点发展技术含量高、市场需求潜力大的产品，发展自我配套性强的成套设备，提高产品竞争力，以适应我国加入世界贸易组织后国内市场国际化的发展趋势。

3. 努力开拓国际市场，扩大产品出口

我国加入世界贸易组织后享受的长期、正常的贸易待遇，将有利于国内产品在国际公平贸易待遇的条件下拓展国际市场，因此在满足国内市场需求的同时，要把国外市场作为企业和行业发展的重要领域。要加强行业对产品出口的有效宏观管理，采取多种措施积极组织具备产品出口条件的企业参与国际招标。在巩固传统出口产品的同时，调整出口产品结构，积极推进在国际市场适销对路、高附加值的产品以及成套产品的出口。确保出口产品的质量和交货期，做好产品售后服务工作，形成具有行业特点的出口拳头产品结构。

在有条件的企业和产品领域，鼓励企业到国外办厂或承担成套工程项目，从单一的产品出口向技术、装备、人力、管理多方位全面出口的方向发展，在国外发展工程承包公司，拓展国际市场领域。

通过大力推进产品出口，提高企业产品技术水平和管理水平，促进行业整体素质的提高。

4. 搞好行业组织结构调整，促进行业健康发展

搞好国有大中型企业的改革和发展是党的十五届四中全会提出的重要任务。目前国有企业仍是代表行业水平和发展的重点骨干力量，特别是在为国家重大技术装备服务方面，仍需依靠大中型国有企业承担重任。因此认真贯彻党中央、国务院关于深化国有企业改革的方针、政策，加快国有企业改革步伐，对行业发展具有十分重要的意义。要促进国有企业改革、转制，引入竞争机制、激励机制和技术创新机制，搞好生产组织结构的调整，建立以开发和经营为主的开放型生产经营体系，建立完善现代企业制度，提高经营水平和管理水平，适应市场竞争的需要。

针对通用行业长期存在的"散、乱、差"问题，加快行业产业结构和产品结构调整。重点发展石油和石油化工成套设备、机泵阀等主要产品领域，以重点发展产品为龙头，通过改组、改制、联合、兼并等改革措施，形成几个具有一定经营规模和技术实力的大型企业集团，改善行业产品重复分散的生产布局，集中优势力量，发展产品领域和区域性的集约生产，提高行业总体水平。

5. 促进企业技术进步，增强发展后劲

通用行业企业要在入世后站稳市场、不被市场所淘汰，当务之急是提高企业实力，增强可持续发展的后劲。

要加快企业技术改造的步伐，充分利用国内银行贷款利率降低、国家加大银行信贷规模、对技术改造项目给予贷款贴息以及利用国家财政债券支持技改等多方面的有利机遇，通过技术改造发展高新技术产品，提高企业工艺装备水平，增强企业自主开发和技术创新能力，促进产品的更新换代，以实现最佳经济效益。

6. 采取积极措施，迎接入世挑战

加入世贸组织（WTO）对于提高我国国际政治地位、加速我国经济全方位参与国际竞争、走向国际市场具有重要意义。加入WTO意味着国内市场将逐步全面向国外开放，国际市场与国内市场完全接轨，入世对通用行业产生的影响既是现实的，也是长远的，虽然使行业面临着更为激烈竞争的严峻挑战，但同时也为行业创造了更多的发展机遇。因此关键在于我们如何驾驭形势的变化，采取适当的对策，因势利导，抓住机遇，迎接挑战，求得发展。

通用行业要充分认清形势，针对行业目前的实际情况，积极研究制定既能适应关贸总协定的要求，又能促进行业发展的对策措施。要认真研究如何尽快把过去以立足国内、替代进口为主的发展方针调整为立足两个市场、以外延求发展的战略方针；如何规范市场，加强行业管理，发展集约化生产，形成合力；如何尽快实施行业战略性结构调整，提高行业综合竞争能力；如何建立与国际接轨的营销和售后服务体系，塑造良好的行业形象；如何培养人才，建立满足现代企业制度需要的人才队伍，为行业迎接入世的严峻挑战作好充分准备。

（四）主要目标

1. 总量目标

根据国民经济各领域的发展需要，在“十五”期间通用行业的发展速度为6%～8%，预计至2005年，全行业实现工业总产值1 500亿元，出口创汇达24亿美元，产品国内市场占有率为70%～80%，从业人员劳动生产率（工业增加值）达3.8万元/人。到2010年，行业工业总产值达2 000亿元，出口创汇40亿美元，产品国内市场占有率达80%以上，从业人员劳动生产率（工业增加值）5万元/人。

针对“十五”期间对通用机械产品市场需求量的预测和需求趋势的分析，“十五”末期通用行业主要产品产量发展目标见表5。

表5 “十五”石化通用机械行业主要产品产量目标

序号	产品类别	单位	2005年目标
1	工业泵	万台	120
	其中：离心泵	万台	43
	潜水电泵	万台	46
	化工流程泵	万台	4
	螺杆泵	万台	1.7
	污水泵	万台	8.7
3	风机	万台	260～290
	其中：离心压缩机	台	160～180
	轴流压缩机	台	26
4	阀门	万t	115
	其中：高中压阀门	万t	25
	低压阀门	万t	90
5	压缩机	万台	42.2
	其中：大中型压缩机	万台	1.8
	微型压缩机	万台	25

注：压缩机组中包括100万台涡旋式制冷压缩机。

2. 结构调整目标

a. 产品结构调整目标

紧紧围绕国家重大技术装备建设的需要，以大型透平压缩机、大型轴流压缩机、大型锅炉给水泵、耐腐蚀泵、电站和石化装置用高温高压阀门、4万m^3/h等级以上空分设备等产品为龙头，重点发展的大型电力、石油、石油化工等成套设备配套的关键产品，挡住进口，提高国产设备在国内市场的占有率。

发展具有一定市场容量、技术先进、经济效益较好的通用机械产品，满足不同层次用户需要，形成新增长点，带动行业发展。

大力发展出口产品，重点是技术含量较高、满足国际市场技术发展需要的产品和已具有稳定出口市场和国际竞争能力的产品，使品种和数量有较大幅度的提高。

限制发展生产能力过剩的长线产品、技术已过成熟期并开始进入衰败期的产品，坚决淘汰技术档次很低、不适应市场要求的落后产品和效率低、耗能耗材高的产品以及严重污染环境的产品。

b. 企业组织结构调整目标

以重点产品行业为龙头，以骨干企业为核心，通过企业改组和联合，进行行业组织结构的调整，组建集产、技、贸、金融为一体的大型企业集团，充分发挥优势资产和生产技术力量，提高综合竞争实力，促进行业发展。进行行业战略性改组主要从以下几个方面入手：

以产品为纽带组建企业集团。空分设备行业由于重复建设、重复引进和重复开发造成目前主要骨干企业的产品结构雷同，生产经营规模都不大，技术资源不能互享，在市场中盲目、过度竞争，不利于行业的健康发展和参与国内外两个市场的激烈竞争。在空分行业联合组建跨地区的大型企业集团，将骨干企业联合起来，真正实现资产重组，集中资金优势、技术优势，可统一组织大型空分设备技术的开发研究和市场营销，避免进一步的重复引进和重复建设，减少企业之间“相互杀价”的恶性竞争，促进空分设备行业的健康发展。

以产品配套为纽带组建企业集团。东北是我国的重要工业基地，也是通用行业的重要发展区域。长期以来，以沈阳为中心的东北企业群体为我国的国民经济建设和重大技术装备发展做出了重要贡献，沈阳鼓风机厂、沈阳水泵厂、沈阳高中压阀门厂、沈阳气体压缩机厂等大型国有企业在电力、冶金、乙烯、化肥等国家重大技术装置的建设中承担着提供大型压缩机、大型工业泵、大型高压阀门等具有较高技术水平的关键配套产品的重任。组建东北企业集团可使企业之间形成技术和生产能力的互补，提高为用户提供产品的配套性，强化通用机械产品的地区性优势，促进重大技术装备的国产化，并带动东北老工业基地的发展。

c. 技术结构调整目标

努力建立具有较强技术创新能力的企业技术开发中心，争取在2005年有2/3的大中型企业建立起技术开发机构，在重点骨干企业中普遍建立技术开发中心，优势企业具有开发5～10年自主知识产权的技术和产品能力，具备对相关国际先进技术的消化吸收和创新能力。

至2005年，通用行业主导产品技术水平与世界先进水平的差距由目前的10～15年缩短到5～10年，主要产品中有60%～70%达到国际20世纪90年代初、中期技术水平，10%～20%达到国际90年代末期技术水平，5%～10%达到当代世界先进技术水平。行业工业总产值中新产品产值率达到30%～40%，大型骨干企业新产品产值率达到50%以上。至2010年行业主要产品中有70%～80%达到90年代末、21世纪初的国际先进水平，10%～15%达到或接近当代世界先进水平。

d. 重大技术装备国产化目标

石油天然气勘探开发：沙漠石油钻采、集输设备基本立足国内，国产化率达85%以上，主要设备达到国际90年代中、后期水平。陆地石油钻采集输设备国产化率达90%以上，主要产品技术水平达到国际90年代中、后期水平。海上石油自营项目国产化率达到50%～60%。

石油化工：45万t/a乙烯装置国产化率达80%以上，关键设备基本立足国内制造；60～75万t/a乙烯装置国产化率达60%～70%，大力提高丙烯腈、聚丙烯、腈纶等装置的国产化率。推进45万t/a合成氨和80万t/a尿素装置的国产化，使国产化率达到70%～80%，能耗指标达国际90年代末期先进水平。

大型火电站辅机：为300MW、60MW电站机组配套的泵、风机、阀门及环保设备等关键通用辅机立足国内制造，国产化率达到90%以上，产品技术水平达国际90年代末、21世纪初期水平。

大型空分设备：重点研制4万m^3/h等级（含3万m^3/h）大型空分设备，使之在“十五”期间国产化率达到60%以上，产品水平达国际90年代水平，实现替代进口。

3. 质量、效益目标

未来5～10年内，通用行业将从根本上提高整体素质和企业管理水平，使产品质量、工程质量和服务质量都有较大提高。

至2005年，主要通用机械产品中有85%以上按照国际标准或国外先进标准组织生产，其中达到国际先进水平的优等品率占30%左右。骨干企业产品标准水平接近当代国外同类产品先进水平，到2005年100%的骨干企业及80%以上的一般企业通过ISO9000质量保证体系认证，使企业的生产和经营机制与国际接轨。加强产品售后服务，在行业内形成规范化的售后服务网络，使主要产品质量和服务水平接近或达到国际先进水平。

未来5～10年内，经济效益将有较大幅度增长，“十五”期间行业利润总额实现年平均增长5%。

（五）行业结构调整及发展重点

1. 产品结构调整重点

风机

一般用途的中小型通风机目前生产能力过大，严重供大于求，需采取限制扩大生产规模、实行限产等措施。“十五”重点发展石油、化工、天然气输送管道、大中城市污水处理工程等配套用大型压缩机、鼓风机，形成风机行业新的经济增长点。对超临界火电机组、核电机组、清洁煤发电、600MW级大型空冷发电机组等需要的与风机行业有关的产品进行研究和开发，以适应这些工程在“十五”期间的发展。同时风机行业要研究和开发为“农业、农村、农民”服务的产品，如谷物冷藏所需谷仓的离心风机和轴流风机等。

工业泵

优先发展的重点产品是为国家重大技术装备配套的泵类产品；与国际先进技术水平差距较大或国内仍处于空白的泵产品：有国际市场竞争能力的出口创汇产品；市场潜力较大的消费类泵产品。

重点发展产品包括核电站用泵；大型火电机组用泵，如超临界机组、空冷机组、蒸汽－燃气轮机联合循环机组、脱硫装置用泵等；三大化工用泵，如耐强腐蚀和耐磨的料浆泵、输送固体颗粒开式叶轮流程泵、高吸入压力泵、超低温泵、高温泵、高粘度泵、易凝固介质泵、无泄漏泵等，重点开发大中型磁力泵；石油钻采和炼油工业用泵，如开发小块油田注水泵、稠油集输泵、油气混输泵、深井涡轮采油泵、高压海上平台注水泵、注水模块等，扩大现有流程泵的性能范围，使其满足年处理500～1 000万t/a炼厂的生产需要，开发沥青泵、渣油加氢脱硫泵、加氢进料泵等；开发水处理和环保用泵；发展水利排涝、河道、港口疏浚用混流式的挖泥船用泵；开发城市地铁、高层建筑、道路桥梁用泵。

重点淘汰产品：单级单吸离心泵BA、B型，BX、BP型等单级离心泵，F型耐腐蚀泵，口径100～300mm的JD、J型深井泵等。

阀门

重点发展应用新材料的阀门，如耐腐蚀用的超低碳不锈钢阀门，耐磨用的特殊材料阀门等；新领域应用的阀门，如建筑部门急需的水力控制阀、汽车工业燃气装置用的多功能气瓶阀等；石油、天然气长输管线用阀、大口径球阀、金属密封碟阀等；核工业用阀门，火电站用超临界机组用阀（$t \leqslant 570℃$，PN24MPa）；带电脑型电动装置的各类控制阀门等；环保行业用的阀门；供水系统用的大口径蝶阀，以及液控缓闭止回蝶阀等；节能疏水阀，起环保作用的凝结水回收装置等。

限制发展附加值低、质量差的低压铸铁阀门。

压缩机

优先发展为炼油和三大化工配套的工艺压缩机，如新氢压缩机、循环氢压缩机、丁二烯螺杆压缩机、二氧化碳压缩机、氮氢气压缩机、干式螺杆压缩机、煤气压缩机等；其他国家重点工程用压缩机，如天然气动力用石油及天然气压缩机（包括摩托压缩机和天然气发动机驱动石油气压缩机）、舰船用水冷或空冷空压机、隔膜式超高压压缩机组、全无油橡胶隔膜压缩机组、高炉吹煤粉螺杆压缩机、无油螺杆压缩机、大型动力用往复式活塞压缩机等；出口前景较好的压缩机产品，如微型压缩机、微型无油压缩机、大型动力用往复活塞式压缩机、动力用螺杆压缩机等。

适当限制发展一般动力用档次不高的中、小型和微型往复式活塞压缩机（含全无油压缩机）等；禁止生产性能和技术落后的压缩机产品，如3W—0.7/7(环状阀)空压机，1—10/8、1—10/7、2V—0.3/7、2V—0.6/7型动力用往复式活塞压缩机等产品。

2. 技术结构调整重点

a. 提高产品的配套性和系统性，更好地为用户服务

为满足不同用户对通用机械产品的更高要求，要大力提高产品的配套性和系统性。重点在以下两个方面，一是除了为大型石油化工装置提供关键配套通用机械产品外，还要为石油化工工业向下游延伸和深化发展的需要服务，即要重视发展下游装置配套设备，如先进的切粒、挤压、注压、拉膜、抽丝、成型、包装以及特殊工艺所需配套设备；二是以通用机械产品为核心，发展系统成套装置，如围绕石化、电力、冶金工业的工艺要求，在工业泵、风机、阀门、压缩机、空分设备等产品领域大力发展成套设备，充分发挥工程成套公司的作用，为用户提供能够完成一定工艺流程的小型成套装置，减少用户的系统配套工作，更加方便用户，使通用机械产品在成套系统中的参数匹配性和适用性更好。

b. 发展高效节能产品

通用机械产品既是能源的“开发者”，又是能源的“消耗者”，由于通用机械产品应用量大面广，其效率的高低和能耗的大小将直接影响能源的利用率。因此要加快高效率、低能耗的节能新产品的开发与推广，把节能新技术的研究放在重要地位。特别是泵、风机、压缩机、空分设备和阀门等产品，耗电量约占全国发电量的40%以上，提高这些产品的运行效率，降低能耗，将具有极大的社会意义。“十五”期间要努力将这些产品的运行效率提高5%～10%，加快开发高效节能的新产品，使通用机械节能产品的品种和产量覆盖率提高到60%～70%，逐步淘汰能耗高的落后产品。

c. 加快微电子技术的推广应用，进一步提高产品机电一体化水平

现代化大型电力和石油化工装置等都在逐步采用集散型控制系统、现场总线等现代控制技术，以提高生产装置效率和操作的可靠性。因此发展采用微电脑技术实现自动显示、全自动控制各项运行参数、自动报警等功能的机电一体化产品是市场需求趋势所决定的。要通过对微电子等高新技术的推广应用，提高产品机电一体化水平，更好地满足市场需要。

d. 提高在产品设计和开发中计算机技术的应用水平

加强计算机硬件和软件应用的资金投入，采用计算机技术提高设计手段，缩短设计周期，优化结构，开展模拟开发试验，强化通用机械产品对不同用户的不同需求情况的适应能力，提高产品对市场激烈竞争的快速反应能力，加速产品系列化，使用户对产品有适当的规格、性能参数的选择范围，而不是被动的去适应产品，从而提高我国通用机械产品的市场竞争力。

3. 企业组织结构调整重点

a. 促进企业改组联合，走集团化发展道路

推进企业改组与联合兼并，以优势企业为主体，大力推进跨部门、跨地区、跨所有制的战略性重组；以市场为导向，以资产为纽带，实现企业兼并联合、强强联合，形成一批有较强竞争实力的企业集团，使优势企业实现低成本扩张，提高行业的生产集中度，优化资本结构，推动行业发展。

大力推进空分设备集团、东北机械集团等大型企业集团的组建，并促进行业企业实现多种方式的合作与联合，在开发、销售等方面实现资源共享，扩大企业经营规模，发展集约化生产。

b. 促进专业化协作，建立以大带小、以小促大的产业结构

近年来通用行业中的专业化协作有了很大改善，但仍然存在着布局分散、低水平重复生产的局面，许多企业不同程度存在着“大而全、小而全”的状况，致使加工水平低，产品质量差。因此在大力发展企业集团的同时，要以大带小，扶持一些技术基础好、有发展潜力的企业共同发展。同时进一步促进行业的专业化协作，发展“小而专、小而精”和独具特色的专业化生产企业。

在行业中发展一批产品有特色、市场潜力大、适应市场快的优势特色企业，形成行业的新增长点。应建立若干家专业化协作企业集团，成为具备较强实力的关键配件和零部件生产基地，提高产品生产质量，以小产品占领大市场，促进行业的全面发展。

c. 加强企业内部改革，优化企业组织结构

企业结构调整要走“精化产品、精化生产、精化队伍”之路。企业产品精化，要以市场为导向，有所为而有所不为，有针对性地开发和生产适应市场需要、适应企业自身条件的产品，扶优汰劣，形成产品优势特色；企业生产精化，要有选择地将大量初加工、专业性强的生产工序分离出来，开展专业化协作，使企业集中精力搞好产品设计工作和新产品的开发研制，抓好关键零部件的关键生产工序、产品装配、试验、检测以及产品的营销工作，真正由“橄榄型”向“哑铃型”转变；企业队伍精化，要特别注重培养人才，重点培养产品设计和生产技术人员、经营管理和营销人员以及具有较高素质的生产人员，建立人才激励机制，充分发挥人才的工作积极性，为企业发展服务，使企业在开发和生产的第一线上保持有一班精兵强将；认真做好富余人员的剥离工作，提高企业的运行效率。

d. 促进行业的区域性发展

通用行业具有多年的发展历史，产品门类多，应用范围广，生产企业多，随着地方经济发展的需要，形成了不同地区的产品特色和区域性特点。如温州地区的泵、阀类通用机械产品品种多，制造企业队伍庞大，市场异常活跃，形成较为明显的区域性特色，成为当地的重点发展行业，对地区机械工业的发展起到了重要作用。因此通用行业要结合地区经济发展的特点，开发和发展适销对路、市场好的区域性拳头产品，发挥集约效应，创造较好的经济效益。

(六)科技开发及固定资产投资项目安排建议

1. 指导思想

(1)认真贯彻执行国家产业政策，加快产品结构和行业组织结构调整，以提高重大技术装备的配套能力和水平，扩

大产品出口，以新增长点为主攻方向，提高通用机械产品在国内外市场的竞争能力，特别是适应我国加入世贸组织后的市场特征要求，最大限度地满足日益国际化的国内市场和扩大出口的需要。

(2)有限目标，突出重点。经过多年发展，目前通用行业已具备相当的技术生产实力和基础，但与国外相比，在产品技术水平、质量水平和综合竞争力方面都存在着较大差距，还不能适应我国国民经济建设快速发展的需要。在"十五"期间不可能把所有问题和矛盾全方位解决，必须抓住重点产品、重点企业，进行有针对性的改造，以带动全行业整体水平的提高。

(3)要做到科研攻关、引进技术消化吸收与技术改造相结合，加大企业自主科研攻关的力度，提高企业自主开发能力，适当引进国外先进技术，并通过以内涵为主的技术改造，促进新技术、新工艺、新产品的产业化，提高引进技术的消化吸收能力和二次开发能力。

(4)重点扶持国有大中型企业，使其成为重点技术装备国产化的主力军，同时支持产品具有市场需求潜力和较好出口前景的企业迅速发展，成为参与市场竞争的主要力量，促进行业的全面发展。

2. 安排原则

(1)科研攻关和技术改造项目要集中投资，以承担重大技术装备配套任务、扩大产品出口、形成行业新增长点几个方面为重点，改造一批骨干企业，使其产品开发设计手段、工艺装备水平、质量水平和管理水平得到较大提高，产品达到或接近国际先进水平，形成规模效益，成为行业的主要力量。

(2)技术改造要以内涵为主，加强企业联合，优化资产结构，充分发挥优良资产效益；尽量不上或少上土建工程；加强专业化协作，鼓励企业向"哑铃型"结构发展，将有限资金用于提高产品设计水平、解决关键部件关键工序的主要矛盾、提高装配试验检测水平和企业管理水平等方面；增添先进、高效、节能的关键工艺装备，进一步提高计算机应用水平，促进企业的技术进步。

3. 安排重点

a. 建立技术开发中心

在主要产品行业对具有一定技术基础和实力的企业给予择优扶持，建立20~30个以企业或研究所为主体的技术开发中心，形成具有一定优势的新产品自主开发基地，成为行业技术发展的带头人。

b. 开展基础技术研究

根据市场需求结构，针对提高重大技术装备国产化率和行业新产品开发的需要，开展对行业产品技术发展具有重大影响和带动作用的共性基础技术及产品的研究。

c. 发展出口、替代进口、节能产品

优先安排以发展出口产品、替代进口产品和节能产品为主要改造内容的投资项目，提高产品技术水平和性能质量，增强市场竞争能力。

d. 发展重大技术装备需要产品

重点满足重大技术装备产品的研制需要，优先安排以发展重大技术装备产品、消化吸收引进技术实现国产化为主要改造内容的投资项目，提高国产装备参与国际竞争的实力。

固定资产投资、引进技术和科技开发项目安排意见详见附表。

(七)政策措施

1. 加强行业宏观调控

通用行业是具有多年发展历史的传统行业，企业数量庞大，涉及部门领域繁多，制造力量分散，行业宏观管理难度较大。因此需要有力的政策环境，促进行业的统一协调管理，采用经济、政策手段对行业进行宏观调控，保证行业健康、有序、持续发展。

2. 推进重大技术装备国产化，保护民族工业

通用行业担负着为我国重大技术装备提供关键配套产品的重任，建议国家尽快制定促进重大技术装备国产化的有效措施和政策，特别是我国加入世界贸易组织后，应充分利用其与发展中国家密切相关的条款和协议，保护民族工业，加快重大技术装备国产化进程。

建议加强重大技术装备国产化的立法工作，通过建立健全法规加强对重大技术装备国产化的政策引导和宏观调控，使重大技术装备国产化工作的管理实现法规化、规范化；建议国家除了在重大技术装备攻关方面给予拨款支持外，还需在信贷、税收政策等方面给予支持；对需要进口的重大技术装备，应根据是否技贸结合、转让技术与合作制造等条件，采取不同减免税比例。

3. 建立健全行业信息系统

建立通用行业市场动态、新产品动态、投资规划、利用外资、引进技术、产品进出口等各种信息采集和分析渠道，形成为企业和行业服务的网络信息系统，加强行业对日益激烈的市场竞争的快速反应能力。

4. 采用有效措施实现产品结构调整

制定、发布行业支持发展、限制发展和淘汰产品目录，发挥经济杠杆的调节作用，对国家鼓励、限制的产品领域实行差别税率、利率，对支持发展产品提供金融、税收政策支持，促进产品升级换代。如应逐步消除外商投资项目进口的设备实行全免关税、增值税，而国内投资项目是有选择性减免的不平等待遇；对国内投资项目中进口高新技术产品全免关税和增值税，而国内企业开发同类产品需进口关键件、原材料却需照缴两税的不合理税制政策应予以调整。

5. 加快机制转换，强化企业内部管理

加快国有企业改革步伐，推进国有企业制度创新，改组改制，建立并完善现代企业制度。大力普及和推广现代化管理方法，提高企业管理水平，促进企业经营管理机制的转换，建立企业人才激励机制，以适应市场经济新形势的发展需要。

6. 发挥行业协会的重要作用

充分发挥行业协会在行业协调、质量标准、新技术攻关以及行业产品价格、服务自律方面的重要作用，加强协会在行业中的协调引导作用，促进行业发展。

附表 1 “十五”固定资产投资建议项目

序号	项目单位	项目名称及内容	项目目标	总投资（万元）	其中贷款（万元）
一、	工业泵行业				
1	沈阳水泵厂	铸钢、机械加工、计算机应用技术改造	提高产品开发及冷热加工水平	4000	3000
2	石家庄水泵厂	加工、理化、铸钢、铸铁车间技术改造	提高冷热加工水平	2900	2200
3	山东博山水泵厂	加工、铸造、总装及试验站技术改造，新建 10 500m^2 厂房	扩大矿用泵生产能力	4200	3200
4	武汉泵业集团有限公司	冷热加工、总装技术改造	扩大污水处理设备和隔声屏生产能力	3800	2900
5	兰州水泵厂	试泵站技术改造	提高产品试制水平	1500	1200
二、	风机行业				
1	陕西鼓风机（集团）有限公司	石化冶金用轴流压缩机、能量回收透平机组技术改造项目。主要内容为：充实转子加工能力和铆焊、热处理、锻压、总装的配套生产能力	项目完成后，年生产轴流压缩机、能量回收透平机组及其转子配件 28 组，生产能力达 1500t。轴流压缩机及能量回收透平机组均达到世界 90 年代末同类产品先进水平	8000	5600
2	陕西鼓风机（集团）有限公司	西部大开发重点项目高炉系统 CCPP 装置生产技术改造项目。主要内容为购置数控龙门铣镗床、改造产品试车站等	年产 AV 系列轴流压缩机 20 台，其中新增 CCPP 装置用轴流压缩机 10 台	7000	4900
3	长沙鼓风机厂	环保及控制装置技术改造项目	新增产值 8000 万元，新增利润 640 万元，新增税金 300 万元	5000	3500
4	四平金丰股份有限公司	购置先进加工制造设备，扩大曝气鼓风机产量，满足污水处理工艺要求	污水处理设备产品达到国家环境保护标准要求	3000	2200
5	浙江上风实业股份有限公司	发展高效节能风冷成套装备。增添国内外关键加工设备、试验检测设备等 96 台（套），新建 19 000m^2 厂房	形成 16 000 套产品生产能力，企业在工艺水平和技术装备水平上达到当今国际先进水平	22000	16000
6	重庆通用工业（集团）有限责任公司	开发环保节能鼓风机，增添关键设备，扩大冷作焊接面积	提高产品质量和企业制造工艺水平	5100	3600
三、	压缩机行业				
1	沈阳气体压缩机股份有限公司	建设大型工艺用活塞压缩机科研开发、试验检测基地。购置封闭式试验装置，并配置自动化检测控制系统；加大科技开发力度，增加计算机硬件及软件，提高 CAD、CAPP、CAM 水平	新增销售收入 19000 万元，新增利税 2500 万元	9000	6300
2	无锡压缩机股份有限公司	工业废气回收用压缩机产品实现产业化，添置关键生产设备、试验装置、检测仪器	新增销售收入 9800 万元，新增利税 1300 万元	5000	3500
3	柳州压缩机总厂	发展天然气用螺杆压缩机产品，增添关键生产设备、试验装置及检测仪器	新增销售收入 13000 万元，新增利税 1800 万元	6000	4200
4	北京第一通用机械厂	发展单螺杆压缩机、膜压缩机产品，添置先进生产设备和检测仪器	新增销售收入 5500 万元，新增利税 750 万元	2900	2100
5	上海压缩机股份有限公司	发展工艺用螺杆压缩机产品，新增先进生产设备、封闭式试验装置等	新增销售收入 14000 万元，新增利税 2000 万元	6000	4200
6	华西通用机器公司	发展大型燃气摩托压缩机产品，新增先进生产设备、试验装备	新增销售收入 5500 万元，新增利税 750 万元	2900	2100

附表 2 “十五”重点科技攻关及开发建议项目

序号	项目名称	主要内容	主持部门	参加单位	经费（万元）	其中拨款（万元）
一、	工业泵行业					
1	磁力泵产品开发研究	磁力泵产品联合设计、研究	沈阳水泵厂	浙江省机电设计院等	100	
二、	风机行业					
1	叶轮叶型、材料研究及计算机软件开发	开展新型叶型的试验研究、叶轮材料试验研究及计算机软件开发	陕西鼓风机（集团）有限公司		150	

（续）

序号	项目名称	主要内容	主持部门	参加单位	经费（万元）	其中拨款（万元）
2	罗茨鼓风机消声及控制攻关项目	攻关开发罗茨鼓风机消声及控制装置	国家机械工业局	长沙鼓风机厂	300	100
3	SL系列三叶罗茨鼓风机研制	开发研究无需水冷却的高压(98kPa),SL系列三叶罗茨鼓风机,使产品达到世界先进水平	天津市鼓风机总厂	西安交通大学	1000	200
4	开发火电厂烟气脱硫风机	引进技术,使火电厂烟气脱硫风机技术水平达到90年代国际水平	重庆市机械工业管理局	重庆通用工业(集团)有限责任公司	1500	300
5	开发排烟系统除尘风机	引进技术,为燃煤电厂、锅炉排烟系统提供重要配套设备	重庆市机械工业管理局	重庆通用工业(集团)有限责任公司	1200	200
6	开发城市污水集中处理曝气风机	产品国产化率达98%,改变环保设备依赖进口的局面	重庆市机械工业管理局	重庆通用工业(集团)有限责任公司	1600	300
三、	阀门行业					
1	研制特殊用途阀门	1. 研制开发先导式呼吸阀 2. 研制大口径、高压的输气管路用紧急切断阀 3. 研制超临界机组用阀 4. 研制天然气管道阀门	合肥通用所	杭州阀门厂 开封阀门厂 上海良工阀门厂 浙江五州阀门厂	300	250
四、	压缩机行业					
1	提高活塞压缩机易损件寿命	提高活塞环、导向环、气阀等寿命,使其达8000~10000h	沈阳气体压缩机股份有限公司		300	100
2	天然气汽车加气站压缩机	对天然气压缩机的密封技术、润滑技术、自动化控制技术进行研究	重庆压缩机厂		300	100
3	螺杆压缩机螺杆的螺旋型面研究	对圆弧外摆线(不对称型)螺旋型面进行研究,以提高螺杆压缩机的容积效率	无锡压缩机股份有限公司	西安交通大学	200	50
4	压缩机的串联技术	研究螺杆式与活塞式、离心式与活塞式压缩机的串联技术	上海压缩机股份有限公司		400	100

附表3 “十五”技术引进、合资合作建议项目

序号	项目名称	引进单位	引进内容	投资额（万元）	用汇额（万美元）	项目性质
一、	工业泵行业					
1	引进挖泥船泵技术改造项目	长沙通大集团长沙水泵厂	引进挖泥船泵技术,铸钢、测试中心、柔性加工生产线、计算机应用技术改造	3000	50	
2	引进特殊泵、大型泵及石化泵、螺杆压缩机技术改造项目	天津泵业机械集团有限公司	引进特殊泵、大型泵及石化泵、螺杆压缩机技术,增添关键加工设备	10500	890	
3	引进多级泵、污水潜水泵技术改造项目	广东省佛山水泵厂	引进多级泵、污水潜水泵技术,冷热加工、理化、计算机应用等进行改造	6000	145	
4	引进海水提升泵、高压往复泵、海上采油平台泵等技术改造项目	大连耐酸泵厂	引进海水提升泵、高压往复泵、海上采油平台泵等技术,对机械加工、热处理和泵站进行改造	5300	100	
5	引进平流柱塞泵、立式计量泵等技术改造项目	重庆水泵厂	引进平流柱塞泵、立式计量泵制造技术,增添关键加工、焊接、测试设备	3000	50	
二、	风机行业					
1	轴流压缩机许可证协议的延伸	陕西鼓风机(集团)有限公司	1979年9月陕西鼓风机厂与瑞士苏尔寿公司签订“轴流压缩机许可证协议”,为了使陕西鼓风机(集团)有限公司设计制造的轴流压缩机始终与瑞士苏尔寿公司保持同等的技术水平,拟与苏尔寿公司进行许可证协议书内容延伸的协商	850	100	

（续）

序号	项目名称	引进单位	引进内容	投资额（万元）	用汇额（万美元）	项目性质
2	高炉煤气余压透平设计制造技术引进的完善	陕西鼓风机（集团）有限公司	1992年陕西鼓风机厂引进了日本川崎重工株式会社的高炉煤气余压回收透平发电装置的设计制造技术，"十五"期间拟将该项引进技术进一步完善	4500	500	
3	高效、高温风机	四平金丰股份有限公司	与西安交通大学合作研究先进的设计理论及模型机的优化设计与试验方法	500		合作
4	开发脱硫、除尘、曝气鼓压风机	重庆通用工业（集团）有限责任公司	引进国际20世纪90年代先进的离心式鼓压风机设计制造技术	800	90	
三、	阀门行业					
1	中美合资上海安德森·格林伍德·克罗斯比阀门有限公司	上海阀门厂	引进美国安德森·格林伍德·克罗斯比公司资金及技术建立合资企业	总投资1000万美元，注册资本660万美元		
四、	压缩机行业					
1	工业废气回收用螺杆压缩机设计制造技术	无锡压缩机股份有限公司	轴封设计制造技术；转子及机体防腐技术，如在200℃时不脱落的喷涂技术等	1800	200	技术引进
2	大型燃气摩托压缩机设计制造技术	华西通用机器公司	736～1 472kW燃气摩托压缩机设计制造技术	2700	300	技术引进

通用机械行业回顾与展望

中国通用机械工业协会理事长　隋永滨

通用机械行业包括泵、风机、压缩机、阀门、气体分离设备、过滤与分离机械、真空获得与应用设备、减变速机和干燥设备等9个分行业。据统计，2000年全行业规模以上企业（销售额达500万元以上）1 602家、拥有职工43.22万人、工业产值（当年价）397.73亿元、销售收入369.11亿元、利润总额12.16亿元。

一、2001年经济运行情况的回顾

由于国家连续三年实行积极的财政政策，对拉动内需起到了一定效果。石油化工、冶金、电力等国民经济主要部门和城市基础设施建设项目投资对机械产品的需求，特别是对重大技术装备需求呈现较大的增长，使通用机械行业出现了近七八年来少有的好形势，产值、销售和经济效益均有较大幅度增长。2001年通用机械行业完成销售收入438.00亿元、同比增长10.12%，利润总额17.68亿元、同比增长45.39%。应该说2001年通用机械行业最大的市场需求是来自炼油厂和乙烯及乙烯深加工等技术改造项目。中石化和中石油在完成燕山、大庆等"五大乙烯"由30万t/a乙烯装置改造为45～48万t/a乙烯装置的基础上，去年又进行了扩大到60～70万t/a乙烯的改造；加氢裂化、加氢精制和加氢脱硫等装置由120～150万t提高到250～300万t；而镇海、茂名等4套千万吨级炼油厂也正在建设中。

炼油和乙烯装置大型化改造在技术性能、可靠性等方面对设备和机器提出了更高的要求。通用机械行业通过消化吸收国外先进技术、连续三个"五年计划"对重大技术装备攻关和企业技术改造，在技术储备和工艺装备能力、水平方面基本上适应了市场需求，使这些改造项目立足国内采购成为可能。2001年在石化装备国产化方面取得了很大成绩，过去长期依赖进口的重大产品已实现国产化"零"的突破。例如：沈阳鼓风机厂在成功完成大庆48万t/a乙烯改造用裂解气和丙烯压缩机的基础上，又为扬子、齐鲁和金山等60～70万t/a乙烯改造工程研制了裂解气、丙烯和乙烯三大关键离心压缩机；石化工艺流程用的多股流低温冷箱进口一台要300～400万美元，过去国内制造企业从未涉足过，去年杭州制氧机厂已承接了17台用于燕山、扬子等大型乙烯改造项目的多股流低温冷箱，其中为燕山石化提供的设备即将投产；沈阳气体压缩机厂在成功制造80t活塞力加氢压缩机基础上，去年又承接了制造100t活塞力加氢压缩机，这种大吨位活塞力往复压缩机世界上也只有2～3个厂家能够制造。

冶金行业虽然新建项目不多，但以节能降耗和改善环境污染为主要内容的技术改造项目也为通用机械制造业提供了很大的市场空间。例如钢厂淘汰小空分、扩大氧气厂规模，为空分设备制造业带来一个较大的需求高峰，其中尤以6 000～20 000m^3/h 的大型空分设备为主。去年杭氧、开空、川空和中国空分设备公司等主要企业以填料塔、全精馏制氩、内压缩流程为代表的新一代大型空分设备占据了国内20 000m^3 以下空分设备市场，任务都十分饱满。其中杭州制氧机厂预计今年可完成5亿元产值，创历史最好水平。又如陕西鼓风机厂去年承接冶金和石化行业轴流压缩机20多台，累计生产轴流压缩机突破100台，成为世界上年生产轴流压缩机最多的厂家之一。

工业泵行业在大型火电站用泵需求有所下降的情况下，传统的石化领域改造项目流程泵、耐腐蚀泵需求增加，特别是城市基础建设中的污水泵、自来水供水泵和水利工程排灌引水泵成为新的增长点。国营大企业和民营企业任务都普遍好于2000年，预计全行业销售收入超过110亿元，同比增长10%左右。其中沈阳水泵厂产值、销售分别达2.71亿元和2.5亿元；大连耐酸泵厂产值和销售达2.2～2.3亿元，分别同比增长30%；石家庄水泵厂产值和销售分别达1.15亿元和1.2亿元，创历史最好水平。

总的来说通用机械行业2001年的生产经营情况具有以下几个特点：

(1)全行业任务普遍饱满，特别是风机、空气分离等行业不少企业承接任务量超过历史最好水平，不得不加班加点赶任务。有些企业全年生产任务安排过满，再加上协作配套不畅，使一些重点工程任务不能按期交货，造成一定影响。

(2)通用机械行业产品结构调整取得初步效果，企业开发能力和适应市场能力普遍有所提高。在2001年完成的任务中有许多产品是在与国外著名厂家竞标中争得的，任务来得不易，有的产品过去长期依赖进口，新产品的市场占有率占80%以上。

(3)行业的无序竞争加剧，竞相压价几乎涵盖了通用机械行业的所有产品，这种无序竞争使制造企业经济效益逐年下滑。其中重大产品多为国有大企业之间的竞争，一般产品则是国有企业与众多民营企业之间的竞争。

例如空分设备行业杭氧、开空、川空三大厂家每年竞相压价的利润损失在6 000万元以上。大连耐酸泵厂去年产值、销售创历史最好水平，但却出现亏损，竞相压价迫使企业耐腐蚀泵降价的幅度都在50%以上。

(4)企业资金周转更加困难，往往有任务无钱安排生产，再发展下去有任务也不敢接。

二、展望

根据中央经济工作会议的精神，2002年国民经济发展速度控制在7%左右。但是鉴于美国、日本、欧盟等主要西方发达国家的经济不景气，做为国民经济支柱的进口出口贸易将会受到较大影响，因此有关部门和不少专家认为2002年的国民经济运行形势将是十分严峻的。从宏观经济来说，这种认识和评价无疑是正确的。

机电产品在国家进出口贸易中占1/3强，因此外部环境对机械工业运行形势也必将产生不利影响。但是对通用机械行业2002年的总体运行形势，不会产生太大的影响，因为通用机械行业的出口产值不到全行业产值的10%，发展的主要空间仍然是来自国内市场。不论是从宏观经济和国民经济主要部门的需求分析，还是从一些主要企业目前已签订的合同和订货意向来看，对通用机械行业来说，2002年仍将是一个比较乐观的年份。其主要有利因素有以下几个方面：

(1)今年国家仍将实行积极的财政改革，增发1 500亿元财政建设债券，而连续三年的拉动内需政策的后续影响仍将发挥作用，因此电力、冶金、石化等国民经济主要部门以及城市基础设施建设的固定资产投资仍将保持较大的力度。

(2)国家"十五"重点工程将陆续开工，为通用机械制造业提供了重要的发展机遇。"西气东输"和"南水北调"等国家重大工程今年都将进入设备采购阶段，管线压缩机、管线阀门和大型引水泵要争取由国内提供或与国外合作制造。德州大化肥改造工程，将是我国第一套自行设计和成套的30万t/a合成氨和40 000m^3/h大型空分的国产化示范工程，其主要设备也将在2002年上半年招标订货。北京申奥成功之后的场馆建设和首都环境治理也将需要一大批各种通用设备和环保设备。这些国家重点建设工程不仅为通用机械制造业提供了巨大市场，而且对提升行业产品设计制造水平也有着重要意义。

(3)世界范围内的经济不景气会给我国的出口贸易造成一定影响，但是也不应该一概而论，应该对市场和出口产品做具体分析。再加上入世后各种内外因素更有力于鼓励和扩大机械产品出口，因此有理由认为相当一部分产品仍会保持较好的出口势头。

(4)国有企业通过深化改革、转换机制提高了活力，产品结构调整初见成效，应对市场的能力明显提高；一些民营企业经过多年发展，已形成一定规模，特别是工业泵、阀门等行业，不论产品水平和生产规模，都具有较高水平，将成为参与国内外市场竞争的主要力量。

三、几点建议

(1)2002年是我国正式加入WTO的第一年，中国的市场将更加开放，机械工业将面临与国外厂家更加激烈的竞争；但更加开放的环境和逐步规范的市场也有利于机械工业的发展。这种有利因素和不利因素的显现都将有一个过程，我们既要认真对待，也不应过分夸大不利因素。究竟如何应对入世是企业、行业和政府几方面的事情。对机械工业来说关税减让和非关税保护政策的取消已经没有什么太大影响，实际上机械产品的平均关税已低于我国政府对世贸组织的承诺，而大量的机械产口又通过各种渠道减免了关税。

对企业来说，首要的是转变观念，树立起强烈的竞争意识；要提高产品质量，加强售后服务。归根结底是提高企业的竞争力。

如何合理的利用规则保护自己，如何应对"反倾销"，则不是一个企业能办得了的，需要行业协会组织专家和企业研究，提出策略和办法。

对政府来说应该加大整顿金融秩序和规范市场的力度,理顺政府和企业之间的关系,为企业参与国际国内市场竞争创造良好的环境。

(2)“十五”期间国家重点工程项目不少,市场很大。但是有市场,国内制造企业不见得能拿到任务。随着入世后能不能再提装备国产化越来越成为人们议论和关注的焦点,一些人把更多的采购热情放到了国外,因此机械制造业的企业决不可掉以轻心,弄不好已有的国产化成果可能丧失,而正在国产化或尚未国产化的产品则更增加了实现国产化的难度。但是入世后决不等于说不应该适当保护我国尚未形成竞争能力的一些行业和产品,政府部门应抓紧研究制定这方面的政策和策略,行业协会应及时组织专家和行业认真研究,提出建议。

(3)要抓好两个市场。机械制造业过去主要面对的是国家基本建设和技术改造投资市场,尽管这几年注意了调整,但是力度还不够。在国内制造业一方面要面向固定资产投资市场,另一方面要更多的关注12亿人口的精神文明和物质文明建设市场,特别要关注农村和广大农民这个大市场;在国际上,要把扩大出口当做一项战略任务来对待,我国的机械制造业总量这么大,单靠一个市场是不行的,虽然机械产品已占全国出口产品的主导地位,但是与西方发达国家相比,差距还很大。

(4)要下决心抓好机械行业的产业结构调整。总量过剩,结构严重不合理,国家急需的许多重大产品又长期依靠进口,这一问题却始终没有很好解决。产品结构调整主要是企业的事,经过这几年的努力,可以说大多数国营重点骨干企业所生产的产品,80%以上是近几年开发的新产品。对于产业结构调整,按理说企业也应该是主体,但是产业结构调整,涉及到产权的转移,在当前政企关系没有完全解决,产权关系没有完全明确的情况下,很难做到按市场规律实现资产重组,形成竞争优势。因此机械工业的产业结构调整需要国家有关部门提出相应的鼓励政策。

(5)行业竞相压价,亏本竞争,扰乱了市场秩序。从长远来说,对机械制造业的破坏作用是不可估量的,企业长期在亏损状态或亏损边缘经营,必然没有能力去搞开发和改造,也必然不会去严格质量管理。长此下去,对制造企业、对用户、对国家都没好处。行业协会应该在调查研究的基础上,提出切实可行的政策建议,国务院主管部门也应该认真关注,在企业自我约束机制尚未完全形成的情况下,片面强调市场调节是不对的。

工业泵行业“十五”规划

中国通用机械工业泵行业协会技术室主任　杜英贤

一、现状与差距

1. 基本情况

根据国家统计资料,1997年全国泵制造业共有1 378家企业,其中,亏损企业321家,工业总产值按不变价为118.5亿元、按当年价为126.1亿元,工业销售产值116.9亿元,工业增加值38.4亿元,职工人数226 184人,年末资产总计164.7亿元,年末负债总计108亿元,利税总额8.5亿元,其中利润总额2.5亿元。

1998年行业协会会员企业221个,其中,科研院所22个,泵生产企业199个。本文对有影响、有代表的125个企业(其中合资企业6个)调查统计,职工人数85 244人,其中工程技术人员7 221人;工业总产值(不变价)433 670万元;工业增加值145 357万元;固定资产原价515 574.6万元;销售收入437 834万元;利税总额10 739万元,其中利润总额7 504万元;工业全员劳动生产率15 975元/人;出口创汇8 660万美元;主要科研成果277个(1996~1998年9月)。详见表1。

2.“九五”计划预计完成情况

(1)主要经济指标,重点产品产量

表1　1996~1998年泵协会会员企业主要经济指标

年份	工业总产值(万元)	工业增加值(万元)	销售收入(万元)	利润总额(万元)	税金(万元)	出口创汇(万美元)	产品销售数量(台)	固定资产原值(万元)	固定资产净值(万元)	资产负债率(%)	全员劳动生产率(万元/人)	备注
1996	470060	165339	485872	4858	4426	860	118569	487540	312250	67.3	4.63	164个泵协会员企业
1997	523385	176013	514589	9745	2837	2407	1044669	535664	350087	67.1	5.36	163个泵协会员企业
1998	433670	145357	437834	7504	3235	8660	758389	515574	317624	66.2	5.82	125个泵协会员企业
2000	500000	150000	500000	8700	3700	12000	800000	—	—	—	—	125个泵协会员企业

注:工业总产值为不变价。

根据国家统计局统计年鉴和国家海关总署资料，近几年，国内市场泵容量1996年为130亿元左右、1997年为130亿元左右、1998年为120亿元左右，其中，扣除进口部分，泵行业总的市场容量为110～120亿元，泵行业协会会员企业这三年分别占到40%～50%的份额。

我国工业泵市场基本上都选用国产产品，外商投资项目中采用的泵则均为国外产品，特殊、高温、有毒和易燃易爆使用场合的泵进口量多达50%以上。

根据泵行业协会会员单位统计资料及有关企业的增长率，"九五"末工业泵主要产品产量预测见表2。

表2 "九五"末工业泵主要产品产量

序号	产品名称	单位	1996年	1997年	1998年	2000年预测
1	单级离心泵(单、双吸)	台	461005	496864	153607	210000
2	多级离心泵	台	89905	94107	56303	70000
3	锅炉给水泵	台	23446	26831	13056	13000
4	轴流泵	台	6399	7973	1226	1300
5	混流泵	台	12242	9835	7855	9000
6	旋涡泵	台	18622	17645	3143	4500
7	热水泵	台	16616	17009	9296	12000
8	深井泵	台	16823	13549	8574	10000
9	潜水电泵	台	269376	259312	207557	240000
10	喷灌泵	台	2529	47215	33833	40000
11	离心油泵(化工流程泵)	台	7812	8135	6651	8000
12	耐腐蚀泵	台	15211	16446	10080	13000
13	齿轮泵	台	25212	27163	9406	11000
14	螺杆泵	台	7522	5735	4820	5300
15	污水泵	台	41638	34387	33064	3800
16	泥浆、渣浆泵	台	7615	7640	5368	5800
17	水环真空泵及压缩机	台	8503	6571	3157	3600
18	计量泵(比例泵)	台	2923	2324	1653	3000
19	管道泵	台	105871	91761	98500	11000
	根据泵行业协会会员统计数	家	164	163	125	125家估取

(2)引进技术、设备装备、消化吸收国产化情况及技术经济效益

A. 技术引进情况

泵行业通过技术引进，在水泵制造技术方面已基本满足国民经济发展对泵产品的需求，缩短了与国际泵行业的技术差距。技术引进和消化吸收是我国泵行业技术发展的一个主要动向，几年来，泵行业各企业特别是重点骨干企业先后引进了100多个系列、2 000多个品种具有国际先进水平的泵类产品制造技术，引进的主要内容有：

沈阳水泵厂从德国KSB公司引进了为电站配套的超高压筒形锅炉 水泵、前置泵和锅炉强制循环泵，共5个系列23个品种；引进美国B.J公司6个系列114个品种的石油化工流程泵(符合API610标准)；引进英国M+P公司3个系列24个品种海上采油平台注水泵；引进日本荏原制作所10个模型，2套立式斜流泵生产图纸。

上海凯士比泵有限公司从德国KSB公司引进4个系列65个品种船用离心泵，4个系列91个品种热水循环泵；引进美国英格索兰公司5个品种立式斜流泵；引进美国德莱塞公司2个系列58个品种污水泵；引进英国英格伟尔公司100MW以上发电机组用锅炉给水泵；引进英国Seald公司10个系列90个规格机械密封技术。

长沙水泵厂从美国英格索兰公司引进立式斜流泵和双吸中开泵；从日本荏原制作所引进4个系列69个品种的污水泵。

石家庄水泵厂从澳大利亚沃曼公司引进了19个系列357个品种的渣浆泵、挖泥泵、泡沫泵等产品；从德国KSB公司引进了2个系列44个品种的污水泵；从德国里茨公司引进了4个系列9个品种潜水泵。

大连耐酸泵厂从瑞士苏尔寿公司引进了13个系列377个品种石油化工流程泵。

天津泵业机械集团有限公司从德国阿尔维勒公司引进了螺杆泵制造技术；从德国鲍曼公司引进了单、双螺杆泵制造技术；引进日本大晃机械工业株式会社的离心泵、齿轮泵制造技术。

武汉水泵厂引进了德国西门子公司全系列12个品种的水环真空泵技术。

B. 设备装备情况

(a) 检测试验设备

"六五"以来，工业泵厂家开始建立和不断提高各类水泵的检测试验设备水平，对产品的出厂检验和性能研究发挥了重要的作用。目前，骨干企业的水泵性能试验台基本上都达到了B级精度，测试数据的采集、处理、打印和性能曲线绘制均由计算机自动完成，达到了国际90年代初的检测水平。

(b)加工设备

"八五"后期，工业泵企业在加工中心方面实现了零的突破，一些骨干企业开始使用数控机床，并用数显装置来改造原有的一些关键普通机床，至1998年底，大型设备和数控设备的拥有量分别比1995年底增加2.5%和44.3%，详见表3。用树脂砂造型制芯的工艺在水泵行业中也得到了推广。

表3 1995年和1998年大型设备拥有量

序号	设备规格	单位	1995年	1998年
1	大型	台	1378	1413
2	高精度	台		196
3	数控	台	210	303
4	其中：加工中心	台		44
	根据泵行业协会会员统计数	家	164	125

总的来说，冷加工仍较国外落后10年左右，热加工的差距则更大。企业计算机技术推广应用与国外还有较大的距离。

C. 消化吸收及技术创新

本着对引进产品技术的"生产一代、研制一代、开发一代、储备一代"原则，我国泵行业技术水平有了长足进展。

(a)产品水平

行业重点产品中，约有20%产品达到或接近国际90年代初同类产品的先进水平，其中，部分产品和技术处于世界领先水平。大约35%处于国际80年代水平。

引进工作做的比较突出的是电站泵产品，配合300MW、600MW火电机组的引进，泵行业厂家也先后从国外引进了锅炉给水泵，强制循环泵、立式斜流泵等技术，满足了300MW、600MW大型火电机组的配套需求。例如，沈阳水泵厂研制的CHT系列给水泵各项技术性能指标及结构的先进性达到当代国际先进水平，国产化率达到100%。该厂研制的强制循环泵经过平圩电厂、哈三电厂等运行考核，证明其各项性能指标达到德国KSB公司的水平，泵组国产化率达到99%。上海凯士比泵有限公司为江苏省扬州第二发电厂2×600MW机组研制的SEZ2200-1875型循环水泵在长时间运行考核。

(b)科研成果和新产品开发

随着市场竞争日趋激烈，企业对采用新科技、运用新工艺、开发新产品越来越重视，高科技手段的运用，使新产品开发速度明显加快，高附加值产品也越来越多。根据1998年9月统计资料，泵行业1996~1998年9月科研成果和新产品数量为277个。

沈阳水泵厂"八五"以来，完成科研项目53项，完成新产品212种，平均每年达25种。目前，经常生产的产品有火电机组用泵、石油及石油化工用泵、国防用泵、一般离心泵、特殊泵、液力偶合器及核电用泵等8个方面42个系列497种产品。在经常生产的产品中，有91种达到或接近90年代国际上同类产品水平，占全部产品的18.3%。有142种达到或接近国际80年代同类产品水平，占全部产品的28.6%。有264种产品为国内先进水平，占全部产品的53.1%。

长沙通大集团长沙水泵厂现有产品46个系列，553个品种，1 941种规格，服务领域遍及能源、城市建设、城市排污、矿山、冶金、石油、化工、建材、交通、轻纺、食品、船舶、海洋开发、农田灌溉和国防建设等。553个品种中，有68%的产品分别达到80年代末和90年代初国际水平。其中，沅江型泵主要经济技术指标达到国际先进水平，部分品种与美国BJ公司同类产品比较，效率还高2%~3%，采用的铸钢叶轮寿命可达10~15年，首次大修期超过8 700h。

天津泵业机械集团有限公司将"科技兴工"作为发展目标，重视产品和人才结构两调整。从"七五"开始，不断结合市场引进具有世界先进水平的螺杆泵和离心泵技术，同时，还以技术创新发展了螺杆泵系列产品、二次创新日本大晃船用离心泵产品等，"九五"以来，开发新产品122项，其中有81项达到国际水平；23项填补国内空白，4项系列产品列为国家级新产品，3项产品获机械部和天津市科技进步奖。

石家庄水泵厂"九五"期间开发新产品85种，其中，开发引进新产品43种，产品水平达到国际90年代初水平。在消化吸收引进技术的同时，自行设计开发了ZGB、ZQ、DZ、PYS、WQ系列渣浆泵和污水泵等新产品28种，并移植引进技术完成了16种老产品的改造，产品技术性能达到了国内领先地位。

(c)质量及质量管理

在现代企业制度中，管理科学是一条基本的重要的特征，它包括一套完备的、科学的、行之有效的管理体系。近年来，随着社会主义市场经济的逐步建立和社会大环境的的急剧变化，企业管理水平呈现两极分化状态，其中企业管理滑坡造成的经济效益低下，已成为深化国有企业改革的重要制约因素。市场竞争的背后是现场管理水平的较量，现场管理水平决定市场的竞争力。

●泵行业共有标准220项，其中，国家标准36项、行业标准114项、行业内部标准70项，"有标率"达到90%，已基本达到国外行业水平。但是，国外一般每隔3~5年修订一次，我国修订的时间则难以固定，且时间拖得较长。

●原机械工业部企业技术中心有沈阳水泵厂、大连耐酸泵厂、石家庄水泵厂、重庆水泵厂、长沙水泵厂、上海大隆机器厂。但是在国家经贸委认定机械工业企业技术中心54个名单中，无水泵行业企业。

●质量体系贯标工作开始实行。ISO9000系列标准质量体系论证已成为企业树立良好形象，进行市场竞争、打破技术壁垒的重要手段。已通过ISO9000系列标准质量体系论证的企业有：大连耐酸泵厂、长春水泵厂、无锡市水泵厂、山东博山水泵厂、长沙水泵厂、石家庄水泵厂、天津泵业机械有限公司、武汉水泵厂、杭州碱泵厂、杭州水泵总厂、佛山水泵厂、重庆水泵厂、新德工业泵制造厂、沈阳第二水泵厂、四川三台泵业有限公司、武安市宏泰机械泵业有限公司等企业。

(3)进出口情况

根据海关总署的统计资料，近年来全国泵产品的进出口数量和总值有逐年小幅上升的趋势，主要数据见表4。

表 4 1997、1998、1999 年泵产品进出口数量 （单位:台、美元）

序号	产品名称	1997 年				1998 年				1999 年 1~6 月			
		进口		出口		进口		出口		进口		出口	
		数量	金额	数量	金额	数量	金额	数量	金额	数量	金额	数量	金额
	液体泵、提升机总计	5591422	347822372	21744043	141185877	6695870	353704560	26058305	169820092	2901356	190193855	15287700	86367285
1	其他装有或可装计量装置的液体泵	23941	14800848	22085	836175	6243	14545770	33436	740554	6839	8692856	19218	628580
2	潜油电泵及潜水泵	2833	7098484	110971	6305338	4628	16125553	310482	6177221	6233	4781538	84194	3199778
3	未列名回转式排液泵	18485	2842874	17486	462458	8049	10401909	73924	1617257	17872	6210232	71724	2020520
4	液体泵零件(kg)	3963708	59036220	12746737	35448644	5569375	64322339	15781629	47228326	1916627	37730259	10658906	26033095
5	其他活塞式内燃机用燃油泵、润滑油泵或冷却剂泵	314134	13969912	836744	8415795	274000	39724816	594421	7028198	279434	24692640	102177	4022342
6	未列名液体泵	803161	140943040	3201219	45745627	520439	120914594	3632917	65673887	313016	51552317	1821922	29443055
7	液体提升机	1234	1911246	151911	940596	1164	2944158	2338	1256382	669	1152639	5316	120813

整个泵行业 1998 年出口创汇达 12 846.5 万美元，是 1997 年的 132%。从泵协会资料及各有关生产厂家的上报材料来看，泵协会成员单位出口创汇 1996 年 860 万美元、1997 年 2407 万美元、1998 年 8660 万美元（125 个泵协会员单位），上升趋势较猛。我国出口的泵中，离心泵占绝大多数，是泵行业出口的主导产品。但总的来说，出口产品主要是低值小铸铁泵，“低值、低材质和低技术含量产品”占了大多数。值得一提的是功率 7.5kW 以下的小型潜水泵、自吸泵、微型离心泵、管道泵、增压泵出口量较大，根据温岭大溪镇统计的资料，1997 年和 1998 年出口交货值分别达到 2.6 亿元、3.3 亿元。

工业泵出口的主要国家和地区是，东南亚、孟加拉、巴基斯坦、南非等地。浙江丰球集团公司的潜水泵产品，通过在美国、欧洲等地开办经销部，已打开向这些地区的销售渠道，并且获得了比国内销售更好的效益。

从上表可以看出，工业泵 1997 年、1998 年及 1999 年上半年泵进口量分别为：23 869.1 万美元、26 603.5 万美元和 13 366 万美元，1998 年是 1997 年的 111%。进口额大于出口额，出口额是进口额的 41% ~ 48%，逆差较大。进口额约为市场总需求量的 17% 左右，数量很大。进口产品多为国家重点建设项目如火电、核电、石油和“三大化工”配套用泵。如 30 万 t/a 乙烯装置改造的项目需新增的 65 台泵，还有 11 台泵需从国外引进而不能国产化；核电站用泵绝大部分进口。我国泵行业主要骨干企业面对的是一方面“吃不饱”、订货不足，达不到经济批量；另一方面是在工业泵中进口泵又大批占据国内市场。

(4)固定资产投资情况

为了适应市场需求，企业必须进行技术改造才能求得进一步的发展。“八五”期间，行业固定资产投资约 2 亿元，工业总产值平均增长速度为 20%，出口额增长速度为 34.07%，全员劳动生产率增长率 20.3%，取得巨大的成就。“九五”期间，由于市场供过于求、企业经济效益滑坡、资产负债率高等原因，一些企业的技术改造项目最终没有得到实施，因此，总体来看经济效益增长并不明显。与“八五”末相比，预计“九五”末，工业总产值基本持平或略有增加，但是出口额将增加 80% ~ 100%，由于企业人员的减少，全员劳动生产率增长率将达 12%左右。

3. 国内外科技发展趋势

(1)泵行业国内科技水平及发展趋势

A. 泵用密封、轴承等部件制造业发展迅速，中场产业崛起。国外为解决经济不景气、制造成本大幅度上升问题，打破大而全、小而全封闭式经营模式，向专业化生产方向发展，采用模块化技术，使多品种、小批量生产方式变成大批量生产；生产密封件、轴承和模块零件的专业厂家飞速发展，泵制造中的密封、轴承等专业制造厂向大型化、专业化发展。

B. 绿色制造将成为 21 世纪泵制造业的主要特征。日趋严格的环境与资源约束，使绿色制造越来越受到重视，并将成为 21 世纪各行业的主要特征。对泵制造而言，主要体现在三个方面。

第一，生产过程无污染，目前国外正处在积极推行 ISO14000 国际环保管理标准。日本丰田公司正在实施旧泵回收计划，旨在减少产品本身的污染。

第二，许多场合，泵所输送的介质可对环境造成污染，按照环保要求输送此类介质绝对无点滴泄漏，满足这样要求最具竞争力的是磁力泵。

第三，泵是水污染防治设备，我国城市已进入活跃发展时期，国家环保部门要求 50 万人口的大中城市都要逐步建立污水处理厂，解决水质保护和污水再生，对环保机械产品需求将大大增加。因此，环保是泵产品潜在的市场，近年来，国内许多泵行业厂加入环保行业，这是值得注意的市场动向。

C. 产品发展趋势呈现如下特征。大型化、高速化；机电一体化及泵产品成套装置；标准化、系列化和通用化；多品种、性能广；寿命长及高可靠性。在国外泵行业中，为了使产品具有竞争力和与环境相协调，研究开发的产品将向高效率、小型化、轻量化和耐用等方面发展，并大力开发研制超高压等带“超”字的高附加值的产品。

D. 同行业的竞争，走向竞争与结盟之路，做到共同享受、共同发展。

从总体上讲,我国泵业发展趋势是在质量和性能全面提高上加大发展力度,质量的提高主要体现在可靠性、机电一体化上的发展。性能主要体现在效率和汽蚀性能提高及材质水平的提高。

我国泵企业的结构将在两个方面进行调整,一是要改变目前“大而全”、“小而全”的生产模式;二是要改变绝大部分企业产品无特色,大部分企业在中、低档产品上的竞争局面。

4. 主要差距

(1)买方市场情况下的产需矛盾

泵行业目前所面临的买方市场只是局部的,而不是全局过剩,是产业结构和产品结构不合理的反映,即普通产品供大于求,高水平、高质量的特殊产品供不应求,或需从国外进口,产品的水平与用户要求差距较大。

(2)产品结构、企业组织结构、经济规模等方面差距

A. 组织结构不合理

企业经营规模小、生产集中度低、分散重复严重、专业化水平低、“大而全”、“小而全”状况十分普遍。根据第三次全国工业普查,泵类产品生产能力利用率57.2%(产品销售率93.7%),我国泵企业工业总产值和集中度与国外知名企业相比,差距巨大。

企业生产产品单一,制约了泵企业的发展。国外大型泵企业,泵仅仅是其产品的一部分,企业产品还涵盖了机械行业中的其他旋转动力机械设备,足迹还延伸到环境工程、信息电子、医药等领域,实现多元化经营,从而有助于这些企业始终能走在世界的前列。

B. 产品结构性过剩

企业产品达到当代世界先进水平极少,大部分仅达到80年代末90代初的水平,不能适应市场需求结构的变化。一方面产品积压严重,另一方面市场急需的产品试制太慢或干不出来,冲不出传统产品的格局。国有企业的产品开发干不过集体和乡镇企业,例如浙江丰球集团目前达到每星期开发一个新产品,大大快于国营企业的开发速度;但是,核电泵、火电和“三大化工”中配套使用的主要泵,这些集体和乡镇企业目前又没有能力生产。因此,我国与国外的动态差距并没有在缩小,形势不容乐观。

C. 企业经济规模两极分化严重

大企业、骨干企业产品一般由一些特色泵产品和大量的通用泵产品组成,由于国内电站市场的泵大量被进口货占领,“三大化工”市场竞争又十分的激烈,因此,企业的特色泵产品实际上并不能形成经济规模;而通用泵产品又由于竞争不过小企业,也不能形成优势,造成制造成本居高不下,大企业、骨干企业的经济效益低下,甚至出现亏损。

反之,一些小企业、乡镇企业或集体企业凭借其经营机制灵活、制造成本低、服务态度好的优势,在通用行业、在“三农”及城乡市场的占有率越来越大,已达到经济规模的进行生产,企业也在逐步地壮大。

(3)产品质量、性能、技术水平及品种差距

行业中除了几个大型企业集团的主导产品外,一般企业产品总体技术水平还不高,表现在设计、制造等方面。

在设计理论、设计方法上较为落后,大部分企业缺乏基础理论研究,新技术、新方法引入不够。在结构分析、参数选择、材料应用、工艺研究等方面全面应用计算机技术的企业也不多,产品开发多采用绘制仿形和类比的方法,缺乏理论根据和试验研究数据。

在制造技术方面,除近几年引进的部分国外先进设备和生产线外,由于多年来技改投资不足,整个行业传统的加工装备和工艺水平较为落后,通用设备多,专用机床少,高、精、尖设备更缺乏,致使加工精度低、材料消耗高,生产效率低。

产品品种方面,目前企业由于生产规模、产品开发周期及资金等条件的限制,现有产品品种尚不能完全满足国内外市场的要求,使用户选择产品形式,规格和生产厂家的余地很小,而是要凑现有产品。

由于淘汰产品具有耐用、便宜、习惯、易产、易销等特点,淘汰产品依然占领市场。另外,还存在泵的互换性差、密封性差、甚至于有些泵无法满足生产需要。

(4)管理水平、科学研究(检测中心)、新产品开发方面差距

A. 企业管理滑坡、产品质量下降

近几年来,一些企业存在“以包代管”的思想,企业的基础工作有所放松,造成产品质量下降;二级核算和学邯钢成本否决以及投入产出工作仅停留在口号上,无实质性的行动,现场管理工作退步;经济责任制考核不严,存在人浮于事的现象。

B. 科技基础薄弱、技术水平不高

一是科技开发人员占企业总数比例相对较少,现有的科技人员参加工作时间短,缺少设计和实践经验,老科技人员随着年龄增长,都将退休,形成了科技人员“断档”。没有高水平的人才就没有高水平的产品。

二是研究开发资金短缺。国外技术研究开发投入一般占销售收入的4%~10%,国内为1%~2%,即使效益好的企业,也只有3%左右。

三是CAD/CAE/CAM都有待于进一步开发。开发手段落后,开发周期长,不能及时开发适销对路的产品。

四是一些专门的科研机构不能很好地及时解决泵行业中的轴承磨损、密封等共性关键问题,致使泵的水平很难有大的提高。

五是企业对技术创新理解片面。企业对技术创新的理解只停留在产品设计上,对工艺创新、管理创新、营销创新缺乏认识。其结果是不能打开新的市场。

(5)出口产品创汇方面差距

与世界知名度较高和实力雄厚的国际性泵集团相比,在外观设计和性能方面差距较大,产品竞争力不强。

(6)行业、企业技术经济效益等方面差距

1998年世界上排名前几位的ITT、KSB和SULZER公司有关数据见表5,这些公司的共同特征都是多元化经营,有几个生产板块,泵产品只是其中之一,并且,又都是跨国公司,销售额巨大,ITT、SULZER和EBARA公司的销售额是我国整个泵行业工业总产值的3倍多,从表中可以看出,ITT

和KSB公司的销售额分别是我国沈阳水泵厂销售额的131倍和33倍，因此，我国的泵行业接近世界水平任重而道远。

表5 1998年主要外国公司有关泵的数据

序号	公司名称	1998年销售额		雇员人数	全员劳动生产率（万元/人）	生产产品范围	备注
		本国货币	折亿人民币				
1	ITT	45亿美元	373.5（1:8.3折）	33000	113	①特长产品 ②国防产品 ③泵和辅产品 ④ 连接器和开关产品	其中，泵销售额占总数的40%，为18亿美元
2	KSB	22亿德国马克	94.6（1:4.3折）	13400	70	①废水和污水处理产品 ②供水工程产品 ③化学工业产品 ④工业产品 ⑤采暖和空调产品 ⑥电站工程产品 ⑦ 油品类工程产品 ⑧速度控制产品	
3	EBARA	4381亿日元（1997.3～1998.3）	355（12.7:1折）	5303	669	①信息、通信、控制产品 ②机械产品 ③环境工程产品 ④精密、电子产品	
4	SULZER	70亿瑞士法朗	371（1:5.3折）	25000	148	①医疗器材产品 ②旋转机械产品 ③空调产品 ④机车与轮机产品 ⑤化工与表面处理技术产品	其中，泵占8亿瑞士法朗

注：全员劳动生产率为万元销售额/人。

5. 差距形成的主要原因

泵行业在经营机制、管理水平、内部组织结构上，仍存在不少有待解决的问题。改革开放二十年来，虽然全资国有企业改革的力度逐步加大，但机制转换仍未得到有效的解决，企业的经济效益与经营者利益之间的关系没有很好的定位，特别是长期受计划经济观念的影响，企业管理、内部结构未能完全和市场经济接轨，国有企业内部仍缺乏拼搏精神，开拓精神和活力，企业的竞争和生存能力有限。

对规范企业运行、限制重复建设、打击假冒伪劣产品、淘汰老产品、强制执行实施的有关标准都还缺乏强有力的约束，由此造成了国有企业难有所为；集体和乡镇企业又无力国家重点项目和高、精、尖产品中担当重任。其结果也就是挡不住产品的不断进口，只能跟在人家的后面跑。

二、市场发展预测

1. 国内市场需求

(1)需求分析

A. 电力

1998年全国人均发电量约60kW·h，是世界人均用电水平的40%；我国人均装机容量0.2kW，是美国的6.6%。生活用电市场尚待开发，全国还有6 000万人没有用上电，10个县没有电。因此，发电设备装机容量还将稳步发展。电站泵还将有一定的市场，但是，总的容量比“八五”和“九五”要小。

核电由于安全、清洁、经济、可靠，所以，1995年，法国(77.09%)、德国(28.93%)、英国(26.72%)、美国(20.06%)、加拿大(17.74%)、日本(29.69%)、韩国(36.1%)等发达国家核电发电量占总发电量的比重已大于17%，其中法国甚至于高达70%以上。而我国能源资源虽然较为丰富，但是分布不均衡，人均资源量较少，到2000年，我国核电发电量16.2TW·h，占总发电量的比重仅为1.1%，装机容量2.7GW，占0.9%)。2010年核发电量将达120.0TW·h，占比将提高到4.8%，装机容量20GW，占3.7%，差距仍甚远。因此，核电站用泵将有较大的发展。

B. 石油的采集输炼

石油和天然气是我国的主要能源，加快油气资源的开发，保持油气产量稳定持续增长，一直是国家极为关注的战略任务。“十五”期间石油和天然气的开发仍是国民经济发展的重点部分。海上采油是采油工业的重点发展部门，我国海上原油产量从1990年的127万t到1995年增加到800万t，涨幅很大。

现有油田采集输用泵需要更新，新开发的油田又要装备足够的采集输用泵，因而采集输用泵将有一个很大的市场。特别是沙漠油田的开发和海上采油规模的扩大，为工业泵行业提供了良好的市场机遇。

根据今后十年我国石油的供需平衡预测，今后每年仍将从国外进口一定数量的原油，因此，“十五”期间将继续增大我国原油炼制能力和油品的加工深度，这部分的泵需求量也将增长。

C.“三大化工”

“三大化工”是指以石油、天然气或煤为原料，通过人工合成生产乙烯、化肥和煤化工产品的工业。世界上常以乙烯的产量作为衡量一个国家石油化工发展水平和规模的主要标志。我国人口占世界1/5，而三大化工产品的产量还不足世界总产量的5%，远远满足不了国内的需要，供需矛盾十分突出，每年都要从国外进口大量“三大化工”产品。因此，发展“三大化工”及所需的设备制造，是“十五”期间的主要任务之一。

化工用泵主要有二大块市场，第一是原有装置的改扩建工程，第二是“三大化工”向大型化发展的大容量泵的需求。

D. 环保及城市自来水供应

1992 年联合国环境与发展大会之后，我国政府提出了《中国环境与发展十大对策》和《中国 21 世纪纲要》，把环保产业列入优先发展领域，在投资、价格、税收等方面给予优惠政策，鼓励发展环保产业，这就为环保产业用泵提供了一个新机遇。

我国水资源总量为 28 000 亿 m^3/a，居世界第 6 位，但人均水量仅 2 730$m^3/(人·a)$，列世界第 88 位，相当世界平均水平的 1/4，因此，城市自来水厂建设用泵仍将有一个稳定的需求量。

E.“三农”及城乡市场

根据原国家机械工业局的调查，我国机械行业并不存在市场需求不足的问题，而是缺少满足市场尤其是广大农村市场需求的产品。今后，我国将重点开发为农业、农村和农民服务的机械装置和产品，向“以装备一个现代化的农村，装备一个现代化的农业，以服务于广大农民为努力方向”。

随着人民生活水平的提高，城乡人民日常所需的泵产品也将越来越多。

(2)主要领域的需求量

A. 电力

电力工业“十五”期间预计每年平均装机容量为 12 000MW，如果国内新建机组均采用国内生产的泵，年装机 12 000MW，单机容量以 600MW 机组和 300MW 机组为主，则年需各种泵几千台，其中主要泵种需求量估算如下：

给水泵 90 ~ 100 台、前置泵 90 ~ 100 台，强制循环泵 20 ~ 25 台、循环泵 60 ~ 70 台、冷凝泵 60 ~ 70 台、冷凝器用水环真空泵 60 ~ 70 台、离心式除灰泵 800 ~ 900 台、往复式降灰泵 400 ~ 450 台、偶合器 30 ~ 35 台、计量泵 800 ~ 900 台、除灰冲洗往复泵 120 ~ 170 台、环保用隔膜泵 400 ~ 500 台、水煤浆和煤泥浆用泵 100 ~ 150 台、冶金尾矿用泵 500 ~ 700 台。

核电机组“十五”安排 8 000MW，预测每年平均需主泵、上冲泵、停堆冷却泵、喷淋泵、高压安全注水泵、硼酸泵、锅炉给水泵、辅助给水泵、计量泵等工业泵 1 400 ~ 1 800 台。

B. 石油

2000 年我国原油供给量是 16 180 万 t，但需求量是 20 000 万 t，还要出口 1 100 万 t，到国外开发可以拿回 1 500 万 t，还需进口 3 420 万 t；到 2005 年原油供给量是 16 400 万 t，需求量增加到 23 400 万 t，还需进口 6 000 万 t；2010 年供给量 17 700 万 t，需求量为 26 000 万 t，到国外开采量增加到 3 000 ~ 5 000 万 t，需进口 4 300 ~ 6 300 万 t。“十五”期间，虽然需求量上升 17%，但国内原油供给量与“九五”相比增长 1.3% 左右，增幅不多，由于老油井的产油量减少，因此，实际增量要高于此增长率。

油田稠油泵年需求量约 4 500 台、电潜泵年需求量约 800 ~ 900 台、注水泵 1 000 ~ 1 500 台、增压泵 1 500 ~ 2 000 台、聚合物注水泵 150 ~ 200 台。

C. 海上石油

2005 年前，实现三个 1 000 万 t，即南海地区原油稳产 1 000 万 t，其中，新建 400 ~ 500 万 t 生产能力；渤海地区原油产量 1 000 万 t，新建 800 ~ 900 万 t 的生产能力。以南海西部地区为主的全海域天然气产量达到 100 亿 m^3，还要建 60 亿 m^3 的天然气产量，折合油当量，相当于 1 000 万 t 原油的产量。

海上油田单田产量较高，一般每年新开发油田约二个，且采用集成组块形式。如除选用注水泵外，须同时配套控制、计量等装置，以形成组块。加上每年更新，需工业泵 200 ~ 240 台。

D. 原油炼制

用于原油炼制和深度加工的新建和改造工程，需各种离心油泵、离心水泵、耐腐蚀泵、氨泵、往复泵、比例泵、齿轮泵、旋涡泵、螺杆泵、电动试压泵、泥浆泵等，合计 4 000 ~ 5 000台。

E.“三大化工”

(a)乙烯

预测 2005 年国内大中型乙烯生产能力达 800 万 t，而国内需求量 1 000 万 t，国内自给率 80%；2010 年达到 900 万 t 能力。乙烯主要衍生物需求预测，2005、2010 年分别为 1 350 万 t 和 1 800 万 t。

(b)丙烯

预测 2005、2010 年丙烯需求分别为 900、1 170 万 t。自给率为 60% ~ 62%。

(c)丁二烯

预测 2005、2010 年丁二烯需求分别为 130、170 万 t，规划预计能力为 108、133 万 t，因此，还需进口一部分。

(d)合成橡胶

合成橡胶 1996 年为 59 .97 万 t，1997 年为 64.23 万 t，预测“十五”将从年产 75 万 t 能力增加到年产 100 万 t 左右。

(e) 钾肥、磷肥

钾肥、磷肥 1990 年为 609.9 万 t，1995 年为 900.9 万 t，平均每年增长 9.54%，1997 年为 1 011.1 万 t，与 1995 年相比平均每年增加 6.12%，预测“十五”期间平均每年增长 4% 左右。

(f)合成纤维

合成纤维 1990 年为 143.43 万 t，1995 年为 308.87 万 t，1997 年为 428.46 万 t，几乎每隔五年，翻了一番，因此，预测“十五”也将比“九五”翻一番。

(g)氮肥

氮肥 1990 年为 1 638.4 万 t，1995 年为 2 021.9 万 t，平均每年增长 4.68%，1997 年为 2 171.7 万 t，与 1995 年相比平均每年增加 3.7%，预测“十五”期间平均每年增长 4% 左右。

(h)复合化肥

复合化肥1990年为341.6万t,1995年为670.8万t,平均每年增长19.27%,1997年为798.1万t,与1995年相比平均每年增加9.48%,预测"十五"期间平均每年增长5%左右。

"三大化工"的发展对泵的需求量是很大的,例如,一套年产30万t尿素的大化肥装置,共需泵约112台,其中,各类离心泵95台;一套30万t乙烯装置用泵约280台,其中,各类离心泵230台、高速切线泵4台;年产5万t丙烯腈的装置用泵123台,其中,各类离心泵107台;14万t的高密度聚乙烯装置用泵128台,其中,高速泵8台、离心泵75台。到2000年"三大化工"需各类化工流程泵、耐腐蚀泵、耐磨泵和液下泵等70 000~80 000台,2005年若按同比增加50%考虑,则各类化工泵的需求量将达到105 000~120 000台。

F.环保及城市自来水供应

根据国家环保"九五"计划和2010年远景规划对污水处理的要求,2000年废水排放量为480亿t,其中,工业废水排放量180亿t,城市生活污水排放量180亿t。工业废水处理率达到74%,城市污水集中处理率达到25%。预测"十五"期间,我国每年将新扩建城市污水处理厂80~100座,需要环保用泵1 800~2 200台,其中,需大型立式污水泵约240~300台。另外,各污水处理厂平均按6个加压站考虑,则还需泵2 000台左右。各类工业废水处理设施对泵的需求量也很大,按每年新建1 000座考虑,预计需求量为4 000~6 000台(套)。"十五"合计需泵10 000台左右。

此外,城市自来水供水,根据1998年资料,预测2000年我国需水量达7 000亿m^3/a。现在我国缺水量为1 600m^3/d,在现有城市中,有333座城市不同程度缺水,108座城市严重缺水,因此,"十五"期间每年需建自来水供水工程80~100个,每年需大型轴流泵、S泵等1 200~1 500台。

G.矿山用泵

我国有选煤厂约200座,按年产量150万t的中等选煤厂用泵25台计算,共需用泵4 000台,备件至少要3×4 000套。所需产品为污水离心泵、单级双吸离心泵、多级离心泵和潜水泵。

H."三农"及城乡

1985~1997年农村居民家庭年均每百户拥有水泵及抽水机情况,详见表6。

表6 1985~1997年农村居民家庭平均每百户拥有水泵及抽水机情况

名 称	1985年	1990年	1994年	1995年	1996年	1997年
农用水泵(台)	1.69	3.86	7.90	9.07	10.97	12.12
抽水机(台)	0.89	1.83	3.09	3.52	4.07	4.26
合 计	2.58	5.69	10.99	12.59	15.04	16.38

从上表可以看出,1990年到1995年农村居民百户家庭的拥有泵和抽水机量增加了121%,1995~1997年增长幅度有所减缓,为15%左右。如按此增长率考虑,则"十五"期间农村居民每年需水泵和抽水机为430~600万台。

另据浙江省温岭大溪镇1998年已生产各类小型螺杆泵、油浸式潜水泵、潜污水泵、自吸泵、管道泵等泵600万台,年销售收入19亿元的测算。预计"十五"期间,井灌、塘灌、工程建筑工地、水产养殖、矿山排水、水处理设备及各种场合的排污、高楼用水等,年用泵量将达到1 200万台。

综上所述,"十五"期间工业泵主要市场每年约需各类泵136 080~154 380台,"三农"及城乡的小型潜水泵等需求量为1 200万台,两者合计12 136 080~12 154 380台,详见表7。

表7 "十五"期间主要市场泵需求量

序号	需求范围	年需求量(台)	备注
1	电力	4930~6040	
	其中:火电	3530~4240	
	核电	1400~1800	
2	石油	8150~9340	
	其中:海上石油	200~240	
3	原油炼制	4000~5000	
4	"三大化工"	105000~120000	
5	环保及城市自来水供应	10000	
6	矿山用泵	4000	
	小计	136080~154380	
7	"三农"及城乡	12000000	小型潜水泵等
	合计	12136080~12154380	

(3)需求主要产品结构

A.电力

火电机组主要是给水泵、前置泵、强制循环泵、循环泵、冷凝泵冷凝器用的水环真空泵、离心除灰泵、往复式降灰泵、偶合器、计量泵等。其中,超临界机组用泵、空冷机组用泵、烟道除硫装置用泵将是重点开发产品。

核电机组主要是一、二、三回路用泵。关键产品有主泵、上冲泵、停堆冷却泵、喷淋泵、高压安全注水泵、硼酸泵、锅炉给水泵、辅助给水泵、计量泵等。

B."三大化工"

"三大化工"主要用泵是各种化工流程泵、耐腐蚀泵、耐磨泵和液下泵等。

(a)石油

油田用泵主要是注水泵及成套、深井采油泵和油田集输泵,特别是对于粘度较高或含砂原油应考虑系列发展。

(b)海上石油

海上平台用泵主要有:原油装载油泵、热处理器油泵、电脱水油泵、污水泵、坏油处理泵、除盐清水泵、原油转输泵、注水泵和泥浆泵等。

(c)环保及城市自来水供应

城市污水处理厂的污水处理和污泥处理工艺过程中,需干式污水泵、沉淀池回流污泥泵、消化池和脱水机房污泥泵、曝气池排砂泵等。为满足大型污水处理站和市政工程处理大流量的污水排放,需要特大型污水泵、立式混流泵和潜水泵等。

城市自来水供应系统主要需要大型轴流泵、S泵和污泥泵等。

(d)“三农”及城乡

需求大多在功率7.5kW以下的小型潜水泵、自吸泵、微型离心泵、管道泵、增压泵。运用于农村供水、排水、城乡生活用水输送、工矿和建筑工地的供水。

(4)技术水平

我国泵行业虽然在“七五”以来引进了大量的国外先进产品和技术，但消化吸收工作跟不上，技术水平绝大部分还停留在80年代末，少量的达到了90年代初水平，与引进的国外同类泵水平还有差距，因此，影响到用户的选用。随着市场经济的进一步深入，用户对泵产品技术水平的要求越来越高，我们的差距具体表现在：

A. 产品质量

如高压化工往复泵密封件的寿命一般只有500~700h，柱塞寿命只有3 000~4 000h，而国外同类泵密封件寿命达3 000~4 000h，柱塞寿命可达7 000h，另外，配套用泵普遍存在监测系统、自控系统不全，机电一体化水平不高。

B. 品种和开发能力

我国泵类产品的品种约2 200多种，缺少“两头”和特殊使用的泵。而国外泵类品种高达5 000种以上。

大型多合肥料、乙烯及后部深加工装置，煤化工等一些重大成套装置中，尚有一些配套用泵，尤其是关键工位的泵，暂时还没有产品可选。

600MW超高压火电机组配套用泵、大量的核电站用泵均需开发。

还有油田集输泵的系列开发，炼油及油品深加工向大型化发展后的泵性能参数扩展研制等。

C. 成套性

泵成套性不够，一些特殊使用的化工等场合，由于使用的流程为易燃易爆、高温、低温和一些驱动需采用汽轮机等辅机时，用户希望制造厂配套，以保证泵产品的使用满足设计要求。

D. 技术水平

我国泵行业虽然在引进、吸收、创新工作中取得了很大成绩，但在改进和提高方面普遍较差，有相当一部分引进技术产品达不到原来的技术水平，几乎没有一种引进技术产品能与原来的技术输出国相竞争。

可靠性设计国内尚未应用，只能在制成后凭经验给出可靠性指标，故产品可靠性保证差。

用户对泵的需求正向多用途、高精度和高效率方向发展。

2. 国外市场需求

(1)增加出口的可能性分析，主要目标国

泵行业是个稳定、成熟的行业，世界范围内的泵业市场统计数据较好地反映了这种情况。泵行业没有像其他行业那样有明显的高峰期，因此，也没有明显的低谷，泵市场总的增长率十分稳定。当然，对于特殊投资项目的各种专门设计的泵，其需求量可能有大幅度的波动，当经济增长时，对泵的需求也相应增加。泵业与总体经济有着密切关系，遵循着与总体经济相类似的周期性变化规律。经济不景气，总体投资削减，对泵的需求量也会减少。90年代初，世界范围内经济不景气，导致许多重大投资计划的推迟，泵业也直接受到影响，因此，根据国情和现状，对增加出口预测如下：

A. 技术含量高的电站、石油、“三大化工”用泵，我国多为技术引进生产，尽管一些产品也达到90年代初或“十五”期间达到90年代中、末期的水平，但就产品的性能参数与国外先进企业比较还有差距，其中，主要表现在泵的可靠性和效率上，因此，这部分泵的出口可能性较小，但火电机组用泵国内已日趋成熟，“十五”期间出口会有增长。

B. 量大面广的通用产品，像一些长轴深井潜水泵及7.5kW以下的各种小型潜水泵，由于技术含量适中，属劳动密集型产品，发达国家已很少大批量生产，目前，主要生产企业均在第三世界国家，由于我国这部分泵制造技术成熟，在价格上与国外企业比有较大的优势，所以，预计这部分泵出口前景十分广阔，上升势头较猛。

C. 部分农用泵、耐腐蚀泵和螺杆泵等有望增加出口。

D. 成套设备出口，例如电厂加药装置的出口，除需计量泵外，还同时配套搅拌器和储罐等。

主要出口地区为东南亚、孟加拉、巴基斯坦、南非等地。

(2)出口量、出口额预测和主要出口企业

A. 出口量、出口额预测

根据泵协统计年鉴，泵协会员单位1996、1997年和1998年这三年中，出口额平均每年以200%多的速度增长，1998年出口创汇8 660万美元，全行业出口创汇12 846.5万美元。预测2005年泵协会员单位出口创汇达到3亿美元，整个泵行业达到2亿美元、4.5亿美元左右。

B. 主要出口企业

1998年，泵协会员单位有41个出口交货值在1 000万元以上，5个在500~1 000万元，2个在500~300万元，10个在100万元之下。其中，上海大隆机器厂实现出口交货值23 735万元，浙江丰球集团公司8 436万元，山东亚龙泵业集团总公司4 505万元，沈阳水泵厂3 564万元，佛山水泵厂2 906万元，上海凯士比泵业有限公司2 617万元，安徽三联泵业股份有限公司1 538万元，南京古尔兹制泵有限公司1 252万元，山东双轮集团公司1 248万元，山东泵业股份公司1 231万元，石家庄水泵厂1 179万元，长沙水泵厂1 146万元。泵协会员单位之外的温岭大溪镇泵企业出口达3.3亿元。预计“十五”期间的工业泵主要出口企业仍然是这些企业。

三、行业发展思路

1. 战略思路

(1)抓住市场

随着社会主义市场经济的发展，尤其是我国加入WTO后，市场将成为国际化和多元化，泵行业企业要采取有效措施，巩固现有市场，扩大潜在市场，增加市场份额。

(2)明确目标

对市场进行认真的分析，从中找出适合本企业的主攻目标，加强改组改制、盘活存量，促进企业持续发展，充分发挥自身的优势，通过必要的改造，减少劣势，开发生产自我特色的产品，在市场经济大潮中争得属于自己的地位。

(3)突出重点

以国民经济建设急需的高技术含量产品为重点，加快技术创新和技术进步，加速产品的开发，提高产品质量，提高产品的技术水平和质量，增强企业的整体素质，加强用户服务。

(4)机动灵活

各企业根据自己的具体情况，采用多种形式、多条渠道、多种方法开发市场，开发产品，在市场经济中树立自我形象。

(5)全面跟进

对市场份额大的一般泵类产品，通过技术改造提高制造水平，提高质量水平，增加技术含量，巩固现有市场，开拓新市场，同时开发市场前景好、具有各自特色的产品，提高行业的总体水平。

2. 基本任务，工业泵"十五"应重点解决的几个问题

(1)树立创新意识，优化组织结构、产品结构、资产结构，加强宏观控制，各种所有制、类型的企业协调发展，通过技术改造建立起有时代工艺及装备水平的泵类产品生产基地。

(2)应用"反求工程"，对引进技术和装备进行消化、吸收和创新，提高我国泵产品开发和制造水平，缩短同国际上先进水平的差距，进而赶上世界先进水平。

(3)多方吸纳资金和横向联合，实现规模经营，在开发新产品的同时，通过技术改造，使老产品更新换代，淘汰落后产品，力求杜绝国家规定的淘汰产品的再生产。

(4)加大科技进步的投入。首先要加大对科研和技术开发的投入，特别是要加大对基础研究、应用研究、可靠性试验研究及开发手段的投入。其二要加大提高工艺及工艺装备水平的投入，技术改造，装备更新不是以旧换新，而是增添高效、高自动化的先进设备，逐步淘汰落后设备，建成以CAD/CAPP/CAM为基础的现代化生产系统。

(5)在参与国内市场竞争的同时，积极参与国际市场的竞争，在保持原有产品国际市场份额的同时，增加出口品种和份额，特别是具有一定水平的产品更要积极参与国际市场的竞争。

3. 主要目标

(1)总量目标

2005年工业泵工业总产值将达到150亿元，可实现销售收入160亿元，分别是1998年的126%和137%，其中，工业总产值"十五"期间年增长率预计为5%；展望2010年，行业工业总产值预计达到180亿元，销售收入达190亿元，分别是2000年的150%。行业经济效益得到明显的提高。

产品国内市场的占有率也从目前的84%左右，提高到90%，其中，火电、核电和"三大化工"中的重点产品市场，2005年和2010年占有率分别达到75%和80%。企业的产品开发、试制、加工设备等的技术水平和装备能力将具有较强的竞争能力。

未来十年，也是泵行业出口创汇增加幅度最大的时期，预测2005年、2010年的出口创汇额分别可达4.5亿美元和7亿美元，比1998年增加2.5倍和4.4倍，比2000年的预测值也将增加1.2倍和2.9倍。2005年和2010年产品的出口额将占到工业总产值的25%和32%。

根据泵行业协会会员单位上报的增长率及市场预测估取，总量目标详见表8。

表8　2000年～2010年泵的总量目标预测

序号	名　　称	单位	2000年预测		2005年预测		2010年预测		备　注
			协会	行业	协会	行业	协会	行业	
1	工业总产值(不变价)	亿元	50.00	120	75.00	150.00	100.00	180	
2	销售收入(当年价)	亿元	53.00	127	80.00	160.00	110.00	190	
3	重要产品产量	万台	67.45		93.69		123.24		
	其中：								
	离心泵	万台	28.00		34.00		42.00		
	锅炉给水泵	万台	1.30		1.40		1.50		
	轴流泵	万台	0.13		0.14		0.15		
	混流泵	万台	0.90		1.40		1.80		
	旋涡泵	万台	0.45		0.68		0.90		
	深井泵	万台	1.00		1.25		1.50		
	潜水电泵	万台	24.00		36.00		48.00		
	喷灌泵	万台	4.00		6.00		8.00		
	离心油泵(化工流程泵)	万台	0.80		1.20		1.60		
	耐腐蚀泵	万台	1.30		1.95		2.60		
	螺杆泵	万台	0.53		1.30		3.00		
	污水泵	万台	3.80		6.80		10.20		
	泥浆泵、渣浆泵	万台	0.58		0.65		0.78		
	水环真空泵及压缩机	万台	0.36		0.47		0.61		

（续）

序号	名　　称	单位	2000 年预测		2005 年预测		2010 年预测		备　注
			协会	行业	协会	行业	协会	行业	
	计量泵(比例泵)	万台	0.30		0.45		0.60		
4	生产能力增长率	%			50.00		100.00	50	与 2000 年比较
5	利润	亿元	0.87	2.7	1.70	3.4	2.40	4.1	
6	税金	亿元	0.37	6.5		8.2		9.75	
7	就业人口	万	8.40	21	11.00	21	14.00	20	
8	出口创汇	亿美元	1.60	2.0	3.00	4.5	6.00	7.0	

注:表中协会统计数按 125 家会员企业数估计。

(2)结构调整目标

A. 产品结构调整目标

重点发展为超临界火电机组配套用锅炉给水泵、空冷火力发电机组用泵、核电站用泵,逐步填补油田、海上采油、炼油和油品、石化等方面的特殊用泵空白,形成工业泵行业新的经济增长点。

B. 企业组织结构调整目标

采取抓大扶强、放小改制的措施,造就沈阳水泵厂、石家庄水泵厂、长沙水泵厂等 5 家具有较强竞争力的"巨人"企业,实现企业结构向"哑铃型"结构转变,并形成 10 ~ 15 个专业化生产的小型"巨人"企业,上述 15 ~ 20 个企业的生产集中度从目前的 10% ~ 13%提高到 30 ~ 40%,即工业总产值达到 46 ~ 60 万元(总值比例)。

C. 技术结构调整目标

到 2005 年,创立 45 种名牌产品,培育 20 个质量信得过明星企业,建立起以经济赔偿为特征的质量保证制度和用户服务制度,在用户中树立敢用愿用国产泵类产品的信誉。建立 10 个具有较强开发能力的技术开发中心,开发出 50 种具有较高市场占有率和自主知识产权的产品,使自主开发能力有较大的提高,从而全面提高泵类产品生产企业的整体素质。使主要泵类产品与世界先进水平的差距缩短到 10 年左右,大型重点、骨干企业新产品产值率达到 50%以上。到 2010 年,主要泵类产品的质量和可靠性接近或达到发达国家水平。使我国的泵类产品基本适应国际经济竞争的需求。

(3)质量、效益目标

A. 质量目标

(a)产品质量目标

到 2005 年,泵类产品标准达到国际标准水平,主要泵类产品有 85%以上按照国际标准或国外先进标准组织生产(国内泵产品有标率达到 95%),强制性标准全面得到贯彻,达到国际先进水平的优等品率有明显提高;国家重点产品可比性跟踪监督抽查合格率达到 90%以上;出口泵产品的合格率达到 100%;到 2010 年,主要泵类产品 95%以上按照国际标准或国外先进标准组织生产,达到国际先进水平的优等品率有较大幅度提高;国家重点泵类产品可比性跟踪监督抽查合格率达到 95%以上。

要突出抓好重大技术装备和重点泵产品的质量,创立具有国际竞争力的名牌泵类产品。

重大技术装备:到 2005 年"常见病"、"多发病"基本解决,可靠性明显提高。300MW、600MW 火电站用泵的等效可用系数提高到 83%以上;三大化工用泵的可靠性、安全性、经济性等指标接近或达到当代发达国家平均水平,泵类产品的品种 10%以上达到世界先进水平。平均寿命明显提高,高压锅炉给水泵和加氢泵首次大修期超过 25 000h。

(b)企业管理目标

到 2005 年机械工业企业继续深入开展"工艺突破口"工作,贯彻《质量管理和质量保证》国家标准,推行全面质量管理工作。其中,重点骨干企业要做到:"工艺突破口"工作达到五项标志要求;按照《质量管理和质量保证》国家标准建立起质量体系,并有效运行;质量损失率要在现在的基础上下降 30% ~ 50%。到 2010 年,90%的企业建立起具有生机活力的质量保证机制,走上质量效益发展道路。

(c)服务质量目标

到 2005 年,有效地加强企业的售前、售后服务工作,建立起以经济赔偿为特征的质量保证责任制度和用户服务制度;重大技术装备用泵必须做到按合同规定实行用户监造,两次验收,第三方监理,并形成制度,重大技术装备必须做到按期交货。到 2010 年,重点骨干企业建立起完善的规范化的售后服务与信息反馈网络,服务质量接近或达到国际先进水平。

B. 效益目标

2005 年、2010 年利润分别比 2000 年增加 26% 和 52%;流动资产周转率从目前的 1.06 提高到 1.5,资产负债率从目前的 65.57%降为 60%,资本收益率从目前的 3.63%提高到 4.5%。

4. 行业结构调整及发展重点

(1)产品结构调整重点

A. 优先发展的重点产品

工业泵优先发展的重点产品是:为国家重点建设服务的泵配套产品;与国外相比,在我国仍处在落后地位或在国内尚属空白的泵产品;有国际竞争能力的出口创汇的产品,市场潜力大的消费类泵产品等。

(a)核电站用泵

核电站用泵将是未来十年市场增长幅度最大的泵,在我国也是与国外竞争力最薄弱的泵种,应加强对核电站用泵的开发和研究,提高技术水平。

(b)火电机组用泵

大型火电机组用泵,包括超临界机组、空冷机组、蒸汽 – 燃气轮机联合循环机组、除硫装置用泵等。工业泵行业应密切注意主机发展的新动向,在技术上紧紧跟上火电机组的发展。

(c)三大化工用泵

开发耐强腐蚀又耐磨的料浆泵、输送固体颗粒开式叶轮流程泵、高吸入压力泵、超低温泵、高温泵、高粘度泵、易凝固介质泵、成品介质泵、溶剂泵、无泄漏泵、气动泵、贫液泵、涡轮机组等。

重点是开发大中型磁力泵,以解决无泄漏、输送危险性、腐蚀性和稀有贵重的液体需要。

(d)油田、采油、炼油及油品深加工用泵

在油田用泵方面,开发小块油田注水泵,解决注水矿化高引起注水腐蚀问题;开发稠油集输泵、油气混输泵、深井涡轮采油泵,提高深井潜油泵的质量和性能指标。

在海上采油方面,开发高压海上平台注水泵,以及注水模块和注水模块中的其他海上平台用泵。

在炼油及油品深加工方面,扩大现有流程泵的性能范围,使其满足年处理500~800万t炼油厂的生产需要,开发及提高沥青泵、溶剂泵、渣油加氢脱硫泵、加氢进料泵;开发高压小流量泵,并提高其效率和耐汽蚀性。

(e)开发水处理用泵系列和环保用泵,以及除泵外的水处理设备,如闸门、刮泥机、榨泥机等污水处理整套设备,扩大服务领域。

(f)发展水利排涝、河道、港口疏浚用潜水混流泵等泵产品。

(g)开发特种大泵,如渣浆泵、煤水泵和排水泵等。

(h)城市地铁、高层建筑、道路桥梁用泵。

B. 适当限制发展的产品

适当限制发展产品的原则是:生产能力严重过剩的通用泵产品,在建能力过剩的投资热点产品和产品技术已过成熟期,开始进入衰败的产品。

目前工业泵产品已严重过剩,根据第三次全国工业普查,泵类产品生产能力利用率57.2%,根据“1998年泵协会员企业主要产品产量完成情况表”(125个)统计显示,产品销售率97.3%,其中库存量超过生产量30%以上的产品见表9。

引起库存量增加的原因主要有:产量过剩、适销不对路、质量问题等。但是库存量的增加必定反映了这些泵的通用产品市场及能力过剩,因此,泵行业要限制再新增加企业。

C. 坚决禁止生产的产品

全部淘汰60年代及以前水平的产品,淘汰50%70年代水平的产品和行业中公布的淘汰产品。对能耗高、效率低、寿命短、振动和噪声大的产品,以及使用在特殊场合的泵,其泄漏量不能符合要求的产品应予以禁止生产。凡已列入原机械工业部各批淘汰产品目录中的本行业产品应坚决禁止生产。

主要淘汰产品有:

(a)单级单吸离心泵BA、B型和早期的BX、BP等单级离心泵。结构陈旧,产品规格少,输送介质温度低(小于80℃),效率比IS、IB型泵低1%~14%。

(b)F型耐腐蚀泵

结构陈旧,效率比IH型泵低1%~7%。

(c)早期的“丰产”、“浙农”、HB、TL型等蜗壳式混流泵

效率比HW型泵低1%~7%,产品比重大。

(d)口径100~300mm的JD、J型深井泵

结构陈旧,效率比JC型泵低2%~7%。

表9 泵类产品库存量超过生产量30%的产品情况

序号	产品名称	库存量(%)
1	单级单吸清水离心泵	46
2	单级双吸清水离心泵	32
3	锅炉给水泵	43
4	轴流泵	37
5	旋涡泵	43
6	冷凝泵	37
7	热水泵	34
8	深井泵	34
9	喷灌泵	35
10	离心油泵(化工流程泵)	53
11	耐腐蚀泵	31
12	泥浆泵	49
13	砂泵	33
14	水环真空泵及压缩机	43
15	往复真空泵	62
16	电动往复泵	48
17	蒸汽往复泵	95
18	计量泵(比例泵)	38
19	试压泵	55

(2)技术结构调整重点

下述内容作为工业泵“十五”重点研制的技术。

A. 研究开发海上平台注水泵组块、海上采油用泵成套装置。

B. 泵及水力回收透平机组。

C. 开关可调式叶片斜流泵。

D. 污水处理专用设备。

E. 大型挖泥船泵、潜水泵、砂砾泵、泡沫泵、煤水泵。

F. 火电站超临界机组用泵及高扬程、大流量、高浓度渣浆泵及烟气脱硫用泵。

G. 核电站用泵。

H. 大流量、高压力单螺杆泵、气液混输双螺杆泵、高压三螺杆泵。

I. 无泄漏磁力泵。

(3)企业组织结构调整重点

A. 推进企业兼并联合、尽快形成一批有较强竞争力的企业集团。

在行业内积极开展企业联合,使优势企业获得低成本扩张,推进强强联合,这不仅是产品生产、资本的聚合,也是市场占有的联合和战略发展的协调组合,是减少国内大企业无效竞争,有利参与国际竞争的有效措施。此外,企业的重组、联合应打破所有制、行业界线,应重视与其他行业企业的联合,形成优势互补,尽快形成一批在国内外有较强竞争力的大型企业集团。

B. 加大企业内部结构转型力度,优化企业组织结构,提

高企业快速反应能力

企业结构调整，要走“精化产品、精化装备、精化队伍”之路。企业产品精化，要以市场为导向，扶优劣汰；装备精化，要有针对性地将大量初加工、半成品生产分离出来，保留并增添关键生产设备，使企业向哑铃型转变；队伍精化，要使产业保持有一班精兵强将在开发第一线上，多余力量经培训后充实经营、服务等三产，以扩大再就业机会。

5. 科技开发及固定资产投资项目安排建议

(1)指导思想

通过“十五”技改提高现有企业产品的性能指标和产品质量，提高新产品的开发能力，提高工艺水平，鼓励技术创新，使行业优势企业、优势产品的技术水平再上一个台阶，使其达到或接近国际当代水平。

扩大国内外二个市场所需的热销产品的生产规模，扩大专业化协作，增添关键生产设备，项目要求高起点、高水平，工程建设要求高质量。同时切忌成为外商的加工厂。

(2)安排原则

“十五”期间的投资重点应以行业中的新的经济增长点为主，发展一批重点产品，开发一批新产品，淘汰一批老产品，培育一批名牌产品，提高企业在国内外市场上的竞争力。根据投入产出比，“十五”期间，新增工业总产值约35亿元(主要来自出口创汇)，其中，技术创新，提高产品技术水平后新增的产值约占到16~20亿元，预计技术改造总投资约需8~10亿元。

(3)基建、技改、引进、出口等行业发展重点项目的安排建议

根据行业重点和骨干企业上报的材料，基建、技改、引进项目初步安排建议见表10。

表10 “十五”期间泵行业重点骨干企业基建、引进、技改项目初步安排

序号	企业名称	“十五”投资额(万元)	项目内容	引进技术及水平	备注
1	沈阳水泵厂	4000	铸钢、机械加工、计算机应用	提高产品开发及冷热加工水平	
2	长沙通大集团长沙水泵厂	3000	铸钢、测试中心、柔性加工、计算机应用	增加生产能力，引进挖泥船泵技术	含40万美元
3	石家庄水泵厂	2600	加工、理化、铸钢、铸铁车间改造	提高冷热加工水平	
4	天津泵业机械集团有限公司	10500	增添关键加工设备、计算机应用	引进特殊泵，大型泵及石化泵、螺杆压缩机技术	含890万美元
5	山东博山水泵厂	4200	加工、铸造、总装及试研站改造	扩大矿用泵生产能力	厂房新建10500m³
6	广东省佛山水泵厂	6000	冷热加工、理化、计算机应用等改造	引进多级泵、污水潜水泵技术，调整产品结构，扩大出口	含145万美元
7	武汉泵业集团有限公司	6800	冷热加工、总装	生产污水处理设备和隔声屏	
8	兰州水泵厂	1500	试泵站扩建工程	提高产品试制水平	
9	重庆水泵厂	3000	增添加工、焊接、测试等设备	引进国外技术(未定)	
10	大连耐酸泵厂	5300	机械加工、热处理、泵站扩建	引进海水提升泵、高压往复泵、海上采油平台泵等技术，增加新产品	
11	沈阳水泵厂、浙江省机电设计院等	1000	磁力泵产品联合设计		
12	沈阳水泵厂等	8000	水泵技术中心改造		
	合计	55900			

其中，共性基础技术及产品研制项目安排建议如下。

A. 以沈阳水泵厂研究所为主的技术中心

主要对产品基理、可靠性、监控测试、核电站泵和超临界泵进行研究。

B. 以沈阳水泵厂研究所、浙江省机电设计院为主的磁力泵研究。

C. 以石家庄水泵厂、山东博山水泵厂为主研究的环保泵、矿用泵、二相流渣浆泵。

6. 政策措施

(1)加强行业协会在泵行业中的管理地位，包括对重复建设、相互压价、竞相降价、低价倾销无序竞争等的管理。引导行业进行技术创新，发展我国的工业泵事业。

(2)要以市场第一为导向，技术创新为宗旨，从竞争中自然形成新的泵行业。泵的产品有高、中、低三档和大、中、小三种，泵的企业除了合资企业外，也有以国有、集体和以民营为主的企业三种，泵企业要根据各自不同的优势去占领自己的市场，适者生存，不适者被淘汰，在竞争中形成新的泵行业。

(3)规范买方市场。市场竞争应规定做法，使企业在市场竞争中将有一个较为平等、规范的环境。

(4)泵行业涉及到火电、核电、石油、“三大化工”等国民经济的各个重要行业，国家应制定采用国产设备的相关措施，拓展国内市场。

(5)对开发新产品应制定相应的政策奖励措施，鼓励企业开发新产品，尤其应制定对产品基础科学及设计方法研究成果的奖励，这是我国解决消化吸收能力不足和赶上国际先进水平的关键所在。

(6)加强对泵行业材料的基础研究，例如轴承磨损、密封、泵体强度的研究。将工业泵的研究例入国家级研究中心中，以加强对泵行业的开发力度和保持与相关行业的研

究同步。

(7)我国银行居民储蓄存款额余额已达 59 100 亿元(1999 年 6 月底),应充分用于全社会的建设,减少部分世行贷款项目,因为世界银行贷款的项目要向全世界招投标,国内企业有时候连资格都没有,达不到拉动内需的目的。

(8)全社会对生产假冒伪劣产品的企业应予以坚决的取缔,决不姑息迁就。

(9)对填补国内空白和扩大出口的产品要加大实行倾斜政策:对国家重点支持发展的企业,各类金融机构应给予大力扶植。

(10)鼓励企业走出国门,去国外办厂,到国际市场中拓展发展空间。

风机行业"十五"规划

中国通用机械风机行业协会秘书长　徐常武

风机产品都是凭借机械的动力驱动,由叶片对工质气体作功,提高气体压力并输送气体的机械设备。风机产品包括通风机、透平鼓风机、罗茨鼓风机和透平压缩机。其详细划分主要有离心式通风机、轴流式通风机、叶氏鼓风机、离心式鼓风机、罗茨鼓风机、离心式压缩机和轴流式压缩机等 7 个大类。这些产品广泛应用于国民经济的各个部门。

风机产品一部分是工艺流程中不可缺少的设备,多数属于长时间连续运行,同时有些重大成套装置还没有备用设备。因此,对这些风机的质量要求十分严格,要保证相当长的维修周期,否则就要影响整套工程的正常生产。如石化、冶金、电站用的各种透平压缩机、透平鼓风机。另外是应用面极广泛的中小风机。对通风机主要是提高效率,降低噪声和价格。总而言之风机企业应不断提高技术水平,发展风机新产品,提高产品质量,为国民经济各部门提供先进高效的风机产品。

风机行业的发展必须突出以市场为导向,加强对国内外两个市场的研究与预测,紧紧围绕市场需求,开拓市场,增强市场的快速反应能力,提高风机产品的市场竞争力和市场占有率,为国民经济建设作出更多的贡献。

一、现状与差距

1. 基本情况

风机行业是从新中国建国以后逐渐形成、发展和壮大。刚解放时,只能生产一般通风机和叶氏鼓风机,1949 年全国风机产量只有 3 000 台。罗茨鼓风机是从建国以后,通过仿制逐渐发展起来的,1957 年开始生产离心式鼓风机,从 1960 年自力更生制造出第一台离心压缩机,1987 年与国外合作生产出第一台轴流压缩机。目前风机行业有七大类风机产品,共有 230 多个系列,4 500 多个品种的风机可提供给用户选用。同时风机行业还可以根据市场需要,制造各种专用风机。1996 年全国风机企业有 498 个(全部独立核算单位),风机产量达到 183.46 万台,产品销售收入37.12亿元。其中参加风机协会的制造企业有 77 家,风机产量 24.66 万台,产品销售收入 26.10 亿元,占全国销售收入的 70.3%。1997 年会员企业有 78 家,风机产量 24.64 万台,产品销售收入 28.87 亿元。1998 年会员 84 家,风机产量 21.81 万台,产品销售收入 27.97 亿元。

现在风机协会共有 96 个单位,其中,企业 87 个、公司 1 个、院校 4 个以及研究院所 4 个。企业中隶属原国家机械局系统的 63 个,乡镇企业 8 个,隶属电力、纺织、民政、司法、交通等系统的 16 个。在这些企业中骨干企业 6 个、重点企业 6 个。从经济类型上有 15 个大型企业、29 个中型企业、43 个小型企业。目前 87 个企业中,已有 13 个企业组建了企业集团,26 个企业实行了股份制,有 6 个企业进行了全部或部分合资。在质量管理方面,已有 18 个企业通过了 ISO9000 系列标准认证,还有 10 家企业正在积极准备申请 ISO9000 系列标准认证。1998 年由于受到金融市场的影响,风机行业出现了较大的滑坡,亏损企业达到 38 个,占行业协会企业的 43.7%。

近几年来风机行业的有关情况见表 1 ~ 表 3。

表 1　历年风机产量统计表

年　份	全国风机产量(台)	原机械部产量(台)	风机协会产量(台)
1996	1834592	154532	246642
1997	1216456	246406	246406
1998		192490	218122

表 2　风机行业企业数、职员、销售收入情况表

年　份	全国全部独立核算风机企业			参加风机行业协会制造企业		
	企业数(个)	职工数(人)	收入数(亿元)	企业数(个)	职工数(人)	收入数(亿元)
1996	498	83163	37.12	77	52823	26.10
1997	458	92703	40.09	78	51487	28.87
1998	163①	61800	42.69	84	47791	27.97

①1998 年为全部国有企业及年销售 500 万元以上非国有企业统计数据。

表 3　1998 年风机行业协会基本情况

项　目　名　称	单　位	风机协会	其中:原机械部	
			数据	占行业比例(%)
风机制造企业个数	个	84	59	70.23
风机产量	台	218122	80747	37.02
工业总产值(不变价)	亿元	27.09	17.33	63.97
全年工业总产值(当年价)	亿元	28.61	17.89	62.53
固定资产原值	亿元	32.28	26.84	83.15
固定资产净值	亿元	19.27	15.58	80.85
销售收入	亿元	27.97	17.76	63.50
利税总额	万元	1946		
其中:利润总额	万元	65035	48492	
全部职工全年平均人数	人	47820	40587	84.87
其中:工程技术人员	人	3740	3136	83.85
工业劳动生产率(增加值)	万元/人	1.91	1.56	

2."九五"计划预计完成情况(2000 年指标预测)

(1)主要经济指标,重点产品产量

根据风机协会的统计资料,"八五"末 1995 年,风机行业完成工业总产值(不变价)为 21.6 亿元,全年工业总产值(当年价)25.8 亿元,销售收入 24.6 亿元,全年风机生产量达到 241909 台(其中压缩机 80 台,轴流式压缩机 4 台)。预计"九五"计划末 2000 年,风机行业完成工业总产值(不变价)29.6 亿元,全年工业区总产值(当年价)31.8 亿元,销售收入 30.7 亿元,全年风机生产量达到 276 000 台(其中压缩机 82 台,轴流压缩机 10 台)。

(2)引进技术、进口设备及消化吸收国产化情况及技术经济效益

风机行业的技术引进是从 1976 年开始,到 1990 年前已经有沈阳鼓风机厂引进意大利新比隆公司和日本日立公司的离心压缩机技术;陕西鼓风机厂引进瑞士苏尔寿公司的轴流压缩机技术;上海鼓风机厂引进西德透平通风机技术公司的 TLT 轴流风机技术、引进丹麦 NOVEUCO 公司的船用风机技术;武汉鼓风机厂引进日本三菱重工株式会社的动叶可调轴流风机和双吸双支承离心风机技术;长沙鼓风机厂引进日本大晃机械工业株式会社的罗茨鼓风机、罗茨真空泵和消声器的制造技术;重庆通用机器厂和四平鼓风机厂联合引进英国戴维森公司(今改为豪登希洛哥公司)的高温风机技术。1990 年以后风机行业继续引进国外先进技术,如沈阳鼓风机厂从德马格公司引进 VK 型组装式压缩机技术、从德国 KKK 公司引进子午加速电站轴流风机技术、从日本川崎重工引进 GM 型鼓风机和斜流风机技术、从美国 NREC 公司引进离心压缩机设计软件;陕西鼓风机(集团)有限公司从日本川崎重工引进干式 TRT 能量回收透平压缩机技术、从豪登公司引进烧结鼓风机技术;上海鼓风机厂有限公司从日本日立公司引进离心压缩机的制造技术;武汉鼓风机厂从日本藤井引进消声器设计技术、与日本三菱重工业株式会社合生产 300MW 电厂用风机;浙江上风集团公司从日本高桥引进隧道式单体速冷装置优化设计可靠性技术、从日本米茨亚公司引进多翼离心通风机技术;四平鼓风机厂从日本茌原引进烧结鼓风机和电站风机技术;成都电力机械厂从德国 KKK 公司引进电站风机技术;山东省章丘鼓风机厂从日本大晃引进 RR 系列罗茨鼓风机和罗茨真空泵技术、同时引进了意大利 IMF 公司无箱造型铸造生产线;安徽省风机厂从德国 DLK 公司引进轴流通风机技术;南通风机厂从意大利引进高效低噪声通风机技术;吉林市鼓风机厂从原苏联乌拉尔矿山机械厂引进矿井轴流风机技术;重庆鼓风机厂从美国富勒公司引进水泥窑风机技术;山东省文登风机厂从美国日勒公司引进除尘器技术;上海彭江机械厂从丹麦引进轴流风机技术、从美国川恩公司引进离心通风机技术;沈阳人民风机厂从瑞典引进管道风机技术等等。总共有 17 个企业引进了 36 个项目,其中压缩机技术引进了 6 项,鼓风机及通风机有 21 项,罗茨风机有 4 项,其它风机有 5 项。由于技术的引进,使各企业增强了技术发展后劲,风机行业在 1996 年,开发的新产品就达 163 种,完成了 5 183 台套。其中仅沈阳鼓风机厂一家,就开发了 41 种 63 台。实现了"研究一代,开发一代,试制一代,投产一代"的发展战略,促使风机行业以市场为导向,积极从事科技攻关,扩大产品品种,不断开发出达到或者接近国际先进水平的新产品,以千方百计地满足国家重大装备国产化和市场的需求。

(3)出口创汇产品及出口国家

努力开拓国际市场是通用机械行业"九五"期间的一项基本任务。在 1996 年风机出口 6 258 台、配件 264t、5532 件,创汇 958.3 万美元,只占风机销售收入的 3.05%。产品主要是中小风机和制冷空调风机。主要销往东南亚和日本。1997 年风机出口 6 244 台、配件 638t、34 件,创汇 1100.6 万美元,只占风机销售收入的 3.17%。产品主要销往东南亚和日本。1998 年共有 14 家企业的风机产品及配件,出口到亚洲、非洲及欧洲等 20 多个国家和地区,出口交货值为 1 598 万美元。

目前世界经济全球化趋势越来越明显,各国经济将进一步互相依存,国际经济合作和交往日趋紧密,国际市场处在大幅度交叉和融洽的阶段。同时,全球性产业结构调整和生产国际化的步伐正在加快,国际分工的规模和深度都出现重大进展,工业发达国家不断将工业生产转向资本密

集型和技术密集型行业，劳动密集型产品向发展中国家和地区转移，这为我国发挥自身优势，跻进国际市场提供了很好的机遇。

我国的大型风机从20世纪70年代开始已经引进国外先进技术，提高了大型风机的档次，且价格上具有优势，只要保证产品质量，保证交货期，在国际市场有一定的竞争力。特别是我国加入WTO以后，只要积极开拓国际市场，加强产品售后服务，增加风机产品的出口是完全可能的。

从历史情况分析，过去风机的出口产品主要是中小通风机，以及风机的配件。但现在已经逐步可以与外国公司合作生产大型成套风机，出口到国际先进地区。如是上海鼓风机厂有限公司向日本ISOGO公司提供了660MW火电机组的大型送风机、引风机、一次风机，并得到日本的承包商IHI公司和日本EPDC机构的认可。

(4)固定资产、科研投资完成情况

风机行业在“八五”期间，固定资产增长了12亿元。在“九五”前三年固定资产增长了11亿元。在1998年风机行业全年完成建设项目投资1.1亿元。估计到2000年固定资产可增长12～13亿元。1998年全行业主要生产设备拥有量达到13 719台(金属切削机床5 436台)，其中进口20世纪90年代设备有392台，数控机床有129台。数控机床的占有率还不到金切机床的2.5%。

3．国内外科技发展趋势

根据国内外市场未来的需要以及国际上风机产品的发展方向，我国的风机产品结构今后必然向大型化、高压小流量化、高效化、高速小型化以及低噪声化方向发展。

(1)大型风机容量继续增大

随着火电站、石油化工及冶金等工业装置的大型化，需要各种类型的大型压缩机、鼓风机及通风机。60年代到80年代，炼油厂规模从每年180万t，提高到每年500万t，到90年代初已达到每年1 000～2 000万t。在能源工业中，600～1 300MW火电站需要大型轴流或离心式送风机及引风机。在化学工业中，每年45～75万t乙烯装置，每年30～68万t合成氨装置需要各种大流量离心压缩机。在冶金工业中，高炉用的大型轴流压缩机功率已达60 000～70 000kW。各种装置的大型化迫使风机容量不断增加。

(2)发展高压小流量压缩机

随着新技术的发展，新型气体密封、磁力轴承和无润滑联轴器的出现，开发超高压压缩机和小流量压缩机以满足工业领域的需要是风机产品的又一发展趋势。

(3)高效化

进一步研究三元流动理论，扩大其应用范围。在透平压缩机方面，随着计算机的迅速发展及三元气流分析的应用，三元流动叶轮理论的研究已从准三元流动叶轮发展到全三元流动叶轮。三元气流分析法不仅用于叶轮设计，还发展到叶片扩压器静止元件设计中，以期达到最高的机组效率。三元流动叶轮在离心式通风机中，也将得到越来越多的运用。

扩大调节范围，提高变负荷条件下风机的效率，即运行效率，是风机高效化的重要内容。在所有调节方法中，以离心式通风机变转速调节，轴流式通风机的动、静叶片角度调节及鼓风机、压缩机的进口导叶调节为最佳方式。

(4)高速小型化

各类风机采用三元流动叶轮后，在提高效率的同时，压力也可提高。所以在同等条件下，叶轮外径可减少10%～30%，这样就取得缩小体积和减轻重量的明显效果，提高转速也是风机小型化的重要途径之一。为了解决提高转速后，会给压缩机密封系统、轴承系统以及转子稳定性等带来一系列问题，出现了新研制的液体动力旋转气体密封、高速气体轴承及磁力悬浮轴承等当代最新技术成果，为风机实现高速小型化创造良好的条件。

(5)低噪声化

风机的噪声是工业生产中噪声污染源最主要来源之一。风机大型化和高速化使噪声问题更加突出。风机的噪声主要是气动噪声。气动噪声包括旋转噪声和涡流噪声。对不同种类的风机，采用不同的方式，对于透平压缩机主要采用噪声防护，对低频噪声风机主要通过改进风机结构设计，降低本体噪声。

4．主要差距

(1)买方市场情况下的产需矛盾

风机产品市场与其它商品一样，面临局部的买方市场，风机一般产品存在着供过于求。而高技术、高参数、高质量和特殊的风机产品，供不应求，国家每年还要花大量的外汇进口。特别是国家重大石油、化工装置用压缩机有一半市场让给国外占领。大多数风机在产品的水平、质量、成套性、交货期、售前与售后服务上，都存在不少差距。

(2)产品结构、企业组织等方面的差距

A．产品结构不合理

风机行业是在计划经济下形成的，风机的骨干企业都有明确的分工，服务对象比较固定，产品比较单一，企业应该有各自的特色。但在市场经济的今日，这种分工，由于产品没有竞争，影响到风机的发展，风机产品品种少，不能满足用户的需要。同时企业由于服务区域也限制在某一领域，影响到企业的经济效益。现在情况有所改变，市场竞争也十分激烈，使得风机的品种也已经增多了，但是风机还没有形成具有特色的名牌产品，大多数风机产品尚不能与国外产品进行竞争。

B．组织结构不合理

企业经营规模小、生产集中度低、分散重复严重、专业化水平低、产品单一、“大而全”、“小而全”状况十分普遍。在国外，风机产品往往是公司的一个部分，国外风机公司产品还涵盖了机械行业中其他旋转机械产品，经营多元化，服务对象延伸到各个领域。

C．科研、新产品开发方面

科技人员占企业总数比例相对较少，同时大多数企业缺少高水准的技术人员与高级技术管理人员，这是造成企业风机产品开发速度慢的主要原因。

长期来风机行业产品研究基地没有得到改造和充实。

缺少大型风机试验装置和必要的产品测量设备，如风机行业风机试验台最大功率只有6 300kW，远远不能满足大型风机试验要求。在国外最大的试验功率已有23 530kW。又如超速动平衡，在世界上离心压缩机最高转速要达到12万r/min，一般都要在10 000r/min左右，由于目前整个风机行业只有沈鼓厂有一台超速动平衡机，能力也只有2t。因此风机产品的研究和设计人员很难对压缩机转子的平衡课题进行深入的研究。

(3)差距形成主要原因

风机行业的经营机制、管理水平，以及内部组织仍存在许多待解决的问题。虽然改革开放20多年来，情况有所改变，但是国有企业的运行机制仍未得到有效的解决，特别是国有企业由于长期受计划经济观念的影响，企业的管理，内部的组织结构尚未能完全和市场经济接轨，使企业内部仍缺乏拼搏、开拓和活力。企业的运行仍受到体制的影响，企业的竞争和生存能力有限。

企业的市场调查研究力度不够，市场信息滞后，不能根据市场需求提出新产品发展设想。企业的科研投入少，使企业缺少创新动力，缺少计划和目标，对技术创新的商品化认识差。

二、市场发展预测

1. 国内市场预测

(1)需求特点

由风机产品使用条件所决定，一种风机是量大面广的中小风机，产品结构、制造工艺简单。另外一种是资金、技术密集较高的风机产品，产品结构复杂，制造周期长，其成套性和系统性也强，而且是在高压、高温、高速中运行，有的还在恶劣工况条件下运行。因此，用户对产品有所不同要求。

对量大面广的中、小风机，用户主要追求目标是效率高、噪声低、能耗低及寿命长。而对透平鼓、压风机和大型风机主要追求高质量，运行可靠、安全、运转平稳、运转周期长。

(2)各主要领域的需求结构

A. 一般通风换气风机

该类风机一般为中小型离心通风机、轴流通风机，属于使用最广泛的风机，需要量最多，生产制造家商也最多。目前该类风机供大于求，需要压缩生产量。

B. 特殊用途风机

特殊用途风机包括防腐风机、高温风机、耐磨风机、防震风机等等。这类风机需求量虽然不是很大，但因作业环境特殊，需要区别对待。该类风机主要在材质上较为特殊，如不锈钢风机、玻璃钢风机、塑料风机、金属衬胶风机及叶片表面喷涂、堆焊耐磨材质风机等等。

C. 罗茨鼓风机

该类风机的最大特点，当压力在允许范围内加以调节时，流量变化甚微，压力选择范围也宽，具有强制输气的特征。

D. 透平压缩机

透平压缩机主要是装备重大工程成套装置，这些装置在国民经济中起着重要作用。因此，这些装置对透平压缩机的性能既要求压力高，又要求流量大。同时随着成套装置大型化，要求透平压缩机技术参数越来越大。如高炉冶炼、大型煤油装置、大型化肥装置、大型乙烯装置、大型空分装置和油、气输送等。这类产品的需求量较少，但是该类产品结构复杂、技术含量高，有比较好的经济效益，是比较重要的产品，透平压缩机制造水平是代表风机行业整体水平的产品。

(3)用户对主要产品的水平要求

根据以前的统计资料，风机的用户主要是煤电油、冶金、轻纺等工业，农业用户较少。用户对不同类别的产品有不同的要求，对于中小型风机产品需求量大面广，这类产品绝大部分是通用性产品，性能基本上都能满足要求，产品的结构不是很复杂，制造精度要求也不是很高，用户要求产品价廉质优。因此，企业如何降低这类产品成本，提供优质服务是市场竞争的关键。另外一类透平压缩机产品，大都是国家重点工程项目所需要的非常重要的成套设备之一，有的是工程"心脏"设备，因而透平压缩机在大型成套装置中占有举足轻重的地位，同时大型成套装置大都是全年连续不间断生产，停产1天就要损失上百万元。用户认为该类产品质量、性能、可靠性提出更高要求。用户认为风机产品存在如下问题：

A. 透平压缩机产品由于新产品开发、研究力度不够，有些品种的性能参数与用户需要存在一定差距，满足不了用户要求；

B. 有的产品性能参数差距不大，或者可以满足需要，但是企业没有业绩或业绩不多，难以取得用户信任；

C. 有的产品虽然有企业业绩，产品质量不稳定，常见病屡屡发生，与国外产品尚有一定差距；

D. 风机制造商综合生产能力不配套，生产周期长，不能按期交货，售前售后服务不能使用户满意；

E. 透平压缩机的关键部件尚未得到很好解决，特别是高压、高转速条件下密封、轴承等质量问题，影响产品的可靠程度。

2. 国外市场预测

从历史情况分析，风机主要出口产品是中小通风机，以及风机的配件。因此在"十五"初期还以稳定中小风机的出口为主，同时要扩大销售网，把产品推销到非洲、拉丁美洲等地区。风机配件主要还是销售到西欧、日本、美国等地。在"十五"期间，争取自行或者与国外合作生产将大型风机出口到东南亚，甚至出口到欧美。争取在2005年风机出口量有较大的增长。

三、行业发展思路

1. 战略思路

风机行业同其他机械行业一样，都是从计划经济逐渐走向市场经济。面对激烈的市场竞争和日新月异的技术进步，风机行业必须"以市场为导向，扶优扶强，加快改革改组步伐，优化结构，提高技术创新能力"，保持行业持续发展。

风机行业必须加强对国内外两个市场的研究与预测，加快市场营销网络建设，增强市场快速反应能力，提高风机产品的市场占有率。

风机行业要坚持突出重点，支持扶植优势产品和优势企业，形成并扩大行业发展的主导企业，以带动和促进整个行业的发展。

加快改革改组步伐，建立规范动作的新机制，以改革促发展。从调整企业生产经营方式着手，建立科学化、现代化、灵活高效的管理机制，优经生产经营与资本经营，以资产为纽带与加强行政组合，谋求在新的经济增长点上走出一条新的路子。

加快产品结构的调整，要依靠科技进步，提高产品的创新能力，提高资源利用率，提高产品质量和生产效率。转变经济增长方式，把着眼点由过去的上规模、上产量、重复布点的粗放式经营逐步向以技术创新、提高产品质量、提高产品附加值为主要目标的集约化经济增长方式转移。

提高对外开放水平，优化出口产品结构，采取各种必须的措施，增强我国风机产品的出口竞争能力，提高风机产品信誉。

2. 基本任务

(1)提高行业整体素质，增强市场竞争能力

我国风机行业已经从无到有，从小到大，风机产品已经是国民经济中不可缺少的一种产品。有些风机产品已达到一定水平，但是仍有不少风机产品始终跟不上国际先进水平，还需要进口，同时还有相当多的产品生产能力过剩余，不少企业的销售下降，库存增加，风机行业的亏损面在扩大。为此，必须调整产品结构，加大技术创新和研究开发力度，提高产品质量，发展市场名牌产品，提高企业的素质和管理水平，加强对国内外两个市场的调研，增强市场竞争能力。

(2)努力开发高、新产品，积极参与国际竞争

国际上风机发展趋势仍然是大型风机容量继续增大，同时发展高压小流量、高效化、高速小型化及低噪声化。风机行业必须根据国内外市场的需要，积极开发高新风机，提高国产化水平，在满足内需的基础上，参与国际竞争。通用风机应自主开发和引进技术相结合，实现产品的更新换代。做好新技术的推广应用，提出技术发展规划，充分发挥行业专家的作用。

(3)为重大技术装备国产化作贡献

石化工业是国民经济的支柱，国家将在“十五”计划中对大型乙烯工程、大型化肥和大型煤化工工程进行调整和发展。以沈阳鼓风机厂同时包括陕西鼓风机(集团)有限公司、上海鼓风机厂有限公司为首的行业大型企业都具备了生产大型乙烯工程、大型化肥和大型煤化工工程配套用的大型风机压缩机的制造能力，为此应该加强对该产品的开发、研制和生产，替代进口，为我国重大技术装备国产化作出应有的贡献。

3. 主要目标

(1)总量目标

根据全国历年风机产量以及全国工业产值的统计资料预测，2005 年全国风机产量在 260~290 万台之间，2010 年风机产量在 310~325 万台之间。在风机协会范围内 2005 年风机产量估计在 31 万台左右，2010 年风机产量估计在 35 万台左右。

根据风机行业的历年分类风机高质量统计资料预测，2005 年离心压缩机需求量为 160~180 台，其中目前 50%左右还是进口产品，希望到 2005 年国产的压缩机能占到 60%；到 2010 年为 200~210 台，希望国产的离心压缩机能达到 70%左右。轴流压缩机在 2005 年需求量在 26 台左右，2010 年估计在 36 台左右。

预测 2005 年风机行业工业总产值达到 41.5 亿元；销售收入达到 39.5 亿元；2010 年工业总产值达到 54.5 亿元左右；销售收入达到 52.5 亿元左右。

(2)结构调整目标

在党的十五大报告明确指出：从现在起到下世纪的前十年，是我国实现第二步战略目标，向第三步战略目标迈进的关键时期。在这个时期风机行业要积极推进经济体制和经济增长方式的根本转变，在调整和完善所有制结构，推进国有企业改革，完善分配结构和分配方式，完善市场机制方面取得新的突破。注重产品结构调整，注重以名牌、高技术产品抢占市场制高点，体现名牌效应。大型企业注重技术含量高的产品跟踪世界高技术发展前沿；通用产品注重技术创新、产品创新、扩大成套，不断赢得用户。

(3)质量、效益目标

在 2005 年风机行业将创建行业名牌产品达到 30 种左右，80%以上风机产品按照国际标准组织生产。到 2010 年行业名牌产品达到 70 种左右，90%以上风机产品按照国际标准组织生产。

4. 行业结构调整及发展重点

(1)产品结构调整重点

风机产品要根据国内外市场发展趋势，以及国家的产业发展指导信息，重点发展与高技术产业化重点领域相关的配套风机。配套风机的主要服务对象是农副产品贮藏、加工、流通先进技术与设备；高效有机肥商品化生产工艺与成套设备；城市生活垃圾处理技术及成套设备；城市污水处理利用成套工艺设备；烟气脱硫工艺及成套设备；大中型焦化厂干熄焦装置产业化；大型高效袋式除尘器；开放式、半密闭电石炉烟气余热利用及除尘系统装置；高浓度工业废水与工业险废物处理装置设备；煤炭高效生产技术及装置；三次采油腔滑调技术及重大装置；高效、低污染燃煤发电系统；超临界火电机组；大中型乙烯裂解和分离装置；钾肥生产工艺及成套设备等。

风机产品重点发展石油、化工、天然气输送管道、大中城市污水处理工程等用大型压缩机、鼓风机，形成风机行业新的经济增长点。要对超临界火电机组、核电站、清洁煤发电、600MW 级大型空冷机组需要的风机产品进行研究和开发，以适应这些工程在“十五”期间的发展。同时风机行业要研究和开发为“农业、农村、农民”服务的产品，如谷物冷

藏所需要谷仓的离心风机和轴流风机等等。

(2)技术结构调整重点

牢固树立科学技术是第一生产力的观点,市场竞争归根到底是科学技术力量的竞争,要加强、加速发展科技,拥有科技人才,在全行业内形成尊重知识、着重人才的气氛,进一步落实知识分子政策,为科技人员创造良好的科研和工作环境。进一步建立有效的激励机制,吸纳高级研究人员。

大力加强科技投入,保证产品研究开发资金及时到位,在有条件的企业加强技术开发机构的建设和管理,努力健全"技术中心",从人力、物力和财力上保证提高科研和新产品开发能力。

(3)企业组织结构调整重点

加强企业内部结构转型力度,优化企业组织结构,提高企业快速反应能力。企业的调整,要走"精化产品、精化装置、精化队伍"之路。企业产品精化,要以市场为导向,扶优劣汰;装置精化,要有针对性地将大量初加工、半成品生产分离出来,保留并增添关键生产设备,使企业向哑铃型转变;队伍精化,要使企业保持有一套精兵强将在开发生产第一线,多余力量经培训后充实经营、服务等三产,以扩大再就业机会。

在有条件的企业应积极普及计算机技术的应用,实施CIMS工程,加快市场反应能力。

积极进行企业联合,推广强强联合,在企业重组、联合中应打破所有制、行业界线、地区界线,应重视与其他行业企业的联合,尽快形成在国内外有较强竞争实力的大型企业集团。

5. 科技开发及固定资产投资项目安排建议

(1)指导思想

通过"十五"期间的技术改造,提高现有企业产品的性能指标和产品质量,提高产品的开发能力,提高工艺水平,鼓励技术创新,使行业优势企业、优势产品的技术水平再上一个台阶,使其达到或接近国际当代水平。

扩大国内外两个市场所需要的热销产品的生产规模,淘汰相应规模的落后生产能力,淘汰落后工艺设备,项目要求高起点、高水平,工程建设要求高质量。

(2)安排原则

"十五"期间技术改造投资重点,以行业中新的经济增长点为主,发展一批重点产品,开发一批新产品,淘汰一批落后产品,培育一批名牌产品,提高企业在国内外市场上的竞争能力。

(3)基建、技改、引进和出口等重点项目的安排建议

详见表4~表9。

6. 政策措施

充分利用已引进的国外先进技术,加强消化、吸收和技术创新,"十五"应对已经引进的项目探索出适合国情的创新途径和机制,以尽快形成自主开发能力。

在激烈的市场竞争中,提高行业竞争水平,规范行业竞争秩序,共创一个公平竞争环境,不仅是每个企业的迫切要求,也是建立社会主义市场经济的客观需要,以促进行业的健康发展。

加强对风机产品技术研究的投资力度,大力创造新产品研究的机制,希望企业在技术改造中增加技术中心投资比例。

对填补国内空白和扩大出口的风机产品要加大倾斜政策。鼓励企业走出国门,去国外办厂,到国际市场中拓展发展空间。

表4 "十五"固定资产投资项目建议表(一)

序号	项目单位	项目名称	项目目标	总投资(万元)	其中贷款(万元)
1	陕西鼓风机(集团)有限公司	石化、冶金用轴流压缩机、能量回收透平机组技术改造项目。主要内容为:充实转子加工能力和铆焊、热处理、锻压、总装的配套生产能力	项目完成后,年生产轴流压缩机、能量回收透平机组及其转子配件28组,生产能力达1500t。轴流压缩机及能量回收透平机组均达到国际90年代末同类产品先进水平	8000	5600
2	陕西鼓风机(集团)有限公司	西部大开发重点项目高炉系统CCPP装置生产技术改造项目。主要内容为购置数控龙门镗铣床,改造产品试车站	年产AV系列轴流压缩机20台,其中新增CCPP装置用轴流压缩机10台	7000	4900
3	长沙鼓风机厂	环保及控制装置技术改造项目	新增产值8000万元,新增利润640万元,新增税金300万元	5000	3500
4	四平金丰股份有限公司	进行单级透平理论研究,扩大曝气鼓风机产量,满足污水处理工艺要求。购置先进加工制造设备等	污水处理达到国家环境保护标准要求	3000	2200

表5 "十五"固定资产投资项目建议表(二)

序号	项目单位	项目名称	项目目标	总投资(万元)	其中贷款(万元)
1	浙江上风实业股份有限公司	年产16000套高效节能风冷成套装备。增添国内外关键加工设备、试验设备、检测设备等96台套,新建成13000m^{2}面积	形成生产能力,使企业在工艺水平上和技术装备上,都达到当今国际先进水平	19000	10000

(续)

序号	项目单位	项目名称	项目目标	总投资(万元)	其中贷款(万元)
2	浙江上风实业股份有限公司	年产16000套高效节能风冷成套装备。增添国内外关键焊接设备、机器人、自动装配线、检测设备等,新建成6000m²面积	新增销售收入8400万元,利润1300万元,税金650万元,创汇300万美元	2980	
3	重庆通用工业(集团)有限责任公司	开发环保、节能鼓压风机,增添关键设备,扩大冷焊面积	提高产品质量,提高企业制造工艺水平	5100	3600

表6 "十五"重点科技攻关及开发项目建议表(一)

序号	项目名称	主要内容	主持部门	参加单位	经费(万元)	其中拨款(万元)
1	计算机技术开发与应用	轴流压缩机、能量回收透平机组等计算机软件开发及CAD、CAM、CAPP、CAT等应用	陕西鼓风机(集团)有限公司		50	
2	轴流压缩机叶型试验	为进一步提高轴流压缩机的效率,开展新型叶型的试验研究(如N8型1叶型)	陕西鼓风机(集团)有限公司		50	
3	硝酸尾气透气动设计软件开发与应用	采用自行开发与购买相结合的办法,研究硝酸尾气透气动设计软件	陕西鼓风机(集团)有限公司		30	
4	数控编程技术研究	利用西飞公司五坐标数控铣床开发三元叶轮的加工软件	陕西鼓风机(集团)有限公司	西安飞机工业公司	10	
5	SC025材料试验研究及应用	压缩机采用沉淀硬化不锈钢制造叶轮试验研究	陕西鼓风机(集团)有限公司		20	
6	罗茨鼓风机消声及控制攻关项目	攻关开发罗茨鼓风机及控制装置	原国家机械工业局	长沙鼓风机厂	300	200

表7 "十五"重点科技攻关及开发项目建议表(二)

序号	项目名称	主要内容	主持部门	参加单位	经费(万元)	其中拨款(万元)
1	SL系列三叶罗茨鼓风机	开发研究无需水冷却的高压(98kPa)、SL系列三叶罗茨鼓风机,使产品达到世界先进水平,功耗与同类产品相当,噪声比同类产品低2~3dB(A)	天津市鼓风机总厂	西安交通大学	1000	200
2	正反转可变翼地铁隧道风机	运用先进的航空理论技术,通过国家级重点室反复试验,并经过CAD、CAM、CAE的设计研究、试验验证,研制正反转可变翼地铁隧道风机。使产品具有效率高、噪声低、运转平稳、耐高温。使产品达到国际先进水平	浙江省科委、浙江上风实业股份有限公司	北京航空航天大学	100	30
3	开发火电厂烟气脱硫风机	引进技术、消化吸收,使火电厂烟气脱硫风机技术水平达到90年代国际水平。为燃煤电厂烟气脱硫装置提供重要配套设备	重庆市机械工业管理局	重庆通用工业(集团)有限责任公司	1500	500

表8 "十五"重点科技攻关及开发项目建议表(三)

序号	项目名称	主要内容	主持部门	参加单位	经费(万元)	其中拨款(万元)
1	开发排烟系统除尘风机	引进技术、消化吸收,使火电厂烟气除尘风机技术水平达到90年代国际水平。为燃煤电厂、锅炉排烟系统提供重要配套设备	重庆市机械工业管理局	重庆通用工业(集团)有限责任公司	1200	400
2	开发城市污水集中处理曝气风机	引进技术、消化吸收,使产品技术水平达到90年代国际水平。国产化率达98%以上,改变环保设备依赖进口的局面	重庆市机械工业管理局	重庆通用工业(集团)有限责任公司	1600	530
3	开发大型离心压缩机	引进技术、消化吸收,使产品技术水平达到90年代国际水平。国产化率达98%以上	重庆市机械工业管理局	重庆通用工业(集团)有限责任公司	2000	600

(续)

序号	项目名称	主要内容	主持部门	参加单位	经费（万元）	其中拨款（万元）
4	开发各种高压特殊罗茨鼓风机系列	依赖引进技术，在原开发的罗茨风机基础上开发高压、特殊系列风机，使罗茨风机上一个新台阶	重庆市机械工业管理局	重庆通用工业（集团）有限责任公司	700	200

表9 "十五"技术引进、合资合作项目建议表

序号	项目名称	引进单位	引进内容	投资额（万元）	用汇额（万美元）	项目性质
1	轴流压缩机许可证协议的延伸	陕西鼓风机（集团）有限公司	1979年9月陕西鼓风机厂与瑞士苏尔寿公司签订"轴流压缩机许可证协议"，为了使陕西鼓风机（集团）有限公司设计制造的轴流压缩机始终与瑞士苏尔寿公司保持同等的技术水平，拟与苏尔寿公司进行许可证协议书延长的协商	850	100	引进
2	高炉煤气余压透平设计制造技术引进的完善	陕西鼓风机（集团）有限公司	1992年陕西鼓风机厂引进了日本川崎重工株式会社的高炉煤气余压回收透平发电装置的设计制造技术，"十五"期间拟将该项引进技术达到进一步完善	4500	500	引进
3	高效、高温风机	四平金丰股份有限公司	与西安交通大学合作研究先进的设计理论及模型机的优化设计与试验方法	500		合作
4	开发脱硫、除尘、曝气鼓压风机	重庆通用工业（集团）有限责任公司	国际90年代先进的离心式鼓压风设计制造技术	800		引进

压缩机行业"十五"规划

中国通用机械压缩机行业协会技术部主任　陈洪俊

一、现状与差距

1. 基本情况

压缩机是一种用于提高气体压力或输送气体的机器。压缩机按其作用原理分为容积式和动力式两大类，我国习惯将动力式压缩机划归风机行业，压缩机即专指容积式压缩机。在容积式压缩机中，我国又习惯将制冷用压缩机划归制冷行业，将刹车泵划归农机行业，这样，压缩机行业的产品为除制冷用压缩机和刹车泵外的其它容积式压缩机。

压缩机产品在石油化工、冶金、矿山、电力、纺织、轻工、医药、电子、机械制造、建筑及国防军工等国民经济各部门中得到了广泛应用。量大面广的压缩机产品是耗能高的产品之一，耗电量约占全国发电总量的7%～8%。我国的压缩机械工业是在新中国成立以后建立和发展起来的，在改革开放后得到了快速发展，现已形成了人才培养、科学研究、产品开发设计和制造较为完善的体系。除少数超高压和特殊气体压缩机外，现有产品品种和数量基本能满足国民经济各部门的需要。但各类压缩机的可靠性和配套水平与国际先进水平还有较大差距。

按机械工业综合统计年报，压缩机产品的各种数据按大中型气体压缩机和微型压缩机分别进行统计。因此在进行市场发展分析、预测和规划中也分别对大中型气体压缩机和微型压缩机进行分析、预测和规划。

我国目前有压缩机制造厂170余家，配件制造厂30余家，其中大型二类企业7家。根据1998年机械工业综合统计年报资料，对66家压缩机企业进行统计，压缩机制造业的工业总产值按1990年不变价计算为210 456万元（其中优等品产值为16 074万元），按现行价计算为199 649万元（其中新产品产值为52 914万元）；全年销售产值为196 358万元（其中出口交货值为7 940万元）；工业增加值为58 747万元；全年销售额为197 612万元。1998年大中型压缩机产量为15 053台，价值量为140 277万元（按1990年不变价计算，下同），销售量14 855台，销售率为98.7%。其中工艺用往复式活塞压缩机产量917台，价值量55 066万元，销售量930台，销售率为101.4%；螺杆式压缩机产量为3 033台，价值量35 432万元，销售量2 871台，销售率为94.7%；动力用往复式活塞压缩机产量为9 062台（其中大型产品400台），价值量40 523万元（其中大型产品价值量8 874万元），销售量8 966台（其中大型产品456台），销售率为98.9%（其中大型产品为114.0%）。1998年微型压缩机的产量为119 698台，价值量为49 065万元，销售量119 899台，销售率为100.2%。1998年压缩机行业工业增加值为58 747万元，全年销售额197 612万元，利润总额－3 582万元。1994～1998年压缩机

行业的产品、产销量、工业总产值、销售产值等主要数据见表1。

2. 国际、国内科技发展趋势

(1)国际压缩机技术发展趋势

①压缩机技术发展总趋势

A. 压缩机产品向结构紧凑、体积小、能耗少、噪声低、效率高、可靠性高以及排气净化能力强方向发展。由于计算机技术的发展和应用,促进压缩机产品向上述趋势快速发展。

B. 压缩机产品机电仪一体化得到强化,90年代以来,压缩机机组采用微电脑进行全自动控制,自动显示压缩机的各项运行参数,实现优化节能运行状态、优化联机(压缩机)运行、运行参数异常显示、报警与保护。

C. 不仅中小微型成套压缩机组普遍以撬装无基础、全罩低噪状态供货,不少大型压缩机组也如此,大大节约了安装、基础和调试费用,方便广大用户。

表1　气体压缩机行业近几年及“十五”发展主要数据

序号	项目名称	单位	1994年	1995年	1996年	1997年	1998年	2005年
一、	主要数据							
1.	企业个数	个	54	58	61	65	66	
2.	大中型气体压缩机产量/价值量(不变价)	台/万元	47 112/ 126 054	51 698/ 146 503	21 772/ 146 637	20 039/ 155 546	15 053/ 140 277	18 000/ 200 000
	销售量	台	46 824	49 663	21 705	20 035	14 855	18 000
	其中:(1)动力用往复式活塞压缩机产量/价值量(不变价)	台/万元	16 925/ 65 215	27 708/ 81 916	13 437/ 52 597	11 653/ 46 472	9 062/ 40 523	10 000/ 50 000
	销售量	台	16 489	26 262	13 158	11 958	8 966	10 000
	其中:大型产品产量/价值量(不变价)	台/万元	649/ 13 774	543/ 23 721	407/ 10 507	435/ 11 158	400/ 8 874	450/ 15 000
	销售量	台	532	481	504	426	456	450
	(2)工艺用往复式活塞压缩机产量/价值量(不变价)	台/万元	1 078/ 18 802	855/ 29 386	1577/ 58 654	882/ 66 188	917/ 55 066	1 000/ 90 000
	销售量	台	2 416	766	1 553	1 019	930	1 000
	(3)螺杆式气体压缩机产量/价值量(不变价)	台/万元			3 360/ 28 374	3 583/ 33 972	3 033/ 35 432	5 000/ 60 000
	销售量	台		3 614	3 605	2 871		50 000
3.	微型压缩机产量/价值量(不变价)	台/万元	149 825/ 42 812	195 966/ 38 918	243 010/ 45 997	190 918/ 59 389	119 698/ 49 065	250 000/ 100 000
	销售量	台	128 901	189 712	232 202	214 832	119 899	250 000
4.	工业总产值(不变价)(原规定)	万元	188 356	223 351				
	工业总产值(不变价)(原规定)	万元		223 066	230 478	218 512	210 456	
	其中:优等品产值	万元		5 501	10 743	16 076	16 074	
	工业总产值(现行价)(原规定)	万元	234 425	295 590				
	工业总产值(现行价)(新规定)	万元		222 339	225 597	213 730	199 649	300 000
	其中:新产品产值	万元			630 519	54 169	52 914	120 000
5.	全年销售产值(现行价)	万元	219 983	219 487	226 236	217 604	196 358	300 000
6.	出口交货值	万元	5 876	5 913	6 578	6 882	7 940	40 000
7.	工业增加值	万元	72 652	70 303	67 948	68 010	58 747	100 000
8.	全年销售额	万元	218 065	214 216	228 831	217 499	197 612	300 000
二、	主要经济效益指标							
1.	工业经济效益综合指标	%	92.61	86.39	77.64	79	56.84	
2.	工业产品销售率	%	93.84	98.72	100.28	101.81	98.35	
3.	工业资金利税率	%	9.05	7.5	5.87	5.43		
4.	工业增加值率	%	33.21	27.23	25.47	27.02	29.42	
5.	销售收入利税率	%	13.7	11.73	10.34	10.04		
6.	万元产值综合能耗(折标煤)	t	0.33	0.36	0.35	0.27	0.27	
7.	资产负债率	%			67.58	63.97	64.12	
8.	流动比率	%		1.06	1.07		1.07	

D. 工业发达国家相当普遍应用CAD进行产品设计,开发了各种应用软件并得到不断完善。产品设计中应用压缩机热力学、动力学计算软件和压缩机工作过程模拟软件等,不但节省了繁杂的手工计算,而且提高了计算的准确度。通过综合模拟模型预测压缩机在实际工况下的性能参数,从而可以缩短现场试验时间,减少试验费用,提高新产品开发的成功率。应用压缩机优化设计软件,对热力学参数、结构参数、零部件结构强度进行优化设计,同时对冷却器、气阀、活塞等部件进行优化设计。应用CAD技术的数学模型取代了“经验凑试”,使新产品开发、设计、科研工作向自动

化，最佳化方向发展。

E. 产品设计中重视工业设计和环境保护，使压缩机产品以优美的外型、安静的运行、卓越的品质面向市场。

② 各类压缩机的技术发展趋势

A. 往复式活塞压缩机

a. 往复式活塞压缩机进一步向大容量、高压力方向发展。随着炼油、化肥装置的大型化，活塞力吨位越来越大、甚至超过100t。

b. 往复式活塞压缩机仍然朝着机组化、无基础、成套化、高转速、短行程、低噪声、全自动控制的方向发展，用微电子技术装备往复式活塞压缩机产品，实现往复式活塞压缩机气量调节和节能控制、自动保护、使之实现了无人值班连续高效运行。

c. 发展变工况条件运行的新型气阀。在石化工业中使用的大型压缩机希望能在不同工况条件下有效运行，若采用一般气阀，在非设计工况条件下运行时气阀的效率和寿命将大大降低。发展弹簧底部支架结构可调的新型气阀用于石化工业中的大型压缩机中，使其能在各种不同工况条件下有效运行。

B. 螺杆压缩机

国际上蜗杆压缩机需求呈上升趋势，在移动式动力用空气压缩机中占80%。干式或喷油螺杆压缩机的应用领域继续扩大。尽管干式螺杆压缩机的制造难度大，价格昂贵，但因其排气不含油分，不需配备油分离和过滤装置而得到广泛应用。

a. 螺杆压缩机推出箱型低噪声干式和喷油两种螺杆压缩机系列机组化产品，克服了高频噪声和功耗大两大缺点。

b. 发展向压缩机腔内喷入少量水的技术，喷入的水起到密封作用和冷却作用，能有效地降低压缩机排气温度，提高了内压缩效率，压缩机排出的压缩气体更加洁净。虽然需要配备水循环系统和气水分离器，因从气体中分离水比分离油容易得多，而且没有油的消耗，运行费用较低，发展采用精密铸造成形工程塑料压缩机转子技术制造的转子防锈性能好，还可以降低螺杆压缩机的噪声和振动，为压缩腔内采用喷水密封冷却技术创造了很好的条件。

c. 通过改进螺杆齿形和压缩机结构设计，改善滤油材质性能提高螺杆压缩机的综合性能，使其更为高效、节能、紧凑、低噪、美观，并使排气得到净化，安装、维护更为方便。如采用不对称的螺杆齿形替代对称圆弧齿形使喷油螺杆压缩机的比功率降低约10%；采用修圆齿形棱角，有利于滚切加工齿形，效率可提高10%。

d. 螺杆压缩机采用微电脑控制技术，发展自我智能检测诊断、保护功能，在空车运行时间过长时，可以自动停机和自动启动加载，可以节约能源。

e. 工艺螺杆压缩机重点是发展密封技术，发展了干密封、驱动轴颈密封、驱动轴密封、干湿混合密封、液体密封、迷宫密封、迷宫加水环密封、驱气迷宫密封、机械密封等技术。

C. 摩托压缩机

摩托压缩机设计采用积木式和标准化方法，压缩机的缸体、气阀、活塞、活塞环、活塞杆都是标准件，再根据用户的不同要求，采用积木式和标准化设计，提高产品的可靠性和经济性，保证交货期。另外改进气阀，增加气流通道面积，加厚阀片、增高升程、增强耐温性能，采用新型耐高温材料，额定工作温度过190℃，用于苛刻高温环境时，其耐热性能和其他物理性能均好于金属片的气阀。

D. 涡旋压缩机

由于涡旋压缩机兼具容积式压缩机和透平压缩机的优势，逐渐受到重视。因这种压缩机具有效率高（与同类往复式活塞压缩机相比，涡旋压缩机的绝热效率提高10%以上，容积效率提高25%以上），扭矩变化小、振动小、噪声低、零部件数量少、重量轻、体积小、可靠性高等优点，得到了快速发展。

a. 发展计算机模拟技术，对涡旋压缩机的工作过程进行模拟，分析涡旋压缩机的几何、热力、动力、传热、效率等特性，对其性能进行预测、评价和优化。

b. 涡旋盘型线的基本参数直接影响压缩机的性能参数和运行状态，在考虑涡旋盘齿刚度、变形及泄露等因素影响前提下、对涡旋盘型线的基本参数进行优化研究，选择最佳组合使压缩机性能最佳。

c. 根据涡旋压缩机可通过变转速实现变容量的特性，开展对涡旋压缩机可变转速研究，对空调用压缩机可以通过改变压缩机的转速调节最佳的制冷量而达到节能效果，同时可以快速控制室温。

(2)国内压缩机技术目前水平

①工艺用往复式活塞压缩机

目前各种类型的工艺用往复式活塞压缩机国内都能生产，通过消化吸收引进技术或与国外合作生产的工艺用压缩机达国际同类产品水平。沈阳压缩机股份有限公司为茂名石化公司生产的年产200万t渣油加氢脱硫装置配套的4M80型新氢压缩机，其活塞力、最终排气压力、排气量等技术参数达国际水平。上海压缩机有限公司与美国德莱塞—兰公司合作为石化工业的年产40万t加氢精制装置提供的新氢压缩机和循环氢压缩机均达国际先进水平。但是一些大型的工艺用往复式活塞压缩机还不能满足重大装置配套需要，仍然依靠进口。

②螺杆压缩机

螺杆压缩机产品的品种不断增加，产量不断扩大，与国外合作生产或消化引进技术生产的动力用螺杆压缩机产品已达国际技术水平。但工艺用螺杆压缩机与国际先进水平差距较大，进口量较多。

③动力用往复式活塞压缩机

动力用往复式活塞压缩机产品在我国发展较早，技术比较成熟，主要技术指标基本与国际先进水平相当，基本能占领国内市场，出口量逐步增加。

④微型压缩机

微型压缩机产品发展较早，一般微型压缩机产品的主要技术参数达国际水平，品种规格基本能满足国内需要，而且出口量较大。但全无油润滑微型压缩机技术性能还不能满足国内市场需要，仍有较多进口。

3. 主要差距

(1)买方市场情况下的产需矛盾

买方市场情况下的产需总体是过剩的，但还存在供不应求，即低水平产品严重过剩，高水平产品供不应求，仍需进口。

(2)产品结构、企业组织结构、经济规模等方面的差距

①产品结构

压缩机产品低水平重复生产严重，不少生产企业没有产品开发能力、工艺装备和试验检测手段落后，产品技术起点低，造成低技术水平的普通产品严重过剩，而技术含量高的和特殊用途产品十分短缺，必须进口。即使消化吸收引进技术或与国外合作生产的产品基本上为国际80年代末期和90年代初期水平，也不能完全适应市场需求结构的变化。总的说来，压缩机行业是低水平产品过剩和高水平产品短缺的结构性矛盾十分突出。

②企业组织结构

目前企业组织结构基本上仍是只重视制造中间部，而不重视市场调研、科研开发、总装调试和售后服务两头部位，为两头小中间大的“橄榄型”。企业往往只注重增加产品产量，扩大生产规模，而没有在技术创新，产品结构升级换代上下功夫。因此多数企业缺乏市场竞争能力，经济效益差，只能在低水平竞争中苦苦挣扎。

③经济规模

企业经营规模普遍偏小，重复分散严重，专业化生产水平低。有些企业虽经多次技术改造，工厂组成、布局、生产流程等虽有所改进，但基本上仍为“大而全”、“小而全”的结构模式。

国外较大型的企业基本上是综合性企业，压缩机产品仅仅是其中一部分，还生产机械行业的制冷设备、真空机械、冷冻干燥机等其他机械产品，应用领域延伸到环境工程、电子信息、医药等领域。而我国的压缩机企业多数产品单一，只生产压缩机，而且只生产一种或两种压缩机产品。连结构简单，便于组织规模生产的微型压缩机产品生产也十分分散，只有江苏大力集团股份有限公司形成了年产10万台微型压缩机的生产能力。由于生产分散造成产品成本高，质量不稳定。企业间在市场上以互相压价进行无序竞争，影响企业经济效益和产品出口。压缩机行业年销售收入达亿元的企业只有十余个，其中多数销售收入又不足2亿元，销售收入最高的上海压缩机股份公司的年销售收入也不足5亿元。

(3)产品质量、性能、技术水平及品种差距

由于科研投入少，基础理论研究差，开发设计新产品时缺少基础理论指导，因此新产品设计基本上仍停留于类比、仿造等落后方式。虽然许多企业都在设计中应用计算机技术，但是在结构分析、材料选择、参数的确定、采用的工艺等方面全面应用计算机技术的企业不多，因此产品的技术水平，性能指标与世界先进水平比较还有较大差距。而最主要的差距是性能的稳定性和可靠性不高。

由于工艺装备较落后，缺少精密的关键设备，产品的制造质量不稳定，产品的一次装配合格率低。另外产品的外观质量普遍很差。

由于开发设计能力不强，产品的变型能力差，产品品种不能满足市场需要，特别是缺少一些有特殊要求的压缩机产品，如摩托压缩机，无油润滑螺杆压缩机等仍主要依赖进口。

(4)科学研究、新产品开发

承担行业科学研究任务的科研院所因忙于解决“吃饭问题”，不能投入较多的精力进行基础理论研究，再从理论上指导行业的新产品开发设计工作，从而提高整个行业的技术水平。不少企业因经济效益欠佳，不重视基础理论研究工作，不能投入较多的人才和才力进行新产品开发设计工作，因此产品不能满足市场多样化的需要。

(5)产品出口创汇

出口产品主要是档次不高的微型压缩机，虽然出口数量多，但创汇不多。近年来技术含量较高的大型动力用压缩机产品出口量在逐渐增加，但是技术含量高的工艺用压缩机产品几乎没有出口。

(6)经济效益

压缩机行业的经济效益很差，无论是产品销售收入、销售利税率、资金利税率都很差，而且仍在继续下降。1994年至1998年的工业经济效益指数分别为92.61%、86.39%、77.64%、79.00%、56.84%。

4. 形成差距的主要原因

压缩机行业管理水平不高、产品质量不好、新产品开发不快，整体竞争力不强的主要原因是行业中的骨干企业虽然加大了改革的力度，但机制仍未得到彻底的转变，企业的经营观念、管理、组织结构等还不能完全与市场经济接轨，企业没有建立起调动一切积极因素的激励机制，不断创新的发展机制、严格的质量管理体制和成本控制机制。另外，国家有关部门对于因低水平的重复建设、假冒伪劣产品、淘汰产品，强制实施的有关标准等造成无序竞争状态缺乏强有力的约束措施。这样造成国有骨干企业难以作为；小型企业又不能为国家重点建设项目提供高、大、尖、精的产品，其结果是不少国内产品销不出去，而国外的产品不断进入国内市场。

二、市场需求预测规划目标

1. 供需现状

(1)目前供需情况

从表1中可见，1998年大中型压缩机产品的产量、销售量和价值量分别为1994年的32.0%、31.8%和1.11倍，其中工艺用往复式活塞压缩机产品产量、销售量和价值量1998年分别为1994年的85.1%、85.7%和2.93倍。由此可见压缩机产品尤其工艺用压缩机产品的产量、销售量虽然有所下降，但价值量却大幅度提高，说明压缩机向大型化和高技术含量、高附加值方向发展，产品的结构逐步趋于合理。目前，压缩机行业已具备了为“三大化工”等国民经济各部门的重点工程建设项目提供配套压缩机产品的能力。具备了为石化行业的年产15、40、70万t重整或连续重整装置，年产

30、40、80、125万t加氢精制装置，年产80、100、120万t加氢裂化装置，年产200万t渣油加氢脱硫装置等提供4M80型等新氢压缩机的能力；具备了为中型的硫铵、硝铵、碳铵及尿素生产装置配套活塞力达490kN(50t力)，最多列数为6、单机功率高达4 800kW的各种氮氢压缩机生产能力；还具备了为有效容积为4 000m³高炉采用喷煤粉炼铁新工艺配套吹喷煤粉用压缩机的能力；并为矿山行业的大型凿井钻机的排渣风源和高风压潜孔钻机动力风源提供了移动式中压螺杆空压机组；为亚洲最大的中国空气动力研究与发展中心的尖端科技大型(2m)激波风洞的高压氢气源提供了隔膜式超高压氢气压缩机组，使风洞产生高马赫数、高雷诺数气流。年产200万t渣油加氢脱硫装置用4M80型新氢压缩机，无论是活塞力，还是最终排气压力、排气量、功率等指标，都是目前国内最大的，在国际上也只有少数发达国家的大公司才能制造。

目前国内压缩机产品的供需情况是，一般的动力用往复式活塞压缩机和微型压缩机产品的生产能力大于市场的需要，而工艺用压缩机虽然有了较快的发展，但无论在技术水平，还是制造能力，特别是在产品性能稳定性、可靠性方面与国际先进水平还有较大差距，还不能完全满足国家重点工程建设的需要。如沙漠石油用天然气动力压缩机、大型氢压机、核电站专用压缩机、无油螺杆压缩机等产品国产化率不高，主要依靠进口。

我国的压缩机产品已有部分出口。1997年出口了80 174台，出口额为11 254万元。1998年出口了57 176台，出口额为7 940万元。

(2)产销走势

从表1中可以看出，大中型气体压缩机的产量、销售量在逐年减少。其中大型动力往复式活塞压缩机的产销量虽然在逐年减少，但是减少的趋势较小；工艺用往复式活塞压缩机的产销量减少的趋势最小。螺杆压缩机的产销量逐年有所增长。压缩机产品的产销走势是低档次的动力用往复式活塞压缩机的产品数量和价值量不会有大的增加，但螺杆压缩机的产销量会有所增长。高档次的工艺用压缩机(无论是往复活塞式，还是螺杆式)的产量会有一定的增加，而随着产品向大型化、智能化方向发展，价值量会有较大增长。

(3)影响需求的主要因素

一方面是低档次的一般产品生产总量失控，生产能力过剩与放空，另一方面由于资金分散等原因，一些高档次的产品国内还不能提供，需要进口。影响需求的主要因素如下：

①低档次产品生产能力过剩

普通中小型动力用往复式活塞压缩机等低档次产品生产厂家过多，各企业的技术水平和装备水平不高，缺乏技术开发能力，不具备生产高档次产品的条件，僧多粥少，只能盲目地采取降低价格等手段争占有限的市场，导致大家在无序的竞争中挣扎求生存。

微型压缩机企业也不例外，由于许多企业没有什么技术特点，又不能形成规模生产能力(江苏大力集团股份有限公司除外)，产品技术水平不高、品种单一、表面质量欠佳和制造成本偏高，至使企业缺乏竞争实力，面对较为广阔的国际市场，出口增长仍十分缓慢。

②高档次产品竞争力不强

生产工艺流程用往复式活塞压缩机和螺杆压缩机等高档次产品的企业，担负着为国家重点工程建设项目配套压缩机的任务，由于这些产品技术要求高，制造难度大，且只需单台或2台、3台，很难组织生产。由于这些企业资金不足、负担太重等诸多因素影响，新产品开发设计能力差，同时缺乏先进的工艺装备和检测手段等，企业的综合竞争力不强，一些高档次的工艺流程用压缩机等产品仍需进口。

③螺杆压缩机市场受进口冲击大

我国的螺杆压缩机产品虽然起步较晚，但是近年来得到较快发展。但台湾复盛公司等厂家每年在国内销售数百台螺杆压缩机产品，还有中美合资企业上海德莱塞兰压缩机有限公司和上海英格索兰压缩机有限公司利用资金和技术优势，批量生产的螺杆压缩机很快进入国内市场。为此，境外企业和合资企业对国内螺杆压缩机市场冲击较大，影响了国内螺杆压缩机产品的发展。

2. 国内市场分析

(1)市场需求分析

①需求特点

“八五”末期及“九五”期间，大中型压缩机总的产销量逐年减少，无论是动力用往复式活塞压缩机，还是工艺用往复式活塞压缩机的产销量都在逐年减少(只有螺杆压缩机的产销量有所上升)，但是压缩机的平均单台价格在逐年增加，尤其是工艺流程用往复式活塞压缩机的平均单台价格上升显著。一方面说明压缩机的市场需求特点是大型化和高档化，另一方面说明压缩机行业技术水平和制造质量提高较快，许多以前不能供应的技术含量高的大型产品和高档产品，在“九五”期间已有相当产品可以生产。

预计在“十五”期间对于大中型压缩机的总需求量不会出现较大的增长势头，在现有的需求总量基础上略有升降。对于工艺用压缩机需要的产品品种、规格等将不断增加。尽管需求的数量不会有大的增加，但需求的总价值量会有较大增长。

②各主要领域的需求结构

大中型压缩机产品在各主要领域的需求结构变化不大，主要需求领域仍为化学工业、煤电油工业、轻纺工业、冶金工业等领域。中国通用机械压缩机行业协会对沈阳气体压缩机股份有限公司、上海压缩机有限公司、华西通用机器公司、北京第一通用机械厂、柳州压缩机总厂等16个压缩机的主要生产企业在1998年压缩机产品销售去向的调查中，销往各主要领域的销售量占总的销售量的比例如下：石油化学工业23.5%，煤电油工业18.3%，轻纺工业7.9%，冶金工业7.9%，交通运输业5.7%，建筑及建筑材料业5.3%，出口3.1%，军工2.3%，农林牧副渔业0.6%，其他23.3%。产品销售至各地区的量占总销售量的比例如下：东北地区9.1%，华北地区18.4%，西北地区6.8%，华东地区27.6%，中南地区21.3%，西南地区13.7%，出口3.1%。

1995～1998 年压缩机的销售去向情况详见表 2。

表 2　压缩机产品销售去向情况

年份		1995	1996	1997	1998
按产品使用部门分类	农林牧副渔	1.0	1.1	0.6	0.6
	轻纺工业	7.3	6.6	6.1	7.9
	煤电油工业	11.5	9.7	17.0	8.3
	交通运输	3.0	2.2	5.9	5.7
	建筑及建材业	2.4	1.8	3.5	5.3
	文科、卫生、科研	1.3	1.7	1.4	2.1
	冶金工业	9.1	8.5	14.7	7.9
	化学工业	25.5	30.8	17.4	23.5
	出口	0.9	0.7	2.1	3.1
	军工	1.0	2.5	1.0	2.3
	流通部门	30.5	26.0	16.5	17.3
	储备	0.02	0.6		
	机械产品配套	1.2	0.3	1.8	1.7
	其他	5.3	7.5	12.0	4.9
按产品地区流向分类	出口	1.0	0.7	2.1	2.3
	东北地区	12.9	11.9	11.2	9.1
	华北地区	20.2	17.3	19.2	18.4
	西北地区	6.1	6.7	11.3	6.8
	华东地区	28.8	35.9	27.0	27.6
	中南地区	20.0	15.0	18.1	21.3
	西南地区	11.0	12.5	11.1	13.7

注：表中数据为销往某部门或地区的销售量的百分数。

③用户对主要产品水平的要求

大中型压缩机产品主要用于石油化学、煤炭、电力、轻纺、冶金等工业部门，其中在石油化学工业部门用得最多。在石油化学部门使用的技术水平要求高、用量较多的氢气压缩机的技术水平可以代表用户对主要产品的水平要求。这种氢气压缩机在加氢装置中用于压缩补充的新氢和循环富气，可以达到离心式压缩机难以达到的高压缩比。除要求活塞力、排气量、排气压力、功率大以外，还有许多特殊要求，因被压缩的气体分子量小等因素，影响了阀门操作的稳定性。又因富气中含硫化氢气体，缸体和活塞的材质要求耐磨和抗硫化氢腐蚀。氢气压缩机是安装在大型的连续生产装置中，其结构必须紧凑，体积小，重量轻，刚性大，承载能力大。同时要求各技术参数必须满足工艺流程要求，技术性能稳定，可靠性好，以确保在 2～3 年大修期间正常工作。压缩机的活塞杆和十字头的联接结构从根本上消除了活塞杆断裂的因素，使活塞杆的寿命达 15 000～20 000h。还需要采用了大型网状阀，气阀、活塞环支撑结构等国际先进技术，确保整机寿命达 8 000h 以上。

④进出口趋势及进口产品分析

A. 出口趋势

近年来压缩机的出口额逐年有所增加，根据中国通用机械压缩机行业协会统计资料，1995 年至 1998 年各年的出口额分别为 7 381 万元、7 038 万元、11 254 万元及 7 940 万元。1998 年出口压缩机 57 176 台，平均单价 1389 元、其中出口微型压缩机 56 954 台，出口额 4 076 余万元，平均单价为 716 元。出口大中型压缩机 222 台，出口额 3 864 万元，平均单价 17.4 万元。出口技术含量较低的微型压缩机较多，出口额较低。而技术含量较高的大中型压缩机的出口额逐年有所增加，但增加缓慢。

B. 进口趋势及进口产品分析

我国的大中型压缩机多数随石油化工成套装置、核电站成套装置等进口，也有少数为单机及配件进口。目前进口的压缩机主要是沙漠石油等领域的天然气及石油气动力压缩机(包括摩托式压缩机及发动机驱动石油气压缩机)、无油润滑螺杆压缩机、大型氢压机、核电站专用压缩机等。这些产品国内虽有制造，但是由于产品技术水平不够高，制造质量较差，技术性能的稳定性和可靠性及寿命等还不能完全满足大型石化成套装置、核电站成套装置及沙漠石油领域等的要求。近年来我国的氢压机等产品有了较快的发展，使我国炼油装置的国产化率有较大提高。但是由于炼油装置等向大型化、智能化方向发展，我国的压缩机制造技术跟不上国际技术发展的步伐，还需要进口大型化及智能化水平高的压缩机。压缩机进口趋势仍然是技术含量高的大型、智能型、特种用途的压缩机。

⑤价格走势

近几年，大中型压缩机的平均单台价格都有所上升。1998 年与 1994 年比较，大中型压缩机平均单台价格上升 2.48 倍，其中动力用往复式活塞压缩机的单台价格变化不大，而工艺用往复式活塞压缩机的单台平均价格上升了 2.44 倍。随着压缩机向大型化、智能化方向发展，压缩机的平均单价将仍然会继续增长，而工艺用压缩机的平均单价会继续较快上升。微型压缩机因市场供过于求，技术含量不会有大的提高，随着生产规模的扩大，平均单台价格会有所下降。

3. 国内市场需求预测

(1)石油化工领域

①乙烯工程

目前我国共有乙烯生产设备 18 套，年生产能力为 397 万吨，实际年生产 358 万 t。1997 年我国进口乙烯下游产品折合乙烯 242 万 t，占全年总需要量的 40%，国内自给率只有 60%。预计到 2005 年乙烯的年总需求量为 1 000 万 t，若国内的自给率仍保持 60%，要求年国产乙烯达 600 万 t，其生产能力应达到 653 万 t。因此，在“十五”期间需要增加乙烯年生产能力 257 万 t。石化部门计划利用外资或进行合资等方式新建扬子、福建、天津的年产 60 万 t 及上海年产 65 万 t 乙烯的大型乙烯工程，同时对已有的燕山、扬子、上海、齐鲁、茂名等大中型乙烯工程进行改造，扩大生产规模，增加产品品种，提高产品质量。

扬子乙烯工程改造：乙烯裂解由 40 万 t/a 改造为 65 万 t/a，裂解汽油加氢由 30 万 t/a 年增加至 65 万 t/a，丁二烯抽提由 5 万 t/a 增加至 10 万 t/a，聚乙烯由 15 万 t/a 增加到 35 万 t/a，聚丙烯由 16 万 t/a 增加到 36 万 t/a。

燕山乙烯工程改造：乙烯裂解由 40 万 t/a 改造为 66 万 t/a，新建一套 20 万 t/a 高压聚乙烯生产装置和一套 80 万 t/a 柴油加氢精制装置，改造一套 130t/a 中压加氢装置。

上海乙烯工程改造：乙烯裂解由 40 万 t/a 改造为 70 万

t/a,丁二烯由10万t/a增加到22万t/a,裂解汽油加氢由40万t/a增加到55万t/a,芳烃由30万t/a增加到42万t/a。

齐鲁乙烯工程改造:乙烯裂解由45万t/a改造为64万t/a,聚乙烯由14万t/a增加至34t/a。

茂名乙烯工程改造:乙烯裂解由38万t/a改造为70~80万t/a。

对燕山、扬子、上海、齐鲁、茂名等乙烯工程进行技术改造,需要新氢、循环氢、富气、废气、乙烯进料等工艺用往复压缩机约150台,年需30台;还需要燃料气、丁二烯等螺杆压缩机约25台,年需5台。

我国现有的乙烯装置多为成套进口,因进口设备价格高,因此我国乙烯生产成本较高。现国际上乙烯市场已基本饱和,国际乙烯市场价格较低,因此国际市场的乙烯对我国市场构成较大威胁。我国的乙烯企业不得不采取各种措施降低生产成本,其中包括在乙烯工程改造中尽量提高设备的国产化率,这为压缩机行业提供了很好的市场机遇。

②炼油

我国炼油装置虽然总能力较大,但是由于国际市场油价下降,国外油品纷纷涌入国内市场,炼油厂开工率仅60%左右。究其原因,一方面是小炼油厂太多,因技术和设备落后,炼制油品质量差,成本高;另一方面是大中型炼油厂中还没有广泛采用先进的加氢处理技术,加氢炼油的能力不足原油一次加工总量的10%(国际上加氢炼油为常规的炼油方法,发达国家加氢炼油占原油一次加工总量的40%~50%),浪费了很多石油资源,油品质量差且价格偏高。"十五"期间除需要关闭小炼油厂外,必须重点提高加氢炼油技术的水平,增加能力,增强原油深度加工和综合利用的能力。主要发展渣油加氢裂化技术,中压加氢改质技术和加氢精制技术等,以提高油品质量,降低成本,增加油品在国内外市场的竞争能力。

为适应国际市场油价变化的需要,"十五"期间将在沿海地区新建具备炼制进口含硫量高原油能力的1 000万t/a的炼油厂,在国际市场原油价较低时加工进口原油,国际市场原油价较高时炼制国产原油。

国际上炼油与化工通常为一体化工程同时发展,如将40万t/a乙烯装置与750万t/a炼油装置组成一体化工程后,每年可降低生产成本2 500~3 500万美元,每吨乙烯的总成本可下降50~125美元。"十五"期间新建的扬子、福建、天津、上海的大型乙烯装置也需要配套新建一体化的炼油装置才能获得较好的经济效益。

上述沿海地区新建的1 000万t/a能炼制高硫原油的炼油厂,为新建的大型乙烯装置配套的一体化炼油厂及对已有炼油厂中进行发展加氢技术改造等,都需要压缩机产品,预计"十五"期间需要新氢压缩机、富气压缩机等工艺用往复式活塞压缩机约200台(套),年需要40台(套)。

③石油、天然气领域

近年来,我国天然气产量增加较快,1997年为219亿m^3,预计2000年为305~375亿m^3,2005年达450~550亿m^3。我国的天然气资源集中在西部,尤其集中在陕甘宁、四川、青海、塔里木盆地等。另外我国在新疆等沙漠地区石油资源较丰富。开采天然气和沙漠石油及伴生的石油气、天然气,对石油气、天然气进行收集、运输、贮存、处理等,需要燃气摩托压缩机等以天然气为动力的石油气、天然气压缩机。预计"十五"期间共需200台,年需40台。这些油田、气田的天然气、石油气的集输还需要往复式活塞压缩机,预计"十五"期间共需150台,年需30台。石油、天然气工业还需要负压螺杆压缩机和油气混输螺杆压缩机,预计"十五"期间共需200台,年需40台。

现有油气田已拥有石油气、天然气压缩机2 000余台,这些压缩机有的已使用多年,尤其是东部油田的石油气压缩机都陆续进入更新年限。预计"十五"期间每年更新量约为160台。

(2)化肥领域

由于化肥工业的产品结构和产业结构不合理,至今我国的化肥生产仍不能满足农业生产的需要。单质氮肥、磷肥生产能力相对过剩,而钾肥、复合磷肥生产能力不足,磷复肥每年进口700余万t,占磷复肥国内市场的1/3。在氮肥中,低浓度单质氮肥碳铵占总量的45%,氮肥利用率较低(约为30%),与国际先进水平(为40%~41%)差距大。大型化肥企业少(企业数不足总数的10%,其生产能力磷复肥为总量的20%,氮肥为总量的30%),中小型化肥企业多。由于大型化肥装置的国产化率较低,一些关键设备不能立足于国内制造,因此生产工艺流程和设备改进困难,技术进步缓慢,生产装置能耗高、效率低。中小型化肥企业工艺落后,设备陈旧,生产效率更低。因此国产化肥价格较高,市场竞争能力不强。目前我国化肥供销状况一方面是国内化肥装置,特别是中小型化肥装置开工严重不足,另一方面是国内每年还要进口大量化肥。1990年至1998年期间进口化肥耗外汇250亿美元。目前我国的化肥工业十分脆弱,加入世贸组织后化肥行业将受到巨大冲击,若不加快产品结构和产业结构调整的步伐,我国氮肥市场的40%~50%、磷复肥市场的50%将被国外占领。为减少加入世贸组织后国外化肥对我国化肥市场的冲击,"十五"期间化肥行业的主要任务是提高产品在市场的综合竞争能力,减少化肥的进口量。为此一方面要采用国产化的关键设备新建一些大型化肥装置,另一方面要加快对条件较好的70余套中小化肥装置进行技术改造,改进工艺流程,采用国产的性能先进、能耗低、效率高的设备更新原有设备,扩大中小型化肥装置的生产规模,提高效率、降低生产成本。我国的煤炭资源比较丰富,以煤为原料制成合成气再合成氨的新技术是我国合成氨生产的发展方向之一。即采用水煤浆与工业氧在气化炉中进行加压气化反应及气体净化处理制成合成气,再采用等压氨合成工艺制成合成氨。该技术在改造中型氮肥厂中具有广阔的前景和显著的经济及社会效益。该技术为化肥行业产业化技术之一,在"十五"期间对中型化肥厂的改造中将得到推广应用。改造中小化肥装置,每套需要活塞式压缩机2~5台,"十五"期间共需氮氢气压缩机、二氧化碳气压缩机等约240台,年需48台。

大型化肥装置中的压缩机目前基本上都是离心式压缩机。随着往复式活塞压缩机易损件寿命的不断提高，同时往复式活塞压缩机具有等温效率高的优势，在大化肥装置中有取代离心式压缩机的趋势，国外已有120万 t/a合成氨装置使用往复式活塞压缩机的先例。只要不断提高往复式活塞压缩机的设计水平和制造质量，往复式活塞压缩机完全可以在我国的大化肥装置中争得一席之地。

(3)煤化工领域

"十五"期间将继续增加城市煤气的生产能力，城市煤气加压气化装置需要氧压机，煤气输送需要压缩机。另外一些城市煤气用氧压机和输气压缩机需要更新。预计"十五"期间共需氧压机和输气压缩机300台，年需60台。

(4)环境保护领域

为减少汽车尾气对城市环境的污染，必须发展用天然气、石油气等清洁燃料的环保型汽车。为环保型汽车提供清洁燃料，需要建立清洁燃料供应系统，即清洁燃料的加气站和相应的供气管网。一个能为150辆汽车提供燃料气的加气站需天然气压缩机1~2台。供气管网也需要配备一定数量的天然气压缩机。预计"十五"期间需要天然气压缩机400台，年需80台。

(5)钢铁工业领域

高炉喷煤技术是钢铁工业"十五"期间重点推广应用的节能降耗新技术之一。该技术是在高炉风口喷入煤粉以代替入炉焦炭的技术。应用高炉大喷煤量的技术，可以减少焦炭消耗量，降低成本，改善高炉的燃料结构，是钢铁工业节能降耗的关键技术之一。目前国内的喷煤量一般为每吨铁100kg，个别喷煤量大的高炉为每吨铁150kg。进行试验的喷煤量达每吨铁200kg(该指标为当代国际水平)。根据原冶金工业局"十五"规划，2005年全国高炉喷煤量为1 200万t，平均每吨铁喷煤100kg。"十五"期间钢铁工业领域重点对1 000m^3 以上的高炉进行改造，使每吨铁喷煤量达130kg以上，个别高炉达200kg。"十五"期间高炉喷煤需大中型螺杆压缩机约100台，年需20台。

(6)其他领域

纺织、食品、轻工、医药等各行业及电站、乙烯、化肥等大型装置的仪表控制系统需要洁净的压缩空气，因此对无油润滑压缩机、空气净化及干燥装置的用量将会有所增加。

我国还会新建核电站，为防止核电尾气污染环境，在核电站尾气回收装置中需要密封性能优良、压缩比高、防介质腐蚀的隔膜压缩机。

综上所述，"十五"期间压缩机的总需求量增加不多，压缩加行业重点是发展技术含量高的工艺用压缩机品种，提高投术水平和制造质量，如发展大型氢压机、氮氢气压缩机、燃气摩托压缩机、天然气压缩机、高炉喷煤用压缩机等，以满足国家重点工程配套需要。

"十五"期间年需各种工艺用往复式活塞压缩机1 000台，价值量为12亿元。

动力用大中型往复式活塞压缩机的总需求量略有增加，年需量约12 000台，价值量5.5亿元，其中大型动力用往复式活塞压缩机450台，价值量1.5亿元。

年需螺杆式压缩机6 000台，价值量8亿元。

大中型气体压缩机的总需求量为22 000台，价值量为30亿元。

微型压缩机国内市场需求仍保持现有水平，年需10~20万台，价值量为2~4亿元。

(7)行业前十三名企业的市场占有率

根据中国通用机械压缩机行业协会1995~1998年统计资料，行业前十三名企业的市场占有率如下：

①大中型压缩机企业

上海压缩机有限公司	12.86%
沈阳气体压缩机股份有限公司	10.09%
柳州压缩机总厂(含柳州第二空气压缩机总厂)	9.01%
无锡压缩机股份有限公司	4.75%
浙江开山股份有限公司	3.87%
华西通用机器股份有限公司	3.73%
南京压缩机股份有限公司	3.7%
上海大隆机器厂	3.4%
山东潍坊生建集团	2.93%
北京第一通用机械厂	2.6%

② 微型压缩机企业

江苏大力集团股份有限公司	5.95%
上海东方压缩机厂	3.07%
南京华冠压缩机有限公司	2.81%
行业前十三名占领了压缩机市场的	68.77%

4. 国际市场需求预测

(1)1995~1998年出口情况

①1995~1998年出口量及出口额

1995~1998年期间，我国出口压缩机产品306 242台，出口额为33 613万元。1995年~1998年各年出口量/出口额分别为100 890台/7 831万元、68 002台/7 038万元、80 174台/11 254万元和55 176台/7 940万元。

出口压缩机产品中，微型压缩机的出口量和出口额较高，4年中共出口微型压缩机305 275台，占压缩机总出口量的99.7%；出口额为19 658万元，占压缩机总出口额的58.5%。1995~1998年各年的出口量/出口额分别为100 678台/5 115万元、67 716台/5 091万元、79 927台/5 376万元及56 954台/4 076万元。

近几年大中型压缩机产品的出口量每年都是200余台，但是出口额增加比较显著。4年中共出口大中型压缩机967台，占压缩机出口总量的0.3%；出口额13 955万元，占压缩机出口额的41.5%。1994~1998年各年的出口量/出口额分别为212台/2 266万元、286台/1 947万元、247台/5 878万元及222台/3 864万元。

②主要出口国

微型压缩机产品主要出口至美国、阿根廷、墨西哥、澳大利亚等国家和中国台湾、中国香港地区。1995年~1998年4年中，出口至美国194 829台、中国台湾94 541台、中国香港50 472台、阿根廷14 651台、墨西哥8 778台、澳大利亚

8 481 台、越南 4 273 台、法国 4 239 台,日本 3 471 台。

大中型压缩机产品主要出口至伊朗、巴基斯坦、日本等国家和地区。1995～1998 年期间,出口至伊朗 112 台、巴基斯坦 108 台、日本 103 台、越南 59 台、朝鲜 48 台、缅甸 24 台、泰国 19 台、中国香港 14 台、美国 13 台,还出口至澳大利亚、苏丹、叙利亚、埃及、智利等国家和地区。1997 年出口额最高,为 5 878 万元。

1995～1998 年压缩机出口情况见表 3。

表 3　压缩机产品出口情况

年　份		1995	1996	1997	1998	合计
销售额(万元)		7 381	7 038	11 254	7 940	33 613
出口量(台)		100 890	68 002	80 174	57 176	306 242
按国家及地区分列的压缩机销售量(台)	美国	30 494	17 185	19 182	37 981	104 842
	哥伦比亚	234	245	579	558	1 616
	墨西哥			1 330	7 448	8 778
	澳大利亚	365	721	3 416	3 991	8 493
	越南	968	40	1 129	2 212	4 349
	菲律宾	17		4	730	751
	阿根廷	4 363		8 010	2 278	14 651
	中国香港	9 186	4	40 291	1 005	50 486
	加拿大	364		2 089	575	3 028
	新加坡	11	8	64	72	155
	伊朗		5	74	73	152
	日本	27	2 220	1 318	9	3 574
	韩国	332	11	420		763
	比利时			1 548		1 548
	泰国	105	192	93	1	391
	中国台湾	48 192	46 345		4	94 541
	秘鲁	768	825			1 593
	法国	4 239				4 239
	巴基斯坦	86	21	31		138

注:表中数据为出口量较多国家或地区的销售量。

③增加出口的可能性分析

微型压缩机产品国际市场看好,尤其是在美国、日本、阿根廷、澳大利亚等国家有较大的需求,而且我国现在已经有了较稳定的出口渠道。“十五”期间只要进一步增加产品品种,提高产品质量(包括外观质量),降低制造成本,继续拓宽市场领域,有较好的出口前景。

大中型压缩机近几年出口发展较快,主要出口到亚洲和中东地区。出口大中型往复式活塞压缩机和螺杆压缩机有较好的经济效益。对大中型压缩机产品在亚洲、中东地区仍然有较大的需求。“十五”期间,利用我国在吸收消化国外先进技术的基础上制造的技术水平较高的大中型压缩机产品的技术和价格优势,同时进一步开拓国际市场,争取出口更多的技术含量较高的大中型压缩机产品和工艺用压缩机产品是可以实现的。

(2)出口量、出口额预测及主要出口企业

① 出口量、出口额预测

“十五”末期微型压缩机产品的年出口量可达到 20～25 万台,出口额达到 4～5 亿元。大中型压缩机产品的年出口量达 550～600 台,出口额达 1.2～1.5 亿元。

②主要出口企业

微型压缩机产品的主要出口企业是江苏大力集团股份有限公司、上海东方压缩机厂、杭州美亚加压缩机有限公司、无锡第二压缩机厂、南京三达机械有限公司等。

大中型压缩机产品的主要出口企业是沈阳气体压缩机厂、无锡压缩机股份有限公司、上海压缩机有限公司、上海大隆机器厂、余姚通用集团公司、柳州压缩机总厂、蚌埠压缩机总厂等。

三、行业发展思路

1. 战略思想

压缩机行业发展的思路是以国内外市场为导向,以产品为龙头,以质量为生命,以效益为核心,以人才为根本,以转换机制为动力,促进技术进步,创造几个具有较高知名度、信誉度和自我特色的名牌产品,形成新的增长点,塑造好行业的形象,以增强综合竞争能力和抗风险的能力,使行业早日摆脱困境走上良性循环的发展道路,提高行业的总体水平和经济效益。

2. 总量目标

预计到 2005 年压缩机工业总产值及销售产值均为 30 亿元,为 1998 年的 142.6%,为历史最高年(1996 年)的 130.2%。按 1998 年数据为基数计算,工业总产值和销售产值的年增长率为 5.2%;按历史最高年份的 1996 年数据为基数计算的年增长率为 3%。工业增加值由 1998 年的 5.9 亿元增至 10 亿元,年增长率为 11.9%。出口额由 1998 年的 0.8 亿元增至 4 亿元,使压缩机行业的效益有较大提高。

大中型压缩机的产量由 1998 年的 1.5 万台增至 1.8 万台,价值量由 1998 年的 14 亿元增至 20 亿元。其中工艺用往复式活塞压缩机产量由 1998 年的 917 台增至 1 000 台,价值量由 5.5 亿元增至 9 亿元;大型动力用往复式活塞压缩机产量由 400 台增至 450 台,价值量由 0.9 亿元增至 1.5 亿元;螺杆式压缩机产量由 3 033 台增至 5 000 台,价值量由 3.5 亿元增至 6 亿元;微型压缩机产量由 1998 年的 12 万台增至 25 万台,价值量由 4.9 亿元增至 10 亿元。

3. 结构调整目标

(1)产品结构调整目标

加强基础性理论研究,大力开展模块化设计,开发具有当代水平的机、电、仪一体化的智能性产品,达到高效、节能、安全、可靠的目标,缩短与国际先进水平的差距。

优先发展的重点产品是为国家重点工程项目配套的压缩机产品;与国外相比国内产品仍处于落后地位或尚属空白的压缩机产品;出口创汇前景较好的产品。

A. 为炼油和三大化工配套的压缩机

新氢压缩机、循环氢压缩机、丁二烯螺杆压缩机、二氧化碳压缩机、氮氢压缩机、干式螺杆压缩机、大型煤气压缩机等。

B. 其他国家重点工程用压缩机,其中不少是目前国内产品仍处于落后地位或尚属空白,仍主要依赖进口的产品:

天然气动力石油及天然气压缩机(包括摩托压缩机和天然气发动机驱动石油气压缩机)、舰船用水冷或空冷空压机、隔膜式超高压压缩机组、全无油橡胶隔膜压缩机组、高炉吹煤粉螺杆压缩机、无油螺杆压缩机、大型动力用往复式活塞压缩机等。

C. 出口前景好的压缩机产品

微型压缩机、微型无油压缩机、大型动力用往复式活塞压缩机、动力用螺杆压缩机等出口前景好。

限制发展的产品。适当限制国内生产能力有较大过剩、市场供应远超过需求的产品;市场虽有需求,但已经有较好技术性能替代产品的压缩机。如一般动力用档次不高的中、小型和微型往复式活塞压缩机产品(含全无油压缩机产品)等,限制扩大生产能力。

禁止生产的产品。禁止生产性能和技术落后的压缩机产品;虽有市场需求,但能耗高、噪声大的产品。原机械工业部和原国家计委公布的淘汰产品均属禁止生产产品。还有3W-0.7/7(环状阀)空压机,1-10/8、1-10/7、2V-0.3/7、2V0.6/7型动力用往复式活塞压缩机等均属于禁止生产产品。

(2)企业组织结构调整目标

对大中型压缩机企业,采取抓大扶强的措施,通过改组改制、联合、兼并等多种形式,造就沈阳气体压缩机集团公司、上海压缩机集团公司、无锡压缩机集团公司、柳州压缩机集团公司等具有较强竞争实力的"巨人型"企业。对微型压缩机企业除江苏巨力集团外,再组建1~2个规模较大的生产企业,以提高生产的集中度。对另一些有一定技术能力的和较好装备的企业可以转为压缩机零部件专业制造厂家,对既无技术能力,又无工艺装备的企业进行转产或破产。对企业内部进行结构调整,实现由"橄榄型"向"哑铃型"的转变,提高企业的综合竞争能力,参与国内市场和国际市场竞争。

(3)技术结构调整目标

对于重点扶强的企业,要进一步推广、完善、提高计算机辅助设计(CAD)、计算机辅助工艺(CAPP)、计算机辅助制造(CAM),提高产品开发的能力。对已经引进设计、制造技术的产品,要继续进行技术跟踪,及时进行创新提高,达到替代进口水平。开发出具有较高市场占有率和自己独有知识产权的新产品,行业新产品的产值占总产值的比例由1998年的26.5%提高至2005年的40%。使自主开发能力有较大提高,从而全面提高压缩机企业的整体素质,使主要压缩机产品与世界先进水平的差距缩短至10年左右,大型、重点、骨干企业的新产品产值率达50%左右。

重点研究的关键技术为:

①基础技术:高压填料密封技术,低噪声、低能耗、长寿命的塑料气阀技术,骨架油封的配方专利技术,消声减振技术等。

②工艺用螺杆压缩机设计制造技术:螺杆的型线、材料、工艺研究及产品轴承、轴封等总体结构研究;润滑冷却剂分离回收和循环应用技术。

③大型动力用往复式活塞压缩机的设计制造技术。

④燃气摩托压缩机设计制造技术。

⑤空气干燥净化技术:高精过滤技术、节能过滤技术、高效率干燥技术、高速除油技术、高速水气分离技术等。

⑥自动控制技术在压缩机中的应用技术。

⑦计算机在压缩机设计和制造中的应用技术。

4. 质量效益目标

(1)质量目标

到2005年,压缩机行业创立20多种名牌产品,培养出10个质量信得过的企业,在用户中树立起良好的质量形象,使主要压缩机产品的质量和可靠性逐渐接近国际水平,行业优质品产值占总产值的比例由1998年的7.6%提高至20%。

健全质量管理体系,全面推行ISO9000系列质量体系的认证,制定明确的质量目标,完善从产品设计、生产至营销、服务全过程的质量责任制,有力地促进质量管理工作的深入开展。

突出抓好重大技术装备和重点工程用压缩机产品的质量,使产品性能的可靠性、稳定性得到明显提高,创出具有国际竞争力的名牌压缩机产品。

(2)效益目标

要彻底扭转压缩机行业1998年和1999年上半年全行业亏损的局面,首先扭转一些重点企业多年亏损的局面,争取到2005年行业的经济状态步入良性循环,扭亏为盈,争取年利润总额达1 000万元。

5. 科技开发及固定资产投资方向

根据压缩机行业"十五"发展思路和行业结构调整的需要,资金主要投入科技开发和技术改造。

(1)科技开发

科技开发重在治本,要把技术引进逐步转向自主开发的轨道上来,为此应重点投资科研开发以加快技术开发的进度,提高科技人员技术水平;添置关键试验、检测设备。

(2)技术改造固定资产的投资方向

对替代进口扩大出口的产品项目应优先安排投资。

对"十五"期间重点发展的新产品开发项目,除充分利用已有条件外,应适当给予添平补齐。

提高关键基础零部件技术水平和制造质量,对提高产品的可靠性和稳定性的项目给予支持。

6. 政策措施

(1)优先安排替代进口产品或扩大出口产品的企业集团的"债转股",以减轻企业债务负担,同时继续执行退税政策,优先安排技改资金。

(2)对承担重点工程项目配套压缩机产品的排头兵企业所需的技术改造资金给予贴息。

(3)支持发展关键配套零部件企业进行技术改造,并给予贴息,以促进专业化体系的形成,改善行业组织结构。

(4)各级政府应支持行业及企业的结构调整,支持重点企业下岗分流、减员增效,以利于提高企业竞争能力。

(5)各级政府应支持无技术力量、生产淘汰产品或低水平重复建设企业转产或破产,并帮助安排好转岗或下岗人员进行再就业。

阀门行业“十五”规划

中国通用机械阀门行业协会技术工作部主任　李名章

阀门是一种用于控制流体介质的辅助设备，广泛应用于石油、化工、冶金、电力、纺织、轻工、机械制造、建筑、国防军工等国民经济各部门，已成为各种流体装置中不可缺少的控制设备。阀门的品种规格很多，分别具有不同的功能，如开、关、调节、安全保护、节能、疏水等，是一种量大面广的产品。阀门行业是在新中国成立以后发展起来的，特别是改革开放以来，阀门行业得到了快速发展，现已基本形成人才培养、科学研究、产品开发设计和制造较为完善的体系，除少数的特殊阀门产品外，现有的产品品种和数量基本能满足国民经济各部门的需要，但各类阀门的可靠性和配套水平与国际水平仍有较大的差距。

一、现状与差距

1. 基本情况

1998 年全行业企业数 1 308 个，其中合资企业 11 个，科研院所有一个一类研究所，机械工业部合肥通用机械研究，一个二类研究所，沈阳阀门研究所，12 个厂办研究所，职工人数 18.5 万人，其中工程技术人数 9 200 人；工业总产值 100 亿元，工业增加值 32 亿元；固定资产原价 62.2 亿元，净值 40.5 亿元；销售收入 91.1 亿元；利税总额 7.4 亿元，其中利润总额 2.3 亿元；全员劳动生产率 17 297 元/人；出口交货值 1.5 亿元。

其中原机械部系统阀门协会归口企业 139 个，其中合资企业 5 个，科研院所个数 7，职工人数 8.5 万人，其中工程技术人员 5 500 人。根据 1998 年 98 家协会会员厂资料统计，工业总产值 30.6 亿元，工业增加值 9.7 亿元，固定资产原价 31.7 亿元，净值 20.9 亿元，销售收入 28.7 亿元，利税总额 1.5 亿元，其中利润总额 1 958 万元，全员劳动生产率 15 186 元/人，主要产品产量 11.9 万 t。

2.“九五”计划预计完成情况

1）主要经济指标，重点产品产量见表 1。

2）引进技术，进口设备及消化吸收国产化情况及技术经济效益。

a. 引进技术

80 年代以来，阀门行业先后有 20 多家企业采用多种方式，引进国外的先进技术，主要有以下几个方面：

①大连高压阀门厂引进加拿大维兰工程公司（Velan）疏水阀门专有技术，其中包括双金属、通用型、活塞型、浮子型、防冻型，共四类，35 个型号，167 个规格的产品。

②天津塘沽阀门厂引进美国马克国际控制公司的中线对夹式蝶阀，包括产品图纸、标准、制造工艺、测试及检验技术，共两大类，30 多个规格。

③天津第二通用机械厂引进美国费城齿轮公司的里米托克阀门执行机构专有技术，包括阀门电动执行机构和阀门手动执行机构，包括设计、计算、加工、装配、工夹具、维修等。

表 1　阀门主要经济指标及重点产品产量

	2000 年规划目标	预计完成情况
1. 产品产量(t)		
全国	770 000	100 000
其中:原机械部系统	217 000	200 000
其中:高中压阀门	77 000	70 000
低压阀门	140 000	130 000
2. 工业总产值(万元)		
全国	966 000	1 100 000
其中:原机械部系统	330 000	380 000
其中:高中压阀门	160 000	210 000
低压阀门	170 000	170 000
3. 工业增加值(万元)		
全国	320 000	350 000
其中:原机械部系统	110 000	120 000
其中:高中压阀门	54 000	65 000
低压阀门	56 000	55 000
4. 固定资产原价(万元)		
全国	390 000	650 000
其中:原机械部系统	188 000	400 000
5. 固定资产净值(万元)		
全国	260 000	420 000
其中:原机械部系统	114 000	220 000
6. 销售收入(万元)		
全国	900 000	920 000
其中:原机械部系统	310 000	340 000
7. 利润总额(万元)		
全国	77 000	25 000
其中:原机械部系统	23 000	2 000
8. 利税总额(万元)		
全国	155 000	75 000
其中:原机械部系统	50 000	20 000
9. 全员劳动生产率(元/年人)		
全国	12 075	18 000
其中:原机械部系统	11 000	15 000
10. 出口创汇(万美元)		
全国	20 000	15 000
其中:原机械部系统	6 000	6 300
11. 流动资金总额(万元)		
全国	730 000	
其中:自有资金	88 000	
其中:原机械部系统	290 000	500 000
其中:自有资金	38 000	
12. 职工人数(人)		
全国	265 000	185 000
其中:技术人员	15 900	9 200
其中:原机械部系统	100 000	85 000
其中:技术人员	7 800	5 500

④上海阀门五厂引进英国桑托斯阀门有限公司隔膜执行机构及隔膜专有技术，包括手动机构，薄膜执行机构，活塞执行机构，薄膜制造技术，阀门产品技术。天津自动化仪表四厂也引进了该项技术。

⑤辽宁铁岭阀门厂引进日本久保田铁工株式会社的蝶阀专有技术，其中包括液控缓闭止回蝶阀，BC－AA型蝶阀，BS－V型地埋式蝶阀，以及标准、水压试验设备、模具、质量控制文件等。

⑥开封高压阀门厂引进日本冈野阀门制造株式会社的高温高压阀门及铸钢技术，包括6种钢种（WCB、WC_1、WC_6、WC_9、WC_5、LCB）的冶炼、铸造技术，铸造工艺设计图纸，1500Lb、2500Lb、3500Lb，温度控制在546℃，口径为2～22in共65个规格的图纸，包括闸阀、截止阀、止回阀、Y型截止阀等。同哈尔滨锅炉厂也作为同一合同引进。

⑦四川省自贡高压阀门股份有限公司引进日本北村阀门制造株式会社的输气管线球阀技术，提供压力等级150Lb、300Lb、400Lb、600Lb，公称直径从8～28in的管线球阀（包括手动、气动及气液联动的驱动装置）。

⑧浙江高中压阀门厂引进联邦德国盖斯托拉公司的排污阀专有技术，其中包括7个型号19个规格的排污阀，也包括执行机构。

其他还有北京阀门厂、扬州阀门厂、上海奉贤机械厂、兰州高压阀门厂等20多家阀门厂分别引进了国外的阀门制造公司的阀门制造技术。

b. 进口设备

随着改革开放的进程，阀门行业引进了大量的国外先进技术，为了配合引进技术的产品，同时提高原有产品的加工能力以及加工精度等，阀门行业同时也进口了大量的设备，其中包括数控车床，加工中心，如苏联和捷克的加工箱体的加工中心，台湾的轴孔深孔钻等。

c. 消化吸收及国产化

80年代开始，阀门行业出现了引进技术的高峰期，这其中有多方面的因素。80年代是我国改革开放的初期，生产建设速度较快，从石油、化工到电力等行业，都在引进国外的技术，如30万t/a乙烯；30万t/a合成氨；300MW的火力发电站，11万t/a尿素，250万t/a炼油厂等，这些成套装置中，配有大量的国外阀门产品，如高温高压的电站阀，气动薄膜的隔膜阀、疏水阀、大转矩的电动装置等。而当时国内的阀门制造厂家还不具备生产这些产品的技术，所以出现了阀门厂引进技术的高潮。正因为这些产品都是用户所需要的，当时在国内也属于短线产品，所以加快了阀门厂消化吸收的步伐。在政府部门的指导，归口研究所的协助和同行业的互相帮助下，使得行业引进工作比较顺利，资料比较齐全，大部分引进技术，都包括以下内容：

产品标准化、产品图纸、产品工艺文件，包括铸造、锻造、工艺、加工方法、检测手段、检测、验收标准化，甚至工装、夹具、维修技术等，引进技术的同时，还包括国外的系列培训，以及请专家来指导，由于方法得当，指导有方，使得引进技术取得较好的经济效益。凡是引进技术的工厂，大部分是成功的，有些工厂，在三年内已收回成本。目前，一部分引进产品仍在发挥着作用，引进技术推动了阀门行业技术进步，推动了阀门行业国产化的进程。到目前为止，国外引进的大型成套装置中的进口阀门，除少数阀门仍需国外配套外，大部分的产品国内厂家均能供货，国产化率达到90%以上。

天津塘沽阀门厂引进中线对夹式蝶阀门技术，已完全达到国外标准和国际水平，还带动了国内其他厂家的技术进步。在引进的基础上，工厂又开发了一部变型产品，现在国内用户所需的对夹式蝶阀，已完全由国内阀门厂家提供，且有部分产品出口。

天津第二通用机械厂1981年开始引进电动装置制造技术，当时只用了20万美元，3年内考核样机，在5年内已基本收回投资。到1998年，引进技术的产品已创造3000多万元的产值，效益约在400多万元，另外通过引进技术，还带动了老产品的技术改造，提高了企业的整体素质，取得了较好的经济效益。

3)出口创汇

出口创汇的主要产品，大多数为中低压的闸阀、截止阀、止回阀、铸钢闸阀、API阀门、球阀、蝶阀、锻钢阀门等。

阀门出口量及金额(据行业统计)：

1996年	26997t	7643万美元
1997年	36348t	9046万美元
1998年	26039t	6903万美元

主要出口国家和地区：

美国、加拿大、英国、西班牙、法国、意大利、中国香港、科威特、苏丹、泰国等。

前13名主要出口厂家及出口额(1998年统计额)(万元)：

苏州阀门厂	11732
天津塘沽瓦特斯阀门有限公司	6160
安徽和县阀门厂	4420
上海良工阀门厂	3143
大连高压阀门厂	2445
上海良工开维素阀门有限公司	2222
江西赣州阀门厂股份有限公司	1933
自贡高压阀门股份有限公司	1920
山东益都阀门股份有限公司	1904
上海阀门厂	1703
铁岭阀门厂	1643
开封高压阀门厂	1144
锡山市阀门厂	1101

3. 国内外科技发展趋势

(1)国内科技水平及发展趋势

①基本情况

现有一类专业研究所一个，二类所一个，12个厂办研究所，加上各个工厂从事阀门研究的科研人员约6000人，一个部级检测中心和两个中心，能进行安全阀，疏水阀和通用阀门的性能试验，但缺乏对高性能参数、高温参数的动态模拟试验手段和测试手段，如高温、高压、超低温、核电阀门的开发试验手段。

阀门制造厂带有部门试验装置，能进行一些超高压试验，流体试验，以及密封面，填料等基础项目的试验研究，阀门电动装置的性能试验，阀门的寿命试验等，以上试验设施多数不完善，水平不高，近期缺乏投入，设备、装置老化。

原机械工业部合肥通用机械研究所设有阀门室，负责行业的技术归口和标准归口，全国阀门标准技术委员会和中国阀门产品质量监督检测中心也设在该所。沈阳阀门研究所负责行业的科技情报信息工作，没有《阀门》杂志编辑部。

②研究开发能力

目前国内科研机构较少，人数也很少，不到职工人数的10%。其中还有不少技术人员脱离技术、科研工作岗位，科研开发能力较弱，目前基本停留在经验设计上，或者说，仍然只能参照国外的一些结构、样机，进行一些消化吸收工作，真正的产品开发工作很少。缺乏设计方面的新理论，缺少新的验证试验方法，基础科研，开发工作的投入也较少，据初步统计，国内的科研经费的投入小于销售收入的3%，据国际上通行的惯例，4%的投入只能勉强维持生产，根本谈不上科研开发。

随着科研体制的深化改革，市场竞争的激烈化，各生产厂家，逐步加大了科研、开发的力度。因为只有对产品的开发、科研等给予重视，加大投入，才能首先掌握优势，争取主动权。如果产品的技术落后于别人，根本谈不上去竞争。

③国外科技水平及发展趋势

1)国外阀门行业的技术水平较高，发展速度较快，主要反映在以下几个方面：

a. 成套水平

几十年来，随着国外大型成套装置技术的发展，出现了一系列新的成套设备和样机，与之配套的阀门也表现为大型化、高参数化、自动化和成套化。

b. 系列品种水平

随着各类成套设备、工艺流程和性能的改善，国外阀门的系列品种还在不断增加，近年来出现了不少新的阀门品种，如，紧急切断阀、快速关闭阀、防火阀、水冷阀。产品发展很快，派生出很多的品种。

c. 基本技术参数水平

基本参数有很大的提高，如闸阀最大口径达到4 200mm，温度 1 050℃，压力 105MPa；球阀最大口径3 050mm，温度1 200℃，压力70MPa。

d. 阀门产品质量水平

国外阀门产品的质量水平较高，密封可靠，寿命较长，从寿命次数要求来看，最高的寿命次数，如球阀能达到10万次以上无泄漏。美国铸铁闸阀开关3万次，动作可靠，开关迅速。

近几年来，科研院所的发展较快，如美国有近30个研究所，一般为公司所属，例如Rockwell公司有一个十分完善的科研与测试基地和机构，拥有热态性能，动态性能、耐磨、抗震、防火、可靠性等多种试验设备，对产品性能进行多方面的性能参数的测试。

有限元法、计算机辅助设计得到广泛应用，通过对高温阀温度应力的确定，结构设计趋于合理，产品品种多，性能好，如大口径板焊结构、整体铸造钢性闸板，高温高压电站安全阀等。

国外科研院所以及对科研开发的投入较大，据了解，各公司的投入均在销售收入的10%以上，从人员、资金上均得到保证。

4. 主要差距

①产需矛盾，供大于求

根据“八五”、“九五”测算，平均每年需阀门100万t左右，其中低压阀门约占70%。从最近几年来看，一般通用阀门基本能满足需求，产量需求和质量要求，同时出口的中低压阀门是按国外标准生产的。在质量、性能上均能满足出口的要求。但是有些特种阀门、自动阀门或一些场合需要的阀门，如自控、调节等，则品种少，性能参数较低，不能满足配套要求，用户多选择进口。

从材料上来看，目前我国阀门的常用材料只有几十种，如最近发展的完全按美国标准冶炼的材料WCB等，而美国有100多种，材料也是阀门发展的关键。

②产品结构方面

a. 产品结构

据初步统计，目前在约40 000个阀门品种规格中，相当于国外80年代、90年代产品设计水平的，单从结构上来分析，仅有50%左右，例如：

量大面广的闸阀、截止阀、止回阀等产品，由于密封面材料较少，密封面材料配对不当，热处理工艺达不到要求，影响了阀门的性能和使用寿命。

自动阀门如：安全阀、减压阀、疏水阀等产品，由于企业缺乏试验研究手段，大部分没有测试装置，即使企业有一小部分测试设备，也因种种原因，如经费等，而不能投入使用，致使有些产品的性能不稳定，未达到国外标准要求。

蝶阀、节流阀等控制阀，由于缺乏测试手段，普遍没有调节特性曲线和阻力系数曲线。

电动执行机构控制水平较低，仍然停留在70年代或80年代的水平上，与国外先进水平差距较大，而通用产品在质量上又有一定的差距，控制不灵，精度不高。

b. 企业结构

目前阀门行业，各企业之间还处于低水平，分散重复性的建设，低档次，低水平的重复性的生产，没有形成实力较强的阀门生产集团或中心，生产组织不力，难以形成专业化生产，根据当前的发展趋势，短时间内，也难以形成较大规模的集团。

c. 经济规模与产品特色

由于改革开放进入市场经济，新上了一大批小型企业和民营企业。这些企业大多数规模小，且多为重复性建设，不能形成一定的经济规模，也缺乏各自的特定产品结构。从而阀门行业多数企业规模效益差和缺乏产品特色。

③产品质量、技术水平及品种的差距

a. 产品质量差距

经过80年代初期，采用国际标准，以及联合设计，联合开发等，大部分的产品都必须采用国际标准以及国外先进标准，但在贯彻执行中仍有距离，阀门的质量水平仍然低于国际标准，如毛坯件壁厚超差，铸铁表面光洁度质量差，铸件尺寸精度差等。

通用阀门内、外漏现象仍然比较严重，一些阀门尚不能保证在一个检修期内可靠地工作。

阀门驱动装置品种少，规格不全，可靠性较差，不能满足大型成套项目的需要。

国外产品质量一般都能达到标准的要求，如API、JIS、BS等标准，铸件毛坯的内在质量高，精度高，可以不经过整修即可上专机加工；外表美观，铸字清晰；密封性能好，填料、垫片的品种规格多，能适用不同工况，不同要求的场合；自动控制阀性能参数稳定，充分保证在使用中不泄漏，保证调节精度。通用阀的使用寿命均能达到1～2个检修期，甚至更长一些。

阀门的驱动装置品种规格多，电动、气动、液动、电—液联动，气－液联动等，规格齐全，安全可靠。近几年来，又发展了电脑型的驱动装置，而在这一方面，国内还是空白。

b. 技术水平及品种的差距

目前国内阀门行业技术水平较低，平均水平只相当于国外90年代初的水平，成套水平低，我们的产品目前只能跟在国外的后面，如目前仅能满足200～300MW的火电站的配套需要。600MW的火电站用阀，仍需大量进口。也有一些国内自主配套的600MW的电站，但问题较多，开开停停的现象较严重。我国阀门只能为45万t/a乙烯装置配套，而国外已在发展70万t/a乙烯甚至100万t/a乙烯的装置。

为了提高经济效益，石化装置、电站设备等规模越来越大，如1 000万t级炼油、60～100万t的乙烯，600MW的火电站，乙烯裂解炉从1万t，发展经过2万t、6万t，最近发展到20万t，装置大型化后，设备也要大型化，但不少设备不是简单的放大，在设计和制造上出现了新的难题，国外的设计制造技术不断发展，已经国产化的阀门又面临着再次进口的局面。

国内阀门行业总体上与国外的差距还比较大，第一在技术上，产品设计落后，多年不变，新产品开发能力弱，品种规格少，不能满足各行各业的工艺要求，在工艺发展上下的功夫不够，制造工艺较落后；第二是观念上、管理上市场意识不强，对市场反应不敏感，不能及时开发市场需要的产品，国内协作配套能力差。

④科学研究，新产品开发方面的差距

科学研究方面的差距更大，国内的研究机构少，过去靠卖图纸挣钱。改革开放以来，图纸不值钱，研究院所体制改革，研究院所也到了需要买图纸的时候。科研方面的投入不够，研究院所也采取承包的体制，不利于科学研究。厂属的研究所，在科研上下的功夫更少，仅仅满足于生产需要，根本无力搞科学研究，也没有必要的条件，帮助科研。

在新产品的开发上，更有差距，国内各个科研部门，包括厂办阀门研究所，目前所谈的新产品开发，只停留在测绘仿制，消化吸收国外阀门产品的水平上。

⑤出口产品创汇方面的差距

现仅有苏州阀门厂、上海阀门厂、上海良工阀门厂、天津塘沽阀门厂、大连高压阀门厂等几十个阀门厂获得美国石油学会颁发的“API”证书，能够按照国外的标准生产，能够按照国外客户的要求生产，但所生产的阀门产品也只是一些中、低压的普通阀门产品。大多数阀门生产企业由于产品质量差，性能不稳定，还不能生产出口阀门产品，或者是生产的产品达不到国外标准的技术要求。

另外，出口渠道未理顺，过于分散，多头经营、互相压价，外商从中得利，各出口公司组织货源困难，不能确保产品质量和按时交货，影响出口信誉。从而整个阀门行业出口创汇能力较差。

5. 差距形成的主要原因

①技术标准水平低

现行的阀门行业技术的标准，一方面大多数是等效采用国际标准和国外先进标准而制订的，某些方面仍兼顾国内行业上的一些水平，使得国内阀门行业的标准与国际标准和国外先进标准的水平有一定的差距。第二方面，按照标准监督生产的机制不够完善，从政府部门来讲，没有强有力的措施，监督企业执行标准，从市场上来讲，用户对执行标准的重要性认识不够，使得在订货过程中，新标准的执行大打折扣。

②制造投入不够、工艺水平落后

近几年来，通过“八五”、“九五”规划，国内阀门企业上了一些技改项目，改善了一部分制造工艺，提高了加工的水平及档次。但大多数企业仍然停留在比较原始的水平上，厂房设备老化，投入不够，或者说一些企业没有投入。国有大中型骨干企业、通过一些技改项目，也只是改造部分工艺，或者说有步骤地改造，但是与国外的先进工艺，先进设备相比，仍然有较大的差距，主要是投入较少，对制造工艺不够重视，或者说是无力改造。

③科研水平落后

阀门行业的科研院所较少，从事阀门开发设计的人员更少，以致于不能以科研带动生产，带动产品的发展。目前科研的投入不足，根本没有什么研究成果可以转化，只停留在测绘仿制，消化吸收的水平上，生产企业的科技人员，仅能应付生产，加工缺乏必要的研究手段，使得国内行业的产品开发速度较慢，最根本的就是影响产品的技术水平，影响产品品种的发展。

④重复进口、追求进口产品

大多数用户企业，追求进口产品，重复进口阀门。国外的阀门产品在技术水平上，在质量上，确实优于国内产品，但是，大多数通用产品，国内的阀门企业，通过努力，是可以生产出合格的产品来的，但是，目前缺少必要的措施，以及重要的手段，鼓励国产化，限制进口。每年进口阀门估计在2亿美元左右，大量进口阀门，必然制约国产阀门的技术发展。

⑤企业管理水平低，行业管理薄弱

阀门行业中大多数生产企业，管理水平较低，企业的生产计划、财务、技术、质量基本还处于七八十年代的水平上，距现化企业管理还有很大差距。行业上管理也缺乏统筹全局，以致于很多企业重复建设，盲目上马，特别是一些乡镇企业，个体企业，以及一些民营企业，发展过快、发展过多，发展过滥，失去控制，有些企业在行业中采取假冒、伪劣的产品，开展不当竞争，扰乱市场，给国内行业的发展带来不利影响。

⑥缺乏竞争意识

低档次的产品生产能力过剩，高档次，高参数的产品竞争力不强，企业缺乏竞争意识，缺少开拓精神，很难挡住高参数的产品进口，且低档次的产品出口又缺少竞争力。

二、市场发展预测

1. 需求分析

1.1　需求特点

①通用阀门

通用阀门是各类中、低压阀门，量大面广，使用介质为水、蒸汽、油品等，材质为铸铁、铸钢、锻钢。这类阀门占整个阀门需求量的75%左右，在国民经济建设中的各部门都要采用。这部分产品的生产企业也特别多，几乎所有阀门企业都能生产该类产品。以年产30万t、45万t乙烯为例，所需阀门数量见表2。300MW、600MW火电机组阀门需求量见表3。

表2　30万t、45万t乙烯需求阀门数量

名　　称	规格数	台　　数
闸　阀	140	6200
截止阀	81	1900
止回阀	70	340
蝶　阀	60	280
安全阀	140	260
其　他	68	820
合　计	559	13580

表3　300MW、600MW火电机组所需阀门数量

单机容量(MW)	锅炉本体(台)	管　道(台)	汽轮机本体(台)	合　计(台)
300	550	1950	200	2700
600	800	3000	400	4200

其他项目不再列举，从上述项目可以看出大部分还是以通用阀门为主。

②特种阀门

伴随着现代化工业的发展，各种新的工艺流程的出现，对阀门的要求也就更高，如参数的提高，温度、压力提高；耐腐蚀性、寿命的提高；温度在−196～−40℃的低温阀门、超低温阀门；针对不同的温度档次，发展不同材料的超高温阀门，例如：用于电站系统的高温高压 $t \leqslant 550℃$，$P \leqslant 17MPa$ 阀门，更有超临界机组 $t \leqslant 570℃$，$P \leqslant 24MPa$ 阀门等，煤化工系统使用的 $t \geqslant 800℃$ 以上的高温阀门等，但这部分阀门的产量不大，约占总量的5%左右。

③控制阀门与自动阀门

随着大型成套装置自动化程度的提高，在现代化的装置中，已越来越多地应用控制阀门和自动阀门，如控制压力和流量的调节阀，控制流向的三通合流、三通分流阀门，自动阀门如起安全保护作用的安全阀；起节能作用疏水阀，起环保作用的冷凝水自动回收装置，减压阀等。这部分阀门的需求量逐年上升，目前部分用户对于该类阀门，特别是关键部位的这些阀门，还是倾向于进口，选用国产的数量较少。

④按国外标准生产的各类阀门

80年代以后，我国引进了大批的成套装置，特别是石化系统，这部分阀门均为国外生产，如按API标准，以及其他一些标准，一段时期以后，要进行技术改造，更换这部分阀门，当时原机械部适时提出了国产化的方针、政策。通过测绘、试制等，大量的通用阀门，已能在国内的大部分阀门厂制造，并取得了国外认证机构的认可，如API认证，用户在选取这部分阀门时，一是完全按国外标准生产、验收，二是要求质量达到国外的水平，三是要求价格比国外的低得多。目前阀门行业已完全能满足用户的要求。

⑤急需开发的阀门新产品

1)新材料应用的阀门

开发阀门新产品重点应是阀门新材料的应用，我国现有的耐腐蚀阀门材料还满足不了国民经济建设各部门的需要，超低碳不锈钢阀门的生产量很少。应加速超低碳双相不锈钢阀门的开发与应用。超低碳不锈钢具有抗氯离子、硫化氢、二氧化碳、无机酸、有机酸等环境下的点腐蚀，均匀腐蚀、缝隙腐蚀等应力腐蚀开裂的能力。新材料的应用应引起阀门企业的充分重视。

2)新领域的产品

开发新产品应扩大服务对象，我国阀门行业的主要服务对象是石油、石油化工、化工、电力、冶金等部门。建筑部门急需的水力平衡阀，汽车工业急需的多功能瓶用阀门等急待开发。

水力平衡阀是建筑部门为采暖空调系统实现水力平衡而专门设计的产品，能进行流量的精确测量和调节，使用户获得舒适的温度，并明显降低能耗，节能可达15%，是一种节能新产品。

多功能瓶用阀门是专为汽车工业开发双燃料汽车用的液化石油气或液化天然气钢瓶阀门。

3)长输管线用阀

长输油气管线配套用的阀门新产品的需求量在“十五”期间将迅速增长。管道运输在世界上已有100多年的历史，发达国家的原油管道运输量占80%，成品油长途运输基本也实现了管道化；天然气运输达100%。我国现有长输管道长度仅1万多km，在世界管道中所占比例仅为0.5%，且分布又极不平衡，而且基本上没有成品油长输管道。随着我国能源结构的调整和环境保护力度的加强，石油天然气工业将有较大发展。估计到2010年，我国石油产量可达1.8～2亿t，天然气产量可达600～800亿 m^3，现有管道远远不能适应这一发展的要求。因而，建设大口径长输油气管道势在必行。目前已确定的项目有从新疆到上海的4 200km的长输管线，还有其他的一些长输管线项目。我国阀门企业应抓好长输管道用阀门的新产品开发，“十五”期间将开发平板式闸阀、球阀、止回阀、紧急切断阀，PN < 10MPa，DN ≤ 1200mm等长输管线用各类阀门，以适应长输管道的需要。

4)核电站用阀

核电站一回路、二回路的核Ⅰ、核Ⅱ级阀门，材质为304、316、316L的闸阀、截止阀、止回阀等。

5)火电站用阀

超临界火电机组用阀，$t \leqslant 570℃$时，PN = 24.0MPa，闸阀、截止阀、止回阀等。

6)智能式电动装置

由于控制要求的提高，除开发新一代的智能型电动装置外，主要有双线、高速、大扭矩等结构。

1.2　各主要领域的需求结构

从整个阀门市场来看，过去主要采用闸阀、截止阀和止回阀用作切断装置。近几年来随着金属密封双偏心及三偏心蝶阀和金属密封球阀等新产品研制成功，在石油化工、电力、冶金等方面的采用也逐渐增多，取代了一部分对闸阀和截止阀的需求。石油管道和天然气管道大部分用球阀和平板闸阀，便于清管。城市供水和供热系统中原来采用的闸阀和截止阀，有一部分已逐渐被蝶阀和软密封闸阀所取代。在整个阀门市场中，随着科学技术的不断发展，呈现如下特点：1)蝶阀和球阀由于研制成金属密封结构后，其温度和压力范围得到了扩大，将逐渐取代一部分闸阀和截止阀。2)对夹式止回阀，安装方便，体积小，也得到广泛采用，将取代一部分升降式止回阀和旋启式止回阀。3)大口径止回阀，缓闭蝶形止回阀将取代大口径旋启式止回阀。4)蒸汽疏水阀，自由浮球式以其背压高、漏汽量小和动作可靠等特点将取代动作噪声大和漏汽量大的圆盘式蒸汽疏水阀。5)电动装置将采用传感器和光电管结构的智能型电动装置，用于阀门的智能化控制，构筑阀门的程控、群控自动化系统。

1.3　进出口趋势及进口产品分析

1)阀门产品进口情况

每年都有关键部位的阀门和一部分普通产品进口，大约进口额每年2亿美元。其中进口的主要是电站用的高参数调节阀、减压阀和安全阀；石化、冶金用的高参数合金钢阀门及金属密封蝶阀和球阀。金属密封蝶阀和球阀国内已开发生产一部，将取代一部分进口。

主要进口厂商为美国的克罗斯比公司、费希尔公司、达高华特公司、基士敦公司和轨道阀门公司等；德国的阿达姆斯公司；日本的冈野公司、北村公司和久保田公司。进口阀门的电动装置来自美国里米托克公司、意大利比菲公司、英国的罗托克公司和法国的伯纳德公司。

2)阀门产品出口情况

出口阀主要是通用阀门，高中压阀门按ANSI、API或DIN标准生产，主要品种是闸阀、截止阀、球阀和止回阀，材质大部分是碳钢(铸造或锻造)，还有一部分合金钢。低压阀门按BS标准，主要品种是蝶阀、闸阀、截止阀、止回阀，材质为铸铁和铜合金。

1.4　价格走势

阀门行业产品价格基本上遵循中国通用机械阀门行业协会编制的阀门行为参考价格执行。阀门行业协会每年编一次行业指导价。总的阀门市场价格比较平稳，每年都略有升降，但幅度很小。由于阀门市场竞争也很激烈，有的生产厂家仍以1996年价格以争用户。

新产品和单件小批的非标产品尚无行业指导价，由企业自行订价。

2. 需求量预测

2.1　需求量预测

根据全国统计资料1997年全国阀门产量为1 021 569t，其中高中压阀门210 895t，低压阀门810 673t，工业总产值100.05亿元(当年价)。

1998年以后，原机械部系统的重点骨干全民企业，经济效益下滑，产量下降很多，但由于民营企业的发展，估计总产量仍能保持在100万t左右。由于石化企业延长设备的大修期和各部门都建有机械厂可维修本部门所用的阀门，因此，在“十五”期间阀门的产量不可能会有大幅度的增长。

按“九五”规划，2000年的规划目标为77万t，已经达到并超过“十五”期间预测产量每年按3%递增，预计至2005年全国阀门产量可达115万t。其中：高中压阀门产量按每年递增5%以上，估计产量达25万t；低压阀门预测为90万t。

各主要阀门品种需求量预测见表4。

2.2　行业前十名企业的市场占有率

全国阀门企业约有1 300多家，参加阀门协会的只占其1/10。阀门的品种、规格多，国内外阀门的需求量又很大，任何一家也包不了天下。

1998年行业企业完成工业总产值的前10名企业在全国阀门工业总产值的比率中约占11.5%。

前10名企业名单和市场占有率见表5。

2.3　1997年全国515家民营阀门企业销售收入为34.61亿元，占当年全国阀门销售收入的38%。根据不完全资料估计，当前阀门市场的份额原机械部系统工业占35%、合资企业占4%、民营企业占38%、军工企业占4%、其他各部门如石油化工、电力等部门占19%。“十五”期间，合资企业、民营企业在市场所占份额将进一步扩大、全民企业的份额将必然趋向减少。

3. 国外市场需求预测

3.1　近三年的出口量、出口额、主要出口国家

1)阀门行业成员厂出口资料：

1996年，出口阀门：26 997t；金额：7 643万美元。

1997年，出口阀门：36 348t；金额：9 046万美元。

1998年，出口阀门：26 039t；金额：6 903万美元。

主要出口企业按阀门协会1998年统计，出口超过100万美元的有：苏州阀门厂(11 732万元)、天津塘沽瓦特斯阀门有限公司(6 160万元)，上海N－J阀门有限公司(5 794万元)、安徽省和县阀门总厂(4 420万元)，上海良工开维喜阀门有限公司(2 222万元)、江西赣州有限公司(1 933万元)、

自贡高压阀门股份有限公司(1 920 万元)、山东益都阀门股份有限公司(1 904 万元)、上海阀门厂(1 703 万元)、铁岭阀门集团有限责任公司(1 643 万元)、开封高压阀门厂(1 144 万元)、锡山市阀门厂(1 101 万元)、昆明市阀门厂(930 万元)等。

表 4 各主要阀门品种需求量预测

阀类		“九五”末期阀门销量结构			预测“十五”末期销量结构			备 注
		占高中压阀(%)	占全国总产值(%)	销量(t)	占高中压阀(%)	占全国总产值(%)	销量(t)	
高中压阀门	闸 阀	46.6	9.32	93200	44.0	9.6	110000	扩大平板阀产量
	截止阀	17.0	3.4	34000	15.0	3.2	37000	
	止回阀	4.0	0.8	8000	4.0	0.87	10000	
	球 阀	5.9	1.18	11800	6.0	1.3	15000	发展金属密封
	蝶 阀	0.4	0.008	800	1.0	0.22	2500	发展金属密封
	旋塞阀	0.2	0.004	400	0.4	0.87	1000	
	安全阀	5.0	1.0	10000	6.0	1.3	15000	
	减压阀	1.0	0.2	2000	1.0	0.22	2500	
	疏水阀	0.4	0.08	800	0.5	0.11	1250	
	电站阀	8.5	1.7	17000	9.0	2.0	22750	
	其他	11.0	2.2	22000	13.1	2.8	32750	
		占低压阀(%)			占低压阀(%)			
低压阀门	闸 阀	42.0	33.6	336000	40.0	31.3	360000	
	截止阀	12.0	9.6	96000	10.0	7.8	90000	
	止回阀	6.6	5.3	53000	6.0	4.7	54000	
	球 阀	2.2	1.8	18000	3.0	2.3	27000	
	蝶 阀	26.0	20.8	208000	30.0	2.3	270000	
	旋塞阀	1.9	1.5	15000	2.0	1.6	18000	
	安全阀	1.7	1.4	14000	2.0	1.6	18000	
	减压阀	0.6	0.5	5000	1.0	0.8	9000	
	疏水阀	0.3	0.2	2000	1.0	0.8	9000	
	其他	6.7	5.6	54000	5	3.9	45000	

表 5 1998 年阀门行业前 10 名企业与市场占有率

序号	企 业 名 称	市场占有率(%)	工业总产值(不变价)(万元)
1	苏州阀门厂	2.4	23757
2	天津塘沽瓦特斯阀门有限公司	1.6	16.022
3	大连高压阀门厂	0.98	9.825
4	上海 N－J 阀门有限公司	0.96	9.590
5	湖北苏城阀门厂	0.96	9.590
6	上海良工阀门厂	0.95	9.501
7	广东明珠球阀集团股份有限公司	0.94	9364
8	上海阀门厂	0.93	9300
9	福建三明高中压阀门厂	0.92	9215
10	辽宁省铁岭阀门厂	0.86	9609

2)出口国家和地区

朝鲜、印度尼西亚、美国、古巴、加拿大、日本、南非、西班牙、印度、法国、中国台湾、英国、意大利、新加坡、马来西亚、巴基斯坦、叙利亚、中国香港、澳大利亚、孟加拉、科威特、泰国、丹麦、智利、阿联酋等国家和地区。

3.2 增加出口的可能性分析,主要目标国

据有关资料称,国际上各国出口阀门总额约 60 亿美元。美国出口 16.2 亿美元、进口 16.8 亿美元,德国出口 18.87 亿美元、进口 11.32 亿美元,日本出口 11.32 亿美元、进口 4.03 亿美元。我国目前出口 1.49 亿美元(根据 1997 年全国统计资料),进口约 2 亿美元。

目前工业技术发达的先进国家,将劳动密集型的阀门生产推向发展中国家,办独资或合资企业,产品返销。阀门生产必要的铸造、锻造、焊接、电镀、酸洗等影响环境,在环保上的投资较大,工业技术发达的资本主义国家把环境保护问题推给了发展中国家。

我国阀门行业已有不少企业取得了 ISO9000 系列质量体系认证和 API 认证,这是产品出口必要的条件。已有近 50 家企业长期出口,在国外有一定的市场。在阀门出口价格上比国际市场价格有优势,而且在产品质量也达到了出口要求。

“十五”期间阀门产品出口的主要目标国应是美国、西班牙、意大利、巴基斯坦、孟加拉、科威特、阿联酋等国。

3.3 出口预测

按目前的出口形势,1997 年全国近 1.5 亿美元,每年按递增 5% 预测,“十五”后期可达 2.2 亿美元。

三、行业发展思路

阀门因其用途广泛,需求量大,在经济建设和人们生活中是不可缺少的。根据建国以来的历程,很少出现大落现象,且曾在国民经济突飞猛进时有过短线局面。由此可见阀门市场不会长期疲软,结合我国国内改革开放的形势,已形成一种新型的制造体系。

1. 在经济类型上有国有的、股份的、私人的、中外合资

的等。在规模上要按市场需求，经济批量有大、中、小型。在分布上要结合区域资源和用户合理配置。

2. 在产品方面，各企业要有自己的专长，可从两方面选择发展定位。一是按品种，如球阀厂、蝶阀厂、安全阀厂等，且生产全系列的，不是只生产低压不生产高压，或只生产小口径不生产大口径的；二是专攻某一服务领域，如石油天然气及长输管线用阀、化肥厂用阀、乙烯厂用阀、自来水厂用阀、制药厂用阀、饮料厂用阀、城建用阀、煤气用阀、环保用阀等工程企业生产流程系统专用阀门。国民经济中至少有几百个部门领域。每个领域又分门别类有许多具体系统。产品重复的厂家应进行规划，根据本厂的资金、技术装备、人才和熟悉的用户选择品种和服务市场，合理定位，进行产品结构调整。

3. 在产品类型上，“大而全，小而全”的企业应向专业化方面发展。为适应市场，可选择以下发展类型：①大型化、综合化、国际化。②由“橄榄型”（产品开发和销售服务两头小，机械加工中间大）转变成“哑铃型”（两头强中间精）。③将大企业分解，使之中小化。有单件小批生产的，又有生产线批量经济规模的多种生产模式。④走结盟之路，采取联合行动，可取得大的竞争实力和夺取市场更多份额。这特别适合向国际发展。⑤专业生产阀门标准件。目前2000多家阀门厂都在自己生产阀门的手轮、手柄、填料、垫片等零件。如果行业内有几家集中专业化生产，其质量、成本、效益会更好的。

4. 在层次上，各企业应根据本身的条件，选准合适的市场，有生产技术含量高的，也有只生产普通的，有生产量大面广通用的，也有只生产某一专用特殊的，各层次的产品都有大市场。开发力量强、实力雄厚的企业应多发展技术含量高、使用要求严、制造难度大直至成组成套供应的阀门。各企业都要围绕市场多开发本厂方向性的新产品。即使是传统产品，质量做好了也有大市场。

根据“十五大”制订的蓝图，预测我国阀门行业“十五”发展趋势，阀门产品年增长速度可达5%～8%，出口创汇增长速度可达6%以上。为了满足国内经济建设和扩大出口，为了行业各企业自身的生存发展，为了提高在国内外两个市场中的竞争力，我们要加快调整产品结构和行业结构，尽快形成不同生产类型、不同特色产品、不同层次、不同市场且具适度经济规模的中国特色的阀门行业的发展模式。

（上接210页）

运的方法，按照现代企业制度的要求以资本为纽带，将环保技术与重大装备产业相结合，成立了武汉格林天地环保产业集团，利用国债项目进军环保产业，为武汉市机电产业寻求新的经济增长点找到一个突破口。

2000年6月，武汉鼓风机厂划归东湖新技术开发区，怎样利用高新技术改造传统产业成为摆在企业面前的一个严峻的课题。余德保同志及时提出了企业发展战略，即“依托集团抓好资产重组，完成机制转换，实现产权多元化”，在产业发展战略上提出“发挥基础优势，立足风机主业，致力环保产业，引入高新技术”，结合工厂所处的地域特点，提出“主业集中一块，新产品开发一块，合资合作一块，存量变现一块”的地域开发方针。通过“整风、整顿、整合”，转变思想观念，融入开发区文化，加强企业基础管理，进行了建厂以来最大的一次整合，将金工车间与压缩车间合并成立鼓风机制造部，冷工车间与铆焊车间合并成立通风机制造部，将工厂的风机主业集中发展，将腾出的车间或变现，或投资入股，经过一年多的实施，盘活了存量资产，为生产提供了生产资金。工厂在注重自身发展的同时，还积极投入到开发区的建设中，为支持武汉“中国光谷”的建设，配合开发区的环境整治工程，撤消了污染较大的铸造车间，彻底地根除了污染源。余德保同志还带领全厂职工，在保证完成全年任务的前提下，对工厂围墙紧邻马路两边的环境进行了整治，在拆除的旧房屋上筹建景观楼，在美化环境的同时使之成为工厂新的经济增长点，工厂被武汉市评为企业管理样板企业。为进一步开拓市场，在与日本三菱重工达成合作生产处于国内领先地位的600MW电站风机基础上，进一步与三菱重工接洽、谈判，争取成立合资公司，探索出国企改制新路。

余德保同志兼任工厂党委书记，始终不忘“两手抓”，把思想政治工作贯穿于工厂的各项工作之中，在工厂“生产与生活”、“发展与福利”、“眼前与长远”的矛盾中，用更紧密地为群众办实事、做好事，强调要把为职工做的实事办好，把好事办实，在解决职工住房等问题上使职工体会到“以德治厂”的力量。1998年在工厂的大整顿中，余德保同志亲自组织征集工厂徽标、厂大门的设计方案等活动，把工厂的整顿同教育职工热爱工厂、奉献工厂的思想有机结合，收到预期效果，工厂党组织多次荣获武汉市优秀党组织。

余德保同志在担任三个大单位的主要领导期间业绩突出，为武汉市的改革发展作出了很大贡献，为上级领导和同行所称道，深受职工群众爱戴。1995年、1996年连续两年被评为湖北省优秀思想政治工作者，1996年荣获武汉市“五一”劳动奖章，1997年被评为武汉市第十届劳动模范，1997年、1998年连续二年评为湖北省优秀企业家，1999年被武汉市授予“老劳模新贡献”荣誉称号。现在，他正以他充沛的精力、成熟的思路、坚韧的毅力、稳重的步伐，朝着既定的目标奋进。

专文

专 文 ZHUANWEN

China General Machinery Industry Yerqrbook

入世后通用机械发展

压缩机行业十二年综述

加入WTO与中国泵业发展

空分设备行业“九五”总结

通用机械企业上市公司分析

通用机械行业“十五”设想

新形势下风机行业的总体发展方向

努力实现阀门行业科技发展新跨越

“十五”期间干燥设备行业市场浅析

中国加入WTO对真空设备行业的影响

加入WTO对我国分离机械的影响及对策

减变速机行业协会对“十五”期间市场的分析

入世后，通用机械的发展

中国机械工业联合会专家委员会委员　郑国伟

一、“入世”对通用机械行业的影响

加入世贸组织对于改善我国国际贸易环境，扩大出口，吸收外资，引进先进技术和设备，发展国际经济技术合作，加快改革开放步伐，促进我国社会主义市场经济体制的完善，提高我国的国际地位，都具有十分重要的意义。但是，在享受权利的同时，必须承担世贸组织规定的义务，市场进一步开放，将影响一些产业的发展。现在“入世”了，我国通用机械市场将会发生三大变化。

1. 国内市场将进一步对外开放，国内市场的国际竞争进一步扩大

进口关税，我国已宣布从2001年1月1日起平均关税降到15.3%（2000年为16.4%），到2005年要降到10%左右，4年降幅为35%左右。通用机械行业（不包括制冷机械、橡胶塑料机械、印刷机械）进口关税目前平均为14.7%，其中泵12.7%，压缩机17%，制氧机16%（1.5万 m^3/h 以下为18%、1.5万 m^3/h 及以上为12%），干燥设备14%，风机18%，分离过滤机械18.6%，各种阀11.8%，行星齿轮减速机10%。2001年通用机械现行进口关税详见表1。按照全国的降税幅度预测，到2005年通用机械进口关税平均要降到9%左右，平均每年要下降1个多百分点。因此，在我国汇率稳定的情况下，进口商品的价格降低，将带来竞争力的进一步增强。

非关税措施即进口控制管理目录中，通用机械没有列入配额、许可证管理的目录，在进口管理目录中只有两种产品——离心通风机和行星齿轮减速器列入了需要经过招标后，办理进口手续的管理目录，而且这两种产品我国已承诺在“入世”后就取消进口管理。因此，通用机械行业的产品可以说已经全面放开，外国商品在我国“入世”后，可以在我国市场上享受国民待遇，即只要缴了关税后，享受与国产品同等待遇，平等竞争，这必将对国产品形成重大压力。

2. 商品的质量和价格竞争将更趋激烈

在质量基本接近的情况下，价格成为竞争的关键因素。国内价格低于国际市场价格的商品，由于在“入世”后可以享受世贸组织规定的最惠国待遇和国民待遇，出口竞争力进一步加强，有利于扩大出口；质量与国外产品差距较大或价格高于国际市场的商品，将面临困境，甚至会遇到严重冲击。我国通用机械价格普遍低于国际市场价格，具有优势。但质量、技术水平参差不齐，有的与国际先进水平接近，但相当部分差距较大。从进口情况分析，2000年通用机械8类商品进口19.3亿美元，其中各种泵进口量很大，达5亿美元，占总计的26%，（离心泵、燃油泵、真空泵、计量泵进口量大）；各种阀门进口5.4亿美元，占28.4%；压缩机进口4.1亿美元；风机进口5 641万美元；1.5万 m^3/h 及以上制氧机进口4台，46万美元；分离和过滤机械进口2.8亿美元。因此，国外质量好、技术水平高的商品，将对国内产品构成竞争压力。2000年通用机械进出口情况详见表2。

3. 国内市场与国际市场将逐步接轨和融合

我国市场进一步开放，必将逐步进入国际经济循环，参与国际交换和分工，这有利于充分利用国际资源，实行优化配置，有利于生产用原材料和关键零部件的国际分工协作配套。可以面向国内外两个市场择优选购配套件和零部件。

表1　2001年通用机械现行进口关税

序号	商品名称	2001年进口关税（%）	序号	商品名称	2001年进口关税（%）
1	各种泵	12.7	5	制氧机	16
	其中：计量泵	12		其中：1.5万 m^3 及以上	12
	燃油泵、润滑油泵	10~12		1.5万 m^3 以下	18
	混凝土泵	15		其他空气分离设备	18
	其他往复式排液泵	15	6	分离过滤机械	18.6
	潜油、潜水电泵	18		其中：分离机械	16
	其他离心泵	14		非家用型水的过滤机械	18
	真空泵	15		内燃发动机用过滤器	18
2	压缩机	17	7	各种阀	11.8
	其中：二氧化碳压缩机	18		其中：油压传动阀	6
	功率5kW以上空压机	16		安全阀或溢流阀	14
3	风机（含离心式、罗茨式）	18	8	行星减速机	10
4	干燥设备	14			
	其中：木材、纸浆、纸板用	14		平均	14.7

表 2　2000 年通用机械进出口情况

序号	商品名称	进口			出口		
		数量（台）	金额（万美元）	比上年增长%	数量（台）	金额（万美元）	比上年增长%
1	各种泵		50718	7.3		33628	48.9
	其中：计量泵	3626	1001	100	2497	151	-10.5
	燃油泵、润滑油泵	147818	6941	18	539224	589	-4.4
	混凝土泵	322	565	66	122	514	13.1
	其他往复式排液泵	415119	6685	53.2	631207	1178	200
	潜油、潜水电泵	17769	956	-30	774626	2660	173.4
	其他离心泵	250347	4801	-30.4	3588145	5820	120
	真空泵	205122	3927	83	3387965	1801	177
2	压缩机		41124	2.4		14164	22.2
	其中：二氧化碳压缩机	51866	321	-40	12	0.2	-98
	功率 5kW 以上空压机	2529353	23043	2	1356 万	6462	27.3
3	风机（含离心式、罗茨式）		5641	32.6		2797	29.9
4	干燥设备		2493	-78.1		116	-64.3
	其中：木材、纸浆、纸板用	456	2 493	5	92	116	230.6
5	制氧机		9991	-20		4897	76.3
	其中：1.5 万 m^3 及以上	4	46	194	4	51	1695
	1.5 万 m^3 以下	113	94	-86	182	585	105.9
	其他空气分离设备	1355	1736	-2	290	730	-38.7
6	分离过滤机械		28002	-22.4		6279	13.5
	其中：分离机械	6889	3174	73.9	9448	250	131
	非家用型水的过滤机械	81615	9562	13	85735	516	27.1
	内燃发动机用过滤器	—	2952	37	—	1034	16.8
7	各种阀		54916	-1.9		81206	53.8
	其中：油压传动阀	—	4726	4.8	—	90	-16
	安全阀或溢流阀	—	1955	-32	—	506	-60.6
8	行星减速机	—	794	49	—	126	52.2
	合计		193335	-7.1	6	143213	52

注：不包括制冷机械、印刷机械、橡胶塑料机械。

上述变化，必将对我国通用机械行业发展产生影响，主要有以下几种情况：

（1）生产劳动密集型产品或产品成本较低，具有价格优势的企业，由于在国际市场上已形成一定的出口竞争力，在我国“入世”后，将有利于扩大出口，国内市场开放对这些企业基本上不构成威胁。如有些生产离心泵、潜水电泵、真空泵、离心通风机、家用型过滤净化装置，调节阀、气压传动阀等企业。但这也是相对而言，优势是动态的，不是静止的。随着国际经济的发展，世界产业结构的转移、调整，以及国际金融－汇率的变化，一些目前有优势的产品，将会逐渐丧失优势。因此需要不断提高产品质量和档次，降低成本，改进服务，保持并提高竞争力。

（2）中外合资、合作企业，其生产的产品技术先进、价格有优势的，在我国市场开放后，除非有更强的竞争对手进来，一般不会有多少冲击。而且，由于中外合资、合作企业在税收方面还享有“超国民待遇”，以及生产用零部件进口关税将降低，有利于进一步降低生产成本，价格更具有竞争力。如部分压缩机厂、空分设备厂、阀门厂等。

（3）已引进国外先进技术并在此基础上研制开发的产品，技术上虽与当前国外先进水平有一定差距，但差距不大，而且价格有明显优势，在市场开放后，受冲击程度不大。如部分工业泵厂、压缩机厂、阀门厂等。但是仍要十分重视提高产品开发创新能力。

（4）生产一般通用机械的企业，由于生产能力过大，将被重组、转产或停产倒闭。如中小型通风机，中低压阀门，一般离心泵和往复式排液泵，家用型水或气体的过滤、净化装置等。

二、对策和建议

“入世”既是机遇又是挑战。我们要充分利用“入世”后能享有的权利和优惠条件，发展国际经济合作，扩大出口，利用外资；同时应认真研究“入世”后对一些企业的冲击，充分利用 5 年左右的过渡期，调整结构，加快发展。

1. 了解和熟悉世贸组织基本规则，提高预见性和主动性

首先要了解和熟悉世贸组织的基本原则，并结合企业的具体情况，研究如何运用这些原则，发展国际经济技术合作；其次，分析本企业的产品在我国“入世”后，能否在国内市场站住脚，能否利用优惠条件扩大出口，在产品质量和价格方面有无优势，能否到境外去投资办厂或带料加工装配；再次，对于某些产品在技术水平、质量、价格方面处于竞争劣势，将受到冲击的企业，要充分利用过渡期，加快发展，提高质量，降低成本，使其具备竞争力。如果在过渡期也难以扭转局面的企业，要果断决策，调整结构，寻找新的出路。

2. 确立外向发展战略，大力扩大出口

“入世”后，我国出口产品可以享受世贸组织成员的最惠国待遇和国民待遇，在某些发达国家还可以享受更优惠的普惠制(比优惠关税还要低，目前共有28个给惠国，主要是欧盟国家、日本、澳大利亚等，我国已从21个国家获得此项待遇，现在我国已“入世”，美国也会实行)，并在其市场上得到公平的贸易待遇，出口环境将大大改善。“入世”后3年内我国将对所有企业(有法人资格的)赋予外贸自营权，即从审批制改为登记制，生产企业将可直接面向国际市场，独立自主经营，经营范围也将随之扩大。据海关统计，2000年通用机械行业(不包括制冷机械、印刷机械、橡胶塑料机械)出口14.3亿美元，比上年增长52%，出口形势很好，其中阀门出口最多，达8.1亿美元(其中龙头、旋塞等零部件6.2亿美元)；其次是各种泵出口3.3亿美元，其中出口1 000万美元以上的有离心泵、潜水电泵、往复式排液泵和真空泵；再次是压缩机和分离过滤机械等，详见表2。这些优势出口产品，要进一步研究扩大出口，开拓新的领域。同时要重视调整和优化出口产品结构，提高质量和档次，用好外贸自营权，选择和委托信用好的代理商，做好售后服务工作。

3. 积极合理有效地利用外资，引进先进技术和设备，并与技术创新相结合，提高自主开发能力

“入世”后，我国的投资环境将进一步改善，要拓宽中外合资、合作领域，或通过技贸结合，带进先进技术，选择知名度高、产品有竞争能力、资金有实力的外国制造商，开展交流接触、谈判合作，尤其要瞄准进口量大、“十五”期间需求量多、技术含量较高的产品，在“入世”后的过渡期内，提高自主开发能力。据海关统计，2000年通用机械行业(不包括制冷机械、印刷机械、橡胶塑料机械)进口19.3亿美元，其中各种阀进口5.4亿美元，占合计的28.4%，(其中调节阀6 062万美元、油压传动阀4 726万美元、减压阀2 138万美元)，各种泵进口5亿美元，占合计的26%(其中内燃机用的燃油泵，润滑油泵或冷却泵进口6 941万美元，液压往复式排液泵进口4 258万美元，转速在1万r/min及以上的离心泵进口4 687台、859万美元、真空泵进口3 927万美元，特别是计量泵、混凝土泵、往复式排浪泵和真空泵进口金额比上年大幅增长，高达50%～100%)，其他还有压缩机4.1亿美元，分离过滤机械2.8亿美元等(详见表2)。进口产品是用户实实在在的需求，也反映了国产品在技术、质量、价格等方面与进口产品的差距和不足。我们要很好地进行分析，从中选择数量大的来进行开发研制，或引进技术或中外合资、合作。同时还要根据“十五”规划建设项目提出的新的需求，统筹作好安排。例如西气东输工程所需的长输管线用阀、大口径球阀、金属密封蝶阀和透平压缩机等；超临界火电机组所需的各种泵、风机、压缩机、阀门等，以及大中城市污水处理和环保工程所需的各种泵、阀和风机、压缩机等。

4. 大力调整结构，提高竞争能力，争取在“入世”后5年左右过渡期内做出显著成效

通用机械行业总体上处于生产能力过剩状态，尤其是中低档产品，生产企业众多，生产能力过大，面临着艰巨的企业结构、产品结构的调整任务。一是进行股份制改革，有条件的企业争取股票上市，中小企业实行所有制多元化；二是瞄准“十五”需求和进口量大、技术含量较高的产品与外商合资、合作，按照“哑铃型”结构组织生产，把原来进口的部分产品，转到国内来组织供货；三是通过资产重组，兼并、精干主体，分流辅助、附属部门，壮大和强化生产主导产品或新开发产品的技术装备和生产条件，提高竞争能力；四是要有一批企业分流、转产其他有市场需求的产品或为社会提供服务。

5. 研究应用对进口产品的反倾销措施，重视出口产品被反倾销的应诉工作

“入世”后，我国市场将逐步开放，有些工业发达国家为了更多地占据我国市场，很有可能把本国销售不畅的产品压价倾销我国，使我国相关企业处于困境。对于这种情况，相关企业和行业协会要进行调查，向国家有关部门反映，并采取必要的措施，维护国内企业权益。

对于我国出口产品被进口方无理采取反倾销措施的，有关企业要与进出口商会、行业协会研究，采取积极应诉的办法，据理力争，顽强抗辩，敢于和善于与洋人对簿公堂，争取胜诉。有关企业要熟悉有关政策和应诉的知识。

6. 充分发挥关税的调节作用，认真做好关税调整工作

关税是调节进出口和保护国内产业发展的重要手段，也是国家财政的重要来源之一。“入世”后，我国关税总水平要逐步降低到发展中国家水平，通用机械进口关税预计由目前的14.7%降低到2005年的9%左右，因此需要研究通用机械中各类产品的关税调整，并区别以下情况：

(1)国内产品在技术、质量上与国外差距不大，而价格又有优势的，关税要少降或不降，以保护国内产业。

(2)通用机械行业生产配套用的零部件，国内产品在技术、质量、价格等方面与国外差距较大、需要进口的，关税要多降一些，以降低企业生产成本。

(3)高新技术产品，国内不能生产或在技术、质量方面与国外差距较大，需要进口的，应实行低税，以支持国内产业的发展。但我国已开发或已小批量生产的高新技术产品，关税要少降或不降。

7. 重视通用机械知识产权保护工作

对通用机械行业自行开发研制的专利技术，拥有的商标和版权，有关企业要按照我国的《专利法》、《商标法》等有关法律法规，做好专利申请、商标注册工作，并加强管理，发现有侵权行为的，要及时采取措施，保护自己的知识产权。

对于使用外商专利的，可到我国的专利管理部门查询是否已申请专利，如已有申请，要办理有偿使用手续；如没有在我国申请专利，就要与有关制造商协商，采取技术转让或技贸结合等方式，获取技术。

对测绘仿制机械产品和复制计算机软件，有关企业定要慎重处置。

通用机械行业“十五”发展预测

机械工业规划研究院工程咨询研究所所长　孙　放

“十五”期间，通用机械工业面临的主要任务是调整产品和产业结构，全面提高行业和企业的综合竞争力。因此通用机械行业“十五”规划的重点是集中力量促进行业结构优化、积极开发有利于行业可持续发展和能够形成新增长点的重点产品，带动整个行业的发展。

一、行业现状与差距

据不完全统计，1999 年通用机械行业有生产企业 2 376 个，职工人数 75.7 万人，其中工程技术人员 7.2 万人。行业资产总额 1 486 亿元，固定资产原价 657 亿元，固定资产净值 440 亿元。1999 年全行业完成工业总产值 1 034 亿元（当年价），工业增加值 286 亿元；实现产品销售收入 921 亿元，出口创汇 14.7 亿美元；利税总额 85.6 亿元，其中利润总额 42.7 亿元。全员劳动生产率（工业增加值）3.2 万元/人。

“九五”期间，通用机械产品通过提高技术水平和性能质量，市场竞争能力不断增强，为国家重大技术装备工程建设和国民经济各行业提供了大量配套产品，基本满足了不同层次用户的需要。目前从整体上看，我国通用机械产品有 50% ~ 60% 达到国际 20 世纪 80 年代水平，有 10% 达到国际 20 世纪 90 年代初、中期水平，主要产品的国内市场占有率达 60% ~ 70%。1999 年及 2000 年行业主要产品产量产值见表 1。

通用机械行业企业通过引进技术与国外企业合资合作，以及科研攻关和自主开发，使重大技术装备关键设备的国产化率进一步提高，并使部分国内处于空白的产品研制得到突破，。到“九五”末期，30 万 t/a 合成氨以天然气为原料的装置国产化率达到 80%，以煤为原料的装置国产化率达到 70%；52 万 t/a 尿素装置国产化率达到 85%；200 万 t/a 渣油加氢脱硫装置国产化率达到 80%；大型乙烯装置国产化率可达到 65% 以上；聚丙烯、丙烯腈、聚乙烯装置国产化率达到 70%。

表 1　1999 ~ 2000 年行业主要产品产量产值

序号	产品类别	产量			产值（亿元）	
		单位	1999 年	2000 年	1999 年	2000 年
1	石油钻采及炼化设备	万 t	54	60	105.0	120
2	工业泵	万台	90	93	52.4	60
3	风机	万台	35.4	80	47.4	57
4	阀门	万 t	100	110	101.4	120
5	压缩机	万台	53.2	60	59.6	65
6	制冷空调设备	万台	41.8	60	519.3	560
7	印刷机械	万 t	6.2	7	34.3	45
8	塑料机械	万 t	20.9	25	58.7	70

“九五”期间行业产品出口取得了较大发展，出口量逐年增长。1999 年出口创汇额达 14.7 亿元，但在出口产品中 60% ~ 70% 仍为传统的低中档产品。而同时由于国内产品还不能完全满足各类的用户的需要，各行业都有部分高技术含量、高附加值的产品进口。

目前行业存在的主要问题是产品结构不合理造成产需矛盾突出；产品技术水平不高，科技投入少，产品开发能力差；企业工艺装备落后，管理水平低，产品质量不高，可靠性差；行业组织结构不合理，专业化生产水平低，规模效益差。差距形成的主要原因在于企业机制转换滞后，市场观念淡薄；企业负担重，投入不足，竞争实力弱；行业力量分散、长期未能实现真正的大行业管理，未能实现很好的统筹规划、协调发展。

二、市场发展预测

1. 国内市场需求

“十五”期间通用机械产品的重点需求领域首先是能源和原材料工业。“十五”是我国经济结构调整的关键时期，国家对基础产业和基础设施建设的投资仍将占相当大的比重，石油化工、电力、冶金等工业仍是国民经济的重点发展产业。大型炼油、大型乙烯及处理、大型化肥、大型火电和水电、核电装备的建设和改造将为通用机械产品提供广阔的市场空间。而重大技术装备的国产化率在“十五”期间也将得到进一步提高，从而使国产通用机械产品获得更多的市场份额，为满足不同层次用户的不同需要，服务于提高现代化生活素质的新型通用机械产品将具有巨大的市场潜力。紧紧围绕市场需要开发功能性强、方便快捷、性能价格比好的通用机械产品奖成为行业发展的新增长点。开拓“三农”市场，实现农业现代化，加快农村经济发展，满足农民生活需要也是通用机械行业服务于国民经济的重要任务。开发和生产“三农”市场急需的短线产品，积极发展适用于现代农业的节水、节能产品，为农村经济产业化、提高农业生产和农民生活质量服务，将为通用机械行业开拓新的市场领域。“十五”期间调整地区经济结构、实施西部大开发，促进区域经济、城乡经济协调发展是国民经济进行战略性调整的重要内容。随着市场环境的变化，西部资源开发与发展战略将由资源导向型转变为以市场为导向、多元化的产业发展战略，将西部资源优势向经济优势转化。因此随着西部相对落后地方经济发展，通用机械行业将获得新的区域性发展机遇。

工业泵

工业泵产品的主要配套领域是电力、石油、三大化工、环保及城市自来水供应等。“十五”期间电站泵市场还将有稳定需求，预计年需求给水泵、前置泵、循环泵、冷凝泵、计量泵等主要泵种3 500～4 200多台；需求核主泵等核电机组用泵1 400～1 800台。石油工业需求油田稠油泵等原油开采用泵8 000～9 000台；需求海上石油开采用泵200～240台；需求各种离心油泵、螺杆泵等原油炼制和深度加工用工业泵4 000～5 000台。"三大化工"中乙烯及衍生物、大三合成材料、化肥等生产发展需求各类化工流程泵、耐腐蚀泵等各类化工泵产品10～12万台。环保及城市供水领域需求大型立式及潜水污水泵等环保用泵、大型轴流泵等自来水工程用泵及大型挖泥船用泵等约10 000台。

风机

目前一般通用风机市场供大于求，生产能力过大，需要压缩产量。"十五"期间使用最广泛、需求量最多的仍为一般中小型离心通风机和轴流通风机；对包括防腐风机、高温风机、耐磨风机、防震风机等在内的特殊用途风机以罗茨鼓风机将有一定需求；化肥、乙烯等重大工程成套装置中主要需要压力高、流量大、技术含量较高的透平压缩机。

根据风机行业协会历年风机产量，按几种方法进行预测，至2005年全国风机产量达90～100万台。

压缩机

"十五"期间大中型压缩机的总需求量不会出现较大的增长。工艺用压缩机的产品品种、规格将不断增加，压缩机需求数量不会有大的增加，但需求总价值量将有较大增长。

预测年需各种工艺用往复式活塞压缩机1 000台，价值12亿元；动务用大中型往复式压缩机年需1 200台，价值5.5亿元，其中大型动力用往复式压缩机450台，价值1.5亿元；螺杆压缩机年需6 000台，价值8亿元。大中型压缩机的总需求量为22 000台，价值30亿元。微型压缩机年需10～20万台，价值2～4亿元。

阀门

量大面广的各类中、低压通用阀门仍是阀门需求市场中的主体，占整个阀门需求量的75%左右；满足特殊要求的超低温阀门等特种阀门和满足大型成套装置自动化程度要求较高的控制阀门和自动阀门产品的需求量逐年上升；同时急需开采用新材料和应用于新领域的阀门产品。

预测至2005年各类主要阀门产品的市场需求量为：高中压阀门中闸阀11万t、截止阀3.7万t、球阀1.5万t、安全阀1.5万t、止回阀1万t、蝶阀0.25万t、减压阀0.25万t、疏水阀0.125万t、旋塞阀0.1万t、低压阀门中闸阀36万t、蝶阀27万t、截止阀9万t、止回阀5.4万t、球阀2.7万t、旋塞阀1.8万t、安全阀1.8万t、减压阀0.9万t、疏水阀0.9万t。

2. 国外市场需求

通用机械行业是比较稳定成熟的传统出口行业，随着我国加入世界贸易组织，将更有利于国产通用机械产品在国际公平贸易待遇条件下拓展国际市场，出口将呈上升趋势。风机行业主要传统出口产品为中小通风机及风机配件，"十五"期间将保持中小风机出口量，主要目标为非洲、拉丁美洲和东南亚等地区；风机配件主要销售到西欧、日本、美国等地；争取大型风机打开东南亚地区的市场。工业泵行业世界市场增长比较稳定，技术含量较高的火电机组用泵、石化工业用磁力泵等产品出口量将开始增长；长轴深井潜水泵、7.5kW以下的各种小型潜水泵等技术含量适中、属劳动密集型的量大面广通用泵类产品出口前景十分广阔；部分耐腐蚀泵、渣浆泵、螺杆泵和电厂加药装置等成套设备都具有出口潜力。工业泵产品出口的主要市场为东南亚、孟加拉、巴基斯坦和巴西等，并将进一步开拓欧美市场。阀门行业的主要出口产品是通用阀门，高中压阀门的主要品种为闸阀、截止阀、球阀和止回阀；低压阀门的主要品种为蝶阀、闸阀、止回阀和截止阀。阀门产品出口的主要市场为美国、西班牙、意大利、巴基斯坦、孟加拉、科威特、阿联酋等国家。压缩机行业中微型压缩机产品国际市场看好，尤其在美国、日本、阿根廷、澳大利亚等国家有较大需求；大中型往复式压缩机和螺杆压缩机在国外销售有较好的经济效益，应进一步大力开拓国际市场。

三、行业发展思路

（一）战略思想和发展目标

通用机械行业"十五"发展的总体战略思想是：抓住国内、国外两个市场，围绕国家重大技术装备国产化和市场潜力大、可形成行业新增长点的两类产品方向，搞好产品结构和企业组织结构两调整；以市场为导向，以国家重大技术装备为重点突破口，树立行业"名牌"产品形象，依靠科技进步促进企业发展，实现与国民经济建设同步发展。

"十五"通用机械行业发展的主要任务是推进重大技术装备国产化进程，满足国民经济发展需求。加快行业产品结构调整，提高产品技术水平和质量。努力开拓国际市场，扩大产品出口。搞好行业组织结构调整，促进行业健康发展。促进企业技术技术，增强发展后劲。采取积极措施，迎接入世挑战。

预计至2005年，全行业实现工业总产值1 500亿元，出口创汇达24亿美元，产品国内市场占有率平均为70%～80%，从业人员劳动生产率(工业增加值)达3.8万元/人，行业利润总额实现年平均增长5%。

（二）行业结构调整及发展重点

1. 产品结构调整

行业的产品结构调整目标是：紧紧围绕国家重大技术装备建设的需要，重点发展大型电力、石油、石油化工等所需的成套设备，提高国产设备的市场占有率。大力发展市场需求潜力大、技术水平要求高、目前进口量较多而且入世后国外产品更具竞争优势的通用机械产品，满足市场急需。发展具有一定市场容量、技术先进、经济效益较好的通用机械产品，满足不同层次用户需求，形成新增长点。大力发展出口产品，重点是技术含量较高、满足国际市场技术发展需要的产品和已具有稳定出口市场和国际竞争能力的产品，使品种和数量有较大幅度的提高。限制发展生产能力过剩的长线产品、技术已过成熟期并开始进入衰败期的产品，坚决淘汰技术档次很低、不适应市场要求的落后产品和效率低、耗能耗材高的产品以及严重污染环境的产品。

风机

一般用途中小型通风机重点提高产品技术水平,实现产品的升级换代。重点发展石油、化工、天然气输送、大中城市污水处理工程等配套用大型压缩机、鼓风机,形面风机行业新的经济增长点。对超临界火电机组、核电机组、清洁煤发电、600MW级大型空机组与风机行业相关产品进行研究和开发,同时要研究和开发为“农业、农村、农民”服务的产品,如谷物冷藏所需谷仓的离心风机和轴流风机等。

工业泵

重点发展核电站用泵;大型火电机组用泵(如超临界机组、蒸汽-燃气轮机联合循环机组、脱硫装置用泵等);三大化工用泵(如耐强腐蚀和耐磨的料浆泵、输送固体颗粒开式叶轮流程泵、高吸入压力泵、超低温泵、高温泵、高粘度泵、易凝固介质泵、无泄漏泵等,重点开发大中型磁力泵);石油钻采和炼油工业用泵(如开发小块油田注水泵、稠油集输泵、油气混输泵、深井涡轮采油泵、高压海上平台注水泵、注水模块等,扩大现有流程泵的性能范围;开发及提高沥青泵、渣油加氢脱硫泵、加氢进料泵水平);开发水处理和环保用泵;发展水利排涝、河道、港口疏浚用混流式挖泥船用泵;开发城市地铁、高层建筑、道路桥梁用泵。重点淘汰单级单吸离心泵BA、B型,BX、BP型等单级离心泵,F型耐腐蚀泵,口径100~300mm的JD、J型深井泵等。

阀门

重点发展采用新材料的阀门,如耐腐蚀用的超低碳不锈钢阀门、耐磨用的特殊材料阀门等;新领域应用的阀门,如建筑部门急需的水力控制阀、汽车工业燃气装置用的多功能气瓶阀等;石油、天然气长输管线用阀、大口径球阀、金属密封蝶阀等;核工业用阀门,火电站用超临界机组用阀($t \leqslant 570℃$,PN24MPa);带电脑型电动装置的各类控制阀门等;环保行业用的阀门;供水系统用的大口径蝶阀,以及液控缓闭止回蝶阀等;节能疏水阀,起环保作用的凝结水回收装置等。限制发展附加值低、质量差的低压铸铁阀门。

压缩机

优先发展为炼油和三大化工配套的工艺压缩机,如新氢压缩机、循环氢压缩机、丁二烯螺杆压缩机、二氧化碳压缩机、氮氢气压缩机、干式螺杆压缩机、煤气压缩机等;其他国家重点工程用压缩机,如天然气动力用石油及天然气压缩机(包括摩托压缩机和天然气发动机驱动石油气压缩机)、舰船用水冷式空冷空压机、隔膜式超高压压缩机组、全无油橡胶隔膜压缩机组、全无油橡胶隔膜压缩机组、高炉吹煤粉螺杆压缩机、无油螺杆压缩机、大型动力用往复式活塞压缩机等;出口前景较好的压缩机产品,如微型无油压缩机、大型支力用往复活塞式压缩机、动力用螺杆压缩机等。

适当限制发展一般动力用档次不高的中、小型和微型往复式活塞压缩机(含全无油压缩机)等;禁止生产性能和技术落后的压缩机产品,如3W—0.7/7(环状阀)空压机,1—10/8、1—10/7、2V—0.3/7、2V—0.6/7型动力用往复式活塞压缩梵等产品。

2. 行业技术结构调整及发展重点

行业技术结构调整的目标是努力建立具有较强的技术创新能力的企业技术开发中心,争取在2005年实现有2/3的大型骨干企业建立起技术开发机构,优热企业具有开发5~10年自主知识产权的技术和产品能力,行业主导产品技术水平与世界先进水平的差距应由目前的10~15年缩短到5~10年。主要产品有60%~70%达到国际20世纪90年代初、中期技术水平、10%~20%达到国际20世纪90年代末期技术水平,5%~10%达到当代世界先进技术水平。

技术结构调整的重点是:

(1)以通用机械产品为核心,围绕石化、电力、冶金工业的工艺要求,在工业泵、风机、阀门、压缩机等产品领域大力发展系统成套设备,充分发挥工程成套公司的作用,为用户提供能够完成一定工艺流程的小型成套装置。

(2)加快高效率、低能耗节能新产品的开发与推广,把节能新技术的研究放在重要地位。“十五”期间将泵、风机、压缩机、阀门等产品的运行效率提高5%~10%;加快开发高效切能的新产品,使用通用机械节能产品的品种和产量覆盖率提高到60%~70%,逐步淘汰能耗高的落后产品。

(3)发展采用微电脑技术、实现多种功能的机电一体化产品,通过对微电子等高新技术的推广应用提高产品机电一体化水平,更好地满足市场需要。

(4)加强计算机硬件和软件应用的资金投入,提高产品设计水平,缩短设计周期,强化通用机械产品对不同用户的不同需求情况的适应能力,加速产品系列化,提高我国通用机械产品的市场竞争力。

行业的组织结构调整目标是以重点产品行业为龙头,以骨干企业为核心,以资产为纽带,通过企业改组和联合走集团化发展道路,组建集产、技、贸、金融为一体的大型企业集团,充分发挥优势资产和生产技术力量,提高综合竞争实力,促进行业发展,促进专业化协作,建立以大带小、以小促大的产业结构;加强企业内部改革,优化企业组织结构;结合地区经济发展的特点,促进行业的区域性发展。

(三)科技开发及固定资产投资项目安排

科研攻关和技术改造项目要集中投资,以承担重大技术装备配套任务、扩大产品出口、形成行业新增长点内个方面为重点;技术改造要以内涵为主,优化资产结构,充分发挥优良资产效益;加强专业化协作,将有限资金用于提高产品设计水平、解决关键部件关键工序的主要矛盾、提高装配试验检测水平和企业管理水平;进一步提高计算机应用水平,促进企业技术进步。

安排重点是建立技术开发中心;开展基础技术研究;发展出口、替代进口;发展节能产品及重大技术装备需要产品。

固定资产投资项目,工业泵行业重点提高污水处理泵、矿用泵等产品的技术水平,扩大其生产能力。风机行业重点发展石化冶金用轴流风机、能量回收透平机组、环保及控制装置、高效节能风冷成套设备、污水处理用曝气鼓风机、形成批量生产能力,同时研究开发高炉系统CCPP装置用轴流压缩机、环保节能鼓风机等产品。压缩机行业重点发展大型工艺用活塞压缩和螺杆压缩机、工业废气回收用压缩机、天然气螺杆压缩机、膜片压缩机、大型燃气摩托压缩机等产品。

科技攻关项目,工业泵行业重点开展磁力泵产品开发和研制工作。风机行业开展叶轮叶型及材料的研究、罗茨鼓风机消声及控制技术的攻关、无水冷却的高压LS系列三叶罗茨鼓风机研制工作;通过引进技术,开发火电厂烟气脱硫风机、排烟系统除尘风机,同时自行开发城市污水处理曝气风机等产品。阀门行业重点研制先导式呼吸阀、大口径高压输气管路用紧急切断阀、超临界机组用阀和天然气管道阀门等特殊用途阀门产品。压缩机行业重点开展螺杆压缩机螺旋型面的研究、活塞压缩机易损件寿命的研究、天然气汽车加气站压缩机的研究、压缩机串联技术的研究等工作。

技术引进项目,工业泵行业引进挖泥船泵、污水潜水泵、海水提升泵、海上采油平台泵、平流柱塞泵、立式计量泵、特殊泵等产品技术。风机行业开展轴流风机技术、高炉煤气余压透平设计技术引进的完善工作,并引进高效、高温风机和脱硫、除尘、曝气鼓风机技术。压缩机行业引进工业废气回收用螺杆压缩机、大型燃气摩托压缩机设计制造技术。

(四)政策措施

应加强行业宏观调控,建立公平、合理有序的市场环境。尽快制定促进重大技术装备国产化的有效措施和政策,特别是加入世界贸易组织后,应充分利用其与发展中国家密切相关的条款和协议,保护民族工业,加快重大技术装备国产化进程。制定和发布行业支持发展、限制发展及淘汰产品目录,对国家鼓励、限制的产品领域实行差别税率、利率等有效措施促进产品结构调整。加快推进国有企业改革步伐,推进国有企业制度创新,改组改制,建立并完善现代企业制度。充分发挥行业协会在行业协调、质量标准、新技术攻关以及行业产品价格、服务自律方面的重要作用,建立为企业和行业服务的网络信息系统,加强行业对日益激烈的市场竞争的快速反应能力。

加入WTO与中国泵行业的发展

中国通用机械泵行业协会

自20世纪90年代以来,世界经济的发展出现了一些显著的变化,对各国经济的发展带来了很大的影响。21世纪我国泵行业面临着严峻的挑战,主要有以下四个方面:①知识经济的挑战;②全球化、一体化经济的挑战;③可持续发展的挑战;④加入世贸组织(WTO)的挑战。我国泵行业目前所处的形势是还没有完成工业化进程,就必须面临知识经济和可持续发展经济的挑战;还没有完成计划经济向市场经济的完全转轨,就要应付经济全球化和加入WTO的挑战,形势是严峻的。

由于我国市场广阔,国内生产的泵类产品价格又便宜,而且品种齐全,已基本上满足了国民经济发展对泵类产品的需求,因此,加入WTO后,对我国泵类产品的制造厂冲击并不是非常大的。

但是为应对挑战,我国泵行业必须在技术上实现跨越式发展。

一、世界经济发展给我们启示

日本二战后开始恢复经济,从20世纪60年代开始起飞,到成为当时资本主义世界中仅次于美国的第二经济强国,总共用了20年。韩国用了30年,从1962年开始向工业化过渡,20世纪90年代中期进入发达国家行列。这说明了两点:一是由于发展的不平衡性,世界经济和科技中心是可以转移的;二是后进国家只要抓住机遇,采取适当的发展战略,特别是通过技术创新实现技术跨越发展,后进国家可以进入发达国家行列。

二、科技革命提供了良好机遇

科学技术突飞猛进,使我们可以直接采用某些最新科技成果实现技术跨越。在我国泵行业实现技术跨越发展产品的实例是很多的,如沈阳水泵厂、上海水泵厂的双壳件高压锅炉给水泵,石家庄水泵厂的渣浆泵,天津泵业机械集团有限公司的螺杆泵,以及泵行业的无堵塞泵、磁力泵等,这些产品水平上都有跨越,都与当时国际水平相接近或水平相差不大。这正如美国一位学者提出的"胜者全得理论",即在高技术产业领域只要在技术上领先一步,哪怕是一小步,就有可能占领这个领域的大部分市场。

三、后发优势

发达国家的一些产业由于巨大的惯性,进行结构调整很难,需要付出高昂的成本,而发展中国家却"因祸得福",没有或基本没有这样的包袱,可以在较高的起点轻装步进,跨越发展。例如我国的导弹发展,钱学森1956年回国后建议中国先研制导弹,后研制飞机,因为当时西方国家的飞机制造已有30多年的生产历史和相当成熟的技术,基础工业实力雄厚,我国落后太大,而导弹,在当时的美国和苏联也才刚刚起步,我国仅落后几年。钱学森说,我国搞导弹容易,搞飞机难,结果我国导弹上去了,这就是充分利用后发优势跨越发展,在泵行业这样的实例也是很多的。

四、我国泵行业已有了较好的经济和科学基础

建国50年,尤其是改革开放20年,我国泵行业在企业规模、经济实力、科研基础、人才实力等方面都有了非常大的发展，为技术跨越发展提供了经济和科技基础。总之，我国水泵行业是有能力实现技术跨越发展的，而且也只有实施技术跨越发展才能不断缩小与国外发达国家的差距，赶上国外先进水平。

我国加入WTO后，把我国泵行业融入到世界泵行业之中，这是一次很好的机遇。首先国外产品的先进技术会较容易地进入我国，对我国泵行业制造厂调整产品结构，提高产品技术水平是很有好处的。其次我国泵行业过去一直存在制造技术水平低于产品技术水平，装备水平又低于制造技术水平的问题，加入WTO后，同样也会促进机床等装备水平和制造技术水平的提高，由于泵行业的装备水平和制造技术水平的提高，又会促进泵技术水平的提高。还有加入WTO后，国外泵行业先进的企业管理方法，也会随之引入到我国，从而促进我国泵行业管理水平的提高，尤其是对大型国有泵制造厂来说收益会更大。总之，中国加入WTO后，对我国泵行业来说，即是接受一次考验，也是一次难得的机会，会促进我国泵行业的产品技术水平，制造技术水平、装备水平和管理水平等都会有较大的提高。再加上，我国的社会主义市场经济的逐步完善，出口渠道的不断扩大，一定会促进泵行业的经济有很大的提高，实现跨越式发展。也一定会有一些泵制造厂通过技术创新，使产品水平达到国外工业发达国家同类产品的先进水平，成为世界泵行业的知名企业。

为实现泵行业的跨越式发展，应注意和加强如下几个方面：

(1)必须将本企业熔入到世界泵行业之中，产品应跻身到世界大市场，取得一席之地；

(2)培养和聘用一批具有世界泵行业水平的专业人才，泵产品的竞争，就是人才的竞争。

(3)对本企业现有的主导产品进行改造和提高，使其接近或达到国外工业发达国家同类产品的先进水平，这样泵产品才能进入世界泵市场。

(4)以市场为导向，以国内市场为主，同时要兼顾国际市场，调整产品结构。

(5)加速本企业的制造技术和装置的改造和提高，使其与国外工业发达国家泵制造厂的水平相接近。

(6)加速本企业管理水平的提高，完善企业内部的管理机构，凡是有利于调动员工的积极性和能促进经济发展的机构形式、管理制度等都是好的，否则都应该进行改进和完善。

(7)加速新产品开发和科研工作，用本企业有特色的产品，不断提高企业的知名度。

“十五”计划将进一步加大基本建设投资，加快基本设施建设和技术改革步伐，将促进煤炭、冶金、电力、石油、化工、农业排灌等泵产品传统市场的扩大，同时也增加了新的市场。

南水北调东线工程将新建13座大型泵站，总装机容量10万kW。第一期应急工程，2000～2002年在现有基础上还要改扩建部分泵站。需要50多台单机流量25～40m^3/s，净扬程1.3～1.6m，相应比转数1 800～700，年平均运行时间超过5 000h，需求兼抽、排双向和抽水、发电可逆双向运行的低扬程、大流量、高可靠性的大型泵设备。西线工程则需要高扬程(200～300m)、大流量(20～40m^3/s)的大型泵。目前国内现有产品尚无法满足。这是泵行业的新市场，需要加大力度急速研究开发。

我国1998年机电设备进口700多亿美元，其泵类产品进口数量虽然较小，但进口额却接近我国泵的总产值。因此，开发替代进口产品，实现国产化是泵行业国内市场扩展的重要部分，是企业开拓市场的新领域。开发替代进口用泵将成为泵行业新的经济增长点。泵厂家要尽快出击抢占这部分新市场。

电力工业是国民经济的基础产业。装机容量到2000年底，已达到3.14亿kW，跃居世界第二位。预计“十五”期间，电力企业将进入大发展阶段，将增加发电能力4 500万kW。火力发电将采用超临界和超级临界常规火电机组。核电在“十五”期间将继续完成“九五”期间兴建的4座核电站，提高核电设备国产化程度，目前正积极进行100万kW核电站的可行性报告研究和方案设计固化工作。火电和核电的发展为泵行业提供良好的机遇，增添了新的市场。

水污染治理市场潜力巨大。“十五”期间国家将要成倍增加城市污水和工业污水处理设施的建设，大规模的普及建设城市污水处理厂，在我国乃至世界各国都是空前的壮举，由此带来了污水处理用泵巨大市场。

泵行业重点骨干大型企业，要充分发挥自己的技术力量雄厚、设备先进、人才众多、在国家重大工程中有良好业绩的优势，采用高新技术，研制开发国家重点工程急需的流量大、扬程高、可靠性强的大型泵类产品。利用自身技术先进的长处，和石油、化工、电力等行业，实行互补，在他们的驻地联合办水泵分厂，产品销往石油、化工、电力等行业市场。利用自己的品牌和技术，到国外去合资经营，来加快发展自己，促进企业在快速扩张中提高生产力，生产国际20世纪90年代高精尖的产品。

中小企业，也要充分发挥专业化程度高、机制灵活，富于进取精神的优势，树立“小而专，小而精，小而强”的战略，走“小产品大市场”之路，进军国家重点工程项目和石油、化工、电力企业用泵市场。利用科研院所的技术力量，引进技术，与国外技术合作、合资合营，大力推进技术创新，研制开发替代进口泵和配件，逐步实现国产化，拓展国内市场的新领域，求得中小企业的壮大和发展。

展望未来，泵行业在新世纪之初乘着加入WTO的东风，露出了希望的曙光，前景美好，令人振奋。

新形势下风机行业的总体发展方向

中国通用机械风机行业协会秘书长　徐常武

一、"入世"与中国风机行业的发展

加入世界贸易组织(简称 WTO)对于改善我国国际贸易环境,扩大出口,吸收外资,引进先进技术和设备,发展国际经济技术合作,加快改革步伐,促进我国社会主义经济体制的完善,提高我国的国际地位,都具有十分重要的意义。但是,在享受权利的同时,必须承担世贸组织规定的义务。我国市场将进一步开放,由此影响一些产业的发展,使其面临严峻的形势。

风机行业的产品属于通用机械的一部分,加入世贸组织之后,对机械行业产品的影响,也包含着对风机产品的影响。对机械行业产品的影响,大致分为以下三种情况。

1. 具有价格优势的产品

劳动密集型产品或产品成本较低,具有价格优势。这类行业的产品,由于在国际市场上已形成一定的出口竞争力,在加入世贸组织后,将有利于扩大出口,国内市场开放对这些行业基本上不构成威胁。

2. 资本和技术密集的行业

资本和技术密集或技术比较密集的行业,分别不同情况受影响程度不同。

(1)世界知名企业、跨国公司已与我国内资企业合资或合作,其生产的产品技术先进、价格有优势(即低于进口产品在我国进口关税降低的销价),在我国市场开放后,除非有新的更强的竞争对手进来,一般不会有多少冲击。相反,由于合资企业在税收方面还享有"超国民待遇",以及生产用关键零部件进口关税将降低,有利于进一步降低生产成本,价格更具有竞争力。

(2)产品技术水平与国外有一定差距,但差距不很大,而且价格有明显优势的行业。此类行业的产品,在市场开放后,受冲击程度不大。

(3)高新技术产业和新开发的高新技术产品,尚不具有竞争能力的,或价格高于国际市场价格的,将受到较大冲击。

3. 一批企业将被重组、转产或停产倒闭

有一批产品属于批量或小批量生产的企业,由于生产点较多,而且又不具备一定的经济规模,缺乏市场竞争能力。这些企业将要面临严重困境,将被兼并重组、转产或停产倒闭。

风机行业的主要产品分为两大类,加入世贸组织之后,对生产不同产品企业的影响也分为两种情况。

(1)透平压缩机和鼓风机。风机行业生产这类产品的企业不多,但该类产品代表了风机行业的技术水平。这类产品是介于前面提及的产品技术水平与国外有一定差距,但差距不是很大,而且价格有明显优势的产品(主要指离心式鼓风机及一般用途的离心式和轴流式压缩机)与高新技术产业和新开发的高新技术产品(主要指 60 万 t 以上乙烯装置用离心压缩机、天然气管线输送压缩机、高压油田注气压缩机及大型空分装置用压缩机)之间的产品,对于前一种情况,在市场开放后,受冲击程度不大。但生产这类产品的企业要有紧迫感,要着力于提高开发创新能力,提高产品技术含量和档次,缩小与国外的差距。对于后一种情况,在市场开放后,将受到较大冲击。

(2)一般用途的中小型通风机。这类产品是风机行业的绝大多数,属于量大面广产品。相当于前面提到的产品成本较低,具有价格优势的那一种情况。在加入世贸组织后,将有利于扩大出口,国内市场开放基本上不构成威胁。例如,世界上较著名的通风机企业主要有德国 TLT 公司、英国豪登公司、丹麦诺文科公司、德国 K.K.K 公司及日本荏原制作所等。其中上海鼓风机厂有限公司已经引进了德国 TLT 技术;沈阳鼓风机厂已经引进了丹麦诺文科公司技术;成都电力机械厂和沈阳鼓风机厂已经引进了德国 K.K.K 技术;英国豪登公司已在我国国内建立了独资企业,早已参与了国内的通风机市场竞争。

从这类产品的价格比较来看,以日本的厂商价格为例,日本厂商的通风机产品价格目前是国内通风机产品的 2 倍。加入世贸组织之后,关税有所降低,但其价格仍要高出国内产品的 50% ~ 60%。因此,这类产品在入世之后不会对国内市场形成更大的影响。

但是,从全行业来看,这类产品存在的一个共性问题,即表面或者说外观质量太差。无论是焊接、钣金,还是油漆,大部分企业的产品其外观质量均达不到出口的要求。据风机行业协会的不完全了解,生产这类产品的企业,只有浙江上风集团公司、北京兴华通风设备厂、旅顺通用风机厂及北京京丰通风设备厂等少数企业的产品外观质量较好,达到了或接近出口产品的要求。

针对这种情况,风机行业召开了提高风机表面质量的现场技术交流会,以促进全行业风机产品表面质量的提高,为加入世贸组织之后扩大出口做准备。

二、"入世"对风机行业既是机遇,又是挑战

加入世贸组织对风机行业既是机遇,又是挑战。风机行业应充分利用入世后享有的权利和优惠条件,发展国际经济合作,扩大出口,利用外资。同时要认真研究对一些企业的冲击,利用好 5 ~ 6 年的过渡期,调整结构,加快发展。应采取以下四个方面的对策来促进风机行业的发展。

1. 了解和熟悉世贸组织协议,提高预见性和主动性风机行业各企业的领导首先要加强学习，了解和熟悉世贸组织协议，并结合各自企业的实际情况，研究如何运用世贸组织的基本原则，发展国际经济技术合作。其次，分析我国在入世后，本企业产品能否在国内市场站住脚，能否利用优惠条件扩大出口，在质量和价格方面有无优势，能否到境外投资办厂或带料加工装配。再次，对于某些产品技术水平、质量及价格在竞争中处于劣势，将要受到冲击的企业，要充分利用过渡期，形成经济规模，发展品种，提高质量，降低成本，使其具有竞争力。在过渡期也难以扭转局面的企业，要果断决策，调整结构，寻找新的出路。

2. 确立外向发展战略，大力扩大出口

加入世贸组织之后，我国出口产品可以享受世贸组织成员的最惠国待遇，在某些发达国家还可享受更优惠的普惠制，并在其市场上得到公平的贸易待遇，出口环境将大大改善。入世之后，外贸经营权将从审批制改为登记制，生产企业将可直接面向国际市场，独立自主经营，经营范围也将随之扩大。

风机行业企业，特别是中小企业应利用这一有利时机，积极扩大出口，促进自身的发展。目前风机行业只有少数企业有出口产品，入世之后定会有更大的发展。

3. 积极扩大国际经济技术合作

加入世贸组织之后，我国与世贸组织成员间的经济技术合作环境将有较大改善，我国的投资环境也将进一步改善，更加有利于吸引外资，引进先进技术设备，发展中外合资、合作或通过技贸结合带进技术。有条件的风机行业企业一定要抓住这一机遇，选择知名度高、产品有竞争能力及有资金实力的外国制造商，开展交流接触、谈判合作，可用市场换资金和技术，从而提高风机行业的技术水平和管理水平。

4. 加大结构调整的力度

风机行业的企业与其他行业一样，都是按照党中央关于“以公有制为主体，多种所有制经济共同发展，坚持有进有退，有所为有所不为”的原则，已经、正在或将要采取以下四种主要措施：一是进行股份制改革，有条件的企业争取股票上市，中小企业实行所有制多元化；二是选择进口量大、技术含量较高的产品与外商合资、合作，把原来进口的产品，转到国内来生产供货；三是通过资产重组、兼并，精干主体，分流辅助及附属部门，壮大和强化生产主导产品或新开发产品的技术装备和生产条件，提高竞争能力；四是要有一部分企业分流、转产其他有市场需求的产品或为社会提供服务，同时进行就业结构的调整。

加入世贸组织之后，必将促进风机行业的发展，只有少数企业可能在竞争中被淘汰。事实上，在没有加入世贸组织前，风机行业有个别企业已经在激烈地市场竞争中被淘汰。

三、从进出口看我国风机行业的发展

风机产品分为两大类，一类是量大面广的中、小型风机，这类企业在风机行业中为绝大多数；另一类是为重大装备成套的离心式或轴流式压缩机、鼓风机和大型通风机。

讨论其进出口情况看我国风机行业的发展，也从这两类主要产品分别进行。

1. 出口情况

为便于看清其趋势，将风机行业协会会员企业从 1991 年至 2000 年的出口情况列出，详见表 1。

表 1　1991～2000 年风机行业会员企业产品出口销售情况

年　份		1991	1992	1993	1994	1995	1996	1997	1998	1999	2000
压缩机鼓风机	出口数量（台）	69	18	21	10	43	9	29	11	56	87
	金　额（万元）	444	1094	2059	570	365	24	697	4066	2108	1478
通风机	出口数量（台）	4559	10185	882	1575	6581	11887	12453	12974	3545	7882
	金　额（万元）	2183	2212	2192	3907	8713	7939	8210	13305	6523	6638
合计	出口数量（台）	4628	10203	903	1585	6624	11896	12482	12985	3601	7969
	金　额（万元）	2627	3305	4251	4477	9078	7963	8907	17371	8631	8116

分析这 10 年的出口产品销售情况尚看不出总体走向。从压缩机和鼓风机的出口量看，最多的年份出现在 1991 年和 2000 年；从通风机的出口量看，最多的年份出现在 1998 年和 1995 年；从出口风机产品总金额来看，最高的年份分别在 1998 年和 1995 年。

出口离心压缩机和离心鼓风机产品最多的企业是沈阳鼓风机厂；出口一般中小型通风机和空调风机最多的企业是浙江上风集团公司；出口罗茨鼓风机最多的企业是长沙鼓风机厂。风机行业协会会员企业 1991～2000 年 10 年期间，出口总额仅有 74 726 万元，数量非常少。

分析出口数量太少的主要原因是产品质量问题。透平压缩机（包括离心式和轴流式压缩机）虽然价格昂贵，但都是重点项目大型装置所需要的重要配套设备（有的甚至可称为“心脏”设备），在大型成套装置中占有举足轻重的地位，有的甚至停机 1 天就要损失几十万元。因而用户对待这类产品往往不是看其价格，而是注重其质量和可靠性。而我国生产的透平压缩机产品与工业发达国家产品相比，虽然价格有优势，但质量和可靠性尚有较大差距，因此出口量很少，且多销往发展中国家。

对于量大面广的中小型通风机产品，出口数量不够稳定，相对于总产量来讲，其出口数量亦相对较少。其主要原因是表面质量（或者称为外观质量）较差。压型、焊接及表面油漆，与国外产品相比差距较大。

2．进口情况

全世界生产透平压缩机的著名厂家共19家（不包括国内厂家）。其中日本7家，分别是日立、三井、三菱、川崎、石川岛、荏原和神钢；美国共6家，分别是德莱赛、英格索兰、德拉瓦、爱利奥特、库佩尔和阿里斯；德国共3家，分别是德马格、GHH和波尔齐格；意大利新比隆公司；瑞士苏尔寿公司；俄罗斯涅瓦工厂。透平压缩机的年产量进入世界前3名的为：美国德莱赛－兰德公司、德国德马格公司和意大利新比隆公司，均为150缸左右（国际上统计惯例，透平压缩机不用台数计，用缸数，每台可单缸，可双缸，也可能是三缸）。

据不十分精确的统计，国内每年从上述国外公司进口的各类透平压缩机与国内生产的数量各占50%，即每年为80台左右。进口的这类产品主要是包括以下几种机组：大型化肥装置离心压缩机组、大型乙烯装置离心压缩机组、大型空分装置离心压缩机、大型轴流压缩机、轴流－离心复合式压缩机、多轴组装式离心压缩机。

随着西气东输重点项目的开工，天然气长输管线用离心压缩机仍需要进口。尽管国内离心压缩机的主要生产厂家沈阳鼓风机厂曾在20世纪70年代引进了意大利新比隆公司的PCL系列天然气管线输送离心压缩机设计制造技术，由于当时没有实施，到今天技术已经落后。国内厂家没有生产这类产品的业绩，这类产品又是野外安装使用，其可靠性要求更高，进口这类产品是必然的。国内生产厂家只有走与国外合作生产的道路，才能挡住进口，在这一领域求得发展。

离心式鼓风机产品国内厂家基本上可以满足国民经济各部门的需求。只有一些大型项目，例如上海宝山钢铁公司，利用世界银行贷款建设项目的北京高碑店污水处理厂等需要的鼓风机不是国内不能生产，而是属国外成套进口项目中的内容。

罗茨鼓风机进口的数量越来越少，特别是罗茨鼓风机的主要生产厂家长沙鼓风机厂和山东章丘鼓风机厂引进日本先进的罗茨鼓风机设计制造技术之后，已经基本上满足了国内用户的需要。

对于量大面广的中小型通风机，由于国内已经出现供大于求的局面，市场竞争激烈，相互压价，价格较低。因此这类产品进口的数量就更少。有些少量进口也是随大型成套装置配套进口。

四、努力实现科技发展新跨越

（一）风机行业的现状与差距

1．现状

（1）主要产品及技术水平。水平剖分结构的离心式压缩机，接近世界同类产品的先进水平，少部分产品达到世界先进水平；多轴等温离心式压缩机为国际20世纪80年代水平；齿轮组装式离心压缩机为国际20世纪90年代水平；单轴高速离心式鼓风机为国际20世纪90年代水平；轴流式压缩机接近世界同类产品的先进水平，少部分产品达到世界先进水平；一般用途的离心式鼓风机为国际20世纪80年代水平；罗茨鼓风机接近世界同类产品的先进水平；锅炉鼓引风机为国际20世纪80年代水平；电站动叶可调轴流式通风机为国际20世纪80年代水平；子午加速通风机为国际20世纪90年代水平；斜流风机为国际20世纪90年代水平；矿井轴流通风机为国际20世纪80年代水平。

（2）重大技术装备配套风机能力。可为年产52万t尿素装置配套二氧化碳离心式压缩机；可为年产30万t合成氨装置配套合成气、空气和氨冷冻离心压缩机；可为年产30万t乙烯装置配套裂解气、乙烯和丙烯离心式压缩机；可为年产300万t催化裂化装置配套富气离心压缩机；可为3万m^3/h空分装置配套空气离心压缩机；可为1 000m^3高炉配套离心式和轴流式压缩机；可为300～600MW火电机组配套大型轴流或离心式通风机，可为100万m^3/d污水处理装置配套曝气鼓风机。

2．差距

（1）大型技术装备配套能力需进一步提高。随着石油化工、冶金及电力装置规模的增大，风机容量也趋向大型化。如乙烯装置已达45～78万t/a，合成氨装置已达68万t/a，单元炼油催化裂化装置已达6 000万t/a，火力发电规模已达到600～1 300MW。这些大容量风机都有待于风机行业各企业开发。

（2）产品水平有差距。风机行业引进的技术多数是20世纪70、80年代的设计制造水平。虽然经过多年来不断地更新和发展，但某些方面仍然有差距。如现有的压缩机高效基本级系列不全、效率较低。

（3）制造水平的差距。目前，国外风机行业厂家制造离心式压缩机三元叶轮的工艺方法先进。如意大利新比隆公司采用开槽焊接技术，德国德马格公司采用钎焊接技术，而国内还未将这些技术应用于生产。在五座标铣制叶轮方面，国外先进厂家加工效率比国内高2～3倍。在叶轮焊接方面，国外采用数控自动焊，而国内还在沿用手工电弧焊的落后工艺方法。

（4）产品外观、涂装方面有差距。国外的小型通风机产品的外观质量相当于工艺品一样，压缩机的涂装质量既牢固又很漂亮。国内近几年曾有所提高，但仍有一定差距。

（二）发展目标

1．产品发展目标

（1）提高重大技术装备配套的能力和水平。在现有30万t/a合成氨、52万t/a尿素、30万t/a乙烯、300万t/a催化裂化装置、200万t/a加氢裂化、2万m^3/h空分及300～600MW火电机组配套风机能力的基础上，为适应装置规模向大型化方向发展，进行提高风机容量和技术水平的研究，使其达到国外同类产品的先进水平。对国内现有的石化、冶金行业各种装置用压缩机(包括进口和国产)进行扩容、增效的可行性分析,充分做好技术方案的论证,并对涉及到的技术难题进行攻关,做出详细的技术改造方案。开发、完善组装式压缩机,形成完整的系列。结合国内西部开发、西气东输的市场需求,研制长输管线离心压缩机。轴流压缩机在引进技术的基础上,进行更新,满足高炉鼓风和催化裂化装置的需求。开发轴流-离心复合式压缩机。

(2)更新现有的高速离心鼓风机系列,用半开式三元叶轮代替二元叶轮,提高整机效率;用焊接机壳代替铸造机壳,提高外观质量,使其达到或接近国际同类产品的先进水平。改造原有大型烧结和转炉鼓风机,在结构上加以改进,提高产品效率和技术水平,简化制造工艺,降低成本。在引进高速污水处理离心式鼓风机的基础上,不断更新完善;合作开发污水处理用低速多级离心鼓风机。采取引进技术,合资、合作生产及自行开发相结合的原则发展罗茨鼓风机。

(3)通风机的技术发展方向是把节能放在重要的位置。因通风机是量大面广产品,又是耗能主要产品(约占国民经济用电总量的10%),所以主攻方向是进一步发展节能风机产品,改造老产品,淘汰落后的通风机产品。目前风机行业已开发出部分高效节能产品,如4—71、4—74产品。叶片为三元流动叶片,但由于技术转让费用及造价较高,制造厂及用户还不能接受,有待于进一步降低成本,然后全面推广。

2. 技术发展目标

(1)气动及热力计算,包括三维粘性气体动力学分析软件开发及应用;半开式高效基本级系列开发;重介质、高马赫数模型级系列开发;高效率、小轮毂比压缩机模型级系列开发;高能头、大流量及中等流量三元叶轮系列开发;高效窄二元基本级开发。

(2)转子系统稳定性及强度计算包括挤压油膜阻尼器非线性稳定性设计软件;压缩机转子故障诊断系统开发应用;转子—轴承—密封系统非线性动力特性分析软件;滑动轴承特性计算及再设计应用软件开发;结构件分析计算软件消化与应用。

(3)结构开发,包括离心式压缩机和鼓风机铸造叶轮研究与应用;中低压干气密封的研究与应用;离心式鼓风机焊接机壳系列开发;齿轮增速机焊接机壳开发;新型高速节能轴承开发。

(4)辅机及元件,包括压缩机中间冷却器三维数值模拟软件开发;膜片式联轴器开发。

(5)计算机应用,包括装置CAD开发应用;计算机编制工艺文件一体化;CIMS推广应用;现场总线仪表在压缩机控制中的应用。

(6)工艺开发,包括各种数控加工软件的消化及应用;马氏体时效不锈钢叶轮材料及工艺研究;高压比轴承巴氏合金工艺研究;高强韧性抗硫叶轮材料及工艺研究;离心式压缩机和鼓风机叶轮自动焊研究;叶轮焊接材料及工艺的研究;叶轮开槽焊工艺研究及推广应用。

(三)基本策略

(1)形成技术创新体系和有效运行机制。风机行业各企业可根据各自的具体情况,建立和完善企业的技术开发体系,形成市场、营销、生产与科研相互协调的运行机制,提高企业技术创新和市场快速反应能力。

(2)搞好产学研联合,提高产品的技术水平。风机行业各企业科研力量,相比较大专院校和科研院所来讲较弱。可借助有关的大专院校及科研院所的科研力量,对企业急需的科研课题和风机前沿课题组织攻关,解决风机设计和制造上的关键,提高企业产品的技术含量和水平。

(3)加速科研成果的转化应用。在加快科研开发的同时,要尽快把科研成果转化为生产力。企业的技术人员往往都有各自的生产任务,科研力量投入少。大专院校的科研力量强,生产能力弱。二者结合方能加速科研成果的转化应用。例如,沈阳鼓风机厂与西安交通大学、东北大学合作;浙江上风集团公司与上海交通大学合作;清华大学与北京西山风机厂合作,都取得了较为明显的效果。

(4)加大技术开发投入的力度。没有投入就不会有产出。各企业应通过各种渠道筹措资金,加大技术开发投入的力度,按照国内有关企业的经验,技术开发费用与销售收入之比不应低于1.5%,最好能达到3%~5%。而且在资金使用上,应根据年度科研计划资金需求情况,列出资金使用计划,做到专款专用。

(5)贯彻好科技奖励政策,加强科技队伍建设。无论是企业还是大专院校,科研成果都是靠人创造出来的。因此,进一步建立有效地激励机制和约束机制,才能调动广大科技人员从事科研和新产品开发的积极性。创造一种“尊重知识,尊重人才”的良好氛围,为科技人员提供良好的工作和学习环境。

五、风机行业国产化装备

1. 国产化的基本情况

风机行业的产品分为两大类,即一种是为国家重点工程项目配套的离心式或轴流式压缩机;另一种是应用于各个领域的量大面广的各类型通风机。国产化装备主要指前一类产品。目前国产的离心式或轴流式压缩机,可为下列重大技术装备提供配套能力:年产52万t尿素装置用二氧化碳压缩机;年产30万t合成氨装置用合成气、空气、原料气和氨冷冻离心压缩机;年产30万t乙烯装置用裂解气、乙烯和丙烯离心压缩机;年产300万t催化裂化装置用富气离心压缩机;1~3万m^3/h空分装置用离心压缩机;500~1 000m^3高炉用轴流压缩机。

对于量大面广的各类型通风机,除极特殊用途和成套装置配套进口之外,国产的通风机基本上可满足国民经济各部门的需要。风机行业绝大多数企业只生产各类型的中小型通风机,能够生产离心式压缩机的只有沈阳鼓风机厂、陕西鼓风机(集团)有限公司和上海鼓风机厂有限公司。其中陕西鼓风机(集团)有限公司引进了瑞士苏尔寿公司的技术,以生产轴流式压缩机为主。以沈阳鼓风机厂为例,离心压缩机国产化的进程走过了近20年的历程。1982年中国第一台52万t/a尿素装置用二氧化碳压缩机试制成功。1994年中国第一套30万t/a合成氨装置用天然气、氨冷冻、空气及合成气离心压缩机试制成功。1994年中国第一台80万 t/a 加氢装置循环氢离心压缩机试制成功。1998年中国第一台300万 t/a 催化裂化装置用富气离心压缩机试制成功。1998年中国第一套48万 t/a 乙烯装置用裂解气和丙烯离心压缩机试制成功。

除了上述几种突出的、有典型代表意义的产品之外,还分别为镇海、燕山、齐鲁、大庆、扬子、金山及川化等多家石油化工装置提供了多台国产化离心压缩机组。这些产品表明,它结束了我国石化重大技术装备离心压缩机完全依赖进口的历史,打破了世界上只有少数几个国家垄断离心压缩机设计制造市场的格局,标志着我国离心压缩机设计制造技术水平已经跻身于世界的先进行列。

2. 国产化存在的差距

虽然风机行业的离心压缩机和轴流压缩机产品在国产化的进程中取得了可喜的成绩,但仍然存在较大差距。全世界生产透平压缩机的著名厂家共19家(不包括国内厂家),据不完全统计,国内每年从国外这些厂家进口的各类透平压缩机与国内企业生产的数量各占50%,即每年为80台左右。这就说明风机行业这类产品的国产化还有替代所需的50%进口产品的潜力,也就是说还有1倍的工作量。从而表明国产化的差距是相当大的。其具体的主要差距有以下几点。

(1)大型技术装备配套能力的差距。随着石油化工、冶金及电力工业装置的不断增大,风机容量也必然趋向大型化。如乙烯装置的规模已不仅是30万 t/a,而是45～78万 t/a,合成氨装置已不仅是30万 t/a,而是68万 t/a,这些装置所需要配套的大容量离心压缩机,风机行业至今还未生产过。

(2)产品水平的差距。风机行业从国外引进的技术多数是20世纪70、80年代的设计制造水平。虽然经过多年的不断更新和发展,但是许多方面仍然有差距。如现有的离心压缩机高效基本级系列不全,效率较低;部分通风机技术水平落后,噪声较高。

(3)制造工艺水平的差距。国外制造离心压缩机三元叶轮采用了先进的开槽焊、钎焊等工艺,国内还是空白。在叶轮焊接方面,国外采用数控自动焊等先进工艺,国内还沿用手工电弧焊的落后工艺。

(4)计算机应用方面的差距。国外从报价开始直到工件的加工制造,计算机技术已得到广泛应用,而国内风机行业在少数几个厂家只是刚刚开始。

以上仅是指出了风机行业产品国产化方面存在的主要差距,其他方面还有差距。这些差距的存在,无疑阻碍了风机行业国产化装备的发展。

3. 国产化的发展目标

国外风机产品的发展走势,也就是国内风机行业国产化的发展目标。它的发展走势大致有以下五个方面。

(1)大型风机容量继续增大。前面已经提及,各种装置的大型化,其中没有提及的高炉用的大型轴流压缩机功率已达60～70MW,火电站已达600～1 300MW。各种装置的大型化迫使风机容量不断增加。

(2)发展高压小流量压缩机。随着新技术的发展,尤其是新型气体密封、磁力轴承和无润滑联轴器的出现,使得开发超高压压缩机和超小流量压缩机以满足新工业领域的需要成为风机产品的又一发展趋势。此外,蒸汽压缩机、环保用曝气鼓风机及家电工业所需的小流量通风机也在广泛的发展中。

(3)高效化。正在进一步研究三元流动理论,扩大其应用范围。在透平压缩机方面,随着计算机的迅速发展及三元气流解析的应用,三元流动叶轮理论研究,已从准三元流动叶轮发展到全三元流动叶轮。三元流动分析法不仅用于叶轮设计,还发展到叶片扩压器静止元件设计中,以期达到最高的机组效率。三元流动叶轮在离心通风机中,也将得到越来越多的运用。扩大调节范围,提高变负荷条件下风机的效率,即运行效率是风机高效化的重要方面。在所有调节方法中,以离心式通风机变转速调节,轴流式通风机的动、静叶片角度调节及鼓风机、压缩机的进口导叶调节为最佳方式。

(4)高速小型化。各类风机采用三元流动叶轮后,在提高效率的同时,压力也可提高。所以在同等条件下,叶轮直径可减少10%～30%,这样就取得了缩小体积和减轻重量的明显效果。提高转速也是风机小型化的重要途径之一。为了解决提高转速后给压缩机带来密封系统、轴承系统以及转子稳定性等一系列问题,出现了新研制的流体动力旋转气体密封、高速气体轴承及磁力悬浮轴承等当代最新技术成果,为风机实现高速小型化创造了良好的条件。

(5)低噪声化。工业生产中广泛使用的风机是噪声的主要来源之一。风机大型化和高速化使噪声问题更加突出。风机的噪声主要是气动噪声。气动噪声包括旋转噪声和涡流噪声。降噪声方法有以下几种:适当增大叶轮与蜗舌的间隙;在蜗舌处安装穿孔板共振器;采用加载式叶片型线叶轮;采用三元流动叶轮;其他方法,如离心式通风机采用倾斜蜗舌或倾斜叶轮叶片、蜗壳内设置挡流圈、蜗舌消声器及消声蜗壳等;轴流式通风机正确选择动静叶片数、叶尖间隙值及动静叶片前倾等。

综上所述,风机行业产品的国产化,其主要难点在离心式压缩机、轴流式压缩机及轴流－离心复合压缩机。有的品种是技术水平达不到用户要求;有的品种是产品质量及可靠性用户不放心;还有的是国内设计制造水平可以满足用户的要求,但由于其特殊的工作环境,国内没有产品业绩,无法使用户放心。如天然气长输管线离心压缩机,沈阳鼓风机厂早在20世纪70年代就引进了意大利新比隆公司的PCL系列管线离心压缩机技术,由于当时没有实施西气东输战略,也就没有生产这类压缩机。凭沈阳鼓风机厂现有的技术水平和制造能力,完全可以生产这类压缩机,就是因为没有业绩,这类压缩机又安装在野外,用户不放心,坚持进口。预计西气东输项目需要这类压缩机250台左右,完全进口,不搞国产化,显然是不合适的。为此,建议国家有关部门采取相应的扶持政策,允许沈阳鼓风机厂试制样机,由用户评定。或走与国外相关公司合作生产之路,来解决这类离心压缩机的国产化问题。

风机行业产品国产化,是一个非常复杂的系统工程,既涉及国家相关的经济政策,又牵涉行业的总体技术水平。建议经贸委牵头,组织相关的大专院校、科研院所与企业联合,分门别类地攻克各种难点,为风机行业产品的国产化创出新的佳绩。

六、"十五"风机行业市场预测

风机产品包括通风机、透平鼓风机、罗茨鼓风机和透平压缩机。其详细划分主要有离心式压缩机、轴流式压缩机、离心式鼓风机、罗茨鼓风机、离心式通风机、轴流式通风机和叶氏鼓风机等7大类。

(一)国内市场预测

1. 需求特点

由风机产品的使用条件所决定,一种是使用量大面广的中小型风机,产品结构及制造工艺比较简单,成本也较低;另一种是资金、技术密集型较高,产品结构复杂,制造周期长,其成套性和系统性也强,而且是在高压、高温及高速条件下运行,有的甚至在恶劣的工况下运行。因此,用户对产品有其不同的要求。对于量大面广的中小型风机,用户主要的追求目标是效率高、噪声低、寿命长且价格便宜。而对透平鼓风机和压缩机及大型通风机,主要追求高质量、高可靠性、运转平稳且周期长。

2. 各主要领域的需求结构。

(1)一般通风换气风机。该类风机一般为中小型离心和轴流通风机,属于使用最广泛的风机,需要量最多,生产制造厂商也最多。总体来讲,这类产品是供大于求。

(2)特殊用途风机。特殊用途风机包括防腐风机、高温风机、耐磨风机、消防排烟风机等。这类风机需求量虽然不是很大,但因作业环境特殊,需要区别对待。该类风机主要在材质上较为特殊,如不锈钢风机、玻璃钢风机、钛合金风机、塑料风机、金属衬胶风机及叶片表面喷涂、堆焊耐磨材质等。

(3)罗茨鼓风机。该类风机的最大特点,当压力在允许范围内加以调节时,流量变化甚微,压力选择范围也宽,具有强制输气的特征。其主要缺点是噪声较大。近年来通过引进技术、合资及自行开发等三个渠道,开发出了噪声较低的三叶罗茨鼓风机,颇受用户欢迎,市场前景较好。

(4)透平压缩机。透平压缩机包括离心压缩机、轴流压缩机和轴流-离心复合式压缩机,是装备重大工程成套装置的重要设备。这些装置都在国民经济中起着重要作用,对透平压缩机的性能要求既需要压力高,又需要流量大。随着成套装置的大型化,要求透平压缩机的参数越来越高。如高炉冶炼、大型煤化工装置、大型化肥装置、大型乙烯装置、大型空分装置、天然气管线输送装置及油田注气等。这类产品的需求量,占风机总数很少,但是由于该类产品的重要性,以及结构复杂,制造周期长,技术含量高,有比较好的经济效益和社会效益。透平压缩机的制造水平代表了风机行业整体水平。

3. 市场总容量预测

风机产品根据不同的压力和流量等要求,其差异很大。因此,风机的需求应按风机的类型、大小加以区别,按不同的行业需求情况来预测。据不完全统计,全国风机行业产量从1980年到1996年,年平均增长率为13.8%。采用移动平均法、滚动线性回归法及最小二乘法分别进行外推预测(具体运算略)。预测到第十个五年计划末的2005年,全国风机总产量在260~290万台之间。到2010年,风机总产量在310~325万台之间。根据风机行业的历年分类风机高质量统计资料,预测离心式压缩机2005年的产量为160~180台,到2010年预计为200~210台。轴流压缩机2005年产量为26台左右,到2010年预计为36台左右。预计透平压缩机和鼓风机在"十五"末期的2005年,其市场占有率可达到70%左右。

(二)国外市场预测

风机行业协会会员单位2000年的出口风机产量为7 969台,出口交货值为8 115.7万元。1991年至2000年出口风机总台数为72 876台,出口交货总值为74 726万元。

目前世界经济已经进入全球化时期,全球经济一体化趋势越来越明显,各国经济将进一步互相依存,国际经济合作和交往日趋紧密,国际市场处在大幅度交叉和融洽的阶段。同时,全球性产业结构调整和生产国际化的步伐正在加快,国际分工的规模和深度都出现重大进展,工业发达国家不断将工业生产转向资本密集型和技术密集型行业,劳动密集型产品向发展中国家和地区转移。这为我国发挥自身优势,跻身国际市场提供了很好的机遇。

国内从20世纪70年代开始已经引进了国外离心压缩机的先进技术,经过不断消化吸收和创新,提高了档次。只要保证质量,保证交货期,利用价格方面的优势,在国际上是有一定竞争性的。特别是加入WTO之后,只要积极开拓国际市场,加强产品售后服务,增加风机产品的出口是完全可能的。从历史情况分析,风机主要出口产品是中小型通风机以及风机配件。浙江上风集团公司就是以生产中小型通风机为主的企业,他们已大量出口东南亚国家和港澳地区。国内生产这类风机的企业,其主要差距是表面质量达不到出口要求,若提高了外观质量又具有价格方面的优势,其国外市场前景是广阔的。从1991年至2000年风机行业会员企业产品出口情况看,中小型通风机出口不够稳定,最高的年份出现在1998年,没有明显的增长趋势。但是随着技术不断进步,风机行业又决定为提高表面质量做努力,预计这类风机的出口量会不断增加,预测在2000年基础上每年会以5%左右的速度递增。

离心式压缩机和鼓风机,从1991年到2000年的出口情况看,有较明显的增加趋势,2000年达到87台。主要出口国家是印度、巴基斯坦、伊朗、越南等发展中国家。预计这种趋势还会发展下去,每年可达到100台左右。

综上所述,"十五"期间风机行业的市场会有较大的发展,其中中小型风机的国内市场需求也会相应地增长,但总体上这类产品是供大于求。国家在宏观调控政策方面,应出台相应的经济政策，限制这类企业的进一步发展，鼓励企业扩大出口，开拓国外市场。对于透平压缩机这类产品，由于结构复杂，技术含量高，制造周期长，国内只有沈阳鼓风机厂、陕西鼓风机（集团）有限公司、上海鼓风机厂有限公司、重庆通用（集团）有限责任公司等少数几个厂家能够生产。这类产品目前的国内市场占有率只有50%，就是说还有50%的产品需要进口。因此，这类产品不但不能限制其发展，国家在宏观调控的政策上还应给予一定的优惠和扶持，鼓励用户使用国产化设备。同时对这类设备的出口也应给予相应的优惠政策，促进生产该类产品的企业更快地发展。

压缩机行业十二年综述

中国通用机械压缩机行业协会信息部

二十多年改革开放的浪潮把我国推向了历史的新时代，伴随着祖国改革的步伐，有着三十多年行业活动经历的压缩机行业，萌发了共同建立行业协会的要求。在原机械工业部的领导下，从1985年开始筹备成立协会工作。于1988年6月3日经原机械工业部通用局批准，成立了中国通用机械压缩机行业协会（下简称压协），从此揭开了中国压缩机行业活动的新篇章。

1988年～2000年的12年，压缩机行业开拓进取，取得了显赫的业绩。

一、压缩机生产、销售成倍增长，保证了国民经济不断发展的需要

压协成立的12年，是我们国家由计划经济向市场经济转变的关键12年。企业内部也经历了改革、改组、改造的过程，其成就之广，影响之深，变化之大，都是前所未有的。改革解放了生产力，改革促进了压缩机行业生产、经营的高速发展。

1988年，压缩机行业共完成工业总产值165 790万元（不变价），2000年则完成了289 800万元（不变价），1988年，产品销售收入为153 124万元，2000年达到256 700万元。12年共实现产品销售收入304.9亿元。

12年来，行业企业的改革也遇到了一些困难，由于内外部条件的变化，行业完成的利税额时有沉浮，但总的趋势还是上升的。12年中行业共实现利税22.3亿元。

压缩机产销量的增长尤为可观：1988年共销售大中小型压缩机684种27 787台，2000年上升为1 325种、47 637台；1988年，销售微型压缩机458种、98 253台，2000年则为665种119 609台。12年来共销售大中小型压缩机497 624台，销售微型压缩机2 079 510台。

1988年出口压缩机11 687台（套），金额2 784万元人民币，2000年出口压缩机43 399台（套），金额11 807万元人民币。出口压缩机台数上升2.7倍，金额增长3.2倍。

二、依靠科技进步，大力开发新产品

12年来压缩机行业在保证产品质量，稳定和提高产品数量的同时，大力调整产品结构，开发新产品，并取得令人瞩目的成果。1988年全行业仅开发新产品108种，而2000年上升为4 717种；1989年新产品产值只有7 126万元，（1988年无统计数字），2000年上升为29 465万元，品种增长42倍多，产值增长3倍。在有统计资料的12年时间里，全行业共开发新产品13 425余种，实现新产品产值546 936万元。以螺杆压缩机为例，1988年的销量仅为330台，2000年已达4 042台，增长11倍（不包括未加入协会的外国独资或合资企业在我国市场上的销售量）。这些数字表明，一些技术含量高，性能先进的产品受到了市场的认同和欢迎。而为国民经济各部门，尤其是为“三大化工”提供的可与国外产品一比高下的大型压缩机，标志着我国大型压缩机设计、制造技术进入了一个崭新的阶段。

沈阳气体压缩机股份有限公司，凭借消化引进技术和多年积蓄的技术优势，已具备为石化系统年产15、40、70万t重整或连续重整装置，年产30、40、80、125万t加氢精制装置，年产80、100、120万t加氢裂化装置提供氢压机设备的能力。特别是1998年为茂名石化公司200万t/a渣油加氢脱硫装置研制完成的4M80型新氢压机，产品符合美国石油学会API618标准要求，填补了国内大型氢压机空白。

上海压缩机有限公司通过合资和技术引进，掌握了活塞、螺杆、离心三大类压缩机的研制技术，成为我国第一家集三大类压缩机于一身的公司。今后该公司将以拓展石化为重点，把引进HHEFB、VE、VG、VL4个系列的往复式氢压机直接推向市场。同时将使用引进的先进科学技术改造传统产品、努力攀登技术高峰，迅速形成批量，实现产品高科技化。

无锡压缩机有限公司以发展高新技术为突破口，通过引进技术率先在国内生产出螺杆压缩机，取得了可观的经济效益，螺杆机的市场占有率已达65%，成为我国喷油、无油螺杆生产基地。1997年，该公司推出100m^{3}无油螺杆压缩机及其变型产品，达到了国际80年代的水平，填补了国内的空白，是我国压缩机行业近年难得的一项科研成就。

西安交通大学压缩机工程研究中心是集科研、研究生培养、产品开发为一体的国家级研究单位。目前该中心已从理论上解决了有关涡旋压缩机产品设计计算和运转过程中的重大技术问题，并完成了关键环节的数字模型和计算机程序。在涡旋压缩机工艺研究方面也取得了显著的成绩。目前该研究中心在广东番禺合办的广州涡旋压缩机实业有限公司，已批量生产WXA—0.03/4、WXA—0.07/7、

WXA—0.45/8 等 10 种机型的涡旋压缩机。产品质量稳定，性能可靠，受到国内外用户的好评。

12 年来，压缩机行业硕果累累，许多过去靠进口的“三大化工”用或其他工艺用压缩机现在完全可以由国产机取代。这无疑将为进入 21 世纪的压缩机行业奠定雄厚的技术基础。

三、加快行业技术改造，提高行业装备水平

进行技术改造，走内涵发展的道路，是企业不断壮大自己，求取生存和发展的必由之路。通过技术改造，行业装备水平、生产规模、制造能力得到进一步提高。

1988 至 2000 年的 12 年，包括“七五”后三年，涵盖了整个“八五”和“九五”。“七五”期间，纳入国家重点技改项目 10 项，总投资 5 890 万元，用于组建螺杆压缩机转子加工中心，扩大工艺用压缩机、无油润滑压缩机、船用压缩机和无基础压缩机的生产能力。“八五”期间，列入行业改造规划的技改项目共 22 项，实际投入 40 214 万元。关键工艺装备的引进和添置，使行业制造能力和工艺水平明显提高，行业在科学研究、新产品开发和生产制造等方面都取得了质的飞跃。由于微电子技术的应用，促进了压缩机机电一体化的发展，而 CAD、CAM 的广泛应用以及 20 世纪 80 年代以来消化引进技术而形成的技术储备，更重要的是市场机制的作用，这一切使压缩机行业新产品开发步伐加快，取得了可喜的成果。“九五”期间，全行业投入 14.7 亿元的资金，实施 106 项技改项目，重点是高新技术的研究、新产品开发、重大工程项目用成套装备的研制、大型工艺设备的引进和补齐等等。当前压缩机行业的工艺水平、制造能力、综合科技水平等已经上了一个新台阶，为进入 21 世纪和加入世贸组织做好了全面的技术准备。

无锡压缩机股份有限公司以当代国际先进水平为目标，实行科技兴厂战略，“八五”期间投资 6 000 多万元，相继引进了德国树脂砂生产线，英国 HOLROYD 转子铣床和磨刀机，美国的三坐标测量设备和日本神户制钢的无油螺杆压缩机技术。同时公司还拨款 300 万元，实施 CAD/CAPP/CAM/PDM 工程建设，并通过无锡市计委电子办和原国家机械工业局专门立项，已初步建成一定规模的压缩机 CAD 工程网。用三维造型的先进设计手段，大大缩短了产品设计周期，确保了设计质量。12 年来，公司以市场为导向，以发挥技改效益为重点，不断推出新产品，每年都有 30 多种新产品投放市场，其中 70% 为高新技术产品。

四、贯彻国际系列标准，强化质量管理，一批企业获得质量管理体系认证证书

自改革开放以来，压缩机行业就引进了全面质量管理这一科学的管理理论和管理方法。历经二十多年的奋斗，质量管理水平有了显著的提高。“质量第一”的观念深入人心，“质量是企业的生命，品牌是企业的形象”逐渐成为企业领导者和职工的座右铭。而产品质量的提高，生产过程废品损失的降低，售后服务的加强和完善，也取得了明显的社会效益和企业效益。截止到 2000 年上半年，全行业已有 27 家企业取得了 ISO9000 质量标准国际认证证书。

柳州压缩机总厂（现已同柳州第二空压机厂合并为柳州空压机集团有限责任公司），由于领导重视、思想统一、严格要求、认真编写质量体系文件并狠抓落实，在实施过程中不断整改和完善，经过一年时间的努力，于 1995 年初通过 ISO9001 质量管理体系的评审，获得质量认证证书，开行业之先河。沈阳气体压缩机股份有限公司，通过大打“质量翻身仗”，国际质量认证一次评审达标。在认证合格后，厂领导又特别强调“取得认证并不意味着我们质量管理工作已经达到顶点，它只标志着我厂的质量管理体系达到了国际认可的水平，开创了一个好的开端，今后还要不断评估，不断改进，不断完善，要像维护企业生命那样，坚决把产品质量搞上去”。1997 年，他们又制订了《质量指标考核细则》，强化质量管理，落实质量责任，实行质量跟踪检查。对外协外购配套产品，坚持从大厂名家进货，坚持入厂检查制度，以确保整机质量。同时加强了售后服务，对主要用户和重点产品，都派人安装调试，直到用户满意为止。上海压缩机有限公司，也是从贯彻 ISO9001 标准入手，全面加强质量管理，完善质量保证体系，发动职工坚持“精业产品，精心制造、精诚服务”的企业质量方针，开展质量认证工作。在措施上，分阶段实施；在分工上落实质量责任；在考核上加大工作力度，把取证工作同职工收益捆在一起，提高全员质量意识，于 1997 年 3 月下旬取得了国际认证合格证书。

五、以建立现代企业制度为方向，深化企业改革，企业改组、改制、改造取得进展并有所突破

自 1984 年《中共中央关于经济体制改革的决定》颁布实施以来，压缩机行业各企业遵照中央和地方政府的部署，采取以点带面，先易后难，不间断地改革、总结，再改革、再总结，直至取得经验再把改革推向更高阶段的办法，开始了企业改革的漫长路程。

20 世纪 80 年代，在企业内部主要是经济责任制，层层实行目标管理或分片承包经营。进入 90 年代，企业按照“产权清晰、权责明确、政企分开、管理科学”的现代企业制度的改革方向，把改革同改制、实行制度创新和管理创新结合起来；把调整企业内部机制，改组、改造和优化生产、科研体系，同解决历史包袱和改善外部环境结合起来；在优化企业组织结构、资本结构、生产结构等方面出现了新突破，形成了依靠技术进步、管理进步和改革带来的综合优势，立足于严峻的国内外压缩机市场，向 21 世纪挺进和发展的新局面。

1. 实行资产重组，优化企业资本结构，并把资产优势转化为产品和市场优势

上海压缩机有限公司投资 1 000 万美元，与美国德莱赛兰公司合资组建上海德莱赛兰压缩机有限公司，换来了 3 000万美元的合资企业，使资本扩大了 3 倍。合资后的公司，凭借技术优势，其活塞、螺杆、离心三大类产品迅速形成批量生产，实现了产品的高科技化。在拥有了两个合资公司之后，上海压缩机有限公司并未停止自己的步伐，而是立即把改组的重点转移到二分厂。把先进的技术、合资后调整下来的设备、管理优势和上海郊县的土地、劳动力资源优

势向二分厂倾斜，迅速组建成另一个压缩机生产基地，扩大了公司的规模，形成了三足鼎立的局面。十多年来上压公司由一个单纯的工厂，发展成为拥有2个中美合资企业、8个全资子公司、4个控股公司、1个大集体，生产规模、技术水平、管理水平均属国内一流的生产实体，构成了以围绕二产的产品成套、维修、安装，以及以集房产、物业、餐饮、商业服务业等三产为一体的多种产业结构的压缩机公司。

无锡压缩机有限公司，为壮大集团规模，增强抵御市场风险的能力，连续几年先后与4家外国公司合资，4个合资企业的投资总额达1 000多万美元。同时，积极通过资产重组来扩大多种经营规模，在无锡市郊南站乡通过对2 000多万元资产进行优化重组筹建责任有限公司，实行专业化协作。目前，无锡压缩机股份有限公司已形成了以压缩机为主，以纺织机械、汽车活塞、压缩空气干燥器、精密铝合金铸件、鲜活鱼运输机组为辅的多种经营的压缩机行业重点骨干企业。

2. 加强企业内部经营机制的转变，协调和理顺企业内部的生产关系，提高企业的整体素质和管理水平

沈阳气体压缩机股份有限公司为完善经营机制，将原销售公司按业务划分，成立了以行业为基础，以用户为对象的销售处，并充实技术人员，加强市场调研和营销工作，几年来，大型工艺用压缩机市场占有率稳步提高。通过资产重组、法人治理结构的完善和减人增效等措施，使企业经营焕发了生机，充满了活力。

柳州第二空压机总厂（现已同柳州压缩机总厂合并为柳州空压机集团有限责任公司），学习邯钢经验，模拟市场核算，实行成本否决，严抓成本管理。在清产核资的基础上实行全面经济核算。以目标管理为龙头，制订了物耗、能耗、质量、财务等32个专题计划，将成本指标层层分解并落实到各分厂、处室、车间，以经济责任制承包经营等方式予以实施，由于在产品销售、物资采购、生产资金控制、半成品、成品资金管理以及资本运作上加大了管理力度，使企业经济效益显著提高，产品销售收入和利税大幅增长。

3. 积极稳妥地进行股份制改革，一批企业改制成为有限责任公司或股份有限公司，一批中小企业改制成股份合作制公司

经过十多年努力，压缩机行业一批企业在探索和组建现代企业的一种资本组织形式——股份制公司方面，冲破了计划经济樊篱，取得了突破性的进展。

无锡压缩机厂以国有资本控股，职工少量参股的形式，改制为无锡压缩机股份有限公司，成为全国压缩机行业第一家股份制企业。公司总股本9 201万元，净资产10 800万元。以股份制公司为主体的拥有4个合资公司和5个控股子公司的压缩机集团公司，是我国专业生产动力、工艺用压缩机的少数几个重点骨干企业之一。该公司几年来常胜不衰的经营效果，令行业内外刮目相看，也说明了股份制公司的优越性和生命力。

柳州第二空压机总厂（现已同柳州压缩机总厂合并为柳州空压机集团有限责任公司）1994年实行股份制改造，严格按《公司法》规范运作，设置了股东大会、董事会、监事会，形成了科学的制衡机制和法人治理结构。公司下属16个专业厂（含2家中外合资企业）。近年来转变机制，狠抓管理，在市场竞争中经受住了考验，并在竞争中不断发展和提高，其经营情况和经营效果名列行业前茅。

截止到2000年底，压缩机行业已实行改制的企业42个，中外合资企业5个，由国营或集体企业转卖给个人或群体经营的8个。改制企业的数量占全行业123个会员单位总数的44.7%，这些改制企业基本上解除了与原上级行政管理部门的隶属关系，理顺了出资关系，依法行使法人财务权，接受股东约束，承担民间责任，在一定程度上实现了自主经营，自负盈亏，自我约束，自我发展的新格局。

回顾12年，我们已经走过了相当辉煌的历程和岁月；展望未来，在国内外市场业已立稳了脚跟的压缩机行业，必将给21世纪迅猛前进的祖国奉献更多的成果和希望。

努力实现阀门行业科技发展新跨越

中国通用机械阀门行业协会副秘书长　郭　雷

一、阀门行业概况

阀门是一种重要的通用机械产品，它安装在各种管道和设备上，通过改变阀内通路面积来控制介质的流动。它的作用是：接通或截断介质；防止介质逆流；调节介质的压力和流量等参数；改变介质的流动方向；稳定管道内介质的压力；排除蒸汽管道内的凝结水；对介质进行分流或对管道和设备进行超载保护等。

阀门产品的使用范围很广，数量很大。不论在工业、农业和人民生活中，还是在航空航天、地下以及海洋工程中都离不开阀门。在城市建设中，通风、采暖、煤气、天然气、供水和排污等工程装置也离不开阀门。在火车、飞机、轮船和潜艇中，都安装着各种阀门。就连标志着现代科学技术文明的火箭、人造地球卫星和宇宙飞船也缺少不了阀门。阀门用途广泛，作用重要，被人们称为管道的咽喉或关节。

阀门产品的品种门类繁多。按作用的结构原理分有闸阀、截止阀、节流阀、旋塞阀、球阀、蝶阀、隔膜阀、止回阀、安全阀、减压阀和蒸汽疏水阀等，除此之外还有超高压阀门、真空阀门、电站用阀门、石化专用阀门、管线用阀门、核工业

用阀门和低温阀门等。按材质分有铜合金、铸铁、碳素钢、合金钢、钛合金和塑料阀门等。阀门产品各项参数范围很广,其中公称通径范围为 1～9 750mm,公称压力范围为 1.32×10^{-8} Pa～1 460MPa,温度范围从－270℃的超低温到 1 200～3 430℃的超高温等。

阀门本身就是一个压力容器,要承受一定的温度,有时是长时间高达 600～700℃,同时还要承受很高的工作压力。因此,对阀门来说首先考虑的是安全、可靠。所使用的材质必须满足设计要求,无论是化学成份和机械性能都必须达到标准要求,才能保证安全。其次,才考虑产品的结构特点和使用要求与性能特点。除此之外,还要考虑使用介质的腐蚀情况,它必须能耐介质的腐蚀,然后才根据不同的使用要求选择不同类型阀门。阀门产品重点服务的领域是石油、石化、化工、电力(核电)、冶金、轻纺、城市建设以及与人民生活息息相关的各个部门。

阀门在机械产品中占有相当大的比重。据国外工业发达国家统计,阀门的产值超过压缩机、风机和泵三者产值的总和,约占整个机械工业产值的 5%。据统计资料表明,一座现代化的大型石油化工联合企业,需要十几万台各种阀门,用于阀门的投资占设备总投资的 8%～10%。

目前,我国的阀门工业还处在发展阶段,在技术、品种、数量和质量等方面还需要进一步提高。据统计:现在我国的阀门产值只相当压缩机、风机和泵三者产值总和的一半,在整个机械工业的产值中占 1%左右。这种状况与我国经济发展速度尚不适应,需要各个部门和阀门生产企业共同奋斗,赶上世界阀门工业的先进水平。

五十多年来,我国阀门工业走过了一段艰难历程。阀门制造经历了从修理和手工为主的零星加工到使用专机生产线、数控机床和加工中心等设备,实现大批量生产和多品种小批量生产;产品设计则从仿造发展为自行开发设计;产品类型也从低温和低压阀门扩展到高温中压、高压和超高压各种专用阀门,以及多种材质、多种驱动方式的各类特殊阀门。整个行业的规模逐渐扩大,生产厂家在全国各地的布局也趋于合理,已形成了一个比较健全的阀门制造体系,具备了相当的配套能力。

二、阀门行业技术水平不断提高

1. 产品品种不断增加

建国以来,我国阀门行业有了很大的发展。建国初期,各阀门厂仅能生产少量品种规格的低压阀门。目前,已能生产门类齐全的闸阀、截止阀、节流阀、旋塞阀、球阀、蝶阀、隔膜阀、止回阀、安全阀、减压阀、蒸汽疏水阀和紧急切断阀等 12 大类、3 000 多个型号、40 000 多个规格的阀门产品;阀门性能及适用范围也发生很大变化,最高使用压力为 600MPa,最大公称通径达 5350mm,最高使用温度为 570℃,最低使用温度为－196℃,适用于水、蒸汽、天然气、油品、强腐蚀性介质(如浓硝酸、中浓度硫酸等)、易燃易爆介质、带放射性介质(萘、乙烯、金属钠、一回路纯水等)及有毒介质(如硫化氢等)。另外,阀门的驱动方式也不断增多,已能够生产各种电动、气动、液动、气－液联动、伺服及电脑控制的阀门用驱动装置;阀门材质从建国初期的铜和灰铸铁发展到可锻铸铁、球墨铸铁、高硅铸铁、铸钢、锻钢、高低合金钢、哈氏合金和钛合金等。

2. 产品质量不断提高

建国以来,阀门产品质量不断提高,使用寿命越来越长,阀门的维修期已从过去的几个星期延长到一年半以上。由于产品质量不断提高,部分阀门产品已打入国际市场,出口到美国、英国、日本、德国、加拿大、韩国、比利时、澳大利亚、希腊、丹麦、意大利、葡萄牙、荷兰、智利、墨西哥、古巴、俄罗斯、朝鲜、新加坡、马来西亚、菲律宾、越南、老挝、柬埔寨、印度尼西亚、印度、巴基斯坦、孟加拉、埃及、伊拉克、叙利亚、阿联酋、南非、哥伦比亚等国家和中国的台湾、香港、澳门地区。1965～1997 年阀门出口创汇达43 647.1万美元。

通过对阀门的内外漏的技术攻关,阀门长期存在的"一短二漏"现象已有明显好转。现在全国已有很多生产厂能按美国 API 标准生产铸钢闸阀,质量完全达到标准要求,并出口到美国等一些国家,用户非常满意。这说明我国的阀门产品与国外先进水平的差距在缩短。但我们也不得不看到,我国阀门产品总体水平还较低,大部分产品相当于 20 世纪 80 年代初国际水平,尤其是外观质量,与国外先进水平差距较大。

3. 工艺装备不断进步

建国以来,阀门行业工艺装备水平提高很快,已从手工操作发展到拥有较先进的技术装备,进行机械化、半自动化和自动化操作。

热加工

铸造是毛坯生产的主要手段。长期以来依靠人工造型、人工单件浇注和人力清砂,劳动强度大,毛坯质量差。20 世纪 60 年代以来,阀门行业开始采用自硬砂造型、水玻璃砂壳模铸造、精密铸造、潮模铸造和Ⅴ法真空造型等先进工艺。70 年代,开始采用机械和半机械化造型,水爆清砂、电液清砂、吊链打砂和振动除砂,使铸造水平有了较大的提高。90 年代,世界先进水平的无箱挤压树脂砂造型线,多元素快速分析光谱仪等也在行业中得到应用。在锻造加工方面,从手工自由锻发展到胎模锻、多向模锻及采用锻造床进行锻造。同时在结构设计上还采用板焊、管焊、铸锻结合和液压成型等新技术。

机械加工

20 世纪 60 年代,阀门行业的机械加工基本上采用通用机床和夹具,即一个人、一台机床、一把刀、一个工件及一道一道工序进行加工。60 年代中期,开始自制专机及半自动生产线进行阀体阀盖及阀杆等零件的加工。70 年代,大量采用专机生产线,阀门行业机械加工水平有了很大提高。90 年代,专机已普遍采用,组合机床、数控机床及加工中心和部分半自动生产线发挥很大作用。阀门行业各厂还推广了少切屑、无切屑的滚压加工、冷挤压、摩擦焊和等离子喷焊和二氧化碳气体保护焊等新工艺及新技术。

4. 成套水平不断增强

20 世纪 50 年代,由于阀门产品品种规格很少,谈不上成套能力。60 年代,国内开始上成套设备。到目前为止,我国已能为下列工业部门提供成套阀门：

炼油工业

20 世纪 60 年代，阀门行业为年处理量 100～150 万 t 的炼油厂提供配套阀门。70 年代，能为年处理量 250 万 t 炼油厂提供配套阀门。90 年代阀门行业已能为 500 万 t 炼油厂提供配套阀门，并且能够提供高温催化裂化和高压加氢装置所需的主参数阀门。

氮肥工业

20 世纪 50 年代，我国阀门企业只为年生产能力 800t 的小化肥厂设备提供所需阀门。60 年代，年生产 2.5～6 万 t 中型化肥生产设备所需配套阀门，均能由国内配套。70 年代，阀门行业发展到能为年生产 15 万 t 和 30 万 t 合成氨装置提供配套阀门，并能用新型的高压平衡截止阀和高温高压球阀进行配套。90 年代，年生产 45 万 t 合成氨、年生产 52 万 t 尿素装置所需阀门都可由国内阀门企业提供配套产品。

石化工业

20 世纪 60 年代，阀门行业只能为年生产 5 000t 高压聚乙烯中间试验装置提供 150～200MPa 的超高压阀门。70 年代，阀门行业已可为年生产 11.5 万 t 乙烯装置提供成套阀门，并大力开发了低温阀系列产品，为年生产 30 万 t 乙烯装置作必要的技术准备。90 年代，已能为年生产 45 万 t 乙烯装置提供成套阀门。

发电工业

20 世纪 60 年代初，阀门行业只能为 50MW 以下火力发电机组配套中等参数阀门。60 年代末，已能为 125MW 发电机组配套阀门。70 年代，大力开发了公称压力为 17MPa，公称通径 175mm 和使用温度为 570℃的高温高压阀门，为 300MW 发电机组配套。90 年代，不仅能为 600MW 机组配套阀门，还能为核电机组配套部分阀门。

长输管线

20 世纪 70 年代中期，开始设计试制川沪管线用 1m 球阀。1978 年，试制成功公称通径为 1 020mm 的电液、气液联动球阀，为发展长输管线打下了良好的基础。90 年代，已能为长输输油管线及天然气管线提供配套阀门，还能为清扫管线生产接发球装置，并为泵站提供全套配套阀门。

此外，阀门行业还为核工业和其他国防工程提供了不少特殊用途的配套阀门。目前，已基本满足年生产 45 万 t 合成氨、52 万 t 尿素、500t 炼油厂、6 万 t 高压聚乙烯、45 万 t 乙烯、120 万 t 氧化铝及 600MW 发电机组等配套需要的阀门。

三、阀门行业产品开发方向和动向

按国民经济长远发展规划的初步设想，到 2010 年，石油、钢铁和化肥工业要持续发展，电力、塑料、乙烯和化纤的产量将会有较大幅度的增长，城市建设和环保项目也将有较大的发展。阀门行业企业产品开发应注重以下几个方面：1）“九五”期间，重点发展 300MW 和 600MW 火力发电设备，同时要大力开发 900MW 核电站等大型发电机组的制造技术，因而开发高性能、高参数火电站和核电站用阀门前景广阔；2）今后一段时间，海上石油的开采将占很大比重，这就要求我们在保证提供陆地油井和管线所需配套阀门外，更应大力开发海上石油开采用阀门；3）冶金、大型乙烯、高压聚乙烯和聚酯等工程要求的各种专用特殊阀门及大口径阀门也必须跟上；4）应大力开发城市建设用平衡阀及各种环保阀门。

从目前情况看，上述所需阀门品种阀门产品行业仅能满足 70%左右，还有大量新产品有待于开发。产量上，低压大口径阀门略为短缺，高中压阀门产需矛盾主要在品种和材质上，这就要求在以后的十几年内，阀门产品结构应有较大的调整，阀门行业应大力开发新产品，提高大型项目配套阀门的自给率，以满足国民经济发展的需要。重点开发的产品类目如下：

1. 大型成套项目的配套用阀

(1)大型核电站一、二回路系统用不锈钢闸阀、截止阀、止回阀、安全阀和主蒸汽隔离阀等；

(2)大型火力发电机组(超临界)用大口径蝶阀、高参数(高温、高压、高寿命)闸阀、截止阀、止回阀和安全阀；

(3)大型乙烯和高压聚乙烯装置用超高温、超低温和超高压阀门系列产品；

(4)大型轧机配套用各种特殊的柱塞阀、轴流阀、紧急切断阀、金属密封蝶阀和金属密封球阀等产品；

(5)海上石油开采用高压平板闸阀系列及先导式安全阀系列；

(6)化纤工业的聚酯装置用超低碳不锈钢保温夹套阀等；

(7)输油、输气和输煤管线用各种电动、气液电联动平板闸阀、球阀、清管器、接发球装置和紧急切断装置等。

2. 城市建设配套用阀

(1)楼寓供热系统用金属密封蝶阀及水力平衡阀；

(2)给水用环保型蝶阀和胶板阀；

(3)消防信号阀等。

3. 大力开发节能和超载保护产品

(1)改革蒸汽疏水阀老产品，开发 UFO 式和蒸汽压力式等节能型新产品；

(2)开发低流阻的平板闸阀、球阀、直流式截止阀及确保系统安全的高性能安全阀。

4. 大力开发电站用及石化装置用的调节阀、电动调节阀和电动减压阀等

5. 大力开发化工用耐强腐蚀介质的高合金钢阀、衬里阀、钛阀和锆阀等

目前，阀门行业开发的动向是热力及石化装置用的线密封和复合板密封的双偏心及三偏心金属密封蝶阀。有的企业开发的面密封复合板式三偏心金属密封蝶阀寿命达 30 万次，已接近国际先进水平；在冶金行业用的金属密封球阀方面，温州有两个厂正在研制美国轨道阀门公司的金属密封球阀；油田井口用的高压先导式安全阀，目前已开发出来，经初步试验证明性能良好，达到了设计要求，有待现场工况运行；氧化铝工业用和其他场合用的疏水调节阀，经山西铝厂工况运行证明性能完全达到国外先进水平，完全能替代国外同类产品；楼寓供热用的水力平衡阀，经初步试

用，已解决纵向、横向水力失调问题，达到节能、供热平衡的目的；高压喀麦隆带导流孔的平板闸阀，经初步试验，性能达到设计要求；电站用的快速开启、慢速关闭用的双速闸阀，已解决管路水力冲击和快速开启时的缓冲问题。

四、阀门行业部分新产品开发

1. 软密封闸阀

目前中核苏州阀门股份有限公司、福州阀门总厂、昆明阀门厂、成都阀门厂新研制的一种铸铁或碳素铸钢软密封闸阀，替代过去的金属密封闸阀，用在民用水系统和污水处理系统中。其特点为：

(1)阀体通道下部圆滑，如同一段管道。具备闸阀流道面积大的优点，流阻系数更小，流通效果更为改善，而且阀体下部决不藏污纳垢。

(2)开启力矩小。

(3)闸板密封件整体包复橡胶，从而有效隔绝金属与介质的直接接触，避免了介质经过阀门时，阀门内件锈蚀而产生的污染。

(4)阀体内腔通过涂防腐层(喷塑、衬搪磁)或包复橡胶，使其防污效果更为完善。

(5)可以通过改变闸板表面的包复层、阀体内腔涂层或包复材料，使阀门具有耐各种腐蚀性介质的能力。从而使该种产品适用于腐蚀和非腐蚀的各种系统中。

(6)该产品不但具有普通闸阀的低廉价格，而且具有不锈钢闸阀优良的防污和防腐能力。

(7)改变阀门的传动方式，可以实现手动、齿轮传动、气动、液动、链动、电动；改变电控系统，可实现微机集中控制、现场直控和遥控。

制造及验收标准为BS5163《供水系统用闸阀》。

主要性能参数：公称压力1MPa、1.6MPa，公称通径80～1500mm，工作温度≤150℃，适用介质为清水、污水。

2. 喀麦隆闸阀

由成都阀门厂研制的美国标准喀麦隆闸阀已通过用户认可，并出口伊拉克。该阀主要用于井口，属于带导流孔的平板闸阀，不过阀座密封圈是浮动的，随开启和关闭密封圈略有轴转动，阀杆有明杆式和暗杆式两种。

主要性能参数：公称压力20.68MPa、3.45MPa，公称通径500～1 000mm，工作温度－29～80℃，适用介质为原油，采用标准API6A。

3. 先导安全阀

最近由中国通用机械工程总公司研制开发的先导式安全阀，通过试验达到了设计要求，与美国格林伍德公司产品水平接近，达到了国际先进水平，已通过用户认可，并出口伊拉克北方油田。

主要性能参数：公称压力20.68MPa、34.5MPa，公称通径50～400mm，工作温度－29～80℃，适用介质：原油，采用标准API 526、API 527。

4. 水力平衡阀

由北京空调所研制成功的水力平衡阀及与其配套使用的智能测试仪表主要用于解决城市集中供暖(冷)系统中供暖不匀、供水不平衡问题。

在初建小区供暖(冷)工程中为避免各楼之间、各房间之间温差失调和更好的节能，就可按照设计要求在管网的适当位置上安装平衡阀，其作用既有普通阀门的截止作用，又有独特的调节作用。

主要性能参数：公称压力10MPa、16MPa，公称通径15～40mm，工作温度≤160℃，适用介质为热水。

5. 三偏心面密封金属密封蝶阀

由成都华西化工研究所研制的三偏心面密封金属密封蝶阀已用在变压吸附制氢装置上，使用寿命达30万次以上，无任何泄漏。

主要性能参数：公称压力16MPa、25MPa、40MPa，公称通径50～600mm，工作温度≤425℃，适用空气、蒸汽、水和油品等介质，操纵方式为手动、液动和电动。

6. 金属密封球阀

目前浙江温州挺宇集团有限公司已开始研制美国ORBIT公司生产的球阀，研制成功后，这类球阀在冶金和石化系统应用很广。

主要性能参数：公称压力16MPa、25MPa、40MPa、64MPa，适用介质为水、蒸汽和油品。

五、阀门行业新材料应用和新结构设计

1. TTZ氧化锆陶瓷密封材料

TTZ氧化锆陶瓷应用在密封副上可防止腐蚀并延长使用寿命；TTZ具有压缩强度1 750MPa，抗弯强度620MPa，高冲击韧性，极好的热抗震性，对大多数化学制品不发生化学反应；可利用金钢石磨削达到要求尺寸和精度。

2. 碳化钨密封件和钴铬钨材料的应用

海上钻采和井口阀存在严重的密封面冲蚀和阀体腐蚀问题，先进的多级密封件由碳化钨材料制成，从而减小密封件处介质流动速度，因此延长使用寿命；同时可移动钴铬钨合金部件，使阀体免受冲蚀。

3. 防止阀门铸件内部缺陷技术

阀门行业的铸件内部缺陷(气孔、砂眼、疏松等)是造成铸件质量差和成本高的重要原因。采用“定向凝固”先进技术，可使铸件按顺序凝固，最后凝固的是冒口，从而提高了铸体的机械韧性，消除了缺陷，省去了补焊和射线检查，减少了加工余量，降低了成本。

4. 高温金属密封球阀，蝶阀密封新结构

高温金属密封球阀阀座的弹簧辅助压紧结构，使阀座密封圈能轻微移动以吻合在球体表面，达到良好的密封性能。金属波纹管连接阀座密封圈对球体施加压力，保证介质不泄漏，也是一种先进的密封结构。蝶阀金属密封圈的截面为不封死环形，内部有螺旋弹簧，借助弹力使蝶板和密封圈吻合，其材质必须是高温合金。

5. 喷管式止回阀

喷管式止回阀从结构形状上解决了流速和水锤对止回阀的侵害问题，达到良好的可靠性，并可满足多方要求。

主要优点为：

(1)流体倒流会立刻关闭而不造成压力的波动。

(2)内部零件无磨损。

(3)高压、低压均可保证无泄漏。

(4)适用于任何口径、各种连接、各种长度。

(5)材质设计可承受各种温度。

6. 安全阀的"球及座"先进结构

安全阀回座及保持调定压力的能力,关键因素之一是阀瓣对阀座的垂直度和同轴,而"上导向"和"下导向"结构各有难度和不利条件。"球及座"先进结构则解决了"上导向"和"下导向"成本高和性能低劣的问题,用球来替代阀瓣,球与凹型阀座吻合,形成严密的密封性能。

7. 带导流筒(板)的双闸板闸阀解决了高温高压、苛刻工况以及3~5年开关一次位阀门的关键

带导流筒(板)的双闸板闸阀成功在于:

(1)带常条件下(工况)阀门内部零件受到何保护。

(2)开启、关闭阀座受到保护(无直接摩擦)。

(3)特殊楔式球体内部凸轮盘驱动机构对密封座有预压紧力,达到良好密封。

(4)用于高压管路、高温管路。

(5)长期开启,阀门无损害,并能随时可靠关闭。

8. 适于"启动和全流量"操作功能的阀门

适于海上开采用阀门,其内件特征可降低流量损失,控制高压差启动,阀门可通过气动10s内完成操作,该阀门可降低噪声,达到数台合一的目的。

9. 合成材料是包括使用任何一种纤维增强的塑料树脂全体

增强塑料类似混凝土,玻璃、石墨、玻璃纤维成为加强钢筋。合成材料阀门在本身强度、抗腐蚀性和净重方面具有优势,正被工程中认可选用并取得极大经济效益。对于管道工程施工有较高的技术要求时,才能使用这种阀门。

六、企业科技工作的重点

(一)大力提高产品质量

1. 采用国际标准和国外先进标准,严格贯彻国家标准,对现有产品进行更新换代

目前阀门行业应大力采用国际标准和国外先进标准,严格贯彻国家标准,对现有产品进行更新改造,使更新后的产品达到20世纪80年代末或90年代初的国际水平。通过创优质名牌产品和发放生产许可证,使阀门质量水平大大提高一步,使更多的产品打入国际市场。

2. 不断提高毛坯件质量和铸锻件外观质量

阀门行业应对铸锻件的原材料选用、铸造工艺、锻造工艺、热处理工艺、化学成份分析、机械性能检验、外观处理等环节采取有效措施,严格控制质量。不断吸取国外先进技术,尽快地使铸锻毛坯的内在质量和外观质量达到国际先进水平。

3. 提高密封性能和使用寿命

继续开展内、外漏攻关,严格机械加工工艺,大力推广新型密封材料,积极采用柔性石墨等新型填料和新型垫片,提高产品关键部位的加工精度,延长产品使用寿命,使阀门"一短两漏"的现象根本好转。

(二)大力开发新产品

目前阀门行业产品品种、规格远不能满足国民经济建设发展的需要,应尽快地开发新品种。在产量上,低压大口径阀门略为短缺,高中压阀门产需矛盾主要在品种和材质上。

(三)大力发展科研事业

1. 扩大科研设计队伍,提高技术人员素质

目前阀门行业科研设计力量尚薄弱,必须壮大设计队伍。除国家分配的大专院校毕业生外,还要靠自己培养,采取脱产轮训、高等院校代培,或开办专业培训班等多种形式培养人材,不断提高科技人员的素质,其中包括提高外语水平,普遍掌握电子计算机、有限元法、优化设计、价值工程和其他科学管理方法和知识,并能实际应用于生产管理和科研实践中去。

2. 加强试验研究和测试基地建设

阀门行业不仅要加强产品的研究,而且要加强基础理论和开发性研究,尽快把综合性试验研究和测试基地建起来,充实和完善各种试验测试装置,使其具有国际水平。安全阀、减压阀、蒸汽疏水阀、阀用电动装置及大口径阀门等的测试分中心,也应充实和完善。

空分设备行业"九五"总结

中国通用机械气体分离设备行业协会综合信息部主任　赵小莹

一、行业概况

空分设备行业现有生产企业11个,设备工程成套公司1个。主要产品有空气分离设备、气体液化设备、稀有气体提取设备、变压吸附分离设备、油田气(天然气)分离设备、低温液体贮存运输设备、低温机械(膨胀机、泵、阀等)、板翅式换热器等。还开发生产了溶解乙炔设备、液化石油气贮存和运输设备、冷藏库和冷藏运输设备、膜分离制氮设备、城市和工业污水处理设备等。

主导产品空分设备经过"九五"的发展,已成功研制出了新一代的常温分子筛净化、增压透平膨胀机流程、规整填料塔、全精馏制氩技术,将产品氧的提取率提高了10%,产品氩的提取率增加了一倍,能耗降低了20%,设备的可靠性提高,运转周期稳定到2年以上,其主要技术性能指标达到国外同类产品20世纪90年代中期水平。产品广泛应用

于冶金、石化、化工、化肥、城市煤气化等领域。

行业工业总产值102 774万元(当年价),年销售产值为10亿元左右,年产品销售收入10亿元,大中型空分设备年生产套数40套,相当氧容量17.5万 m^3/h。

目前,行业拥有总资产317 126万元,流动资产169 747万元,固定资产117 023万元。拥有主要设备5 972台,其中数控加工设备37台,加工中心10台,计算机475台。从业人数21 096人,其中工程技术人员2 865人。

二、"九五"取得的成就

(一)生产及效益指标完成情况

"九五"期间,空分设备行业生产的设备和完成的主要经济指标见表1、表2。共出口大中小型空分设备69套,还出口了板翅式换热器、低温液体贮槽、溶解乙炔设备、低温液体泵等,全行业共计创汇5 631万美元。

表1 空分设备行业"九五"设备生产情况

指 标 名 称	计量单位	完成数量
空分设备合计	套	670
其中:大中型空分设备	套/(m^3/h)	86/595 970
小型空分设备	套/(m^3/h)	345/461 750
制氮设备	套/(m^3/h)	108/91 150
低温液体设备	套	92
制氩设备	套/(m^3/h)	37/6 241
变压吸附制氧设备	套	16
变压吸附制氮设备	套	68
低温液体贮槽	台	2 094
低温液体槽车	辆	397

表2 空分设备行业"九五"主要经济指标完成情况

指 标 名 称	计量单位	完成数量
工业产值(不变价)	亿元	51.1
工业产值(当年价)	亿元	47.2
工业增加值	亿元	14.7
产品销售收入	亿元	49.2
利税总额	万元	15 786
资产总计	亿元	31.7
全员劳动生产率	元/人	16 760

(二)"九五"技改与技术引进消化情况

"九五"期,空分设备行业共投入34 698万元,进行了节能技术改造、"九五"第二批双加工程项目改造、国产化基地一期和二期建设等,引进了NREC设计制造软件、NASTRAN软件、五轴联动数控铣床(五轴联动加工中心)等。这些硬件和软件设施的添置,提高了行业的制造水平。其中,杭州制氧机集团有限公司大型空分设备国产化基地一期技改项目,于1997年通过了国家级验收,项目总投资2 992万元,所选设备先进、适用,资金使用合理、节约,同时利用技改项目研制开发了新型高效三元流压缩机、高效双轴透平膨胀机组;空分设备中采用规整填料塔、全精馏制氩技术,使产品达到国外20世纪80年代末、90年代初水平,形成年产大中型空分设备11.2万 m^3/h 的生产能力。

杭州制氧机集团有限公司和开封空分集团有限公司的"CIMS应用一期工程"均已通过验收。CIMS工程实现了空分设备成套设计的规范化与价值优化,辅助项目经理规划和调控项目实施的全过程,实现产品CAD/CAE/CAM/CAPP技术和产品报价系统的集成,实现企业技术资源共享,增强新产品开发能力,缩短产品设计周期,提高了产品质量。

(三)主要技术创新成果

1. 先进的工艺流程技术

空分设备的工艺流程,是多项先进技术和可靠的单元产品的集成,要求技术先进、运转可靠、并尽可能地降低设备的投资和运行费用。目前,采用分子筛预净化、增压膨胀、规整填料精馏塔和全精馏制氩技术的工艺流程,是空分设备各制造企业不断跟踪国外先进技术、结合国内实际开发的结果,具有节能效果显著、分离效率高、产品回收率高、操作弹性大、变工况迅速、塔径小、可靠性高、氩产品质量高等优点,已形成了1 000~20 000m^3/h空分设备系列产品。已有20多套采用该流程技术的产品成功投入运行,如,湖北鄂城钢铁公司的6 000m^3/h、邢台钢铁公司的6 000m^3/h、上钢五厂的12 000m^3/h、邯郸钢铁公司的16 000m^3/h、济南钢铁公司20 000m^3/h空分设备等。

开封空分集团有限公司提供给湖北鄂城钢铁公司的KDON-6000/6000-3型全精馏制氩空分设备,于1998年11月通过河南省经贸委鉴定,达到国内领先水平。该公司的"规整填料在空分设备中的应用"于1999年获河南省科技进步一等奖,运用该技术设计制造的配上海焦化公司进口17 000m^3/h空分设备的570m^3/h全精馏制氩设备,一次试车成功,整机性能良好,液氩产品已外销,经济效益显著。

杭州制氧机集团有限公司研制的采用规整填料及全精馏制氩技术的新型大中型空分设备2000年6月通过浙江省经贸委鉴定,达到国内领先水平,国际90年代中期水平。

2. 性能先进的单元部机

· 新型空气预冷系统

空气预冷系统通过技术合作有了专门用于空冷系统性能计算及散堆填料型空冷塔和水冷塔结构计算的软件。空冷塔采用散堆填料塔或大孔径降液式筛板塔。空冷塔采用散堆填料塔,具有传热效率高、阻力小、操作弹性大等优点。如,杭州制氧机集团有限公司为上海宝钢30 000m^3/h空分设备改造项目和邯郸钢铁公司16 000m^3/h空分设备设计的空冷系统,就采用了大型散堆填料塔,取消了冷水机组,经实际运行测试,完全达到设计指标。

· 新型分子筛纯化系统

分子筛吸附器床层结构,采用活性氧化铝和分子筛双层床,充分利用活性氧化铝吸水性好的特点,有效地保护了分子筛多孔结构免遭破坏,延长了分子筛的使用寿命,尤其对于长周期和不带冷冻机的流程其优越性更加明显。同时,由于活性氧化铝脱附容易,解吸热量少,再生温度低,阻力小,因而再生能耗也低。目前行业设计的吸附器绝大多数采用双层床结构。

· 精馏塔冷箱系统

精馏塔系统除下塔采用常规的筛板塔外,其余均采用先进的填料塔。空分设备行业通过自己进行科研攻关和广泛与国内外填料生产制造厂商合作，如法液空、杭氧液空、苏尔寿公司、天津大学、无锡雪浪等，已经全面掌握了填料塔的整体制造技术、安装规范和检验要求，如填料塔筒体的精度控制、填料与筒体间隙的控制，填料的卧式和立式组装、分块组装、运输技术等，成功地实现了填料塔的应用和全精馏制氩技术。

空分设备采用规整填料塔和全精馏制氩工艺后，塔的高度显著增加，为了保证塔内配管的合理，在采用 CAD 配管的基础上，运用 MSC/NASTRAN 软件对主要管道进行应力分析补偿计算，实现了冷箱内管道三维设计，使管道的布置情况直观、清晰，可有效地避免管路的碰撞，使配管更加经济、合理。

在冷箱维护设计方面，对筒壳人孔采用了不锈钢螺栓连接，防止生锈而难以拆卸检修，同时对部分重要阀门设置了与主冷箱隔离的小冷箱，便于维护时不需大量扒珠光砂。

杭州制氧机集团有限公司被国家列为“乙烯冷箱国产化基地”，已成功为北京燕山石化生产了 70 万 t 乙烯冷箱，结束了大型乙烯冷箱依赖进口的历史。

· 真空钎接铝制板翅式换热器

真空钎接铝制板翅式换热器技术已经成熟，已经完全替代了盐浴钎焊。板翅式换热器的最高工作压力为 7.6MPa，板式的最大单元尺寸为 1.2m × 1.2m × 6.0m。已有 30 多台按 ASME 规范制造的板式换热器出口美国。同时，行业还开发了低温乙烯冷箱换热器、低温氮洗设备换热器、油田气回收装置换热器、高压绕管式换热器等。

高压绕管式换热器是低温甲醇洗、天然气液化、内压缩工艺流程空分设备中的关键设备之一，开封空分集团有限公司已成功为宁夏化工厂 30 万 t 合成氨装置提供了工作压力为 8MPa 的绕管式换热器，替代了国外引进设备，至今运转良好，为国家节约了外汇。

· 新型透平膨胀机

行业应用 NREC 软件进行透膨胀机叶轮三元流设计，运用五轴联动数控铣床进行加工，在生产工艺上采用精密铸造、钎接等，使得膨胀机的绝热效率提高 5% 以上。同时，行业建有叶轮固频测试装置、超速试验装置和增压透平膨胀机性能试验台位，保证机器的性能指标达到设计要求。

同时，根据流程需要，进行了高效增压透平膨胀机、气体轴承增压透平膨胀机、三元等温型透平压缩机、小流道高压比氧气透平压缩机以及油田用透平膨胀机的研制。开发成功的增压型透平膨胀机，增压机效率达到 81%，增压比达到 22。已运用到分子筛净化增压膨胀流程的空分设备上。

· 先进的控制技术

空分设备行业的计算机控制技术已经相当普遍和成熟，目前，大、中型空分设备均采用 DCS/PLC 系统，行业建立了关键单元设备的动态数据模型，提出了控制的实施方案，编制出了专用软件，并实现局部优化。

开发的新一代空分设备的 DCS 控制系统，在原来设备的基础上，针对新流程的特点，在空压机的流量控制，分子筛纯化系统的稳定，精馏系统主参数的过程控制及趋势显示，事故状态的回路联锁等方面都积累了成功的经验，取得了良好的效益。

3. 内压缩流程空分设备

行业根据国际新技术的发展趋势和国内用户的需求，开发了 10 000 ~ 30 000m^3/h 内压缩流程大型空分设备，1997 年提供给天津铁厂的内压缩流程工艺的 15 000m^3/h 空分设备，至今运转稳定，各项技术指标均达到或超过合同要求。

4. 运用先进流程技术，改造老设备

“九五”期间，空分设备行业共改造大中型空分设备 32 套，其中，改为分子筛流程，改造空冷系统、板式换热器、膨胀机的有 19 套，设备容量 1 000 ~ 30 000m^3/h；增设提氩设备或配全精馏制氩设备的为 13 套，配空分设备容量 1 000 ~ 40 000m^3/h空分设备。通过技术改造，提高了设备的技术性能指标，降低了能耗，投资省、见效快、效益高。

1997 年，杭州制氧机集团有限公司对镇海炼化林德 28 000m^3/h空分设备进行了改造。改造内容：空冷系统增加空气冷却塔上段；增加氮蒸发器一台；新增分子筛纯化系统一套；更新主换热器一台；增设辅助冷凝器一台。改造后为分子筛吸附带增压透平膨胀机工艺流程，取得了令人满意的效果，年增效益 1 423 万元，二年多即可回收投资。

改造前后指标对比见表 3。

表 3 改造前后指标对比

指标名称	改造前	改造后
氧气产量(m^3/h)	26 300	27 500
氧气纯度(%)	96.3 ~ 97.8	97.86
氮气产量(m^3/h)	37 000	38 500
氮气纯度($5 \times 10^{-6} O_2$)	10	8.5
氧提取率(%)	73	76.68
单位氧能耗(kWh/m^3)	0.524	0.483
起动时间(h)	48	36

杭州制氧机集团有限公司 1998 年成功改造了上海宝钢 3# 30 000m^3/h 空分设备，该设备由日本神户制钢所提供，为切换式流程，改造后为分子筛吸附流程。改造的内容包括：增设分子筛吸附器、空气冷却塔和水冷塔的更新、冷箱内部主换热器板式单元的更换及修复、主冷凝器板式单元的更新、冷箱内主要工艺管道和全部仪表管道的更新设计。改造后的设备于 1998 年 11 月 20 日通过考核。改造后，空分设备清除水分和二氧化碳的能力增强，安全性提高、稳定性提高，经济效益明显，说明用分子筛流程改造切换式流程，是提高设备运行安全性、稳定性的有效方法。改造后 30 000m^3/h 空分设备的运行参数见表 4。

从表 4 可以看出，氧气、氮气的产量增幅分别达 14.44% 和 15.87%，液氧、液氮产量增幅分别达 1.67% 和 80%，经济效益明显。

5. 进行 3 ~ 4 万 m^3/h 空分设备攻关

行业结合国家 3 万 m^3/h 空分设备国产化重点攻关项目，在流程设计计算技术、高效精馏塔研制、新型分子筛吸附研制、高效空冷塔与水冷塔研制、新型透平膨胀机研制、计算机自动化控制技术（DCS）深化应用研究、大型低温设备加工技术攻关、填料塔、换热器等方面进行了技术攻关。

开封空分集团有限公司不仅实现了我国首台大化肥用高压绕管式换热器国产化，而且进一步将使用范围扩大到液氧内压缩流程的空分设备上，实现了4万 m^3/h 大型空分设备用高压绕管式换热国产化。

杭州制氧机集团有限公司已与国外公司合作生产了3万 m^3/h 等级空分设备10多套，成功改造了3套3万 m^3/h 等级空分设备；还针对3～4万 m^3/h 等级空分设备常用的单泵内压缩流程、双泵内压缩流程，低压膨胀制冷循环、中压膨胀制冷循环和同时生产液体产品、内压缩产品的复合型流程都进行了深入的研究，对单元部机进行了开发，绝大部分单元部机在合作生产项目及改造项目中得到了实际的应用。目前，行业已具备生产3～4万 m^3/h 等级空分设备的能力。

表4　宝钢3＃30 000m^3/h 空分设备改造前后运行参数

项　　目	合同值	改造前运行值	改造后运行值
氧气产量(m^3/h)	30 000	27 000	30 900
纯度(%)	99.6	99.6	99.616
液氧产量(m^3/h)	600	600	611
纯度(%O_2)	99.6	99.6	99.652
氮气产量(m^3/h)	30 000	28 000	32 444
纯度($\times 10^{-6} O_2$)	<10	<10	2.056
液氮产量(m^3/h)	100	100	180
纯度($\times 10^{-6} O_2$)	<10	<10	0.431
粗氩产量(m^3/h)	450		300
纯度($\times 10^{-6} O_2$)	<2.5		2.292
单位氧电耗($kW\cdot h/m^3$)		0.46	0.447

三、“十五”展望

进入“十五”，冶金、石化、化肥工业装置的规模不断增大，近期国内空分设备的需求量约25套，市场前景十分广阔，同时，所需的空分设备规模更大型化，4万 m^3/h 等级及以上的大型空分设备的市场需求不断增加。而目前，4万 m^3/h 等级空分设备的国内市场基本由国外公司所垄断。为此，行业要加快实现国产化，以我们的价格优势和相当的技术水平与国外公司竞争。

（一）继续研制内压缩流程技术

内压缩流程空分设备因可靠性高而不断得到冶金、石化、化肥等领域空分设备用户的青睐。“十五”期间，空分设备行业将在现行内压缩流程技术的基础上，不断进行完善和改进，研制与之相配套的单元机器，开发大型液体产品，更好地满足国民经济各部门的需要。

（二）实现4万 m^3/h 等级大型空分设备国产化

经过“九五”的发展，空分设备行业在技术和加工能力方面，已经能够自主设计成套生产3万 m^3/h 的空分设备。

“十五”期间，行业将以实现4万 m^3/h 等级空分设备为主，进行科研攻关和为用户实际成套的实践。目前，开封空分集团有限公司4万 m^3/h 空分成套设备国产化技改项目已被国家经贸委、国家计委列入2000年国家重点技术改造项目计划，杭州制氧机集团有限公司的4万 m^3/h 空分成套设备被国家经贸委列入2001年国家重大装备国产化创新研制项目。通过技术改造和技术创新，行业将能生产成套4万 m^3/h 等级及5～8万 m^3/h 等级空分设备，以满足国内需要和增强参与国际竞争的能力。

中国加入 WTO 对真空设备行业的影响及对策

中国通用机械真空设备行业协会秘书长　李春影

中国入世对真空设备行业来说，机遇和挑战并存。抓住机遇迎接挑战，我们有许多事情要做。首要的是分析形势，认清行业的优势和劣势，知己知彼，扬长避短。为此真空设备行业曾组织有关专家对中国入世后，真空设备行业面临的形势做了初步探讨，以供参考和借鉴。

一、中国加入 WTO 对真空设备行业发展的推动

1. 真空设备行业的基本概况

真空设备的应用十分广泛，主要用于冶金、电工、石油化工、建材、汽车、航空航天、造纸、包装、食品、医药、医疗器械、果蔬贮存，以及信息工程、生物工程、微电子等领域。几十年来，真空技术为这些行业提供了强大的技术支撑。

真空设备行业的特点是中小企业多，据不完全统计，全行业约有企业300多个(其中协会会员单位75个)，从业人员约3.5万人。到2001年，真空获得产品年产约12万台，真空应用设备年产约5千台(套)。据行业内40个企业统计，2000年完成工业总产值8.82亿元，工业增加值3.62亿元，产品销售收入8.1亿元，全员劳动生产率30 687元。这些企业实现的真空产品产值约占全行业的85%。

2. 行业优势

(1)真空设备行业从20世纪50年代在我国起步，历经40多年的发展，产品从制造单泵开始，逐步发展到今天能生产各种成套真空设备，门类齐全的完整的真空工业体系。近十年，技术水平发展迅速，一些高科技产品已经接近世界先进水平。

(2)真空行业从最初的二十几个企业发展到目前的300多个，已具有一定规模的生产能力，产品规格齐全。通过技术改造和技术引进，产品的技术水平、性能和质量有了长足的进步，行业主要企业的真空获得产品占据了60%的国内市场份额，真空应用设备也占到50%左右。

(3)真空设备多数是劳动密集型产品，成本低，具有一定的价格优势。入世前，有些企业的产品已经进入了国际市场，甚至在国际市场上形成了一定的竞争力，现在加入世贸组织了，产品出口将会有进一步的扩大。

(4)近几年经过国内市场优胜劣汰的大浪淘沙和企业的改制，生产企业向多种所有制发展，特别是股份制企业、合资合作经营企业、民营企业已经或者正在占据着行业的主导地位，企业增加了活力，提高了竞争力，有条件面对国内和国际两个市场。

3. 加入WTO后，真空行业的利益所在

中国加入WTO的原则是以关税减让为主要代价，并以享受发展中国家待遇为前提。加入WTO后，中国可以在130多个成员国中享受多边的、无条件的、永久性的最惠国待遇。这是中国经济全面加入国际分工和融入国际经济循环的必要条件。有了这一条件，中国的产品才能更广泛地参与世界市场的竞争，中国的企业也才能在更广阔的市场上寻求更多的发展机会，增强国际竞争力。加入WTO，还能够通过世贸组织多边争议的解决程序来解决国际贸易摩擦，国内的资源在国际大市场中得到优化配置，并能及时获得难得的国际经贸信息，以利于政府制定经贸政策和企业改善经营管理。

在这个大环境、大利益中，加入世贸，真空设备行业会得到哪些益处呢。

(1)国外市场向中国开放，对于真空行业中劳动密集型、附加值较低的产品，如旋片真空泵、罗茨真空泵、滑阀真空泵、往复真空泵和水环真空泵等是有利的。这些产品在国内市场行销多年，经受了较为严格的市场考验，国内市场占有率很高，与国外产品相比有显著的价格优势，入世后，经过努力，有可能进一步扩大出口，一些产品质量好、价格低、信义好的企业将获得更快的发展机会。

(2)有利于促进真空设备行业从厂商结构、产品结构、投资结构为主要内容的产业结构的升级和调整，逐步改变目前企业布局分散、规模小，产品单一等多年来真空设备行业难以解决的弊端。

(3)有利于技术进步、产品升级和新产品的开发，质次价高的产品会更快的被市场淘汰，产品更新换代的周期会缩短，几十年一贯制的产品会没有市场。

(4)有利于产品质量的进一步提高。两个市场，特别是国际市场的需求会促使企业抓产品质量由被动变为主动，中国的真空产品质量将会有一个飞跃，以促进中国自己的名牌产品的诞生和发展。

(5)企业有了更多、更广泛参与国际合作的机会，能够更直接地引进、借鉴和学习国际先进的经营理念和管理方法，从而带来崭新的管理视角和发展思路，推动企业管理的创新进程，使企业管理向更高水平迈进。

加入世贸后，真空行业进入一个崭新的发展阶段，抓住机遇，扬长避短将获得前所未有的发展速度。

二、中国加入WTO对真空设备行业的冲击和影响

1. 行业存在的问题

(1)行业内竞争激烈，全国300多个真空设备生产企业，同一产品在批量不大的情况下，多家企业同时生产，抄袭多于创新，区域产品雷同，如浙江一带的滑阀真空泵的生产，山东一带的水环真空泵的生产，从而造成低水平的恶性竞争。

(2)由于恶性竞争引起恶意降价，导致企业生产投入少，工艺水平低，新产品开发速度慢，产品二三十年一贯制。

(3)企业经营理念落后，管理方式陈旧，与现代企业的管理模式相差甚远。

(4)产品技术和质量水平与国外先进水平相比存在较大差距，能够到国际市场参与竞争的产品不多，没有自己叫得响的品牌。出口量增长缓慢。

2. 受冲击较大的产品

加入世界贸易组织，真空行业首当其冲受到冲击的产品是一些高技术、高附加值的产品，如真空获得产品中的干式泵、低温泵、真空应用产品中的集成电路生产线、液晶显示器生产线、医药冻干设备、部分真空镀膜机等等。详见表1。

表1 "入世"对部分真空产品的冲击和影响

类　别	A	B	C
技术含量	高	中	低
受冲击程度	大	中	小
出口可能性	无	小	大
真空获得	干式真空泵、小型制冷机低温泵	分子泵	旋片泵、罗茨泵、滑阀泵、往复泵、水环泵
	集成电路生产设备、光盘生产线、SIN、TFT液晶显示器、生产线、PDP显示器生产线、RH钢水处理设备	单晶炉、玻璃镀膜设备、ITO镀膜设备、医药冻干设备	装饰镀膜设备、各种真空炉、电工真空设备、食品冻干机、太阳能集热管生产线
真空检测仪表	数字真空规、便携式He质谱检漏仪	薄膜真空计、He质谱检漏仪	各种常用真空计
配备设备 阀门元件	孪生靶电源、大型超高阀门		各种真空阀门
真空材料	ITO烧结靶材、高纯碳靶材、TiNA	Cr靶	各种泵油、靶材、动、静密封材料

干式泵

表中A类产品中的干式真空泵，国外著名的真空公司都有生产，如Edwards、Ebara、Kashiama等，其中Edwards公司年产干式泵8 000套，占到市场销售份额45%。目前国外产品在国内市场的占有率也已相当可观，而我国的干式泵生产还刚刚起步，不能形成规模和批量。预计入世后该类产品的进口将进一步增加，并对国内正在研制开发的同类产品构成严重威胁。

目前国际市场干式泵的增长主要驱动力来自半导体工业的飞速发展。根据专家预测，全球半导体行业中，日本已全部采用干式泵代替油封泵，欧美也有45%用于式泵代替油封泵。而我国近几年虽然电子信息产业飞速发展，但国产干式泵的应用还不足1%。

小型制冷机低温泵

该泵在国际上有CTI、Leybold、ULVAC等公司生产。我国主要用于实验室及科学研究。这种泵除了从国外进口一部分外，国内的生产单位主要是为科研院所的需求做单件的研制，真空设备生产企业生产较少。国内同类产品短时间内要形成规模有一定困难。入世后，进口量还会有一定增加。

分子泵

分子泵在半导体设备、镀膜装置、排气系统等领域分别用来代替低温泵或扩散泵。我国主要生产分子泵的企业有国投南光有限公司、中科科仪技术发展有限责任公司等单位。此外，深圳大学、北京华特应用技术研究所、杭州三强科技公司等单位也研制生产这类产品。入世后，分子泵将是国内外企业竞争较激烈的产品。国外产品的优势是规格、品种齐全，可靠性好，目前国外涡轮分子泵平均无故障时间高达50 000～70 000h，可连续使用6～8年。国产分子泵的优势是价格低廉。国内外企业将依据各自的优势在国内市场上进行长期的较量，以争取较大的市场份额。

真空应用设备

国内外迅速发展起来的电子材料、半导体材料以及IT产业对真空应用设备有着广泛的需求。表中A类产品中的真空应用设备代表着当今的高技术水平。目前国内市场上这些产品主要以进口为主，国内企业的生产能力和技术水平没有竞争能力，并且在较长时间内难以扭转这种局面。

表中B类产品中的ITO镀膜设备是我国近年研制开发成功的，主要用于液晶显示器。虽然我国的ITO膜生产线长期投产运行表明，设备稳定，产品性能良好，但入世后，我国市场全面向国外开放，市场竞争将加剧。国内生产企业要继续提高产品技术水平和质量，降低成本，以增强竞争能力。

从目前国内市场反馈的消息，镀膜设备的进口量在进一步加大。

3. 劳动密集型产品

表中的C类产品主要为劳动密集型产品，如真空获得设备中的旋片泵、罗茨泵、滑阀泵、往复泵、水环泵；真空应用设备中的装饰镀膜设备、各种真空炉，食品冻干设备、太阳能集热管生产线；真空测量设备中的各种常用真空计以及各种真空阀门等等。这些产品国内企业生产早已进入成熟期，市场占有较大优势。但是，最近几年国际上著名的真空公司，如德国Leybold公司、Siemens公司，日本ULVAC，美国Kinney公司等纷纷在中国大陆选点设厂，生产劳动密集型产品，如各类真空泵、真空炉等，其销售对象主要是中国，其次是亚洲及其他发展中国家。在中国就地生产就地销售，降低了生产成本和销售费用。据了解原来价位为国产同类产品8倍左右的进口真空泵，转移到国内生产后其售价已降到4倍甚至更低。由此看来，外商正依靠其先进的技术，可靠的质量，国际著名的品牌优势以及适当的价格进军中国市场。入世后，这一趋势会更加强劲，因而形成对国内生产企业的严重挑战。

4. 人才的竞争

加入WTO后，与国外产品竞争的真正焦点是人才的竞争。国外企业进入中国市场后，将会依靠其雄厚的资金、良好的工作环境、诱人的待遇以及科学开放的人才管理方式与国内企业争夺人才，这将是对行业企业造成的最大威胁。

三、真空行业如何面对入世

(1)尽快熟悉和运用WTO的有关协议和规则，特别是企业领导，结合各自企业的实际情况，研究如何利用这些规则发展自己，规避风险，其次，分析入世给企业带来的利与弊以及本企业所处的地位和优势，决定在行业中的进与退，确定自己发展的方向和目标。

(2)对于一些处于幼稚期的、受冲击较大的高技术、高附加值产品，如干式泵，有关企业要充分利用入世后的过度期，加大投入，发展品种，提高质量，降低成本，尽快形成一定的经济生产规模，增强市场竞争力。

(3)对于相对受冲击较小的劳动密集型产品，要继续发挥其价格优势，进一步提高产品质量，尤其是产品的可靠性，充分利用入世后我国出口产品可以享受世贸组织成员的最惠国待遇和更优惠的普惠制；充分利用入世后，外贸经营权从审批制改为登记制，生产企业可直接面向国际市场，独立自主经营等这些有利条件，突破向内发展的格局，将产品进一步推向国际市场，扩大出口，使这些产品在国际市场上占有一定份额。

(4)对于有条件的企业可以考虑到境外去投资办厂或带料加工装配，将企业融入国际经济的大环境中。

(5)实施行业战略性结构调整，加速产业结构和产品结构的调整。围绕国际经济建设和国际市场的需求，真空获得设备和应用设备并行发展。改变目前产品品种少、创新少的状况，在传统产品中培育在国内和国际两个市场叫得响的名牌产品，注重品牌效应，依靠名牌参与国际竞争，提高市场占有率。

结合产业结构的调整，充分发挥本土联合优势，组建企业集团，真正实现资产重组，集中资金优势、技术优势，提高规模效益。在集团内实行垂直分工的专业化生产，调整和改变原有企业“小而全”的不合理结构，优化组合生产要素，避免企业间“相互杀价”的恶性竞争，促进行业健康发展。

(6)建立适应于“两个市场”的营销和售后服务体系，为用户提供快捷、方便、可靠的售后服务，塑造良好的企业形象，强化“顾客至上”意识。入世后我国市场秩序应进一步规范化，消费者选择的余地更大，优质价廉的产品和售后服务会受到空前的青睐。因此，要真正做到关心顾客的利益，学会从顾客的需要和利益出发开发产品、规划渠道、设计促销，这样才能留住老顾客，吸引新顾客，实现持续发展。

(7)及早动手吸纳人才、培养人才，尽快培养一批熟悉世贸规则，精通外语，能够参与各种经济活动的专门人才。

中国已经入世。外电评论，中国加入世贸是世界经济领域中最重要的大事。中国已经成为世界组织成员，在这个重大的变革时期，全行业要团结一致，奋发努力，在新的形势下，使我国的真空工业得到更快的发展。

加入 WTO 对我国分离机械行业的影响及对策

中国通用机械分离机械行业协会秘书长　郑芳顺

我国分离机械行业在国内制造业中，属于小行业，且大多企业技术水平不高，组织结构不尽合理，产业集中度较差，加入 WTO 后，将面临严峻挑战。分离机械作为固液分离的设备而广泛用于工、农业生产的各部门和国防、环境保护等各领域，随着科技进步和国民经济发展，其应用领域还在进一步扩大。但是，我国的分离机械工业与其他制造业比较，属于发展中的年轻工业，其技术水平与欧、美、日等先进的工业国家相比较，还有相当大的差距。为了勇敢地面对 WTO 的挑战，我们需要研究国外产品的现状和发展趋势，从而来拟定我们的战略，早作准备，提高进入 WTO 的适应能力和竞争力。

一、国外分离机械设备发展趋势

目前世界新技术的第一次浪潮已将分离机械技术推向高速发展的轨道，其总体发展趋势必与相关产业发展并进，突出表现在以下几个方面：

1. 高参数发展趋势

由于能源、资源开发、环保、三废治理等工业的大型化，要求提高单机生产能力，需要更大规格的分离机械设备，如大型压滤机等。随着企业家高效意识的增强，为了提高设备工作效率，高转速、高分离速度的设备已经出现。如高速率旋叶压滤机。随着生物医药、精细化工等行业的发展，为了提高制品的纯净度，需要更高精度的设备，如高精度动态过滤机、膜分离器等也已问世。由于节能的需要，为了进一步降低含液量，以减少后续干燥能耗，需要更高压力的调和，如加压过滤机等。

2. 多功能发展趋势

随着医药生物的发展，为了防止贵重制品的污染，需要集反应、过滤、干燥功能为一体的设备，如多功能加压过滤机等。

3. 全自动发展趋势

为了提高生产率和适应特殊场合，需要全自动化连续作业的设备，向电脑控制、机器人操作方面发展，如数控水平带型过滤机，无人操作碟式分离机等。

4. 新材料发展趋势

为了提高分离机械性能，需要强度、刚度、耐磨、抗腐蚀性能优异的新型材料，如新型工程塑料、陶瓷、硬质合金 SiO_2、橡胶、合成树脂构成的复合材料及粘结、镶嵌、衬色、喷涂等新工艺。为了提高分离精度和效率，对过滤分离机械的心脏材料——过滤介质提出了更高的要求，如各种物料相适应的新型滤布、烧结网、滤纸板、纳米超滤膜等。

5. 机型多样化发展趋势

为了对可压缩、高精度、高分散性的难分离物料、微粒子进行有效分离，需研制新型专用设备（包括专用新技术的应用），即多样化机型，但产品零件仍趋于标准化。在产品结构和功能设计上趋于采用复合式或积木式组合，以提高应变能力，如自动翻袋型分离机，超导、高速度磁分离机等。

二、国内分离机械技术水平与国外差距

解放以来，我国从无到有建立了分离机械制造业，生产的产品有力地支持了国家建设，但是从整体上来说，其技术水平与国外先进国家相比，还有较大差距。

(1)分离机械的品种、规格还较少，不能完全满足国内需要。

(2)分离机械的分离机理和应用技术研究落后、产品品种的发展速度较慢。

(3)分离机械产品的技术参数、技术水平和自动化程度比较低。

(4)分离机械产品的制造工艺还较落后、生产效率低、质量不稳定。

(5)分离机械产品的外观质量及可靠性、稳定性较差。

(6)国内的配套设备和材料还不能完全满足分离机械产品的需要，尤其是在质量上，其可靠性很不稳定。

综上几条，说明我们的产品无法与国外先进设备抗衡，因此如何改变现有产品的档次，提高竞争力，是值得我们赶快去做的一件事。

三、WTO 对我国分离机械产品市场的影响

据行业协会所掌握的情况，到目前为止，分离机械厂家引进国外技术的项目比较少，合作生产企业亦不多，合资单位几乎没有，因此在整体上，我国的分离机械产品技术水平、质量可靠性及品种规格与世界先进水平仍有较大差距。在许多重点工程或成套项目中，不少企业依赖进口，即使有些产品有国外技术和配套件，但多数是仿制品，因而知识产权的问题比较突出。所以进入 WTO 后，会给我国的分离机械产品市场带来较大冲击，尤其在重点工程及污水处理项目中。加入 WTO 后，由于关税降低，国外产品进入我国的价格亦会相应降低。在市场经济开放的条件下，许多用户，尤其是石化、冶金、医药、食品、环保等实力较雄厚的部门，对于大型成套或工艺连续性、可靠性要求高参数、大规格的产品，都会从国外引进。但事物总是辩证的，虽然加入 WTO 以后，进口产品会涌入我国，但经过一段时间后，也会对我们在新产品开发，系列规格完善化、产品大型化以及技术水平的整体提高起促进作用。另一方面，从短期来看，由于在全面履行对 WTO 的承诺之前，会有 3 至 4 年缓冲期可以继续维持原来的政策，在这段时间里，诸多企业不会马上受到太大的冲击。若在这缓冲期内，我们的企业仍麻木不仁，不思进取，没有发展，那么真正挑战是在缓冲期过后，直至以后一个较长的时期，企业将要面临生与死的考验。目前，我国的分离机械行业企业大多数单位属中小型企业，因此，这些企业在技术、质量、市场和产品结构方面，尚有很多不确定的因素，抗风险能力差。他们面临外有市场竞争，内有技术、质量缺陷等难题，入世后面临的考验更为严峻。而小型企业，还要面临国内竞争，他们在市场竞争中自然会优胜劣汰。因此，我们所有的企业，都应从自身的实际出发，寻找机遇，避免可能出现的风险，迎接入世后的挑战。

四、分离机械行业面对 WTO 的对策

根据我国分离机械行业的现状，应采取哪些措施来面对入世呢？古人云，凡事预则立，不预则废。我们要重视 WTO 带来的挑战，认真分析企业自身在国内所处的地位，产品与国际水平的差距，提高应对措施。根据行业现状，我们初步提出以下几个观点，供参考。

1. 进行结构调整，形成特色生产

对一般中小企业而言，形成自己企业的产品特色，要比扩大规模更重要。要有所为，有所不为，不要人云亦云，对自己熟悉的产品，把它做好，做大，做强，做精，不断创新和提高。对不熟悉的东西，不要轻易投资，扩大批量生产。每个企业应从自身实际出发，找准自己的定位。

2. 自愿结合进行资产重组，实现规模生产

目前分离机械行业的现状是，企业小而散，行业内不规则的竞争也屡屡发生，尤其是互相压价，自相残杀，最后对谁也不利。因此，要与国外公司抗衡，必须在技术上、组织上、资产上实施重组，强强联合，建立一些较有实力的中国分离机械制造企业集团，如果有机会与国外合作，合资引进先进技术，则更为上策。

3. 走“产、学、研”三结合道路，提高技术创新能力

我国分离机械企业的技术水平普遍较低，因为这一学科，我国起步较晚，国内研究力量不是很强、很多。因此，企业要发展，没有技术作为后盾是不行的。企业必须要进行多种形式的产学研联合，建立起开放和稳定的合作关系，跟踪国外最先进的分离机械技术成果，精心组织实施技术创新，不断增强企业发展后劲，长此以往，坚持不懈。

4. 加强扶植专业科研机构

在过滤与分离基础研究和应用研究方面，国家应大力扶植，如果进展缓慢，就难免步入后尘。目前过滤与分离的研究，还没有引起我国有关部门的高度重视，还没有建立国家一级的学会，而欧、美一些国家早就成立了，并事业性资助办有学术与技术月刊，推动了所在国产品技术的发展。因此，加强国家对分离机械研究机构的扶植，是发展我国分离机械产品的一个重要环节。

“十五”期间干燥设备行业市场浅析

中国通用机械干燥设备行业协会原秘书长　赵　健

我国干燥设备行业从形成、发展到逐步走向成熟已经经历了二十多年。现在，国际上已有的主要干燥设备绝大多数我国都已能够生产。市场上需要的常规干燥设备，我国基本上都能以国产产品满足需要。我国主要干燥设备以进口为主的历史基本已经结束。在迈入 21 世纪时，我国正开始执行第十个五年计划，又赶上我国加入 WTO，这对我国干燥设备行业既是挑战，也是机遇。因为在历经了二十几年的锻炼和摸索之后，我国生产的干燥设备在逐步满足国内市场需要的同时，也已冲出国门，销往国外市场。因此，从总的方面看，“十五”期间，我国干燥设备行业是处于挑战与机遇并存的时代，国内与国外两个市场都有较大的开发潜力。

一、国内市场

干燥设备主要应用场所仍在制药、化工、农林土特产品、粮食、轻工食品等领域。其中，粮食烘干，特别是水稻、小麦烘干用的小型烘干设备（5t/h 以下）需求量将有较大提高。预计粮食烘干机的年需求量将达到千台左右；化工产品干燥设备的年需求量将达到 3 000 台（套）左右；制药用干燥设备的年需求量将达到 3 000 台（套）左右；农林土特产品烘干设备的年需求量将达到 2 000 台（套）左右；轻工食品烘干设备的年需求量将达到 2 000 台（套）左右。在干燥设备的类型上，将以热风加热的常压干燥设备、真空干燥设备为主，而其他诸如远红外线干燥、微波干燥设备等特殊用户领域也将逐步扩大应用数量；在食品、药品干燥方面对真空冷冻干燥设备中的较大规格设备的需求量将会有增加；产品的功能组合设备（如制粒－干燥、干燥－过滤）的需求量也将增大；高自动化干燥设备在一些应用领域将会受到欢迎；干燥设备的外观质量将会更多地受到重视；腐蚀性物料烘干设备的耐腐能力和可靠的使用寿命将会受到用户的特别关心。在“十五”期间国内市场上，干燥设备生产企业将会在产品质量、产品水平、售后服务和产品价格方面出现更加激烈的竞争。

二、国外市场

“十五”期间，我国干燥设备将大幅度地扩大国外市场

的占有份额。我国干燥设备的主要出口品种是真空干燥设备，振动干燥设备，中小型粮食、食品及农林土特产品干燥设备，年出口量将超过百台。出口的主要地区和国家仍是东南亚地区及其他发展中国家，如泰国、马来西亚、新加坡、印度、缅甸、越南等。与“九五”期间相比，我国生产的干燥设备已经打开了欧、美各地发达国家的大门，“十五”期间我国的干燥设备进入发达国家市场的比例会有大幅度的增加，预计增加幅度将达到50%以上。

在买方市场条件下，目前我国干燥设备在国内市场中的占有率已达80%以上，但出口产品在国产干燥设备总量中尚占不到5%，预计“十五”期间国产干燥设备在国内市场中所占比例将要达到90%以上，出口产品在产品总量中所占的比例将达到10%以上。

在干燥设备的市场竞争中，我国干燥设备生产企业的主要竞争对手是欧洲的丹麦、瑞士、英国、德国，亚洲的日本及北美的美国等。我国生产的干燥设备与竞争对手相比，优势是价格低廉。经过认真总结经验，吸取国外先进设备之长，在产品自动化控制程度、产品外观质量、成套性和功能组合性等方面提高力度，缩小或消除与国外产品的差距，使我国干燥设备产品在国内、国外两个市场中都成为主导力量的趋势是可以形成的。特别是在我国政府所采取的鼓励发展替代进口产品和支持产品出口的各项相应政策的支持下，更强化了我国干燥设备在国内、国外两个市场中的竞争优势。我国干燥设备产品生产的市场前景是广阔的，尤其在为应用领域开发各种新产品所具有的相应保证作用和促进作用中，更体现了干燥设备产品本身的发展和提高将是永远不能停止的。

为了说明干燥设备产品市场的情况，现就几种类型的干燥设备市场预测分述如下：

1. 沸腾制粒干燥机

国内俗称“一步制粒机”，该设备是在80年代引进国外同类型产品的基础上，经消化吸收、改进后设计而成的。首先在制药行业推广并应用，由于其具有操作简便、性能优越、制造精良，尤其是能满足制药、食品工业“GMP”规范的要求而获得广大用户的认可和欢迎。该机主要适用于中、西药以及食品类的干燥、制粒，所制得的颗粒具有崩解度强、流动性好、速溶性好等特点，可直接用来压片、灌胶囊、作冲剂、作固体饮料等。据不完全统计，目前我国有中西药制药厂约6 000个，其中需要按“GMP”规范要求实施改造的就有数千个。这些企业只有按照国家的规定在2004年之前完成“GMP”改造才能有生存之路，否则将被淘汰。而这些企业在进行“GMP”改造中，几乎都要选用沸腾制粒干燥机。在国际市场上，那些发展中国家及不发达国家和地区，他们总希望购买到价廉物美的干燥制粒设备。在这些方面我们与发达国家相比，具有比较明显的价格优势，在未来的5年内，这部分市场的消费还有一定的空间。

此外，国内的高科技生物工程正在蓬勃发展。估计“十五”期间，这部分工程项目对此设备也将具有较强的需求。

除国内外的制药厂家外，国内外的食品（固体饮料、保健食品等）企业，饲料生产企业也在看重此类干燥设备，而且这部分市场有日趋扩大的趋势。

目前，国内生产沸腾制粉干燥机的企业约有二十多个，每年生产200余台，年总产值4 000万元左右。但大部分产品还是集中在3～5个企业，这几个企业生产比较专业，具有一定的开发、生产能力，产品制造比较精细，用户反映较好，有明显的品牌优势。

总之，国内外市场对一步制粒机的需求，在“十五”期间的前两年，每年都将递增，但在2003年以后的两年中，随着制药工业的GMP改造的完成，需求即将饱和，而且将迅速衰退。此外，我们还必须看到，与发达国家相比，我们的产品水平还存在一定的差距。这就要求我们必须要面向世界，结合实际使用经验，借鉴国际先进技术，探索新工艺，开发新技术，拿出新产品去参与竞争。只有这样，在国内外市场上才能占有一席之地。例如要加快设计研究制造集混合→流态化造粒→包衣→干燥于一体的多功能一步制粒机。同时，又要着手研制开发能连续实现普通化进料、混合、制粒、干燥，连续出粒的一步制粒机，实现真正意义上的“绿色装备”、“绿色生产”，为一步制粒机开拓出一个更广阔的市场空间。

2. 滚筒干燥机

滚筒干燥机广泛适用于食品、饲料、化工等工业领域作为干燥粘稠状液态物料之用。其工作原理为在一圆柱形滚筒内施以饱和水蒸汽（或导入热油及冷凝剂）作加热（冷却）介质，物料喷涂于滚筒外壁并被加热（或冷却）、熟化、成膜、干燥（蒸发），最终被铲刮下来而制成为成品。这种密闭传导的工作原理具有显著的节能性和工艺稳定性。

据不完全统计，在“八五”、“九五”期间，我国的食品、饲料、化工等行业共装备各种类型的滚筒干燥机约1 000台。其中，从日本、荷兰、德国、波兰、美国等国家及中国台湾引进约200台，其市场占有率约20%；国产机约为800台，其市场占有率约为80%。

预计“十五”期间，我国滚筒干燥机总需求量约为600～1 000台。马铃薯预糊化淀粉生产和雪花全粉生产已经列为国家经贸委“十五”规划食品工业发展的重点和主要方向，并且列入科技部国家“十五”科技攻关项目计划。这是滚筒干燥机“十五”期间的重要应用行业。“八五”和“九五”期间获得迅速发展的速溶营养麦片经过调整充实和提高后将会进入新一轮发展阶段。“十五”期间该行业对滚筒干燥机的应用量将会以每年15%左右的速度递增。与我国饲料行业和变性淀粉行业的“十五”规划相适应，“十五”期间我国变性淀粉行业对滚筒干燥机的需求量将比“九五”期间有一个较大的发展，预计总需求量将超过400台（套）。

我们将继续开发滚筒干燥机的新用途、新领域，为在“十五”期间将滚筒干燥技术达到国际先进水平，且在国内实现用国产滚筒干燥机完全替代进口产品而努力。

3. 离心喷雾干燥机

由于离心喷雾干燥在染料、乳品等领域的应用取得了十分理想的效果，因此多年来该设备在这些部门中得到广泛的应用，而且设备本身的技术水平和制造质量也有了长足进步。近年来由于大型离心喷雾干燥机在烟气脱硫应用方面受到注意，因此该机具有良好的发展前景。

仅就烟气脱硫而言，由于烟气排放中的硫给环境带来极大的污染，有些地区经常发生酸雨。随着我国对环境质量日趋重视，因此对烟气排放企业的烟气脱硫要求也日趋严格。由于每小时喷雾量大于10t的大型离心喷雾干燥机具有理想的烟气脱硫效果，预计除在合成染料等化工产品中应用外，目前我国至少有10 000台10t以上的锅炉还是只除尘，不脱硫，再加上电厂、焦化厂、水泥厂等烟气排放量大的企业的环保改造的需要，预计该设备每年市场的需量可达百台(套)以上。

4. 粮食干燥仓贮设备

目前，粮食的烘干及仓贮已经得到国家和各有关部门的高度重视，再加上环保等方面要求，我国已开始转变过去粮仓烘干主要靠自然晾晒的局面，粮仓烘干设备和仓贮设备开始得到普遍推广，“九五”期间，仅世界银行货款的中国粮食流通项目在我国东北、内蒙就建立59个粮食中转库和279个收纳库，再加上各地粮食部门自筹资金建立的粮食流通项目，每年仅此行业至少也要应用20台(套)粮食干燥仓贮设备。“十五”期间，我国将继续加强粮食烘干仓贮设备的投入。随着社会的发展，乡镇、集体甚至个人对小型烘干设备，特别是适用于水稻、小麦、种子处理的小型(处理量<5t/h)烘干设备的需求量将逐渐增加。“十五”末期预计我国对各类烘干设备的需要量将达到每年千台(套)左右。

5. 大型蒸汽灭菌、真空冷冻干燥机

蒸汽灭菌、真空冷冻干燥机是保证生物药品质量的关键设备。随着国民生活水平日益提高，对具有复水性好 、色泽保持及营养保持性好的经真空冷冻处理的食品、蔬菜、保健品、营养品的需求量不断增加，因此，适应这些产品需要的大型真空冷冻干燥设备的需求量也将随之增加。仅国内市场在“十五”期间预计每年需求量可达百台(套)(指上述两种类型)，“十五”期间国际市场也将有良好的开拓前量。因此，上述产品在“十五”期间将是本行业重点发展并具有良好潜力的产品。

6. 垃圾处理后期干燥设备

由于城市生活垃圾的填埋会破坏土质和地下水资源，焚烧又产生有害废气，而现在使用的使城市生活垃圾转化为有机肥料的干燥设备，其热效率低，成本高，设备也庞大。为此，研制高效、低成本、结构紧凑的干燥设备，将在未来的城市生活垃圾处理及有效利用上发挥积极作用，具有十分广阔的市场前景，预计“十五”期间，每年市场销售量可达100台以上。

7. 糟渣及水产畜禽下脚料干燥设备

在酿造、制药、水产品加工及畜禽产品加工过程中产生大量的糟渣、下脚料。这些废弃物如果经过合理处理加工，是良好的饲料原料，会给社会带来巨大的财富。但目前我国缺少理想的专用设备，使这些资源无法得到很好利用，这不仅造成了巨大浪费，而且还给环境带来了极大的污染。国外经济发达国家从20世纪70年代末就开始了这一项目的研究并已取得成功。目前，国外已有成型技术，我国也已有个别企业(如北京酒精厂、铁岭玉米深加工集团公司等)从国外引进了成套设备。但由于国外设备的费用昂贵，我国大多数企业难以接受采用。为此，铁岭精工机械有限公司等企业从20世纪90年代开始在分析研究国外现有设备的基础上设计研制适合我国国情的糟渣及水产品下脚料处理的干燥设备并取得了可喜地进展。

据统计，我国现有制药企业达7 000余个，酿造厂4 000多个，大型养鸡场、水产品加工厂都在数百家以上。因此，研制、开发，生产相适应的干燥设备具有十分广阔的市场前景。“十五”期间，至少每年可推广100套以上。

综上所述，由于我国现在已生产的干燥设备的品种日益增加，适用范围不断扩大，产品水平及产品质量在迅速提高，所以在市场上的竞争能力也就不断地在加强，我国干燥设备行业的发展前景仍将是良好的。在我国加入WTO之后，由于我国干燥设备已经开始进入较成熟阶段，能够比较好地满足各方面用户的实际需要，而在价格上又明显的比国外设备低廉。一般说来，我国生产的干燥设备，售价只有国外相同产品的1/3。于是在市场竞争中便为我国产品创造优势。另一方面，由于在加入WTO之后，我国干燥设备生产企业可以更多地与国外交流，有利于促进我国产品的改进、提高，加快缩小与国际先进水平的差距，提高我国产品在用户中的信任度。由丁丁燥设备一般都是结构体积较大，很多设备都涉及较多的现场安装、调试和售后服务等工作量。因此，对国内用户而言，国产设备较进口设备具有相对明显的优势。因此，加入WTO之后，虽然在一段时间之内，国外产品可能在某种程度上对国产设备产生冲击和影响，但从总体市场发展角度上看，从我国干燥设备行业长远发展上看，我国加入WTO对本行业将会产生积极有利地影响。

减变速机行业协会对“十五”期间市场的分析

中国通用机械减变速机行业协会秘书处

预测减变速机行业协会在“十五”期间的市场变化情况，就要分析减变速机行业协会自成立到现在13年来在全国及行业中的宏观态势的变化情况来看它自身的规律，分析这种规律，找出这种规律的依据，才能从今后发展变化的趋势中作出比较中肯的来预测市场。

我们对13年中各会员厂的大量报表数据进行采集，但又不把它看成是静止的，单一的，而是综合地统一地看它的规律性。

一、十三年来宏观态势的变化

1. 全国生产减变速机企业的分布情况

据不完全而比较粗的统计，截止到2000年国内各种性质的生产减变速机的企业涉及到27的省、市、自治区，其总数为330个(包括会员单位)，其中天津7个、北京11个、上海19个、河北11个、山西5个、内蒙3个、辽宁53个、黑龙江7个、吉林9个、江苏61个、浙江46个、山东18个、广西4个、四川13个、甘肃5个、陕西15个、广东11个、江西4个、河南7个、湖北8个、湖南4个、青海1个、贵州2个、新疆1个、安徽1个、云南1个、福建3个。

2. 产品变化情况

1992年以前，我们减变速机行业协会企业基本上还是生产单一品种，即摆线针轮减速机其中只有很少数厂家还有其他产品。到1992年以后在产品品种上已经发展到五大类近百个品种，还从这些品种中衍生出名目繁多的非标产品，尤以1995年以后更为突出。据初步统计五大类产品即：

(1)摆线针轮减速机产品：有更新换代的X8000系列、X、B系列摆线针轮减速机，微型摆线针轮减速机，精密铸造微型摆线针轮减速机，非标摆线针轮减速机。

(2)机械无级变速类：有MB、JWB、YNT三个系列转臂行星机械无级变速机，齿链式机械无级变速机，白威尔无级变速机。新开发CV差动封闭无级变速机，MBK行星差动无级变速机，带数显全自动调速变减速机，MBN精密铸造无级变速机。

(3)齿轮类减速机：有ZO、JZO型圆柱齿轮减速机，XJL行星齿轮减速机，自动扶梯曳引机，汽车检测专用减速机，ZJY75-300、ZJ63-630型轴装式硬齿面减速机，TCJ100-400型齿轮减速机，TX25-600立式行星齿轮减速机，JWY、SZJ型单螺杆、双螺杆挤出专用齿轮箱，QJ14-1000型、ZQA250-1000型起重用齿轮减速机，ZD100-1650型圆柱齿轮减速机，NAD200-2000、NGW型行星齿轮减速机，DBY、DCY160-560型圆锥圆柱齿轮减速机，ZDY、ZLX、ZSY80-710型硬齿面圆柱齿轮减速机，TK齿轮一伞齿减速电机，齿轮-蜗轮减速电机，TP80-710多边安装垂直轴硬齿面减速机，TR齿轮减速电机，TF轴装式齿轮减速电机，R系列斜齿硬齿面减速机，K系列螺旋锥齿轮减速机，F系列平行轴斜齿轮减速机。

(4)蜗轮、蜗杆减速机类：有圆弧齿圆柱蜗杆减速机，TS系列齿轮蜗轮减速机，圆弧齿蜗杆减速机。

(5)电动滚筒类：有WD型外装式电动滚筒，TJ型油浸式电动滚筒，TJ型从动滚筒，电磁制动式、机械逆止式电动滚筒，重载钢轨输送滚筒，圆木输送机滚筒，卷扬滚筒，双层筒体电动滚筒，筒体带V形槽电动滚筒，链轮输送机滚筒，钢管输送机滚筒，锥形滚筒，板条状滚筒，螺旋输送滚筒，单相电动机滚筒，无级调速电动滚筒，TDY75型油冷式电动滚筒，DYI移动油冷式电动滚筒，逆止式包胶滚筒。

说明我们行业企业的决策者在观念上发生了深刻的变化。他们已经从卖方市场向买方市场转变，用户需要什么就生产什么。还说明在减变速机国际财团及跨国公司涌进中国的时候，已经及早做了产品结构的调整。

3. 外资企业涌进中国

这是国内市场变化的十分重要的阶段，1995年以前这些老牌减变速机国际财团及跨国公司仅是看看谈谈，1995年以后就动真格的了，他们选址建厂，招兵买马，筹建企业，进度极快。已进驻我国的外国公司有：日本住友财团的天津住重减变速机有限公司，德国的跨国公司的天津Sew—EURODRIVE有限公司，芬兰的圣坦撒罗(SANTASALD)，英国跨国公司的汉森减变速机有限公司，以及三木，福兰德等。在这些外资企业中，大概要算德国Sew实力最大，它是跨国企业，是世界大型减变速机制造集团。他们制造齿轮减速机，总部设在德国布鲁塞尔，在全球拥有8个大型制造厂，40个组装厂及180多个办事处。这些外资企业在中国的投资额，按人民币计算约为20.095亿，在1996～1997年之间投产，1997年销售额约为1.2亿至1.5亿，2000年网上资料显示为40 889.9万元。约为国内企业整个市场的15%～20%，仅仅几年的功夫，已初具规模。这些外资企业的特点是资金雄厚，产品水平高，加工设备及手段先进，产品质量好，他们瞄准国家重点工程，提供配套，不惜血本争夺中国市场，目前在一些产业行业领域与国内企业争夺较为激烈。他们在进入国内市场初期，其产品价格较高，目前也纷纷降价，参与到行业价格竞争中，加上国内有些行业企业财大气粗，愿意花大价钱购置先进的或者说外资企业的产品，因此一些市场已被外资企业占有。另外国家对外资企业的优惠政策也有利于他们的快速发展。我们减变速机行业协会与他们在有政策优惠的条件下共存了5至6年。所以对我们减变速机行业协会来说，在某种意义上讲，我们早在1997年就加入了WTO。

4. 产量变化情况

我们减变速机行业协会13年来的产品产量情况见表1。

表1　减变速机行业协会13年来的产品产量情况

年　度	1988	1989	1990	1991	1992	1993	1994	1995	1996	1997	1998	1999	2000
产量(万台)	15.8	30.2	14.9	12.1	19.2	34.6	29.2	26.6	37	30.8	29.2	30.3	41.8

表1中的数据是行业协会13年来所收集的统计资料，并不完善，但基本上能反映减变速机行业的生产情况及13年产量变化。

二、销售量和销售收入曲线图

我们采用销售量曲线图及销售收入曲线图，来说明行业市场变化情况，具体详见图1、图2。

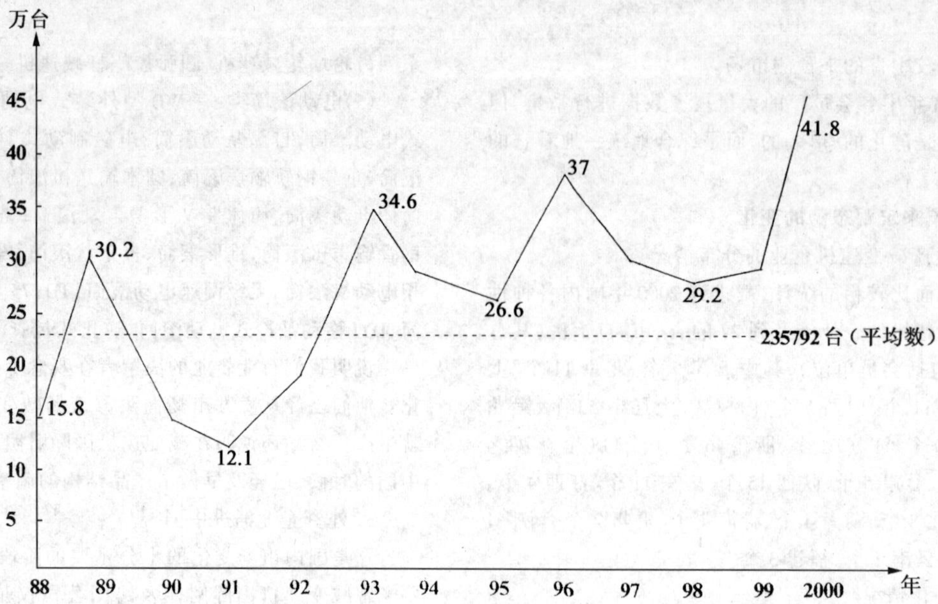

图 1　销售量曲线图

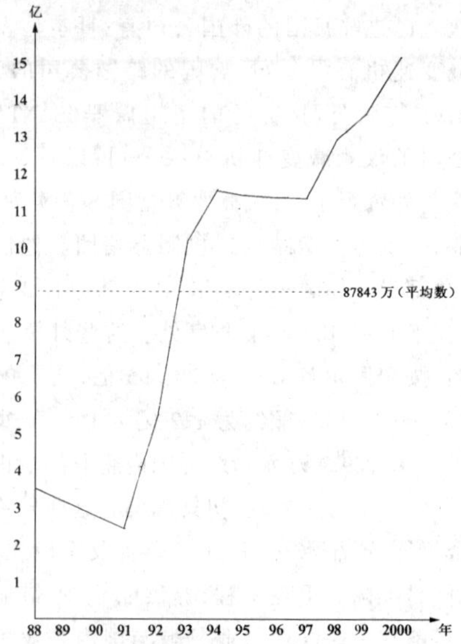

图 2　销售收入曲线图

1. 高低峰及平均值的分析

从销售量曲线图中不难看出由 1988 年的 15.8 万台上升到 2000 年的 41.8 万台，在 13 年中经过了 4 个高峰期，即 1989 年的 30.2 万台、1993 年 34.6 万台、1996 年的 37 万台、2000 年的 41.8 万台。同时又经过三个低峰期，即 1991 年的 12.1 万台、1995 年的 26.6 万台、1998 年的 29.2 万台(以上数据只取千位)。第一个低峰期经历了三年，即 1991 年至 1992 年；第二个低峰期经历了二年，即 1994 年至 1995 年；第三个低峰期经历了三年，即 1997 年至 1999 年。在 13 年中低峰期的间隔时间是 2 至 3 年，平均周期是 2.6 年。这 13 年中平均产量是 23.5 万台，有了这个平均数再来对比高峰期的周期。第一个低峰期比平均数底 11.4 万台，这是发生在 1991 年，第二个低峰期就比平均数高出 3.1 万台，这是发生在 1995 年，第三个低峰期比平均数又高出了将近 7 万台，这是发生在 1998 年。这条 13 年的曲线还告诉我们还有更有前景的数字，它们是第二个低峰比第一个低峰高出 14.5 万台，第三个低峰比第二个低峰又高出将近 2.6 万台。这说明 13 年中三个低峰年的最底值中有二个最底值已经超过了 13 年的平均值，而且三个低峰值一个比一个高。在 13 年中又有四个高峰年，1993 年高峰年比 1989 年高峰年高出 4.4 万台，同样 1996 年比 1993 年高出 2.4 万台，2000 年比 1996 年高出将近 4.8 万台。在 13 年中高于平均数的年份是 9 年，而且在 1993 年以后连续 8 年都高于平均数，其高峰年一年比一年高。这条曲线最重要的地方是说明了 13 年来的变化规律，发展趋势。

2. 产品销售收入和销售量曲线对比分析

销售量曲线图的走势能不能从销售收入曲线图中得出佐证。在销售收入曲线图表中，这条曲线中有 8 年超过平均值，在平均值以上含有销量曲线的三个高峰年，三个低峰年中同销量曲线一样，有二个高于平均值，二个徘徊段即 1988 年至 1991 年和 1993 年至 1997 年，这同大气候相适应。因此基本上佐证了发展规律。

三、“十五”减变速机市场的预测

通过上述详尽的分析充分说明了我们减变速机行业协会成员单位的决策者，通过他们的艰辛、顽强的努力，走出了一条开拓、创新的发展道路。这是预测市场的必备条件。

因此我们预测在“十五”期间减变速机的总销量在二个平均数之间(一个平均数是 13 年的平均数为 23.5 万台，第二个平均数是 13 年中四个高峰年平均值为 35.9 万台)，即 23.5 万台至 35.9 万台之间可能性较大，是高出 13 年平均数的 4 至 5 个百分点。

四、市场规律的分析

我们是在总结过去 13 年来宏观的变化的基础上对“十五”期间的市场作出预测的。这些变化是会员单位的变化——增加，非会员单位的变化——猛增，产品品种的变化——大幅度调整，外资企业的大量涌进，以及在这 13 年中国家大气候的变化—改革、开放、调整、软着陆等。我们减变速机行业协会 13 年来就处在这个过程中，将这 13 年的数据总结出来找出来它的发展变化规律，由此作出的“十五”期间的市场情况预测，其结论就比较中肯。

China General Machinery Industry Yearbook

中国通用机械工业年鉴

2002

产品概况

产品概况 CHANPINGAIKUANG

China General Machinery Industry Yerqrbook

- 泵
- 风机
- 压缩机
- 阀门
- 气体分离及液化设备
- 真空获得及应用设备
- 分离机械
- 干燥设备
- 减变速机

泵

一、生产发展情况

2000年中国通用机械泵行业协会会员企业总数为235个。据对134个会员企业的统计，职工总数为6.8万人，其中工程技术人员为7 009人；固定资产原价约55亿元；完成工业总产值（不变价）450 792万元；完成工业增加值约13.4亿元；实现利润2 546万元，同比增长2.32倍；完成产品产量约280多万台。

盈利成倍增长的主要原因，一是盈利大户拉动行业盈利水平的成倍增长。2000年行业盈利大户的丰球集团公司盈利1 984万元、上海大隆机器厂1 952万元、丹东克隆集团有限公司1 092万元、博山水泵厂股份有限公司1 015万元、山东省潍坊生建集团1 211万元、山东双轮集团股份有限公司1 403万元、佛山水泵厂有限公司868万元、长沙通大集团有限公司654万元、广州广一集团有限公司614万元、安徽三联泵业股份有限公司463万元，10个企业合计盈利11 256万元，占行业盈利16 072万元的70%。由此可见，盈利大户对行业盈利水平的影响是很大的。二是费用和税金的减少，增加了行业利润。2000年财务费用比上年减少2 234万元，产品销售税金和附加比上年减少229万元，管理费用中的税金比上年减少758万元，劳动、待业保险较上年减少4 265万元，总共比上年减少7 486万元，相应增加了行业利润。三是产品销售利润和其他业务利润增加，带动了行业利润的提高。

2000年，25个骨干重点企业完成工业总产值约17.2亿元（不变价）；完成工业增加值约5亿元；完成产品产量约1 079 757万台。具体指标见表1、表2、表3。

2000年泵行业经济效益综合指数实现65.58%，同比提高1.5个百分点。从地区看：东北地区降低2.78个百分点，华北地区提高14.47个百分点，西北地区提高8.48个百分点，华东地区提高18.27个百分点，中南地区降低15.07个百分点，西南地区降低8.22个百分点。2000年泵行业整体经济效益虽然各地区间不够平衡，仍然在低水平下运行，但较前几年已有较大的好转了。这是由于近几年企业深化改革，转换机制，人员分流，强化营销和管理，提高了全员劳动生产率、产品销售率，降低了资产负债率的结果。

表1　2000年泵行业骨干重点企业产值完成情况

序号	企业名称	工业总产值（不变价）			销售产值		
		全年完成（万元）	上年完成（万元）	为上年完成%	全年完成（万元）	上年完成（万元）	为上年完成%
1	沈阳水泵股份有限公司	20761	20583	100.7	18610	22238	83.7
2	上海凯士比泵有限公司	20527	20126	102.0	14130	17992	78.5
3	长沙通大（集团）长沙水泵厂	13329	13385	99.6	15747	13553	116.2
4	大连耐酸泵厂	16963	10155	167.0	15459	10488	147.4
5	石家庄泵业集团有限公司	8868	8451	104.9	11757	11455	102.6
6	天津泵业机械有限公司	16666	18056	92.3	12185	12970	93.9
7	无锡市水泵厂	7893	9226	85.6	8797	10794	81.5
8	武汉四方泵业集团有限公司	2558	8028	31.7	2637	6496	40.6
9	博山水泵厂股份有限公司	15342	7700	199.2	19364	10519	184.1
10	佛山水泵厂	13788	13115	105.1	13659	12068	113.2
11	本溪水泵厂	2588	3294	78.6	2646	3436	77.0
12	上海第一水泵厂	5500	4871	112.9	5150	3937	130.8
13	重庆水泵厂	5880	4660	126.2	4667	3989	117.0
14	上海深井泵厂	3358	3333	100.8	1999	2902	68.9
15	自贡工业泵厂	2750	3217	85.5	2580	3047	84.7
16	四川新达集团有限公司	1188	2186	54.3	1317	2804	47.0
17	豫通企业（集团）公司新乡水泵厂	1196	1271	94.1	1438	1605	89.6
18	沈阳潜水泵厂	3408	3323	102.6	4899	3908	125.4
19	宝鸡水泵厂	2467	2382	103.6	1328	1598	83.1
20	兰州水泵总厂	1948	2324	83.8	1462	1996	73.2
21	北京水泵厂	—	1 537	—	—	1 701	—
22	阳泉市水泵厂	2 411	2 195	109.8	1 955	2 213	88.3
23	哈尔滨水泵厂	1 300	1 350	96.3	1 484	1 557	95.3
24	甘肃水泵厂	378	310	121.9	446	329	135.6
25	济南水泵厂	492	375	131.2	453	316	143.4
	合计	171 559	165 453	103.7	164 159	163 911	100.2

表2　2000年泵行业骨干重点企业销售完成情况

序号	企业名称	销售收入		销售成本		利润总额	
		全年完成（万元）	为上年完成%	全年完成（万元）	为上年完成%	全年完成（万元）	为上年完成%
1	沈阳水泵股份有限公司	15182	72.5	7699	56.8	248	103.4
2	上海凯士比泵有限公司	14185	84.3	10441	77.6	－1470	—
3	长沙通大(集团)长沙水泵厂	17548	107.3	11469	108.3	654	80.7
4	石家庄泵业集团有限公司	13524	117.2	7684	126.8	386	110.1
5	大连耐酸泵厂	16544	145.0	12787	177.4	－1581	—
6	天津泵业机械有限公司	16941	89.8	12740	87.2	36	22.3
7	无锡市水泵厂	8870	81.7	7003	81.8	33	94.3
8	武汉四方泵业集团有限公司	2732	42.8	2020	45.6	－1341	—
9	博山水泵厂股份有限公司	16355	171.9	11421	187.4	1015	906.3
10	佛山水泵厂	13659	113.2	9148	110.0	868	151.5
11	本溪水泵厂	2394	75.0	1938	94.4	－396	—
12	上海第一水泵厂	4915	127.8	3917	141.3	15	214.3
13	重庆水泵厂	4765	113.6	2571	111.5	105	500.0
14	上海深井泵厂	1933	92.4	1372	95.7	1	33.3
15	自贡工业泵厂	2501	82.2	1593	78.6	－353	—
16	四川新达集团有限公司	1526	63.4	1055	63.2	－297	—
17	豫通企业(集团)公司新乡水泵厂	1199	79.9	836	88.1	－290	—
18	沈阳潜水泵厂	4513	102.0	2690	104.5	212	115.2
19	宝鸡水泵厂	1315	84.1	914	83.5	－598	—
20	兰州水泵总厂	1462	73.8	1270	74.7	－268	—
21	北京水泵厂	—	—	—	—	—	—
22	阳泉市水泵厂	1890	86.5	1182	89.2	—	—
23	哈尔滨水泵厂	1748	102.3	1055	77.8	—	—
24	甘肃水泵厂	446	135.7	333		－445	—
25	济南水泵厂	450	198.2	330		－4	—
	合计	166596	98.5	113467		－3471	

表3　2000年泵行业骨干重点企业主要产品产量完成情况　　（单位：台）

序号	产品名称	合计			重点骨干企业小计		
		生产量	销售量	库存量	生产量	销售量	库存量
1	单级单吸清水离心泵	349507	354070	119587	22808	26529	3614
2	单级双吸清水离心泵	11673	12057	2629	5215	5345	742
	其中:812.8mm(32in)以上	44	44	10	44	44	10
3	多级离心泵	77903	77586	21183	9241	10329	879
	其中:152.4mm(6in)以上	1112	783	121	700	353	94
4	锅炉给水泵	14320	13960	4874	1314	1471	267
	其中:高压	2	2				
5	轴流泵	6791	7087	860	1202	1189	215
6	混流泵(斜流泵)	9498	9878	1695	2165	2126	384
7	旋涡泵	34670	30112	19445	189	242	107
8	冷凝泵	17618	16839	190	138	194	162
9	热水泵	18345	17595	3446	933	918	396
10	船用泵	11653	11588	905	861	825	161
11	深井泵	32002	32904	21326	627	616	636
	其中:长轴深井泵	6014	6369	2631	618	607	623
12	潜水电泵	194960	195987	38551	8086	8975	9259
	其中:深井潜水电泵	11328	8612	8129	323	397	174
	小型潜水电泵	6654	6625	6718	492	492	137
13	喷灌泵	2086	2218	2017			
14	微型泵	25092	25263	593			
15	屏蔽泵	24	20	19	24	20	19
16	离心油泵(化工流程泵)	4495	4341	2889	512	463	167

（续）

序号	产品名称	合计			重点骨干企业小计		
		生产量	销售量	库存量	生产量	销售量	库存量
17	耐腐蚀泵	10296	10413	2770	3956	3932	807
	其中:塑料泵			1			1
18	液下泵	1873	1773	317	198	189	62
19	齿轮泵	21382	20503	3605	254	252	99
20	螺杆泵	7042	7084	1781	4734	5055	918
21	污水泵	32775	30758	1918	1813	1957	494
22	泥浆泵	5772	5716	1048	978	1058	486
23	灰渣泵	2021	2143	389	1763	1902	216
24	胶泵	902	896	122	853	870	104
25	砂泵	598	664	86	213	277	26
26	水环真空泵及压缩机	5331	5396	584	1343	1298	167
27	机械真空泵	1766	1951	537	12	10	2
28	往复真空泵	137	109	83	—	—	—
29	电动往复泵	898	878	329	312	265	197
	其中:高压	293	257	76	227	191	70
30	蒸气往复泵	529	798	278	77	107	133
31	计量泵(比例泵)	1178	1245	402	1176	1243	402
32	试压泵	166	148	72			
33	手摇泵	129	122	36	14	2	16
34	管道泵	76278	78560	14922	4375	4497	216
35	其他泵	50047	50376	18925	10885	11628	1859
	合计	1029757	1031038	288413	86271	93784	23212

沈阳水泵股份有限公司针对2000年生产任务不足,生产资金紧张的情况,进行生产结构调整,减少中小型设备生产能力18万h,加大大中型设备生产能力15万h。通过调整基本上满足了生产需要并取得了良好效果。另外对大型、生产周期长的产品做到提前启动,提早投入生产准备工作,使生产任务与生产能力基本上趋于平衡。该公司2000年完成的重大生产任务:(1)大型火电机组配套用泵。主要有沙岭电厂7、8#300MW火电机组配套用泵;温州电厂300MW火电机组配套用泵;信阳电厂300MW火电机组配套用泵;盘山电厂300MW火电机组配套用泵;宣威电厂300MW火电机组配套用泵。(2)为石油化工厂、炼油装置提供配套用泵。主要有镇海石化公司、安庆石化公司、乌鲁木齐石化公司、锦西炼油厂、金陵石化公司等提供配套用泵。沈阳水泵股份有限公司坚持以市场为中心,大力调整市场结构,开发新的市场领域,有力地扭转了市场颓势,在国内所有立项泵的招标中,中标率达55%,特别是国内最大的供水工程——东深供水工程一举中标,开辟了该公司新的市场天地。

长沙通大(集团)有限公司针对订货产品交货期短,品种多,大泵减少,小泵增多的情况,调整生产组织体系,将生产计划、采购、工艺、设备等部门合并,增强生产指挥能力,减少协调环节,生产部门在克服订货产品变化和公司股改影响的双重困难下积极创造条件,全年生产水泵2 895台、工矿配件336.5t。该公司承接出口伊拉克174台泵的生产任务,显示了该公司在承接出口任务中所具有的雄厚实力。

广州市第一水泵厂把迈向环保领域作为企业新的经济增长点。该企业看准市场发展趋势,开发设计了环保产品(水、气、声治理)。2000年初安装在广州市内环路的SHP隔声屏障、广西的陶瓷黑烟治理、三水啤酒废液处理等均得到社会的广泛认可和环保部门的肯定,2000年10月被中国环保产业协会评定为“中国环保产业骨干企业”。

二、市场及销售

2000年国内水泵市场的特点是供求趋于平衡。随着市场经济体系的建立,各企业市场化经营水平整体提高,调整产品结构,积极开发适销对路产品,以产定销。泵行业会员企业经过努力完成销售产值约45亿元;国内销售收入约44.2亿元,销售利润比上年增加158万元;产销率为96.12%;目前产品国内市场占有率已达到84%左右。

随着市场经济体系的建立,各企业市场化经营水平整体提高,调整产品结构,积极开发适销对路产品,以销定产,使得产成品存货增长势头得到了遏制。2000年产成品存货113 751万元,同比降低7%。产品库存288 413台,同比减少47 324台,降低14.1%。产品库存月当量为2.8个月,比上年下降了0.6个月。

2000年国际市场形势有所好转,随着亚洲经济的复苏,泵产品出口快速增长。

各企业积极开拓国外市场,扩大出口,增加创汇,实现出口交货值49 568万元,同比增长23.5%。其中自营出口创汇4 841万美元,同比增加541万美元,增长12.6%。西北地区出口470万元,同比增长17倍。西南地区出口148万元,同比增长105.6%。华北地区出口1 904万元,同比增长44.1%。华东地区出口40 077万元,同比增长33.5%。东北地区出口3 186万元,同比降低16.4%。从出口地区看,西北、西南和华北地区出口正在迅速增长,加快了开拓国外市场的步伐。华东地区仍然保持快速增长,而且出口较多的企业大部分集中在该地区。

在泵行业会员企业的努力下,2000 年实现自营出口创汇 4 841 万美元。产品出口的主要国家和地区是:美国、日本、中东、德国、加拿大、澳大利亚、巴基斯坦、希腊、东欧、伊拉克、东南亚等。2000 年泵行业会员企业按销售收入和出口额排序前 10 名企业名单见表 4。

表 4 2000 年泵行业会员企业销售收入、出口额前 10 名企业

序号	企业名称	销售收入(万元)	序号	企业名称	出口额(万元)
1	浙江丰球集团公司	25908	1	浙江丰球集团公司	10077
2	山东双轮集团股份有限公司	17874	2	博山水泵厂股份有限公司	8738
3	长沙通大(集团)长沙水泵厂	17548	3	上海凯士比泵有限公司	3377
4	天津泵业机械集团有限公司	16941	4	山东亚龙泵业集团总公司	3125
5	大连耐酸泵厂	16544	5	佛山水泵厂	2724
6	博山水泵厂股份有限公司	16355	6	安徽三联泵业股份有限公司	2087
7	沈阳水泵股份有限公司	15182	7	安徽莱恩电泵有限公司	1880
8	上海凯士比泵有限公司	14185	8	无锡市水泵厂	1774
9	佛山水泵厂	13659	9	山东双轮集团股份有限公司	1688
10	石家庄泵业集团有限责任公司	13524	10	南京古尔兹制泵有限公司	1300

目前我国泵行业面临的形势是:一方面很多中小厂家开工不足吃不饱,另一方面国内市场大量被国外产品占领。进口泵的主要特点:一是进口泵中配件所占比例很大,约占总金额的 50%;二是很大一部分配套进口泵的结构材质和性能较为特殊,如潜油泵、流程泵中带保温夹套泵、特殊耐腐蚀材料泵,高温、高压、低温、低压、高黏度易凝固介质等方面以及一些全流程用泵,由于对泵的可靠性能要求较高,所以一般都需要进口;三是进口泵中的离心泵所占比例较大;四是进口主要集中在日本、美国、德国、法国等几个国家。

泵行业是个稳定、成熟的行业,世界范围内的泵业市场统计数据较好地反映了这种情况,泵行业没有其他行业那样明显的高峰期,因此也没有明显的低谷,泵市场总的增长率十分稳定。当然对于特殊投资项目的各种专门设计的泵,其需求量可能有大幅度的波动,当经济增长时,对泵的需求也相应增加。技术含量高的电站、石油、"三大化工"用泵,我国多为技术引进生产,尽管一些产品也达到了 20 世纪 90 年代初或"十五"期间将达到 20 世纪 90 年代中、末期的水平,但产品的性能参数与国外先进企业比较还有差距,因此,这部分泵的出口可能性较小,但火电机组用泵国内已日趋成熟,"十五"期间出口会有增长。

根据近几年泵行业情况比较,量大面广的通用产品,像一些长轴深井潜水泵、及 7.5kW 以下的各种小型潜水泵,由于技术含量适中,属劳动密集型产品,发达国家已很少大批量生产,目前,主要生产企业均在第三世界国家,由于我国这部分泵制造成熟,在价格上与国外企业相比也有较大的优势,所以,预计这部分泵出口前景十分广阔,上升势头较猛。另外出口比较多的产品还有部分农用泵、耐腐蚀泵、螺杆泵以及成套设备(如电厂加料装置的出口,除需计量泵外,还同时需要配套搅拌器和储罐等)。

综上所述,我国泵行业在提高产品技术含量、提高产品档次上要走技术引进的道路,实现产品技术跨越发展,以国产化产品替代进口产品,充分利用我国资源丰富的特点,增加中低档泵类产品的出口,使我国泵类产品的发展不断与世界经济发展相适应。

三、科研成果

沈阳水泵股份有限公司研制的 1800HTCX 立式斜流泵采用美国锻焊结构设计,泵壳体由铸造结构改为锻焊结构,重量减轻 1/3,成本降低 40%。该产品已通过鉴定并批量生产,产值达 1 200 万元,产品达到国际同类产品水平。该公司还通过对"93 工程"主泵、叶轮、导叶体的制造技术攻关,完成了主泵的设计和制造,同时还完成了"93 工程"其他配套用泵及试验装置,并于 2000 年 9 月通过验收。

石家庄泵业集团有限责任公司 2000 年共完成新产品开发 52 种,其中有 40 多种产品已接受订货。主要有 WQ 系列潜污泵、WN 系列挖泥泵、多级渣浆泵、车载泵、大型耐磨中开泵及 4 个系列 15 个品种的电控柜,6 个规格的潜水电机,其中 300ZGB、80ZGB 渣浆泵被列为国家级新产品;12/10G—GH 砂砾泵、250PNJ 渣浆泵获河北省优秀新产品二等奖;65ZGB 渣浆泵、kWP_k300—400 无堵塞离心泵分别获石家庄市优秀新产品一、二等奖,WN 系列挖泥泵被列为国家技术创新项目。国家"863"计划 CTMS 工程通过了科技部的验收。

天津泵业机械集团有限公司研制成功 4 种新产品:(1) 3GC40×12A 型泵(09Ⅲ艇保障系统电动立式三螺杆泵)完成样机试制并通过原国家机械工业局新产品鉴定;(2)均衡泵(09Ⅲ艇平衡系统用离心泵)完成样机试制并通过原国家机械工业局新产品鉴定;(3)螺杆膨胀鼓风机组(天津市科技攻关项目)完成样机试制,目前正在进行试验;(4)环保离心泵完成试制,目前已形成批量生产。

阳泉市水泵厂于 2000 年完成了 LZE150—100J 衬聚氨脂渣浆泵的研制工作。该型泵比原金属内衬渣浆泵寿命提高 3 倍以上,解决了冶金矿山系统以及其他行业对强磨蚀条件下用泵的需求。该项目被列为 2000 年山西省重点技术创新项目。

广州市第一水泵厂 2000 年与高等院校、科研机构合作,研制设计出 2BC 液环真空泵、S 型耐蚀耐磨合金、浓浆泵、膈膜泵等产品,其性能均达到国际先进水平。

安徽莱恩电泵有限公司完成了 T101/T102 液压组合单

元项目的研制申报工作，该项目列入国家新产品项目。该公司还完成了不锈钢叶轮项目的研制和申报工作。

浙江中泉泵业集团有限公司围绕市场，以高起点、高技术、高水平为目标，研制开发了DFP系列屏蔽泵、潜水系列排污泵、立式双吸泵、DFK系列水泵自动控制器；该公司集多年运用水泵自动控制器的经验，利用系统集成的方法，成功地研制开发了测量、自控、监视供水专用变频器，该变频器通过计算机对设备的自动监督，对信息资源的高效管理和对使用者的信息服务的优化组合，协调各系统的运行状态，科学地安排不同设备的运行时间、流量，能够及时地获得各子系统的各种运行数据，同时实时地对各子系统进行监督。该公司还研制开发了轻便型不锈钢电机壳潜水排污泵，通过油塞及机械密封组件隔开，电机与泵优化组合，结构紧凑，具备多种保护装置。该泵属绿色环保产品，使用效率高，可排性高，寿命长、噪声低、无泄漏，安全可靠，是很多传统泵类产品的更新换代产品。这两大系列新产品的研制开发将替代同类进口产品，具有显著的社会效益和经济效益及广泛的市场前景。

无锡市水泵厂2000年重大科研攻关计划有：(1)针对盐官泵站斜式泵运转中存在的技术问题进行了攻关，对斜式泵的水力模型和过流情况进行研究，解决了斜式泵的结构与承载能力问题，总结了有关资料，为下一步发展斜式泵提供参考，为太浦河项目招标作好了准备，此研究正在进行产品试验。(2)通过引进国外先进技术，使国内泵站改造水平上升一个档次，研究主要针对淮安二站31002GB34—4进行的、配合“南水北调”项目的大型灯泡贯流式双向轴流泵的开发研究，主要对后置灯泡结构形式以及双向贯流水力模型进行攻关，性能参数：流量 $Q=34m^3/s$、扬程 $H=4m$、效率 $\eta=89\%$。(3)江苏省火炬计划项目中的Q型潜水电泵项目还进行了水力模型及高压电机的研究，潜水电泵的可靠性试验，智能型的闭环控制系统研究并完善了试验室基地建设，整个项目已完成并通过验收。

四、新产品

沈阳水泵股份有限公司2000年共试制完成了27种新产品，经鉴定达到国际先进水平的产品有两种：(1)DH型海上平台注水泵，主要技术指标：流量 $Q=158m^3/h$，扬程 $H=1\ 213m$，效率 $\eta=70\%$；(2)8LDTNB—5凝结水泵，流量 $Q=550m^3/h$，扬程 $H=180m$，效率 $\eta=78\%$。达到国际同类产品水平的产品有5种：(1)KSY720—260输油管线泵，主要技术指标：流量 $Q=720m^3/h$，扬程 $H=260m$，效率 $\eta=78\%$；(2)1600HTEX立式斜流泵，主要技术指标：流量 $Q=5.7m^3/s$，扬程 $H=18m$，效率 $\eta=85\%$；(3)QW型潜污泵，主要技术指标：流量 $Q=25\sim2\ 000m^3/h$，扬程 $H=10\sim50m$；(4)YNKD400/300前置泵，主要技术指标：流量 $Q=611m^3/h$，扬程 $H=110m$，效率 $\eta=80\%$；(5)80CHTA/43P高压锅炉给水泵，主要技术指标：流量 $Q=1\ 184m^3/h$，扬程 $H=2\ 218m$，效率 $\eta=82\%$。

天津泵业机械集团有限公司2000年完成新产品项目49项，投产49项。

山东双轮集团有限公司2000年共完成40种新产品的试制工作，其中：S型中开泵6种，高档次管道泵5种，RK供暖空调泵4种，QW型潜污泵12种，LZB型渣浆泵6种，DG型锅炉泵4种，多级不锈钢冲压泵3种。

安徽莱恩电泵有限公司2000年通过引进、消化，研制了3种新产品并获得国家专利：(1)新型结构中开泵，专利号ZL98227538.2；(2)组合式自吸泵，专利号ZL98227537.4；(3)进出口多方位联接泵，专利号ZL98227539.0。

河北省武安市宏泰机械泵业有限公司生产的RY100—65—200型热油泵被列为2000年河北省定点新产品，并于2000年11月通过鉴定。该公司生产的RY250—200—400型、RY250—200—500型热油泵获国家级新产品。

阳泉市水泵厂2000年经省级鉴定的新产品L2型两相流重型渣浆泵，流量 $Q=43\sim1\ 087m^3/h$，扬程 $H=14.5\sim99.4m$，效率 $\eta=27\%\sim73\%$，转速 $n=500\sim1\ 600r/min$、汽蚀余量1.5～9.2m，效率提高了5%，适应性强、寿命长，达到国内先进水平。D、DG、DF、MD85—45型多级离心泵，流量 $Q=55\sim100m^3/h$，扬程 $H=78\sim459m$，效率 $\eta=63\%\sim72\%$，转速 $n=2\ 950r/min$、汽蚀余量3.2～5.2m，效率提高3%～5%，结构合理、性能稳定，达到国内先进水平。

石首水泵厂自行设计制造的BZ300T—75型渣浆泵，主要技术指标流量 $Q=1\ 600m^3/h$，扬程 $H=90m$，效率 $\eta=80\%$，配套功率630kW，转速980r/min。DKM360—92×12型矿山耐磨多级泵，主要技术指标：流量 $Q=360m^3/h$，扬程 $H=1\ 097m$，效率 $\eta=72\%$，配套功率1 800kW，转速1 480r/min。两种泵均一次性通过湖南省大、中型水泵质监站检测，其中DKM360—92×12型泵效率高出设计值3个百分点。该厂生产的50LQZ(G)355型中高温油泵，其主要技术指标：流量 $Q=15m^3/h$，扬程 $H=46m$，效率 $\eta=32\%$，配套功率15kW，转速1 480r/min，经湖北省机电院查新认证属国内领先水平。目前这些新产品已在现场运行，用户非常满意。

五、质量与质量管理

沈阳水泵股份有限公司根据质量体系运行情况修订了质量手册和程序文件，选派质量体系骨干人员参加ISO9000标准培训班，一年内进行了3次内审，有效地促进了该体系的运行。2000年11月中旬经中国新时代质量体系认证中心对该公司民品体系认证进行复评和军品体系的第三次监督检查，民品体系认证复评合格，军品继续保持认证注册资格，新的民品体系认证证书已颁发。通过对质量体系审核，一年来该公司质量体系运行完全符合GB/T19001(ISO90)01标准和GJB/Z9001标准要求，对产品质量的稳定和提高起到了保证和促进作用。

天津泵业机械集团有限公司质量体系2000年通过了挪威DNV认证公司的跟踪复查，该公司产品出口商检、军检、各国船检、天津市质量抽查合格率均达到100%。

石家庄泵业集团有限责任公司通过开展群众性的“QC”小组质量活动，有两项成果获国家级和市级奖励，2000年顺利通过了ISO9001国家质量体系认证复评。该公司生产的渣浆泵和污水泵获得河北省用户满意产品及国家、省监督连续抽查合格产品。

2000年无锡市水泵厂产品质量不断提高，为广东中山生产的6台(套)3200ZLQ42—2.4全调节轴流泵、上海张家塘2台套2500ZXB15—3斜流泵等30多台特大型泵顺利投入运行，为伊拉克等国家加工生产的批量污水泵、混轴流泵、离心泵4批次通过商检出口。该厂按ISO9001标准建立的质量体系不断完善、改进，工厂通过内部质量体系审核和日常的监督检查，对出现的不合格项由责任部门提出并实施纠正措施，由内审人员对纠正措施进行跟踪验证，2000年5月中旬顺利通过了中质协质保中心对该厂ISO9001质量体系期满换证后的首次监督检查，质量体系持续有效运行。

丹东克隆集团有限公司实行三级质量管理，按照ISO9002体系运行，2001年1月通过中国船级社质量认证复检，质量保证体系运行正常有效。该公司产品合格率达到99.46%，超过企业质量方针确定的标准。

山东双轮集团股份有限公司2000年9月经国家农机具质量监督检验中心(国家监督检查)抽查产品质量合格，2000年10月经省农机所抽查产品质量合格。该公司2000年产品质量状况比1999年明显好转，出厂产品合格率100%，市场反馈的问题比1999年明显减少。

浙江水泵总厂顺利通过了ISO9001质量体系认证评审，获得GB/T19001—1994(ISO9001)质量体系认证合格证书。福州市水泵厂、上海莲盛泵业制造有限公司、山西省黎城县波涛泵业有限公司等企业分别顺利通过了ISO9002质量体系认证评审，获得GB/T19001—1994(ISO9002)质量体系认证合格证书。

2000年泵行业会员企业认真贯彻执行国家有关质量体系认证标准，全面开展质量信得过活动，为企业的生存和发展，为提高产品质量做出了积极的贡献。截止至2000年底，泵行业已有40多个会员企业获得ISO9000系列质量体系认证证书。

六、基本建设及技术改造

沈阳水泵股份有限公司利用国债资金实施的技术改造项目经辽宁省经贸委〔2000〕39号文件批准，项目名称为“沈阳水泵股份有限公司超临界机组用泵、超大型和关键用泵及环保设备专项技术改造项目”。该项目总投资额3 500万元，其中国债2 800万元，自筹700万元。目前已启动1 423万元，其中自筹282万元。

长沙通大(集团)有限公司启动国家批准的“发展环保污水处理成套建设工程”项目，国债已投入到位1 000万元，银行贷款到位200万元，企业自筹200万元。该公司现已完成第一批机加工设备的采购招标。

天津泵业机械集团有限公司启动国家批准的国债投资项目“环保螺杆泵及特殊泵国产化项目”已经开始建设，其中车间土建工程已完成主体施工，技术引进和主要设备引进的考察工作已完成。

山东双轮集团有限公司2000年共完成258.8万元基建与技改投资项目，其中：装配车间改造投资50万元；机加工车间购置6台数控车床，投资130万元；装配车间喷漆线改造投资56.5万元；建造喷漆房投资22.3万元。

安徽莱恩电泵有限公司引进建设了亨特生产线；多台位产品测试线，建立了CAM加工中心，成立了省级技术中心；完成了对传统车库进行数控技术改造；建立了AEPCS管理系统等。

七、管理及改革

沈阳水泵股份有限公司由沈阳水泵厂、沈阳水泵厂职工持股会和哈尔滨电机厂等5家社会法人共同发起。总股本12 535万元，其中沈阳水泵厂出资8 583万元，占总股本的68.5%；职工持股会出资2 582万元，占20.6%；社会法人出资1 370万元，占10.9%。沈阳水泵厂以其精良资产投资成立股份公司，其余资产仍留在原企业。该公司为贯彻落实国家关于搞好国有大中型企业的政策，在第二制造厂引入了民营机制，与沈阳燃料销售公司合资组建了“沈阳水泵石化泵有限责任公司”。合资公司正式运行后，生产力水平有了明显提高，生产速度更加快捷，能立即满足用户的需求，改变了以前拖期交货的现象，增强了产品在市场上的竞争能力，提高了市场占有率。

石家庄水泵厂通过较长时间的准备，经有关部门批准，初步建立了现代化企业制度，在原企业的基础上组建成立了石家庄泵业集团有限责任公司。为进一步加强管理，该公司对《企业工作标准》进行了修改和完善，并建立了以“成本、质量、交货期、增收”四大指标为主要考核内容的目标责任考核体系，中层以上干部交纳了风险抵压金，对分配机制进行重大改革，使活工资占工资总额的比例达到了48%。

无锡市水泵厂自2000年起就积极部署企业体制改革工作，总体按照“盘活土地存量，实现改制扭亏”的企业改制方案，置换东厂区7.2万m^2(108亩)土地资产，全厂整体改制为有限责任公司。目前已完成宣传动员、资产评估、按零资产实行转制、产权界定及募集股金等项工作，目前正进行验资及工商注册待批。

附表1 1996~2000年机械工业系统泵行业经济发展状况

年份	企业数	工业总产值(不变价)(万元)	工业增加值(万元)	产品销售收入(万元)	利润总额(万元)
1996	249	513710	169971	495870	4859
1997	229	478443	168469	447498	4612
1998	232	448741	155847	421989	3600
1999	220	444864	150612	408644	-2187
2000	208	430573	139425	399280	-3334

注：表中数据由泵行业协会提供。

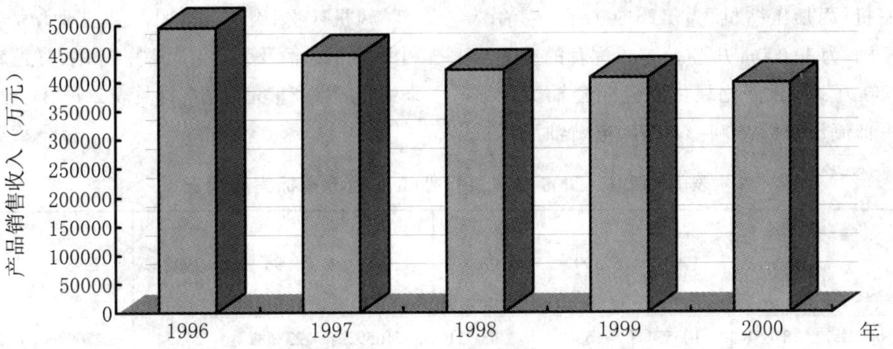

附图 1　1996～2000 年机械工业系统泵产品销售收入情况

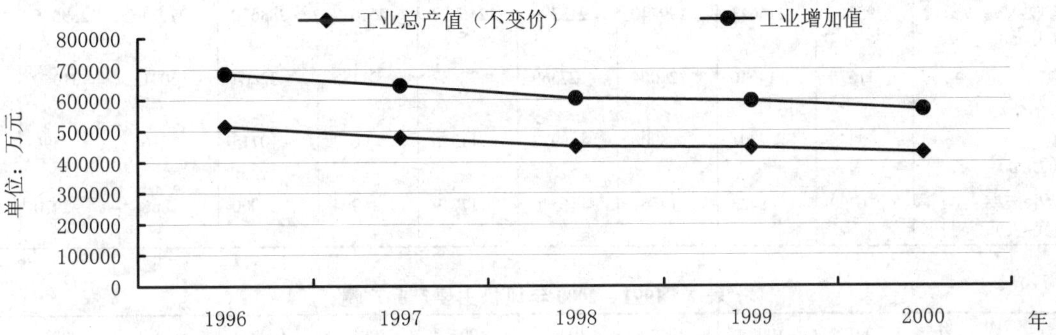

附图 2　1996～2000 年机械工业系统泵行业工业产值情况

〔撰稿人：中国通用机械泵行业协会杨敬兵　审稿人：中国通用机械泵行业协会杜英贤〕

风　机

一、风机行业十年概况

风机行业协会从 1985 年 6 月筹备，1988 年 6 月由原国家机械委石化通用局正式批准，民政部备案，于 1988 年 11 月在湖南大庸召开了中国通用机械风机行业协会成立大会，1991 年 9 月在沈阳召开了第二届会员大会，1995 年 9 月在西安召开了第三届会员大会。1999 年 9 月在浙江萧山召开了第四届会员大会。

风机协会成立以来，会员累计达 129 个单位。由于企业转产或不履行义务，经过六次组织整顿，现有会员单位 91 个，其中企业 82 个、公司 1 个、院校 4 个、研究院所 4 个。按经济类型划分有 10 个大型企业，22 个中型企业，50 个小型企业。由原机械部划定，风机行业有 6 个骨干企业，6 个重点企业。按系统分包括机械、电力、纺织、民政、司法、交通、乡镇等所属企业，体现了跨地区，跨部门的大行业组织。近十年来，按照中央"改制、改组、改造、加强企业管理"的要求，企业面向市场经济形势发展的变化，不断转变和更新观念，坚持以改革求发展，建立适应市场经济的企业管理机制，狠练内功，加强管理，建立现代企业制度，促进了企业发展。到 2000 年末，风机行业经过改制、重组的企业已达到 50 个，占企业会员的 61%。其中，股份制或股份合作制企业 41 个、合资企业 5 个、外商独资企业 1 个、民营企业 3 个。风机产品的制造水平，从 20 世纪 50 年代的仿制阶段，生产制造一般离心通风机和轴流通风机；60、70 年代的独立设计和行业联合设计阶段，先后自行设计制造了大型通风机、离心鼓风机、罗茨鼓风机及离心压缩机。行业联合设计了 11 个系列 109 个规格的离心通风机，大部分已做为国家推广的高效节能产品。到 20 世纪 80 年代的引进吸收和创新阶段，我国风机工业发生了深刻变化，先进技术得到了消化，形成了一定的生产能力。进入 20 世纪 90 年代通过引进技术的消化吸收实现了高新技术产品国产化零的突破。风机制造业不断发展壮大，担负着为石油、化工、煤炭、冶金、电力、矿山、纺织、环保和科研等国家重点工程提供配套风机的任务。生产的产品品种有离心压缩机、轴流压缩机、离心鼓风机、罗茨鼓风机、叶氏鼓风机、离心通风机、轴流通风机七大类及部分特殊用途风机。品种规格由 20 世纪 80 年代的 100 多个系列 2 000 个规格增加到现在的 230 多个系列 4 500 多个规格。有不少产品填补了国内空白，基本上可以满足我国重大装备配套的需求。为年产 30 万 t 合成氨装置配套的空气压缩机、氨冷冻压缩机、天然气压缩机，为年产 52 万 t

尿素装置配套的二氧化碳压缩机，为年产 30 万 t 乙烯装置配套的裂解气压缩机、丙烯压缩机，为年产 500 万 t 炼油装置配套的富气压缩机，为 30 000m^3/h 空分装置配套的空气压缩机，为年产 60 ~ 80 万 t 炼油催化裂化装置配套轴流压缩机，2 500m^3 高炉用轴流压缩机，300 ~ 600MW 电站轴流风机等都达到了当代国际先进水平。

风机行业十年来工业总产值、工业增加值、产品销售收入、利税、利润总额及劳动生产率完成情况详见表 1，风机行业十年来主要产品产量完成情况详见表 2，进出口创汇情况详见表 3。

表 1　1991 ~ 2000 年风机行业工业经济指标完成情况

指标名称 \ 年份	1991	1992	1993	1994	1995	1996	1997	1998	1999	2000
工业总产值(不变价)(万元)	87651	106554	155038	200721	216592	238582	263345	270936	267876	309208
工业增加值(当年价)(万元)	34391	42277	66046	87829	92870	89296	92675	91545	90151	90482
产品销售收入(万元)	95216	116643	199740	218399	246828	261017	288670	279749	289096	298806
利税总额(万元)	11676	14646	21064	27369	32687	31185	32864	30913	31540	40396
利润总额(万元)	5848	7201	8900	9912	11326	9647	10715	12161	9596	16811
全员劳动生产率(元/人)	6708	8423	12561	16546	17749	16904	18000	18666	22970	26787

表 2　1991 ~ 2000 年风机主要产品产量　（单位：台）

产品名称 \ 年份	1991	1992	1993	1994	1995	1996	1997	1998	1999	2000
合计	185173	228966	227048	260623	241909	246642	246406	218122	237384	257348
离心压缩机	38	50	68	69	80	67	60	59	35	55
轴流压缩机	1	2	3	4	4	10	13	12	10	10
离心鼓风机	656	1544	1774	1926	1522	1094	1093	829	856	1278
罗茨鼓风机	4070	5160	8745	10519	9076	8393	8455	7753	7673	8236
叶氏鼓风机	154	222	257	214	273	101	221	81	17	49
离心通风机	99858	119386	115337	107533	93785	83202	76286	67230	68877	86445
轴流通风机	42289	50891	42271	47049	49957	52108	56525	54953	86434	59217
其他风机	38107	51711	58593	93309	87212	101667	103753	87205	73482	102058

表 3　1991 ~ 2000 年风机行业出口创汇额及出口交货值情况

产品名称 \ 年份	1991	1992	1993	1994	1995	1996	1997	1998	1999	2000
出口创汇额(万美元)	477	537	831	558	1170	26	944	1053	1385	1096
出口交货值(万元)	2431	3417	5179	5518	9569	7838	10664	17340	18018	14195

但和世界高新技术的发展形势相比，我国风机工业仍存在一定差距，大型技术装备配套能力还需进一步提高。如年产 45 ~ 78 万 t 乙烯装置，年产 68 万 t 合成氨装置，年产 600 万 t 炼油催化裂化装置，600 ~ 1 300MW 火力发电等大容量风机还有待开发。国家重大石油、化工装置用压缩机有 50%的市场仍由国外占领，用产品品种、产品技术水平、制造水平、产品外观等方面与国外先进厂家相比也都存在明显差距。

二、2000 年风机行业概况

(一)生产发展情况

据风机协会 78 个企业会员单位统计，2000 年末从业人员合计 32 725 人，比上年减少了 5 156 人；工程技术人员 3 819人，比上年增加了 68 人；管理人员 5 085 人，比上年减少了 1 100 人；下岗职工 6 645 人，占全年从业人员平均人数的 19.67%。

2000 年末固定资产原价为 324 061 万元，比 1991 年 94 194万元增加了 229 867 万元；固定资产净值为 180 974 万元，比 1991 年 50 892 万元增加了 129 992 万元；金属切削机床 5 211 台，锻压设备 1 267 台，分别比 1991 年减少了 378 台和 203 台。说明企业加工设备在不断更新，高、精设备在不断增加，对提高风机产品的加工质量起到了保证的作用。

2000 年据 78 个企业统计完成工业总产值（当年价）305 879万元，比上年增长 3.48%；销售产值（当年价）296 431 万元，比上年增长 2.4%；工业增加值 90 482 万元，比上年增长 0.37%；销售收入 298 806 万元；销售成本213 698万元；产品出口交货值 14 195 万元；利税总额 40 396 万元，比上年增长 28.1%；利润总额 16 811 万元，比上年提高了 75.19%；全员劳动生产率 26 787 元/人，比上年增加了 3 817 元/人。

2000年亏损企业20个，占企业会员总数的24.4%，比上年降低了17.5个百分点。

机械系统12个骨干重点企业2000年完成工业总产值(当年价)133 641万元，比上年增长1.49%；工业销售产值129 230万元，比上年降低1.48%；产品销售收入128 370万元，比上年下降3.04%；销售成本93 766万元，比上年降低3.7%；实现利润总额3 834万元，比上年增长111.2%。各骨干重点企业产值完成情况见表4，主要经济指标完成情况见表5。

表4 2000年风机行业骨干重点企业产值完成情况

序号	企业名称	工业总产值(当年价)			销售产值(当年价)			
		全年完成(万元)	上年完成(万元)	为上年的%	全年完成(万元)	其中：出口交货值(万元)	上年完成(万元)	为上年的%
1	沈阳鼓风机厂	34195	36504	93.7	33168	708	35571	93.2
2	上海鼓风机厂有限公司	16762	17829	94.0	16553	3748	17435	94.9
3	陕西鼓风机(集团)有限公司	32534	31761	102.4	32061	422	31394	102.1
4	武汉鼓风机厂	6313	7218	87.5	4922	666	7044	69.9
5	重庆通用工业(集团)有限责任公司	6725	6702	100.3	6263	126	6365	98.4
6	长沙鼓风机厂	7167	6205	115.5	6449	6	6137	105.1
7	天津市鼓风机总厂	4239	3664	115.7	4242	149	3694	114.8
8	四平金丰股份有限公司	4010	3842	104.4	4058	19	4182	97.0
9	沈阳风机厂	2568	2308	111.3	2511	7	2305	108.9
10	石家庄市风机厂	2311	2181	106.0	2330	0	3096	75.3
11	江苏大通风机股份有限公司	3880	2403	161.5	3680	0	2730	134.8
12	山东省汇丰机械集团总公司	12937	11065	116.9	12993	0	11224	115.8
	合计	133641	131682	101.5	129230	5851	131177	98.5

表5 2000年风机行业骨干重点企业主要指标完成情况

序号	企业名称	销售收入			销售成本			利润总额		
		全年完成(万元)	上年完成(万元)	为上年的%	全年完成(万元)	上年完成(万元)	为上年的%	全年完成(万元)	上年完成(万元)	为上年的%
1	沈阳鼓风机厂	32450	34504	94.1	25471	27677	92.0	310	270	114.8
2	上海鼓风机厂有限公司	16511	17487	94.4	12286	11732	104.7	51	35	144.6
3	陕西鼓风机(集团)有限公司	32245	31635	101.9	23492	22853	102.8	1425	1086	131.2
4	武汉鼓风机厂	3223	7254	44.4	2218	4883	45.4	4	4	97.6
5	重庆通用工业(集团)有限责任公司	7038	7171	98.2	4593	6049	75.9	-881	-1950	54.8
6	长沙鼓风机厂	6528	6498	100.5	4512	4490	100.5	2	19	10.5
7	天津市鼓风机总厂	4402	4058	108.5	2951	3054	96.6	35	31	116.1
8	四平金丰股份有限公司	5914	5833	101.4	3914	3926	99.7	1481	1418	104.4
9	沈阳风机厂	2079	1322	157.3	1485	660	225.0	9	8	116.3
10	石家庄市风机厂	2330	2519	92.5	1987	2069	96.0	211	219	96.4
11	江苏大通风机股份有限公司	3270	2395	136.5	2347	1709	137.3	12	-332	103.7
12	山东省汇丰机械集团总公司	12380	11716	105.7	8510	8267	96.3	1174	1007	116.6
	合计	128370	132392	97.0	93766	97369	96.3	3834	1815	211.2

(二)产品分类产量

2000年，风机产品主要分为离心压缩机、轴流压缩机、离心鼓风机、罗茨鼓风机、叶氏鼓风机、离心通风机、轴流通风机、其他特种用途风机等八大类。

生产离心、轴流压缩机的企业仍然以沈阳鼓风机厂、陕西鼓风机(集团)有限公司、上海鼓风机厂有限公司、重庆通用工业(集团)有限责任公司、武汉鼓风机厂5个单位为主，部分企业生产离心鼓风机和罗茨鼓风机，大部分企业均生产离心通风机和轴流通风机，根据市场需求，企业自行开发研制的其他特种用途的专用风机也有了较大增长。2000年据全行业78个企业统计完成各类风机产量257 348台，比上年增加了19 964台；其中离心压缩机55台，比上年增加了20台；轴流压缩机10台，与上年持平；离心鼓风机1 278台，比上年增加了422台；罗茨鼓风机8 236台，比上年增加了563台；叶氏鼓风机49台，比上年增加了32台；离心通风机86 445台，比上年增加了17 568台；轴流通风机59 217台，比上年减少了27 217台；其他风机102 058台，比上年增加了28 576台。各类风机产量完成情况见表6。

表6 2000年风机产量完成情况

产品名称	全年完成(台)	上年完成(台)	比上年增长%
离心压缩机	55	35	57.1
轴流压缩机	10	10	0
离心鼓风机	1278	856	49.3
罗茨鼓风机	8236	7673	7.3
叶氏鼓风机	49	17	188.2
离心通风机	86445	68877	25.5
轴流通风机	59217	86434	-31.5
其他风机	102058	73482	38.9
合计	257348	237384	8.4

(三)市场及销售

1. 行业经济运行基本情况

为比较风机行业经济运行的基本情况，列出1996年至2000年风机行业近五年的基本情况，以便分析其趋势。详见表7、表8。

1999年亏损企业36个，占协会企业会员总数的41.9%，比上年降低1.8个百分点。

2000年，风机行业除生产离心压缩机、轴流压缩机、离心鼓风机、罗茨鼓风机外，还生产叶氏鼓风机49台，比上年增加了32台；离心通风机86 445台，比上年增加了17 568台；轴流通风机59 217台，比上年减少了27 217台；其他风机102 058台，比上年增加了28 576台。亏损企业有20个，占协会会员企业总数的24.4%，比1999年下降了17.5个百分点。

分析这5年中风机行业的形势可以看出，2000年与1996年相比，风机总产量上升4.3%，工业总产值增长10.3%，实现利税总额提高了32%。总的经济运行趋势较好。2000年亏损企业虽然有所下降，但仍有20个亏损企业，占协会会员企业总数的24.4%，形势仍不容乐观。

表7　1996～2000年风机行业产量情况

产　品	1996年		1997年		1998年		1999年		2000年	
	产量(台)	比上年增加(台)	产量(台)	比上年增加(台)	产量(台)	比上年增加(台)	产量(台)	比上年增加(台)	产量(台)	比上年增加(台)
风机	246642	4738	246406	－236	218122	－28284	237384	19262	257348	19964
其中：										
离心压缩机	67	－13	60	－7	59	－1	35	－24	55	20
轴流压缩机	10	6	13	3	12	－1	10	－2	10	平
离心鼓风机	1094	－428	1093	－1	829	－264	856	27	1278	422
罗茨鼓风机	8393	－683	8455	62	7753	－702	7673	－80	8236	563

表8　1996～2000年风机行业主要经济指标情况

经济指标	1996年		1997年		1998年		1999年		2000年	
	当年数(万元)	比上年增长%	当年数(万元)	比上年增长%	当年数(万元)	比上年增长%	当年数(万元)	比上年增长%	当年数(万元)	比上年增长%
工业总产值(当年价)	276293	12.9	289065	4.6	286083	－1.03	295581	3.32	305879	3.48
工业增加值	89296	11.5	92675	3.8	91545	－1.22	90151	－1.52	90482	0.37
销售收入	261017		288670	10.6	279749	－3.1	289096	3.34	298806	3.36
利税总额	31185	－1.45	32864	5.4	30913	－5.94	31540	－1.16	40396	28.1

2. 市场特点及走向分析

风机广泛应用于石油、化工、空分、冶金、电力、矿山、轻纺、环保、地下铁道和隧道及国民经济中重大技术装备等领域。2000年风机的市场需求量比上年度有所增加，总量增长8.4%。销售收入298 806万元，比上年增长了3.36%。销售成本213 698万元，比上年上升0.44%。

风机产品一类是为国民经济各部门广泛使用的量大面广的中小型通风机，另一类是为国家重大成套设备配套的透平压缩机。产品的需求特点是：对量大面广的中小型通风机，用户主要追求的目标是效率高、噪声低、价格便宜及寿命长；而对透平压缩机主要的追求目标是高可靠性、运转平稳及运转周期长。

产品的市场走向是：透平压缩机产品结构的变化，主要是出现了多轴组装式的离心压缩机。它结构紧凑、占地面积小，运输、安装极为方便。消费结构方面，由于国外生产的透平压缩机技术水平先进，性能可靠，产品质量好，所以尽管价格昂贵，用户仍愿意购买国外产品。对于量大面广的通风机产品，因其性能相差不大，且主要是价格方面的原因，消费仍是以国内产品为主。透平压缩机国内产品的市场占有率为50%左右；量大面广的中小型通风机的市场占有率为95%以上。风机行业销售收入前10名企业见表9。

表9　风机行业销售收入前10名企业

序号	企业名称	销售收入(万元)
1	浙江上风集团公司	86006
2	沈阳鼓风机厂	32450
3	陕西鼓风机(集团)有限公司	32245
4	上海鼓风机厂有限公司	16511
5	山东省汇丰机械集团总公司	12380
6	重庆通用工业(集团)有限责任公司	7038
7	长沙鼓风机厂	6528
8	常熟鼓风机厂	6338
9	四平金丰股份有限公司	5914
10	成都电力机械厂	5279

2000年风机行业有17个企业产品出口，出口交货值为14 195万元，比上年减少了3 823万元。2000年风机行业出口产品销售情况见表10。其中出口额100万元以上的有11个企业，见表11。

3. 宏观经济环境

原机械工业部石化通用机械局对风机行业生产的产品指导方针是："重大的、高精尖的产品（主要指离心式和轴流式压缩机)靠引进国外先进技术开发新产品;量大面广的产品(主要指中小型通风机)走自力更生的道路,来满足国民经济各部门的需要。”例如,沈阳鼓风机厂从意大利新比隆公司引进了 MCL、BCL、PCL 三个系列的离心式压缩机设计制造技术,从日本日立公司引进了 DH 型双轴四级离心式空压机设计制造技术。陕西鼓风机厂从瑞士苏尔寿公司引进了轴流式压缩机设计制造技术。上述靠引进技术开发的新产品均取得了较好的技术经济效果。

表 10　2000 年风机行业出口产品销售情况

企业名称	产品型号、组部号及名称	出口数量(台)	金额		出口国别、地区
			创汇(万美元)	价值(万元)	
沈阳鼓风机厂	GM45 鼓风机	2	6.2	51.2	日本
	GM65	2	21.7	180.3	日本
	GM65L	1	5.0	41.5	日本
	冷却器	1	5.7	47.0	苏丹
	鼓风机配件	1	32.6	265.0	伊朗
	风机配件	1	0.3	2.8	坦桑尼亚
	风机转子	1	14.5	120.0	日本
沈阳风机厂	4—72—12№12D	2	1.0	2.8	印尼
	4—72—12№12D 不锈钢叶轮	2		5.7	
吉林市鼓风机厂	KZS№21 矿井轴流通风机	1		36.0	伊朗
陕西鼓风机(集团)有限公司	送风机 B5—29—11№16D	2	3.76	31.2	伊朗
	通风机	8	6.72	55.8	伊朗
	D500 鼓风机	2	40.36	335.0	越南
天津市鼓风机总厂	罗茨鼓风机	57		149.0	东南亚地区
上海鼓风机厂有限公司	轴流、离心风机	53	151.33	1 256.0	伊朗
	大型通风机	8	63.664	528.4	埃及
	大型通风机	3	18.66	154.9	日本
	压缩机	1	31.16	258.7	日本
	大型通风机	4	10.48	87.0	印度
	通用机械配件		0.43	3.6	印度
常熟市鼓风机厂	纺织风机			210.0	叙利亚、墨西哥
浙江上风实业股份有限公司	LIF、DZ、LFF、DWT、DTF 等暖通、空调用通风机	7 680	412	3 457	澳大利亚、荷兰、伊朗、新加坡、马来西亚、日本等
山东省德州市玻璃钢制品总厂	DNL_3—10000 冷却塔	4	31.3	260	孟加拉国
武汉鼓风机厂	尾气风机 FWQ—FR120D、FWQ—FR110D、FWQ—CR80D、FWQ—CR100D、脱硫风机 FLH—CR105D	5	4.8	40	巴基斯坦
	消声器	86	45.7	380	伊朗
长沙华南风机制造总厂	CDT35—11№4.5 超低噪声轴流风机	26	0.433	3.6	新加坡
重庆通用工业(集团)有限责任公司	W6—2×29—6№21.5	1		126	印尼
	R6—39—5№20.5	1			
四川鼓风机有限责任公司	L84WⅡA 罗茨鼓风机	1		8.7	越南
	L93WⅡB 罗茨鼓风机	1		13	越南

表 11　风机行业出口额超百万元企业

序号	企业名称	出口额(万元)
1	浙江上风集团公司	7296
2	上海鼓风机厂有限公司	3748
3	沈阳鼓风机厂	708
4	武汉鼓风机厂	666
5	陕西鼓风机(集团)有限公司	422
6	宜兴市华兴特种风机厂	392
7	山东省德州市玻璃钢制品总厂	260
8	常熟鼓风机厂	210
9	天津市鼓风机总厂	149
10	青岛风机厂	127
11	重庆通用工业(集团)有限责任公司	126

全世界生产透平压缩机的著名厂家共 19 家(不包括国内厂家),其中日本 7 家,分别是日立、三井、三菱、川崎、石川岛、荏原和神钢;美国共 6 家,分别是德莱赛、英格索兰、德拉瓦、爱利奥特、库佩尔和阿里斯;德国共 3 家,分别是德马格、GHH 和波尔齐格;意大利新比隆公司;瑞士苏尔寿公司;俄罗斯涅瓦工厂。透平压缩机的年产量进入世界前 3 名的为:美国德莱赛—兰德公司、德国德马格公司和意大利新比隆公司,均为 150 台左右。上述公司生产的透平压缩机产品在国内的市场占有率为 50% 左右,对国内市场有一定冲击,特别是在加入 WTO 之后,影响会更大一些。

(四)科技成果与新产品

1. 科技成果

十年来风机行业在完成新技术、新工艺、新材料方面取得了丰硕成果。据风机协会会员单位统计，10年中共完成277项科研成果。其中：1991年完成78项；1992年完成20项；1993年完成28项；1994年完成32项；1995年完成12项；1996年完成22项；1997年完成15项；1998年完成22项；1999年完成18项；2000年完成30项。

沈阳鼓风机厂从1996～2000年完成多项科技成果，获得市级以上成果奖达52项。如SB—CIMS计算机集成制造系统获国家科技进步奖；亚音速和跨音速离心压缩机基本级气动设计软件包获省科技进步奖；自行开发"北极星ERP"软件被国家科技部"863"计划确定为重大目标产品优秀软件奖，同时授予沈阳鼓风机厂为"全国CAD应用工程示范企业"。1996～2000年获厂内科研攻关项目奖达183项。从软、硬件开发，工艺性研究，新材料的应用等各方面都取得了丰硕成果，进一步提高了企业的技术水平和技术装备。2000年，沈阳鼓风机厂以"技术创新和产品质量是沈鼓生存和发展的根本保证"做为工厂方针，抓科研，加快新产品开发，提高科研成果向生产转化的速度。一年来共研制新产品82种110台，新产品产值25 500万元，占总产值的64%，创造了新产品产值历史最好成绩，完成了整体组装式压缩机、大型混炼挤压造粒机减速器等29项科研项目。实现了二元转子技术转化与开发、大型风机用多元微合金化高强度钢的应用等4项科研成果向生产的转化与应用，解决了新产品制造中的许多关键问题。PDM、ERP取得突破性进展，被国家科技部授予"全国CAD应用工程示范企业"称号。同时科研成果获得各种奖励10项，省科技进步奖1项，市科技振兴奖1项，科技进步奖3项，名列全市工业企业之首。在技术进步和技术创新方面成绩显著，被国家经贸委等部门确定为国家级企业技术中心，列为辽宁省第一名。

上海鼓风机厂有限公司在上海市科委和国家"863"计划/CIMS专家组的领导下，与有关部门联合开发了TLT轴流风机的CAD、CAPP、CAM系统。初步实现了以库存管理为核心的产、供、销整个生产管理过程的信息集成，通过了国家级验收。针对劳动力成本高，各种费用开支大的实际情况，走技术创新之路，对耐腐蚀风机采用了涂陶瓷、衬胶、镀不锈钢等新工艺，降低了产品成本。全年完成科技创新和新产品13项。试制完成的国家863计划项目高温气冷堆氦气风机已成功运行在高温气冷堆氦气发电设备中，填补了国内空白，为国家节约外汇350万美元。在开发压缩机方面，继完成金山100万t/a延迟焦化压缩机和燕山大乙烯、天津中乙烯压缩机技术准备后，又有扬子石化乙烯压缩机、金山石化丙烯压缩机的开发任务。为配合上海市重点工程吴泾600MW电厂创优工程，提供了轴流送、引风机和离心一次风机。为电厂环保工程的启动，先后开发提供了5个电厂的循环流化床锅炉配套风机，已投入工业运行。为开拓化工领域风机市场，开发成功乙烯装置裂解炉用离心风机，二级离心风机及耐腐蚀轴流风机。为适应市场需要，还开发了子午加速轴流风机G168系列，用于大型火电厂。为配合地铁工程，开发了地铁射流风机。为配合汽车工业发展，开发了大型气候风洞装置。为配合解决边远地区缺电问题，引进开发了5kW风力发电机组。为提高产品成套性，开发了15密集型罗茨鼓风机和三叶罗茨鼓风机等。

陕西鼓风机(集团)有限公司不断加强工艺试验研究，开展新技术、新材料、新工艺攻关。完成了五座标铣床数控编程；钢制叶轮钎焊工艺；SC025材料试验；叶轮整体调质应用等主要研究项目。加快了CIMS工程应用步伐，已基本实现快速设计、快速报价，建立工艺CAPP系统和质量信息管理系统，并通过验收，被授予"陕西省CIMS应用工程示范企业"、"全国CAD应用示范企业"。

西安交通大学流体机械研究所是风机行业协会唯一进入理事单位的教学单位。多年来厂校联合，完成多项科研成果："具有单板密封型挡风球和曲线型旋转扩压器的离心通风机"获国家教委科技进步二等奖；"离心通风机变型、选型设计软件"获国家教委科技进步三等奖；"可反向的轴流风机翼型"获国家发明四等奖；"5—50、6—45系列低噪声离心通风机"获陕西省教委优秀科研成果二等奖；"7—36、6—27型高效、低噪声离心通风机"通过鉴定，达到国际20世纪90年代先进水平，获西安交通大学科技进步二等奖；"双向轴流通风机"获第二届北京国际博览会金奖。

2. 新产品

随着改革开放的不断深入，市场竞争更加激烈，为了企业的生存和发展，各企业的领导者注重了以市场为导向，依靠科技进步，狠抓新产品开发和技术改造工作，促进产品的结构调整，增强企业竞争优势。根据调查数据统计，10年来，风机行业共开发新产品1 510种。其中：1991年完成新产品229种；1992年完成新产品112种；1993年完成新产品124种；1994年完成新产品166种；1995年完成新产品171种；1996年完成新产品150种；1997年完成新产品164种；1998年完成新产品112种；1999年完成新产品110种；2000年完成新产品172种。

沈阳鼓风机厂坚持"科技兴厂"的战略方针，以市场为导向，大搞科技攻关，扩大产品品种，不断开发达到或接近国际先进水平的新产品，千方百计地满足国家重大装备国产化和市场的需求。为大庆48万t乙烯改扩建装置配套的首台国产化裂解气压缩机和丙烯压缩机研制成功，实现了乙烯重大装置离心压缩机国产化零的突破，开创了我国乙烯重大装备设计、制造的新阶段。表明我国石化企业乙烯装置压缩机依赖外国的历史即将结束，不仅创造了良好的经济效益和投资效益，而且创造了良好的社会效益。同时与日本三井公司合作，为1 000m^3高炉首次生产了MA80轴流压缩机；与德国德马格公司合作，为28 000m^3/h空分装置生产了大型空压机；为10万t甲醇装置生产了合成气—循环气压缩机等重大新产品。BCL407/A循环氢离心压缩机和2MCL757＋2BCL356/A二氧化碳离心压缩机均被批准为国家级重点新产品，技术水平达到国际20世纪90年代同类产品水平。DHP80—1、MCL1003、MCL526—1离心压缩机获省优秀新产品奖；MCL526—1离心压缩机获省科技进步一等奖；2MCL1005离心压缩机获省科技进步二等奖；3MCL456—1离心压缩机获国家机械工业科技进步三等奖；污水处理用GM型离心鼓风机通过提高机组转速和采用三元叶轮，使机组体积减小，效率提高，满足了当前环保领域迫切需要的高效节能型曝气鼓风机的要求，获国家级新产品称号；MCL、BCL化肥与石油化工用离心压缩机被认定为中国机械工业名牌产品；S2MCL607+2BCL300二氧化碳离心压缩机获国家金奖；SDH—63和2MCL457离心压缩机获国家银奖。仅1996～2000年获市级以上新产品奖达77项。

上海鼓风机厂有限公司坚持技术进步，狠抓新产品开发和技术改造工作，完成了FAF电站轴流风机、GAF矿井轴流风机、HDZ核电风机、MCH、2MCH离心压缩机、DA型空气压缩机、SAF电站引风机、RAF脱硫风机、HRT高压气冷堆氦气风机、TAF系列地铁风机、污水处理风机、对旋风机、空心轴耐磨风机、密集式罗茨鼓风机等，均达到国际20世纪90年代水平。其中SAF型动叶可调轴流式引风机获机械部科技进步二等奖；GAF大型矿井轴流风机获国家新产品奖，600MW电站风机获国家重大技术装备特等奖；200MW、300MW电站风机获国家金质奖、国家重大技术装备优秀奖；DA930—121空气压缩机获国家重大技术装备成果一等奖。

陕西鼓风机(集团)有限公司以市场为导向，以技术进步为龙头，狠抓技术开发和产品更新改造，通过技术引进的消化吸收，不断创新，应用三元流技术，开发设计了轴流压缩机、离心压缩机、能量回收透平膨胀机等新产品，改造老产品11种，完成其他系列老产品改造50多种，均达到20世纪90年代国际水平或国内先进水平。其中轴流压缩机和TRT能量回收透平膨胀机有三种规格被评为国家新产品。AV80轴流压缩机获国家级科技进步三等奖、省科技进步一等奖，并获中国机械工业名牌产品称号；AV56轴流压缩机获省科技进步二等奖；6E1650—3.7/0.97离心压缩机获市科技进步二等奖；TP1670/2.258—1.136高炉煤气透平装置获国家科技进步三等奖。

武汉鼓风机厂坚持科技兴厂，以降低成本，提高质量为原则，以满足用户为目标，开发市场对路、技术含量高、经济效益好的新产品。不断更新、完善D系列离心鼓风机，进一步消化、引进日本三菱技术，完成了AL系列离心风机的设计和改型设计；研制使用了新的耐磨处理措施，应用于Y8—39、Y9—38等常规风机产品中；完成了AL—R224DW和AL—R224SW整体轴改中空轴或装配轴的工作。与日本荏原联合开发上海宝钢450m^{2}烧结风机转子；设计了大型流化床风机、电站风机、曝气鼓风机等。研制的FC4—47、CC5—44快冷控冷离心通风机经市科委鉴定达到国际20世纪90年代水平。

长沙鼓风机厂研制了RE—190CT高正压罗茨鼓风机、SR系列三叶罗茨鼓风机、ZJ—650罗茨真空泵等新产品均达到国内20世纪90年代中末期水平，其中RE—190CT高正压罗茨鼓风机属国内空白。

长沙华南风机制造总厂与大专院校、科研机构密切合作，研制开发了BLZ系列环流熏蒸风机、玻璃钢低噪声屋顶风机、电站风机、双速节能排烟风机、斜流风机、轴流风机等10多种新产品。特别是环流熏蒸储粮专用通风机获国家专利，当年生产600多台，供全国12个省(市)30多个粮库使用，获用户好评。

山东省汇丰机械集团总公司面对罗茨鼓风机产品竞争日趋激烈的市场形势，瞄准国际先进技术，高起点、全方位、大跨度提高企业整体水平。全系列开发L_1～L_{10}罗茨鼓风机，与日本大晃机械工业株式会社，世晃产业株式会社合资生产SSR系列三叶罗茨鼓风机已形成批量生产；开发了HHLV400S型不锈钢罗茨鼓风机，并取得了一次性试车成功；RRG系列罗茨鼓风机被省科委列为国家级重点新产品试产计划，经省经贸委鉴定达到20世纪90年代初国际先进水平。

天津市鼓风机总厂坚持贯彻“科技兴厂”的战略方针，走产学研的道路，与西安交通大学联合开发研制了DC80b单齿罗茨鼓风机。具有强制送风，结构简单，运行可靠，维护方便等特点，系国内首创。获得了国家科委、税务总局、外经贸部、国家技术监督总局联合颁发的国家重点新产品证书。自行开发的MJL、PJL密集成套型罗茨鼓风机集空气进口滤清器、进出口消声器、主机、止回阀、安全阀、压力表、挠性接头、减振器、隔声罩、整体底座为一体，具有密集成套、结构紧凑、安装方便、节能、噪声低、振动小、传动平稳可靠等特点，获得了中国科学技术博览会、新产品交易会金奖。自行研制的TGD系列双级串联高压罗茨鼓风机是由两台罗茨鼓风机串联而成，具有效率高、功耗低、运转平稳等特点，获得了天津市创新奖、国家新产品奖联合颁发的建材优秀科技成果及推荐产品荣誉证书，并补选入《中国知名建材企业》。经国内贸易部科学技术信息研究所推荐，国家主管部办委局、省级以上技术监督部门评比，天津市鼓风机总厂密集成套型罗茨鼓风机入选《中国名优产品》。在考察美国、德国、日本罗茨鼓风机技术的基础上，参阅国内外大量资料，综合吸收各自优点，成功开发出SL系列三叶罗茨鼓风机。具有高效、低噪、节能降耗，结构新颖等特点，各项性能指标均优于其他同类产品，经天津市科委鉴定，达到20世纪90年代国际先进水平。

一些中、小型企业面对市场经济也都注重了新产品开发工作。浙江上风集团公司研制的HTFC系列消防(两用)低噪声柜式离心通风机，经省公安厅消防局鉴定达到国内领先水平，被推荐为省优秀科技产品，并获得科技进步二等奖。用于地铁、隧道、大型电站工程、大型工厂建筑物通风排风及排除高温烟气的DTF型轴流通风机经省科委鉴定达到国际同类产品先进水平。

哈尔滨暖风机厂研制的XPZF系列消防排烟风机通过黑龙江省公安厅消防局鉴定，达到国内同类产品先进水平。

淄博风机厂研制的BDK62系列防爆对旋煤矿用风机及GYF60系列消防排烟风机分别经山东省科学技术委员会和山东省消防局鉴定，达到国内领先和先进水平。

安徽省风机厂研制的VML系列防腐、防爆轴流通风机是化学工业硝铵制造工艺中的关键设备，经省经贸委鉴定达到国内20世纪90年代先进水平。

四川鼓风机有限责任公司研制的CGSL系列水泥立窑离心风机适用于年产6～12万t水泥立窑。该风机可随运行工况改变而变化，与L93WDB罗茨鼓风机相比，节材率达40%，经地区有关部门鉴定达到20世纪90年代中期国内先进水平。

鞍山风机厂为更广泛满足用户需要，设计了1～10t/h锅炉鼓引风机和耐高温风机，形成了自己独特的产品。

沈阳人民风机厂在市场调研的基础上，瞄准市场需要，适时调整产品结构，开发适销对路产品。2000年完成6种新产品的开发任务，调整了20多个系列，近100个品种的产品。目前已能够设计生产多种大号非标、特殊风机及大机号轴流通风机。用于高层建筑的消防排烟风机已迅速打开市场，近两年为全省高层建筑提供了上千台产品。目前，根据市场需要，又研制了箱式风机、斜流风机及低噪声风机，形成了具有人民风机厂特色的产品。通过招商，与韩国正善株式会社共同开发生产了罗茨鼓风机，并在韩国等地打开市场。在增加新的经济增长点上，积极向高科技领域挺进，研制生产了核潜艇净化风机，再生风机。主要指标均达到了设计要求，风机噪声降到75dB以下，受到了海军装备部的高度评价。

北京风机二厂设计完成了DDT型低噪声轴流通风机，BCE型粮库专用风机，DDW型低噪声屋顶风机等。并初步具备了批量生产的能力，形成了企业经济工作的一个亮点。

吉林市鼓风机厂为太原钢铁公司除尘项目设计制造的AL—R280DW大型离心通风机试车一次成功。山西省领导对风机试车成功表示祝贺，并给予高度评价。

四平金丰股份有限公司研制的AF系列球团烧结风机经省机械厅、省科委鉴定，达到20世纪90年代国内领先水平，并获省优秀新产品奖。研制的气固两相流风机，经国家科委鉴定，达到20世纪90年代国际先进水平，获得国家重点新产品奖。

福建东亚鼓风机股份有限公司根据“科技兴企”方针，加大科技投入和开发力度，全年设计、测绘完成37种新产品，其中30种新产品已试制完成投放市场。

内蒙古天福风机有限公司积极开发新产品，拓宽市场销路，设计生产了13套离心通风机，给企业带来了活力，满足了用户需求。

广州风机厂认真抓好离心通风机的技术改造工作，并改进加工工艺，降低了产品成本，提高了产品质量。设计制造的C650扫地车专用风机经用户使用后反映比较满意，已成为定型产品生产。

新乡市鼓风机厂试制完成了8台130t/h循环流化床锅炉通引风机。四平金丰股份有限公司通过引进技术完成SIBB24系列和SIBB50系列的17台产品的生产任务，达到国内领先水平。

武汉和平风机有限责任公司研制生产了11台ZTH型核潜艇用低噪声通风机，经省国防科工办主持鉴定达到国际先进水平。

(五)质量及质量管理

1.国家统检情况

1991～2000年，机械工业部风机产品质量监督检测中心对全国风机生产厂进行了6次抽查。1993年抽查28个企业的28台不同系列规格的工业蒸汽锅炉引风机，有13个企业的13台产品合格，产品抽样合格率为46.4%。1994年抽查43个企业的43台不同系列、规格的工业蒸汽锅炉送、引风机，有23个企业的23台产品合格，产品抽样合格率为53.5%。1995年抽查了31个企业的31台不同系列、规格的工业蒸汽锅炉引风机，有22个企业的22台产品合格，产品抽样合格率为71%。1996年抽查了19个企业的19台不同系列、规格的工业蒸汽锅炉用离心引风机，有17个企业的17台产品合格，产品抽样合格率为89.5%。1997年抽查了25个企业的25台不同系列、规格的轴流通风机，有21个企业的21台产品合格，产品抽样合格率为84%。1999年是根据国家质量技术监督局的安排，对在建中央直属储备粮库用离心通风机产品进行专项抽查。被抽查企业均为国家招标中标企业，共抽查了3个企业的10台离心通风机，合格9台，合格率为90%。1991～2000年风机行业质量抽检主要情况详见表12。

表12 1991～2000年风机行业质量抽检情况

年份 指标名称	1991	1992	1993	1994	1995	1996	1997	1998	1999	2000
主要件主要项目抽查合格率(%)	93.4	94.3	95.97	96.7	96.8					
成品装配一次合格率(%)	95.2	94.1	95.1	95.1	95.8					
铸铁件综合废品率(%)	10.9	10.9	7.68	8.14	8.23	8.03	8.57	8.12	7.64	10.1
机械加工件综合废品率(%)	1.5	1.2	0.96	2.97	2.9	2.9	3.05	3.37	1.46	1.25

2.质量管理

据风机行业协会统计，2000年全行业机械加工件综合废品率1.39%，比上年降低了0.07%；铸铁件综合废品率5.17%，比上年降低了2.47%；据27个企业产品质量自检报表统计，主要零部件抽查117种1 095件17 742项，合格16 956项，平均合格率95.6%，比上年自检合格率提高了5.5%。

风机行业1999年已有29个企业通过了ISO9000质量管理与质量保证体系认证。2000年又有12个企业通过了认证。目前取得ISO9000质量体系认证的企业已达到41个，占企业会员的50%。

在质量管理工作中，沈阳鼓风机厂为了提高产品的市场竞争能力，狠抓了产品质量和售后服务工作。年初召开了厂质量大会，提出了创造世界一流产品质量的战略目标，出台了开展质量大讨论，实行岗位技能培训，强化一把手质量责任制，加大质量赔偿力度，深入贯彻ISO9000标准，有针对性地开展质量预防和深入落实质量整改措施，以整顿现场管理来建立规范的质量控制环境，坚持无情管理质量等一系列新举措，在全厂范围内形成人人重视质量的氛围。不仅使产品的内在质量有了一定提高，外观质量也有了长足的进步。在狠抓质量的同时，加强了用户的现场服务工作，调整服务人员的结构，实行了用户的现场服务总代表制度，使用户服务工作上升到一个新水平，多次受到用户的赞誉，进一步改善了沈鼓厂在用户中的形象，为巩固风机行业排头兵地位和开拓市场奠定了基础。

陕西鼓风机(集团)有限公司把2000年做为质量改进年，强化质量改进和质量管理，开展质量四项工程，即大力开展群众性质量改进，提高整体质量水平；继续推进"保新创精"工程；开展职工培训工程；实施用户满意工程。坚持不懈抓好质量意识教育，宣贯质量标准和质量法，开展质量大讨论和质量月活动，查摆并整改深层次质量问题。年内根据质量大讨论查摆出的问题，编制下发了质量改进计划和TRT专项质量改进计划，完成75项，完成率96%，各部门质量改进120项；开展群众性质量攻关，全年发表QC成果19项。通过质量改进，降低成本70.59万元。

上海鼓风机厂有限公司的质量管理工作在原有基础上，开展了有针对性的质量培训及质量月活动，结合"塑精品，创名牌"工程，进行用户走访。召开了质量工作大型座谈会，针对设计、工艺、采购、加工等各个环节的质量问题，提出改进意见和措施。组建了在质保部领导下的过程控制用户监造办公室，严格控制关键工序，满足用户监造要求，从材料进厂直到风机出厂检验、装箱、发运整个过程的监造。通过严格质量管理，加大质量考核力度，使"三包"费用比上年下降10%。电站轴流和离心风机组第四次荣获"上海名牌"称号。

武汉鼓风机厂坚持"质量至上，求实求精，服务用户，尽善尽美"的质量方针，制定了《公司内部员工工作质量考核规定》，修订了质量体系文件，巩固和完善了质量体系，通过ISO9001质量认证复审工作，针对存在的问题进行了整改，加大了程序文件的执行力度，使内部审核起到了质量改进的保证作用，为工厂创名牌战略打下了坚实的基础。

石家庄市风机厂以质量为主线，抓好风机质量这条线，风机质量是各项工作质量的最集中的反映，基于这样的认识，制订完善的质量管理目标责任制，产品从设计、工艺制造到销售，以及售后服务等方面都有明确规定，严格考核，实行了质量与工资挂钩，严格奖惩兑现，以形成激励机制，使质量工作有了很大提高。

沈阳人民风机厂在提高产品质量工作中，从组织机构上加大了管理力度，对原有的质量检验机构进行了改革，建立了以厂长挂帅，副总工程师领导的质量监理制，对各车间的检验人员进行了调整，将质量责任下放到各车间，车间主任为产品质量第一责任者，从上至下构成了层层把关负责的产品质量保证体系。质量监理对下严格检查考核，对上及时反馈信息，对确保产品质量稳定合格起到了关键的作用，被沈阳市质量管理协会用户委员会评为沈阳市用户满意企业。

福建东亚鼓风机股份有限公司为了加强质量体系认证工作中的经济责任，制订了质量认证工作经济责任制，把中层以上管理人员的月奖预留50%与认证工作挂钩，强化了认证工作的经济责任。通过ISO9000标准认证极大地提高了全体员工的质量意识，质量管理工作和产品质量出现了新的面貌，全面完成了《质量手册》中提出的质量指标。

内蒙古天福风机有限公司为了确保质量方针的贯彻落实，坚持总经理主要负责，管理者代表驱动，总经办协调的质量保证体系，实行在产品设计、原辅材料采购、生产过程、产品搬运、贮存、交付和售后服务全过程的各有关科室、生产车间的深度辐射来实施质量控制。质量体系的建立和有效运行从根本上保证了公司质量方针、质量承诺、质量目标的量化实施，使企业的产品质量不断得到提高，为拓宽市场打下了坚实的基础。

(六)基本建设及技术改造

2000年风机行业完成基本建设投资额9 590万元。其中生产性5 207万元，建安工程3 505万元，设备工具购置3 614万元。全年更新改造措施项目完成投资额13 846万元。

沈阳鼓风机厂曝气系统国产化项目投资总额9 000万元，本年完成投资1 801万元。其中计算机系统改造799万元，慢走丝切割机、氩弧焊机、螺杆压缩机、直读光谱仪等设备290万元，技术引进费246万元，土建213万元，建设期利息及其他253万元。

上海鼓风机厂有限公司，石化、环保、电站等重大装备用大型风机、压缩机投产技术改造项目投资总额359万元，目前处于设备、工器具购置阶段。

陕西鼓风机(集团)有限公司国家重大技术装备国产化技术改造投资总额2 950万元，已基本完成。

重庆通用工业(集团)有限责任公司"九五""双加"工程项目投资总额2 558万元，已完成了五轴联动加工中心、四坐标测量仪、超速试验台、硬支承动平衡、冷焊成套设备、离心式压缩机装配线、机械运转试验台等设备的购置。

四平金丰股份有限公司大型高温风机技术改造项目投资总额2 900万元。项目设计、设备招标采购已经完成，预计2001年12月全部竣工。

浙江上风集团公司年产16 000套高效节能风冷成套装备及年产50 000台前倾多翼空调用离心风机技术改造投资总额18 168万元。目前正在按项目实施进度要求正常开展。

四川鼓风机有限责任公司发展节能节材新L系列罗茨鼓风机后期工程投资总额1 200万元，达到设计要求，并通过验收。经过三期技术改造已形成年产2 000台各型风机的能力。

山东省汇丰机械集团总公司CAD扩建、设备更新等投资总额95万元。已购置了先进的微机设备及设计工艺等软件。购置了罗茨鼓风机加工用数控车床、铣床、镗床等。

成都电力机械厂自筹技术改造项目投资总额335万元,已完成。

天津市鼓风机总厂自筹技术改造项目成形铣及刀具,投资额10万元。提高了三叶罗茨鼓风机叶轮的加工能力。

(七)对外合作

沈阳鼓风机厂引进了比利时NUMECA公司三维粘性设计软件,用于压缩机流场三维粘性分析及计算。

武汉鼓风机厂与日本三菱重工株式会社、荏原工机株式会社商谈合作生产,与法国阿尔斯通公司签订了上海外高桥项目风机合同。

浙江上风集团公司与瑞典ABBFLAKT通风产品有限公司合作开发地铁隧道通风机,电站锅炉送引风机等。与日本三矢(Mitsuya)风机制造公司合作开发离心通风机垃圾焚烧系列风机。

山东省汇丰机械集团总公司与日本大晃机械工业株式会社、日本世界工业株式会社合作成立了山东丰晃(中日合资)铸造厂,引进外汇202.5万美元,提高了铸造质量及铸造生产能力。

山东德州市玻璃钢制品总厂与美国就“RTM注射”项目签订了合同,引进设备,并进行专人培训,现已全部掌握技术。

沈阳人民风机厂与韩国正善株式会社合作开发生产三叶罗茨鼓风机,并在韩国等地打开市场。

(八)管理及改革

“改制、改组、改造,加强企业管理”是一项长期而艰巨的任务。国有企业改革,建立现代企业制度,仅仅是改革发展中的一个阶段性成果。风机行业在2000年经过改制、重组的企业已达到50个,占企业会员单位的61%。其中,股份制或股份合作制企业41个,合资企业5个、外商独资企业1个,民营企业3个。没有改制的企业有的也已经开始企业内部结构调整,实现主辅分离。

沈阳鼓风机厂抓管理,加快管理创新的步伐,提高企业内部综合管理水平;抓改革,加快企业机制的转变,提高企业在市场竞争中的生存能力。坚持了管理创新,让管理上档次,向管理要效益的指导思想,狠抓了经济责任制的考核;建立了目标成本管理体系;加大企业内部的改革工作力度,模拟“三资”企业管理的模式已经初步形成;企业机构重组,各独立部门与母体的分离,独立经营,自负盈亏等项工作取得了可喜成果,为企业保持长期稳定地发展铺平了道路。

上海鼓风机厂有限公司把建立现代企业制度做为企业发展的需要,提出了企业改革的总体思路,建立和实施“三资”企业的管理模式,在机构设置、劳动人事制度、工资分配三个方面进行调整。将全厂30多个管理部门调整为行政八部一室、政工一部一室。明确了职责,提高了效率。取消了干部、工人岗位区分,实行按岗位管理,加强业务主管的职能,对富余人员和不称职人员实行待岗培训。

陕西鼓风机(集团)有限公司加快和深化企业改革、改进和强化企业管理,建立了铸锻全资子公司和进出口全资子公司,改制后的子公司均已正式运作。企业内部实行零基定员,竞聘上岗。调整机构,完善各项管理制度。强化考核,建立新的经济责任制运行体系。学邯钢,抓管理,降成本,普遍压缩成本费用8%~10%,全部可比产品成本降低14.35%,中小产品可比产品成本降低16.5%。

武汉鼓风机厂转变经营观念,实施重组改制,优化内部结构,分离企业办社会的职能,寻求国企改革的出路。按《初步建立现代企业制度阶段性目标考核细则(试行)的通知》的具体要求,进行整改整顿。在优化组织结构的基础上,按精兵简政,减员增效的原则,优化人员结构,采取分流一批,待业一批,内退一批,买断一批的方法,处理好人员安置。为解决企业办社会的问题,优化资源配置,组建真正意义上民营或混合所有制企业,对非经营性资产实现全面剥离。

沈阳人民风机厂为摆脱困境,实现企业重新振兴,进行模拟“三资”企业管理,进一步深化劳动用工和分配制度改革。在人事制度改革上体现精干、高效原则。精简机构,将原来22个处室改为六部一室一处。精简人员,按新设置机构精简中层干部,由原来66人减少到12人。管理人员由118人减少到88人。二三线辅助人员由123人减少到76人。全厂精减人员120人,占职工总数21%。重新上岗人员达到一岗多职,劳动生产率提高41个百分点。

在企业管理工作中各企业还从不同方面对企业管理的理论和实践进行了探索研究。成都电力机械厂提出“向管理要效益——加强企业科学管理是提高经济效益的有效途径”;重庆通用工业(集团)有限责任公司提出了“重通龙年探新路——2000年工作思路与对策”;陕西鼓风机(集团)有限公司提出“对国有企业改革与发展的几点思考”;武汉鼓风机厂提出“中外企业集团研究和比较”等,这些研究对加强全行业企业管理和改革将会起到很好的推动作用。

附表1　1996~2000年机械工业系统风机行业经济发展状况

年　份	企业数	工业总产值(不变价)(万元)	工业增加值(万元)	产品销售收入(万元)	利润总额(万元)
1996	63	213675	74346	216081	8866
1997	59	290394	92792	301887	11107
1998	61	246052	74513	242013	8263
1999	61	261369	76907	254480	9596
2000	53	263714	76237	249938	12811

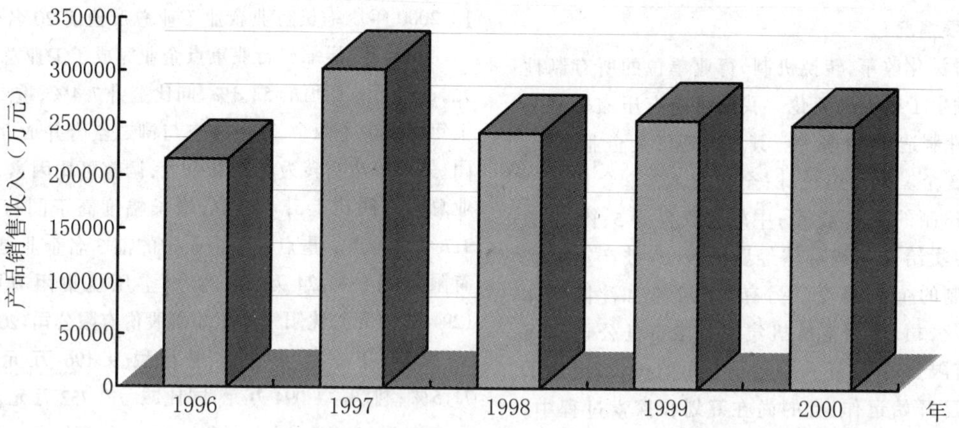

附图 1 1996～2000 年机械工业系统风机产品销售收入情况

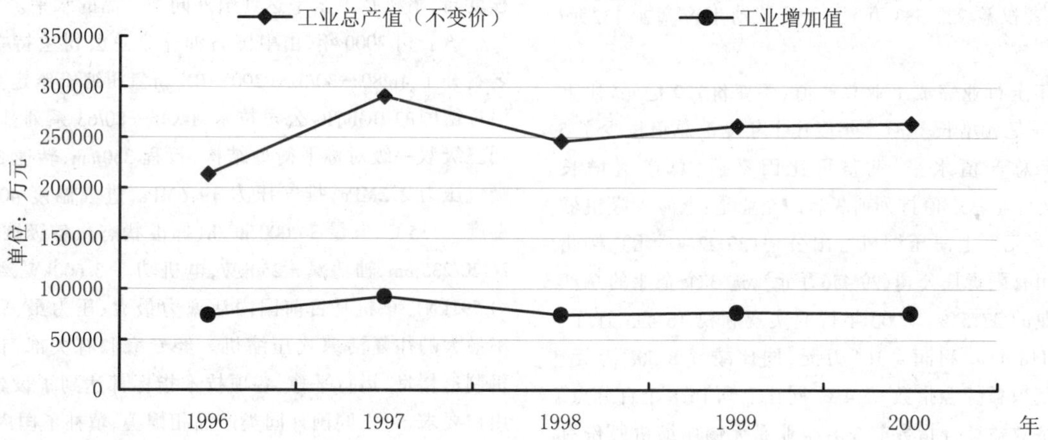

附图 2 1996～2000 年机械工业系统风机行业工业产值情况

〔撰稿人：中国通用机械风机行业协会郭绍华 审稿人：中国通用机械风机行业协会徐常武〕

气体压缩机

一、生产发展情况

2000 年通过深化改革，转换机制，行业单位的所有制性质和经营活动发生了很大的变化。我国目前有压缩机制造厂 170 多个，配件制造厂 30 多个。其中大型二类企业 7 个，重点骨干企业 13 个。据粗略统计：全行业 123 个会员单位中，已经实行股份制的企业 42 个；中外合资企业 5 个；由国营或集体企业转卖给个人或群体经营的 8 个；破产重组企业 3 个，没有转制的企业 64 个。另有几个企业如沈阳气体压缩机股份有限公司、柳州空压机集团有限责任公司和南京压缩机股份有限公司等，还采取母子公司的模式，组建了企业集团，有的已开始运作，有的尚在筹划和探索过程中。预计随着经济体制改革的不断深入，行业单位的所有制和经营方式还将继续发生巨大变化。

全行业生产经营在经历两年大幅回落后，2000 年开始明显复苏，经济运行呈上升趋势，部分企业改革的脱困工作取得了初步成效，经济运行质量有所提高。

据压缩机行业 2000 年末 67 个汇总单位资料统计：从业人员 34 640 人，其中：工人与学徒工 22 203 人，工程技术人员 3 915 人；固定资产原价 285 395 万元；流动资产45 251万元；平均流动资产 443 759 万元；平均流动资产负债 423 590 万元；所有者权益 222 583 万元；全员劳动生产率20 132元/人。

2000 年全行业完成工业总产值（不变价）29 亿元，比上年同期 28.7 亿元增长 1%（本年度比上年度汇总单位少了 5 个，按上年总产值水平，调整可比因素后，总产值增长 4.2%）。全行业总产值排列前 3 名的企业是：上海大隆机器厂（40 053 万元）、上海压缩机有限公司（39 224 万元）、柳州空压机集团有限责任公司（29 456万元），这 3 个企业的总产值占全行业的 37.5%。2000 年行业实现利税 16 495 万元，同比增长 118.1%，利润 - 164 万元，同比减亏 8 508 万元。2000 年经济效益综合指数 60.4%，同比上升 16.8 个百分点。全行业经济效益综合指数前 3 名企业是无锡压缩机股份有限公司（141.8%）、无锡压缩机股份有限公司小型压缩机分厂（131%）、石家庄长安金源压缩机厂（108.4%）。

67 个汇总单位分布在全国六个地区组，六个组的工业总产值四升两降，上升的地区组有中南组（12.5%），华东一组（6.9%），华北组（1.4%），华东二组（1%），而东北组下降 19.4%，华西组下降 20.5%。

1996 ~ 2000 年压缩机行业综合经济指标完成情况见表 1。2000 年压缩机行业企业工业总产值前 20 名企业见表 2。

2000 年，压缩机行业重点企业完成了工业总产值 15.2 亿元，占全行业产值的 52.3%，同比上升 7.4%，重点企业本期比上年同期少了两个，其中柳空与柳二空合并成立了空压机集团，另一户沈空转为非汇总企业，调整可比因素，重点工业企业总产值同比上升 10.7%，增长幅度高于同行业增长水平 9.7 个百分点。重点骨干企业中的前 3 名企业是上海压缩机有限公司（39 224 万元），柳州空压机集团有限责任公司（29 456 万元），沈阳气体压缩机股份有限公司（20 600 万元）。

2000 年重点企业实现利税 9 196 万元，同比增长 71.5%；利润 - 1 094 万元，同比减亏 2 732 万元，重点企业综合指数为 60.9%，同比上升了 12.5 个百分点。几年来，产值收入、利润、利税、销售等主要经济指标占行业首位的是华东地区，总体水平呈逐年增长之势。2000 年重点企业各项经济指标完成情况见表 3。

2000 年行业重点企业完成的重大生产任务据不完全统计是：

沈阳气体压缩机股份有限公司经过两年多的努力，研制出新一代舰船用高压电动空气压缩机，该机结构布置合理、可靠性高、气阀寿命长、油耗低、振动小、噪声低、自动化程度高，整机技术水平达到国外同类产品的水平。

该公司 2000 年，由中国石油化学总公司主持在广东茂名召开了 4M80—30/32—200—BX 新氢压缩机鉴定会。该机引进德国的 BORSIG 公司技术，BX45—80/63 系列基础件，四列三级双一级对称平衡型结构，行程 350mm，转速 300r/min，吸气压力 2.2MPa，排气压力 19.6MPa，进气温度 40℃，排气温度 < 135℃，气量 34 000 m^3/h（标准状态），各级缸径 350 × 2/320/235mm，轴功率 3 250kW，电机功率 3 600kW，综合活塞力 591kN。该机是目前国内活塞力最大、压力最高、电机功率最大的往复活塞式压缩机。经专家和有关部门鉴定，该机制造精良，运行平稳，各项技术指标都达到了设计标准和用户要求，可以同国外同类产品相媲美，填补了国内空白。

表 1　1996 ~ 2000 年压缩机行业协会企业综合经济指标完成情况

统计年份	工业总产值（不变价）（万元）	压缩机产值（万元）	压缩机配件产值（万元）	销售产值 合计（万元）	销售产值 其中出口交货值（万元）	产品销售收入（万元）	利税总额（万元）	利税 总额（万元）	利税 人均（元）	工业增加值（万元）	新产品产值（万元）	全员劳动生产率（元/人）	经济效益综合指数（%）
1996	310830	206426	25896	312867	8464	313967	4295	21762	3168	89572	80995	13040	64.8
1997	326131	212771	23892	325713	16592	329838	10103	28858	4360	100941	83170	15249	81.3
1998	309388	186855	27777	292222	16158	293962	1916	19591	3202	93654	68581	15308	63.2
1999	287167	173010	25645	265064	10992	262838	- 8672	7562	1473	79705	42854	15531	43.6
2000	289800	183713	25796	257481	11513	256700	- 164	16495	4591	72338	48942	20132	60.4

表 2　2000 年压缩机行业工业总产值前 20 名企业

序号	企业名称	总产值(万元)	序号	企业名称	总产值(万元)
1	上海大隆机器厂	40053	11	南京华冠压缩机有限公司	5765
2	上海压缩机有限公司	39224	12	北京第一通用机械厂	5398
3	柳州空压机集团有限责任公司	29456	13	江西气体压缩机有限公司	5205
4	沈阳气体压缩机股份有限公司	20600	14	重庆气体压缩机厂	5072
5	山东潍坊百事得机械总公司	19879	15	蚌埠压缩机总厂	4993
6	无锡压缩机股份有限公司	17781	16	上海东方压缩机厂	4901
7	浙江开山股份有限公司	15990	17	沈阳空气压缩机制造厂	4757
8	南京压缩机股份有限公司	12362	18	柳州市微型空压机厂	4070
9	江苏大力集团股份有限公司	11064	19	浙江衢州煤矿机械总厂	4008
10	华西通用机器公司	5952	20	南京英格索兰压缩机有限公司	3763

表 3　2000 年压缩机行业重点企业经济技术指标完成情况

企业名称	工业总产值(万元)	工业增加值(万元)	工业销售产值 合计(万元)	其中:出口交货值(万元)	产品销售收入(万元)	利税总额(万元)	利润总额(万元)	固定资产净值平均余额(万元)
上海压缩机有限公司	39224	8013	35278	273	36555	745	－1445	10381
柳州空压机集团有限责任公司	29456	8850	26843	215	28862	2321	17	32671
沈阳气体压缩机股份有限公司	20600	5603	17455	1180	15496	2217	160	33045
无锡压缩机股份有限公司	17781	4582	18142	846	18262	2458	1641	8338
南京压缩机股份有限公司	12362	4502	12002	620	11987	1111	295	5628
华西通用机器公司	5952	435	5210	0	5152	－394	－530	6596
北京第一通用机械厂	5398	522	5065	77	6009	－578	－977	6956
江西气体压缩机有限公司	5205	1854	6263	42	5843	511	68	3105
重庆气体压缩机厂	5072	1824	4390	0	4739	423	10	2585
蚌埠压缩机总厂	4993	1864	5013	181	4335	144	－275	2356
上海东方压缩机厂	4901	999	3867	92	3860	233	0	868
湘潭压缩机有限公司	709	228	741	0	799	－22	－58	2449
合计	151653	39276	140269	3526	141899	9169	－1094	114978

重庆气体压缩机厂生产的 CQ350 供气车经检验,各项技术指标符合要求,通过产品质量验收。同年研制的 LG—20/10 型喷油螺杆空气压缩机经重庆市经委、市产品质量监督检验所检测,并通过了新产品鉴定。

北京第一通用机械厂先后为我国秦山核电和清华核电提供了多台专用膜式压缩机,2000 年又为我国岭澳核电配套 2 台 2G3V—40/13－18 专用膜压机,这二台膜压机质量要求十分严格,从原材料的采购到各道工序加工、部件组装、直到总装、试车等一系列环节都要有可追朔性的记录(主要数据要能保证可追朔 50 年),而且每个环节都要有第三方质量监控,关键点第三方监督代表要现场实际操作时在场检查,尤其是该机器的不锈钢管路焊接质量,清洁度要求,整机的氦泄漏指标都有超常的高要求。该产品的圆满完成充分验证了该厂 ISO9001 认证是过硬的,受到了用户和第三方监理的好评。为我国节省了大量外汇,也为我国清洁能源核电事业的发展做出了贡献。

二、市场及销售

2000年全行业实现销售收入 25.7 亿元,同比下降 2.9%,调整可比因素同比增长 0.6%,实现利税 16 495 万元,同比增长 118.1%,实现利润－164 万元,同比减亏 8 508 万元。

重点企业实现销售收入 14 亿元,同比增长 4.8%,重点企业中销售收入同比增长的有 8 个,增长幅度较大的有:柳州空压机集团(16.3%),北京第一通用机械厂(16%),上海压缩机有限公司(14.2%),重点企业销售收入占全行业销售收入的 55.3%。全行业销售收入超亿元的企业有 8 个,占全行业的 67.2%,同比提高 10.4%,销售收入前三名的企业是:上海压缩机有限公司、上海大隆机器厂和柳州集团。2000 年,压缩机行业产品销售收入前 20 名企业详见表 4。

2000 年全行业产销率 97.4%,同比增长 1.3%,六个地区组产销率四增二降,分别是:华西组增长 5.4%,东北组增长 4.3%,华东二组增长 2.3%,华东一组增长 1.2%;华北组下降 11.2%,中南组下降 1.1%。几年来产值、销售收入、利润、利税等主要项目指标均占行业首位的是华东地区。行业总体水平还是呈逐年上升的趋势。各企业在注重生产的同时,更关注产品销售的动态。

2000 年产销率的上升,使全行业产品库存下降 6.4%,重点企业下降的幅度更大,12 个重点企业除一个库存略有上升外,其余均为下降。最好的是上海压缩机有限公司,下降了 46.3%,年产值近 4 个亿元,库存仅为 1 903 万元,只有半个月的库存转量。

2000 年全行业经济效益综合指数 60.4%,同比增长 16.8%,重点企业综合指数为 60.9%,同比增长 12.5%。

2000 年全行业共销售大中小空压机 1 402 种,49 906

台,电机功率 1 292 640kW。重点企业共销售 740 种,8 083 台,电机功率 72 669kW。全行业共销售微型压缩机 703 种,95 882 台,电机功率 179 286kW,重点企业共销售微型压缩机 138 种,8 572 台,电机功率 38 944kW。

2000 年压缩机行业销售收入前 13 名企业占领了压缩机市场份额的 73.2%,具体市场占有率见表 5。

表 4　2000 年压缩机行业产品销售收入前 20 名企业

序号	企业名称	销售收入(万元)	序号	企业名称	销售收入(万元)
1	上海压缩机有限公司	36555	11	南京华冠压缩机有限公司	5980
2	上海大隆机器厂	31068	12	江西气体压缩机有限公司	5843
3	柳州空压机集团有限责任公司	28862	13	四川华西通用机器公司	5152
4	山东淮坊生建集团	20369	14	重庆气体压缩机厂	4739
5	无锡压缩机股份有限公司	18262	15	沈阳空气压缩机制造厂	4432
6	沈阳气体压缩机股份有限公司	15496	16	蚌埠压缩机总厂	4335
7	南京压缩机股份有限公司	11987	17	上海东方压缩机厂	3860
8	江苏大力集团股份有限公司	10019	18	浙江衢州煤矿机械总厂	3735
9	浙江开山股份有限公司	8886	19	南京英格索兰压缩机有限公司	3648
10	北京第一通用机械厂	6009	20	宁波欣达螺杆压缩机有限公司	2782

表 5　2000 年压缩机行业销售收入前 13 名企业市场占有情况

序号	企业名称	市场占有率(%)
	大中型压缩机企业	
1	上海压缩机有限公司	14.5
2	沈阳气体压缩机股份有限公司	12.1
3	柳州压缩机总厂(含柳州第二空气压缩机总厂)	9.0
4	无锡压缩机股份有限公司	5.9
5	上海大隆机器厂	4.9
6	南京压缩机股份有限公司	4.1
7	浙江开山股份有限公司	3.3
8	山东潍坊生建集团	3.2
9	四川华西通用机器公司	3.1
10	蚌埠压缩机总厂	2.5
	微型压缩机企业	
1	江苏大力集团股份有限公司	5.1
2	上海东方压缩机厂	2.8
3	南京华冠压缩机有限公司	2.7

2000 年全行业共生产大中小型压缩机 52 762 台,同比多生产 3 885 台,品种为 1 402 种,其中重点企业生产 740 种,7 737 台。全行业生产微型压缩机 82 940 台,品种为 703 种,其中重点企业生产 138 种,8 278 台。

全行业生产的大中小型压缩机中空气压缩机占绝对主导地位,其他气体压缩机不足 2 000 台,其中:

氮氢压缩机生产 52 台,销售 60 台;

氮气压缩机生产 29 台,销售 61 台;

氢气压缩机生产 91 台,销售 93 台;

煤气压缩机生产 31 台,销售 32 台;

二氧化碳压缩机生产 92 台,销售 85 台;

天然气压缩机生产 359 台,销售 246 台;

石油气压缩机生产 28 台,销售 25 台;

液化气压缩机生产 315 台,销售 190 台;

氧气压缩机生产 25 台,销售 25 台;

一氧化碳压缩机生产 9 台,销售 2 台;

其他气体压缩机如富气、瓦斯气、乙烯、丙烯、水煤气、氯气、原料气等压缩机生产 95 台,销售 90 台。

除前面已列举的特殊气体压缩机以外,其余情况如下:

1. 大中小型压缩机分类、品种及产销情况

$40m^3$ 以上机型生产 404 台,销售 404 台;

$40m^3$ 机型生产 243 台,销售 268 台;

$39\sim21m^3$ 机型生产 571 台,销售 575 台;

$20m^3$ 机型生产 665 台,销售 736 台;

$19\sim11m^3$ 机型生产 1 625 台,销售 1 615 台;

$10m^3$ 机型生产 799 台,销售 799 台;

$9.9\sim6.1m^3$ 机型生产 1 246 台,销售 1 355 台;

$6m^3$ 机型生产 3 255 台,销售 3 199 台;

$5.9\sim3.1m^3$ 机型生产 3 323 台,销售 2 869 台;

$3m^3$ 机型生产 4 034 台,销售 3 474 台;

$2.9\sim1.65m^3$ 机型生产 17 899 台,销售 15 137 台;

$1.6\sim1.4m^3$ 机型生产 8 482 台,销售 8 187 台;

$1.39\sim1.05m^3$ 机型生产 4 994 台,销售 4 510 台;

$1m^3$ 机型生产 4 969 台,销售 4 766 台。

2. 微型压缩机分类、品种及产销情况概况

$0.9\sim0.7m^3$ 机型生产 16 482 台,销售 16 821 台;

$0.69\sim0.6m^3$ 机型生产 6 601 台,销售 6 284 台;

$0.59\sim0.4m^3$ 机型生产 12 986 台,销售 13 969 台;

$0.39\sim0.3m^3$ 机型生产 7 427 台,销售 7 982 台;

$0.29\sim0.1m^3$ 机型生产 24 169 台,销售 27 236 台;

$0.1m^3$ 以下机型生产 18 798 台,销售 22 968 台。

2000 年全行业压缩机产量在国内销售占其总量的 96.8%,在国内各主要使用部门的销售分布和数量是:

煤电油工业 23 069 台,占总量的 21.3%;

化工工业 15 332 台,占总量的 14.2%;

冶金工业 11 403 台,占总量的 10.5%;

物资经营类单位 11 795 台,占总量的 10.9%;

轻纺工业 10 689 台,占总量的 9.9%;

交通运输 6 397 台,占总量的 5.9%;

建筑及建材 6 393 台,占总量的 5.9%;

军工方面 5 093 台,占总量的 4.7%;

其余为农村牧副渔、文教、出口和其他等方面占总量的

16.7%。

2000年行业压缩机在国内销售按地区分布和数量如下:

东北地区11 821台,占总量的10.9%;

华北地区15 645台,占总量的14.5%;

华东地区32 179台,占总量的29.7%;

中南地区18 455台,占总量的17.1%;

西北地区12 286台,占总量的11.4%;

西南地区9 704台,占总量的9.0%。

从以上的数据不难分析出:行业各企业普遍存在产品结构有待进一步调整的情况。大量低价格的产品充斥市场,技术含量高,高参数的高新技术产品相对较少,尚不能满足市场的需求,这是我们极待共同努力解决的关键问题。

2000年行业压缩机出口创汇11 807万元,同比上升60%,突破了亿元大关。全行业共有22个企业向美国、澳大利亚、意大利、印度、埃及、伊朗、巴西、巴基斯坦等35个国家和地区出口43 399台压缩机和2 080t配件,产品实物量增长11.1%。出口较好的单位是:上海大隆机器厂(3 292万元),其次是江苏大力集团(2 913万元)和沈阳气体压缩机股份有限公司(1 180万元)。这3个企业创汇占全行业创汇额的62.5%,为全行业出口创汇突破亿元大关做出了很大贡献。

行业压缩机虽然每年都有一定量的出口,但出口的产品多为中小型压缩机,品种比较单一,且价格较低的中低档产品,在我国即将加入WTO之际,各企业要大量加大投入,大力发展高新技术产品,使产品的科技附加值不断增加,以不断增强参与国际竞争能力,使全行业出口创汇在新世纪的伊始之际有一个较大的增长。

2000年,压缩机行业出口额前20名的企业见表6。

表6 2000年压缩机行业产品出口额前20名企业

序号	企业名称	出口额(万元)	序号	企业名称	出口额(万元)
1	上海大隆机器厂	3292	11	蚌埠压缩机总厂	181
2	江苏大力集团股份有限公司	2913	12	柳州空压机集团有限责任公司	174
3	沈阳气体压缩机股份有限公司	1180	13	无锡市第二压缩机厂	174
4	无锡压缩机股份有限公司	846	14	南京英格索兰压缩机有限公司	153
5	浙江开山股份有限公司	649	15	沈阳空气压缩机制造厂	100
6	南京压缩机股份有限公司	620	16	上海东方压缩机厂	92
7	天津市压缩机厂	360	17	常德通用机械厂	80
8	浙江衢州煤矿机械总厂	356	18	北京第一通用机械厂	77
9	上海压缩机有限公司	273	19	江西气体压缩机有限公司	42
10	浙江慈溪超超压缩机配件有限公司	224	20	马鞍山正棱压缩机有限责任公司	11

三、对外合作

无锡压缩机股份有限公司坚持国内外两个市场同步开拓,利用企业有进出口自主权的优势,2000年全公司出口额1 200万元,并由过去单一出口压缩机扩大到还出口铸铝件和铸钢件等。

南京压缩机股份有限公司2000年利用联合国在伊拉克实施第五期“石油换食品”的招标项目,与中国北方工业公司紧密合作,战胜俄罗斯、印度等国竞争对手后一举中标,出口了45台螺杆式移动空气压缩机。

四、科技成果及新产品

“九五”以来压缩机行业在“七五”、“八五”引进技术消化吸收的基础上,逐步转向为石化行业开发试制加氢、重整氢、氮氢气和其他气体等技术含量高的产品,现已具备为石化行业年产15、40、70万t重整或连续重整装置,年产30、40、80、125万t加氢精致装置,年产80、100、120万t加氢裂化装置,年产200万t渣油加氢脱硫装置等提供新氢气压缩机的能力,具备为中型的硫铵、硝铵、碳铵及尿素生产装置配套活塞力达50t,最多列数6列,单机功率高达4 800kW的各种氮氢气压缩机的能力,还具备为有效容积4 000m^{3}高炉采用喷煤粉炼铁新工艺配套的吹喷煤粉用压缩机的能力,并可为矿山行业的大型凿岩钻机的排渣风源和高风压潜孔钻机动力风源提供移动式中压螺杆空压机组,为亚洲最大的中国空气动力研究与发展中心的尖端科技大型(2m)激波风洞的高压氢气源提供隔膜式超高压氢气压缩机组,使风洞产生高马赫数,高雷诺数的气流。随着市场竞争的激烈和多变,我们压缩机行业深刻认识到只有不断开发新产品才能增强企业的竞争能力,适应能力,才能生存和发展,因此各企业不断调整产品结构向多元化方向发展.如沈阳气体压缩机有限公司在引进消化往复式压缩机制造专有技术和无油元件制造技术的基础上,开发出我国最大的往复式4M50、4M80大型新氢压缩机,满足加氢装置的需求,填补了我国压缩机的空白。4M50—33.7/11—192—BX还获得了国家科技进步三等奖。重庆气体压缩机厂、北京第一通用机械厂、蚌埠压缩机总厂等单位开发生产了无燃气加气压缩机,为汽车工业的发展提供了环保气源。华西机器公司自行开发制造了达功率的摩托压缩机,满足沙漠油田用天燃气动力压缩机的需求,填补了国内空白。无锡压缩机股份有限公司、北京第一通用机械厂还为航空工业开发了气源起动设备、充氮压缩机。柳州空压机集团公司为汽车行业生产了空调涡旋压缩机。南京压缩机股份有限公司将压缩机运用到粉粒状物料管道气力输送成套设备中,沈阳空气压缩机制造厂“九五”投资1 800万元开发环保设备的生产等等,拓宽了压缩机的应用领域,找到了新的市场。

“九五”以来,压缩机行业不仅往复式压缩机得到发展,螺杆压缩机更是加快了发展步伐,由原来只有5个生产厂,发展到23个。上海压缩机有限公司成功地生产了40m^3/min

无油螺杆和 30m^3/min、40m^3/min 喷油螺杆压缩机，这 3 种产品很快形成了年产 300 台能力。除此之外，该公司还将螺杆压缩机运用到石油、化工、煤气等工艺流程中，他们先后开发了 LG—30、20、15、10/5.5 火炬气系列压缩机，LG—100、80、60/4.5 火炬气系列压缩机，LG36C 二氧化碳气压缩机，MLG63C 煤气螺杆压缩机，转子加工直径已达到 630mm，是我国目前直径最大的转子。无锡压缩机股份有限公司通过"七五"、"八五"螺杆压缩机技术和设备引进，通过对引进技术的消化吸收和创新已形成门类齐全的三大系列产品，具体性能指标见表 7。

表 7　无锡压缩机股份有限公司

螺杆压缩机主要产品性能指标

产品型式	排气量	排气压力
第一类：	喷油固定式	排气量为 1.5～40m^3/min 排气压力为 0.7～1.3MPa
第二类：	喷油移动式	排气量为 3.5～20m^3/min 排气压力为 0.7～1.0MPa
第三类：	石油系列	排气量为 20～100m^3/min 排气压力为 0.7～0.95MPa

2000 年该公司开发了 60m^3 无油螺杆压缩机，形成了 20～100m^3 无油螺杆机的完整系列，并对原有的 3～12m^3 系列喷油螺杆压缩机产品进行更新换代，使新一代小螺杆压缩机系列产品在质量、性能、外观等方面有很大提高，达到国际先进水平。

其中该公司生产的 100m^3 无油螺杆压缩机及其变型产品的性能已达到国际 20 世纪 90 年代水平，填补了我国大型无油螺杆压缩机的空白。

该公司在"八五"期间从日本引进无油螺杆压缩机技术以来，通过消化吸收已形成年产 160 台生产能力。1998 年对 AL(22～130kW) 系列螺杆压缩机产品进行国产化，国产化率达 80%。

柳州第二空压机厂在 LG20 系列压缩机产品和其合资企业富达公司的 LU 系列产品方面，具有较完备的设计开发和生产能力，年产可达 3000 台固定式螺杆压缩机和 150 台移动式螺杆压缩机。

北京第一通用机械厂在"七五"引进单螺杆技术的基础上，通过"八五"、"九五"的消化吸收已形成系列产品，并全面进入市场。

综上所述我国压缩机行业通过"七五"、"八五"、"九五"无论是品种规格和产品数量，以及技术水平都得到较大发展，使企业增强了对市场的适应能力和应变能力，为迎接入世挑战打下了良好基础。

"九五"期间压缩机行业新产品发展情况概况：

1996 年全行业开发试制新品种规格的压缩机 44 906 台，新产品产值 35 492 万元。

1997 年全行业开发试制新品种规格的压缩机 11 066 台和压缩机配件 79 866 件，产值 39 127 万元。

1998 年全行业开发试制新品种规格的压缩机 3 824 台，产值 37 455 万元。

1999 年全行业开发试制新品种规格的压缩机 2 184 台，产值 26 975 万元。

2000 年全行业开发试制新产品规格的压缩机 4 717 台，产值 29 465 万元。

五、质量及质量管理

无锡压缩机股份有限公司 2000 年顺利通过了中国机械质量认证中心换证后的首次评审。

慈溪市超超空压机配件有限公司于 1999 年 12 月通过了中国进出口商品质量认证中心认证，获 ISO9002 质量体系认证证书。截止到目前为止全行业共有 18 个企业通过质保体系认证。

六、基本建设及技术改造

沈阳气体压缩机股份有限公司 2000 年 3 月启动国家"三大化工"重点工程配套大型往复式压缩机技术改造项目。该项目被列为国家国债重点支持改造项目。项目固定资产投资 9 000 万元。其中，工商银行贷款 2 900 万元，光大银行贷款 2 490 万元，企业自筹 3 610 万元，项目建设期两年。项目内容为引进活塞力 80t 以上氢气压缩机设计制造技术，购置数控落地镗铣床、卧式加工中心、立式数控车床、大型曲型磨床等 13 台机加工设备，新增液氮冷套和耐压实验装置等 12 台(套)试验仪器仪表以及磁粉探伤机、电子万用试验机等 6 台测试设备，完善加工装配，理化试验手段，扩大计算机辅助管理和制造技术应用；扩建厂房 1 805m^2。项目完成后，年新增销售收入 16 000 万元，利润 1 863 万元，税金 1 052 万元，目前该公司已完成引进活塞力 80t 氢气压缩机设计制造技术，扩建厂房 1 805m^2，采购及安装调试设备 5 台。

无锡压缩机股份有限公司 2000 年完成了"九五"双加技术改造的收尾工作。启动国家"十五""双高一优"无油螺杆压缩机技改项目和企业信息化工程改造项目，总投资 3 800万元。该公司通过多年技术改造项目的实施，在技术水平、工艺装备、企业环境等方面均取得显著的提高和改变，企业的经济效益持续增长。

七、管理及改革

无锡压缩机股份有限公司坚持科技创新，以高新技术改造传统产业，被国家科技部确定为 2000 年国家首批高新技术企业。该公司技术中心被列入跨省级技术中心行列。

沈阳气体压缩机股份有限公司 2000 年深化企业内部管理，工作重点放在降低生产成本，提高产品质量和加强奖金管理上，在严、细、实三个字上下功夫，进一步提高了企业整体素质和管理水平。按照改革的思路：一是深化企业体制改革；二是深化分配制度改革；三是深化生产结构改革，以实行专业化生产为方向；四是深化集体企业的产权制。该公司在 2001 年将采取分权转让、股份合作和破产兼并三种形式对 11 个集体企业进行改制。

附表 1　1996～2000 年机械工业系统气体压缩机行业经济发展状况

年　份	企业数	工业总产值(不变价)(万元)	工业增加值(万元)	产品销售收入(万元)	利润总额(万元)
1996	61	230478	67948	228643	8882
1997	65	218512	68010	212782	8111
1998	66	210456	58747	197612	－3582
1999	67	261369	76907	254480	9596
2000	64	222769	58520	209814	－1580

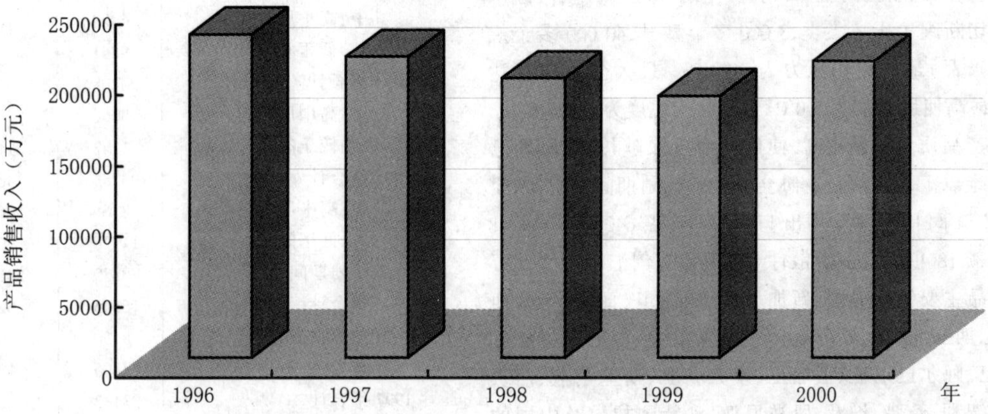

附图 1　1996～2000 年机械工业系统气体压缩机产品销售收入情况

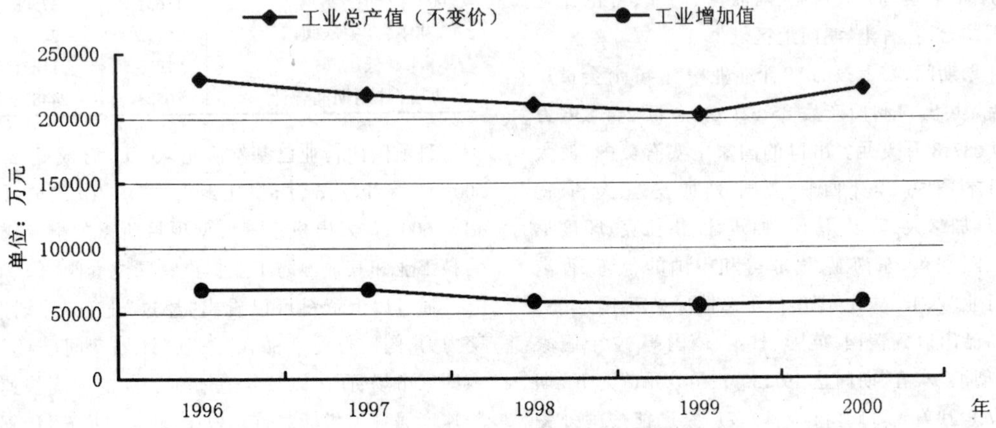

附图 2　1996～2000 年机械工业系统气体压缩机行业工业产值情况

〔撰稿人：中国通用机械压缩机行业协会黄伟英、陈洪俊　审稿人：中国通用机械压缩机行业协会王兴亚〕

阀　门

一、阀门行业十年概况

阀门行业正以市场为导向，以改革促发展，积极调整产品结构，加快企业组织结构调整，围绕国家重点建设和主要用户行业需求，发展先进适用阀门产品，提高市场竞争能力和产品出口能力。

阀门行业已能生产门类齐全的闸阀、截止阀、节流阀、旋塞阀、球阀、蝶阀、隔膜阀、止回阀、安全阀、减压阀、蒸汽疏水阀和紧急切断阀等十二大类，3 000多个型号，40 000多个规格的阀门产品；最高使用压力为600MPa，最大公称通径达5 350mm，最高使用温度为570℃，最低使用温度为-196℃。

阀门产品质量不断提高，使用寿命越来越长，维修期已超过一年半以上。阀门行业协会"七五"计划期间共有49个会员厂出口阀门产品，共出口阀门产品640 935台，18 158.9t，金额18 494万元（含散件845万元），创汇额31 785万美元。产品主要销往美国、新加坡、巴基斯坦、日本、马来西亚、印度尼西亚、泰国、原苏联、马里、加拿大、肯尼亚、韩国、伊朗、古巴、阿尔巴尼亚、孟加拉、澳大利亚、斯里兰卡、西班牙、德国、智利、希腊、埃及、罗马尼亚、沙特阿拉伯及中国的台湾、香港等28个国家和地区。

"八五"计划期间有52个会员厂出口阀门产品，共出口阀门产品86 839t，金额1 415 823万元，创汇额19 139.7万美元。产品主要销往美国、日本、德国、加拿大、葡萄牙、西班牙、荷兰、智利、墨西哥、古巴、俄罗斯、朝鲜、新加坡、马来西亚、菲律宾、越南、老挝、柬埔寨、印度尼西亚、巴基斯坦、孟加拉、埃及、伊朗、伊拉克、叙利亚、阿联酋、南非、哥伦比亚等国家及中国的台湾、香港、澳门地区。

"九五"计划期间，在上报的89个企业中有46个会员厂出口阀门产品，共出口阀门产品85 621.6t，金额244 836万元，创汇额29 687.8万美元。出口的国家主要有美国、澳大利亚、伊朗、日本、蒙古、马来西亚、英国、新加坡、意大利、德国、朝鲜、挪威、加拿大、韩国、法国、西班牙、伊拉克、印度尼西亚、叙利亚、阿联酋、东南亚、南非等和中国的台湾、香港地区。阀门行业"八五"、"九五"出口汇总情况见表1。

阀门产品已出口到美国、英国、日本、德国等39个国家和地区，出口创汇"八五"期间达19 130.7万美元，"九五"期间增至29 687.8万美元。阀门行业许多厂家已能按国外先进标准（API、BS、DIN等）生产阀门，产品已达到国际20世纪80~90年代水平。

阀门行业工艺水平不断提高，铸造有的已采用先进无箱挤压树脂砂造型线，多元素快速分析光谱仪；锻造采用胎模锻、多向模锻；阀门结构也采用板焊、管焊、铸锻结合和液压成型技术。

阀门行业机械加工已普遍采用组合机床、数控机床及加工中心以及部分半自动生产线。冷加工已采用少、无切屑滚压加工（外圆、螺纹）；焊接则采用摩擦焊、二氧化碳气体保护焊、等离子喷焊等先进工艺。

表1　阀门行业协会会员单位1991~2000年出口情况

年　份	出口量(t)	出口金额(万元)	出口金额(万美元)
1991年合计	11184	14620	2337.1
其中：高中压阀门	4462	10823	1699.5
低压阀门	6722	3797	637.6
1992年合计	15392	22664	3655.8
其中：高中压阀门	7083	16855	2676.7
低压阀门	8309	5809	979.1
1993年合计	16769	24810	3623.5
其中：高中压阀门	6908	16296	2366.1
低压阀门	9861	8514	1257.4
1994年合计	20208	32844	3924.3
其中：高中压阀门	9066	21258	2538.7
低压阀门	11142	11586	1385.6
1995年合计	23286	46645	5590.0
其中：高中压阀门	8366	26382	3196.6
低压阀门	14920	20264	2393.4
八五计划期间合计	86839	141583	19130.7
1996年合计	16545	52002	6335.3
其中：高中压阀门	8650	39115	4179.3
低压阀门	7895	12716	1565.4
1997年合计	23133	62638	7622.5
其中：高中压阀门	14488	48147	5780.3
低压阀门	8645	14195	1806.4
1998年合计	17239	50500	6125.4
其中：高中压阀门	9251	36687	4434.4
低压阀门	7988	13380	1639.0
1999年合计	15953	42211	5076.0
其中：高中压阀门	6546	26332	3176.9
低压阀门	9407	15134	1899.1
2000年合计	13651	37508	4528.6
其中：高中压阀门	5713	24409	3004.0
低压阀门	7938	11871	1459.4
"九五"计划期间合计	86522	244836	29687.8

目前阀门行业已基本满足45万t合成氨、52万t尿素、500万t炼油厂、6万t高压聚乙烯、45万t乙烯、120万t氧化铝及600MW发电机组等大型项目所需的配套阀门；同时还为核工业和其他国防工业提供特殊配套阀门。

通过以上资料可以看出，经过"七五"计划期间的不懈努力，阀门行业产品在"八五"计划期间已经开始逐步进入国家市场，而用以每年递增34.7%的速度快速增长，其增长速度居各项指标之首。但是，进入"九五"计划期间，形势却发生了变化，除1997年出口额最高达到62 638万元外，每年都有不同程度的下降。1998年由于受亚洲金融危机影响，出口额降至50 500万元，比上年下降了19.4个百分点，2000年的出口额为37 508万元，比"九五"计划期初1996年的52 002万元下降了27.9个百分点。其中高中压阀门产品2000年出口24 409万元，比1996年出口的39 115万元下降了 37.6 个百分点；低压阀门产品 2000 年出口 11 871 万元，比 1996 年出口的 12 716 万元下降了 6.6 个百分点。低压阀门产品出口额与高中压阀门产品出口之间的差距正在逐渐减小。

改革开放以来阀门行业迎来了一个大的发展时期 80 年代在政府引导和组织下，根据企业发展特点阀门行业引进了关键产品和技术 20 余项，提高了阀门生产水平，管理水平和技术水平，不断开发了高参数高性能产品，提高了我国重点工程项目的配套率。随着改革开放的不断深入和市场经济的不断完善，更加扩大了国际交往的渠道，扩大了企业的自主权。同时企业承担着市场剧烈竞争的风险，有长远目光的企业家，不断研究分析市场情况，根据自身的能力，市场的需求和国家发展的潜在市场引进国外的技术和产品保持企业活力，提高企业的竞争能力，提高效益。

天津市塘沽瓦特斯阀门有限公司继引进美国马克公司 A 和 LT 型 2 ~ 32in 蝶阀技术共 5 个系列 30 个规格后又引进高性能耐腐蚀蝶阀，HALE 阀、D_B 型法兰蝶阀。成为生产蝶阀的国内最有竞争力的厂家之一。

中核苏阀科技实业股份有限公司引进树脂砂造型线、球阀生产线、扩大生产能力，提高生产效益，保证产品质量。

开封高压阀门厂，引进意大利 IMF 树脂砂脱箱造型线提高铸件质量，满足批量需要等等。

目前国内用的高附加值、技术含量高、制作难度大、使用条件要求严格的阀门产品还都依靠进口，国内生产不了或用户信不过。所以，一切有出口能力的企业，在积极开拓国际市场的同时，千万不要忽视这一巨大的国内市场，拓宽销售渠道，找准切入点，加紧企业的技的改造，努力调整产品结构，多生产一些市场上急需的阀门产品，以争取得到用户的认可替代进口阀门产品。

我国已经加入 WTO，国际市场阀门产品提供了更为有利的条件，争取在“十五”期间内，整个阀门行业的产品出口有个新的突破。

阀门行业今后将主要围绕石油、石化、化工、电力、冶金、城市建设等大型项目的需求，开发高新技术产品、扩大产品品种、提高产品质量、满足配套需要。

在“八五”、“九五”10 年中阀门行业先后为国家重点项目和重大装备生产的配套阀门见表 2。

表 2 “八五”、“九五”期间阀门行业为国家重点项目和重大装备生产的配套阀门

完成任务名称	企业名称	完成时间
300MW 核电站		
核级抗震电动楔式双闸扳闸阀	上海阀门厂	1994 年、1999 年
核电球阀	上海 NJ 阀门有限公司	“八五”期间
核电通风阀（50 系列、500 规格）	石家庄阀门一厂	“八五”期间
核级隔膜阀（M 型直通）	上海阀门五厂	“九五”期间
核级抗震蝶阀（40 台）	启东阀门厂	1992 年
核级波级管截止阀	上海阀门二厂	1993 年
核电事故排水阀	上海阀门二厂	
核级安全阀（Ⅰ、Ⅱ、Ⅲ级）	沈阳第一阀门厂	“八五”期间
哈氏合金波纹管阀	沈阳第一阀门厂	“九五”期间
核电阀门、高真空阀门	苏州高中压阀门厂	“九五”期间
核安全级阀门（系列）	中核苏州阀门股份有限公司	“八五”期间
核安全级阀门（系列）	中核苏州阀门股份有限公司	“九五”期间
300MW 和 600MW 大型火电机组		
锅炉汽包高温高压闸阀	上海阀门厂	“八五”期间
主蒸汽阀（570℃、100 ~ 170kg/cm²）、排渣系统闸阀	沈阳高中压阀门厂	“八五”期间
闸阀（150 ~ 3500 磅级，DN50 ~ 750mm）	开封高压阀门厂	“八五”期间
截止阀（150 ~ 3500 磅级，DN150mm）	开封高压阀门厂	“九五”期间
Y 截止阀（150 ~ 3500 磅级，DN50 ~ 300mm）	开封高压阀门厂	
止回阀（150 ~ 3500 磅级，DN40 ~ 1 050mm）	开封高压阀门厂	
真空阀、水封阀	开封高压阀门厂	
火电站排灰阀（平板刀口闸阀）	石家庄阀门一厂	“八五”期间
大型火电配套低压阀（700t）	铁岭阀门股份有限公司	“八五”期间
大口径闸阀（电站用阀）	海安阀门厂	“八五”期间
循环泵出口闸阀	海安阀门厂	“九五”期间
超临界锻造截止阀（80 ~ 100mm）	南通电站阀门厂	“九五”期间
电站灰渣阀、300 ~ 2 500 磅级闸阀、截止阀	南通高中压阀门厂	“九五”期间
高温灰渣阀，气动膜式减温减压装置	杭州华惠阀门有限公司	“九五”期间
L965Y 系列给水快速节流阀	青岛电站阀门厂	“九五”期间
Z962Y 系列闸阀	青岛电站阀门厂	

（续）

完成任务名称	企业名称	完成时间
SD61H 系列水压试验阀	青岛电站阀门厂	
300MW 核电站		
Z9B42H—25—1 300 电动闸阀	开封高压阀门厂	"九五"期间
D343H—25—350 金属蝶阀	开封高压阀门厂	
SY346Y—16in、22in 系列水压阀(600、900 磅级)	开封高压阀门厂	
H664H—42in、36in 系列抽气止回阀(150 磅级)	开封高压阀门厂	
火力发电锅炉给水阀组	铁岭阀门股份有限公司	"八五"期间
火力发电循环水系统阀组	铁岭阀门股份有限公司	"九五"期间
抽汽止回阀系列	开封高压阀门厂	"八五"期间
30 万 t 和 45 万 t 乙烯配套阀门		
旋转阀、插扳阀、回转球阀	兰州高压阀门厂	"八五"期间
金山防腐带背压波纹管平衡式安全阀	上海阀门厂	1991 年
金山石化裂解炉 2 500 磅高压安全阀	上海阀门厂	1993 年
石油化工用各种超低碳不锈钢各类阀门	中核苏州阀门股份有限公司	"八五"期间
特种安全阀、石油炼化安全阀	吴江市东吴机械有限责任公司	"九五"期间
摆动式球阀、蝶阀	温州挺宇集团	"九五"期间
超低碳不锈钢阀门	锡山市阀门厂	"八五"期间
超低碳不锈钢阀门	锡山市阀门厂	"九五"期间
24 通旋转阀(南京烷基苯关键)	上海汉威阀门公司	"九五"期间
偏心耐腐蚀蝶阀	天津塘沽瓦特斯阀门公司	"八五"期间
耐磨刚玉衬里不锈钢闸阀	浙江石化阀门有限公司	"九五"期间
安全阀切换装置	上海开维喜阀门有限公司	"九五"期间
管道输送、西气东输工程配套阀门		
油气输送球阀、整体焊接球阀	自贡高压阀门股份有限公司	"八五"期间
高温、高压、气动遥控球阀	自贡高压阀门股份有限公司	"九五"期间
600 系列高性能球阀	上海 NJ 阀门有限公司	"八五"期间
Q47 管线球阀	上海 NJ 阀门有限公司	"八五"期间
清管阀(阀球装置)	锡山市阀门厂	"九五"期间
Q347 系列高温高压硬密封球阀	浙江市五洲阀门公司	"九五"期间
燃气球阀	广东明珠球阀集团公司	"九五"期间
金属密封球阀	广东明珠球阀集团公司	
清管阀 DN250 ~ 1400mm	西安泵阀总厂	"九五"期间
全焊接密封球阀 DN15 ~ 600mm	上海汉威阀门公司	"九五"期间
城市建设配套阀门		
6 万 t/d 级污水处理成套设备	武汉阀门水处理机械公司	"八五"期间
20 万 t/d 级污水处理成套设备	武汉阀门水处理机械公司	"九五"期间
超大口径金属蝶阀	铁岭阀门股份有限公司	"八五"期间
大口径铁素体球铁阀	铁岭阀门股份有限公司	"九五"期间
煤气闸阀	铁岭阀门股份有限公司	
三偏心金属密封蝶阀	铁岭阀门股份有限公司	
橡胶软闸阀	福州阀门总厂	"九五"期间
外喷塑内衬搪瓷阀门	中核苏州阀门股份有限公司	"九五"期间
橡胶软闸阀	昆明阀门厂	"八五"期间
橡胶软闸阀	昆明阀门厂	"九五"期间
电动城市煤气阀	阳泉阀门公司	"九五"期间
金属硬密封蝶阀	阳泉阀门公司	
GTO 系列气动蝶阀	上海阀门五厂	"九五"期间
金属密封蝶阀	天津塘沽瓦特斯阀门公司	"八五"期间
偏心法兰蝶阀	天津塘沽瓦特斯阀门公司	"九五"期间
燃气油密封旋塞阀	许昌昌源阀门有限公司	"八五"期间
冶金工程用阀		
70 种冶金专用阀	石家庄三环阀门公司	"九五"期间
各种冶金专用阀	鞍山亨通阀门公司	"九五"期间
自动切换阀(DN4350mm)	长沙阀门厂	"八五"期间
双向送风阀	长沙阀门厂	"九五"期间

（续）

完成任务名称	企业名称	完成时间
硬密封蝶阀	长沙阀门厂	
大化肥工程用阀		
合成氨高压角式节流阀	承德高压阀门厂	“八五”期间
尿素装置不锈钢角式阀	承德高压阀门厂	
美荷式铸钢阀	承德高压阀门厂	
合成氨压力密封阀盖高压阀	包头阀门总厂	“八五”期间
低温高压球阀	包头阀门总厂	
尿素专用阀系列	益都阀门有限公司	“九五”期间
抗氢钢角式截止截流阀	承德高压阀门厂	“九五”期间
K系列不锈钢截止截流阀	承德高压阀门厂	
宝山钢铁总公司项目配套阀门		
硬密封二通、三通球阀、耐磨球阀	上海NJ阀门有限公司	“八五”期间
宝钢二期工程低压阀门1 000台	铁岭阀门股份有限公司	“八五”期间
宝钢三期工程低压阀门1 000台	铁岭阀门股份有限公司	“九五”期间
金属密封双向送风阀	长沙阀门厂	“八五”期间
通风切换阀	长沙阀门厂	“九五”期间
自动切换阀	长沙阀门厂	
氯碱装置配套阀门		
全镍旋塞、蒙乃尔合金阀	兰州高压阀门厂	“八五”期间
超低碳不锈钢阀门	中核苏州阀门股份有限公司	“八五”期间
镶四氟套20#合金旋塞	中核苏州阀门股份有限公司	“九五”期间
“09”核潜艇配套阀门		
核潜艇蒸汽排放阀	上海阀门厂	1992年
核潜艇减压阀、闸阀	沈阳高中压阀门厂	“八五”期间
核潜艇减压阀、闸阀	沈阳高中压阀门厂	“九五”期间
核潜艇高压截止阀	沈阳第二阀门厂	“九五”期间
节能降耗配套阀门		
GK-11型调节疏水阀，BK-28型	北京市阀门总厂	“八五”期间
蒸汽疏水阀、VK-16窥视器	北京市阀门总厂	“九五”期间
钟形浮子疏水阀	扬州双良阀门公司	“八五”期间
园盘式疏水阀	扬州双良阀门公司	
其他项目阀门		
深海勘察氮氧深水仓氦气球阀	上海NJ阀门有限公司	“八五”期间
薄形刀口阀（造纸）	锡山市阀门厂	“九五”期间
抗硫气体闸阀（国防、化工）	锡山市阀门厂	
直流夹套截止阀（航天）	锡山市阀门厂	
切断换向三通阀（航天）	锡山市阀门厂	

二、2000年行业概况

（一）生产发展情况

2000年中国通用机械阀门行业协会共有会员167个，其中生产阀门产品和生产与阀门产品相配套的驱动装置和铸钢厂共152个，其中生产高中压阀门产品的企业79个，生产低压阀门产品的65个，生产阀门驱动装置的6个，生产阀门产品铸件的2个；经营性公司5个，科研院所5个，地区性协会3个，大学1所，专业学会1个。在152个生产企业中，按所有制分类：75个国有企业，占总数的49.3%，国有企业比上年下降了8.9个百分点；股份制企业60个，占总数的39.5%，比上年上升36.2%，合资企业7个，占总数的4.6%；有限责任公司8个，占总数的5.3%；私营和港澳独资企业各1个，各占总数的0.66%。产品主要有各类高中低压阀门，其中包括闸阀、截止阀、节流阀、球阀、蝶阀、隔膜阀、旋塞阀、止回阀、安全阀、减压阀、疏水阀以及电站用的、超低温特殊用途的、特殊材质的阀门共12大类、130多个品种、3 200多个型号、4万多个规格，另外还有为阀门产品配套的各种驱动装置和铸钢件。

阀门行业协会对上报的47个生产高中压阀门产品的企业、34个生产低压阀门产品的企业的2000年各项指标进行统计，其主要经济指标完成情况见表3。

在当年上报的87个企业中34个国有企业盈利4 119.4万元，比上年增盈3 902.7万元，15个国有企业亏损3 691.6万元，比上年减亏47.7万元；28个股份制企业盈利10 746.7万元，比上年增盈954.5万元，6个股份制企业亏损2 552.6万元，比上年增亏1 430万元；4个合资企业中2个盈利1 090万元，比上年减盈486.2万元，2个企业亏损174.8万元，比上年减亏21.7万元。2000年阀门行业25个主要企业共完成工业总产值（不变价）147 010万元，占上报87个企业完成总数的52.5%；完成工业销售产值148 417万元，占上报87

个企业完成总数的54.8%;完成工业增加值40 627万元,占上报87个企业完成总数的47.8%;完成销售收入13 9781万元,占上报87个企业完成总数的51.3%;完成利润总额2 125万元,占上报87个企业完成总数的22.3%,详见表4。

表3　2000年阀门行业87个会员单位主要经济指标完成情况

87个企业	工业总产值（不变价）		工业增加值		销售产值（当年价）		销售收入		利润总额		出口交货值	
	全年完成（万元）	为上年 %	全年完成（万元）	为上年 %	全年完成（万元）	为上年 %	全年完成（万元）	为上年 %	全年完成（万元）	为上年 %	全年完成（万元）	为上年 %
合　计	280232	100.7	84935	101.4	270697	98.0	272551	92.3	9537	144.3	37004	95.9
其中:53个高中压企业	177598	102.0	50746	102.8	172771	98.5	177171	90.0	6246	278.3	24906	95.0
34个低压企业	102634	98.5	34189	99.2	97926	97.2	95380	97.0	3291	75.4	12098	97.9

表4　2000年阀门行业25个主要企业主要经济指标完成情况

序号	企业名称	工业总产值		工业增加值		销售产值		销售收入		利润总额		产品库存金额	
		全年完成（万元）	为上年 %	全年完成（万元）	为上年 %	全年完成（万元）	为上年 %	全年完成（万元）	为上年 %	全年完成（万元）	为上年 %	全年完成（万元）	为上年 %
1	开封高压阀门厂	4559	79.8	1233	64.5	4254	78.3	3343	74.6	－771	79.1	2276	103.9
2	上海良工阀门厂	8359	80.4	1673	75.7	7428	90.2	7430	90.2	－1	300.0	2894	100.4
3	自贡高压阀门股份有限公司	5408	88.8	1484	44.2	5350	60.4	5403	61.0	348	43.0	827	81.6
4	铁岭阀门股份有限公司	4222	63.3	1397	92.1	4102	54.0	4455	56.4	－1995	286.6	1317	104.6
5	北京市阀门总厂	4320	175.5	1009	126.1	4033	139.0	4186	137.8	25	124.0	87	106.1
6	天津市阀门公司	5113	88.0	1579	91.0	4601	74.8	1485	91.9	102	101.9	600	77.0
7	大连高压阀门厂	7740	125.7	1204		1209	132.0	6691	126.4	－494	21.5	2364	35.6
8	兰州高压阀门厂	1746	139.5	453	58.1	2289	146.0	3429	187.5	－441	81.0	616	64.8
9	苏州高中压阀门厂	1897	85.9	721	101.2	2359	94.3	4165	114.3	1.5	115.4	1397	91.0
10	山东益都阀门股份有限公司	4148	105.1	1927	105.2	4831	107.0	5038	108.2	70	56.7	1652	86.6
11	天津塘沽瓦特斯阀门有限公司	12507	96.3	3201	87.0	13109	92.6	13193	91.8	667	54.7	490	240.2
12	福建省三明高中压阀门厂	10834	96.7	3459	98.7	11448	97.5	11323	93.8	34	41.4	721	107.1
13	广东明珠球阀集团股份有限公司	11079	100.7	3037	95.9	15245	96.0	11308	83.7	3114	98.1	218	9.3
14	上海耐莱斯詹姆斯伯雷阀门有限公司	10816	105.3	3200	95.7	8953	105.0	8746	106.0	423	118.6	727	88.9
15	浙江良精阀门集团有限公司	7128	110.0	1064	133.0	7020	111.0	7020	111.0	422	137.9	820	102.5
16	石家庄三环阀门股份有限公司	6720	121.1	2690	131.0	6697	110.0	4412	129.0	109	33.5	1505	42.5
17	西安泵阀总厂	5319	124.9	1603	113.0	4662	144.0	4600	115.0	16	93.4	1702	100.9
18	上海开维喜阀门有限公司	4807	117.0	301	129.0	6006	135.0	6042	137.0	－149	119.5	156	90.7
19	启东阀门厂	5823	104.5	1586	93.6	5601	105.0	5194	101.0	212	118.0	542	108.2
20	宁波万安集团股份有限公司	3167	87.1	464	74.9	2667	80.7	3129	92.8	－188	163.0	308	96.0
21	石家庄阀门一厂股份有限公司	3698	165.1	1494	127.0	2278	140.0	2278	140.0	4		1890	165.8
22	国营青岛电站阀门厂	3303	118.0	887	116.1	3699	123.0	3929	113.0	4		539	59.3
23	浙江高中压阀门厂	2913	99.6	1170	99.4	3111	98.2	1777	87.1	－160		837	149.5
24	浙江五洲阀门有限公司	7003	118.3	2034	116.4	5660	124.4	5660	124.4	526	109.6	325	580.0
25	安徽省白湖阀门厂	4381	102.2	1757	107.2	5805	97.1	5547	102.3	204	91.6	1058	72.7
	合计	147010	102.2	40627	102.7	148417	98.0	139781	95.1	2125	102.4	25868	74.0

2000年整个阀门行业会员单位还是在较为艰难的环境中度过的，只是亏损面由上年的27.6%下降至26.4%，其他几项主要经济指标基本上与上年持平，没有出现较大转机。阀门产品属于劳动密集型产品，技术含量相对较低，低水平的重复建设严重，遍地开花，导致国内市场供大于求。加之产品缺乏竞争力，绝大多数企业的产品难以参与国际竞争，国际市场开发缓慢。为此，多数企业运行机制不适应市场需求，缺乏活力，效益低下，只能在国内市场上竞相压价，无序竞争，这样既损害了行业利益，又破坏了企业形象。所以阀门行业企业不仅要眼光向内，更要把眼光瞄准国际市场，充分发挥比较优势，提高产品技术含量，积极参与国际竞争。阀门行业会员单位经济效益综合指数排序前15名企业见表5。

表5　2000年阀门行业会员单位经济效益综合指数前15名企业排序

序　号	企　业　名　称	综　合指　数（%）	总资产贡献率（%）	资本保值增值率（%）	资　产负债率（%）	流动资产周转率（次）	成本费用利用率（%）	全员劳动生产率（元/人）	产　品销售率（%）
1	浙江五洲阀门有限公司	274.0	52.7	126.0	41.9	4.6	10.5	80714	94.6
2	湖北洪城通用机械股份有限公司	212.0	17.8	112.4	37.0	1.2	26.2	51570	107.6
3	广东明珠球阀集团股份有限公司	211.9	14.0	93.9	43.7	0.7	34.1	19768	100.4
4	浙江方正阀门厂	168.1	20.0	30.7	75.6	1.4	14.5	29741	94.1
5	长沙市阀门厂	151.7	17.0	98.7	60 .0	0.9	12.7	42464	90.5
6	长春高中压阀门有限责任公司	149.2	－1.6	823.7	54.1	0.9	0.5	2642	132.7
7	上海N—J阀门有限公司	149.0	8.7	92.4	59.0	1.0	5.0	108714	101.0
8	沈阳新民高中压阀门厂	145.4	16.0	378.8	79.6	0.7	16.4	3702	87.0
9	成都乘风阀门有限责任公司	145.2	16.2	123.1	70.5	1.0	12.1	24735	129.6
10	浙江罗浮锅炉附件厂	145.1	12.9	111.6	25.2	1.3	14.0	24910	99.9
11	天津市大站集团公司	137.3	9.8	102.4	21.0	2.4	13.2	26217	87.0
12	浙江正华阀门厂	134.9	15.2	143.9	55.0	1.7	3.8	53583	86.4
13	甘肃省兰州阀门厂	128.7	6.4	277.1	97.8	0.5	15.3	1955	113.0
14	宁波阀门厂	128.3	15.6	121.5	84.7	2.0	5.3	36646	107.1
15	浙江良精阀门集团公司	124.0	12.1	145.9	19.8	1.7	6.4	25141	101.3

（二）市场及销售

2000年国内阀门市场与上年相比起伏不大，主要经济指标都与上年持平或略有提高（见表1）。城镇电网改造和城市基础设施建设投资对于阀门行业的影响还没有显现，阀门产品还是处于竞相压价，无序竞争之中。在惨烈的竞争中，有些过去赫赫有名的企业都出现了连年的大幅度亏损，而同时温州地区民营阀门企业又迅速崛起和壮大，这既为阀门市场增添了新的活力和激活了阀门产品市场，又进一步加剧了竞争。随着社会主义市场经济的不断发展和完善，企业受市场变化的影响越来越大，用户对企业产品生产周期要求越来越短，所以企业必须有针对性地建立相应对策，提高研究开发能力、制造技术水平和市场应变能力，以适应市场的要求。另外，随着国家重点工程、重点项目的逐步增多，对阀门产品性能和质量的要求也越来越高。如“西气东输”工程长输管线需要大口径球阀、闸阀；石化工业需要高质量、高可靠性和安全性的阀门。再有，由于国家加大对环保企业投资的力度，也急需为水工和环保技术和设备提供配套阀门产品等等。所有这些都为阀门行业生产企业提供了新的发展领域和空间。所以加紧企业技术改造，努力开发新产品是目前阀门生产企业的最佳出路。产品开发要围绕国家经济建设的重点进行，未来阀门用户主要集中于电力、石化、化肥、环保和城建等行业。阀门生产企业产品开发应主要围绕以下几个方面：(1)高参数的高温、高压阀和电站用的安全阀和减压阀。(2)石油用闸阀、截止阀、止回阀、输气管线用的平板闸阀和大口径球阀。(3)化肥生产设备用高压截止阀、不锈钢截止阀。(4)环保用胶板闸阀。(5)城市建设用阀。城市建设中供热系统的金属密封蝶阀、平衡阀，是用以解决供热的热平衡问题，供气系统则需大量的球阀，供水系统需大量胶板闸阀和中线蝶阀。

据中国通用机械阀门行业协会统计，87个会员厂在“九五”计划期间产销简况见表6。

表6　“九五”期间阀门行业协会87个会员厂产销统计

指　　标	单　　位	1995年	“九五”期间					
			1996年	1997年	1998年	1999年	2000年	合计
工业总产值(当年价)	亿元	26.3	27.3	28.9	29.1	27.7	27.6	140.6
销售产值	亿元	25.6	26.3	28.2	27.8	27.6	27.1	137.0
其中:出口交货值	亿元	3.7	4.8	5.5	4.5	3.9	3.7	22.4
销售收入	亿元	23.6	26.5	28.2	27.8	29.5	27.3	139.3
利润总额	万元	9758.0	9565.0	8789.0	－1013.0	6607.0	9537.0	33485.0
产销率	%	97.3	96.3	97.6	95.5	99.6	98.2	97.4
利润率	%	4.1	3.6	3.1	－0.4	2.2	3.5	2.4

“九五”计划期间全国阀门市场是总量供大于求，产品销售率在90%左右，而高附加值、高参数的阀门又满足不了市场需求，国产阀门市场占有率在80%左右。

阀门产品库存每年增加高达10多亿元。低水平的重复建设使全国阀门生产厂增加到2 000个左右，其中有不少厂只能生产中、小口径、低压力、普通材质的通用阀门，且产品雷同，以致不少企业倾力于价格之争。而能为石化、电力、核电、冶金设备和长输管线等技术含量较高产品配套的阀门，生产厂不足总数的10%。

全国488个阀门生产厂销售收入90.3亿元，还有1 500个左右的阀门生产厂估计其销售收入在25亿元左右，以此来计算近年来全国阀门每年平均销售收入为115亿元。另据“八五”计划期间行业会员厂的阀门产值占阀门行业工业总产值的比例为88%，来推算阀门产品的销售收入，再将不含税的销售收入换算为含税的销售收入，通过以上测算在1998~2000年间，国内阀门生产商平均每年向国内、外提供阀门产品总计约为118亿元，其中提供国内市场约为105亿元；提供国外市场约为13亿元。

而近三年阀门产品每年进口额约为26亿元，因此近三年全国阀门市场年均需求总量推算约为131亿元，其中：国内厂商提供约105亿元；国外厂商提供约26亿元。国产阀门市场占有率约为80%。

在开拓国际市场方面，出口阀门主要是一般通用的中、小口径铸铁低压阀门和铸、锻钢中压阀门，以及粗加工的铸件等。这些产品技术含量低，出口附加值也低，属于劳动密集型产品，或是“环保型”的铸件。由于大部份企业没有国外销售网，一般都是通过外贸公司和中间商出口，企业间为了开拓国外市场和加快货款回笼，不惜相互压价，有时甚至低于国内市场价倾销，使企业的利润微之又微，在“九五”计划期间阀门协会87个会员厂的平均利润率只有2.4%。当年阀门行业87个上报企业出口阀门产品(高中低压)4 474.5万美元，比上年降低了4个百分点。出口国家主要有美国、澳大利亚、伊朗、日本、蒙古、马来西亚、英国、新加坡、意大利、德国、朝鲜、挪威、加拿大、韩国、法国、西班牙、伊拉克、印尼、叙利亚、阿联酋、东南亚、南非等及中国台湾、香港地区。

进口的阀门，一般来说都是技术含量高的高参数、新材料及制作难度较大的阀门，是为相关设备配套的。其主要有：电站在关键部位的阀门设备用的高参数调节阀、减压阀和安全阀；石化、冶金设备用的高参数合金钢阀门及金属密封蝶阀和金属密封球阀等。主要进口厂商有美国的克罗斯比公司、费希尔公司、达高华特公司、基士敦公司和轨道阀门公司等，德国的阿达姆斯公司，日本的冈野公司、久保田公司和北村阀门制造株式会社等。

阀门行业目前存在的问题是新产品开发能力弱，产品设计落后，规格品种少且多年不变，制造技术水平低生产周期长，管理陈旧，对市场反应不灵敏，市场应变能力差。今后应更新观念，加强管理，加大力度，推进科技进步，积极引进国外先进技术，适时开发高新技术产品，提高质量，降低成本，大力开拓国际市场，构造新的经济增长点。

2000年阀门行业会员单位销售收入前10名企业详见表7，出口创汇超100万美元企业见表8。

表7 2000年阀门行业会员单位销售收入前10名企业

序号	企 业 名 称	销售收入（万元）
1	中核苏州阀门股份有限公司	23869
2	天津市大站集团公司	20100
3	天津塘沽瓦特斯阀门有限公司	13193
4	福建省三明高中压阀门厂	11323
5	广东明珠球阀集团股份有限公司	11308
6	湖北洪城通用机械股份有限公司	9782
7	上海N－J阀门有限公司	8746
8	上海良工阀门厂	7430
9	浙江良精阀门集团有限公司	7020
10	上海开维喜阀门有限公司	6042

表8 2000年阀门行业会员单位出口超100万美元企业

序号	企 业 名 称	出口金额（万美元）
1	中核苏州阀门股份有限公司	1276
2	天津塘沽瓦特斯阀门有限公司	806.6
3	南通高中压阀门厂	312.0
4	山东益都阀门股份有限公司	301.0
5	上海N—J阀门有限公司	275.0
6	上海良工阀门厂	235.6
7	浙江五洲阀门有限公司	163.0
8	天津渤海阀门厂	158.0
9	河北蝶飞阀门有限公司	128.6
10	宁波万安集团股份有限公司	114.6
11	宁波阀门厂	114.0
12	开封高压阀门厂	104.0

(三)新产品

在市场经济的作用下，调整产品结构，大力开发新产品无疑是企业生存发展的重要途径。20世纪90年代企业增强了这一意识，开发出不少适销对路的新产品。2000年阀门行业又有多种新产品通过了鉴定并投入生产。

(1)由上海汉威特种阀门制造有限公司研制生产的RV—Ⅱ型24通旋转阀，于2000年11月18日通过了中国石油化工集团公司组织的鉴定。鉴定结论：该阀与同类进口产品相比，上下驱动轴采用了柔性联接；液压系统具有卸荷减压等功能；自控系统采用了安全可靠的传感元件等。因而本阀具有结构紧凑、噪声低、振动小、操作平稳和运行安全可靠等优点。经检验和性能测试证明达到了设计质量标准，一年时间的生产运行表明，本阀主要技术参数、工作特性和行程精度等各项指标均达到或超过了同类进口产品，完全满足了模拟移动床吸附分离装置操作工艺要求，填补了国内空白，有很好的经济效益，具有广泛的推广应用价值。24通旋转阀是分子筛吸附分离装置的关键核心设备，是其他任何阀门所无法替代的。要实现先进的模拟移动床吸附分离工艺，非采用24通旋转阀不可，别无选择。目前国内各大型石化企业所需的24通旋转阀全部从美国进口，价格昂贵，每台接近5 000万元。而且现在所使用的24通旋转阀大多数已使用一二十年，甚者近三十年，均由于价格昂贵不能进行更新而勉强维持运行。24通旋转阀的研制成功，每年将为国家节省4 600万元，经济效益可观，还可以节省大量外汇。

(2)2000年11月25日，温州市旭龙精铸阀门有限公司研制的斜盘式无撞击止回阀通过了浙江省科技厅组织的专家鉴定会。鉴定委员会通过对研制产品的抽检测试，对提供资料的严格审查，认为企业所提供的技术资料、产品图样均已贯彻了国家、行业现行有关标准，资料完整、统一、正确，可以指导批量生产。产品的各项性能指标符合Q/WXF0104—1999《斜盘式无撞击止回阀》企业标准的要求，并经齐鲁石油化工公司、燕山石油化工公司等单位使用，反映良好。斜盘式无撞击止回阀具有结构独特、关闭无撞击、密封性能好、流阻小、重量轻等优点，创新性强，填补了国内空白。其主要技术性能指标达到了国外同类产品的先进水平，可广泛应用于石油、制药、电力等工业领域，可以替代进口产品。

(3)2000年10月14日由温州挺宇集团有限公司与镇海炼化公司共同开发研制的摆动(导轨)式蝶阀研制与应用科技成果通过了中石化股份有限公司主持的鉴定。此次鉴定的新型蝶阀不仅体积小、重量轻，而且具有启闭时密封面间无摩擦、扭矩和磨损小、操作轻便、使用寿命长等特点。鉴定委员会认为该产品结构新颖，制造工艺成熟，批量投放市场后用户反应良好，属国内首创，并已达到国际先进水平。这种产品已获得2000年国家级新产品和国家级火炬计划项目证书，并取得了国家专利。

(4)河南上蝶阀门股份有限公司研制开发的BFIV44—1系列防泥沙蝶阀、KD741X—10系列液控缓闭止回阀等11种蝶阀产品顺利通过了河南省科委组织的技术鉴定。

(5)在发达国家城市给排水系统中广泛应用的绿色环保产品——EKB软密封闸阀、蝶阀已由中德双方共同投资1 200万美元创办的中德合资苏州苏阀达尔阀门有限公司批量生产，并进入国内外市场。

(6)开封高压阀门厂，为了“十五”期间我国上大型火电的发展计划，开发了超临界火电机组C12A钢阀门，工作温度：540、546℃；工作压力：24.0、24.6MPa。该产品正在研究试制，它将填补国内空白。

(7)西安泵阀总厂，锡山市阀门厂等单位，对清管阀进行了研制，实现了国产阀门对石油、天然气管道的清理，结束了只靠进口阀门清理管道的历史，为国家节约外汇，为企业增加了经济效益。

(四)管理及改革

2000年阀门行业继续贯彻机械工业战略性结构调整和改革的总体思路，紧紧围绕行业所面临的困惑、机遇和挑战，积极探索寻找出路。在2000年4月召开的第七次阀门行业会员代表大会上重点介绍了中核苏州阀门股份有限公司、天津塘沽瓦特斯阀门有限公司、浙江五洲阀门有限公司、山东益都阀门股份有限公司、长沙市阀门厂、成都乘风阀门有限责任公司、中国航天科技集团公司第十一研究所等企业改组改制，适应市场需要，加大产品结构调整力度和加快新产品开发步伐，努力开发国际、国内两个市场，提高经营管理水平促进企业健康迅速成长和壮大的宝贵经验，以此来推动全行业改革和管理工作的进一步提高。同时继续宣传推动全行业贯彻实施ISO9000系列质量体系、API产品质量认证工作，为加入WTO，进一步开拓国际市场做好准备。截止至2000年底，整个阀门行业167个会员单位中，已有99个企业获得ISO9000系列质量体系认证，29个企业取得美国石油协会API产品质量认证。整个阀门行业认证工作走在了通用机械认证工作的前列。

附表1　1996～2000年机械工业系统阀门行业经济发展状况

年　份	企　业　数	工业总产值(不变价)(万元)	工业增加值(万元)	产品销售收入(万元)	利润总额(万元)
1996	155	243360	77564	233922	-934
1997	144	258705	85290	246440	2201
1998	131	241918	78029	221996	-12268
1999	129	228653	68973	207041	-4270
2000	108	215923	79953	189960	3418

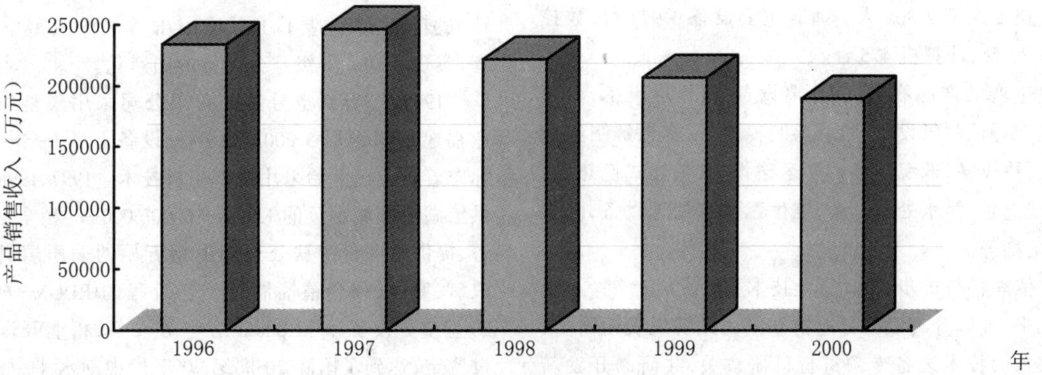

附图1　1996～2000年机械工业系统阀门产品销售收入情况

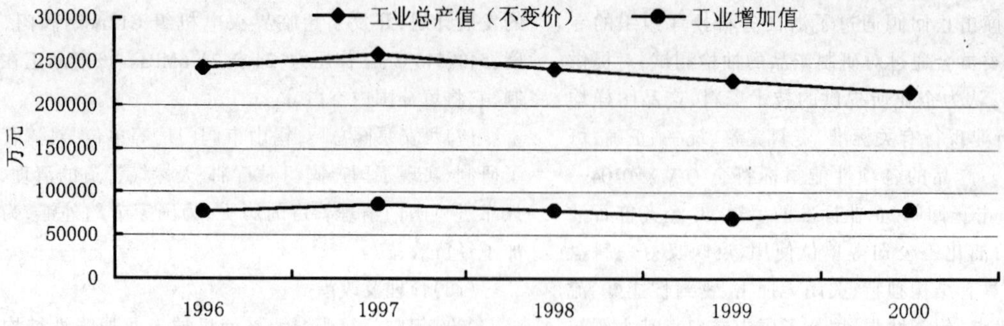

附图 2　1996～2000 年机械工业系统阀门行业工业产值情况

〔撰稿人：中国通用机械阀门行业协会刘亚良　审稿人：中国通用机械阀门行业协会康家桥〕

气体分离及液化设备

1991～2000 年，气体分离设备行业始终围绕国民经济的发展和市场的需求来进行科研开发和组织生产，为国家重点工程建设项目提供了重大技术装备，在技术上实现了常温分子筛净化增压膨胀流程、填料精馏塔、全精馏制氩工艺，取得了长足的发展，走过了 10 年光辉的历程。

一、气体分离设备行业十年概况

(一)发展生产，保证国民经济持续发展的需求

1991～2000 年，气体分离设备行业持续、稳定发展。10 年共完成工业总产值 93.1 亿元，实现产品销售收入 90.5 亿元，利税总额 7.3 亿元，利润 9 547.3 万元。为国家主要工程项目提供重大技术装备 211 套，这些设备广泛应用于钢铁、有色冶炼、石油化工、化肥、城市煤气化等领域，为国民经济的正常运转源源不断地提供着"血液"，保证了国民经济持续、稳定的发展。

目前，行业拥有总资产 37.1 亿元。从业人数 21 096 人，其中工程技术人员 2 865 人。拥有主要设备 5 972 台，数控加工设备 37 台，计算机 475 台。

行业生产的产品有：空气分离设备，氩提取设备，变压吸附制氧、制氮、制氢设备，膜分离制氮设备，水电解制氢设备，溶解乙炔设备，低温液体贮存运输设备，板翅式换热器，冷藏、冷链设备，污水处理设备，抗生素废水处理设备，除尘设备，吸附剂等。

(二)依靠科技进步，推动行业技术不断发展

十年来，气体分离设备行业根据国民经济发展的需要，围绕国家重大技术装备专项进行科研攻关，共研制开发新产品 183 个，在新技术低温流程及分子筛净化技术、真空钎焊工艺、增压透平膨胀机、三元流压缩机、填料精馏塔、DPC 和 DCS 控制技术等方面取得了成效，并实现了国际 20 世纪 90 年代的新技术——全精馏制氩空分工艺。

行业科研开发已形成良性循环，科研开发投入资金占当年产品销售收入的比例由 1993 年的 1.75% 增长到 2000 年的 9.51%。

1. 大中型空分设备不但实现了分子筛净化增压膨胀流程技术，而且实现了填料塔和全精馏制氩的空分工艺

大中型空分设备在 20 世纪 90 年代中期实现了常温分子筛净化增压膨胀技术流程的升级换代，与此同时，行业制造企业将规整填料精馏技术用于大中型空分设备的上塔和氩塔，使国产设备达到国际 90 年中期水平。

行业以"生产一代、研制一代、构思一代"的战略思想，瞄准国际 20 世纪 80 年代空分设备的最新技术成就，自主研制开发了新型常温分子筛净化带增压膨胀机流程的 6 000m^3/h空分设备，氧提取率为 93%，提高了 5%；单位氧产品电耗 0.484kWh/m^3，采用三元流离心式压缩机、大截面长板翅式单元的主换热器、增压透平膨胀机及 DPC 控制技术。杭州制氧机集团有限公司、开封空分集团有限公司和四川空分设备(集团)有限责任公司先后将这一先进技术运用到新设计的 1000～15 000m^3/h 等级空分设备上。同时行业各厂纷纷运用这一技术对老设备进行了技术改造，于 1996 年全面实现了大中型空分设备的更新换代。行业已经自主设计、成套、生产制造了 1.5 万 m^3/h 等级的大型空分设备 15 套，实现了这一等级空分设备的国产化。

1995 年，开封空分集团有限公司采用规整填料技术改造福建三明钢厂 3 200m^3/h 空分设备上塔，一次开车成功，标志着行业已开始采用规整填料技术。1997、1998 年行业提供给湖北鄂城钢厂的 KDON—6000/6000—3 型全精馏制氩设备、提供给邢台钢铁公司和上钢五厂的采用填料精馏塔制取氧、氮、氩和全精馏制氩工艺流程的 KDON—6000/6000—20 型空分设备和 12 000m^3/h 空分设备，相继开车成功并通过鉴定，达到了国际 20 世纪 90 年代中期水平，标志着行业规整填料全精馏技术已经成熟。目前，杭州制氧机集团有

限公司、开封空分集团有限公司和四川空分设备(集团)有限责任公司新签订的1 000~15 000m^3/h等级空分设备均采用这一技术。

行业根据富氧炼铁工艺的需要，开发生产了1 000~15 000m^3/h低纯氧设备，已形成系列；还成功开发了大型液氧内压缩流程、大型液体流程的空分设备。

2. 合作生产和改造大型设备，形成自主生产制造3万等级以上空分设备的能力

进入20世纪90年代以来，行业加快了3万等级空分设备国产化的步伐，先后合作生产了30 000、35 000、40 000、60 000m^3/h空分设备共计6套。1997、1998年，先后成功改造了林德公司提供给浙江镇海炼化股份有限公司28 000m^3/h空分设备和日本神钢提供给上海宝钢的30 000m^3/h空分设备。通过合作生产和改造国外公司的3万m^3/h等级的空分设备，行业已具备了自主制造3万m^3/h等级空分设备的能力。

同时，行业中杭州制氧机集团有限公司、开封空分集团有限公司都在进行4万m^3/h等级空分设备的攻关研究，随着国家大型设备国产化步伐的加快，这一等级空分设备国产化在“十五”肯定能够实现。

3. 小型空分设备多样化

行业生产企业根据市场需求，在原主要产品50、150m^3/h小型空分设备的基础上，先后开发成功了50~800m^3/h小型空分设备系列、50/h~1 500m^3/h制氮设备系列，50~1 000m^3/h的低温液体设备，50~150m^3/h医用氧设备，流程形式以中压、全低压为主。设备规格呈现系列化、多样化。

4. 变压吸附分离设备向中型发展

行业开发的变压吸附分离制氧、制氮设备有集装箱式、移动式等，具有启动快、操作方便、维护费用低等优点，最大单机制氧容量为2 600m^3/h，向中型化方向发展。设备广泛应用于金属热处理、黄金冶炼、有色冶炼、环保、煤矿灭火、电子、磁材料、食品工业、啤酒保鲜等领域。

5. 水电解制氢设备系列化、环保化

行业开发成功的水电解制氢设备有低压、中压和高压三种类型，型号主要有：DY—、DQ—、ZDQ—、DDQ—、GDQ—、ZHDQ—、HM—型等。还开发成功集制氢和纯化于一体的CNDQ—型水电解制氢设备和无石棉隔膜的水电解制氢设备。控制系统采用PLC控制，或根据用户需要设计成无人值守设备，人工启动，自动运行。

中国船舶重工集团第七一八研究所研制成功CNDQ—型无石棉隔膜水电解制氢设备系列产品，产品由电解槽、分离器、给水泵、水箱、控制柜和整流柜等组成，采用框架一体化的组合方式，体积小，重量轻，便于安装和维修，节省一次性设备投资，同时还采用无石棉隔膜材料，无污染，向环保型发展。

(三)加快行业技术改造，提高装备水平

10年间，行业技术改造投资3.6亿元，主要进行了大型空分设备国产化基地建设。引进并添置了大型真空钎焊炉、五轴数控铣床、五轴联动加工中心、NREC软件、CAD/CAM软件等。这些设备技术，提高了行业的加工水平，保证了产品的制造质量。大型真空钎焊炉的添置，为大型空分设备和石油化工设备提供了具有当代世界水平的板翅式换热器，并且从1994年起出口23台，为行业创造了外汇。

经过技术改造，杭州制氧机集团有限公司、开封空分集团有限公司和四川空分设备(集团)有限责任公司等企业都拥有了自己的加工中心和CAD工作站。CAD软件的应用，缩短了产品设计周期，保证了设计质量；NREC软件的应用，保证了产品加工质量，缩短了交货期。同时，杭州制氧机集团有限公司和开封空分集团有限公司的CIMS应用工程均已通过鉴定，CIMS实现了成套空分设备从产品报价、技术准备、生产制造、发货和资金回笼的全过程信息集成，实现了CAD/CAPP/生产管理/成本管理的一体化，提高了企业的综合管理水平。

总之，经过10年的发展，气体分离设备行业的空分设备技术水平大大提高，各种新技术的应用，使产品氧的提取率提高了10%，氩产品提取率增加了一倍，设备运转周期稳定在2年以上。变压吸附分离设备正在向中型发展，应用领域不断扩大，水电解制氢设备环保化。随着改革的深化，随着加入WTO后，各种竞争的白热化，气体分离设备行业将面临新的机遇和挑战，将不断在更加激烈的竞争中求生存、求发展，走向新的辉煌。

二、2000年气体分离设备行业概况

(一)生产发展情况

2000年，气体分离设备行业的生产、销售稳步发展，全行业完成不变价工业总产值105 686万元，当年价工业总产值94 976万元，同比分别下降4.40%和7.59%。工业增加值31 739.3万元，同比增长18.30%。2000年，气体分离设备行业企业工业增加值前6名见表1。

表1　2000年气体分离设备行业工业增加值前6名企业

序号	企业名称	工业增加值(万元)
1	杭州制氧机集团有限公司	15853
2	四川空分设备(集团)有限责任公司	4612
3	开封空分集团有限公司	4288
4	杭氧液空有限公司	2245
5	江西制氧机厂	2162
6	苏州制氧机有限责任公司	1377

2000年，据行业13个生产企业统计，共有职工18 230人，其中，工程技术人员2 412人。总资产约37.1亿元，同比增长17.13%；流动资产293 853.9万元，同比增长73.11%；固定资产109 104.3万元，同比下降6.77%；年末所有者权益124 638.3万元，同比增长15.77%。行业拥有主要生产设备5 784台，其中进口20世纪90年代设备296台，金属切削机床2 188台，数控机床28台，加工中心11台，锻压设备419台。

全行业共生产成套空气分离及液化设备122套，其中，大中型空分设备19套，相当氧容量167 045m^3/h，同比增长110.65%；小型空分设备52套，相当氧容量10 930m^3/h，同比增长106.42%；制氮设备17套，相当氮容量19 280m^3/h，同比增长15.38%；氩提取设备6套，相当氩容量1 724m^3/h，同比下降4.65%；低温液体(液化)设备28套。

全行业低温液体贮存运输设备生产653台,同比多生产128台,生产的贮槽、槽车均比上年同期多。全行业主要单销产品生产了312台,同比多生产34台。

行业累计订货201 545.6万元,2000年新订合同152 669.1万元,同比分别增长34%和70.01%,共订大中型空分设备39套,同比多订27套。

行业存货63 650.6万元,同比下降4.38%,应收帐款净额77 053.3万元,应付帐款30 715.6万元,同比分别增长12.46%和18.67%。

全行业生产的空分设备套数增加,全员劳动生产率提高,产品产销衔接好,但盈利能力下降,处在全面亏损中。经济效益综合指数43.86%,同比下降1.71点。空分设备产值率54.51%,与上年同期持平。

国家考核的七项经济效益指标分别为:总资产贡献率1.64%,同比下降1.49个百分点;资本保值增值率99.62%,同比下降2.8个百分点;资产负债率66.41%,同比增长2.16个百分点;流动资产周转率0.52次,同比慢0.13次;成本费用利润率-3.41%,同比增长0.2个百分点;全员劳动生产率16760元/人,同比增长34.93%;产品销售率102.37%,同比增长4.27个百分点。全员劳动生产率提高和产品产销衔接好转,是行业减少从业人数2 616人和努力开拓市场、降低产品库存量的结果。

行业产品成本费用方面,产品销售成本和销售费用增加;销售利润大大下降。分别为,销售成本83 892.5万元,同比增长8.61%;销售费用3 887万元,同比增长16.14%;销售利润18 552.5万元,同比下降21.89%。

杭州制氧机集团有限公司2000年生产气体分离设备69套,完成工业总产值43 997万元,实现产品销售收入45 158万元,利税4 250万元,利润1 175万元,均居行业第一位。

(二)市场及销售

2000年度,气体分离设备行业市场稳步发展,以空分设备为主,大、中、小型空分设备的生产、销售和经济效益同步增长,空分设备的订货套数和订货额因"十五"计划的启动和技术改造步伐的加快增幅很大,同比订货额增长7成,设备大型化势不可挡。

全行业实现产品销售收入107 517万元,同比增长2.14%;实现利润盈亏相抵后为-3 826.5万元,同比亏损增加9.55%;实现利税2 754万元,同比下降53.86%。2000年气体分离行业产品销售收入前6名企业见表2。

表2　2000年气体分离设备行业产品销售收入前6名企业

序号	企业名称	销售收入(万元)
1	杭州制氧机集团有限公司	45158
2	四川空分设备(集团)有限责任公司	17706
3	开封空分集团有限公司	16012
4	苏州制氧机有限责任公司	5573
5	杭氧液空有限公司	5288
6	江西制氧机厂	4805

行业在开发好主导产品空分设备的同时,积极开发空分外市场,已开发成功城市污水和工业污水处理设备、冷藏运输和冷链设备、除尘设备、膜分离制氮设备、氨分解制氢设备,都有产品投入运行。

对外产品销售收入758.7万美元,出口的设备主要有:空分设备、低温液体设备、水电解制氢设备、冷库、液氨集装箱等,出口国别主要是东南亚国家。产品出口情况详见表3。

表3　气体分离设备行业2000年产品出口情况

序号	产品名称	出口数量台(套)	进口国别	制造企业
1	**空分设备**			
	KDON—1800/200型空分设备	1	印度尼西亚	开封空分集团有限公司
	KDON—350/900型空分设备	1	朝鲜	杭州制氧机集团有限公司
	KDON—150/550型空分设备	3	缅甸 孟加拉	杭州制氧机集团有限公司
	KZO—150型空分设备	1	伊拉克	哈尔滨制氧机厂
	KZON—50/100型空分设备	1	印度尼西亚	邯郸制氧机厂
2	**低温液体设备**			
	KDON—350Y/135OY型空分设备	1	葡萄牙	开封空分集团有限公司
	KDON310Y/310Y型空分设备	1	沙特	杭州制氧机集团有限公司
	KLN—20型液氮机	2	吉尔吉斯斯坦	杭州制氧机集团有限公司
	KDN—10Y型液氮机	1	朝鲜	杭州制氧机集团有限公司
	YDS—4型液氮机	1	朝鲜	杭州制氧机集团有限公司
3	**氩提取设备**			
	XKAR—3型氩提取设备	1	缅甸	杭州制氧机集团有限公司
4	**水电解制氢设备**			
	ZDQ—250型水电解制氢设备	1	伊朗	中船第七一八研究所
	ZDQ—150型水电解制氢设备	1	朝鲜	中船第七一八研究所
	ZDQ—10型水电解制氢设备	1	伊拉克	中船第七一八研究所
	电解槽	1	挪威	中船第七一八研究所
5	**其他设备**			
	1080冷库	1	孟加拉	开封空分集团有限公司
	20英尺液氨集装箱	10	越南	江西制氧机厂
	氨分解制氢设备	1	印度尼西亚	江苏苏净集团有限公司

开封空分集团有限公司2000年度出口空分设备4套，冷库1套，创汇额466.9万美元，居行业第一位。2000年气体分离设备行业出口创汇前5名企业见表4。

表4 2000年气体分离行业出口创汇前5名企业

序号	企业名称	出口创汇（万美元）
1	开封空分集团有限公司	466.9
2	杭州制氧机集团有限公司	155.2
3	中船第七一八研究所	91.0
4	江西制氧机厂	15.0
5	哈尔滨制氧机厂	14.5

2000年，空分设备市场总的来说比较活跃，大中型空分设备生产了19套，主要应用领域为钢铁和化工，其中钢铁占73.68%。新订大中型空分设备39套，主要应用领域为冶金、化工和其他，其中冶金占66.67%，化工占20.51%。从掌握的潜在的用户看，空分设备需求仍是以冶金为主。

从生产的空分设备看，10 000m^3/h以上的设备有8套，新订空分设备10 000m^3/h以上的有11套，最大单机制氧容量25 300m^3/h。从已经询价的单位看，设备最大单机制氧容量有35 000m^3/h，40 000m^3/h。大型设备因能耗低、自动化程度高、操作维护简便越来越得到大型钢铁和化工用户的青睐，空分设备的大型化步伐在不断加快。

大型空分设备目前都在采用分子筛常温净化、增压膨胀流程技术，上塔和氩塔采用规整填料精馏技术，使国产设备达到国际20世纪90年中期水平。随着冶金等行业技术改造步伐的加快，预计空分设备的需求将稳定在2000年20余套的水平，同时随着国家大型设备国产化措施的实施，行业将形成自主成套生产4~6万m^3/h空分设备的能力。

（三）新产品、新技术和科研成果

2000年，气体分离设备行业共研制新产品和科研成果28项，其中1项通过国家级鉴定，8项通过省级鉴定。

1. 科技成果

2000年度，气体分离设备行业科研开发项目22个，共投入资金10 221.2万元，进行了3~4万m^3/h空分设备的攻关、城市污水处理设备的开发、大型高压板式换热器的研制及气体轴承增压透平膨胀机、低温液体贮槽、分子筛等方面的开发工作，全年完成投资额778.6万元。

开封空分集团有限公司研制的KDN－3000型空分制氮设备，采用分子筛净化工艺流程，单塔精馏，产品气不需要再压缩，可直接使用，节省一次性投资。设备通过国家经贸委鉴定，被评为2000年度国家级新产品。

杭州制氧机集团有限公司研制的采用规整填料及全精馏制氩技术的新型空分设备通过浙江省经贸委鉴定，达到国内领先水平，国际20世纪90年代中期水平。新型大中型空分设备的核心技术是规整填料精馏塔和全精馏制氩技术，这两项技术的采用使得大中型空分设备的总体性能在第五代的基础上又有了较大的提高，节能效果明显，分离效率高，操作弹性大，变工况迅速，塔径小，制氩流程简化，氩产品质量高，可靠性好，已有7套设备顺利投产。

开封空分集团有限公司生产的KDON—200/2000型空分设备，采用分子筛吸附净化工艺流程，产品氮气输出压力高，可直接使用，节约一次投资；产品变工况范围广，能适应用户对产品气体和液体的不同要求。该设备已通过河南省经贸委的鉴定，获开封市优秀新产品二等奖。提供给印度尼西亚的KDON—1800/2000型空分设备已通过验收，该设备采用分子筛净化增压膨胀流程，填料上塔，工艺先进，节约能耗。

哈尔滨制氧机厂开发成功KDON—150/500型空分设备，有3种工况，变工况能力强，满足用户对产品气和液态产品的需要；还开发了KDN—600/40Y型制氮设备。

苏州制氧机有限责任公司开发成功用于彩色显像管厂作保护气的KDN—1500/70Y型高纯氮设备、用于化工行业作保护气体的KDN—600/40Y型高纯氮设备和用于电子行业的KDN—300/20Y型高纯氮设备。还开发了变压吸附制氮设备、低温液体罐式集装箱等产品。

江西制氧机厂研制的JXY9360GDY型低温液体运输半挂车和JXY9370GYQ型液化气运输半挂车均通过江西省经贸委的鉴定，达到国内领先水平。

邯郸制氧机厂开发了2.5~50m^3低温液体贮槽和甲醇裂解制氢设备。

北京北大先锋科技有限公司开发成功PU—8型PSA制氧专用分子筛和ZO—0型真空解吸变压吸附制氧设备。

江苏苏净集团有限公司开发成功16~50m^3膜分离制氮设备，与公司生产的氮气纯化设备配套，可获得纯度为99.9995%的氮气，节省空间，无需专人照看，操作简便。

中国船舶重工集团第七一八研究所研制成功目前我国单机容量最大的250m^3/h水电解制氢设备，并已成功出口伊朗；研制的集制氢和纯化于一体、采用无石棉隔膜的CNDQ—10型水电解制氢设备，体积小、无污染，有利于环保。

开封空分集团有限公司开发的抗生素废水处理工艺，处理每吨废水可盈利14元，已通过河南省南阳市环保局验收。开发的ZKQ1960型冷库和ZKQ48500型冷库通过河南省机械厅鉴定，达到20世纪90年代国际中期水平，获河南省机械工业科技进步一等奖。

杭州制氧机集团有限公司研制的SHB型旋转式滗水器，是处理SBR工艺的关键设备，采用水下回转式排水管，PLC控制，能与污水处理总系统联网，实现自动控制。产品工作平稳、可靠，能耗低，是理想的水处理设备。已通过浙江省机械厅鉴定，达到国内领先水平，获杭州市科技进步三等奖。

杭州制氧机集团有限公司的“杭氧集团公司CIMS应用工程一期工程”通过验收，CIMS工程实现了空分设备配套设计的规范化与价值优化，辅助项目经理规划和调控项目实施的全过程，实现产品CAD/CAE/CAM/CAPP技术，缩短产品设计周期，提高产品质量。

2. 新产品

2000年，气体分离设备行业共研制新产品和科研成果28项，其中，1项通过国家级鉴定，8项通过省级鉴定。新产品如下：

采用规整填料及全精馏制氩技术的新型空分设备　新型大中型空分设备的核心技术是规整填料及全精馏制氩技术，这两项技术的采用使得大中型空分设备的总体性能在第五代的基础上又有了较大的提高，主要优点有：节能效果明显、分离效率高、操作弹性大、变工况迅速、塔径小、制氩流程简化、可靠性高、氩产品质量高。达到国内领先水平，国际20世纪90年代中期水平。设计单位：杭州制氧机集团有限公司。

KDN—3000型制氮设备　氮气产量：3 000m^3/h 氮气纯度：99.999％ 特点：采用分子筛吸附净化工艺流程，单塔精馏，产品气不需要再压缩，可直接使用，节省一次性投资。达到国内领先水平，获2000年度国家级新产品。设计制造单位：开封空分集团有限公司。

JXY9 360GDY 低温液体运输半挂车　介质：液氧、液氮、液氩，设计压力：1MPa，设计温度：－196～20℃，达到国内先进水平。设计制造单位：江西制氧机厂。

JXY9 370GYQ 型液化气体运输半挂车　介质：LPG，设计压力：1.77MPa，设计温度：50℃，罐体材质：16MnR，达到国内先进水平。设计制造单位：江西制氧机厂。

ZKQ1 960型冷库工程　公称容积：1 960m^3，冷间净高：4m，设计温度：－1～3℃，设计湿度：85％～95％，气密性试验：试验压力300Pa（30mmH_2O）经过30min后剩余压力不低于150Pa（15mmH_2O）达到国内领先水平、国际20世纪90年代中期水平。设计制造单位：开封空分集团有限公司。

ZKQ48 500型冷库工程　公称容积：48 500m^3，冷间净高：7.5m，设计温度：－1～3℃，设计湿度：85～95％，气密性试验：试验压力300Pa（30mmH_2O）经过30min后剩余压力不低于150Pa（15mmH_2O）达到国内领先水平、国际20世纪90年代中期水平。设计制造单位：开封空分集团有限公司。

SHB型旋转式滗水器　采用水下回转式排水管，保证了未处理的污水不外流；在滗水过程中，设有浮筒挡渣，通过电动推杆使浮筒随着需要升降，采用PLC控制，并能与污水处理总系统联网实现自动控制。该产品工作平稳、可靠，能耗低，是理想的水处理设备。设计制造单位：杭州制氧机集团有限公司。

（四）质量及质量管理

2000年，气体分离设备行业各企业按ISO9001质量保证体系的要求，抓产品质量和质量管理，取得了成效，产品质量指标好于上年。全行业新产品产值率34.2％，同比增长4.61个百分点；质量损失率0.56％，同比下降0.13个百分点。机加工综合废品率0.74％，同比下降0.12个百分点；铸铁件综合废品率6.45％，同比下降1.71个百分点。

开封空分集团有限公司的低温液体泵QC小组和真空钎焊QC小组获河南省QC小组二等奖。

行业生产的大、中、小型空分设备、低温液体贮槽和槽车、透平膨胀机、板翅式换热器等产品均采用国际标准，提高了产品的制造质量。

（五）技术改造

2000年，气体分离设备行业技术改造投入资金7 958万元，完成3 542万元，其中开封空分集团有限公司的KF－CIMS工程已完成，并通过验收；苏州制氧机有限责任公司的原铸造车间改建成容器制造部的改造工作也已完成。

邯郸制氧机厂通过与中科院山西煤炭化学研究所技术合作，生产甲醇裂制氢设备。

（六）管理及改革

2000年，气体分离设备行业协会通过召开行业理事会、行业经营工作会议和统计工作会议，规范行业经营行为，促使行业有序竞争，加强内部管理，降低成本，提高经济效益。同时，召开了大中型空分设备技术改造交流会，向用户展示行业的新产品、新技术和科研成果，用新技术改造老设备，加快设备更新换代的步伐。还召开了变压吸附分离设备新技术交流暨产品展示会，向用户宣传行业、宣传企业，促进行业技术的进步和不断发展。达到了互相沟通、共同发展的目的，起到了桥梁作用。

行业各企业根据加强企业内部管理的方针，进行各项管理工作，降低管理费用和精减人员工作取得了成效，表现为，管理费用19 833.3万元，同比下降9.06％，财务费用4 729.9万元，同比下降24.73％；利息支出4 088.1万元，同比下降36.07％。又有3个企业取得了ISO 9000质量体系认证，共有9个企业取得了ISO 9000质量体系认证，占生产企业的64％。

开封空分集团有限公司按照“进一步解放思想，抢抓机遇，开拓进取，加快发展”的工作总思路，继续坚持“实事求是、以人为本”的治企策略，形成了以成套空分设备为主导、以环保设备和冷库产品为两翼的经营格局，进一步拓宽国内外市场空间，同时加大物资采购的监督和管理力度，有效地堵塞了漏洞，提高了经济效益。

四川空分设备（集团）有限责任公司按照“科技质量为第一，内升素质拓市场，经营管理增活力，挖潜降本创效益”的方针目标，实行“精、细、严”管理。在财务上实行预算制度，严格控制采购成本和费用支出范围的标准。成立了生产管理和货款回收特别领导小组，强调生产组织的协调和资金运用的统一。管理的加强，促进了改革、改制的顺利进行，扭转了生产经营的不利局面。

江西制氧机厂实施精简机构，减员增效。以机构改革为突破口，将18个科室撤并为“五办一室”，中层干部减少40％，管理人员减少近70％。完善内部分配制度，实现以效益为中心，工资与利润挂钩，对具有法人资格的公司总经理试行年薪制。加强财务管理，尤其是对各公司的财务监督，促使各单位自觉加强核算、控制成本、追求效益。

苏州制氧机有限责任公司完善了以经济管理、产品开发、企业形象为主的管理层，在生产实体中以产品为主组建了容器事务部，完善了设备制造部、机器制造部的产品结构和考核机制，职责分明，提高了效能。

邯郸制氧机厂按照“科技兴厂、改革创新、从严管理、突出效益”的方针，改革内部分配机制，对生产单位实行毛利分成的办法，对条件成熟的二级单位，推行承包租赁经营，对经营处室实行自收自支;剥离辅助,兴办"三产",解决冗员问题。这些措施的实施,使得订货量增加,逐渐走向良性循环。

哈尔滨环保制氢设备工业公司实行分块搞活,精减机构和人员,以独立承包部门实行自负盈亏,单独核算,定额上缴管理费用。

余杭市川空通用设备有限公司推行"四改":改革机制、改善结构、改造企业、改进生活。

2000年,气体分离设备行业各企业进行了完善现代企业制度的改制工作。杭州制氧机集团有限公司进行了以产权制度改革、划小核算单位、建立规范的法人治理结构为重点的企业分立式改制工作,先后成立了26个独立法人企业,完成了企业改制,开始进行资本经营。开封空分集团有限公司进一步做好制度的落实工作,理顺产权关系,规范各公司及下属单位的工商登记,为组建规范的企业集团创造了条件,同时发挥公司管理、协调和资本运营优势,与中国环境保护公司共同投资组建了开封中环环保工程有限公司。江西制氧机厂已初步形成了母子公司管理框架,总厂下设有全资、控股、合资多种形式的7个子公司。苏州制氧机有限责任公司对原仪表电器公司改制成苏州华辰电控设备有限公司,实施经营者持大股,职工参股的股份制改造,充分调动了经营者和员工的积极性,显示了机制的活力。同时将原生活后勤部门的资产剥离给苏氧工贸实业公司,撤消了长期亏损的铸工车间,并组建了容器事务部。

附表1 1996~2000年机械工业系统气体分离及液化设备行业经济发展状况

年份	企业数	工业总产值(不变价)(万元)	工业增加值(万元)	产品销售收入(万元)	利润总额(万元)
1996	21	100104	32263	103009	-3673
1997	18	99957	31786	95179	-3582
1998	16	187312	66566	191333	15234
1999	16	190672	60939	194448	13334
2000	13	205781	53370	202395	11439

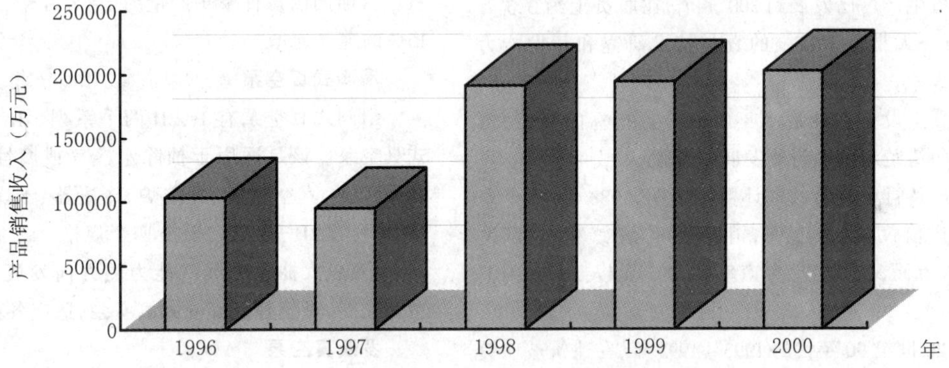

附图1 1996~2000年机械工业系统气体分离及液化设备产品销售收入情况

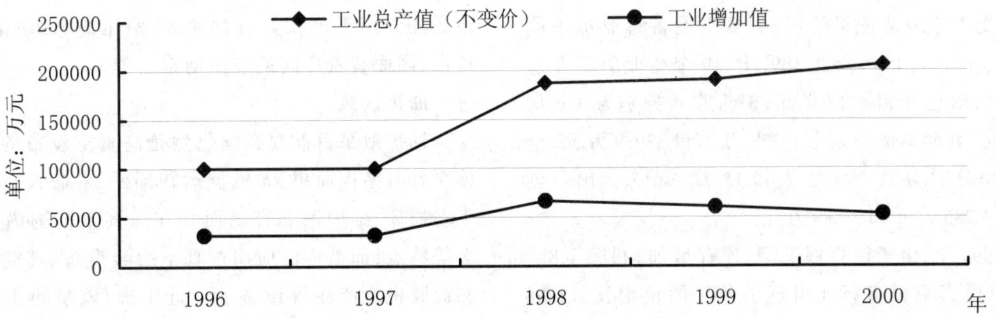

附图2 1996~2000年机械工业系统气体分离及液化设备行业工业产值情况

〔撰稿人:中国通用机械气体分离设备行业协会赵小莹 审稿人:中国通用机械气体分离设备行业协会张祖立〕

真空获得及应用设备

一、真空设备行业十年概况

20世纪90年代是我国真空工业飞速发展的年代。10年的技术进步,10年的艰辛历程,带给我们的不仅仅是严峻的挑战,更有巨大的商机。真空技术涉及的领域广、应用面宽,几乎覆盖国民经济的各部门,因此真空设备的品种、性能、质量和技术水平直接影响着国民经济各部门技术装备的能力和水平,其重要性是不言而喻的。当今世界所有工业强国,无一不同时又是真空工业的强国。

(一)行业发展概况

真空设备行业在全国众多的机械工业行业中尚属小行业,但真空产品市场大,覆盖面宽。它被广泛应用于国防、科研、轻工、化工、机械、冶金、食品、建材、电子、医药等行业,产品畅销全国各地并远销欧美、东南亚及港澳地区,因此行业十年来的发展是有目共睹的。过去,全国仅有一个专业研究所,十几个专业定点企业。如今,据不完全统计,全国真空设备生产厂已发展到300多个,在职员工约3.5万人,现已拥有一大批具有较强的真空技术研究和开发能力的专业技术人才。

通过对真空设备行业近十年经济效益指标的分析,可以从一个侧面清楚地表明行业发展的历程。

据真空设备行业协会的统计数据表明,1988年40个企业的工业总产值仅为4.2亿元,销售总额为3.3亿元,利税总额为6 498万元,全员劳动生产率13 095元/人,出口创汇563万元。

而到了20世纪90年代的1993~1995年,在建筑玻璃镀膜和炼镁热的强力推动下,经济效益指标出现了显著的变化。1994年和1995年16个企业的工业总产值就分别为5.5亿元和7.7亿元,销售收入分别为4.4亿元和5.95亿元,利润总额分别为1 780万元和2 400万元,全员劳动生产率分别为18 723元/人和28 361元/人。

1997年受亚洲经济危机的影响,真空设备行业也不同程度地受到了冲击。1996年和1997年19个企业的工业总产值分别为5.58亿元和6.17亿元,销售收入分别为4.6亿元和5.5亿元,利润总额分别为1 378万元和339.9万元,全员劳动生产率分别为18 990元/人和15 978元/人。出口创汇额分别为3 785万元和3 889万元。

1998~1999年,由于销售额下降,库存增加,利润下降,费用上涨,使得真空设备行业出现了两年的负增长。1998年28个企业的工业总产值为6.63亿元,销售收入为5.2亿元(比1997年下降13%),利润总额为-3 254.7万元,出口交货值为4 134万元。1999年20个企业的工业总产值为6.93亿元,销售收入为5.6亿元,利润总额为-2 373万元,出口交货值为4 399.9万元。

2000年国内外经济环境逐渐好转,使得全行业利润也由连续两年的亏损一举扭亏为盈。据统计,2000年40个企业的工业总产值为8.82亿元,销售收入为8.13亿元,利润总额为314.6万元,全员劳动生产率为30 687元/人。出口交货值为4 320万元。

(二)产品开发方向与技术进步

目前,真空设备行业形成规模经济的产品主要有四大类:真空获得产品、真空应用设备、真空测量仪器和真空阀门。近十年来,真空获得与应用设备产品开发与技术进步都取得了很大成绩。

1. 真空获得产品

旋片式真空泵

旋片式真空泵是真空行业量大面广的产品,主要有X、2X、2XZ三个系列。其中X系列泵是为满足抽除大量水蒸气的需要而研制的,但市场占有量不大。2X系列皮带传动式旋片泵主要用于真空系统中的前级泵,近年来市场呈下滑趋势。2XZ系列高速直联旋片式真空泵近年来逐渐取代皮带传动式旋片泵,而成为产品开发的主流。该泵具有体积小、重量轻、结构合理、外形美观、经济适用等特点。目前国内不少厂家已生产出2XZ—0.5、1、2、4、8、15等六个规格的产品。该产品极限压力为7×10^{-2}Pa,噪声在55dB(A)左右。目前国内该种泵年产量约7~8万台,并以每年10%~15%的速度递增。

滑阀式真空泵

滑阀式真空泵有H、2H两个系列。H系列为单级滑阀式真空泵。该泵适用于抽除水蒸气或腐蚀性气体,可用于食品工业、真空包装、真空炉、冷凝器、干燥过滤设备等等。2H系列有2H—8、15、30、70四个规格。该泵正在向立式、多缸、具有较大抽除水蒸气能力的方向发展。该泵如能向小型化发展,可望替代旋片式真空泵,适应各种需求。

罗茨真空泵

在真空系统中,为了缩短抽气时间,一种一头连接高真空端,另一头连接低真空端的泵应运而生,这就是罗茨真空泵。目前国产的ZJL—150~2 500型、LQ—150~2 500型气冷式直排大气罗茨泵及其机组已在石油、化工、大型真空容器、汽轮转子动平衡试验以及空间模拟等装置上得以成功地运用。由于该泵具有抽速大,耐压高、无污染、低功耗等特点,因而有着广阔的应用前景。

油扩散泵

油扩散泵目前在我国仍然是高真空设备的主泵。由于该泵具有结构简单、无机械运转部件、寿命长、运转费用低、不易损坏、维护保养容易而且在高真空范围内的抽气速率大等特点,而被广泛应用于真空冶金设备、真空热处理设备和镀膜机生产线等设备上。近年来,该泵的主要开发方向是宽工作领域,低返油率和获得超高真空。

干式真空泵

干式真空泵是近年来国外发展较快的一个泵种。由于其结构紧凑、抽速大、真空度高、可直排大气、工作部件无摩擦、寿命长，又由于无油润滑、无油蒸汽排放，因此该泵种将成为21世纪环保之首选产品。其开发方向主要是爪式、涡轮式、涡旋式、螺杆型、罗茨型和组合型等泵种。我国干式真空泵还处于刚刚起步阶段，远远满足不了半导体工艺、液晶显示(LCD)、电子元件及生物制药等领域发展的需求。上海真空泵厂已研制出4LQ－30型爪式无油真空泵，该泵为四级立式结构，当气体中有微小颗粒和杂质时，容易通过排气通道逐级排出泵外。该泵抽气速率为30L/s，极限压力为1.5Pa。

涡轮分子泵

随着微电子产业及液晶显示器产业的市场需求变化，近年来许多厂家除了研制干式真空泵外，还不断采用新技术，开发分子泵新产品，以适应分子泵替换油扩散泵的发展趋势。涡轮分子泵是一种靠机械高速旋转来获得超高真空的泵种。由于该泵90%的故障来自轴承的损坏，为了提高分子泵的可靠性和使用寿命，近年来该产品的主要开发方向是陶瓷轴承分子泵、防腐分子泵和磁悬浮分子泵，此外还有大流量、宽域型的涡轮—牵引复合分子泵。

2. 真空应用设备

真空镀膜设备

真空镀膜设备可分为蒸发镀、离子镀和磁控溅射镀三种设备。国内近年来的主要开发方向是磁控溅射镀膜设备，该设备主要用于真空热管、幕墙玻璃及ITO透明导电玻璃镀膜。其特点是立式双面、基片移动的连续磁控溅射系统。目前国内最流行的是电弧离子镀膜机，主要用于装饰镀膜以及刀具、刃具、模具的镀膜和不锈钢板、钢管等的镀膜。

真空热处理设备

最新统计数据表明，我国现有专业真空热处理设备生产厂33个，现有各类真空热处理设备约2 000台。主要产品有真空油(气)淬火炉、真空高压气淬炉、真空回火炉、真空钎焊炉、真空烧结炉、真空渗碳炉、离子渗碳(氮)炉和真空连续热处理炉等。从结构上看有单室、双室、三室、半连续式及连续式等真空热处理设备，基本满足了国内生产技术的需求，挡住了进口。近十年来，真空热处理已经进入技术领域不断扩大、工艺水平逐步提高、真空热处理设备不断完善及智能化、新技术接连涌现的稳定发展阶段。当前真空热处理设备的主要开发方向是进一步完善和提高国产高压气淬炉和高流率气淬炉的质量，并形成批量生产规模。同时，开发出具有低温对流加热和等温淬火功能的高压气淬炉。

电子工业用的真空应用设备

在半导体器件、集成电路的生产工艺中大量使用真空设备。这些设备包括单晶炉、分子束外延设备、化学气相沉积设备、离子刻蚀机、离子注入设备等等。近年来国内已生产出可拉制8in硅单晶、投料60kg的单晶炉，智能型程控扩散炉和微控扩散炉，亚微米干法刻蚀设备，双室、三室真空联锁传递的等离子化学气相沉积设备以及中束流离子注入机等等。其中中束流离子注入机的性能已接近世界先进水平。

真空压力浸渍设备(VPI)

真空压力浸渍技术主要用于电力电缆、电容器、大、中型高压电机、牵引电机、潜水电机等的制造工艺中。采用该技术可提高器件的绝缘耐压性能和机械性能，节能，省时，耐用，改善劳动条件并提高生产效率。近年来国内生产的真空压力浸渍设备有GQRS系列和ZYQ系列，均能满足电工产业的要求。

(三)产品技术引进与进出口贸易

1. 产品的技术引进

20世纪80年代国内各领域掀起一轮引进国外先进技术与设备的新高潮。我国的真空工业与国外发达国家相比，起步较晚，差距较大。正是由于这种差距，真空行业各企业也在此高潮的推动下，纷纷引进国外先进技术与设备，或者与国外先进的大型企业合资，走联合发展之路。本行业先后从德国、美国、瑞士、日本等许多国家引进了先进的技术与设备。

十年来，真空科技工作者通过对引进技术与设备的消化吸收，使自己的专业技术水平不断提高，为发展我国真空工业打下了坚实的基础。更令人欣慰的是经过真空界几代人的努力，不仅使我国真空产品大大缩短了与国外产品的差距，更有许多设备完全可以替代进口设备。

如国投南光有限公司1995年与德国在香港地区注册的康大公司进行技术合作，共同生产集机械、真空、制冷、蒸发、自控为一体的技术难度较大的大型卷绕镀膜机。康大公司提供部分技术资料，并用他们的实践经验对南光公司的设备设计方案作一定的改进和提高，再配上该公司提供的先进的电气控制系统，从而使真空卷绕镀膜机不论在技术水平，还是在使用性能等方面都大大向前迈进了一大步，居国内领先水平，并很快跨入同类产品世界先进技术行列，完全可以替代进口设备。该产品绝大多数销往马来西亚，新加坡及韩国等国家。

锦州真空设备制造总厂消化吸收从美国进口的TRC—2 020LV型镀膜机技术，试制成功JPG—6型磁控溅射低电阻镀膜机，并通过省级技术鉴定。经过一年的运转，证明该设备性能稳定可靠，具有20世纪80年代国外同类型设备的水平，填补了国内空白，可替代进口，为国家节省大量外汇，并且对加速我国电子工业发展具有重要意义。

北京仪器厂在消化吸收从瑞士引进的DIF—320型油扩散泵的基础上，成功地研制出K—320Y型油扩散泵，并通过专家鉴定，国产化程度达到80%。该泵具有抽速大、抽气范围宽、极限压力低、工作可靠等特点。其性能指标已达到瑞士泵的全部指标，其中关键的性能指标抽气速率还超过了进口泵的指标。

又如深圳万宝真空保鲜设备有限公司引进日本真空技术株式会社冷冻干燥技术，研制出真空保鲜设备。国投南光有限公司引进瑞士BALEERS公司直联旋片真空泵技术，经过消化、吸收，设计出2XZ—4B型系列直联旋片式真空泵。兰州真空设备有限责任公司消化吸收国外卷绕镀膜机技术，开发了系列卷绕式真空镀膜机。沈阳真空技术研究所消化吸收国外先进技术,研制出真空浸渍设备、真空树脂浇注设备、真空气相干燥设备及大型建筑玻璃真空镀膜生产线等等。这些产品的水平均接近国际先进水平。

2. 产品的进出口贸易

近十年来,随着真空应用技术的发展,真空获得产品也有明显的进步,但与国外工业发达国家相比,我国真空产品的整体水平还有很大的差距。正是由于这种落后状况与中国市场需求间的不协调,使得外商有机可乘,于是国外产品纷纷抢滩中国市场。其中电子行业用的真空镀膜设备及光学镀膜设备的75%来自德国莱宝公司,大型真空气淬炉、油淬炉多数来自美国伊普森公司、威福斯公司和法国ECM公司,小型氦质谱检漏仪等设备大多来自德国莱宝公司、日本岛津公司、日本真空技术株式会社、法国阿尔卡特公司和美国瓦里安公司等。在彩色显像管、冰箱及溴化锂中央空调行业中,也是进口产品占主导地位。由于飞机制造业的飞速发展,国内真空应用产品满足不了用户的需求,因此在20世纪90年代中期从国外进口了大量的真空设备。以沈阳飞机制造公司、西南飞机制造公司为例,他们先后从法国ECM公司引进了大型立式加压气淬炉(3Pa),从美国IPSN公司引进了立式气淬炉、卧式加压气淬炉(6Pa),从美国VFS公司引进了卧式加压气淬炉等等。仅日本岛津制作所近年向长沙远大中央空调、大连冷机等单位提供的旋片式真空泵就有几百台,此外还向沈阳飞机制造公司、沈阳黎明公司提供氦质谱检漏仪等设备,这无疑挤占了我国的真空产品市场。

尽管市场竞争如此激烈,近十年来我国的真空获得与真空应用设备的出口还是取得了一定的成绩。如沈阳真空技术研究所研制的真空镀膜机出口韩国,加压气淬炉出口泰国和朝鲜,钛合金冶炼铸造成套设备出口罗马尼亚等。

兰州真空设备有限责任公司生产的装饰镀膜机、磁控溅射镀膜机和连续卷绕镀膜机相继出口委内瑞拉、马来西亚、叙利亚、巴基斯坦、泰国及韩国。20M3的高真空多层绝热低温贮槽出口印度尼西亚。铝管带式真空钎焊炉先后出口德国、英国。此外,与德国技术合作生产的高档汽车灯具膜系沉积设备获得成功并返销德国市场。

浙江真空设备集团有限公司生产的H—150型滑阀式真空泵由于油路设计新颖、泵的噪声小、单级泵的极限真空度高等特点,而出口美国及东南亚各国,并在市场中有较强的竞争力。

上海真空泵厂以他们良好的质量保证和企业信誉,产品先后出口西欧、美国、澳大利亚、日本及东南亚等国家和地区。该厂的2XZ—2型、2XZ—4型高速直联旋片式真空泵为主要出口产品。

山东淄博真空设备有限公司生产的2X—4型、2X—8型、2X—15型旋片式真空泵以其外形美观、技术性能优良等特点,出口美国、马来西亚及东南亚等国家和地区,水环真空泵出口伊拉克、印尼等国家。

此外,广东真空设备厂股份有限公司生产的2X—0.5型真空泵也相继运往香港地区及东南亚市场。上海曙光机械制造厂生产的高真空连续镀膜机出口东南亚。国投南光有限公司生产的真空卷绕镀膜机出口马来西亚、新加坡和韩国等国家。南京真空泵厂生产的旋片式真空泵出口东南亚等国家。沈阳真空设备厂生产的2X—70型旋片式真空泵经外方考察认可,出口国外市场,为产品走出国门打下了良好的基础。

总之,就国外市场来看,随着半导体、液晶显示和电子元件的发展以及食品、生物制药等产品质量的提高,使得真空获得产品的需求量不断加大。但主要需求的是高质量的无油泵,涡轮分子泵和低温泵,而我国真空设备制造业在这些产品方面尚未形成完整的生产加工能力,在国际市场上缺乏竞争力。从国外对真空应用设备的市场需求来看,低公害、节能、环保的真空热处理设备应用较为广泛,需求量呈上升趋势,对制备锡掺杂氧化铟薄膜的直流磁控溅射镀膜机等设备的需求量也有所增加。我国对这类产品的制造与发达的日本、美国、德国相比,相差甚远,因此这些年来,我国真空行业大型成套设备出口率所占比重不大,还是以单机、单泵等低档产品为出口的主导产品,出口创汇额升幅不大。

(四)与国外对比的差距及今后发展趋势

纵观国外真空产品的发展历程,对我们预测产品发展趋势大有帮助。如日本的真空获得产品中的60%以上用于半导体和液晶显示(LCD)产业,传统的真空泵已无法满足上述产业对清洁、无油及耐腐蚀的需要。真空获得产品已经出现更新换代的局面,大量的有油真空系统已被无油清洁的真空系统所代替,为此,日本的干式真空泵、分子泵和低温泵发展很快。

美国的真空工业为了适应半导体工业的发展,近年来各种真空泵的市场占有率及其发展也有很大变化。如美国电真空行业78%都使用低温泵,而其中大型集成电路生产也几乎全部使用低温泵。目前美国真空泵市场的发展趋势为:干式真空泵、分子泵和低温泵呈明显上升趋势,油旋转泵及其他泵呈平稳发展趋势,而油扩散泵则为下降趋势。

英国爱德华公司生产的各种真空泵年销售额达3.6亿美元,其中干式真空泵年销售额就达2亿美元,占总销售额的50%以上。

目前我国生产的各种真空获得产品的主要单项技术指标,如极限真空度、抽速与国外同类产品相比差距不大,但其综合性能指标与国外同类产品相比则有很大差距,且远远满足不了用户的需求。我国的真空获得产品仍停留在传统的真空获得手段上,高真空系统仍然是以油扩散泵为主。国产的油扩散泵普遍返油严重,而国外油扩散泵的返油率几乎可以达到分子泵的返油率水平。前级真空是以旋片泵、滑阀泵为主,但这两种泵的振动噪声较大,轴封漏油问题普遍存在。旋片材料尚未得到解决,直接影响大型直联旋片泵和单级旋片泵在高温下运行的可靠性和常温下的耐久性。国产罗茨真空泵的振动噪声均较大,特别是在高压差下运行的故障率较高,而国外有的罗茨真空泵可以多年不用检修等等。

由于真空设备行业各企业的技术力量与国外相比还很

薄弱,未能形成强有力的研究开发能力,致使真空技术应用领域拓宽的速度远远落后于现代高科技的发展和日益增长的人民生活的需求。如半导体元件、液晶显示和数据库存储IT(信息产业)领域发展迅速,需求大量的高质量真空产品。而我国国内的复合分子泵、陶瓷轴承分子泵和磁悬浮分子泵尚未形成系列,未达到批量生产,涡轮分子泵的产量也不多。至于各种类型的干式真空泵及低温泵等则刚刚起步,无法满足上述产业发展的需求。

综上所述,从国外真空获得设备的发展趋势,结合我国国民经济的发展需要,可以预测:

进入21世纪,我国真空设备行业传统的真空获得设备在产品质量、可靠性、自动化水平及检测水平等方面也将得到全面提高。真空设备行业各企业将不断探索真空设备的耐用材料并研究其工艺软件,创出具有时代特征的名牌产品,参与国际市场竞争。

21世纪,各种清洁、无油、耐腐蚀的干式真空泵以及各种分子泵、低温泵在我国的发展前景将十分广阔。

21世纪,我国国民经济高效、持续、稳定发展的良好局面,必将为真空工业欣欣向荣、蓬勃发展带来无限生机。

二、2000年行业概况

(一)生产发展情况

2000年真空设备行业有会员单位70个,大专院校、科研院所13个,企业57个。按规模划分:大一型企业4个,大二型企业7个,中一型企业2个,中二型企业4个。其余为小型企业。有10个企业参加或成立了集团,有11个成立了股份公司或有限公司。

2000年全行业会员单位从业人员15 420人,其中技术人员2 184人,工人与学徒10 400人,其他人员2 836人。

2000年真空设备行业大部分企业生产、经营仍在低谷中运行,主要表现在任务不足、产品销售不畅、老产品生产过剩、新产品开发迟缓、产品结构不能适应市场发展的需要,导致经济效益差、利润不高,使企业生存发展空间日趋狭窄。针对这种情况,各企业加强了成本管理,全面推行采购指标比价制度,减少了物耗,降低了成本;强化了新产品开发力度和营销制度,在市场调查的基础上,采取与用户联手的方式,实现技术创新和新产品开发,扩大了市场需求,避免了单纯价格竞争,取得了较好的效果,使全行业经济指标有了恢复性增长。

据40个企业统计,拥有固定资产合计103 058.4万元,流动资产年平均余额116 216.1万元,完成工业总产值(不变价)86 357万元,工业总产值(当年价)88 177万元,工业增加值4.62亿元,产品销售税金及附加823.2万元,实现利润总额315.24万元,全员劳动生产率31 919元/人。上述企业完成的真空产品产值占全行业的85%左右。

2000年行业各会员单位,在国内外经济环境逐渐转暖的形势下,积极调整产品结构,生产适销对路的产品,取得一定的效果,使全行业经济运行质量有所提高。另据29个可比会员单位统计,生产真空获得设备(各种真空泵、真空机组以及阀门等)约7万台,真空应用设备(包括各种真空镀膜机,真空热处理和冶炼炉以及真空冷冻干燥设备等)2 000套;真空检测仪器仪表(包括各种测量仪表及真空检漏仪等)约5 000台,完成工业总产值(不变价)7.1亿元,工业总产值(当年价)7.42亿元,分别比上年增长2.89%和7.1%,工业增加值2.8亿元,比上年增长31%,出口交货值3 953万元,比上年增长26.2%。目前全行业仍有10个亏损企业,但亏损额较去年大幅度下降,盈亏相抵使利润总额由去年的负增长转为今年的正增长,出现了全行业扭亏为盈的好局面。

2000年真空设备行业骨干重点企业产值完成情况见表1,主要经济指标完成情况见表2。

表1 2000年真空设备行业骨干重点企业产值完成情况

序号	企业名称	工业总产值(当年价)			销售产值(当年价)		
		2000年完成(万元)	上年完成(万元)	为上年完成%	2000年完成(万元)	上年完成(万元)	为上年完成%
1	成都仪器厂	9901	9040	109.5	11934	735	162.4
2	国投南光有限公司	9405	7494	125.5	8984	7192	124.9
3	北京仪器厂(集团)	5236	4549	115.1	5330	4507	118.3
4	浙江真空设备集团有限公司	4516	3788	119.2	4432	3427	129.3
5	广东真空设备厂股份有限公司	3811	11826	32.2	3799	11406	33.3
6	淄博真空设备厂有限公司	3769	3892	96.8	3944	3078	128.1
7	兰州真空设备有限责任公司	2767	2384	116.1	2674	2429	110.1
8	上海真空泵厂	2640	3815	69.2	2647	3616	73.2
9	上海曙光机械制造厂	1 904	1 316	144.7	1 980	1 192	166.1
10	沈阳恒星实业有限公司	1482	1611	92.0	988	944	104.7
11	上海阀门二厂	1353	1295	104.8	1252	1233	101.5
12	沈阳市真空机械三厂	975	996	97.9	912	870	104.8
13	南京真空泵厂	875	999	87.6	850	846	100.5
14	深圳亨达莱真空技术工程公司	600	815	73.6	600	815	73.6
15	锦州真空设备制造总厂	430	303	141.9	415	335	123.9
16	抚顺真空设备有限公司	323	297	108.8	129	164	78.7
	合计	49987	54420	91.9	50870	42789	118.9

表2 2000年真空设备行业骨干重点企业销售完成情况

序号	企业名称	销售收入		销售成本		利润总额	
		2000年完成（万元）	为上年完成%	2000年完成（万元）	为上年完成%	2000年完成（万元）	为上年完成%
1	成都仪器厂	11 424	156.7	6 029	130.8	126	—
2	国投南光有限公司	9 033	128.4	6 892	129.3	-201	—
3	北京仪器厂(集团)	5 399	120.5	4 470	119.1	255	103.5
4	浙江真空设备集团有限公司	4 236	125.3	2 528	107.3	24	50.0
5	淄博真空设备厂有限公司	3 301	125.0	2 204	142.8	126	565.0
6	广东真空设备厂股份有限公司	2 985	97.8	1 925	62.2	42	126.0
7	上海阀门二厂	2 737	113.7	2 333	112.0	5	—
8	上海真空泵厂	2 671	74.2	1 497	57.6	0	0
9	兰州真空设备有限责任公司	2 603	114.4	1 755	114.5	23	101.4
10	上海曙光机械制造厂	1 991	192.9	1 628	127.2	0	0
11	沈阳恒星实业有限公司	1 006	122.4	618	123.2	0	0
12	沈阳市真空机械三厂	916	105.2	766	110.9	6	600.0
13	南京真空泵厂	853	102.8	509	98.0	2	210.0
14	深圳亨达莱真空技术工程公司	513	73.2	400	82.6	-31	—
15	锦州真空设备制造总厂	132	122.0	116	148.7	-178	—
16	抚顺真空设备有限公司	104	54.2	52	44.1	-135	—
	合计	49 904	122.6	38 771	128.2	64	—

（二）产品分类情况

真空设备行业产品可分5类：

1. 真空获得设备

(1)机械真空泵：往复泵、旋片泵、滑阀泵、螺杆泵、罗茨泵、分子泵和液环泵等。

(2)射流真空泵：油扩散泵、油增压泵、水蒸气喷射泵和空气喷射泵等。

(3)其他类型泵：分子筛吸附泵、钛升华泵、溅射离子泵和冷凝泵等。

(4)真空机组：根据不同用途的需要，由各种泵、阀、管路及测量仪表组成的抽气系统。

2. 真空应用设备

(1)真空冶炼炉：电弧炉、凝壳炉、感应炉、单晶炉和电子束炉等。

(2)真空热处理炉：淬火炉、回火炉、退火炉、渗碳炉和渗氮炉。

(3)真空镀膜机：蒸发镀膜机、磁控溅射镀膜机和离子镀膜机等。

(4)其他真空应用设备：提纯设备、蒸馏设备、冷冻干燥设备、浸渍设备、浇注设备、运输设备和宇宙模拟设备等。

3. 真空测量仪表

低、中、高、超高真空计。

4. 真空检漏仪器

氦质谱检漏仪、火花检漏仪和卤素检漏仪等。

5. 真空阀门

挡板阀、翻板阀、插板阀、电磁阀、压差阀、隔膜阀、球阀和微调阀等。

（三）市场销售情况

自20世纪80年代末到90年代初，由于电子行业的真空浸渍和稀土材料、光学镀膜及炼镁等行业的发展，引发了真空产品供不应求的局面，一些企业为抢占市场，纷纷上马或扩大规模生产真空产品。据不完全统计短短几年时间企业数由几十个发展到约300个。当市场对真空产品的需求趋于饱和时，又未能开发出新产品，导致近几年来生产厂家过多、挤占市场、相互压价的恶性循环，使企业效益锐减，达到难以生存的地步。

2000年伊始行业内各企业一方面积极调整产品结构，生产技术含量高、具有高附加值的试销对路产品，另一方面采取加强企业内部管理，减少物耗，降低成本、提高营销策略和加强售后服务等措施，扩大了市场占有率取得了较好的效果。2000年，国内真空行业市场仍处于供大于求的局面。据29个可比会员单位统计，全年实现销售收入8.13亿元，比上年增长33.7%，销售产值7.3亿元，比上年增长16.7%，出口交货值4 320万元，稍低于上年，库存额1.47亿元，比上年减少了33%。

从总体情况分析，我国真空行业已经形成门类齐全，较完整的工业体系。除半导体、宇航、生物工程等高新技术需要的无油、清洁真空设备及防信号衰减和抗干扰、智能化的真空测量仪表，尚不能满足需要外，无论从品种规格上、还是产品技术性能指标上都具有一定水平，基本上能满足国民经济各行各业的需要，加之国产产品价格低廉，维修方便，因此，国产真空设备在国内市场上使用量很大，具有较高的占有率。据初步测算，行业内的产品市场占有率为60%左右，行业外为20%左右，进口占15%～20%。2000年真空设备行业国内销售收入前15名、出口交货值前10名企业见表3、表4。

（四）新产品

(1)上海曙光机械制造厂研制的ZZ—1800K型高真空卷绕镀膜机，通过上海市经委新产品鉴定，并获上海市优秀新产品奖及科学技术进步奖。该设备总体性能处于国内同

类产品领先水平。主要用于包装、防伪、转移膜及航天保护膜等领域。其卷绕张力控制系统已获国家专利。

该厂开发的KC—3A型高真空磁控溅射镀膜设备是微机控制的全自动三工位CD—R电脑光盘及可读写光盘专用设备。该设备达到了国际同类产品先进水平,填补了国内空白,可替代进口产品,首批设备已交港商使用。

该厂与国防大学共同研制开发的JZJ—1200型高真空磁控溅射卷绕镀膜机,用于生产太阳控制膜、低辐射膜及ITO膜等功能性膜层,是国内首创新型设备,其性能达到国际同类产品水平。

该厂还为世界500强之一的美国著名跨国公司开发了ZZB—2500型全自动、机电一体化大卷径高真空卷绕镀膜机,其整机性能达到国际领先水平。

(2)沈阳真空技术研究所研制成功的VSF—436型高真空烧结炉,适用于铝、镍、钴产品烧结。用户反映性能良好,烧制成的产品质量高。

该所研制的由真空箱、热处理炉和真空搬运车组成的成套设备,适合碳化硅复合材料的处理,解决了此种材料在电子辐射后发生化学变化、性能不稳定、不能与氧等分子接触的问题。该成套设备属于国内高科技开发项目。

表3 2000年真空设备行业企业销售收入排序

序号	企业名称	销售收入(万元)
1	佛山水泵厂有限公司	13659
2	成都仪器厂	11424
3	国投南光有限公司	9033
4	北京仪器厂(集团)	5399
5	浙江真空设备集团有限公司	4236
6	杭州真空设备厂	3936
7	淄博真空设备厂有限公司	3301
8	北京中科科仪技术发展有限公司	3200
9	广东真空设备厂股份有限公司	2985
10	上海阀门二厂	2737
11	上海真空泵厂	2671
12	兰州真空设备有限责任公司	2603
13	上海曙光机械制造厂	1991
14	宁波爱发科真空技术有限公司	1587
15	衡阳市真空机电设备有限公司	1247

表4 2000年真空设备行业企业出口交货值排序

序号	企业名称	出口交货值(万元)	序号	企业名称	出口交货值(万元)
1	佛山水泵厂有限公司	2724	6	浙江真空设备集团有限公司	150
2	宁波爱发科真空技术有限公司	367	7	国投南光有限公司	144
3	广东真空设备厂股份有限公司	290	8	淄博真空设备厂有限公司	
4	兰州真空设备有限责任公司	236	9	上海真空泵厂	81
5	上海曙光机械制造厂	165	10	深圳亨达莱真空技术工程公司	45

(3)广东真空设备厂股份有限公司研制的X—100B型旋片真空泵和JP—2 500型磁控镀膜生产线,通过了由广东省科委组成的科技成果鉴定,认为其性能指标良好,外形美观,填补了国内空白。其中X—100B型旋片泵被国家科技部列入重点新产品计划,并被列为国家重点新产品。

该公司研制的用于恶劣环境真空泵和浸渗天然石材的真空着色机,被授于2000年实用新型专利。其中浸渗天然石材的着色技术及产品还荣获科学技术进步三等奖。

(4)兰州真空设备有限责任公司2000年共开发了11项新产品,其中ZR—20—18T型柜式真空高温烧结炉和JPTD—1000L型光电材料磁控卷绕镀膜机,通过省级鉴定。

(5)浙江真空设备集团有限公司研制的2X—30A型旋片泵和SK—12A单级水环泵,通过了省经贸委鉴定。2X—30A型泵是国内首先采用立式结构,具有体积小、外形美观、极限压力小等优点。SK—12A单级水环泵,采用悬臂结构,制造方便,且极限压力小于2 667Pa,可代替双级水环泵。该公司还为美商开发了H—300A型立式滑阀真空泵。具有外形美观、占地面积小、只有原H—300型泵的1/2,且振动小。该公司还完成了亚磷酸—二甲酸工程真空系统,该系统是以LQ—2500型气冷式罗茨泵为主泵的大型机组,每套可代替原12套W—300型往复泵,实耗功率仅为原设计的1/4。

(6)锦州真空设备制造总厂研制的ZGQS型气封烧结炉,适用于高性能复合材料增强纤维的烧结,可在大气压下进、出炉,并能连续操作。可靠的密封结构、低含氧量技术指标,均达到国内同类产品的先进水平。

(7)北京仪器厂(集团),2000年共开发出17项新产品。其中与清华大学共同开发的ZZST—480型超高真空镀膜机,极限真空达到10^{-8}Pa,为国内产品极限真空之冠。与香港宏威数码公司共同开发的XJPG—9Z型磁控溅射柔性生产线设备,在技术水平与产品档次上可与瑞士巴尔蔡斯公司同类产品相媲美。主要用于半导体大规模集成电路的生产。该产品的研制开发为首都信息产业发展提供了保证。同时该公司还自行开发出ZZI—800型真空晶体镀膜机,适用于表晶晶振器和高频振器的厂家,该机特点是镀层牢固,均匀性好,并实现了全程自动化控制。

(8)淄博真空设备厂有限公司,为缩小与国外产品的差距,经过几年努力,先后开发出具有先进水平的SKA型系列水环泵、2SY型高压压缩机、WL—600型无油往复泵、2SY—12型高压耐腐机组和ZBK—33型湿式罗茨泵。

(五)质量及质量管理

2000年真空设备行业为提高企业的整体素质和管理水平,提高产品质量,增强市场竞争能力,认真地宣贯了GB/T19000、ISO9000系列标准,取得一定成效、产品质量有了进一步提高。目前全行业有沈阳真空技术研究所等10个企业获ISO质量体系认证证书，还有一些企业正在积极准备，力争早日取得质量体系认证。

(1)兰州真空设备有限责任公司在1999年取得ISO9001质量体系认证的基础上，2000年又顺利通过复审，并取得了具有一、二类压力容器设计许可证和制造许可证，及CR_2级低温槽罐设计制造资格。

(2)国投南光有限公司采用高技术、新工艺，使产品质量和性能有很大提高 对H—150S型滑阀泵采用三联式滑阀自动平衡机构，减少了运行振动，也降低了噪音。采用独特的渗气系统，提高泵排除水蒸气的能力，应用了强制供油系统，改善了润滑和密封条件，使泵的真空度得到了相应提高。对大型扩散泵采用PIA技术，对泵油温实现监控，使泵真空度和抽气速率更加稳定可靠。该公司采用了新一代涡轮分子泵变频电源，将拖动分子泵的电机参数，运行程序写入变频器中，实现了操作方便、运行可靠。具有停车减速，过载能力强等特点。

(3)浙江真空设备集团有限公司、国投南光有限公司、广东真空设备厂股份有限公司、沈阳恒星实业有限公司等都顺利通过了2000年ISO9001质量体系认证复审。

三、基本建设及技术改造

真空设备行业为进一步解放思想、转变观念，以质量效益为中心，加快了产品结构的调整和技术开发力度，生产具有高附加值、市场需要的产品来拓展真空产品的应用领域，扩大市场占有率，多年来各企业多方筹集资金，加大设备更新和技术改造力度，依靠科技进步，实现经济方式根本性转变。据12个重点企业上报的材料统计，共累计投资近两亿元人民币进行技术改造取得了明显的效果。如兰州真空设备有限责任公司，经几年的努力，先后建起高水平的新产品实验室、化学实验室、物理性能实验室和真空检漏实验室，并从国外引进了高性能的加工设备用于生产高科技产品。大型低温车间已建成并投入使用。几年来研制出许多具有国内外先进水平的产品，获部、省市的奖励。

淄博真空设备厂有限公司“七五”期间投入730万元建成6 184m^2新厂房，购进113台立式加工中心和卧式加工中心，并建立一个省“七五”期间板样车间。“八五”期间又投资3 100万元。为改善铸件质量引进德国EC0(爱克)公司的树脂砂铸造工程设备，价值52万元。为进一步完善产品加工、装配和测试等手段，购进了各类先进仪器和设备共耗资1 000万元。至此，形成了能生产各类大型、高技术、高附加值的真空获得和真空应用产品。

上海真空泵厂为解决机械真空泵噪声较大的问题，自筹资金率先建立行业内第一个噪声振动实验室，为分析研究减少泵的噪声、降低震动提供了有效手段。由世界银行多边基金资助的FCF项目，于1998年正式启动，用德国的半封闭制冷压缩机代替国产CF—12小型半封闭压缩机，该项目总投资272万美元，其中203万美元由世界银行多边基金赠款。德国提供样机，并引进美国公司的先进加工中心。使产品加工效率和精度有了明显的提高。

国投南光有限公司也投入巨额资金更新装备。为提高罗茨泵主、从转子加工精度，使用数控龙门刨床加工，该刨床的数控单元是日本FANAC公司零系统控制，可以方便地实现三坐标二联动操作，从而提高了罗茨泵综合性能和产品加工质量。

浙江真空设备集团有限公司，列入国家二期“双加”工程项目(生产工业技术改造)，总投资2 900万元，1998年完成。改进了产品工艺，使工作效率和产品质量有很大提高。其他如北京仪器厂、广东真空设备厂股份有限公司等厂都从境内外引进了加工中心。

四、合资合作

另外，为弥补自己技术和资金不足等缺陷，为使产品尽快达到国际先进水平，开展了合资合作、技术引进和与用户联手等方式开发市场需要的高质量的产品。

1999年成都仪器厂与德国莱宝公司共同开发的202－1/1A/1B型电阻真空计，得到莱宝公司的认可，现已批量生产，测量范围$1.1\times10^5\sim0.1$Pa。另外，与“二炮”合作开发的ZLS—260型全功能氦质谱检漏仪经“二炮”验证，其性能可靠，各项技术指标均达到要求，并已批量生产。

北京仪器厂与清华大学联手开发的ZZST—480型超高真空镀膜机，极限真空达到10^{-8}Pa，为国内真空应用设备极限真空之冠。

上海曙光机械制造厂与国防大学共同研制的JZJ—1200型高真空磁控溅射卷绕镀膜机，用于生产太阳控制膜、低辐射膜及ITO膜等功能性层膜，是国内首创新型设备，其性能达到国际同类产品先进水平。

1996年4月淄博真空设备厂有限公司与德国西门子公司双方投资1.18亿元，在淄博成立了西门子真空泵压缩机公司，合作开发液环式水环真空泵及压缩机，产品25%出口。

五、管理及改革

自党的十一届三中全会以来，真空设备行业的改革和发展取得了显著成就。1994年以来真空行业为了进一步落实党的十四大精神，认真贯彻了“全民所有制转机条例”，积极开展了“转机制、抓管理、练内功增效益等活动，有力地促进了机制转换工作，使资产得到了优化组合，管理水平有了进一步的提高，并取得了良好的经济效益。目前共有21个企业转换了机制；它们是浙江真空设备集团有限公司，北京仪器厂(集团)和上海真空泵厂、上海曙光机械制造厂和上海阀门二厂参加了上海通用机械集团，临海精工真空设备厂、黄岩求精真空泵厂、台州佳力真空设备有限公司参加了浙江真空设备集团，贵阳黔江机械厂属于中国贵航集团；广东真空设备厂股份有限公司，兰州真空设备有限责任公司、淄博真空设备厂有限公司、国投南光有限公司、抚顺真空设备有限公司、北京中科科仪技术发展有限责任公司、宁波爱发科真空技术有限公司、衡阳市真空机电设备有限公司、深圳亨达莱真空技术工程公司(中外合资)，承德达优真空技术工程有限公司、辽宁创业教学仪器有限公司、沈阳真空技术研究所隶属中国机械装备集团总公司。

转制后，运行较好的企业，如广东真空设备厂有限公司，在1993年改制后不到3年的时间，产值、销售额、利税总额均有增长，1995年的产值、销售额、利税总额分别为1亿元、8 271万元、844万元，分别比1992年增长299%、236%和186%。1994年被广东省评为"高新企业"、"广东省质量效益先进企业"，1995年获广东省企业技术进步奖。其他企业如淄博真空设备厂有限公司、浙江真空设备集团有限公司也都根据各自情况，强化了管理，提高了工效，使企业经济效益有较大提高。

总体来看，行业管理水平和技术水平及产品质量都在逐年提高，应该说行业经济运行质量基本上是良好的。但也应清醒看到我国真空产品无论在技术上还是在产品质量上与国外、与国民经济发展的需要上还有不少差距，如不尽快采取措施，缩小差距，入世后步履将会更加艰难，生存空间就会越来越小，甚至有被市场淘汰出局的危险。

综观全面，真空行业的各企业发展是不平衡的，产生的效益也不尽相同，有较大差异。一般来说，机制较灵活，结构优化较好的，产品质量处于上乘的，技术改造力度大的和开发能力较强的单位，发展速度都较快、经济效益也较好。例如淄博真空设备厂有限公司，兰州真空设备厂有限责任公司、浙江真空设备集团有限公司、广州真空设备厂股份有限公司、北京仪器厂(集团)、佛山水泵厂、成都仪器厂、宁波爱发科真空技术有限公司、中科院沈阳科学仪器研制中心和北京中科科仪技术发展有限责任公司等。还有一些企业生产历史悠久、规模较大、有一定管理水平和经验，技术力量和设备、产品质量都属于行业上乘的单位，虽近两年因各种原因经济效益不够理想，只要各方面调整到位，潜力还是很大的，将会取的很好地发展。如上海真空泵厂、上海曙光机械制造厂和国投南光有限公司等。为了进一步说明企业状况，下面简要地介绍6个系统内行业骨干企业和4个系统外主要企业的状况：

(1)兰州真空设备有限责任公司是中一型企业，省一级质量管理企业、国家二级企业计量单位、真空行业骨干企业、也是真空行业唯一获得一、二级压力容器设计和制造许可证及CR_2低温槽罐设计资格的单位。

该厂1965年由上海迁至兰州。厂区占地面积8.4万m^2、建筑面积2.3万m^2。拥有固定资产3 099万元，固定资产原价合计3 503万元，流动资产年平均余额5 645万元。金属切削机床103台，其中数控机床1台，锻压设备11台。职工人数673人，其中工人与学徒382人，技术人员101人。2000年实现工业总产值(当年价)2 767万元、销售收入2 603万元、工业增加值798万元、出口交货值236万元、应交增值税189万元，利润总额23万元。

主要产品有4大类，18个系列，200多个规格。真空获得设备：旋片真空泵、扩散真空泵、油增压泵、水蒸气喷射泵及各类真空机组；真空应用设备：各类真空镀膜机，各种真空热处理炉、金属提纯炉、真空浸渍设备和低温储存容器等。

1997年由厂转为公司。该公司多年来把面向市场，瞄准国际先进水平，开发新产品做为企业的长期发展战略目标，并为此加大了技术改造和新产品开发力度，从国外引进了高性能加工设备，使开发能力和制造水平有了很大改善和提高，并在2000年实现了电子信息网与互连网，注册了兰州真空国际域名和中国域名，制作了企业网页，树立了企业形象，实现了产品上网，方便了用户联系。自建厂以来，每年都有新产品投入市场，新产品产出率年约在40%以上、具有较好的市场占有率，在空分行业占100%，空调铝散热器行业占50%，汽车配件行业占20%。

(2)淄博真空设备厂有限公司是大二型企业、省一级质量管理企业、真空行业骨干企业。1958年建厂，厂区占地面积15万m^2，拥有固定资产2 830万元，固定资产原价合计4 524万元，流动资产年平均余额5 532万元。金属切削机床105台，锻压设备11台。职工人数557人，其中工人与学徒323人，技术人员39人。

2000年实现工业总产值(当年价)3 769万元，销售收入3 301万元，工业增加值1 132万元，应交增值税172万元，出口交货值94万元，实现利润126万元。

主要产品真空获得设备：各种旋片真空泵、水环真空泵、往复真空泵、罗茨真空泵、水蒸气喷射泵、无油真空泵和耐腐蚀泵等，真空应用设备：有各种真空干燥机、真空镀膜机、真空净油机、真空压力浸泡机和真空蒸煮设备等5大品种，15个系列，近百个规格。企业十分重视依靠科技进步作为经济发展的增长点，"七五"和"八五"期间先后投资近4 000万元技术改造基金。1992年，在全行业率先建立了SYMIS和SYCAT计算机辅助管理系统和计算机辅助测试系统，经过三年来试运行，于1995年通过国家验收，正式投入使用；随后又于1997年建立起了CAD计算机辅助设计系统，使企业管理水平、制造水平和开发能力有了长足进步，经济效益也处于全行业前茅，1994年被机械部批准为首批技术示范试点企业。2000年该厂实现了股份制，为建立现代企业制度又向前迈出了一步。

(3)浙江真空设备集团有限公司是大一型企业、省级质量管理企业，真空行业骨干企业。于1 952年建厂，厂区占地面积9万m^2，拥有固定资产1 019万元，固定资产原价合计1.1亿元、流动资产年平均余额5 260万元。金属切削机床184台，其中数控机床4台，锻压设备8台。职工人数674人，其中工人与学徒420人，技术人员109人。

2000年实现工业总产值(当年价)4 516万元，销售收入4 236万元、出口交货值150万元、工业增加值2 244万元、应交增值税459万元、利润24万元。

主要产品真空获得设备有各种滑阀真空泵、罗茨真空泵、气冷式罗茨真空泵，水环真空泵、油环真空泵、往复真空泵、扩散泵、无油真空泵及各种真空机组。同时还生产水环压缩机及无油压缩机等。真空应用设备有各种真空光学镀膜机、真空冷冻干燥机、真空净油机、食品包装机、真空浸渍设备及全自动真空封罐机。还生产各种真空仪表。

该公司多年来坚持用户第一，以用户需要为目标，开发、生产适合用户的产品，最大限度满足用户需要为目的的战略方针，并以此扩大市场、占领市场，依靠科技进步增效益。为此“七五”和“八五”期间共投入技术改造资金近4 000万元，建立起树脂砂铸件生产线，油漆生产线、完成了国家二期“双加”真空设备生产工艺的改造任务。通过以上技术改造使制造和开发能力及产品质量都有很大的提高，产品质量一直处于行业之首，享有较高的信誉，市场占有率也很高。“ZZ牌”真空泵(包括各种真空泵和真空机组)被浙江省列为名牌产品，多年来有7种产品先后获国优、部优、省优。该公司还被列入国家“CAD”工程试范点，于1999年通过省级验收，并被推荐为全国优秀“CAD”工程示范企业。

(4)广东真空设备厂股份有限公司是大二型企业、省先进企业和真空行业骨干企业，1969年建厂，厂区占地面积16万 m^2，拥有固定资产5 450万元，固定资产(原价)6 155万元，流动资产年平均余额4 579万元。金属切削机床110台，其中数控机床2台，锻压设备13台。职工人数310人，其中工人与学徒220人，技术人员65人。

2000年完成工业总产值(当年价)3 811万元，销售收入2 985万元，工业增加值945万元，出口交货值290万元，应交增值税253万元，利润42万元。

主要产品真空获得设备：旋片真空泵、无油真空泵、扩散泵及各类机组。真空应用设备：各种真空镀膜机、玻璃清洗机、真空脱水干燥设备、果脯浸渍设备、真空包装机，负压站和石材浸渗设备等。

该公司1993年改为股份制，通过参股、控股、联合、兼并等形式的优化组合、打破行业界限，集科、工、贸为一体的10个企业组成的股份公司。总资本超亿元。改革开放以来，公司一贯坚持依靠科技进步，促进企业的发展，厂内设有真空设备研究所和先进的实验室对真空获得和应用设备进行研究开发。还积极开展横向联合，与高等院校、科研院所及国外同行进行广泛合作。有效的管理加之相应的策略，使公司的开发能力不断增强，开发出许多高附加值的新技术、新产品。1994年被广东省认定为高新技术企业，获广东省“质量效益型先进企业”称号。

(5)上海真空泵厂是中二型企业，市级先进企业，真空行业骨干企业。1934年建厂，厂区占地面积3.3万 m^2。拥有固定资产1 054万元，固定资产(原价)合计1 574万元，流动资产年平均余额3 699万元。金属切削机床100台，锻压设备3台。职工人数331人，其中工人与学徒141人，技术人员33人。2000年完成工业总产值(当年价)2 640万元，销售收入2 671万元，工业增加值911万元，出口交货值81万元，应交增值税162万元。

主要产品有21个品种，1 000余个规格。真空获得设备有旋片真空泵、罗茨真空泵、往复真空泵、回转式鼓风机真空泵、涡轮分子泵、无油旋片真空泵、冷阴极溅射钛离子泵、钛升华泵、分子筛吸附泵和各种真空机组。真空应用设备有各种光学镀膜和制镜镀膜机等。

该厂是我国生产真空泵最早的一家，被誉为“中华真空第一家”。自20世纪60年代到90年代为我国国防军工、通讯卫星、宇宙模拟、核能研究和机械、石化、冶金、制药等国民经济各部门提供了大量真空设备和先进的真空技术，为国家作出了应有的贡献。在市场经济中为改变经济增长方式，“七五”到“九五”期间自筹和世界银行资助技改基金近3 000万元，成立了真空技术研究所，建立了震动、噪声实验室，引进了加工中心，完善了测试手段，使产品质量和开发能力有明显提高。同时针对市场需要，积极调整产品结构，扩大真空技术应用领域，开辟了真空光学镀膜和制镜镀膜机和大型罗茨泵机组等一系列高科技、高附加值产品，使企业走向科技效益型发展之路。改革开放以来研制开发出的众多新产品中，有多项获部、市级奖励，有的还销往东南亚、美国等。

(6)上海曙光机械制造厂是中一型企业，市先进企业，真空行业骨干企业。1956年建厂，拥有固定资产2 447万元，固定资产原价合计2 997万元，流动资产年平均余额2 421万元。金属切削机床55台，锻压设备6台。职工人数202人，其中工人与学徒81人，工程技术人员23人。

2000年完成工业总产值(当年价)1 904万元、销售收入1 991万元，工业增加值517万元、出口交货值165万元，应交增值税101万元。

主要产品共分5大类，28个系列，90余种规格。真空获得设备有扩散泵及扩散泵机组。检测仪器有各种真空计、真空过程控制仪及膜厚控制仪等。真空应用设备有各种光学镀膜机、离子镀膜机、磁控镀膜机和卷绕镀膜机等。低温深冷容器有各种液氮、液氦储存容器及生物容器等。

该厂是生产各种成套设备的专业厂，技术水平高，开发能力强，每年都有新产品问世，多年来研究出150余种产品，用于国防、科研、电子、光学、轻工和机械等行业。近年来研制成多种具有国际先进水平的镀膜机，并批量出口12个国家和地区。改革开放以来，进入市场经济、充分发挥自己的技术优势和特点，开发市场需要的高附加值产品，具有较强的市场竞争能力。该厂为属世界500强的美国著名跨国公司开发了ZZB—2500型全自动机电一体化大卷径高真空卷绕镀膜机，其整机性能达到国际领先水平。

(7)北京仪器厂(集团)是大二型企业，市质量管理优秀企业，行业主要企业。1954年建厂，厂区占地面积10万 m^2，固定资产原价合计6 481万元，流动资产年平均余额1.1亿元。金属切削机床249台，其中数控机床6台，锻压设备24台。职工人数646人，其中工人与学徒283人，技术人员129人。

2000年完成工业总产值(当年价)5 326万元，销售收入为5 399万元，工业增加值1 425万元，出口交货值12万元，利润总额255万元，应交增值税207万元。

主要产品有旋片真空泵、罗茨真空泵、油扩散真空泵、分子泵及各类真空机组；各种光学膜、电子膜、装饰膜和硬化膜等真空镀膜设备及离子蚀刻机等；各种真空仪表和膜厚监视仪等四大类，30多个系列、130多个品种。

该厂属于高科技密集型大中型企业，技术力量雄厚、工艺和测试手段齐全，拥有一大批高级技术人员，每年开发新产品十余种以上，先后有30多种产品获部、市科技奖。部分产品出口韩国、朝鲜、美国、意大利、伊朗、巴基斯坦和新加坡等国和地区。

改革开放以来，瞄准国际真空技术先进水平，加大了技改投资力度，“九五”期间投资1 100万元于“双加”工程项目，引进台湾立式加工中心，以发展大型自动化成套设备为龙头，带动基础产品及应用软件技术的全面发展。为了提高设计质量和缩短新产品开发周期，还建立了“CAD”工作站，被列入北京市“CAD”应用工程示范点。通过以上措施，使产品质量和开发能力有显著的提高，为企业可持续发展增强了后劲。如1999年开发的24项新产品中，其中与香港宏威公司联合开发的ZJPG－92型磁控溅射镀膜生产线，其技术水平、产品档次可与瑞士巴尔蔡斯公司的产品相媲美。

(8)国投南光有限公司是大一型企业，真空行业主要企业。1877年建厂，厂区占地面积28万m^2，拥有固定资产1.9亿元，固定资产原价合计2.4亿元，流动资产年平均余额1.4亿元。金属切削机床172台，其中数控机床20台，锻压设备14台。职工人数1 863人，其中工人与学徒1 199人，技术人员129人。

2000年完成工业总产值(当年价)9 405万元，销售收入9 033万元，工业增加值3 525万元，出口交货值144万元，应交增殖税517万元。

主要产品有旋片真空泵、罗茨真空泵、油扩散真空泵、油增压泵、分子泵、低温泵及各类真空镀膜机等8大类12个系列。

该公司是国内从事电子、机械工艺装备、研究生产骨干企业，是真空设备研究制造的最大企业。该公司技术力量雄厚、设备精良、产品种类多，质量好，在国内享有较高的声誉，受到广大用户的信赖。2X型旋片泵处于行业领先水平，市场占有率为10%，2XZ型直联旋片泵处于国际20世纪90年代初水平，市场占有率为10%，罗茨泵及分子泵处于行业先进水平，市场占有率分别为10%和40%。

为了促进泵的不断的发展，尽快接近或达到国外先进水平，“七五”期间投入数千万元对真空泵进行改造，并引进瑞士巴尔蔡斯公司的20世纪90年代直联泵生产技术，经过吸收消化，设计了2XZ—15A型直联旋片泵，继此又在1999年试制了2XZ—8D型、2XZ—15D型直联旋片泵，使我国旋片泵技术水平跨上了一个新台阶，完全可以替代进口。滑阀泵采用了三联式滑阀自动平衡机构，减少了震动，降低了噪声；采用了独特的掺气系统，提高了泵排除水蒸气的能力；应用了强制供油系统，改善了润滑和密封条件，使泵的极限压力得到了相应提高。对大型扩散泵采用PIA技术对泵温实现监控，使泵的真空度和抽气速率更加稳定可靠，采用新一代分子泵变频电源，将拖动分子泵的电机参数、运行程序写入变频器中实现了方便操作，运行可靠，具有停车减速、过载能力强等特点。从中可以看到公司投入大量资金对各种泵进行改造，取得了极佳效果，使公司生产的各种真空泵更加先进，更快接近国外水平，不但满足国内需要，又为出口创造了条件。

(9)佛山水泵厂是大二型企业、省级先进企业，国家二级计量企业、行业主要企业。1954年建厂，厂区占地面积12万m^2，建筑面积4万m^2，拥有固定资产1 484万元，固定资产原价合计6 545万元，流动资产年平均余额1.1亿元。金属切削机床115台，其中数控机床17台，锻压设备32台。职工人数749人，其中工人与学徒452人，技术人员123人。

2000年完成工业总产值(当年价)1.28亿元，销售收入1.37亿元，工业增加值5 378万元，出口交货值2 724万元，利润总额868万元，应交增值税878万元。

主要产品有2BEI型系列、SK型系列、2YK型系列水环真空泵；XA型系列、LS型系列单级离心泵、D型多级泵；XAZ型直联单级离心泵；两项流纸浆泵和耐腐泵等20个系列，100多个品种，300多个规格。2BEI系列水环真空泵获国家优质产品金奖、机械部科技进步二等奖，并取得德国西门子公司的生产许可证。该系列的2BEI705—1、2BEI605—1型水环真空泵和SK—42型水环真空泵被广东省评为优质产品称号。

该厂管理规范，设备齐全，技术力量雄厚，具有较强的制造和开发能力，厂内设有水环真空泵研究所、真空泵分厂、理化中心、计量中心、模具分厂等20多个部门，并建立了完整的生产、质量保证体系，产品在国内外享有较高的声誉，早在1989年就被国务院批准为第一批出口扩权单位，也是真空行业水环真空泵主要生产厂家。

(10)中科院沈阳科学仪器研制中心是行业主要会员单位。1958年建立，厂区占地面积4万m^2，拥有固定资产4 070万元，固定资产原价合计1 492万元，职工人数318人，其中研究员和高级工程师占13.7%。

2000年完成工业总产值(当年价)2 017万元，销售收入3 200万元，利润总额166万元。

主要产品：1)薄膜制品设备：RF/DC磁控溅射镀膜机、PCVD镀膜机、激光镀膜和蒸发镀膜机等；2)半导体工艺设备：封装设备和排气台等；3)真空炉：磁控电弧炉、磁控熔炼烧铸炉、真空退火炉、单晶炉等；4)阀门：超高真空阀，闸板阀，金属角阀和微调阀等；5)分子束外延设备：一、二、三、四、五型激光分子束外延系列；6)纳米、微米制粉设备：直流电弧制粉、激光诱导制粉和等离子体制粉等。

该中心是研制、生产大型薄膜工艺设备，表面分析仪器，微米、纳米制粉设备和各类科学仪器的基地。技术力量雄厚，形成了以真空、微电子、精密机械、电子光学、自动控制、计算机的科技管理、经营管理为主的技术开发队伍和技术管理队伍以及一支具有较高水平的技术工人队伍，能够承担国家级高水平的科学研究和开发工作。40年来，先后研制开发了具有国际先进水平和国际领先的各类科学仪器和多项成果，填补了国内空白，为国家做出了贡献。如“七五”和“八五”期间，承担国家重点科技攻关项目，金属有机源分子束外延设备，PCVD非晶硅太阳能电池制备设备的研制工作，并分别获得机械电子部“七五”科技攻关重大成果奖和中科院科技进步二等奖。

近年来，随着我国市场经济的发展，中心坚持以市场为导向，瞄准新材料、功能材料、薄膜技术和薄膜行业的发展需求，先后研制开发了各种真空镀膜工艺设备几百台，并获国家和院里多项奖励。

附表 1　1996～2000 年机械工业系统真空获得及应用设备行业经济发展状况

年　份	企 业 数	工业总产值(不变价)(万元)	工业增加值(万元)	产品销售收入(万元)	利润总额(万元)
1996	15	38779	15863	33208	1129
1997	16	35283	9652	25954	53
1998	15	34643	6793	20497	－2507
1999	15	36159	7299	21685	208
2000	16	40636	8009	25336	29

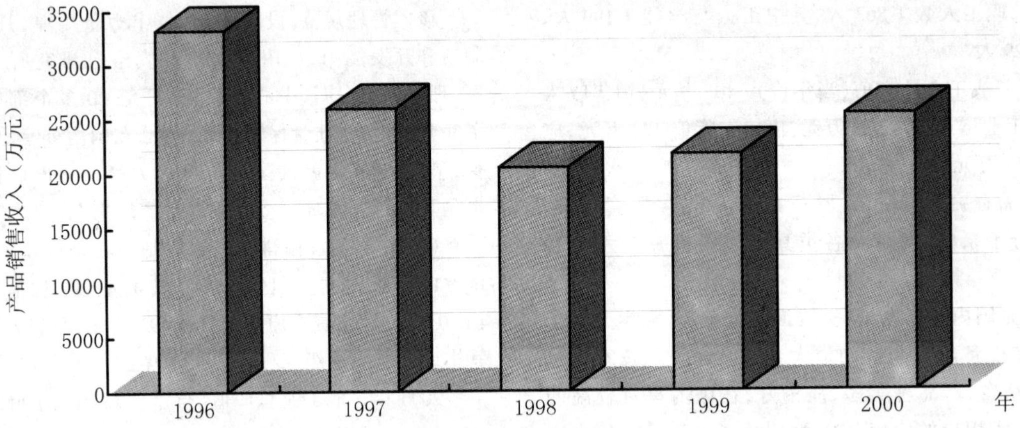

附图 1　1996～2000 年机械工业系统真空获得及应用设备产品销售收入情况

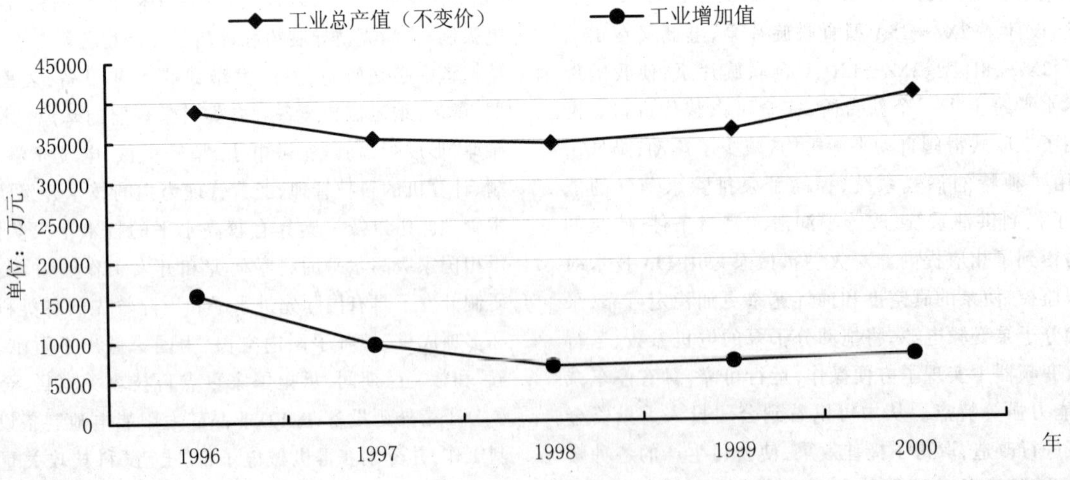

附图 2　1996～2000 年机械工业系统真空获得及应用设备行业工业产值情况

〔撰稿人：中国通用机械真空设备行业协会孙　京、彭光霞　审稿人：中国通用机械真空设备行业协会李春影〕

分 离 机 械

一、分离机械行业十年概况

(一)简况

分离机械是将液体与固体颗粒的混合物进行分离的设备。分离机械包括的范围较多,但主要分为离心机、过滤机、分离机、压滤机、滤油器、过滤器等设备。分离机械的主要特点有三个:其一,使用范围广泛;其二,对物料的针对性较强;其三,产品规格及型式颇多。分离机械一般是工艺流程中的后处理设备,直接关系到用户单位的产品最终质量,因此在工业发达的国家应用的范围十分普遍。我国的分离机械行业在解放前几乎空白,解放以来,尤其是改革开放以来,我国的分离机械到得了长足发展。据不完全统计,目前从事分离机械设计、研究、制造的单位约有260多个,它们分布在北京、天津、上海等国内24个省、市以及机械、化工、轻工等27个部门或系统。在机械部委单位中,主要分布于石化通用、矿山、农机、仪表等行业。由于企业分布于不同部门及系统,尤其是近年来出现了许多集体、私营及民营企业,因而对行业的基本情况作出精确的统计是十分困难的。

(二)十年发展概述

分离机械行业10年发展的指导思想主要是依据国家的产业政策,以科技为第一生产力,提高企业和科研院所的内涵与技术素质,特别是提高企业自主开发新品能力,形成能承担国家重点工程配套任务的攻关队伍,取得了一定的成绩。

1. 科研方面

10年来分离机械行业在学术活动方面比较活跃,1991年、1994年和1996年,由合肥通用所及行业协会共同组办了三届中日合作过滤与分离国际学术讨论会,除中日双方外,法国、澳大利亚、德国、瑞士、荷兰等国学者和专家也出席了会议;在20世纪90年代中,合肥通用所及行业协会多次组织国内一些学者和企业家赴国外参加世界过滤大会,合肥通用所还邀请俄罗斯专家到合肥进行过滤与膜分离的技术交流;此外化工部化学非均相分离学组于1992、1994年和1999年三次召开了全国非均相分离学术会议;国家海洋局杭州水处理技术中心于1994年举办膜技术学术讨论会,通过这些活动,对了解国内外技术发展动态和趋势,推动我国分离机械科研工作起到积极的推动作用。在此期间围绕新产品开发,提高产品技术水平、质量可靠性、机电一体化的攻关课题成果亦比较多,完成国家级“新产品开发指南”中的产品共有12类16个规格,完善系列规格产品200多项,每年约在20项左右。在基础理论研究与应用研究方面,开展了离心机和分离机减振降噪、过滤介质特性、膜材料、膜结构、膜装置及其膜分离机理、动态过滤等科研攻关和技术研究。在技术应用研究方面,开展了计算机辅助设计、优化设计、整机动平衡、微电子控制技术研究;开展了三足式离心机可靠性、厢式压滤机压榨、隔膜结构、配方、螺旋卸料离心机机头、活塞推料离心机复合油缸等零部件可靠性研究。在材料方面,开展了提高材料强度、耐蚀性、耐磨性及材料(钛材用于离心机转鼓)、喷涂、电镀等新工艺研究,并取得较大进展和阶段性成果。

2. 产品发展方面

由于改革开放,不少企业与国外技术交往逐步增多,引进技术和合作生产的厂家也逐渐多起来,特别是对引进产品的测绘,研制的比例增大,加上装备水平有所提高,应用新技术、新工艺及质量意识的加强,行业重点产品如活塞推料离心机、螺旋卸料离心机、上悬式离心机、刮刀卸料离心机、碟式分离机、转鼓真空过滤机、厢式压滤机等技术水平与质量可靠性比20世纪80年代有较大提高,主要表现在这些产品的参数规格、功能、自控水平、运转性能、可靠性寿命都比80年代有较大进步。10年来,行业完成科技计划达90%~95%,完成新产品研制项目达400多项,其中国家级攻关和开发项目有40多个,获部、省市科研成果及优秀新产品达100多项。在引进消化吸收国产化方面,也取得了较大进展,吸收开发了HR355~HR800系列活塞推料离心机、LW355×860~LW355×1460系螺旋卸料离心机、XJ1320~XJZ、JXK型式的上悬式离心机、DY1000~DY3000带式压榨过滤机,许多产品都达到国际20世纪80年代后期及90年代初期水平。通过消化吸收,攻关研制,使我国同类产品的技术水平都有较大提高,有些产品替代了一部分进口,节约了外汇,而且还有5%~10%产品外销创汇。

在产品结构方面,由于20%~25%的产品达到引进产品的性能,因此国内石化系统所需的立式、卧式螺旋卸料离心机基本上立足国内;转台式、翻斗式、橡胶带式真空过滤机已转入批量生产。螺旋卸料离心机、活塞推料离心机、虹吸刮刀离心机、厢式压滤机、碟式分离机、转鼓真空过滤机、静油净油机等十几个重点产品的系列已逐步完善,增加了40~50个规格;膜分离装置,特别是微孔膜过滤及超膜过滤已有较大发展,陶瓷膜已逐步实现实用化、产品化。具有自控水平及微机操作的产品比例已有明显提高,如:螺旋卸料离心机,厢式压滤机、上悬式离心机等,不少企业已推出机电一体化产品。应用非金属材料的比例也提高较快,如板框、厢式压滤机的材料大部分已由增强聚丙烯所代替,其强度可满足2MPa过滤压力。

3. 企业科技发展方面

行业骨干、重点企业已逐步普及用电脑进行生产管理与信息管理,并基本上普及了计算机辅助设计,增强了技术开发能力和应变能力,缩短新品开发周期,加快产品更新换代步伐。关键产品、关键零部件加工手段已实现数控、数显、微电子技术化,提高产品精度,实现离心机转鼓离心浇铸的突破,精铸、模铸达到40%;模、精锻达到30%。对重点技术,如密闭防爆、减振降噪、基础件、过滤介质、过滤特性、转鼓超速自增强,部分排渣机理、超滤、反渗透、各种复合式离心机及分离机的机理研究有了新的突破。95%的产品有了完整的生产标准。不少企业已建立产品分析、物料试验室,加强了检验测试系统,对开发新品起了积极作用。

4. 与国外的差距

我国的分离机械产品与国外先进国家比较,主要有以下几点差距:

(1)分离机械的品种少、规格少、还不能完全满足国内需要。由于分离机械产品是跨部门、多行业的一种后处理设备,是几乎应用于国民经济每一个部门的通用机械,所处理的物料种类繁多,物理性能千差万别,处理量又非常悬殊。因此,分离机械必须具备系列多、规格多、品种多的特点,才能满足国民经济各部门发展的需要。然而,目前我国与欧、美、日等先进工业国相比,还有较大差距和空白,特别是对物料粘度大、精度细的难分离的分离机械、适用于现代化和大型化生产需要的分离效率高、生产能力大、自动化程度高的分离机械等等,目前绝大多数依赖进口。

(2)分离机械应用技术的研究、产品发展速度还比较慢。由于我国对分离机械研究的科研院所相对较少,而且力量既单簿又分散,缺乏交流和集中,因此机理的研究比较落后,尤其在指导生产实践方面,显得更为欠缺。由此引起国内企业产品发展还不快,有些企业靠测绘,仿制来发展产品。只知其然,不知其所以然。因此开发比较盲目,不能自主发展。一般而言,国外发展和完善一个新系列产品,从调研、设计、制造、试验、鉴定、定型、批量生产(大约10~30个品种规格),仅需1~2年左右时间,而我国则需要5年左右时间。

(3)分离机械产品技术参数、技术水平和自动化程度比较低。我国的分离机械工业由于起点较低,又受到试验设备和其他一些因素的影响,致使产品与国外比较,就存在着技术参数、技术水平和自动化程度较低,应用范围较窄等差距。

(4)制造工艺及生产率较低,质量不稳定。分离机械属于比较精密的机械,特别是碟式分离机,其结构复杂,加工工艺严格,制造难度较大,技术要求高。国外基本上用数控加工中心进行制作,而我国大部分企业仍采用通用机床加工方式进行,精度低,质量差,生产效率和经济效益自然也低。此外,我国的分离机械产品技术法规及标准大多数尚未与国际接轨,而且数量也不全,致使部分产品质量低、可靠性差、通用性及互换性差等等。

总之,我国分离机械工业是一个正在发展中的年轻工业,虽然与国外存在着较大差距,但我国分离机械工业有着极其广泛的发展前景,在发展新品种、新技术、开拓新市场、提高产品质量等方面,有许多工作要做,只要通过我们锲而不舍的努力,接近而赶上世界水平的日子是不会遥远的。

二、2000年分离机械行业概况

2000年,分离机械行业在国家继续推进积极宏观调控政策的影响下,行业整体形势较1999年出现良好转机,经济效益进一步回升,亏损面、额再次大幅度下降。行业经济效益综合指数为52.18%,比1999年提高了24.22个百分点。

(一)生产发展情况

1. 行业企业整体情况

根据行业28个骨干企业统计资料显示,2000年完成工业总产值(当年价)约13.8亿元、工业增加值约4亿元、工业销售值约13亿元、产品销售收入约11亿元,总量指标全线飘红,分别比1999年增长22.56%、18.40%、22.50%、6.96%,表明行业整体生产经营形势在1999年实现恢复性增长的基础上出现良好转机,行业整体效益得到回升。全行业实现减亏2 042万元,亏损面由37.9%降低为25%,下降12.9个百分点。

2000年行业综合经济效益指数为52.18%,比上年同期提高24.22个百分点,经济运行质量较上年明显提高,但整体水平离国家标准还有一定差距。

从行业几项经济效益评价指标分析:

(1)总资产贡献率2.6%,同比增长0.93%,但与标准值10.7%还差8.03%,表明行业总资产获利能力仍很弱,资产运行的水平还不高。

(2)资本保值增加率122.89%,实现了保值增值,为行业的发展提供了后劲,同时增强了投资者的信心。

(3)资产负债率75.63%,表明行业企业资产结构仍不合理,负债较大,有一定的经营风险。

(4)流动资产周转率0.70次,是标准值1.52次的46.05%,表明行业企业流动资金周转速度太慢,给企业生产经常带来一定的困难。

(5)成本费用利润率-3.42%,表明投入的成本及其费用未获得很好的收益 ,但与上年同期比较,回升了3.51个百分点,亏损局面得到有效控制。

(6)全员劳动生产率20 781元/人,同比增长35.67个百分点,表明行业企业劳动投入的经济效益进一步得到提高,减员增效的措施成效显著。

(7)产品销售率93.09%,未达到96%的标准值,但同比增加了2.16个百分比,表明行业企业在市场竞争比较激烈的情况下,实行了"以销定产",确保产销率有一定提高。但由于诸多因素,如:产品产出后,用户不及时提货,甚至撤销订货等,给产销衔接带来困难,使产销率一直在90%左右徘徊。行业28个骨干企业主要经济指标完成情况见表1。

2. 分离机械情况

在行业企业总体效益得到回升的情况下,分离机械产品的生产、销售等指标也出现较大幅度的反弹。

分离机械指标完成情况:产值(不变价)同比+24.13%;
销售额 同比+26.07%;
订货额 同比+24.33%;
销售收入 同比+21.28%;
离心机产量 同比+10.33%。

从分离机械部分的经济指标完成情况看,分离机械产品市场需求已得到有效刺激生产经营形势逐渐趋好。

(二)市场及销售

在行业总体效益得到回升的情况下,分离机械各类产品的生产、销售等也出现较大幅度的回升。

表 1　2000 年分离机械行业 28 个主要企业经济指标

企业名称	全部职工平均人数（人）	工业总产值（不变价）（万元）	工业增加值（万元）	产品销售收入（万元）	产品销售税金及附加（万元）	利润总额（万元）	固定资产	
							原价（万元）	净值年平均余额（万元）
重庆江北机械厂	1598	6600	3004	6209	52	33	7081	2878
广重离心机制造公司	243	2350	530	3923	19	-90	1075	2161
上海化工机械厂	632	3486	69	4372	20	-61	7349	4505
无锡通用机械厂	589	6813	1330	5456	32	6	6772	4362
湘潭离心机厂	475	2003	929	2125	13	0	2184	1396
泰恒通用机械公司	462	1082	93	943	—	-414	1701	854
辽阳制药机械股份公司	1805	4196	1372	4468	35	-287	6214	3283
徐州生力轻工机械有限公司	265	453	125	373	4	-168	1320	412
靖江赛德力制药机械公司	253	—	600	1718	7	1	519	290
上海石化机械制造有限公司	1987	11571	4469	8063	106	-4093	15523	10546
浙江轻机实业有限公司	374	1385	980	1889	14	136	2487	1867
陕西汉中变压器有限公司	532	5009	1526	3534	16	16	4436	3406
高邮市通用过滤机厂	376	10044	1969	8753	86	260	1547	950
四川自贡滤油机厂	156	771	157	1012	11	1	341	151
石家庄新生机械厂	2266	2078	609	2429	18	38	4285	1608
沪江离心机制造有限公司	85	1500	396	1200	9	26	2000	1500
连云港市化工机械厂	258	978	469	919	7	13	681	226
杭州防腐设备有限公司	138	2363	1019	1962	8	25	536	284
广东汕头离心机厂	126	89	34	95	2	-29	368	223
杭州化工机械厂	481	3718	1565	3275	20	44	2140	1275
南京绿洲机器厂	2654	24470	6860	16102	83	61	16081	9711
蚌埠轻工制药机械总厂	379	1204	402	1078	9	10	1151	609
吉化集团公司机械厂	2014	18686	5872	16205	45	134	16013	8117
金华铁路机械厂	156	1020	526	822	9	21	456	176
上海远东制药机械总厂	543	6735	2841	4906	9	1	4976	4789
杭州兴源过滤机有限公司	298	4590	1801	4043	17	120	3210	2557
浙江建华压滤机有限公司	280	4531	954	3526	48	62	2325	1538
杭州初阳压滤机有限公司	203	—	288	983	10	3	525	383
安庆船用柴油机厂	980	3168	1343	3412	31	3	5113	2495
合计	20608	130892	42131	113795	745	-4132	118409	72550

1. 离心机销售

2000 年行业共销售 2 236 台，同比增长 4.19%。其中：三足式离心机 1 658 台，同比增长 22%；上悬式卸料离心机 113 台，同比减少 30.67%；活塞推料离心机 80 台，同比减少 33.9%；离心卸料离心机 35 台，同比减少 35.19%；刮刀卸料离心机 156 台，同比减少 10.74%；螺旋卧螺离心机 185 台，同比减少 8.42%；其他离心机 9 台，同比减少 87.67%。从以上数据分析，除三足式离心机销售有所增长外，其余种类的离心机销售均有不同程度的下降。从销售地区及行业分布来看，主要集中在华东、西南及华北等地。用户主要集中在化工、医药、食品等行业。在较为关注的环保行业，仅销售 9 台，离预期目标相差甚远。

2. 分离机销售

2000 年行业共销售 749 台，同比增长 9.34%。其中：管式分离机 36 台，同比减少 14.29%；室式分离机 4 台，同比增长 100%；碟式分离机 709 台，同比增长 10.61%。产品销售主要集中在华东地区以及出口，用户主要集中在食品加工和交运等行业。

3. 压滤机销售

2000 年行业共销售 2 724 台，同比增长 61.16%。其中：化工行业 291 台，同比减少 32.25%；环保行业 446 台，同比增长 25.63%；冶金行业 270 台，同比增长 50.83%；食品行业 113 台，同比减少 25.16%；医药行业 119 台，同比减少 31.21%；轻纺行业 62 台，同比增长 8.8%；煤电行业 239 台，同比增长 523%；石化行业 84 台，同比减少 14.28%；农牧行业 10 台，同比增长 11%；交通运输行业 4 台，同比增长 300%；军工行业 5 台，同比增长 500%；储运行业 35 台，同比增长 52.17%；机械行业 15 台，同比减少 34.78%；出口 5 台，同比减少 360%；其他行业 1 026 台，同比增长 824%。产品销售主要集中在华东、华北、华南等地区。

4. 过滤机销售

2000 年行业区销售 224 台，同比增长 107.4%。其中：化工行业 18 台，同比减少 10%；煤电行业 70 台，同比增长 700%；食品行业 47 台，同比增长 25%；石化行业 20 台，同比增长 560%；其他行业 69 台，同比增长 137.93%。

2000 年分离机械行业各类主要产品产销情况见表 2。

5. 销售地区分析

（1）华东地区（包括：上海、山东、江苏、安徽、浙江、江西、福建等)是我国分离机械产品销售最多的地区之一。2000年离心机销往华东地区684台,占销售量的30.59%;分离机销往华东地区252台,占销售量的33.64%;压滤机642台,占销售量的23.57%;过滤机44台,占销售量的19.64%。

(2)西部地区:国家实施西部大开发战略一年来,西部地区有关优惠政策相继出台,对西部地区的经济也起到了很好的推动作用。2000年离心机销往西部地区451台,同比增长25.28%;分离机销往西部地区87台,同比增长29.85%;压滤机447台,同比增长114.90%;过滤机59台,同比增长490.0%。

表2　2000年分离机械行业各类主要产品产销情况

产品名称	产量(台)	比上年增长%	销量(台)	比上年增长%
离心机	2796	40.9	2236	4.2
分离机	1296	−78.6	749	9.3
压滤机	189	−88.2	2724	61.2
过滤机	2702	2523.3	224	107.4

分离机械行业作为通用机械行业的分支之一,其产品广泛应用于国民经济众多领域,行业的发展与整个国民经济的发展息息相关。

从市场分销售的角度分析,分离机械行业目前面临很大的机遇:

(1)2001年是"十五"第一年,国民经济将保持持续稳定增长。这一年,全国国内生产总值计划增长7%,这将为分离机械行业提供良好的发展空间;

(2)分离机械主要应用行业如化工、医药、食品加工等行业目前也出现较好的发展势头,他的发展必将拉动分离机械行业的发展;

(3)随着西部大开发战略措施的逐步落实,一些与分离机械产品相关的项目将相继立项必然进一步促进分离机械的生产;

(4)环保行业(如污水处理等项目),日益受到党和国家的重视,这也将为分离机械产品提供较大的市场需求。

但同时我们也应看到,行业的发展仍存在一些不足并而临严峻挑战:

(1)从2000年行业经济运行情况看到,行业的经济运行质量不高、亏损仍较严重、流动资金的周转速度很慢等因素仍制约着行业的发展;

(2)在市场竞争日趋激烈的情况下,行业企业市场行为不规范多有出现,行业内部管理有待加强;

(3)我国已加入WTO,分离机械行业同样面临来自国外同行业的竞争。

(三)新技术及科研成果

上海化工机械厂完成P275/8—N圆盘真空过滤机、LWZ320×300—N离心机、G2/1—N转鼓真空过滤机、LW450×730—Ⅰ卧螺沉降离心机、GD5/1.85—N转鼓真空过滤机、LW355×1250—N密闭型卧螺沉降离心机、GQSS/3.5+GQⅣ55/3.5—G真空洗浆机组7项新产品的开发试制,其中P275/8—N圆盘真空过滤机属上海市引进技术吸收与创新项目,并通过市级技术鉴定。

重庆江北机械厂完成新产品开发项目11项,完成样机试制4项,其中卧螺式离心脱水机与污泥浓缩机一体化属国家技术创新项目,并已通过国家级技术鉴定。

无锡通用机械厂完成了国家技术创新项目—DNY型带式浓缩与污泥脱水一体化装置的研制工作,经合肥王小郢污水处理厂的工业性应用试验,达到了设计的各项指标,并通过了省级技术鉴定。另外,BG型周边传动刮泥机被国家经贸委五部委评为国家级新产品。

南京绿洲机器厂开发研制的ZYDR215SJ—34分离机首次采用了液力偶合器替代传统的摩擦离合器,并采用小阀排渣结构新技术,应用效果得到了用户的肯定,同时采用引进技术,开发研制LWSY420×1680　ND全液压传动卧式螺旋沉降离心机,该机属国内首创,在冶金行业应用取得成功。

广州广重分离机械制造有限公司完成HR500—N、XJZ1320—N上悬式全自动离心机的试制和HR630—N双级推料离心机、GKH1250—N虹吸刮刀卸料离心机的软件开发工作。

浙江轻机实业有限公司与浙江大学机械与能源工程学院合作,开展了分离机械零件特征信息抽取机制及应用的项目研究,作为浙江省科委1999年研究课题,在对分离机械零件特征、工艺特征统计分析的基础上,确定零件分类编码统计原则。此课题的研究属国内首创,2000年12月通过省级鉴定。

石家庄新生机械厂研制开发压滤机新产品450mm系列4个规格8个品种,离心机有SGZ800—N、SGZ1000—N、SGZ1250—N三种型号,完成厂级验收鉴定,用户反映良好。

金华铁路机械厂完成开发LW1250—N离心机,并通过了省级技术鉴定。该机主要技术参数为:转鼓转速为1 600～1 800r/min,分离因素为717～907,长径比为2.5。该机能分离5μ以上的细小颗粒,特别是在油田泥浆分离中去除有害的小岩屑效果较佳。

四川自贡滤油机厂创造性地开发出了ZLSG—G型双复合排污自动滤水器,其技术水平达到当今国际水平。

杭州化工机械厂完成PF120型翻斗真空过滤机的试制,该产品属国家"九五"重点科技攻关项目。2000年11月通过由国家石化局和中国化工装备总公司组成的专家组项目验收。

蚌埠轻工制药机械厂开发SD型系列吊袋式离心机三种产品,SB系列全封闭离心机、SZ系列直连式离心机、SS型系列抽吸式沉降离心机。这些新产品实现了当年开发、当年推向市场、当年收益的良好效果。

吉化集团公司机械厂完成LW—630离心机、核废料离心机和1600离心机的设计与试制。

武汉晶科科技实业有限公司完成JK型激光负离子多功能过滤器的开发研制,并通过省级技术鉴定。

(四)质量及质量管理

重庆江北机械厂于2000年11月通过ISO9001质量体系认证。2000年12月通过由国家技术监督局对该厂D型系列离心机的质量检测,结论为合格。

上海化工机械厂于2000年7月通过ISO9001质量认证,体系复盖范围为离心机和过滤机的设计、开发、生产、安装及服务的全过程。

无锡通用机械厂于2000年11月通过ISO9001质量认证复审,结论合格。当年还通过了国家机械工业环保产品质量监督检测中心对FHL固液分离机的质量抽查。

南京绿洲机器厂通过ISO9000的2000年版的转换工作,复审结论为合格。由国家商标局注册的绿洲牌碟式,卧螺式离心机经南京市质量监督局抽查,结论为合格,并被南京市政府命名为南京市名牌产品。

广州广重分离机械制造有限公司于2000年3月通过ISO9000质量认证的复审。

安庆船用柴油机厂于2000年9月通过ISO9000质量认证。

四川自贡滤油机厂通过ISO9002质量体系第二次监审。龙头牌产品商标被授予自贡市著名商标。

石家庄新生机械厂2000年离心机、压滤机、过滤机产品主要零部件项目抽查合格率为98.8%,厂QC小组被中国质量管理协会评为全国优秀QC小组。

武汉晶科科技实业有限公司JK型过滤器被湖北省制冷学会、武汉市制冷学会确定为推荐产品。

吉化公司机械厂通过ISO9001质量认证。

(五)基本建设及技术改造

广州广重分离机械制造有限公司2000年完成迁址改造,基本建设投资8 000万元,技术改造投资1 156万元。

南京绿洲机器厂投资374万元,对热处理分厂进行技术改造。

石家庄新生机械厂投资610万元,用于新建厂房。

重庆江北机械厂投资338万元,其中基本建设投资140万元,技术更新投资198万元。

金华铁路机械厂投资60万元,扩建卧螺离心机金加工,并购置动平衡机及检测设备。

四川自贡市滤油机厂投资104万元,其中基本建设投资94万元,购置加工设备投资10万元。

吉化公司机械厂投资144万元,其中70万元是基本建设投资,设备更新投资74万元。

武汉晶科科技实业有限公司技术投资40万元,用于申请国家专利和技术开发。

无锡通用机械厂投资280万元,用于技术更新改造。

蚌埠轻工制药机械厂技术改造投资10万元。

中核集团南昌七二〇厂技术更新改造投资2 400万元。

安庆船用柴油机厂技术更新改造投资798万元。

上海远东制药机械总厂技术更新改造投资57万元。

(六)管理及改革

浙江轻机实业有限公司于2000年4月完成股份制转制。从原来的国有企业转变为有限责任公司,总股本为1 100万元,其中职工股占90%,国有股占10%。同时,企业机构实施精简高效,共设立4部一室及一个"三产"公司。转制后管理人员同比减少20.5%,后勤人员减少30%。工资制度实施生产工人全额计件制。管理及后勤人员实施岗位工资制,并根据企业效益实行普升、普降制度,由公司董事会每年发布一项升降百分比。

吉化公司机械厂深化改革、强化管理、探索企业发展途径,2000年完成企业体制转换,实施职工入股的股份制,吉化集团有限责任公司正式挂牌运行。

重庆江北机械厂加强合同管理,被重庆市评为"重合同守信用"单位,2000年还开展了企业"债转股"的前期准备工作,并以此为契机,进行社会职能部门的剥离等改革措施。

石家庄新生机械厂被河北省工商局评为"重合同守信用"单位,被石家庄国税局评为纳税先进单位。

南京绿洲机器厂根据工厂改革思路,2000年下发《南京绿洲厂模拟法人管理分权方案》,涉及经营、生产、劳资人事、技术、财务、采购等20多个程序文件,有力地促进了各分厂和员工的经营意识、市场意识和风险意识。其中在探索二级单位的股份制改革中,实施电气分厂改制方案,已得到中船工业集团公司的肯定。

蚌埠轻工制药机械厂在经营销售方面实施五大策略:(1)优质服务;(2)注意质量;(3)价格优惠;(4)感情投资;(5)品牌形象。做到了地区到人、指标到人、责任到人,逐步完善了经营承包责任制。该厂于2000年12月被蚌埠市政府授予"中小型科技企业"的荣誉称号。

安庆船用柴油机厂为了适应市场需要,成立分离机械分厂,试行产、销、研一条龙,使产品开发生产与市场销售实施一体化。

苏州化工设备二厂转制为股份制企业,改制后的苏州优耐特机械制造有限公司已开始挂牌运作。

中国核工业总公司南昌七二〇厂加强技术管理,2000年被江西省评为"实施标准优秀企业"。

〔撰稿人:中国通用机械分离机械行业协会郑芳顺　审稿人:中国通用机械分离机械行业协会陆来芳〕

干　燥　设　备

一、干燥设备行业十年概况

我国的干燥设备商品化生产起步较晚。20世纪60年代之前,我国几乎没有真正的干燥设备专业生产厂。国内各行业所使用的干燥设备一部分是来自国外,一部分由使用单位自行制造。因而,我国干燥技术的应用处于相当落后的状态。

在国民经济中的化工、制药、林业、农牧、轻工、食品等领域都要用到干燥技术和干燥设备，同时干燥作业又是能耗大，并且直接与环保、劳动环境和劳动强度有关。据国外一些国家的统计，在国民经济建设中，干燥作业所消耗的能量几乎占国民经济总消耗的10%。因此，随着我国国民经济建设的迅速发展，新干燥技术和设备也从20世纪70年代起迅速发展起来。实际上，我国干燥设备的生产，作为一个专业化行业，是从20世纪70年代开始的，80年代发展的，从90年代开始走向成熟。

近十年来，我国干燥设备行业取得了长足的发展。首先在专业生产企业的数量上，20世纪70年代前期国内从事干燥设备商品化生产的企业仅有几十个。为了促进本行业的发展，在80年代前期由上海华元干燥设备公司、铁岭精工机器厂等14个单位在上海成立了干燥设备生产协作组。此后，以江苏、浙江为中心的干燥设备生产企业有如雨后春笋般地迅速发展起来。80年代中期，生产企业总数已达到300余家，干燥设备行业的交流与活动开始活跃。1989年由铁岭精工机器厂牵头组织成立了全国干燥设备行业情报网，开始了每年一次的行业信息活动，并在铁岭组织召开了首届国际(铁岭)干燥技术交流会。国际干燥会议主席，加拿大麦吉尔大学教授牟久大应邀到会并做了学术交流报告。1993年，经机械工业部批准正式成立了中国通用机械干燥设备专业协会。首批会员77个，至1995年会员发展到117个，其中有大专院校、科研院所14个，形成了厂—教—研结合的全国性行业组织，行业活动开始到了有组织、有领导的有秩序活动。

十余年来，干燥行业也在调整中不断充实、发展，在20世纪70、80年代投入干燥设备生产的企业中，在调整中有许多企业(约占30%)转产或停产，也有许多企业进入干燥设备生产行列。现有企业稳步走向成熟，新兴企业在吸收各方面经验的前提下，逐步充实了行业队伍。经过10年的历程，全国从事干燥设备生产并各自已在市场的不同角落或方面占有了一席之地的企业约在400个以上，并且已形成了以铁岭精工机械有限公司、常州市一步干燥设备厂、锡山市林洲干燥设备厂、无锡市昂易达干燥设备厂、上海医用分析仪器厂、上海远东制药机械总厂、哈尔滨东宇农业机械工程有限公司、解放军三四一九工厂、淄博真空设备厂、三门峡金渠集团化机公司等30余家骨干企业为龙头的行业队伍，行业从业人数由20世纪70年代时的不足万人发展到现在的至少超过5万人。

在产品与技术发展上，10年来，我国在干燥技术与产品开发上取得了突飞猛进的发展。我国干燥设备商品化生产初期的20世纪70年代之前，主要产品品种是各种类型的烘干箱，前期以电热干燥箱为主。70年代后大量生产热风循环烘箱，在效率和使用成本上均较老式的电热烘干箱有较大优越性。该产品在制药等应用领域至今还在应用。80年代初铁岭精工机器厂借鉴国外较先进的振动流化床干燥机的优点，开发研制成功我国自己生产的第一代同类产品——GZQ型系列振动流化床干燥机，为粉粒体物料干燥提供了理想的设备。该产品经10多年的推广使用，现在已发展成有几十家企业生产，投放市场累计已达几千台套，而且根据不同处理物料要求，扩大发展了惰性载体流化床、折返式多层流化床、粉碎流化床干燥机、离心流化床干燥机、立式垂直(复合)振动流化床干燥机等多种形式的同类变型产品，最大程度地扩大了该设备的应用范围，延长了该产品的寿命周期。10年来，我国生产的干燥设备品种主要有粮食烘干机、流化床干燥机、喷雾干燥机等十几个品种，10年来由于引进技术消化吸收及自行研究设计，现在我国生产的干燥机品种已达到24大类44个品种，其中通过对引进技术、设备消化吸收已完全国产化并已成熟良好地服务于国内外市场，已部分或完全实现替代进口的干燥设备产品有旋转闪蒸干燥机、真空冷冻干燥机、振动流化床干燥机、管束式干燥机、压缩空气干燥机等。近年来，隔板面积50～100m^2的用于蔬菜，土特产品干燥的大型真空冷冻干燥机已经成功地投放市场，有助于我国蔬菜、香菇、人参、鹿茸等土特产品更好地打入国际市场，为国家出口创汇提供了装备保证；各种类型的喷雾干燥机，特别是蒸发量每小时10t以上的大规格的离心式喷雾干燥机的投产，缩小了我国对此类设备生产水平与国外的差距，对我国乳品、饮料等行业产品质量的提高和产品生产能力的提高都起到了关键性作用；近年来，由于我国干燥设备生产企业的努力，各种型式和各种规格的粮食烘干机大量投放市场，产品质量也已良好地满足国内市场的需求，在近几年世界银行为我国投资的粮食烘干贮备贷款项目和国内各大中型粮食贮备库建设中所需的烘干设备几乎全部由国产设备覆盖，国产设备为我国粮食贮备发挥了重要的作用。我国干燥设备的技术发展已引起普遍关注。近年来，除普遍采用的蒸汽干燥外，远红外干燥、微波干燥技术及静电干燥技术的应用已取得可喜进展和成果，具有对有热流溶剂闭路循环系统的喷雾干燥技术已经研究成功，这对提高我国石化工业的生产效益将有明显地作用和意义。目前，凡是国际上生产的干燥设备的主要产品品种，我国已基本上都能生产，其产品质量和功能也已与国外产品相当或接近。但在某些方面我们与国外发达国家还有一定差距。主要差距之一是在买方市场的情况下，生产企业的精力着重放在近期市场需求较多的已经成熟的设备制造上，而为远期的技术贮备投入较少；二是在产品结构上，重复生产一些热门产品的企业多，没有统筹合理地分工，时有盲目投入、加剧内部竞争。在企业布局上，没有形成规模经济，全行业80%以上的企业是中小企业，缺乏与国外一些大公司进行竞争的能力。在地区分布上，江苏、浙江的干燥设备生产厂占全国生产企业总数的50%，而西北和中南地区相对很少，甚至在江西等个别省份至今尚未掌握有同行企业；其三，在产品外观质量、自动化控制水平及可靠性(特别是在对腐蚀性强的物料干燥所需设备)方面与国外产品还有一定差距；其四是在产品规格上，我国的许多产品品种还是从中小型为主，而大规格的喷雾干燥、真空冷冻干燥设备等产品我国的产量仍很小；其五是我国的干燥设备生产还没有真正形成外向型经济，干燥设备出口比例仅占国内干燥设备总产量的3%左右，而国外一些国家(如欧洲的丹麦)干燥设备产品主要是销于国外。

在发展趋势上,用于化工、制药等行业的干燥设备仍以中小型为主,而轻工、土特产品则以大型及经济实用型为主。粮食干燥在经过几年重点装备国有大中型粮食贮备库之后,其发展趋势应转向村镇居民等需要的每小时处理量5t以下的小型粮食烘干机及用于水稻、大豆、种子处理的烘干机。干燥设备的发展方向是高效、节能、可靠性好、自控强度高。在市场发展方面要不断扩大国际市场。重点仍要开拓东南亚及其他发展中国家,但也要争取在一些发达国家扩大我国产品的市场。总之,在一个相当长时期内,干燥设备将会继续保持其良好的发展势头,而轻工、食品行业所需的干燥设备会喜欢更好一些。国民经济建设在不断发展,干燥设备的生产必然与之相适应地发展。

二、2000 年行业概况

(一)生产发展情况

2000 年全行业生产企业总数约在 400 个左右,其中完成各种形式改制的企业占 20%。生产企业中,国有企业约占 10%,私营(民营)企业占 10%,其余为股份制或股份合作制企业。2000 年干燥设备行业协会共有会员单位 70 个,其中企业 64 个,大专院校 1 个,科研院所 5 个。国内干燥设备与技术的从业单位总数基本上与 1999 年持平。据会员单位统计,年内从业人数为 13 808 人。其中,500 人以上的企业占 22.2%,100 人以上的企业占 45%,少于 100 人的企业占 33%。

统计 43 个会员企业,2000 年工业总产值(当年价)为 96 410万元,同比增长 11%,工业总产值(不变价)为 97 904 万元,比上年增长 14.48%,其中产值 1 000 万元以上的企业占总企业数的 61.1%,产值 500 万元以上的企业占 68%,产值 200 万元以上的企业占 89%,产值 100 ~ 200 万元之间的企业占 6%;出口交货值 2 810.7 万元,同比增长 56.6%;工业销售产值 87 946 万元,同比增长 8.5%,其中销售产值 1 000 万元以上的企业占 55.7%,500 万元以上的企业占 75%,200 万元以上企业占 91.7%;销售收入 88 372 万元,同比增长 19.9%;销售成本 65 814 万元,同比增长 24%;利润总额为3 674万元,同比减少 17.5%,其中利润大于 100 万元的企业占总企业总数的 25%,利润大于 50 万元的企业占 47.2%,利润大于 10 万元的企业占 61.1%,利润在 0 ~ 10 万元之间的微利企业占 16.7%,亏损企业占 19.4%,比上年下降 9.9%;全员劳动生产率 18 706 元/人,同比增长 8.24%,其中人均劳动生产率在 10 000元以上的企业占 3.4%,低于人均劳动产率 10 000 元的企业占 26.5%;工业经济效益综合指数按统计企业数平均为 78.1%,比上年下降 32%。2000 年全行业工业总产值(当年价)约为 183 000 万元,全行业工业销售产值 169 800 万元。2000 年干燥设备行业部分骨干重点企业产值完成情况及主要经济指标详见表 1、表 2。

表 1　2000 年干燥设备行业部分重点骨干企业产值完成情况

序号	企业名称	工业总产值(当年价)			销售产值(当年价)			
		全年完成(万元)	上年完成(万元)	为上年完成%	全年完成(万元)	上年完成(万元)	为上年完成%	出口交货值(万元)
1	铁岭精工机械有限公司	6340	6524	97.2	8666	5387	160.1	13
2	三门峡金渠集团化机公司	5504	4700	117.1	4904	4700	104.0	10
3	常州市一步干燥设备厂	2296	2233	103.0	2181	2150	101.0	735
4	上海远东制药机械厂	5503	4487	123.0	5722	4643	123.0	239
5	上海医用分析仪器厂	2500	1419	176.0	3200	1415	226.0	150
6	哈尔滨东宇农业工程机械公司	1250	1210	103.3	1246	1226	101.6	265
7	解放军三四一九工厂	1102	1050	105.0	1516	2236	67.8	—
8	江苏星轮高速机电设备制造公司	1465	1230	119.0	1358	1102	123.0	18
9	浙江龙泉双益有限公司	810	161	498.0	695	161	432.0	—
10	成都望江干燥设备厂	1123	1569	71.6	1123	1357	82.7	—
11	浙江尔乐干燥设备厂	3000	1050	286.0	2100	785	268.0	—
12	辽宁省开源立达集团公司	3246	4013	80.9	3246	4013	80.9	—
13	江苏东台食品机械厂	2591	2286	113.3	2332	2104	111.0	128
14	山东天力干燥设备有限公司	2980	3000	99.3	2763	2683	103.0	—
15	锡山市林洲干燥机厂	3700	4200	88.0	3600	3850	93.5	90
16	锡山市昂益达干燥设备厂	2950	1480	199.0	2850	1385	206.0	—

表 2　2000 年干燥设备行业部分重点骨干企业主要经济指标完成情况

序号	企业名称	销售收入			销售成本			利润总额		
		全成完成(万元)	上年完成(万元)	为上年完成%	全年完成(万元)	上年完成(万元)	为上年完成%	全年完成(万元)	上年完成(万元)	为上年完成%
1	铁岭精工机械有限公司	7436	7052	105.4	4600	3828	120.2	592	3469	17.0
2	三门峡金渠集团化机公司	4587	5944	77.2	2656	4892	54.3	300	－520	
3	常州市一步干燥设备厂	2181	2150	101.4	1523	1188	128.2	135	139	97.8
4	上海远东制药机械厂	4906	3852	127.4	4257	3043	139.8	1	－190	
5	上海医用分析仪器厂	1327	1415	93.8	1133	1374	82.5	－277	－118	

（续）

序号	企业名称	销售收入			销售成本			利润总额		
		全成完成（万元）	上年完成（万元）	为上年完成%	全年完成（万元）	上年完成（万元）	为上年完成%	全年完成（万元）	上年完成（万元）	为上年完成%
6	哈尔滨东宇农业工程机械公司	1246	1226	101.6	1018	1006	101.6	98	135	72.6
7	解放军三四一九工厂	1516	962	157.6	1022	—	—	—	3	5.5
8	江苏星轮高速机电设备制造公司	1358	1102	123.2	625	573	109.0	299	145	206.0
9	浙江龙泉双益有限公司	695	161	43.2	607	125	486.0	32	16	205.2
10	成都望江干燥设备厂	1123	1357	82.8	922	1236	74.6	46	24	191.7
11	浙江尔乐干燥设备厂	2100	785	267.5	1785	681	262.1	82	16	503.0
12	辽宁省开原立达集团公司	3246	4013	80.9	2247	2752	81.6	659	833	79.1
13	江苏东台食品机械厂	2332	1811	124.0	1952	1514	129.0	118	79	149.4
14	山东天力干燥设备有限公司	2763	2683	103.0	2175	1805	120.5	44	148	29.7
15	锡山市林洲干燥机厂	3600	3695	81.2	2980	3071	97.0	285	393	72.5
16	锡山市昂益达干燥设备厂	2566	1312	195.6	2024	1145	176.8	182	9	2002.0

干燥设备行业部分会员单位2000年工业总产值(不变价）排序见表3。

表3　2000年干燥设备行业部分企业工业总产值排序

排序	企业名称	产值(万元)	排序	企业名称	产值(万元)
1	承德输送集团公司	11 687	22	重庆广厦干燥设备厂	1 150
2	铁岭精工机械有限公司	7 175	23	解放军三四一九工厂	1 143
3	上海远东制药机械总厂	6 735	24	江苏常州市振兴干燥设备厂	1 058
4	三门峡金渠集团化机公司	5 334	25	常州市明星干燥设备厂	800
5	浙江真空设备有限公司	3 879	26	无锡海江干燥成套设备有限公司	780
6	江苏范群干燥设备厂	3 580	27	杭州钱江食品机械厂	749
7	锡山市林洲干燥机厂	3 500	28	浙江龙泉双益公司	736
8	淄博真空设备厂有限公司	3 460	29	上海新翔热风炉厂	655
9	浙江尔乐干燥设备厂	3 000	30	无锡华化散热器厂	643
10	无锡市昂易达干燥设备厂	3 000	31	江苏太仓工业搪瓷厂	576
11	山东天力干燥设备有限公司	2 980	32	四川夹江燎原机械制造公司	531
12	辽宁开原立达集团公司	2 921	33	福州三发干燥设备公司	494
13	黑龙江省白桦清选机厂	2 595	34	阜新热源设备厂	426
14	东台市食品机械厂	2 591	35	江苏天达集团公司	382
15	常州市一步干燥设备厂	2 296	36	沈阳兴华干燥设备厂	380
16	上海医用分析仪器厂	2 000	37	四川雷鸣机械制造公司	300
17	常州市长江干燥设备厂	1 500	38	苏州吴县自立化工设备公司	300
18	江苏星轮高速机电设备制造公司	1 465	39	江苏连云港干澡设备厂	290
19	成都望江干燥器厂	1 313	40	浙江嘉兴电热器厂	187
20	哈尔滨东宇农业工程机械公司	1 222	41	大连干燥设备厂	160
21	阿城机械工业有限公司	1 200	42	佳木斯北方烘干设备制造厂	58.45

（二)市场及销售

干燥设备行业的生产企业经过一段时间的改革、调整，队伍逐步趋于稳定,大上大下的局面开始改变。在市场经济的竞争环境下,适应市场发展的企业得到了保存和发展，1/2以上企业都各自占有自己具有较稳定份额的市场领域。2000年干燥设备的市场仍处于稳定发展的趋势,而且在逐渐走向成熟。根据干燥设备的应用基本处于技艺的状况这一特点,生产企业针对各自不同的市场领域发挥各自的专长和优势,扩大市场范围,从而不断使产品市场获得巩固和发展。比如,同是喷雾干燥机,无锡市昂益达干燥设备厂着眼于磁性材料干燥应用领域的发展,而浙江尔乐干燥设备厂却在染料行业应用领域注重开发市场,因此,干燥设备的市场虽也呈较强的竞争,但市场的潜力应是较大的。国内市场的销售额2000年比上年增长8.5%,从全行业看2000年干燥设备的国内销售情况仍处于较好状态。仅据干燥协会会员报表单位汇总的年销售总额为92 091万元,比上年增长24.9%。其中。销售收入大于1 000万元的企业占52.7%,比上年增加15%,销售收入大于500万元的企业占67%,比上年增加2%,销售收入大于100万元的企业占100%。干燥设备行业2000年度产品出口额比上年同期增长近一倍。据统计在册的干燥协会会员单位出口销售额汇总总额为2 791万元,比上年增长30%。出口国家除发展中国家外,开始向发达国家,如美国、日本等国出口。有产品出口企业已由原来的几家发展到17家(指行业协会会员单位),占生产企业总数的28%,比上年增加21%。

2000年度干燥设备行业销售收入前10名企业详见表4,2000年干燥设备行业出口前十名企业详见表5。

表4　2000年干燥设备行业销售收入前10名企业

序号	企 业 名 称	销售收入（万元）
1	承德输送机有限责任公司	16219
2	铁岭精工机械有限公司	7436
3	上海远东制药机械总厂	4906
4	三门峡金渠集团化机公司	4586
5	浙江真空设备集团有限公司	4236
6	锡山市林洲干燥机厂	3600
7	淄博真空设备厂有限公司	3396
8	辽宁开原立达(集团)公司	3246
9	江苏省范群干燥设备厂	3058
10	无锡市昂益达干燥设备厂	2566

表5　2000年干燥设备行业出口额前10名企业

序号	企 业 名 称	出口额（万元）
1	常州市一步干燥设备厂	735
2	哈尔滨东宇农业工程机械公司	265
3	上海远东制药机械总厂	239
4	浙江真空设备集团有限公司	200
5	上海医用分析仪器厂	150
6	东台食品机械厂	128
7	重庆广厦干燥设备工程公司	119
8	锡山市林洲干燥机厂	90
9	江阴市干燥成套设备厂	82
10	常州市长江干燥设备厂	65

(三)新产品

2000年干燥设备行业在新产品开发上主要是对1999年已启动的项目的完成及推广应用，其中，杭州钱江食品厂与浙江工业大学合作实施的流化床喷雾造粒干燥机进入完善和成熟推广阶段，对较大颗粒尿素的喷雾流化造粒已获成功；上海远东制药机械总厂及上海医用分析仪器厂等在真空冷冻干燥机的功能开发及产品水平赶超国际水平的新产品开发上已重点起步；武汉化工学院在撞击流干燥技术应用的新产品研制；内蒙古大学在静电干燥设备开发上已有可喜进展；上海交通大学在有机溶剂闭循环系统开发上已获得成功并开始推广应用。

(四)质量及质量管理

以质量求生存，求发展已愈来愈得到本行业生产企业的重视。在一些主要产品的主要性能指标上，我国干燥设备产品已与国外同类产品接近，因此，通过贯彻ISO9000标准，全面加强提高我国干燥设备行业生产企业的质量保证体系水平，力争尽早使我国干燥设备产品质量全面达到或超过国际先进水平已开始引起普遍重视，截止至2000年末，仅干燥协会会员单位中已通过ISO9000认证验收或正在进行验收的企业已有14个，比上年增加一倍，此项工作已由大中型企业扩展到小型甚至民营企业。通过对干燥设备行业协会推荐产品的复审可知，本行业主要产品在用户中保持了较好的信誉，用户对我国干燥设备产品的应用质量是予以认可的。

(五)管理及改革

干燥设备行业生产企业的改革改制步伐正在加快。2000年，仅干燥设备行业协会会员单位实施完成改制的就有14个，占企业总数的21.9%，其中国有企业改制的6个(股份制2个，公司制3个，破产重组1个)；原集体企业改制为私有(民营)的8个。

现代化企业管理在深入贯彻。计算机管理普遍得到企业关注，2000年干燥设备行业协会的计算机信息网站正式建立并开始工作(网址：WWW.CHINADRYING.COM)。干燥设备行业不少成员单位已正式加入该网站，网站已开始在信息交流、开发干燥设备产品市场等方面发挥积极作用。

〔撰稿人：中国通用机械干燥设备行业协会赵　健　审稿人：中国通用机械干燥设备行业协会田振山〕

减 变 速 机

一、减变速机行业协会发展概况

1932年，摆线减速机在德国发明问世，后又转移到日本，由住友财团生产经营。由于这种产品具有优良的性能，二战以后有了长足的发展，在美国和前苏联也有这类产品建厂生产。我国于20世纪60年代由天津减速机总厂开发研制，随后上海、大连、苏州等地厂家也相继参与。这个产品同时也受到国家和机械部工业的重视，在重庆、秦川母机厂的大力支持下，研制出生产摆线减速机中摆线轮的二种关键设备。其他零件的关键设备及专机也由天津减速机厂等单位研制成功。从而具备了在国内自主生产的条件。在20世纪60年代和70年代之间，机械工业部组成了这个产品的“标准化”工作组，使国内一些厂家联系到一起，成为摆线减速机行业协会的基础和前身(同时也开展了一些行业质量检查)。到了20世纪80年代，当国内出现“协会”这个形式的时候，国内互相联系的一些厂家以天津减速机总厂为首，自发的组织起来，并经原机械电子工业部、民政部、中国通用机械工业协会批准，于1988年正式成立了中国通用机械摆线减速机行业协会。有会员单位37个。

1989年以前在国内市场上少量出现了机械无级变速器，它又分为转臂式、齿链式、白威尔等形式。随着生产厂的增加，他们同摆线减速机行业协会联系，协会于1991年在佛山召开了机械无级变速器生产厂家联谊会。在与这些厂家进行多次交流及他们提出申请入会的同时，由于市场快速发展，方方面面的需要，协会内的会员单位进行了产品结构调整，除主导产品摆线减速机以外又增加了机械无级变速器各种齿轮减速机和滚筒类产品。协会外生产上述产品的企业也对协会提出申请入会的要求。针对这种情况原摆线减速机行业协会的理事长召开了理事会，决定请求原机械工业部、中国通用机械工业协会将摆线减速机行业协会更名为中国通用机械减变速机行业协会。1992 年经原机械电子工业部、民政部、中国通用机械工业协会批准同意。

协会的会员单位分别来自原机械工业部、化工部、建设部、农业部、民政部、国家医药总局、轻工业部、冶金部、纺织部9个国家部局。分布在黑龙江、辽宁、河北、天津、山东、江苏、上海、浙江、福建、陕西、四川、江西、广东、广西等 14个省、市、自治区。它是跨地区、跨部门、综合性的全国减变速机行业组织。

减变速机行业协会,会员单位由原来的 37 个发展到 63个,产品产量由 15 万台发展到 42 万台,销售收入由 3.2 亿元发展到 14.8 亿元,出口发展到 1.6 亿元。与此同时非会员单位也发展到 290 多个,外资企业 8 个。这说明市场发生了深刻的变化,在激烈的市场竞争中,协会成员厂也发生了深刻的变化,并得到长足的发展。

二、2000 年减变速机行业概况

1. 生产发展情况

2000 年中国减变速机行业协会共有会员企业 63 个,生产厂家 60 个。其中隶属机械系统企业 20 个,化工、民政、轻工、农业等系统和部门的会员企业 40 个。根据 47 个会员企业统计,现有职工 14 379 人,其中工程技术人员 1 445 人;固定资产(原价)72 976 万元,增加了近 3 倍;净值增加了 4.2倍。到 2000 年主要生产设备 4 521 台,其中金属切削机床4 090台,锻压设备 195 台,数控机床 236 台。以天津减速机总厂为例,技术装备有全自动 FMS 柔性制造系统两条;CNC自动强力成型磨齿机和坐标磨床;数控外圆磨床;数控车床;无氧化多用炉生产线;渗碳炉辉光离子氮化炉;高频淬火以及三坐标测量仪全自动 CNC 试验台;立式试验台;磁力探伤仪;齿轮检测设备;测长仪;万能工具显微镜;齿轮整体误差测量仪;材料拉伸试验机等。还有德国 CW800 卧式镗铣加工中心;ZSTZ－10 磨齿机;PFSU1600 克林贝尔齿轮检查仪等。具有国际一流水平的高科技加工制造设备。行业的职工人数、工资总额详见表 1。

2000 年根据 47 个企业统计,完成工业总产值(不变价)149 529 万元,比上年增长 9.78%;完成工业总产值(当年价)152 813 万元,比上年增长 11.5%;工业增加值 37 325.2万元,比上年增长 14.4%;利润总额 4 326.4 万元,比上年减少 1.8%。全行业企业基本情况见表 2。全行业工业总产值前 10 名的企业见表 3。

表 1　2000 年减变速机行业协会部分会员企业职工人数、工资总额

企业数	全部职工年末人数(人) 总计	其中 工人与学徒	其中 工程技术人员	其中 管理人员	其中 其他	全部职工全年平均人数(人)	工资总额(万元)
47	14379	10152	1445	1677	1079	14035	25091

表 2　减变速机行业企业 2000 年基本情况

企业数	工业总产值 当年价(万元)	工业总产值 不变价(万元)	工业总产值 比上年增长%	工业增加值(万元)	产品销售收入(万元)	产品销售税金及附加(万元)	利润总额(万元)
47	152813	151292	11.5	37325	146018	1299	4326

年末固定资产 原价(万元)	年末固定资产 净值(万元)	流动资产 合计(万元)	流动资产 平均余额(万元)	流动负债 合计(万元)	流动负债 平均余额(万元)	所有者权益(万元)	全员劳动生产率(元/人)
72976	49524	104251	99270	89388	82151	83251	28797

表 3　2000 年减变速机行业工业总产值前 10 名企业

序号	企业名称	工业总产值(万元)	序号	企业名称	工业总产值(万元)
1	江苏省泰兴减速机厂(集团)	30089	6	广东江门电机股份有限公司	9047
2	江苏省泰州市琼花传动机械总厂	22816	7	山东淄博博机集团总公司	6276
3	广东星光机电有限公司	19153	8	杭州减速机厂	4161
4	江苏省泰隆减速机集团公司	11509	9	浙江通力变速机械有限公司	3503
5	天津减速机总厂	11277	10	武进市牛塘特种轴承厂	3240

通过分析 47 个企业的统计报表,2000 年减速机全行业的经济形势在 1999 年回升的基础上更有了好转。主要经济指标除利润总额略有下降外,其余均达到历史最高水平。据行业协会调查,2000 年 60 个企业中有 54 个企业利润总额有不同程度的提高或持平,亏损企业有 6 个。

亏损企业 2000 年虽有所变化,但整个行业亏损面没有减少,亏损总额却有增加。1999 年机械系统外有 4 个企业亏损,2000 年其中 2 个企业已扭亏为盈,亏损数减少 50%;而机械系统内 1999 年只有 2 个亏损,2000 年增加到 4 个,亏损数增加 50%。1999 年行业 6 个企业共亏损 175.6 万元,2000 年 6 个企业亏损 320.5 万元,同比增长 82.5%。

2. 产品分类及产量

(1)产品分类。为了适应市场的需要,协会成员厂加速了产品的开发,进行了减变机产品结构的调整。从原来单一产品发展成五大类产品。

1)摆线减速机类。产品有更新换代的 X8000 系列摆线减速机、X.B 系列摆线减速机、微型摆线减速机、精密铸铅微型摆线减速机、非标摆线减速机。摆线减速机是一种应用行星传动原理,采用摆线针齿啮合,设计先进、结构新颖的减速机构。它可以广泛应用于各种传动机构。它的传动装置可分三部份:输入部份、减速部份、输出部份。它有优越的特点,传动比大:一级减速机传动比为 1/6~1/87;二级减速机传动比为 1/99~1/5 133:三级传动比为 1/5 841~1/658 503。传动效率高:由于该机啮合部位采用了滚动啮合,平均效率可达 90%以上。体积小、重量轻:由于设计采用行星传动原理,输入和输出同在一条轴线且与电机直联,所以结构紧凑,体积小、重量轻。故障少、寿命长:由于采用滚动啮合,啮合件的材质使用轴承钢,传动过程中采用多齿啮合,所以传动过程中不但运转平稳可靠而且具有过载能力强,耐冲击。由于惯性力矩小,适用于起动频繁和正反转。拆装简单便于维修。

摆线减速机的技术规格分一级减速,二级减速,三级减速 3 种型式。在一级中有 13 种机型,即 0、1、2、3、4、5、6、7、8、9、10、11、12。二级中有 12 种机型,即 00、20、42、53、63、74、84、85、95、106、117、128。三级中有 8 种机型,即 420、742、842、853、953、1063、1174、1285。传动比为:一级减速传动比有 6、9、11、17、21、23、25、29、35、43、47、59、71、87;二级减速的传动比有 99、121、187、289、319、385、473、493、595、649、731、841、1003、1225、1505、1849、2065、2537、3045、3481、5133;三级减速的传动比有 5841~658503。

摆线减速机输入功率 0.09~75kW。

摆线减速机的结构型分卧式、立式、双轴型、直联型四种,其安装型式有 32 种。

更新换代的 X8000 摆线减速机系列中单级减速产品有 27 种机型,18 种传动比,功率等级 0.09~173kW,输出转矩 6~60 000N·m,是具有国际先进水平的品种。

2)机械无级变速类。有 MB、JWB、YMT 三个系列转臂行星机械无级变速机;齿链式机械无级变速机;白威尔无级变速机。新开发出 CV 差动封闭无级变速机;MBK 行星差动无级变速机;带数显全自动调速变减速机;MBN 精密铸铅无级变速机。

MB 转臂行星无级变速机结构简单紧凑,操作方便,受力均匀,调速灵敏度高,传动平稳,承载能力强。它的性能特点是高强度。在受到冲击载荷或主机逆转时,能精确传动,无后坐力,具有足够强度。其输出扭矩—转速特性曲线是硬特性。变速范围大,为 1/5。输出速比可在 1:1.45~1:7.25 之间任意变化。调速精度高,为 0.5~1 转。性能稳定,接触和润滑良好,运行平稳,噪声低,无附加轴向力,寿命长。组合能力强,本机能与摆线减速机、齿轮减速机、蜗轮蜗杆减速机联结实现低速无级变速,因此有广泛的适应性。

转臂行星机械无级变速机的基准型型号有 02、04、07、15、22、40、55、75。输入功率 0.18、0.37、0.55、0.75、1.1、1.5、2.2、3、4、5.5、7.5kW。调速范围在 200~1000r/min 之间。

除了基本型以外,无级变速如能广泛地同多种减速机组合。它可以同 7 种以上的蜗轮减速机型共约 70 种以上的速比组合成变速范围:2.5~12.5、3.3~16.5、4~20、5~25、6~30、8~40、10~50、13~65、20~100、26~130r/min。其功率在 0.18~4kW。它还可以同 4 种以上斜齿—蜗杆蜗轮减速机机型共约 65 种以上速比组合成 0.88~4.4 至 22~110 共 90 多种输出转速(r/min)。输入功率有 0.12、0.18、0.25、0.37、0.55、0.75、1.1、1.5、2.2、3、4、5.5、7.5kW。它同一、二、三级 3 种机型齿轮减速机组合成 10 种以上速比,其调速范围为 80~400、60~300、40~200、25~125、18~90、15~75、12~60、10~50r/min。它同 X2、X3、X4、X5、X6、X8、X9、X10 共 8 种机型单级摆线减速机和 X32、X42、X53、X63、X84、X95 共 6 种机型双级摆线减速机组合,达到 108 种速比以上,调速范围 0.133~0.66 至 18~90r/min 之间,也达 108 种以上。

3)齿轮类减速机。有 ZQ,JZQ 型圆柱齿轮减速机;XJL 行星齿轮减速机;自动扶梯曳引机;汽车检测专用减速机;ZJY75~300、ZJ63~630 型轴装式硬齿面减速机;TCJ100~400 型齿轮减速机;TX25~160 立式行星齿轮减速机;JWY、SZJ 型单螺杆、双螺杆挤出专用齿轮箱;QJ14~1000 型、ZQA250~1000 型起重用齿轮减速机;ZD100~1650 型圆柱齿轮减速机;NAD200~2000、NGW 进行星齿轮减速机;DBY、DCY160~560 型圆锥圆柱齿轮减速机;ZDY、ZLX、ZSY80~710 型硬齿面圆柱齿轮减速机;TK 齿轮—伞齿减速电机;齿轮—蜗轮减速电机;TP80—710 多边安装垂直轴硬齿面减速机;TR 齿轮减速电机;TF 轴装式齿轮减速电机;R 系列斜齿硬齿面减速机;K 系列螺旋锥齿轮减速机;F 系列平行轴斜齿轮减速机。

为了适应市场的需要,在齿轮类中开发的产品品种十分繁多,既有通用性的也有专业性的。性能,型号以及技术参数叙述更为繁杂,故不作进一步表述。

4)蜗轮,蜗杆减速机类。此类减速机有圆弧齿圆柱蜗杆减速机、TS 系列齿轮蜗轮减速机、圆弧齿蜗杆减速机。

WP 系列有 4 种联接形式:S 型为普通轴伸式联接;SF 型为轴伸法兰联接;SA 型为轴装式联接;SAF 为轴装法兰式联接。它的安装形式:SA 及 SAF 型有 W1、W2、W3、W4、L、L2 六种;SF 型有 FW、LW2、LW3、F、F2、L、L2、L3、L4 九种。

其具体规格见表 4。

机型号在 S、SF、SA、SAF 四种中分别有 32、42、52、62、72、82、92 七种。见表 5。

另外还有 53 种型号的 WP 系列蜗轮减速机

5)滚筒类。有 WD 型外装式电动滚筒、TJ 型油浸式电动滚筒、TJ 型从动滚筒、电磁制动式电动滚筒、机械逆止式电动滚筒、重载钢轨输送滚筒、圆木输送机滚筒、卷扬滚筒、双层筒体电动滚筒、筒体带 V 型槽电动滚筒、链轮输送机滚筒、钢管输送机滚筒、锥形滚筒、板条状滚筒、螺旋输送滚筒、单相电动机滚筒、无级调速电动滚筒、TDY75 型油冷式电动滚筒、DYI 移动油冷式电动滚筒、逆止式包胶滚筒。

TJ 型电动滚筒是从丹麦 JOKI 公司引进,具有国际先进水平。WD 型是在 TJ 型基础上开发的新产品,TJ 型从动滚筒是 TJ 型的配套产品。

表 4　WP 系列蜗轮减速机规格

功　率(kW)	型　　号	传动比范围	总　　数	转矩范围(Nm)
0.37	32	8.96 ~ 49.8	28	18 ~ 78
	42	15.14 ~ 46.96	20	31 ~ 87
0.55	32	8.92 ~ 27.5	19	28 ~ 75
	42	9 ~ 50.11	30	28 ~ 139
	52	20.36 ~ 129.8	32	58 ~ 264
	62	69.89 ~ 220.4	17	164 ~ 418
	72	188.6 ~ 241.4	11	397 ~ 880
	82	260 ~ 277	2	822 ~ 864
0.75	32	8.96 ~ 17.79	12	38 ~ 73
	42	7.8 ~ 28.52	24	33 ~ 112
	52	13.36 ~ 87.13	36	56 ~ 251
	62	42.4 ~ 192.7	25	154 ~ 251
	72	114.2 ~ 241.4	15	358 ~ 972
	82	205 ~ 277	10	613 ~ 1 187
	92	300	1	1778
1.1	42	7.8 ~ 15.14	13	48 ~ 93
	52	8.22 ~ 44.8	33	51 ~ 199
	62	27.03 ~ 241.4	23	154 ~ 431
	72	86.7 ~ 241.4	16	410 ~ 968
	82	139 ~ 256	14	667 ~ 1 644
	92	241 ~ 300	4	1 670 ~ 2 640

表 5　机型号 S、SF、SA、SAF 规格

功　率(kW)	型号范围 S、SF、SA、SAF	总　　数	传动比范围	转矩范围(Nm)
1.5	42	9	7.8 ~ 11.96	65 ~ 100
	52	26	8.22 ~ 30.75	69 ~ 192
	62	32	13.82 ~ 69.89	116 ~ 444
	72	23	42.59 ~ 166.2	326 ~ 978
	82	14	107 ~ 277	721 ~ 1610
	92	13	207.6 ~ 300	1 330 ~ 2 750
2.2	52	10	8.22 ~ 13.36	99 ~ 160
	62	33	8.68 ~ 44.78	107 ~ 459
	72	34	19.35 ~ 121.1	229 ~ 1 072
	82	21	52 ~ 205	590 ~ 1 746
	92	30	81.69 ~ 300	960 ~ 3 850
3	62	24	8.68 ~ 28.57	146 ~ 432
	72	44	7.92 ~ 73	136 ~ 970
	82	23	34 ~ 148	535 ~ 1 762
	92	25	81.69 ~ 300	1 250 ~ 3 720
4	62	14	8.68 ~ 17.06	193 ~ 368
	72	40	7.18 ~ 50.4	163 ~ 976
	82	23	34 ~ 148	535 ~ 1 762
	92	22	55 ~ 182.4	1 167 ~ 3 116
5.5	72	33	7.18 ~ 34.45	224 ~ 904
	82	26	9.9 ~ 52	318 ~ 1 399
	92	24	36.64 ~ 136.8	1 100 ~ 3 374
7.5	72	19	7.18 ~ 17.74	306 ~ 725
	82	24	8.77 ~ 36.75	361 ~ 1 383
	92	33	19.32 ~ 104.5	796 ~ 3 682
11	82	17	8.77 ~ 23.78	553 ~ 1 426
	92	33	10.13 ~ 49.65	636 ~ 2 859
15	82	6	8.77 ~ 11.9	708 ~ 964
	92	28	10.13 ~ 38.78	868 ~ 3 186
18.5	92	22	10.13 ~ 28.36	1 063 ~ 2 854
22	92	11	10.13 ~ 16.5	1 264 ~ 2 059

TJ 型电动滚筒的功率、速度、直径、筒宽采用国际标准，均符合 ISO 标准和 IEC 标准。它的结构先进，电机采用直接油冷式，冷却、散热效果好。齿轮及轴采用优质合金钢制造，前轴及后轴镀铬，防锈、防腐，可延长使用寿命。传动平稳、噪音低，一般低于 75dB。允许温升高，TJ 型电动滚筒的电机一般采用 B 级绝缘，允许最高温度为 80℃。如用户有特殊需要，可采用 F 级或 H 级，其允许温升可达 100℃或 125℃。凡功率大于或等于 11kW 的电动滚筒，在电机定子绕组中均装有热保护装置，规格见表 6。

表 6　TJ 型电动滚筒规格

滚筒名义直径(mm)	型　式	功　率(kW)	带　速(m/s)	最小筒宽(mm)	最大筒宽(mm)
ϕ110	MlN1	0.10	0.15	250	750
		0.15	0.25	250	750
		0.225	0.50	250	750
ϕ135	00TL	0.18	0.16	300	950
		0.25	0.20,0.25	300	950
		0.37	0.32,0.40,0.50	300	950
		0.55	0.63,0.80,1.00	300	950
ϕ160	11TL	0.11	0.06,0.08	400	950
		0.25	0.10,0.13,0.16,0.20	400	950
			0.25,0.32,0.40,0.50		
		0.37	0.13,0.16,0.20,0.25,0.32	400	950
			0.40,0.50,0.63,0.80,1.00		
		0.75	0.25,0.32,0.40,0.50	400	950
			0.63,0.80,1.00		
		1.10	0.40,0.50,0.63,0.80	400	950
			1.00,1.25,1.60,2.00		
ϕ215	21,22TL	0.11	0.08,0.10	400	950
		0.25	0.13,0.16,0.20,0.25,0.32	400	950
			0.40 0.50,0.63		
		0.37	0.16,0.20,0.25,0.32,0.40	400	950
			0.50,0.63,0.80,1.00,1.25		
		0.75	0.25,0.32	500	950
		0.75	0.40,0.50,0.63,0.80	400	950
			1.00,1.25,1.60,2.00,2.50		
		1.1	0.50,0.63,0.80,1.00	400	950
			1.25,1.60,2.00,2.50		
		1.5	0.40,0.50,0.63,0.80,1.00	500	950
			1.25,1.60,2.00,2.50		
		2.2	0.50,0.63,0.80,1.00	500	950
			1.25,1.60,2.00,2.50		
		3.0	1.00,1.25,1.60,2.00,2.50	500	950
ϕ315	33M33T	1.5	0.25,0.32,0.40,0.50	500	1150
			0.63,0.80,1.00,1.25		
		2.2	0.40,0.50,0.63,0.80,1.0	500	1150
			1.25,1.60,2.00,2.50		
		3.0	0.50,0.63,0.80,1.00,1.25	500	1150
			1.60,2.00,2.50,3.20		
		4.0	0.80,1.00,1.25,1.60	500	1150
			2.00,2.50,3.20		
		5.5	1.00,1.25,1.60,2.00,2.50	500	1150
			3.20		
ϕ400	43N	1.5	0.50,0.63,0.80,1.00,1.25,1.60	500	1150
		2.2	0.80,1.00,1.25,1.60	500	1150
			2.00,2.50,3.20		
		3.0	1.25,1.60,2.00,2.50	500	1150
			3.20,4.00		
		4.0	1.25,1.60,2.00,2.05	500	1150
			2.00,2.50		
		5.5	2.00,2.50,3.20,4.00	500	1150

（续）

滚筒名义直径(mm)	型式	功率(kW)	带速(m/s)	最小筒宽(mm)	最大筒宽(mm)
φ400	44N44T	2.2	0.30,0.40,0.50,0.63	600	1150
		3.0	0.50,0.63	700	1150
			0.80,1.00	600	
		4.0	0.63,0.80,1.00	600	1150
		5.5	0.80,1.00,1.25,1.60	600	1150
		7.5	1.00,1.25,1.60	700	1150
			2.00,2.50,3.20	600	
φ500	54N	1.5	0.63,0.80,1.00,1.25,1.60	600	1600
		2.2	0.63,0.80,1.00	600	1600
			1.25,1.60,2.00		
		3.0	0.80,1.00	700	1600
			1.25,1.60,2.00,2.50	600	
		4.0	1.00,1.25,1.60	600	1600
			2.00,2.50,3.20		
		5.5	1.25,1.60 2.00,2.50,3.20	600	1600
		7.5	2.00	700	1600
			2.50,3.20	600	
	55T,55N	4.0	0.50,0.63,0.80	750	1600
		5.5	0.50,0.63,0.80	750	1600
			1.00	650	
		7.5	0.63,0.80	850	1600
			1.00,1.25,1.60	750	
		11	1.00,1.25,1.60	750	1600
			2.00,2.50,3.20		
		15	1.25,1.60,2.00,2.50,3.20	850	1600
		18.5	1.60,2.00,2.50,3.20	850	1600
φ630	65N,65T	3.0	0.63,0.80,1.00	750	1600
			1.25	650	
		4.0	0.63,0.80,1.00	750	1600
			1,25,1.60,2.00	650	
		5.5	0.63,0.80,1.00	750	1600
			1.25,1.60,2.00,2.50,3.20	650	
		7.5	0.80,1.00	850	1600
			1.25,1.60,2.00	750	
			2.50,3.20	650	
		11	1.25,1.60,2.00	750	1600
			2.50,3.20,4.00		
		15	1.60,2.00,2.50,3.20,4.00	850	1600
		18.5	2.00,2.50,3.20	850	1600
	66T	11	0.80,1.00	950	1600
		15	0.80,1.00,1.25	950	1600
		18.5	0.80,1.00,1.25,1.60,2.00	950	1600
		22	1.00,1.25,1.60	950	1600
			2.00,2.50,3.20		
		30	1.25,1.60,2.00,2.50,3.20	950	1600
		37	1.60,2.00,2.50,3.20	950	1600
		45	2.00,2.50,3.20	1000	1600
φ800	85T	5.5	0.80,1.00,1.25	750	1600
		7.5	1.00,1.25	850	1600
			1.60,2.00,2.50,3.20	750	
		11	1.60,2.00,2.50,3.20	750	1600
		15	2.00,2.50,3.20	850	1600
		18.5	2.50,3.20	850	1600

（续）

滚筒名义直径(mm)	型　式	功　率(kW)	带　速(m/s)	最小筒宽(mm)	最大筒宽(mm)
ϕ800	86T	11	1.00,1.25	950	1600
		15	1.00,1.25,1.60	950	1600
		18.5	1.00,1.25,1.60,2.00,2.50	950	1600
		22	1.25,1.60,2.00	950	1600
			2.50,3.20,4.00		
		30	1.60,2.00,2.50,3.20,4.00	950	1600
		37	2.00,2.50,3.20,4.00	950	1600
		45	2.50,3.20,4.00	1000	1800
ϕ800	88T	55	1.25,1.60,2.00,2.50	1200	1800
			3.20,4.00,4.25	1150	
		75	1.60,2.00,2.50	1200	1800
			3.20,4.00,4.25		
ϕ1000	108T	55	1.60,2.00,2.50,3.20,4.00	1200	1800
		75	2.00,2.50,3.20,4.00	1200	1800
	1010T	90	2.00,2.50	1400	1800

(2)产品分类产量。2000年全行业产品产量418 962台，比上年增长37.3%。行业产品构成为摆线减速机、无级变速器、齿轮减速机、蜗轮减速机、电动滚筒五大类。其中摆线减速机为主要产品。近几年，各种齿轮减速机，蜗轮减速机发展较快，形成了较大的生产能力。2000年，减变速机产品分类产量见表7。

表7　2000年减变速机行业产品分类产量情况

产品分类名称	2000年(台)	1999年(台)	比上年增长%
摆线减速机	214119	184296	16.2
无级变速器	41467	49172	－15.7
齿轮减速机	45947	36993	24.2
蜗轮减速机	19893	15194	30.9
电动滚筒	9572	7861	21.8
其他	87964	11701	651.8
合计	418962	305217	37.3

从表4中看出，2000年减变速机行业企业的产品产量除无级变速器有所下降外，其他产品均有不同程度的增长。

3.市场及销售

(1)国内市场由于经济体制改革的不断深入，全国经济形势的好转，给减变速机行业带来了生机。减变速机属于通用机械配套产品，广泛应用于各行各业。随着各行各业的发展，对减变速机的需求量也在相应增加。2000年减变速机工业销售产值147 529万元，比上年增长11.11%。年末产成品库存为21 072.7万元，比上年下降15.25%。

随着市场形势的好转，国家宏观调控政策已见成效，国有企业脱困任务基本完成，市场需求提高，使国内销售市场出现了新的增长点。产品国内销售收入为146 017.7万元，比上年增长13.6%。其中摆线减速机比上年增长17.58%；无级变速器比上年增长－15.27%；齿轮减速机比上年同期增长35.74%；蜗轮减速机比上年增长45.17%；电动滚筒比上年增长6.81%。根据产品分类统计，各类主要产品市场占有率见表8。

表8　减变速机市场占有率

产　品　名　称	市场占有率(%)
摆线减速机	64.6
无级变速器	12.5
齿轮减速机	13.9
蜗轮减速机	6.0
电动滚筒	3.0

从市场占有率情况分析，摆线减速机仍占主导地位。但齿轮减速机与蜗轮减速机的增长是一个新的趋势。企业为了求得发展，不断开发新产品，增加产品品种和规格，拓宽市场，以扩大其市场占有率。2000年，减变速机行业产品销售收入前10名的企业见表9。

天津减速机总厂在注重开拓销售市场的同时，引进人才，全面提高销售队伍的知识层次。一方面对原有的销售人员加强培训，另一方面将大学生充实到销售队伍中。在销售产品的同时，还将用户意见、建议和需求，以及市场变化的信息及时反馈回厂，为厂领导及时调整产品结构，当好参谋。大学生进行营销普遍得到用户和厂领导的好评。

但由于近几年来国外企业看好中国市场，纷纷在中国投资建厂。他们的产品进入中国重点工程项目，抢占了一部分行业企业的市场。另外，国内减变速机行业外许多乡镇及民营企业也看好减变速机市场，纷纷上马，由于加工粗糙及材质的选用等方面的原因，使得产品质量出现问题。相互压价，扰乱了正常的市场销售价格。不正当竞争手段带来不良的影响，迫使行业内企业的整体价格下调，虽然2000年减变速机产值、产量均有提高，但利润反而下降。

(2)由于减变速机行业企业在不断开拓国内市场的同时，也积极拓展国际市场，开发国外用户，2000年减变速机对外销售产值达到17 345万元。

减速机的国际市场主要被日本住友，德国的SEW及欧洲一些企业所占领。国内企业的产品在国外市场的份额很小，出口额也较小。但2000年全行业出口额仍创历史新高，达到16 813.2万元，比上年增长0.03%。

表 9 2000 年减变速机行业产品销售收入前 10 名企业

序号	企业名称	销售收入(万元)	序号	企业名称	销售收入(万元)
1	江苏省泰兴减速机厂(集团)	29589	6	广东江门电机股份有限公司	8617
2	江苏省泰州市琼花传动机械总厂	21578	7	山东淄博博机集团总公司	5698
3	广东星光机电有限公司	18053	8	上海市减速机械厂	3034
4	江苏省泰隆减速机集团公司	13091	9	浙江通力变速机械有限公司	2989
5	天津减速机总厂	12495	10	武进市牛塘特种轴承厂	2955

4. 科技成果与新产品

市场的竞争从表面看是价格的竞争,其实质是产品的竞争,质量的竞争。各个企业已充分认识到提高产品的科技含量,采用新技术新工艺,加大科技投入,才能够保证产品的长期发展,在竞争中利于不败之地。因此许多企业都对原有的装备进行脱胎换骨的改造,并加大资金投入,购置先进设备。行业统计,1999 年金切设备 3 859 台,其中数控设备 90 台。2000 年金切设备 4 090 台,其中数控设备 236 台,比上年增长 161%。一些企业近几年为了提高减变速机关键件的加工质量,从国外引进了世界最先进的柔性制造系统(FMS),实现了自动化,高效率、高质量、高水平。

摆线轮、针齿壳、输出轴机座是摆线减速机的关键零部件,提高加工质量和水平,关键是采用新技术。天津减速机总厂通过从国外引进瑞士强力成型磨床,解决了摆线轮齿形的加工问题。引进具有先进工艺水平的瑞士柔性制造系统,系统的高精度,高效率解决了针齿壳的加工问题。输出轴和机座的加工也采用了国内先进的加工中心,进而保证了产品质量。还有一些企业也积极引进美国、德国、日本、意大利等国的先进设备,增加数控功能,进而提高产品加工质量。河北北方减速机有限公司自行研制出 JZP－DJ 一减速机输出轴装配机,使传统的装配方法得到改进,提高了装配精度和装配速度,降低了工人劳动强度,解决了技术难题。

新产品的开发是企业谋求发展,争取市场空间,增强竞争实力的一项重要工作,几年来减变速机行业之所以能够发展壮大,靠的就是不断的开发新产品。许多企业以前只是单一的生产摆线减速机,而现在逐步发展到生产无级变速器、齿轮减速机、蜗轮减速机、电动滚筒等,其中有些产品填补了国内空白,达到了国际先进水平,列入了国家级新产品。目前全行业新产品的市场占有率已达到 20% 左右。

天津减速机总厂从 1997～1998 年开始,瞄准国际最先进水平的日本最新产品,研制开发出 X8000 系列摆线减速机。1999 年列入了国家经贸委试产计划。共有 27 种机型,18 种传动比,功率等级 0.09～173kW,允许用输出转矩 6～6 000N·m。该系列产品不仅具有体积小、重量轻、传动效率高、噪声低、传动平稳、应用范围广等优点,而且承载能力比国内同类产品平均高两倍左右,已达到国际上同类产品的先进水平。从外型安装尺寸和性能上,可与日本住友重机株式会社的 4000 系列 CYCLO 产品整机互换。X8000 系列摆线针轮减速机的设计,全部采用了 CAD 优化技术参数和绘制工作图。关键件的工艺加工采用了自动成型磨齿和柔性制造系统,满足了新系列高精度的设计要求。该产品已投放市场。国家重点工程;宝钢三、四期工程;城市污水处理环保工程;三峡工程都已使用了该产品。

浙江通力变速机械有限公司 1990 年创办,从五六个人、十来万资金,几十万元产值,经过十几年的努力,现发展到 1 亿多万元的固定资产,3 000 多万元的产值,依靠的就是不断创新的科技产品。1993 年以来,先后开发了 S 系列蜗轮蜗杆减速机,R 系列斜齿轮硬齿面减速机、K 系列螺旋伞齿轮减速机、F 系列平行轴斜齿轮减速机。其中 CV 差动无级变速机获国家专利。2000 年新产品销售收入近 2 000 万元。

温州三联集团研制了 PYZ 系列硬齿面轴装式减速机,市场销售良好。2000 年产量达到 2 500 台,销售收入 450 万元。该集团针对摆线减速机漏油这一难题,开发研制了立式防漏油摆线减速机。其结构型式不仅保证不漏油,而且不增加制造成本和工艺难度。目前该集团还开发研制了 4 种专利产品:(1)工业机器人零回差摆线减速机(发明专利申请号:00118213.7);(2)KR 系列硬齿面减速机(发明专利申请号:99117409.9);(3)曲柄式平动无级变速器(发明专利申请号 00127222.6);(4)PYZ 系列硬齿面轴装式减速机(发明专利申请号:98116412.9;实用新型专利号:ZJ98217379.2)。目前正处于生产试制阶段,同时向市场开发用户。上海减速机械厂近年来为扩大市场,注重新产品的开发。他们注意到工程机械专用设备使用的一种新型减速机是由日本加藤公司制造的。于是在 1997 年他们研制开发成功 QHTLH4000、QLNLM7000 减速机,用于挖掘机、液压推土机的减压和徊转机构上。目前,已生产 1 500 多台,销售收入达 1 000 多万元。

5. 质量及质量监督

(1)产品质量的提高与发展。主导产品质量已经达到国际先进水平。行业协会刚成立,第一件事就是召开了协会检验科长会,成立了“行业产品质量监督检查委员会”,制定了“产品质量监督检查管理办法”。通过 3 次全国性行检,在实践过程中根据国家标准又制定了“产品零件检查方法”、“产品零件检查所用量具的标准”。并限期要求各会员厂建立产品性能测试室,随后不定期组织全国行检。1994 年和 1997 年国家技术监督局先后发文,由协会和原机械工业部产品归口检测中心对协会的二大主导产品 分别进行检测。达到优良的产品接近或达到国际先进水平。在逐年进行行检时,协会对被检厂的行业检查目的是帮助他们提高产品质量,受到各厂欢迎,也培育出强烈的质量意识。许多成员厂都经过了 ISO9000 国际质量体系认证。

协会内二大类主导产品,一类是摆线减速机。以天津减速机总厂为例，该厂研制出来的更新换代产品X8000系列摆线减速机，已经达到国际上同类产品的先进水平。另一类是机械无级变速器。以浙江瑞安通力变速机械有限公司等企业为例，其开发研制的CV差动封闭，MBK行星差动无级变速机达到国际先进水平。

(2)减变速机行业统检情况综述。1994年根据国家技术监督局〔1994〕技监监计统函字第016号文的计划安排及机械工业部机械科〔1994〕195号文的要求和实施方案。摆线针轮减速机产品质量全国统检工作从1994年5～12月，历时7个月。进行统检调查的企业122个，抽到产品的企业89个，共4个型号19个规格89台产品。其中重点国有大中型企业12个，定点企业24个，乡镇企业44个，个体企业5个，其他类型企业4个。检测结果：77个企业的4个型号，19个规格，77台产品，合格率为86.5%。其中，优等品1个，为天津减速机总厂产品。一等品13个，合格品63个。通过对122个企业的调查和89个企业产品的检测，基本了解和掌握了行业产品的质量状况。总的来看，大部分国有企业及部分乡镇企业产品质量比较稳定，保持了原有质量等级水平。小部分企业产品质量有所下降，甚至达不到合格品的要求。从产品总体质量水平来看，我国大部分企业的产品质量水平相当于日本住友公司20世纪70年代中期水平。只有少数企业的产品达到或接近日本20世纪80年代中期的水平。而且各质量等级之间也存在着不同程度的差距。统检中对发现的主要质量问题分析了原因，提出了改进措施。特别对产品的外观质量；摆线减速机的安装；联接尺寸不统一；产品铭牌不规范；配套的轴承、油封、电机质量不好；产品标准水平偏低等问题进行了分析。为全行业共同提高产品质量水平起到了积极的推动作用。1997年根据国家技术监督局技监监计统函字第01号文下达的1997年产品质量统检工作计划及机械工业部机械科〔1994〕195号文的要求和1997年机械无级变速产品质量统检实施方案，机械无级变速器全国统检工作从1997年3月开始至10月结束。进行调查的企业为62个，实际抽样的企业为33个。根据实施方案一个企业抽一台产品，共抽了7种，16个规格，33台产品。其中，国有大中型企业7个，集体企业8个，乡镇企业及股份制企业18个。检测结果：经过对33个企业的33台产品的检测，达到合格品的有25台，合格率为75.8%；不合格的有8台，不合格率为24.2%。因为无级变速器产品没有产品质量分等标准，因此这次统检中没有一等品和优等品。机械无级变速器1993年以前没有行业产品标准，现行的产品标准都是在1993年以后陆续制订的，行业至今没有产品质量分等标准。1997年以前产品质量没有进行过行检、创优检查、行评、国家监督抽查，产品质量状况一直没有全面的了解。通过这次统检，基本了解和掌握了行业产品的质量状况，并对全行业提出了提高产品质量的8条措施和4个目标。

6. 管理及改革

为适应激烈的市场竞争的需要，求生存，求发展，减变速机行业许多企业经过改制，盘活了资金，改变了原有的生产用工制度、分配制度，劳动生产率大大提高。生产设备更新换代，原有的老旧的普通机床被先进的数控机床代替，生产效率大幅度提高。全行业数控机床由1999年的90台发展到2000年的236台。仅泰兴减速机厂(集团)2000年数控机床拥有量就由1999年的38台增加到158台。

2000年减变速机行业有3个合资企业，有44个企业实行了股份制。

天津减速机总厂不仅在生产第一线引入竞争上岗的机制，在技术部门也实行竞争机制。打破了原有技术人员等领导分配工作的作风，激发了技术人员的工作热情，积极找项目，开发新产品，在很短的时间内就完成了双轴减速机的开发、设计、试制工作。

根据2000年减变速机行业运行情况分析，预测2001年整个行业形势能够进一步好转，主要经济指标能提高20%左右。

附表1　1996～2000年机械工业系统减变速机行业经济发展状况

年　份	企业数	工业总产值(不变价)(万元)	工业增加值(万元)	产品销售收入(万元)	利润总额(万元)
1996	44	54363	19580	55909	657
1997	36	45534	18168	48993	-132
1998	34	43306	14548	44889	-1403
1999	34	43838	15191	44729	435
2000	28	48025	17220	48433	883

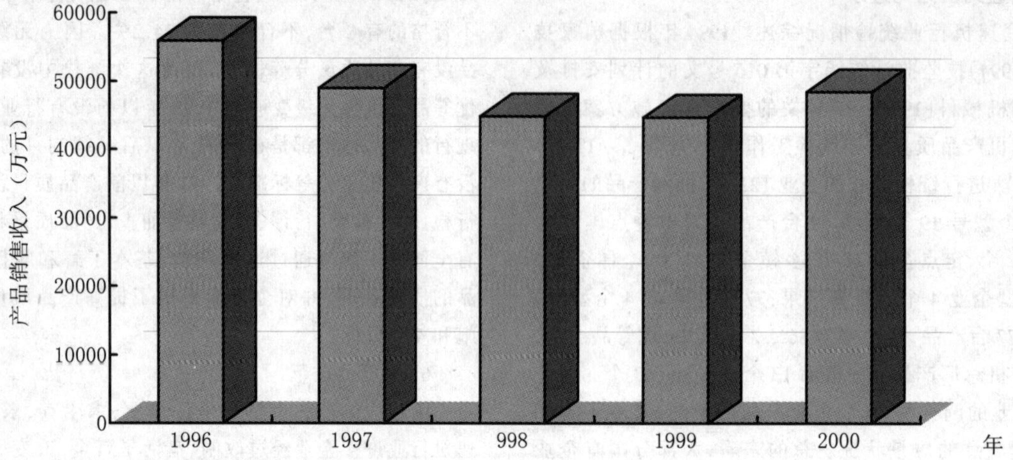

附图 1　1996～2000 年减变速机产品销售收入情况

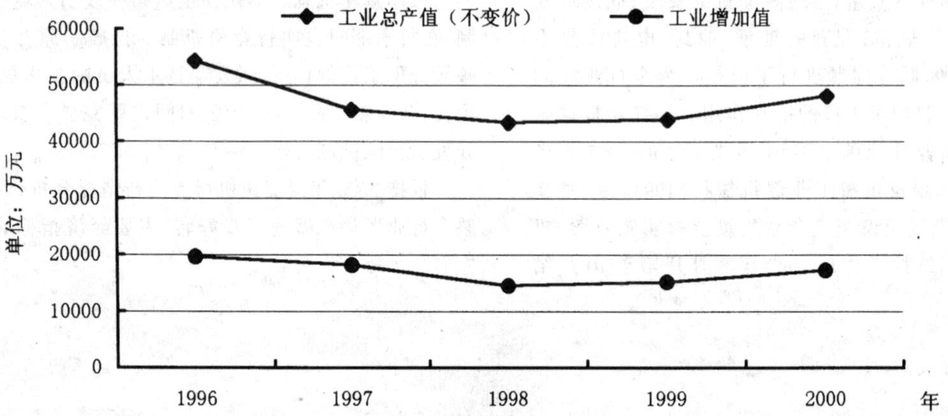

附图 2　1996～2000 年减变速机行业工业产值情况

〔撰稿人:中国通用机械减变速机行业协会蔡福元、李春丽　审稿人:中国通用机械减变速机行业协会王远征〕

China General Machinery Industry Yearbook

中国通用机械工业年鉴

2002

企业概况

企业概况 QIYIEGAIKUANG

China General Machinery Industry Yerqrbook

我们愿选一些有突出业绩的企业，把他的成功经验、独特的发展道路介绍给在通机行业工作的同行们参考、借鉴！

2000年通用机械行业企业销售100强

序号	企业名称	产品销售收入（万元）	工业销售产值（当年价）（万元）	工业总产值（当年价）（万元）	工业增加值（万元）	全年从业平均人数（人）
1	浙江上风集团公司	86006	86006	86768	18058	936
2	杭州制氧机集团有限公司	45158	37849	38480	15853	4488
3	上海压缩机有限公司	36555	35278	34100	8013	2390
4	沈阳鼓风机厂	32450	33168	34195	11940	2552
5	陕西鼓风机(集团)有限公司	32245	32061	32534	10080	3755
6	上海大隆机器厂	31069	30926	36497	7114	2286
7	江苏泰兴减速机厂	29589	30010	30089	7466	1865
8	柳州空压机集团有限责任公司	28862	26843	26633	8850	3854
9	浙江丰球集团公司	25908	25970	26100	4935	483
10	泰州市琼花传动机械总厂	21578	21689	22816	2320	1144
11	山东潍坊生建集团	20369	20234	20169	5012	1353
12	天津大站集团公司	20100	20100	23114	7720	2380
13	无锡压缩机股份有限公司	18262	18142	17989	4582	820
14	广东星光机电有限公司	18053	19495	19153	4576	1038
15	山东双轮集团股份有限公司	17874	16186	16615	4255	1245
16	四川空分设备(集团)有限责任公司	17706	17585	15155	4612	2261
17	长沙通大(集团)有限公司	17548	15747	14055	5869	1845
18	天津泵业机械集团有限公司	16940	12185	12543	5323	1479
19	大连耐酸泵厂	16544	15459	16546	1049	1609
20	上海鼓风机厂有限公司	16511	16553	16762	6165	1373
21	博山水泵厂股份有限公司	16355	19364	20148	6937	2173
22	承德输送机集团有限责任公司	16219	11240	11252	3673	2585
23	吉化集团公司机械厂	16205	16026	18086	5872	2014
24	南京绿洲机器厂	16102	30311	30983	6860	2654
25	开封空分集团有限公司	16012	12255	12556	4288	3555
26	沈阳气体压缩机股份有限公司	15496	17455	18156	5603	2301
27	沈阳水泵股份有限公司	15182	18610	21591	3310	2524
28	上海凯士比泵有限公司	14185	14130	13945	2749	901
29	广东佛山水泵厂有限公司	13659	13659	12971	5378	756
30	石家庄泵业集团有限责任公司	13524	11757	11362	4920	2782
31	天津塘沽瓦特斯阀门有限公司	13193	13109	12995	3201	788
32	江苏泰隆减速机集团公司	13091	11166	11509	3306	1208
33	天津减速机总厂	12495	11927	11277	3797	1528
34	山东省汇丰机械集团总公司	12380	12993	12937	4010	1224
35	南京压缩机股份有限公司	11987	12002	12502	4502	1126
36	广州广一集团有限公司	11735	13150	13325	3761	763
37	成都仪器厂	11424	11934	9901	5722	781
38	福建省三明高中压阀厂	11323	11448	11479	3459	1373
39	广东明珠球阀集团股份有限公司	11308	15245	15182	3037	958
40	南京蓝深制泵集团股份有限公司	10335	9611	7766	2950	614
41	江苏大力集团股份有限公司	10019	10023	8466	3183	900
42	湖北洪城通用机械股份有限公司	9782	8817	8192	4067	829
43	国投南光有限公司	9033	8984	9405	3525	207
44	山东亚龙泵业集团总公司	9000	9020	11090	2300	230
45	浙江开山股份有限公司	8886	8991	9592	2052	483
46	无锡市水泵厂	8870	8797	8612	2324	904
47	高邮市通用过滤机厂	8753	8873	11160	1969	376
48	上海耐莱斯詹姆斯伯雷阀们有限公司	8746	8953	8863	3200	307
49	广东江门电机股份有限公司	8617	8635	9047	2545	1005

（续）

序号	企　业　名　称	产　品销售收入（万元）	工业销售产值（当年价）（万元）	工业总产值（当年价）（万元）	工业增加值（万元）	全年从业平均人数（人）
50	安徽三联泵业股份有限公司	8338	8588	8763	2412	573
51	上海石化机械制造有限公司	8063	13002	12999	4469	1987
52	辽宁国能集团股份有限公司	7436	8666	6340	113	1065
53	上海良工阀门厂	7430	7428	7698	1673	733
54	沈阳化工研究院	7225	5000	12000	1560	1200
55	重庆通用工业(集团)有限责任公司	7038	6263	6725	1739	1921
56	浙江良精阀门集团有限公司	7020	7020	6931	1064	372
57	海城市三鱼泵业有限公司	6980	6981	7694	2543	1587
58	大连高压阀门厂	6691	7209	6609	1204	989
59	长沙鼓风机厂	6528	6449	7167	1895	1431
60	常熟市鼓风机厂	6338	6358	6496	1818	451
61	山东同泰集团股份有限公司	6238	7079	7030	3702	1009
62	重庆江北机械厂	6209	6437	7095	3004	1598
63	宁夏电机有限责任公司	6163	8284	8638	2708	893
64	丹东克隆集团有限公司	6069	7657	7906	2342	427
65	上海开维喜阀门有限公司	6042	6006	5905	301	155
66	北京第一通用机械厂	6009	5065	4995	522	1242
67	南京花冠压缩机有限公司	5980	4957	5418	1441	423
68	四平金丰股份有限公司	5914	4058	4010	1039	759
69	江西气体压缩机有限公司	5843	6263	5779	1854	1312
70	山东淄博博机集团总公司	5698	5698	6276	1433	662
71	浙江五洲阀门有限公司	5660	5660	5985	2034	252
72	苏州制氧机研究所	5573	5638	5959	1377	635
73	安徽省白湖阀门厂	5547	5805	6538	1757	1193
74	无锡通用机器厂	5456	5456	5455	1330	589
75	自贡高压阀门股份有限公司	5403	5350	4982	1484	1324
76	北京仪器厂	5399	5330	5236	1425	678
77	天津市阀门公司	5382	4601	4370	1597	371
78	杭州液压设备有限公司	5288	5571	5571	2245	138
79	成都电力机械厂	5279	3562	3720	1385	891
80	启东阀门厂	5194	5601	6018	1586	500
81	四川华西通用机器公司	5152	5210	5177	435	1230
82	山东益都阀门股份有限公司	5038	4831	4570	1297	1150
83	埃梯梯飞力(沈阳)泵业有限公司	5026	3933	4155	201	90
84	上海通用泵机设备有限公司第一水泵厂	4915	5150	4678	1337	332
85	上海远东制药机械总厂	4906	5722	5503	2841	543
86	江西制氧机厂	4805	5893	5947	2162	1002
87	重庆水泵厂	4765	4667	5169	2320	1258
88	重庆气体压缩机厂	4739	4390	4640	1824	837
89	杭州斯来特泵业有限公司	4656	4494	4377	1406	642
90	西安泵阀总厂	4600	4662	4610	1603	1030
91	三门峡金渠集团化工机械有限公司	4587	4904	5505	1214	1514
92	沈阳潜水电泵股份有限公司	4512	4899	4557	2240	717
93	辽阳制药机械股份有限公司	4468	4088	4716	1372	1805
94	铁岭阀门股份有限公司	4455	4102	4193	1397	1150
95	沈阳空气压缩机制造厂	4432	3625	4313	1441	988
96	石家庄三环阀门股份有限公司	4412	6997	7030	2690	863
97	天津市鼓风机总厂	4402	4242	4239	1852	527
98	上海化工机械厂	4372	4163	3646	69	632
99	蚌埠压缩机总厂	4335	5013	5320	1864	1217
100	吉林市鼓风机厂	4312	3104	5737	864	720

2000年通用机械各分行业产品销售收入排序

泵行业

序号	企业名称	产品销售收入（万元）	序号	企业名称	产品销售收入（万元）
1	浙江丰球集团公司	25908	11	广州广一集团有限公司	11735
2	山东双轮集团股份有限公司	17874	12	南京蓝深制泵集团股份有限公司	10335
3	长沙通大集团长沙水泵厂	17548	13	山东亚龙泵业集团总公司	9 000
4	天津泵业机械集团有限公司	16941	14	无锡市水泵厂	8870
5	大连耐酸泵厂	16544	15	安徽三联泵业股份有限公司	8338
6	博山水泵厂股份有限公司	16355	16	海城三鱼泵业有限公司	6980
7	沈阳水泵股份有限公司	15182	17	山东同泰集团股份有限公司	6238
8	上海凯士比泵有限公司	14185	18	埃梯梯飞力(沈阳)泵业有限公司	5026
9	佛山水泵厂有限公司	13659	19	上海第一水泵厂	4915
10	石家庄泵业集团有限责任公司	13524	20	重庆水泵厂	4765

风机行业

序号	企业名称	产品销售收入（万元）	序号	企业名称	产品销售收入（万元）
1	浙江上风集团公司	86006	11	天津市鼓风机总厂	4402
2	沈阳鼓风机厂	32450	12	吉林市鼓风机厂	4312
3	陕西鼓风机(集团)有限公司	32245	13	四川鼓风机有限责任公司	3279
4	上海鼓风机厂有限公司	16511	14	江苏大通风机股份有限公司	3270
5	山东省汇丰机械集团总公司	12380	15	武汉鼓风机厂	3223
6	重庆通用工业(集团)有限责任公司	7038	16	济南风机厂	2912
7	长沙鼓风机厂	6528	17	湖北省风机厂有限公司	2819
8	常熟市鼓风机厂	6338	18	天津市通风机厂	2777
9	四平金丰股份有限公司	5914	19	上海通风机股份有限公司	2620
10	成都电力机械厂	5279	20	山东省德州市玻璃钢制品总厂	2518

压缩机行业

序号	企业名称	产品销售收入（万元）	序号	企业名称	产品销售收入（万元）
1	上海压缩机有限公司	36555	11	江西气体压缩机有限公司	5843
2	上海人降机器厂	31068	12	华西通用机器公司	5152
3	柳州空压机集团有限责任公司	28862	13	重庆气体压缩机厂	4739
4	无锡压缩机股份有限公司	18262	14	沈阳空气压缩机制造厂	4432
5	沈阳气体压缩机股份有限公司	15496	15	蚌埠压缩机总厂	4335
6	南京压缩机股份有限公司	11987	16	上海东方压缩机厂	3860
7	江苏人力集团股分有限公司	10019	17	南京英格索兰压缩机有限公司	3648
8	浙江开山股份有限公司	8886	18	宁波欣达螺杆压缩机有限公司	2782
9	北京第一通用机械厂	6009	19	无锡压缩机总厂小型压缩机分厂	2304
10	南京华冠压缩机有限公司	5980	20	济南压缩机厂	2228

阀门行业

序号	企业名称	产品销售收入（万元）	序号	企业名称	产品销售收入（万元）
1	天津市大站集团公司	20100	11	浙江五洲阀门有限公司	5660
2	天津塘沽瓦特斯阀门有限公司	13193	12	安徽省白湖阀门厂	5547
3	福建省三明高中压阀门厂	11323	13	自贡高压阀门股份有限公司	5403
4	广东明珠球阀集团股份有限公司	11308	14	天津市阀门公司	5381
5	湖北洪城通用机械股份有限公司	9782	15	启东阀门厂	5194
6	上海N—J阀门有限公司	8746	16	山东益都阀门股份有限公司	5038
7	上海良工阀门厂	7430	17	西安泵阀门总厂	4600
8	浙江良精阀门集团有限公司	7020	18	铁岭阀门有限公司	4455
9	大连高压阀门厂	6691	19	石家庄三环阀门股份有限公司	4412
10	上海开维喜阀门有限公司	6042	20	北京市阀门总厂	4186

气体分离及液化设备行业

（续）

序号	企业名称	产品销售收入（万元）	序号	企业名称	产品销售收入（万元）
1	杭州制氧机集团有限公司	45158	8	哈尔滨环保制氢设备工业公司	2616
2	四川空分设备(集团)有限责任公司	17706	9	邯郸制氧机厂	1760
3	开封空分集团有限公司	16012	10	余杭市通用设备有限公司	1698
4	苏州制氧机有限责任公司	5573	11	哈尔滨环保制氧设备工业公司	1363
5	杭氧液空有限公司	5288	12	自贡市机械一厂	1010
6	江西制氧机厂	4805	13	苏州竞立制氢设备有限公司	343
7	大连林德公司	4185			

真空获得及应用设备行业

序号	企业名称	产品销售收入（万元）	序号	企业名称	产品销售收入（万元）
1	佛山水泵厂	13659	11	兰州真空设备有限责任公司	2603
2	成都仪器厂	11424	12	上海曙光机械制造厂	1991
3	北京仪器厂	5399	13	中国贵航集团贵阳黔江机械厂	1635
4	国投南光有限公司	9033	14	宁波爱发科真空技术有限公司	1587
5	浙江真空设备集团有限公司	4236	15	衡阳市真空机电设备有限公司	1247
6	杭州真空设备厂	3936	16	沈阳真空设备厂	1006
7	淄博真空设备厂	3301	17	沈阳市真空机械三厂	916
8	广东真空设备厂股份有限公司	2985	18	辽宁创业教学仪器有限公司	876
9	上海阀门一厂	2737	19	南京真空泵厂	853
10	上海真空泵厂	2671	20	深圳亨达莱真空技术工程公司	513

分离机械行业

序号	企业名称	产品销售收入（万元）	序号	企业名称	产品销售收入（万元）
1	吉化集团公司机械厂	16205	11	广重离心机制造公司	3923
2	南京绿州机器厂	16102	12	陕西汉中变压器有限公司	3534
3	高邮市通用过滤机厂	8753	13	浙江建华压滤机有限公司	3526
4	上海石化机械制造有限公司	8063	14	安庆船用柴油机厂	3412
5	重庆江北机械厂	6209	15	杭州化工机械厂	3274
6	无锡通用机械厂	5456	16	石家庄新生机械厂	2429
7	上海远东制药机械总厂	4906	17	湘潭离心机厂	2125
8	辽宁制药机械股份公司	4468	18	杭州防腐设备有限公司	1962
9	上海化工机械厂	4372	19	浙江轻机实业有限公司	1887
10	杭州兴源过滤机有限公司	4043	20	靖江赛德力制药机械公司	1718

干燥设备行业

序号	企业名称	产品销售收入（万元）	序号	企业名称	产品销售收入（万元）
1	承德输送机集团有限责任公司	16219	11	山东天力干燥设备有限公司	2763
2	辽宁国能集团股份有限公司	7436	12	锡山市昂益达干燥设备厂	2566
3	沈阳化工研究院	7225	13	东台市食品机械厂	2332
4	上海远东制药机械总厂	4906	14	常州市一步干燥设备厂	2181
5	三门峡金渠集团化工机械有限公司	4587	15	黑龙江白桦清选机械厂	2140
6	浙江真空设备集团公司	4236	16	浙江尔乐干燥设备厂	2100
7	锡山市林洲干燥机厂	3600	17	解放军三四一九工厂	1516
8	淄博真空设备厂	3396	18	靖江星轮高速机电设备制造公司	1358
9	辽宁开原立达(集团)公司	3246	19	上海医用分析仪器厂	1327
10	江苏省范群干燥设备厂	3058	20	哈尔滨东宇农业工程机械有限公司	1246

减变速机行业

（续）

序号	企业名称	产品销售收入（万元）	序号	企业名称	产品销售收入（万元）
1	江苏省泰兴减速机厂(集团)	29589	11	武进市牛塘特种轴承厂	2955
2	泰州市琼花传动机械总厂	21578	12	温州三联集团有限公司	2631
3	广东星光机电有限公司	18053	13	温州市江南减速机厂	2147
4	江苏泰隆减速机集团公司	13091	14	宁波中意液压马达有限公司	1887
5	天津减速机总厂	12495	15	常州减速机总厂	1510
6	广东江门电机股份有限公司	8617	16	秦川机床集团有限公司减速机厂	1426
7	山东淄博博机集团总公司	5698	17	上海浦南传动机械有限公司	1284
8	杭州减速机厂	3059	18	宁波市摆线减速机厂	1164
9	上海市减速机械厂	3034	19	无锡中策太湖化工机械有限公司	1080
10	浙江通力变速机械有限公司	2989	20	大连橡胶塑料机械厂工业公司	1074

2000年通用机械各分行业工业增加值排序

泵行业

序号	企业名称	工业增加值（万元）	序号	企业名称	工业增加值（万元）
1	博山水泵厂股份有限公司	6937	11	南京蓝深泵集团股份有限公司	2950
2	长沙通大集团长沙水泵厂	5869	12	上海凯士比泵有限公司	2749
3	佛山水泵厂有限公司	5378	13	海城三鱼泵业有限公司	2543
4	天津泵业机械集团有限公司	5323	14	安徽三联泵业股份有限公司	2412
5	浙江丰球集团公司	4935	15	无锡市水泵厂	2324
6	石家庄泵业集团有限公司	4920	16	重庆水泵厂	2320
7	山东双轮集团股份有限公司	4255	17	山东亚龙泵业集团总公司	2300
8	广州广一集团有限公司	3761	18	沈阳潜水电泵股份有限公司	2240
9	山东同泰集团股份有限公司	3702	19	安徽莱恩电泵有限公司	1969
10	沈阳水泵股份有限公司	3310	20	西安泵阀总厂	1603

风机行业

序号	企业名称	工业增加值（万元）	序号	企业名称	工业增加值（万元）
1	浙江上风集团公司	18058	11	江苏大通风机股份有限公司	1540
2	沈阳鼓风机厂	11940	12	成都电力机械厂	1358
3	陕西鼓风机(集团)有限公司	10080	13	武汉鼓风机厂	1264
4	上海鼓风机厂有限公司	6165	14	无锡中策机电设备有限公司	1215
5	山东省汇丰机械集团总公司	4010	15	济南风机厂	1168
6	长沙鼓风机厂	1895	16	山东省文登风机厂	1162
7	天津市鼓风机总厂	1852	17	天津市通风机厂	1102
8	常熟市鼓风机厂	1818	18	上海通用风机股份有限公司	1094
9	重庆通用工业(集团)有限责任公司	1739	19	宁波风机有限公司	1068
10	四平金丰股份有限公司	1659	20	石家庄市风机厂	1006

压缩机行业

序号	企业名称	工业增加值（万元）	序号	企业名称	工业增加值（万元）
1	柳州空压机集团有限责任公司	8850	6	无锡压缩机股份有限公司	4582
2	上海压缩机有限公司	8013	7	南京压缩机股份有限公司	4502
3	上海大隆机器厂	7114	8	江苏大力集团股份有限公司	3183
4	沈阳气体压缩机股份有限公司	5603	9	浙江开山股份有限公司	2052
5	山东潍坊生建集团	5012	10	蚌埠压缩机总厂	1864

（续）

序号	企业名称	工业增加值（万元）	序号	企业名称	工业增加值（万元）
11	江西气体压缩机有限公司	1854	16	上海东方压缩机厂	999
12	重庆气体压缩机厂	1824	17	安庆四八一二工厂	935
13	南京华冠压缩机有限公司	1441	18	浙江省衢州煤矿机械总厂	889
14	沈阳空气压缩机有限公司	1441	19	青岛空气压缩机厂	799
15	南京英格索兰压缩机有限公司	1170	20	广州市空气压缩机厂	760

阀门行业

序号	企业名称	工业增加值（万元）	序号	企业名称	工业增加值（万元）
1	天津市大站集团公司	7720	11	西安泵阀总厂	1603
2	湖北洪城通用机械股份有限公司	4067	12	天津市阀门公司	1597
3	福建省三胡高中压阀厂	3459	13	启东阀门厂	1586
4	天津塘沽瓦特斯阀门有限公司	3201	14	石家庄阀门一厂有限公司	1494
5	上海耐莱斯詹姆斯伯雷阀门有限公司	3200	15	自贡高压阀门股份有限公司	1484
6	广东明峡球阀集团股份有限公司	3037	16	长沙市阀门厂	1466
7	石家庄三环阀门股份有限公司	2690	17	成都乘风阀门有限责任公司	1426
8	浙江五洲阀门有限公司	2034	18	铁岭阀门股份有限公司	1397
9	安徽省白湖阀门厂	1757	19	山东益都阀门股份有限公司	1297
10	上海良工阀门厂	1673	20	浙江正华阀门厂	1286

气体分离设备行业

序号	企业名称	工业增加值（万元）	序号	企业名称	工业增加值（万元）
1	杭州制氧机集团有限公司	15853	6	苏州制氧机有限责任公司	1377
2	四川空分设备(集团)有限责任公司	4612	7	大连林德公司	1121
3	开封空分集团有限公司	4288	8	余杭市通用设备有限公司	413
4	杭氧液空有限公司	2245	9	自贡市机械一厂	191
5	江西制氧机厂	2162	10	邯郸制氧机厂	152

真空获得及应用设备行业

序号	企业名称	工业增加值（万元）	序号	企业名称	工业增加值（万元）
1	宁波爱发科真空技术有限公司	7709	11	杭州真空设备厂	751
2	成都仪器厂	5722	12	沈阳真空设备厂	697
3	佛山水泵厂	5377	13	上海阀门二厂	572
4	国投南光有限公司	3525	14	上海曙光机械制造厂	517
5	浙江真空设备集团有限公司	2244	15	辽宁创数教学仪器有限公司	451
6	北京仪器厂	1425	16	辽阳北方真空设备厂	445
7	淄博真空设备厂	1132	17	南京真空泵厂	408
8	广东真空设备厂股份有限公司	945	18	中国贵航集团黔江机械厂	372
9	上海真空泵厂	911	19	沈阳真空机械三厂	344
10	兰州真空设备有限责任公司	798	20	抚顺真空设备厂	328

分离机械行业

序号	企业名称	工业增加值（万元）	序号	企业名称	工业增加值（万元）
1	南京绿洲机器厂	6860	11	安庆船用柴油机厂	1343
2	吉化集团公司机械厂	5872	12	无锡通用机械厂	1330
3	上海石化机械制造有限公司	4469	13	杭州防腐设备有限公司	1019
4	重庆江北机械厂	3004	14	浙江轻机实业有限公司	980
5	上海远东制药机械总厂	2841	15	浙江建华压滤机有限公司	954
6	高邮市通用过滤机厂	1969	16	湘潭离心机厂	929
7	杭州兴源过滤机有限公司	1801	17	石家庄新生机械厂	609
8	杭州化工机械厂	1565	18	靖江赛德力制药机械公司	599
9	陕西汉中变压器有限公司	1526	19	广重离心机制造公司	530
10	辽阳制药机械股份有限公司	1372	20	金华铁路机械厂	526

干燥设备行业

（续）

序号	企业名称	工业增加值（万元）	序号	企业名称	工业增加值（万元）
1	承德输送机集团有限责任公司	3673	11	黑龙江白桦清选机械厂	762
2	上海远东制药机械总厂	2885	12	淄博真空设备厂	700
3	浙江真空设备集团公司	2244	13	阿城市机械工业有限责任公司	700
4	浙江尔乐干燥设备厂	2050	14	山东天力干燥设备有限公司	610
5	沈阳化工研究院	1560	15	东台食品机械厂	562
6	江苏省范群干燥设备厂	1251	16	辽宁开原立达(集团)公司	552
7	三门峡金渠集团化工机械有限公司	1214	17	锡山市昂益达干燥设备厂	523
8	锡山市林洲干燥机厂	1132	18	常州市一步干燥设备厂	518
9	上海医用分析仪器厂	1000	19	常州市明星干燥设备厂	365
10	靖江星轮高速机电设备制造公司	918	20	常州振兴干燥设备厂	322

减变速机行业

序号	企业名称	工业增加值（万元）	序号	企业名称	工业增加值（万元）
1	江苏省泰兴减速机厂	7466	11	杭州减速机厂	1064
2	广东星光机电有限公司	4576	12	江阴市明友减速机械有限公司	727
3	天津市减变速机总厂	3797	13	宁波中意液压马达有限公司	716
4	江苏泰隆减速机集团公司	3306	14	武进市牛塘特种轴承厂	621
5	广东江门电机股份有限公司	2545	15	温州三联集团有限公司	554
6	泰州市琼花传动机械总厂	2320	16	无锡中策太湖化工机械有限公司	416
7	山东淄博博机集团总公司	1433	17	永嘉县飞龙减速机厂	383
8	上海市减变速机械厂	1410	18	河北北方减速机有限公司	380
9	浙江通力变速机械有限公司	1305	19	温州市江南减速机厂	368
10	常州减变速机总厂	1123	20	大连橡胶塑料机械厂工业公司	356

通用机械行业上市公司分析

截止到2001年6月底，深沪两市通用机械类上市公司共14家，其中包括2001年上市的冰山橡塑、广东明珠、特精股份和洪城股份4家。目前的14家上市公司覆盖了泵、阀门、风机、冷冻设备、印刷机械、橡塑机械等6大类产品。其中阀门行业4家、泵行业2家，冷冻设备制造业5家、橡胶工业设备制造业2家、印刷设备制造业1家。由于每个分行业的上市公司数量较少，加上有的企业主要产品涉及两类或两类以上产品，因此本文不进行进一步的细分描述。

2000年通用机械14家上市公司的总股本为245 687万股，占机械工业上市公司的4.44%。

一、盈利能力分析

1. 单位收益呈下降趋势

1998～2000年通用机械行业上市公司和机械行业上市公司及全部上市公司收益对比情况见表1。

2000年，整个机械行业上市公司运行状况不佳，平均每股收益由1999年的0.196元下降到0.126元，净资产收益率由1999年的7.76%下降到4.46%，单位收益大幅下降，远低于沪深两市上市公司的总体水平。2000年通用机械行业平均每股收益0.128元，略高于机械行业平均水平，但低于1 000多家上市公司总体水平；每股净资产1.964元，比机械行业平均值低0.756个百分点，比全部上市公司总平均值低0.608个百分点；通用机械行业上市公司净资产受益率2000年比1998年下降7.59个百分点，比机械行业的下降幅度高出4.99个百分点，比全部上市公司低8.01个百分点。这说明通用机械上市公司的单位收益虽然略高于机械工业的平均水平，但近年呈下降的趋势，而且下降的速度高于机械行业平均下降的速度。从表1可以看出，通用机械行业上市公司近年的盈利能力在减退，尤其是净资产收益率更是大幅下降，这与通用机械行业的整体不太景气有关。

表 1　1998～2000 年通用机械行业上市公司和机械行业上市公司及全部上市公司收益对比情况

项　　目	每股收益(元)			每股净资产(元)			净资产收益率(%)		
	1998 年	1999 年	2000 年	1998 年	1999 年	2000 年	1998 年	1999 年	2000 年
全部上市公司	0.18	0.199	0.203	2.48	2.42	2.65	7.24	8.21	7.66
机械行业上市公司(176 家)	0.16	0.196	0.126	2.49	2.53	2.72	7.24	7.76	4.64
通用机械行业上市公司(14 家)	0.18	0.18	0.128	1.90	1.98	1.96	9.97	9.48	2.38

2. 主营业务集中度较强

2000 年，我国通用机械行业上市公司主营业务收入 336 967万元，比上年的 336 992 万元减少 25 万元，这与通机行业上市公司盈利能力下降相符。2000 年 14 家上市公司的主营业务占通用机械行业产品销售收入的 8.97%，比 1999 年的 9.88% 下降 0.9 个百分点；2000 年主营业务利润占行业利润总额的 54.64%，比上年的 90.17% 减少 35.53 个百分点。从中可以看出，14 家上市公司主营业务利润近年虽然在下降，这与行业利润率下降和企业之间竞争有关，但在行业中所占的比重还是比较高，2000 年也超过 50%。也可以说明这 14 家公司在通用机械行业中的盈利能力较强。1998～2000 年 14 家上市公司盈利情况见表 2。

表 2　1998～2000 年通用机械行业上市公司盈利情况

股票代码	股票名称	主营业务收入(万元)			主营业务利润(万元)		
		1998	1999	2000	1998	1999	2000
000530	大冷股份	65144	72059	80068	11914	13316	13951
000777	中核科技	26758	25493	20016	7024	6120	5208
000811	烟台冰机	19579	25085	28962	6851	6963	7542
000893	广州冷机	33535	25643	13881	10608	6563	362
000908	天一科技	8638	13599	18927	375	5314	5497
000967	上风高科	10916	13558	13912	5676	6752	6634
600346	冰山橡塑	20254	20049	21091	6600	6570	6795
600382	广东明珠	12938	32292	34326	4600	5363	6270
600468	特精股份	14669	14530	15086	5197	4198	4364
600566	洪城股份	6507	8194	9782	2089	2926	2909
600605	轻工机械	35232	27115	21975	2940	3326	2093
600753	ST 冰熊	16406	9707	10340	4713	1976	1610
600765	力源液压	4456	3685	4395	1492	1160	1389
600860	北人股份	45796	45983	44206	15507	15838	14675
合　　计		320828	336992	336976	88976	86385	79299

从表 2 可以看出，通用机械行业上市公司的主营业务收入、主营业务利润近 3 年有一定的增减变化，其中主营业务收入 2000 年比 1998 年增长 5.03%，但与 1999 年相比，略有降低；主营业务利润 2000 年比 1998 年降低 10.88%，比 1999 年降低 8.20%。这说明上市公司的盈利能力近年在减弱。另外从主营业务利润率看，1998 年为 31.92%、1999 年为 28.28%、2000 年为 24.85%，这项指标近 3 年每年下降的幅度都在 3 个百分点以上。从这两方面可以看出，我国通用机械行业上市公司近年的盈利能力逐年在下降。但是从国家统计局和中国通用机械工业协会对 12 个行业的统计来看，近 3 年通用机械行业的盈利能力是在提高。通用机械行业的盈利能力虽然在提高，但行业上市公司的盈利能力却在下降，这与行业的发展相违背。

从具体上市公司看，主营业务收入近年增加的有 6 家企业，减少的有 4 家，略有起伏的有 4 家。其中 2000 年主营业务收入比 1998 年增加最快的为广东明珠，增加 21 388 万元，增长 165.31%；减少最多的为广州冷机，共减少 19 654 万元，下降 58.61%。盈亏相抵后，2000 年上市公司主营业务收入比 1998 年增加 16 139 万元，增长 5.03%。2000 年主营业务收入比 1999 年增加最多的为大冷股份，增加 8 009 万元，增长 11.11%；下降最快的为广州冷机，共减少 11 762 万元，下降 45.87%。盈亏相抵后，2000 年比 1999 年主营业务收入减少 25 万元。其中广州冷机连续两年主营业务收入为通机行业上市公司下降最多的公司。从主营业务利润增减情况看，2000 年主营业务利润比 1998 年增加最多的为大冷股份，增加 2 037 万元，增长 17.10%；减少最多的为广州冷机，减少 10 246 万元，下降 96.59%；2000 年与 1999 年相比，主营业务利润增加最快的为广东明珠，907 万元，增长 16.91%；减少最快的为广州冷机，减少 6 201 万元，下降 94.48%。总体上市公司主营业务利润 2000 年比 1998 年减少 9 677 万元，比 1999 年减少 7 086 万元。从中可以看出，通用机械行业上市公司近年发展比较好的企业为广东明珠、冰山橡塑、大冷股份、烟台冰机、天一科技；而广州冷机、ST 冰熊、轻工机械等企业的收益则大幅下降。

3. 不同类型产品盈利能力的界线依稀可见

2000 年通用机械行业 14 家上市公司主要财务指标情况见表 3。

表 3　2000 年通用机械行业 14 家上市公司主要财务指标情况

股票代码	股票名称	主营业务利润率(%)	净资产收益率(%)	存货周转率(%)	总资产周转率(次)	流动比率(倍)	速动比率(倍)
000530	大冷股份	17.42	7.09	1.72	9.38	1.54	0.89
000777	中核科技	26.02	7.36	2.07	4.12	2.39	1.79
000811	烟台冰机	26.04	10.44	1.54	34.62	1.19	0.62
000893	广州冷机	2.61	-20.20	0.65	0.14	1.24	0.82
000908	天一科技	29.04	9.42	2.31	0.27	3.02	2.62
000967	上风高科	47.69	8.76	4.98	0.28	7.08	6.76
600346	冰山橡塑	32.22	10.60	1.27	-3.50	1.17	0.54
600382	广东明珠	18.27	14.18	2.94	6.44	1.12	0.73
600468	特精股份	28.93	12.55	1.42	20.67	1.47	0.97
600566	洪城股份	29.74	10.39	2.09	13.57	1.23	0.77
600605	轻工机械	9.53	2.63	0.72	-3.27	1.55	0.55
600753	ST 冰熊	15.58	-45.50	0.52	-4.58	0.89	0.26
600765	力源液压	31.61	0.22	0.93	-1.44	6.22	4.32
600860	北人股份	33.20	5.28	0.67	16.49	2.03	0.63

4. 费用控制不力，净利润增长缓慢

1998~2000 年上市公司净利润情况见表 4。

表 4　1998~2000 年上市公司净利润情况

股票代码	股票名称	净利润(万元)		
		2000 年	1999 年	1998 年
000530	大冷股份	7815	7106	7053
000777	中核科技	2108	2523	2841
000811	烟台冰机	2783	2684	2082
000893	广州冷机	-9230	1453	5061
000908	天一科技	4625	5680	2934
000967	上风高科	3764	3564	2937
600346	冰山橡塑	1380	1199	1207
600382	广东明珠	2341	2054	1544
600468	特精股份	1724	1310	1450
600566	洪城股份	1455	1702	1063
600605	轻工机械	847	3194	2478
600753	ST 冰熊	-4370	115	2706
600765	力源液压	41	-746	604
600860	北人股份	5142	4885	4584

通用机械行业的产品类型众多，不同类型产品的盈利能力存在比较清晰的界线。2000 年通用机械行业的主营业务利润率为 24.85%，行业的盈利能力比较理想，其中主营冷冻设备制造业的上风高科的获利能力最强，主营业务利润率高达 47.69%，高出行业平均水平 22.84 个百分点；主营印刷机械的北人股份，主营橡胶工业设备的冰山橡塑和主营泵的力源液压紧随其后，主营业务利润率分别为 33.2%、32.22%和 31.64%，分别高出行业平均水平的 8.35、7.37、6.79 个百分点；主营冷冻设备的广州冷机的经营状况较差，主营业务利润率为 2.61%，低于同样经营冷冻设备的上风高科 45.08 个百分点，也低于行业平均水平 22.24 个百分点。

上市公司净利润 2000 年比 1999 年下降 44.38%，1999 年比 1998 年下降 4.72%，净利润增长速度近年大幅度减少，远低于主营业务收入和主营业务利润的增长。主要是由于上市公司的各种费用快速增加所致。部分公司由于费用的高速增长，经营效益大幅下滑，如天一科技主营业务收入 2000 年比 1999 年增长 39.18%，主营业务利润增长 3.44%，但由于费用增长的原因，使得公司净利润增长率为 -18.577%，增长速度低于主营业务利润增长速度 22.01 个百分点，中核科技、轻工机械也都由于费用的大幅增长，使得净利润出现负增长。从中可以发现，尽管该行业的平均主营业务收入、主营业务利润和净利润都有不同程度的增长，但平均每股收益、净资产收益率却出现了负增长。

5. 业务经营多元化

由表 2 可见，通用机械行业上市公司的主营业务经营状况尚可，14 家上市公司中，主营业务收入 2000 年比 1999 年增长的公司有 10 家，增长率超过 10%的有 4 家，分别为天一科技、洪城股份、力源液压和大冷股份；主营业务收入出现负增长的也有 4 家，分别为广州冷机、轻工机械、北人股份、中核科技。其中特精股份、冰山橡塑、洪城股份和广东明珠均为新上市公司，可见新上市公司的主业经营状况并不都是乐观的。主营业务利润 2000 年比 1999 年增长的公司有 7 家，负增长的 7 家，增长率在 10%以上的公司有 2 家，分别为力源液压和广东明珠；增长率在 -10%以下有 3 家，分别为广州冷机、ST 冰熊和中核科技，其中广州冷机更是高达 -94.48%。由此可见，行业内主业经营两极分化日趋严重。净利润增长的公司有 8 家，在这些公司中，仅有广东明珠、大冷股份是实实在在的依靠主业增长实现的，其他几家如特精股份净利润增长率高达 31.6%，但其主营业务利润增长率仅为 3.93%，净利润的大幅增长主要依靠非经常性收益和其他业务受益，北人股份和上风高科净利润增长率虽然分别高达 5.26%和 5.61%，但两家公司的主营业务利润均为负增长，净利润的增长主要得益于非经常性收益增加，以及实际所得税率的下降，而增长幅度则由于 1999 年净利润基数较小取得了放大效应。

洪城公司的利润总额在 1999 年度及 2000 年度分别比上年增加 747 万元和 180 万元，分别增长 59.45%和 9%。1999 年利润总额增长主要是主营业务利润比上年增加 837 万元，增幅 40%所致。2000 年度利润总额增幅比 1999 年下降，一方面是公司快速发展、前期业绩基数加大，另一方面与公司规范管理、增加相应投入有关。但 9%的利润增幅仍说明公司具有较强的盈利能力。洪城股份主营业务利润虽然在整个公司的利润总额中占有重要的地位，但其他业务利润对公司的贡献也较大，1998～2000年度其他业务利润分别是464万元、528万元、525万元，占当年公司利润总额的37%、26.4%、24%，比重较大且相对稳定。

二、财务状况分析

由表3可见，通用机械行业总体财务状况良好，资产结构有所改善；行业平均流动比率由1999年的2.35次下降到2000年的2.30次，平均速动比率由1999年1.55次上升到1.59次，表明短期偿债能力有较大幅度的提高。2000年通用机械行业上市公司存货周转率为1.70次，总资产周转率为6.66次，比上年都有一定程度的增加，这说明通用机械行业上市公司的经营状况尚可。行业上市公司能有这样较好的经营状况，一方面与各上市公司纷纷加大销售力量、不断开拓市场有关，另一方面与各上市公司加大产品开发力度、缩短产品生产周期有关。如天一科技2000年主营业务收入为18927.21万元，比上年增加5328.32万元，增幅39.18%，这主要是公司大力开拓市场所致；利润为5411.39万元，比上年减少1123.45万元，减幅17.19%，公司净利润为4624.94万元，较上年减少1054.70万元，主要因为：(1)公司为提高市场占有率，降低了部分产品售价；(2)公司扩大了生产经营规模，导致期间费用有所增加。

从中可以看出，虽然目前通用机械行业大部分上市公司的财务状况尚好，但也不排除个别公司财务状况欠佳，如广州冷机2000年主营业务利润率为2.61%，比1999年减少22.99个百分点，比1998年减少29.02个百分点；流动比率、速动比率2000年为1.24倍、0.82倍，比上年都有所降低；2000年主营业务收入和主营业务利润更是较上年大幅下降，2000年主营业务利润增长率高达－94.48%。很显然公司经营已经陷入困境。另外，特精股份每股经营活动产生的现金流2000年为0.57元，2001年上半年为0.21元。资产负债连续3年都在60%以上，2000年为62.98%，这说明特精股份的资金回笼情况不是很理想。特精股份是2001年新上市公司，资金上暂时不会出现危机，但如果长期以往，公司经营有可能出现困难，所以特精股份应该加强市场营销力度，尽量减少库存，同时加快应收帐款的回笼。

三、重点公司分析

综合通用机械行业各上市公司的主要经营指标和财务指标，可以发现在该行业内，拥有核心技术、竞争优势明显的企业以及能提供大型、特型通用机械的企业，在近两年均持快速增长态势，相信随着“十五”发展战略的逐步实施，这部分企业在未来几年仍将得到长足的发展，具有较好的投资机会。但部分公司却由于产品技术相对落后、产品结构不佳、机制不够灵活等原因，处于微利甚至亏损的状态。如主营冷冻设备制造业的广州冷机，1999年盈利，2000年则出现巨额亏损。而主营泵的力源液压1999年比1998年亏损1 350万元，而2000年则扭亏为盈，实现净利润41万元。这说明通用机械行业市场竞争较为激烈，企业若不加强市场开拓和管理水平，则有可能陷入亏损境地；若企业在经营管理、新产品开发等方面加大力量，则企业必大有可为。

1．广东明珠(600382)

广东明珠的主导产品球阀广泛应用于石油、化工、轻工、食品、制药、纺织、冶金、机械、航天等多个行业。2000年广东明珠通过强化内部管理，调整企业经营策略，全力开拓国内外两个市场，并通过技术创新，不断推出新产品，加大产品的技术含量，增强了产品竞争力。2001年上半年完成主营业务收入18 002.89万元，同比增长27.25%；净利润1 457.18万元，利润总额2 416.57万元，同比增长16.29%。

广东明珠2000年虽然圆满完成生产经营目标，取得了预期的经营业绩。然而，由于我国阀门工业从规模、技术含量、应用范围等方面与发达国家之间还存在一定的差距。因此如何尽快拉近与发达国家行业上的技术距离，加快技术改造步伐，促使新产品开发成果的迅速转化仍是公司当前面临的主要问题。广东明珠应在努力提高管理水平的前提下，及时调整经营策略，强化营销管理，为公司在新世纪的发展奠定坚实基础，取得较好经济效益。

2．洪城股份(600566)

洪城股份主要从事中低压阀门及水工环保设备的开发、生产和销售，已获国家科技部认定的国家火炬计划重点高新技术企业。1999年，通过中国科学院和国家科技部组织的高新技术企业认定——“双高认证”。

目前我国阀门行业上市公司共有3家，即中核科技、广东明珠和洪城股份，其中洪城股份与中核科技在闸阀和蝶阀生产方面处于相对垄断的地位，其中中核股份以中高压、小口径为主，而洪城股份的中低压、大口径产品的技术则处于行业领先水平。洪城股份的产品主要用于水利、电力，属单件小批量生产，产品单价及利润均高出同行业其他产品的平均水平。

洪城公司成立5年来，开发具有主导性质的新产品35项，并在冶金、电力、建材、石油化工、水利、农田排灌、城市给排水等领域得到广泛的推广和应用，共取得22项专利，其中仍在保护期以内的有11项实用新型专利。经过各方面的努力，2001年上半年洪城股份实现主营业务收入6 428.91万元，净利润1 103.1万元，利润总额达1 099.16万元，比上年增长8.99%。

3．大冷股份(000530)

大冷股份是国内最大的制冷设备生产企业，在国内市场有一定的优势。其主要产品有用于国防、科研、石油、化工、纺织、医药、发电、农牧渔和饮食服务等行业的活塞式、螺杆式、离心式制冷压缩机以及压力容器、组合库、气调保鲜库等，共计5个系列、6大成套设备。

2001年上半年，大冷股份围绕市场开拓、调整与改造、管理与效益、干部与人才等4个方面进行了积极的创新。加快了“走出去”战略的推进速度，首次到海外投资建厂；采用新的承包机制和售后服务机制，更好地调动了销售人员的积极性，切实将售后服务工作融入了市场；以合资合作为首选，同时注重利用高新技术改造传统产品；成立物资采购招标委员会，首次以公开招标方式采购物资，通过公开招标，较好地确保采购过程中的集体决策和透明化，有效控制采购成本，从而提高公司效益。面对加入WTO后全球竞争的压力，公司早已开办合资公司、发行B股、扩大海外市场等方式准备好了应对之策。1998年该公司成功地发行了B股，并引入日本三洋电机株式会社作为战略投资者，率先实现了资本市场上与国际接轨，为参与国际竞争打下了良好基础。2000年上半年，合资企业市场开拓有了突破性进展。大冷王、三洋家电销售收入同比增长在90%以上，三洋空调机、明华电子、大洋汽车空调同比增长40%以上。通过努力，2001年上半年，公司实现主营业务收入45 046万元，同比增长9.15%；实现净利润4 142万元，同比增长10.95%。

4. 力源液压(600765)

力源液压主营工程机械配套用高压柱塞泵、马达、轿车配套球笼式等速万向节的生产销售。由于该公司主导产品液压泵、马达是与工程机械配套，并为之提供动力源泉，其市场销量的大小一定程度受到主机销售情况的影响。2001年上半年，随着主机市场销售的逐步转好，该公司产品销量有所增加，部分新品市场需求量较大；经过近几年的开发，外贸市场逐步扩大，外贸出口增势迅猛。此外，公司加大了有市场销路的球笼式等速万向节生产研制，保证了球笼式等速万向节在市场竞争十分激烈的形势下，产销量与上年同期基本持平。2001年上半年，公司完成工业产值2 291万元，比上年同期增长了3.67%；完成销售收入2 537万元，比上年同期增长了24%。其中：国内液压件增长21.5%，外贸出口增长588.5%，球笼式等速万向节下降10.3%。

力源液压投资的高压柱塞泵、马达"双加"技改等项目仍未能产生效益。入世后，该公司生产并与之配套的轿车球笼式等速万向节产品面临再次降价的局面，如不能尽快调整产品结构、消化各种减利因素，其发展将受到较大制约。

5. 天一科技(000908)

天一科技主营系列稠油泵、油气混输泵、工业潜污泵、系列潜水电泵、系列高低压成套开关设备、高压真空断路器、六氟化硫断路器的制造和销售及自营机电进出口业务等。其中小型潜水电泵的产销量在国内为前三名，并出口东南亚地区；油泵系列产品成功进入国内各主要油田，并出口中东、东南亚和南非等地。占公司主营业务收入10%以上的业务主要来自稠油泵、螺杆混输泵、潜水电泵及电机、电器开关设备等。

面对行业竞争的日益加剧和世界著名公司强有力的竞争，天一科技将依托资本市场和国防科技大学计算机学院雄厚的科研实力，大力发展新的产业，开拓新的经济增长点。2000年10月天一科技与国防科技大学计算机学院签署合作协议，在长沙市高新技术开发区注册成立了湖南天一银河信息产业有限公司，开始进入IT产业。湖南天一银河信息产业有限公司主营计算机软、硬件及其他计算机网络产品的研究、开发、设计、生产与销售，注册资本10 000万元，本公司占99%的股份，2000年度实现销售收入951万元。

6. 冰山橡塑(600346)

冰山橡塑主营橡胶机械专用设备、塑料机械专用设备及其零部件的开发、研制和销售。该公司是国内最早从事橡胶塑料机械生产的专业厂家之一，被列为国家大型橡胶塑料机械产品的出口基地。

该公司经过多年的开发与技术进步，坚持高起点的扩充与改造，目前产品主要有橡胶、塑料密炼生产线等22个系列，上百个品种，近300个规格。通过多年的发展壮大，现该公司的主导产品如大型开炼机、万吨级以上双螺杆挤出机、压延机等市场占有率均在50%以上。该公司拥有一批专业科研队伍和新产品的研发能力，在国内建立了比较完善的销售网络系统，并在国外设有销售办事处和代理商，产品远销世界60多个国家和地区。

过去三年，冰山橡塑的大型产品如2m宽以上的压延生产线、160L以上的密炼机、10m以上的复合膜吹塑机组等产品的市场份额稳中有升，小型产品的市场份额有所下降，下降的主要原因是从事小型橡塑机械产品生产经营的企业数目众多，竞争激烈。随着该公司管理体制改革的不断深入以及各种产品结构的不断调整，冰山橡塑在高科技含量、高附加值产品方面的市场份额将会越来越大。

7. 北人股份(600860)

北人股份是国内印刷机械行业的龙头企业，2000年完成销售收入4.4亿元，比列第二位的上海高斯印刷设备有限公司多出一倍。2001年上半年北人股份随着国家对进口印刷机免税政策的取消，主营业务收入获得大幅提升，达3 520万元，比上年同期增长66.87%，净利润达3 235.5万元，同比增长54.27%。北人股份取得如此业绩，主要因为：(1)产品结构调整见成效，收购资产和造币机将成为公司新的利润增长点。2000年北人股份从母公司购入的优质资产卷筒纸印刷机在2001年已开始贡献利润，2001年中报显示卷筒纸印刷机的销售收入占主营业务收入的25.2%，占主营业务利润的23%；(2)建立独立的销售网络，与当前国内印机行业的现实情况一致，北人股份的主攻市场是国内市场，其内销产品占全部产品的99%以上。在激烈的市场竞争中，北人股份逐步建立了自己的覆盖全国8大区域的销售网络，近日，股份公司与北人集团终止了长达8年中国产品的独家销售代理协议，销售费用的下降有助于降低产品成本，提高盈利水平，同时也减少了与母公司关联交易的数量。

北人股份2001年上半年整体指标较好，经济运行质量得到改善，盈利水平回升，有些指标已摆脱近年来徘徊不前的状态，出现了大幅增长的良好趋势。实现主营业务收入35 203万元，比上年同期增长66.87%，这些业绩的取得主要来自上年收购优质资产的结果，是公司竞争力得到加强的结果。

今后通用机械行业随着我国机械工业的整体发展会有一个较大的发展，而行业内竞争力较强的上市公司也会有所发展，但其发展会受到来自国内同行之间的激烈竞争干扰，同时还得面对来自世界公司的挑战。竞争的结果必然出现一批机制健全、技术先进、管理合理、经营有特点的各种不同性质的公司，这些公司不论从新产品研制、市场开拓、售后服务，还是企业经营管理、产品质量等方面都有竞争力，而且产品也更加适合消费需求，企业盈利能力加强，投资机会增多。

〔撰稿人：机械工业信息研究院产业与市场研究所郦恩年〕

深化改革 创新发展

艰苦创业 熔铸辉煌

——中国通用机械工程总公司

中国通用机械工程总公司(简称中通公司)是1979年由国家投资10万元,以原一机部通用机械研究所部分人员为基础创立,并于1990年与中国石油化工设备成套公司合并起来的工程公司,是我国较早由科研事业单位改制为企业的单位之一。

经过二十多年的艰苦创业,中通公司已发展成为总资产规模3.5亿元,年经营额3亿元以上,办公用房1万多m^2,并以科技实力强和管理水平高而闻名的国字号公司。公司现有在职职工329人,专业技术人员比例达80%。公司在国内外建有5个全资企业,2个控股企业和6个参股企业,在泰国曼谷、伊朗德黑兰等地设有办事机构,还与美国、日本、德国等10多个国家和地区以及国内一批著名公司、设计院建立了长期稳定的关系并开展了广泛的合作。

中通公司具有经国家级认证的甲级工程设计、甲级工程总承包、甲级机电设备成套、甲级工程咨询、甲级工程设备招标等资质,具有一、二、三类压力容器设计和环保专项设计资格,是中国机电产品进出口商会和国际商会中国国家委员会会员,享有对外经济合作经营权。公司控股的北京佳德建设监理有限责任公司已获得甲级建设工程监理资质。公司主要从事工程设计、设备成套、安装调试、人员培训、技术咨询、工程设备招标及进出口贸易、销售代理等业务。公司集技、工、贸为一体,自创立以来,共完成各类工程项目和科研开发项目近3 000项,其中国家重点工程850多项,成套和系统成套出口100多项,累计出口创汇达2亿多美元。荣获国家、部、省级科技进步奖、科技成果奖和重大技术装备奖等60多项。为保证国家重点工程项目和重大技术装备国产化项目的完成,为成套设备出口和企业技术改造以及为行业的技术进步和产品更新换代作出了自己的贡献。公司已连续六年获得了"首都文明单位"的光荣称号。

回顾二十多年来的创业历程和取得的成绩,不禁使人想起中通公司所走过的发展之路。

公司组建初始,正值文革之后改革之初,百业待兴,国家的经济还禁锢在计划经济体制运行的轨道中。如何生存和发展,走什么样的道路,靠什么开拓业务,是公司所面临的一个重大问题。通过广泛发动群众,动脑筋想办法,全体职工集思广益,提出"要自力更生,靠全体科技人员手中掌握的专业技术,自己创出一条路来"。由于当时国内的建设项目都是靠计划主管部门按计划分配给各执行单位的,而公司作为一个刚成立的企业,还无法从国家计划中拿到任务,为此公司首先把目光转向了国际市场,盯住国外工程承包项目,确立了参与国外竞争,先国外后国内发展的思路,为公司日后的不断发展奠定了坚实的基础。

工程总承包是国际上通行的一种基本建设项目管理模式,在国外的工程项目中被广泛采用,但对科研人员占80%的中通公司来说,在学术上虽然是学有专长,可是缺乏的是项目管理人才和管理经验,要涉足国外工程承包市场并不容易,而当初国内又没有现成的总承包经验可供参考,只能是硬着头皮上阵,从干中学,在学中增长才干,自己培育人才,积累经验。泰国泰美纶纺织厂冷冻空调项目是公司在国外接手的第一个大项目,要求公司从设计、设备选型、设备供货及监制到指导安装调试与售后服务以总承包的管理模式进行工作,过去从来没有搞过,在执行项目的过程中,公司在工程的各个环节都选派了中青年技术人员参与项目管理工作,协助有关方面解决工程出现的问题。通过该项目,在工程设计方面,公司掌握了纺织厂空调工程和冷冻站的设计,为独立承揽纺织厂空调系统的初步设计、设备选型、施工设计打下了基础,使设计人才队伍的设计水平得到提高;在工程实践方面,锻炼和培养了一批指导安装调试的力量;在出口业务方面,奠定了公司外贸管理人才队伍的基础。也正是因为这种顶着困难上的精神,造就了中通公司既有科技知识又懂工程项目管理的专业人才群体,使公司在技术优势的基础上又增加了工程项目管理的优势,为公司闯出了一条工程总承包的新路。

公司开展总承包工程项目的经验得到了政府有关部门和领导同志的重视,时任国务院副总理的薄一波同志在介绍公司开展总承包工程项目的《情况反映》上批示:"这个组织方式好"。并指出:"看了这个材料,令人鼓舞,说明我们的技术基础不错,只要组织好,坚持提高技术,质量第一,建议好好总结经验,把这种工作方针坚持下去。"

基于良好的信誉和优质的服务,公司在东南亚工程建设市场上创出了牌子。此后,相继承接并完成了泰国旺巧耐甘蔗糖厂扩建工程,泰国柠檬酸厂工程,泰国玛蒂纺织厂、印尼塔塔纺织厂、孟加拉纺织厂的空调工程,印尼钢厂高压水除鳞项目,马尔代夫海水淡化工程,泰国聚合硫酸铁、焦亚硫酸钠工程,香港沙田冷库和招商局低温粮库冷冻空调工程以及成套设备出口等一批对外项目。近年来,公司还承担了建国以来机电设备成套出口的最大项目伊朗德黑兰地铁工程中地下段全部通风空调系统的设备成套,马达控制中心系统设计和设备成套以及现场技术咨询和设备安装技术指导。目前该工程一、二期已成功开通，公司所承担部分均一次通过验收，设备运行安全可靠。

由于公司不断在国外进行承包工程的工作，当国内建设项目于80年代开始实行招标制，逐步形成工程总承包市场时，公司正是凭借参与国际市场竞争所积累的进行工程总承包的经验和灵活的经营理念，很快便在国内基本建设项目的招标中大显身手，为诸多工程项目提供了设备成套与技术服务。20多年来，公司在一大批国家重点工程中，如：宝钢、北京乙烯、海上石油平台国产化、毛主席纪念堂设备更新改造、北京第九水厂、高碑店污水厂、上海合流污水预处理厂、SB泵站、绍兴30万t工业污水处理厂、廊坊城市污水处理设备国产化示范工程、重庆电网改造、兰州和哈尔滨城市煤气、大亚湾和岭澳核电站、“大化工和大化肥”国产化以及城市环保项目、泵站、污水治理等，也有出色的表现，取得了不俗的业绩。

为了适应不断发展变化的国际国内市场，公司始终坚持不懈地进行科技开发和技术创新，研制工程和市场所需要的产品和技术。

公司自行开发的100~3 500kg/h二氧化碳净化回收技术和成套设备，已在150多个啤酒厂、酒精厂、烟厂得到应用，对提高产品质量，有效地利用副产物，具有显著的经济效益，国内市场占有率已达70%。根据国内医疗装备市场的需求，研制出OM型变压吸附式医用氧气发生装置，并通过了国家药品监督管理局的鉴定。该装置非常适合国内外各种医疗单位自行制取所需的医用氧气，其氧气质量完全符合国家药品监督管理局颁布标准所规定的指标。目前已在北京、山东、山西、河北、河南等地区多家医院实际应用，效果显著。公司是国内同类装置中惟一通过国家级鉴定、并获得生产许可证的企业。公司自行开发研制的TB型钛泵，被广泛地用于制碱、制酸、制药、造纸、化纤、食品等行业，有效地解决了泵的腐蚀和泄漏问题，显著地改善了生产条件，在煤码头洒水除尘的技术开发和成套工程方面具有独特的优势和技术。经过多年的研究和实践，公司在该项技术上有了重大的创新和突破，已达到90年代国际先进水平。这些技术和产品又为公司的发展注入了新的生机。

质量是一个企业的生命线，公司从成立之始就非常重视质量工作。实行“以质量求生存，以技术求发展，守合同重信誉，让用户满意”和“为用户提供先进、可靠、安全、适用的产品和服务，100%满足合同规定的要求，产品质保期(合同规定)内质量事故为零。”的质量方针和目标。1994年公司获得核电站通用辅机设备总承包资质，1998年通过了中国船级社的ISO9001质量体系认证，并于2001年完成了ISO9001质量体系2000版换版复评工作，使公司的质量管理迈上了一个新台阶，为公司参加国际国内的竞争提供了有力的保证。

商品大潮，起伏跌宕，市场竞争，优胜劣汰，本着“团结、求实、诚信、创新”的精神，在未来的发展中，中通公司将一如既往，发挥“工程设计，科研开发，设备成套，进出口贸易”四位一体的优势，确保公司持续、稳定、健康地向前发展。

深化科技体制改革　激发企业创新活力

——沈阳鼓风机厂

沈阳鼓风机厂系国有大型一类企业，是我国目前规模最大的开发、设计与制造透平压缩机、透平鼓风机和大型通风机的专业厂，其产品主要用于石油、化工、电站、冶金、矿山和环保工业等国民经济的各个领域。目前已生产各种风机13.6万台，其中透平压缩机600多台，占国内产量的80%以上。

多年来，在激烈的市场竞争中，沈鼓厂始终保持良好的发展势头，先后有44种新产品和14种科研成果获市级以上科技进步奖95次，有11种产品被认定为国家级新产品，主导产品被评为省、市和国家机械工业名牌产品，1998~2000年连续三年获得沈阳市科技振兴奖。企业获得了上级授予的很高荣誉。如在1990年被确认为国家“863”高科技自动化领域CIMS工程重点示范工厂；1994年被确认为沈阳市高新技术企业；1998年被确认为省级企业技术中心；1999年被确认为博士后科研工作站，同年被沈阳市确认为首批“双创新”示范企业；2000年被确认为国家级企业技术中心。

这些成绩的取得，与企业坚持不懈地开展技术创新工作有着直接关系。企业的生存和发展，创新是关键，人才是根本。该厂通过建立和完善适应市场经济发展的科技创新体制和机制，激发了全厂科技人员的积极性和创造性，不断开发出满足市场需要的新产品，提高了企业的竞争能力，从而确定了沈鼓厂在国内风机行业领先的地位。

下面就结合企业近几年的工作，谈谈沈鼓厂在建立科技创新体制、机制，吸引人才、留住人才，调动科技人员积极性方面的一些主要做法。

一、加快体制改革，建立创新体系

1. 建立以技术中心为主体的自主开发体系

1997年，沈鼓厂对原有的技术部门进行了重组，抽出各专业具有创新能力的优秀技术人员组建了技术中心，设立了企业自己的研发机构，专职负责新产品的开发和重大技术难题的攻关。技术中心实行以项目为单位的运行机制，人员实行动态管理。由于技术中心制度完善，运行良好，1997年被确认为市级企业技术中心，1998年被确认为省级企业技术中心，2000年被确认为国家级企业技术中心。技术中心成立后，企业技术创新能力不断提高，新产品开发速度明显加快。

企业技术中心承担了企业较为长远的，具有市场前景的新产品、新工艺、新技术的研究；参与企业引进国外技术和装备的可行性论证；重大技术改造项目的审定及企业技术进步规划的制定；企业重大产品、关键技术的研究开发和引进技术的消化吸收及进行二次开发；负责科研成果的转化、应用以及产学研联合开发和对外技术交流合作等工作。

沈鼓厂除设有压缩机主导产品开发的企业技术中心外，还设有相对独立的、具有高新技术产品开发能力的北方电脑公司和自控公司，分别进行计算机软件和压缩机控制系统的开发研究。由于机制灵活，近年来取得了喜人成绩。北方电脑公司开发的 ERP 等一批软件已走向市场，自控公司开发了数百套计算机控制系统，赢得了几千万元的产值。

2. 加强产学研合作，提高企业创新活力

多年来，该厂与中科院、西安交大、东北大学等院所建立了长期稳定的合作关系，利用大专院校和科研院所在理论和人才上的优势，弥补该厂人力上的不足，借助院、校的技术力量对该厂急需的课题和风机前沿课题组织攻关，解决风机设计和制造上的关键。目前已取得了几十项重大科研课题，如：与西安交大合作开发的“LKZX”四参数方程热力参数计算软件，超过了当代国外风机生产厂家应用的软件技术；与中科院合作开发的三元叶轮流场分析和设计程序，达到了当代国际先进水平。这些成果已用于新产品的开发研制，更新了引进技术，使沈鼓厂透平压缩机的技术始终在国内处于领先水平，而且某些产品已达到了国际先进水平。

为了使离心压缩机气动设计方法有重大突破，沈鼓厂利用企业博士后科研工作站，对“三维粘性气体动力软件开发及应用”等风机前沿课题进行开发研究，以提高该厂乃至我国风机行业的设计水平。

3. 坚持自主开发与引进技术相结合，从再创新上下功夫

二十多年来沈鼓厂根据技术发展和市场的需求，共引进了 6 个国家的 11 项先进风机设计、制造技术，如何消化和保持引进技术的先进性，是沈鼓技术工作的重点之一。因此，在消化吸收引进技术的基础上，沈鼓厂每年投资上千万元致力于技术更新和开发新技术，在压缩机气体动力学、转子动力学、传热学等方面都取得了重大突破，关键技术得到了及时更新，使该厂主导产品的技术水平始终保持国际先进水平。目前，该厂已具备了设计、制造年产 120 万 t 加氢裂化、30 万 t 合成氨及 52 万 t 尿素、500 万 t 催化裂化以及 48 万 t 乙烯等装置配套用大型离心压缩机的能力。通过引进 GM 型曝气鼓风机，该厂已打开了污水处理用曝气鼓风机的市场，2000 年创产值 2 500 万元，有望发展成为该厂又一个新的经济增长点；组装式离心压缩机国内市场过去全部被国外厂家占有，通过引进德国德马格公司 VK 型离心压缩机技术，该厂在国内市场已占有一定份额，2000 年生产了 VK 型离心压缩机 11 台，产值达 2 700 万元。

沈鼓厂还通过合作生产方式提高了企业的技术水平和创新能力。1998 年工厂为大庆石化总厂年产 48 万 t 乙烯装置研制的裂解气压缩机和丙烯压缩机，其中，丙烯压缩机是与德马格公司合作生产的，通过合作生产，使沈鼓掌握了丙烯压缩机的设计、制造技术；近年该厂又与德马格公司合作在扬子年产 70 万 t 乙烯改造用二元制冷压缩机中标，合作生产使沈鼓的产品达到了当代国际同类产品的先进水平。

与此同时，沈鼓通过引进国外智力，加速了引进技术的消化、吸收，同时也使沈鼓厂跟踪、了解到国外技术的发展趋势。如 1997 年引进美国北方研究及工程公司 JANSON 博士来厂讲课，完成了 NREC 软件的培训，使我们掌握了世界上最先进的压缩机设计软件，解决了产品设计中存在的技术关键，提高了新产品开发能力。目前，用该软件开发的高效半开式三元叶轮用于组装式压缩机，为该厂争取到产品订货价值几千万元。

几年来，沈鼓厂逐步建立了以技术中心为核心的企业技术开发体系，完善了技术中心的组织机构和制度，形成了市场、营销、生产、科研相互协调的运行机制，提高了企业技术开发能力和高新技术成果转化能力，科研开发速度明显加快。“九五”期间，共开发了 15 个系列 257 种规格 258 台新产品，新产品产值达 10.7 亿元，占工业总产值的 60% 以上，对促进企业和国民经济的发展起到了举足轻重的作用。1998 年为大庆石化总厂研制的 48 万 t/a 乙烯改造装置用裂解气压缩机和丙烯压缩机，是该厂新产品开发的重要里程碑，结束了该国不能生产大型乙烯装置用离心压缩机的历史，大大提高了该厂新产品自主开发的能力和水平。为格尔木化工厂研制的国内第一套国产化 10 万 t/a 甲醇装置用合成气—循环气压缩机，为镇海炼油化工股份有限公司研制的国内第一套国产化 300 万 t/a 催化裂化装置用大型富气压缩机等，挡住了进口，实现了重大技术装备的国产化。

二、建立激励机制，激发创新活力

近年来，该厂先后出台了 20 多项科技政策，完善了企业自身的聘任机制。紧紧以“尊重知识、尊重人才”为核心，为知识分子创造良好的企业环境，创造人尽其才，才尽其用的良好环境，以求那些有所作为、才华横溢的人来企业工作。

1. 尊重知识、尊重人才，为科技人员创造良好的环境

一是改善科技人员的住房条件。目前，该厂具有高级专业职称工程技术人员基本上都住进了双室，并有 3/4 住进了三居室；家住外地的院校毕业生，登记结婚就能分配到住房或享受住房补贴。

二是工资晋升向高科技领域倾斜，加大晋升比例和覆盖面。该厂还出台了新的工资奖励分配方案，在工资改革分配方案上，充分体现了向科技人员倾斜，如：在与工资改革密切相关的行政职务聘任上，科技人员被聘任比例高于其他部门的 2 倍；实行学位津贴，学士学位每月补助 200 元，硕士学位补助 400 元，博士学位补助 1 000 元。

三是为科技人员职称晋升创造条件。沈鼓厂根据技术人员的科技成果的技术水平、应用价值、创造的经济效益等，由企业积极为他们申报科技进步奖等成果奖励。目前，该厂科技人员已获得市级以上科技进步奖 95 项，由于成果多，贡献大，全厂已有 26 人享受国务院政府特贴，有 23 人被聘为教授级高工。

2. 建立竞争激励机制，激发科技人员创新能力

一是评选有突出贡献科技人员制。在企业科技人员中评选有突出贡献人员并享受企业特贴，对有特殊贡献的科技专家，每月享受特贴 100 元，住房和公出可享受正处级待

遇；有显著贡献的专业带头人和中青年科技骨干，每月享受特贴 70 元；优秀青年科技工作者，每月享受特贴 50 元。

二是实行科研承包和成果转化应用奖励。以此激发知识分子的创新活力。该厂围绕新产品中的技术关键、难点，采取公开招标的形式，选定项目负责人并签订承包合同，企业拨出专款作为奖金。“九五”期间，技术开发费投入 4 000 多万元，取得 53 项重大科研成果，其中有 42 项成果应用到新产品设计、制造中去，为企业创造经济效益每年数亿元。同时，该厂在成果的转化、应用方面也取得喜人的成绩，如：“高效内齿片管换热器”不但成功地用于该厂产品，而且还用于兰州炼油厂英格索兰机组的改造；“四级改三级模型级”用于燕山 SVK—23 组装式压缩机设计，使该厂终于研制成功四级改三级组装式压缩机，并增加产值 260 万元；“6—49 型通风机改翼型叶片”使我厂在大连粮仓风机招标中，以其高效率性能一举中标，为企业争取订货 400 多万元。

3. 开展继续教育工程，提高科技人员素质

近五年，该厂在国内共培训各类人员 1 500 余人次，出国专门从事技术培训 120 余人次。对在职的工程技术人员，我们采取请进来、送出去等方式培养，如 1998 年在厂内开设了压缩机设计班，请大学的教授和厂内有丰富实践经验的专家给予授课，进一步提高了工程技术人员的业务水平和实践能力。同时，工厂结合企业的技术发展需要，每年选送 2 ~ 3 名年轻的优秀技术人员，带课题到大学深造，学成归来后予以重用。通过开展继续工程教育，不仅提高了科技人员的素质，也为提高技术创新能力奠定了坚实基础。

4. 认真贯彻科技奖励政策，稳定科技人员队伍。

人才是企业科技进步的关键因素，稳定科技人员的队伍，建设一支跨世纪的人才队伍已迫在眉捷，沈鼓厂千方百计的留住重要岗位的关键科技人员，在科研和产品设计中做出突出贡献的科技人员给予重奖，并在住房、津贴等方面进行优先，如：对开发 SVK—23 组装式压缩机做出贡献的一位技术人员奖励 128m^2 居室一套，为他们提供了良好的工作和学习环境。

总结过去，沈鼓厂在科技体制改革、落实知识分子政策，吸引人才、留住人才、调动科技人员积极性等方面都做了一些工作，也取得了明显的效果，为沈鼓厂的发展起到了巨大的推动作用。同时该厂也感觉到存在许多不足，有待于在今后的工作中改进。

三、加大科技体制改革力度，促进企业技术创新快速发展

1. 创建科技特区，完善创新机制

进一步完善企业技术中心的体制和机制，在西安交大设立技术中心分部，密切合作关系，提高技术创新能力；在技术中心建立科技特区，制定科技特区管理办法；深化用人、分配制度改革，使每个人的收入、荣誉都与岗位挂起钩来；借助企业博士后科研工作站，完成重大课题的研究。在工资改革分配方案上，加大对知识、学位、技能方面的分配倾斜力度，实行创新津贴；建立竞争机制，实行末位淘汰制，使人才流动正常化，让每个人都有危机感，在本职工作中既有压力，又有动力。

2. 制订奖励政策，激发创新活力

建立一套有效的科技奖励政策和激励机制，使之规范化、制度化，调动全厂员工的创新意识，推进企业技术创新工作。如：为吸引和留住企业的高级技术人才和骨干，在股份制规范运作基础上，用资产评估确认的企业无形资产的一部分折成股份，设立技术股，量化分配给有突出贡献和重要岗位的专业人员，并根据持股人的贡献，定期考核调整持股人和持股数额，保证技术股的公平性和激励效应；技术人员参加市场营销可根据订货和咨询服务收入总额，按一定比例提取奖励；继续实行新产品开发和科研攻关承包制并加大奖励力度；按成果正式投产平均实现净利润的一定比例折算成股份奖励项目完成人；重大技术创新项目实行风险抵押制等。

3. 加速人才培养，提高创新能力

“十五”期间，该厂计划每年吸收 1 ~ 2 名博士后进站从事研究工作；招收 20 ~ 30 名高素质的本科生及硕士生；选送 2 ~ 3 名有一定工作经验的技术人员到高等院校继续深造；推荐 20 ~ 30 名优秀技术人员和管理人员到国外学习、考察。到“十五”末，全厂科技人员占员工的比例要达到 30% 以上。通过人才吸收、培养，提高企业工程技术人员的素质，提高企业自主开发能力。

俗话说：“栽下梧桐树　引来金凤凰”。今后该厂将继续努力，为广大科技人员提供显露自己才华的机会，进一步营造企业技术创新的良好氛围，使他们把自己的事业与企业的命运紧密的联系在一起，激励科技人员工作的积极性、主动性和创造性，以人才和技术的优势创造市场，使企业得到不断的发展。

在市场经济条件下攀登管理进步新高峰

——上海鼓风机厂

上海鼓风机厂有限公司始终把规范和提高企业的科学管理水平，作为企业发展的迫切需要。面对机械工业低谷徘徊的局面，公司加大深化内部改革和开拓市场的力度，连续三年工业总产值、利税总额均比上年有 2 位数增长，出口创汇创造历史最好水平的新成绩。

一、以改革为动力，积极拓展市场

在残酷的市场形势面前，上鼓公司加大改革力度，实行销售大承包，将销售人员的收入和差旅费、业务活动费等都与销售人员承接的任务量、回笼的货款量挂钩，按比例提成。这项措施实行后，明显调动了销售人员的积极性，收入明显提高，既稳定了销售队伍，也吸引了一些技术人员要求加入销售队伍。

同时,根据市场形势变化特点,适时调整营销市场区域重点。针对电站项目明显减少的情况,公司改变过去以电站项目为主,其他项目为辅的营销框架,调整为抓住电站不放,突破石化,猛攻冶金,推动地铁、隧道、矿井、水泥、化肥等全面出击齐头并进,一个项目一个项目跟,一个重点一个重点攻,取得了一定的效果。在火电项目上,连续中标长兴电厂、托克托电厂、石嘴山电厂、株洲电厂、莱城电厂、呼和浩特电厂、德州电厂、伊朗电厂等,市场占有率达65%。在石化项目上,技开部、销售部共同努力,实现了战略性突破。大乙烯方面,有北京燕山石化丙烯离心压缩机、上海金山石化丙烯压缩机、扬子石化乙烯压缩机;中乙烯方面,有天津石化改造用全部3种离心压缩机"丙烯压缩机"、"乙烯压缩机"、"裂解气压缩机";还有金山、燕山、川天化、泸天化、独山子等石化公司的裂解炉风机。在冶金项目上,经过拼搏猛攻,实现了烧结风机突破,一举拿到了6台大型烧结风机,分别是鞍钢、韶钢和安阳钢厂。

在实施西部大开发战略中,国家电力公司决定在统一规划的基础上,除水电外,在火电上将兴建一批起点高、效益好的电力设施,来促进西部地区的发展。同时实施"西电东送"战略,从根本上优化我国能源资源的合理配置。这为公司拓展产品市场提供了又一个发展机遇。内蒙古准葛尔发电厂二期扩建工程共计2台33万kW机组火电项目,上鼓公司一举中标。

二、坚持技术创新　促进新品开发

企业发展的基本动力是技术创新和新品开发,公司对列入计划的各个新产品开发项目抓紧实施,通过努力,均按期完成科技创新和新产品开发项目。其中试制完成国家"863"计划高新技术项目新型核电站关键设备高温气冷堆氦气风机已成功运行在高温气冷堆氦气发电设备中。该产品填补了国内空白,为国家节约外汇350万美元。

在开发压缩机方面,继完成金山100万t/a延迟焦化压缩机和燕山大乙烯、天津中乙烯压缩机技术准备后,又有扬子石化乙烯压缩机、金山石化丙烯压缩机的开发任务。

为配合上海市重点工程吴泾60万kW电厂创优工程,提供了轴流送、引风机和离心一次风机。为电厂环保工程的启动,公司先后开发提供了5个电厂的转速高、压力高循环硫化床锅炉配套风机。

为适应市场需要,还开发了子午加速轴流风机G168系列,用于大型火电厂;为配合地铁工程,开发了地铁射流风机;为配合汽车工业发展,开发了大型气候风洞装置;为配合解决边远地区缺电问题,引进开发了5kW风力发电机组。

此外,国家经贸委为保护环境,已印发了《火电厂烟气脱硫关键技术与设备国产化规划要点》,明确提出:2001年末,初步掌握火电厂湿法脱硫技术,启动火电厂烟气脱硫国产化示范工程,设备国产化率达到80%。为此公司在过去已制造过干法脱硫风机的基础上,对湿法脱硫风机又进行了充分的技术储备和市场前期工作,并于2001年年底完成了恒运电厂湿式脱硫风机,成为国产化第一台。

三、提高质量,降低成本是企业加强管理的永恒主题

依靠产品开拓市场的根本目的是获得效益,这是企业在市场经济条件下求得生存和发展的第一需求。在激烈的市场竞争中,我们深刻地认识到,提高质量和降低成本是永不满足的追求。

自1995年11月通过ISO9001认证,取得贯标证书后,使企业的质保体系出现崭新的面貌。而后又连续三次通过复证,使体系更趋完善。2000年上海鼓风机厂有限公司的质量管理工作在原有基础上,开展了有针对性的质量培训及质量月活动,结合"塑精品,创名牌"工程,进行用户走访。召开质量工作大型座谈会,针对设计、工艺、采购、加工等各个环节的质量问题,提出改进意见和措施。组建了在质保部领导下的过程控制用户监造办公室,严格控制关键工序,满足用户监造要求,从材料进厂直到风机出厂检验、装箱、发运整个过程的监造。通过严格质量管理,加大质量考核力度,使"三包"费用比上年下降10%。电站轴流和离心风机组第四次荣获"上海名牌"称号。

与此同时,公司每年制订降本增效项目的实施方案,开展从设计、工艺、采购、生产、节能节材、资金控制等各环节的降本活动。1999年降本增效项目20项,实现降本增效949.6万元;2000年降本项目14项,实现降本增效560万元。我们总结的降本管理经验获得上海电气(集团)总公司管理成果二等奖。

在降本增效中,公司把"优化设计、采用先进工艺"作为降低成本的突破口。其实施步骤简述如下:

1.确立项目

(1)在立项前,走专家与群众相结合,以专家为主的工程,其路线,采用专家会议和开展合理化建议活动等形式,提出一批技术攻关、价值工程、国产化、新工艺等方面的项目。

(2)由专家立项,并确定项目负责人。所立项目,应有可行性和显著的效益性。

(3)由总经理签署项目任务书。

2.制定项目实施计划时,依次考虑的因素

a.效益性。高效益的优先安排。

b.衔接性。确保与生产计划的接口,以适应投产要求。

c.复杂性。项目本身难度大,协作部门多,则准备要充分。

(2)项目的实施计划纳入技术准备计划范畴。技术准备计划是企业的正式计划之一,纳入其范畴后,各要素均可得到平衡。

(3)不能(或不需)纳入技术准备计划的项目,应作为本部门工作计划,正常进行。

(4)个别复杂的项目,特殊安排,由厂工作小组专门协调。

3.加强检查和协调

(1)纳入技术准备计划的,由计划部门检查和协调。

(2)部门领导加强内部的检查和协调。

(3)工作小组负责总的检查和协调。

(4)定期召开会议,听取进展情况的汇报,并作出协调。

(5)检查的结果均纳入经济责任制和岗位责任的考核。

4.成果评审

(1)项目完成后,由项目负责人作总结,内容包括:

a. 概述;b. 效益测定;c. 人工和费用的投入;d. 技术资料的归集。

(2)工作小组邀请有关专家组织评审。

a. 评审成果等级;b. 确定奖励额;c. 审核、批准

四、高度重视现代化的管理方法,开展和应用 SBW—CIMS 工程

上海鼓风机厂有限公司计算机集成制造系统(简称:SBW—CIMS)应用工程是国家 863/CIMS 专家组和上海市 CIMS 推广应用专家组两家 CIMS 推广应用的企业试点工程,被列为上海市科学技术发展基金项目。

SBW—CIMS 系统是通过一个平台二条线达到信息集成。一条线是以 MRP—Ⅱ系统为核心,把生产计划、物料管理和采购、零部件加工和销售、财务成本控制等信息串成一个整体,达到全厂物流、资金流集成。另一条线就是采用 CAD/CAPP/CAM 技术(简称:"3C"系统)达到工程技术设计数据的高度集成。

SBW—CIMS 系统二期工程设想:进一步完善 CAD/CAPP 工程图档系统,研究产品结构频谱;加速 MRP—Ⅱ系统的二次开发,实现本地化和实用化。

SBW—CIMS 工程项目有以下创新点:

(1)作为上海市首批两家 CIMS 示范工程之一的 SBW—CIMS 为传统企业特别是国有单件制造企业的技术集约化探索出了一条多、快、好、省的技术路线("3C"与 MRP—Ⅱ),一个集成平台(PDM 系统)的技术方案和产、学、研联系的协作方式。

(2)工作站与微机混合集成的 CAD/CAPP/CAM 应用与开发系统环境。该环境中既有完全复杂主关件的三维 CAD 系统又有可以并行共用的二维 CAD/CAPP 应用系统,同时又具有采用产品数据管理(PDM)产品 IMAN 的应用器。这是一个实用、先进且有望获得高产出比的高技术工程设计自动化系统,堪称国内领先和国际先进水平。

该项目已于 2000 年获上海市管理创新成果二等奖。

实施效果:

(1)工程选型从 1 天缩短为 1h,不仅工效提高 8 倍,而且选型更为准确,提高获得订单的机会。

(2)轴流风机三维 CAD 应用系统,通过动态分析、相干检查,提高设计准确性,防止图纸的错误,并使新产品图纸设计周期从原来的四个月缩短为一个半月,而用户急需的三张总图等提供周期从一个月缩短为 2h(以上不包括邮寄时间),使用户方的设计院对图纸提供速度的满意率达 100%。

(3)离心风机二维 CAD 应用系统,使新产品设计周期从原来 3 个月缩短为 1 个月,大大加快了产品的开发速度。

(4)"3C"集成为工厂材料利用率从 66.7% 提高到 72%,降低厂料消耗提供了有利条件,若按全厂平均年耗钢材 5 000t计,可节约材料消耗 75 万元。

(5)"3C"集成以及与 MRP—Ⅱ的集成使工厂形成了快速反应机制。如工厂参与来宾电厂 30 万 kW 火电机组风机投标中,法国 GEC—ALSTHOM 公司只给三天的报价时间,工厂实施了 CIMS 工程,三天之内备齐了全部资料。由于工厂提供图纸全部是计算机(CAD)绘制,给外商以良好的印象,他们称赞工厂"提供资料图纸质量好、水平高",虽然有的厂家价格只是工厂的一半,但最终还是把定单交给工厂,创汇 115 万元余美元。在伊朗水泥厂高温风机项目及美国摩根公司宝钢提供的线材装置中也有同样的情况。"3C"集成 MRP—Ⅱ应用使工作节奏大大加快,初步统计一年增加 5 000 万元销售收入,企业尝到了实施 CMS 技术的甜头。

(6)叶轮叶片的模具 CAD/CAM,使该部件的生产周期缩短一半,节约一半工时,同时质量大大提高。

(7)生产技术准备周期从 8 个月缩短为 3 个月,产品生产周期从 18 个月缩短到 10 个月,过去大型风机当年定货交货几乎难以想象,现在已是屡见不鲜。

(8)"3C"系统使新产品的设计,工艺路线的规划实现了计算机化,设计计算、绘制图纸、编订工艺及 NC 程序均由计算机完成,将设计人员和工艺技术人员从目前花费 50% ~ 70% 的时间用于手工绘制和制定文件的繁琐中解脱出来,从而将更多的精力转向进行创造性的开发。

(9)MRP—Ⅱ有效提高了企业物资管理工作效率,实现了全厂七大仓库集中管理,减少仓库管理人员 11 人(约占原总数的 1/3),压缩采购人员 1/5,同时有效地压缩库存,减少资金占用。

总之,SBW—CIMS 技术应用工程的集成框架已搭好,软件还在不断完善,成果的覆盖面还将进一步扩大,效果将不断被开发。

五、不断完善管理基础工作,以适应市场经济的需要

1. 近两年在管理实践中相继编制的管理程序

1)重大合同管理程序;2)采购管理程序;3)资金管理程序;4)工时管理程序;5)质保体系的全面修改、完善的若干程序文件。

这些程序文件,对于在适应市场的新形势下,使管理机制更趋完善起了极大的作用。主要表现在:

(1)完成合同任务,从合同评审抓起,使得技术质量、产品成本、生产周期从源头得到了保证。

(2)物资采购按五大类进行归口,分别对常规物资、专用物资、零星物资、固定资产、外扩协作件和办公事务用品的采购环节作了详尽的规定,达到了控制和规范的要求。

(3)资金的预算和控制达到了预期的目标。

(4)工时的管理,利用计算机把技术环节和生产环节联系在一起,有效地起到控制作用和结算规范的作用。

2. 近两年又加强了现场管理,使现场的物流和信息流处于良好的协调状态。

3. 安全性评价于 2000 年通过了总公司的复评,再次获得安全级企业的资格。

4.2000 年对企业员工的素质提出了更高的要求,公司加强了培训工作,其中技能等级升级考试 190 人,管理和职称培训 29 人,工种和技师培训 42 人。

5. 班级建设已形成规范的管理体系。

本公司有一套完整的班组管理规范、文明班组标准、创

红旗班组和文明职工标准。在班组建设领导小组领导下，每年有计划地实施班组两个文明建设。

在班组精神文明建设方面，一抓每周政治学习，二抓“窗口”建设，三抓遵章守纪，四抓民主管理。数年来，公司领导坚持每月下班组一次参加讨论，沟通思想；“文明班组”评比已持续二年；红旗班组每季评比一次；合理化建议活动年年开展，近两年共收到1 008条建议，采纳300条。

在物质文明建设方面，近两年着重抓重点任务和合同完成率，确保每年任务的完成。与此同时，抓质量、抓降低成本，使效益更上一层楼。在管理上，还开展了安全达标班组活动。

深化改革、务实创新、促进企业持续稳定发展 2001年管理上水平的几项举措

——沈阳气体压缩机股份有限公司

沈阳气体压缩机股份有限公司，是压缩机行业大型一类骨干企业，是中国通用机械压缩机行业协会的理事长单位。90年代末他们在生产经营上也曾一度出现下滑，2000年开始好转，2001年在市场竞争加剧，客观条件十分不利的情况下，公司上下迎难而上，奋力拼争，转机建制，务实创新，把企业管理又提高到一个新的水平，各项工作都取得了新的成果。全年完成工业总产值23 190万元，为年计划的100.8%，比上年同期增长12.6%；实现销售收入17 500万元，为年计划的106.1%，比上年同期增长12.9%；实现产销率97.5%，为年计划的100.5%，比上年同期增长1.1%；全年累计回款22 003万元，为年计划的100%，比上年同期增长18.3%。

一年来他们所以能取得这样好的成绩，主要是抓了以下几项工作：

一、不断深化改革，建立现代企业制度

深化改革，转换机制，是企业开拓创新的必由之路，也是建立现代企业制度的推动力。2001年，沈气公司在深化企业改革方面着重抓了四件事：一是加快主辅分离的步伐。房产处取消建制，职工宿舍全部划转给市房产局管理；运输处实行独立核算，自负盈亏，自行开支；卫生院降格为卫生所，公司员工全部实行医疗保险。二是完成了集体企业的转属工作。按市政府的要求，原公司所属11个集体企业，除1个由个人买断而外，其余全部划转给所在区管理，同公司完全脱勾。三是进一步改革了分配制度。一线工人都根据不同岗位、不同工种和付出的不同劳动量以及技术含量，实行多样、灵活的分配方式，在有条件的单位和岗位实行了计件、计时工资制，改变了干与不干和干多、干少都一样的不合理状况。管理人员都按责任大小拿岗位工资，销售人员实行风险抵押承包，技术人员的工资收入实行全额动态管理，进一步调动了全体员工工作和生产的积极性。四是加大了减人增效的力度。利用国家优惠政策，解决下岗职工滞留企业和在岗人员过多的问题。先后利用再就业中心，使128名职工与企业解除了关系；利用劳动法规，使160名职工解除了劳动关系；利用国家政策参加并轨，使544名职工与企业解除了劳动关系；利用国家政策，使443名职工办理了病退手续。公司全年投入减员并轨资金300多万元，减员总数达到1 300多人，突破了一年之内分离人员过千人的历史记录。既为实现“产权清晰，权责明确，政企分开，管理科学”，建立现代企业制度打下了良好基础，又为中国入世后，同外商开展合资、合作创造了有利条件。

二、改革营销体制，拼力开拓市场

为了以市场为导向，以销售为“龙头”，搞好企业的生产经营工作，沈气公司在2001年一开始，就专门召开营销工作会议，分析市场形势，制定销售策略，组织精兵强将抓订货，做到信息不漏，项目不丢。并大刀阔斧地改革销售体制，把原有的四个销售处合并重组，在全国按地区设立了15个销售处，形成了比较完善的销售网络，并把订货总额同经销人员的切身利益挂勾，完成任务有奖，超额重奖，完不成任务受罚。这样做的好处是：有利于把市场竞争推向最前沿，把等信息、等业务，变为抢信息、抢业务；有利于把销售人员的切身利益同企业利益紧密地结合起来，做到风险共担，利益共享；有利于把销售工作同为用户服务连接在一起，及时为用户解决难题；有利于减化管理层次，降低差旅费用；有利于调动销售人员的积极性。2001年，由于各地区处信息抓的准，项目盯的紧，工作落的实，都较好地完成了订货回款目标。全年共签订主机订货合同25 485万元，同比增长112.3%；配件订货合同2 163万元，同比增长15.9%。

为了开拓军品市场，他们还于上半年专门召开了为海军配套的66—10压缩机鉴定会，请各方代表参加，宣传产品，征求用户，进一步加强合作，开拓市场。先后拿下了近400万元的水面舰用压缩机的订货合同，获得了054护卫舰用压缩机的总承包权，实现了军品市场开发的新突破。

三、加强质量管理，保持和提高企业信誉

沈气公司在生产经营中始终把“精心设计、精确制造、精诚服务”做为企业的宗旨，坚持“质量第一、用户至上”，创名牌产品，树企业形象。从材料进厂到产品出厂，都采用ISO9000标准，建立健全了生产全过程的质量保证体系。1997年取得了挪威船级社颁发的ISO9001质保体系认证合格证书，2000年ISO9000质保体系换证复审又一次性通过。2001年，为了提高全员质量意识，他们又在职工中深入开展了质量是责任、质量是效益、质量是道德、质量是生命的教育，继续加强了设计、铸造、装配、包装等重要环节的质量控制，同时研究制定了各级领导干部质量责任的追究和处罚办法，进一步促进质量管理工作的制度化、法制化和规范化。在职工中广泛开展了群众性的质量管理活动，对影响产品质量的难题，都组织有关专业人员开展技术攻关，努力

减少故障损失。如喷漆采用垂纹漆技术后,产品外观质量明显改善,全年产品不合格品项与上年同比下降了21.9%,外赔损失下降了27.6%。同时,开展"用户满意工程",进一步加强了为用户服务的工作,利用销售网络,经常走访用户,征求用户意见,满足用户需求,及时帮助用户解决难题,进一步树立和提高企业信誉。

四、狠抓技术创新,不断开发适销对路的新产品

"技术是第一生产力"、"创新是企业的灵魂",这是沈气公司领导班子的共识。他们对技术开发工作十分重视,两年前就以行业压缩机研究所为基础,组建了技术中心,并通过了省级认定。每年按销售收入2.2%的比例提供科研经费,坚持采用引进技术,改造老产品,研制新产品,按机电一体化的方向,促进产品的更新换代。自80年代引进德国博尔齐格公司压缩机整机制造技术以来,先后开发研制出一大批氢气压缩机产品,满足了用户需求,填补了国内空白。近两年他们继续坚持采用引进技术干大的、攻难的、创新的,努力攀登行业技术"制高点"。为广东茂名石化公司200万t渣油加氢裂化装置配套生产的4M80新氢压缩机,就是采用引进技术,克服了许多技术难点设计制造成功的。经中石化总公司组织国内专家和重点用户对该产品进行鉴定、评议,结论是"设计合理,结构先进,填补了国内空白,与国际同类产品相当,可以替代进口"。2001年,他们又组织科技人员,对开发项目实行专项承包,对技术难题开展技术攻关,先后投入200多万元,完成了压缩机管路布置"三维设计"、设计平面俯视图改为主体图、400kg压力水面舰用压缩机的研究设计、计算机信息化硬件平台系统的构建等项目。为了提高科学技术管理水平,近两年公司还先后投资135万元,购买了140多台计算机,在研究所、生产处、工艺处、物管处和信息中心,建立了5个中心机房,形成计算机管理网络系统。生产、工艺、材料定额、工装管理都实行了计算机管理。技术中心的设计人员一人一机,设计制图全部实现了微机化,计算机出图率达到了96%以上。

搞好技术创新,离不开人才支撑。为了搞好育人工程,提高职工队伍素质,该公司于2001年投资50多万元,采取"派出去"和"请进来"的办法,选送13名中青年技术骨干到西安交大进修学习,组织30名科技人员参加工程硕士班的辅导和考试,并培养出工人技师22人,高级工程技术管理人员9人。同时,在人事用工和分配制度上实行倾斜,形成了尊重人才、留住人才、激励人才的良好氛围。

五、坚持降本增效,提高企业经济运行质量

在市场经济条件下,企业间争夺用户的情况十分激烈。为了争夺订货合同,竟不惜降价,压价竞争情况屡见不鲜,使企业的产品利润率逐年降低,甚至出现严重亏损。为了适应市场经济规律,赢得市场竞争,就要扩大企业内涵,增强自我调节和自我消化能力,以平抑各种增支因素,增加企业的经济效益。为此,沈气公司采取了以下三项措施:

一是推行目标成本管理。年初责成财务部门,根据全年的生产计划,用倒推成本法,模拟市场价格,测算出全年生产销售和各项费用支出的成本定额,下达给各有关单位。各车间、分厂按公司下达的成本指标,再分解落实到工段、班组和个人,并由财务、价格、审计等有关部门组成评审小组,对各单位成本指标的完成情况进行考核与评价,完成指标的给予奖励,完不成指标的给予处罚。推行目标成本管理的关键,是要严格控制设计目标成本,因为每个产品的结构、材质、配套件的选择对整机成本的形成至关重要,一定要采用价值工程,测算出最低成本限额,达不到目标成本的要重新设计。由于他们加强了设计目标成本的控制,基本达到了目标成本的要求,并使一些亏损产品,变成了微利产品。全年每百元产值成本下降2.88元,下降总额为573万元。

二是强化对物资采购环节的控制。这就是责成供应部门,在采购原材料和配套件时,必须坚持货比三家,择优选购。采购各种物资,都要由价格处根据市场价格,确定最低限价;大宗物资采购,都要实行公开招标,比质比价定货,并由供应、价格、审计和纪委等部门联合组成招标小组,共同评议,互相监督,以保证限价目标的完成。公司同供应部门每年都要签署经济责任状,把限价计划下达给采购部门。采购部门经过二次分解,再把限价指标落实到采购人员头上,明确责任和工作任务,并在实际工作中加以考核,完成限质、限价任务的给予奖励,完不成任务的给予处罚,或调离岗位。2001年,通过比质比价采购,在上一年采购价格不浮15%的基础上,又降低采购成本498.7万元。

三是加强物资管理。过去沈气公司的物资管理和物资采购是连在一起的,物流管理粗放,损失浪费比较严重。为了加强物资管理,实行供管分开,他们于2000年末成立了物资管理处,从2001年开始运作,把供应部门、设备部门、生产部门的库房全部划归物管处统一管理,对各类物资都分门别类,全面盘点,登记造册,作到帐物相符,同时建立了各类物资保管、领取和发放手续,建立健全了管理制度,形成了"采购一个口,发放一个库,管理一个处,监督一条线"的管理模式。

一年来,沈气公司在企业管理升级方面做了大量工作,也取得了显著的成效。目前他们正以中国加入世贸组织为契机,进一步深化改革,转换机制,务实创新,练好内功,抓住机遇,迎接挑战,以新的姿态跨入新的世纪。

实施优化人才战略,建设一支高技能人才队伍

——沈阳水泵股份有限公司

沈阳水泵股份有限公司是国有大型企业,现有在岗职工2 165人,其中技术工人1 253人。目前,公司经营的产品有火电机组用泵、石油及石油化工用泵、国防用泵、一般离心泵、特殊泵、液力偶合器及核电用泵等八个方面42个系列

497种产品，在生产过程中有91种达到或接近90年代国际同类产品水平，占全部产品的18.3%；有142种达到或接近80年代国际同类产品水平，占全部产品的53.1%。由于产品过硬，在正常的产品中市场占有率平均为40%，2000年完成工业总产值2.07亿元。

该厂的高技能人才培养和队伍建设工作在上级主管部门的关怀和指导下，坚持实施优化人才战略，尊重人才，重视职工队伍中高技能人才的培养，建立吸收、留住高技能人才的环境和政策。尤其近几年，以培养高技能人才为重点，开展多层次多形式的高级技师，技师考评、考核、跟踪考查等技师队伍的建设工作，直接有效地为企业提高产品质量，提高经济效益服务，有了明显的收效，取得了一定成果，下面介绍一下我们的几点作法。

一、提高认识，加强领导，建立高技能人才管理新机制

技师、高级技师等高技能人才队伍，是机械工业一支重要的技术力量，也是现代企业人才资源中的宝贵财富，建立一支具有一定数量、高素质、年富力强的高技能人才队伍，以适应机械工业技术创新和实现技术进步的需要，是振兴机械工业的战略措施，因此，高技能人才的培养是造就企业高素质队伍的关键，人才队伍的管理更是重中之重。

多年来，该厂领导班子对建设高技能人才队伍和人才管理高度重视，把人力资源开发和利用作为企业可持续发展、参与国际国内竞争的一项战略任务，把人才培养、结构优化作为企业一项重要工作、使之形成了有序化、规范化、制度化。

从1986年起，该厂在技术工人中开展技师评聘工作，多年来，为建立一支既能解决生产关键，又能带领一大批技术工人创优质、夺高产的技师队伍，我们从培训管理入手，加大技师管理工作的力度，认真开展"三考"工作。

1. 建立完整的考评制度，规范技师评聘工作

在每年进行一次的技师评聘工作中，首先由厂（公司）技师考评领导小组制定考评条件，规定凡是参加评聘技师必须具备如下考评条件。

（1）思想进步，认真学习理论，热爱本职工作，具有爱岗敬业、无私奉献精神的高级技术工人。（专业工作年限12年以上）

（2）钻研技术，掌握较高的技术理论，有业绩，能解决生产技术关键，组织攻关，主动向青年工人传授技术，做到传、帮、带。

（3）对企业有贡献，取得了一定经济成果。

（4）理论和实际操作技能达到国家规定的职业（技能）标准。

2. 健全基层考核组织，加强技师评聘的日常考核工作

对有技术工种的基层单位，要求成立技师考核领导小组，将评聘技师和已聘技师的日常表现记录在案，定期向厂技师考评领导小组汇报，做为掌握全厂技师状况的重要依据。尤其在评聘技师过程中，坚持"层层选拔，优中选优，上下结合，群众评议，集中考核"的办法，将技师管理与群众监督相互结合，这样，更加体现基层考核的基础作用。

3. 坚持跟踪考查，促进技师队伍的管理和自身建设

几年来，该厂始终坚持对技师队伍的跟踪考查工作，不断提高适应生产需要的操作技能，对技师本人提出三个坚持。

一是考查是否常年坚持在一线从事实际操作，根据表现决定本身是否被继续聘任。

二是每年坚持集中考核一次，根据厂规定的考评条件，重新对本人进行考查，达不到考评条件的，取消技师资格。

三是坚持技师待遇一线和二线不同，重点向一线倾斜的奖励政策。

由于该厂在技师队伍的管理工作中，有章可循，有据可依，形成了规范化的管理。

二、坚持"干啥学啥，缺啥补啥"，密切联系企业生产实际，造就一批理论、技能全面发展的高技能人才队伍

该厂在高技能人才的培养方面，采取了一系列有力措施，开辟了一条新的途径。

1. 重视培训

每年厂都将高技能人才的培训工作纳入重要议事日程，列入职工培训工作计划中，制定技师、高级技师评聘工作实施方案，以文件的形式下发各单位、认真地贯彻执行高技能人才培训计划。

2. 编写实用教材

结合企业生产实际，组织编写技师、高级技师培训教材，结合产品讲标准，结合岗位练技能，聘请厂专业水平高的专兼职教师授课。几年来，先后编写"车工操作方法"、"机械加工口诀"、"行业国内外新材料、新标准对照"等教材，受到了学员的欢迎。

3. 坚持理论培训和技能训练同步进行

技术理论培训采取集中授课，辅导和自学相结合的方法，经过培训，使学员掌握近几年的新技术、新材料、新标准、新设备等四新方面的相关知识和专业知识。实际操作训练采取岗位自练，指导老师分别指导的方法，通过操作技能训练的三个阶段，即：达标训练阶段，适应能力训练阶段，应变能力训练阶段，使学员达到技师岗位规定的实际操作技能水平。同时在撰写论文时，结合个人技术革新项目上升理论的写作方法，比较准确地表达个人创新成果，通过理论提高，达到技师水平。

十几年来，该厂在培养高技能人才方面下真功夫，在技术工人中先后有29人被评聘为高级技师，有241人被评聘为技师。

三、充分发挥高技能人才的技术骨干作用，促进企业的发展

十几年来，该厂的技术改造，产品更新换代，开发新产品的任务十分繁重，特别是从国外引进的新技术，新标准不断增加，尤其近几年来，美国ASME标准、核泵制造技术的引进、欧共体EN287—1标准的执行，东深工程及09Ⅲ工程的制造技术都需要在实际生产中消化、应用，因此在人才需求方面，技师队伍显示出强大的优势，发挥着高技能人才的技术骨干作用。

多年来，该厂技师队伍的培养，是以振奋企业精神，提高适应能力为中心，以达到有较强的分析、处理、解决生产技术问题的智能型的技术人才为目标，培养高技能人才，被评聘的技师个个都是技术拔尖人才，成为生产上的主力军。

1．技师在生产中挑大梁，解决生产关键问题

(1)国家重点产品液力偶合器油箱攻丝工序工艺规定在镗床上加工，但是加工中螺纹精度总是有偏差，为解决这一难题，高级技师高廷权凭着娴熟的技艺，试着把这道工序拿到车床干，不但解决了螺纹精度问题，还提高效率2倍多。

(2)为巴基斯坦生产的核泵用主螺栓、密封体螺栓，由于选择标准有误差，造成数控机床加工后螺纹中径比工程要求大0.24mm。为保工期，避免重大经济损失，高级技师王乃刚承担很大风险，在普通车床上，依靠自己高超技艺修复了80多根即将报废的螺栓，为企业挽回了700万元的经济损失，受到了外国专家的高度称赞。

2．技师参与工时定额的修订工作，为降低成本做贡献

为了使厂制定的工时定额准确、合理、先进，厂有关部门根据生产实际，明确规定技师参与工时定额的编制工作。他们懂技术、高技能，在修珐工时定额中，发挥着重要作用，实践证明：由于技师参与工时定额的修订很切合实际，减少了工人们的抵触情绪，同时技师在提高工时利用率上做表率，在工时少、难加工工件上千方百计找效益，使工时定额更具科学性工时定额水平达到了平均先进，促进了企业劳动生产率的提高。

3．小改小革成果显著

近几年，该厂产品较多，新材料、新技术，新工艺、新设备应用的较为广泛。为了适应生产的需要，提高产品质量，发挥高技能的优势，技师们在工艺改进，自制胎卡具，改操作方法下功夫，成为不可缺少的技术人才。

在浇注09Ⅲ工程冷却剂泵导翼生产试制过程中，由于工艺不成熟，试制的铸件存在气孔、裂纹、缩根等质量缺陷，严重地影响军工产品按期出厂。工人技师焦玉福凭着多年的丰富经验和高超技艺，大胆地进行了工艺修定，在对原工艺进行分析的基础上，提出了两项改变浇注系统的新方法，改变造型材料，采取底注式浇注，解决产品铸件生产过程的关键问题。

工人技师郭万军在加工09Ⅲ核潜艇主泵泵体过程中，对关键部件大胆地提出刀具改进措施。泵体吐出口形状特殊，外形复杂，该同志对工序潜心研究，反复实践，最后采用玉米铣刀粗加工，球铣刀精加工，不仅提高工件质量，节约刀具，而且提高了工作效率。

根据生产经营形势的需要，高技能人才队伍的不断壮大，给该厂带来了可观的经济效益。1986年以来、实现小改小革1 200余项，解决技术关键200多项，消化、引进先进技术，节约材料、节约工时创造价值2 250多万元，为企业降低了成本，提高了劳动生产率，促进了企业的振兴和发展。

四、重视青年技术工人的培养，发挥传、帮、带的作用

该厂十分重视发挥高技能人才在培养中、青年技工方面传、帮、带作用、取得了一定的成效。

1．建立技能传授队伍

该厂为了把许多高技能人才的绝招、绝技一代一代传下去，于90年代初就以各车间为单位成立了技能传授队，有针对性地开展技能传授活动，及时解决青年技术工人在工作中遇到的技术难题和生产关键问题。每年年初，组织车间的能工巧匠和青年工人签订技能传授合同，技能传授合同实现后，经审核、厂给予一定的奖励，由于传授合同针对性强，能及时解决生产中出现的难题，提高了青工的技术水平，很受欢迎。

2．常年坚持实行聘请技师担任指导教师制度

在开展岗位培训和职业资格培训中，为了达到国家规定职业(技能)标准要求，该厂专门聘请技师担任指导教师。多年来，已经形成制度化，由于技师本人技术水平高，语言贴近青年工人，通过言传身教，真正地提高了青年工人的技术水平，达到了本人岗位的要求和技能标准，为提高青年技术工人的实际操作水平开辟了一条新的途径。

五、贯彻国家劳动和社会保障部第六号令，全方位提高职工技能素质

为了不断壮大高技能人才队伍，继续增强企业在市场上的竞争力，全面贯彻落实国家劳动和社会保障部第六号令，全厂掀起职业资格培训的热潮，大力推行职业资格证书制度，从提高领导干部的认识入手，全面做好宣传工作，激发技术工人掌握高技能的积极性。由于各级领导的重视，措施得当，各个部门紧密配合，注重实施优化人才战略，取得了明显成效。共开办了30个中高级技术理论培训班，1个技师培训班，培训815人，其中499人达到了高级工水平，27人达到了技师水平，为厂培养和储备高技能人才做出应有的贡献。

六、把学技术引入竞争机制，开展技能大赛活动

技术大赛是提高青年工人技术水平的有效形式，是发现高技能人才，调动青年工人学习技术提高操作水平的好方法。

该厂重视职工技能的提高，多次组织了厂内技术表演赛、项目攻关赛、技术尖子选拔赛等形式的技术大赛活动，先后涌现出一大批技术尖子，技术能手。选派他们参加省、市、局组织的技术大赛，曾获得沈阳市技术大赛优秀组织单位优秀组织奖、团体冠军、技术大王和技术状元及技术能手称号。大赛使职工技能有了明显的提高。

总之，该厂(公司)在培养建设高技能人才队伍方面进行了不懈的努力，造就了一大批高技能人才，在企业解决生产技术难关、开发新技术、开发新产品中发挥着重要的作用。实践证明要振兴企业，高技能人才是一支不可缺少的技术力量。

在“十五”期间的跃进之年，该厂在举步迈向国民经济建设第三步战略目标的进程中，以江泽民同志提出的“三个代表”重要思想为指导，继续坚持高技能人才队伍的建设，为企业的腾飞和发展作出更大的贡献。

中核苏阀不断追求卓越

——中核苏州阀门厂

中核苏州阀门厂始建于1952年,1962年苏阀划归核工业部,成为部属军工企业,厂名为国营五二六厂,主要为核工业系统提供核设备和核用阀门。在20世纪的60~70年代,苏阀不仅生产很多过硬的军工产品,并在贯彻军工生产条例的基础上,建立了一整套完善的质量控制的体系,造就了一支高素质的科技队伍。

苏阀在不同的历史阶段都有一部光辉的业绩,这个厂曾为我国原子弹,氢弹的爆炸成功作出了一份有益贡献,在1980年5月国防工业系统总结表彰时,受到中共中央、国务院、中央军委以及国防科委的嘉奖发来贺电,以表彰苏阀为我国核事业作出的努力和贡献。

改革开放的春风,给正在军转民的苏阀带来了契机和新的挑战。经过对市场趋势的分析,苏阀扬长避短,没有盲目地去从事生产当时热门的摩托、空调等轻工产品,也没有去角逐市场面较大的普通阀门市场,而是根据苏阀厂自身在设备、人才、管理上的优势,将产品定位在特种阀门的开发和研制上。在厂长邵渭敏的领导下,苏阀进行战略调整,针对当时主要来引日本和法国等的好几套石化装置成套设备,率先在国内阀门行业中采用国际先进标准,对材质新型,结构特殊的阀门进行技术攻关,反复测试,开发成功各种规格的替代进口的阀门,将产品陆续打入上海金山、北京燕山、南京扬子等大型石化企业。

1984年,苏州阀门厂获悉在中日合作建设的扬子石化聚丙烯,乙二醇这二个工程项目中共需要800多个品种计10 000多台(套)的阀门,计划80%从日本进口,20%由国内来配套的消息,后主动到北京和南京向有关部委请战,经过努力,苏阀终于争取到80%的阀门生产任务。当时,日方要求所有阀门设计、制造,验收规范都按美国API标准执行,苏阀全厂上下掀起了为国争光,创名牌的热潮,并把这一年定为"API"年,1986年10 000多台(套)阀门如期安装运行,通过中日双方的验收,并一次试车成功,从此苏阀名声大振。

一、闪光的证书,严格的质保

为严格保证产品质量,苏阀产品打入国际市场和满足国内引进石化设备配套国外标准的阀门成套供货,必须拥有国际权威认证机构的认证。1982年,苏州阀门厂在国内阀门行业首家获得美国石油学会API标准使用许可证。1992年又率先取得国际著名挪威船级社(DNV)ISO9002和ISO9001质量体系认证。1995年通过了国家核安全局压水堆核电站阀门设计和制造的资格审查,并颁发了证书。1997年被国家电力公司规划设计院,电力成套设备局推荐为高温高压火电站阀门主要生产厂家之一,为我国的核电火电发展提供国产化阀门产品。2001年6月苏阀在国内阀门制造业第一家取得欧洲联盟CE高级别的"H"模式认证,从而为产品准入欧洲市场获取闪光的通行证。

中核苏阀为拓展国际市场,从1988年开始向美国出口阀门产品,实现外贸出口零的突破,目前产品已远销北美、中东、西欧等50多个国家和地区。在阿联酋的迪拜开设了苏阀有限公司,成为中国在当地最大的中资机构和中东地区重要的阀门销售基地,1998年,国务院副总理吴邦国在中东访问期间,了解到此事,特地视察了中东苏阀有限公司。受到中央领导的肯定和赞赏。

苏阀的产品之所以能从军工转向石化工业领域,又扩大到核电、火电高标准的阀门制造行业,成为我国机电产品出口基地供货商,依靠的是苏阀严格的质量保证体系和权威认证机构的一系列证书。在市场经济的大潮中,依靠敏锐的眼光和雄厚的技术力量,在软件和硬件的投入上相当注重,发展势头日益强劲的苏阀成为我国阀门行业的排头兵。

二、引进先进技术、开发阀门新品

中核苏阀在市场经济的大潮中,善于抓住机遇,利用自身优势引进国外先进技术和设备及管理。1995年与美国瓦特斯工业公司进行强强联合,组建了中美合资苏州凯孚阀门有限公司,专门生产美国ANSI和API以及其他国际标准高品质球阀,球阀生产能力达到了先进水平,产品广泛应用于国内外化工及石化、石油及天然气管道输送,电力、化纤、制药等工业领域。

1999年苏阀与德国DA阀门公司合作,在苏州新区兴建了一座占地35 100m^{2}的现代化厂房,成立了中德合作苏阀达尔阀门有限公司。专门研究、设计、制造和销售与德国同一挡次的防污染、清洁型环保阀门。这种水工程软密封阀门的表面涂装环氧树脂和内件橡胶包覆符合国内、国际卫生检测要求。公司还将核工业技术制造用于高温高压的合金钢或不锈钢三偏心全金属面密封蝶阀,目前苏阀达尔产品在国内外销售前景广阔。

中核苏阀与美国、德国两家阀门制造商的合作成功,有利于扩大生产规模,提高市场占有率、形成了新的整体优势。种种举措,都必将使中核苏阀的发展充满了勃勃生机。

走产学研结合之路,做世界最好的泵

——广东省佛山水泵厂有限公司

广东省佛山水泵厂有限公司位于广东省珠江三角洲中心,中国改革开放的前沿——广东省佛山市,是广东省高新技术企业,是国家通用机械泵行业的重点骨干企业,综合效益指数在全国泵行业25家重点骨干企业中连续五年位居第一。公司自2000年转制组建成立以来，当年就实现销售收入、利润、员工人均收入比1999年增长13.18%、51.48%和32.96%，进入高速发展的快车道。2001年，佛泵公司再传佳音，销售收入、利润、实现利税比2000年同期分别增长7%、0.23%和14.12%，均创历史最好水平。

佛泵公司自转制以来一路高歌，一年一个台阶。公司上下都有一个深刻的体会，那就是走产学研结合，不断进行技术创新这条路走对了。

佛泵公司有着开展产学研工作的传统，先后与多所高校、科研院所在产品开发、技术改造方面进行了一系列合作，如1972年，佛泵与中山大学、西安重型机器研究所共同研制并设计出配套水环真空泵SKP大气喷射器，填补了中国大气喷射器在水环真空泵上应用的空白。虽然这些项目为企业带来了较好的效益，但都是些小规模的合作，没能转化为更加可观的生产力。

公司转制伊始，面对激烈的市场竞争，是积极进取，与高校或科研院所强强联合，把企业做大做强，还是采取原有的经营策略，进行一些小规模合作，摄取眼前利益？为此，公司领导曾认真分析世界泵业市场及自己的长处和不足，制订了企业长期发展计划，决心利用体制创新带动技术创新，用高科技改偵传统产业，与高校、权威科研院所进行强强联合，决心把佛泵打造成世界最好的泵业制造公司，做世界最好的泵。

任何形式的合作计划都要切合企业自身实际，佛泵在技术上有较好的基础，拥有为数众多的博士、高级工程师等专业技术人才，其中3位是享有国家特殊津贴的“有突出贡献的专家”。早在1967年佛泵就凭自身的实力试制成功第一台水环真空泵，填补了我国大型水环真空泵的空白。在设计手段上，1996年引入CAD三维设计软件，在2000年就发展成为“全国CAD应用示范企业”。在新一轮产学研合作中，为缩短产品开发周期，降低产品开发费用，以及为研究泵的过流部件设计对产品全工况范围性能的影响，佛泵利用自身技术、设备等特长，与清华大学合作，形成基于对全工况流体流动机理充分掌握之上的全新设计方法，突破了以往通过单纯买卖关系实现成果转让的模式，转而共建科技成果转化利益共同体，将CAD与CFD(叶轮机械流场设计技术)相结合，应用在泵的开发上，开发出按国际ISO2858标准研制的29个规格的KCP系列离心泵产品，现已推向市场，从而使CFD技术这项原用于国防工业的技术在国内泵产品设计上取得突破性进展。

随着技术的发展，市场对一些特殊材料的应用要求越来越高，对不锈钢材质的泵需求越来越多。佛泵瞄准市场，积极应用新材料和开发耐腐蚀泵产品。与中科院国家金属腐蚀控制工程技术研究中心合作，突破了以往单纯聘请专家教授当顾问的模式，转而共建科研开发联合体，不再像以往那样搞“短、平、快”的项目和成果，而是更多关注涉及企业长远发展的新产品及新技术储备、新市场拓展等方面的研究开发和成果转让。双方在华南地区建立惟一一个SEBF工业防腐蚀技术研究开发应用基地，将该技术应用于各种流体输送设备包括泵上，以增强其耐腐蚀、磨蚀的能力，从而使这项用于国防工业、国家重点工程的技术在国内第一次大规模推广，实现了产业化，已取得实际效果，直接与间接效益明显，2001年销售值达到700多万元。

耐腐蚀泵的生产过程技术复杂，特别是不锈钢铸件的裂纹和桔皮缺陷控制难度较大，是世界铸造界普遍关注和积极解决的问题。为能减少这类缺陷，佛泵积极组织攻关，并与华中科技大学携手合作，共同研究，进行了大量的试验和工艺改进，将低碳不锈钢的铸态延伸率提高了3%～8%，降低了双相不锈钢的裂纹缺陷，取得了较好的效果，为客户提供大量优质不锈钢铸件。XA系列耐腐蚀单级离心泵近年来创利300多万元，产品质量稳定，被评为广东省优质产品和名牌产品称号，获佛山市科技进步三等奖，成为佛泵公司一个新的经济增长点。

佛泵近五十年的发展说明，公司的持续发展必须有持续技术创新，必须充分发挥自己的优势，借助高等院所的力量，互利发展，不断探索新的合作方式和加大合作深度，才能在加入WTO以后立于不败之地。为此，公司每年投入1 000万元以上，搞产学研、新产品开发及技术改造，保证各项科技工作的开展，也推动公司持续有效发展。

今天，产学研结合结出累累硕果。做世界最好的泵，佛泵人不断的追求与努力，正在逐步变成现实。20世纪80年代还需购买外国技术的佛泵公司，现在已完全可以凭着自身的实力开发新产品，并做到当年开发，当年出效益，取得了可喜的成绩。自2000年以来，每年的新产品销售额占销售总额50%以上，其中真空泵在产销方面与德国和美国形成三足鼎立之势，为佛泵抢占市场，创国际品牌打下坚实的基础。

借船出海　借力登高
以国家产业政策为导向加快产品结构调整步伐

——重庆江北机械厂

重庆江北机械厂是一家以生产分离机械产品为主的企业。自1965年定点生产分离机械以来，经过多年的发展，在产品结构上已形成了离心机、压滤机、过滤机、成套设备四大类近100种规格的产品。这些产品在化工、制药、食品、环保等行业得到了广泛应用。其中，近年来开发的中高档产品，HR双级活塞离心机，D型螺旋离心机、GKH虹吸离心机和SGZ三足式自动离心机等在该厂销售收入中所占比重逐年上升，达70%以上。而近几年新产品在销售收入中所占比例亦同步增加，由1995年的9.8%，上升到2000年的45%。产品结构调整取得了明显的成效。

为加强产品结构调整，该厂提出了“一业为主，专业化发展”的产品发展战略和以分离机械及成套为重点，大力开发功能相近和工艺相近的产品开发策略。明确了以建立技术创新体系为载体，以国家产业政策和市场需要为导向，高起点引进产学研结合进行产品结构调整的指导思想。

一、建立技术创新体系，搭建两个平台，为产品结构调整提供机制保障

进行产品结构调整，必须以建立完善的技术创新体系和有效的激励机制为基础。观念决定思路，思路决定行动，行动决定出路。该厂把建立适应市场竞争要求的技术创新体系，作为实现该厂产品发展战略和策略的重中之重。

首先，构建了新的技术创新体系。该厂对企业技术创新历来是非常重视的。早在1976年就建立起了我国分离机械行业第一家厂级研究所——江北离心机研究所。“六五”期间建成了总面积达3 200m^2的研究所大楼和1 400m^2的试验车间，配备了各类先进的测试仪器和试验设备，使研究所成为我国重要的离心机测试试验研究基地之一。二十多年来，江北离心机研究所开发的新产品就达60余种，其中有20多项产品获部省市科技进步成果奖，可以说取得了很好成绩。

1998年初，该厂根据机电部《机械工业技术中心建设指南》和重庆市市级技术中心建设规划的基本精神，在原江北离心机研究所的基础上成立了技术中心，构建了以市场处—产品开发处—工艺处—技术中心办公室为主体的新的技术创新体系。

其次，搭建了产品创新平台。新的技术创新体系建立后，为了确保技术创新工作的有效开展，该厂构建了二个产品创新平台：

一是搭建了与新产品销售收入关联的技术开发费用投入平台。

从1998年起，该厂在技术中心实行相对高薪为主体的激励机制。所谓相对高薪指的是技术中心产品开发人员（设计、工艺、试验、管理等人员）在承担项目期间不论职称高低、年龄大小均可以按责任大小、工作量多少获取较高的工资收入，重点项目可以参照人才市场价格。这一机制对激发该厂专业技术人员的工作热情，尤其是极大的激发了年轻的工程技术人员的积极性。

为进一步激发科技人员的创新精神，该厂还采取了按新产品实现销售收入的一定比例对项目成员进行提成奖励的措施，引导科技人员关注产品，关注市场，积极进行产品的更新设计和改进，收到了很好的效果。

二是搭建了技术中心开发设计运作平台。

1)应用CAD技术，为产品开发设计提供先进的创新手段。1998年该厂在技术中心建立了CAD/CAPP局域网，配置了适合该厂技术人员现状的CAD软件和CAPP软件。在不到三个月的时间里，技术中心计算机出图率就达100%，达到了“甩图板工程”的要求，提高了工作效率和设计质量。在近几年，该厂进一步增加投入，使CAD/CAPP局域网的作用得到了更好的发挥。

2)推广“小组工作法”，进行产品开发项目的组织方式和管理模式的创新。在技术中心，所有产品开发项目均采用“小组工作法”进行落实。项目组工作采用并行工作方式，工艺与设计基本上可同步进行，改变了以往必须设计完成后才能开展工艺编制的固有程序，极大地缩短了新产品开发周期。仅1999～2001年共完成了30多个新产品的开发任务，这在该厂的历史上是没有过的。

为鼓励该厂在推广CAD/CAPP技术方面取得的成绩，国家科技部2000年授予该厂“全国CAD应用工程示范企业”称号。2000年该厂技术中心通过重庆市市级技术中心认定。

二、瞄准目标市场，以产业政策为导向，借船出海，进行产品结构调整

通过对国家产业政策的认真研究和对离心机应用市场的重新定位，该厂把重点放在了三大化工（煤、石油、天然气）、环保工程、生物工程、食品深加工四大市场，并把国家支持的环保和生物工程作为重中之重，并取得了显著的成果。

一是，该厂承担的国家级产学研项目——GKH1250—N虹吸刮刀卸料离心机，1998年在山东通过国家级技术鉴定。这个产品填补了国内空白，它的成功研制，使该厂产品在食品深加工行业取得突破。近几年，该产品实现的年销售收入占总收入的20%以上，市场占有率达到80%以上，成为该厂新的经济增长点，创造了很好的经济效益。

二是，1999年该厂承担了国家级重大技术创新项目——污泥离心浓缩机与脱水机一体化装置的研制任务，该项目于2001年2月在深圳南山污水处理厂通过国家级技术鉴定和项目验收，填补了国内空白，使该厂产品在市政污水处理行业的应用取得突破，展示出极其美好的前景。

三是，2001年，该厂又承担了国家级重大技术创新项目——钻采废水处理成套装置的研制任务。这个项目的研制成功，必将为该厂开拓出钻采废水处理市场的一片广阔新天地。

三、利用社会资源，外引内联，实施产学研结合和高起点引进两大措施，借力登高，提高技术创新能力

一是，高起点引进国外先进技术。1993年，经过多次谈判，该厂与世界离心机制造排名第三位的法国坚纳公司，达成由坚纳公司无偿提供D系列螺旋离心机设计图纸和相关技术资料，该厂消化吸收后制造产品，由坚纳公司贴牌销售的合作协议，这种方式实现了市场优势和加工优势的有效结合。通过合作使该厂的螺旋离心机技术水平已达到了国外当期先进水平，并保持同步发展。目前止，该厂通过法国坚纳公司销往世界各地的D系列离心机近500台，实现销售收入4 000多万元。可以说，该厂与坚纳公司的合作实现了双赢的目的。

近年来，该厂除巩固和发展了与坚纳公司的合作外，还与奥地利安德丽茨公司达成协议引进带式压滤机制造技术；与以色列“普莱玛”公司达成合作制造小规模污水处理成套装置的协议。

二是，产学研结合开发新产品。以企业为主体，产学研合作开发新产品，实现了校企之间的优势互补，是企业加快产品结构调整步伐，提高开发能力和技术水平的有效途径。

该厂在与四川大学合作的20多年中，双方在WL—600卧式螺旋卸料离心机、密闭防爆卧螺离心机、GKH800—N、GKH1250—N虹吸刮刀卸料离心机、磁性卧螺离心机、YZA锥盘压榨机、高浓度有机废水处理成套装置等10余种产品的开发中进行了良好的合作。

双方合作开发的具有国际先进水平的国家级产学研项目GKH1250—N虹吸刮刀卸料离心机，1998年7月通过国家鉴定，1999年荣获国家科技进步二等奖、重庆市优秀新产品二等奖。该产品自投放市场以来，深受用户欢迎。在淀粉、氯化钾、谷龙酸等行业广泛应用，并成为我国10万t以上级淀粉项目的首选设备。该产品不仅在国内占据极大市场份额，而且还出口到韩国等发达国家。

该厂与合肥通用机械研究所从60年代中期起就建立了良好的合作关系，先后合作开发了WH—800活塞推料离心机、HR400—N、HR800—N双级活塞推料离心机等多种产品。其中，WH—800离心机市场占有率在70%以上，为我国小氮肥行业的发展作出了巨大的贡献；HR400—N离心机以其优良的性能成为我国30万吨乙烯工程项目的首选设备，并出口到印度尼西亚等国家。该产品1991年获国务院重大技术装备成果二等奖。该厂生产的HR400—N离心机和在其基础上开发的HR500—N、HR630—N双级离心机在化工行业创下了骄人的业绩，成为该厂四大系列主导产品之一。

高起点引进和产学研结合发挥了两个优势，实现了1加1大于2的倍增效应。不仅提高了该厂产品的技术含量，扩大了产品储备，创造了良好的经济效益。更为重要的是，该厂的工程技术人员在与国外公司和高校、研究院所的专家学者们的共同设计中，了解了他们的设计思路和开发理念，学到了开发设计知识。近几年，由于该厂自主开发能力的提高，该厂先后自主开发生产了污泥脱水成套设备、LZM系列针形冲击磨等多种新产品。在深圳南山污水处理厂运行的污泥脱水成套设备就是该厂在坚纳公司D系列离心机基础上自主设计开发的典范。

产品结构调整对于企业是一个永恒的课题，只有创新的产品，没有不变的产品和不变的市场。该厂将继续坚持围绕目标市场，以产业政策为民向，以重点工程为依托推进产品结构调整为指导，积极应对WTO，努力实现钻井废水、造纸废水、生物制药三大市场的突破和市政污水、淀粉加工两大市场的做大升级。

创新思路向多领域发展

——瑞气空分设备有限公司

瑞气空分设备有限公司（简称瑞气）是一家专业从事气体分离和提纯技术的研究、开发及应用的企业。企业于70年代就开始从事对变压吸附气体分离技术的研制，至今已为市场提供设备750余套，它们分别应用于全国化工、石化、煤炭、医药、机械、食品等二十几个行业，不仅设备数量稳居国内第一，而且设备的稳定性深受客户好评。瑞气之所以能从一家庭作坊发展到今天拥有四家专业子公司和一个技术研发中心，不仅是因为瑞气有一个敢于探索、勇于创新的领导层，而且还在于企业技术开发、市场策略、人力资源组织、资本与市场的整体系统的创新。

一、企业创新的新思路

1. 技术的创新，创造面向市场的技术策略

瑞气企业的技术始于1979年企业董事长陈孝通参与了中国第一台可投入工业运行的真空脱附变压吸附制氮机的研制，该项目于1982年通过上海市经委鉴定。1989年，瑞气第一台常压脱附碳分子筛制氮机研制成功；1992年通过浙江省科委鉴定，荣获国家级新产品；1996年第一台专用于煤矿井下防灭火变压吸附制氮装置研制成功；同年，第一台地面移动式制氮车在瑞气诞生；1997年，第一台全自动PSA制氮机及氮气净化设备在瑞气人的手下产生；1999年，第一台节能型碳分筛制氮机在瑞气出世，并通过浙江省科委鉴定。迄今为止，瑞气已获得11项国家专利（发明、实用新型），5项科技成果通过省（部）级鉴定，5项获省、市科技进步奖，3项产品获省优秀高新技术产品称号。

2. 质量的保证

在质量的控制上，企业将产品和服务的质量作为企业的生命、发展的基础。企业于1999年通过ISO9001的认证，将ISO9001质量管理体系作为持续改进质量的依据，将产品零缺陷作为企业追求的目标。在服务质量上，瑞气拥有业界最优秀的售后服务队伍，该队伍不仅技术过硬，70%均为技术工程师，而且个个能够吃苦耐劳。瑞气对客户的服务承诺是：24小时待命，72小时到达现场解决问题。

3. 团队精神

在瑞气企业里，每个人都深知从一个零部件的创造到产品的批量生产，需要的是每个人的协同工作。企业崇尚团队力量，反对个人英雄。瑞气企业的制造部最能突出这点，制造部是由生产、技术、品质、采购集为一体的部门，从接到销售部的订单开始，技术部的方案设计到生产部的制造以及最终品质部门的质量把关，团队的协作意识始终贯穿在企业运行的过程之中。

4. 人力资源管理

瑞气企业拥有一支高素质的技术开发、生产、销售和售后服务的队伍。大专以上学历的员工占总人数的70%，中高级以上的工程技术人员近30人。企业领导非常重视对人才的培养，根据员工的需求设立多种培训，鼓励员工多方面发展，并为企业中、高层管理人员提供MBA的培训机会。

5. 信誉

瑞气是温州市102家重点骨干企业，又荣获市级信用优良企业，并连续数年被中国工商银行评为AAA级企业。企业作为浙江省高新技术企业，于2000年通过ISO9001认证。

瑞气企业研制的节能型碳分子筛制氮机被列入国家火炬计划、国家重点新产品计划项目。

二、向多领域发展的产品

我国加入 WTO 后,不同所有制的企业都站在同一平台上参与国际和国内竞争,这是我们发展的契机;二十年来对变压吸附技术的基础研究、工程配套和技术储备,这是我们发展的基础;公司资本积累的完成、专业人员的引进、各级政府的支持、决策层的信心是我们发展的保证。可以说,我们义不容辞地发展变压吸附气体分离技术的多领域和装置的大型化。最近几年,瑞气企业向专业化、系统化、多元化方向发展,由原先的专业从事设备生产的企业向变压吸附工业装置开发、设计、成套、技术服务等服务型企业发展。开展医用变压吸附制氧机、变压吸附制富氧、变压吸附制氢、变压吸附制二氧化碳、变压吸附法从煤矿瓦斯气中浓缩甲烷等方面的研究及工业开发,取得了良好地社会效益。

1. 变压吸附制氮

随着变压吸附法制氮新技术的不断发展,推广力度的加大,用户对氮气设备的选择标准也在不断的变化。投资少、工艺简单、易操作的变压吸附氮气设备,深受用户的欢迎,市场需求年年增长。90 年代后期环保节能型的绿色产品成为世界工业的主流。经过多年的开发,节能型碳分子制氮机成为瑞气企业的主力军。它有以下特点:

(1)单位氮气能耗低。以 99.9% 氮气纯度为例,单位氮气能耗指标为 0.3kW·H/Nm^3 比老产品节能 35% 左右。由普氮到高纯氮,随着氮气纯度上升,其单位能耗方面的优越性表现得更加明显。如果按年产纯度 99.9%,每小时 100m^3,110 台套计算,每台制氮机运行 300 天,可年节约电力约 1 108.8万 kW·h。

(2)氮气回收率高。可不用纯化装置即可直接制取 99.9995% 的高纯氮气,解决了用户没有氢气源、或对氢指标非常敏感时用气问题,具有十分重要的意义。

2. 变压吸附法从含氢混合气中提取纯氢的技术及成套装置

随着石油炼制工业的飞速发展,氢气消费量也在迅速增加,很多有机合成工业、冶金工业、电子工业都需要大量纯氢。氢气来源的一条重要途径就是从许多含氢工业废气中回收氢气,这些工业废气包括氨厂弛放气、甲醇尾气、催化裂化干气、焦炉煤气、炼厂气等。这些气体中,除氢以外的杂质是 Ar、N_2、CH_4、CO、CO_2、H_2O、NH_3、H_2S 以及少量烃类,这些杂质通过变压吸附制氢装置一次同时除去,达到回收和纯化氢的目的。其主要技术指标如下:

处理原料量:50 ~ 100 000Nm^3/h;吸附压力:0.6 ~ 2.4MPa;产品氢纯度:99.5 ~ 99.999%;产品氢露点:- 60℃;氢气提氢率:75% ~ 96%(视原料条件和产品要求而定)。

在无含氢工业废气的地方,也可以用含氢产品气和中间气提取纯氢,这些气体包括城市煤气、变换气、精炼气等,其工艺与上述工艺相同,无非在某些特殊情况下需要增加预处理或精制工序,以确保装置的运行寿命和运行指标。

在无含氢工业废气也没有含氢产品气和中间气的地方,可以采用煤气化、烃类转化、氨裂解、甲醇裂解制得不同组分的含氢气体,在经过变压吸附装置进一步分离得到纯氢。目前,瑞气可以提供甲醇裂解变压吸附制氢成套装置及氨裂解变压吸附制氢成套装置,主要技术指标如下:

产气量:50 ~ 2 000Nm^3/h

纯度:99.5 ~ 99.99%

吸附压力:0.8 ~ 1.0MPa

露点:- 60℃

氢气提取率:≥80%

甲醇消耗:≤58kg(每 100Nm^3 99.8% H_2)

电耗:≤15kW(每 100Nm^3 99.8% H_2)

3. 变压吸附法从富含二氧化碳混合气中提纯二氧化碳

随着 Cl 化学的发展,二氧化碳作为一种潜在的碳资源,越来越受到人们的重视,直接用量也在不断增加,主要应用领域包括化学工业、机械工业、食品、医药卫生、烟丝膨化、二氧化碳保护焊接等。另一方面,由于含碳物资的燃烧,产生大量二氧化碳的排放,构成了对环境的污染,因此,经济有效地回收二氧化碳,既能解决工业用气又保护了环境。

富含二氧化碳的废气有:烟道气、油田伴生气、粮食发酵气、石灰窑气等,由于杂质含量不同,所采用的工艺方案也不同。一些气体中含有大量地硫化物,它们和二氧化碳一样在吸附剂上有强烈地吸附性能,所以必须在变压吸附装置之前进行预处理,也就是粗脱硫和精脱硫,使从吸附相得到的二氧化碳达到杂质要求。而对于粮食发酵气和脱碳废气,其二氧化碳含量已达 95% 以上,只需加压、液化、分馏即可得到纯二氧化碳产品。

瑞气目前开发的二氧化碳装置主要技术指标如下:

产量:5 ~ 30a/d(液体 CO_2);纯度:≥99.5%(若用于食品,符合国际食品级 CO_2 标准)

4. 气体纯化装置

高纯氮气是工业生产工艺及优质产品生产过程中不可缺少的。它广泛应用于石油、化工、电子、冶金、建材、电光源、航空航天、医药及食品等领域。多年以来,瑞气企业致力于高纯氮气纯化设备的研究开发。瑞气企业第二代氮气纯化设备已开发成功并投入批量生产。它完全着眼于用户,克服了以往设备及国内同行的不足之处。

其主要特点如下:

(1)无需冷却水:取消了原有的水冷却器,为用户免去配备冷却水的不便。

(2)操作简单:安装调试后,只需通过几个简单的按钮便可实现对设备的运行操作,由系统来完成繁锁的手动调节。

(3)先进的流程:应用最新开发成功的流程,它综合了节能、高效、控制自动化程度高、出口高纯气体工艺参数高于其他同类设备及性能稳定等特点。

(4)自动控制:基于 SIMATIC S7—200、S7—300 系列的可编程序控制器,提供了完美经济的控制方案。

(5)友好的人机界面。

由 SIMATIC TD—200 快速而正确地提供设备的运行状

况,精密地读取更多的设备信息。并可根据不同的权限等级对控制参数进行修改设定。

(6)高效催化剂:采用新型 JHDO 及 SODH 调变催化剂。

(7)节能:脱氢、脱氧、干燥塔采用独特的结构设计,再生时能耗比常规设备低 1/2,能耗低且效果好。

(8)自动保护:设有原料气体进气压力过低、换热器出口气体温度过高时,系统自动警报、停机功能。

针对各行业使用高纯氮气的指标要求不同以及用户自身条件的限制,瑞气开发了 DCZa、DCZb、DCZc、DCZd 四种型号的氮气纯化工艺。

5. 医用变压吸附制氧

在医疗领域,纯氧在多种气体中处于特殊的位置,这是因为氧气是人类维持身体健康所必不可少生命元素,有着十分广泛的应用领域。一般情况下,90%以上纯度的氧气就可满足医院临床使用需要。

瑞气的医用变压吸附制氧装置,具有操作简便,制氧时间短,运行安全可靠,占地面积少,不需另行提供水和气等公用工程用量,设备经济性能先进,使用寿命长,维护费用少,售后服务周到等优点。

(1)操作简便:瑞气医用变压吸附制氧装置,只需按操作面板上的启动按钮就可实现开车,此时只需让系统建压,装置会自行达到供氧要求。同样,如果要求停车,则只需按操作面板上的停车按钮即可。

(2)制氧时间短:医用变压吸附制氧装置在开车 20 ~ 30 分钟后便可达到要求的产量和纯度,不象深冷空分制氧那样,需要至少一天以上的时间才能获取氧气。氧气的产量和纯度可随意调节,其产量和纯度之间的关系是:当氧气产量提高时,氧气纯度下降;反之,当氧气产量降低时,则氧气纯度提高。

(3)运行安全可靠:瑞气所提供的医用变压吸附制氧装置,充分体现"健康环保"理念。首先,在制氧装置成套上优选进口国外产品,空气净化彻底,经纯化后的空气质量达到:粉尘颗粒小于 0.01um,每立方米空气油含量小于 0.0003mg,含水量小于 4g,确保进到吸附塔内的气源清洁干燥,避免了分子筛污染,确保分子筛使用寿命在十年以上;其次,在加工制造工艺方面严格,对所有压力容器和工艺管道内表面喷砂处理后,再经过去油脱脂处理,最后涂以专用的适于氧气介质的防护涂层,确保了整个工艺系统对于氧气安全的要求;再则就是切换阀采用适于氧气介质的带先导式电磁阀的进口气动阀,配有行程开关,方便检查,寿命长。仪表系统采用 PLC 控制,对氧气产量和纯度自动在线跟踪监测,当装置控制参数低于或超出安全的设定值范围时,控制系统会及时报警通知操作员或联锁停机。操作人员便可及时采取措施,确保装置始终处于稳定运行状态。而当用户不用氧气或用气量很少情况下,制氧装置将通过控制系统使其处于"静态运行"状态,此时空压机处于空载工况,以达到节能目的。一旦用户需要供气,则装置自行开始"热启动",避免了重新开机需时长的缺点。瑞气医用氧装置可确保年开工率 98%,投表率 100%。此外,当装置现场附近出现火灾、地震等意外情况时,系统将自动停车,且及时将系统压力通过消音器泄压放空。

(4)占地空间小:瑞气所提供的医用氧装置,均采用模块化设计和撬块组装。空压机采用全性能机组,全套装置可整体安放在一个公用底盘上。现场无安装工作量,只要将装置安放在平整水泥地面上即可。安装现场空间高度不超过 3m。对应的装置产氧量 0.5 ~ 40m^3/h(标准状态)的场地面积为 5 ~ 35m^2。

(5)无公用工程用量:装置所配套的空压机和冷冻干燥器均采用空冷方式,不需要冷却水,仪表用空气可从制氧装置自给自足。用户现场只需提供 380V 或 220V 电源就可以。

(6)经济性能先进:瑞气公司所提供的医用变压吸附制氧装置,所有配套的空压机,冷干机均采用进口,制氧系统核心部件——分子筛采用国外原装进口。根据瑞气公司现有的装置水平,医用制氧装置操作压比可以低到 5.5,达到或超过国外的同类医用氧装置性能水平。由于操作压力低,空压机轴功率减小,单位产品氧能耗低。

瑞气医用氧装置的氧气纯度可在 90% ~ 95.4%范围内任意调节,并且,可根据用户需要,单套装置可同时提供 90%,93%,95%两种以上纯度的氧气要求。这也主要得益于瑞气所采用的高性能分子筛及独特的工艺流程。当然,制取 95%以上纯度的氧气比制取 90%纯度的氧气,投资成本要高约 15%。

(7)维护工作量及维护费用少:瑞气产品配套,均是经过反复筛选后最终确定的。螺杆空压机和冷冻干燥器都是进口产品,吸附器专利结构设计严格杜绝了吸附剂的磨损,不需吸附剂的定期添加。切换阀连续启闭次数可确保达到 100 万次以上无泄露。用户只需按照过滤器上的阻力指示仪及空压机运行状态菜单确认是否需要更换过滤器的滤芯。

瑞气经过二十九年积累与探索,已发展成为技术全面、产品成熟、管理规范,具有很大竞争潜力的企业。不管从技术上,还是从管理上瑞气企业都已走向成熟,瑞气企业正以独特方式向世人展示温州新一代民营企业的风采。进入 21 世纪,随着瑞气企业在技术、管理等方面的不断创新,瑞气企业将像瑞气商标所蕴意的一样走向辉煌,走向腾飞。

腾飞中的无锡市林洲干燥机厂

——无锡市林洲干燥机厂

无锡市林洲干燥机厂是在引进丹麦尼罗公司先进干燥技术基础上我国首家研制、生产喷雾干燥机和造纸黑液处理成套设备的专业化工厂。工厂下设无锡市林洲干燥技术研究所,专门从事喷雾干燥技术的基础研究,应用开发新产品试制工作。工厂 1995 年同中国林科院合资开发新厂区，占地面积 55 000m^2，建筑占地面积 21 000m^2，拥有固定资产 2 320万元，职工 282 人。其中各类专业技术人员 103 人，从事高新技术研究开发的科技人员 56 人。年开发新产品 3～5 个，年产值 6 000 万元，年销售额 5 500 万元。2001 年通过了英国摩迪公司 ISO—9000 质量体系认证。

其主导产品唐灵牌喷雾干燥机广泛应用于轻工、食品、医药、化工、电子、陶瓷等行业，用户遍及国内各省、市、自治区，并出口东南亚、欧、美等 10 多个国家和地区。1996 年高速离心喷雾干燥被认定为江苏省高新技术产品，同年工厂被认定为江苏省高新技术企业，中国通用机械干燥设备行业协会副理事长单位。1998 年被列为江苏省产、学、研联合示范企业；2000 年被评定为江苏省先进民营科技企业；2001 年被评定为无锡市质量信得过企业及国防科工委粉状乳化炸药生产设备定点企业。连续 10 年被评为省、市“重合同、守信用”企业和“AAA 级资信企业”，产品获多项科技奖。该厂走科研与生产相结合的道路，结出了丰硕的成果，实现了质的飞跃。

一、走产、学、研结合道路，把科技转化为生产力

围绕这一目标，该厂首先同大连理工大学建立了联合开发喷雾干燥技术项目的合作关系，继而又同中国林科院南京林化所建立了紧密型技术协作关系。南京林化所专门抽调多名技术骨干组成喷雾干燥研究课题组，并派出高级技术人员会同该厂技术骨干，成立了厂属研究所。课题组的任务是及时了解掌握国际先进的喷雾干燥技术和该技术的应用开发，据此来确定自己的开发方向和任务，解决了难度技术问题。研究所则从事新产品开发、技术服务、技术咨询、满足客户特殊技术要求等工作。由于起点高、专业性强，开发的喷雾干燥机新产品一举占领国内市场，结束了过去单一依赖进口的局面，并成功打入国际市场。同林化所共同承担的能源部重点攻关项目“大容量高速离心雾化机研制”在白马电厂一举成功，各项性能指标达到设计要求，可与丹麦尼罗公司同类产品相媲美。

“肝素”是一种需用量大、创汇值高的科技产品，历来肝素干燥采用真空干燥或冷冻干燥法。该厂和南京健友生化厂合作，试制成功我国第一套专用于肝素生产的喷雾干燥装置，经试验证明采用喷雾干燥法与冷冻干燥法和真空干燥法设备投资比例为 1:6，操作周期节省 6 倍，效价(活性)还有所提高。肝素喷雾干燥的成功预示着有一大批生物性药品将从传统的冷冻干燥和真空干燥转向新型的喷雾干燥法。

通过产、学、研结合相继开发出了以硝铵为基质的粉状乳化炸药喷雾干燥装置、乳粉三级大型干燥成套装置、椰奶三级干燥成套装置、粉末油脂喷雾干燥装置、螺旋藻类喷雾干燥装置等一大批新型干燥装置，喷雾干燥设备产品发展成三大系列一百多个品种。高速离心喷雾干燥被定为江苏省高新技术产品，有 7 只产品通过省级鉴定，填补国内空白，2 个科研项目列入国家星火计划，5 只产品获部级科技奖。

针对近年来国家对环保要求的提高，治污力度的加强，环保产业应运而生。该厂抓住这一机遇，联合东南大学、林业大学、南京理工大学、南京林化所等大学、科研单位开发成功造纸黑液处理成套设备，取代了进口，产品已在多家造纸厂使用，效果良好，使因排污不达标而面临关闭的造纸厂起死回生。同时开发的粉状乳化炸药喷雾干燥设备也获得成功，这一具有国际先进水平的乳化炸药喷雾干燥技术得到了国防科工委的认可，被国防科工委指定为粉状乳化炸药专用设备定点生产企业。通过产、学、研结合，新产品不断涌现，产品科技含量不断提高，企业经济效益不断增加。

二、加强科学管理和技术培训，提高企业综合素质

“科学管理”是现代企业制度所要求的四个显著特征之一。管理也是生产力，是企业由传统粗放经营转向集约经营、由外延伸扩大再生产转向内涵扩大再生产的重要手段。在坚持面向市场的同时，加强科学管理，以现代企业制度来规范企业行为，使产品开发、生产、经营、销售等活动纳入科学管理的轨道。同时加强对职工的技术培训，全面提高企业的综合素质，塑造全新的企业文化和企业形象。

人是生产力中最活跃的因素，没有人的素质提高，企业是办不好的。只有不断提高职工的科学文化素质，才能最大限度的提高职工群众的积极性和创造性。因此，我们把加强职工的培训作为一件大事来抓，每年制定培训计划，针对职工所处的不同岗位、不同要求，分门别类加强培训和考核。主要的做法：一是规定新进厂的职工必须进行基本操作知识、岗位技术以及职工条例等岗前培训。考试合格后方可上岗，对不合格者延长转正期；二是每年在厂内举办短期培训班，聘请各类专家来厂授课。林化所在厂蹲点的科技人员，都要抽出一定的时间对干部和工人进行讲课，特别是进行高新技术方面的知识传授，使全厂职工普遍受到教育，受教育面达 95% 以上；三是注重倡导建立具有自身企业特点和浓郁生活气息的企业文化，培养职工的道德情操和文化素质；四是送出去进行对口培训。分期分批选派职工去大专院校成教中心参加专业培训，培训人员占职工总数的 88%，培训合格率达 95%；五是引进人才。建厂以来先后引进 20 多名专业技术人员和高级技术工人，在工厂的主要岗位上都有技术人员把关，使出厂产品合格率达到 100%。通过培训，企业提高了综合素质，多次被评为市先进集体、文明单位和科技进步型企业。

三、确立行业先导地位，全力抢占制高点

喷雾干燥行业在我国尚属新兴产业，科技含量高、应用范围广、发展潜力巨大。该厂在发展本产业方面取得一定的成绩，主要有：

1. 组织承办了第六届全国干燥技术交流会，该会受到了国家科委、机械工业部和中国化工学会等领导部门的重视，国际干燥学会主席 A.S.mvjumdar 教授专门发来了贺电，来自波兰、加拿大、香港等地的代表在大会上作了专题报告，大会取得了圆满成功。

2. 应机械工业部的要求，起草了“离心喷雾干燥机”的行业标准从而确立了该厂在国内对于离心式喷雾干燥机的指导地位。

3. 参与干燥界的巨著《现代干燥技术》一书编写，其中喷雾干燥机和乳品干燥两章由该厂研究所编写。

面临市场化、现代化、国际化的挑战，该厂以党的十五大精神为指导，加大改革开放力度，加快经济发展步伐，按照“三个有利于”的标准，建立现代企业制度，进一步焕发企业的生机。赶超国际科技发展潮头，高起点推进科技进步，继续走产、学、研结合的道路，瞄准国内一流、国际先进水平，以市场为导向，为把我国的喷雾干燥产业发展成为具有国际水平的新兴产业而努力。

铸精品　创“中”牌

——中国人民解放军第四八一二工厂

“中”牌全无油润滑空压机自投产至今，历经十几年的发展，以先进的军工技术、可靠的产品质量和完善的售后服务，赢得了市场的信誉，是国内较有影响的全无油润滑空压机生产厂家，中国通用机械压缩机行业协会副理事长单位。

中国人民解放军第四八一二工厂是海军装备部直属舰船配件专业制造厂。工厂占地面积约27万m^2，员工1 100人，专业技术人员120余人。企业拥有完整的产品开发、生产制造、销售服务系统，下设铸造、船舶配件、橡胶制品、不锈钢制品和全无油空压机五个分厂。总资产近亿元。自1964年列编海军，一直为舰船维修提供了多种船用中、高压及特型空压机整机，各型柴油机配件，泵、轴系列船用配件，高性能橡胶减振器和橡胶密封件等。工厂有着近四十年生产船用空压机及柴油机配件的丰富经验，多年舰船行驶验证，产品的技术性能和质量稳定可靠。

厂所结合创“中”牌，军工技术助发展。

按照“保军转民，军民结合”的发展方针，企业利用生产军品的质量、技术优势，发挥专业所长，根据产品的市场发展前景，工厂选定列“六五”科技攻关项目之一及“八五”国家机械部工业发展基金项目——全无油润滑空压机，由机械部通用机械研究所设计，工厂作为主要协作厂家研制生产，1985年正式投产。产品符合ZBJ72014—88全无油润滑空气压缩机基本参数及ZBJ72016—88全无油润滑往复空气压缩机技术条件的要求（现为JB/T8933—1999《全无油润滑往复空气压缩机》）。1988年全无油润滑空压机及配件“中”牌商标通过注册。全无油润滑空压机在20世纪80年代是压缩机行业中新开发的技术含量较高的品种之一，也是国内外压缩机技术的重要发展趋势，是有油空压机的升级换代产品。

通用机械研究所与工厂合作开发无油机，使研究课题很快得到应用，加快了成果转化；同时，企业借助研究所的科技力量，得到最新的研制成果，不断推出新产品，加快产品更新步伐。借助工厂多年生产军品的质量技术实力，产品很快就打入了市场，销售收入稳步提高。

企业的技术改造，为全无油润滑空压机的发展注入活力。

多年来，工厂共投入1 500万元进行技术改造，并通过转换企业的经营模式，带来了产品的发展，市场的扩张。工厂先后购置了多台生产空压机专用设备，对总装配车间进行了技术改造。与技改投入同步，工厂加强了销售服务工作，对外招聘大专院校毕业生加入销售队伍，强化规范销售服务管理，并继续保持与通机所的合作开发，以新产品开发促进经济增长。作为工厂民用产品支柱的全无油润滑空压机，由原来的1个系列2个品种发展到目前的8大系列20多个品种，排气量从最小的0.27m^3/min发展到3m^3/min，压力从0.7MPa发展到3.0MPa，气种从单一的空气发展到可用于特种气体，产品的使用范围由原来的单机使用发展到配套参与国家项目招标，作为附属设备随整机出口国外。以客户为中心的经营理念，在强调保障质量、售后服务的同时，既着眼前瞻性的设计开发，又及时满足客户个性化的需求，赢得了良好的商业信誉和广大客户朋友的信任，提高了市场占有率。产品荣获军队科技进步三等奖、国家推荐优秀节能环保科技产品，WW—0.45/7—Q型、WW—0.6/10—Q型、WW—0.85/10—Q型荣获省级及军队优质产品，WW—2.5/10—Q机型被授予国家级新产品。

信息化建设带动传统产业的提升，为“中”牌空压机发展开拓更广阔的空间。

“军队一级企业”、“军队先进企业”、安徽省“重合同守信用先进单位”等荣誉只是作为企业新的起点。全球经济一体化趋势、中国加入世界贸易组织、海军装备的发展，对工厂提出了更高的要求，同时也带来了难得的发展机遇。为解决军队急需，工厂研制完成了两项达到世界一流水平的高技术含量产品，并先后引进了日本卧式加工中心、瑞士直读光谱仪和意大利三座标测量仪，实现了三维测量与加工中心的网络衔接。此次安徽省“十五”重大科技专项——企业信息化工程，工厂被确定为当地惟一应用示范企业，必将加快工厂信息化建设步伐。质量体系通过ISO9000标准认证，并同时获得军、民品质量保证体系证书。工厂形成高效的管理、敏捷的市场反应和快速研制能力，为领先市场奠定了基础。三年来，“中”牌空压机实现产值年增长8%、销售收入年增长15%以上。面对激烈的市场竞争，工厂既积极打造好自己的品牌，又作好吸纳先进技术的准备。工厂将通过体制改革和技术创新，依托技术进步，逐步实现企业发展由单一的规模扩张向高新技术发展的质的飞跃。

科 技 兴 厂　铸 造 辉 煌

依靠科技进步　做强主业拓展新业

——杭州制氧机集团有限公司

一、企业简介

杭州制氧机集团有限公司(以下简称杭氧)是在1993年以杭州制氧机厂为核心组建而成的,具有50多年生产空分设备的历史,是我国空分设备的研究开发和制造基地,国家经贸委认定的中国520家重点企业之一,国家21家重大装备国产化基地之一,1999年经国家经贸委批准同意杭氧集团技术中心成为国家级企业技术中心,享有国家外贸自营权。拥有员工近4 000人,工程技术人员近700人。

杭氧至今已设计制造了3 800多套成套空分设备,1993年杭氧10 000m^3/h大型空分设备出口印度,1998年德国梅塞尔公司和英国BOC公司分别向杭氧订购了10 000m^3/h空分设备各一套,并均已开车成功。杭氧承接了宝钢30 000m^3/h空分设备,属国内自行设计、制造的最大空分设备,填补了国内空白,这充分展示了杭氧强大的设计开发能力,也证明杭氧的大型空分设备已具有了参与国际市场竞争的能力,为企业参与国际性竞争打开了通途。至今杭氧已与德国林德公司、法国液空公司以合作生产方式为我国生产配套了10多套30 000等级的空分设备。产品行销意大利、印度等30几个国家。

杭氧在50年的历史进程中曾经创造许多令国人注目的业绩。20世纪70年代杭氧设计制造了国内第一台全低压全板式空分设备,达到了70年代初世界先进水平。1986年杭氧开发成功国内第一套采用常温分子筛吸附带增压透平膨胀机流程的第五代空分设备,达到了80年代中期世界先进水平。1993年杭氧开发了国内第一套全精馏制氩空分设备。1996年杭氧开发了国内第一套同时采用规整填料上塔和全精馏制氩二项技术的第六代空分设备,由此订单纷至踏来,已承接56套该项技术空分设备。2000年又一举攻克了代表当今国际空分水平的内压缩流程技术,至此表明杭氧空分技术已与国际接轨。而杭氧为镇海成功改造的“28000”及为宝钢改造的“30000”空分设备无疑是我国自行设计、制造大等级空分设备走向成熟的“敲门砖”,也为杭氧从“七五”就承担的国家30000等级攻关项目,即将划上一个圆满的句号。

●世界上最早的空分设备生产厂家、最大的气体公司之一的英国BOC公司向杭氧订购了10000等级第六代空分设备1套,投资在其独资兴建的南京BOC气体有限公司;

●另一世界上最大的气体公司——德国MG上海公司分别为上钢三厂梅塞尔和云南昆钢梅塞尔向杭氧订购了10000等级第六代空分设备2套。

●印度MG公司向杭氧订购了12000等级的采用液氧/液氮双泵内压缩机流程的新型成套空分设备1套。

●截止到2000年12月31日,第六代空分设备杭氧已订货场36套;其中14套已一次投运成功。

1500～3000等级液体设备已订货2套;3200～5000等级空分已订货4套,1套已调试出氧;6000～6500等级空分已订货16套,7套已调试出氧;10000等级空分已订货6套,4套已调试出氧;12000～16000等级空分已订货7套,2套已调试出氧;18000～20000等级空分已订货1套。

二、技术发展

进入20世纪90年代,国外几家知名气体大公司凭借自身强大的资本和先进的技术竞相参与中国市场的角逐。国内同行业之间的竞争也愈演愈烈,“杭氧”领导层清楚地认识到:只有依靠科技进步,做强主业,拓展新业。

1. 工艺流程技术的不断创新

杭氧根据市场需求情况和空分技术发展的动向,近年来杭氧主要作了以下方面的技术创新:在1995年开发成功了规整填料精馏塔、全精馏无氢制氩技术,邢台钢铁公司“6500”于1998年10月18日开车出氧,随后,上钢五厂“12000”、水城钢厂“6500”、杭钢“6500”、邯郸钢厂“16000”、南京BOC“10000”、云南MESSER“10000”的空分设备均一次开车成功,获得用户好评。并于2000年6月通过了鉴定,与会专家一致认为新一代空分设备的主要性能指标已达到国际同类流程的先进水平。第六代空分的开发,使空分设备性能得到了进一步改善,能耗下降了6%～8%,其主要包括了下列最新技术:

(1)分馏塔上塔采用规整填料塔,大大降低了塔的阻力,降低了能耗,提高了精馏效率。

(2)采用全精馏制氩技术,既节约了能源,又提高了氩的提取率,取消了加氢除氧成套装置,简化了流程。

(3)采用了新型的冷凝蒸发器,大大提高了传热效果,并缩小了体积。

(4)采用了新型的空冷系统,取消了冷冻机,降低能耗,提高了运行可靠性。

(5)采用高效节能的分子筛纯化再生系统。

(6)引进美国NREC软件,开发新型高效三元流透平压缩机、透平膨胀机技术,实现三元流叶轮CAD—CAPP—CAM一体化。

(7)开发了高效双轴透平压缩机组。

(8)与兄弟单位合作研制成功多种型号规格的小流量、高扬程、高可靠性、操作简单和变频调速的低温液体泵。

(9)采用目前最先进的DCS计算机控制技术。

2. 在国内率先生产标志国际技术的内压缩流程

2000年10月,杭氧一举赢得德国在印度的合资企业梅塞尔公司12 000m^3/h大型空分的设计制造项目。全新内压缩流程技术在出口空分设备上的应用,是我国在大中型空分设备设计制造技术上的重大突破,标志我国空分技术已跻身世界顶尖行列。金川"16000"、云铜"16000"、铜陵"6500"等合同都在合同执行之中。

内压缩流程技术是当今世界先进的空分技术,具有能耗低、液体产量高、产品压力高、安全性能好等诸多优点,代表了新一代空分技术的发展方向,普遍受到石化及化工行业流程所需高氧气压力(>4.0MPa)用户的欢迎,也受到冶金行业的关注。

开发满足客户要求的不同气/液产品的空分设备。为适应客户要求,灵活地组织工艺流程:如采用中压流程,或低压流程;内部循环制冷,或外部循环制冷。对此,杭氧采用多个方案的比较,因地制宜,优化组合,以达到节省投资、降低能耗、操作方便、安全可靠的目的。早在50年代杭氧还被国家列为航空航天工业的定点生产基地。在1999年"杭氧"已成功向"神舟"号提供液氧液氮设备,随后又成功实现制氧制氮军车的更新换代,为我国航天工程做出贡献。

三、制造及装备水平的提高

杭氧在不断引进新技术、开发新产品的同时,还十分注重技术改造,增加技改投入,共投入1.2亿进行技术改造,完成的项目有:

(1)从美国SW公司引进大型真空钎接炉及其设计、钎接软件,使采用真空钎焊制造的板翅式换热器最大尺寸可达6.0m×1.2m×1.2m;最高工作压力达7.8MPa。

(2)引进德国Waldrich Coburg公司的大型数控龙门铣,使该公司透平压缩机机壳加工能力达到国外先进水平。

(3)从瑞典引进800×800的五轴联动卧式加工中心,以及从德国引进1000×1000、800×800、500×500等加工中心,ϕ160镗床等一批数控机床。加工透平机械的三元叶轮,切换阀阀体整体加工等。

(4)建立24m×8m×10m大型喷抛丸室。使压力容器的喷砂提高到新的水平,保证产品质量。

(5)建成德国引进的全套树脂砂铸生产线。

(6)装备了大型数控水下等离子切割设备和多台自动化焊接设备。

(7)装备了透平机械叶轮超速试验研究室和C扫描设备。

目前已订购和引进了下列设备:

(1)从瑞士引进五轴联动铣床;(2)从德国引进三坐标测量仪;(3)加大计算机装备的投入。

四、计算机技术的推广应用

近年来,杭氧在计算机应用推广方面有了长足的发展,引进了美国惠普HP3000/955和HP9000/H50两台超级小型机,同时引进了DEC公司VAX系列工作站10台和采用SGI高档工作站6台,建成了以计算机大楼为中心向全公司各专业厂、办公楼辐射的大型光纤网络系统。在计算机应用方面取得了较好成绩,其具体表现为:

1. 计算机辅助设计(CAD)

工作站配有CV公司的MEDUSA绘图软件、EUCLID CAD/CAM/CAE软件,MSC公司的NASTRN有限元分析软件、NREC公司的透平叶轮设计、加工一体化软件,配有AUTO CAD、PI—CAD及ZDDS、Solid Works Mircostation二维和三维软件。其主要应用成果为:

(1)建立CAD图形库,包括成套工艺流程图、各类产品总装图,部机图及零件图。

(2)开发绘图程序。对那些每套产品须重新设计且技术要求又很高的复杂图纸,采用编程设计,不仅提高设计效率,也保证了图纸的准确度。

(3)利用参数化设计,模块设计同类产品。

(4)复杂部机以及单元体进行三维造型。

(5)开发了冷箱内管道设计和应力分析软件。

(6)建立了空分设备报价系统。

(7)CAPP的应用,开发了计算机辅助工艺管理软件,并广泛应用于与德国林德公司合作的"三万"等级空分设备生产中。

2. 计算机辅助加工,实现了关键、复杂、高精度零件CAD—CAM一体化。

3. 开展CIMS工程

杭氧在1990年完成的HY—MIS系统分析成果的基础上,建立了经营管理系统,主要包括:销售合同管理、生产指标计划、主生产计划、物料库存、财务管理等子系统和生产管理系统,包括:阀门、机器制造、板式换热器生产等子系统。目前,正在全力实施CIMS工程,此项目已列入浙江省CIMS工程试点单位和机械部CAD1550工程示范企业。所有热力动力学计算全部电算化,设计、工艺、图文资料100%实现计算机化。这将极大的提高杭氧的技术开发能力,设计能力可达年设计大型空分设备20套左右。

五、技术中心建设和科技投入

多年来,杭氧一直重视技术开发队伍建设,通过引进、培养等办法,造就了一支雄厚的技术力量,一大批技术人员在空分设备,压力容器设计制造和焊接技术等方面具有较高的知名度,成为上述学科的带头人,并在年轻的工程技术人员中涌现出一批跨世纪技术骨干和人才。

1996年末,根据国家经贸委建立企业技术中心的要求及该公司技术发展管理工作的现状和需求,建立了公司的技术中心,负责技术开发论证、规划、管理工作。下设技术开发机构为:石化部、杭州制氧机研究所、空分设计院、环保设备研究所、各子公司的技术开发部门。这样的技术组织机构,既可考虑长远及发展远景项目,又能开发近期项目,既有利于系统地开发高新技术产品,又有利于市场的开拓和响应复杂多变的市场环境,更好地满足用户的需要。

通过二十几年技术的不断引进和德国林德公司、法国空气液化公司长期合作生产，积累了大量宝贵的实践和理论经验，并在消化吸收的基础上进行自主开发、技术创新。

1. 在流程设计计算方面杭氧拥有美国 ASPEN 热力计算软件，该软件可对空分流程进行集成计算，同时自行开发了内压缩流程热力计算软件。

2. 在精馏计算方面杭氧拥有林德精馏计算软件，同时针对目前采用规整填料塔及全精馏制氩流程的特点，我们自行开发了适用于该流程的精馏计算模块，它可以实现主塔与氩塔的集成计算。此外还自行开发了精馏塔水力学计算程序。

3. 在空冷系统和分子筛纯化系统方面，杭氧拥有法空气液代公司专用的性能和结构计算软件。

4. 在换热器计算方面，杭氧拥有美国 S—W 公司板式换热器性能及结构计算程序，同时自行开发了多个专用程序。

5. 在透平机械设计方面，杭氧拥有 NREC 软件，用于离心压缩机、透平膨胀机的叶轮设计，同时该软件可自动生成加工指令。

6. 在强化计算方面，杭氧拥有 MSC/NASTRAN 应力分析、计算软件。

六、质量管理和产品质量

一直以来，杭氧始终把“今天的质量，明天的市场”这一管理思想作为企业的指导思想。以质量求生存，积极推广使用先进的质量管理体系，加强生产现场的质量控制和管理，积极与国际上先进的质量管理相接轨。其主要表现在：

(1)1988 年在国内空分行业率先通过美国 ASME 认证：取得“U”、“U_2”钢印，每年有按 ASME 要求生产的产品出口美国等国家。

(2)1986 年通过了国家一级计量验收，1989 年取得国家商检实验室证书。

(3)1995 年在国内空分行业率先通过由挪威 DNV 船级社和浙江质量体系审核中心 ZQAC 认证机构的 ISO9001—1994 国际质量管理体系认证，通过了 ISO100012 计量确认体系认证。

在加大产品设计及制造的质量管理的同时，为了适应市场的需求，杭氧还努力提高服务质量，加强内、外部信息反馈，确保以优良的产品、优质的服务，达到让每一个用户都满意的程度，以赢得用户对杭氧的信任和满意。

七、做强主业，拓展新业

在做大做强主业的同时，杭氧决策层按照“人无我有，人有我新，人新我变”的方针，利用技术和人才优势，积极寻找并投入其他高新产业，于是环保、乙烯冷箱、艺术铸造等具有良好市场前景的产业应运而生。

杭氧不仅仅是我国空气分离设备的开发中心和制造基地，也是我国首批向用户做出质量承诺的城市污水处理设备重点制造企业之一，我国环保产业的骨干企业，浙江省环保产业生产基地。作为杭州制氧机集团有限公司的一个子公司杭州杭氧环保成套设备有限公司，现有一个环保设计研究所，二个设备制造基地。

早在 20 世纪 80 年代初，杭氧就成功地开发了我国第一台城市污水处理曝气用的单级高速鼓风机，第一台城市污水处理沼气回收用的沼气压缩机。2000 年开发的旋转式滗水器成为公司的主导产品，当年，就销售了各种规格的滗水器 90 多套，同时，开发的城市污水处理成套设备通过了省级新产品鉴定，成套设备达到了国内先进水平，部分关键设备达到了领先水平。

1. 能提供三十多种环保产品

几年来，杭氧已先后开发了曝气转刷装置、污泥脱水用带式压滤机、中心传动刮泥机、周边传动吸泥机、大型螺旋提升泵、SBR 工艺用的滗水器、回转式格栅、浓缩脱水一体机等一批污水处理设备，使杭氧污水处理设备的产品目录由原来只有单级高速鼓风机和沼气压缩机二种产品，迅速增加到三十多种产品。

2. 能提供污水处理成套设备，实现工程总包服务

1997 年公司承接的浙江慈溪污水处理厂一期扩建设备总成套工程是杭氧向成套努力的第一个成果，以后又相继承接了湖州污水处理厂仪电控设备总成套项目、富阳市污水处理厂成套设备项目、慈溪市污水处理厂二期工程设备总成套等项目。公司已形成了具有向用户提供大型污水处理厂成套设备的能力。此外，还向用户提供环保治理工程总包服务。如余杭临平自强链传动有限公司的碱性废水及乳化液处理工程，萧山杭州万龙机械有限公司的磷化液废水处理工程，杭氧电热厂的综合电镀废水处理工程等。

3. 杭氧环保产品的技术水平

(1)五个系列产品通过了省级新产品鉴定

杭氧已有五个系列产品通过了省级新产品鉴定，既旋转式滗水器、带式压榨过滤机、转刷曝气机、转蝶曝气机、单级高速鼓风机开发的 SHB 型旋转式滗水器，将自动控制技术引入到机电设备中，精确地控制出水量，采用专有技术解决了水下动密封的难度，产品达到了国内领先水平，国内最大的日处理 1 500t 的滗水器在杭氧诞生。DY 型系列带式压榨过滤机，采取了特殊的辊系排列方式，电气滤带自动纠偏，特殊防堵塞的喷嘴用于滤带的反冲洗，使脱水效率高达 76%，产品达到了国内先进水平。BQ 型转刷曝气机，支承采用特殊的无磨损密封，叶片在轴上分布呈特殊曲线，使充氧能力达 $30kgO_2/h$，动力效率 $4kgO_2/kW·h$，达到了国内先进水平，国内最大的单轴长 10m 的转蝶曝气机。RB 型转蝶曝气机，BID 型单级高速离心鼓风机等产品，其技术均达到了国内的先进水平。

(2)两种产品通过了国家环保总局的认定，五种设备被国家机械工业总局、建设部列为推荐产品

DY 型系列带式压榨过滤机和 BQ 型转刷曝气机通过了国家环保总局的认定。旋转式滗水器被环保产业协会列为推荐产品。

已有五种设备被国家机械工业总局、建设部列为推荐产品，即中心传动刮泥机、浓缩池悬挂式中心传动浓缩机、周边传动吸刮泥机、行车式泵吸除砂机、周边传动半桥式刮泥机、周边传动全桥式刮泥机、单级高速离心鼓风机、行车式抬耙刮泥(撇渣)机。

(3)城市污水处理成套设备通过了省级新产品鉴定

开发的城市污水处理成套设备通过了省级新产品鉴定，成套设备达到了国内先进水平，部分关键设备达到了国内领先水平。

利用自身优势开发新技术的替代进口产品，是杭氧未来定位的一个原则。杭氧为了寻找空分以外的高新产品，在综合分析后，选择了乙烯冷箱作为主攻方向。由于大型乙烯冷箱在国内还没有生产的历史，杭氧根据工艺相近，结构相似的原则，调节了内部各路专家，悉心攻关，最终获得国家的认可，并被确定为大型乙烯冷箱国产化基地。

乙烯冷箱是乙烯装置中的关键设备，目前正值国内乙烯装置第二轮改造的前期准备工作，为了实现乙烯冷箱的国产化生产，满足国内乙烯冷箱的需求，深入参与国际市场的竞争，杭氧采用引进技术与自主开发相结合的方法，使乙烯冷箱的技术水平达到国外专业厂的先进水平。

杭氧是国内成熟的和最大的板翅式换热器生产制造专业厂，从“七五”以来一直致力于铝制板翅式换热器及乙烯冷箱的研究开发，具有设计和制造大型成套乙烯冷箱的良好基础，至今已为我国一些乙烯和天然气回收等装置制造了部分冷箱和冷箱备件。

自引进真空钎焊技术以来，杭氧集团公司采用引进与自主开发相结合的方法，生产能力向高压力、大尺寸方向发展，目前已经制造的产品最大尺寸为6m×1.2m×1.2m，最高压力等级为7.58MPa，大大超过了大型乙烯冷箱中板翅式换热器的要求。1991年11月和1995年3月杭氧成功为扬子石化提供了位号为EA—324乙烯冷箱两台，乙烯装置改扩建为40万t/a后，继续使用，情况良好。近年为齐鲁石化、抚顺乙烯、兰化公司等提供了不同位号的单台冷箱，并有十多台冷箱产品出口美国、加拿大等地。

为实现乙烯冷箱国产化，通过引进技术、装备和消化吸收，现已具备提供大中型乙烯装置成套冷箱和冷箱备件的能力。“八五”、“九五”期间，杭氧集团公司在以乙烯冷箱为代表的化工用板翅式换热器设计计算和制造技术上都取得了较大突破，在S—W公司计算化工用换热器程序基础上，经与有关院校的协作，解决了乙烯冷箱设计难点“多股流换热并在换热过程中有相变”的传热计算方法和裂解气体等较复杂混使介质的设计计算。

依托扬子石化、上海金山石化乙烯改扩建工程所需冷箱完成本项目研制，技术水平达到国际同行业水平。依托燕山石化40万t/a乙烯装置改扩建为71万t/a，该合同已于1999年11月初签定。如今顺利试制成功，各项技术指标达到设计要求，标志着我国乙烯冷箱国产化道路取得成功，为今后60万t以上设备开发打下了扎实的基础。

九五期间，国家新上60万t/a、10万t/a和30万t/a乙烯冷箱改扩建工程，按30万t/a乙烯扩建工程冷箱报价300万美元比价计算，“九五”乙烯冷箱市场额将达上亿元人民币，以“九五”规模为例，一个五年计划可节约国家投资5 000～8 000万元，本项目研制完成后可满足国内乙烯装置用冷箱的需求量，同时，由于我国的制造成本较低，极大地提高板翅式换热器及冷箱在国际市场的地位，产品出口前景良好，可为国家创造大量外汇。

杭氧禀承“用户为尊，诚信为本，创新为上，精益求精”的一贯宗旨，坚持以ISO9001、ASME、军品、压力容器四大质保体系为标准，以市场规则和国际通用惯例为行为准则，面向用户、面向社会、面向世界。杭氧期待您的到来，期待为您服务，期待与您精诚合作，共创辉煌的事业！

科技进步开创新局面

——开封空分集团公司

开封空分集团有限公司是我国自行设计、制造大、中型气体分离设备的重点骨干企业，是国家二级企业、河南省高新技术企业，1993年进入“中国500家最大机械工业企业”之列。

该公司具有国家一、二、三类压力容器(包括高压)设计制造许可证；具有美国机械工程师协会(ASME)压力容器设计、制造授权证书和“U”钢印；通过了GB/T19001—94、GB/T19002.1—94质量保证体系认证，为国家一级计量单位。

该公司自1965年建成投产以来，一直紧跟国际空分技术发展潮流，不断推出新技术、新产品。主导产品大、中型空分设备、气体液化设备、金属组装式冷库及成套污水处理设备，已为国家四个现代化建设做出了重大贡献。迄今为止，该公司已为我国冶金、石化、化肥、建材、能源等工业部门提供大、中型空分设备和气体液化设备400多套，遍布全国各地。近年来，为适应国民经济发展的要求，该公司进一步加大科技投入力度，利用先进的计算机技术，使新技术、新产品的开发能力得到了不断提高，为成套设计、制造4万等级空分设备打下了坚实的基础。

一、为企业插上信息化的翅膀

该公司为了增强技术开发与技术创新的能力，先后投巨资配置了大量软、硬件资源，用以从事CAD技术的推广与应用工作。同时引进了美国Aspen公司的Aspenplus流程计算软件和NREC透平机械设计制造软件系统。经过消化、吸收，先后开发了流程、仪控、电控的CAD设计系统，透平机械的三维参数化设计、包装箱二维自动化、管壳式换热器的三维自动化设计、板式换热器的二维自动化设计等系统。不仅加快了设计进度，提高了设计质量，而且实现了技术资源共享，进行优化设计。1996年底，获得了国家科委、国家“全国电子信息办公室”和国家技术监督局授予的“CAD应用工程先进单位”称号，获得了美国SDRC公司颁发的“软件技术应用奖”。在此基础上，该公司还进行了空分冷箱的真三维配管设计、三元叶轮的设计及模拟加工、空压机转子轴有限元分析、低温管道变力分析等更为深入的工作，从而使CAD/

CAM/CAE 的应用达到了一个新的阶段。该公司开发实施的KF—CIMS 应用工程被列入国家“863”CIMS 应用示范工程，2000 年通过了国家:“863”CIMS 专家组的审核验收，企业荣获了“全国 CIMS 应用工程先进集体”称号。目前，该公司已从产品开发设计、生产制造、经营销售实现了计算机应用集成，产生了良好的经济效益和社会效益。

二、全精馏制氩技术国内领先

该公司目光紧盯国际先进水准，力争将最新科研成果尽快地运用到新产品中。1997 年 11 月，该公司为鄂钢设计生产的采用全精馏制氩技术的“6000”空分设备一次开车成功。专家鉴定认为:“整机性能优良，各项技术指标都达到或超过了设计要求”，被评为 1999 年度国家级新产品。随后，该公司为山东鲁南化肥厂设计制造的国内最大等级的采用规整填料上塔和全精馏制氩技术的“16000”空分设备，各项指标都达到设计要求，通过了技术考核。该设备工况稳定，操作性好，变工况范围大，受到好评。特别是 1999 年 9 月，该公司为上海焦化进口法液空“17000”空分设备增设的无氢制氩装置获得成功。氩的提取率达到 89.8%，已经达到了当今世界同类产品的先进水平。目前，该公司已经向东南亚、中东、西欧出口大、中型空分设备 25 套，特别是向西欧的欧盟国家出口更是开创了我国成套机电产品出口的崭新局面。迄今为止，该公司已为国家创汇达 5 000 多万美元。

三、开创国内液氧内压缩流程先河

“九五”期间，该公司针对国际空分技术采用液氧内压缩流程的发展趋势，积极开始了这项新工艺流程的研究开发工作。1997 年底，该公司独立自主设计制造了我国第一套采用液氧内压缩流程的“15000”大型空分设备，用于天津铁厂。该设备各项指标均达到或超过了合同要求，突破了国外在液氧内压缩流程上的技术垄断。该公司又为鄂城钢厂和青岛钢厂各提供一套“10000”大型空分设备，其压力等级为 2.5MPa。这些新产品采用液氧内压缩流程技术的成功，形成了该公司在国内同行业中采用该项世界先进技术最早、业绩最显著的地位，开创了国内先河。该公司为大化肥所需的大型、特大型液氧内压缩流程空分设备的开发做了大量的流程模拟计算，计算结果与目前运行的进口设备吻合。先进的工艺流程加上性能优良的单体设备，使该公司成套设备的性能产生了质的飞跃，一是产品纯度高，二是产品的提取率高。在提高空分设备整体技术水平的同时，该公司还十分重视对用户原有设备采用新技术进行改造，使原有的老设备焕发青春，产量大幅度提高，能耗指标接近国外同类产品的水平。

四、高压绕管换热器填补国内空白

为了结束我国高压绕管式换热器依赖巨资进口的历史，该公司在研制过程中，与西安交大、兰石设计院等组成了“多股流高压绕管式换热器工业应用”课题组。经过探索攻关，成功地为宁夏化工厂提供了用于 30 万 t/a 合成氨大化肥的 E7 绕管式换热器。经过 3 年的稳定运行，各项技术指标达到设计要求，于 1999 年底通过了中石化技术中心组织的专家鉴定。这一成果填补了国内一项空白。此后在 1997 年出口菲律宾的“300”空分设备上采用了高压绕管式换热器，又将这一新技术首次应用于出口产品。1999 年，该公司为国外某空分公司提供了用于“4 万”空分设备的三股流高压绕管式换热器，直径 1.2m，长 22m，重达 70t，压力等级为 11.45MPa，属世界上最大等级范围。

该公司在高压绕管式换热器研制过程中，不断加大技术投入，完善了生产设备、工装、检测手段，已具备成批生产此类系列产品的能力，已经成为我国高压绕管式换热器的生产基地。

面对 WTO 的挑战和机遇，该公司广大干部和员工充满了必胜的信心。尽管面对全球经济一体化，国内外市场竞争更加激烈，但与“狼”共舞强者胜，该公司决心凭借多年来科技进步所取得的成果，“软”、“硬”件的积累，空分技术的不断创新，一定要在市场上占有一席之地。特别是该公司已经具备了成套设计、制造“4 万”大型空分设备的能力，随着当前冶金、石化、化肥工业所需大型空分设备市场的不断扩大，其发展前景更为广阔。

依靠技术创新　改造传统产业

——无锡压缩机股份有限公司

无锡压缩机股份有限公司是首批国家重点高新技术企业，“十五”期间公司将承担国家重点火炬项目——“机电一体化螺杆压缩机产品”的开发研制，这是国内压缩机行业中首家获此殊荣的单位。从 1955 年建厂初期一个名不见经传以生产农机用具为主的公私合营小厂，到今天的一家拥有资产总额 3 亿多元，员工近 900 余人的国家大一型企业，锡压公司近五十年的历史，也是一部压缩机技术的发展史，多年来，锡压公司正是通过不断追踪世界先进技术和培育自身核心技术来改造传统的机械制造业，不断发展自己的核心技术，核心产品，在激烈的市场竞争中构筑持续竞争优势，使国有老企业焕发出生机和活力，促进了企业经济建设的可持续发展。公司连续多年综合经济效益在全国同行排名第一，2001 年预计公司实现销售收入 1.7 亿元，利润 1 700 万元。

锡压公司这些成绩的取得主要有赖以下几方面。

一、技术引进与技术改造使企业脱颖而出

早在 80 年代初，国内压缩机行业还基本是活塞式压缩机一统天下的时候，公司居安思危，把目光瞄准国外最先进的螺杆压缩机制造技术，并抢先一步进行技术改造。“六五”后期、“七五”初期，我们引进了瑞典阿特拉斯公司喷油螺杆压缩机专有技术，通过消化和吸收，率先生产出螺杆式压缩机。并且不断拓展产品品种，提高产品质量，开发出的系列螺杆压缩机国内市场占有率曾一度高达 65%，取得了可观的经济效益。

螺杆压缩机的不断发展，使该公司成为全国行业中的一枝独秀，同时也成为同行的主要竞争对手。国内其他企业不甘落后，纷纷上马生产螺杆压缩机，国外大公司也大举抢占我国市场，形成了更严峻的市场竞争形势。面临新的形势，为进一步扩大优势，该公司乘势而上，又把目光瞄准世界最先进的无油螺杆压缩机。“八五”期间，公司投资一亿多元进行大规模的技术改造，特别是为了改变我国纺织行业每年需要花大量外汇从国外进口与喷气织机配套使用的无油螺杆压缩机的历史，公司承担了总投资为3 249万元的国家“八五”重点引进技术及技术开发项目无油螺杆压缩机子项目，引进了日本神户制钢无油螺杆压缩机制造技术，公司生产的无油螺杆压缩机国内市场占有率达100%，其中，100m³无油螺杆压缩机填补国内空白，各项指标与世界发达国家的产品相媲美，荣获国家科技部“1998年国家级新产品”、“1999年国家级重点新产品”称号等，打破了国内企业长期依赖进口的局面，形成了公司新的技术优势。“九五”期间公司又投资3 000万元进行“九五双加”技术改造，显著提高了大中型压缩机的生产能力。

在进行技术引进的同时，公司清楚地认识到随着现代工业和科学技术水平的迅猛发展，国有老企业传统的机械加工技术已不能适应生产高新技术产品的要求，高新技术产品需要有高精尖设备来保障。因而近10年中，先后投资1.5亿元从日、德、美、英、等国购买了近100台高效专业加工设备。新组建、改造了现代化的压缩机加工中心车间、装配车间、全性能产品测试站等。另一方面，公司加快对现有老设备的技术改造和布局调整，通过对普通车床进行数控化的技术改造，对传统设备的优化组合和重新布局，形成产品生产的大件、小件两大区域，从而最大限度地发挥了传统设备的利用率，显著提高了大中型压缩机的效率，企业具备了研制各种复杂高难度压缩机的能力和面向市场快速组织生产的能力。

二、技术引进与自主创新相结合，企业综合实力大增

在企业发展过程中，公司不仅抓好引进技术、设备等硬件方面建设，更主要的是通过抓技术创新、制度创新来提升自己的研发能力，软、硬件建设相结合，产生了巨大的合力。

首先，公司把科技创新提高到与企业生死攸关的战略地位来看待，把技术创新作为进入新世纪的“一号工程”。组建了技术中心，集产品开发、工艺、新产品样机试制、零件试验、压缩机性能测试及控制技术试验研究等于一体，并具有省级技术中心的研发能力。目前，技术中心拥有各类工程技术人员40余名，其中70%以上具有高中级职称。中心成立以来已投入资金2 000万元，建立了CAD局域网，全面推行计算机技术（CAD、CAPP、PDM等）的应用，公司是原机械部和江苏省信息工程试点企业之一，部技术进步示范企业。

在产品的开发方向上，坚持以市场为导向，以开发生产高效优质产品为重点，长、短线产品相结合，不断更新、提高喷油螺杆压缩机品种、性能，扩大移动螺杆压缩机批量品种；加大工艺流程压缩机投入；对无油螺杆压缩机进行重点开发；特别是抓住开发大西北对压缩机有较大需求的历史机遇，加快了天然气和液化石油气压缩机研究和开发。与此同时，公司以压缩机和机械制造技术为核心，积极开发离心式压缩机等新门类产品。同时，展开新品开发攻坚战，增强企业对市场需求的应变能力，通过不断地推陈出新来构筑市场竞争的新优势，创造新的业绩。这几年，每年都有30多只新品投放市场，其中高新技术产品近70%。原先一些主导产品通过升级换代，在市场上雄风不减。不断地技术创新，在瞬息万变的市场竞争中显示出多元化产品的巨大优势，公司在许多大行业大工程的招投标中屡屡中标，赢得了用户的青睐。

三、技术创新与制度创新相结合，进一步向高新技术企业转型

机制健全是加快实现技术商品化、产业化的保证，从健全完善科技创新机制入手，极大地激发科技创新活力。自2000年以来，公司对直接从事产品开发设计、工艺、试验、标审及计算机网络管理人员实行了“岗位月薪制”，共分五个工资等级，实行动态考核，对不符合相应级别的任职者，每年按5%～15%的比例进行末位淘汰。“岗位月薪”制的实施进一步提高科技人员的积极性，缩短了产品开发周期，有的新品开发仅用了平常1/3的时间。

公司十分注重对青年人才的培养，通过开展一年一度的“青工大武”、“四高一优”跨世纪人才工程建设等，大胆起用年青科技人员，对技术中心的室主任、项目负责人等岗位都实行招聘上岗，为科技人员施展才干提供了广阔的舞台，促使了一批年轻有为的科技人员脱颖而出，目前技术中心室主任和项目负责人中90%以上由青年科技人员担任。同时，进一步建立了员工再培训再教育机制，促进知识更新。除选送优秀员工攻读更高一级学位外，公司还和西安交大联合办学，在公司内建立了西安交大机械工程硕士生班，首期十五名学员将于2002年毕业。

技术创新和制度创新相结合，公司研发能力大大增强，企业已开始向高新技术企业转型。不仅在压缩机技术上，并且在相关领域也取得一定成绩，如自行研制生产的船用液压联轴器在全国第二届发明成果博览会上荣获金奖，在中国海军驻香港、澳门部队军舰和江南造船厂等许多国内知名船厂上得到广泛使用，目前该产品供不应求，已形成年产近千万元的生产规模。公司先进的铸造和机械加工技术，也使许多厂家慕名而来要求配套。已为芬兰通力电梯公司、日本青山株式会社等配套的产品近1 000万元。

四、立足实际，面向未来，构架富有自身特色的高新技术产业体系

只有坚持以科技创新为先导，不断追踪世界先进技术，才能赢得了市场竞争的优势。“十五”期间，公司从“一精二扩三调整”（精干压缩机主业；扩大生产规模，扩大专业加工水平；调整所有制结构，调整产品结构，调整组织结构）思路出发，以压缩机和机械制造技术为核心以资产为纽带，加快建立拥有自己核心技术的高新技术产品体系，坚定地走依靠先进制造技术道路发展企业的道路:抓好已列入国家重点火炬项目的“机电一体化螺杆压缩机产品”开发;继续加强和韩国三星公司合作,开发离心式压缩机等新门类产品。抓住开发大西北对压缩机有较大需求的历史机遇,加快天然气和液化石油气压缩机研究和开发,公司已与西宁公共交通总公司签订了“共建天然气 CNC 汽车加气站”的意向协议。与此同时,公司以压缩机和机械制造技术为核心,通过核心技术的延伸,大力开发压缩机及相关产品,如开发4 200万元国债项目的迷宫式压缩机;船用液压联轴器的系列化等。

此外,公司经过实施 EPR 项目,在科学管理等方面取得一定成效,使企业产品开发、研制方向和周期与市场进一步接轨,以较少的投入获得较大的经济效益,不断以高新技术打破均势,抢占市场制高点,构筑市场竞争的新优势,创造新的业绩。

从消化吸收起步　向技术创新迈步

——上海化工机械厂

上海化工机械厂是我国生产分离机械的重点企业,是一家有四十多年历史的分离机械专业制造厂。四十多年来,为我国各工业系统提供了 3 万多台(套)的各种型号规格的离心机、过滤机产品,并把产品出口到朝鲜、韩国、马来西亚、泰国、越南、缅甸、伊朗、哈萨克斯坦等亚洲地区的国家。

回顾近十几年来,上海化工机械厂走过了一条从消化吸收起步的道路。今天,他们已开始了向技术创新而迈步。

一、以消化吸收为起步,努力开拓新产品

上海化工机械厂建厂于 1958 年,从建厂之日起,上海化工机械厂就开始从事分离机械产品的生产。早期生产的卧式刮刀卸料离心机以及上悬式离心机等都是引用原苏联标准,这样的产品一生产就是 20 多年,产品一成不变,进入社会主义市场经济的时代后,这样的产品显然已不能满足市场的需要,产品的市场不断萎缩。1990～1991 年企业开始了滑坡。面对严峻的经济形势,工厂的科技人员走出厂门,走向社会。他们看到了改革开放以来,我国各工业系统快速发展的大好形势,看到了不少企业从先进的工业国家引进了先进的技术和装备,看到了本厂产品与这些从先进工业国家引进的产品之间的巨大差距,这些进口的离心机和过滤机不仅在外观上面貌焕然一新,而且在技术、性能乃至结构、控制等诸方面都远远领先于我们,但工厂的产品在技术性能和产品结构等方面远远落后。看到了差距,看到了落后,工厂的科技人员感到了肩负的责任和身上的压力。为赶上形势的需要,就要奋起直追,他们把消化吸收先进工业国家的产品技术作为新产品开发和产品升级换代的基本出发点。消化吸收就是把目标瞄准了各工业先进国家的先进装备上。消化吸收就是认认真真地学习这些先进的离心机和过滤机装备的产品技术,并在消化的基础上,向国产转化。通过消化吸收,就是要使老产品进行彻底地更新换代,缩小与先进工业国家的产品之间的差距,开发出新的品种、新的机型,填补国内的空白,从而发展国产的分离机械产品。从 80 年代末,到 90 年代末,上海化工机械厂的科技人员已先后消化吸收了瑞典、法国、美国、德国等先进工业国家的离心机、过滤机的产品技术……共开发了 20 多项次的新产品。这些新产品的开发,不仅使产品水平有了较大的提高,同时又满足了市场的需要和国民经济发展的要求,推动了产品结构的调整和企业产品的发展,并成为企业经济的新的增长点,其中不少新产品还获得了部级的科技进步奖和上海市的优秀新产品奖。例如 90 年初期消化了进口样机而开发的 LW355 × 860—N 国产离心机,很快就成为石油钻采系统的进口替代设备,在石油钻探、地质勘探等行业配备上了国产泥浆净化设备。同时,该离心机项目被中国石油天然气总公司评为科技进步二等奖。

二、在消化吸收的基础上,向技术创新的目标而努力

消化吸收国外先进的产品技术是上海化工机械厂开发新产品的一个主要的途径,但是不能仅是消化吸收,而要在消化吸收的基础上进一步进行技术创新来发展更新分离机械产品技术。这也是对工厂的科技人员提出的更高要求。

90 年代初,上海化工机械厂在消化吸收了的上悬式刮刀卸料葡萄糖分离机技术并完成国产化开发后,科技人员又将该技术用于蔗糖分离的上悬式重力卸料离心机的技术改造,把消化吸收技术中的新结构、新技术等移植到重力卸料离心机的结构上,开发了装料量为 1t 的 XZ1320—O 新一代的制糖离心机,使上悬式离心机有了新一代的产品,一台新产的替代了原有的二台离心机,受到了糖厂的欢迎。

90 年代后期,电子技术、变频技术在国际上发展很快,上化厂的科技人员,又在电气控制方面技术创新,把先进的程序控制技术,变频调速技术,能量反馈技术运用到了消化吸收后的离心机上,通过电控的更新换代,使离心机的技术水平又上了一个新台阶。

三、坚持科技进步,推动企业发展

“科技技术是第一生产力”,坚持科技进步,坚持消化吸收和技术创新是企业发展的根本方针和出发点。企业只有坚持消化吸收和技术创新才能使企业的产品不断地得到发展。2001 年上海化工机械厂投资改造了企业的技术开发中心,使技术开发中心全面实施了 CAD 计算机系统,并投入了 CAPP 系统的开发,大幅度地改善了科技人员的工作环境和工作条件,并进一步激励了科技人员的积极性。2002 年是中国加入 WTO 后的第一年,上海化工机械厂将坚持继续消化吸收,进一步加强技术创新,去迎接新的挑战。

技术创新是企业发展的源泉

——辽宁国能集团铁岭精工机械有限公司

科学技术突飞猛进的发展和全球化竞争的日趋激烈，使世界在变小，产品从进入市场到最后被陶汰的整个过程在加快，产品的生命周期变得越来越短。产品多年一贯制的时代已经一去不复返，企业以新产品开发为核心的技术创新能力变得越来越重要和紧迫。可以说，一个没有独有技术、没有产品开发能力的企业将在市场竞争中无立足之地。多年来，我们通过开展持续的技术创新，企业技术、经济实力明显增长。从1983年到1999年连续16年盈利，16年利税增长了150余倍，净资产增长了35倍，产值增长了33倍，销售收入增长了35倍，职工收入增长了12倍，16年上缴国家的利税相当于每年给国家交回两个1983年同等规模的企业。并成为我国干燥设备和自动化立体仓库行业的排头兵，还连续被省政府列为60户重点企业之一。回顾其发展历程，我们觉得：关键是企业要不断抓好技术创新，技术创新是企业发展的源泉。

一、不断更新观念，是企业技术创新的基础

技术创新在于有个好班子，好班子在于有好的思路，在于观念的不断更新，思路决定出路。经济体制由计划经济向社会主义市场经济体制的转变和经济增长方式由粗放经营向集约经营的转变，对我们国有企业来说，是一场脱胎换骨的革命。对于任何企业，适则生存；否则，将被淘汰。

更新观念，关键是突破传统的计划经济思想的束缚，解放思想，站在市场经济的高度，突破技术进步与产品开发中旧体制、旧框框的限制，注重企业实力和创新能力的提高，不断调整产品结构，真正建立起以市场经济为导向的技术管理和产品开发体系。

一是产品开发要由顺向思维向逆向思维转变。顺向思维即老是从原有产品做起，而不是从市场做起。应该说我们从生产农机配件，到生产大型成套干燥设备的立体转产，再到开发自动化立体仓库、精米机等产品就说明这一点。

二是用人与分配制度的问题，应该是讲究以实际能力为原则。我们多年来用人与分配制度始终坚持不论资励、不论学历，不管职称高低，只凭技术成果。

三是技术创新与管理创新和投入的关系问题。过去我们都注重投入，如今有些专家提出了个比率，即投入为1、技术为3、管理为6，这就是说技术创新重要于投入，但需要以管理创新为前提，所以我们在引进技术的同时，要注重引进管理，同时还要注重产品开发与市场开发，产品开发与技术改造，产品开发与管理开发同步。

如此等等，更新观念是企业技术创新的基础。

二、深化机制改革，是推动企业技术创新的内在动力

技术创新离不开管理创新，而且管理创新是技术创新的前提。因为传统的计划经济下的管理体制，它不可能适应市场经济下技术创新工作的开展。基于这一点，我们在企业股份制改造，并成功的实现股票上市以后，对公司内部人事用工与分配制度进行了比较彻底的改革。改革中，我们工作的重点就是技术系统。经过几上几下，多次召开座谈会，广泛征求技术骨干及各方面人员的意见，确定了技术系统的改革方案。其总的指导思想是竞聘上岗，取消工资，实行技术项目招标制，实行技术成果收入制。经过多次竞聘、演讲，技术人员实现了达标、竞聘上岗。同时公司组成了以总经理为首的技术成果评定小组，并按照新产品开发、非标设计、老产品改制和技术服务等内容制订了一整套分配制度，充分调动了骨干人员的积极性，多数技术人员的创造性得到了充分的发挥，经过一年的运行，成果显著，收入也明显的拉开了档次。应该说，公司"收入靠贡献"的分配原则在技术系统体现是明显的，整个技术系统的平均收入也是公司各系统平均收入最高的。由此，我们在1999年新产品开发上取得了突飞性的进展，混流式粮干机、精米机、种子加工机械、循环式小型水稻干燥机、热风炉、再线水份测量仪等新产品相继问世，管束干燥机等老产品也得到了明显的改进和完善。

三、不断培养、引进人才是企业技术创新的关键

企业技术创新，离不开一支高素质的科技开发创新队伍。多年来，我们一贯重视这支队伍的建设，并制订了一系列培养、引进人才的政策。公司现有的技术开发人才95%以上是开发干燥设备以后到企业的。一方面我们每年积极争取多招收大学生，另方面积极从社会招聘技术开发人才。对于新大学生我们还采取有效的培养措施，一改过去到企业后直接分配到车间实习的办法，而是统一组织、统一安排，从了解企业基本情况、产品性能开始，分步骤的从理论到实践进行培训。公司还对工作业绩突出，有培养前途的人员选派到国外和国内大专院校和科研院所深造，目前公司有硕士研究生2名，研究生1名，在读硕士研究生3名。同时企业还采取请进来的办法，聘请了30余名国际、国内的知名专家为本公司的技术顾问，并经常请国际、国内专家到公司讲学。经过多年的交流与合作，使得公司的科技创新队伍的素质不断提高，科技创新的能力也大大增强。

四、加大投入、完善手段，是企业技术创新的有效保证

企业要想提高技术开发水平，增强自我开发的能力，就必须不断完善开发手段，就得舍得投入。多年来，我们每年对科技的投入都在销售收入的3%以上，并随着技术创新工作的发展，投入在逐年增加。我们在开发干燥设备初期，就组建起了全国最大、最有实力的省级干燥技术研究所，经过近年的发展，队伍不断壮大。目前研究所共有设计室7个，同时设有管理及标准情报室，共百余人。最近省政府又正式批准我们组建技术开发中心，我们正在积极筹化，争取按照全新的技术管理方式，组建起强有力的技术开发队伍。我们还建起了全国同行业一流水平的干燥技术实验中心，给广大设计者提供了良好的实验开发条件。对部分产品完成了 CAD 开发工作,基本实现了设计者扔掉图板的目标。同时按照我们的规划,今年我们还将 CAD 扩大到所有产品,并开发应用 CAPP。我们还建有相当规模的资料室和图书阅览室,并规定公司惟一不用报计划、不受限制报销的就是购买技术资料。

五、借鸡下蛋,不断引进消化吸收国内外先进技术,是企业技术创新的有效途径

企业技术创新、开发产品,单靠自身的力量,永远是有限的。为此,我们从开发干燥设备一开始,就引进、消化了国外的先进的干燥设备,在引进消化的基础上,不断对该产品加以改进提高,使其迅速占领国内市场,并受到了用户的好评,成为国家重点推广的替代进口产品和优秀节能产品。在此基础上,公司相继引进了丹麦、瑞士、德国等国际上具有先进水平的管束干燥机、粮食干燥机和旋转闪蒸干燥机。1995 年又与韩国企业合作,开发自动化立体仓库产品,去年又引进日本技术,开发精米机产品。实践证明:引进消化吸收国内外先进技术开发产品,不仅投资少,见效快,而且起点高,一步到位,市场潜力大。

六、广泛发动、全员参加,是企业技术创新的力量源泉。

企业技术创新工作,是关系到企业发展的大事,因此,它离不开广大员工的参加。多年来,该厂相继制订了各类鼓励技术创新的政策,积极组织开展技术攻关、技术革新、技术改进、工艺改进等技术创新活动。广大员工还从自己的工作实际出发,想方设法搞小改小革。公司确定由企业发展处设专人负责此项工作,积极组织成果的立项,验收评定和表奖工作。使广大员工看到,搞好技术革新,不仅对企业发展有利,同时也有利于员工收入的提高。该厂对此力度还要加大,提出的技术创新目标是:全员参加率 80% 以上,确保平均公司每人被采纳项目一项。这样就在全公司形成了一个人人关心技术创新、人人参与技术创新的局面。据统计,该厂每年由工人提出并改进的创新项目就有几十项,它不仅提高了产品的技术水平,降低了生产成本,关键是有利地促进了技术创新工作的发展。

抓技术创新,其核心和结果都是产品开发速度的加快、能力的提高。该厂从 1983 年以来,通过不断的搞技术创新,高起点、高水平的产品接连不断的进入市场。目前该厂的干燥设备已发展到 20 余个系列,300 多种规格型号,而且多数产品居国内领先水平,自动化立体仓库经过几年的开发与完善,全部技术指标均已达到或超过韩国同类产品水平,处于国际先进水平,种子加工机械、循环式水稻干燥机、精米机等新产品正在步入市场,成为企业新的经济增长点。

依靠技术创新、坚持科技兴企,已成为本公司的长期发展战略,我们绝不动摇。

以上是该厂近年在技术创新工作方面的一些做法和体会。总的说,在市场经济条件下,企业要生存和发展,就必须不断进行技术创新,没有技术创新企业就会停止不前。

然而,该厂虽然取得了一点点成绩,与国内外的先进企业相比我们还有很大的差距。同时我们目前正处在三个调整时期,一是新老体制的调整,二是产品结构的调整,三是新老股东的调整。困难是前进中的困难,我们有决心,有能力不断更新观念,不断抓好企业管理和技术创新工作,增强竞争实力,以更高的热情、科学的管理,脚踏实地的工作,迎接精工下一个发展高潮的到来。

技术创新是企业生命之源

——浙江真空设备集团有限公司

浙江真空设备集团有限公司(以下简称浙真公司)是国内真空获得和应用设备的主要生产厂家之一。在创新中不断加油,使企业的航船在市场经济的大海中逆水行舟,不断前进。

一、营造一个有利于技术创新的环境

要创新,必须营造一个有利于创新的环境,这种环境主要包括两个方面:一是技术创新的组织体系,二是技术创新的激励机制。就组织体系来说,一个快速有效的组织体系,能够保证在市场环境下,根据市场的变化,就技术创新的选项和方向做出快速的响应,使技术创新与市场密切联系起来。浙真公司在"九五"初期即对技术创新系统进行整顿,将原来的研究所、设计科、工艺科、总师办进行合并,重新筛选精干人员组建了企业技术开发中心,并专门成立试制工段,实行研究、开发、试制封闭式管理,内部各接口部门实行"并行工程"的工作方式,将市场调研、产品设计、生产技术准备各项工作统一调度,并行实施,直至新产品样机试制完成为止。此外,公司技术中心还建立了 CAD 室,配置了近 20 台电脑,实现了 100% 甩图板的目标,通过了国家 CAD 示范企业的验收。这种变"串行"为"并行"的工作方式,以及 CAD 的应用,大大缩短了新产品的开发周期,为企业快速响应市场,抢先占领市场赢得了时间,抓住了商机。

有了一个适应市场环境的组织体系还不够,还必须充分调动广大科技工作者技术创新的积极性,建立企业内部技术创新的激励机制。浙真公司在企业技术中心实行浮动工资制,根据每一位技术人员上一浮动期的工作业绩,通过评分确定下一浮动期的工资等级,基本工资完全与技术成果挂钩,没有资历、学历高低之分。此外,公司还实行"新产品效益奖",即根据新产品的销售额,在新产品投入市场三年内按比例提取效益奖,奖给为新产品研制做出贡献的技术人员,其目的是鼓励技术人员开发适销对路的新产品,销得多,奖金就多。除对科技人员实行上述政策外,企业还在全公司范围内实行技术革新奖励政策,鼓励员工为企业创新献计献策,攻克技术难关,单项奖金额最高达 10 000 元。这些激励政策,大大调动了广大职工技术创新的积极性和主动性，许多科技人员主动请缨，调查市场，收集技术信息，努力寻找和捕捉新产品新技术开发的机会，改变了过去只靠布置任务、被动等待的状况，形成了主动积极的技术创新氛围。

二、技术创新的内容和效果　浙江真空设备集团有限公司在“九五”期间在技术创新方面主要抓了两方面的工作。

1. 以先进的制造工艺淘汰传统落后的加工工艺，提高产品的加工质量，缩短新产品的试制周期，降低成本，提高产品的市场竞争力。“九五”期间，企业利用有限的技改资金，不搞基本建设，将钱用在最需要的地方，其中建立了树脂砂铸件生产线，改善了铸件外表质量，为产品走向国外市场打下基础；购置了三台加工中心，专用于真空泵泵体等主要件的加工，替代T68镗床和相关工装，使泵体的加工精度得到保证；采用数控刨削代替机械仿形，加工主要系列产品罗茨真空泵的转子，使转子之间的啮合间隙得以控制，从而使罗茨泵赶超国际先进水平成为可能。此外，由于有了先进可靠的加工设备，大大缩短了新产品试制的工艺技术准备时间，也不需要投入大量资金来制造工装设备，同时使新产品开发的范围扩大，不像此前由于加工设备的限制。使新产品开发缩手缩脚。

2. 以市场为导向，以顾客为中心，努力开发适销对路的新产品，满足顾客需要。真空行业是“小行业，大市场”，行业的规模不大，但真空设备的使用面却涉及国民经济的各个领域，应用面相当广，但需要量不多。行业的特点是品种规格繁多，单件小批量生产。进入90年代后，真空成套设备和真空应用设备逐渐得到推广。但真空成套设备大部分是根据用户的生产工艺条件专门设计制造的，且交货期普遍较短，这就更需要企业有极强的市场应变能力和技术创新能力。“九五”期间，企业根据市场需要，先后开发了大型冷式罗茨泵、大型罗茨泵、单级水环泵、立式滑阀泵近20个品种规格的泵类产品；开发了气冷式罗茨泵系列机组，水环大气喷泵系列机组，扩散泵机组，罗茨滑阀系列机组，罗茨液环系列机组等近80种不同配置组合的真空机组。这些产品都是根据市场需要而开发的，如出口伊朗的“80吨级转子动平衡试验真空抽气系统”，用于天然气应用的“天然气膜法净化真空系统”等。“九五”期间企业平均每年有两种新产品通过省级新产品鉴定，其中已有两种产品被认定为国家级新产品。

迈入新世纪的第一年，浙真公司又有五种泵类产品和近二十种真空机组加入企业产品目录，又有两种新产品通过了省级鉴定，浙真公司在技术创新的道路上又取得了新的成绩。随着中国加入WTO，企业面临的是更加激烈的市场竞争，企业如何站稳脚跟，如何开拓市场，如何落实“人无我有，人有我优，人优我转”的竞争策略，达到经济效益的最优化，最根本的还是四个字——技术创新。浙真人在技术创新上尝到了甜头，并已将此做为立厂之本，继续发扬光大。“立足真空，发展应用，求实创新，服务市场”，浙真人有信心继续发扬创新精神，在新世纪里创造更加辉煌的成绩！

新形势下国有中型企业如何发展的新举措

——山东益都阀门股份有限公司

在跨入新世纪的第一年里，该厂认真贯彻中央十五届五中、六中全会精神，以江泽民总书记“三个代表”重要思想为指导，紧紧把握“抓住机遇，深化改革，扩大开放，促进发展，保持稳定”的工作大局，团结拼搏，艰苦奋斗，群策群力，克服重重困难，使一个建厂五十多年的老牌国有企业，重新焕发了青春，探索出了一条在新形势下国有企业如何发展的新思路，各项工作迈上了一个新台阶，主要经济指标列全国同行业前茅。

一、把市场营销作为企业一切经营活动的龙头

在继前几年对企业成功改制后，该企业适时抓了“市场部、营销网络、营销队伍”三大工程建设，彻底摒弃传统的经营观念，时刻把握国际国内市场的脉博，把本企业放在全国甚至全球的范围内进行定位思考。

1. 坚持走出去、请进来、积极寻求商机。先后派员去美国、日本、新加坡、阿联酋等国访问老客户，开拓新市场。

2. 组团参加了阿联酋国际机电产品博览会、上海化工机械国际博览会、广交会和青交会，展示了企业形象，结识了众多朋友。

3. 每年组织一次用户座谈会，邀请客户参观工厂，交流感情。全年共接待国外客户四十余批，国内中型以上的客户百余批次。

4. 初步建筑起北至哈尔滨，西北至新疆，南至广州的驻全国20个省会城市的经销网络，扩大了企业知名度，提高了市场占有率。

由于措施得力，以诚待客，赢得了顾客的信任，企业在国际、国内市场占有了一席之地。该厂产品还远销世界三十多个国家和地区，“益”字品牌，已成为同行业最有价值的品牌之一。

二、强化产品质量，树立“两个意识”

近年来，该厂通过采取众多措施，使产品质量得到了稳步提高。为了要做到就做最好的产品，他们提出了销售的不是产品，而是商品甚至精品的商品意识和精品意识，在全厂上下树立起了一种新型的生产营销观念。

为此，该厂首先确保了质量管理体系的有效运行，在继1997年通过DNV质量体系认证后，今年又顺利通过了DNV换证后的第一次年审和管理评审。其次，为了提高铸件理化性能，增加了铸件试棒试验批次，普通铸铁每炉次进行化学成分检验，球墨铸铁每包进行理化检验，铸钢增加了化学试样，对毛坯检验除控制外观外，注重关键尺寸的抽检。第三，对产品加工过程中的检验，在确保各种有效尺寸的抽检。第三,对产品加工过程中的检验,在确保各种有效尺寸检验的基础上,对加工中出现的飞翅、毛刺、焊渣、磕、碰划伤等缺陷进行逐台强检。

产品成品性能的试验是质量控制的工作重点和重要环节,该厂通过推行挂牌编号,对检验人员和所检产品进行可追溯性管理,责任到人,严格奖惩,全年没出现过一次质量事故。在国家技术监督局和地方技术监督局组织的产品质量抽查中合格率均达100%。过硬的产品赢得了广大顾客的信赖,有些大型的化工、电力企业厂文件内明确规定,必须使用该厂产品。

三、坚持科技兴厂,调整产品结构,推动技术进步

随着市场的不断变化,适时调整产品结构,积极推行新工艺、新材料,不断进行技术改造是企业持续、稳定发展的关键。没有改革就不可能有新的发展。

新产品开发及老产品的嫁接改造,该厂坚持了"高、大、精、稀、外"发展思路取得了明显的效果。据不完全统计,1年来,新开发产品及老产品改型设计达100多个系列300多种规格。如果据美国标准改制的油田专用泥浆阀一推向市场就得到众多客户的青睐,纷纷争购,胜利油田更是承诺根据现状生产多少采购多少。

为了解决炼钢工艺难题,聘请了冶炼专家,并把一些高级工程师配备到车间一线,加速了新材料、新工艺的攻关进度,度制成功了铸态铁素体球墨铸铁,完全达到ASTM标准,使铸造的产品成功地打入国际市场。双高孕育铸试试验的成功,从根本上解决了大口径铁阀密封性不稳定的难题。铬钼合金钢的试验成功使该厂打破了单一钢种的历史,为增加高附加值产品生产奠定了基础。

近几年成功改造了铸造流水线和油漆喷涂线,并达到国内同行业一流水平。在这个基础上,今年又投资近百万元完成了试压、装配工段的技术改造,使之再次处于全国同行业的领先水平。

为提高产品设计效率和设计质量,该厂又投资购置了部分设计所需设备,使CAD系统已形成拥有服务器1台、微机12台、绘图仪1台的规模,并配备三维阀门设计软件,联成内部区域网,加强了设计文件的安全保密措施。目前,该厂产品设计100%应用微机,工艺、工装微机应用率达90%以上,基本实现了"甩图板工程",使产品设计水平上了一个新台阶。

四、以同倍改革为契机,全面强化企业管理

一年来,该厂通过对车间(部门)和物资管理的一系列改革,努力挖潜增效,使企业利益和个人利益直接挂钩,管理有了内在动力,工作由被动变为主动,取得了明显效果。

1. 厂内实行"厂内厂"、"一厂多制"在厂内生产区划出一个近千平方米的最新车间,该厂投入部分设备,并引进技术、资金、人才,并成立了特种阀分厂,专门研制生产特种阀门。工厂根据各车间不同情况,不同特点,采取了不同形式的承包制、买断制、经济责任制等,最大限度地调动各车间积极性。如精铸车间换了几任主任都没有大起色,自己生产的毛坯不能用,还要到南方去采购,针对这个现状,工厂打破传统观念,拿出优惠政策、让3个外厂人买断承包后,产品质量有了很大提高,产量也随之有了大幅度增长。

2. 加强采购物资的质量和价格管理。工厂成立了价格委员会,统一对采购物资和产成品购销价值进行宏观调控。对所采购物资,在保证质量的前提下,一般物资实行比价采购,大宗物资实行招标采购,有效地降低了采购成本。

3. 以前工厂除了设中心物资仓库外,各车间还自行设立仓库,俗称二级库。这样既不便了管理又不能使物资在全厂内物尽其用。工厂通过对车间仓库的清理,使标准件等物资从限额制定、采购到发放,统一由工厂供应部门管理并直接服务到车间班组。减少了环节,克服了物流不畅的弊端,盘活了资产,使资金发挥了最大效能。

4. 继前几年工厂已成功地对厂办学校,厂办车队剥离后,首先对企业医疗制度进行了全面改革,继而又对职工食堂和托儿所进行了承包经营,这些改革的出台,不仅压缩了大量非生产用资金,而且服务质量有了明显的提高。工厂劳动服务公司实行全员承包后,不断扩大服务项目,仅承揽制作出口包装箱业务就达80万元,同时,还可为企业节约资金近40万元。

把 握 先 机　开 拓 市 场

开创工程成套新局面

——中国空分设备公司

中国空分设备公司就坐落在杭州这充满生机的土地上,公司不断的发展、壮大,逐步确立了以市场为先导,以技术为支柱,以为国内外用户竭诚服务为宗旨的方针。该公司还是国内惟一的空分设备成套专业公司。

该公司具有一、二、三类压力容器设计资格,是国家批准的甲级机电设备成套单位,获得国家经贸委颁发的技术改造项目招标乙级(预备)资格,并取得国家经贸委批准的对外经济合作权,通过了ISO9001的资格认证。该公司还是溶解乙炔设备的技术归口单位。

一、先进的技术是工程成套的支柱

该公司自成立以来,一直将技术作为公司生存、发展的基础,将先进的技术作为工程成套的支柱。在公司职工中,80%以上是工程技术人员,均具有高、中、初等技术或管理职称,受过良好的教育、培训。具有较丰富的实践经验。该公司设有技术发展部门,拥有和开发了 HYSYS 软件及 CAD 设计系统。致力于跟踪、研究,掌握国内外的先进工艺流程及总体设计技术,经过多年的努力,该公司已掌握和开发了以填料塔和全精馏制氩为代表的最新空分流程,并已在大型空分设备中应用,均获得成功。使其工艺流程和总体设计列入空分行业的领先行列中。该公司还设有自动化工程部和 DCS 组态试验室,集中了一批从事自动化控制的技术精英,开展 DCS 控制系统的设计、组态、现场安装调试,直至完成整个空分设备的智能控制和变负荷生产。该公司还根据工程成套的需要,开发了大型低温贮运设备,产品的技术水平和规模处于全国领先地位。

该公司依靠自己的先进技术,确保工程成套项目的先进性、可靠性,取得了用户的信赖,每当设备容量提高一个等级或技术更新换代之际,许多用户通过该公司进行项目的评估、方案论证、工程咨询、设备成套和工程承包,其中第一套 1 万、1.5 万、2 万元等级空分装置或是第一套分子筛流程、填料塔流程的产品,均由该公司承包来完成的。该公司可以称得上是"开发成套新产品的先锋"。

二、优良的服务是搞好工程成套的保证

该公司可以客观、公正地从国内外厂商中择优选配成套设备,也使该公司的服务内容更加深入和广泛。在用户项目评估进行可行性分析时,该公司以自身拥有的专业技术和掌握的国内外信息为用户进行技术咨询服务,为用户提供技术先进、配套合理、质量可靠、价格优惠、安全低耗的成套技术方案。该公司还可以为用户提供招标代理、设计审查、设备监理、技术服务等工作。该公司还为用户提供技术支持、设计交底,派员到工厂进行设备监制,及时解决设备生产中的问题。在成套设备到达用户现场时,派员到达现场同用户一起进行清点、安装、调试的服务,并协调各生产厂、安装单位之间的关系,及时解决现场出现的问题,确保成套设备保质、保量、按期完工。在设备运转一段时间后,该公司要进行用户访问和售后服务,并提出"售后服务不仅是经营成套的终点,同时也是经营工作的起点"的理念,提高售后服务质量、想用户所想,急用户所急,解决设备中的问题,提供备配件的供应,得到用户的好评。包钢氧气厂称赞该公司为"集天下之长为一体,汇百家之优于一身"。迄今为止公司已为冶金、石油、化工、有色金属、电子、轻纺、建材和城市煤气化等国家重点工程提供大中型以上空分成套设备 80 多套,为国家作了贡献。

三、发挥工程成套优势、开发新的领域

该公司根据自身的特点及市场的发展需求,在坚持一业为主的前题下,开发新的领域使其业务不断地发展、壮大。首先开拓进出口贸易,改变了过去依赖进出口公司转为自营出口。进口业务从为空分配套的大型压缩机、液体泵、控制设备等范围扩展到其他冶金化工所需设备。出口业务从空分设备扩展到双氧水设备、油漆油墨设备等,使其进出口业务逐年增长,成为一个新的经济增长点。该公司还开拓了大型液化天然气贮存系统、油田气分离装置、环保设备等,在绍兴污水处理厂日处理量 30 万 t 污水处理设备中一举中标,为该公司污水处理成套项目上打下良好基础。

该公司还积极开展溶解乙炔设备的设计、成套供应和工程设计工作,同时不断开发无热再生分子筛高压干燥器和酸洗净化等新技术,使溶解乙炔设备技术在国内一直处于领先地位,到目前已供溶解乙炔设备一百多台套。该公司还建立了特种气体公司,生产配制、销售焊接用"多元混合气",医院用"血气分析气"、"无痛分娩气"、"厌氮菌气"等特种气体,同时还开发真空分层绝热输液管以及中压汽化器、快速低温散放器等新产品。

面对中国加入 WTO 的局面,挑战与机遇同在,该公司全体干部和职工充满必胜的信念,要抓住这一机遇,加快公司发展。要进一步加强和加快发展进出口贸易,积极开拓出口成套设备、做好进口代理和一般贸易,将公司置于全球经济之中来发展。同时要加强同国外著名公司的合作,使该公司在设计、成套 3 万 m^3/h 以上等级的大型空分设备中发挥作用,加快国产化进程。为提供国民经济发展所需的各种大型空分设备作出贡献!

依托技术、市场、管理,演绎"天泵"发展传奇

——天津泵业机械集团

在美丽的海河之滨,坐落着一家以生产螺杆泵、船用离心泵而闻名全国的企业——天津泵业机械集团。

集团的核心企业,天津泵业机械集团有限公司(原天津工业泵总厂)是具有近 50 年泵制造经验的国家重点骨干大型企业,是我国第一台螺杆泵和船用离心泵的诞生地,也是国内规模最大,品种最全,技术力量最雄厚,质量检测手段最可靠,加工手段最先进的螺杆泵和船用离心泵专业生产厂家,1994 年在全国泵行业率先通过 ISO9001 国际质量体系认证。多年来,该企业主要经济指标始终保持着两位数的增长速度,企业综合实力始终位于行业前列。2001 年完成工业总产值 1.69 亿元,实现销售收入 1.48 亿元,同比分别增长 24%、12%。

该企业是如何能够在激烈的市场竞争中规避风险、求得发展,始终立于不败之地的呢?董事长兼党委书记徐庆有说:把握好三个环节,是天津泵业机械集团有限公司稳步发展的关键所在。

一、狠抓科技创新，加速产品结构调整

企业要想常胜，产品必须常新，这是天泵人在企业改革发展中的深切体会，为实现这个目标，他们确定了"生产一代、开发一代、储备一代"的产品开发思路，把科技进步作为提高公司整体素质，增强企业核心竞争力的决定性因素，根据千变万化的市场需求，不断调整产品结构，做到年年有技改，年年出新品。自"八五"以来，他们先后投入1.18亿元进行技术改造，他们首先引进相关产品的设计制造技术，实现了产品的升级换代。目前，该公司主导产品单、双、三螺杆泵、船(陆)用离心泵、齿轮泵和螺杆压缩机均引进德国、日本先进技术制造，达到国际先进水平。同时他们还坚持瞄准市场的空白点，成功地开发出一批科技含量高，市场潜力大的新产品，新产品产值始终占同期工业总产值的40%以上，其中SN型三螺杆泵、MW型汽液混输双螺杆泵、ES发展的C型船用离心泵、W型双螺杆泵等产品获国家级重点新产品称号。另一方面为扩大生产规模，确保产品质量，他们还引进了英国豪尔罗依德公司高精度螺杆加工和检测设备，奥地利林辛格公司高精度加工数控铣床，意大利麦克公司光学投影仪，德国马赫公司加工中心，以及代表世界先进加工技术的德国克林贝格公司制造的螺杆磨床和螺杆检测仪等世界一流先进设备15台(套)，大精稀设备24台，使螺杆加工能力和技术工艺水平迅速赶上国际水平。2001年，又完成了"高效螺杆泵系列产品中试基地"项目建设，使企业成为融科研、设计和生产为一体的综合性企业。目前"环保节能螺杆泵及特殊泵国产化"技改项目正在抓紧进行。通过技术改造，进一步完善了企业加工条件，提升企业技术产品水平，增强企业核心竞争力，形成经济发展新的优势。

二、调整营销策略，提升营销水平，为企业发展提供市场支撑

营销是企业赢得市场的保证。企业实现发展最基本的前题是要解决市场问题，市场是企业的生命，没有市场企业就无法生存。随着改革进程的加快以及市场经济的进一步深入，企业间的竞争日益激烈，已呈白热化的状态。面对严峻的市场形势，公司领导班子通过多渠道全方位建立信息网络，充分了解市场，坚持根据市场实际情况，不断调整企业营销策略，始终把开发市场作为第一位的工作，把满足市场需求作为企业一切工作的出发点和落脚点，在研究市场、抢占市场、积极主动适应市场上下功夫。根据市场动态及产品技术发展趋势，加速新产品开发。引导用户使用产品档次高、科技含量高的新产品，不断培育新兴市场，提高了市场占有率。在具体运作中他们始终坚持：

一是靠新产品抢占市场。他们制定了"研制一个产品，带动一个系列，抢占一块市场，增加一块效益"的新品开发策略。为使新品开发贴近市场，他们经常召开销售和技术两个系统的联席会，互相交流市场需求信息，使产品开发有的放矢。2001年完成开发新产品39项，新产品产值7 212万元。新产品开发有力地巩固了老市场、引导培育了新市场。

二是开发重点行业抢占市场。在市场开发中，他们始终坚持下大力量开发重点行业市场，注重把集团产品服务领域向石油、军工、船舶等优势行业靠拢，以达到借助优势行业发展带动我们自身发展的目的。他们紧紧抓住国家开发西部的良好商机，大力开发西部市场，把新疆油田作为开发西部市场的突破口。过去他们在该地区市场份额很小，每年订货额在200万元左右。为加强该地区的销售力量，他们派了3名精干的技术人员到新疆销售处，与当地人员结合起来，共同开发市场。企业主要领导也多次带队到新疆，召开产品应用介绍会，在向广大用户宣传产品，树立企业形象的同时，还了解到大量的市场信息。根据这些信息，他们及时开发出EPBH型单螺杆潜油泵、MW型油气混输双螺杆泵、SMX型稀油泵等一批用户急需的产品。考虑到地域的关系，为保证设备维修及时，新疆经销处的服务人员承担起对设备的维护任务。优质的产品加上良好的售后服务，使用户感到非常满意。目前他们的产品已经在新疆市场有了很高的知名度，销售形势也很好，2001年新疆市场订货额已经突破了1 000万元。由于他们在实际工作中始终坚持以市场为中心，以市场营销为龙头，使企业的营销工作取得了很大的成绩，为企业发展提供了强有力的市场支撑。

三是开发成套设备和拓展配套市场抢占市场。他们充分发挥公司产品品种全、质量好的优势，逐步改变过去只提供单一的产品的销售模式，把产品销售的重点放在打成套、搞好合作销售、承揽交钥匙工程上，不断拓宽配套领域，提高配套层次。如为我国新一代导弹驱逐舰及多条民用船舶进行了全舰(船)配套，不仅提高了我们的配套水平，也为企业增加了效益。

四是靠优质服务抢占市场。根据目前用户要货急、要求高的供求特点，他们牢固树立"用户永远是对的"经营理念，不断建立健全为用户服务机制，通过推动以"全天候服务"、"全方位服务"、"全过程服务"为主要内容的"三全服务"，坚持售前做好选型指导，售中抓好调试服务，售后抓好定期访问，良好的服务不仅使用户增加了对公司的信赖，也与公司建立了长期的合作关系。

由于我们在实际工作中始终坚持以市场为中心，以市场营销为龙头，使企业的营销工作取得了很大的成绩，为企业发展提供了强有力的市场支撑。

三、加强企业内部管理，提高企业整体素质

徐庆有董事长经常说："管理出效益，科学管理能够有效调动生产力"。为此，他在公司内构筑三大管理模式。一是实施目标管理。将各项管理目标进行细化，并层层分解到车间、科室和个人，做到人人有事管，事事有人管。同时从工作、学习和生活方面营造严、紧、细、实的管理氛围。二是在公司内推行模范岗。各车间班组推荐和选拔质量意识强，操作技能精，效果和业绩突出者做为模范岗，通过他们的示范作用促进和带动车间班组工作上水平。三是围绕降低成本做文章，把成本领先做为企业参与市场竞争的基本策略。逐步改变以单纯依靠生产过程的成本管理为主，拓展到产品设计、技术开发、生产制造、市场营销、用户服务的全过程成本管理，如实行采购招标制、销售承包制、质量赔偿制等，做到货币成本要有制度规定、生产成本有定额控制、管理成本有民主监督。

科技、市场、管理三大体系构筑了天津泵业机械集团发展基石。展望未来，公司将进一步整合现有资源，充分利用企业综合优势，继续以创新为动力，以发展企业特色为中心，在激烈的市场竞争中不断发展壮大。

适应市场转观念，开拓市场求发展

——天津减速机总厂

天津减速机总厂是中国机械工业部大型重点骨干企业，中国500家最大机械工业企业之一，中国减变速机行业协会理事长单位，中国最大减速机生产基地。产品通过挪威(DNV)船级社ISO9001质量体系认证。获英国工贸部金钩证书。企业现有职工2 600多人，占地面积120 000m²，建筑面积60 000m²。

天津减速机总厂自20世纪60年代研制出国内第一台摆线减速机并投产后，成为了全国第一家减速机的专业生产厂，几十年来，伴随着国家宏观经济政策的变化，企业稳步发展。无论是计划经济年代，还是市场经济的今天，减速机总厂始终走在行业的前列，保持着持续发展的势态。特别是在90年代以后，市场经济在我国的出现，给国有企业带来了强大的冲击，各种所有制形式的企业纷纷建立，外国独资、合资企业陆续登陆建厂，使市场出现了竞争。面对新的形势，企业领导提出了：适应市场转变观念，不断创新寻求发展的工作思路。带领全体职工，经受市场的考验。

一、转变观念，适应市场

市场经济对于企业来说，核心问题就是竞争。企业能否在竞争中发展壮大，关键要看企业自身能否适应这种竞争。是否具备竞争条件。而条件有许多方面，最重要的一点就是观念。观念不适应，企业就无法在激烈的市场竞争中生存与发展。

近几年来，市场经济的发展，使我们这个老的国有企业经受了巨大的考验。面对前有强敌，后有追兵。我们在挟击中生存。强敌是指改革开放后，国外具有世界领先水平的减速机生产厂家纷纷登陆中国。如德国SEW公司，日本住友重机减速机公司等。他们依靠强大的财力、先进的设备，不惜血本抢占中国市场。后有追兵是指集体、民营企业利用优惠的政策，也在快速发展。全国减速机企业由十几家发展到几百家。在这种情况下，企业充分认识到，我们与快速发展变化的市场存在着种种不适应。

一是观念的不适应，缺乏对市场经济竞争的激烈性和残酷性的认识，缺乏危机感。企业虽然已进入了市场，但思想还未完全进入市场，脑海中固有的计划经济思想、国有企业的优越感还存在。针对这种情况，企业领导利用各种会议，采取各种形式，随时将市场竞争的情况，行业发展状态，用户反馈的信息，通报全体员工，在企业中树立市场的观念，竞争的观念，优胜劣汰的观念。

二是体制的不适应。国有企业原有的体制已不能够适应飞速发展的市场需要。因此，我们企业从2001年开始着手进行企业的改制工作，目前，各项工作准备就绪。2002年将成立“天津减速机股份有限公司”。

三是运行机制的不适应。企业原有的运行机制已显露出对市场的不适应。包括机构的设置，用工制度，分配制度等等。以市场为中心的思想，使我们调整了企业机构设置，使之更加适应市场变化的需要。同时，在销售部门实行全额风险承包，技术人员从以往办公室里搞设计到深入用户解难题，一线工人实行计件工资，管理岗位实行岗位责任工资。这样，极大的调动了员工的积极性，在企业中，建立了适应市场的快速反应机制。用户急需的产品加班加点干，大大缩短了生产周期，满足了用户的需求。

我们深深的体会到，适应市场说起来容易，做起来很难，尽管我们在这方面做了一些工作，但还存在着不适应的问题，今天适应了，明天可能又不适应了。因为市场在变化，形势在发展，我们只有以不断的努力来满足市场变化发展的需要。

二、搞好市场开发，寻求新的发展

观念的转变，机制的变化，奠定了企业发展的基础。但是市场竞争的落脚点是产品，企业在保持优势产品的同时要不断开发新产品，做到人无我有，人有我精。使自己的产品长期在市场竞争中占领制高点。我们从三个方面入手：

1．围绕老产品，在做“全”的基础上，瞄准国际水平，加快更新换代。根据市场需求，对具有优势的摆线减速机产品增加规格，补齐系列，形成了从0#——12#全系列的摆线减速机。另外，开发出具有世界先进水平的产品，实现更新换代，满足市场的需求是我们的目标。从1997年开始，我们研制开发了X8000系列摆线减速机，该系列产品不仅保持了原有产品的优点，其承载能力比国内同类产品平均提高两倍左右。已达到国际上同类产品的先进水平。投入市场后，受到了用户的欢迎，即降低了用户的采购成本，又满足了高承载能力的需要。目前，X8000系列产品销售收入达2 000多万元。

2．开发其他减速机产品，拓宽市场领域

企业在继续发展优势产品的基础上，并没有停止对新产品的开发。在相继开发了无级变速器、齿轮减速机、蜗轮减速机、电动滚筒几大类产品后，把目光投向了专用减速机的开发，做到了通用产品我有，专用产品我做，即往横向扩展，又向纵深挖掘。由厂领导亲自带队走访全国各地设计院所、用户，了解市场信息，掌握用户需求，销售人员与技术人员一起调研市场，一个行业一个行业地找，一个专业一个专业地跟，捕捉市场的信息，挖掘新产品。仅2000年及2001年企业共开发20种新产品。

3．抓大不放小，非标产品不能跑

过去，我们企业主要承揽批量订单，或者是标准规格产品，随着市场需求的变化，一些用户经常手持非标产品找到企业,面对这种批量小,加工有难度,没有成型工艺的产品,过去企业都拒之门外。而现在企业提出了抓大不放小的策略,即大订单要签,小订单,非标产品也不能放跑。利用我们厂设备先进,技术力量雄厚,加工手段齐全的优势,把非标产品接过来,做到来者不拒,改变经营作风,使市场份额不断扩大。为了满足新产品开发的需要,企业为技术部门购置了20多台新型计算机。推行了CAD计算机辅助设计,利用计算机实现优化技术参数和绘制工作图,使设计水平大大提高,做到了结构新颖合理,理论依据可靠,加快了新产品开发的速度。

总之,企业在市场经济的浪潮中,不断地前进着。尽管困难重重,我们有坚定的信心,通过不断深化企业改革,调整机制,发挥自我优势,在全体员工的共同努力下,天津减速机总厂的明天会更加美好。

立足市场创名牌　优质服务树信誉

——南京绿洲机器厂

在人类迈向新世纪的发展进程中,中国正式以发展中国家地位加入世界贸易组织(WTO),加快了经济全球化趋势的形成。同时,国家正在实施西部大开发战略,为"十五"计划和国民经济可持续发展注入了活力。在这一新的历史发展机遇中,各个地区、各个行业、各个部门都面临着国际和国内二大市场、二种资源配置的挑战。作为一个企业依靠什么占领市场、塑造良好的形象;依靠什么创造效益、促进自身的发展,这是当前在探索建立和完善社会主义市场经济中值得思考的新问题。

改革开放已经历了20多年的发展历程,南京绿洲机器厂在寻找适合企业优势与市场经济相贯联的发展思路中,依托名牌战略参与市场竞争和提高服务水平树立信誉等方面取得了一些经验。

一、立足市场,拓展名牌系列产品

党的十一届三中全会确立的改革开放方针使工厂摆脱了长期计划经济的束缚,开始迈入向市场经济发展的转折。在80年代初期由于船市行情变化和船用设备技术滞后等多种因素制约,使工厂的生存和发展受到了冲击和困扰。当时,工厂的经营决策者意识到:只有走"军民结合,平战结合,军品优先,以民养军"的发展之路,实施"军转民"的发展战略,走滚动发展的道路才是真正的途径。事实证明,通过从"六五"到"九五"四个五年计划时期的发展,在这片相同的土地上充满了"绿洲"的生机和活力。到2001年末工厂的年销售总额已突破4亿元,各项经济指标不断创新,已被国家统计局列入"中国500家最大交通运输设备制造业企业第150位"行列。1998年通过了ISO9001质量体系认证和GJB/Z9001军品质量体系认证,2001年又通过了ISO/FDIS9001:2000标准的转换和第六次军品质量管理体系复审。

到底靠的是什么,使工厂会有今天这样的发展规模呢?南京绿洲机器厂的全体员工都意识到:靠的是立足市场拓展名牌系列产品,使企业在市场竞争中保持着发展的源泉。贯彻"以船为本、多元经营、国内为主、积极出口"是发挥军工技术优势,扬我之长走自我发展之路的决窍。20多年来,通过引进、吸收国外先进技术、加快国产化进程和生产线技术改造取得了进展,相继开发出一大批技术含量高、市场容量大、产品质量优、经济效益好的名牌系列产品。

1. 以引进技术的名牌优势占领市场

随着我国船舶出口、远洋运输、海洋工程等领域在国家产业政策中的重新崛起,南京绿洲机器厂坚持以市场为导向,果断地作出了以"引进技术的名牌优势占领市场促进自身发展"的战略决策。通过合作生产、许可证贸易、分包制造和合作经营等多种形式,先后与德国、丹麦、英国、挪威、瑞典等欧洲船用制造设备先进的国家引进了船用起重机(克令吊)、海水淡化装置、生活污水处理装置、污物焚烧炉、锚绞系泊机等6大类船用名牌产品。以打好"国际品牌"为契机占领广阔的船用市场,增强了产品的竞争能力。近20年来,工厂从进口零部件组装,抓好国内技术攻关,提高国产化水平,进而返销出口,形成了规模发展的格局。据有关统计资料显示,截止到2001年12月底工厂引进产品的销售总量达100多种机型、2 600余台(套)、10多亿元销售产值、产品的市场占有率在国内同类产品中占到50%~80%。不仅为国家节省了大量购买进口设备所需支出的用汇指标,而且填补了国内空白,使之在激烈的市场竞争中占据领先水平。这些产品相继被美国、德国、丹麦、挪威、伊朗、日本等30多个国家和香港、台湾地区及国内航运界的100多家的船东、近200多种船型、400余艘船舶配套。先后得到CCS、LR、GL、DNV、ABS、BV、RINA、NK等国内外著名船级社和IMO、USCG、EC、API等国际组织认可,在国际和国内船舶市场赢得了良好的信誉。为企业借鉴国外先进经验,加快技术进步,提高管理水平,增强整体素质,迎接WTO挑战起到巨大促进,使我国船用配套产品跃入了世界先进国家的同类水平。

2. 依托离心机械技术优势创名牌系列产品

离心机械产品是工厂的一大支柱技术优势,在60年代中期研制出首台为船舶配套的碟式分离机投放市场以来,经过几代绿洲员工30多年的辛勤耕耘,成功地实现了由船舶市场向陆用行业、单机供货向成套系统、立足国内向国际竞争的"三个转移"战略变化。到2001年12月底碟式分离机产品市场辐射面已遍及全国各地并延伸到欧美、大洋洲、东南亚和港台地区。广泛地应用于机械、电力、石化、制药、轻纺、食品、油脂、饮料、淀粉、乳胶等十多个行业,市场拥有量已有约70种机型17 000台(套)。其中:分离机产品的外贸出口已达1 000多台(套),创汇额达1 000多万美元。为社会创造的综合经济效益达数十亿元。与此同时,工厂把以提高产品质量、赶超国内外同行业先进水平为突破口,依托“名牌”战略，推进分离机产品创优升级上档次。在80年代曾有4种机型的分离机产品分别被评定为国家银质奖、中国船舶工业总公司优质产品和江苏省优质产品。进入90年代工厂加快引进国外先进技术、工艺和装备的步伐，抓紧分离机生产线二期技术改造，使分离机产品质量和市场开发迈向新的层次。1994年在中国名牌产品认定暨明星企业评选活动中又有3种型号的“绿洲牌”碟式分离机产品被授予中国名牌产品。2000年被南京市人民政府授予“绿洲牌”碟式、卧式离心机为南京名牌产品。既创出了品牌，又赢得了信誉，成为中国通用机械分离机械行业中碟式分离机产品市场拥有量最大的企业，并对加快分离机产品的更新换代，增强参与国际经贸大循环产生深远影响。

二、提高服务水平，树立绿洲信誉

市场经济条件下的企业竞争归根到底就是服务的竞争。没有全面、优质、高效的服务，再好的产品也会失去用户和市场。南京绿洲机器厂的经营决策者在全体员工中注重开展全员经营意识教育。为了适应市场经济的发展提出不但要走优质服务之路，而更重要的是唤起全厂上下强烈的竞争意识、风险意识和效益意识。把服务水平实现由静态向动态转化、由被动向主动转化、由低效向高效转化，从而达到“质”的飞跃。拥有名牌产品、享有优质服务是工厂搞活经营的宗旨。工厂在进行ISO9001质量体系认证中，按照《管理评审程序》的控制要求，明确负有执行职责的管理者需对“与顾客沟通”中获取的产品实物质量、服务质量的信息，顾客投诉处理结果及改进建议提出关于对市场产品使用状况、顾客测量以及有关质量信息处理的综合分析。对以船用起重机、锚绞系泊机、污物焚烧炉、生活污水处理装置、海水淡化装置、离心机等主要类别产品实施产品质量综合满意程度和售后服务满意程度的统计信息反馈和典型实例剖析。并通过在全国各大区域设立地区经理部，实行售前、售中、售后的“一条龙”配套服务。同时，定期组织由专业维修人员组成的巡回服务小分队，针对一个重点行业，突出一个重点区域，奔赴各地为用户进行现场技术指导，组织安装调试、消除故障和维修服务，使用户在心理上真正感受到使用“绿洲牌”产品的安全感。既维护了用户的切身利益，又树立了工厂信誉，为巩固和扩大产品的市场占有率起到了促进作用。在拓展产品出口销售渠道的同时，工厂分别在马来西亚、新加坡、泰国、新西兰、澳大利亚和韩国相继设立代理机构，融商贸、服务于一体展示在国际经贸舞台，为发挥企业优势拓展外向型经济创出了新路。

三、新形势下的对策与思路

为了更好地适应我国加入世界贸易组织（WTO）以后，面对经济全球化趋势和实施西部大开发战略带来的发展机遇，企业要在市场竞争中站稳脚跟，谋求发展，关键是要在探索自身发展模式中提高竞争能力，应变能力和抗风险能力，逐步做强做大，增强企业的知名度。为之拟采取下列对策和思路：

（1）积极利用已引进技术的著名品牌和自身技术优势造就的“绿洲”品牌对用户的影响，扩大产品自身技术含量、向高附加值结构层次发展，不断寻求新的经济增长点。

（2）通过深化企业改革，按照适应市场经济规律的运行机制，探索建立现代企业制度的发展模式。使产品的品牌和服务功能更好地应对市场挑战，增强竞争能力。

（3）加快“产、学、研”的有机结合，在努力培育自主技术和品牌、充分利用国外技术和品牌的同时，通过消化、吸收培育国产品牌。积极寻求合作伙伴，开创发展新领域。

多年来的实践使我们深切地体会到，以国家产业政策为导向，立足市场创名牌，优质服务树信誉是工厂在建立社会主义市场经济中，谋取发展、增强后劲的必由之路。

当前，该厂正在沿着国民经济和社会发展“十五”计划和2015年远景目标纲要指引的航向奋进。“绿洲”员工将抓住历史赋予的发展机遇，树立敬业爱岗多奉献的精神，为塑造企业形象和自身发展作出新的贡献。

坚持技术创新，实行优质服务

——哈尔滨东宇农业工程机械有限公司

哈尔滨东宇农业工程机械有限公司是集科研、设计、开发、生产、服务于一体的高新技术企业。公司具有省建设厅批准工程总承包资格和具有承担粮食处理、种籽加工、大型仓贮、饲料、面粉、业加工等建设项目设计的乙级资质的设计研究院。2001年公司通过了ISO9001:2000国际质量管理体系认证。

公司成立以来，坚持技术创新，实行优质服务，科学管理，重视无形资产建设，积极开拓市场，紧紧抓住市场营销的关键环节，不断优化生产力要素，在短短的三年内，企业净资产增长5.6倍。2001年职工人均创产值10万元，人均实现利税超过1万元。

公司下设有“哈尔滨东宇农业工程设计研究院”、质量管理部、工程技术部、电控技术部、生产部、销售部、电脑分公司和综合管理部。在市场竞争中，各部充分发挥各自的优势，各负其责，完成本职工作，同时又相互联系、相互配合，充分显示出团结、向上的精神风貌，使公司在市场竞争中充满了活力和力量。

公司下设有从事机械加工、制造的专业加工厂，具有稳定的加工队伍和安装队伍，配有生产制造粮食干燥和仓储设备的大型压力机、剪板机、折弯机、14辊连轧机、深喉冲床等专业生产加工设备。

截止到2001年累计为甘肃、江苏、安徽、浙江、河北、辽宁、吉林、内蒙、北京、山东、黑龙江等省市粮库、农场、饲料加工厂建成投入使用的粮食干燥中心、种子加工厂及大型仓储项目共190余处。

哈尔滨东宇农业工程机械有限公司的主要做法如下：

1. 强化企业管理，优化人员素质，使企业充满生机活力

加强企业管理、优化人员素质和科学的决策机制是保持东宇公司持续发展的关键要素。东宇公司实行股份制以来，不断解放思想，转变观念，千方百计调动全体员工的积极性和创造性。在重大的经营决策前及大数额的资金运作时，首先召开董事会会议，吸取全体董事的意见，董事会通过的情况下，还要在公司中公示，广泛吸取、征求全体股东的意见，在多数股东同意的情况下，才能实施。此种做法大大地减少了企业在重大问题上的失误。

公司内部实行全员聘用制，满负荷工作制，按工作需要上岗定编，竞争上岗，择优录用。在分配制度上，实行利益与风险相结合，东宇公司对所属各部门按工程项目承包，签订内部合同，明确任务、质量、工期、安全、收入等指标。各项费用自行负担，实现纯收益按比例提成。

对销售人员实行销售大包干，按合同的回款比例，提取销售费用，年终按纯效益提成。

东宇公司还充分发挥民营科技企业经营决策的高度自主权，企业用人的高度选择权，内部分配的高度调控权的良好运行机制。通过引入竞争机制，员工队伍素质有很大提高，科技人员占公司员工总数52%。

2. 重视技术创新，增强企业后劲

为了适应市场竞争需要，几年来东宇公司一直把开展技术创新作为企业的一项重要工作。对从事科研开发和工程项目的科技人员，在酬金上采用同样标准，并按每年新开发的产品投入市场后实现的纯收入提取一定比例奖励开发人员。对列入年度新产品开发项目所需的资金，经审定后财务给予保证。

由于政策和资金落实，公司近几年在技术创新和产品开发取得了较好的效果。自行研制开发的粮食处理成套技术设备项目被国家科学技术部列入《国家级科技成果重点推广计划》，公司被确定为技术依托单位。自主研制、开发的“复合工艺水稻干燥机”，具有降水幅度大，单位能耗小，生产率高，爆腰率低等特点。被国家科技部、质量技术监督局等五部委评为“国家级重点新产品”，并获国家发明专利及农业部颁发的农业机械推广许可证。2001年被列入国家科技部国家级“火炬计划”。

自主开发的油菜烘干机，具有烘后菜籽品质好，运行成本低的特点。大豆抛光机解决了大豆泥花脸问题；种子预热加热器解决了北方早春低温条件下种子拌药包衣的难题；重力式精选机具有精选效果好，生产率高的特点；带式精选分级机是圆球形物料精选的最理想设备。

为提高公司设计的工作效率，公司建立了内部局域网，将公司内30多台计算机连在一起，实现资源共享。同时配备了网络版CAD(计算机辅助设计)，所有设计工作均由计算机来完成，从而大大减少了重复设计，使设计的精度和水平都上了一个新台阶。

技术创新使东宇公司充满了活力，增加了公司的技术储备，做到了研制一批、开发一批、储备一批、推广一批的良性循环。

3. 不断提高服务水平，创造顾客价值，让顾客满意

贯彻新的营销思想和观念，打出东宇产品的信誉和品牌，东宇公司重点抓住了产品售前、售中和售后服务三个环节。

售前主动与潜在客户建立联系，搜集信息，积极寻找信息。获得信息后主动派技术人员帮助建设单位搞可行性研究报告，察看现场，帮助搞设计方案和具体工艺流程、工程概算等。这些都是主动无偿的服务。通过这些服务，增加了用户对东宇公司的了解、信任和友谊。

在项目进行过程中，主动帮助顾客了解和掌握公司产品的特点，并根据需要为顾客培训技术人员，对顾客提出的特殊要求和需要，无论是在设计、加工还是在安装过程，在保证产品质量的前提下及时给予答复和变更。并保证项目、单机一次交验合格率100%。

为减少用户的后顾之忧，东宇公司对用户承诺，公司生产的所有产品均实行终身服务，负责到底。对顾客提出的服务项目省内不超过24小时，省外不超过72小时给予解决。同时组织技术和安装人员，每年对已建成项目进行一次免费维护、保养，对用户提出的问题和改进措施，及时处理，使用户非常满意。近几年里无一例顾客投诉和纠纷。

东宇公司董事长兼总经理姜永维表示，公司将继续努力做好各项工作，面对入世后经济全球化的新形势，加大创新和改革力度，开发好国内和国外两个市场，为东宇公司的腾飞再创新高。

在创新中求发展

——常州市一步干燥设备厂

有位哲人说过：惟有求新者，方能自立于世。

常州市一步干燥设备厂建厂伊始，就以创新为企业发展之生命线、企业兴旺之动力，此理念不仅仅是企业领导者的座左铭，更重要的是它已深入到企业每一个基层员工的心中，他(她)们都明白，现今的市场竞争越来越激烈，再加之中国入世后国外先进的技术和管理模式大量的涌入，用句俗话说，“狼来了”，国内制造业尤其是中小企业，倘若再拘套于原有的传统模式去发展，势必被淘汰；不创新，不以先进的、科学的理念来武装自己，不开发新技术、新产品，很难再求发展，进而被市场抛弃。

一步厂的发展史其实就是一个创新的过程。

建厂初期，与大多数中小企业一样，面临种种困难：员工素质普通不高，技术力量薄弱，生产装备落后，近似一种家庭作坊式的管理模式，再加之资金缺乏，企业发展举步维艰。可贵的是，一步人并没有裹足不前，而是想方设法寻找突破口，摆脱困境；于是，技术创新被提上了议事日程，并作为企业发展的头等大事来抓。一步人大胆投入资金，多方面引进人才，在汲取国外先进技术的基础上，通过市场调研以及总结多年来的实际经验，在国内同行业中率先开发并推出 FL 系列沸腾制粒干燥机，简称一步制粒机，同时申请了专利，因其具备用途广泛、结构新颖、节能省耗等优点，很快就在市场上站稳了脚，在制药、食品、化工等行业中得到了广泛的使用，并赢得了国内外众多用户的好评。随后，又相继大胆改进 GFG 系列高效沸腾干燥机、PGL 型喷雾干燥制粒机、GHL 系列高速湿法混合制粒机、SZG 系列双锥回转真空干燥机等一系列产品。目前，产品已发展到 20 个大类，160 多种规格和品种，拥有多项国家专利，同时还多次荣获国家金奖。企业在大胆改进原有设备的基础上，年均推出 2~3 个新品上市，拓宽销售渠道，产值逐年递增，从原来的几百万元很快跃之现在的 3 000 多万元。这样的发展速度，在素有干燥之乡的常州焦溪，也是首屈一指的，令同行们刮目相看。企业于 1998 年，经国家有关部门批准，设立了“中国干燥制粒研究开发中心”，并与国内众多的科研院校（如上海、武汉、重庆等地的医药设计院，原化工部沈阳化工研究院，清华大学、大连理工大学、江苏石油化工学院、无锡轻工大学等等）合作，致力于干燥制粒行业的科研开发，研究新工艺、开发新技术、提供新产品；同时成为国内著名的生产干燥、制粒等设备的专业厂家，是中国制药装备行业协会理事单位，是中国化工装备总公司的定点生产企业。面对如此骄人的业绩，一步人却有另外的想法，用该厂查国才先生（中国干燥设备行业协会副理事长）的话来说：一步厂是靠技术创新起家的，骄傲自满、吃老本是万万要不得的。在技术创新的同时，我们还应该在企业管理、销售方式、用人观念以及售后服务等方面要革新，要走在别人的前面。事实人，一步人早就在这些方面进行了革新。

目前，国内众多的中小型企业，沿用的还是家族式的管理模式，任人唯亲，奖罚不分明，没有一套严格的企业管理制度或者即使制订了，也是流于形式。对此，一步人深知企业要发展，人才是根本，要用人首先要留得住人，要疑人不用，用人不疑。“不拘一格用人才”，每年从国内众多大专院校引进优秀人才，给他（她）们压担子，要他（她）们负责任，为他（她）们多方面创造锻炼的机会，能者上、庸者下。一步人更深知，“没有规矩，不成方圆”，一步厂邀请专家对企业会诊，针对企业实情以及未来的发展方向，制订了一套完善科学的管理制度，经过多年的实践，一步厂已建立起良好的管理流程。科学的管理模式的建立，一步人并没有采用一次性休克法，而是采用了循序渐进的方式，起到了非常好的效果。良好的企业文化氛围和完善的管理制度，也是一步厂得以发展的重要因素。

一步厂凭借优质的产品、周到的服务、良好的企业的形象，在国际市场上也打下了一片天地，产品已出口至美国、日本、新西兰、希腊、墨西哥、加纳、塞浦路斯、泰国、印尼、韩国、俄罗斯以及香港等三十多个国家和地区。并于 1998 年经外贸部批准，成为国内第一家具有自营进出口权的干燥设备生产企业。年均出口额达 500 万元。企业在“入世”前，就专门成立了外贸出口部，从原来的销售部独立出来，再凭借多年的外贸经验以及外贸人员素质的不断提高，正昂首阔步一步步走出国门，走向世界。

进入新世纪，一步人将率先推出热线服务电话，专司售后服务，全天候的服务广大客户。一步人始终信奉“顾客就是上帝”、“我们的饭碗是顾客给的”，除了提供优质产品外，一流的售后服务也是至关重要的。一步厂的领导者们已将此作为工作的重中之重，扩大了售后服务的力度和范围，同时对从事售后服务的员工素质提出了更高的要求，不但在技术和业务上要过得硬，而且要有足够的思想准备，以“为顾客服务为己任”、“为企业形象服务”的意识武装自己。

近年来常州市一步干燥设备厂产品继续荣获多项国家专利，并获专利金奖，并被评为“江苏省著名企业”和“常州市知名商标”称号。在 2000 年通过中国方圆认证中心的 ISO9001 国际质量认证。企业资信连续多年获得 AAA 级。并且连续多年被评为重合同、守信用企业。被中国干燥行业协会评为干燥行业重点骨干企业。FL 系列沸腾制粒机被中国干燥行业协会首批推荐产品，获得中国外经贸部自营进出口企业、民营科技企业、中国制药装备行业理事单位、中国干燥设备行业副理事长单位。

一步人在新世纪伊始，提出了：“树一步形象，创国际品牌”这一响亮的口号，并将此口号高高悬挂在厂门前，除了宣传自己经营理念外，更重要的是激发每天上班的员工的创造热情，明白企业的发展未来方向。

愿做船头的那根船竿，迎着风浪，扬起创新的的风帆，勇往直前。

一 线 风 采

长风破浪会有时 直挂云帆济沧海

——记武汉鼓风机厂余德保同志先进事迹

余德保同志现任武汉鼓风机厂厂长兼党委书记，曾任武汉第三机床厂党委书记，武汉水泵厂厂长、党委书记，武汉四方泵业集团董事长、党委书记，武汉格林天地环保产业集团董事长，是武汉市企业家协会常务理事，湖北省优秀企业家。

余德保同志具有敢挑重担，勇于开拓，迎难而进的工作作风；具有善于大胆决策、巧妙运作等现代企业家所特有的素质。1994年12月，余德保同志临危受命来到经济下滑到保本边缘的武汉水泵厂任厂长兼党委书记。用“抓班子、抓管理、抓市场、强化综合治理”的改革思路，使徘徊慢进达十年之久的工厂各方面工作迅速起动，经济得到较大发展。到1995年底就使产值、销售收入、利润总额和实现利润分别比上年增长31.17%、28.63%、135.05%和1903.45%（20倍）；1996年又以“围绕一个中心，推进两个转变，实施人才、科技、质量三大工程”为指导思想，运用资本营运的方式，以武汉水泵厂为核心企业，以武汉二泵、武汉三泵和武汉机械修造厂为紧密坚企业，联合组建了武汉四方泵业集团有限公司，使武汉泵业整体走上了资产一体化集团经营方式的发展道路。1996年完成工业总产值、销售收入、利润总额和纯利润比改制前四家企业的总体水平翻了一番，企业经济效益综合指数从国内同行业第18位上升到第7位。核心企业武汉水泵厂在岗员工人均收入从1994年的3 200元提高到1996年的6 800元，订货合同连续两年突破亿元大关。1997年，武汉四方泵业集团有限公司继续走联合发展的道路，以泵业为主、发展多种产业，使各方都扬长避短、优势互补，继续资本营运又收购了破产的武汉第三通用机械厂，并将其改造为输送机械制造公司，为集团拓展了新的经营领域和新的发展方向，并使集团1997年实现了在水泵主业上产值过亿元、利税过千万元。

1998年4月，余德保同志又受命兼任武汉鼓风机厂厂长兼党委书记。面对工厂订货少、亏损额大、资金周转难、职工情绪大、经济效益差的现状，他实事求是地分析了工厂的优劣势，既看到工厂工作任务的艰巨，又看到了工厂的发展空间和存在的潜力，即通过艰苦努力，武汉鼓风机厂应该可以为武汉机电产业作出较大贡献。在作了大量的调研之后，确立了“抓班子以德治厂，抓市场以法治厂，抓管理从严治厂”的工作方针，提出了“瞄准目标、同心协力、脚踏实地、艰苦奋斗”的口号，撤消了问题多，群众反映大的门市部，为生产经济活动堵塞漏洞，并把生产经营活动统一归口市场营销部，对外销售产品实行统一的产品买断价。漏洞一堵，合同立刻到手，这把火一烧，职工看到厂领导动了真格，对新领导班子寄予了厚望，也诚心拥护治厂方针。余德保同志在武汉鼓风机厂领导班子中，作风民主，凡是重大决策问题，都通过厂办公会决定。同时要求领导干部做到“三严四自”，“三严”即严格管理、严格要求、严格监督；“四自”即自重、自省、自警、自励，还让全体中层以上干部签订廉政、勤政责任状。在制定工厂生产经营目标上做到切合实际，实事求是地针对工厂经济情况，制定出向6 000万元产值挺进的目标，这个目标是鼓风机厂实际能完成的历史最好水平，同时完成这个目标又有一定难度。在生产过程中，他带领全体职工发起了一个个的战役。1998年夏天，武汉市面临着百年不遇的特大洪水的威胁余德保兼任厂防汛抢险总指挥，在这种情况下他坚持服从大局，一手抓防汛抢险，一手抓生产保目标、保效益。在8月27日防汛抗洪进入最紧张阶段，200多人的防汛队伍集结待命30多小时的情况下，余德保同志及时发出了指示：防汛任务压倒一切，这是一个政治问题，生产任务可以停，防汛人员不能散，坚持集结待命，争取做好思想工作，不在这个问题上犯错误。这一指示有力地鼓舞了防汛队伍的士气，同时也将企业家的魄力尽数展现出来。防汛期间，生产任务没有停，在厂的职工日夜抢做出口产品。防汛抗洪胜利后，他又立即发出号召。他抓住有利时机，号召大战8、9月拿下产值1 500万元，广大职工凭借抗洪精神，克服了防汛和资金上的种种困难，一举实现了两个月完成产值1 533万元的任务，创造了工厂历史上的最好水平。

在从严治厂的管理上，他提出以质量为主线，抓紧了ISO9001论证的复审工作，并在厂内开展一系列旨在提高产品质量、工作质量、服务质量的宣传教育活动，向零缺陷挑战活动，使质量有明显提高。在加强管理的同时，还大规模开展企业内部的整顿，处理了长期积压的废旧产品和物资，拆除了濒临倒塌的危房，修整了工厂院墙，解决了多年未解决的厂房漏雨问题，还新修了工厂大门，使一座40年老厂焕发了青春，以新的形象展现在东湖高新技术开发区，在考虑工厂增添后劲长远发展上，余德保同志一抓企业的龙头市场经营，二抓企业的龙脑技术开发，将政策向这两个部门重点倾斜，调整部门和布局，使市场部的僵硬局面被打破，技术部门一年中就开发出新产品18种。他的眼睛不光盯在风机产品上，还瞄准市场潜力极大、发展前景看好的环保产业上，抢抓机遇，在市政府的帮助下，采用资本营（下转58页）

China General Machinery Industry Yearbook

中国通用机械工业年鉴

2002

市场需求

市场需求 SHICHANGXUQIU

China General Machinery Industry Yerqrbook

分析市场需求　　把握市场动向

· 通用机械行业市场需求分析

· 用户行业对设备的市场需求

· 拟建在建项目市场需求

通用机械行业市场需求分析

泵行业市场预测

2000年泵行业经济效益综合指数实现65.58%，同比提高1.5个百分点。

据134个可比企业的统计，完成工业总产值（不变价）450 792万元，同比增长5.6%。销售产值（现价）完成435 055万元，同比增长3.8%。产品销售率实现96.12%，同比增加1.69个百分点，超过标准值96%的0.12个百分点。

随着市场经济体系的建立，各企业市场化经营水平整体提高，调整产品结构，积极开发适销对路产品，以销定产，使得产成品存货增长势头得到了遏制。2000年产成品存货113 751万元，同比降低7%。产品库存288 413台，同比减少47 324台，降低14.1%。产品库存月当量为2.8个月，比上年3.4个月下降了0.6个月。

2000年产品销售利润比上年增加158万元，其他业务利润比上年增收422万元，其结果行业利润增加580万元。实现利润2 546万元，同比增长2.32倍。

展望未来，泵行业在新世纪之初露出了希望的曙光，前景美好，令人振奋，近两三年日子会好过的。

在新世纪里，"十五"计划将进一步加大基本建设投资，加速基本设施建设和技术改革步伐，将促进煤炭、冶金、电力、石油、化工、农业排灌等泵产品传统市场的扩大，同时也增加了泵行业新的市场。

南水北调东线工程将新建13座大型泵站，总装机容量10万kW。第一期应急工程，2000～2002年在现有基础上还要改扩建部分泵站。需要50多台单机流量25～40m^3/s，净扬程1.3～1.6m，相应比转数1 800～700，年平均运行5 000h以上，需求兼抽、排双向和抽水、发电可逆双向运行的低扬程、大流量、高可靠性的大型泵设备。而西线工程需要高扬程（200～300m）、大流量（20～40m^3/s）的大型泵。目前国内现有产品尚无法满足。这是泵行业的新市场，需要加大力度急速研究开发。

我国1998年机电设备进口700多亿美元，其泵类产品进口数量虽然较小，但进口额相当我国泵的总产值。因此，开发替代进口泵的产品，实现国产化是泵行业国内市场扩展的重要部分，是企业开拓市场的新领域。开发替代进口用泵将成为泵行业新的经济增长点。泵的生产企业要尽快出击抢占这部分新市场。

电力工业是国民经济的基础产业。装机容量已达到3.14亿kW，跃居世界第二位。预计"十五"期间，电力企业将进入大发展阶段，将增加发电能力4 500万kW。火力发电将采用超临界和超级临界常规火电机组。核电在"十五"期间将继续完成"九五"期间兴建的4座核电站，提高核电设备国产化程度，目前正积极进行100万kW核电站的可行性报告研究和方案设计固化工作。火电和核电的发展为泵行业提供良好的机遇，增添了新的市场。

水污染治理市场潜力巨大。"十五"期间国家将要成倍增加城市污水和工业污水处理设施的建设，大规模的普及建设城市污水处理厂，在我国乃至世界各国都是空前的壮举，由此带来的污水处理用泵的巨大市场。

预计到2005年，我国工业泵工业总产值将达到150亿元，可实现销售收入160亿元，两者同是1998年的125%，其中，工业总产值"十五"期间年增长率5%；展望2010年，行业工业总产值预计180亿元，销售收入190亿元，两者同是2000年的150%。行业经济效益将得到明显的提高。

产品国内市场的占有率也从目前的84%左右提高到90%，其中，火电、核电和"三大化工"中的重点产品市场，2005年和2010年占有率分别达到75%和80%。企业的产品开发、研制、加工设备等的技术水平和装备能力将具有较强的竞争能力。

未来10年，也是泵行业出口创汇增加幅度最大的时期，预测2005年、2010年的出口创汇额分别可达4.5亿美元和7亿美元，分别比1998年增加2.5倍和4.4倍。2005年和2010年产品的出口额将分别占到工业总产值的25%和32%。

总量目标根据泵行业协会会员单位上报的增长率及市场预测估取，详见表1。

泵行业大型重点骨干企业，要充分发挥自己的技术力量雄厚、设备先进、人才众多、在国家重大工程中有良好业绩的优势，采用高新技术，研制开发国家重点工程急需的流量大，扬程高，可靠性强的大型泵类产品。尽快占据这部分市场。要利用自身技术先进的长处，和剩余的人力、设备，利用自己的品牌和技术，到国外去合资经营，来加快发展自己，促进企业在快速扩张中的市场占有力。

中小企业，也要充分发挥专业化程度高、机制灵活，富于进取精神的优势，树立"小而专，小而精，小而强"的战略，走"小产品大市场"之路，进军国家重点工程项目和石油、化工、电力企业用泵市场。利用科研院所的技术力量，引进技术，与国外技术合作、合资合营，大力推进技术创新，研制开发替代进口泵和配件，逐步实现国产化，拓展国内市场的新领域，求得中小企业的壮大和发展。

表 1　2005～2010 年工业泵发展预测

项　　目	单　位	2005 年		2010 年	
		协　会	行　业	协　会	行　业
工业总产值(不变价)	亿元	75.0	150.0	100.0	180.0
销售收入(当年价)	亿元	80.0	160.0	110.0	190.0
重要产品产量	万台	30.7		42.2	
其中:					
离心泵	万台	3.4		4.2	
锅炉给水泵	万台	1.4		1.5	
轴流泵	万台	0.1		0.2	
混流泵	万台	1.4		1.8	
旋涡泵	万台	0.7		0.9	
深井泵	万台	1.3		1.5	
潜水电泵	万台	3.6		4.8	
喷灌泵	万台	6.0		8.0	
离心油泵(化工流程泵)	万台	1.2		1.6	
耐腐蚀泵	万台	2.0		2.6	
螺杆泵	万台	1.3		3.0	
污水泵	万台	6.8		10.2	
泥浆泵、渣浆泵	万台	0.7		0.8	
水环真空泵及压缩机	万台	0.5		0.6	
计量泵(比例泵)	万台	0.5		0.6	
生产能力增长率	%	50		100	50
利润	亿元	1.7	3.4	2.4	4.1
税金	亿元		8.2		9.8
就业人口	万人	11	21	14	2.0
出口创汇	亿美元	3.0	4.5	6.0	7.0

〔撰稿人:中国通用机械泵行业协会杨敬兵、杜英贤〕

风机行业市场预测

根据国民经济长远发展规划纲要分析表明,我国在确保农业发展的前提下,将重点发展能源工业、交通、环保及原料加工工业。对既是能源工业又是原料工业的石油化工工业(如乙烯、化肥、煤炭及化工等)要优先发展。随着国民经济的结构调整及发展,对于大型通风机和透平压缩机以及量大面广的中小型通风机将有较高等的需求量,下面着重阐述重点行业的需求与预测。

1. 透平压缩机

大型化肥成套装置用离心压缩机

我国目前拥有大中小型化肥厂 1 700 多个,化肥生产能力 2 300 多万 t,其中氮肥生产能力 1 800 万 t。但是依然很难满足农业生产发展的需要。以 30 万 t/a 成套装置为单位测算,按每套配有 5 台离心压缩机(用于合成气、空气、氨气、天然气及二氧化碳气),合计共需要离心压缩机 100～110 台。

大型乙烯成套装置用离心压缩机

我国石油化工工业包括石油炼制和乙烯两部分。乙烯产量标志着一个国家石油化工工业发展水平。以 30 万 t/a 乙烯装置每套 3 台离心压缩机为例(用于裂解气、丙烯和乙烯),将需要这类压缩机 30 台。

大型煤化工装置用离心压缩机

国家的近期目标城市气化离要达到 70%。若以 50m^3/d 为标准套型,按每套配 1 台压缩机计算,共需 54 台空气压缩机。此外,煤的深度加工也需要一定数量的离心压缩机。预计共需 80 台左右。

大型高炉用轴流压缩机

钢材的进口量目前占同期国内钢材消费量的 1/5。“十五”末期,新增高炉总容量为 16 800m^3 左右,按平均为 2 000m^3 高炉计算,共需新增 9 套高炉,包括备用共需配轴流压缩机 18 台。考虑到原有大型高炉风机的更新改造,预计共需要轴流压缩机 50 台。另外,每座新建的大型高炉需配一台炉顶余压煤气发电透平压缩机(TRT 透平机组),共需要 20 台左右。

大中型空分设备用离心压缩机

根据冶金、石油、化肥工业的发展需要,按平均为 10 000m^3/h机组估算,共需大中型空分设备 140 套。此外,还有一定数量的设备更新的需要,估计需要空气、氧气及氮气透平压缩机 300 台。由于空气分离设备行业具有不小的这类产品的制造能力,并也引进了国外技术,故风行业提供的透平压缩机按 50% 考虑,即共计 150 台。考虑其他行业的需要和改造,还需要这类产品 120 台左右。

根据以上估算,我国国民经济各部门,到“十五”末期,共需要透平压缩机 500 台左右。

2. 大型火电站风机

国家已确定“大力发展火电、积极发展水电、适当发展核电”的电力建设方针，推测出10年内需生产火电机组143GW。在这一总容量中，估计有10%左右为50MW以下机组，则100MW以上机组装机容量约为130GW。如按平均容量为300MW计，共需大型火电设备430套。按每套大型火电机组需要6台风机（送风机、一次风机及引风机各2台）计，10年间共需火电站风机（已考虑了进口和出口）2 600台。其中轴流通风机约占60%，为1 560台。离心通风机约占40%，为1 040台。

3. 罗茨鼓风机

为满足石油化工、化肥、轻工、煤气、造纸及污水处理等行业配套的需要，预计“十五”期间共需要罗茨鼓风机2万台左右。预计“十五”期间共需要罗茨鼓风机2万台左右。由于环保对噪声指标的要求，其中三叶罗茨鼓风机（噪声较低）的需求比例将会有大幅度上升。

4. 大中型高温通风机

我国现有水泥立窑8 000多座，随着基本建设的快速发展，预计“十五”期间水泥的年产量可达4亿t。此外，冶金工业还需要一定数量的工业炉窑高温风机。总共需要高温风机280台左右。

5. 大型矿井及隧道用通风机

为满足煤炭工业300～500万t/a煤矿、大型金属矿及隧道建设的需要，共需要大型矿井及隧道风通风机680台左右。其中隧道用的通风机以射流风机为主。

〔撰稿人：中国通用机械风机行业协会郭绍华〕

压缩机行业市场预测

2000年压缩机行业经济效益综合指数60.4%，同比上升16.8个百分点。

全年完成工业总产值（不变价）29亿元，比上年同期28.7亿元增长1%，总产值（当年价）比上年增长4.2%。

全行业实现销售收入25.7亿元，同比下降2.9%。实现利税总额16 495万元，同比增长118.1%。全行业产销率为97.4%，同比增长1.3个百分点，产销率的上升使全行业产成品库存下降6.4%，减少了部分资金占用。2000年全行业出口创汇11 807万元，同比上升60%，共有22个企业向35个国家和地区出口43 399台压缩机和2 080t压缩机配件，实物量同比增长11.1%。

一、国内市场预测

（一）市场需求

1. 需求特点

“八五”末期及“九五”期间，大中型压缩机无论是动力用往复式活塞压缩机，还是工艺用往复式活塞压缩机的产销量都在逐年减少（螺杆压缩机的产销量有所上升），但是压缩机的平均单台价格在逐年增加，尤其是工艺流程用往复式活塞压缩机的平均单台价格上升显著。这一方面说明压缩机的市场需求趋向是大型化和高档化，另一方面说明压缩机行业技术水平和制造质量提高较快，许多以前不能供应的技术含量高的大型产品和高档产品在“九五”期间供应状况有了较大改变。

预计在“十五”期间对于大中型压缩机的总需求量不会出现较大的增长，只是在现有的需求总量基础上略有升降。对于工艺用压缩机尽管需求的数量不会有大的增加，但对产品品种、规格等的需求将不断增加，需求的总价值量会有较大增长。

2. 各主要领域的需求构成

大中型压缩机产品的主要需求领域仍是化工工业、煤电油工业、轻纺工业、冶金工业等领域。在对中国通用公司、华西通用机器公司，北京第一通用机械厂、柳州压缩机总厂等16个主要压缩机企业在2000年压缩机产品销售去向的调查中，销往各主要领域的销售量占总的销售量的比例如下：化学工业14.2%，煤电油工业21.3%，轻纺工业9.9%，冶金工业10.5%，交通运输业5.9%，建筑及建筑材料业5.9%，出口3.2%，军工4.7%，农林牧副渔业1.1%，其他10.6%。产品各地区销售量占总销售量的比例如下：东北地区10.9%，华北地区14.5%，西北地区11.4%，华东地区29.7%，中南地区17.1%，西南地区9%，出口3.2%。

1995～2000年压缩机的销售去向情况详见表1。

表1　1995～2000年压缩机产品销售去向

	年　份	1995	1996	1997	1998	1999	2000
按产品使用部门分类	农林牧副渔	1.0	1.1	0.6	0.6	0.7	1.1
	轻纺工业	7.3	6.6	6.1	7.9	7.1	9.9
	煤电油工业	11.5	9.7	17.0	18.3	14.1	21.3
	交通运输业	3.0	2.2	5.9	5.7	6.6	5.9
	建筑及建材业	2.4	18	3.5	5.3	4.2	5.9
	文教、卫生、科研	1.3	1.7	1.4	2.1	0.9	0.8
	冶金工业	9.1	8.5	14.7	7.9	8.8	10.5
	化工工业	25.5	30.8	17.4	23.5	21.6	14.2
	出口	0.9	0.7	2.1	3.1	1.9	3.2
	军工	1.0	2.5	1.0	2.3	2.9	4.7

（续）

年份		1995	1996	1997	1998	1999	2000
按产品使用部门分类	流通部门	30.5	26.0	16.5	17.3	20.1	10.9
	储备	0.02	0.6				0.2
	机械产品配套	1.2	0.3	1.8	1.7	0.5	0.7
	其他	5.3	7.5	12.0	4.9	10.6	10.6
按产品地区流向分类	出口	1.0	0.7	2.1	2.3	1.6	3.2
	东北地区	12.9	11.9	11.2	9.1	9.7	10.9
	华北地区	20.2	17.3	19.2	18.4	19.1	14.5
	西北地区	6.1	6.7	11.3	6.8	8.0	11.4
	华东地区	28.8	35.9	27.0	27.6	29.4	29.7
	中南地区	20.0	15.0	18.1	21.3	21.2	17.1
	西南地区	11.0	12.5	11.1	13.7	11.0	9.0

注：表中数据为销往某部门或地区的销售量的百分数。

（二）市场预测

1. 石油化工领域

(1)乙烯工程　目前我国共有乙烯生产设备 18 套，年生产能力为 397 万 t，实际年生产 358 万 t。1997 年我国进口乙烯下游产品折合乙烯 242 万 t，占全年总需要量的 40%，国内自给率只有 60%。预计到 2005 年乙烯的年总需求量为1 000万 t，若国内自给率仍保持 60%，要求年产乙烯 600 万 t，其生产能力应达到 653 万 t。因此，在“十五”期间需要增加乙烯年生产能力 257 万 t。石化部门计划利用外资或进行合资等方式新建扬子、福建、天津的年产 60 万 t 及上海年产 65 万 t 乙烯的大型乙烯工程，同时对已有的燕山、扬子、上海、齐鲁、茂名等大中型乙烯工程进行改造，扩大生产规模，增加产品品种，提高产品质量。

扬子乙烯工程改造：乙烯裂解由 40 万 t/a 改造为 65 万 t/a，裂解汽油加氢由 30 万 t/a 增加至 65 万 t/a，丁二烯抽提由 5 万 t/a 增加至 10 万 t/a，聚乙烯由 15 万 t/a 增加到 35 万 t/a，聚丙烯由 16 万 t/a 增加到 36 万 t/a。

燕山乙烯工程改造：乙烯裂解由 40 万 t/a 改造为 66 万 t/a，新建一套 20 万 t/a 高压聚乙烯生产装置和一套 80 万 t/a 柴油加氢精制装置，改造一套 130 万 t/a 中压加氢装置。

上海乙烯工程改造：乙烯裂解由 40 万 t/a 改造为 70 万 t/a，丁二烯由 10 万 t/a 增加到 22 万 t/a，裂解汽油加氢由 40 万 t/a 增加到 55 万 t/a，芳烃由 30 万 t/a 增加到 42 万 t/a。

齐鲁乙烯工程改造：乙烯裂解由 45 万 t/a 改造为 64 万 t/a，聚乙烯由 14 万 t/a 增加到 34 万 t/a。

齐鲁乙烯工程改造：乙烯裂解由 45 万 t/a 改造为 64 万 t/a，聚乙烯由 14 万 t/a 增加至 34 万 t/a。

茂名乙烯工程改造：乙烯裂解由 38 万 t/a 改造为 70 ~ 80 万 t/a。

对燕山、扬子、上海、齐鲁、茂名等乙烯工程进行技术改造，需要新氢、循环氢、富气、废气、乙烯进料等工艺用往复压缩机约 150 台，年需 30 台；还需要燃料气、丁二烯等螺杆压缩机约 25 台，年需 5 台。

我国现有的乙烯装置多为成套进口，因进口设备价格高，因此我国乙烯生产成本较高。现国际上乙烯市场已基本饱和，国际乙烯市场价格较低，因此国际市场的乙烯对我国市场构成较大威胁。我国的乙烯企业不得不采取各种措施降低生产成本，其中包括在乙烯工程改造中尽量提高设备的国产化率，这为压缩机行业提供了很好的市场机遇。

(2)炼油　我国炼油装置虽然总能力较大，但是由于国际市场油价下降，国外油品纷纷涌入国内市场，致使炼油厂开工率仅 60% 左右。究其原因，除进口产品冲击外，一方面是小炼油厂太多，技术和设备落后，炼制油品质量差，成本高；另一方面是大中型炼油厂中还没有广泛采用先进的加氢处理技术，加氢炼油的能力不足原油一次加工总量的 10%（国际上加氢炼油为常规的炼油方法，发达国家加氢炼油占原油一次加工总量的 40% ~ 50%），浪费了很多石油资源，油品质量差且价格偏高。“十五”期间除需要关闭小炼油厂外，必须重点提高加氢炼油技术的水平，增加能力，增强原油深度加工和综合利用的能力，主要发展渣油加氢裂化技术，中压加氢改质技术和加氢精制技术等，以提高油品质量，降低成本，增加油品在国内外市场的竞争能力。

为适应国际市场油价多变的需要，“十五”期间将在沿海地区新建可炼制进口的高含硫量原油的 1000 万 t/a 的炼油厂，以便在国际市场原油价格较低时加工进口原油，国际市场原油价格较高时炼制国产原油。国际上炼油与化工通常作为一体化工程同时发展，如将 40 万 t/a 乙烯装置与 750 万 t/a 炼油装置组成一体化工程，每吨乙烯的总成本可下降 50 ~ 125 美元，每年可降低生产成本 2 500 ~ 3 500 万美元。“十五”期间新建的扬子、福建、天津、上海的大型乙烯装置也需要配套新建一体化的炼油装置，才能获得较好的经济效益。

上述沿海地区新建的 1 000 万 t/a 能炼制高硫原油的炼油厂，为新建的大型乙烯装置配套的一体化炼油厂以及对已有炼油厂中进行加氢技术改造等，都需要压缩机产品。预计“十五”期间需要新氢压缩机、富气压缩机等工艺用往复式压缩机约200台(套),年需要40台(套)。

(3)石油、天然气领域　近年来,我国天然气产量增加较快,1997年为219亿 m^3,预计2005年达450~550亿 m^3。我国的天然气资源集中在西部,尤其集中在陕甘宁、四川、青海、塔里木盆地等地。另外我国在新疆等沙漠地区石油资源较丰富。开采天然气和沙漠石油及伴生的石油气、天然气,以及对石油气、天然气进行收集、运输、贮存、处理等,都需要燃气摩托压缩机等以天然气为动力的石油气、天然气压缩机。预计"十五"期间共需200台,年需40台。这些油田、气田的天然气、石油气的集输还需要往复式压缩机,预计"十五"期间共需150台,年需30台。石油、天然气工业还需要负压螺杆压缩机和油气混输螺杆压缩机,预计"十五"期间共需200台,年需40台。

现有油气田已拥有石油气、天然气压缩机2 000余台,这些压缩机有的已使用多年,尤其是东部油田的石油气压缩机都陆续进入更新年限。预计"十五"期间每年更新量约为160台。

2. 化肥领域

由于化肥工业的产品结构和产业结构不合理,至今我国的化肥生产仍不能满足农业生产的需要。单质氮肥、磷肥生产能力相对过剩,而钾肥、复合磷肥生产能力不足,复合磷肥每年进口700余万吨,占复合磷肥国内市场的1/3。在氮肥中,低浓度单质氮肥碳铵占总量的45%,氮肥利用率较低(约为30%),与国际先进水平(40%~41%)差距大。大型化肥企业少(企业数不足总数的10%,其生产能力复合磷肥为总量的20%,氮肥为总量的30%),中小型化肥企业多。由于大型化肥装置的国产化率较低,一些关键设备不能立足于国内制造,因此生产工艺流程和设备改进困难,技术进步缓慢,生产装置能耗高,效率低。中小型化肥企业工艺落后,设备陈旧,生产效率更低。因此国产化肥价格较高,市场竞争能力不强。目前我国化肥供销状况一方面是国内化肥装置,特别是中小型化肥装置开工严重不足,另一方面是国内每年还要进口大量化肥。1990年至1998年期间进口化肥耗外汇250亿美元。目前我国的化肥工业十分脆弱,加入世贸组织后化肥行业将受到巨大冲击,若不加快产品结构和产业结构的调整,我国氮肥市场的40%~50%、复合磷肥市场的50%将被国外占领。为减少加入世贸组织后国外化肥对我国化肥市场的冲击,"十五"期间化肥行业的主要任务是提高产品在市场的综合竞争能力,减少化肥的进口量。为此一方面要采用国产化的关键设备新建一些大型化肥装置,另一方面要加快对条件较好的70余套中小化肥装置进行技术改造,改进工艺流程,采用国产的性能先进、能耗低、效率高的设备更新原有设备,扩大中小型化肥装置的生产规模,提高效率、降低生产成本。我国的煤炭资源比较丰富,以煤为原料制成合成气再合成氨的新技术是我国合成氨生产的发展方向之一。即采用水煤浆与工业氧在气化炉中进行加压气化反应及气体净化处理制成合成气,再采用等压氨合成工艺制成合成氨。该技术在改造中型氮肥厂中具有广阔的前景和显著的经济及社会效益。该技术为化肥行业产业化技术之一,在"十五"期间对中型化肥厂的改造中将得到推广应用,改造中小化肥装置,每套需要活塞式压缩机2~5台,"十五"期间共需氮氢气压缩机、二氧化碳气压缩机等约240台,年需48台。

大型化肥装置中的压缩机目前基本上都是离心式压缩机。随着往复式压缩机易损件寿命的不断提高,同时往复式压缩机具有等温效率高的优势,在大化肥装置中有取代离心式压缩机的趋势。国外已有120万 t/a 合成氨装置使用往复式压缩机的先例,只要不断提高往复式压缩机的设计水平和制造质量,往复式压缩机完全可以在我国的大化肥装置中争得一席之地。

3. 煤化工领域

"十五"期间将继续增加城市煤气的生产能力,城市煤气加压气化装置需要氧压机,煤气输送需要压缩机,另外已有的一些城市煤气用氧压机和输气压缩机需要更新。预计"十五"期间共需氧压机和输气压缩机300台,年需60台。

4. 环境保护领域

为减少汽车尾气对城市环境的污染,必须发展天然气、石油气等清洁燃料的环保型汽车。为环保型汽车提供清洁燃料,需要建立清洁燃料供应系统,即清洁燃料的加气站和相应的供气管网。一个能为150辆汽车提供燃料气的加气站需天然气压缩机1~2台,供气管网也需要配备一定数量的天然气压缩机,预计"十五"期间需要天然气压缩机400台,年需80台。

5. 钢铁工业领域

高炉喷煤技术是钢铁工业"十五"期间重点推广应用的节能降耗新技术之一。该技术是在高炉风口喷入煤粉以代替入炉焦炭的技术。应用高炉大喷煤量的技术,可以减少焦炭消耗量,降低成本,改善高炉的燃料结构,是钢铁工业节能降耗的关键技术之一。目前国内的喷煤量一般为每吨铁100kg,个别喷煤量大的高炉为每吨铁150kg。进行试验的喷煤量达每吨铁200kg(该指标为当代国际水平)。"十五"期间钢铁工业领域重点对1000 m^3 以上的高炉进行改造,使喷煤量达每吨铁150kg,个别高炉达200kg。"十五"期间高炉喷煤需大型中型螺杆压缩机约100台,年需20台。

6. 其他领域

纺织、食品、轻工、医药等各行业及电站、乙烯、化肥等大型装置的仪表控制系统需要洁净的压缩空气,因此对无油润滑压缩机、空气净化及干燥装置的用量将会有所增加。

我国还会新建核电站,为防止核电尾气污染环境,在核电站尾气回收装置中需要密封性能优良、压缩比高、防介质腐蚀的隔膜压缩机。

综上所述,"十五"期间压缩机的总需求量与"九五"持平。压缩机行业重点是发展技术含量高的工艺用压缩机品种,提高技术水平和制造质量,如发展大型氢压机、氮氢气压缩机、燃气摩托压缩机、天然气压缩机、高炉喷煤用压缩机等,以满足国家重点工程配套需要。

"十五"期间年需各种工艺用往复式活塞压缩机1 000台,价值量为12亿元。

动力用大中型往复式压缩机的总需求量维持当前水平，年需量约 1 200 台，价值量 5.5 亿元。其中，大型动力用往复式压缩机 450 台，价值量 1.5 亿元。

年需螺杆式压缩机 6 000 台，价值量 8 亿元。

大中型气体压缩机的总需求量为 22 000 台，价值量为 30 亿元。

微型压缩机国内市场需求仍保持现有水平，年需 10～20 万台，价值量为 2～4 亿元。

二、国际市场需求预测

近年来压缩机的出口虽有起伏，但总的呈上升趋势。1995 年～2000 年各年的出口额分别为 7 381 万元、7 038 万元、11 254 万元、7 940 万元、7 384 万元、11 807 万元，出口台数分别为 100 890 台、68 002 台、8 017 台、57 176 台、39 030 台、43 399 台。出口产品中技术含量较低的微型压缩机较多，出口额较低，而技术含量较高的大中型压缩机的出口额虽逐渐有所增加，但增长缓慢。

1995～2000 年压缩机的出口情况详见表 2。

表 2　1995～2000 年压缩机产品出口情况

年　　份		1995	1996	1997	1998	1999	2000	1996～2000 合计
出口额(万元)		7381	7038	11254	7940	7384	11807	45423
出口量(台)		100890	68002	80174	57176	39030	43399	287781
按国别(地区)分列的压缩机销量(台)	美国	30494	17185	19182	37981	20499	28885	123732
	哥伦比亚	234	245	579	558	506	120	2008
	墨西哥			1330	7448	11355	5435	25568
	澳大利亚	365	721	3416	3991	3005	3722	14855
	越南	968	40	1129	2212	210	6	3597
	菲律宾	17		4	730		1	735
	阿根廷	4363		8010	2278	500	610	11398
	中国香港	9186	4	40291	1005			41300
	加拿大	364		2089	575			2664
	新加坡	11	8	64	72	52	73	269
	巴西				2	1003	850	1855
	日本	27	2220	1318	9			3547
	韩国	332	11	420		1092		1523
	比利时			1548			1820	3368
	泰国	105	192	93	1			286
	中国台湾	48192	46345		4			46349
	秘鲁	768	825					825
	朝鲜	448		45	60	61	64	230
	意大利						1000	1000

注：表中数据为出口量较多国家或地区的销售量。

微型压缩机产品国际市场看好，尤其是在美国、日本、阿根廷、澳大利亚等国家有较大的需求，而且我国现在已经有了较稳定的出口渠道，“十五”期间只要进一步增加产品品种，提高产品质量(包括外观质量)，降低制造成本，继续拓宽市场领域，将有较好的出口前景。

大中型压缩机近几年出口发展较快，对大中型压缩机产品在亚洲、中东地区仍然有较大需求。出口大中型往复式压缩机和螺杆压缩机有较好的经济效益。“十五”期间，利用我国在吸收消化国外先进技术的基础上制造的技术水平较高的大中型压缩机产品的技术和价格优势，同时进一步开拓国际市场，争取出口更多的技术含量较高的大中型压缩机产品和工艺用压缩机产品是可以实现的。

“十五”末期微型压缩机产品的年出口量可达 20～25 万台，年出口额达 4～5 亿元。大中型压缩机产品的年出口额达 1.2～1.5 亿元，出口量达 550～600 台。

〔撰稿人：中国通用机械压缩机行业协会陈洪俊　审稿人：中国通用机械压缩机行业协会王兴亚〕

阀门产品市场发展预测

一、综述

阀门已成为石油、石化、化工、冶金、电站、城建、科研等行业不可缺少的流体控制设备，是一种品种繁多，量大面广的产品。它的作用已越来越受到人们的重视，国内外市场也越来越大，特别是为适应成套供应，技术水平的要求也比以前有较大地提高。

1. 当前供需概况

经过几十年的发展，目前阀门行业已经能为用户部门提供12大类，3 000多个型号，4万多个规格的产品，参数范围从真空阀门到600MPa的高压阀门，温度从深冷低温-196℃到高温570℃，适用：水、蒸汽、各种气体、油品、各种酸、碱、盐、氨、尿素、易燃、易爆等介质，驱动方式有手动、电动、气动、液动、电一液联动等，基本上能满足45万t/a合成氨，52万t/a尿素，45万t/a乙烯装置，300MW、600MW和百万兆瓦级火力发电机组，以及300MW，600MW和百万兆瓦级核电机组，120万t/a氧化铝等大型设备的配套需要。为这些大型成套装置的配套率已达85%以上。在全部标准供货的产品中，大部分符合国家标准以及先进工业国家的产品标准，但仍有一部分产品，特别是一些特殊性能产品，在产品结构上和产品质量上存在较大差距，仍需进口。

供求总的情况是，通用产品和标准产品供大于求，特殊性能产品和非标产品、质量水平和技术水平要求较高的产品尚有一定缺口。

根据全国统计资料，“九五”期间的销量为：

1996年1 377个企业生产阀门88万t，其中：高中压阀门19万t、低压阀门69万t。

1997年1308个企业生产阀门102万t，其中：高中压阀门21万t、低压阀门81万t。

1998年全国阀门产量100万t。

1999年全国阀门产量100万t。

2000年全国阀门产量100万t。

当前绝大部分阀门产品是以销定产，而不是按能力来生产，既使这样，全国阀门产品销售率也只有90%左右，供大于求10%左右。1995年对阀门协会115个会员厂的调查显示，阀门企业生产能力利用率仅为67.9%，其中：高中压阀门为69.9%；低压阀门为66.8%，有将近1/3的生产能力放空。在1999年全行业调查资料中，占全行业总产值34.3%的168家企业，阀门生产能力利用率只有61.5%，有近40%的生产能力放空。阀门市场总的趋势还将是供大于求。

2. 今后发展走势

(1)企业制度的调整

改革开放20年，阀门行业的企业已基本形成国有、集体、合资股份制及个体民营并存的局面。阀门行业大多数为中小型企业，将有利于企业的改制，预计今后将有一大批企业走合资的道路。另外，近十年来民营企业的发展非常迅猛，如浙江的温州地区、河南的荥阳地区、天津大站等，都有一定数量的规模企业。合资企业和民营企业的产量越来越大，他们重视技术、重视开发、重视人才，处在发展阶段，在某些方面比国有企业更具活力。

(2)抓质量抓管理，通过各项认证

在当前市场竞争很激烈的情况下，只有提高企业的产品技术水平，提高产品质量，才能求得生存、求得发展。产品进入市场，不仅要在质量、价格、交货期上展开竞争，而且还要在质量体系上下功夫。国际上已经把采用国际质量体系标准，取得各项认证，作为判别产品技术标准的一种依据。目前阀门行业已有99个企业通过ISO9000的认证，有29个通过API的认证，还有一些厂家通过了其他的认证，取得了合格证书。

(3)重视新产品的开发

亚洲金融危机对我国阀门厂家均有不同程度的影响。但是，凡是以前重视新产品开发的厂家，受到的影响较小，新产品的销路尚好。同时他们正在加快开发新产品，目前开发较好的产品有金属密封蝶阀，包括双偏、三偏心结构，疏水阀及节能装置，缓闭止回蝶阀等。

(4)重视人才的引进和培养

市场竞争归根到底是人才的竞争，没有一流的人才，就不可能有一流的企业和一流的产品。合资企业、民营企业，加大投入，纷纷从各地招聘、引进人才，这给国有企业带来了很大的压力。当然这也有助于促使国有企业重视人才，采取各种优惠政策稳住人才，并广招人才，充分发挥人才的作用。

3. 影响需求的主要因素

(1)需求总量

近几年，由于国家对大型投资项目的控制，大项目有所减少，另外，各国有大中型企业纷纷延长检修期，如电站已经由原来的一年半改为两年左右才检修；加之东南亚金融危机，一些在建项目也停建、缓建，从而导致阀门总的需求减少。其间国有企业和集体企业产量徘徊不前，合资和民营企业产量在不断提高。

(2)阀门企业的投入减少

阀门企业技改项目原来都靠国家投资，企业改制后，国家投入减少，企业本身更没有多余的财力在技改上投入，技改投入逐年减少，企业后劲严重不足。而国有大中型企业都存在着设备陈旧，厂房危险，人员结构老化，知识得不到更新等问题，影响了产品的质量，影响了产品的供货。

(3)新产品开发缓慢

由于多数企业，只看重眼前的合同，忙于应付交货，很少关注新产品开发，既使有一部分企业注意开发新产品，但是投入太少，开发力度不足，致使绝大多数企业开发新产品的速度非常缓慢，特别是一些功能较强的多用途阀、节能阀得不到研究、开发，难以满足用户需求。

(4)引进与进口政策

目前国家有关引进技术、进口产品的政策，基本上还是以前的一些做法，谁需设备，只要出钱，就可以进口，从而影响国产化的进程。在政策上应鼓励用户采购国产阀门，促使国内阀门企业在提高质量前提下，增加产销量。

(5)市场的规范运作

近年来，由计划经济转为市场经济，大多数的项目采用工程招投标制，但是工程招投标中不规范因素影响了阀门市场的正常运作。由于供销过程中的种种腐败现象，一些阀门经销商通过高额回扣，销售假冒伪劣产品，致使国家重点工程蒙受巨大的损失。为此迫切需要加大管理力度，规范市场。另外，一些国有阀门企业，为了生存在全国各地设立了许多销售网点，但欠于管理，也给一些不法分子提供了可乘之机，如何管理这些销售网点，杜绝假冒伪劣产品，将是今后一段时间的主要任务，不从这方面解决，将来的状况难以改观的市场会越来越少，越做越差。

二、国内市场需求预测

阀门是一种用途十分广泛，需求量很大，且易损的重要配套产品。不论在国内，还是国外，市场销量很少有大起大落的情况。根据美国有关资料介绍，在天然气工业中购置阀门的费用，相当于新建工厂总投资的8%，而阀门更新维修的费用，则占设备更新维修总费用的10%。我国有关资料介绍，在石化工程中，配套阀门的投资占整个工程总投资的5%～8%；在炼油工业中，每年约有20%的阀门需要更新维修。为此，不仅新建工程需要各种各样的配套阀门，而且设备维修更新也需要大量阀门，阀门的需求量不会大起大落。

1. 需求分析

(1)需求特点

1)通用阀门

通用阀门是量大面广的各类中、低压阀门。这类阀门占整个阀门需求量的75%左右，用于国民经济的各个部门。这类产品的生产企业特别多，几乎所有阀门生产企业都能生产该类产品，也都生产过或正在生产着这类产品。年产30万t、40万t乙烯装置所需阀门数量见下表1。

300MW、600MW火电机组需阀门数量见下表2。

其他项目不再列举，从上述项目可以看出大型成套设备所需阀门大部分还是以通用阀门为主。

2)特种阀门

表1　年产30万t、40万t乙烯装置所需阀门数量

产品名称	规格数量	需求数量
闸阀	140(种规格)	6200(台)
截止阀	81	1900
止回阀	70	340
蝶阀	60	280
安全阀	140	260
其他	68	820
合计	559	13580

表2　300MW、600MW火电机组所需阀门数量

(单位:台)

单机容量	锅炉本体	管道	汽机本体	合计
300MW	550	1950	200	2700
600MW	800	3000	400	4200

随着现代化工业的发展，各种新的工艺流程的不断出现，对阀门性能要求也就更高，如参数的提高对温度、压力、耐腐蚀、寿命等要求均有所提高，低温阀门、超低温阀门(温度在－196～－40℃)；不同材料的超高温阀门；用于电站系统的高温高压阀门(T≤550℃，P≤17MPa)；更有超临界机组阀门(T≤570℃，P≤24MPa)；煤化工系统使用的T≥800℃的高温阀门等。但这部分阀门产量不大，约占总量的2%左右。

3)控制阀门与自动阀门

随着大型成套装置自动化程度的提高，在现代化的装置中，已越来越多地应用控制阀门和自动阀门，前者如控制压力和流量的调节阀，控制流向的三通合流、三通分流阀门；后者如起安全保护作用的安全阀，起节能作用的疏水阀，起环保作用的冷凝水自动回收装置，减压阀等。这部分阀门的需求量逐年上升。但目前部分用户对于该类阀门，特别是关键部位的这类阀门，还是倾向于进口，选用国产的数量较少。

4)按国外标准生产的各类阀门

20世纪80年代以后，我国引进了大批成套装置，特别是石化系统，其中阀门均为国外生产。为适应用户部门进行技术改造，更换阀门的需要，当时机械部适时提出了国产化政策。通过测绘、试制等，大量的通用阀门国内的大部分阀门厂已能制造，并取得了国外认证机构的认可，如API认证，已能完全满足用户的要求。用户在选取这部分阀门时，一是完全按国外标准生产、验收，二是要求质量达到国外的水平，三是要求价格比国外的低。

5)急需开发的阀门新产品

a. 阀门新材料的应用

开发阀门新产品重点是应用阀门新材料，应用新材料应引起阀门企业的充分重视。我国现有的耐腐蚀阀门材料还满足不了国民经济建设各部门的需要，致使超低碳不锈钢阀门的生产量很少。超低碳不锈钢具有在氯离子、硫化氢、二氧化碳、无机酸、有机酸等环境下抗点腐蚀、均匀腐蚀、缝隙腐蚀等应力腐蚀开裂的能力，应加速开发超低碳双相不锈钢阀门。

b. 新领域的产品

开发新产品应扩大服务对象，我国阀门行业的主要服务对象是石油、石化、化工、电力、冶金等部门。此外，建筑部门急需的水力平衡阀，汽车工业急需的多功能瓶用阀门等也是急待开发的领域。

水力平衡阀是建筑部门为采暖空调系统实现水力平衡而专门设计的产品，能进行流量的精确测量和调节，使用户获得舒适的温度，并可明显降低能耗，节能可达15%，是一种节能新产品。

多功能瓶用阀门是专为汽车工业开发双燃料汽车用的液化石油气或液化天然气钢瓶用阀门。

c. 长输管线用阀

为长输油气管线配套用的阀门新产品的需求量在“十五”期间将迅速增长。管道运输在世界上已有100多年的历史，发达国家的原油管道运输量占总运输量的80%，成品油长途运输基本也实现了管道化，天然气管道运输则达100%。我国现有长输管道长度仅1万多km，在世界管道中所占比例仅为0.5%，且分布极不平衡，而且基本上没有成品油长输管道。随着我国能源结构的调整和环境保护力度的加强，石油天然气工业将有较大发展。估计到2010年，我国石油产量可达1.8～2亿t，天然气产量可达600～800亿m^3，现有管道远远不能适应这一发展的要求。因而，建设大口径长输油气管道势在必行。我国阀门企业应抓好长输管道用阀门的新产品开发，以适应长输管道建设的需要。

(2)各主要领域的需求结构

从阀门市场来看，过去主要采用闸阀、截止阀和止回阀作为切断装置。近几年随着金属密封双偏心及三偏心蝶阀和金属密封球阀等新产品研制成功，这几种阀门在石化、电力、冶金等方面的采用逐渐增多，并取代了一部分闸阀和截止阀。石油管道和天然气管道大部分用球阀和平板闸阀，以便于清管。城市供水和供热系统工程原大部分采用闸阀和截止阀，现已逐渐被蝶阀和软密封闸阀所取代。随着科学技术的不断发展，阀门市场呈现如下特点：1)蝶阀和球阀由于研制成金属密封结构后，其温度和压力范围得到了扩大，将逐渐取代一部分闸阀和截止阀。2)止回阀方面，其结构采用对夹式后安装方便，体积小，也得以广泛采用，将取代一部分升降止回阀和旋启式止回阀。3)缓闭蝶形止回阀将取代大口径旋启式止回阀。4)自由浮球式以其背压高、漏气量小和动作可靠等特点将取代动作噪声大和漏汽量大的圆盘式蒸汽疏水阀。5)电动装置将采用传感器和光电管结构的智能型电动装置，用于阀门的智能化控制，实现阀门的程控、群控。

(3)用户对主要产品的水平要求

我国阀门生产历史悠久，许多重点企业都有几十年的生产历史，积累了丰富的经验。阀门行业的技术标准体系已经比较完整，现有184项国家标准和行业标准。改革开放以来，阀门行业引进设计制造技术20项，并有中外合资企业6个。通过消化引进技术和借鉴合资企业的先进经验，尤其是采用国际和国外先进标准，阀门行业已有99个取得IS09000系列认证和29个取得了API认证，我国阀门生产水平有了明显的提高，为今后扩大出口也打下了基础。

(4)进出口趋势及进口产品分析

1)阀门产品进口情况

每年都有关键部分的阀门进口，大约进口额每年2亿美元，其中进口的主要是电站用的高参数调节阀、减压阀和安全阀；石化、冶金用的高参数合金钢阀门及金属密封蝶阀和球阀。金属密封蝶阀和球阀国内已开发生产一部分，将取代一部分进口。

主要进口厂商为美国的克罗斯比公司、费希尔公司、达高华特公司、基士敦公司和轨道阀门公司等，德国的阿达姆斯公司，日本的冈野公司、北村阀门制造株式会社和久保田公司。进口的阀门电动装置则来自于美国的里米托克公司、意大利的比菲公司、英国的罗托克公司和法国的伯纳德公司。

2)阀门产品出口情况

出口阀主要是通用阀门，高中压阀门按ANSI、API或DIN标准生产，主要品种是闸阀、截止阀、球阀和止回阀，材质大部分是碳钢(铸造或锻造)，还有一部分合金钢。低压阀门按BS标准生产，主要品种是蝶阀、闸阀、截止阀、止回阀，材质为铸铁和铜合金。

(5)价格走势

阀门行业产品价格基本上执行中国通用机械阀门行业协会编制的阀门行业参考价格。阀门行业协会每年编一次行业参考价。阀门市场价格总的比较平稳，每年虽略有升降，但幅度很小。由于阀门市场竞争很激烈，有的生产厂家仍以1996年价格争夺用户。

新产品和单件小批的非标准特殊产品尚无行业参考价，由企业自行订价。

2. 需求量预测

(1)需求量预测

根据全国统计资料，1997年全国阀门产量为1 021 568t，其中高中压阀门210 895t，低压阀门810 673t。工业总产值107.42亿元(当年价)。

1998年以后，原机械部系统的重点骨干全民企业，经济效益下滑，产量下降很多，但由于民营企业的发展，估计总产量仍能保持在100万t左右。

在“十五”计划期间，由于西气东输、城镇建设、南水北调等国家重大建设项目的启动，需要大量的阀门。如西气东输工程投资总额高达1 463亿元，2001年9月底东线和西线同时开工，2003年东线竣工，2004年西线竣工。在工程中，需要的阀门有液电联动球阀、排污阀、截流截止放空阀、带导流平板阀、全通径球阀、压力调节阀等。再加上石化、电力等项目的新建和扩建，也给阀门生产厂提供了良好的机遇。因此预测在“十五”计划前三年阀门的需求量，平均递增速度要高于7%的国民经济的增长速度，后二年各项工程逐步收尾，增速也将平滑下降。

按“九五”规划，2000年的规划目标为77万t，实际为100万t。以2000年产量100万t为基数。“十五”期间预测产量每年按3%递增，预计至2005年全国阀门产量可达115万t。其中：高中压阀门产量按每年递增5%以上，估计产量达25万t，低压阀门预测为90万t。“十五”末期，阀门主要产品需求量预测见表3。

(2)工业总产值前10名企业的市场占有率

1998年完成工业总产值前10名企业在全国阀门工业总产值中约占11.5%。前10名企业名单和市场占有率见表4。

表 3 “十五”末期阀门主要产品需求量预测

阀类	销量结构	“九五”末期阀门销量结构			预测“十五”末期需求量结构			备　注
		占高中压阀 %	占全国总销量 %	销　量 (t)	占高中压阀 %	占全国总销量 %	销　量 (t)	
高中压阀门	闸阀	46.6	9.32	93200	44.0	9.6	110000	扩大平板阀产量
	截止阀	17.0	3.4	34000	15.0	3.2	37000	
	止回阀	4.0	0.8	8000	4,0	0.87	10000	
	球阀	5.9	1.18	11800	6.0	1.3	15000	发展金属密封
	蝶阀	0.4	0.08	800	1.0	0.22	2500	发展金属密封
	旋塞阀	0.2	0.04	400	0.4	0.87	1000	
	安全阀	5.0	1.0	10000	6.0	1.3	15000	
	减压阀	1.0	0.2	2000	1.0	0.22	2500	
	疏水阀	0.4	0.08	800	0.5	0.11	1250	
	电站阀	8.5	1.7	17000	9.0	2.0	22750	
	其他	11.0	2.2	2 000	13.1	2.8	32750	
低压阀门	闸阀	42.0	33.6	336000	40.0	31.3	360000	
	截止阀	12.0	9.6	96000	10.0	7.8	90000	
	止回阀	6.6	5.3	53000	6.0	4.7	54000	
	球阀	2.2	1.8	18000	3.0	2.3	27000	
	蝶阀	26.0	20.8	208000	30.0	2.3	270000	
	旋塞阀	1.9	1.5	15000	2.0	1.6	18000	
	安全阀	1.7	1.4	14000	2.0	1.6	18000	
	减压阀	0.6	0.5	5000	1.0	0.8	9000	
	疏水阀	0.3	0.2	2000	1.0	0.8	9000	
	其他	6.7	5.6	5000	5	3.9	45000	

表 4 前 10 名企业名单和市场占有率

序号	企　业　名　称	市场占有率(%)	工业总产值(不变价)(万元)
1	中核苏州阀门股份有限公司	2.4	23757
2	天津塘沽瓦特斯阀门有限公司	1.6	16022
3	大连高压阀门厂	0.98	9825
4	上海 N－J 阀门有限公司	0.96	9590
5	湖北洪城通用机械股份有限公司	0.96	9590
6	上海良工阀门厂	0.95	9501
7	广东明珠球阀集团股份有限公司	0.94	9364
8	上海阀门厂	0.93	9300
9	福建三明高中压阀门厂	0.92	9215
10	铁岭阀门股份有限公司	0.86	8609

(3)民营企业占有市场份额的 1/3 强，1997 年全国 515 个民营阀门企业销售收入为 34.61 亿元，占当年全国阀门销售收入的 38%。根据不完全资料估计，当前阀门市场的份额分配为：原机械工业系统占 35%、合资企业占 4%、民营企业占 38%、军工企业占 4%、其他各部门占 19%。“十五”期间，合资企业、民营企业所占市场份额将进一步扩大，全民企业的份额必将近趋向减少。

三、国外市场需求预测

1. 近三年的出口量、出口额、主要出口国家

(1)阀门行业成员厂出口资料：

1996 年出口阀门 26 997t，7 643 万美元。

1997 年出口阀门 36 348t，9 046 万美元。

1998 年出口阀门 26 039t，6 903 万美元。

(2)出口国家和地区

1996 年：朝鲜、印度尼西亚、美国、古巴、加拿大、日本、南非、西班牙、印度、法国、英国、意大利、新加坡、马来西亚、巴基斯坦、叙利亚、澳大利亚、孟加拉、科威特、泰国、丹麦、智利、阿联酋等国家和中国台湾、香港地区。

1997 年：圭亚那、日本、挪威、希腊、美国、英国、德国、法国、意大利、西班牙、加拿大、澳大利亚、巴基斯坦、马来西亚、新加坡、南非、孟加拉、比利时、韩国、丹麦、智利等国家和中国台湾、香港地区。

1998 年：印度、日本、朝鲜、丹麦、美国、英国、法国、印尼、西班牙、加拿大、埃及、叙利亚、伊朗、意大利、菲律宾、新加坡、澳大利亚、荷兰、孟加拉、科威特、巴基斯坦、韩国等国家和中国台湾、香港地区。

2. 增加出口的可能性分析和主要目标国

据有关资料称，国际上各国出口阀门总额约 60 亿美元。其中美国出口 16.2 亿美元、进口 16.8 亿美元，德国出口 18.87 亿美元、进口 11.32 亿美元，日本出口 11.32 亿美

元、进口4.03亿美元。我国目前出口仅1.49亿美元(根据1997年全国统计资料),进口约2亿美元。

目前工业发达国家,将劳动密集型的阀门生产推向发展中国家,办独资或合资企业,产品返销。阀门生产中的铸造、锻造、焊接、电镀、酸洗等影响环境,在环保上的投资较大,工业发达国家把环境保护问题也推给了发展中国家。

我国阀门行业已有不少企业取得了ISO9000系列质量体系认证和API认证,这是产品出口必要的条件。已有近50个企业长期出口,在国外有一定的市场。在阀门出口价格上比国际市场价格也有优势,而且产品质量也达到了出口要求,因而"十五"时期进一步增加阀门出口是可能的。

"十五"期间阀门产品出口的主要目标国应是美国、西班牙、意大利、巴基斯坦、孟加拉、科威特、阿联酋等国。

3. 出口预测

根据中国机电产品进出口商会的统计,以1997年全国出口额近1.5亿美元计,每年按递增5%预测,"十五"末出口额可达2.2亿美元。

按阀门协会1998年统计,出口额超过100万美元的企业有15个,中核苏州阀门股份有限公司(11 732万元)、天津塘沽瓦特斯阀门有限公司(6 160万元)、上海N－J阀门有限公司(5 794万元)、安徽省和县阀门总厂(4 420万元)、上海良工阀门厂、上海开维喜阀门有限公司(2 222万元)、江西赣州有限公司(1 933万元)、自贡高压阀门股份有限公司(1 920万元)、山东益都阀门股份有限公司(1 904万元)、上海阀门厂(1 703万元)、铁岭阀门集团有限责任公司(1 643万元)、开封高压阀门厂(1 144万元)、锡山市阀门厂(1 101万元)、昆明市阀门厂(930万元)。

四、建议

1. 坚持市场多元化

为摆脱和减少单一产品的市场风险,一定要重视多品种开发和经营多元化,以拓宽市场和提高市场占有率,求得较好的市场效果。同时坚持内销和外贸并举,逐步建立国际化销售网络通过外销促进,在国际市场中占有一席之地。加强与国际知名公司合作,通过工程公司在世界上进行项目招标,把国内各阀门厂家的产品销往世界各地。

2. 积极开发新产品

按市场的要求积极开发新产品,对于减少市场风险,不断适应市场需求,提高市场稳定性,将起到积极的推动作用。尤其应重视开发市场需求量少,但附加值高的高参数、特种材料、特殊结构的阀门。

3. 提高产品质量

产品质量是企业的生命,对企业走向市场,特别是开拓国际市场尤为重要。在建立完善的ISO9000体系的基础上,对产品质量,应常抓不懈,因为质量是动态的,只有不断健全和完善质量体系,才能始终保持产品的质量。

欧洲共同体PED压力装备指令97/23/EC已在1999年11月29日进入实施阶段,并将在2002年5月29日后在欧洲共同市场强制实施,不打"CE"标志的产品一律不准投放欧洲共同市场。我国阀门行业出口企业,也要马上注意这问题,时间已经很紧迫了。

4. 加强科学管理,降低产品成本

产品在市场上竞争,除了品种、质量等因素外,价格也是关键因素之一,只有通过实现现代化管理和科学化管理,才能在保证质量的前提下,降低生产成本,提高产品竞争力。反之,没有高效率的管理,就没有高的经济效益,而且还有失去市场的可能。

五、政策和措施

加强阀门技术研究,提高铸钢件及产品质量,积极开拓市场,满足国家重点项目建设和重大技术装备的需要。通过企业改革及改制重组,逐步形成几家大型企业,对一些缺乏竞争力的中小型企业,逐步调整产品结构,以生产零部件为主,或生产参数较低的产品,在规模上取得发展。

认真执行原机械部推荐的产品目录,淘汰落后品种,加强产品质量控制,严格制止假冒伪劣产品,规范国内工程招标,形成公平竞争,使得产品技术、产品质量较好的企业有较快地发展。加强对阀门产品的寿命控制,对安全阀、疏水阀产品认真实行许可证制度,对不合格的产品及其生产厂家坚决取缔,促进产品更新换代,加强阀门行业的技术进步。

六、行业发展思路

阀门用途广泛,需求量大,在经济建设和人们生活中是不可缺少的,建国以来很少出现大落现象,且曾在国民经济突飞猛进时期呈现过短线。由此可见阀门市场不会长期疲软,并且我国已形成一个稳定的阀门制造体系和市场规模。

1. 在经济类型上有国有、股份、私营、中外合资等;在经济批量上有大中小型企业;在分布上要结合区域资源和用户合理配置。

2. 在产品方面,强调企业要有自己的专长,可以从两方面选择发展定位。一是按品种:如球阀厂、蝶阀厂、安全阀厂、疏水阀厂。生产应成系列,不能只生产低压不生产高压或只生产小口径不生产大口径。二是专攻某一服务领域:如石油、天然气、油田及长输管线专用阀、化肥厂用阀、乙烯厂用阀、自来水厂用阀、饮料厂用阀、煤气用阀、环保用阀等。国民经济中至少有百来个部门领域,每个领域对阀门又有不同的类别需求。产品雷同的厂家应根据自己资金、装备、技术、人才和熟悉的用户,选择品种和服务市场,合理定位,正确进行产品结构调整。

3. 在产品类型上,应向专业化方面发展。为适应市场可选择以下发展类型:(1)大型(综合化、国际化);(2)"橄榄型"(产品开发和销售服务两头小,机械加工中间大)转变为"哑铃型"(两头强、中间精);(3)经济批量型(生产线批量经济生产);(4)中外合资型(综合实力强的企业向国际化发展);(5)专业生产阀用零部件型(阀用手轮、填料、垫片、铸件)。

4. 在层次上,各企业根据自身的条件,选准合适的市场定位,确定生产方向,是生产量大面广普通阀,还是专攻特殊阀门。实力雄厚的企业应选择发展技术含量高,制造难度大,使用条件严的,为国家重点项目成套供应的阀门。

〔供稿单位:中国通用机械阀门行业协会〕

大中型空分设备市场剖析

一、前言

我国拥有大中型空分设备始于1952年。当年从前苏联引进2套1 000m^3/h O_2和5套3 350m^3/h O_2的空分设备，分别安装在太原化肥厂和兰州化肥厂。

我国大中型空分设备的生产始于1956年，是由大连化工厂仿制苏联引进的1 200m^3/h O_2空分设备制造的，共生产了2套，设备安装在大连化工厂。

我国气体分离设备行业生产大中型空分设备始于1958年。当年由杭州制氧机厂研制生产3 350m^3/h O_2空分设备2台，分别安装在吉林化肥厂和吴淞化工厂。

大中型空分设备（1 000m^3/h O_2及以上空分设备或相当于此规模的1 500m^3/h以上制氮设备）广泛应用于冶金、石油化工、化肥、城市煤气化等领域。随着科学技术的不断发展，其应用领域也在不断扩大。1989年11月，杭州制氧机研究所曾对1988年底以前我国拥有的1 000m^3/h以上空分设备情况进行过一次市场分析，分析结果见表1～表3。本文以我国1988～2000年各部门实际应用的大中型空分设备情况为依据，再次剖析一下我国大中型空分设备市场情况。

表1　1988年前我国大中型空分设备市场占有率情况

项	目	1 000～1 500	3 000～5 000	6 000～6 500	10 000	10 000以上	合计
国产设备	套数	144	112	63	14	1	334
	制氧容量(m^3/h)	182 300	365 750	378 500	140 000	20 000	1 086 550
进口设备	套数	25	25	10	12	12	84
	制氧容量(m^3/h)	35 900	90 150	62 000	120 000	293 250	601 300
设备合计	套数	169	137	73	26	13	418
	制氧容量(m^3/h)	218 200	455 900	440 550	260 000	313 250	1 687 850
套数占有率(%)	国产	85.2	81.6	86.3	53.8	7.7	79.9
	进口	14.8	18.4	13.7	47.2	92.3	20.1
容量计占有率(%)	国产	83.5	80.2	85.9	53.8	6.4	64.4
	进口	16.5	19.8	14.1	47.2	93.6	35.6

表2　1988年前大中型空分设备应用领域情况

应用部门	套数	比例(%)	制氧能力(m^3/h)	比例(%)
冶金	235	56.2	985 150	58.4
化工	156	37.3	645 450	38.5
其他	27	6.5	57 250	3.4
合计	418	100	1 687 850	100

表3　1988年前空分设备主要规格市场占有率

设备规格(m^3/h)		1 000	1 500	3 200	3 350	6 000	10 000	其他	合计
市场占有率	套数	67	96	92	30	68	26	39	418
	比例(%)	16.0	23.0	22.0	7.2	16.3	6.2	9.3	100
	制氧容量(m^3/h)	67 000	144 000	294 400	100 500	408 000	260 000	413 950	1 687 850
	比例(%)	3.97	8.53	17.44	5.95	24.17	15.41	24.53	100

二、市场剖析

1988～2000年，我国空分设备行业共生产大中型空分设备306P套，折合制氧总容量为1 311 815m^3/h（其中纯氮设备以2:1进行容量折算，下同），其中除了少量出口外，绝大多数应用于国内各工业领域，计296套、1 277 315m^3/h。此外，我国在此期间还从国外引进大中型空分设备（包括以外方为主成套的合作生产项目）51套，折合制氧容量为793 720m^3/h。

以我国空分设备行业生产和引进大中型空分设备的数据归纳统计，进行市场占有率分析，情况如下：

1. 制造商的市场占有率

目前，我国生产大中型空分设备的企业有杭州制氧机集团有限公司（杭氧）、开封空分集团有限公司（开空）、四川空分设备（集团）有限责任公司（川空）、哈尔滨制氧机厂（哈氧）、杭氧液空有限公司（杭氧液空）、林德工艺装置有限公司（金重林德）、江阴兴鲁空气分离设备有限公司（江阴兴鲁）等，其生产的大中型空分设备市场占有率如表4。

从表4可以明显看出，以套数计的市场占有率，国外公司并不占多大比例，仅为14.7%，而以制氧容量计的市场占有率却达38.32%，这充分说明我国在大型空分设备的生产能力（其中主要还是技术水平）还存在不少问题，如何调动国内空分行业的精英，集中力量（人力、财力）攻关、尽快实现30 000m^3/h以上空分设备国产化，是一项刻不容缓的任务。

从表5可以看出，近10多年来，进口设备市场占有率有所下降，但制氧容量的市场占有率却明显上升，从35.6%增至38.32%，这再次说明我国大型空分设备市场形势严峻，同时也说明，空分设备的发展在大型化。

表4　1988～2000年各制造商生产的大中型空分设备市场占有率

生产厂商	套数	制氧容量（m^3/h）	以套数计的市场占有率（%）	以制氧容量计的市场占有率（%）
杭州制氧机集团有限公司	102	645 115	29.39	31.15
开封空分集团有限公司	127	363 800	36.60	17.57
四川空分	42	163 650	12.10	7.90
哈尔滨制氧机厂	16	49 750	4.61	2.40
杭氧液空	2	46 000	0.58	2.22
金重林德	1	3 000	0.29	0.15
江阴兴鲁	6	6 000	1.73	0.29
小计	296	1 277 315	85.30	61.68
国外引进	51	793 720	14.70	38.32
总计	347	2 071 035	100	100

另外，国外公司对我国庞大的空分设备市场早已虎视眈眈，只因政府对10 000m^3/h以下空分设备进口有严格的审批会签限制，以及较高的进口关税，才不至于失去较大的市场份额。但我国加入WTO后，许多限制、优势将不复存在，面对国外公司的激烈竞争，我国空分设备如何发展，这是值得深思的一个问题。

表5列出了国内外设备市场占有率与1988年前情况的对比。

表5　国内外设备市场占有率与1988年前情况对比

对比项目		1988年前	1988～2000年
以套数计市场占有率（%）	国产	79.9	85.30
	进口	20.1	14.70
以制氧容量计市场占有率（%）	国产	64.4	61.68
	进口	35.6	38.32

2．应用领域的市场占有率

大中型空分设备广泛应用于冶金、化工、化肥、城市煤气化等领域，各领域的市场占有率如表6。

表6　我国大中型空分设备应用领域

	钢铁		有色冶炼		石化、化肥		城市煤气化		其他		合计	
	套数	制氧容量	套数	制氧容量	套数	制氧容量	套数	制氧容量	套数	制氧容量	套数	制氧容量
合计	196	1 226 280	16	109 100	108	575 665	11	103 000	16	56 990	347	2 071 035
套数比（%）	56.49		4.61		31.12		3.17		4.61		100	
氧容量比（%）		59.21		5.27		27.80		4.97		2.75		100

从表6可以明显看出：

(1)国内大中型空分设备的市场，还是冶金、三大化工两强鼎立局面，其中冶金（钢铁和有色冶炼）占有较大优势，套数和制氧容量市场占有率分别达61.1%和64.48%，三大化工（石化、化肥、煤气化）占34.29%和32.77%。

(2)与1988年前大中型空分设备应用情况对比，冶金工业领域占有率有明显增加，以套数计占有率从56.2%增至61.1%；以制氧容量计占有率从58.4%增至64.48%。如再进一步分析，不难发现，其中有色冶炼起一定作用。据有关资料介绍，有色冶炼在10多年前还没有涉足大中型空分设备，随着技术不断进步，有色冶炼用氧技术已日趋成熟，已在大中型空分设备市场中占有一席之地，预计随着技术完善，用量将有一定增长。

(3)城市煤气化工程用氧近10年来也有长足进展，其市场占有率分别为3.17%（套数计）和4.97%（氧容量计）。城市煤气化是关系国计民生的大事，国家已做出规划在大力发展城市煤气化工程，一方面改善广大居民生活条件，重要的一面在于减少环境污染，保护生存环境。预计随着国民经济不断增长，煤气化工程应用将不断扩大。

(4)石油化工用高纯氮设备，目前规格在7 000m^3/h以下，累计有42套（其中进口2套），情况如表7所示。

表7　我国高纯氮设备市场占有率情况

设备规格（m^3/hN_2）		1 500	2 000	2 500	3 000	4 500	6 000	7 000	合计
市场占有率	套数　（套）	14	11	2	11	2	1	1	42
	比例　（%）	33.34	26.19	4.76	26.19	4.76	2.38	2.38	100
	氮容量　（m^3/h）	21 000	22 000	5 000	33 000	9 000	6 000	7 000	103 000
	比例　（%）	20.39	21.36	4.85	32.04	8.74	5.83	6.79	100

从表7可以看出，石油化工用高纯氮主要集中在1 500、2 000、3 000m^3/h三种规格。本文未将1 500m^3/h以下设备统计在内。而在使用中，800、1 000m^3/h以下规格也是一支生力军，其发展前途也不可忽略。

3．品种规格的市场占有率

我中大中型空分设备的品种规格繁多，同一制氧量有不同流程、配套部机、带氩与否、氮气量大小、带液量多少等不同规格。为便于分析，本文以制氧量大小来进行统计。各品种规格的市场占有率情况如表8所示。

从表8可以看出：

(1)10 000m^3/hO_2以下的大中型空分设备在套数上比例合计为68.02%，占有绝对优势，但在制氧能力上比例仅为

39.96%，已退居二线，而在1988年前的分析中仍坐第一把交椅，这从一个侧面反映出空分设备在大型化。

表8　空分设备规格市场占有率情况

设备规格(m^3/h)	1 000～2 065	3 000～4 500	6 000～7 500	10 000～20 000	20 000以上	纯氮设备	合计
套数　(套)	95	62	79	54	15	42	347
比例　(%)	27.38	17.87	22.27	15.56	4.32	12.10	100
制氧容量　(m^3/h)	126 055	217 000	484 500	696 000	495 980	51 500	2 071 035
比例　(%)	6.09	10.48	23.39	33.60	23.95	2.49	100

(2)1988年前10 000m^3/h及以上大型空分设备为39套，折合制氧能力573 250m^3/h，而在本次统计中10 000m^3/h及以上为69套，折合1 191 980m^3/h制氧能力，在套数增加76.92%，在制氧能力上提高了107.93%，这强有力证明，我国空分设备市场大型化势不可挡。

三、出口情况分析

我国大中型空分设备出口在80年代以前仅仅是以援助名义出口朝鲜和阿尔巴尼亚共15套，其中6 000m^3/h氧空分设备6套，3 350m^3/h氧空分设备7套，3 200m^3/h氧空分设备2套。

1993年起，我国空分设备制造业开始参与国际市场竞争，由于起步较晚及技术的原因，目前主要市场还集中在第三世界，特别是在东南亚地区。1988～2000年期间我国大中型空分设备出口情况如表9所示。

表9　1988～2000年大中型空分设备出口情况

年　份	出口设备规格(m^3/h)	套数	生产厂	进口国
1993	10 000	1	杭州制氧机集团有限公司	印度
1993	1 200	1	哈尔滨制氧机厂	印尼
1994	1 000	2	开封空分集团有限公司	印尼
1995	1 500	1	哈尔滨制氧机厂	印尼
1996	1 500	1	开封空分集团有限公司	印尼
	6 000	2	开封空分集团有限公司	印度
1997	4 500	1	开封空分集团有限公司	印度
1999	1 800	1	开封空分集团有限公司	印尼
2000订货	12 000	1	杭州制氧机集团有限公司	印度

从表9可以看出：

(1)我国大中型空分设备出口还处于初始阶段，平均每年一套左右，预计"十五"期间将有一定的增长，预计每年平均达1.5～2套。

(2)出口最大空分设备容量为12 000m^3/h，预计"十五"期间最大可达15 000～20 000m^3/h。

(3)出口地区为印度和印度尼西亚，"十五"期间预计仍将以第三世界为主，开始涉足欧美地区。

四、"十五"市场预测

1. 以"九五"实际生产情况分析预测

"九五"期间，空分设备行业共生产大中型空分设备96套，计制氧容量为531 165m^3/h，如表10所示。

根据"十五"冶金、石化、大化肥等工业发展，鞍钢、武钢、马钢、上海石化、扬子石化、惠州石化、泉州石化、金陵石化、柳州化肥、温州化肥、安庆化肥、洞庭化肥、本溪化肥、枝江化肥、沧州化肥、邯郸煤气化等将兴建30 000及30 000m^3/h以上大型空分设备，预计"十五"期间冶金、石化、大化肥等对大中型空分设备需求量将比"九五"增加10%～15%。根据空分设备实际生产情况分析预测，"十五"期间约需大中型空分设备120套左右，制氧容量将达700 000m^3/h。

2. 以2000年行业订货情况分析预测

(1)2000年空分设备行业已订货未生产(2001年生产制造)的大中型空分设备如表11所示。

表10　"九五"期间大中型空分设备生产情况

年　份		1996	1997	1998	1999	2000	合计
套数		23	27	15	14	17	96
制氧容量(m^3/h)		81 650	142 200	118 500	81 600	107 215	531 165
比例(%)	套数比	23.96	28.13	15.62	14.58	17.71	100
	容量比	15.37	26.77	22.31	15.37	20.18	100

表11　2000年大中型空分设备订货情况

规格(m^3/h)		10 000以上	6 000～6 500	3 200～4 500	3 000以下	纯氮设备	合计
套数		9	8	6	5	2	30
制氧容量(m^3/h)		133 500	49 000	25 700	9 900	2 250	220 350
比例(%)	套数比	30	26.67	20	16.67	6.66	100
	容量比	60.59	22.24	11.66	4.49	1.02	100

从表11可以看出：10 000m^3/h以上大型空分设备在套数比例上有较大提高，从1988～2000年的19.98%提高到30%，制氧容量比从57.55%提高到60.59%。预计"十五"期间，10 000m^3/h以上大型空分设备将占主导地位，套数比将在30%左右，容量比将达65%。

(2)2000年大中型空分设备订货用户情况

2000年大中型空分设备订货用户情况如表12所示。

表 12　2000 年大中型空分设备订货用户情况

		钢铁	有色冶炼	石化、化肥	其他	合计
套数		19	3	5	3	30
制氧容量(m^3/h)		166 500	23 900	13 750	16 200	220 350
比例(%)	套数比	63.33	10.0	16.67	10.0	100
	容量比	75.56	10.85	6.24	7.35	100

从表 12 可以看出,冶金工业用户在大中型空分设备市场中的比例有较大提高,从 1988～2000 年的 61.1%提高到 73.33%。其中钢铁、有色冶炼用户都相应增加了 5 个百分点。预计"十五"期间,冶金工业仍是大中型空分设备的主要用户,其在大中型空分设备的市场份额比例将保持在 55%以上。

3. 以 1988～2000 年市场分析预测

(1)1988～2000 年期间,大中型空分设备市场是冶金、三大化工两强鼎立的局面。市场份额比例分别为 61.1%和 34.29%(套数)及 64.48%和 32.77%(制氧容量)。根据石化、化肥工业发展规划,"十五"期间将有较大发展,将兴建一批年产 60～80 万 t 乙烯工程和 45 万 t 合成氨 80 万 t 尿素项目;冶金工业因钢铁产量已超过 1 亿 t,国家近年来对钢铁实行限量生产,故冶金工业对空分设备的需求将增加不大。但由于前期设备已运转多年,需要更新改造的项目将有不少。因此,"十五"期间,大中型空分设备的市场仍将是冶金、三大化工两强鼎立的局面,其市场份额预计将改变为:60%/35%(套数)和 55%/40%(容量比)。

(2)1988～2000 年期间,大型空分设备在大中型空分设备中的比例分别为 19.88%(套数)和 57.55%(容量比),由于大型空分设备具有单位产品电耗低、运转费用少等优点,加上冶金、石化、化肥等工业装备日趋大型化,需大量气体产品,因此空分设备大型化将势不可挡。预计"十五"期间,10 000m^3/h以上大型空分设备将有较大增长,在大中型空分设备中套数比例将提高到 30%以上,制氧容量比例将提高到 65%以上。

(3)1988～2000 年大中型空分设备中,我国自行成套设计生产的最大空分设备为 28 000m^3/h(杭氧液空)和 20 000m^3/h(杭氧)。30 000m^3/h 以上市场基本为国外公司占领。近年来,虽然通过引进技术消化和合作生产以及对引进的28 000、30 000m^3/h 空分设备进行改造,已具备设计生产 30 000m^3/h等级空分设备的能力,但对 40 000m^3/h 等级尚无直接成套的业绩,因此,在国内外大型空分设备市场竞争中尚处于劣势。"十五"期间,国内冶金、三大化工工业将需 30 000～60 000m^3/h 大型空分设备几十套,其中大多数将由国外公司成套。预计"十五"期间,30 000m^3/h 以下大中型空分设备将以国内厂商为主,30 000m^3/h 以上大型空分设备则大多数是国外公司的市场。

〔撰稿人:中国通用机械气体分离设备行业协会张祖立〕

真空设备行业市场分析与预测

一、市场特点及其走向分析

当前世界科技进步突飞猛进,以电子信息、纳米技术为代表的高新技术日新月异,生物工程、航天航海工程和薄膜技术正处于方兴未艾时期。真空技术作为这些高技术的发展不可缺少的技术将起着重要作用;机械、冶金、石化和电工等传统行业也正向着无污染、降耗、节能和提高品质等方面发展,真空技术是它们实现这些目标的有效手段,也将发挥积极的作用;同时真空技术在提高人民生活质量方面正在扮演着重要角色,如食品保鲜、医药和医疗器械、环境保护、装饰材料以及家用电器等都需要大量的真空技术和真空产品。因此,真空技术可以应用于各行各业,发展前景极为广阔,正处于上升时期。

(一)我国真空行业现状

1. 真空获得设备

我国真空行业自 1934 年生产第一台往复泵开始,已有六十多年历史,从生产单泵逐渐形成门类齐全,能生产各种真空获得设备、各类成套应用设备、检测仪器仪表以及各类阀门。据不完全统计真空获得设备每年销售量约 12 万台(套),真空应用设备约 3 千台(套),具体情况见表 1、表 2。

表 1　1995～2000 年真空获得设备销售情况

产品种类	1995 年(台数)	2000 年(台数)	增长率(%)
旋片泵(包括直联泵)	70000	100000	42.8
滑阀泵	1500	3000	100
罗茨泵	5 000	7 000	40
油扩散泵(包括油蒸压泵)	4500	4300	-4.4
液环泵	1135	2500	120
分子泵	200	400	100
其他	800	1610	
合计	83135	118810	

表 2　1995～2000 年真空应用设备销售情况

产品种类	1995 年(台数)	2000 年(台数)	增长率(%)
真空热处理炉	168	250	48.8
真空镀膜机	290	850	193
真空冶金炉	61	95	55.7
电工处理设备(浸渍、干燥、浇注)	48	75	56.2
其他		1 500	
合计	567	2 770	

真空获得设备近十年来，虽然没有重大的发明创造，但随着现代科学技术的发展，相互启发、相互渗透的作用，使我国真空技术应用水平和产品质量都有较大地提高。

旋片泵：是量大面广的低真空和中真空产品。年产量约 9～10 万台。

滑阀泵：在真空工业中应用较广，是低和中真空产品，年产量 3～4 千台。

罗茨泵：为缩短抽气时间或提高真空度一般都配有此种泵，年产量 5～7 千台。

油扩散泵：是获得高真空的泵，应用面较广，年产量约 5 千台。

以上品种的泵，品种规格齐全，性能指标已接近和达到国外同类产品水平，但外观质量、震动噪声和密封与国外差距较大，急待改进。

液环泵：包括水环泵和油环泵两种，是粗真空泵。年产量也很大，通过引进吸收消化后，产品质量和性能有很大改观，如佛山水泵厂的 2BEI 型系列水环泵和淄博真空设备厂有限公司的 SKY 型系列都具有国际水平。

分子泵；是获得超高真空的泵，主要用于分析仪器、高能物理、航空航天及新材料等领域上。北京中科科仪技术发展有限责任公司经多年的努力基本上形成系列化，并开发出单磁悬泵，风冷型泵等新产品。国投南光有限公司，在研制 F－150 型和 F－250 型的基础上又开发出陶瓷轴承泵。超高真空离子泵和低温泵也有新的进展，如上海真空泵厂研制的 400L/S 溅射离子泵，其极限真空进入 10^{-10}Pa 的极高真空领域，主要用于冷却储存环，受控热核反应及回转加速器等装置上，其性能达到国际同类产品水平。低温泵也形成 2DB 型小系列，爪式无油泵也出现了曙光，上海真空泵厂研制出 4LG－30 型泵。

2. 真空应用设备

真空热处理炉近二十年来在我国得到迅速发展，已研制出 9 大系列，26 种规格产品，如真空退火、油气淬火、高压气淬火、负压高流率淬火、渗碳、渗氮、渗金属、真空回火、真空烧结、真空钎焊、真空清洗和真空喷涂等工艺炉，基本满足了国内机械、冶金、轻工、纺织和航空航天等工业生产的需求，其性能、产品档次也都有较高水平，国内市场占有率为 90%（行业内占有率 65%），进口 10%左右。

真空镀膜设备近二十年来也取得长足的发展，研制开发出众多品种和规格的镀膜机，有射频、直流磁控溅射镀膜机，电子束镀膜机、离子束镀膜机、激光镀膜机以及蒸发镀膜机等。基本上满足一般行业的需要和部分满足了电子、光学、液晶显示和半导体等高技术领域的需要。

真空冶炼炉主要用于生产特殊钢及精密合金的专用设备。我国早已能生产各种规格的真空感应、电弧、电阻及凝壳炉，其性能指标和质量也处于上乘，基本上能满足国内用户的需要。

我国早在 20 世纪 50 年代就开始生产真空测量仪表和检漏仪。特别是改革开放以来，通过引进和协作等形式，使我国的真空计和检漏仪技术水平和生产水平有很大的提高，能系列生产从粗、低真空到高真空、超高真空，从单一测量功能到多点控制，多功能不同当次的真空计，如压缩机、电阻计、电离计、电容计及各种复合真空计。具有全集成微机型、数字显示、光电隔离、数字滤波一体化结构，全自动量程切换、自动修正测量误差等特点，还具有接口扩展简单，可配接计算机，打印机和记录仪等优点。同时还生产多种真空检漏仪，如卤素检漏仪、火花检漏仪及氦质谱仪等。在测量范围和性能上基本能满足国内广大用户的需要。

其他真空应用设备如真空浸渍设备，真空包装机及真空干燥等设备也都具备一定的生产能力。除冷冻干燥设备与国外差距较大外，其余的设备基本上也能满足用户的需要。

（二）国外真空市场发展走向和我国与它们的差距

当前最新发展的科学领域有地球学、生物学、宇宙学、信息学和材料学等，它们都离不开真空技术，而现代具有高附加值的商品，都是以真空技术为主的新技术、新材料相结合的产品。如近几年来迅速发展，异军突起的信息产业，程控交换机、移动手机、微计算机、彩管和液晶显示器等，它们的心脏是半导体，主要是集成电路，其生产过程和工艺非常杂，生产工艺程序多达数百道，需要大量的真空设备，如真空扩散离子蚀刻机、镀膜机、离子注入机等。一条 8in 硅片的 DRAM 生产线，总共需要各种真空泵 500 台，干式泵 250 台，低温泵 125 台，分子泵 75 台，其他泵 50 台。从中可以看出，随着当代科学技术的发展，真空技术应用领域越来越宽，需求量越来越大。据有关资料介绍，全球每年仅真空泵销售额达 20 亿美元，年增长率均在 7%左右。日本是亚洲最大的真空泵生产中心，每年产值约 2 亿日元左右，产量大约 10 万台左右。自 1995 年以来，日本真空泵产业年增长率约为 10%左右（见表 3）。然而真空泵仅是各类真空设备的重要组件之一。

表 3　日本真空泵的生产、销售、库存统计

年份	生产			销售			库存
	台数	产值（百万日元）	年增长率（%）	台数	销售额（百万日元）	年增长率（%）	台数
1995	117848	18081	9.2	114937	18572	8.4	6483
1996	122799	21611	19.5	121453	22353	20.4	6925
1997	134367	23127	7.0	134176	241679	8.1	6184
1998	119701	21382	－7.6	118376	22809	5.6	6157

注：由于受 1998 年东南亚金融风暴，DRAM 价格下滑及全球半导体厂商投资延缓的影响，产量出现负增长，今后随 DRAM 价格的稳步回升及全球大量 12in 硅片兴起，真空泵产量将会持续增长。

目前各种真空获得设备的发展越来越受真空应用设备使用场合的影响，如日本的真空泵60%以上用于半导体和液晶显示(LCD)行业，一般传统的有油污染的真空系统，无法满足清洁无油和耐腐蚀等要求，因此，日本及其他先进国家及时开发出干式泵，进行了产品更新换代，以满足市场的需求。而我国仍沿袭生产传统的旋片泵、滑阀泵和扩散泵等劳动密集型产品，说明我国自主开发能力较弱，跟不上现代科技发展的步伐。就拿干式泵来说，国外已发展多年，而我国才刚刚起步，无论在量上质上都有相当大的差距。目前行业内只有上海真空泵厂一家生产4LG30型爪式干式泵，根本无法满足半导体、液晶显示、新型材料及表面科学等领域的需要。分子泵转数高、加工精度高，动平衡要求严，技术难度大。只有沈阳真空技术研究所、北京中科科仪技术发展有限责任公司和国投南光有限公司等少数单位生产，应用面还没能得到拓宽。低温泵行业内生产厂家少，品种规格也不齐全，没有形成生产能力，也不能满足市场需求。

滑阀泵、旋片泵和罗茨泵虽然综合性能指标与国外同类产品相差不大，但外观质量，特别是铸件在喷漆前涂腻子，国外厂家根本不能接受，有的港商说如不涂腻子价格可以提高7%，可是我们就是很难做到。国外小型直联旋片泵的振动噪声，一般为50dB，国产真空泵均在55dB以上，国外大型皮带传动旋片泵一般在63dB，而国产泵为75dB，由于振动大，国产的滑阀泵安装时，都需要用地脚螺栓，而美国KINNEY公司生产的三缸结构滑阀泵，振动小，安装时无须用地脚螺栓，可直接放在地面上进行运转。喷油、轴封漏油是旋片泵、滑阀泵普遍存在的问题，长期未能解决，主要是设计结构、加工精度和密封材料等方面的问题造成的。国外此类泵为防止泵在排大气时喷油，普遍装有油雾分离器，为防止停泵反油，普遍设有隔油装置。罗茨泵由于齿轮和主、从动转子加工精度不高以及动平衡不好等原因造成震动噪声大，特别是在高压强下运行易发生故障，而国外的罗茨泵振动、噪声小，可靠性好，如德国L－H公司的泵，15年不用检修。英国爱德华公司的EH系列液力偶合器传动的泵，可在大气下直接驱动，有过载保护装置，可防止在高压强下运行中的故障。国外扩散泵返油率很低，如英国爱德华HT型系列油扩散泵长期运行，在泵口入口法兰处，没有任何油痕迹，而且工作压力宽，在10^{-1}Pa范围仍有很大抽速，而国产泵在入口压力10^{-1}Pa时已基本上无法正常工作，且返油严重。

真空测量仪表，测量范围在$10^5 \sim 10^{-7}$Pa内，对电子式的测量仪表，如电阻计、对流计、热偶计、压力计、薄膜计、热阴极电离计和冷阴极电离计等，国外呈现向小型化、集成化、系统化和智能化方向发展。目前世界上已出现由电池供电，携带式真空计，像万能表一样方便。为了满足用户宽量程测量的需要，把测低、中、高真空的几个计，用规管复合，模块复合等方式复合在一起，使操作极为方便。为达到自动操作，要求测量仪有自我诊断、自我保护和数据处理等能力。而我国真空计和检漏仪虽然较以前有很大提高，但对小型化、集成化方面与国外尚有很大差距。真空应用设备，虽然我国能生产各类大型成套设备，质量也还算可以，但与国外同类产品相比仍有差距。国外对这类成套设备都实现了自动控制，而国产设备机电一体化程度不高，自动控制实现率较差，因此直接影响被处理的产品质量，而且操作也不方便。如对热处理炉来说，如果能有效地控制温度、时间和压力的话，被处理的物品质量就会更好，节省能源就会更多。另外，为适应信息和光学等行业的迅速发展，应进一步提高国产各种镀膜设备的水平，满足其需要，扩大市场占有率。如为提高移动通信用的表面波器件(SAW)的性能，要用高质量的蒸铝镀膜机，膜后要求为0.35μm，整个平面均匀性要求严格，而且多片蒸发、多批蒸发的各片的均匀性都要求一致<1%，设备必须配置精确的膜厚控制仪。低频SAW器件采用电阻式蒸发镀膜机，高频SAW器件采用电子束蒸发镀膜机，频率极高的SAW器件采用磁控溅射镀膜机，对大功率SAW器件采用多层镀膜设备。目前国产镀膜机尚难满足这一严格要求，须下力量，攻克难关，迅速占领这个大市场。

(三)客观经济环境

从1999年机械工业工作会议精神可以看到，国家今后几年要继续加大固定资产投资和促进消费；大力拉动内需政策和积极支持国有企业的改革调整，促进产业升级和产品升级；国家采取财政贴息的办法，支持国有企业采用先进技术，改造传统产业。这对机械行业乃至真空行业无不是一个绝好的机会。电力、冶金、石化和汽车等行业进行技术改造，就必然采用先进的真空浸渍、真空浇注、真空干燥等设备和真空冶金炉、钢液真空处理设备等，也必然带动真空获得和真空应用设备的产量，而且我国真空行业在生产制造这些设备上，已有良好的基础，只要认真设计、精心加工，在自动化控制上，下些工夫还是能争取一些份额的。另外，随着西部大开发战略的全面实施，西部基础设备建设和传统工业的技术改造，需要真空应用和真空获得设备也不少，市场潜力很大、只要抓住机遇，一切为用户着想，也必将为真空行业提供一个新的更为广阔的发展空间。不利的一面是我国真空行业科技发展水平较低，技术创新能力不足，产品多属于劳动密集型的普通产品，高科技、高附加值的产品基本上不具备竞争能力，导致有些用户不得不从国外购进。另外，国外几大著名真空厂商陆续来中国合资或独资设立真空泵厂，就地生产、就地销售，价格从原来高出国产产品的8～10倍，迅速降低4～5倍，使国内各真空泵厂受到空前未有的巨大压力。“入世”以后，根据我国政府的承诺较高的关税壁垒要逐步降低，国外的真空产品将会大量涌进、价格将会更低，这无疑将使我国真空行业受到更大的冲击，特别是刚刚起步正在研制当中的干式泵、低温泵等产品，将会面临绝境。因此，我们要充分看到形势的严峻性，尽快转变观念，变压力为动力，奋起直追才能在国际市场上站稳脚根，争得一席之地，否则情况很难想象。

二、国内市场预测

“十五”期间，真空设备受电子、冶金、新能源及新材料、化工、生物制药、汽车、食品及冷冻干燥等市场需求的牵动，将继续保持稳定发展态势。下面对真空产品在国内各领域的市场潜力作如下预测：

1. 我国的电子信息产品制造业总产值从1991～2000年的10年间猛增十余倍，已经成为我国国民经济的支柱产业和先导产业。半导体行业的“十五”规划预测世界电子产品市场2000年的产值为1.3亿美元，2005年可达2亿美元。中国电子市场工业总产值1亿元，2005年2亿元，2010年6亿元。从中可以看出增长速度是很快的。预测未来十年我国将在南北两个集成电路生产基地建成6～8in硅片大规模集成电路生产线30条以上。新建的6in硅片大规模集成电路生产线，其中我国新研制成功的几项设备应争取在使用单位投入使用。至于新建8in硅片大规模集成电路生产线国内尚无设备可提供使用。真空行业应加强对等离子镀膜机、反应离子蚀刻设备等的开发和研制工作，以适应6in、8in及12in硅片大规模集成电路生产线的需要。上面已说过，一条8DRAM硅片生产线就需各类真空泵500台，30条就需要1.5万台真空泵。因此，无论是泵，还是镀膜机的需要量都是很大的。问题是真空行业能否抓住这个机遇，尽快研制出适合硅片生产线的产品。

2. ITO透明导电玻璃是平板显示器（FPD）的基础材料，目前国内ITO膜玻璃主要用于液晶显示器（LCD）。迄今为止，国内LCD生产厂约60个，年需ITO膜透明导电玻璃超过200万m^2，而国内目前总的生产能力约为130万m^2。随着LCD产业的迅速发展，对ITO膜透明导电玻璃的需求量将进一步增加。

3.“十五”期间钢铁工业的发展将继续延续“九五”的原则，贯彻“控制总量，优化结构”的方针，资金投向要有利于钢铁工业结构的调整，有利于节能降耗和环境保护，以提高钢铁工业经济运行质量和效益，提高钢铁工业的整体素质。钢铁工业的这一转变，又将为真空工业的发展提供用武之地，如真空技术与设备在钢水处理、炉外精炼等工艺中将得到广泛应用。

4. 汽车工业是我国当前发展的重点行业。“十五”期间，汽车工业将作为国民经济的支柱产业迅速发展。据国家制定的汽车工业产业政策及有关部门预测，到2005年国内汽车的年总产量为310万辆左右，其中轿车130万辆，客车60万辆，载重车120万辆。以轿车为主的生产体系逐步形成，正面临一个历史性发展的新阶段。因此，作为汽车工业发展的基础汽车零部件工业也将会得到快速发展，并将对工具、模具、刃具及零件的表面处理、整体强化以及真空钎焊提出更高的要求，从而又将掀起真空热处理设备、真空烧结设备、真空钎焊设备、真空镀膜机、真空汽车紧急刹车装置等产品进军汽车工业的高潮。

5. 在电机、电缆、变压器、开关、互感器等众多电工设备及元器件的制造过程中进行真空压力浸渍处理，可提高该类产品的绝缘耐压性能和机械性能，节能、省时、耐用、改善劳动条件并提高生产效率。“十五”期间，我国电机制造业的目标是上品种、提高质量、降低能耗和物耗，扩大出口。电机行业年产量约为10亿kW，将有1亿kW的电机使用真空压力浸渍技术，需要真空压力浸渍设备300～400台（套）。这将形成每年1～2亿元的产值。

6. 石油化工是我国的支柱产业之一，目前我国乙烯生产能力还不能满足国民经济发展的需要，化肥每年也需有大量进口。据有关资料预测，到2005年石油化工设备的年产量，将由目前的30多万吨发展到50万t左右，重点发展年产60～70万t乙烯，45万t合成氨，80万t尿素和化纤等大型成套设备，以及大型石油勘探和钻采设备等。因此石化工业的改造和发展必将拉动石化设备需求的增长，而在精细化工产品和其他石化深加工产品的发展中，真空产品将具有举足轻重的作用。

7. 食品工业是农业生产的延伸和发展，食品工业的产值在全国工业产值中独占鳌头。因此向食品工业提供各类真空干燥机、真空冷冻干燥装置、真空包装机和真空封罐机，无疑会为快速发展的我国食品工业做出重大贡献。

8. 我国从“九五”开始，已加大对环保治理和资源综合利用的投入力度，因此，今后环保设备行业将作为一个重点发展的新兴行业而得到较快的发展。据悉，在环保设备中，将首先重点发展城市污水及固体废物处理和综合利用设备，以及城市与工业噪声防治设备和大气污染治理设备等。为此必将为真空设备行业开拓一个新的需求市场。

9. 真空热处理炉行业。真空热处理工艺具有无污染、无氧化、变形小、表面光亮等优点，因此世界上发展很快。据日本真空协会第十二次国际真空热处理会议介绍，日本1987～1991年真空热处理炉的年增长率高达119.6%，1991年的销售额为21.6亿美元，1993年销售额约28亿美元。据我国热处理行业规划和2010年提出的设想，2000年以前我国需要2 000台真空热处理设备投入运行；如果基本上完成，以少、无氧化热处理技术改造，则至少需要5 000～8 000台先进设备；如果上述技术改造规划实施到2010年，我国总体热处理生产水平将达到欧美发达国家的水平。从中可以看出热处理行业对真空热处理炉的需求量是很大的。

10. 冷冻干燥食品（包括肉类、水果、蔬菜等）行业。真空冷冻干燥的特点是在低温（－40℃）下，且处于高真空状态，特别适用于热敏性高和极易氧化物料的干燥，可以保留新鲜物料的色、香、味及营养成分。如干燥后再用真空和充氮包装和在避光下保存，可保持5年不变质。经过如此处理的食品，由于重量轻、可在室温下储运销售，对营销十分有利，是欧美等国家的上选食品，每年以30%的速度递增，正成为国际贸易的大众食品。真空冷冻干燥技术和冻干食品在我国刚刚起步，随着我国农业、果蔬业、畜牧业、水产业和药材业的进一步发展、资源更加丰富和人民生活水平进一步提高，真空冷冻食品将会逐步走向市场，其发展空间是相当大的。因此，需要更多真空包装机和真空泵。其他如装饰材料行业、环保行业和医药等行业也都需要大量的真空技术和产品。

三、国际市场预测

中国已经加入WTO，因此中国入世后将会获得更好、更有利的国际环境，这无疑会给国内各企业提供更为广阔的舞台和发展空间。

近年来，由于不断引进国外先进技术与设备，使得我国真空获得和真空应用设备的规格更为齐全，质量不断提高。特别是经过深化改革，充分挖掘企业内部潜力，使得产品的价格不断下降。同引进的国外产品相比，我国的产品价格仅是国外的1/4～1/3。这一价位，无论在国际上，还是在国内都是非常有竞争力的。现在国内外客商都把目光瞄准了中国市场，只要我们的企业紧紧抓住“十五”这一有力契机，紧盯国际市场发展走势，不断开发新产品，不断提高产品质量，缩小与国际先进企业产品的差距，定能使中国真空设备站稳国内市场，打入国际市场。

中国真空设备的最大出口市场是北美市场，向该市场出口的产品均为真空泵（如旋片式真空泵、滑阀式真空泵、罗茨真空泵等等）。目前该市场的最大用户为美国，占总量的90%。出口产品主要应用到下列三大领域：(1)工业品生产；(2)实验室；(3)电子行业。据估计，在北美市场真空泵的年需求量为7 500万美元，其中，工业品生产为4 000万美元，实验室为2 500万美元，电子行业为1 000万美元，电子行业的需求量呈上升趋势。据调查，北美使用这类真空泵的用户约50万个，其中有5 000个客户对由中国提供原机，再由国外改进或改装的真空泵感兴趣，潜在市场很大。如美国Hurr公司对我国真空泵产品就表现了真诚合作的愿望，他们认为每年需求几千台是没有问题的。由于我国真空泵产品质量、技术水平在不断提高，销售价格又不高，预计今后在北美市场将有更为广阔的发展前景。此外，该市场对我国生产的涡轮分子泵、溅射离子泵和干式真空泵也抱有极大的兴趣。

真空设备出口的另一个大市场是东南亚市场。该市场包括泰国、新加坡、马来西亚、韩国及港澳地区等。向该市场出口的产品主要有各种真空泵、各种真空镀膜机、真空热处理设备、真空阀门及真空仪表等，其中真空泵的出口量占总出口量的80%。预计“十五”期间，各种真空泵、真空镀膜机及真空热处理设备的出口量还将有所增加。

从上述市场预测中可以看出，当一种新材料、新工艺出现时，第一个受益者就是真空设备制造行业。为此，进一步扩大真空技术的应用领域，为真空设备开创更大的市场，是我们真空事业同仁共同为之奋斗的重要目标之一。

“十五”期间我国GDP年均增长率为7%～8%。为此，真空设备行业要紧紧抓住“十五”发展机遇，认清形势，练好内功，克服各种困难，寻求生存的空间，提高企业素质，迎接市场的挑战。我们要下大力气实现可持续发展战略、产业优化升级发展战略和面对国内外两个市场的国际化发展战略，促进我国真空设备行业持续、快速、健康地发展。

〔撰稿人：中国通用机械真空设备行业协会孙　京、彭光霞〕

用户行业对设备的市场需求

电力工业

电力工业将对电站风机、罗茨鼓风机以及大直径轴流风机等产品形成一定市场需求。还重点需求给水泵、前置泵、循环泵、冷凝泵、冷凝器用水环真空泵、离心式除灰泵、往复式降灰泵、偶合器、计量泵等核电机组需要主泵、上冲泵、停堆冷却泵、喷淋泵、高压安全注水泵、硼酸泵、锅炉给水泵、辅助给水泵、计量泵等。电站阀门亦是“十五”期间阀门行业重点发展的产品，主要解决耐磨问题，以延长其使用寿命，从而延长更换期，可为电力国行业节约大量资金。重点发展超临界火电机组使用的t≤570℃时PN＝24MPa的闸板、截止阀、止回阀和核电站一回路、二回路的核Ⅰ、核Ⅱ级阀门，材质为304、316、316L的闸阀、截止阀、止回阀等。

基本情况　到2000年底，全国发电装机容量达到319 320MW，其中水电79 350MW，占24.9%；火电237 540MW，占74.4%；核电2 100MW，占0.7%；风力、太阳能等新能源发电约330MW。全年发电量达到13 685亿kW·h。发电装机容量和发电量均居世界第2位。全国220kV及以上输电线路达16.4万km，其中500kV输电线路2.7万km；500kV直流线路1 045km，额定换流容量1 200MW。

“九五”期间，小火电无序蔓延的状况得到初步遏制，关停小火电机组约10 000MW，高效大容量机组比重逐步上升。水电发展更加受到重视，三峡等大型水电站的建设按计划稳步推进。电网建设投入显著增加，西电东送通道进一步加强和完善，送电能力不断增加。1998年以来在全国进行的城乡电网建设与改造工程，使城乡电网供电质量和供电可靠性得到提高。

全国火电厂基本实现了烟尘和废水达标排放，2000年烟尘排放总量与1995年相比下降了约25%，废水排放总量下降了约35%，废水回收利用量增加了约1倍；SO_2排放总量开始呈现下降趋势，脱硫技术国产化和产业化取得了实质进展；年粉煤灰综合利用量超过6 000万 t；水电和输变电工程水土保持和生态环境保护工作逐步规范化。

存在问题 电网建设滞后于电源建设，电网结构薄弱，对局部地区的资源优化配置还存在“瓶颈”制约；电网的输电与配电、高压与低压，一次与二次环节之间的配置还不够协调，不同程度地影响着电网的安全稳定和经济运行。水能资源开发利用率只有20%左右，尤其是调节性能好的大型水电站比重偏小；有效抑制小火电机组生产和建设的宏观调控、环境保护等有关制度尚不健全，常规小火电机组比例仍然过大；电网调峰能力普遍不足；火电电源布局不尽合理，西部矿区、坑口电站的开发建设相对迟缓。

电力发展水平和电气化程度仍然很低，300MW及以上机组占火电装机容量的比重仅38%，洁净煤发电、核电、超临界机组、高压直流输电等先进技术应用甚少。电能消费占终端能源消费的11%左右，远低于17%的世界平均水平。电煤消费占煤炭总产量的比重约50%，低于发达国家70%～80%的比重。供电煤耗、线损率分别比先进国家高60g/(kW·h)左右和2～3个百分点。我国人均拥有发电装机只有0.25kW，人均发电量只有1 078kW·h，均不到世界平均水平的一半。全国还有574万户家庭没有用上电。

我国已具备600MW级及以下发电设备制造能力，其中300MW级机组的产量已能够满足电力发展的需求，但火电机组的设备质量和调峰技术指标有待提高。超临界机组、洁净煤发电机组、大型联合循环机组以及大型抽水蓄能机组、大型灯泡式水电机组、高于750MV·A的大容量变压器和高电压等级直流输电设备等国内尚不能完全自主制造，需要通过技贸结合方式，引进技术，逐步消化吸收。同时要努力增强自主开发能力，加快国产化的步伐。

需求预测及分析 1996～2000年发电量增长速度分别为7.2%、5.1%、2.1%、6.5%和11%，年均增长6.3%，呈先降后升的趋势。预计“十五”期间全国电力需求的平均增长速度为5%，实际增长速度可能略高一些，但相对”九五”，“十五”期间将比较平稳，电量的总供给与总需求基本平衡。2005年全国年发电量将达到17 500亿 kW·h以上。

在总量基本平衡的同时，当前各地区的电力供需情况存在明显差异。东北电网、福建电网和海南电网电力装机过剩较多。华中电网和川渝电网由于水电比重较大、调节性能差，丰水期电力过剩。华北电网、华东电网、山东电网和广西、贵州、云南电网电力供需基本平衡，电网中的局部地区存在短时供应不足的情况。广东电网2000年初至今，在用电高峰期出现了电力供应紧张的局面。

近几年电力负荷特性发生了较大变化，特别是随着空调拥有量的不断增加，气温对用电负荷的影响越来越大，部分省份全年最高负荷逐步由冬季向夏季转移，导致年最大负荷增长的波动性增大，各电网日负荷率、年负荷特性值均呈逐年下降趋势。今后负荷的增长将继续高于用电量的增长，调峰矛盾日趋突出，电网需要的调峰容量逐年增加。“十五”电力供需的矛盾将主要表现在调峰能力不足，调峰的技术手段不能满足电网安全、稳定和经济运行的需要。

“十五”发展目标 “十五”末期，全国发电装机容量预计达到390 900MW，其中水电95 000MW，火电286 000MW，核电8 700MW，风力、太阳能等新能源发电1 200MW。

“十五”期间，全国联网将取得实质性进展。到2005年末，除新疆、西藏和海南外，各相邻电网基本实现互联，电网结构更加合理，具备防止发生大面积停电事故的能力；全国220kV及以上交直流线路达到23万 km，变电容量达到6.7亿 kV·A；二次系统与一次系统协调发展，通信网络整体能力大幅度提高；城市电网供电可靠性平均达到99.9%，部分重点地区达到99.99%；电网综合线损率控制在7%以下。各电网之间的供需平衡差异将逐步缩小。初步分析，东北电网、海南电网供过于求的情况还将延续一段时间；广东、浙江、河北南部等局部地区供应不足的问题在“十五”初期有可能加剧；其他地区将基本保持供需平衡。

继电保护、电网稳定控制、超高压输变电、水电筑坝等技术达到国际先进水平；加快大型超临界火电机组、空气冷却机组、洁净煤发电机组、大型抽水蓄能机组、大型燃气——蒸汽联合循环机组、核电机组、风力发电机组和电力环保装置等设备的国产化步伐；直流输电、500kV大容量变压器、电力环保技术等具备独立的设计、建设和设备供应能力；建立和完善适应电力工业发展需要的技术研究与开发体系、检测与质量保证体系；加强有关电力节能环保技术以及迫切需要的难点技术的研究与开发，掌握占据未来电力科技制高点的技术。

全国火力发电厂主要污染物年排放总量基本维持在2000年的排放水平，并力争有所降低。SO_2 排放得到有效控制，废水回收利用率达到60%以上。

力争通过10年左右的时间，使我国农村电气化水平上一个新台阶。全面完成农村电力体制改革，实现一县一公司。县及县以下人均年用电量及人均生活用电量有较大增长；结合农村经济发展和富裕程度，建成一批电气化县、电气化乡(镇)和电气化村。到2005年，全国基本实现村村通电，进一步减少无电农户。

结构调整重点 重点开发长江中上游及其干支流、红水河、澜沧江中下游、乌江和黄河上游等流域的水电资源。对调峰能力不足、系统峰谷差大的电网，在充分论证各种调峰手段的基础上，选择技术经济性较好的站址，适当建设抽水蓄能电站。“十五”期间，开工建设龙滩、小湾、水布垭、构皮滩、三板溪、公伯峡、瀑布沟等调节性能好的大型水电站，改善水电电源结构。

不断优化火电的机组结构、技术结构和地区结构，实现火电技术的产业升级和更新。要继续按照国家现行政策，压缩小火电，努力实现“十五”期间关停小火电和替代老旧机组共25 000MW的目标；严格限制常规小火电的发展，不断提高大机组和高性能机组的比重；积极推进热电联产和综合利用发电，以改善城市环境、提高能源利用效率。新建的燃煤电厂主要采用单机容量300MW及以上的高参数、高效率、调峰性能好的机组。积极引进和发展超临界机组，推进循环流化床等洁净煤发电示范工程。通过引进、消化、吸收国外先进的技术，加快循环流化床锅炉和脱硫设备的国产化步伐。在山西、陕西、内蒙古和西南等能源基地建设矿区、坑口电厂，向东部及沿海缺能地区送电，促进更大范围的资源优化配置，推动全国联网。在沿海缺能地区及大城市，根据国内天然气资源开发、西气东输工程的进展，以及国际天然气市场的情况，因地制宜地适量发展燃气蒸汽联合循环机组，促进国内天然气资源的开发利用，增加电网调峰能力。

适当开工建设核电国产化驱动项目，逐步实现核电自主设计、制造、建设和运营的目标。

加快以风力发电为主的新能源发电项目的建设，在新疆、内蒙、东北、华北和东南沿海地区开发规模较大的风力发电场。继续开发利用太阳能、地热能等新能源发电。

〔摘自国家经贸委电力工业“十五”规划〕

冶金工业

冶金工业对 1 000m^3 以上高炉喷煤改造，高炉顶压压差及电转炉煤气余热的回收和利用以及干熄焦等方面改造将对离心压缩机、回收透平机组等产品有一定市场求。

“十五”期间，高炉喷煤工程中需大中型螺杆压缩机约 100 台。

冶金工业中还需要大量空气分离设备，以获得氧等气体。连同其他重大项目，“十五”期间将需 3 万 m^3/h 及以上等级制氧机组 20 套。

基本情况 2000 年底，年销售额在 500 万元以上的冶金企业 4 376 个，从业人员约 261 万人。其中钢铁企业 2 506 个，总资产 8 252 亿元，从业人员约 127 万人；独立矿山企业 537 个、铁合金企业 515 个、炭素制品企业 157 个、耐火材料企业 661 个。

主要产品年生产能力分别为：钢 1.34 亿 t、生铁 1.2 亿 t、成品钢材 1.38 亿 t。2000 年钢产量 1.27 亿 t、生铁 1.31 亿 t、钢材 1.31 亿 t，当年完成工业总产值 3 688 亿元。

“九五”期间，工艺技术装备总体水平与国产化程度明显提高。在加快上海宝钢集团公司、天津钢管有限责任公司建设的同时，通过对鞍山钢铁集团公司、武汉钢铁（集团）公司、首钢集团、包头钢铁（集团）有限责任公司、马钢（集团）控股有限公司、太原钢铁（集团）有限公司、攀枝花钢铁（集团）公司、邯钢集团、抚顺特殊钢（集团）有限责任公司等一批大型企业的技术改造，建成了一批现代化生产线，行业整体技术装备水平得到了明显提高。同时淘汰了一大批落后的工艺装备，2000 年底全行业基本淘汰平炉。一些过去主要依靠进口的冶金技术装备，如连续式棒材轧机、高速线材轧机等已实现国产化。

存在问题 落后工艺技术和装备还占有相当的比重，铁水预处理、炉外精炼处理技术普及程度远远不能满足品种质量提高的要求；落后的小高炉、小炼钢、小轧钢仍有一定比重。

能耗高、环境污染严重的状况没有得到根本改善。我国吨钢能耗比世界先进水平高出 20% ~ 30%，主要原因是铁钢比高，高炉余压发电、干熄焦等大型有效的节能环保装置配备率低，高炉、转炉煤气等余能余热回收利用率低。

科研开发与技术改造衔接不紧密，科技成果系统集成和转化应用不够，42 个国家重点联系的冶金企业，只有 19 个企业的技术中心通过国家认定，技术开发与创新能力急需提高。

重大冶金技术装备国产化率低。国内钢铁生产所需的一些重要、大型冶金设备仍主要依靠进口；一些重要的备品、备件由于国内不能供应，也长期依靠进口。重复引进现象仍十分严重。

需求预测与分析 国内经济结构的变化、钢材质量稳步提高以及各种材料的替代性增强，钢材的消费强度趋于减弱；同时，国家继续加大基础设施建设的投入以及西部开发战略的实施，钢材需求量将保持增长趋势。预测 2005 年我国钢材表观消费总量达 14 000 万 t 以上。

钢材消费结构将继续保持多层次、多样性，并逐步向高层次演化。板带材的消费量及比例将保持较强的增长势头，长材的消费比例将逐步下降，但消费量仍保持一定的增长。预计到 2005 年消费板带比由 2000 年的 40% 提高到 44%。而钢材消费的重心已明显转向东南沿海地区，并在较长的时间内仍保持这一趋势。华东、中南地区钢材消费量占全国的比例 2000 年分别为 31.4% 和 22.3%，2005 年仍维持这一消费比例。同期华北地区为 16.8%，东北地区为 13.8%，“十五”期间消费比例还会略有下降。冶金工业“十五”发展目标见表 1。随着西部地区的大开发，特别是大规模基础设施建设，钢材消费量将有一定增长，近期增加幅度较大的品种有管线钢、重轨、大型材（包括 H 型钢）及建筑用中小型材、线材等。

我国平均每年进口钢材 1 500 万 t 左右，其中由于生产能力不足或产品质量达不到用户要求，目前还必须进口约 700 万 t。主要品种有热轧薄板、冷轧薄板、不锈钢板带材、轿车用板、家电用板、镀锌板、镀锡板、冷轧硅钢片、优质高碳盘条、石油管、优质合金钢长材等。

我国钢材市场仍有许多领域需进一步开发，如农业和建筑业等所需要的新型钢材，汽车、机械、家电及电力、石油、交通等产业升级换代所需要的高档钢材，西部开发用钢材品种如西气东输用管线钢、西部油气田开采用高强度、高耐腐蚀性石油钢管，国防建设、军工生产所需的钢材新品种。

国际市场竞争日趋激烈，竞争的焦点集中在高附加值产品上。从世界范围看，一些高附加值产品的生产能力已远远大于需求，如不锈钢、镀锡板、镀锌板等设备开工率只有 40% ~ 70%，使得国际上高附加值钢铁产品的竞争白热化。从钢材贸易结构看，板管材占贸易量的65%，发达国家以出口高附加值产品为主，其出口钢材中板管比高达75%以上。从钢材价格变化趋势看，普通长材价格近20年来基本维持在300美元/t水平；板材价格波动的幅度高达40%。

表1 冶金工业“十五”发展目标

内　　容	2000年	2005年
国产钢材市场占有率	约90%	95%
钢材比例(按世界主要产钢国实物质量水平生产)	30%	70%
吨钢综合能耗	0.92吨标煤/吨钢	0.8吨标煤/吨钢以下
吨钢耗新水量(大中型企业)	$30m^3$	$16m^3$
污染物排放	基本达标	比2000年削减10%
劳动生产率(钢铁主业)	100t/人	250t/人
生产集中度(前十位钢铁企业)	50%	80%以上

上海宝钢集团公司、鞍山钢铁集团公司、武汉钢铁(集团)公司、首钢集团等企业，在产品质量、工艺技术、生产装备和劳动生产率等方面达到或接近世界先进水平，在国际市场上占有一定份额。

一批年产400万t钢以上的大型企业，通过联合重组和技术改造，形成完整的具有低成本、高效率并能达到国际同类产品实物质量水平的现代化生产线，生产高技术含量、高附加值产品，在国内外市场上有较强的竞争力。

结构调整重点　淘汰一批落后的工艺和装备，主要有土焦生产、$18m^2$及以下烧结机和土烧结、热烧结矿的烧结设备、$100m^3$及以下小高炉、15t及以下小转炉、侧吹转炉、10t及以下小电炉、横列式小型材和线材轧机。取缔生产“地条钢”和开口锭用的工频炉。

大力普及先进成熟技术，重点推广普及球团和球团烧结、干熄焦、高炉顶压压差发电及高炉长寿、铁水预处理、炉外精炼、高效连铸和高精度轧制等共性关键技术。采用烧结余热回收、热风炉余热利用、焦炉煤气脱硫脱氰、高炉富氧喷煤、溅渣护炉、连铸连轧、连铸坯热装热送、一火成材、煤气回收及综合利用、电炉综合节能以及冶金过程自动化控制等先进成熟技术，以优化企业的生产工艺流程，降低生产成本。有条件的企业工艺技术设备应逐步实现大型化、连续化和自动化。

采用“清洁生产”工艺技术，从生产源头做起，控制污染的产生，解决老污染源治理问题。保证新、改、扩建工程中的环保技术、资金的到位，使环保“三同时”高水平配套。搞好钢铁企业总排水处理、钢铁渣综合利用、焦炉煤气脱硫脱氰，以及低浓度SO_2烟气治理技术的应用。大中型钢铁企业中的焦炉应全部配备焦炉煤气脱硫脱氰装置。提高工业用水的重复利用率，推广节水技术，缺水地区的钢铁企业尽快建设一批总污水处理工程。采取精料方针，优化原料结构，降低消耗，改善环境。

炭素制品行业重点淘汰蒸气加热混捏、倒焰式焙烧炉、交流石墨炉、3 340kV·A直流石墨化炉或其并联机组、最大电流50 000A以下石墨化炉等一批能耗高、污染严重的落后工艺技术装备。铁合金行业重点淘汰3 200kV·A及以下的矿热电炉、3 000kV·A以下的半封闭式直流还原电炉和精炼电炉(钨铁、钒铁精炼电炉除外)、$100m^3$以下的锰铁高炉等落后工艺技术装备。耐火材料行业重点淘汰简易手工操作的土沥青焦油浸渍装置，矿石原料与固体燃料混烧、自然通风、手工操作的土竖窑，以煤为燃料、烟尘净化不能达标的倒焰窑。

“十五”期间重点发展冶金生产过程自动化、智能化和管理信息化技术，提高我国冶金自动化装备的国产化水平，推进冶金工业的现代化。

在过程控制自动化方面，重点搞好智能技术，对已有的或引进的工艺数学模型进行二次开发和创新，形成钢铁生产各工序和全线过程的智能化控制系统；推进“过程自动化工程软件开发工具”和“工程平台”等前沿高技术研究、开发和应用；加强过程自动化中智能化成套工艺装备的产业化研究，结合常规模型，应用专家系统等智能控制方法提高工艺精度和过程检测诊断水平；应用计算机辅助设计、计算机仿真及虚拟现实等技术，实现钢铁材料成分设计、产品性能预报(如力学性能、金相组织等)。全面提高钢铁工业生产自动化水平。

〔摘自国家经贸委冶金工业“十五”规划〕

纺　织　工　业

基本情况　纺织工业包括纺织业、服装业、化学纤维制造业和纺织专用设备制造业。2000年全国纺织行业国有及销售收入500万元以上的非国有企业共1.89万个，总资产9 773亿元，工业增加值2 678亿元，分别占全国规模以上工业企业的11.9%、8.3%和11.3%。全行业职工1 300万人左右，利税总额578.8亿元。

“九五”期间，纺织工业在压缩淘汰落后生产能力的同时，将加快产业升级放在突出位置。通过技术改造和基本建设项目的实施，化纤生产能力增加了300多万t，差别化率大幅度提高；棉纺行业压锭改造以后，30%左右的纺纱设备达到90年代先进水平；毛纺行业采用先进的毛纺织染整成套设备，配置了质量检测监控系统，开发出高支、超薄毛纺织品；服装行业采用了计算机辅助设计、制造系统，进一步提高了市场应变能力；纺机行业通过引进技术、消化吸收以及合资、合作等方式，在纺织机械机电一体化方面取得突破，以自动络筒机、无梭织机为代表的“两机”专项全面实施，形成了批量生产能力。

存在问题 技术装备水平不高，劳动生产率低。目前，属于20世纪80年代或70年代水平的棉纺设备仍有2/3。发达国家的清梳联合机占有率为50%，我国仅占14%；发达国家的自动络筒机、无梭织机占有率均在90%以上，我国仅占32%、9.7%。我国毛纺和印染行业仅有10%的设备达到国际先进水平。在纺纱、织布、印染、制衣各环节，电脑过程控制系统和电脑辅助设计系统拥有率较低。劳动生产率与工业发达国家差距拉大，如棉纺织，发达国家纺部万锭用工60人左右，我国万锭用工水平是300人左右，生产成本高，缺乏竞争力。现代纺织技术向设备高速化、自动化、工序连续化方向发展，传统技术与新技术之间的差距越来越大。例如：全自动气流纺生产效率比环锭高4~5倍，无梭织机比有梭织机效率高4~8倍。

“十五”发展目标 年均增长速度6.5%，工业增加值由2000年的2 678亿元提高到2005年的4 300亿元；纺织纤维加工总量由2000年的1 210万t提高到2005年的1425万t，人均纤维消费量由6.6kg提高到7.4kg；. 纺织品服装出口创汇由2000年的520亿美元提高到2005年的700~750亿美元；衣着用、装饰用、产业用纺织品的比重由2000年的67%、20%、13%调整到2005年的64%、21%、15%；2005年劳动生产率达到3.5万元，比2000年提高40%；科技进步贡献率达到50%以上；每万元产值能耗比2000年降低15%；纺织印染生产用水重复利用率达到30%左右，印染行业百米耗水量由3.6t降到3.0t左右。

结构调整重点 根据纺织工业产业升级和设备更新换代的需求，结合36项关键制造技术的攻关，做好化纤、纺纱、织造、针织和染整五个方面40项重点纺机产品的开发研制。开发研制大容量、短流程、连续化的聚酯装置和涤纶、腈纶、氨纶、粘胶成套设备；研制新一代清梳联合机、精梳机组、细络联合机和新型纺纱设备；提高自动络筒机和无梭织机的技术水平和可靠性，发展系列产品，并做好相应的配套装置；开发研制新一代电子提花圆纬机、经编机和电脑横机；开发新一代印染前处理、染色、印花和织物的后处理设备。广泛应用电子技术，提高机电一体化水平和智能化水平。

棉纺织业在巩固压锭成果的基础上，重点更新改造1 000万锭的生产能力，以及配套进行织机的改造，提高清梳联、精梳机、无梭织机等新型技术装备的比重，使60%左右的纺纱设备达到90年代先进水平。毛纺织业继续压缩淘汰落后毛纺锭，并加快对工艺、设备的全程改造，实现工艺、设备的电子化、系列化、连续化，达到高速、高效生产。麻纺织业优化现有麻纺织加工能力，加快麻纺织工艺技术和设备的改造，重点开发苎麻生物脱胶、梳纺和牵切纺工艺技术设备以及麻纺织品印染后整理技术，解决细纱条干均匀度、色牢度、鲜艳度。丝绸业在淘汰落后缫丝、绢纺、丝织生产能力的基础上，加快现有设备的技术改造。针织业将继续提高技术装备水平，特别是新型针织大圆机的拥有率。

〔摘自国家经贸委纺织工业“十五”规划〕

建 材 工 业

基本情况 “九五”期间，实现淘汰小水泥窑3 069座，压减落后生产能力6 335万t；关闭淘汰小玻璃生产线187条，压减落后生产能力2 592万重量箱。

重点开展了新型干法预分解窑（以下简称新型干法）水泥生产线的优化设计、低投资、国产化工作，新型干法工艺技术水平达到国际先进水平。自主开发了年产7 500t池窑拉丝技术装备，建设了万吨级池窑拉丝生产线，为池窑拉丝技术与装备赶上国际先进水平奠定了基础。建成了一批具有竞争优势的新型墙体材料生产线，技术装备水平明显提高，产品开发和推广应用成效明显。

存在问题 重复建设屡禁不止，导致工艺落后的传统建材产品严重过剩，过度竞争造成行业总体效益低下。先进生产能力增长缓慢，部分优质、高档产品结构性短缺。

需求预测与分析 国际建材工业技术与产品的发展趋势：一是产品生产与环境保护协调一致，注重经济和社会的可持续发展；二是生产设备趋向大型化，生产过程向自动化和智能化发展，注重规模效益和节能降耗；三是全面提高产品质量，改善保温、隔音等建筑功能，注重开发有利于人体健康的抗菌、防霉、杀虫、净化空气等功能性材料；四是主要建材企业在以先进技术、管理和雄厚的资金实现全球性扩张的同时，市场营销、服务逐步向网络化、信息化方向发展。

“十五”期间，按GDP年均增长7%计，平均每年全社会固定资产投资4万亿元左右，国民经济与社会发展对建材产品的需求将保持稳定增长的态势。拉动建材产品需求增长的主要因素有：城市化进程加快，中小城镇建设投资规模将有大幅增长；住宅产业化和人民生活水平的提高，农民住房的改善，对高品质、多功能的绿色建材产品以及工厂化系统集成住宅产品的需求将有较快增长；长江三峡、黄河小浪底等水利枢纽，一批大型水库建设以及南水北调工程，龙滩、小湾、水布垭、构皮滩、公伯峡、三板溪等水电站，青藏铁路、京沪高速铁路和西南、西北进出境铁路，20万km“五纵七横”公路等基础设施建设力度继续加大；军工、汽车、信息、石化等相关产业对建材产品的需求将进一步增加。

“十五”发展目标 建材工业增加值预期年均增长7%~8%。到2005年，新型干法水泥产量达到1.2~1.3亿t，占水泥总产量的比重为20%，特种水泥产量占水泥总产量的比重为3%，水泥散装率达到30%；浮法玻璃产量达到1.6亿重量箱，占玻璃总产量的比重为80%以上，其中优质浮法玻璃产量5 000~6 000万重量箱，占浮法玻璃的比重达到30%以上，玻璃深加工率达30%；新型墙体材料产量3 000

亿块标准砖，占墙体材料总产量的比重为40%；池窑拉丝玻璃纤维产量达到23万t，占玻璃纤维总产量的比重为60%；玻璃钢机械化成型率为40%以上。

行业共性技术、关键技术和装备研发取得明显进展，新增生产能力技术装备水平总体达到国际先进水平。日产2 000～5 000t熟料新型干法水泥生产线技术与装备达到20世纪90年代国际先进水平。积极发展日产8 000t以上超大型水泥生产线，形成技术装备研发制造体系。全面提高"洛阳浮法"玻璃技术水平，实现优质浮法玻璃生产技术和管理方面的重大突破，产品实物质量达到国际先进水平。玻璃加工技术装备及产品质量达到国际先进水平。开发和引进年产2～3万t规模的电子级玻璃纤维池窑拉丝技术装备以及电子级玻纤布生产技术，使行业的技术水平达到国际先进水平。新型墙体材料技术与装备基本实现国产化。

"十五"末期，水泥生产企业的平均规模由目前的年产10万t提高到25万t；前10个水泥企业（集团）生产集中度由5%提高到17%；玻璃企业的平均生产规模达到300万重量箱以上，前10个玻璃企业的生产集中度达到50%；前4个玻璃纤维企业的生产集中度达到60%以上。

全面推进清洁生产，实现环保达标。到2005年，主要建材产品的平均能耗降低20%。平板玻璃、建筑卫生陶瓷、池窑拉丝玻璃纤维的生产以应用优质能源为主。水泥和墙体材料的生产要积极研究和开发多种能源和资源的利用途径。全行业年节能1 900万t标煤，减少粉尘排放210万t。

结构调整重点 大力发展新型干法水泥，加速淘汰落后工艺，优化生产力布局。禁止除新型干法以外的其他水泥生产线的建设。严格禁止对立窑进行扩径改造。节约并合理利用资源和能源，加强环境保护。"十五"期间要按照"等量淘汰"或"超量淘汰"的原则，发展新型干法水泥，新增新型干法水泥生产能力6 000万t，实现新型干法水泥生产能力翻番。

〔摘自国家经贸委建材工业"十五"规划〕

有色金属工业

基本情况 我国有色金属工业经过多年建设和发展，已经形成了包括矿山、冶炼、加工和地质勘探、工程勘察设计、建筑施工、科研教育等部门构成的完整工业体系。

到2000年底，规模以上有色金属工业企业近3 000个，总资产3 100亿元，从业人员130万人。10种有色金属冶炼能力900万t，其中铜160万t，铝330万t，铅120万t，锌220万t；铜材加工能力256万t，铝材加工能力335万t。2000年，10种常用有色金属产量775万t，其中铜137万t，铝289万t，铅105万t，锌195万t；铜材155万t，铝材218万t，实现销售收入22 00亿元，利润66亿元。

存在问题 产品结构不合理。到2000年底，10种有色金属矿山原料年生产能力550万t，而冶炼能力达900万t，矿山建设严重滞后于冶炼，40%以上的铜精矿、30%左右的氧化铝需进口。初级加工能力过剩，目前铜铝加工能力的利用率不足50%。高新技术产品、高精度产品满足不了国民经济各行业发展的需求，如高精度铝板带、高档铝箔、电解铜箔、引线框架材料、电站用超长铜冷凝管、高纯金属材料、大直径单晶硅、航空航天材料、电池用无汞锌粉等主要依靠进口解决，按价值量计算占有色金属进口总额的45%。

按生产能力计算，目前技术装备达到国际先进水平的不足20%。大多数中小企业技术装备落后，众多小冶炼企业仍采用土法工艺，浪费资源，污染严重。国家限期淘汰的6万A以下及环保不能达标的自焙阳极电解槽，2000年仍有1万余台，约占电解铝生产能力的50%；中小炼铜厂仍沿用落后的反射炉、鼓风炉工艺，SO_2利用率只有65%；中小铅冶炼企业，普遍采用烧结锅炼铅工艺，烟气浓度低，无法利用，每年排入大气中的硫达25万t；铜、铝加工"二人转"等落后轧机设备仍占相当比重。

需求预测与分析 "十五"期间，信息产业、交通、能源、建筑等消费有色金属较多的行业将保持快速发展，我国有色金属需求量仍呈上升趋势。到2005年，铜、铝、铅、锌需求量分别为200万t、380万t、60万t和120万t；铜、铝年均消费增长率分别为1.0%、2.2%，铅、锌略有增长。铜加工材需求量260万t，铝加工材需求量280万t。

铜消费的主要领域有电器、电子、轻工和交通运输，消费量约占总量的77%。铝消费的主要领域有建筑、机械、包装和能源，约占总量的78.3%。铅消费主要领域有蓄电池、玻璃、电缆和制造业，约占总量的85.6%。锌消费的主要领域有轻工、冶金、颜料和铜合金材用锌，约占总量的84%。

世界有色金属消费量仍将稳步增长，但消费增长低于同期产量增幅。预计未来5年内，全球铜、铝需求仍保持2%～3%的增长率，铅、锌需求也将保持1%～2%的增长率，供大于求的总体趋势不会改变，价格将呈周期性波动，竞争更趋激烈。随着市场竞争进一步加剧，有色金属初级产品生产向资源条件好的国家转移。未来铝的增长主要集中在非洲、南美、中国及南亚等地。

加入WTO后，我国有色金属工业面临严峻的形势：国内企业在装备水平、新产品研发能力、能源资源利用效率、营销服务等方面与国外先进水平存在较大差距；国内有色金属深加工、高附加值产品生产企业竞争力较弱，将受到一定冲击；高技术、新材料领域，跨国公司在资金、技术、管理和营销等方面具有较大优势，国内高新技术企业将面临更加激烈的竞争。

"十五"发展目标 2005年10种有色金属产量调控目标为800万t，其中铜170万t，铝350万t，铅90万t，锌170万t，锡、锑各6万t，钨1.2万t，稀土氧化物6万t。

2005年铜精矿含铜量55万t，氧化铝产量600万t，铅锌精矿维持现有产量；完善并促进废杂料的回收，提高再生金属产量。铜加工材市场占有率由2000年的66%提高到2005年的70%;铝加工材由82%提高到90%。集中力量发展目前国内大量进口的有色金属深加工产品,加快半导体及高纯材料、超导材料、储氢材料、高性能电池材料、粉体及微孔材料等新材料的产业化。

大型企业工艺技术装备和主要技术经济指标接近或达到世界先进水平。电解铝直流电耗由2000年的14 300kW·h/t降到2005年的13 500kW·h/t;粗铜能耗由2000年的0.72吨标煤/t降到2005年的0.65吨标煤/t;铜、铝加工成材率提高3~5个百分点。大于160kA铝电解槽生产能力占总能力70%;采用强化冶炼的铜、铅先进生产能力分别占85%、60%。采用湿法和密闭鼓风炉法炼锌的先进生产能力占90%以上。

2005年工业污染物排放总量在2000年的基础上再削减10%;工业水复用率由2000年的79%提高到2005年的85%以上。大中型冶炼加工企业环保设施达到国际先进水平,粗铜冶炼硫回收利用率达到95%,粗铅冶炼硫回收利用率达到90%,建成一批清洁生产企业。

结构调整重点 铜工业优先发展矿产原料,增加高技术含量铜加工产品。控制冶炼能力增长,引导冶炼企业投资矿山和深加工,培育一批优势企业参与国际竞争。鼓励企业通过技术改造,提高技术装备水平,发展国内紧缺品种,如电力工业用超长冷凝管、高效散热管,厚度18μm以下及宽度1.2m以上的电解铜箔、电子工业用引线框架铜材、变压器用铜带等产品。

积极创造条件发展氧化铝,集中力量发展铝加工紧缺品种,加快电解铝工艺技术装备升级,严格控制电解铝总量增长,避免重复建设,培育具有国际竞争力的大型企业集团。支持企业通过技术改造,发展高精度铝板带、电子铝箔、亲水铝箔、大型铝型材和涂层铝材,积极创造条件建设一套热连轧铝板生产线。

发挥中西部地区有色金属矿产资源和能源的比较优势,加快矿产资源的开发。依托现有大型企业,建设一批新的有色金属矿山基地。加大金川铜镍、湖南柿竹园、广西大厂多金属和青海湖镁锂等资源的开发与综合利用力度。进一步搞好青海、贵州、平果铝厂(铝业公司)及西南铝加工厂等现有大企业的高起点技术改造和环境保护工作,形成一批优势企业。

淘汰落后工艺技术装备。(1)土法炼铅锌。包括采用烧结锅、烧结盘、简易土高炉等落后方式和设备土法炼铅;用马弗炉、横罐、小竖罐等进行焙烧,简易冷凝设施收尘等落后方式和设备生产锌或生产氧化锌制品。(2)土法炼汞。包括采用土铁锅或土灶、蒸馏罐、坩埚炉及简易冷凝收尘设施等土法炼汞及年产汞10t以下的企业。(3)土法炼砷。包括采用土坑炉或坩埚炉焙烧、简易冷凝设施收尘等落后方式炼制氧化砷或金属砷制品的土法炼砷及年产砷(或氧化砷制品含砷量)100t以下的企业。(4)炉床面积在1.5m^{2}以下的鼓风炉炼铜、冶炼烟气制酸干法净化和热浓酸洗涤工艺技术和设备。(5)60kA以下和环保不能达标的自焙槽电解铝技术及装备。(6)热轧方法生产铜线杆。(7)离子型稀土矿酸浸冶炼工艺和设备。(8)未经国家主管部门批准开办的钨、锡、锑、离子型稀土矿山、冶炼及钨加工(含硬质合金)企业。(9)土法炼锑工艺及设备。包括采用地坑炉、坩埚炉、赫氏炉等落后方式炼锑。

〔摘自国家经贸委有色金属工业“十五”规划〕

轻　工　业

基本情况 2000年轻工产品进出口总额达925.2亿美元,其中进口221.9亿美元,出口703.3亿美元。“九五”前4年轻工业总产值、工业增加值、创汇额年均分别增长10.1%、7.9%和12.1%。新兴行业产值的比重增加,如家用电器、塑料制品、饮料、化妆品和包装装潢等五个行业的工业产值已占到轻工行业总产值的29.3%。

一些主要产品产量位居世界前列,如自行车、时钟、日用陶瓷、皮鞋、电风扇、电饭锅、电冰箱、洗衣机、塑料农地膜的产量已居世界第1位;盐、合成洗涤剂、啤酒的产量居世界第2位;手表、机制纸及纸板、糖、房间空调器的产量居世界第3位。出口产品中技术和资金密集型、高附加值产品的比重提高较快,出口贸易方式向多渠道、多种形式转变。已利用外资约400亿美元,其中外商直接投资约350亿美元。

目前,轻工上市公司已达100多个。在轻工业产值中,国有经济、集体经济、其他经济比重分别是28.7%、21.9%、49.4%,民营经济和外资经济发展较快。520户国家重点企业中轻工企业占11.7%。轻工大型企业和企业集团的生产集中度不断提高,电冰箱行业前6个企业产量已占全国总产量的75%,洗衣机和空调器前6个企业产量分别占全国总产量的74.6%和68.5%,啤酒行业前10个企业的产量已占全国总产量的40%。

存在问题 大部分轻工企业的技术装备仍停留在80年代以前水平,与国外先进技术水平差距很大。轻工科研机构与企业和市场的结合不够紧密,很多中小企业基本没有技术开发能力,技术人员匮乏,缺少科研设备和资金,大企业科研开发也普遍投入不足。

轻工系统万元产值能耗和万元工业增加值能耗,都大大高于国际同类产品水平。轻工业对环境的污染仍较严重,主要集中在造纸、食品发酵、制革等行业。轻工业排放废水50.6亿t/a,占全国工业废水年排放总量的25%,治理任务十分艰巨。

需求预测与分析 预计“十五”期间轻工业工业增加值年均增长速度为8.5%左右。随着国家加大西部的开发力度,西部地区投资环境将有所改善,有利于吸收境外资金和东部资金,加快发展具有地区特色的轻工产业。2005年,世界轻工业品的国际贸易额可达1.5万亿美元,为我国进一步扩大轻工产品出口提供了可能。但"十五"期间,轻工产品的出口增长率与"九五"相比将有所降低。优化出口产品结构,逐步提高技术、知识密集型产品及高附加值产品在出口产品中的比重和出口换汇额。出口创汇力争由2000年的700亿美元上升到2005年的1 000亿美元左右。

预计到2005年国内纸及纸板消费总量为5 000万t;主要家电产品的需求为:电冰箱1 300万台,洗衣机1 800万台,空调器2 000万台,微波炉900万台,洗碗机400万台,电热水器1 000万台;塑料制品2 500万t;盐3 200万t;食糖消费量将由目前的800万t增至1 000万t左右;洗涤用品消费量为460万t左右;自行车消费需求稳定在1 900万辆左右;国产工业缝纫机需求将达到310万台(套),特别是机电一体化的工业缝纫机社会需求增长更快;2005年国内手表需求量为7 000万只左右,时钟为3 000万只左右,啤酒消费量为2 500万t左右。

国内市场特别是农村市场潜力巨大,城镇化进程加快、居民消费结构的升级和农村市场的开拓,为轻工业的结构调整和产品的更新换代提供了机遇。但农村市场的开拓仍受到农民收入增长缓慢、消费环境较差、营销渠道不畅等因素的制约。因此对农村市场的开拓,是"十五"期间轻工业发展的重点和难点。

加入WTO对开放度较高、利用外资较多的家电、日用化工、啤酒、饮料等行业比较有利;自行车、缝纫机、玩具、钟表、家具、五金制品、陶瓷、罐头、皮革、箱包件、抽纱制品等轻工劳动密集型产品可望进一步开拓国际市场、扩大出口;对国内市场进口依存度不大或国外产品有一定的国内市场份额的照明电器、日用玻璃、制盐、文体用品、制笔等行业冲击不大,但可能给产品和技术升级形成一定的壁垒,总体影响利大于弊;对以农产品为原料并主要面向国内市场的乳制品、葡萄酒、味精等产品冲击较大;对技术装备水平和产品经济规模与国外先进水平差距较大,生产成本较高、市场竞争乏力的造纸及造纸机械、制糖等行业冲击较大。

轻工业的发展与林业、农业、石化、冶金等上游产业以及机械、汽车、纺织、烟草、医疗卫生等相关产业的调整和发展关联度较大。目前国家实施禁伐、限伐森林资源的政策对部分以木材为原料的造纸、家具等行业将带来很大的冲击,迫使其调整原料结构,寻求新的原料来源。同时随着我国印刷业技术进步的加快,对纸张的质量和档次水平要求越来越高,从而促进造纸工业技术和产业升级。随着石化工业的发展,树脂无论在总量还是在品种上都将有较大的增加,有利于塑料制品行业的发展。随着农业产业化和小城镇建设的推进,农村种植结构的调整,将有力促进食品工业的升级。随着住宅产业的加快发展,为家电、塑料、陶瓷、五金、家具、照明电器、工艺美术和室内装饰等行业带来广阔的发展空间。

"十五"发展目标 大幅度提高产品质量和档次,增加中高档产品、高附加值产品、技术密集型、知识型产品比重,适应多元化的市场需求,其重点产品质量接近或达到国际水平,且培育一批国际知名品牌,淘汰不适应市场需求的落后产品。

轻工业技术进步贡献率达到50%左右,重点行业主要技术装备达到国际90年代水平,一些关键领域要达到国际先进水平,如造纸、塑料、食品机械要在引进和开发的基础上,使其自动化和智能化接近国际先进水平。信息技术、生物技术、环保技术、新材料和新工艺在轻工行业的应用水平显著提高。轻工重点行业及企业技术创新能力明显加强,具有一批自主知识产权的技术和产品。用高新技术改造传统产业的进程进一步加快,同时淘汰落后的工艺技术装备。建立50家国家级企业技术中心。

东中西部地区要形成区域优势互补,遏制东西部地区轻工业经济发展差距拉大的趋势,逐步形成符合比较优势,合理分工协作的区域结构。在立足和发挥动态比较优势的基础上,东部地区轻工业要实现更高水平的发展,提高产业的国际竞争力;中西部地区轻工业要加大开放和开发力度,发挥资源优势,培育优势产业和企业。

"十五"期间,轻工企业主要污染排放总量在2000年基础上降低15%,2005年完成臭氧层耗损物的淘汰和氟氯烃类替代。重点污染行业及企业要达标排放,增产不增污,实现清洁生产。重点耗能产品单耗降低5%~10%,节能率达到5%。

结构调整重点 加快造纸、食品、轻工装备等产业关联度大、带动作用强、市场空间较大的轻工行业的发展。制浆造纸业重点开发高强度、高效率、低污染以至无污染的制浆生产技术;造纸方面要重点发展低定量、高质量、低消耗、高效率的生产技术;纸机向宽幅、高速、高效、低能耗、单台机能力大的方向发展,同时开发表面处理技术。要研究开发新原料、新浆种、各种化学助剂、胶料、填料、涂料的应用,废纸处理、纤维回收和防治污染、保护环境的适用技术,以及提高速生林和芦苇质量与产量的无性繁殖,遗传工程技术等。

轻工机械重点采用先进制造工艺技术、机器人技术、机电一体化技术、智能化计算机控制技术,以计算机集成制造系统为行业技术进步和技术改造重点,提高轻工机械技术含量,满足国内主要轻工行业发展的需要。重点发展造纸机械、塑料机械、陶瓷机械、玻璃机械、酿酒饮料机械、乳品机械、制糖机械和农产品深加工相关设备等。到2005年,为主要轻工行业提供国际90年代先进成套加工设备,在一批零部件和控制装置上有所突破,使一些行业和领域的主要技术装备基本立足国内。产品向大型化、精密化、自动化及高质量、高附加值方向发展,使产品的质量、可靠性和整机寿命进一步提高。

采用先进技术,加大专业模具厂的改造,提高模具的设计制造水平,产品向高精度、高质量、高档次方向发展。推进轻工模具生产企业向小而专、小而精方向发展。到2005年,高档塑料模具、玻璃模具基本实现国产化。

提高电子衡器和自动衡器产品比重。积极开发数字化、智能化衡器产品，应用先进的传感器技术、电子技术及相关制造技术，提高衡器的制造水平和产品质量。到2005年，衡器产量达700万台左右，其中电子衡器100万台。

着力培育和发展家电、塑料、日化、室内装饰、包装装潢印刷、文体用品等市场潜力较大、产品附加值较高的新兴行业，开发新品种，拓展新领域，培育新的经济增长点。装潢印刷行业推广应用彩色桌面系统、计算机直接制版技术及数字式打样技术，逐步实现设计、制版电子化；巩固和发展胶印，推广柔性版印刷技术应用，鼓励各种形式的防伪印刷技术的开发，实现印刷技术胶印、柔印化；搞好印刷手段的合理结合，提高后工序的综合配套水平，实现印刷分色高速自动化，模切成型联动化，后工序加工产品多样化，产品加工精度化。

积极采用高新技术改造和提升皮革、照明电器、日用硅酸盐、金属制品、日用机械等轻工传统行业，着力调整产品结构，扩大产品出口，提高国际竞争力。加强对自行车零部件新产品和新材料的开发应用，在成型加工和表面处理等方面实现传统加工向现代加工技术转变，提高整车产品的技术含量和附加值。预计到2005年，全国自行车产量达4 000万辆。年产50万辆规模以上的企业，在产品开发、工艺装备、产品质量等方面达到国际90年代末先进水平。在不盲目扩大生产规模的基础上，积极采用先进技术，提高钟表外观件和机芯的技术水平、质量档次，形成外观件和机芯规模化生产基地。要重点提高机芯质量，开发多功能机芯和高档机芯。推进电波钟表生产技术的开发，形成电波钟表集约化生产基地。积极发展微电子技术与精密机械相结合的机电一体化产品。加大创新力度，突出材料、工艺、设计和品牌特色，适应市场多样化、礼品化要求，提高中高档产品比重。到2005年，预计我国手表产量4.5亿只，时钟4.5亿只。

注重科技成果的转化，注重电子信息技术与缝纫机制造技术的嫁接，完善和改进现有控制系统，使其智能化达到国际水平。家用缝纫机向多功能方向发展，工业缝纫机向系列化方向发展；开发特种缝纫机系列产品，提高档次和附加值。“十五”期间形成2~3个工业缝纫机生产基地。提高产业集中度和产品开发能力，争创1~2个国际品牌。

〔摘自国家经贸委轻工业“十五”规划〕

石 化 工 业

化肥、乙烯等重大工程成套装置中，对压力高、流量大、技术含量较高的透平压缩机的需求比较迫切。化肥工程中的特殊介质压缩机已进入更新换代时期，将对离心压缩机形成较大潜在市场。乙烯装置用裂解气压缩机、丙烯压缩机、乙烯压缩机仍是需求重点。随着装置规模的扩大，对乙烯三机在技术性能上要求更高。

“三大化工”中“十五”期间需求化工流程泵、耐腐蚀泵、耐磨泵和缩下泵等各类化工泵约10~12万台。

乙烯工程“十五”期间需要新氢、循环氢、富气、废气、乙烯进料等工艺用往复压缩机约150台，燃料气、了二烯等螺杆压缩机约25台。

化工装置中所需的阀门，由于介质特殊，要求阀门要耐磨、耐腐蚀、耐高温。

基本情况 “九五”期间，先后建成了镇海、茂名、齐鲁、金陵四大含硫原油加工基地，新增含硫原油加工能力3 000万t/a；完成了上海、齐鲁、大庆等乙烯一轮扩能改造，燕山石化等乙烯二轮改造和小乙烯的挖潜改造开始起步。这些装置的建成，进一步提高了我国石化工业的技术水平和生产能力。目前，全国共有原油加工企业130余个，除西藏、海南、云南、贵州以外的省、市、自治区都建有炼油厂。

通过自主开发，炼油技术基本上可以立足国内。石油化工技术在引进、消化、吸收的基础上，自行开发了一些成套的工业化生产技术。催化剂国产化率已达到85%以上，一批重要催化剂达到国际先进水平。石油化工技术和装备开始从单向引进转变为有进有出的双向交流与合作，发生了历史性转折。

存在问题 我国从70年代开始先后重复引进了17套大中型乙烯装置，19套聚丙烯装置，18套聚乙烯装置，11套环氧丙烷装置等等。这些引进的大型技术装备，至今国产化的程度仍较低，技术改进较少，在引进若干年后，其产品性能、消耗指标又落后于国际水平，消化吸收创新不够。我国16个乙烯生产企业的18套乙烯装置，平均规模不足25万t，最大单系列只有48万t，由于乙烯装置规模偏小，导致下游三大合成材料生产装置也存在规模偏小的问题。

我国石化生产在污染物排放及产品质量、能耗、物耗等方面与国际水平有较大差距，汽油中硫含量、烯烃含量高，高辛烷值清洁组分比例偏低。柴油硫含量高、十六烷值较低和氧化稳定性较差。三大合成材料的回收利用及无害化问题也日显突出。

需求预测与分析 预计“十五”期间汽、煤、柴油消费量将以年均4.3%~4.6%的速度增长，到2005年，汽、煤、柴三大类油品总需求量达到1.36~1.38亿t；乙烯当量需求约1 500万t；五大合成树脂需求量2 500~2 700万t；合成橡胶需求量110万t左右；合纤原料需求量为1 080~1 260万t；包括丁辛醇、醋酸、醋酸乙烯、顺酐、环氧乙烷、苯酚、丙酮、苯酐、环氧丙烷/丙二醇、丙烯酸及酯、TDI和MDI在内的14种主要有机原料的年均需求增长为6.9%，到2005年需求量预计达到560万t左右。

“十五”发展目标 培育石油、石化集团和海洋石油总公司成为拥有著名品牌和自主知识产权、主业突出、核心能力强、具有国际竞争力的大型企业集团。加快落后企业关停并转，促进中小企业向“专、精、特、新”的方向发展，提高与大企业的配套能力。提高产业集中度，生产能力布局逐步趋于合理。

在资源结构上，统筹国际、国内两个市场、两种资源。

合理开发国内资源，充分利用国外资源。实现资源进口的多元化和多渠道。确保原油进口安全、稳定、经济。天然气在能源结构中的比例有所增加。在产品结构上，形成综合竞争优势，提高产品的科技含量。石油产品不仅在数量上，更要在品种、质量上满足国内市场需求；合成树脂、合成橡胶、合纤原料和主要基本有机原料的市场占有率及合成树脂专用料比例进一步提高。通过技术创新，逐步形成我国石化工业的核心技术，石化生产技术达到或接近国际先进水平，实现高新技术对传统石化工业的改造和提升。能耗、物耗指标明显降低，“三废”排放达到环保要求。

“十五”期间全国炼油综合能力达到2.7亿t，其中进口含硫原油加工能力达到7 500万t以上，建成8~9个千万吨级炼油基地。乙烯生产能力达到900万t以上，建成上海、扬子2个百万吨级乙烯基地。乙烯的国内市场满足率达到60%左右。合成树脂在三大合成材料中的比例提高到65%以上，合成树脂专用料比例达到40%以上，合成橡胶中丁苯和顺丁橡胶比例达到1.4:1。

〔摘自国家经贸委石化工业“十五”规划〕

煤 炭 工 业

基本情况 “九五”期间，煤炭工业利用外资11.4亿美元，其中，煤层气开发利用外资近1亿美元，技术装备进口总额4.8亿美元。通过技贸结合，引进了国外先进的采煤、掘进、洗选等技术和设备，经过消化、吸收，促进了我国煤矿机械制造技术水平的提高。2000年煤炭出口比1995年增加了1倍左右，在世界煤炭贸易市场中的份额由6%提高到11%。

存在问题 全国矿井平均每处产煤只有3万多t。国有重点煤矿矿井平均年生产能力80万t，是先进采煤国家的1/3左右。产量位居前4家的煤炭企业，市场占有率仅为9%，前8家为13%；119家国有重点煤矿平均每个企业年销售煤炭440万t，市场占有率不到0.5%。没有形成产、运、销一体化综合经营体系，经营效益受外部条件制约严重。

技术和装备水平低。全国煤矿非机械化采煤占60%以上，大中型矿井生产设备老化，小型矿井生产技术装备水平极低。煤矿用人多、效率低。乡镇煤矿生产工艺落后，破坏和浪费资源现象十分严重。

需求预测及分析 拥有世界先进采煤技术和设备的国家，通过技术改造，实现了集中高效生产。高新技术的应用改变了煤炭工业的面貌，发达国家在实现煤炭生产工艺综合机械化的基础上，向遥控和自动化发展，煤炭工业由劳动密集型向资本及技术密集型转化。洁净煤技术的开发和推广应用，受到各国越来越广泛的重视。日本、美国和欧盟国家先后研究开发洁净煤技术，已进入工业化应用阶段。世界煤炭进口量最大的是亚洲，其次是欧洲。由于亚洲新建燃煤电厂用煤量增加和欧洲煤炭生产规模萎缩，两地区的煤炭进口量将有所增加。

“十五”期间，国内煤炭需求量将稳步上升。但随着产业结构、地区结构、能源消费结构的调整和节能技术的发展，煤炭需求增长速度趋缓，煤炭消费和生产格局将发生变化。实施西部大开发战略将促进西部地区经济和社会的发展，特别是大型坑口火电站的建设，将带动西部地区煤炭生产和消费的增长。交通运输等基础设施的加快建设，铁路实行“网运分离”，将进一步改善煤炭运输条件，促进中西部地区煤炭开发，有利于煤炭开发布局重点向西部转移。随着污染物排放标准的提高和石油、天然气价格变动，将推动洁净煤技术的开发和应用，并带动煤炭消费增长。“西电东送”、“西气东输”及“三峡工程”等项目的建设投产，将改善华东和中南地区能源供应状况，东南沿海地区煤炭消费增长速度放慢。

“十五”期间，石油、天然气、水电和核电等清洁能源需求增长速度加快，煤炭在一次能源中的比重将有所下降；技术进步加快将进一步提高能源利用效率，节能效果更加明显；电力工业火力发电仍以较快速度增长，对煤炭需求持续增加；冶金、化工、建材等主要耗煤行业生产稳步发展，但在结构调整、产业升级及技术进步的推动下，煤炭消费量变化不大；居民生活用能向天然气、石油液化气、电能等方面转变，用煤量将逐步减少。预测“十五”期间，国内煤炭需求量年均增长2 000万t左右。

“十五”发展目标 总体目标是：煤炭企业建立现代企业制度取得重大进展，产业集中度明显提高，经济运行质量明显好转。洁净煤技术开发和产业化取得实质性进展，优质煤炭和煤炭转化的优质能源产品比重明显增加。煤炭产品在国际市场上的占有率进一步提高。矿区综合利用、环境治理工作取得显著成效。

到2005年，产业集中度明显提高，煤炭产量位居前8家的企业市场占有率达到35%以上，形成2~3个煤—电—路—港—航综合经营、具有国际竞争力的特大型公司和企业集团。煤矿生产技术和装备水平进一步改善，安全生产可靠性明显增强。大型煤矿采掘机械化程度达到90%以上，中型煤矿达到60%以上，小型煤矿机械化、半机械化开始起步。大中型煤矿科技进步贡献率达到40%以上。全国原煤入选率达到50%以上，动力配煤量达到7 000万t左右，煤层气产量30~40亿m^3，水煤浆产量1 000万t左右，煤炭液化产油250万t以上。煤炭出口8 000万t左右。

结构调整重点 “十五”期间，要加快建设25处、年生产能力逾6 000万t的在建矿井。同时，按照西部地区煤电同步建设、“三西”（山西、陕西、内蒙古西部）地区调节全国供需平衡、东部地区稳定生产规模的煤炭开发布局原则，重点做好建设低灰、低硫、高发热量的优质动力煤基地的前期准备工作。加强煤田地质勘探，提高勘探程度，满足建井条件，适时开工建设一批有市场、经济效益好的接续型矿井，增强煤炭工业发展后劲。

开展煤炭地质勘探及深部矿井开发技术的攻关研究，主要包括：西部地区煤炭开采及相关的水资源、生态环境保护的综合研究；东部地区深部找煤、资源潜力评价以及煤炭深部开采的关键技术研究；600m以上深厚表土层冻结施工技术、大型矿井深部开采技术以及千米深井井筒装备技术研究。开展高产高效现代化矿井关键技术攻关研究和建设示范项目，主要有：年产600万t综采放顶煤工作面的配套技术项目；年进8 000m以上煤巷、半煤岩巷快速掘进成套技术项目；年提升能力700万t以上的交流提升机变频调速控制系统和自动化采煤工作面的技术项目。开展煤矿安全技术研究，主要包括：重大瓦斯煤尘爆炸事故的预防与控制、煤矿突发性灾害监测及防治、煤矿快速救援抢险以及安全信息管理等技术研究。开展洁净煤技术的攻关研究，重点开展机电一体化大型高效选煤关键技术、细粒煤高效脱水脱硫降灰技术、煤炭直接液化技术、地下煤炭气化及应用等技术研究。煤炭工业可持续发展和综合信息化技术研究，主要包括：开展煤炭资源型城市生态环境控制与可持续发展的研究，煤炭综合信息化技术研究。

采用先进的洗选技术和设备改造现有选煤厂，充分发挥选煤厂的能力利用率，优化产品结构，提高质量和效益。大中型煤矿要有配套的选煤厂，小型煤矿要依托大矿的选煤厂或建设群矿集中选煤厂。重点在山西、陕西、山东、内蒙古、河南、安徽等省（区）建设一批先进的选煤厂。2005年，选煤厂平均工效达到40t。

完善水煤浆制备和应用技术。重点研究提高燃烧器效率和水煤浆在炉内燃烧过程中的固硫、脱硫技术。进一步降低燃油锅炉改造费用，建设100MW以上机组改造示范工程。在集中改造燃油锅炉的地区，鼓励煤矿与用户合资建设水煤浆制备、配送公司，发展集中洗选、制浆、管道输送、燃烧发电一体化工程。

大力发展煤层气产业，使其成为煤炭工业新的经济增长点。实行地面开发和井下抽放并举的煤层气开发方针，重点加快山西沁水煤田、河东煤田、安徽两淮煤田、辽宁铁法、抚顺矿区、贵州六盘水等地区煤层气的勘探评价及开发利用。2005年，大中型煤矿瓦斯利用量达到当年抽放量的80%，建成2~3个煤层气地面开发及利用示范基地，煤层气产量达到30~40亿m^3。

在完成神华神东、云南先锋和黑龙江依兰煤炭直接液化示范厂可行性研究的基础上，通过经济技术合作建设1~2个煤炭液化示范厂，2005年煤炭液化产油250万t以上。引进国外先进的煤炭气化技术，建设大型煤炭气化与煤化工示范项目。

〔摘自国家经贸委煤炭工业“十五”规划〕

石 油 工 业

石油天然气工业的发展离不开通用机械，油田用注水泵、稠油等输泵、油气混输泵、深井涡轮手油泵是“十五”期间重点需要的产品。扩大现在流程泵的性能范围，使期满足年处理量为500~1 000万吨的炼油厂的生产需要。

在天然气的开采和等输、贮存和处理中，需要燃气摩托压缩机等天然气的动力的石油气、天然气压缩机，预计“十五”期间共需200台。天然气、石油气的等输还需往复式活塞压缩机的150台，石油天然气工业还需负压螺杆压缩机和油气混输螺杆压缩机200台。

“十五”期间将需要开发平板式闸阀、球阀、止回阀、紧急切断阀，等长输管道用各类阀门，以适应石油、天然气长输管道的需要。

基本情况 到1999年底，我国油气开采行业已形成了1 860亿元的固定资产，年销售收入1 876亿元，实现利润总额290亿元，占全国国有及国有控股企业利润的30%，成为国民经济中的重要基础产业。全国原油产量自1996年突破1.5亿t以后，生产保持稳定，已连续5年产量超过1.6亿t。

“九五”期间西部地区石油勘探力度加大，以靖安油田为代表的富油区块的连续发现，使鄂尔多斯盆地连续5年新增储量超亿吨。在准噶尔盆地腹地，先后探明和控制了石西、石南和莫北3个亿吨级油田。在塔里木和吐哈盆地，分别发现了塔河油田和吐玉克稠油油田。四大盆地勘探不断取得新突破，使西部原油产量快速增长。“九五”期间天然气产量年均增幅达到10%，2000年产量超过277亿m^3。以中西部地区为重点的天然气勘探也连续取得重大突破，累计新增大中型气田28个。“九五”在沁水盆地南部晋城地区开展了两个区块的煤层气开采试验，最高单井日产量超过10 000m^3，初步控制可开发地质储量1 000亿m^3。

需求预测与分析 随着勘探程度不断提高，新发现油田规模总体呈变小趋势，而且新增探明储量中的低渗透与稠油储量所占比例逐年加大，储量品质变差，新增及剩余储量可动用性较差。稳产处于临界状态，上产难度较大。主要产油区目前已进入中后期开发阶段，主力老油田进入高采出程度、高含水率的双高开采阶段，挖潜效果变差，稳产难度加大，采油成本上升。

国内天然气市场有较大的发展潜力，天然气发电和工业用气以及城市燃气等消费需求将快速增长。2000年天然气需求量为260亿m^3以上，2005年达到600~700亿m^3。天然气在一次能源消费结构中所占的比例将逐步增加到5%。我国基本形成了以四川、鄂尔多斯、塔里木、柴达木、莺琼、东海六大盆地为主的气层气资源区和渤海湾、松辽、准噶尔三大盆地气层气与溶解气共存资源区的格局。

近几年世界石油产量年均增长速度在1.4%左右，供略大于求。今后几年或更长时期内，预计世界石油消费将以年均1.8%的速度增加，石油产量将以年均1.7%的速度增长，2015年前供需大致保持平衡，2015年左右预计达到年产

45亿t的高峰。

“十五”发展目标 探明石油地质储量38亿t以上，可采储量8.5亿t以上；探明天然气地质储量1.2～1.4万亿m^3，可采储量7 000～8 000亿m^3；探明煤层气可开发地质储量约1 000亿m^3。2005年，原油产量达到1.7亿t以上，天然气（含煤层气）产量达到500亿m^3以上，海外份额油达到1 500～2 500万t。“十五”期间，建设油气管道总长约14 500km，国家原油储备库800万m^3、地下储气库11.4亿m^3。油气占一次能源比例在5年内提高3个百分点以上。石油天然气勘探开发科技贡献率由目前的平均50%提高到55%以上。油气探井成功率较“九五”提高2%，原油采收率提高1%，钻井完井周期缩短1/3，原油和天然气成本下降15%～20%。

结构调整重点 加强国内石油勘探，增加后备储量，实现东部稳产、西部和海域有较大发展的目标；加快天然气基础设施建设，改善能源结构；坚持利用国内外两种资源的战略方针，积极拓展海外油气勘探开发业务；加快建设国家战略储备库，保障国家石油供给安全。

东部地区仍是我国今后主要的产油区。重点工作是深化老区勘探和提高原油采收率，提高未动用储量动用率。在2000年动用探明储量的基础上，力争“十五”期间提高采收率1.5%～2.0%，增加可采储量2.25亿t以上，并提高难采储量的动用率，延长油田稳产期。

西部地区有石油资源量295.4亿t，整体上资源探明程度比较低，应加快西部石油勘探开发，增储上产，早日实现油气战略接替。预计到2005年，西部地区原油产量占全国总产量的比重将从目前的17%提高到20%。在勘探方面，要突破复杂地表及地下构造条件的综合勘探技术，寻找规模油气储量和产量接替区；在开发方面，要应用深层和特殊类型油气藏的开采技术，适时扩大建设油气生产能力。

海域近期重点工作是在加强渤海、南海和东海海域油气勘探开发的同时，合理有效地动用现有探明储量，尤其是通过加速蓬莱19—3等油田的开发，迅速提高原油产量，由目前的1 617万t提高到2005年的3 000万t以上，增幅达85.5%，原油产量由目前占全国产量的10%提高到17%。

“十五”期间，重点加快建设新疆轮南上海的“西气东输”管道干线和涩北西宁兰州等陆上输气管道，以及东海气田春晓宁波、南海气田东方1—1—东方市海底输气管道。还要加快建设地下储气库及引进液化天然气基础设施。同时要加快发展煤层气产业，重点是加快沁水盆地、河东煤田、两淮地区、韩城及六盘水地区等含煤盆地的煤层气勘探开发，建成3～5个煤层气开发利用示范基地。

“十五”期间要立足中亚俄罗斯、中东北非及南美三大战略区，重点扩大和巩固在俄罗斯、哈萨克斯坦、土库曼斯坦、伊朗、伊拉克、苏丹、委内瑞拉、印尼等国的油气勘探开发业务，扩大占有的产量和储量份额，建成几个稳定的生产基地；建设伊尔库茨克满洲里大庆的跨国输油管道。实现原油进口多源化。到2005年，海外份额油要达到1 500～2 500万t。

〔摘自国家经贸委石油工业“十五”规划〕

医 药 工 业

医药行业的发展将带动通用机械中干燥设备、真空设备和分离机械的大力发展，对上述设备有较大需求，同时对设备也提出了更高要求。药品的喷雾干燥从气流式喷雾向旋转式喷雾干燥发展；旋转式低速向高速发展；由一级干燥向二级干燥发展；总体上向大型化、机电一体化、多功能综合技术发展。分离机械在制药过程中关键设备。我们生产的发离机械其品类与国际上大体相当，但品种规格、技术水平、质量与可靠性等方面，和国外相比还有一定的差距。要重点发展高参数、高可靠性产品，扩大品种规格，实现机电一体化，采用复合技术的蝶式分离机，活塞螺旋式离心机、刮刀离心萃取机等分离机械。真空设备除了用于传统产业外，正在向医药制品生物工程、电子技术等高新技术发展，提高真空设备的技术水平，质量与可靠性，提高产品的微电子技术的应用，提高产品的成套性，扩大真空技术的多用领域，是“十五”期间真空设备行业的发展方向。

基本情况 2000年医药工业完成总产值2 332亿元，年均增长17.5%；实现工业增加值578亿元，年均增长15.5%；医药商业销售总额完成1 509亿元，实现利税总额270亿元；医药商业实现利润7.6亿元，效益增长快于总量增长。1978年至2000年，医药工业产值年均递增16.6%，成为国民经济中发展最快的行业之一。

我国现有医药工业企业3 613个，可以生产化学原料药近1 500种，总产量43万t，位居世界第2。能生产化学药品制剂34个剂型4 000余个品种。可以生产包括X射线断层扫描成像装置、磁共振装置等在内的医疗器械11 000多个品种、规格。还可以生产8大类1 200多个规格的制药机械产品。西部地区的医药经济有了长足发展。四川已成为我国中药生产大省，云南、贵州、青海、甘肃、内蒙、广西等省区充分发挥当地资源优势，已成为我国民族药生产基地。目前，世界排名前20位的制药公司都已在中国投资建厂。医药商业的中外合资试点工作正在顺利进行。

“九五”期间，医药工业销售额前60个企业的生产集中度为35.7%，青霉素、维生素C、合成维生素E、阿斯匹林、扑热息痛等大吨位产品的生产企业数量已大幅度减少。片剂、粉针剂、水针剂、输液、胶囊5大类制剂前50个的生产集中度分别达到44.3%、97.6%、66.5%、58.9%和56.2%。

高效分离与纯化技术、超临界萃取技术、生产过程的自动控制技术、微囊化及靶向技术等一批高新技术在医药生产中得到推广应用。制药装备水平和生产条件有了较大提高，有一大批先进、适用的设备如双环流气升式发酵反应器、动态提取设备、微孔滤膜过滤器等实现了产业化，并广泛应用到制药工业生产中。到2000年底，有780多个制药企业(车间、剂型)通过了GMP(药品生产质量管理规范)认证,药品质量有所提高。医疗器械中的一些高、精、尖产品如磁共振、CT、彩色B超等实现了产业化,中低能直线加速器等基本实现国产化,旋转式伽玛刀、数字减影成像系统、激光手术器、纤维光纤内窥镜等能批量生产,符合国际技术标准的全中文直接数字化X线医学影像系统在我国研制成功并投入了临床应用,大功率二氧化碳心脏激光治疗仪研制成功并获得了国家专利。医疗器械产品标准逐渐与国际标准接轨,零部件的配套采购已开始实现国际化,有近100个企业通过了ISO9000认证。

存在问题 全国医药工业企业3 613个,其中大型企业423个,只占总数的11.7%。多数企业专业化程度不高,缺乏自身的品牌和特色品种。大多数企业不仅规模小、生产条件差、工艺落后、装备陈旧、管理水平低,而且布局分散,企业的生产集中度远远低于先进国家的水平。

我国自己能生产的医疗器械产品大多数是附加值较低的常规中低档产品,而临床上所需的高、精、尖医疗器械与新型实用医疗设备多数需进口。常规医疗器械产品的更新换代慢、科技含量低,产品质量不能满足医疗卫生高质量的要求,产品返修率与停机率高于国外同类产品,产品的可靠性不稳定。仍然没有摆脱传统的出口附加值较低、污染较重的化学原料药及常规手术器械、卫生材料、中药材,而进口价格昂贵的制剂及大型、高档医疗设备的进出口模式,高新技术产品出口比重较低。

国际市场开发力度不够,信息渠道不畅,对国际市场信息反应迟缓,特别是缺乏联合开拓国际市场的意识与机制。

"十五"发展目标 2005年,医药工业总产值年平均递增12%左右,工业增加值13%左右,商业销售总额9%左右,进出口额6%左右,工业利润13%左右。

结构调整重点 重点开发一批能降低产品成本、提高效益、减少污染的新产品、新技术、新工艺、新设备,"十五"期间主要在以下几方面有所突破:酶法生产7—ACA工艺、"一步发酵法"生产VC工艺、发酵法生产7—ADCA新工艺等;医药生产中的超临界萃取技术、大孔树脂分离技术、膜提取分离技术、超微粉碎技术等新工艺技术;推广中药指纹图谱质量控制技术;重点开发各种制剂用相关辅料,如新的粘合剂、崩解剂、包衣材料、色素、助溶剂、表面活性剂等;开发利用微囊技术、包合物技术、渗透泵技术等新的制剂技术,开发药物新剂型;医药工业中的关键技术如结晶技术、膜技术、手性技术等得到较为广泛应用;发挥我国动植物、海洋生物资源优势,在具有独特疗效的溶栓药物、急救药物、心血管药物、治疗糖尿病药物、抗肿瘤药物、抗病毒及提高机体免疫功能药物的开发方面取得新的进展;注重优势名牌老产品的二次开发;积极推进X线成像系统的数字化技术、电子医疗产品的模块化技术,开发纳米医用生物材料;制药装备水平要按照品种多样化、规格系列化、操作密闭化、机电一体化、符合GMP要求、在实施GMP时能降低成本的原则,重点开发超微粉碎机、新型生物反应器、萃取、分离、纯化设备及制剂机械。

〔摘自国家经贸委医药工业"十五"规划〕

化 学 工 业

基本情况 2000年,化学工业销售收入在500万元以上的企业有12 216个,资产净值4 054亿元,全行业工业总产值4 661亿元,实现利税397亿元,其中利润140亿元。

经过50年的发展,建成了一批具有先进水平的大型生产装置。现有年产30万t以上合成氨厂30个,60万t以上的纯碱厂5个,200万条以上轮胎厂10余个、30万t以上的硫酸厂5个,12万t以上的高浓度磷肥厂10个,10万t以上的烧碱厂15个。一批大型有机原料和精细化工装置也达到和接近国际先进水平。全行业大型、特大型企业540多个,有61个企业进入国家重点联系企业行列。

建立起了门类比较完整的科研开发和工程设计队伍。化学工业共有独立的科研院所245个,从事研究的科技人员达5万多人,建立了一批部级和国家级工程中心。"八五"以来,共获得国家级科技成果1 865项,每年有300多个精细化工新产品问世,还先后对引进的大型合成氨、尿素、磷铵、离子膜烧碱等生产中关键技术和装备进行了消化、吸收与创新。

"九五"期间,化工行业通过调整投资方向,加大技术改造力度,大力发展高档、高附加值和短线产品,加快产品的更新换代。投资重点向优先发展的农用化学品等四大系列产品倾斜,重点抓了化肥、农药等七大工程建设,还较大幅度地缩减了电石法PVC、石墨法烧碱、电石法醋酸乙烯、斜交轮胎在总产量中的比重。行业自主开发能力和科研成果转化能力得到增强,重点突破了一批行业急需和对行业技术进步带动性较大的新技术、新工艺。

目前,我国化学工业生产能力和产量基数较大,有十余种主要化工产品产量居世界前列,其中,合成氨、化肥、电石、染料居世界第1位,硫酸、农药、纯碱、烧碱居世界第2位,硫铁矿、磷矿、磷肥、醋酸、涂料、轮胎等也在较前位次。

20世纪90年代以来,发达国家不断加大研究开发投入,以技术创新和领先作为抢占未来制高点的首要手段,大型化工公司纷纷将精细化工作为发展重点,并将其核心产业向精细化工和高新材料方向转移。化学工业的节能、环保和安全技术的开发与应用,正逐渐从"末端处理"转变为"生产全过程控制"。这一趋势,将促使我国化学工业既要注重当前竞争能力的提高,更要注重可持续发展能力的提高。

存在问题 在国内化工产品长期处于供应短缺状态下,我国化学工业发展以外延扩张为主,忽视了结构升级和产品质量的提高。

企业规模小而散、集中度低、难以形成规模效益。许多装置达不到经济规模,如烧碱装置平均规模不足4万t/a,PVC树脂生产企业平均规模不足5万t/a,子午线轮胎生产企业的平均规模为100万条/a。

化工产品在品种和质量上不适应市场快速变化的要求。产品结构不合理集中表现在石油化工产品、有机化工产品和高档新产品的比重过低，而高消耗、粗加工、低附加值产品的比重高，造成一方面总量上已供过于求，生产能力过剩；另一方面许多产品又大量进口。国产新品种农药仅占农药总量的20%，新品种染料仅占35%，子午线轮胎仅占32%（世界平均已达80%以上），节能低污染涂料所占比例仅15%～20%（发达国家已达60%以上），高浓度氮肥只占氮肥总产量的60%、高浓度磷肥仅为磷肥总产量的35.5%，离子膜烧碱占26%，重质纯碱占20%（发达国家已达80%以上）。

一些产品的原料技术路线落后。近十几年来，我国有机原料路线已逐步从以煤焦、农副产品为主向以石油（包括天然气）为主转变，按产量计算为50%～60%。但是，这种择优改变原料路线的进程十分缓慢，目前我国乙烯法PVC树脂的生产能力仅占30%左右，电石乙炔法醋酸乙烯约占50%，氯丁橡胶全部采用电石乙炔路线。而上述产品在国外已基本被石油化工路线取代。另外，相当一部分化工产品的生产仍采用高能耗、高消耗、高污染的原料技术路线。缺少自主开发的核心技术，大部分产品的生产和装备技术长期落后于发达国家。科研投入少、基础差，缺乏创新和对引进技术的消化能力，工程化能力也较差，成套技术的开发能力弱。尽管“九五”期间，加大了“三废”污染的治理力度，新建和技术改造项目始终坚持“三同时”和以新带老的原则，有效地控制了新污染源的产生，但从总体上看，化工“三废”治理率还较低，污染仍十分严重。同时，发达国家正在不断地将其污染严重的化工产品生产转向发展中国家，也进一步加重我国的环保负担。

需求预测与分析 在世界化工产品市场上，以化肥、纯碱、烧碱、甲醇等大宗化工产品为主的产品总体呈供需基本平衡或略有富余的局面，但各地区的发展不平衡；以合成材料、橡胶产品和醋酸、MDI（二苯基甲烷二异氰酸酯）、TDI（甲苯二异氰酸酯）、1,4－丁二醇等有机原料为主的产品市场需求增长较快，生产增长也快，在一些地区，特别是发展中国家和地区，仍有一定的发展空间；以精细及特种化学品为主的产品市场增长较快，变化较大，需求和供应不断细化，这一类产品是世界化学工业竞争的热点所在。

国内市场供需矛盾已由短缺转向了相对过剩，化工的发展由供给约束转为需求约束。根据国民经济和相关行业发展情况，以近年来国内化工产品消费情况为基础，化工产品市场需求预测的结果是：大宗化工产品的需求增长低于同期GDP的增长，精细化工产品增长率略高于GDP增长速度。

“十五”发展目标 化工整体经济增长速度保持和国民经济总体发展速度基本一致，年均增长7%左右。“十五”末化学工业产值达到4 600亿元，主要化工产品质量和国际全面接轨，绝大部分产品质量标准采用国际通用标准。

淘汰一批污染大、消耗高的落后技术和装备。在节能和环保方面有明显改善。每吨产品综合能耗达到：大型合成氨37GJ，中小型合成氨55GJ，隔膜法烧碱1.5吨标煤，联碱法纯碱8 000MJ，氨碱法纯碱13 000MJ。化工行业水的重复利用率提高10%，污水排放量减少10%，废气治理率提高5%，固体废物综合利用处置率比2000年提高10%。完成一批具有自主知识产权的技术创新成果，使行业整体技术和装备水平达到国际90年初的水平。

发挥西部优势，加快西部化工发展。在充分研究和分析西部优势的基础上，结合实际，加强资源的本地化加工利用，培育优势化工产业。提升具有比较优势的化工产品（如：化肥、无机盐等）的规模和水平，有选择地加大石油化工、轻烃类（包括：天然气、煤层气和油田半生气等）化工的发展力度。力争在化肥、甲醇和甲醛、PVC、无机盐生产方面建成一批具备较强竞争力的现代化化工生产装置，形成西部化工的主导产业。

结构调整重点 重点突出区域优势，加强区域间的分工协作，减少区域间产业趋同。中西部地区利用市场和资源优势，与东部的技术、人才和机制方面的优势结合，加强资源本地化深加工与利用，形成优势化工产业。东部沿海，大力发展沿江、沿海外向型工业，重点放在高新技术、深加工的产品上，弱化传统产品和原料型的生产，适度向中西部地区转移。

按照行业特性和在国民经济中的地位，将化学工业划分三类：第一类是对国民经济发展有重大影响，为国家基础产业、支柱产业和国防建设提供保障的行业，包括：化肥、化学矿山、农药、国防化工。第二类是处于成长期、与现代技术发展联系紧密、市场发展较快，对经济增长和产业升级有明显带动作用的高新技术行业，包括：新领域精细化工、化工新材料、信息用化学品、轮胎等。第三类是市场属性较强，竞争程度较高的行业。这类行业多数为传统化工行业，生产能力很大，生产厂点也较多，市场竞争的格局早已形成。包括：有机原料和中间体、三酸两碱、涂料、染料、无机盐等。今后，要稳定和提高第一类行业，重点发展第二类行业，调整和控制第三类行业。

〔摘自国家经贸委化学工业“十五”规划〕

石油化工发展与装备

中国石化集团公司物资装备部副总经理 王廷俊

我国石油化工工业是国民经济的支柱产业。石化工业的大发展是从70年代成套引进开始的，经过二十多年的努力，石化行业同机械行业长期合作，不断消化吸收引进技术，正在逐步实现重点装备国产化。现就中国石化工业的现状、发展和对装备的要求，以及石化重大装备国产化的情况进行分析，以便总结经验和教训，共同促进石化工业和机械工业的发展和装备国产化。

1998年国家在原中国石油化工总公司和中国石油天然气总公司的基础上重组为中国石油化工集团公司和中国石油天然气集团公司。两大集团公司按南北地域划分成为两个上下游、内外贸、产销一体化的特大型石油石化公司。主要从事油气勘探开发、石油炼制、化工化纤化肥生产和销售等业务。两大集团都由上市部分的股份公司和非上市两大部分组成,股份公司都已在国外或国内上市。

2000年,中国原油产量16 262万t,天然气产量177.2亿m^3;原油加工量21 061万t,汽油、柴油、煤油、润滑油四大类油品产量12 539万t;乙烯产量470万t,合成树脂1 079万t,合成纤维629万t。2001年石化集团生产原油3 790万t,天然气45亿m^3,原油加工10 552万t,生产乙烯291万t。

随着中国加入WTO,中国石油化工工业面临着严峻的挑战。一是,石油资源短缺,国内原油已满足不了国内市场的需要,对进口石油的依赖越来越大,2000年进口原油达7 000万吨,而国际石油价格的波动给石油化工工业带来了较大的风险。预计到2005年,国内原油加工量的50%靠进口。二是,石油化工产品市场竞争日益激烈,国内合成树脂产品和合成纤维及原料的市场占有率只有50%左右。中国加入WTO之后,将逐步减让关税,取消非关税壁垒,国内市场国际化趋势加快,石化市场竞争将更加激烈。三是,世界上超大规模跨国石油化工公司重组,已经出现了埃克森/美孚、壳牌、BP/阿莫科/阿科、道达尔/菲纳/埃尔夫等四强并立的跨国集团,将在国际竞争中处于明显优势。

面临世界石油化工市场的激烈竞争,中国石化工业经过"九五"期间的改革重组、调整和发展,已经具备了良好的发展基础。在"九五"期间,上游油气勘探开发特别是西部和海上石油勘探取得新得进展,油气开发保持了稳定;炼油方面已建成了茂名、镇海、齐鲁、金陵等进口含硫原油加工基地。化工化纤方面,大庆、燕山、上海、扬子、齐鲁乙烯第一轮改造已经完成,第二轮改造已经起步;辽阳、天津、洛阳三大聚酯工程已经顺利投产;在技术开发方面,初步形成了科研开发、工程设计、机械制造、工程管理到生产管理等一只水平较高的技术队伍。上游拥有陆相深油藏勘探多项配套技术以及提高采收率二、三次采油技术;炼油化工方面拥有催化裂化、加氢裂化、渣油加氢、乙烯裂解、聚烯烯、聚酯、顺丁橡胶等成套石化技术。

"十五"期间,石油和石化工业在资源上要加强油气资源勘探,增加接替资源,逐步增加原油产量,大力开发利用开然气资源,优先利用国产原油,搞好进口原油加工,增加高硫油加工能力。在投资上坚决杜绝低水平重复,切实改变经济增长方式,坚持技术进步、技术创新、技术改造和产业升级"四位一体",坚持"低投入,高产出,适进投入,快速产出",积极引进资金、技术和管理方式,开展多形式的合作,实现产权多元化。

油气勘探开发:发展思路是立足东部,发展西部,勘探海相,加快新区开发建设,搞好老区技术改造,加快开发开然气资源,扩大国际石油合作。

石油炼制:发展思路是充分利用两种资源和两个市场,调整炼油企业结构和装置结构,提高油品质量。关闭和淘汰落后生产能力,实现炼油装置大型化和经济规模,发展加氢工艺和高硫渣油加工工艺,到2005年完成茂名、广州、镇海、上海、高桥、福建、齐鲁、金陵、大连等千万吨级炼油厂改造。

石油化工:发展思路是以聚烯烃、合成纤维原料和涤纶为重点,坚持以技术改造、内涵发展为主,积极开展对外合资合作。重点是提高产品质量,增加品种牌号,节能降耗,降低成本,提高市场占有率。主要对大庆、燕山、扬子、上海、齐鲁、茂名等大型乙烯进行第二轮改造,能力达到60~70万t/a;对天津、中原、广州等中型乙烯进行改造,使其能力达到18~20万t/a;同时中外合资建设几套大型乙烯工程,其中扬子—巴斯夫60万t/a乙烯工程、上海—BP/阿莫克90万t/a乙烯工程争取"十五"建成投产;福建—埃克森60万t/a乙烯工程、天津—道化学60万t/a乙烯工程将在"十五"动工,"十一五"投产;镇海70~80万t/a国产化乙烯工程"十五"启动建设,"十一五"投产。

合成纤维:主要安排仪征化纤、扬子石化、上海石化、天津石化和洛阳石化建设或改造35~45万t/a精对笨二甲酸(PTA)装置,以满足全国对合成纤维原为需要;并对仪征化纤、上海石化涤纶长丝和短丝装置进行改造,重点是增加品种、质量,提高差别化纤维生产能力和市场占有率。

为了改变石化装备长期依赖进口的局面,在国家经贸委的领导和支持下,通过石化行业和机械制造行业长期合作,对石油和石化装备多年不断攻关研制,一批石油和石化重大设备已经立足国内。但随着石油和石化生产工艺不断发展和生产规模大型化,还有不少设备在进口。据石化集团统计,"九五"期间进口机电设备和备件将达20亿美元,每年平均4亿美元。

石油和石化行业是一个高投入高产出的行业,两大集团目前每年投资达300~500亿元左右。特别是石化装置建设和改造投资中,装备投入占工程建设投入的50%左右。如果长期大量进口国外装备,由于其价格高,经济上难以承受。因此降低投资成本,提高投资效益,更多采用国产设备,成为石化企业上下的共识。在总结投资工作的经验时,提出了"以技术改造为主,以提高技术含量为主,以国产化为主,以自有资本金为主"的投资原则。在重大装备国产化工作中,提出"积极、稳妥、可靠、实事求是"的方针。在以上方针指导下,石化集团的投资项目在前期可研阶段,已把装备的国产化作为项目可行性研究的重要内容,要求装备部门组织专家进行论证。多次采取技贸结合办法将设备设计制造技术引进国内。为了支持装备国产化,领导层敢于负责,敢于承担风险,并于每年拿出专项资金作为国产化研制经费的补贴。对于在装备国产化中做出重大贡献的单位和个人,给予表彰和奖励。为加强装备国产化工作,设有专门部门负责统一组织和协调。正是由于采取了上述措施,十几年来在国家和科研、设计、制造、使用单位的支持下,在石油勘探开发、炼油、化工、化纤、化肥的重大装备国产化上取得了一个个重大突破,取得了明显的经济效益。据石化集团不完全统计，十几年来攻关研制和推广应用的石化国产化重大装备达2 000多台，与同期进口设备相比，节约投资达20多亿元。

为了进一步加大装备国产化力度，石化集团制订的"十五"技术装备的发展思路是：以经济效益为中心，通过对技术装备的引进、消化吸收、研制创新，开发具有自己知识产权的技术装备，使中国石化油气勘探开发、石油炼制、石油化工等核心业务所涉及的主要技术装备适应石油石化技术进步的需要，以保证中国石化在未来的市场竞争中具有较强的竞争能力。

石油石化重大装备国产化"十五"的目标是：炼油装备技术水平达到21世纪初的国际水平，石油化工和石油勘探开发装备达到20世纪90年代末的国际水平，逐步实现装备大型化、高效化、成套化。按投资计算，炼油设备国产化率达到95%，石化设备国产化率达到80%，化纤设备国产化率达到60%。化肥设备国产化率达到95%，石油勘探开发设备国产化率达到80%。

石油石化设备主要包括：1)石油勘探开发设备，如地震仪器、测井仪器、钻机、井控设备、钻具、钻井仪表、机械采油设备、注水设备、固井压裂设备、三次采油设备、修井设备、储运设备等；2)炼化设备，如加热炉、反应器、塔器、换热器、气体压缩机组、流程泵、阀门、离心机、过滤机、干燥机、成型机、挤压造粒机、世装码垛机、以及空分设备、污水处理设备及储运设备等；3)化纤设备，包括纺丝机、牵伸机、卷曲机、定型机、干燥机、打包机等。

石油勘探钻采设备开发重点是：大位移钻井设备、欠平衡压力钻井设备、浅海石油钻采设备、顶部驱动钻井设备、自行走车钻井设备、采油及测井仪器、连续油管作业设备、含油污水生经处理设备等。

炼油设备开发重点是：千万吨/年常减压蒸馏设备、千吨级加氢反应器、10 000m^3 板壳式换热器、15~20万 m^3 浮顶油罐、1~3万 m^3 双壁圆筒型低温储罐、130m^3 石油液化气铁路罐车、大型加热炉等。

乙烯和合成树脂设备开发重点是：10~15万t/a乙烯裂解炉、80万t/a乙烯三机、快速急冷为废热锅炉、大型乙烯冷箱、裂解气分离设备、大型乙烯球罐、聚烯烃反应器、大型挤压造粒机组等。

化纤设备开发重点是：大型PTA装置氧化反应器、带尾气透平空气压缩机组、立工螺旋卸料离心机、转鼓真空过滤机；大型聚酯装置酯化和缩聚反应器、大型热媒炉；丙烯腈装置流化床反应器、五效蒸发器；涤纶和腈纶纺丝及后加工设备。

为了实现石油和石化的国产化，石化集团将继续坚持"积极、稳妥、可靠、实事求是"的方针，以市场为导向，以工程建设和技术改造为依托，在自主研制或在消化吸收国际先进技术的基础上，开发具有自主知识产权的石油石化装备；技术装备的国产化研制要与中国石化中、长期发展规划相结合，与工艺技术的发展相结合，坚持高起点、高水平、高效益；技术装备的国产化要统一计划、统一部署，适当超前研究，打破地区、部门界限，组织科研、设计、制造、使用单位一条龙攻关，避免工程建设、装备引进与国产化脱节；技术装备的国产化不强调百分之百，国内不过关的配套件和特殊材料可以引进。

石油和石化装备一般是在高温、高压、易燃、易爆、腐蚀、有害条件下工作，其中石油机械长期暴露在野外操作，工作环境恶劣；石化设备要求连续化生产，运转周期不少于16 000h，而且多套生产装置连续运转，一台设备发生问题，会出现大面积停车，甚至造成人身和财产的巨大损失，有的企业停产一天损失几百万元。因此设备的质量和可靠性一直是石化用户担心的主要问题。现在有的制造企业往往对第一台攻关设备十分重视，一般不会发生问题，但投入正常生产后，质量问题频频出现。有的机械产品中的老毛病久久不改，在多台设备中反复发生，例发制造精度差，检验不严格，凑合出厂；易损件的寿命低，更换频繁；外购配套件质量差，主机厂又不进行严格检验等，经常在设备运行时暴露出来；特别是在现场发生问题时，有的制造企业售后服务滞后，石化生产不能尽快恢复，给石化生产带来很大损失。如何从制度上、机制上解决工作马虎、凑合、不在乎的老毛病，严格质量控制体系，是今后制造企业应该认真解决的关系企业生死存亡的大问题。

为了提高石化产品的性能、质量，增加品种牌号，降低能耗、物耗，符合环保要求，需要不断更新石油和石化工艺技术，新的生产工艺会对装备提出新要求。石化工艺技术进步很快，每3~5年就有新的技术出现并实现工业化，装备技术也要跟踪石化工艺技术的发展，满足石油石化生产工艺的变化。目前国内机械制造企业和用户的联系不是十分密切，相互之间信息沟通不畅，脱节现象严重。机械制造企业不知道石化企业需要什么，石化企业不知道机械制造企业在开发什么。国内的装备攻关一般都需要1~2年时间，推广应用之后，机械制造企业又很难继续跟踪研究改进和系列化。当新的石化生产工艺被采用时，现有的装备技术不能满足需要，结果使用单位又要引进。装备攻关研制的速度赶不上石化技术进步的速度，应该引起机械制造企业的高度重视。机械制造企业在产品开发上要花大力气，跟踪国内外技术发展和水平，开发新品种，实现系列化。第一重型机器厂研制的2¼Cr-1Mo钢加氢反应器研制成功并投入应用之后，跟踪国际技术发展，又开发出3Cr-1Mo-1/4V钢加氢反应器，性能更加优良，而且降低了制造成本。现在他们又在开发1¼Cr-1Mo-1/4V钢加氢反应器，以满足石化生产工艺的不同需要。"十五"期间新建和改造的二十多套加氢装置所需的加氢反应器，基本上可以不再进口。但有的制造企业在研制成功炼油用的真空转鼓过滤机之后，没有继续研究合成树脂和合成纤维生产中用的真空转鼓过滤机设计制造技术，结果仍然继续进口。尽管它们的原理和结构大同小异。

扩大石化生产装置规模是降低生产成本、提高经济效益的有效途径。1 000万t/a常减压装置、300万t/a催化裂化装置、300万t/a加氢裂化装置、60~90万t/a乙烯裂解装置、30~45万t/a聚乙烯和聚丙烯装置都相相继出现。如乙烯裂解炉是乙烯解装置的心脏设备，十多年来从2万t/a、4万t/a到6万t/a都攻过，现在又需要对10~15万t/a裂解炉进行攻关。大型乙烯三机（裂解气压缩机、丙烯压缩机、乙烯压缩机），30万吨级已经攻关研制成功，但还要继续攻关研制60~90万吨级的大型压缩机；聚丙烯装置从4万t/a、7万t/a，现在发展到20万t/a年，不少设备如反应器、压缩机、挤压造粒机等设备也要进一步研制。装置规模扩大要求设备大型化，而设备大型化并不是简单放大，有很多新的技术难题需要进一步攻关。聚烯烃装置中的挤压造粒机组，现在每台价格为400~500万美元，大连橡塑机械厂几年来搞了1~2万t/a的设备攻关，但4~7万t/a的设备设计，还没有投入生产，市场上又大量需要20万t/a的挤压造粒机组。据统计单石化集团"九五"期间进口挤压造粒机组和配件花去了1亿多美元。

目前石化生产所需的不少石油和石化专用设备，设备制造技术上没有太大难度，但因国内不会设计而大量进口。"九五"期间石化集团进口此类设备达3.3亿美元。外商往往强调属于专利设备、专有技术设备或专利商在国外的指定制造厂产品，不肯让国内制造厂生产。同内设计院也往往没有精力开发，结果从国外大量采购。今后希望机械制造企业密切同科研、设计单位合作，共同开发石油石化专用设备，或者同国外合作开发，掌握设备设计技术，根据用户的不同需要，只要用户提出有关生产参数，就可以自行设计制造。这类设备，如反应单元设备、干燥单元设备、分离单元设备、过滤单元设备、水力或气流输送设备、包装码垛设备等。

机械制造企业应特别重视设备的交货进度，坚决按合同交货期完成制造任务。有的企业往往前期抓不紧，后期日夜加班，质量和交货进度都受到影响，给用户造成很大损失。一个大型石化工程，往往投资几十亿到上百亿元，工程建设网络控制计划确定之后，因一台设备迟迟不交，施工队伍的误工损失、大型施工机具的台班费损失、贷款利息的损失、晚投产的经济损失等难以计算。为此，希望机械制造企业在合同签定之后，对重大、制造周期长的设备，要制订制造网络控制计划，采取措施保证每一个工序都按时完成，滞后的要千方百计补回业。重合同，守信用，这也是一个企业生存的关键。

目前，我国已经加入WTO组织，按照WTO规则，我国将逐步减让进口设备关税，国内石化机械产品的价格优势将减弱，国外大量先进设备将要占领国内市场。国内石化用户将更多地采用国内外招标地办法选择供应商。面对国内外激烈的市场竞争，石化机械行业应该加快改革步伐，和石化企业密切配合，开发或引进与石化工业发展相适应的装备技术，用国产装备武装中国的石化工业。

拟建在建项目市场需求

本项目由北京华信捷投资咨询有限责任公司（简称华信捷公司）提供。华信捷公司成立于1998年1月，由中国工程咨询协会、国家发展计划委员会投资研究所、中国施工企业管理协会联合创办，是投资与建设领域的专业咨询机构。

1998年9月，华信捷公司针对国内外对中国工程建设信息的巨大需求，依托自身得天独厚的信息资源优势和专业人才优势，研究和开发了中国第一个大型电子版的工程信息数据库——《中国拟建和在建项目库》。该数据库及时提供全国各地区、各行业的拟建和部分在建项目的详细信息，收集各级计委、经贸委审批的、投资规模在1 000万元以上的项目介绍，并每月进行最新项目数据的更新和补充。项目信息涉及范围广泛，包括：基础设施建设（交通、能源、电信、市政、环保等）、原材料生产和加工、石油和化工、医药、机械和电子、农业、林业、水利和旅游开发等。

针对广大用户对信息不同层次的需求，华信捷公司自2000年8月起，开始向各界用户发行多种免费电子刊物。

同时，华信捷公司依托专业信息资源和人才优势，积极开展行业调查、投资分析、市场调研等咨询业务，先后完成了"欧盟在华投资分析"、"欧共体援华节能项目调研"、"FA产品在水处理项目中的应用调查"等多项咨询。其中"欧盟在华投资分析"的调查结果已由统计出版社正式出版。华信捷公司还曾先后为国内外客户完成了卫生洁具、移动通讯、有线电视、信用卡、化妆品市场、啤酒市场、石油天然气和汽车工业等项市场调查和投资项目咨询服务，参与了天津、广东、深圳、河南、新疆等地区的地方经济综合分析。这些调查和分析报告，因其资料详实权威，分析深入具体，受到客户的好评。华信捷公司愿意继续发挥自身的优势，为广大客户提供个性化项目信息服务和多层面的咨询服务。

2001年，是新世纪的开始，随着我国加入WTO，随着我国市场经济改革进一步深入，随着我国经济高速增长，施工企业、设备制造/供应企业、建材/原材料供应企业面临着更加激烈的竞争，也面临更广阔的商机。掌握信息已经成为企业竞争战略的重要组成部分，华信捷公司愿意发挥自身优势，提高服务质量，向广大客户提供丰富、详实的工程项目建设动态信息，提供个性化信息服务，为用户的成功助一臂之力。

项目名称：主城区污水处理工程
建设地点：山西省
设备来源：国内采购
建设周期：2000～2001 年
投资总额：15 587 万元
资金情况：希望引资
进展阶段：已正式开工
所需关键设备：提升泵站、曝气沉沙池、氧化池、混凝沉淀池
建设内容：日处理污水 10 万 t

项目名称：县城供水工程
建设地点：贵州省
设备来源：国内采购
建设周期：2000～2001 年
投资总额：3 341 万元
资金情况：正在落实
进展阶段：已批可行性研究报告，正在做工程设计
所需关键设备：反应沉淀器、过滤器、球墨铸铁管、排泥阀、自动排气阀、人字栅条、无毒塑料斜管、计量泵、离心泵、葫芦等
建设内容：新增日供水能力 3.1 万 t。

项目名称：碱回收及废水综合处理工程
建设地点：宁夏回族自治区
设备来源：国内采购
建设周期：2000～2002 年
投资总额：17 730 万元
资金情况：正在落实
进展阶段：正在报批可行性研究报告
所需关键设备：日处理 150t 麦草浆黑液燃烧炉及 8 台 $70m^2$ 真空洗浆机等主体设备
建设内容：建设日处理 10 万 m^3 造纸污水处理及日处理 150t 麦草浆黑液回收环保节能工程

项目名称：五岳观水厂工程
建设地点：江西省
设备来源：国外引进
建设周期：2001～2004 年
投资总额：7 846 万元
资金情况：正在落实
进展阶段：正在进行施工准备工作
所需关键设备：水泵，电机，开关柜，自动加矾、加氯设备，电动阀门等
建设内容：取水泵房、输水管、平流式沉淀池、V 型滤池、清水池、送水泵房、污泥沉淀池、配水管网、综合楼。主要产品为自来水，生产规模为 10 万 m^3/d(第一期 5 万 m^3/d)

项目名称：三水源供水工程项目
建设地点：黑龙江省
设备来源：国内采购
建设周期：1998～2001 年
投资总额：23 191 万元
资金情况：已全部落实
进展阶段：已正式开工
所需关键设备：高低压配电、立式水泵、卧式水泵、各种管材、阀门等
建设内容：日供水能力 9 万 m^3/d

项目名称：城市排水及污水处理工程
建设地点：内蒙古自治区
设备来源：国外引进
建设周期：2001～2003 年
投资总额：12 000 万元
资金情况：希望引资
进展阶段：已批可行性研究报告，正在做工程设计
所需关键设备：管材及提升泵
建设内容：建设日处理能力 4 万 t 污水处理厂 1 座；铺设污水管网 9.92km，其中包括提升泵站 1 座；铺设雨水管网 39.1km，其中包括雨水提升泵站 3 座

项目名称：城区污水处理厂工程
建设地点：河北省
设备来源：国内采购
建设周期：1999～2001 年
投资总额：13 311 万元
资金情况：正在落实
进展阶段：已正式开工
所需关键设备：机械格栅系统、泵类、旋流除砂设备、转碟曝气机、刮泥设备、带式脱水机系统、自控动化仪表及控制系统、高压开关柜、低压开关柜、干式变压器、阀门、闸门
建设内容：设计能力为日处理污水 8 万 t。

项目名称：城市污水处理工程项目
建设地点：四川省
设备来源：国内采购
建设周期：2000～2005 年
投资总额：9 344.35 万元
资金情况：正在落实
进展阶段：已批可行性研究报告，正在做工程设计
所需关键设备：鼓风机、水泵
建设内容：污水处理 8 万 t/d(一期 4 万 t/d)

项目名称：R－L 碱法草浆造纸黑液制取有机钾、硅工程项目
建设地点：陕西省
设备来源：国内采购
建设周期：2000～2001 年

投资总额：600.62 万元
资金情况：希望引资
进展阶段：已正式开工
所需关键设备：定型设备、非定型设备、电器仪表、控制系统、管材、阀门
建设内容：运用 R－L 碱法技术，可以处理造纸黑液中 95% 的污染物质，经治理后排放的黑液呈现“清水”，可使一个万吨造纸企业同时“变”成了一个万吨有机钾肥厂

项目名称：10 000t/a 单、双、三季戊四醇工程
建设地点：湖南省
设备来源：国内采购
建设周期：2001～2002 年
投资总额：13 300 万元
资金情况：正在落实
进展阶段：正在报批可行性研究报告
所需关键设备：连续蒸发结晶设备，三季戊四醇分离及干燥设备，缩合反应设备
建设内容：年产 1 万 t 单、双、三季戊四醇，其中年度 7 800t，双季 1 600t，三季 600t

项目名称：2 万 t 聚甲醛项目
建设地点：黑龙江省
设备来源：国外引进
建设周期：2001～2005 年
投资总额：58 335 万元
资金情况：正在落实
进展阶段：已立项，正在做可行性研究
所需关键设备：杜邦专利技术及基础设计；聚合反应釜、挤压机、高效离心分离器、封端反应器等
建设内容：产品为杜邦 Delrin100P、500P、900P、1700P 等均聚聚甲醛，能力为 2 万 t/a

项目名称：合成氨原料油改煤项目
建设地点：内蒙古自治区
设备来源：国外引进
建设周期：2001～2003 年
投资总额：49 393 万元
资金情况：正在落实
进展阶段：正在报批项目建议书
所需关键设备：粉煤气化炉、合成气压缩机、磨煤机
建设内容：改变原有原料，以低价煤炭代替高价减压渣油；建设煤粉制备及输送系统粉煤气化及废水处理系统、空分系统，相应的变换、脱硫、脱碳增加能力，合成气压缩机。设计能力 36 万 t/a 合成氨

项目名称：纳米高性能涂料用树脂项目
建设地点：浙江省
设备来源：国外引进
建设周期：2000～2001 年
投资总额：4 800 万元
资金情况：正在落实
进展阶段：正在报批可行性研究报告
所需关键设备：6 000 不锈钢反应多釜 2 台，12 000 不锈钢反应多釜 2 台，自动包装机 2 台，W－3 型真空泵 2 台，电动葫芦 1 台，上料计量罐 2 台，不锈钢中试反应装置 1 套，差热分析仪 1 台，冷却压片钢带机（造粒机）2 台，搬运设备 2 台
建设内容：将纳米复合材料加入涂料用树脂中，制成的涂料具有悬浮性好，抗老化性强，光洁、鲜艳等优点，并具有保温、隔热、屏蔽红外线等特殊功效，也可提高该树脂的抗冲击性和耐老化性

项目名称：年产 1 500t 合成芳樟醇产业化示范工程项目
建设地点：广西壮族自治区
设备来源：国内采购
建设周期：2000～2002 年
投资总额：11 677 万元
资金情况：正在落实
进展阶段：正在报批可行性研究报告
所需关键设备：蒎烷裂解炉、精分馏塔、反应釜、高真空泵等
建设内容：总产量 2 000t/a，其中：芳樟醇 500t、香叶醇 600t、二氢月桂烯醇 500t、乙酸芳樟酯 200t、鸢醇及其酯类 200t

项目名称：年产 5 万台前倾多翼离心式通风机项目
建设地点：浙江省
设备来源：国外引进
建设周期：2000～2001 年
投资总额：2 980 万元
资金情况：已全部落实
进展阶段：已批可行性研究报告，正在做工程设计
所需关键设备：多功能切角机、焊接机械手、半自动修剪及轧边机、数控冲孔机、声级测量仪、压力脉动测量仪；国产配套设备 22 台（套），包括火焰数控切割机、点焊机、风机自动装配线、高精度动平衡机、噪声试验室及其配套系统，液压机等
建设内容：引进国外先进设备及检测仪器 9 台，配套国内设备 10 台（套），新增建筑面积 6 000m^2，项目达产后，形成年产 5 万台（新增 4 万台）前倾多翼离心风机的生产能力

项目名称：年产 1.2 亿粉煤灰烧结砖（标块）项目
建设地点：山东省
设备来源：国外引进
建设周期：2001～2002 年
投资总额：4 950 万元
资金情况：希望引资

进展阶段：已批可行性研究报告，正在做工程设计

所需关键设备：双级真空挤砖机、过滤机、切条机、切坯机组等

建设内容：年产 1.2 亿标块粉煤灰烧结砖，包括：高档清水墙砖、内墙砖、路面砖、装饰砖等

项目名称：5 万 t 玉米淀粉生产线项目

建设地点：甘肃省

设备来源：国内采购

建设周期：2000 ~ 2001 年

投资总额：10 000 万元

资金情况：正在落实

进展阶段：正在进行施工准备工作

所需关键设备：冲击磨、分离机、十二级旋流器、刮刀离心机、正负压结合气流烘干机等

建设内容：玉米淀粉 5 万 t，副产品玉米蛋白粉 4 583t，玉米浆 3 850t，玉米油 1 917t，油渣饼 2 695t，湿纤维 9 617t

项目名称：马铃薯颗粒全粉及复合薯片项目

建设地点：陕西省

设备来源：国外引进

建设周期：2001 ~ 2003 年

投资总额：9 072 万元

资金情况：希望引资

进展阶段：正在报批可行性研究报告

所需关键设备：鼓式清洗机、蒸汽去皮机、漂洗机、蒸煮机、混料搅拌机、干燥机、筛选机、自动装袋机、万能缝合机、面团混合机、压片机、切片成型机、油炸机等

建设内容：马铃薯颗粒全粉及复合薯片生产线各 1 条，年产马铃薯颗粒全粉 2 880t，马铃薯复合薯片 2 520t

项目名称：亚麻籽综合开发利用产业化示范工程

建设地点：内蒙古自治区

设备来源：国内采购

建设周期：2000 ~ 2001 年

投资总额：19 916 万元

资金情况：正在落实

进展阶段：正在进行施工准备工作

所需关键设备：高浓度、高粘度离心分离机，喷雾干燥机，籽粒干燥机等

建设内容：亚麻胶：1 000t/a，亚麻保健油 5 000t/a，食用油 13 000t/a，亚麻粕 30 000t/a；亚麻籽皮一次性餐具每年 3 000万只

项目名称：城市排水及污水治理工程

建设地点：黑龙江省

设备来源：国内采购

建设周期：2001 ~ 2004 年

投资总额：7 617 万元

资金情况：希望引资

进展阶段：已批可行性研究报告，正在做工程设计

所需关键设备：泵、栅渣压榨机、起重机等

建设内容：污水处理厂厂房、排水管网建设，日处理污水 1 万 m^3

项目名称：湛疗供热站项目

建设地点：山东省

设备来源：国内采购

建设周期：2001 ~ 2001 年

投资总额：2 400 万元

资金情况：正在落实

进展阶段：已立项，正在做可行性研究

所需关键设备：锅炉本体、脱硫除尘设备、锅炉辅机、水处理设备、水循环设备

建设内容：3 × 14MW 热水锅炉，生产能力为 151.2GJ/h

项目名称：福利院供热站项目

建设地点：山东省

设备来源：国内采购

建设周期：2001 ~ 2002 年

投资总额：11 000 万元

资金情况：正在落实

进展阶段：正在报批项目建议书

所需关键设备：锅炉本体、脱硫除尘设备、锅炉辅机、水处理设备、水循环设备

建设内容：3 × 29MW 热水锅炉和 1 × 14MW 热水锅炉供热站

项目名称：城市污水处理工程项目

建设地点：浙江省

设备来源：国内采购

建设周期：2000 ~ 2003 年

投资总额：19 000 万元

资金情况：正在落实

进展阶段：正在进行施工准备工作

所需关键设备：泵、风机、格栅等

建设内容：日处理污水 8 万 t 的厂房、设备、污水收集系统等

项目名称：污水处理厂一期工程

建设地点：黑龙江省

设备来源：国内采购

建设周期：2001 ~ 2002 年

投资总额：9 559 万元

资金情况：希望引资

进展阶段：正在报批可行性研究报告

所需关键设备：回转式格栅除污机、栅渣输送系统、可提升不堵塞叶轮潜水泵、电动吊车、液压式自动弧形格栅、钟氏沉砂设备、砂水分离器、半臂式刮泥机、自动出水堰、可提升式潜水搅拌器、电动鼓风机、消音器、全臂式

刮泥机、电动单梁悬挂起重机、垂直式搅拌器、重力带式浓缩机、带式污泥脱水机、螺旋输送器等

建设内容：日处理污水 585 万 m^3，建设内容为土建工程，仪表设备购置，一期工程建设规模为日处理污水 2 万 t

项目名称：洪山坡供热站项目

建设地点：山东省

设备来源：国内采购

建设周期：2001～2002 年

投资总额：13 000 万元

资金情况：希望引资

进展阶段：正在进行施工准备工作

所需关键设备：锅炉本体、脱硫除尘设备、锅炉辅机、水处理设备、水循环设备

建设内容：建设 4×29MW 热水锅炉供热站

项目名称：长沙经济技术开发区污水处理厂项目

建设地点：湖南省

设备来源：国内采购

建设周期：1998～2001 年

投资总额：9 904 万元

资金情况：已全部落实

进展阶段：已正式开工

所需关键设备：泵类，转碟曝气机，吸刮泥机，污泥脱水设备，格栅除污机，污泥浓缩设备，化验设备

建设内容：日处理污水 80 000t/d

项目名称：原平市供水工程项目

建设地点：山西省

设备来源：国内采购

建设周期：2000～2001 年

投资总额：2 904 万元

资金情况：正在落实

进展阶段：已正式开工

所需关键设备：加压泵 6 台及配套频调速软起动设备，干式变压器 2 台，高低柜，自动加氯机 2 台，手动加氯机 1 台，潜水泵 12 台，自控系统 1 套

建设内容：29.48km 输配水管线，10km 输电线路 12km，水源井 12 眼，新种 3 眼，5 000m^3 清水池 2 座。生产能力日供水 6 万 t

项目名称：保定市污水处理厂二期工程项目

建设地点：河北省

设备来源：

建设周期：2002～2005 年

投资总额：49 652 万元

资金情况：正在落实

进展阶段：正在报批项目建议书

所需关键设备：水泵、刮吸泥桥、鼓风机、综合系统、粗细格栅、脱水机、低压电气设备、自控仪表及控制系统

建设内容：新建日处理 16 万 t 污水厂，深度处理回用水日处理 4 万 t，新建和更新、改造城市污水管网 80～100km

项目名称：胡麻胶开发项目

建设地点：山西省

设备来源：国外引进

建设周期：2001～2002 年

投资总额：3 910 万元

资金情况：正在落实

进展阶段：已批可行性研究报告，正在做工程设计

所需关键设备：平面回转筛、双效蒸发器、螺旋输送机、单效蒸发器、比重去石机、干燥塔、永磁滚筒、2002－A 型榨机、提胶罐、TDTG 型斗提机

建设内容：设计生产能力 400t/a 胡麻胶，1 200t/a 胡麻油，2 400t/a油粕；主产品为胡麻胶，副产品为精细胡麻油、胡麻油粕

项目名称：年产 5 000t 赖氨酸项目

建设地点：山西省

设备来源：国内采购

建设周期：2001～2002 年

投资总额：9 991 万元

资金情况：正在落实

进展阶段：正在报批可行性研究报告

所需关键设备：糖化罐、发酵罐、沉降离心分离机、ISEP 装置、蒸发器、菌泥干燥机

建设内容：年产 5 000t 赖氨酸

项目名称：薄玻璃及在线高档镀膜玻璃生产线项目

建设地点：山东省

设备来源：国内采购

建设周期：2001～2001 年

投资总额：12 935.72 万元

资金情况：希望引资

进展阶段：正在报批项目建议书

所需关键设备：电子秤，预混机，投料机，水分测试系统，混合机，电子分离器，熔窑监视系统，水平搅拌器，锡槽，自动控制切割，掰断设备，窑压缩机，预冷机组，纯化器，透平膨胀机，分馏塔等设备

建设内容：拟采用国际先进技术、设备将现有 1 条 6 机垂直引上生产线改造成 1 条 400t/d 浮法玻璃生产线，日熔化玻璃液 400t，年产 221 万重箱浮法玻璃

项目名称：ITO 导电镀膜玻璃生产线项目

建设地点：山东省

设备来源：国外引进

建设周期：2001～2001 年

投资总额：3 255 万元

资金情况：希望引资
进展阶段：已立项，正在做可行性研究
所需关键设备：清洗线 1 条 NEWARSTO1200、真空枪室、真空泵、真空测量仪、建设阴积、控制柜、监控系统 PCJ、成品监测仪、真空监漏仪、水处理系统等设备
建设内容：引进世界最先进的真空磁控溅射生产线及其配套软件，年产厚度 0.4～3mm 的 ITO 导电镀膜玻璃 100 万片。

项目名称：柳州市防洪续建工程
建设地点：广西省
设备来源：国内采购
建设周期：1997～2003 年
投资总额：123 639 万元
资金情况：正在落实
进展阶段：已立项，正在做可行性研究
所需关键设备：水泵、电机
建设内容：堤防长 22.112km，泵站 22 座，总装机容量 25 640kW

项目名称：闽江下游地区防洪工程项目
建设地点：福建省
设备来源：国内采购
建设周期：2000～2003 年
投资总额：129 870.1 万元
资金情况：希望引资
进展阶段：已批可行性研究报告，正在做工程设计
所需关键设备：发电机、泵等
建设内容：修建防洪堤 69.76km，海堤 27.5km，排涝站 8 座，装机 15 775kW

项目名称：38 万 t 合成氨、66 万 t 尿素改扩建工程项目
建设地点：宁夏回族自治区
设备来源：国外引进
建设周期：2001～2003 年
投资总额：12 700 万元
资金情况：正在落实
进展阶段：正在报批项目建议书
所需关键设备：合成氨所用压缩机、合成塔、转化炉、净化系统设备等，尿素生产所用合成塔、压缩机、气提塔、甲铵冷凝器、造粒设备等
建设内容：建设 1 套 38 万 t 合成氨装置和 1 套 66 万 t 大颗粒尿素装置

项目名称：年产 3 000t 氯醚橡胶项目
建设地点：河北省
设备来源：国外引进
建设周期：2001～2003 年
投资总额：11 241 万元
资金情况：希望引资
进展阶段：已立项，正在做可行性研究
所需关键设备：12 套不锈钢精馏塔用的规格为 317 × 14000 聚合釜 30 个、终止釜 12 个、控制平台操作软件 6 套，凝胶釜 48 个，苯回收装置 6 套，干燥机、压块成型机、制氮机等
建设内容：设计年生产各种型号氯醚橡胶 3 000t，其中：均聚氯醚 1 800t/a、二元共聚氯醚 600t/a、三元共聚氯醚橡胶 600t/a

项目名称：1 万 t 多聚甲醛项目
建设地点：安徽省
设备来源：国外引进
建设周期：2001～2002 年
投资总额：4 395.2 万元
资金情况：希望引资
进展阶段：正在报批可行性研究报告
所需关键设备：喷雾造粒塔、薄膜蒸发器、流化体干燥器、DCS 集散控制系统
建设内容：以 2.9 万 t37.5％工业甲醛为原料生产 95％以上多聚甲醛 1 万 t，付产乌洛托品 780t

项目名称：制碱蒸馏废液综合利用生产氯化钙二期工程
建设地点：山东省
设备来源：国内采购
建设周期：2001～2003 年
投资总额：5 948 万元
资金情况：已全部落实
进展阶段：已批可行性研究报告，正在做工程设计
所需关键设备：Ⅰ、Ⅱ、Ⅲ、Ⅳ效蒸发器，热风炉，造粒机等
建设内容：设计生产能力为 4.5 万 t/a 无水氯化钙

项目名称：5 000t/a 碳酸二甲酯项目
建设地点：安徽省
设备来源：国内采购
建设周期：2001～2003 年
投资总额：10 700 万元
资金情况：正在落实
进展阶段：已立项，正在做可行性研究
所需关键设备：高温高压耐腐蚀的反应塔、精馏塔及分离设备等
建设内容：建设规模为 5 000t/a

项目名称：碳铵改产 13 万 t/a 尿素项目
建设地点：安徽省
设备来源：国内采购
建设周期：2001～2002 年
投资总额：18 976 万元
资金情况：正在落实

进展阶段：正在报批可行性研究报告
所需关键设备：尿素合成塔、高压泵、气提塔、氨冷器、二分塔、造粒机、氢氮气压缩机、冰机等
建设内容：配套建设年生产 13 万 t 尿素装置

项目名称：年产 200tHDDR 法 NdFeB 磁粉及 500t 粘结磁体产业化项目
建设地点：湖南省
设备来源：国内采购
建设周期：2001～2001 年
投资总额：7 200 万元
资金情况：正在落实
进展阶段：已批可行性研究报告，正在做工程设计
所需关键设备：合金熔炼炉、大型真空处理炉、破碎机、挤压机、注塑机、造粒机、自动压机、混料机、造粒机磨床
建设内容：年产 200tHDDR 法 NdFeB 磁粉及 500t 粘结磁体，新建 1 条采用 HDDR 法技术生产粘结用 NdFeB 磁粉生产线，新建一条用 HDDR 粉及其他粘结用 NdFeB 磁粉生产高中低各类粘结 NdFeB 磁体生产线

项目名称：开元矿井技术改造项目
建设地点：山西省
设备来源：国内采购
建设周期：2001～2003 年
投资总额：15 525 万元
资金情况：正在落实
进展阶段：已正式开工
所需关键设备：矿井提升系统、运输系统、通风系统、变压器、压风机、锅炉
建设内容：矿井生产系统及开采工艺改进，将生产能力由原来的 20 万 t 扩建为 120 万 t/a

项目名称：年产 2 500t 纳米级(超分散)有机粘土项目
建设地点：浙江省
设备来源：国内采购
建设周期：2000～2002 年
投资总额：2 000 万元
资金情况：正在落实
进展阶段：正在报批项目建议书
所需关键设备：反应釜，离心机，压滤机，混合机，筛分设备，沟化设备，烘干机，锻烧机，破碎机，沉降机，超细粉磨，高压均质、分散细度测量仪
建设内容：项目主要产品为油漆、油墨及工程塑料用的纳米级(超分散)有机粘土，年产 2 500t

项目名称：宜昌市城区污水处理工程项目
建设地点：湖北省
设备来源：国外引进
建设周期：2001～2003 年
投资总额：35 259.42 万元
资金情况：希望引资
进展阶段：正在报批项目建议书
所需关键设备：细格栅、泵类、鼓风机，污泥脱水设备
建设内容：建日处理 2 万 m^3 污水处理厂 1 座

项目名称：宜昌市城区供水系统改造工程项目
建设地点：湖北省
设备来源：国外引进
建设周期：2001～2003 年
投资总额：15 760.75 万元
资金情况：希望引资
进展阶段：正在报批项目建议书
所需关键设备：水泵、鼓风机、阀门、空压等机械设备，电气设备，自动化控制设备，各类检测仪器、仪表，化验设备，维护工程机械，球墨铸铁管、钢管等管材，钢材及水泥建筑材料
建设内容：对已有 3 个水厂及管网进行技术改造，拟于 2005 年给水量 740 000m^3/d，2010 年给水量 870 000m^3/d

项目名称：污水处理场项目
建设地点：黑龙江省
设备来源：国外引进
建设周期：2001～2001 年
投资总额：1 600 万元
资金情况：正在落实
进展阶段：正在进行施工准备工作
所需关键设备：格栅、泵、风机等设备
建设内容：日处理废水 2.3 万 t

项目名称：3 万 m^3/d 污水处理工程项目
建设地点：河南省
设备来源：国外引进
建设周期：2000～2001 年
投资总额：2 100 万元
资金情况：正在落实
进展阶段：正在进行施工准备工作
所需关键设备：刮(吸)泥机、射流曝气器、风机、带式压滤机等
建设内容：设计 3 万 m^3/d 造纸中段废水处理项目，建设内容为污水二级生化处理工艺设施

项目名称：哈尔滨应急供水工程
建设地点：黑龙江省
设备来源：国内采购
建设周期：2001～2001 年
投资总额：28 500 万元
资金情况：正在落实
进展阶段：已正式开工

所需关键设备：立式离心泵、配套电机、平板阀门、潜水排沙泵、空压机、桥式起重机

建设内容：15 万 t/d 取水头工程，50 万 t/d 取水头工程，30 眼深井，9.4kmDN1600 管线

项目名称：丰镇市城市垃圾综合处理工程

建设地点：内蒙古自治区

设备来源：国内采购

建设周期：2001～2005 年

投资总额：1 298 万元

资金情况：正在落实

进展阶段：已立项，正在做可行性研究

所需关键设备：鼓风机，污泥脱水设备

建设内容：新建垃圾转运站 6 座，垃圾卫生填埋厂 1 座，处理垃圾 450t，日处理特种垃圾 1t 的特种垃圾焚烧炉 1 座

项目名称：锦江城市污水治理工程

建设地点：贵州省

设备来源：国内采购

建设周期：2001～2002 年

投资总额：10 395 万元

资金情况：正在落实

进展阶段：已批可行性研究报告，正在做工程设计

所需关键设备：水泵、鼓风机、空压机等设备

建设内容：53 万 m^3/d 污水处理站 1 座，配套建设城区污水截流管网 34.2km

项目名称：铁力市城市污水治理工程

建设地点：黑龙江省

设备来源：国内采购

建设周期：2000～2003 年

投资总额：10 488.09 万元

资金情况：希望引资

进展阶段：已批可行性研究报告，正在做工程设计

所需关键设备：潜水排污泵、机械清污格栅、闸门、启闭机、HS2 环链接葫芦、栅渣压榨机

建设内容：设计日处理污水 3 万 m^3 的污水处理厂

项目名称：林蛙养殖与加工项目

建设地点：黑龙江省

设备来源：国内采购

建设周期：2000～2001 年

投资总额：3 587.52 万元

资金情况：希望引资

进展阶段：已批可行性研究报告，正在做工程设计

所需关键设备：蝇咀网箱、虫箱、蚯蚓箱、冷冻干燥机、粉碎机、移动式除尘器、紫外线消毒仪

建设内容：设计加工林蛙 2 500 万只，年产林蛙油 62 500kg，林蛙粉 80 000kg，脱水山野菜 30 000kg

项目名称：引沁入漳项目

建设地点：山西省

设备来源：国内采购

建设周期：2001～2003 年

投资总额：11 000 万元

资金情况：希望引资

进展阶段：正在报批项目建议书

所需关键设备：推土机、吊车、水泵等设备

建设内容：年供水 0.4 亿 m^3，可增加水浇地 60 万 m^2

项目名称：荣成市八河水库扩建工程项目

建设地点：山东省

设备来源：国内采购

建设周期：2001～2003 年

投资总额：19 982 万元

资金情况：正在落实

进展阶段：正在报批可行性研究报告

所需关键设备：推土机、吊车、泵等设备

建设内容：主要包括主坝扩建加高、溢洪闸重建、副坝新建等，总库容由原来的 4 750 万 m^3 增加到 10 400 万 m^3

项目名称：冲巴水库除险加固工程项目

建设地点：西藏自治区

设备来源：国内采购

建设周期：2001～2002 年

投资总额：8 426.16 万元

资金情况：正在落实

进展阶段：正在进行施工准备工作

所需关键设备：推土机、吊车、泵等设备

建设内容：水库总库容 6.61 亿 m^3

项目名称：南昌市安义县武举联圩除险加固工程

建设地点：江西省

设备来源：国内采购

建设周期：2002～2003 年

投资总额：6 800 万元

资金情况：正在落实

进展阶段：正在报批可行性研究报告

所需关键设备：推土机、变压器、发电机、泵等设备

建设内容：武举堤东阳段抛石固脚 4.2km，砼护坡；新建 4 座电排站，县城段新建 5km 栏洪墙，防洪标准可提高到二十年一遇，堤线总长 21.3km

项目名称：南昌市新建县流湖大堤除险加固工程

建设地点：江西省

设备来源：国内采购

建设周期：2001～2003 年

投资总额：1 218.65 万元

资金情况：希望引资

进展阶段：正在报批项目建议书
所需关键设备：推土机、吊车、泵等设备
建设内容：堤身加重加固 40.9 万 m^3；砼护坡 2.82km；抛石固脚 1.0km；填塘 3.6km，土方 37.4 万 m^3；建筑物接长；拆迁房屋面积 2.07 万 m^3

项目名称：南昌市进贤县信西联圩防洪治涝工程
建设地点：江西省
设备来源：国内采购
建设周期：2002～2005 年
投资总额：9 278.89 万元
资金情况：希望引资
进展阶段：已批可行性研究报告，正在做工程设计
所需关键设备：水力发电机、泵类
建设内容：圩堤加高加固，堤身护坡达标；穿堤建筑物接长，改建防洪闸及消力池；排涝干沟清淤取直，新增排涝装机 800kW，变压输电线路 10km

项目名称：屏南县代溪水电站项目
建设地点：福建省
设备来源：国内采购
建设周期：2001～2004 年
投资总额：5 585 万元
资金情况：希望引资
进展阶段：已批可行性研究报告，正在做工程设计
所需关键设备：发电机、变压器、泵等设备
建设内容：装机容量 2×2.5MW，多年平均发电量 139 510MW·h

项目名称：靖边县压气站工程项目
建设地点：陕西省
设备来源：国外引进
建设周期：2000～2002 年
投资总额：4 000 万元
资金情况：正在落实
进展阶段：已正式开工
所需关键设备：燃汽发动机驱动的往复式压缩机组和配套的进料气除尘、过滤、分离设施
建设内容：1 座压气站，占地面积 6 350m^2 年输气（天然气）能力增加 2.5 亿 m^3

项目名称：延安市压气站工程项目
建设地点：陕西省
设备来源：国外引进
建设周期：2001～2001 年
投资总额：4 000 万元
资金情况：正在落实
进展阶段：正在进行施工准备工作
所需关键设备：燃气发动机驱动系统，往复式压缩机组和配套的进料气除尘、过滤、分离设施
建设内容：压气站占地面积 6 350m^2，年输气能力增加 2.5 亿 m^3

项目名称：黄陵市压气站工程项目
建设地点：陕西省
设备来源：国外引进
建设周期：2002～2002 年
投资总额：4 000 万元
资金情况：正在落实
进展阶段：正在进行施工准备工作
所需关键设备：燃气发动机驱动系统，往复式压缩机组和配套的进料气除尘、过滤、分离设施
建设内容：压气站占地面积 6 350m^2，年输气能力增加 2.5 亿 m^3

项目名称：阜新市综合利用矿区瓦斯供居民生活用气
建设地点：辽宁省
设备来源：国内采购
建设周期：2000～2001 年
投资总额：5 849 万元
资金情况：希望引资
进展阶段：已正式开工
所需关键设备：2 座 1000m^3 储气罐，1 台（套）5K－85 型真空泵，2 台（套）SKA－400 型真空泵，6 台（套）SKA－353 型加压泵；3 台（套）CBF400－2 型真空泵
建设内容：主要产品为煤层气（瓦斯），工程设计能力为：日供气能力 13.26 万 m^3，年供气能力 4 700 万 m^3，服务年限为 60 年以上

项目名称：七道水水库项目
建设地点：湖北省
设备来源：国内采购
建设周期：2002～2003 年
投资总额：7 050 万元
资金情况：希望引资
进展阶段：已批可行性研究报告，正在做工程设计
所需关键设备：发电机、变压器、泵等设备
建设内容：每年可新增发电量 2 200 万 kW·h

项目名称：100 万 t/a 焦化装置项目
建设地点：浙江省
设备来源：国内采购
建设周期：2001～2002 年
投资总额：26 000 万元
资金情况：已全部落实
进展阶段：已批可行性研究报告，正在做工程设计
所需关键设备：高压注水泵、辐射进料泵、塔底盖装卸机、焦化塔与分馏塔

建设内容：主要产品：液化气、汽油、柴油、蜡油、石油焦设计能力为 100 万 t/a

项目名称：100 万 t/a 连续重整项目
建设地点：浙江省
设备来源：国内采购
建设周期：2001～2002 年
投资总额：45 000 万元
资金情况：已全部落实
进展阶段：已批可行性研究报告，正在做工程设计
所需关键设备：重整反应器、板式换热器、循环氢压缩机、机泵
建设内容：主要产品：氢气、重整汽油及芳烃产品；设计能力为 100 万 t/a

项目名称：45 万 t/aPX 装置项目
建设地点：浙江省
设备来源：国外引进
建设周期：2001～2002 年
投资总额：197 000 万元
资金情况：已全部落实
进展阶段：已批可行性研究报告，正在做工程设计
所需关键设备：吸附塔及其内件，吸附剂；机泵，自动控制系统
建设内容：主要产品：PX、OX；设计能力为 45 万 t PX，4.5 万 t OX

项目名称：扩建小儿清热解毒口服液、祛风湿止痛散等制剂工程项目
建设地点：河南省
设备来源：国内采购
建设周期：2001～2002 年
投资总额：4 900 万元
资金情况：希望引资
进展阶段：已批可行性研究报告，正在做工程设计
所需关键设备：远红外隧道烘箱 6 台、口服液灌轧机 9 台、高效万能粉碎机 1 台、胶囊填充机 3 台、纯水装置 1 套、洗药机 4 台、多功能切药机 1 台、高效干燥设备 2 台、多功能提取罐 13 台、醇沉罐 7 台
建设内容：主要产品是：祛风湿止痛散、小儿清热解毒口服液。建成后，年产小儿清热解毒口服液 1.5 亿支，祛风湿止痛散 500 万盒

项目名称：20t/a 高浓度 NPK 复合肥项目
建设地点：湖北省
设备来源：国外引进
建设周期：2001～2001 年
投资总额：6 084 万元
资金情况：希望引资
进展阶段：正在进行施工准备工作
所需关键设备：造粒机 1 台，管式反应器两台，尾气洗涤系统 1 套，干燥机 1 台
建设内容：主要产品：15－15－15NPK 高浓度复合肥；设计能力为 20 万 t/a

项目名称：无磷洗衣粉助洗剂—万 t 级层关结晶二硅酸钠项目
建设地点：浙江省
设备来源：国内采购
建设周期：2000～2002 年
投资总额：2 177 万元
资金情况：已全部落实
进展阶段：正在进行施工准备工作
所需关键设备：卧式溶解罐，泡花碱沉降罐，薄膜蒸发器，高速离心喷干燥装置，高温结晶炉
建设内容：主要产品为层状结晶二硅酸钠；设计生产能力为 1 000t/a

项目名称：利用焦炉气生产甲醇甲醛项目
建设地点：陕西省
设备来源：国内采购
建设周期：2002～2005 年
投资总额：40 000 万元
资金情况：希望引资
进展阶段：正在报批项目建议书
所需关键设备：甲醇合成塔 200kt/a，甲醇用压缩机，甲醛合成塔 100kt/a，焦化炉 200kt/a
建设内容：甲醇 200kt/a、甲醛 100kt/a、苯乙酸 1 000t/a、四氢呋喃 1 000t/a、焦类 200kt/a、粗苯 1 000t/a、苯蒽 3 000t/a

项目名称：纳米级碳酸钙项目
建设地点：黑龙江省
设备来源：国内采购
建设周期：2001～2002 年
投资总额：12 000 万元
资金情况：希望引资
进展阶段：正在报批项目建议书
所需关键设备：压滤机、干燥机、热交换器、加热器、冷却器、热化器、石灰孔过滤网、碳化器、石灰罐、热化罐、自动化液体调和器、数字化剂量计、碳酸钙过滤网、石灰碾磨机
建设内容：年产 5 万 t 纳米级碳酸钙

项目名称：节能环保技改扩建项目
建设地点：青海省
设备来源：国内采购
建设周期：2001～2003 年
投资总额：4 991.19 万元

资金情况：希望引资
进展阶段：正在报批可行性研究报告
所需关键设备：75kA 预焙槽 22 台，环保设施配套设备
建设内容：将 42 台 60kA 自焙槽改为 75kA 预焙槽，新增 22 台预焙槽；实现产能 1.2 万 t，设计能力 2.8 万 t

项目名称：浙江省湖州市第三自来水厂
建设地点：浙江省
设备来源：国内采购
建设周期：2002～2004 年
投资总额：18 250 万元
资金情况：正在落实
进展阶段：已立项，正在做可行性研究
所需关键设备：电机、泵类、自控仪表
建设内容：1 期 10 万 m^3/d 水厂 1 座，35km 长度的 DN1000 输水管 1 根，坯压泵站两座

项目名称：海林市第三水厂项目
建设地点：黑龙江省
设备来源：国内采购
建设周期：2001～2003
投资总额：7 000 万元
资金情况：正在落实
进展阶段：已批可行性研究报告，正在做工程设计
所需关键设备：净水设备、输配水管线、管件、泵类
建设内容：日供水能力 4 万 t

项目名称：哈尔滨市给排水工程项目
建设地点：黑龙江省
设备来源：国内采购
建设周期：2000～2002 年
投资总额：53 676.68 万元
资金情况：正在落实
进展阶段：已批可行性研究报告，正在做工程设计
所需关键设备：立式离心泵、配套电机、潜水排沙泵、空压机、桥式起重机、平板闸门等
建设内容：建设 20 万 m^3/d 取水构筑物 1 座，10 万 m^3/d 净水厂 1 座；铺设输配水管线 DN1200－ND500 长度17 220m，改造低压管网 D1000－D100 长度 107 389m

项目名称：城市中心区燃气供气工程项目
建设地点：浙江省
设备来源：国内采购
建设周期：2001～2005 年
投资总额：2 400 万元
资金情况：希望引资
进展阶段：正在进行施工准备工作
所需关键设备：ZPQ 气化炉、压缩机、储罐、PE 输气管等
建设内容：建设规模为 1.5 万户气化站 1 座；市政管网12.5 km 及庄院、户内管

项目名称：高教园区、大学城燃气供气工程项目
建设地点：浙江省
设备来源：国内采购
建设周期：2001～2003 年
投资总额：3 000 万元
资金情况：希望引资
进展阶段：已批可行性研究报告，正在做工程设计
所需关键设备：LPG 气化炉、压缩机、储罐、PE 输气管等
建设内容：建设规模为 3 万户气化站 1 座，内含 LPG 汽车加气站；市政输配管网 18.6km 及庄院、户内管网

项目名称：新乡市西气东输天然气利用工程
建设地点：河南省
设备来源：国内采购
建设周期：2002～2005 年
投资总额：12 000 万元
资金情况：希望引资
进展阶段：已立项，正在做可行性研究
所需关键设备：高压球形罐所用的球皮，天然气调压设备，螺旋焊接钢管，高压阀门及自动化控制系统等
建设内容：接用“西气东输”天然气，2003 年达到日供天然气 17 万 m^3/d，2005 年达到 27 万 m^3/d，主要建设城市天然气供应门站 1 座，高压储配站 1 座，高中压管网 35km，低压管网 76km

项目名称：5 000t 大豆蛋白活性肽项目
建设地点：黑龙江省
设备来源：国内采购
建设周期：2002～2004 年
投资总额：15 694 万元
资金情况：已全部落实
进展阶段：已批可行性研究报告，正在做工程设计
所需关键设备：粉碎机、配料罐、发酵罐、离心分离机、板框过滤机、三效真空浓缩器、干粉收集器、离心二次分离机、流化床干燥机等
建设内容：大豆蛋白活性肽项目的主要产品为大豆蛋白活性肽，年产 5 000t

项目名称：年产 3 000t 黄土蛋项目
建设地点：山西省
设备来源：国内采购
建设周期：2001～2001 年
投资总额：1 028 万元
资金情况：希望引资
进展阶段：正在报批可行性研究报告
所需关键设备：真空包装机、高压灭菌罐、封口机、运输小车、煤气灶具、锅炉化验设备等 2 281 台(套)

建设内容：年产 3 000t 黄土蛋

项目名称：磷脂粉系列产品

建设地点：黑龙江省

设备来源：国内采购

建设周期：2001 ~ 2002 年

投资总额：3 500 万元

资金情况：希望引资

进展阶段：正在进行施工准备工作

所需关键设备：粉末磷脂设备，包括上料系统(进料管道、储料罐等)，萃取系统(液位计、视镜、混合器等)，蒸发系统(卧式离心机)；大豆卵磷脂生产设备，包括萃取系统(溶剂罐、萃取罐、泵)，蒸发系统(蒸发器、冷凝器)，干燥系统(干燥箱、真空系统)，包装系统(真空包装机)；大豆卵磷脂胶囊生产设备，包括配料系统(配料罐，混合机)，滴丸系统(滴丸机两台)，干燥系统(流化床风干机)包装系统(包装机)，净化系统(分区空气净化网)

建设内容：年产 100t 粉末磷脂；5t 大豆卵磷脂；2 000 万粒大豆卵磷脂胶囊

项目名称：板栗壳栲胶项目

建设地点：河北省

设备来源：国内采购

建设周期：2003 ~ 2004 年

投资总额：1 600 万元

资金情况：希望引资

进展阶段：已立项，正在做可行性研究

所需关键设备：净化、干燥、提纯等设备

建设内容：设计年产板栗壳栲胶 3 000t

项目名称：年加工 50 万 t 饲料生产线项目

建设地点：河南省

设备来源：国外引进

建设周期：2001 ~ 2002 年

投资总额：15 800 万元

资金情况：希望引资

进展阶段：正在报批可行性研究报告

所需关键设备：高精度喂料机、粉碎机、输道机、混合机、膨化机、干燥机、制粒机、回转振动分级筛、冷却器、PLC 控制系统、计算机及软件等

建设内容："百事发"饲料产品 50 万 t/a。其中，添加剂预混料 1 万 t，浓缩饲料 10 万 t，蛋白质、精料补充料 17.5 万 t，全价配合饲料 17.5 万 t、混合饲料 2.5 万 t，其他饲料 2.5 万 t

项目名称：氨维营养添加剂项目

建设地点：黑龙江省

设备来源：国内采购

建设周期：2001 ~ 2003

投资总额：3 744 万元

资金情况：希望引资

进展阶段：已批可行性研究报告，正在做工程设计

所需关键设备：提取浓缩、干燥设备

建设内容：利用大豆生产氨维营养添加剂

项目名称：马铃薯颗粒粉项目

建设地点：黑龙江省

设备来源：国内采购

建设周期：2001 ~ 2001 年

投资总额：2 600 万元

资金情况：希望引资

进展阶段：已批可行性研究报告，正在做工程设计

所需关键设备：淀粉干燥系统、淀粉提纯脱水系统

建设内容：加工马铃薯、生产颗粒粉

项目名称：年产 10t 凝乳酶项目

建设地点：山东省

设备来源：国外引进

建设周期：2001 ~ 2002 年

投资总额：5 509 万元

资金情况：正在落实

进展阶段：正在进行施工准备工作

所需关键设备：低温干燥、锅炉、冷库、过滤设备、化验设备

建设内容：年产天然凝乳酶 10t

项目名称：南昌市沿江大堤喻家溪线工程

建设地点：江西省

设备来源：国内采购

建设周期：2001 ~ 2004 年

投资总额：22 000

资金情况：正在落实

进展阶段：正在报批可行性研究报告

所需关键设备：泵类、基建设备

建设内容：设计防洪标准为抗御百年一遇洪水

项目名称：石河子市绿地地上水灌溉系统工程项目

建设地点：新疆自治区

设备来源：国内采购

建设周期：2000 ~ 2002 年

投资总额：1 352 万元

资金情况：正在落实

进展阶段：已立项，正在做可行性研究

所需关键设备：泵类，变压器，引水管，过滤、施肥、控制系统、喷水器，配套管件

建设内容：滴灌 $651.9hm^2$，喷灌 $148.1hm^2$

项目名称：原阳 0628 河南省粮食储备库扩建工程项目

建设地点：河南省
设备来源：国内采购
建设周期：2001～2002年
投资总额：2 118万元
资金情况：希望引资
进展阶段：正在报批可行性研究报告
所需关键设备：泵类、建筑机械设备及管件、管材等
建设内容：项目扩建4万t仓容。主要包括：平房仓8座、机修车间、器材库、中心控制化验室、地磅房、变配电、水塔、消防水池、加压泵房、水泵房、通风熏蒸设备、粮情检测与计算机管理系统、电气、给排水及道路硬化绿化

项目名称：河南新乡铁西国家粮食储备库项目
建设地点：河南省
设备来源：国内采购
建设周期：2001～2002年
投资总额：2 417.46万元
资金情况：希望引资
进展阶段：正在报批项目建议书
所需关键设备：输送、计量、清理、自动化系统设备，干燥设备，通风设备
建设内容：粮库扩建

项目名称：海浪河开化混合式抽水蓄能电站项目
建设地点：黑龙江省
设备来源：国内采购
建设周期：2002～2007年
投资总额：258 960万元
资金情况：希望引资
进展阶段：正在报批项目建议书
所需关键设备：10MW发电机4台；HLNTP3124－LJ－545型水泵、水轮机6台
建设内容：开化水库、开化抽水蓄能电站；水力发电：开化常规电站装机容量为40MW，年均发电量6 992kWh；开化抽水蓄能电站装机容量为360MW，年均发电量53 780kW·h

项目名称：150万t/a加氢裂化及制氢装置项目
建设地点：浙江省
设备来源：国内采购
建设周期：2001～2003年
投资总额：78 120万元
资金情况：已全部落实
进展阶段：已批可行性研究报告，正在做工程设计
所需关键设备：加氢裂化反应器、循环氢压缩机、高压换热器、工艺机泵
建设内容：主要产品为液化气、石脑油、航煤、柴油、加氢尾油、氢气；设计能力为150万t/a一次通过、4万m^3/h氢气

项目名称：天然银杏制药有限公司项目
建设地点：广西壮族自治区
设备来源：国内采购
建设周期：2001～2001年
投资总额：2 862万元
资金情况：希望引资
进展阶段：已批可行性研究报告，正在做工程设计
所需关键设备：6m^3的提取罐2台，25m^3不锈钢贮罐3台，固定床离子交换树脂，JN1500真空减压浓缩罐2台，真空干燥箱及纯水处理设备
建设内容：项目占地80亩，产品及生产规模：银杏叶提取物10t/a，舒血宁片30 000万片/a，舒血宁胶囊3 000万粒/a，银杏口服液1 000万支/a

项目名称：哈药集团中药二厂易地改造"双加"工程项目
建设地点：黑龙江省
设备来源：国外引进
建设周期：1996～2001年
投资总额：18 822万元
资金情况：已全部落实
进展阶段：已正式开工
所需关键设备：冻干机、灌装机、提取罐、蒸馏水机、溴化锂制冷机、浓缩器、精馏塔、粉针分装线等
建设内容：主要产品有双黄连粉针、丹参粉针、双黄连口服液、冠心安口服液、刺五加脑灵液、消栓口服液等。本项目设计的中药粉针生产能力12 000万支/a

项目名称：包头市液化气汽车加气站项目
建设地点：内蒙古自治区
设备来源：国外引进
建设周期：2001～2003年
投资总额：4 121万元
资金情况：正在落实
进展阶段：已批可行性研究报告，正在做工程设计
所需关键设备：储罐、加气机、潜液泵、卸车压缩机
建设内容：建设汽车加气站6座；设计加气规模2 848m^3/a（单座）；单座加气500辆/d

项目名称：扩建1.2万t/三聚氰胺项目
建设地点：辽宁省
设备来源：国内采购
建设周期：2001～2002年
投资总额：7 654万元
资金情况：正在落实
进展阶段：正在报批可行性研究报告
所需关键设备：流化床、热气过滤器、淬冷塔、液尿洗涤塔、透平压缩机、热气风机
建设内容：扩建1套年产1.2万t三聚氰胺装置，达到总生产能力1.8万t/a

项目名称：原料产品结构调整项目
建设地点：辽宁省
设备来源：国内采购
建设周期：2001～2003年
投资总额：19 900万元
资金情况：正在落实
进展阶段：正在报批项目建议书
所需关键设备：2台灰熔聚气化炉、20 000m^3/h空分压缩机组1套、PSA设备1套、甲醇合成装置18万t/a 1套
建设内容：10万t/a合成氨、10万t/a甲醇

项目名称：10万t复合肥项目
建设地点：辽宁省
设备来源：国内采购
建设周期：2001～2002年
投资总额：1 500万元
资金情况：正在落实
进展阶段：正在报批项目建议书
所需关键设备：破碎机、混合机、冷却机、扑粉机、振动筛、包装机、电子皮带称、斗式提升机、旋风除尘器、洗涤塔、循环水泵、尿液泵、尿液计量装置、尿液喷头、风机、燃烧炉、运输叉车、皮带运输机、运料车、销售车
建设内容：拟建10万t复合肥生产线

项目名称：年产50t洛赛克项目
建设地点：山东省
设备来源：国外引进
建设周期：2001～2002年
投资总额：17 547万元
资金情况：希望引资
进展阶段：正在报批项目建议书
所需关键设备：提取浓缩、干燥设备、混合机
建设内容：设计生产能力为年生产洛赛克50t

项目名称：尿素改造及年产60万t尿基复合肥工程项目
建设地点：河南省
设备来源：国内采购
建设周期：2002～2003年
投资总额：18 764万元
资金情况：希望引资
进展阶段：正在报批项目建议书
所需关键设备：THHE－VG汽轮机、驱动压缩机、蒸汽汽轮机各2台
建设内容：年产18万t合成氨(填平补齐)；年产30万t尿素(新增12万t)；年产60万t尿基高浓度复合肥(新增50万t)

项目名称：开发"林热四井"项目
建设地点：黑龙江省
设备来源：国内采购
建设周期：2001～2002年
投资总额：10 462万元
资金情况：希望引资
进展阶段：正在报批可行性研究报告
所需关键设备：采取地热井水进行取暖的阀门、水泵、管道及水产养殖等相关设施
建设内容：利用地热资源开发供暖、养殖、种植工程

项目名称：三九蛋白肽项目
建设地点：湖北省
设备来源：国内采购
建设周期：2001～2002年
投资总额：6 000万元
资金情况：希望引资
进展阶段：正在进行施工准备工作
所需关键设备：酶解反应罐、高速管式分离机、自动灌装线、胶囊生产线、湿热灭菌机、微机控制系统、冷冻干燥设备、检测设备
建设内容：在国家级开发区——武汉东湖高新技术开发区，购置土地1.3hm^2，新建符合GMP标准的生物制药厂房、车间，购置技术水平较高的生物制药设备、检验设备，建成集生产、科研为一体的现代化生物制药企业。主要产品：三九蛋白肽(酶解全卵蛋白溶液)、多肽降糖因子、大豆活性多肽，主要剂型为口服液和胶囊，口服液年产量5 000万支，胶囊年产量1亿粒

项目名称：万t氧化铁技改项目
建设地点：山西省
设备来源：国内采购
建设周期：1997～2001年
投资总额：3 931.87万元
资金情况：已全部落实
进展阶段：已正式开工
所需关键设备：反应釜、除杂装置、干燥和锻烧系统、废水回收装置
建设内容：主要产品为99%以上高纯氧化铁，设计能力为一期3 500t/a；二期3 500t/a

项目名称：宜宾开发区污水处理工程
建设地点：四川省
设备来源：国内采购
建设周期：2001～2003年
投资总额：12 946万元
资金情况：希望引资
进展阶段：已立项，正在做可行性研究
所需关键设备：泵类、压滤机、鼓风机、自动控制设备及仪表等
建设内容：污水处理厂日处理污水处理量为8万t，其中一期4万t/d，二期4万t/d，并铺设两条截污干管，总长7.7km

项目名称：贵州省都匀污水处理厂项目

建设地点：贵州省

设备来源：国内采购

建设周期：2000～2002 年

投资总额：160 000 万元

资金情况：正在落实

进展阶段：正在报批可行性研究报告

所需关键设备：泵类、格栅、阀门、仪表、控制系统

建设内容：污水量按城市给水量的 85% 计算，近期 6.7 万 t/d，远期 9.8 万 t/d。因此，拟建污水处理厂建设日处理污水量 10 万 t

项目名称：南杂木污水处理厂

建设地点：辽宁省

设备来源：国内采购

建设周期：2002～2003 年

投资总额：4 300 万元

资金情况：希望引资

进展阶段：已立项，正在做可行性研究

所需关键设备：潜水泵、栅渣压实系统、鼓风机机组，污泥浓缩机、污泥离心脱水机等

建设内容：年处理污水 1 万 t

项目名称：年产 5 万 t 玉米淀粉生产项目

建设地点：宁夏回族自治区

设备来源：国内采购

建设周期：2001～2002 年

投资总额：4 000 万元

资金情况：正在落实

进展阶段：已立项，正在做可行性研究

所需关键设备：筛、分离机，烘干机等

建设内容：主要产品为玉米淀粉，副产品有玉米液、玉米蛋白、玉米浆等；年产能力为 5 万 t

项目名称：年深加工 4 万 t 大蒜系列产品生产线项目

建设地点：云南省

设备来源：国外引进

建设周期：2000～2002 年

投资总额：3 700 万元

资金情况：希望引资

进展阶段：正在进行施工准备工作

所需关键设备：带式干燥机，浸出萃取成套设备

建设内容：工业建筑：（砼排架，轻型屋面、无吊车，砖混结构）；民用建筑（砖混）；仓库设备；生产设备。产品产量：烘干大蒜片 2 160t/a，烘干大蒜粉 2 812t/a，大蒜精（油）54.8t/a，大蒜汁 112.5t/a；大蒜精胶囊 1.44 亿粒

项目名称：纸浆模塑降解餐具项目

建设地点：黑龙江省

设备来源：国内采购

建设周期：2001～2002 年

投资总额：1 000 万元

资金情况：希望引资

进展阶段：正在报批项目建议书

所需关键设备：成型机、烘干机等

建设内容：生产纸浆餐具，零替代发泡餐具

项目名称：食醋综合开发扩建项目

建设地点：山西省

设备来源：国内采购

建设周期：2001～2002 年

投资总额：6 844.89 万元

资金情况：正在落实

进展阶段：已正式开工

所需关键设备：密封式发酵罐、全自动灌装线等，多功能提取罐，自动氨基酸分析仪、气相色谱仪，高速离心机等生产设备

建设内容：建山西省食醋开发区研究中心，50 000t 调配罐装中心，扩建 10 000t 出口保健醋生产线、10 000t 老陈醋系列饮料项目。生产规模：保健醋项目年产 10 000t 保健醋；饮料醋项目年产老陈醋降脂保健饮料 2 000t 老陈醋果汁饮料 5 000t，老陈醋碳酸饮料 3 000t；老陈醋调配中心项目年加工成品醋 50 000t

项目名称：年产 800t 彩感材料照相明胶等系列产品高技术示范工程

建设地点：青海省

设备来源：国外引进

建设周期：2001～2002 年

投资总额：16 375 万元

资金情况：希望引资

进展阶段：已批可行性研究报告，正在做工程设计

所需关键设备：板式生发器、挤条机、长网干燥机

建设内容：主要产品为照相明胶 800t，药用明胶 1 020t，食用明胶 680t

项目名称：200 万件新型节水型中高档卫生洁具项目

建设地点：山西省

设备来源：国外引进

建设周期：2001～2003 年

投资总额：18 800 万元

资金情况：希望引资

进展阶段：正在进行施工准备工作

所需关键设备：干燥设备、压力机、宽断面隧道窑、辊道窑、梭式窑

建设内容：分两期建设年产 200 万件节水型中高档卫生洁具（每期 100 万件）。主要产品为冲水 4L 的节水型连体座便器、普通蹲便器、小便器、高位水箱、洗脸盆、水池、

支柱等

项目名称：异麦芽低聚糖项目
建设地点：辽宁省
设备来源：国内采购
建设周期：2001～2002年
投资总额：2 800万元
资金情况：希望引资
进展阶段：正在报批项目建议书
所需关键设备：调浆液化设备，糖化转苷罐、脱色罐系统，转鼓过滤、蒸发器系统，离子柱，冷塔防腐、生枢喷雾干燥系统设备，化验仪器
建设内容：年产异麦芽糖浆5 000t，异麦芽低聚糖粉3 000t

项目名称：玉米秸颗粒粕项目
建设地点：辽宁省
设备来源：国外引进
建设周期：2001～2002年
投资总额：1 200万元
资金情况：希望引资
进展阶段：已立项，正在做可行性研究
所需关键设备：粉碎机、制粒机、提升机、混料机、筛选机、闭风器、包装缝口机、揉搓挤压机等
建设内容：主要产品为玉米秸颗粒粕，以年生产200天计算，可产2万t/a

项目名称：年处理8万t废酒糟技改工程
建设地点：湖南省
设备来源：国外引进
建设周期：2002～2003年
投资总额：4 880万元
资金情况：正在落实
进展阶段：正在报批项目建议书
所需关键设备：双螺旋挤压机及干燥机组，粉碎机及筛粉机，混合机，包装机及缝合机
建设内容：处理8万t废酒糟，生产高蛋白饲料4万t

项目名称：虫草系列保健酒生产线项目
建设地点：青海省
设备来源：国内采购
建设周期：2001～2002年
投资总额：2 800万元
资金情况：希望引资
进展阶段：正在报批可行性研究报告
所需关键设备：多功能提取罐，过滤机，浓缩罐，全自动灌装线，不锈钢饮料泵，中央空气净化系统，白酒色谱仪
建设内容：利用高原特有的虫草等药材，生产虫草系列保健酒1 000t，浓、清香型白酒5 000t

项目名称：诚信水库项目
建设地点：辽宁省
设备来源：国内采购
建设周期：2001～2003年
投资总额：6 997万元
资金情况：正在落实
进展阶段：已立项，正在做可行性研究
所需关键设备：泵类、闸门、基建设备及运输设备等
建设内容：库容3 370万m^3。控制面积142km^2，建坝高20.56m，长580m，顶宽5m，溢洪道及输水洞工程

项目名称：白坪矿井建设项目
建设地点：河南省
设备来源：国内采购
建设周期：2002～2006年
投资总额：53 800万元
资金情况：希望引资
进展阶段：正在报批项目建议书
所需关键设备：矿井提升、供电、排水、筛选、通风、运输、挖掘等配套设备
建设内容：白坪矿井是国家确定的“十五”新开工项目之一，矿井设计能力180万t/a，为主斜井、副立井单水平开拓。项目产品为煤炭

项目名称：扑热息痛DC系列产品项目
建设地点：浙江省
设备来源：国内采购
建设周期：2000～2001年
投资总额：2 080万元
资金情况：希望引资
进展阶段：正在进行施工准备工作
所需关键设备：制粒机、沸腾干燥机、混合机等
建设内容：2 000t扑热息痛DC系列产品包括扑热息痛DC90和扑热息痛DC96两大系列产品，由于产品颗粒大小的不同，又可分为DC90－200、DC96－200、DC90－500、DC96－500系列产品

项目名称：川南化肥工程
建设地点：四川省
设备来源：国内采购
建设周期：2001～2003年
投资总额：41 754万元
资金情况：希望引资
进展阶段：已立项，正在做可行性研究
所需关键设备：本体法聚氯乙烯装置中的聚氯烯聚合釜，控制仪表及阀门
建设内容：建设40万t/a硫基氮磷钾复合肥，6万t/a氯乙烯和扩建4万t/a本体法聚氯乙烯生产装置

项目名称：年产 5 000kg 美伐他汀技改项目
建设地点：浙江省
设备来源：国内采购
建设周期：2002 ~ 2004 年
投资总额：7 976 万元
资金情况：正在落实
进展阶段：已批可行性研究报告，正在做工程设计
所需关键设备：发酵罐、种子罐、离心机、反应罐、干燥机、粉碎机等
建设内容：形成 5 000kg/a 美伐他汀生产能力

项目名称：他汀类合成药物技改项目
建设地点：浙江省
设备来源：国内采购
建设周期：2002 ~ 2004 年
投资总额：6 657 万元
资金情况：正在落实
进展阶段：已批可行性研究报告，正在做工程设计
所需关键设备：反应罐、离心机、粉碎机、干燥机等
建设内容：年产 2 500kg 的他汀类合成药物

项目名称：富表甲氨基阿维菌素项目
建设地点：浙江省
设备来源：国内采购
建设周期：2000 ~ 2001 年
投资总额：10 438 万元
资金情况：已全部落实
进展阶段：已正式开工
所需关键设备：空压机、空气过滤设备、发酵罐、冷水机、离心泵、自控仪表、过滤机、气流干燥装置、反应釜、冷却器、结晶装置等
建设内容：本项目被化工部列为国家重点科技攻关项目，项目主要是年产 5t 富表甲氨基阿维菌素、10t 依维菌素、3t 表阿维菌素

项目名称：2 万 t/a 赖氨酸项目
建设地点：安徽省
设备来源：国外引进
建设周期：2001 ~ 2002 年
投资总额：22 403.9 万元
资金情况：已全部落实
进展阶段：正在报批可行性研究报告
所需关键设备：发酵设备、离心机、蒸发器、空压机等
建设内容：主产品为饲料级赖氨酸 20 000t/a；副产品为玉米蛋白粉 4 000t/a；菌体饲料 33 200t/a

项目名称：羊胎素胶囊、羊胎素口服液
建设地点：青海省
设备来源：国内采购
建设周期：2001 ~ 2002 年
投资总额：1 282 万元
资金情况：希望引资
进展阶段：已立项，正在做可行性研究
所需关键设备：生化反应设备、分离设备、低温冷冻干燥设备、胶囊及口服液灌装设备
建设内容：扩建厂房、贮置设备，引进技术、年产羊胎素胶囊 2 000 万粒，同时年产口服液 500 万支

项目名称：动物软骨复合胶囊项目
建设地点：青海省
设备来源：国内采购
建设周期：2001 ~ 2003 年
投资总额：2 230 万元
资金情况：希望引资
进展阶段：正在报批项目建议书
所需关键设备：高压提取设备、酶化反应设备、多效浓缩设备、高压均质设备、喷雾干燥设备及微粉碎及纳粉设备
建设内容：扩建厂房、选贮设备，可年产动力软骨复合胶囊 3 000 万粒

项目名称：5 万 t 硫酸钾技改项目
建设地点：青海省
设备来源：国内采购
建设周期：2001 ~ 2002 年
投资总额：7 300 万元
资金情况：正在落实
进展阶段：已批可行性研究报告，正在做工程设计
所需关键设备：母液泵 4 台，离心机 2 台，电磁振动给料机 4 台，玻璃转子流量计 3 台，皮带机 2 台，干燥机 1 套，叉车 4 台，电动葫芦 1 台，自动装袋机 1 台，封口机 1 台，磅称 3 台，手推车 6 台等等
建设内容：硫酸钾及工业盐，设计生产能力 5 万 t/a

项目名称：万 t 硼酸生产线项目
建设地点：青海省
设备来源：国内采购
建设周期：2001 ~ 2002 年
投资总额：3 215 万元
资金情况：希望引资
进展阶段：正在报批项目建议书
所需关键设备：自动进出料离心机、板框压滤机、干燥机、浮选机
建设内容：应用新工艺，采用连续化，自动生产线。设计能力 10 000t/a 硼酸，产品质量标准采用 GB538 - 90

项目名称：武钢炼铁厂烟煤喷吹系统改造工程
建设地点：湖北省
设备来源：国外引进

建设周期：2000～2002年
投资总额：19 545.4万元
资金情况：已全部落实
进展阶段：已正式开工
所需关键设备：磨煤机、烟气升温炉、氮气压缩机、煤粉分配器、各类阀门和安全检测仪表等
建设内容：新建一原煤贮运系统和制粉喷吹间，向4#、5#高炉直接喷吹；改造现有的干煤棚和二制粉间，向1#—3#高炉直接喷吹。改造后1#、4#、5#高炉的煤粉喷吹量达到200KG/T以上，2#、3#高炉的煤粉喷煤量达到180KG/T以上

项目名称：平塘县金属镁厂项目
建设地点：贵州省
设备来源：国内采购
建设周期：2001～2002年
投资总额：1 400万元
资金情况：希望引资
进展阶段：已批可行性研究报告，正在做工程设计
所需关键设备：竖窑、鄂式破碎机、球磨机、螺旋输送机、真空泵组还原炉、真空还原罐、原材料制备设备，供电系统及仪表
建设内容：每年生产1 000t金属镁

项目名称：污水处理厂项目
建设地点：辽宁省
设备来源：国内采购
建设周期：2002～2003年
投资总额：6 300万元
资金情况：希望引资
进展阶段：已立项，正在做可行性研究
所需关键设备：潜水泵、栅渣压实系统、鼓风机机组、污泥浓缩机、污泥离心脱水机等
建设内容：处理污水能力2万t/d

项目名称：南昌市城南排水管网改造工程
建设地点：江西省
设备来源：国内采购
建设周期：2000～2002年
投资总额：31 200万元
资金情况：已全部落实
进展阶段：已开式开工
所需关键设备：管道、管材、阀门、仪表
建设内容：埋设截污管网，整治渠道25.1km

项目名称：梧州市第一污水处理厂项目
建设地点：广西省
设备来源：国外引进
建设周期：2002～2005年
投资总额：17 695.6万元
资金情况：希望引资
进展阶段：已立项，正在做可行性研究
所需关键设备：精细格栅、皮带输送机、搅拌器、砂水分离器、刮泥机、潜水泵、污泥循环泵、进泥泵、鼓风机、絮凝剂制备系统等
建设内容：项目规划占地5hm^2，污水处理规模10万m^3/d

项目名称：仙桃市城东污水厂项目
建设地点：湖北省
设备来源：国内采购
建设周期：2001～2003年
投资总额：15 000万元
资金情况：希望引资
进展阶段：已批可行性研究报告，正在做工程设计
所需关键设备：泵设备、格栅、管道清理设备、刮泥机、污泥脱水机、沼气发动机、鼓风机
建设内容：该项目建设规模12万t/d，一期工程规模6万t/d，建设污水处理厂、配套管线及提升泵站

项目名称：六安市管道煤气气源改造工程项目
建设地点：安徽省
设备来源：国内采购
建设周期：2002～2004年
投资总额：5 943万元
资金情况：希望引资
进展阶段：正在进行施工准备工作
所需关键设备：压缩机、泵类、发电机、气化炉、气柜
建设内容：该项目在原储配站内新建一座液化气掺混空气为气源的混气站，前期供气规模为2万户管道户和6 000户瓶装户，最终形成4万户管道用户供气规模

项目名称：鹰潭市西湖污水处理一期工程
建设地点：江西省
设备来源：国内采购
建设周期：2001～2003年
投资总额：4 006万元
资金情况：希望引资
进展阶段：正在报批项目建议书
所需关键设备：格栅除污机、曝气机、刮泥机、浓缩机、离心机、化验设备、自控仪表等
建设内容：处理城市污水3万t/d，远期规模达到10万t/d

项目名称：渭南城市集中供热项目
建设地点：陕西省
设备来源：国内采购
建设周期：2001～2002年
投资总额：7 554万元
资金情况：希望引资

进展阶段：已正式开工
所需关键设备：75t/h 循环硫化床锅炉；DCS 自动控制系统；电除尘设备；化学水处理设备；换热器；水箱、水泵；阀门、复合管材及补偿器
建设内容：建设 1 台 75 号/小时次高压循环硫化床锅炉；建设 28km 供热管道及 15 座一级换热站；主要产品：工业用蒸气、采暖生活用热水；年供热 1500TJ，年实现产值 2 500万元

项目名称：加格达奇区污水治理工程
建设地点：黑龙江省
设备来源：国内采购
建设周期：2001 ~ 2003 年
投资总额：10 274 万元
资金情况：正在落实
进展阶段：已批可行性研究报告，正在做工程设计
所需关键设备：潜污泵、粗细格栅、鼓风机、脱水机、排水管网等设备
建设内容：污水处理厂 1 座，排水管网 35 030m 及配套设施

项目名称：新建给水工程
建设地点：黑龙江省
设备来源：国内采购
建设周期：2001 ~ 2003 年
投资总额：7 050 万元
资金情况：正在落实
进展阶段：正在进行施工准备工作
所需关键设备：潜水电泵、加氯机、液氯吸收装置、清水离心泵、变频调速装置、仪器仪表
建设内容：建设水厂土建工程、水处理工程；输配水管网工程；成品水生产能力 2 万 t/d，远期日供水能力 4 万 t

项目名称：迁扩建 5 万 m^3/d 自来水净水厂项目
建设地点：重庆市
设备来源：国内采购
建设周期：2002 ~ 2006 年
投资总额：5 028.19 万元
资金情况：希望引资
进展阶段：正在报批可行性研究报告
所需关键设备：机泵 350S－125A 型 3 台、真空泵 SZ－1 1 台、WQ 潜水泵 1 台、DX 型电动单梁悬挂式起重机 1 台；自用水泵 IS80－50－200B 1 台
建设内容：净输水能力 5 万 m^2/d，储水能力 3 000m^3 的自来水净水厂

项目名称：变性淀粉项目
建设地点：黑龙江省
设备来源：国内采购
建设周期：2001 ~ 2002 年
投资总额：7 677 万元
资金情况：希望引资
进展阶段：已批可行性研究报告，正在做工程设计
所需关键设备：离心机、干燥机、洗涤旋流器
建设内容：加工生产淀粉 8 500t、变性淀粉 10 000t

项目名称：300t/a 大豆分离蛋白项目
建设地点：安徽省
设备来源：国外引进
建设周期：2002 ~ 2003
投资总额：7 040 万元
资金情况：希望引资
进展阶段：已立项，正在做可行性研究
所需关键设备：关键设备有卧式螺旋沉降分离机、闪蒸浓缩罐、喷雾干燥塔、旋风分离器等
建设内容：引进主体设备上马 3 000t/a 大豆蛋白分离生产线

项目名称：30 万 t/a 玉米深加工项目
建设地点：黑龙江省
设备来源：国外引进
建设周期：2001 ~ 2005
投资总额：144 565 万元
资金情况：希望引资
进展阶段：已批可行性研究报告，正在做工程设计
所需关键设备：离心机、干燥机、蒸发器、结晶器
建设内容：玉米淀粉 14 500t/a；L－乳酸 10 000t/a；赖氨酸 20 000t/a；食用酒精 80 000t/a；年加工玉米 30 万 t

项目名称：3 万 t 三合宜核桃粉生产线建设工程
建设地点：四川省
设备来源：国内采购
建设周期：2001 ~ 2003 年
投资总额：15 000 万元
资金情况：希望引资
进展阶段：已批可行性研究报告，正在做工程设计
所需关键设备：超微碎粉机、胶体磨、均质机、螺杆泵、清洗机、去皮机、烘干机组、干燥机组、保温消毒机、制冷机组等
建设内容：设计规模 3 万 t，新建核桃粉生产线 10 条

项目名称：抚顺煤层气开发利用工程
建设地点：辽宁省
设备来源：国内采购
建设周期：2001 ~ 2004 年
投资总额：22 624 万元
资金情况：希望引资
进展阶段：正在报批可行性研究报告
所需关键设备：压缩机（含电机）、自动化控制设备、储气缸及配套管线等

建设内容：建设主要内容有长距离输送管线、地面钻井等；设计能力为年产煤层气1亿m^3（纯气）

项目名称：平煤首山一矿项目
建设地点：河南省
设备来源：国内采购
建设周期：2003～2008年
投资总额：70 000万元
资金情况：正在落实
进展阶段：正在报批项目建议书
所需关键设备：提升机、通风机、水泵等
建设内容：设计能力240万t/a

项目名称：龙凤煤矿项目
建设地点：贵州省
设备来源：国内采购
建设周期：2001～2004年
投资总额：78 370万元
资金情况：正在落实
进展阶段：已正式开工
所需关键设备：提升绞车、排水泵、压风机、风机
建设内容：建设内容为煤炭开发；主要产品为优质无烟块煤；生产能力为240万t/a

项目名称：红林煤矿项目
建设地点：贵州省
设备来源：国内采购
建设周期：2001～2004年
投资总额：6 000万元
资金情况：正在落实
进展阶段：已正式开工
所需关键设备：薄煤层机采配设备、提供绞车、排水泵、压风机、风机
建设内容：建设内容为煤炭开采；主要产品为优质无烟煤；生产能力为30万t/a

项目名称：天门市第二水厂项目
建设地点：湖北省
设备来源：国内采购
建设周期：2001～2003年
投资总额：12 000万元
资金情况：希望引资
进展阶段：正在报批可行性研究报告
所需关键设备：提升泵，粗、细格栅，刮、吸泥机，鼓风机，脱水机及加氯、加药自控系统
建设内容：建设主要内容有建设水源工程、净化厂、输水工程及变电设备；设计生产能力为供水20万t/d

项目名称：桂林市北区污水处理系统项目
建设地点：广西省
设备来源：国内采购
建设周期：2002～2007年
投资总额：13 240万元
资金情况：正在落实
进展阶段：已批可行性研究报告，正在做工程设计
所需关键设备：水泵、曝气头、鼓风机、水下推进器
建设内容：北区污水净化厂由原来的0.35万t/d扩建到3.35万t，铺设13.5km400～800管道，建设中途泵站1座

项目名称：黔江城区污染综合治理项目
建设地点：重庆省
设备来源：国外引进
建设周期：2002～2004年
投资总额：17 000万元
资金情况：希望引资
进展阶段：已立项，正在做可行性研究
所需关键设备：挖掘机、分拣机、推土机、污水泵、鼓风机、脱水机
建设内容：日处理8万t污水厂1座，日处理200t垃圾处理厂1座

项目名称：大围山野生蔬菜项目
建设地点：湖南省
设备来源：国内采购
建设周期：2001～2004年
投资总额：3 660万元
资金情况：希望引资
进展阶段：已立项，正在做可行性研究
所需关键设备：速冻及干燥设备，隧道式鼓风冷冻机，隧道式烘干机，糖制、腌制设备，罐头制作设备，清洗整理设备，生产加工设备，菜汁加工设备，精、粗制设备，包装、运输设备等
建设内容：野菜干加工、野菜盐腌加工、野菜罐头加工、野菜汁加工、野菜食用菌加工，设计年生产能力2 300t

项目名称：辣椒食品深加工高新技术项目
建设地点：贵州省
设备来源：国内采购
建设周期：2001～2002年
投资总额：5 000万元
资金情况：希望引资
进展阶段：正在报批可行性研究报告
所需关键设备：干燥机、粉碎机等
建设内容：年产量150t，年产值3 000万元

项目名称：高蛋白学生豆奶粉项目
建设地点：吉林省
设备来源：国内采购

建设周期：2001～2002年
投资总额：19 991.9万元
资金情况：正在落实
进展阶段：已批可行性研究报告，正在做工程设计
所需关键设备：干燥塔、双效蒸发器、胶体磨、卧螺机、杀菌机、均质机、精磨机、高频机组
建设内容：主要产品为高蛋白学生豆奶粉，年生产量为50 000t。

项目名称：产品深度开发项目
建设地点：内蒙古自治区
设备来源：国内采购
建设周期：2001～2002年
投资总额：12 409万元
资金情况：正在落实
进展阶段：正在进行施工准备工作
所需关键设备：压缩机、分离机、离心机等设备
建设内容：利用生产中产生的大量羊骨资源，对羊骨进行深加工提取多肽钙

项目名称：3万t/a双酚A项目
建设地点：江苏省
设备来源：国外引进
建设周期：2001～2002年
投资总额：31 005万元
资金情况：正在落实
进展阶段：已批可行性研究报告，正在做工程设计
所需关键设备：离心机、薄膜蒸发器等
建设内容：设计能力新增长2.5万t/a

项目名称：年产1.5万t聚偏氯乙烯树脂项目
建设地点：河北省
设备来源：国外引进
建设周期：2002～2004年
投资总额：69 264万元
资金情况：希望引资
进展阶段：正在报批可行性研究报告
所需关键设备：纯氮空分设备、空气压缩机等
建设内容：采用国外先进技术建设年产1.5万t聚偏氯乙烯(PVDC)树脂生产线1条

项目名称：1,4－丁二醇项目
建设地点：重庆市
设备来源：国外引进
建设周期：2002～2004年
投资总额：50 000万元
资金情况：希望引资
进展阶段：正在报批项目建议书
所需关键设备：反应器、吸收塔、回收精制塔、压缩机等
建设内容：利用0.75万t/a乙炔生产2万t/a 1,4－丁二醇

项目名称：许疃煤矿项目
建设地点：安徽省
设备来源：国内采购
建设周期：1997～2003年
投资总额：75 741万元
资金情况：正在落实
进展阶段：正在报批可行性研究报告
所需关键设备：提升设备，排水设备，通风设备，综采、综掘设备，压缩空气设备
建设内容：矿井设计生产能力为150万t/a

项目名称：年产30万t优质硅质原料基地项目
建设地点：安徽省
设备来源：国内采购
建设周期：2001～2002年
投资总额：4 230万元
资金情况：正在落实
进展阶段：正在报批可行性研究报告
所需关键设备：颚式破碎机、圆锥玻、胶带输送机、振动筛、水分分级机、磁选机
建设内容：年产30万t优质硅质原料

项目名称：3万t/a超细重质碳酸钙微粉生产线项目
建设地点：陕西省
设备来源：国内采购
建设周期：2002～2003年
投资总额：900万元
资金情况：希望引资
进展阶段：正在报批项目建议书
所需关键设备：粉磨设备、湿法研磨设备、微粉分级机、干燥设备、检测仪器等
建设内容：新建一条年产3万t 6500目超细重质碳酸钙微粉生产线

项目名称：农业高科技园项目
建设地点：湖北省
设备来源：国内采购
建设周期：2001～2003年
投资总额：11 310万元
资金情况：希望引资
进展阶段：已立项，正在做可行性研究
所需关键设备：自动控制设备、配电系统、温控系统、干燥设备等
建设内容：建设生物实验室1万m^2，组培工厂1 000m^2，可控温室10万m^2，加工包装车间、科学资源圃、保鲜库、仓库、培训室及科研推广体系建设

项目名称：南瓜粉系列产品开发项目
建设地点：甘肃省
设备来源：国外引进
建设周期：1999～2002 年
投资总额：1 186 万元
资金情况：希望引资
进展阶段：正在进行施工准备工作
所需关键设备：离心机、干燥机、蒸发器、结晶器
建设内容：已建成年加工南瓜粉 400t 生产线，还在开发南瓜饮料、南瓜胶囊等系列产品，一期已完成，二期正在筹备

项目名称：年产 3 000t 颗粒啤酒花生产线项目
建设地点：甘肃省
设备来源：国内采购
建设周期：2001～2002 年
投资总额：2 100 万元
资金情况：希望引资
进展阶段：正在进行施工准备工作
所需关键设备：风干设备
建设内容：建成小时产量 1.5t，年产 3 000t 颗粒啤酒花生产线

项目名称：SOD 保健胶囊项目
建设地点：新疆
设备来源：国内采购
建设周期：2001～2001 年
投资总额：2 500 万元
资金情况：正在落实
进展阶段：正在进行施工准备工作
所需关键设备：液体发酵设备，离心机，层析柱，离子交换柱，搅拌机，胶囊罐装机，超滤、微滤、板推压滤机
建设内容：建立一个国内具有先进水平的生物工程生产厂及研究所，主要生产 SOD 胶囊，能够产生 SOD 活菌、植物生长调节剂，设计生产能力为年产 6 000t 发酵液、600t 活菌

项目名称：十里风干鸡系列产品开发项目
建设地点：湖北省
设备来源：国内采购
建设周期：2001～2002 年
投资总额：1443
资金情况：希望引资
进展阶段：已批可行性研究报告，正在做工程设计
所需关键设备：通风机、冷风机、干燥设备、包装设备
建设内容：建设年出栏小鸡 500 万只的孵化场；扩大定点屠宰场、腌制场地，兴建高、低温库；达到风干食品 1 万 t/a 的规模

项目名称：食品罐头厂项目
建设地点：贵州省
设备来源：国内采购
建设周期：1998～2003 年
投资总额：1 660 万元
资金情况：希望引资
进展阶段：已正式开工
所需关键设备：脱水干燥机、真空包装机、封口机、清洗机、锅炉、杀菌机、化验设备等
建设内容：脱水蔬菜、盐渍蔬菜等系列产品，设计生产能力为年产 3 500t(其中脱水蔬菜 3 000t、盐渍蔬菜 500t)。具体品种有竹笋、蕨菜、宝塔菜、薤头、萝卜、生姜、辣椒等

项目名称：EV 微肥王项目
建设地点：新疆
设备来源：国内采购
建设周期：2001～2002 年
投资总额：1 600 万元
资金情况：正在落实
进展阶段：已正式开工
所需关键设备：粉碎机、低温烘干机、搅拌机、造粒机、干燥设备、筛分设备、传送装置、液体发酵设备
建设内容：利用生物工程发酵技术，生产具有国际先进水平的植物生长调节剂，微生物肥料，全年生产能力 3 000t

项目名称：中央储备粮萍乡直属库三期工程
建设地点：江西省
设备来源：国内采购
建设周期：2001～2002 年
投资总额：1 400 万元
资金情况：正在落实
进展阶段：正在进行施工准备工作
所需关键设备：通风干燥设备、运输设备、衡器、熏蒸设备
建设内容：建高大平仓 3 栋

项目名称：600 万 t 炼油厂项目
建设地点：广西省
设备来源：国外引进
建设周期：2003～2007 年
投资总额：1 050 000 万元
资金情况：希望引资
进展阶段：已立项，正在做可行性研究
所需关键设备：加氢反应器、高压空冷器、高压搅热器、在线分析仪表、压缩机、重要机泵、智能变速器、DCS 系统、高压临氢管道，常压蒸馏装置等
建设内容：主要产品为液化石油气 14.96 万 t/a；汽油 221.7 万 t/a；航煤 53.7 万 t/a；柴油 218.5 万 t/a

项目名称：淮南矿区煤炭液化项目
建设地点：安徽省
设备来源：国外引进

建设周期：2001～2003年
投资总额：984 900万元
资金情况：希望引资
进展阶段：正在报批项目建议书
所需关键设备：天然气压缩机、深度脱水高压装置、储气钢瓶等
建设内容：建设一条日处理煤5 000t的液化生产线

项目名称：载脂蛋白AI和B临床检测试剂盒产业化生产
建设地点：山东省
设备来源：国内采购
建设周期：2001～2001年
投资总额：1 697万元
资金情况：希望引资
进展阶段：已立项，正在做可行性研究
所需关键设备：分离机等
建设内容：年产有效抗体20万mL

项目名称：年产5万t氯酸钠技改工程
建设地点：青海省
设备来源：国外引进
建设周期：2001～2003年
投资总额：22 977万元
资金情况：正在落实
进展阶段：正在报批可行性研究报告
所需关键设备：氯酸钠电解槽、结晶器、干燥器
建设内容：主产品氯酸钠5万t/a，副产品氢气(标准状态)3 000万m^3/a

项目名称：蛇纹岩综合利用项目
建设地点：甘肃省
设备来源：国内采购
建设周期：2001～2003年
投资总额：1 000万元
资金情况：希望引资
进展阶段：已立项，正在做可行性研究
所需关键设备：压滤机、反京釜、离心机、闪蒸干燥机等
建设内容：建成年产600万t氧化镁、2 400t硫酸铵和780t白炭黑的生产规模

项目名称：年产25 000件经带宁GMP标准生产线项目
建设地点：贵州省
设备来源：国内采购
建设周期：2002～2005年
投资总额：6 400万元
资金情况：希望引资
进展阶段：已立项，正在做可行性研究
所需关键设备：干燥设备、提取设备等
建设内容：建设年产2 500箱GMP标准生产线

项目名称：6 000t碳酸镁(氧化镁)项目
建设地点：甘肃省
设备来源：国内采购
建设周期：2002～2003年
投资总额：2 720万元
资金情况：希望引资
进展阶段：正在报批可行性研究报告
所需关键设备：复分解反应器、氨回收装置、过滤设备、合成设备、干燥煅烧设备
建设内容：拟建6 000t碳酸镁(氧化镁)生产线

项目名称：5 000t超细二氧化硅项目
建设地点：甘肃省
设备来源：国内采购
建设周期：2001～2003年
投资总额：3 800万元
资金情况：希望引资
进展阶段：已批可行性研究报告，正在做工程设计
所需关键设备：沉淀反应器、过滤机、干燥机、超细粉碎机
建设内容：拟建5 000t超细二氧化硅生产线

项目名称：新型吸收剂再循环流化床脱硫装置项目
建设地点：江苏省
设备来源：国内采购
建设周期：2000～2003年
投资总额：1 200万元
资金情况：希望引资
进展阶段：已批可行性研究报告，正在做工程设计
所需关键设备：压缩机、制硫机、加热炉等
建设内容：在130t以上的电站锅炉作脱硫产业化中试

项目名称：3万t/a磷铵改产9万t/a复合肥项目
建设地点：河南省
设备来源：国内采购
建设周期：2001～2002年
投资总额：3 000万元
资金情况：希望引资
进展阶段：已批可行性研究报告，正在做工程设计
所需关键设备：干燥造粒机、硫酸氢钾反应器、加氨中和器
建设内容：设计能力为NPK＝15－15－15复合肥9万t/a，盐酸(31%)2万t/a，氯磺酸(98%)1万t/a

项目名称：年200t核苷酸及深加工项目
建设地点：山东省
设备来源：国内采购
建设周期：2002～2005年
投资总额：14 015.49万元
资金情况：正在落实
进展阶段：已立项，正在做可行性研究

所需关键设备：反应釜、压滤机、高速离心机、交换柱、不锈钢储罐、薄膜浓缩器、结晶釜、回转干燥器

建设内容：年产核苷酸200t，其中腺苷酸52t、鸟苷酸58t、胞苷酸40t、尿苷酸50，40t胞苷酸用于深加工医药中间体

项目名称：腐植酸生物复合肥生产线项目

建设地点：贵州省

设备来源：国内采购

建设周期：2002～2004年

投资总额：3 375万元

资金情况：希望引资

进展阶段：正在报批项目建议书

所需关键设备：压缩机、过滤机、干燥机

建设内容：厂房建设、设备购置、年产生物复合肥5万t

项目名称：2万t/a电解铝及配套工程

建设地点：新疆维吾尔自治区

设备来源：国内采购

建设周期：2001～2002年

投资总额：16 000万元

资金情况：已全部落实

进展阶段：已正式开工

所需关键设备：电解槽、混合炉、烟尘净化设备、整流变压器、多功能行车、铸锭机、中频炉、空压机、电解槽微机自控；煅烧炉、焙烧炉、破碎机、输送机、振动成型机、混捏锅、主变压器、钢球磨煤机、送风机、引风机、汽轮机、发电机、高压电器

建设内容：建设内容为电解铝厂及配套设计（电厂和炭素厂），主要产品为铝锭，设计生产能力为规划年产铝锭10万t，配套150MW电厂及5万t炭素厂。首期年产铝锭2万t，配套25MW电厂及1.4万t炭素厂

项目名称：2万t污水处理中心项目

建设地点：江苏省

设备来源：国内采购

建设周期：2001～2002年

投资总额：2 000万元

资金情况：正在落实

进展阶段：已立项，正在做可行性研究

所需关键设备：离心风机、压榨过滤机

建设内容：日处理2万t污水处理中心

项目名称：垃圾处理厂项目

建设地点：重庆市

设备来源：国内采购

建设周期：2001～2003年

投资总额：8 271.6万元

资金情况：正在落实

进展阶段：正在报批可行性研究报告

所需关键设备：污水管网、泵类、阀门、仪表、控制系统

建设内容：日处理垃圾200t

项目名称：城区污水处理厂项目

建设地点：福建省

设备来源：国内采购

建设周期：2001～2003年

投资总额：8 000万元

资金情况：正在落实

进展阶段：正在报批可行性研究报告

所需关键设备：压滤机、鼓风机、自动控制设备及仪表

建设内容：1座拼装式污水处理厂和城区17.30km主干管网，日处理污水5万t

项目名称："双低"油菜籽脱壳深加工综合利用项目

建设地点：湖北省

设备来源：国内采购

建设周期：2001～2002年

投资总额：14 300万元

资金情况：正在落实

进展阶段：已立项，正在做可行性研究

所需关键设备：压榨机、烘干机、发酵设备等

建设内容：年加工"双低"菜籽15万t，生产优质饲用蛋白7.56万t、色拉油5万t、可降解快餐盒9 000万个、工业级脂肪酸900t

项目名称：年产8万t（新增1.5万t）尼龙66盐技改工程

建设地点：河南省

设备来源：国内采购

建设周期：2001～2002年

投资总额：19 979万元

资金情况：正在落实

进展阶段：正在报批项目建议书

所需关键设备：分离塔、脱水塔、氧化反应器、结晶器、蒸馏器、氢气压缩机、空气压缩机、吸收塔等

建设内容：新增生产能力1.5万t尼龙66盐

项目名称：年产6 000t高模低缩涤纶工业丝技改项目

建设地点：河南省

设备来源：国内采购

建设周期：2002～2003年

投资总额：18 868万元

资金情况：正在落实

进展阶段：正在报批项目建议书

所需关键设备：结晶干燥器、双螺杆挤出机、增压泵、牵伸机、高速卷绕机

建设内容：设计年生产能力6 000t高模低缩涤纶工业丝

项目名称：精炼油加工厂项目

建设地点：甘肃省
设备来源：国内采购
建设周期：2001~2003年
投资总额：1 944.2万元
资金情况：正在落实
进展阶段：正在进行施工准备工作
所需关键设备：油料烘干设备、浸出器、预榨机
建设内容：年产精炼油1 200t,脂肪酸类化工产品2 000t

项目名称：L－乳酸生产项目
建设地点：宁夏省
设备来源：国内采购
建设周期：2001~2003年
投资总额：2 500万元
资金情况：正在落实
进展阶段：已立项,正在做可行性研究
所需关键设备：发酵设备、离心机
建设内容：年产2 000t L－乳酸

项目名称：年产2万t硫酸钾生产装置建设项目
建设地点：甘肃省
设备来源：国内采购
建设周期：2001~2003年
投资总额：4 416万元
资金情况：正在落实
进展阶段：已立项,正在做可行性研究
所需关键设备：干燥机、离心机、流量计
建设内容：年产2万t农用硫酸钾,氧化钾(K_2O)含量50%

项目名称：年产600t当归等中药标准提取物高技术产业化示范工程
建设地点：湖南省
设备来源：国内采购
建设周期：2001~2001年
投资总额：11 614.96万元
资金情况：正在落实
进展阶段：正在报批可行性研究报告
所需关键设备：静电干燥机、超临界CO_2萃取装置、膜分离浓缩装置
建设内容：新建1条中药标准提取物生产线；新建1个中药标准提取物示范工程中心,总计年产600t中药标准提取物；建立药材GAP基地；新建研究检测中心

项目名称：年产1 000t己二醇及下游产品项目
建设地点：四川省
设备来源：国内采购
建设周期：2001~2002年
投资总额：9 800万元
资金情况：正在落实
进展阶段：正在报批可行性研究报告
所需关键设备：己二醇工段包括媒体釜冷凝器、乙炔二醇反应器、加氢釜、媒体反应釜等；己二醇装置冷却工段包括立式冷凝器、立式蒸发器、氢液分离器、空气分离器等；己二醇装置蒸发工段包括稀碱液预热器、Ⅰ效蒸发器、Ⅱ效蒸发器、喷射冷凝器等；菊酰氯装置包括加热器、冷凝器、反应釜、干燥器、脱水柱、蒸馏塔等；已二醇装置乙炔站包括废液冷却器、乙炔冷却器、清洗塔、中和塔等
建设内容：二甲基己二醇产品,年生产能力1 000t,菊酰氯产品,年生产能力200t；2.6—双橡胶交联剂,年生产能力50t

项目名称：熊胆系列产品加工项目
建设地点：黑龙江省
设备来源：国内采购
建设周期：2002~2004年
投资总额：15 531万元
资金情况：正在落实
进展阶段：已批可行性研究报告,正在做工程设计
所需关键设备：气流粉碎机、多能提取罐、外循环蒸发器、喷雾干燥机、程控低温冷库、不锈钢贮罐、超声波洗瓶机、500mL灌装线、塑铝包装机、夹层反应锅
建设内容：熊养殖1 200头,其中采胆熊800头；熊胆粉原料产量3 200kg/a,熊胆粉年产量500kg；熊胆胶囊年产量300万盒；熊胆滴眼剂年产量1 100万支；熊胆痔灵膏年产量300万支；熊胆救心丹年产量150万盒；熊胆肝泰口服液年产量50万盒；熊胆酒年产量180t

项目名称：年产10 000t塑料改性剂—ACR项目
建设地点：安徽省
设备来源：国外引进
建设周期：2002~2004年
投资总额：9 047万元
资金情况：正在落实
进展阶段：正在报批可行性研究报告
所需关键设备：直径1 800×3 500反应釜、搅拌薄膜蒸发器、刮式薄膜蒸发器、旋转真空干燥器、喷雾干燥器、流化床干燥器、自动包装机、DCS自动控制系统
建设内容：建设10 000t/aACR生产线(丙烯酸酯类抗冲改性剂)

项目名称：年产20 000t多聚甲醛项目
建设地点：安徽省
设备来源：国外引进
建设周期：2002~2004年
投资总额：8 009.5万元
资金情况：正在落实
进展阶段：正在报批可行性研究报告
所需关键设备：直径1 800×3 500反应釜、搅拌薄膜蒸发器、

刮式薄膜蒸发器、旋转真空干燥器、喷雾干燥器、流化床干燥器、自动包装机、DCS自动控制系统
建设内容：建设20 000t/a多聚甲醛生产线

项目名称：2万t水厂项目
建设地点：湖南省
设备来源：国内采购
建设周期：2001~2002年
投资总额：3 320万元
资金情况：希望引资
进展阶段：已立项，正在做可行性研究
所需关键设备：泵类、闸、阀门等
建设内容：建1座冷水厂，1座热水厂(温泉水厂)，以满足灰汤旅游业的发展及区内居民日常生活用水，冷水厂日供水15 000t，热水厂供水能力为5 000t

项目名称：污水处理厂项目
建设地点：海南省
设备来源：国内采购
建设周期：2002~2003年
投资总额：4 800万元
资金情况：正在落实
进展阶段：正在报批项目建议书
所需关键设备：泵类、压滤机、鼓风机、自动控制设备、仪表
建设内容：日处理污水1.6万m^3

项目名称：排水设施改造工程
建设地点：海南省
设备来源：国内采购
建设周期：2001~2002年
投资总额：1 200万元
资金情况：正在落实
进展阶段：正在报批可行性研究报告
所需关键设备：管道、阀门、检测设备
建设内容：日雨水排放能力达10万m^3，日污水排放能力达到1.6万m^3

项目名称：地面水净化配套工程
建设地点：海南省
设备来源：国内采购
建设周期：2001~2002年
投资总额：2 468万元
资金情况：正在落实
进展阶段：已批可行性研究报告，正在做工程设计
所需关键设备：过滤器、泵、阀门等
建设内容：日供水量2万t

项目名称：南郊污水处理厂扩建及排水管网项目
建设地点：内蒙古自治区
设备来源：国外引进
建设周期：2002~2004年
投资总额：31 497.44万元
资金情况：正在落实
进展阶段：正在报批项目建议书
所需关键设备：管件及污水处理设备、水泵、鼓风机
建设内容：建设二级污水处理厂1座、配套管渠56km，日处理污水7万t

项目名称：包头大华大厦项目
建设地点：内蒙古自治区
设备来源：国内采购
建设周期：2000~2002年
投资总额：22 300万元
资金情况：已全部落实
进展阶段：已正式开工
所需关键设备：4台三菱电梯，3台全自动压缩机，供热设备，供水、供电设备
建设内容：大华大厦为商城酒店四星级服务设施

项目名称：污水处理工程
建设地点：甘肃省
设备来源：国内采购
建设周期：2002~2004年
投资总额：14 215万元
资金情况：正在落实
进展阶段：已批可行性研究报告，正在做工程设计
所需关键设备：LHG型回转式格栅、除污机、输送机、压榨机、污水提升泵、砂水分离器、潜水搅拌器等
建设内容：日处理水量8万m^3/d，排水管网33.23km，回水用管网17.2km

项目名称：赤峰市中心城区防洪工程
建设地点：内蒙古自治区
设备来源：国内采购
建设周期：2002~2004年
投资总额：34 374万元
资金情况：正在落实
进展阶段：已立项，正在做可行性研究
所需关键设备：电机、泵类、运输设备、排水站机电设备、城区排水设备
建设内容：建设堤防工程，排水、泄洪、渠道枢纽、桥梁改建工程，河道治理工程，东西旱河防洪工程

项目名称：跃进水库病害整治及调水工程
建设地点：四川省
设备来源：国内采购
建设周期：2003~2005年
投资总额：3 700万元

资金情况：正在落实
进展阶段：正在报批项目建议书
所需关键设备：挖掘机、泵类、闸门、阀门
建设内容：水库大坝加固、防渗；引水渠 158.7km；其中主干渠 16.07km、支渠 32.8km、斗渠 81.9km、毛渠 27.3km。新增蓄水 400 万 m^3，新增灌面 366.7 万 m^2

项目名称：南溪桥闸重建工程
建设地点：广东省
设备来源：国内采购
建设周期：2009～2010 年
投资总额：9 787 万元
资金情况：正在落实
进展阶段：正在报批项目建议书
所需关键设备：闸门、阀门、测量仪、起重机
建设内容：桥闸防洪标准 50 年一遇设计，100 年一遇校核，工程按 8 度抗震设防，水闸 50 年一遇设计过流量为 1 250m^3/s，枢纽工程主要由拦河闸、交通桥、船闸组成

项目名称：年产 75 000m^3 刨花板项目
建设地点：内蒙古自治区
设备来源：国内采购
建设周期：2000～2002 年
投资总额：7 000 万元
资金情况：已全部落实
进展阶段：已正式开工
所需关键设备：干燥机、铺装机、压机、砂光机
建设内容：年产 75 000m^3 刨花板

项目名称：年产 30 万 t 合成氨及 52 万 t 尿素工程
建设地点：陕西省
设备来源：国外引进
建设周期：2001～2005 年
投资总额：20 432.76 万元
资金情况：希望引资
进展阶段：已立项，正在做可行性研究
所需关键设备：压缩机、锅炉、发生炉
建设内容：年产尿素 52 万 t

项目名称：硫基复合肥 10 万 t 改 20 万 t 技改项目
建设地点：四川省
设备来源：国内采购
建设周期：2001～2002 年
投资总额：4 830 万元
资金情况：正在落实
进展阶段：正在报批可行性研究报告
所需关键设备：反应器、喷浆造粒干燥机、控制仪表及阀门
建设内容：高浓度硫酸钾复合肥 20 万 t/a

项目名称：川芎系列产品的研究开发项目
建设地点：四川省
设备来源：国内采购
建设周期：2002～2005 年
投资总额：3 400 万元
资金情况：正在落实
进展阶段：已开式开工
所需关键设备：电泳凝胶成像系统、原子吸收分光光度计、低温冰箱高速冷冻离心机、高倍电子显微镜、CO_2 超临界萃取设备
建设内容：建立符合 GAP 标准的川芎有效成份如川芎挥发油、川芎嗪等的提取生产线

项目名称：蛋黄卵磷脂生物工程
建设地点：新疆维吾尔自治区
设备来源：国外引进
建设周期：2002～2003 年
投资总额：15 868.55 万元
资金情况：正在落实
进展阶段：正在进行施工准备工作
所需关键设备：萃取釜、分离器、CO_2 容器、CO_2 预热器、换热器、冷凝器、污水处理一体化设备、连续产水型自动软水器、吸附式无热空气干燥器、氨制冷压缩机、超声波加湿器
建设内容：日处理鲜蛋 20t；年生产软胶囊 1 亿粒（1 百万瓶/100 粒装）；蛋黄粉 975t/a（其中 250t 用于生产卵磷脂）；蛋白粉 405t/a；蛋黄卵磷脂 150t/a（其中 120t 用于生产软胶囊）

项目名称：2 万 t/a 赖氨酸项目
建设地点：山东省
设备来源：国外引进
建设周期：2002～2006 年
投资总额：36 468 万元
资金情况：正在落实
进展阶段：已立项，正在做可行性研究
所需关键设备：大型发酵设备、离子交换系统、不锈钢离心机、振动流化床、干燥器等
建设内容：达到年产 2 万 t 赖氨酸规模

项目名称：次磷酸钠项目
建设地点：四川省
设备来源：国外引进
建设周期：2002～2003 年
投资总额：2 000 万元
资金情况：正在落实
进展阶段：正在报批项目建议书
所需关键设备：反应釜、浓缩釜、压滤机、离心机
建设内容：形成年产 2 000～5 000t 的生产能力

项目名称：电解锌厂技改项目
建设地点：甘肃省
设备来源：国内采购
建设周期：2001～2002年
投资总额：3 100万元
资金情况：正在落实
进展阶段：已正式开工
所需关键设备：风机、电解槽、铸锭机等
建设内容：年新增电解锌5 000t，达到1万t生产能力

项目名称：焦化煤气项目
建设地点：山西省
设备来源：国内采购
建设周期：2001～2002年
投资总额：25 910万元
资金情况：正在落实
进展阶段：已立项，正在做可行性研究
所需关键设备：备煤炼焦设备有粉碎机、原料卸车设备、装煤车、推焦机、拉焦车、熄焦车、电机车、液压交换机、护炉铁件、交换设备、筛分设备；煤气净化设备有横管初冷器、电捕焦油器、煤气鼓风机、机械化氨水澄清槽、蒸氨塔、饱和器、离心机、脱硫塔、再生塔、横管预冷器、洗苯塔、脱苯塔、管式炉等
建设内容：本项目建设JNK43－98D型机焦炉（2×50孔）及相配套的备煤、冷鼓、煤气净化、废水处理等工程。主要产品方案为焦炭（全焦）66.2万t/a、焦炉煤气25 895万m^3/年、焦油30 801t/a、硫磺773万t/a、硫铵6 748t/a、苯8 327t/a

项目名称：玻璃纤维绝缘套管技改项目
建设地点：山东省
设备来源：国内采购
建设周期：2001～2002年
投资总额：2 000万元
资金情况：希望引资
进展阶段：正在报批可行性研究报告
所需关键设备：浸胶及烘干自动化设备
建设内容：新上编管机、打纬机、上胶机生产线，形成规模从0.5到15mm绝缘套管的系列产品生产线，产品耐电压值为0.1～10万V，形成年产物960t的生产规模，产品广泛用于电器设备和机电设备、线路端头处

项目名称：郁江引水工程
建设地点：广西省
设备来源：国内采购
建设周期：2002～2005年
投资总额：87 910万元
资金情况：正在落实
进展阶段：正在报批项目建议书
所需关键设备：输水管网、泵、电机、加药设备
建设内容：建设规模日供水55万t，引水线路长度72.8km，管道铺设长度177km（含主、支管），泵站装机容量12 500km

项目名称：互助路工程
建设地点：青海省
设备来源：国内采购
建设周期：2001～2002年
投资总额：13 000万元
资金情况：正在落实
进展阶段：正在报批可行性研究报告
所需关键设备：挖掘机、阀门、泵类、电机等
建设内容：道路全长8 586m，宽40m，按城市主干道Ⅱ级标准建设。工程主要建设内容包括道路、桥梁、排水、照明、绿化及其他配套附属工程

项目名称：格尔木路工程
建设地点：青海省
设备来源：国内采购
建设周期：2002～2004年
投资总额：13 500万元
资金情况：正在落实
进展阶段：正在报批可行性研究报告
所需关键设备：挖掘机、阀门、泵类、电机等
建设内容：按照城市主干道Ⅱ级标准建设长1.9km，宽50m，给排水、照明等配套附属设施的城市道路1条

项目名称：通州区第二水厂项目
建设地点：北京市
设备来源：国内采购
建设周期：2002～2003年
投资总额：27 000万元
资金情况：正在落实
进展阶段：正在报批项目建议书
所需关键设备：泵类、净化设备
建设内容：日供水10万t

项目名称：污水处理工程
建设地点：湖南省
设备来源：国内采购
建设周期：2001～2002年
投资总额：21 000万元
资金情况：希望引资
进展阶段：已批可行性研究报告，正在做工程设计
所需关键设备：潜水泵、细格栅、分离机等
建设内容：沿澧水河南北两岸城市截污干管15.85km，建设两个提升泵站、循环式活性污泥法（CAST工艺）污水处理厂1个，日处理污水8万t，远期达到17万t

项目名称：花生深加工综合利用项目
建设地点：山东省
设备来源：国外引进
建设周期：2002～2004年
投资总额：19 977.5万元
资金情况：正在落实
进展阶段：已立项，正在做可行性研究
所需关键设备：卧式螺旋离心机、预榨机
建设内容：以花生为主要原料，年加工花生仁6万t、年产分离蛋白3 000t、浓缩蛋白3 000t、花生蛋白奶粉5 000t、食用蛋白粉12 500t、花生色拉油24 500t、血宁片35 000万片、饲料蛋白3 300t、通板200万m^2

项目名称：2万t/a大豆分离蛋白及相关产品项目
建设地点：山东省
设备来源：国外引进
建设周期：2002～2003年
投资总额：21 524万元
资金情况：正在落实
进展阶段：正在报批项目建议书
所需关键设备：卧式螺旋离心机、喷雾干燥塔、萃取罐、快速灭菌机
建设内容：本项目的主要产品是2万t/a大豆分离蛋白、8 400t/a大豆低聚糖、14 400t/a豆渣纤维粉

项目名称：2 000t/a高性能工程塑料项目
建设地点：辽宁省
设备来源：国内采购
建设周期：2001～2002年
投资总额：19 208万元
资金情况：正在落实
进展阶段：已立项，正在做可行性研究
所需关键设备：环化反应釜、合成釜、聚合釜、注射机、氨压缩机、热油炉、喷凝槽、多效蒸发器等
建设内容：主要建设一套年产2 000t杂环联苯聚醚砜(PPES)、杂环联苯聚醚酮(PPEK)、杂环联苯聚醚砜酮(PPESK)的生产装置

项目名称：光转换农用薄膜及系列添加剂技术产业化项目
建设地点：湖北省
设备来源：国内采购
建设周期：2002～2004年
投资总额：9 200万元
资金情况：正在落实
进展阶段：正在进行施工准备工作
所需关键设备：隧道电炉窑、混料机、研磨机、搅抖机、复卷机、离心分离机组、振动筛、刚玉坩埚、排风碱吸收塔、粒度分析仪、融体测试仪、紫外荧光光度计、双螺杆螺旋挤出造粒机、吹膜机组
建设内容：建设光转换农用薄膜及系列添加剂生产线(其中包括土建、设备安装、调试及配套的检测仪器等)。设计能力为年产添加剂200t，转光母粒4 000t，光转换农用薄膜40 000t

项目名称：5万t玉米深加工项目
建设地点：辽宁省
设备来源：国外引进
建设周期：2002～2003年
投资总额：5 000万元
资金情况：正在落实
进展阶段：已批可行性研究报告，正在做工程设计
所需关键设备：离心机、干燥机、蒸发器、结晶器
建设内容：建设年产10 000t羧甲基淀粉钠，5 000t果葡糖、3 000t麦芽糖醇、2 225t玉米油生产线

项目名称：灰汤农业高科技示范园建设项目
建设地点：湖南省
设备来源：国内采购
建设周期：2002～2003年
投资总额：5 000万元
资金情况：希望引资
进展阶段：已立项，正在做可行性研究
所需关键设备：自控温室大棚设备、高温保鲜库设备、大棚滴灌设备、干燥设备、配电设备
建设内容：规划用地70万m^2，实施以下6个项目：花卉药材区、反季蔬菜种苗区、名特优稻果区、珍稀立体养殖区、交易推广区

项目名称：引黄生态扶贫综合治理工程
建设地点：内蒙古自治区
设备来源：国内采购
建设周期：2002～2006年
投资总额：79 600万元
资金情况：正在落实
进展阶段：正在报批项目建议书
所需关键设备：泵类、管道、检测设备、种苗等
建设内容：水源工程：修建提水流量4.5m^3/s的浮船泵站1处，流量分别为4.23m^3/s，4.23m^3/s和0.65m^3/s扬水泵站3级，沉沙池1处，蓄水池2处，输水管道、渠道共45.7km。生态治理区：治理面积17 000hm^2，其中：高效农业生态园区2 000hm^2，经济林2 000hm^2，人工种草2 500hm^2，苗圃300hm^2，水土保持林5 700hm^2，封育4 500hm^2，沟头防护30km，谷坊3 500座

项目名称：粉煤灰新型轻质墙体材料项目
建设地点：辽宁省
设备来源：国外引进
建设周期：2002～2003年

投资总额：7000
资金情况：希望引资
进展阶段：正在进行施工准备工作
所需关键设备：滚压机、烘干机等
建设内容：建设年产 300 万 m^2 的承重和非承重隔墙板及装饰构件

项目名称：2 500t/d 熟料回转窑生产线项目
建设地点：河北省
设备来源：国内采购
建设周期：2001 ~ 2003 年
投资总额：19 954 万元
资金情况：正在落实
进展阶段：正在报批项目建议书
所需关键设备：立磨、回转窑、煤磨、增湿塔、篦冷机、预热器、电收尘、高温风机、开关柜
建设内容：改建设一条 2 500t/d 水泥熟料生产线，充分利用现有设施和生产条件，年产水泥熟料 80 万 t

项目名称：4A 沸石研制及生产线的开发项目
建设地点：山西省
设备来源：国内采购
建设周期：2001 ~ 2003 年
投资总额：1 600 万元
资金情况：正在落实
进展阶段：已立项，正在做可行性研究
所需关键设备：真空过滤机、旋转闪蒸干燥器、热风炉
建设内容：用于洗涤的 4A 沸石产品和用于吸附 3A、4A、5A、13X 沸石产品，生产能力为 1 ~ 1.5 万 t

项目名称：2 万 t/a 聚甲醛项目
建设地点：黑龙江省
设备来源：国外引进
建设周期：2002 ~ 2004 年
投资总额：48 270 万元
资金情况：正在落实
进展阶段：正在报批项目建议书
所需关键设备：聚合反应釜、挤压机、高效离心分离器、封端反应器
建设内容：2 万 t/a 聚甲醛

项目名称：年产 700t 阿胶颗粒剂系列产品高技术产业化示范工程
建设地点：山东省
设备来源：国外引进
建设周期：2001 ~ 2002 年
投资总额：7 656 万元
资金情况：已全部落实
进展阶段：正在报批项目建议书
所需关键设备：膜脓缩机、喷雾干燥机、干制粒机、颗粒包装机
建设内容：形成年产 700t 阿胶颗粒剂系列产品规模

项目名称：城市供排水系统产生的藻渣、污泥无害化处理及制备 10 万 t/a 有机肥
建设地点：云南省
设备来源：国内采购
建设周期：2001 ~ 2002 年
投资总额：4 032 万元
资金情况：正在落实
进展阶段：已正式开工
所需关键设备：锅炉、烘干机、粉碎机、空压机、无菌储气罐、菌液培养罐、分料器、混料器、固体发酵装置
建设内容：异地新扩建 7 万 t 生产厂，与原有 3 万 t 中试厂共形成年产 10 万 t 有机肥规模。主要产品为和田系列高效有机复混肥以及自主知识产权专利产品“污泥专用干燥设备”。设计生产能力为年产 3 ~ 10 万 t

项目名称：合成氨原料以煤代焦改造项目
建设地点：云南省
设备来源：国外引进
建设周期：2001 ~ 2002 年
投资总额：3 100 万元
资金情况：希望引资
进展阶段：正在报批项目建议书
所需关键设备：熔硫槽、鼓风机、精硫泵、造粒机、干燥机、冷却机、氨合成塔
建设内容：采用公司周边廉价烟煤为原料生产合成氨

项目名称：有机硅单体及下游产品项目
建设地点：安徽省
设备来源：国外引进
建设周期：2004 ~ 2006 年
投资总额：200 000 万元
资金情况：希望引资
进展阶段：已立项，正在做可行性研究
所需关键设备：流化床反应器、精馏塔、压缩机
建设内容：生产有机硅单体 8 万 t/a，生产有机硅产品 4.5 万 t/a，产品品种 800 ~ 1 000 个，其中硅油类 20 000t/a，硅橡胶类 10 000t/a，硅树脂 6 000t/a，硅烷偶联剂类 6 000t/a，其他 3 000t/a

项目名称：35 万 t/a 对二甲苯及 80 万 t PTA 项目
建设地点：辽宁省
设备来源：国内采购
建设周期：2002 ~ 2004 年
投资总额：321 103 万元
资金情况：正在落实

进展阶段：正在报批项目建议书
所需关键设备：离心泵、过滤机、压缩机
建设内容：PTA装置由27万t改造到80万t，同时配套改造建设35万t对二甲苯装置

项目名称：年产10 000t纳米级（超分散）蒙脱土项目
建设地点：浙江省
设备来源：国内采购
建设周期：2001～2003年
投资总额：7 300万元
资金情况：正在落实
进展阶段：已批可行性研究报告，正在做工程设计
所需关键设备：反应釜、卧式离心机、技框压滤机、混合机、筛分设备、高压对辊机、沟化设备、烘干机、煅烧机、沧降池、超细粉磨设备、高压均质器、检测设备
建设内容：本项目拟在安吉县经济开发区新征土地133 400 m^2，新建16 000m^2 生产车间及仓库，140台（套）关键设备，生产规模年产10 000t纳米级（超分散性）有机蒙脱土

项目名称：含砷金精矿生物提金工艺技术改造项目二期扩建项目
建设地点：山东省
设备来源：国外引进
建设周期：2001～2002年
投资总额：4 942万元
资金情况：希望引资
进展阶段：已立项，正在做可行性研究
所需关键设备：氧化槽及搅拌器、鼓风机、自动仪表控制系统
建设内容：对一期设备进行配套改造，新上1座配套的日处理150t的氰化系统，配套建设化验室、细菌研究所、新建二期达产后，日处理含砷精矿250t，年新增黄金产量2 851.2kg

项目名称：钴铜冶炼厂技术改造工程
建设地点：海南省
设备来源：国内采购
建设周期：2002～2003年
投资总额：19 976万元
资金情况：正在落实
进展阶段：已正式开工
所需关键设备：沸腾焙烧炉、风机、塔类设备、浓密机、压滤机
建设内容：钴酸锂526t/a，电解铜900t/a，硫酸镍248t/a，硫酸49 323t/a，盐酸7 200t/a，硫酸钾6 000t/a。

项目名称：污水处理厂项目
建设地点：山西省
设备来源：国内采购
建设周期：2001～2003年
投资总额：2 500万元
资金情况：正在落实
进展阶段：正在进行施工准备工作
所需关键设备：鼓风机、刮泥机、格栅、水泵、脱水机、阀门
建设内容：日处理2万 m^3 废水

项目名称：城市生活垃圾处理场项目
建设地点：湖北省
设备来源：国内采购
建设周期：2001～2003年
投资总额：2 880万元
资金情况：正在落实
进展阶段：已批可行性研究报告，正在做工程设计
所需关键设备：收集设备、运输设备、搅拌机、带式输送机、干燥机等
建设内容：征地、厂户、设备，设计日处理城市生活垃圾200t

项目名称：彩色感光材料用照相明胶项目
建设地点：内蒙古自治区
设备来源：国外引进
建设周期：2002～2004年
投资总额：11 000万元
资金情况：正在落实
进展阶段：正在报批项目建议书
所需关键设备：引进明胶、浓缩、蒸发、干燥、破碎等关键设备
建设内容：新增年产明胶2 000t能力生产线，主要产品为彩感用胶、黑白明胶、药用明胶、食用明胶

项目名称：中式咖啡生产线项目
建设地点：陕西省
设备来源：国内采购
建设周期：2002～2003年
投资总额：2 849万元
资金情况：正在落实
进展阶段：已批可行性研究报告，正在做工程设计
所需关键设备：多功能提取设备、浓缩蒸发设备、喷雾干燥设备、生物酶化设备
建设内容：主要产品是以红枣为主料，经科学配方，口感美似咖啡的一种营养保健饮品，年产2 000t

项目名称：天然气开发利用项目
建设地点：内蒙古自治区
设备来源：国外引进
建设周期：2002～2005年
投资总额：93 645万元
资金情况：正在落实
进展阶段：正在报批项目建议书
所需关键设备：3台阶梯式蒸汽转化炉、2套ICI激冷式合成

塔、2套蒸汽透平驱动离心式压缩机
建设内容：年产甲醇80万t

项目名称：主城区天然气系统改扩建工程
建设地点：重庆市
设备来源：国外引进
建设周期：1999～2005年
投资总额：82 800万元
资金情况：已全部落实
进展阶段：已批可行性研究报告，正在做工程设计
所需关键设备：球罐、压缩机和自动化系统
建设内容：新建天然气储备站

项目名称：年产2.1万t水、气用PE管材管件项目
建设地点：河北省
设备来源：国外引进
建设周期：2002～2003年
投资总额：15 901.53万元
资金情况：正在落实
进展阶段：正在报批项目建议书
所需关键设备：PE干燥系统、管材挤出生产线、电熔管件模具及生产技术、布线机等
建设内容：建设年生产能力2.1万t水、气用PE管材管件及配套的原料库、生产车间及空气制冷站

项目名称：合成氨原料油改煤工程
建设地点：内蒙古自治区
设备来源：国外引进
建设周期：2002～2004年
投资总额：49 392万元
资金情况：正在落实
进展阶段：正在报批可行性研究报告
所需关键设备：气化炉、废熟锅炉、陶瓷过滤器、压缩机、空分装置、H2S吸收塔、H2S再生塔、H2S锅炉、克劳斯反应器
建设内容：1、新增煤场、煤栈桥、煤粉制备及给料系统；2、新增1套9 000Nm^3/h空分及氧、氮压缩机；3、新建煤气化装置；4、现有净化系统进行改造，同时增加一套CLAUS硫回收装置；5、与生产装置相配套的公用工程及辅助设施的改造。主要产品为合成氨原料气（粗煤气）、设计能力为111 690Nm^3/h

项目名称：合成氨原料油改气工程
建设地点：内蒙古自治区
设备来源：国外引进
建设周期：2002～2004年
投资总额：11 856万元
资金情况：正在落实
进展阶段：正在报批项目建议书
所需关键设备：脱硫塔、压缩机、加热器、气化炉烧嘴、CO_2回收装置
建设内容：天然气干法脱硫装置、天然气压缩机、天然气加热器、气化炉改造、气体洗涤装置改造、CO_2回收装置。主要产品为合成氨原料气（粗煤气），设计能力93 075Nm^3/h

项目名称：12万t/a磷铵技改工程
建设地点：云南省
设备来源：国内采购
建设周期：2002～2003年
投资总额：21 546.3万元
资金情况：希望引资
进展阶段：正在报批项目建议书
所需关键设备：盘式过滤机、闪蒸冷却泵、板式换热器、浓磷酸循环泵、干燥机
建设内容：磷酸一铵12万t/a，磷酸6万t/a，硫酸20万t/a，氟硅酸钠0.42万t/a，变压吸附脱碳12 000Nm^3/h

项目名称：尿素节能技术改造及年产60万t高浓度NPK尿基复合肥项目
建设地点：河南省
设备来源：国内采购
建设周期：2002～2004年
投资总额：18 764万元
资金情况：正在落实
进展阶段：已立项，正在做可行性研究
所需关键设备：2台由汽轮机驱动的氢氮压缩机、1套尿素深度水解装置、1台CO_2压缩机
建设内容：在现有生产装置的基础上进行挖潜改造，对装置生产能力作必要的填平补齐和系统优化设计，使改造后的生产能力为年产尿素30万t、年产高浓度复合肥60万t

中国通用机械工业年鉴

2002

China General Machinery Industry Yearbook

获奖项目及新产品

获奖项目及新产品

China General Machinery Industry Yerqrbook

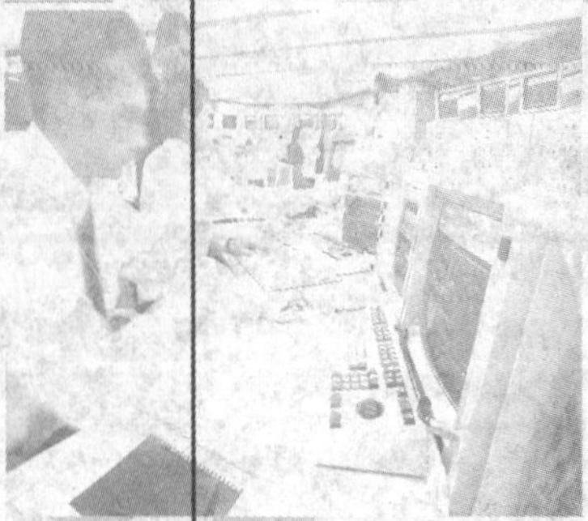

企业、科研院所不懈地努力，

造就一个个辉煌！

企业、科研院所永远地追求，

促进行业的飞跃！

2001 年度中国机械工业科学技术奖获奖项目

经中国机械工业科学技术奖评审委员会评审，并报中国机械工业科学技术奖管理委员会批准，2001 年度中国机械工业科学技术奖获奖项目为 170 项。其中：一等奖 17 项；二等奖 56 项；三等奖 97 项。我们从中选出 9 项有关通用机械工业的项目予以公布，以资嘉勉。

序　号	获奖项目名称	主要完成单位和完成者	获奖等级
1	采用规整填料塔及全精馏制氩技术的新型大中型空分设备	杭州制氧机集团有限公司　毛绍融　周智勇　邵维达　查文杰　周家建　卢　杰　吕红星　徐　峰　吴巧仙　陈桂珍　汪加林　何子田　何传贤　毛黎辉　张传力	一
2	螺杆—活塞串联车装空压机研制	合肥通用机械研究所　洪　华　黄集骏　薛正学　高相家　李蔚蔚　陈向东　邱海明　吴元照　程汉明	二
3	阀门 CAD 系统开发及推广	合肥通用机械研究所　朱绍源　黄明亚　高秉申　郭怀舟　王晓钧　宋忠荣　王　渭	二
4	SVK 组装式离心压缩机	沈阳鼓风机厂　成正朝　翁立伟　王慧秀　林学民　曹　刚　于生力　牛大勇　周晓东　沈桂杰	二
5	60 万 kW 以上火电配套轴流风机	上海鼓风机厂有限公司　胡德明　万　方　邵玉明　陈文成　汪崇智　杨大伟　陈家乾　万　坚　陈倩萍	二
6	DB 型偏心法兰蝶阀	天津塘沽瓦特斯阀门有限公司　张桂翰　崔玲玲　陈家胜　孙建岭　薛朋俊	三
7	真空热水机组	浙江联丰股份有限公司　王红斌　金深洋　李士祥　蒋春良　王其荣	三
8	GYPG—50 型广谱(高压力)喷雾干燥机	江苏省范群干燥设备厂　北京制药装备联合开发公司　范炳喜　刘小虎　顾建新　何荣生　张汝浩	三
9	SL/MJLS 系列三叶罗茨鼓风机	天津鼓风机总厂　杨　光　冯育棠　彭学院　李文英　赵学录	三

获国家、部、省级奖产品

风　机

产品名称	奖项名称	获奖等级	获奖单位	获奖年份
2MCL457 离心压缩机	国家银质奖		沈阳鼓风机厂	1990
DH80 离心压缩机	部优		沈阳鼓风机厂	1991
MCL、BCL、DH 系列离心压缩机	辽宁省名牌产品		沈阳鼓风机厂	1996
MCL、BCL 系列离心压缩机	国家机械工业名牌产品		沈阳鼓风机厂	1997
MCL、BCL、DH、VK 系列离心压缩机	辽宁省名牌产品		沈阳鼓风机厂	1998
GY4—73—12№9D 锅炉引风机	内蒙古自治区优产品		和浩特市新超风机有限公司	1991
WMF—T38№6 屋顶风机	部优产品		呼和浩特市新超风机有限公司	1995
OLQ 型 15—18 高心通风机	船舶工业总公司优质产品		青岛风机厂	1990
4—72、9—19、9—26 系列离心通风机	部优产品		淄博风机厂	1990
9—19№5A 离心通风机	部优产品		安徽省风机厂	1991
9—26D(二系列段)离心通风机	部优产品		武汉鼓风机厂	1991
Y4—73—12(一系列段)离心通风机	部优产品		武汉鼓风机厂	1991

（续）

产 品 名 称	奖 项 名 称	获奖等级	获 奖 单 位	获奖年份
T35—11 轴流通风机	湖北省优产品奖		武汉鼓风机厂新洲分厂	1991
HTD50—11 离心鼓风机	湖北省优产品奖		湖北省风机厂	1990
4—72—12№4.5A 离心通风机	湖北部优产品奖		北省风机厂	1990
BB24 高温风机	四川省优产品奖		重庆通用工业(集团)有限责任公司	1991
4—72—12№12C 离心通风机	部优产品		新乡市鼓风机厂	1990
SNL—11№9.4D 水泥立窑风机	部优产品		新乡市鼓风机厂	1992
SNL—11 系列水泥立窑专用风机	部优产品		新乡市鼓风机厂	1993
9—19 系列	部优产品		周口鸿基鼓风机有限公司	1991
4—72№6A 离心通风机	云南省优产品		大理通用机械厂	1992
C150—1.7 离心鼓风机	陕西省优产品		陕西鼓风机(集团)有限公司	1991
D160—1.3 离心鼓风机	陕西省优产品		陕西鼓风机(集团)有限公司	1991
4M50—33.7/11—192—BX 新氢压缩机	国家科技进步奖	二	沈阳气体压缩机有限公司	1998
3、6、9m^3/min 动力用压缩机系列更新改造	国家科技进步奖	三	合肥通用机械研究所压缩机分析	1996
GD_2—120/35—350 型充氧(氮)车载隔膜压缩机	北京科技进步奖	二	北京第一通用机械厂	
WW—42/7 无润滑空气压缩机	国家级新产品奖	三	柳州空压机集团公司	1998
D80/1.5 煤气压缩机	山西省优秀新产品奖		太原气体压缩机厂	
凿岩机配套用系列空气压缩机	国家机械工业局科技进步奖	三	浙江开山股份有限公司	1998
Z—0.9/8、Z—1.2/8、Z—1.5/8	江西省优质产品奖		江西南翔空压机有限公司	
CZ—20/30F、1—0.27/150、CE—0.42/150 三种型号压缩机	江省优质产品奖		宁波天元压缩机有限公司	

阀　　门

产 品 名 称	奖 项 名 称	获奖等级	获 奖 单 位	获奖年份
新型铸钢闸阀	河北省科技进步奖	三	河北省承德高压阀门管件厂	1991
球阀 Q41F—16$\begin{matrix}P\\R\end{matrix}$ DN15～150mm、截止阀 J41W—16$\begin{matrix}P\\R\end{matrix}$ DN50mm	农业部优秀产品奖		锡山市阀门厂	1991
“十五”国家重大技术装备科技攻关大型低压阀门国产化	机械电子工业部科学技术奖	二	铁岭阀门股份有限公司	1991
流量调节阀 $LT9_A41X$—10　DN400mm	辽宁省科技进步奖	三	铁岭阀门股份有限公司	1991
快速排气阀 KP—10　DN100mm	辽宁省科技进步奖		铁岭阀门股份有限公司	1991
锁定型液控止加蝶阀 HD_H7_S41X—2.5 DN2000mm	国务院重大机械装备司奖	三	铁岭阀门股份有限公司	1991
苏字牌截止阀 J41H—$\begin{matrix}25\\40\\100\end{matrix}$ DN10～20mm	江苏省优质产品奖		苏州高中压阀门厂	1991
A25K155 真空阀、SKA 系列手动角式真空阀	核工业部优质产品证书		中核苏阀科技实业股份有限公司	1991
对夹式金属电(手动)硬密封蝶阀	“全国星火计划成果”奖	金奖	长沙市阀门厂	1992
液控蝶阀	“全国星火计划”奖	银奖	长沙市阀门厂	1992
自动切换阀	国家级新产品奖		长沙市阀门厂	1992
合成氨系列压力密封盖高压阀 Z961Y—1500(Lb)、H64W—1500(Lb)、J961Y—1500(Lb)　DN50～250mm	内蒙古自治区科技进步奖	三	包头阀门总厂	1992
蒙乃尔合金球阀	国家科学技术成果奖		州阀门有限公司	1992
J41H—250、Z41H—40、Z41H—100、GJ44H—320、J44Y—320	湖北省优质产品奖		湖北高中压阀门有限公司	1992
快速切断闸阀 Z6ζ42H	国家级优秀新产品		温州挺宇集团有限公司	1993
高温高压采热阀	国家级新产品		西安泵阀总厂	1992
大口径铸态铁素体球墨铸铁阀门	辽宁省科技进步奖	一	铁岭阀门股份有限公司	1993
金属硬密封自动切换阀	湖南省科技进步奖		长沙市阀门厂	1993
油密封燃气旋塞阀	河南省优秀新产品奖	二	许昌昌源阀门制造有限公司	1993
截止阀、楔式闸阀	安徽省新产品奖		安徽屯溪高压阀门厂	1993

（续）

产　品　名　称	奖　项　名　称	获奖等级	获　奖　单　位	获奖年份
手动、电动平衡阀 F468Y、T9468Y、T668Y、T9688Y	河北省科技进步奖	一	河北省承德高压阀门管件厂	1994
炭素焙烧炉煤气旋塞阀 X43W—0.5 DN50mm	甘肃省科技进步奖	三	甘肃省兰州阀门厂	1994
电动球阀 QE1A4C—D　DN400mm、500mm	核工业部科技进步奖	三	中核苏阀科技实业股份有限公司	1994
911 工程核安全级阀门	核工业部科技进步奖	三	中核苏阀科技实业股份有限公司	1994
液控止加蝶阀、金属硬密封蝶阀	国家科委、建设部、机械部、国家技术监督局联合“优先推荐”产品		长沙市阀门厂	1994
偏心耐腐蚀蝶阀 D$\begin{matrix}6\\3\\9\end{matrix}$73F4—$\begin{matrix}10\\6\end{matrix}$　DN300 ~ 1000mm	天津市技术创新优秀项目奖、天津市科技成果奖	三 三	天津溏沽瓦特斯阀门有限公司	1994 1995
软密封双偏心法兰蝶阀 D$\begin{matrix}3\\9\end{matrix}$4A3X　DN400 ~ 1200mm	天津市技术创新优秀项目奖、天津市科技成果奖	三 三	天津塘沽瓦斯阀门有限公司	1994 1995
CD 系列中线对夹蝶阀（DN50 ~ 300mm）	天津市科技兴市突出贡献奖 天津市科技成果奖	 二	天津塘沽瓦特斯阀门有限公司	1994 1992
低温高压球阀代号 BR318	内蒙古自治区科技进步奖	三	包头阀门总厂	1994
复肥工程用蝶阀的研制	机械工业部科学技术成果奖	三	锦州阀门公司	1994
“甘露”牌系列阀门：球阀、截止阀、闸阀、止回阀 J41W $\begin{matrix}16\\25\\40\end{matrix}$ $\begin{matrix}P\\R\end{matrix}$　DN15 ~ 350mm Z41W $\begin{matrix}16\\25\\40\end{matrix}$ $\begin{matrix}P\\R\end{matrix}$　DN15 ~ 500mm Q41W $\begin{matrix}16\\25\\40\end{matrix}$ $\begin{matrix}P\\R\end{matrix}$　DN15 ~ 350mm H41W $\begin{matrix}16\\25\\40\end{matrix}$ $\begin{matrix}P\\R\end{matrix}$　DN15 ~ 350mm	第七届中国新技术、新产品博览会金奖		锡山市阀门厂	1995
三块式高压球阀 Q11N—160　DN8 ~ 50mm	广东省科技进步奖、广东省优秀新产品		广东明珠球阀集团股份有限公司	1995
AP16D 管线阀门	化工部优质产品奖	金奖	中核苏阀科技实业股分有限公司	1995
火电站高温高压闸阀	核工业部科技进步奖		中核苏阀科技实业股份有限公司	1995
全液控止回蝶阀 HD_77Q41_AX—6　DN1600mm	机械工业部科技进步奖	二	铁岭阀门股份有限公司	1995
球阀系列产品（精铸） 1. 整体式，对分式，对夹式不锈钢 1/4 ~ 2in　1.6MPa 内螺纹球阀。 2. 美标 1/2 ~ 4inLb150、Lb300 不锈钢、碳钢法兰式球阀。 3. 国标 1/2″—4 ”　1.6MPa 2.5MPa6.4MPa 不锈钢碳钢法兰式球阀。	荣获黄河流域九省区首届新技术新产品博览会金奖	金奖	白银柯登精密铸造阀门有限公司	1995
电动真空蝶阀 D_{KS_A}41AXF—2.5 DN1600mm、液压平行式单闸板闸阀 ZT_S43T—6　DN2000mm	国家级新产品		铁岭阀门股份有限公司	1995
多层次斜板式金属硬密封蝶阀 D3$\begin{matrix}4\\7\end{matrix}$3P—2.5　DN80 ~ 300mm	国家级新产品		江苏神通阀门有限公司	1995
明杆楔式单闸板闸阀 Z41$\begin{matrix}T\\W\end{matrix}$—10 DN50 ~ 300mm	司法部科技进步奖	四	山西汾阳阀门厂	1995
一体式软密封高温球阀	浙江省科学技术进步奖国家级新产品奖		玉环县楚门亨特阀门厂	1996
蝶阀系列 DF504　DN100 ~ 600、DF47 DN700 ~ 2400mm	国家科委星火计划全国科技博览会优秀项目奖		武汉市亚美蝶阀厂	1996
核电阀门：核二级、核三级　DN80 ~ 1000mm	江苏省科技进步奖	三	江苏神通阀门有限公司	1996

（续）

产 品 名 称	奖 项 名 称	获奖等级	获 奖 单 位	获奖年份
污水蝶阀 D241X—10　DN100～300mm	江苏省科技进步奖	三	江苏神通阀门有限公司	1996
电动水封蝶阀 SFD941—K　DN300～2600mm	江苏省科技进步奖	三	江苏神通阀门有限公司	1996
耐海水蝶阀	国家级新产品奖	二	湖北洪城通用机械股份有限公司	1996
耐氟化氢电动钢制衬胶蝶阀、电动金属硬密封扇形闸阀	国家级新产品奖		湖北洪城通用机械股份有限公司	1996
高压注水多用阀	国家级新产品奖		西安泵阀总厂	1996
江泽牌球阀 Q11、Q21、Q41、Q61、DN6～100mm	第三届中国国际新技术名优产品博览会指定推荐产品获金牌		温州市华厦阀门制造有限公司	1997
金属密封球阀 Q47Y—25　DN15～400mm	广东省科技进步奖、广东省优秀新产品、国家级新产品	三	广东明珠球阀集团股份有限公司	1997
核电阀门研制	优秀项目奖		中核苏阀科技实业股份有限公司	1997
液压平行式单闸板闸阀 ZT543T—6　DN200mm	机械工业部科技进步奖	二	铁岭阀门股份有限公司	1997
液控阀金属硬密封蝶阀 DN100～4350mm	湖南“省产品质量”奖		长沙市阀门厂	1997
软密封偏心法兰蝶阀	天津市优秀工业设计新产品奖	一	天津塘沽瓦特斯阀门有限公司	1997
疏水调节阀 GK11　DN80mm 疏水调节阀 ZK29/01　DN150mm 双金属片式疏水阀 BK18　DN15～50mm 窥视器 VK16	中国有色金属工业公司研制与开发奖	四	北京市阀门总厂	1997
1.3m 电动楔式闸阀 Z942H25　DN1300、1000、800mm	河南省科技进步奖	一	开封高压阀门厂	1997
金属自密封环的研制	河南省科技进步奖	一	开封高压阀门厂	1997
不锈钢刀型闸阀 DZ73X/W—10R	山东省科学技术进步奖	三	山东益都阀门有限公司	1997 1997
泵用截止阀门	国家级新产品		山东益都阀门有限公司	1997
球阀专利号 96250288SX　Q11、Q21—、Q41—、Q61　DN6～100mm	1998 年全国专利成果新技术新产品博览会金奖		温州市华厦阀门制造有限公司	1998
电动通风切换阀 4350D941H—0.1C	国家机械工业局科技进步奖	二	长沙市阀门厂	1998
LQA 系列阀门电动装置、802 系列阀门电动装置	国家科技成果奖		天津市北方阀门控制设备公司	1998
特大口径金属硬密封蝶阀	湖北省科技进步奖	三	湖北洪城通用机械股份有限公司	1998
水轮机进水液动蝶阀	国家级新产品		湖北洪城通用机械股份有限权司	1998
大口径波纹管截止阀	安徽省科学技术进步奖		安徽省屯溪高压阀门厂	1998
SMC/HBC　IE 级电动执行机构	天津市科技进步奖 天津市技术创新奖	三 三	天津市阀门公司	1998
摆动式球阀 ISBR—40	国家级火炬项目		温州挺宇集团有限公司	1999
水减压阀门国产化	优秀产学研工程项目奖		中核苏阀科技实业股份有限公司	1999
电动水封蝶阀 SFD941—K　DN300～2600mm	江苏省科技进步奖	三	江苏神通阀门有限公司	1999
高性能金属密封蝶阀 D373R—25Q　DN50～1000mm	天津市科技创新优秀项目奖	三	天津塘沽瓦特斯阀门有限公司	1999
高性能焊接式耐腐蚀蝶阀 DB373F—16C　DN50～300mm	天津市技术创新优秀项目奖	三	天津塘沽瓦特斯阀门有限公司	1999
HALE 蝶阀 2～6in2200—SE	天津市技术创新优秀项目奖	三	天津塘沽瓦特斯阀门有限公司	1999
软密封单偏心法兰蝶阀	天津市技术创新优秀项目奖 天津市科技成果奖	三 二	天津塘沽瓦特斯阀门有限公司	1999
三偏心复合圈金属密封蝶阀	天津市科学技术进步奖	三	天津塘沽瓦特斯阀门有限公司	1999
微阻缓闭蝶式止回阀	天津市科技成果奖		天津塘沽瓦特斯阀门有限公司	1999
无销软密封蝶阀	天津市科技成果奖		天津塘沽瓦特斯阀门有限公司	1999
伸缩型法兰蝶阀	天津市科技成果奖		天津塘沽瓦特斯阀门有限公司	1999
1.3m 电动楔式闸阀	国家级新产品奖		开封高压阀门厂	1999
水压试验阀系列	国家级新产品奖		开封高压阀门厂	1999
燃气平板闸阀	河南省优秀新产品奖	一	许昌昌源阀门制造有限公司	1999

（续）

产品名称	奖项名称	获奖等级	获奖单位	获奖年份
（手动、电动、气动）摆动式蝶阀	国家级重点新产品奖		温州挺宇集团有限公司	2000
24通旋转阀 RVA ~ RVD规格 ϕ250 ~ 700mm RV1 ~ RV1C规格 ϕ800 ~ 1400mm	中国石油化工集团公司科技进步奖	二	上海汉威特种阀门制造有限公司	2000
煤粉喷吹专用阀	国家级重点新产品奖		江苏神通阀门有限公司	2000
D_B型偏心法兰蝶阀	天津市技术创新优秀项目奖、天津市科技成果奖、国家级重点新产品	二	天津塘沽瓦特斯阀门有限公司	2000
抽汽止回阀系列	国家级新产品		开封高压阀门厂	2000
燃气平板闸阀	国家级新产品		许昌昌源阀门制造有限公司	2000

气体分离设备

产品名称	奖项名称	获奖等级	获奖单位	获奖年份
LTQ—20000型50万 m^3/d天然气分离设备	国家科技进步奖	二	四川空分设备厂	1989
H100—9/0.9型离心式压缩机	国家科技进步奖	三	开封空分设备厂	1989
KDN—720/38.88Y型制氮设备	机械工业科技进步奖	二	哈尔滨制氧机厂	1989
DY—65型中压水电解制氢设备	机械工业科技进步奖	二	哈尔滨机联机械厂	1989
KDON—6000/13000—3型空分设备(第五代)	国家重大技术装备成果奖	一	杭州制氧机厂	1990
BCK5.9—6500/6型板翅式换热器	国家重大技术装备成果奖	三	开封空分设备厂	1990
H200—6.3/0.97型离心式压缩机	河南省科技进步奖	一	开封空分设备厂	1991
ZDQ—8型水电解制氢设备	河北省科技进步奖	三	718研究所	1994
KDON—14000/14000型空分设备	机械工业科技进步奖	一	杭州制氧机集团有限公司	1995
KDON—3200/3200型空分设备	浙江省科技进步奖	二	杭州制氧机集团有限公司	1995
8MPa高压板式换热器	浙江省科技进步奖	二	杭州制氧机集团有限公司	1995
ZR—1416—8型大型铝制板式真空钎接设备	机械工业科技进步奖	一	兰州真空设备有限责任公司	1997
规整填料塔在空分设备中的应用	河南省科技进步奖	一	开封空分集团有限公司	1999
ZW—53/30型氧气压缩机	河南省科技进步奖		开封空分集团有限公司	1999
H700—6.8/0.97—1型离心工空气压缩机	河南省科技进步奖	二	开封空分集团有限公司	1999
PLPK—67/8.4×0.5型增压透平膨胀机	河南省科技进步奖	三	开封空分集团有限公司	1999

真空获得及应用设备

产品名称	奖项名称	获奖等级	获奖单位	获奖年份
DM—450型真空镀膜机	获部优产品		北京仪器厂(集团)	1989
2XZ—2A型直联旋片泵	获部优		上海真空泵厂	1990
2XZ—0.5型直联旋片泵	获部一等奖	一	上海真空泵厂	1990
2XZ—2型直联旋片泵	获部一等奖	一	上海真空泵厂	1990
2XZ—4型直联旋片泵	获部一等奖	一	上海真空泵厂	1995
2XZ—4A型直联旋片泵	获部一等奖	一	上海真空泵厂	1995
2XZ—2A型直联旋片泵	获部一等奖	一	上海真空泵厂	1995
2X—4型旋片泵	获国优、国家银质奖		淄博真空设备厂有限公司	1990
2X—8型旋片泵	获国优、国家银质奖		淄博真空设备厂有限公司	1990
2X—30A型旋片泵	获国优、国家银质奖		博真空设备厂有限公司	1990
WY—50型往复泵	获部优		淄博真空设备厂有限公司	1989
WY—100型往复泵	获部优		淄博真空设备厂有限公司	1989
W5型往复泵	获部优		淄博真空设备厂有限公司	1989
W5—1型往复泵	获部优		淄博真空设备厂有限公司	1989
H—150型滑阀泵	获国优、国家银奖		浙江真空设备集团有限公司	1990
ZJ—150型罗茨泵	获部优		浙江真空设备集团有限公司	
2H—30A型滑阀泵			浙江真空设备集团有限公司	
1401型滑阀泵			浙江真空设备集团有限公司	
ZJ—300型罗茨泵	获省优		浙江真空设备集团有限公司	
ZJ—600型罗茨泵			浙江真空设备集团有限公司	
SK—3型水环泵			浙江真空设备集团有限公司	

（续）

产品名称	奖项名称	获奖等级	获奖单位	获奖年份
GT—4B12型大型自动封罐机	获国家优秀包装机械和国家经贸委银牌奖		浙江真空设备集团有限公司	
JT—8型磁控溅射镀膜机	获部优		锦州真空设备制造总厂	1989
ZW—30型干燥机	获部优		铁岭精工机器厂	1989
K—630A型油扩散泵	获部优		兰州真空设备厂有限责任公司	1990
2X—70型、2X系列旋片泵	获部奖	一	沈阳真空设备厂	1990
2XZ—8型直联泵	获中国首届科技精英博览会金奖		佳力气冷真空调和有限公司	1994
ZZ—300型磁控溅射镀膜机	获辽宁省机械委科技进步奖、沈阳市金星杯奖	一	沈阳蓝菱真空设备制造公司	1993
H—150A型滑阀泵	获部一等品奖	一	抚顺真空设备厂有限公司	1995
XZ型系列直联泵	获部优		抚顺真空设备厂有限公司	
F—150型分子泵	获部优、省优		国投南光有限公司	1992
F—250型分子泵	获部优和国家质量金奖		国投南光有限公司	
2X—4型旋片泵	获部优产品奖和优质证书	一	南京真空泵厂	1997
2X—15性旋片泵	获部优产品奖和优质证书		南京真空泵厂	1997
2BEI系列水环泵	获国家优质产品奖和机械部科技进步奖	二	佛山水泵厂	1990
SK12型水环泵	获广东省优质产品奖		佛山水泵厂	
2X2型系列直联旋片泵	台州市推荐为荣誉产品		浙江黄岩医疗器械厂	1997

分离机械

产品名称	奖项名称	获奖等级	获奖单位	获奖年份
LW355×860—N卧式螺旋沉降离心机	上海市优秀新产品奖	二	上海化工机械厂	1990
LW355×860—N卧式螺旋沉降离心机	中国石油天然气总公司科技进步奖	二	上海化工机械厂	1990
HRZ630—N柱锥型活塞推料离心机	上海市优秀新产品奖	二	上海化工机械厂	1992
LW355×1460—N卧式螺旋沉降离心机	上海市优秀新产品奖	三	上海化工机械厂	1992
LW600×1020—N卧式螺旋沉降离心机	机械工业部科技进步奖	三	上海化工机械厂	1993
GD10/1.85—N折带卸料真空过滤机	上海市优秀新产品奖	三	上海化工机械厂	1993
HRZ630—N柱锥型活塞推料离心机	机械工业部科技进步奖	二	上海化工机械厂	1995
SZZB4—30m鼓式真空洗浆机	轻工业部科技进步奖	二	上海化工机械厂	1995
XJZ1320—N上悬式机械卸料离心机	上海市优秀新产品奖	三	上海化工机械厂	1996
GD45/3.0—N折带卸料真空过滤机	上海市优秀新产品奖	三	上海化工机械厂	1997
XZ1320—G上悬式重力卸料离心机	上海市优秀新产品奖	三	上海化工机械厂	1997
XZ1320—G上悬式重力卸料离心机	国家级新产品证书(国家经贸委)		上海化工机械厂	1998
XZ1320—G上悬式重力卸料离心机	国家机械工业局评为一等品		上海化工机械厂	1999
分离机械计算机辅助设计系统开发与应用	国家机械工业局科技进步奖	三	上海化工机械厂	1999
PX—445型淀粉分离机	军转民高科技产品银奖、省高科技产品奖		安庆船用柴油机厂	1990 1997
SS—800离心机	机械电子工业部银质奖		庆江北机械厂	1990
LTX—1000离心脱水血粉成套设备	重庆市人民政府科技进步奖	三	重庆江北机械厂	1991
SG1250—N刮刀下部卸料离心机	重庆市人民政府科技进步奖	三	重庆江北机械厂	1991
HR400—N双级活塞推料离心机	国家重大科技装备成果奖	二	重庆江北机械厂	1991
HR400—N双级活塞推料离心机	机械工业部科技进步奖	三	重庆江北机械厂	1994
SG(SGZ)800—1250—N离心机	机械工业部一等品证书		重庆江北机械厂	1996
HR630—N双级活塞推料离心机	国家级新产品		重庆江北机械厂	1994
D3L系列卧式螺旋卸料离心机	国家机械工业局科技进步奖	二	重庆江北机械厂	1999
GKH1250—N虹吸刮刀离心机	国家机械工业局科技进步奖	二	重庆江北机械厂	1999
HR630—N卧式双级活塞推料离心机	国家机械工业局科技进步奖	三	重庆江北机械厂	1999
WGH—800离心机	广州市经委技术进步奖、国家级新产品奖	二	广州广重离心机制造公司	1991

（续）

产品名称	奖项名称	获奖等级	获奖单位	获奖年份
LWL530×300—N 离心机	机械工业部科技进步奖、广东省优秀新产品奖	三	广州广重离心机制造公司	1994
XJK—1320 离心机	广州市优秀新产品奖		广州广重离心机制造公司	1995
DRY—530 分离机	广东省优秀新产品奖		广州广重离心机制造公司	1995
XZ1300—G 离心机	国家级新产品奖、广东省优秀新产品奖、广东省机械工业科技进步奖	三 二	广州广重离心机制造公司	1997
LLC350 淀粉分离机	国家级金牛奖		辽阳制药机械股份有限公司	1991
DRY500 蝶片分离机	国家级金牛奖		辽阳制药机械股份有限公司	1991
三足式吊袋式离心机	辽宁省优秀新产品金版奖		辽阳制药机械股份有限公司	1997
SD1500 三足式吊袋离心机	国家级新产品奖、国家医药管理局优质产品奖 辽宁省新产品奖		辽阳制药机械股份有限公司	1998
DZY—50 分离机	国家银质奖		南京绿洲机器厂	
DZY—15 分离机	中国船舶工业总公司优质产品奖		南京绿洲机器厂	
ST 系列污水处理	江苏省优质产品奖		南京绿洲机器厂	
PF 系列翻盘式真空过滤机	国家重大技术装备奖	二	杭州化工机械厂	1990
立式螺旋卸料沉降离心机	中石化新产品开发奖		上海石化机械制造有限公司	1996
ZJA 双级高真空净油机	中国新技术新产品博览会奖 省级新产品奖		自贡市滤油机厂	1997
QTD—350HZ 植物油分离机	国家科技进步奖		浙江轻机实业有限公司	1991
P—60 双级活塞推料分离机	全国轻机新产品金奖		浙江轻工实业有限公司	1994
QTD—395 胶乳分离机	首届全国轻工博览会奖 省优质产品奖 省优秀科技产品奖		浙江轻机实业有限公司	1990 1995 1999
9N—50 型牛奶分离机	部科技进步奖	三	青海农牧机械制造有限公司	1988
9N—1000 型牛奶分离机			青海农牧机械制造有限公司	1999
SS800 三足式离心机	轻工部优质产品奖		蚌埠轻工制药机械总厂	1990
SS1000 三足式离心机	安徽省科技进步奖、优秀新产品奖		蚌埠轻工制药机械总厂	1990
SSC1000 三足式离心机	安徽省科技进步奖	一	蚌埠轻工制药机械总厂	1991
SGT1000 三足式离心机	省市科技进步奖、国家级新产品称号		蚌埠轻工制药机械总厂	1996
鲸王牌压滤机 BLG 立式自动压滤机系列 0.6～1190m 压滤机系列	第五届中国新技术、新产品博览会银奖 中国环境科学会定为“中国名优环保产品”		浙江建华集团压滤机有限公司	90 年代
DI 型移动室带式真空过滤机 DU 型固定式带式真空过滤机 DAY、BMS 型板框压滤机	江西省科技进步奖 部科技进步奖 江西省新产品奖	二 三	中核公司南昌七二〇厂	90 年代
SD 系列吊袋式离心机	国家级新产品奖（国家经贸委颁发）		靖江市赛德力德药机械制造有限公司	1999
蜂房式线绕滤芯	电子部优秀成果奖、北京市科技奖	三	北京希达过滤技术开发咨询	90 年代

干燥设备

产品名称	奖项名称	获奖等级	获奖单位	获奖年份
GZQ 型系列振动流化床干燥机	辽宁省、部级优质产品奖		铁岭精工机械有限公司	
LGJⅢB 冷冻干燥机	国家医疗科技进步奖 上海市科技进步奖	三 三	上海医用分析仪器厂	
粉碎流化床干燥技术及装置	山东省科学技术进步奖	二	山东天力干燥设备有限公司	
GLP 系列压力喷雾选粒干燥机	青海省科技进步奖	四	解放军 3419 工厂	
“双益”牌木材烘干机	浙江省地方名牌产品奖		浙江龙泉双益有限公司	
GJH 系列自动添柴节能型香菇烘干机	浙江省高质量科技产品奖 金学塔奖		浙江龙泉双益有限公司	

（续）

产品名称	奖项名称	获奖等级	获奖单位	获奖年份
搪玻璃真空(双旋回转)干燥机	中国名牌(天婷牌)市科技进步奖	三	太仓工业搪瓷厂	1994
振动式多层水平圆运动干燥机	辽宁省科技进步奖	二	大连干燥设备厂	
旋流喷动干燥机	化工部科技进步奖	二	沈阳化工研究院	
电动高速离心喷雾干燥机	江苏省优秀新产品(金牛)奖		江苏星轮高速机电设备制造公司	
FL型沸腾制粒干燥机	中国专利新产品博览会特别金奖		常州市一步干燥设备厂	1998
GZL型真空冷冻干燥机	上海市优秀新产品奖	二	上海远东创源机械总厂	1997
茶叶烘干机	机械部科技进步奖	三	四川太原机械制造公司	
WR—1Y WR—22 无管式热风炉	四川省科技进步奖	二	四川太原机械制造公司	
喷雾干燥器	四川省优秀新产品奖		成都望江干燥器厂	1993
SGJ系列筛网圆柱式粮食干燥机	第二届中国国际科技名优产品博览会金奖		辽宁省开原市立达集团公司	
多用途凝筒干燥机	江苏省科技进步奖	三	东台市食品机械厂	1998
氯乙烯水环压缩机	机械工业部科技进步奖	三	淄博真空设备厂有限公司	
WL素列立式往复真空泵	国家重大新产品奖	二	淄博真空设备厂有限公司	

减变速机

产品名称	奖项名称	获奖等级	获奖单位	获奖年份
X系列摆线减速机	莱比锡国际博览会金奖		天津减速机总厂	
X系列摆线减速机	北京国际博览会金奖		天津减速机总厂	
X系列摆线减速机	国家银质奖		天津减速机总厂	
X系列摆线减速机	机械工业部优质产品奖		天津减速机总厂	
X系列摆线减速机	天津市优质产品奖		天津减速机总厂	
Y系列电动机	广东省优质产品		广东江门电机股份有限公司	
ZL(W)D5#减速机	江苏省优质产品		宁波宁星减速机有限公司	
摆线减速机	江苏“优秀新产品奖”		兰州减速机厂	
X系列摆线	江苏“优秀产品奖”		兰州减速机厂	
锥面包络减速机	省“新产品奖”	三	兰州减速机厂	
摆线针轮减速机	“兰州信得过产品奖”		兰州减速机厂	
X6摆线减速机	部优质产品奖		浙江省永嘉县减速机厂	
X6摆线减速机	省优质产品奖		浙江省永嘉县减速机厂	
X4—7摆线减速机	省优质产品奖		浙江省永嘉县减速机厂	
摆线减速机	知名商标奖		浙江省永嘉县减速机厂	
摆线针轮减速机	浙江省地方工业名牌产品		温州三联集团有限公司	
摆线减速机	优质产品		上海减速机械厂	
摆线减速机	优质产品		上海减速机械厂	
泰隆牌减速机	名牌产品		江苏泰隆减速机股份有限公司	
琼花牌BW22摆线减速机	优质产品		江苏鸿泰集团泰州市琼花传动机械总厂	
TH45卧式加工中心	科技进步奖	二	江苏鸿泰集团泰州市琼花传动机械总厂	
琼花牌圆柱齿轮减速器	江苏省名牌产品		江苏鸿泰集团泰州市琼花传动机械总厂	
国家重点保护名优产品			江苏省泰兴减速机厂(集团)	
X3、X4摆线减速机	黑龙江省地方名牌奖		黑龙江省洪武实业有限公司	
X4摆线减速机	黑龙江省优质产品		黑龙江省洪武实业有限公司	

泵

产品名称	奖项名称	获奖等级	获奖单位	获奖年份
$LUV_c350\times2$—175/1强制循环泵	机械部科技进步奖	二	沈阳水泵股份有限公司	1996
GL11高速切线泵	机械部科技进步奖	三	沈阳水泵股份有限公司	1996
50CHTZ/5高压锅炉给水泵	机械部科技进步奖	三	沈阳水泵股份有限公司	1997

（续）

产品名称	奖项名称	获奖等级	获奖单位	获奖年份
CHTC/5/6 高压锅炉给水泵	辽宁省优秀新产品	一	沈阳水泵股份有限公司	1997
TD160—285 加氢进料泵	辽宁省优秀新产品	二	沈阳水泵股份有限公司	1997
P300 反应堆冷却剂循环泵	机械部科技进步奖	一	沈阳水泵股份有限公司	1998
P300 反应堆冷却给水泵系列	辽宁省名牌		沈阳水泵股份有限公司	1999
LY 长轴液下泵	国家级		大连大耐泵业有限公司	2000
DT 型卧式多级筒形泵	国家级		大连大耐泵业有限公司	1999
GDS 立式	国家级		大连大耐泵业有限公司	1999
KTS 型空调用双吸泵	省级		广州广一集团有限公司	1999
GD、IS 系列	省级		广州广一集团有限公司	1999
XA 系列单级离心泵	省优产品；国家级节能产品		广东省佛山水泵厂有限公司	1998
ZBEI 系列水环真空泵	部优、国家节能产品		广东佛山水泵厂有限公司	1998
2K—42 水环真空泵	国家节能产品		广东省佛山水泵厂有限公司	1998
XA(KTP)ISGD 单级离心泵	广东省名牌、省优产品		广东省佛山水泵厂有限公司	1999
CBF 系列水环真空泵	国家新产品、广东省优		广东省佛山水泵厂有限公司	2000
500JC/K900 长轴离心深井泵	国家级新产品		上海深井泵厂	1997
DL144—18	市优秀新产品	三	上海通用泵机设备有限公司第一水泵厂	1998
TSWA 系列	部优秀新产品	一	上海通用机设备有限公司第一水泵厂	1999
TKX(S)LKX(S)LBX(S)立式斜流泵	省名牌产品		长沙通大(集团)有限公司	1997
28QZ—70 轴流潜水电泵	省优秀技术创新项目		长沙通大(集团)有限公司	2001
CTP 螺杆泵	天津市名牌		天津泵业机械集团有限公司	1995
250PN 泥浆泵		银奖	石家庄泵业集团有限责任公司	1996
8/6E—AH 型渣浆泵		银奖	石家庄泵业集团有限责任公司	1990
24WG 型活水泵	河北省优质产品		石家庄泵业集团有限责任公司	1989
21/10ST—AH 型渣浆泵	河北省优质产品		石家庄泵业集团有限责任公司	1987
80ND 泥浆泵	省优		自贡市工业泵股份有限公司	1997
PZIVB 型喷水式柱塞泵	陕西省名牌产品		宝鸡水泵厂	1998
SZ(J)系列水环式真空泵	河南省名牌产品	一	河南豫通企业集团公司新乡水泵厂	1996
IS 型(25 悬架)单级单吸清水离心泵	河南省名牌产品	优	河南豫通企业集团公司新乡水泵厂	1998
80WG 型污水泵	河南省名牌产品	一	河南豫通企业集团公司新乡水泵厂	1996

科技成果

风机

项目名称	获奖名称	获奖等级	经济效益	获奖单位名称	完成时间（年）
MCL804—1 离心压缩机	沈阳市优秀新产品奖	一		沈阳鼓风机厂	1991
干熄焦风机	国家重大技术装备成果奖			沈阳鼓风机厂	1991
3MCL456 + 3MCL456 离心压缩机	沈阳市科技进步奖	二		沈阳鼓风机厂	1991
2MCL457 + BCL407 离心压缩机	辽宁省科技进步奖	三		沈阳鼓风机厂	1992
高效基本级研究及其在 MCL804 离心压缩机上的应用	机电部科技进步奖	二		沈阳鼓风机厂	1992
MCL402—1 离心压缩机	辽宁省优秀新产品金鹰奖	二		沈阳鼓风机厂	1992
BCL455—2 离心压缩机	辽宁省优秀新产品金鹰奖	一		沈阳鼓风机厂	1992

（续）

项目名称	获奖名称	获奖等级	经济效益	获奖单位名称	完成时间（年）
2MCL527—8离心压缩机	辽宁省优秀新产品金鹰奖	三		沈阳鼓风机厂	1992
2MCL405 + MCL356离心压缩机	辽宁省优秀新产品金鹰奖	三		沈阳鼓风机厂	1992
MCL804—5离心压缩机	沈阳市优秀新产品奖			沈阳鼓风机厂	1992
川化合成氨装置	化工部科技进步特等奖			沈阳鼓风机厂	1992
2MCL456 + 2MCL407离心压缩机	机电部科技进步奖	二		沈阳鼓风机厂	1994
BCL806 + BCL806离心压缩机	辽宁省科技进步奖	三		沈阳鼓风机厂	1994
3MCL456 + MCL353离心压缩机	辽宁省优秀新产品金鹰奖	三		沈阳鼓风机厂	1995
SIC705单轴等温型离心压缩机	沈阳市科技进步奖 辽宁省科技进步奖 机械部科技进步奖	一 二 二		沈阳鼓风机厂	1993 1994 1996
BCL455—1离心压缩机	机械部科技进步奖 国家级科技进步奖	一 三		沈阳鼓风机厂	1994 1994
MCL1003离心压缩机	沈阳市优秀新产品奖 辽宁省优秀新产品金鹰奖	二 三		沈阳鼓风机厂	1996 1997
2MCL456—19离心压缩机	辽宁省优秀新产品金鹰奖	三		沈阳鼓风机厂	1995
2MCL457—14离心压缩机	沈阳市优秀新产品奖 辽宁省优秀新产品金鹰奖	二 一		沈阳鼓风机厂	1994 1995
2BCL458 + 2BCL408/A离心压缩机	沈阳市科技进步奖 机械部科技进步奖 辽宁省科技进步奖	一 二 二		沈阳鼓风机厂	1994 1995 1996
3MCL456离心压缩机	沈阳市科技进步奖 机械部科技进步奖	二 二		沈阳鼓风机厂	1994 1995
2K56系列矿井轴流风机	机械部科技进步奖	三		沈阳鼓风机厂	1995
MCL526—1离心压缩机 年产80万t炼油装置配套用MCL526	辽宁省优秀新产品金鹰奖 辽宁省科技进步奖	三 三		沈阳鼓风机厂	1997 1999
2MCL454 + 3MCL456离心压缩机	沈阳市科技进步奖 辽宁省科技进步奖	二 三		沈阳鼓风机厂	1996 1997
DHP80—1离心压缩机	机械部科技进步奖 沈阳市科技进步奖 辽宁省优秀新产品金鹰奖	三 二 三		沈阳鼓风机厂	1996 1997 1997
大化肥装置用离心压缩机（合江“三机”）	辽宁省优秀新产品金鹰奖 沈阳市科技振兴奖 机械部科技进步奖 国家科技进步奖 辽宁省科技进步奖	一 二 三 一		沈阳鼓风机厂	1997 1997 1998 1998 1999
2MCL1005—1离心压缩机	沈阳市科技进步奖 辽宁省科技进步奖	一 二		沈阳鼓风机厂	1997 1998
80万t年加氢裂化装置用BCL407/A压缩机	机械部科技进步奖	二		沈阳鼓风机厂	1997
CM45—1离心鼓风机 污水处理用GM型离心鼓风机	沈阳市科技进步奖 辽宁省科技进步奖	三 二		沈阳鼓风机厂	1998 2000
大庆重油催化裂化装置用MCL1003压缩机	辽宁省科技进步奖	三		沈阳鼓风机厂	1999
3MCL456离心压缩机	机械部科技进步奖	三		沈阳鼓风机厂	1998

(续)

项目名称	获奖名称	获奖等级	经济效益	获奖单位名称	完成时间(年)
DA200—41离心压缩机	化工部科技进步奖	三		沈阳鼓风机厂	1997
大型催化裂化MCL压缩机	沈阳市科技振兴奖			沈阳鼓风机厂	1999
15—20硫酸流程二氧化硫鼓风机	国家机械局奖	三		沈阳鼓风机厂	1999
加氢装置配套用BCL 循环氢离心压缩机	沈阳市科技振兴奖			沈阳鼓风机厂	2000
SVK组装式小流量离心压缩机	沈阳市科技进步奖	三		沈阳鼓风机厂	2000
炼油装置配套用2MCL806离心压缩机	沈阳市科技进步奖	一		沈阳鼓风机厂	2000
合成氨装置配套用MCL457+BCL408离心压缩机	沈阳市科技进步奖	二		沈阳鼓风机厂	2000
GM型污水处理用离心鼓风机	沈阳市优秀新产品奖	二		沈阳鼓风机厂	2000
催化裂化装置配套用MCL405+MCL354离心压缩机	沈阳市优秀新产品奖	二		沈阳鼓风机厂	2000
Y5—48系列离心通风机	机械部优秀节能新产品			吉林市鼓风机厂	1997
4—75×2E系列离心通风机	市科技成果奖			哈尔滨哈暖环境工程设备有限公司	1995
机翼形节能低噪声通风机	省产、学、研奖	三		西安凯瑟通风设备有限公司	1996
W5—40—11№18D高温风机	内蒙古自治区技进步奖	三		内蒙古天福风机有限公司	1999
FAF28—13.3—1轴流风机	国家重大技术装备奖	一		上海鼓风机厂有限公司	1991
PAF18—10—2轴流一次风机	国家重大技术装备奖	一		上海鼓风机厂有限公司	1991
FAF型电站轴流风机	上海市节能新产品税			上海鼓风机厂有限公司	1992
GAF型矿井轴流式通风机	上海市节能新产品税			上海鼓风机厂有限公司	1992
GAF型矿井轴流式通风机	机械部科技进步奖	一		上海鼓风机厂有限公司	1992
G136/358静叶可调子午加速轴流引风机	上海市优秀新产品奖	二		上海鼓风机厂有限公司	1995
G136/358静叶可调子午加速轴流引风机	上海市科技进步奖	三		上海鼓风机厂有限公司	1995
L75×106WD罗茨鼓风机	上海市优秀新产品奖	二		上海鼓风机厂有限公司	1995
GAF(GZ)型矿井轴流式通风机	上海市优秀新产品奖	二		上海鼓风机厂有限公司	1996
FAF19—9.5—1动叶可调轴流式送风机	上海市优秀新产品奖	二		上海鼓风机厂有限公司	1997
SAF28—16—1动叶可调轴流式送风机	上海市优秀新产品奖	二		上海鼓风机厂有限公司	1997
KDF型低噪声离心通风机	上海市星火项目奖			上海通用风机股份有限公司	1997
T35轴流通风机	市金牛奖			江苏大通风机股份有限公司	1990
XY9—35—12离心通风机	省科技产品奖	三		江苏大通风机股份有限公司	1991
L系列罗茨鼓风机	“七五”全国星火计划成果博览会金奖			山东省汇丰机械集团总公司	1991
TLZM罗茨鼓风机组	省优秀新产品奖 商业部奖 国内贸易部优秀科技成果	三 三		山东省汇丰机械集团总公司	1991 1992 1994

(续)

项目名称	获奖名称	获奖等级	经济效益	获奖单位名称	完成时间(年)
L系列罗茨鼓风机	全国首届建材机械新产品、新技术、科研设计成果展览交易会优秀奖励			山东省汇丰机械集团总公司	1993
L93WD罗茨鼓风机	济南市机械局科技进步奖 济南市经委优秀新产品奖 济南市政府、经委科技进步奖 省科技进步奖	一 二 二 一		山东省汇丰机械集团总公司	1992 1993 1993 1994
L94WD型罗茨鼓风机	山东省机械工业系统科技进步奖	一		山东省汇丰机械集团总公司	1999
TRRC—100型二级高压罗茨鼓风机	济南市机械局科技进步奖	一		山东省汇丰机械集团总公司	1999
高真空罗茨真空泵	省星火奖 济南市科技星火奖	二 一		山东省汇丰机械集团总公司	1999 1999
BDK6Z系列矿用防爆侧移式轴流通风机	淄博市星火奖	二		淄博风机厂	2000
AN系列静叶可调轴风机	省重点产品赶超国内外先进水平计划目标奖			成都电力机械厂	1993

压　缩　机

项目名称	获奖名称	获奖等级	经济效益	获奖单位名称	完成时间(年)
4M50—33.7/11—192—BX新氢气压缩机	获1998年国家科技进步奖	二	填补国内空白,满足国家加氢需求	沈阳气体压缩机股份有限公司	
4M80(50—30/22—200—BX)大型氢气压缩机	获沈阳市科技进步奖	一	填补国内空白,获国家加氢需求	沈阳气体压缩机股份有限公司	
4M40—135.5/2.2—6.95—55.6/6.7—20—BX重整氢增压缩机	获沈阳市经贸委优秀产品奖	二	满足石化行业重整装置需求	沈阳气体压缩机股份有限公司	
3.6.9m^3/min动力用压缩机系列更新改造	获1996年国家科技进步奖	三	节能	合肥通用新压缩机分社	
GD_2—120/35—350型充氧(氮)车载隔膜压缩机	获北京科技进步奖	二	满足空前需要,替代进口	北京第一通用机械厂	
LGW—100/7—X型螺杆压缩机	获无锡市科技进步奖,重获国家级新产品证书	三	填补国内空白	无锡压缩机股份有限公司	
WW—42/7无油润滑空气压缩机	获柳州市技术进步奖	三	达到国内领先水平,为企业统领市场	柳州空压机集团公司	
D80/1.5煤气压缩机	获1998年山西省优秀新产品奖		为企业扩大市场	太原气体压缩机厂	
凿岩机配套用系列空压机	获1998年度国家机械工业局科技进步奖	三	为企业扩大市场	浙江开山股份有限公司	
W—1.8/5,W—2.5/5,2V—3.5/5型空压机	获浙江省机械厅科技进步奖		为企业扩大市场	浙江开山股份有限公司	
W—1.8/5型空压机	获南昌市奖	三	为企业扩大市场	江西南翔空压机有限公司	
VX350型翔式撬装天然气压缩机系列	获"九五"国空重点科技攻关计划优秀科技成果荣誉称号		填补国内空白,节约能源,净化环境	重庆气体压缩机厂	

阀　门

（续）

项 目 名 称	获 奖 名 称	经 济 效 益	获奖单位名称	完成时间（年）
大口径阀门等离子喷焊技术	大口径阀门密封面采用等离子喷焊合金	解决大中径硬质合金蝶阀密封面加工问题，每年产值1 000元	铁岭阀门股份有限公司	1991
化学刷镀工艺技术在阀门零件上应用	解决碳钢零件防腐问题，替代不锈钢材料	节约材料费每年100万元	铁岭阀门股份有限公司	1991
振动时效在阀门主体件应用	解决大型铸件退火工艺问题	解决阀体主要零件应力变形问题，提高产品质量	铁岭阀门股份有限公司	1992
标准汇编、标准编制	"国内外蒸汽疏水阀标准汇编" GB 12220～12252—1989 GB 12220 GB/T 122252—1989 ZBJ 16007 ZBJ 16006—1989		北京市阀门总厂	1990
标准编制	JB/T 8528—1997 普通型阀门电动装置技术条件 JB/T 8531—1997 隔爆型阀门电动装置技术条件 JB/T 8531—1997 阀门手动装置技术条件		天津市阀门公司	1998
耐磨刚玉衬里	采用新工艺喷涂 AL_2O_3 和Ni/AL粉涂层1.0mm，提高阀门耐高温，耐磨损，耐腐蚀性能，用于石油催化，裂化及热力管网中	每年产值150万元	浙江石化阀门有限公司	1999
铸态铁素体球墨铸铁铸体	大口径污水处理阀门铸件，耐腐蚀性增强	取代进口，填补空白	铁岭阀门股份有限公司	1999
CAD应用推广示范工程	计算机助热分析，力学分析对产品设计进行精确分析；主导产品三维造型设计；三维动态装配仿真；阀门应力分析仿真；铸造过程热态分析；从而予防缺陷，采取划施，对设计改进，提高新产品一次投产成功率	每年300万元（直接效益）	中阀苏阀科技实业股份有限公司	1999

真空获得及应用设备

项 目 名 称	获 奖 名 称	获奖等级	经 济 效 益	获奖单位名称	完成时间（年）
ZR—1416—8型大型铝板翅式换热器真空钎焊设备	机械部科技进步奖	一	各项指标均达到国际同类产品先进水平，且经二年来实际运行可靠，完全可替代进口，填补了国内空白	兰州真空设备有限责任公司	1997
SN—930型大规模导电玻璃生产线	机械部科技进步奖	二	达到国外20世纪90年代水平，填补了国内空白，主要用于液晶显示透明导电电极、太阳能电池功能窗、红外线反射涂层等高稳定电阻领域。年产量可达6、10、12km²	沈阳真空技术研究所	1997
JPG—2200型磁控溅射镀膜机	北京市科技进步奖	三	国内第一台在不锈钢表面镀上一层所需要各种颜色装饰膜，并实现微机控制。经清华大学建筑材料系检测中心检验，各项技术指标均达到国际上同类产品90年代初中期水平	北京仪器厂（集团）	1998

（续）

项目名称	获奖名称	获奖等级	经济效益	获奖单位名称	完成时间（年）
ZSW—1650型真空浸渗加工设备	1.列为国家星火计划 2.省重点产品 3.国家重点新产品		该设备经长达7年之外研制成功的。把我国自创的真空技术与意大利工艺和设备结合起来。经鉴定,设备结构合理,安全可靠,工艺控制稳定等特点,属于国内首创。解决了天然花岗石由一般灰白色系列中的高档技术产品难题,具有较高的经济效益和社全效益,并符合国家卫生标准	广东真空设备厂股份有限公司	1997 1996 1999
天然浸渗花岗石红色板材(即中环石)	4.列为国家星火计划 5.省重点产品 6.国家重点新产品		该产品成为市场抢手货,供不应求	广东真空设备厂股份有限公司	1999 1996 1999
浸渗石材着色技术	省科技进步奖	三	属于国内首创	广东真空设备厂股份有限公司	1999
L—400型溅射离子泵			该泵主要技术指标达到当代国际同类产品先进水平。该泵的研制成功为我国真空获得设备在超高真空领域一个重大突破。为中科院近代物理所的重离子加速器冷却储存环解决了关键技术问题。也将为上海同步辐射装置等重大工程作出了重大贡献	上海真空泵厂中科院近代物理所	1998
IDS—800型多靶磁控溅射镀膜生产线	市科技进步奖	三	主要性能达到国际先进水平。主要用于平面显示器、集成电路、太阳能电池和光学元器件等领域的薄膜研究和生产。出口伊朗,销价210万元,受到用户赞誉	北京仪器厂(集团)	1999
平面磁控溅射氧化铟、锡膜卷绕镀膜机	国家实用专利		主要用于光学、电学镀膜机	兰州真空设备有限责任公司	1998
DDC—JQ—A型系列电子真空带充气阀	上海市机电局科技进步奖	一	达到国内同类产品领先水平	上海阀门二厂	
JP—2500型磁控溅射镀膜生产线	广东省实用性专利		各项指标先进,外型美观,属于国内首创。	广东真空设备厂股份有限公司	2000
用于恶劣环境真空泵	广东省实用性专利		性能良好	广东真空设备厂股份有限公司	2000
KC—3A高真空磁控溅射镀膜设备	国内首创		微机控制的全自动三功位GD—R电脑光盘,机读写光盘专用设备,其性能指标达到国际上同类产品先进水平。国内首创,可替代进口,首批设备移交港商使用	上海曙光机械制造厂	2000
ZZ—1800K型高真空卷绕镀膜机	上海市新产品优秀及科技进步奖		该设备总体处于国内领先水平,主要用于包装、防伪、转移膜和航天保护膜。其张力系统已获得国家专利		2000
纳米、微米制分设备	中科院科技进步奖和辽宁省科技进步奖	三、一	为国家开展纳米材料、科学研究起到了积极促进和保障作用	沈阳中科仪技术发展有限公司	1999

干燥设备

项目名称	获奖名称	经济效益	获奖单位名称	完成时间（年）
高品质α淀粉工业化生产技术及关键设备—滚筒干燥机		1998年由江苏省科委组织鉴定,批量生产,经汕头金味集团、华棋集团与国外同类设备对照使用其性能超过日本、台湾,使用效果良好	东台市食品机械厂	

（续）

项 目 名 称	获 奖 名 称	经 济 效 益	获奖单位名称	完成时间（年）
动植物蛋白饲料加工工艺技术及成套设备		已通过部级鉴定，投入批量生产销售	四川省农机研究设计院	
鸡粪再生饲料加工技术与设备		已通过省级鉴定，投入批量生产	四川省农机研究设计院	
板干燥设备开发		已通过了省级科研鉴定，已批量生产	四川省农机研究设计院	
粉碎式气流饲料干燥机		已通过省级科研鉴定，批量生产	四川省农机研究设计院	
小型实用菌干燥机		通过省级科研鉴定，批量生产	四川省农机研究设计院	
蚕茧烘干系列设备的研究		在四川、湖北、山东、云南、贵州等地批量应用，效果良好，均已通过验收	四川省农机研究设计院	
酒精干燥加工成套设备		通过了省级科研鉴定，已批量销售	四川省农机研究设计院	
魔芋精粉加工成套设备		已通过省级科研鉴定，投入批量生产	四川省农机研究设计院	
振动连续式多用途干燥机		已通过部级鉴定验收	连云港干燥设备厂	
滚回式干燥机		已通过省级鉴定，推广用于复合肥生产的干燥冷却	连云港干燥设备厂	
0.5～10万t复合肥生产线		已完成，主要技术指标达到国内先进水平	连云港干燥设备厂	
耙式真空干燥机		已通过鉴定，正式投入批量生产	淄博真空设备厂	

新技术、新工艺、新材料

项 目 名 称	主要技术参数（或技术水平）	经济效益（万元）	研 制 单 位
药芯焊丝气体保护焊试验研究	离心式压缩机低温材料由目前的手工电弧焊接，实现气体保护焊，提高生产效率，焊缝成型美观，焊接飞溅小，解决油站、管路焊缝外观质量差的工艺问题，成本低	23	沈阳鼓风机厂
大型风机用多元微量低合金高强度钢的应用研究	研究 $\sigma_s \geqslant 505N/mm^2$ 以上的低合金钢，用于较高周速的通风机，代替16Mn15MnV等材料（σ_s 在 $350 \sim 400N/mm^2$）不需要焊后热处理	36	沈阳鼓风机厂
Pro/E在数控编程中的应用及二次开发	1. 采用引进的Pro/E软件实现各种三元叶轮铣制加工，开发后处理程序，编制典型程序 2. 用Pro/E软件开发VK型扩压器铣制程序及准三元叶片压型模具	20	沈阳鼓风机厂
智能徒手CAD绘图系统	智能徒手CAD单机版10套，网络版20个站点一套，同时可应用30人，用于离心压缩机产品设计和工艺设计	28	沈阳鼓风机厂
二元制冷压缩机转子制造技术的转化与开发试验	消化日本三菱公司技术，叶轮（SNCM431钢）焊接试验及工艺评定；开槽焊焊接及加工试验；叶轮及主轴（AIS12330）热处理工艺，相关的加工工艺研究	80	沈阳鼓风机厂
数控切割机	国内先进水平	年节约6～8	沈阳风机厂
冷煨机	行业先进水平	年节约3～4	沈阳风机厂
叶轮摆差压力机	行业先进水平	年节约0.8～1.5	沈阳风机厂
三维CAD技术应用	国内先进水平	15	四平鼓风机厂
CAPP技术应用	国内先进水平	35	四平鼓风机厂

（续）

项目名称	主要技术参数(或技术水平)	经济效益(万元)	研制单位
风机陶瓷耐磨贴片技术	国内先进水平	25	四平鼓风机厂
风机防腐陶瓷涂料技术	国内先进水平	20	四平鼓风机厂
风机 D65 粉块堆焊技术	国内先进水平	120	四平鼓风机厂
DRM 型电热侧吹换热元件采用 PTC 陶瓷换热元件	国内先进水平	104	哈尔滨暖风机厂
空调机组新型材	国内先进水平		哈尔滨暖风机厂
离心压缩机叶轮真空针焊研究	钎焊及叶轮热处理的工艺参数数匹配合理、接头力学性能钎缝钎着率、叶轮实际运转速度达到国内外先进水平	500t/a	陕西鼓风机(集团)有限公司
透平压缩机叶片精锻技术	应用滚锻制坯,压办机整形锻造透平压缩机叶片,投资小,成本低,质量高,达到国内外先进水平	150t/a	陕西鼓风机(集团)有限公司
球面流线罩	只使用一套模具拉延成形		北京当代复合材料有限公司
新型调节门	较原调节门灵活、可靠		石家庄市风机厂
T35№5.6A 集团器下料	可节省下料	仅粮食风机节省 45	石家庄市风机厂
旋压技术	等同于整体型水平	较整体压型节约资金 60%	内蒙古天福风机有限公司
喷塑油漆表面涂装流水线	国内领先水平		浙江上风实业股份有限公司
(PVC—U)硬聚氯乙烯复合管材料	国内首创,获发明专利	2001 年批量投产	浙江上风实业股份有限公司
采用 K 型密封	可输送氮气、氢气	45	山东省汇丰机械集团总公司
宽刃车刀低速切削工艺	在大型通用卧车上完成大型轴类零件精加工		武汉鼓风机厂
JSW13Cr—4Ni 焊接试验及应用	焊接规范及焊接强度满足大型烧结风机转子使用要求		武汉鼓风机厂
锻铝合金叶轮真空钎焊	1. 由于叶轮流道采用五轴联动金加工,故气动效率提高 1% ~ 2% 2. 机器噪音降低低 1 ~ 2dB 3. 叶轮制造质量基本达到现在的国际水平		重庆通用工业(集团)有限责任公司
HG70 钢焊接热处理工艺试验	1.HG70 钢焊缝的淬硬倾向性小,较好的抗裂性能。采用超低氢焊条,用小线能量施焊,可不预热 2. 焊后热处理:600℃ ± 10℃　1.5h 后炉冷		重庆通用工业(集团)有限责任公司
12—49—2№4 双进风低噪声离心通风机机械化生产工艺改造	完全达到设计要求后,提高产品质量,降低工时 50%,达到国内先进水平		广州风机厂
CF—3 型金属切削液推广应用	改变传统切削液防锈、防腐性能差的状况	约 18	沈阳鼓风机厂
单级悬臂多介质离心压缩机	适用于化工工业和化肥工业输送空气、N_2、NH_3、CO、CO_2 氢气和氢烃类气体	30	沈阳鼓风机厂
CM 系列鼓风机引进程序消化及样机设计	消化 CM 系列离心鼓风机的气动计算程序、报价程序,叶轮设计计算程序,设计验证一台样机	80	沈阳鼓风机厂
轴流压缩机、膨胀机转子动力学及叶轮强度、振动计算软件开发	轴流压缩机转子设计计算程序设计及验证。强度、振动计算程序设计及验证	100	沈阳鼓风机厂
6—49 型通风机改翼型叶片	流量系数 0.15　压力系数 0.55　比转数 19　全压效率 85%	300	沈阳鼓风机厂
汽油割焊机	可切割特大厚钢板 200mm 以上	3 ~ 5	沈阳风机厂
新材料可焊高强度结构钢 15MnNiCrMov 在风机中的应用	该钢是低碳合金钢是陕鼓厂研究开发的原来的国内外没有的钢种,可制成锻件和钢板进行使用,其热处理工艺性、焊接性能、锻造性能、冷切削性能等均优良,通过热处理可达到的综合力学性能优异。用它做为风机叶轮材料要好于国内外各厂家常用材料。如 15Cr2Mo1、23CrNiMo747、34CrNi3Mo、35CrMoV 等。在 GB3077—1988《合金结构钢》中没有焊接性能较好的低碳高强钢种,因此该钢的研究、开发、使用成功填补了我国即 GB3077—1988 中这类钢的空白	665	陕西鼓风机(集团)有限公司

（续）

项 目 名 称	主要技术参数(或技术水平)	经济效益(万元)	研 制 单 位
B665 牛头刨改制三叶转子渐开线专机		12	上海鼓风机厂长征分厂
耐磨风机	耐磨技术达到国内先进水平	营销额 300,利税 70	济南风机厂
高温风机	耐温 800℃	营销额 480,利税 110	济南风机厂
HHLV400S 型不锈钢罗茨鼓风机	采用不锈钢壳体、转子及机械密封	78.5	山东省汇丰机械集团总公司
RR—K 系列罗茨鼓风机	采用壳体与转子防蚀 Ni—P 镀及 K 型密封	34	山东省汇丰机械集团总公司
线切割下料成形	采用数控电火花线切割下料,一次成形,尺寸精度高		山东省汇丰机械集团总公司
大型、复杂高精度零件采用数控加工	充分运用加工中心或数控加工替代传统工艺方法,不仅保证了精度且提高了生产效率		山东省汇丰机械集团总公司
拼接式集流器的制作工艺	节省原有的大型压制模具		山东电力设备厂
60 万机组密封风机叶轮的制作工艺	解决了叶轮联接孔无法加工的问题		山东电力设备厂
BDK62 系列风机前后伸缩筒自动化研究	保证在 1min 内实现两台风机位置互换国内先进水平	提高互换速度,降低操作工人劳动强度	淄博风机厂
带轮防锈	常温发黑工艺		长沙鼓风机厂
QPQ 盐浴复合	国际先进水平	80	四川鼓风机有限责任公司

新　　产　　品

风　机

产 品 名 称	主要技术参数	新产品水平	研 制 单 位
Y7—42 系列锅炉引风机	Q:3000~6000m^3/h p:3300Pa	国内 90 年代	鞍山市风机二厂
FZF 系列方形轴流通风机	Q:826~18250m^3/h p:39~296Pa 噪声≤60~75dB(A)	国内先进	哈尔滨暖风机厂
NFDZQ(S)型低噪声轴流暖风机	Q2000~12000m^3/h;风速 4~4.5m/s 噪声≤60~75dB(A);热量 19~137kW	国内先进	哈尔滨暖风机厂
SL80C—250C 系列三叶罗茨鼓风机	Q:1.15~62.6m^3/min;Δp:9.8~98kPa	90 年代国际先进水平	天津市鼓风机总厂
GY10—13№10D	Q:20572~40210m^3/h p:4100~3957Pa;η≥85.11%	国内 90 年代水平	甘肃省靖远通风机厂
YL5—45№18D 冶炼排烟风机	p:8982~5462Pa;n = 1450r/min Q:83300~154700m^3/h;N = 450kW		宁夏银川风机厂
DTF 型地铁隧道轴流式通风机	Q:6500~747600m^3/h;η:78% p:160~2180Pa;dB≤25dB(A)	国际先进水平	浙江上风实业股份有限公司
RRG 系列罗茨鼓风机	Q:9.8~89.6m^3/min;单级压力 98kPa;双级压力 196kPa;	90 年代初国际先进水平	山东省汇丰机械集团总公司
D600 离心鼓风机	Q:34200m^3/h;Δp:12187Pa n = 1450r/min;N = 220kW	国内先进水平	文登市风机厂

（续）

产品名称	主要技术参数	新产品水平	研制单位
D700 离心鼓风机	Q:40000m³/h; Δp:11772Pa n = 1450r/min; N = 200kW	国内先进水平	文登市风机厂
D800 离心鼓风机	Q:42500m³/h; Δp:12000Pa n = 1450r/min; N = 250kW	国内先进水平	文登市风机厂
D950 离心鼓风机	Q:55000m³/h; Δp:11500Pa n = 1450r/min; N = 280kW	国内先进水平	文登市风机厂
D1000 离心鼓风机	Q:60000m³/h; Δp:11500Pa n = 1450rmp; N = 280kW	国内先进水平	文登市风机厂
D1100 离心鼓风机	Q:60000m³/h; Δp:12750Pa n = 1450r/min; N = 355kW	国内先进水平	文登市风机厂
WXP 系列高温消防排烟通风机	Q:5787～94722m³/h p:541～810Pa	国内 90 年代水平	福建东亚鼓风机股份有限公司
SWF 系列混流式通风机	Q:3035～71565m³/h p:143～508Pa	国内 90 年代水平	福建东亚鼓风机股份有限公司
AH—R216DW	Q:434000m³/h p:5500Pa	国内 90 年代水平	武汉鼓风机厂
AL—R144DW 交变离心鼓风机	Q:8000m³/h p:5100Pa	国外 90 年代水平	武汉鼓风机厂
D70—31 离心鼓风机	Q:70m³/min Δp:0.03Mpa	国外 90 年代水平	武汉鼓风机厂
ZTH 准正交面舰船用通风机	Q:2000～12000m³/h p:1200～2200Pa	90 年代国际先进水平	武汉和平风机有限责任公司
3R4WD 系列罗茨鼓风机	Q_s = 6.19～16.65m³/min Δp = 9.8～98kPa	90 年代国内先进水平	四川鼓风机有限责任公司
D 系列离心鼓风机	Q_s = 300～425m³/min Δp = 21～35kPa	90 年代国内先进水平	四川鼓风机有限责任公司
2—2×72№12F 离心通风机	Q_s:2000m³/min Δp:2kPa	90 年代国内先进水平	四川鼓风机有限责任公司

压　缩　机

产品名称	主要技术参数			新产品水平	研制单位
	排气量（m³/min）	进/排气压力（MPa）	轴功率（kW）		
6M50 系列氮氢气压缩机	340	0.106/32	4 508	采用德国强复压缩机专有技术，属国际同类产品当代水平，采用将苏联技术	沈阳气体压缩机股份有限公司
4M80 系列氢气压缩机	30	2.2/19.6	3 250		
2D80 系列氢气压缩机	9	8/21	1 489		
6610—G3 空气压缩机	14.5/12	大气压(15～25)	47/40		
GD2—120/35—350 充氧（氮）车载隔膜压缩机	120m³/h	(3.5～2.5)/35	≤12	国内领先，替代进口	北京第一通用机械厂
DF—1.5/3—350 天燃气压缩机	1.5	0.3/25	72	国内先进水平	北京第一通用机械厂
1GV3—40/10 隔膜压缩机	49m³/h	≤0.036/0.7	≤10	国内先进水平	北京第一通用机械厂
G280/28—200 隔膜压缩机	280m³/h	2.8/20	≤40	国内先进水平	北京第一通用机械厂
无油螺杆压缩机系列	20～100	常压/(0.7,0.8)	120～610	按日本神户制钢技术消化吸收创新设计，更新换代新产品通过空军设计定型要求	无锡压缩机股份有限公司
喷油螺杆压缩机系列	3.6～42	常压(0.7～1.3)	22～250		
K/DZLI 制送冷设备	3.6～42	常压/(0.7～1.3)	32～250		
K/DZLID 送氮设备	1.33	常压/20	46		
氢压机系列	1.33	8/25	46	活塞力 20～500kN 系列	
V—3/350 往复活塞压缩机	3	0/35	66.4	国内先进水平	蚌埠压缩机总厂
V—1.7/3—250 天燃气充瓶压缩机	1.7	0.3/25	66.3	采用德国技术，国内先进技术水平	蚌埠压缩机总厂
V—2.5/3—250 天燃气充瓶压缩机	2.5	0.3/25	110	采用德国技术，国内先进技术水平	蚌埠压缩机总厂
VWWJ—10/7 无润滑无基础空气压缩机	10	0/0.7	55.5	国内先进水平	蚌埠压缩机总厂

(续)

产 品 名 称	主要技术参数			新产品水平	研 制 单 位
	排气量 (m^3/min)	进/排气压力 (MPa)	轴功率 (kW)		
18VWWJ—20/7 无润滑无基础空气压缩机	20	0/0.7	115	国内先进水平	蚌埠压缩机总厂
19V—1.1/350 空气压缩机	1.1	0/35		运用德国国技术,达国内先进水平	蚌埠压缩机总厂
MH—73/314 氮氢气压缩机	73	11.61/31.49	1 233		上海压缩机有限公司
MH—92/314 氮氢气压缩机	92	11.61/31.49	1 585		上海压缩机有限公司
MH—92/314—A 氮氢气压缩机	92	11.97/31.49	1 670		上海压缩机有限公司
M—225/314 氮氢气压缩机	225	10.86/31.49	4 000		上海压缩机有限公司
6M25—180/314 氮氢气压缩机	180	12.15/31.45	2 500		上海压缩机有限公司
M—9.9/15—88 氮氢气压缩机	9.9	3.72/8.93	681		上海压缩机有限公司
DH—22.3/12—63 氮氢气压缩机	22.3	3.08/6.3	1 250		上海压缩机有限公司
2D12Ⅱ—225/4.5 火炬气螺杆压缩机	225	/1	389		上海压缩机有限公司
LG—100/13 喷油螺杆压缩机	100	0.38/13	600		上海压缩机有限公司
LG—100/4.5 火炬气螺杆压缩机	100	0.11/0.45	600		上海压缩机有限公司
MLG63—386/1.9 煤气压缩机	386	0.3/0.19	900		上海压缩机有限公司
OGT—(2.8~6)/7 螺杆压缩机	2.8~6	/0.7		引进日本技术,国内领先	柳州空压机集团有限公司
LGY—(9~23)/7 移动螺杆压缩机	9~22	/0.7		引进荷兰技术,国内领先	柳州空压机集团有限公司
H—78/30—152/8.5 型天燃气压缩机	78~152	(0.85~3)		国内领先	柳州空压机集团有限公司
DW—34/25 一氧化碳压缩机	34	常压/2.5		国内领先	柳州空压机集团有限公司
35.D—100/7 水缸气压缩机	100	常压/0.7		国内领先	柳州空压机集团有限公司
4M—22/4.5—30 空气压缩机	22	常压/(0.45~3)		国内领先	柳州空压机集团有限公司
D—100/7—C 压缩机	100	常压/0.7		国内领先	柳州空压机集团有限公司
DW—63/(4—8)压缩机	63	常压/(0.4~0.8)		国内领先	柳州空压机集团有限公司
LW—13.5—40/4~10 压缩机	13.5~40	常压/(0.4~1)		国内领先	柳州空压机集团有限公司
D—(100—250)/(1~2)	100~250	常压/(0.1~0.2)		国内领先	柳州空压机集团有限公司
W—42/H 无润滑空压机	42	常压/0.7		国内领先	柳州空压机集团有限公司
LU910—37A 型风冷式螺杆压缩机	61	常压/0.7		国内领先	柳州空压机集团有限公司
LU610—11A 型风冷式螺杆压缩机	15	常压/0.7		国内领先	柳州空压机集团有限公司
涡卷式空调压缩机				引进美国技术 90 年代末国际先进水平	柳州空压机集团有限公司
WFC—065 涡卷式空调压缩机					柳州空压机集团有限公司
6M25—185/314 氧氢气压缩机	185	0.002/31.4	2 626		四川华西通用机器公司
6M12—92/314 氧氢气压缩机	92	0.03/31.4	1 635		四川华西通用机器公司
6M40—225/314 氧氢气压缩机	225	0.04/31.4	3 988		四川华西通用机器公司
M—66/220—A 型二氧化碳压缩机	66	0.02/22.5	970		四川华西通用机器公司
M—155/55—A 型压缩机	155	0.002/5.5	1 623		四川华西通用机器公司
D—150/3 型煤气压缩机	150	常压/0.3	550		四川华西通用机器公司
M—23/14—54 型合成气压缩机	23	1.4/5.4	1 250		四川华西通用机器公司
D—30/1.6—14 型石油气压缩机	30	0.16/1.4	328		四川华西通用机器公司
M—34/9.0—21.1/3.4—314 空气、氮氢气联合压缩机	34	0.34/31.4	1 175		四川华西通用机器公司

（续）

产品名称	主要技术参数			新产品水平	研制单位
	排气量 (m^3/min)	进/排气压力 (MPa)	轴功率 (kW)		
ZT35/2—29—34/2.3—27 型燃气摩托压缩机	35	0.3/2.8	569		四川华西通用机器公司
6M16—15.8/12—81.7—13.7/63.7—81.7 氢气压缩机	15.8	1.2/8.17	1 451		四川华西通用机器公司
LGFD—1.3/10 螺杆压缩机	1.3	常压/1.0	10		南京压缩机股份有限公司
LGFD—(3～40)/7 螺杆压缩机	3～40	常压/0.7	10～240		南京压缩机股份有限公司
LGD—(6—40)/7 螺杆压缩机	6～40	常压/0.7	41～240		南京压缩机股份有限公司
LGDYD—(6～22)/7 螺杆压缩机	6～22	常压/0.7	41～128		南京压缩机股份有限公司
WP80L 船用压缩机	$80m^3/h$	常压/3.0	16		南京压缩机股份有限公司
WP100L 船用压缩机	$99m^3/h$	常压/3.0	20		南京压缩机股份有限公司
WP120L 船用压缩机	$121m^3/h$	常压/3.0	24		南京压缩机股份有限公司
WP150L 船用压缩机	$150m^3/h$	常压/3.0	30		南京压缩机股份有限公司
C2S—100/15 舰用压缩机	$100m^3/h$	常压/15	37		南京压缩机股份有限公司
D—100/H 活塞式压缩机	100	常压/0.7	500		南京压缩机股份有限公司
LW—25/25 活塞式压缩机	25	常压/2.5	245		南京压缩机股份有限公司
LGF31—30/2.8 螺杆压缩机（撬装式）	30	常压/0.28	125		江西气体压缩机股份有限公司
LGF31—40/4 螺杆压缩机（撬装式）	40	常压/0.4	180		江西气体压缩机股份有限公司
LGF20—18/7 螺杆压缩机（撬装式）	18	常压/0.7	127		江西气体压缩机股份有限公司
LGF31—25/7 螺杆压缩机（撬装式）	25	大气压/0.7	176		江西气体压缩机股份有限公司
LGY20—10/7 螺杆压缩机（移动式）	10	大气压/0.7	67		江西气体压缩机股份有限公司
LGY20—12/7 螺杆压缩机	12	大气压/0.7	79		江西气体压缩机股份有限公司
V×35 型箱工撬装无燃气压缩机	1.65	0.08～0.35/25	80	国内先进水平	重庆气体压缩机厂
WF—0.09/414 型空气压缩机	0.09	常压/41.4	3.8～4.4	填补国内空白	重庆气体压缩机厂
OG 系列单螺杆空气压缩机	3～6.3	常压/(0.7～0.9)	22～45	填补国内空白	重庆气体压缩机厂
2W—2.3/400 型空气压缩机	2.3	常压/40	60	填补国内空白	重庆气体压缩机厂
MAT 涡卷压缩机	1.2	0.098/0.9	3.1	引进美国技术创新	上海大隆机器厂
滑汽空压机	0.2～5.7	0.098/0.9	—	引时英国技术创新	上海大隆机器厂
螺杆压缩机	0.79～77.3	0.098/1.3	—	引进英国技术创新	上海大隆机器厂
GV 膜压机	0.12	1.0/20	14.5～15	引进法国技术创新	上海大隆机器厂
HW0.11/8 型涡旋空压机	0.11	常压/0.8	—		南京华冠压缩机有限公司
HW015 型涡旋空压机	0.1	常压/0.7	—		南京华冠压缩机有限公司
HW—0.16/8 型涡旋空压机	0.16	常压/0.8	—		南京华冠压缩机有限公司
HWD—0.16/8 型涡旋空压机	0.16	常压/0.8	—		南京华冠压缩机有限公司
HW020 型涡旋空压机	0.17	常压/0.7	—		南京华冠压缩机有限公司

阀　门

产品名称	主要技术参数	新产品水平	研制单位
合成氨系统高压角式截止节流阀	PN:16、22、32MPa	技术指标先进，密封性能好，使用寿命长，属国内先进水平	河北省承德高压阀门管件厂
尿素装置用新结构不锈钢高压角式截止、节流阀、对焊角式、对焊针型阀门	PN:22、25、32MPa	技术指标先进、密封性能好、使用寿命长，属国内先进水平	河北省承德高压阀门管件厂
美荷型铸钢阀		热强性能高、密封性能好、高温、高压使用安全可靠、寿命长，属国内先进水平	河北省承德高压阀门管件厂

（续）

产品名称	主要技术参数	新产品水平	研制单位
合成氨用压力密封阀盖高压阀门	PN:1500Lb DN:50～250mm	达到国外同类产品水平，国内先进	包头阀门总厂
电站阀门 Z962Y(H)—200 J961Y(H)—200	PN:20MPa DN:175～225mm DN:50～100mm	达到国外同类产品水平，国内先进	包头阀门总厂
不锈钢截止阀 CJ41W—16P DN15—150	公称压力:1.6MPa 强度试验压力:2.4MPa 密封试验压力:1.76MPa 上密封试验压力:1.76MPa 最高工作温度:200℃ 适用介质:硝酸类	省内空白、国内先进	山东益都阀门有限公司
铸钢闸阀 CA40H—64 DN50—250	公称压力:6.4MPa 强度试验压力:9.6MPa 密封试验压力:7.04MPa 上密封试验压力:7.04MPa 气密封试验压力:0.5～0.7MPa 最高工作温度:≤425℃ 适用介质:水、蒸汽、油品	国内空白、国际80年代先进水平	山东益都阀门有限公司
高压截止阀系列 CJ41H—100	公称压力:10.0MPa 强度试验压力:15.0MPa 密封试验压力:11.0MPa 上密封试验压力:11.0MPa 气密封试验压力:0.5MPa 最高工作温度:425℃ 适用介质:水、蒸汽、油品	国内空白、达到国际80年代同类产品先进水平	山东益都阀门有限公司
对分法兰球阀 Q41F—16 $\begin{smallmatrix}C\\P\\R\end{smallmatrix}$ DN15—200 Q47F—16 $\begin{smallmatrix}C\\P\\R\end{smallmatrix}$ DN250—300	PN:1.6MPa DN:15～200mm DN:250～300mm 采用美国 ANSI 和 JIS 相关标准	用户使用效果很好可替代进口,90年代国际先进水平	广东明珠球阀集团股份有限公司
低温高压球阀 BR318	PN:600Lb DN:15～150mm 适用温度 -47～200℃	达到国外同类产品水平，国内先进	包头阀门总厂
耐腐蚀球阀 Q41F—16P	PN:1.6MPa DN:15～150mm	国内先进	江苏神通阀门有限公司
对夹式蝶阀 $D\begin{smallmatrix}3\\9\\6\end{smallmatrix}71F—\begin{smallmatrix}C\\P\\R\end{smallmatrix}$	PN:0.6～1.6MPa DN:2～24in	国内先进	江苏神通阀门有限公司
金属硬密封双向电动送风切换阀	PN:0.25～1.6MPa DN:1000～2400mm 适用温度≤350℃ 密封形式:全属弹性硬密封 密封方向:双向 适应介质:空气	该产品用于上海宝钢一、二号高炉送风管路上,取代进口产品,节约外汇在全国钢铁电力行业使用效益显著,达90年代初国际同类产品水平,性能超过日本同类产品水平填补了国内空白	长沙市阀门厂
蓄能罐式液控缓闭止回蝶阀系列产品	DN:1000～1500mm 快关时间:1.2～2.5s 慢关时间:2.6～30s 快关角度:65°±10° 慢关角度:25°±10°	动作灵活可靠、控制精度高、维护保养方便安装灵活,改善了液压系统的保压性能,属国内领先	湖北洪城通用机械股份有限公司
油封快速启闭煤气闸阀 Z48W—2.5	PN:0.25MPa 适用温度:-10～120℃ 适用介质:煤气、天然气	密封性可靠,达到美国相关标准 ANSI/AWWAC500—80特殊结构使用闸板密封面受到保护,具有自动除垢功能,便于维修,属国内领先	湖北洪城通用机械股份有限公司

（续）

产 品 名 称	主要技术参数	新产品水平	研 制 单 位
MSS—CHV125 2～16in 铁制旋启式止回阀	公称压力:125lbf/in² 强度试验压力:2.4MPa(lbf/in²≤12in) 密封试验压力:1.38MPa 工作温度:≤232℃ 适用介质:水、蒸汽、油品	国内道创、国际80年代先进水平	山东益都阀门有限公司
MSS—GV125 2～36in 铁制闸阀	公称压力:125lbf/in² 强度试验压力:2.4MPa 密封试验压力:1.38MPa 上密封试验压力:1.38MPa 工作温度:≤232℃ 适用介质:水、蒸汽、油品	国内空白、达到国际80年代同类产品先进水平	山东益都阀门有限公司
API—GLV300 2～12in 钢制截止阀	公称压力:300lbf/in² 壳体试验压力:7.9MPa 密封试验压力:5.8MPa 上密封试验压力:5.8MPa 气密封试验压力:0.5～0.7MPa 最高工作温度:≤427℃ 适用介质:水、蒸汽、油品	国内空白、达到国际80年代同类产品先进水平	山东益都阀门有限公司
API—GV300 2～12in 钢制闸阀	公秒压力:300lbf/in² 壳体试验压力:7.9MPa 密封试验压力:5.8MPa 上密封试验压力:5.8MPa 气密封试验压力:0.5～0.7MPa 最高工作温度:≤427℃ 适用介质:水、蒸汽、油品	国内空白、达到国际80年代同类产品先进水平	山东益都阀门有限公司
GL125　2～12in美标铁制Y型过滤器	公称压力:125lbf/in² 强度试验压力:2.4MPa 常温下工作压力:1.38MPa 最高温度下工作压力:0.86MPa 最高工作温度:≤232℃ 过滤密度:20目 适用介质:水、蒸汽、油品	达到国际80年代先进水平,填补国内空白	山东益都阀门有限公司
API—CHV300 2～12in 钢制旋启式止回阀	公称压力:300lbf/in² 壳体试验压力:7.9MPa 密封试验压力:5.8MPa 气密封试验压力:0.5～0.7MPa 最高工作温度:≤427℃ 适用介质:水、蒸汽、油品	国内空白、国际80年代先进水平	山东益都阀门有限公司
燃气油密封旋塞阀	PN:1.0MPa DN:25～600mm	国内领先	许昌昌源阀门制造有限公司
污水蝶阀 D241X—10	PN:0.25～1.0MPa DN:100～3000mm	国内先进	江苏神通阀门有限公司
三通球阀 3　Q 9　C Q 6 45F—16 P	PN:1.6～2.5MPa DN:15～300mm	国内先进	江苏神通阀门有限公司
软密封双偏心法兰蝶阀 3 D 9 4_A3X—10 3 D 9 43X—6 DN400—1200	PN:0.6～1.6MPa DN:400～1200mm 适用温度:t≤80℃ 操作方式:手动、电动 介质:水	该产品用于佛山自来水厂、天津市自来水厂新开河水厂使用良好,属国内先进	天津塘沽瓦特斯阀门有限公司
偏心耐腐蚀蝶阀 6 3　6 D 9 73F_4— 10 DN300—1000	PN:1.0～1.6MPa DN:300～1000mm 适用温度:10℃<t≤135℃ 操作方式:手动、电动	该产品用于天津市第二煤气厂,吉林化学工业公司,上海焦化总厂使用良好,属国内先进	天津塘沽瓦特斯阀门有限公司
钢制衬胶电动蝶阀 D941J—0.5C	PN:0.05MPa DN:400～4000mm 运用温度:－90～120℃ 适用介质:HF、SO含灰气体和氟酸液体	采用了可调密封座的独特结构,有效地解决了腔体内运动部件的腐蚀、检修、密封补偿问题,密封性能可靠,属国内先进	湖北洪城通用机械股份有限公司

（续）

产品名称	主要技术参数	新产品水平	研制单位
MSS—GLV125 2～16in 铁制截止阀	公称压力：125lbf/in² 壳体试验压力：2.41MPa 密封试验压力：1.38MPa 上密封试验压力：1.38MPa 最高工作温度：≤232℃ 适用介质：水、蒸汽、油品	国内空白，达到国际80年代末期先进水平	山东益都阀门有限公司
API—GLV600 2～12in 高压截止阀	公称压力：600lbf/in² 壳体试验压力：15.3MPa 密封试验压力：11.24MPa 气密封试验压力：0.6MPa 最高工作温度：≤425℃ 适用介质：水、蒸汽、油品	国内空白，达到80年代末期先进水平	山东益都阀门有限公司
API—GV600 2～12in 钢制闸阀	公称压力：600lbf/in² 壳体试验压力：15.34MPa 密封试验压力：11.2MPa 气密封试验压力：0.5～0.7MPa 上密封试验压力：11.24MPa 使用温度：≤425℃ 透用介质：水、蒸汽、油品	填补国内空白，达到国际80年代末期同类先进水平	山东益都阀门有限公司
API—CHV600 2～12in 钢制旋启式止回阀	公称压力：600lbf/in² 壳体试验压力：15.34MPa 密封试验压力：11.24MPa 气密封试验压力：0.6MPa 最高工作温度：≤425℃ 适用介质：水、蒸汽、油品	国内空白，达到国际80年代末期先进水平	山东益都阀门有限公司
API—GLV150 2～12in 铸钢截止阀	公称压力：150lbf/in² 壳体试验压力：3.2MPa 气密封试验压力：0.6MPa 密封试验压力：2.3MPa 最高工作温度：≤425℃ 适用介质：水、蒸汽、油品	国内空白，达到国际80年代末期先进水平	山东益都阀门有限公司
API—CHV150 2～12in 钢制旋启式止回阀	公称压力：150lbf/in² 壳体试验压力：3.2MPa 气密封试验压力：0.6MPa 最高工作温度：≤425℃ 适用介质：水、蒸汽、油品	国内空白，达到国际80年代末期先进水平	山东益都阀门有限公司
金属硬密封蝶阀系列产品	PN：0.05～1.6MPa DN：100～2000mm 适用介质：煤、烟、蒸汽和腐蚀性介质	其密封性能超过GB4981—1985标准，启闭灵活，安全可靠，属国内先进	湖北洪城通用机械股份有限公司
抽汽止回阀系列 H664H(y) DN200—700 PN20—100 H664H150Lb DN36、42in H664H400Lb DN42in	PN：2.0～10MPa(150Lb、400Lb) 最高工作温度 H664H—20.50.100 ≤425℃ H664Y—100C6 ≤54℃ 工作介质：空气、蒸汽 工作时间：≤0.5s	该产品应用到北京重型电机厂、安徽平电厂、秦皇岛电厂等多家单位，目前仅抽汽止回阀替代进口即可节约外汇600万美元为我厂带来了良好经济效益，为各大型火电厂家及国家电力建设带来了巨大经济、社会效益，该产品结构设计合理，密封面斜置，增加了自动对中，保护时间≤0.5s超出了国外同类产品，达到了国际先进水平	开封高压阀门厂
高压注水多用阀 (JHT、JH、JT)	PN≤35MPa DN：40～100mm 工作温度 －20～200℃	该产品融截止，止回调节功能为一体用途广泛，属国内先进	西安泵阀总厂
全液控止回蝶阀 HD_27Q41_AX—6 DN1600mm	PN：0.6MPa DN：1600mm 工作介质：水、海水 工作温度：80℃ 开启时间：60s 快关时间：2.5～10s 慢关时间：6～60s	1994年投入使用后运行良好，属国内领先具有当代国际水平	铁岭阀门股份有限公司

（续）

产 品 名 称	主要技术参数	新产品水平	研 制 单 位
多层次斜板式金属硬密封蝶阀 D343P—2.5	PN:0.25～2.5MPa DN:80～300mm	1994年投入使用后运行良好,国内领先具有当代国际水平	江苏神通阀门有限公司
金属硬密封蝶阀 D73H—16C/25	PN:1.6、2.5、4.0MPa DN:50～150mm	性能能满足用户使用要求,国际90年代末水平	北京市阀门总厂
核电阀门核三级、二级	抗辐照累积剂量 2×10^4 Gy 地震频率:0.2～33H_2	国内先进	江苏神通阀门有限公司
低温安全阀 DA21F—16T	PN:4.0MPa 工作温度:－196℃	国际90年代末水平	北京市阀门总厂
低温减压阀 DY12F—25T DN15、20、25mm	PN:4.0MPa 工作温度:－196℃	国际90年代末水平	北京市阀门总厂
变孔球阀 TQ47F—25 DN50mm	PN:2.5MPa DN:50mm 使用温度:0～100℃ 使用介质:油品、水 调节比:500:1	调节可靠,密封性能好,使用寿命长,达到国外同类产先进水平	天津市阀门厂
平板闸阀 Z43WF—16C/25 DN50－400mm	PN:1.6、2.5MPa DN:50～400mm 使用温度:－29～120℃ 介质:石油、天然气、水	开关灵活,密封性能可靠,国内同类产品水平	天津市阀门厂
电动金属硬密封扇形闸阀系列产品	PN:0.01～0.25MPa DN:600～2000mm 适用介质:煤气、烟气及瓦斯 工作温度:－30～300℃	壳中度验达到美国标准ANSI/AWWAC 500—1986密封性能超过GB4981—85标准具有较宽的温度和介质适用范围,属国内领先	湖北洪城通用机械股份有限公司
耐海水蝶阀系列产品	PN:0.25～1.0MPa DN:350～2000mm 适用介质:海水 适用温度:≤65℃	启闭关治,密封性能良好耐蚀性能稳定寿命期长具有良好耐穴蚀,抗冲刷性能,属国内先进	湖北洪城通用机械股份有限公司
新一代蓄能罐式液控缓闭止回蝶阀系列产品	DN:1000～3000mm 开阀时间:15～70s 关阀时间:1.2～60s 快关角度:65°±10° 慢关角度:25°±10°	利用PC控制进一步提高其可靠性,电路通用性强可适用任何工况,具有自我诊断功能,在处理一般故障时不会影响整体管网系统正常运行,属国内领先	湖北洪城通用机械股份有限公司
水压试验阀系列 SY364Y600Lb DN22、34in SY364Y900LbC9 DN22、28in	强度密封试验符合日本火力发电用阀标准E101要求。最高工作温度;碳钢425℃,耐热钢595℃ 适用介质:水、蒸汽	主要用于双辽电厂、外高桥电厂、阳泉电厂等大型火电厂。该厂年平均创产值400万元,并为各大型火电厂家节约了大量外汇。该产品使用性能超过国外同类产品,填补了国内空白,达到了国际先进水平	开封高压阀门厂
铸阀闸阀 CZ40H—16C DN50—800mm	PN:1.6MPa DN:50～800mm 工作温度≤350℃ 介质:水、蒸汽、油品	填补省内空白达到国内先进水平	山东益都阀门有限公司
金属密封球阀 Q47Y—25 DN15—400mm	PN:2.5MPa DN:15～400mm阀座,由耐高温、耐腐蚀、耐磨损的金属制成	DN150、200mm用于佳木斯造纸集团制浆厂使用两年运行效果好,属90年代初国际先进水平	广东明珠球阀集团股份有限公司
LQA系列阀门电动装置 802系列阀门电动装置	最大输出转矩50～800N·m 最大输出转矩100～12000N·m	二个系列产品均为一体化结构,体积小性能可靠,到目前共销售了约50000台,被自来水厂、污水处理厂、引水供水工程、钢铁厂、化工厂、大小电站、楼宇建筑等广泛应用,属国内先进	天津市北方阀门控制设备公司

(续)

产品名称	主要技术参数	新产品水平	研制单位
水轮机进水液动蝶阀 $1750D_X7PK41X$—16C	DN:1000~5000mm PN:0.6~2.5MPa 开阀时间:20~120s 关阀时间:10~90s	密封性能超过国标 GB/T 14478—1993,PC 控制可靠,各项技术指标达到设计要求,属国内领先	湖北洪城通用机械股份有限公司
特大口径金属硬密封蝶阀 2800D941H—0.5C	PN:0.05~1.6MPa DN:1400~3500mm 适用介质:煤气、烟气、蒸汽、腐蚀性气、液体。 工作温度:-40~400℃	密封性能达到国际 GB/T 13927—1993,具有耐高温、耐磨损、耐腐蚀特点,启闭力距小,适用架空布置。属国内领先	湖北洪城通用机械股份有限公司
大口径电动楔式闸阀 Z942H—25 DN300、800、1000	PN:2.5MPa DN:300、800、1000mm 最高工作温度:425℃	该产品为国内很多用户欢迎,为航空工业,石化工业,能源工业设备配套,为国家节约了大最外汇,特别应用到国防科工委风洞实验基地,为国防事业作出了巨大贡献,该产品填补了国内超大口径中压楔式闸阀的一项空白达到国际先进水平	开封高压阀门厂
摆动式球阀 ISBR—40	PN:1.6~10MPa DN:15~600mm 温度:0~600℃ 介质:水、油品、石油气、化工料等 气动压力:0.3~0.6MPa	采用摆动结构,在开启和关闭过程中密封面无摩擦,力矩小,灵活轻便寿命长,属国内领先	温州挺宇集团有限公司
电动真空蝶阀 DKS9A41X—2.5C DN1600mm	PN:0.5MPa DN:1600mm 工作压力:0.005MPa 工作介质:无腐蚀饱和蒸汽 工作温度:≤150℃	1997 年铁岭发电厂投入使用 8 台至今运行良好满足用户要求,全国各大电厂应用总数达 30 多台,属国际同类产品水平	铁岭阀门股份有限公司
电动水封蝶阀 SFD941—IC	PN:0.1MPa DN:300~2600mm	国内先进	江苏神通阀门有限公司
电动通风切换阀 4350D941H—0.1C	DN:4350mm 工作介质:烟、煤气 烟气压力:10kPa 烟气流量:$359300m^3/n$ 工作温度:≤350℃ 泄量:<0.0% 操作方法:遥控带手动 密封方式:O 型圈金属弹性硬密封结构	该产品安装在武汉钢铁公司炼铁厂 $2516m^3$ 大型高炉热风炉废气余热回收管路上,经几年高温工况下使用,运行效果良好。满足了用户使用,该产品的应用每年可为钢节约能源费用 1330 万元给用户创造了很好的经济和社会效益。该产品填补了大口经金属硬密封蝶阀的空白具国内领先水平	长沙市阀门厂
疏水调节阀 ZK29/01 DN80mm	PN:15.0MPa DN:80mm	节约能源,属国际 90 年代先进水平	北京市阀门总厂
疏水调节阀 GK11 DN80mm	PN:1.6MPa DN:80mm	节约能源,属国际 90 年代先进水平	北京市阀门总厂
双金属片疏水阀 BK28 DN5~50mm	PN:10.0MPa DN:15~50mm	节约能源,国际 90 年代先进水平	北京市阀门总厂
SMC/HBC IE 级电动执行机构	1. 抗地震 5.0g 2. 抗辐照 2×10^4GY	填补国内空白	天津市阀门公司
SMC/HBC 非 IE 级电动执行机构	抗地震 5.0g	填补国内空白	天津市阀门公司
手动、电动平衡调节阀 F468Y T9468、T668Y、T9668Y	PN:16、25、32MPa	具有调节稳定、轻便易调耐冲刷、使用安全、可靠、寿命长	河北省承德高压阀门管件厂
水减压阀	输入:0.55~2.0MPa 输出:0.5MPa 精度:±0.05MPa 流量:≥25L/min	提高阀门的性能减少高压对水系统的冲击、降低成本节约外汇	中核苏阀科技实业股份有限公司

(续)

产品名称	主要技术参数	新产品水平	研制单位
高性能焊接工耐腐蚀蝶阀 D_B373F—16C DN50～300mm	PN:1.6MPa DN:50～300mm 适用温度:－15～150℃	用于大庆石化总厂安阳玻壳厂能满足功能要求,属国内先进	天津塘沽瓦特斯阀门有限公司
软密封单偏心法兰蝶阀 $D\frac{3}{9}4(A)2X—\frac{6}{10}$ DN1400～2600mm	PN:0.6～1.0MPa DN:1400～2600mm 工作温度:－15～110℃ 介质:水	用于沈阳北部污水处理厂、苏州新区自来水公司、杭州华水供水工程有限公司,属国内先进	天津塘沽瓦特斯阀门有限公司
J44W—320R DN15～125mm 尿素专用阀	公称压力:32MPa 强度试验压力:48MPa 密封试验压力:35.2MPa 上密封试验:35.2MPa 工作温度:≤200℃ 适用介质:尿素、甲铵液	达到国际90年代同类产品先进水平,填补国内空白	山东益都阀门有限公司
高性能金属密封蝶阀 D373R—25Q DN50～300mm	PN:2.5MPa DN:50～300mm 适用温度:－15～300℃	用于武汉炼铁厂武钢能源总厂供水厂,用户满意,属国内先进	天津塘沽瓦特斯阀门有限公司
金属硬密封蝶阀 $D343H—\frac{16}{25}$ DN:150～1200mm	PN:1.6、2.5MPa DN:150～1200mm 工作温度:≤425℃ 强度试验,无可见泄漏 密封试验允许泄漏≤$35mm^3/s$	该产品已为国内多家用户提供800多台阀门,销售产值286万元,用户对阀门性能非常满意,填补了铸钢金属密封蝶阀的空白,在国内处于先进的水平	开封高压阀门厂
大口径波纹管截止阀 CJ_C61H25 DN65～250mm CJ_C41H16C DN65～125mm	PN:1.6、2.5MPa DN:65～250mm 使用温度:t≤350℃ 介质:氢气、三联苯	替代进口,节省大量外汇,已广泛应用在化纤聚脂及出口到巴基斯坦核电站。达到同类产品90年代国际水平	安徽省屯溪高压阀门厂
耐磨刚玉衬里不锈钢闸阀 $TSFZ41H—\begin{matrix}16P\\25P\\40P\end{matrix}$ DN80～1400mm	PN:1.6、2.5、4.0MPa DN:80～700mm	该产品在原不锈钢闸阀的基础上,采用新工艺喷涂AL2O3和Ni/AL粉涂层厚度1.0mm左右,提高了阀门耐用高温,耐磨损,耐磨蚀性能经使用,用户反映良好,达到国内先进水平,获国家专利	浙江石化阀门有限公司
抗氢钢角式截止,节流阀	PN:32MPa	性能可靠,操作灵活维修方便;抗氢腐蚀能力强,密封性好,使用寿命长,属国内先进水平	河北省承德高压阀门管件厂
K系列不锈钢截止,节流阀 K7、K8、K9、K10、K11	PN:1500Lb	具有抗腐蚀能力强密封性能好,高温高压使用安全可靠,操作灵活,使用寿命长,属国内先进水平	河北省承德高压阀门管件厂
气动(手、电动)摆动式蝶阀 TY—D6AF5H	PN:0.6～10MPa DN:80～1600mm 温度:－40～600℃ 介质:水蒸气、油品、天然气等 气动压力:0.3～0.6MPa	采用偏心摆动旋转式达到阀门在启闭过程中蝶板和阀座脱离使密封面间无磨擦自洁无泄漏,密封性好,启闭省力,属国际先进	温州挺宇集团有限公司
蜗轮传对夹式蝶阀 D371X—10 DN400mm 电动对夹式蝶阀 D971X—10 DN400mm 蜗轮传动蝶阀 D347X—10 DN300、400、1400mm 电动蝶阀 D941X—10 DN400、800mm	PN:1.0MPa 适用介质:水、油脂 适用温度:－10～65℃ 密封渗漏量:无渗漏	经过多家用户多年使用,认为阀门性能可靠,启闭灵活,效果较好,属国内先进	甘肃省兰州阀门厂

（续）

产品名称	主要技术参数	新产品水平	研制单位
24通旋转阀 RVA—RVD 规格：ϕ250—700 RV1—RV IV 规格：ϕ800—1400mm	设计压力：1933.3MPa 设计温度：235℃ 工作介质：混合二甲苯直镏煤油镏份 通道数量：24个	第一台RVⅡ型ϕ1000mm的24通旋转阀成套设备安装在南京烧基苯厂新扩建的分子筛脱蜡装置上，经长期正常运行后效果良好，该产品集机械电子、液压、仪表、自控和化工工艺于一体的高新科技产品，填补国内空白达到国际先进水平专利号ZL99240233.6	上海汉威特种阀门制造有限公司
非金属硬密封球阀 Q641W—16SC	PN：1.6MPa DN：25～150mm	国内先进	江苏神通阀门有限公司
煤粉喷吹专用球阀 MQ$\begin{smallmatrix}3\\6\\9\end{smallmatrix}$47F—16C	PN：1.6MPa DN：15～150mm	国内先进	江苏神通阀门有限公司
D_B型偏心法兰蝶阀 $D_B42(3)X—\begin{smallmatrix}6\\10\\16\end{smallmatrix}$	PN：0.6～1.65MPa 适用温度：－10～120℃	用在石家庄供水工程公司、福州自来水公司使用性能好，属国内先进	天津塘沽瓦特斯阀门有限公司
环喷式调流阀 500X300LP9 241X—10C	DN：500X300 关、开阀时间：258s 灵敏度误差：±1.5% 最快响应时间：1.5s	流量调节范围大，汽蚀系数小，流阻变化均匀，可调性能好，运行安全可靠，操作轻便，控制系统有较高的调节精度及抗干扰能力，属国内先进	湖北洪城通用机械股份有限公司
燃气平板闸阀	PN：1.0、1.6、2.5MPa DN：50～500mm	国内领先	许昌昌源阀门制造有限公司
TAG、TAW部分回转阀门气动装置	1. 输出0°～90° 2. 气源压力：0.4～0.6MPa	国内先进	天津市阀门公司
燃气球阀 YQ41F（YQ641F） $—\begin{smallmatrix}16\\25\\40\end{smallmatrix}$ DN15～150mm	PN：1.6、2.5、4.0MPa DN：15～150mm 能在0.05MPa下密封可达零泄漏。采用防静电快速开闭	本产品经国内外用户使用未发现任何质量问题，属90年代国际先进水平	广东明珠球阀集团股份有限公司
KTNQGQ347F DN50～400mm 新型抗硫、抗静电防火清管器发射接收阀	DN：50～400mm 密封面零泄漏抗静电抗硫化氢气体、能发射与接收	达到国际水平列入国家级星火计划的重要科技产品并取得专利	锡山市阀门厂
全焊接式密闭球阀 MBQ61F、MBQ361F DN15～600mm	PN：1.0、1.6、2.5MPa DN：15～600mm 使用温度：≤150℃ 适用介质：水、汽、油	用于山东烟台集中供热管网系统和南京烧基苯厂技术改造项目上，效果良好受到用户好评。本产品采用导经钢管全焊接的阀体新结构，具有体积小重量轻，结构紧凑，密封可靠鉴定结论：国内道创，技术上具国内先进水平专利号ZL992404509	上海汉威特种阀门制造有限公司
油减压阀	输入：0.9～2.1MPa 输出：0.88MPa 精度：±0.06MPa 流量：500L/min	使油压系统稳定工作安全可靠，降低成本、节约外汇，填补国内空白，达到国际水平	中核苏阀科技实业股份有限公司
取样阀、清洗阀、直流夹套截止阀，切断三通换向球阀		国内领先	锡山市阀门厂
智能化快速切断阀 KD647X—0.5C	PN：0.25～1.6MPa DN：50～1200mm	国际领先	江苏神通阀门有限公司

（续）

产 品 名 称	主要技术参数	新产品水平	研 制 单 位
三偏心复合圈金属密封蝶阀 D43P—10/16/25 DN100～600mm D43P—10/16 DN700～1000mm D43P—2.5/4 DN1200～2000mm	PN:0.25～2.5MPa 适用温度:－25～350℃	用在武汉钢铁公司、大庆石油管理局,属国内先进	天津塘沽瓦特斯阀门有限公司
安全阀切换装置 KQH43F	PN:1.0～6.4MPa DN:40～250mm 压力损失≤3% 换项时间 1min	经高桥石化公司炼油厂使用反映良好,属国内首创、国际先进	上海开维喜阀门有限公司
高温掺合阀 HC41H—16C DN400/100、600/150、800/250mm	1)PN:1.6MPa 2)DN:400/100mm 600/150、800/250mm 3)使用温度: 冷流:170℃ 热流:1400℃ 混合流:270℃	过去中石化系统对该阀一直进口,经开发改进和应用国产新材料设计生产的高温掺合阀使寿命提高了2倍以上得到用户一致好评,达到国际先进水平获得国家级发明专利	浙江石化阀门有限公司
智能型阀门电动装置	1. IP67 2. 非侵入、无线遥控 3. 数字化	国际先进、国内空白	天津市阀门公司
撑开式硬密封球阀 TZQH—DN50—500	1)PN:1.6、2.5、4.0 6.4、10MPa 2)DN:50～500mm 3)使用温度:t≤650℃ 4)介质:水蒸气、油品、或酸碱类	操作省力,启闭速度快密封副之间无相对磨擦,使用寿命长等优点,提高了球阀的使用温度经多家用户使用一致反映良好。达到国内先进水平获国家两项专利	浙江石化阀门有限公司
金属密封蝶阀 D373H—10/16C DN50—1200	PN:1.0～1.6MPa DN:50～1200mm 适用温度≤300℃ 介质:油、汽、水	达国内同类产品水平	天津市阀门厂
CT系列部分回转气动装置	输出 0°～90° 气源压力 0.4～0.6MPa	国内先进	天津市阀门公司
OOM 系列多回转阀门电动装置	1. IP67 2. 大触点开关 3. 大矩 50～2400N·m	国内领先	天津市阀门公司
QT系列部分回转阀门电动装置	1. IP67 2. 力矩 40～12000N·m	国内先进	天津市阀门公司
智能型阀门电动装置控制系统	1. 现场总线控制 2. 远程集成控制	国际先进、国内空白	天津市阀门公司

气体分离设备

产 品 名 称	主要技术参数	新产品水平	研 制 单 位
KDON—14000/14000 型空气分离设备设计制造	产品产量 氧气:14000m^3/h;氮气:14000m^3/h;氩气 300m^3/h。产品纯度 氧气:99.6%;氮气:99.99%;氩气:99.999%。单位电耗:0.49kW·h/m^3 O_2,运转周期:2年,分子筛净化增压膨胀机流程,计算机过程控制。	分子筛净化增压膨胀机流程,计算机过程控制。	杭州制氧机厂
KDON—6000/13000 型空气分离设备	产品产量 氧气 6000m^3/h;氮气:13000m^3/h。产品纯度 氧气:99.6%;氮气＜10×10^{-6} O_2。单位电耗:0.47kW·h/m^3 O_2。流程特点:采用分子筛净化带增压膨胀机流程,透平空气压缩机由汽轮机拖动	该产品已通过机电部鉴定,达到80年代先进水平	哈尔滨制氧机厂

(续)

产品名称	主要技术参数	新产品水平	研制单位
KDONAr—6000/6000/120 型空气分离设备	氧气:6000m^3/h;氮气:13000m^3/h;氩气 120m^3/h。产品纯度 氧气:99.6%;氮气:99.99%;氩气:99.999%。特点:采用分子筛净化增压膨胀流程。在流程的联锁控制、吸附器的切换程序、高温再生阀门的密封性,气流均匀分配、增压透平膨胀机的匹配和优化设计等方面都作了重大改进和创新		四川空分设备厂
KDON—60/300 型空气分离设备	产品产量 氧气:60m^3/h;氮气:300m^3/h。产品纯度 氧气:99.5%;氮气:99.95%。单位电耗:0.403kW·h/m^3N_2(氮气出塔压力为 0.6MPa)特点:采用全低压分子筛净化双塔并列返流气膨胀的工艺流程,其配套机组选用振动小、噪声低的无基础 V 型无油润滑空气压缩机及气体轴承透平膨胀机和整体撬装技术		哈尔滨制氧机厂
KDN—50/40Y 型纯氮设备	产品产量 氮气:50m^3/h;液氮:40L/h;产品纯度 99.99% N_2 产品出塔压力:1.0MPa;运转周期:1 年。特点:采用分子筛净化流程,单级精馏		开封空分设备厂
WX—7/4 型涡旋压缩机	排气量:6.95m^3/min(进口状态) 排气压力:0.4MPa 轴功率:32.87kW,油耗:27g/h,水耗:1.29t/h,噪声:85.92dB(A) 特点:具有节能节材、可靠性高、运转周期长、噪声低、结构简单、操作方便等特点		邯郸制氧机厂
Z—1.34/25 型乙炔压缩机	吸气压力:0.2~3kPa,最高排气压力:2.7MPa 排气量:80m^3/h 比功率 < 0.15kW·h/m^3 特点:采用立式双列级差无十字头往复活水冷结构		自贡市机械一厂
Z—4/3.5 型天然气压缩机	吸气压力:0~1kPa,排气压力:0.35MPa 排气量 240m^3/h 驱动电机功率:22kW		自贡市机械一厂
KDON—11000/22000 型空分设备	氧气产量 11000m^3/h 液氧产量 50m^3/h(折合气态) 氧气纯度 99.6% 氮气产量 22000m^3/h 液氮产量 100m^3/h(折合气态) 氮气纯度 $\leqslant 10\times10^{-6}O_2$ 液氩产量 250m^3/h(折合气态) 液氩纯度 99.999% 特点:采用分子筛净化增压膨胀流程。有两种工况		杭州制氧机集团有限公司
KDON—3200/3200—7 型空分设备	产量:O_2 3200m^3/h N_2 3200m^3/h 纯度:$O_2\geqslant99.6\%$ $N_2\geqslant99.99\%$ 特点:采用分子筛增压膨胀流程,液氧自循环		开封空分集团有限公司
KDW—100/12Y 型制氮设备	氮气产量 100m^3/h 液氮产量 12 L/h 氮气纯度 $\leqslant 5\times10^{-6}O_2$ 特点:撬装设备,安装简单		苏州制氧机厂
ZY—1100 型变压吸附制氧设备	处理气量:10800m^3/h 空气压力:68.8kPa 氧气产量:1100m^3/h 氧气纯度:90% 启动时间:1h 单位电耗:≤0.45kW·h/m^3。 运转周期:7500h		四川空分设备厂

（续）

产 品 名 称	主要技术参数	新产品水平	研 制 单 位
ZLPT—582/35.5—17 型天然气透平膨胀机	气量：80～110 万 m^3/d 进口压力：3.7MPa 进口温度：65℃ 出口压力：1.8MPa 出口温度：≤－90℃		四川空分设备厂
BXN—5/350 型变压吸附制氮设备	氮气产量≥$5m^3/h$，氮气纯度≥99% 氮气压力 35MPa，氮气露点≤－55℃ 装置噪声≤86dB(A) 启动时间≤45min 含尘粒度≤$20\mu m$ 特点：采用碳分子筛变压吸附原理产生高压氮气的成套制氮装置，启动快，计控精确，自动化程度高，操作简便，运转平稳，各部机匹配性好。	通过机械工业部鉴定，达到国内领先水平，属盈利的一代新产品	自贡市机械一厂
WX—7/18 型涡旋式压缩机	排气量：$7m^3/min$（进口状态） 排气压力：1.8MPa 转速 1480r/min，功率 55kW 特点：采用双作用，滚柱器杆制动，双函数涡旋线结构，结构简单，体积小，重量轻，可靠性高，振动和噪声较低，平衡性好	通过国家教委和河北省科委的联合鉴定，达到国际先进水平	邯郸制氧机厂
QCF—200/8 型液氮球罐	公称容积：$200m^3$ 有效容积：$170.6m^3$ 充满率：95% 工作压力：0.8MPa 日蒸发率：＜0.2% 储存介质：液氮		四川空分设备厂
JXY5150XLC 型五十铃冷藏车	内容积：$28m^3$ 总传热系数：R≤$0.4W/m^2\cdot℃$ 漏气率：≤$1.2h^{-1}$ 外形尺寸：8930mm×2425mm×3613mm	通过江西省机械厅鉴定，达到国内先进水平	江西制氧机厂
BCH2.4—340/8 型板翅式换热器	尺寸：2440mm×317mm×450mm 重量：353kg 压力：0.76MPa 按 ASME 规范制造检验		杭州制氧机集团有限公司
HTL—6880 型袋式除尘器	处理烟气量：75000～$100000m^3/h$ 烟气温度：200℃，280℃ 进口含尘浓度：80～$120g/m^3$ 出口含尘浓度：＜$100mg/m^3$ 压力损失：1470Pa 过滤面积：$6880m^2$ 滤袋规格：ϕ203×7315mm 滤袋材质：玻璃纤维 压缩空气压力：7.5MPa 压缩空气耗量：$0.6m^3/min$ 信吹风机风量：$25000m^3/h$ 信吹风机压力：3485Pa 信吹风机功率：75kW		哈尔滨环保制氢设备工业公司
KDONAr—10000/15000/250 型空分设备	氧气产量：$10000m^3/h$ 氧气纯度：99.6% 氧提取率：93.3% 氮气产量：$1500m^3/h$ 氮气纯度：$5\times10^{-6}O_2$ 氩气产量：$250m^3/h$ 氩气纯度：$10\times10^{-6}O_2$ 氩提取率：51.6% 连续运转周期：2 年		四川空分设备厂
KDON—6500/13000 型空分设备	氧气产量：$6500m^3/h$ 氧气纯度：95% 氮气产量：$13000m^3/h$ 氮气纯度：97% 采用分子筛净化、增压膨胀流程，DCS 控制		杭州制氧机集团有限公司

（续）

产 品 名 称	主要技术参数	新产品水平	研 制 单 位
KDN—6000 型制氮设备	氮气产量:$6000m^3/h$ 液氮产量:$150m^3/h$ 氮气纯度:99.999% 液氮纯度:99.999% 采用分子筛净化增压膨胀流程,DCS控制系统		杭州制氧机集团有限公司
KDON—350/700 型空分设备	氧气产量:$350m^3/h$ 氧气纯度:99.7% 氮气产量:$700m^3/h$ 氮气纯度:$10\times10^{-6}O_2$ 采用全低压正流空气膨胀分子筛净化流程操作,压力低,节能显著。	通过机械工业部鉴定,达到国际先进水平	哈尔滨制氧机厂
KDN—800/40Y 型制氮设备	氮气产量:$800m^3/h$ 氮气纯度:$\leqslant3\times10^{-6}O_2$ 液氮产量:40L/h 液氮纯度:$\leqslant3\times10^{-6}O_2$ 单位电耗:$0.24kW\cdot h/m^3N_2$ 采用带塔底再沸器的正流膨胀精馏技术		苏州制氧机厂
ZDQ—8 型水电解制氢设备	氢气产量:$8m^3/h$,首次采用程序控制,程序开停车,电耗纯度、封密性达到或超过 80 年代末世界水平	已通过河北省国防科工委鉴定,达到国际先进水平,获 1994 年河北省科技进步三等奖	中船总公司第七一八研究所
CF—5000/8 型低温液体贮槽	有效容积:4000L 工作压力:1.57MPa 工作温度:－196～20℃	通过江西省机械厅鉴定,达到国内领先水平	江西制氧机厂
JXY5131GDY 型低温液体槽车	工作压力:0.78MPa 工作温度:－196～20℃ 有效容积:4000L	通过江西省机械厅鉴定,达到国内领先水平	江西制氧机厂
KDON—3200/3200 型空分设备	氧气产量:$3200m^3/h$ 氧气纯度:99.6% 氮气产量:$3500m^3/h$ 氮气纯度:99.99%	通过浙江省机械厅鉴定,达到国内领先水平,获浙江省科技进步二等奖	杭州制氧机集团有限公司
KZO—50—1 型空分设备	加工空气量:$500m^3/h$ 氧气产量:$50\sim60m^3/h$ 氧气纯度:99.6% 氧气压力:15MPa 运行周期:1 年	通过河北省经贸委鉴定,达到国内领先水平	邯郸制氧机厂
KDN—800/40Y 型制氮设备	氮气产量:$800m^3/h$ 液氮产量:40L/h 产品纯度:$\leqslant3ppmO_2$	通过哈尔滨机械局鉴定,达到国内领先水平	哈尔滨制氧机厂
ZDQ—40 型水电解制氢设备	氢气产量:$40m^3/h$ 氢气纯度:99.8% 工作压力:1.5MPa 工作温度:85～90℃ 单位电耗:$\leqslant4.8kW\cdot h/m^3H_2$	通过河北省科委和中船总公司的联合鉴定,达到国际 80 年代末 90 年代初水平,获中船总公司科技进步二等奖	中船总公司第七一八研究所
JXY5301GDY 型低温液体汽车槽车	设计压力:1.0MPa 设计温度:－196～20℃ 容积:10000L 日蒸发率:0.4%液氧, 0.6%液氮	通过江西省机械厅鉴定,达到国内领先水平,获 1995 年江西省优秀新产品奖	江西制氧机厂
JXY5301GDYA 型液态二氧化碳汽车槽车	设计压力:2.5MPa 设计温度:－40℃ 载液量:10t 底盘 STAYR 1491.280/043	通过江西省机械厅鉴定,达到国内领先水平,获 1995 年江西省优秀新产品奖	江西制氧机厂
8MPa 高压板翅式换热器	设计压力:7.51MPa 介质:天然气及液压碳氢化合物 芯体尺寸:3074mm×628mm×630mm 重量:2600kg	通过浙江省机械厅鉴定,达到国内领先水平,获浙江省科技进步二等奖	杭州制氧机集团有限公司

（续）

产 品 名 称	主要技术参数	新产品水平	研 制 单 位
PSAO—20 型变压吸附制氧设备	氧气产量:20m³/h 氧气纯度:93%	通过河南省机电厅鉴定，达到国内领先水平，为河南省优一等品	开封空分设备厂
BNY—5 型变压吸附制氮设备	氮气产量:≥5m³/h 氮气纯度:≥99% 氮气压力:35MPa	通过机械部军工司鉴定，达到国内领先水平	自贡市机械一厂
BCK6.0—8500/8.8 型真空钎接铝制板翅式换热器	单元尺寸:6500mm×1700mm×1124mm 板束尺寸:5100mm×1000mm×1124mm 设计压力:0.948MPa 设计温度:90～300K 重量:526kg	通过机械工业部鉴定，达到国际 80 年代末 90 年代初水平	四川空分设备(集团)有限责任公司
三元流等温型透平压缩机	采用单轴“全可控涡”三元等温技术后，单位电耗下降 12%，技术先进成熟，推广面大，效益显著	通过机械工业部鉴定，达到国内领先水平，为国家计委、经贸委、科委公布的“九五”期间重点推广的节能科技成果	杭州制氧机集团有限公司
KDON—6000/6000—3 型全精馏制氩空分设备	氧气产量:6000m³/h 纯度:99.6% 氮气产量:6000m³/h 纯度:99.99% 液氩产量:160m³/h 纯度:含 $O_2 < 4 \times 10^{-4}$%	通过机械工业部鉴定，达到国内领先水平	开封空分集团有限公司
KDN—3000 型制氮设备	氮气产量:3000m³/h 液氮产量:200m³/h 产品纯度:$O_2 < 10 \times 10^{-4}$%	通过河南省经贸委和河南省机电厅的联合鉴定，达到 90 年代初国际水平	开封空分集团有限公司
BNY—20/350 型变压吸附制氮车	氮气产量:20m³/h 纯度:≥98.5% 氮气露点:≤－60℃ 供氮压力:35MPa 启动时间:1h 总功率:≤50kW 具有流程先进、自动化程度高、操作简单、机动性能好，运转平稳、噪声低、安全可靠、能耗低等特点，突破了困扰国内该类型制氮设备要求产品纯度高、压力高、露点低等难题，是适合部队使用特点的换代产品	通过机械部军工司鉴定，达到国内领先水平	自贡市机械一厂
ZR—1416—8 大型铝制板翅式真空钎接设备	最高允许温度:800℃ 额定工作温度:650℃ 最大工件尺寸:1450mm×1800mm×6500mm 控制温度:121℃ 工作真空度:4×10^{-3}Pa 恢复真空时间:30min 用于大型铝板翅式换热器的钎接替代传统的盐浴钎接	通过机械工业部鉴定，达到 90 年代初国际水平，获机械工业部科技进步一等奖	兰州真空设备有限责任公司
KDON—1000/1000 型空分设备	氧气产量:1000m³/h 纯度:99.6% 精氩产量:15m³/h 纯度:99.999% 采用全精馏制氩工艺流程	通过浙江省机械厅鉴定，达到国内领先水平	杭州制氧机集团有限公司
H700—6.8/0.97—1 型离心式压缩机	排气量:32500m³/h 排气压力:0.68MPa 等温效率:73.9%。等温效率高，能耗低，年节电 150 万 kW·h	通过河南省经贸委鉴定，达到国内领先水平，获河南省科技进步二等奖	开封空分集团有限公司
ZW—53/30 型离心式压缩机	排气量:3400m³/h 排气压力:3MPa 结构紧凑，动平衡好，噪声低，经济效益较好	通过河南省经贸委鉴定，达到国内领先水平，获河南省科技进步二等奖	开封空分集团有限公司
PLPK—67/8.7—0.5 型增加透平膨胀机	气量:3000m³/h 膨胀效率:85.3% 增压机效率:79%。增压比大，能耗低	通过河南省经贸委鉴定，达到国内领先水平，获河南省科技进步三等奖	开封空分集团有限公司

(续)

产 品 名 称	主要技术参数	新产品水平	研 制 单 位
CFA—15000/25—3 型低温液体罐式集装箱	可实现低温液体公路、铁路、水路联运	通过江西省经贸委鉴定，达到国内领先水平	江西制氧机厂
KDON—16000/16000 型空分设备	氧气产量：16000m^3/h 氧气纯度：99.6% 氮气产量：16000m^3/h 氮气纯度：99.999% 液氧产量：150m^3/h 液氧纯度：99.6% 液氩产量：590m^3/h 液氩纯度：99.999%		杭州制氧机集团有限公司
BPO—350/165 型往复式低温液体泵	流量：350L/h(50～400L/h 可调) 扬程：130m 特点：无油润滑，能耗低，无污染，安全可靠	通过四川省机械厅鉴定，达到国际 90 年代中期水平	四川空分设备(集团)有限责任公司
BPO—4×2—8/130 型低温液体泵	介质：LO_2、LN_2、LAr 流量：8m^3/h 扬程：130m 效率：32% 特点：提高槽车使用效率，减少低温液体消耗	通过四川省机械厅鉴定，达到 90 年代国际中期水平	四川空分设备(集团)有限责任公司
化工液体罐式集装箱	运输和贮存化工液体，是海、陆联运现代化运输工具，经济效益好	通过江西省经贸委鉴定，达到国内领先水平，获江西省优秀新产品奖	江西制氧机厂
采用规整填料及全精馏制氩技术的新型大中型空分设备	新型大中型空分设备的核心技术是规整填料精馏塔及全精馏制氩技术，这两项技术的采用使得大中型空分设备的总体性能在第五代的基础上又有了较大的提高，主要优点如下：节能效果明显、分离效率高、操作弹性大、变工况迅速、塔径小、制氩流程简化，可靠性高，氩产品质量高	通过浙江省经贸委鉴定，达到国内领先水平，国际 90 年代中期水平	杭州制氧机集团有限公司
KDN—3000 型制氮设备	氮气产量：3000m^3/h 氮气纯度：99.999% 特点：采用分子筛吸附净化工艺流程，单塔精馏，产品气不需要再压缩，可直接使用，节省一次性投资。	通过国家经贸委鉴定，达到国内领先水平，为 2000 年度国家级新产品	开封空分集团有限公司
KDON—200/2000 型空分设备	氧气产量：200m^3/h 氧气纯度：99.6% 氮气产量：2000m^3/h 氮气纯度：99.999% 特点：采用分子筛吸附净化工艺流程；产品氮气输出压力高，可直接使用，节约一次性投资；变工况范围广，能适应用户对产品气体和液体的不同要求，能耗低	通过河南省经贸委鉴定，达到国内领先水平，获开封市优秀新产品二等奖	开封空分集团有限公司
ZKQ1960 型冷库工程	公称容积：1960m^3 冷间净高：4m 设计温度：-1～3℃ 设计湿度：85～95% 气体成份：O_2：3～5%±0.5% CO_2：3～5%±0.5% 气密性试验：试验压力 300Pa(30mmH_2O)，在经过 30 分后剩余压力不低于 150Pa(15mmH_2O)	通过河南省机械厅鉴定，达到 90 年代中期国际水平，国内领先水平	开封空分集团有限公司
ZKQ48500 型冷库工程	公称容积：48500m^3 冷间净高：7.5m 设计温度：-1～3℃ 气密性试验：试验压力 300Pa(30mmH_2O)，在经过 30 分后剩余不低于 150Pa(15mmH_2O)	通过河南省机械工业厅鉴定，达到 90 年代中期国际水平，国内领先水平。获河南省机械工业科技进步一等奖	开封空分集团有限公司

（续）

产品名称	主要技术参数	新产品水平	研制单位
JXY9360GDY 低温液体半挂车	介质：LO_2、LN_2、LAr 设计压力：1MPa 设计温度：－196～20℃	通过江西省经贸委鉴定，达到国内先进水平	江西制氧机厂
SHB 型旋转式滗水器	滗水器是处理 SBR 工艺的关键设备，该公司自行开发设计制造的 SHB 旋转式滗水器采用水下回转式排水管，保证了未处理的污水不外流；在滗水的过程中，设有浮筒挡渣；通过电动推杆使浮筒随着需要而升降；采用 PLC 控制，并能与污水处理总系统联网实现自动控制。该产品工作平稳、可靠，能耗低，是理想的水处理设备	通过浙江省机械厅鉴定，达到国内领先水平，获杭州市科技进步三等奖	杭州制氧机集团有限公司

真空获得及应用设备

产品名称	主要技术参数	新产品水平	研制单位
SK—6 型单级水环真空泵	最大抽气重量 $6m^3/min$ 极限压力 5×10^3Pa	各项指标处于国内先进水平	淄博真空设备厂股份有限公司
HPV—200 型高压气冷淬火炉	国家级新产品极限真空 $3\times10^{-3}Pa$ 最高温度 1300℃炉料量 200kg	为改善我国热处理工业、提高质量、减少污染、保护环境提供理想设备。运行可靠。各项技术指标处于国内先进水平	沈阳真空技术研究所
80 吨级转子高速动平衡机的真空系统		该系统采用了国际上 80 年代大力发展气冷式罗茨泵先进技术可在高压强下工作，具有恒定的抽速。广泛用于高速动平衡机，航天、航空风洞试验和大型石化、空分行业。技术先进，出口伊朗	浙江真空设备集团有限公司
WL—50 型往复真空泵	极限压力 2600Pa 抽速 $180m^3/h$	各项技术指标处于国内领先水平	淄博真空设备厂股份有限公司
WL—100 型往复泵	极限压力 2600Pa 抽速 $360m^3/h$	各项技术指标处于国内领先水平	淄博真空设备厂股份有限公司
WL—200 型往复泵	极限压力 2600Pa 抽速 $720m^3/h$	各项技术指标处于国内领先水平	淄博真空设备厂股份有限公司
FX—100/110D 型磁悬浮分子泵	抽速 120L/s 极限压力 $5\times10^{-8}Pa$	该泵性能良好，用户满意，可代替进口。我国自行设计首台磁悬浮轴承泵，用于光盘溅射生产线、航天、电子显微镜上	北京中科科仪技术发展有限公司
“八五”重大技术装备项目——2SY 型氯乙烯回收水环压缩机的研制	国家级新产品	技术指标达到国际 90 年代同类产品先进水平，填补了我国在排出压力 0.3MPa 以上，水环压缩机空白，该产品为化工氯乙烯回收提供了高效、节能和环保型的先进设备，具有较大经济价值和社会价值	淄博真空设备厂有限公司
ZPB—2000—0.5/P—1 型钢液真空处理喷射炉	获国家级新产品奖	在上海五钢（集团）公司等单位使用，产生良好的经济效益和社会效益。该设备具有抽气量大，真空度高等特点，可满足含高尘条件下的钢液真空处理要求技术指标达到国外同类产品先进水平。可替代进口	杭州真空设备厂

（续）

产品名称	主要技术参数	新产品水平	研制单位
RVS型系列高真空正压烧结炉	国家级新产品	主要用于被称为磁王的稀土材料钕铁硼的烧结，鉴定认为该系列炉经二年运行，设备性能稳定，工艺参数熔于90年代国外同类产品先进水平。该炉售量大，市场占有率在60%以上，创造了理想的经济效益和社会效益。主要技术指标达到国际同类产品水平，填补了国内空白，完全可代替进口	沈阳真空技术研究所
H—150(S)型滑阀真空泵	极限压力1Pa，抽速150L/s	新型三缸、动平衡好，噪音振动小，属于国内领先水平	抚顺真空设备有限公司
ZWY—1000型真空充氮氩弧焊接炉		应用航天工业钛及钛合金焊接，用户满意。性能优良，各项指标均达到要求	北京仪器厂（集团）
“天然模法净化”工程的真空系统		用于天然净化，使用良好。技术指标均达到用户的需要	浙江真空设备集团有限公司
ZZ—1800L型卷绕连续镀膜设备	卷绕速度达到150m/min大关	在纸张上、塑料上镀各种金属层。技术指标先进，设备运行可靠，属于国内首创	浙江真空设备集团有限公司
ITO膜连续沉积设备		应用于液晶显示器、太阳能电池等镀膜。各项技术指标均达到要求	兰州真空设备有限责任公司
TPTD—100L型新型光电材料磁控溅射卷绕镀膜机		用于光学、电学材料镀膜。各项技术指标均达到要求	兰州真空设备有限责任公司
ZR—20—18T型柜式高真空高温烧结炉		用于稀土材料烧结。技术指标先进，性能良好	兰州真空设备有限责任公司
2X—30A型旋片真空泵	极限压力6×10^{-2}Pa、抽速30L/s	性能优良，该泵在国内首先采用立式结构。具有体积小，外型美观，极限压力低等优点。处于国内领先水平	浙江真空设备集团有限公司
SK—12A型单级水环泵	极限压力小于2660Pa 抽气量$12m^3/min$	采用悬臂结构易于制造，极限压力低，可替代双级水环泵	浙江真空设备集团有限公司
ZR—110WN_4型真空载气钎焊炉		为制造大型乙烯裂解、大型空分化工装置提供了先进设备。目前在国际上只有10台。主要技术指标达到国际同类产品水平。具有无污染、无腐蚀、免清洗和工艺先进等特点，完全可替代进口，具有广阔的前景	兰州真空设备有限责任公司

干燥设备

产品名称	主要技术参数	新产品水平	研制单位
多用途辊筒干燥机	最大工作压力0.7、0.8MPa；产量1000~1200kg/班；成品含水量≤7%	在汕头金味采用用户，主要用于α淀粉，生产效果良好，整机性能达到目前国际水平	东台市食品机械厂
粉碎流化床干燥机	干燥效率82%；脱水能力350kg/h·m^2；生产能力120kg/h	物料干燥效果良好，填补国内空白，达国际先进水平	山东天力干燥设备有限公司
带自清理装置的回转圆筒干燥机	干燥效率59%；热效率达72%	适用于膏状、浆状物料干燥具有良好效果，处于国内领先水平	山东天力干燥设备有限公司

（续）

产 品 名 称	主要技术参数	新产品水平	研 制 单 位
GHR 型系列管束式干燥机	成品含水率＜10%；噪声＜80dB(A)；干燥强度 6.75kg 水/m^2h	用于淀粉行业、应用效果良好，产品达到国内先进水平	铁岭精工机械有限公司
DLP 型电动高速喷雾干燥机	电动喷头最高转速 2.2 万 r/min	用于医药、食品、性能良好，达到国内同类产品先进水平	江苏星轮高速机电设备制造公司
旋流喷动干燥机	热效率 80%～95%；产品含水率为 0.3%～5%	适用于膏糊状物料，适用效果良好，产品达国内同类产品先进水平，填补国内空白	沈阳化工研究院
FL 型沸腾制粒干燥机	每批制粒操作时间≤60min/批；物料收率≥97.5%；蒸汽批量≤211kg/h	适用于制药行业，效果良好，产品达国内先进水平	常州市一步干燥设备厂
WR 型系列无管式热风炉	热效率 65%；热风温度 70～250℃；耗煤 46～108kg	为化工、食品等行业干燥行业提供洁净热空气，应用效果良好	四川夹江燎原机械制造公司
QZR 大型高速离心喷雾干燥机	蒸发量 200～2000kg/h；雾化器转速 1 000～17 000r/min	化工、医药、陶瓷等验光用，效果良好，性能国际领先水平	锡山市杭州干燥机厂
DYP—500 型智能化压力喷雾干燥机	水蒸发量 500kg/h；每小时平均耗热量 6.8×10^6kcal/h	在磁性材料等领域应用具有显著效果，填补国内大型压力喷雾干燥机的空白	无锡市昂易达干燥设备厂
SGJ4200 型筛网圆柱式粮食干燥机	单位热耗＜1240kcal/kgH_2O；水缩均匀度≤3%；破碎增值＜1%	适用于玉米、水稻、小麦等烘干，达到国内先进水平	辽宁省开原立达集团公司
水稻干燥机关键技术与成壳设备	干燥能力达到合同；单位 3160kJ/kg 水	产品应用良好，主要指标国内领先，国际先进水平	福州三发干燥设备有限公司、铁岭精工机械有限公司、中国农业机械化科学研究院
ф4250×14000 年产 12 万 t 喷浆造粒干燥机	料浆含水率 28%～32%；成品合格率 100%；外返料倍数＜0.4 倍	用于料浆法生产磷胞的关键设备，应用效果理想，设备处于国内领先水平	三门峡金渠用化机公司
LGJ 真空冷冻干燥机	粮板温度达－45℃；真空度 2.7Pa	应用于制药行业等，产品使用效果良好，主要指标接近 80 年代国外同类产品水平，国内处于领先地位	上海医用分析仪器厂
GZL 真空冷冻干燥机	增数温度－45℃；真空度 1Pa	用于制药等行业效果良好，产品在国内处领先地位	上海远东制药机械总厂
连续无级调速多层网带干燥系统	干燥面积 10～130m^2	适用块状植物根、茎、果类，国内领先水平	四川省农机研究设计院
真空厢式干燥机	真空度 0.9～0.95，加热温度 100℃以内	用于雪魔芋、鲜花等经济价值高的农副产品，国内领先地位	四川省农机研究设计院
粉（方便粉丝）干燥机	干燥面积 300～500m^2；热耗 12 万 kcal/h	应用效果良好，达到国内先进水平	四川省农机研究设计院

China General Machinery Industry Yearbook

中国通用机械工业 年鉴

2002

质 量

质　量 ZHILIANG

China General Machinery Industry Yerqrbook

· 通过ISO质量体系认证企业
· 通过API、CE、ASME质量体系认证企业
· 一等品、合格品产品名单
· 质量统检概述

会员单位通过质量体系认证情况

一、获得 ISO 9000 质量体系认证企业

泵行业

序号	取证企业名称	认证模式	认证机构	认证时间
1	天津工业泵总厂	ISO9001	DNV 挪威船级社	1994.11
2	杭州硷泵厂	ISO9002	浙江体系质量审核中心	1995.12
3	杭州水泵总厂	ISO9001	法国 BVQI	1995.12
4	大连耐酸泵厂	ISO9001	华信技术检验有限公司	1995.12
5	无锡水泵厂	ISO9001	中国机械工业质量体系认证中心	1996.05
6	重庆水泵厂	ISO9001	中国方圆标志认证委员会质量认证中心	1996.10
7	扬州市亚太特种泵厂	ISO9001	华信技术检验有限公司	1996.11
8	长春水泵厂	ISO9001	华信技术检验有限公司	1996.12
9	浙江丰球集团	ISO9001	浙江质量体系审核中心	1996.12
10	武汉四方集团	ISO9001	中质协	1997.07
11	上海凯士比泵有限公司	ISO9001	德国 TüV	1997.09
12	沈阳水泵厂	ISO9001	新世纪质量体系认证中心	1998.01
13	佛山水泵厂	ISO9001	华信技术检验有限公司	1997.06
14	长沙通大集团长沙水泵厂	ISO9001	华信技术检验有限公司	1997.11
15	石家庄水泵厂	ISO9001	华信技术检验有限公司	1997.12
16	杭州大路实业有限公司	ISO9002	浙江质量体系审核中心	1997.12
17	唐山水泵厂	ISO9001	华信技术检验有限公司、美国 FMRC	1997.12
18	博山水泵厂	ISO9001	中国机械工业质量体系认证中心	1997.07
19	安徽三联泵业股份有限公司	ISO9002	中国船级社质量认证公司	1997.11
20	西安泵阀总厂	ISO9001	中质协	
21	本溪水泵厂	ISO9001	中国机械工业质量体系认证中心	1997.12
22	兰州水泵总厂	ISO9001	中国船级社质量认证公司	1998.07
23	沈阳第二水泵厂	ISO9001	中国机械工业质量体系认证中心	1998.12
24	四川三台泵业有限公司	ISO9002	四川三峡质量保证中心	1998.10
25	武安宏泰机械泵业有限公司	ISO9001	中国船级社	1998.09
26	山东双轮集团股份有限公司	ISO9001	法国 ATN 方圆标志	1999.12
27	大隆机器厂	ISO9001		
28	丹东克隆集团有限公司	ISO9002	中国船级社	1999.10
29	沈阳第三水泵厂	ISO9002	北京三星质量认证有限公司	1999.12
30	广州市第一水泵厂	ISO9001	挪威船级社	1999.09
31	朝阳高新泵业有限公司	ISO9002	东北质量体系审核中心	2000.05
32	浙江水泵有限公司浙江水泵总厂	ISO9001	中国进出口商品质量认证中心	2000.11
33	永嘉太平洋泵业制造有限公司	ISO9001	中国进出口商品质量认证中心	2000.09
34	赣州水泵制造有限公司	ISO9001	华信技术检验有限公司	2001.05
35	温州市远东防腐设备厂	ISO9002		2001.12
36	山东同泰集团股份有限公司	ISO9002	中国进出口商品质量认证中心	2001.08
37	河北恒盛实业股分有限公司	ISO9001	中国机械工业质量体系认证中心	2001.02

风机行业

序号	取证企业名称	认证模式	认证机构	认证时间
1	沈阳鼓风机厂	ISO9001	北京华信技术检验有限公司	1995
		ISO9001	FMRC(美国工厂研究会)	1996
2	沈阳风机厂	ISO9001	北京华信技术检验有限公司	1997

(续)

序号	取证企业名称	认证模式	认证机构	认证时间
3	沈阳人民风机厂	ISO9001	中国机械工业质量体系认证中心	1999.10
4	沈阳市通风机厂	ISO9002	东北质量认证中心	2000.12
5	沈阳川益集团公司	ISO9002	中国方圆标志认证委员会质量认证中心	2000.08
6	鞍山风机厂	ISO9001	兴原质量认证中心	1999.11
7	鞍山市风机二厂	ISO9001	深圳质量认证中心	2000.09
8	吉林市鼓风机厂	ISO9001	北京华信技术检验有限公司	2000.06
9	四平金丰股份有限公司	ISO9001	长城(天津)质量保证中心	1994.11
10	哈尔滨哈暖环境工程设备有限公司	ISO9001	挪威船级社、英国劳氏质量认证有限公司	1999.01
11	西安陕鼓动力股份有限公司	ISO9001	北京中质协质量保证中心	1994.10
12	西安凯瑟通风设备有限公司	ISO9001	SGS 雅斯利国际认证服务公司	2001.01
13	北京当代复合材料有限公司	ISO9002	中质协质量保证中心	1999.05
14	天津市鼓风机总厂	ISO9001	中国船级社质量认证公司	1996.10
15	天津市通风机厂	ISO9001	长城(天津)质量保证中心	1997.10
16	天津市暖风机总厂	ISO9001	DNV 挪威船级社	2000.09
17	石家庄市风机厂	ISO9002	北京九千标准质量体系认证中心	2000.01
18	内蒙古天福风机有限公司	ISO9001	中国机械工业质量体系认证中心	1999.12
19	宁夏银川风机厂	ISO9002	中国进出口商品质量认证中心	2000.10
20	新疆风机有限责任公司	ISO9002	中国进出口商品质量认证中心	1999.10
21	上海鼓风机厂有限公司	ISO9001	北京华信技术检验有限公司	1995.11
		ISO9001	FMRC(美国工厂研究会)	1996.04
22	上海通用风机股份有限公司	ISO9001	上海质量体系审核中心	2000.11
23	江苏大通风机股份有限公司	ISO9001	中国机械工业质量体系认证中心	2000.01
24	无锡市通风机厂	ISO9002	上海质量体系审核中心	1998.11
25	常熟市鼓风机厂	ISO9001	北京世标质量认证中心	2000.03
26	张家港市英德利空调风机有限公司	ISO9002	英国摩迪国际认证有限公司	2000.12
27	宁波风机有限公司	ISO9001	CQC 中国进出口商品质量认证中心	2000.08
28	浙江上风实业股份有限公司	ISO9001	法国 BVQI 及浙江质量体系审核中心	1998.03
29	山东省汇丰机械集团总公司	ISO9001	北京华信技术检验有限公司	1996.11
		ISO9001	FMRC(美国工厂互惠研究协会)	1997.11
30	山东省德州市玻璃钢制品总厂	ISO9001	DNV 挪威船级社	2000.01
31	青岛风机厂	ISO9001	北京世标质量认证中心	2000.06
32	淄博风机厂	ISO9002	北京华信技术检验有限公司	2000.12
33	山东省文登风机厂	ISO9002	中国方圆标志认证委员会质量认证中心	1999.06
34	福建东亚鼓风机股份有限公司	ISO9001	中国方圆标志认证委员会质量认证中心	2000.07
35	武汉鼓风机厂	ISO9001	中国进出口商品质量认证中心	1997.03
36	武汉市新洲搏力风机制造有限公司	ISO9002	中国方圆标志认证委员会质量认证中心	2001.04
37	湖北省风机厂	ISO9001	中国进出口商品质量认证中心	2000.02
38	长沙鼓风机厂有限责任公司	ISO9001	华信公司、中国进出口质量认证中心	1997、2000
39	长沙市湘江风机厂	ISO9001	中国进出口质量认证中心	2000.09
40	重庆通用工业(集团)有限责任公司	ISO9001	中国机械工业质量体系认证中心	1997.01
41	成都电力机械厂	ISO9001	中质协质量保证中心	1997.07
42	四川鼓风机有限责任公司	ISO9002	四川三峡质量保证中心	2000.01
43	周口鸿基鼓风机有限公司	ISO9001	英国摩迪国际认证有限公司	2000.12

压缩机行业

序号	取证企业名称	认证模式	认证机构	认证时间
1	沈阳气体压缩机股份公司	ISO9001	国际认证机构 DNV 挪威船级社	1997.03
2	上海压缩机有限公司	ISO9001	中国华信技术检验有限公司	1997.03
3	柳州空压机总厂	ISO9001	中国商检局质量认证中心	1995.01
4	柳州第二空压机总厂	ISO9001	中国商检局西南评审中心	1996.06
5	无锡压缩机股份有限公司	ISO9001	中国机械工业质量认证中心	1996.08
		GJB/I9001－9004	军工产品认证书	1996.08
6	南京压缩机股份有限公司	ISO9001	中国机械工业质量认证中心	1997.01
			中国机械工业军工认证	1999.05
7	鞍山无油空压机有限公司	ISO9002	东北质量体系审核中心	1997.11
8	山东省潍坊生建压缩机厂	ISO9001	中国方圆标志认证中心	1998.04

（续）

序号	取证企业名称	认证模式	认证机构	认证时间
9	余姚捷华压缩机有限公司	ISO9001	北京八一质量体系认证中心	2001.12
10	江苏大力集团股份有限公司	ISO9001	中国商检质量认证中心	1997.11
11	四川华西机器公司	ISO9001	四川巴蜀质量认证中心	1997.10
12	重庆气体压缩机厂	ISO9001	中国船级社	1998.02
13	北京第一通用机械厂	ISO9001	中国工业质量体系认证中心	1998.12
14	蚌埠压缩机总厂	ISO9001	中国华信技术检验有限公司	1998.12
15	上海大隆机器厂	ISO9001	中国华信技术检验有限公司	1997.12
16	江阴市压缩机厂	ISO9001	中国方圆标志认证委员会	1998.06
17	慈溪超超压缩机配件有限公司	ISO9002	中国进出口商检质量认证中心	1999.12
18	太原气体压缩机厂	ISO9001	中国方圆标志委员会认证中心	1999.12
19	贺尔碧格(上海)有限公司	ISO9002	英国劳氏船级社	1999.03
20	自贡山川气体压缩机有限责任公司	ISO9001	四川三峡质量保证中心	2000.03
21	宁波欣达螺杆压缩机有限公司	2000 版	北京三星质量认证有限公司	2000.01
22	中国人民解放军四八一二工厂	ISO9001	新时代认证公司	2001.02
23	余姚大隆空压机配件有限公司	ISO9002	北京八一质量认证中心	2000.03
24	自贡江东空压机有限公司	ISO9001	四川三峡质量保证中心	2000.03

阀门行业

序号	取证企业名称	认证模式	认证机构	认证时间
1	天津塘沽瓦特斯阀门有限公司	ISO9001	DNV 挪威船级社	1997
2	上海耐莱斯·詹姆斯伯雷阀门有限公司	ISO9001	DNV 挪威船级社	1999.01
3	中核苏州阀门股份有限公司	ISO9001	DNV 挪威船级社	1999.05
4	国营青岛电站阀门厂	ISO9001	DNV 挪威船级社	1997
5	自贡高压阀门股份有限公司	ISO9001	DNV 挪威船级社	1994.10
6	上海良工阀门厂	ISO9001	DNV 挪威船级社	2001.07
7	大连高压阀门厂	ISO9001	DNV 挪威船级社 劳氏质量认证有限公司	2001.10
8	上海阀门厂	ISO9001	DNV 挪威船级社	1998.03
9	上海开维喜阀门有限公司	ISO9001	DNV 挪威船级社	1998.09
10	青岛高中压阀门厂	ISO9001	DNV 挪威船级社	1995.5
11	成都乘风阀门有限责任公司	ISO9001	DNV 挪威船级社	2001.11
12	天津市阀门公司	ISO9001	DNV 挪威船级社北方认证公司	1998.11
13	广东明珠球阀集团股份有限公司	ISO9001	华信技术检验有限公司	1998.12
14	宁波埃美柯铜阀门有限公司	ISO9002	上海质量体系审核中心	2001.01
15	五七一九工厂阀门分厂	ISO9001	DNV 挪威船级社	1996.02
16	铁岭阀门股份有限公司	ISO9001	DNV 挪威船级社	1998.08
17	兰州高压阀门厂	ISO9001	中国机械工业质量体系认证中心	1999.03
18	开封高压阀门厂	ISO9001	DNV 挪威船级社	2000.05
19	中国航天科技集团公司第 11 研究所	ISO9001	中国新时代质量体系认证中心	1996.10
20	浙江保一阀门集团有限公司	ISO9001	美国船级社 ABS、DNV 挪威船级	2000.04
21	沈阳第一阀门厂	ISO9001	东北质量体系审核中心	1996.10
22	长沙市阀门厂	ISO9001	DNV 挪威船级社	1996.10
23	西安泵阀总厂	ISO9001	DNV 挪威船级社	1996.11
24	杭州华惠阀门有限公司	ISO9002	中国商检质量认证中心	1997.01
25	温州挺宇集团有限公司	ISO9001	电子行业质量体系认证委员会 上海电子仪表审核厅	1997.01
26	山东益都阀门股份有限公司	ISO9001	DNV 挪威船级社	1997.04
27	武汉市亚美蝶阀厂	ISO9001	DNV 挪威船级社	1997.04
28	黄山高压阀门有限公司	ISO9001	DNV 挪威船级社	1997.05
29	锡山市阀门厂	ISO9001	中国船级社质量认证中心	1997.05
30	温州市南方高中压阀门厂	ISO9001	中国商检质量认证中心	1997.07
31	湖北洪城通用机械股份有限公司	ISO9001	中国进出口商品质量认证中心	1997.07
32	锦州阀门有限公司	ISO9001	中国方圆标志认证委员会	1997.07
33	北京市阀门总厂	ISO9001	中国机械工业质量体系认证中心	1997.7
34	南通高中压阀门厂	ISO9001	中国方圆标志认证委员会质量认证中心	1997.09
35	浙江罗浮锅炉附件厂	ISO9002	浙江质量体系审核中心	1997.09

（续）

序号	取证企业名称	认证模式	认证机构	认证时间
36	安徽省白湖阀门厂	ISO9002	DNV 挪威船级社	1997.11
37	大丰市阀门厂	ISO9001	DNV 挪威船级社	1997.11
38	天津市大站阀门总厂	ISO9002	长城(天津)质量认证中心	1997.11
39	浙江凯喜姆阀门制造有限公司	ISO9001	DNV 挪威船级社	1997.11
40	乐清市慎江阀门厂	ISO9001	DNV 法国船级社	2000.11
41	上海自来水公用阀门厂	ISO9001	北京华欣德机械质量技术检验中心、华信技术检验有限公司	1997.11
42	苏州高中压阀门厂	ISO9001	中国方圆标志认证委员会质量认证中心	1997.12
43	扬州双良阀门制造有限公司	ISO9001	中国方圆标志认证委员会	1997.12
44	上海气体阀门厂	ISO9002	上海质量体系审核中心	1997.12
45	天津市渤海阀门厂	ISO9002	劳氏质量认证有限公司	2000.12
46	启东阀门厂	ISO9001	江苏省质量保证中心	2000.09
47	上海阀门五厂	ISO9001	中国机械工业质量体系认证中心	1998.01
48	温州市旭龙阀门有限公司	ISO9001	DNV 挪威船级社	1998.05
49	武汉阀门水处理机械股份有限公司	ISO9001	中国方圆标志认证委员会	1998.07
50	沈阳第二阀门厂	ISO9002	东北质量体系审核中心	1998.10
51	天津市阀门厂	ISO9001	BVQI 法国国际质量检验局认证公司	1998.11
52	浙江五洲阀门有限公司	ISO9001	DNV 挪威船级社	1998.11
53	吴江市东吴机械有限责任公司	ISO9001	北京新世纪质量体系认证中心	1998.12
54	盐城九龙阀门制造有限公司	ISO9002	北京九千标准质量体系认证中心	1998.12
55	泉州市玉机阀门制造公司	ISO9001	劳氏质量认证有限公司	1998.12
56	浙江高中压阀门厂	ISO9001	DNV 挪威船级社	1998.12
57	浙江永一阀门厂	ISO9002	浙江质量体系审核中心	1998.12
58	浙江环球阀门制造有限公司	ISO9001	DNV 挪威船级社	1998.12
59	天津市北方阀门控制设备公司	ISO9002	DNV 挪威船级社	1998.12
60	安徽省和县阀门总厂	ISO9002	DNV	1998
61	河北蝶飞阀门有限公司	ISO9002	华信技术检验有限公司	1999.1
62	国营海安阀门厂	ISO9001	上海质量体系审核中心	1999.2
63	浙江桐庐阀门总厂	ISO9002	中国方圆标志认证委员会	1999.2
64	浙江良精阀门集团有限公司	ISO9001	浙江质量体系审核中心	1999.2
65	常州市兰陵阀门厂	ISO9002	中国方圆标志认证委员会	1999.4
66	长春高中压阀门有限公司	ISO9001	中国进出口商品质量认证中心	1999.05
67	包头阀门总厂	ISO9002	中国新时代质量体系认证中心	1999.06
68	浙江宜达实业集团公司	ISO9001	浙江质星体系审核中心	1999.06
69	河北省承德高压阀门管件厂	ISO9001	北京中质协质量保证中心	1999.07
70	浙江超达阀门股份有限公司	ISO9001	DNV 挪威船级社	1999.07
71	自贡工业阀门制造有限公司	ISO9001	中国进出口商品质量认证中心	1999.08
72	郑州市宇明工业总公司阀门厂	ISO9001	北京中质协质量保证中心	1999.09
73	浙江伯特利实业集团有限公司	ISO9002	中国进出口商品质量认证中心	1999.09
74	上海阀门二厂	ISO9001	中国方圆标志认证委员会质量认证中心	1999.09
75	桂林市阀门总厂	ISO9001	中国方圆标志认证委员会质量认证中心	1999.11
76	浙江海工阀门厂	ISO9002	中国方圆标志认证委员会质量认证中心	2000.08
77	洛阳市阀门厂	ISO9002	北京天一正国家质量认证中心	1999.12
78	玉环县楚门享特阀门厂	ISO9002	浙江质量体系审核中心	1999.12
79	上海市精工阀门厂	ISO9001	中国方圆标志认证委员会质量认证中心	1999.12
80	鞍山亨通阀门有限公司	ISO9001	深圳质量认证中心	1999.12
81	福建省三明高压阀门厂	ISO9001	中国方圆标志认证委员会质量认证中心	2001.09
82	温州市华厦阀门制造有限公司	ISO9002	DNV 挪威船级社	2000.01
83	广州市广州阀门厂	ISO9001	中国方圆标志认证委员会质量认证中心	2000.03
84	福州阀门总厂	ISO9001	DNV 挪威船级社	2000.03
85	浙江黄岩特种阀门厂	ISO9001	中国进出口商品质量认证中心、贝尔国际验证机构	2000.01
86	浙江大氟隆阀门有限公司	ISO9001	贝尔国际验证机构	2000.04
87	南京华宁阀门有限公司	ISO9001	中国机械工业质量体系认证中心	2000.06
88	湖北高中压阀门有限责任公司	ISO9001	中国进出口商品认证中心	2000.06
89	四川省犍为县岷江阀门厂	ISO9001	中国进出口商品质量认证中心	2000.07

（续）

序号	取证企业名称	认证模式	认证机构	认证时间
90	永嘉东方自动化仪表厂	ISO9002	8.1质量体系认证中心	2000.08
91	福建省明星阀门厂	ISO9002	中国方圆标志认证委员会质量认证中心	2000.10
92	重庆阀门厂	ISO9001	中国进出口商品质量认证中心	2000.10
93	赣州赣阀实业有限公司	ISO9001	中国方圆标志认证委员会质量认证中心	2000.10
94	哈尔滨哈锅阀门股份有限责任公司	ISO9001	华信技术检验有限公司	2000.10
95	浙江石化阀门有限公司	ISO9001	美国船检局	2000.11
96	石家庄市阀门二厂	ISO9001	华信技术检验有限公司	2000.11
97	山西省汾阳阀门厂	ISO9001	北京新世纪质量体系认证中心	2000.11
98	浙江方正阀门厂	ISO9001	美国船检局	2000.12
99	上海汉威特种阀门制造有限公司	ISO9001	中国船级社质量认证中心	2000.12

气体分离及液化设备行业

序号	取证企业名称	认证模式	认证机构	认证时间
1	杭州制氧机集团有限公司	ISO 9001	DNV挪威船级社 浙江质量体系审核中心(ZQAC)	1995.10.26
2	苏州制氧机有限责任公司仪电分厂	ISO 9002	中国电子行业质量体系认证委员会	1996.09.18
3	四川空分设备(集团)有限责任公司	ISO 9001	中国机械工业质量体系认证中心(CC-MQS)	1996.11.20
4	机械工业部第二设计研究院	ISO 9001	北京中设质量体系认证中心	1997.04.30
5	开封空分集团有限公司	ISO 9001	中国机械工业质量体系认证中心(CC-MQS)	1997.05.16
6	河北电力设备厂	ISO 9001	中国新时代质量体系认证中心	1998.03.28
7	哈尔滨制氧机厂	ISO 9001	北京九千质量体系认证中心	1999.11.06
8	苏州竞立制氢设备有限公司	ISO 9001	中国进出口商品质量认证中心	1999.12.18
9	苏州制氧机有限责任公司	ISO 9001	华信技术检验有限公司(北京)	1999.12.27
10	哈尔滨环保制氢设备工业公司	ISO 9001	长城(天津)质量认证中心	2001.01.11

真空获得及应用设备行业

序号	取证企业名称	认证模式	认证机构	认证时间
1	上海真空泵厂	ISO9001	中国方圆标志认证委员会	1997
2	广东真空设备厂股份有限公司	ISO9001	华信技术检验有限公司	1997
3	浙江真空设备集团有限公司	ISO9001	浙江质量审核中心	1997
4	沈阳恒星实业有限公司	ISO9001	中国机械质量认证中心	1998
5	北京仪器厂(集团)	ISO9001	北京新世纪质量体系认证中心	1998
6	淄博真空设备厂有限公司	ISO9001	华信技术检验有限公司 北京华欣德机械质量技术检验中心	1998
7	兰州真空设备有限责任公司	ISO9001	中国方圆认证委员会	1999
8	国投南光有限公司	ISO9001	中国进出口商品质量认证中心	1999
9	沈阳真空技术研究所	ISO9001	北京天一正质量体系认证中心	2000
10	中科院沈阳科学仪器研制中心	ISO9001	中国方圆认证委员会	2000

分离机械行业

序号	取证企业名称	认证模式	认证机构	认证时间
1	上海化工机械厂	ISO9001	上海质量体系审核中心	2000.09
2	重庆江北机械厂	ISO9001	四川巴蜀质量认证中心	2000.11
3	南京绿洲机器厂	ISO9001	中国新时代质量体系认证中心	2001.04
4	广州广重离心机制造公司	ISO9001	中国机械工业质量体系认证中心	1997.01
5	湖南湘潭离心机厂	ISO9001	北京华信质量体系认证中心	2000.11
6	上海市的机械研究所	ISO9001	挪威船级社	2001.06
7	南昌中核公司七二〇厂	ISO9002	摩迪国际认证有限公司	2001.08
8	杭州兴源过滤机公司	ISO9001	上海质量体系审核中心	2000.02
9	浙江建华集团压滤机有限公司	ISO9001	浙江省质量体系审核中心	1998.12
10	辽阳制药机械股份有限公司	ISO9001	中国方圆标志认证委员会质量认证中心	2000.07
11	陕西汉中变压器有限责任公司	ISO9002 ISO9002	中国进出口质量认证中心	2001.08

（续）

序号	取证企业名称	认证模式	认证机构	认证时间
12	四川省自贡市滤油机厂	ISO9002	北京九千标准质量体系认证中心	1998.11
13	启东海鹰机电集团公司	ISO9002	江苏质量保证中心	1999.09
14	安庆船用柴油机厂	ISO9001	中国船级社质量认证公司	2000.10
15	吉化集团机械有限责任公司	ISO9001	中国质量管理协会质量保证中心	1999.08
17	江苏靖江赛德力制药机械有限公司	ISO9002	北京九千标准质量体系认证中心	1999.03
18	连云港化工机械厂	ISO9001	中国方圆标志认证委员会质量认证中心	2001.08
19	江苏泰恒机械有限公司	ISO9001		
20	浙江青田特种设备有限公司	ISO9001	中国方圆标志认证委员会质量认证中心	2000.03
21	上海远东制药机械总厂	ISO9001	中国方圆标志认证委员会质量认证中心	1999.11

干燥设备行业

序号	取证企业名称	认证模式	认证机构	认证时间
1	国能集团铁岭精工机械有限公司	ISO9001	东北认证有限公司	1995.11
2	锡山市林洲干燥设备厂			
3	无锡市海江干燥成套设备有限公司			
4	承德输送集团公司			
5	淄博真空设备厂有限公司	ISO9001	北京华欣德机械质量技术检验中心 华信技术检验有限公司	1998.12
6	无锡市昂易达干燥设备厂			
7	三门峡金渠集团化机公司			
8	辽宁省开原立达集团公司			
9	四川夹江燎原机械制造公司			
10	解放军三四一九工厂	ISO9001	北京兴国环球质量认证中心	2000.03
11	江苏省常州市振兴干燥设备厂			
12	哈尔滨东宇农业工程机械有限公司	ISO9001	中国进出口质量认证中心	2001.07
13	常州市一步干燥设备厂	ISO9001	中国方圆标法认证委员会质量认证中心	2000.12
14	上海远东制药机械总厂	ISO9001	中国方圆标法认证委员会质量认证中心	1999.11

减变速机行业

序号	取证企业名称	认证模式	认证机构	认证时间
1	天津减速机总厂	ISO9001	DNV 挪威船级社	1995
2	上海减速机械厂	ISO9001	贝尔国际验证机构上海总公司	1999
3	广东江门电机股份有限公司	ISO9001	北京华信技术检验有限公司	1999
4	广东星光机电有限公司	ISO9002	北京华信技术检验有限公司	1999
5	浙江通力变速机械有限公司	ISO9002	北京三星九千质量体系认证中心	1997
6	温州三联集团有限公司	ISO9001	广东赛宝质量体系认证中心	1999
7	常州减速机总厂	ISO9001	中国机械工业认证中心	1998
8	宁波市摆线减速机厂	ISO9002	中国进出口商品质量认证中心	2000
9	浙江博能传动有限公司	ISO9001	上海贝尔质量认证咨询有限公司	2001
10	永嘉县飞龙减速机厂	ISO9001	英国亚士博质量体系验证机构	2001
11	浙江午马变速机械有限公司	ISO9001	美国贝尔国际验证机构	1999
12	浙江变速电机有限公司	ISO9002	英国摩迪国际认证有限公司	2000
13	永嘉县减速机厂	ISO9002	北京九千标准质量体系认证中心	2000
14	江苏泰隆减速机股份有限公司	ISO9002	中国方圆标志认证委员会质量认证中心	1997
15	永嘉县浙南减速机厂	ISO9001	英国亚士博质量体系验证机构	2001
16	泰州市琼花传动机械总厂	ISO9002	北京天一正质量体系认证中心	1999
17	泰星减速机股份公司	ISO9002	中国方圆标志认证委员会质量认证中心	1996
18	温岭市变速器厂	ISO9002	北京九千标准质量体系认证中心	1999
19	武进市牛塘特种轴承厂	ISO9002	中国方圆标志认证委员会质量认证中心	1998
20	永嘉县行星变速机械厂	ISO9001	英国摩迪国际认证有限公司	2000
21	无锡市明友机电工业有限公司	ISO9001	北京新世纪质量体系认证中心	2000

二、获得 API、CE、ASME 产品认证企业

阀门行业

序号	取证企业名称	证书编号	API 标准	认证日期
1	上海良工阀门厂	6D—0062	6D	1991
2	大连高压阀门厂	6D—4707 6D—0092	6D	1987.07 1995.05
3	上海阀门厂	6D—0054	6D	1995
4	天津塘沽瓦特斯阀门有限公司	00040 # 01619 # YJ009 # YJ010 #	6D	1991.12 1994.10
5	中核苏州阀门股份有限公司	6D—0139	6D Q1	1998.08
6	上海阀门二厂	6D—0054.1	6D Q1	1995.11
7	自贡高压阀门股份有限公司	6D—0267	6D	1993.09
8	上海耐莱斯·詹姆斯伯雷阀门有限公司	6D—0200	6D	1994
9	开封高压阀门厂	6D—0180	6D	1997.01
10	兰州高压阀门厂	6D—0220	6D	1995.02
11	黄山高压阀门有限公司	6D—0246	6D Q1	1999
12	湖北高中压阀门有限公司	6D—0125	6D	1998.02
13	大丰市阀门厂	6D—0283	6D Q1	1998.04
14	浙江凯喜姆阀门有限公司	6D—0305	6D Q1	1999.03
15	乐清市慎江阀门厂	6D—0307	6D Q1	1999.03
16	上海开维喜阀门有限公司	6D—0309	6D Q1	1999.04
17	南通高中压阀门厂	6D—0303	6D Q1	1999.05
18	浙江五洲阀门有限公司	6D—0319	6D Q1	1999.10
19	广东明珠球阀集团股份有限公司	6D—0339	6D Q1	2000.07
20	扬州双良阀门制造有限公司	6D—0350	6D Q1	2000.06
21	浙江高中压阀门厂	6D—0340	6D Q1	2000.03
22	温州挺宇集团有限公司	6D—0329	6D Q1	2000.03
23	浙江超达阀门股份有限公司	6D—0335	6D Q1	2000.03
24	锡山市阀门厂	6D—0358	6D Q1	2000.04
25	浙江石化阀门有限公司	6D—0352	6D Q1	2000.05
26	苏州高中压阀门厂	6D—0350	6D	2000.06
27	浙江海工阀门厂	6D—0373	6D Q1	2000.11
28	上海汉威特种阀门制造有限公司	6D—0374	6D Q1	2000.12
29	浙江方正阀门厂	6D—0377	6D Q1	2000.12

分离机械行业

序号	取证企业名称	证书编号	API 标准	认证日期
1	南京绿洲机器厂	API 证		
2	杭州兴源过滤机厂	CE 证		
3	吉化集团机械有限公司	ASME 证		

统检获优等品、一等品、合格品情况

减变速机行业 1994 年、1997 年统检获优等品、一等品、合格品

企业名称	产品规格型号	检测结论	企业名称	产品规格型号	检测结论
天津减速机总厂	XW5—29	优等品	沈阳行星摆线减速机厂	XW4—43	合格品
核工业理化工程研究院	XW4—35	合格品	沈阳传动机械有限公司	BW3—35	合格品
天津东封减速机厂	XW4—35	合格品	沈阳市宏达摆线减速机厂	BW3—35	合格品
天津金马机械制造有限公司	XW4—35	合格品	沈阳大隆传动机械厂	BW22—23	合格品

（续）

企　业　名　称	产品规格型号	检测结论	企　业　名　称	产品规格型号	检测结论
上海减速机械厂	BW13—43	一等品	沈阳化工设备厂	BW3—17	合格品
常州市减速机厂	BW13—29	一等品	沈阳工矿齿轮厂	XW4—17	一等品
常州市东吴减速机厂	BW3—35	合格品	大连摆线减速机厂	XW4—29	合格品
常州市南方传动机械厂	BW3—35	合格品	大连橡塑机厂工业公司	BW27—17	合格品
常州市丽华减速机厂	BW13—35	合格品	安钢院工厂	XW4—59	合格品
常州市国泰减速机厂	BW3—17	合格品	青岛金星机械制造股份有限公司	XW4—29	一等品
常州市金陵减速机厂	BW12—43	合格品	山东青岛胶南减速机厂	BW22—23	合格品
常州市武英减速机厂	BW3—43	合格品	山东临朐油泵厂	BW15—29	一等品
常州武进南成减速机械有限公司	BW3—17	合格品	淄博博机集团公司	BW3—17	一等品
常州市兰陵减速机厂	BW13—29	合格品	吉林市减速机厂	XW5—35	合格品
武进县第二粮食机械厂	BW2—17	合格品	平遥减速器厂	BW18—17	合格品
武进齿轮厂	BW3—35	合格品	西安减速机厂	XW5—43	合格品
武进红星减速机厂	BW220—35	合格品	陕西商州减速机厂	XW5—35	合格品
武进行星减速机厂	BW13—29	合格品	秦川机床厂减速机分厂	XW5—43	合格品
常州减速机总厂	BW13—17	合格品	兰州减速机厂	XW4—29	合格品
常州市第二减速机厂	BW3—23	合格品	重庆化工机械厂	AW4—11	一等品
泰县传动机械厂	BW22—35	一等品	景德镇市减速机厂	XW5—43	一等品
泰兴减速机厂	BW22—35	一等品	景德镇市轻化传动机械厂	XW4—35	合格品
泰兴减速机三厂	BW22—23	合格品	广东江门电机股份有限公司	XJ3—17	合格品
泰隆减速机厂	BW22—43	一等品	广州减速机厂	BW22—23	合格品
无锡中策太湖化工机械有限公司	BW2—17	合格品	湖北省天门市建设机械厂	BW18—35	合格品
苏州化工设备二厂	BW22—29	合格品	石家庄轴设公司减速机分公司	XW4—29	合格品
张家港市减速机厂	BJW5—17	合格品	国营星光工模具厂	JWB—0.75	合格品
镇江轻工机械厂	BW22—17	合格品	浙江通力变速机械有限公司	MBW07	合格品
江苏建湖变速机厂	BW18—29	合格品	宁波永兴变速器有限公司	SPT0.55	合格品
江苏省减速机厂	BW18—35	合格品	平阳世一变速机械实业有限公司	HZ250	合格品
无锡县堰桥减速机厂	BW220—17	合格品	台州市行星变速机械厂	UD007D	合格品
宁波摆线减速机厂	BW18—11	合格品	宁波市浙东变速器厂	SPT1.1	合格品
宁波化工减速机厂	BW3—17	一等品	温州市变速机械厂	MBW22	合格品
永嘉县减速机厂	XWD1.5—5—43	一等品	地方国营象山县机械厂	P1R17	合格品
永嘉县减速机二厂	XW3—17	合格品	天门市第一减速机厂	MBW07	合格品
永嘉县微型减速器厂	WB150—W—35	合格品	永嘉县无级变速机厂	MBW07	合格品
永嘉县行星变速机械厂	XW3—17	合格品	平阳减速机总厂	MBW07	合格品
永嘉县变速机厂	WB150—W—29	合格品	上海中纺机无级变速器公司	P1	合格品
永嘉县华东变速机厂	XW4—35	合格品	重庆江南机械厂	WMB1—10	合格品
永嘉县东方减速机厂	XW4—17	合格品	四川省资阳市减速电机总厂	SJW—A007	合格品
永嘉县机器制造厂	XW5—29	合格品	宁波市无级变速器厂	U34—1.5	合格品
温州市变速机械厂	XW4—23	合格品	温岭市变速器厂	P1	合格品
温州市江南减速机厂	BW18—59	合格品	永嘉县行星变速机械厂	MBW07	合格品
温州市华通减速机集团公司	XW3—29	合格品	北京大兴电机厂	YMT—132	合格品
平阳县减速机总厂	XW4—17	合格品	天津开发区文成减速机工业公司	MBW07	合格品
平阳变速机械总厂	BW180—23	合格品	常德纺织机械厂	P0	合格品
杭州减速机厂	BW15—59	合格品	大连橡塑机工业公司力达变速机厂	A22—Ⅰ	合格品
嘉兴冶金机械厂	BW220—23	合格品	上海长城减速机厂	MBW07	合格品
浙江慈溪通用机器厂	BW3—17	合格品	天津市减速机总厂	XMW—5	合格品
沈阳工业大学传动机械厂	BW3—23	合格品	淄博博机集团总公司淄博减速机厂	W0.75	合格品
北方摆线减速机厂	BW3—35	合格品	上海振华机械修配厂	A2	合格品

质 量 统 检 概 述

压缩机行业产品质量与监督

近五年来,中国通用机械压缩机行业协会按着全国机械工业工作会议精神和通用机械工业协会的部署,通过大打质量翻身仗,积极开展 ISO—9000 认证,认真贯彻面向用户、综合治理、重在机制的方针,建立健全质量保证机制,深入开展质量是责任、质量是道德、质量是生命的全员质量意识教育,使生产者和经营者都能深刻地认识到,没有质量就没有市场,也就没有企业的生存和发展。全行业注重按 ISO—9000 标准组织生产、经营、售后服务,使产品质量上了一个新台阶。

ISO—9000 是国际公认的质量标准,得不到 ISO—9000 认证,产品质量就很难与世界接轨,很难迈出国门,打进国际市场。在 ISO—9000 认证过程中,压缩机行业有条件的单位都已认证,没有条件的也都在准备之中。1994~2000 年整个行业已有 27 家通过认证,拿到了质量体系的合格证书。由于认真执行和贯彻 ISO—9000 质量标准,产品的含金量得到了提高。全行业国家公认的一等品单位有 33 个,6 个产品系列,72 个品种。合格单位有 34 个,4 个系列,54 个品种。获国家级奖的有 10 个单位,13 个品种。省部级奖的单位有 20 个,36 个品种。获市级奖的有 13 个单位,20 个品种。获科研项目奖 6 个单位,6 个项目。在贯彻和执行国家质量技术监督局和原国家机械工业局提出的“机械工业产品结构调整指导意见”方面,先后淘汰了一批效率低、耗能大的产品,现有的各类产品不管在外观上或质量上也都有了一定的提高。为了推动全行业质量管理工作不断向新的目标迈进,在这五年当中先后召开了两次产品质量技术交流会和两次工艺网年会,总结推广了打好质量翻身仗的经验,对全行业产品质量上水平,质量体系正常运行起到了积极促进作用。为了进一步提高现有产品的质量和开发新产品,很多单位组建了技术管理中心,管理中心对提高产品质量、开发新产品、开拓市场都起到了决定性作用。五年来,压缩机行业 ISO—9000 认证,产品等级和获奖情况大致如下:

一、ISO—9000 认证情况

压缩机行业目前共有 112 个会员单位,正式通过 ISO—9000 认证的单位有 28 个,他们是:沈阳气体压缩机股份有限公司、上海压缩机有限公司、北京第一通用机械厂、柳州空压机集团有限公司、无锡压缩机股份有限公司、南京压缩机股份有限公司、鞍山无油空压机有限公司、沈阳空气压缩机制造有限公司、江苏大力集团股份有限公司、山东潍坊生建压缩机厂、余姚捷华压缩机有限公司、四川华西通用机器公司、重庆气体压缩机厂、杭州嘉美净化设备有限公司、蚌埠压缩机总厂、上海大隆机器厂、江阴市压缩机厂、慈溪市超超空压机配件有限公司、太原气体压缩机厂、自贡山川压缩机有限公司、宁波天元压缩机有限公司、贺尔碧格(上海)有限公司、自贡汇东空压机有限公司、宁波欣达螺杆压缩机有限公司、江西南翔空压机有限公司、台州环天机械有限公司、中国人民解放军第四八一二工厂。

二、获国家批准的一级品、合格品的产品和单位

(一)获国家批准的一级品的产品

1.V 型空气压缩机:V—0.15/10、V—0.36/10、V—0.36/7、V—3/7、V—6/8—1、V_F—3/7、V_W—0.45/7Q、V1/25、V—1.25/25、V—1.15/12.5、V_Y—2.5/5、V—2.5/5、V—20/1—25、V—0.14/10C。

2.W 型空气压缩机:W—0.8/10、W—0.9/7、W—0.8/12.5、W—1/7、W—0.9/7—C、W—0.67/10、W—1.5/6(柴)、W—1.6/10、W—2/5、W—1.6/5、W—1.35/5、W—2.8/5、W—2.6/5、W_W—0.6/10—Q、W—2.5/10—Q。

3.E 型空气压缩机:E—0.36/7、E—0.22/7—B、CE—0.42/150、CE—20/30F、CE—20/30F、E—1.2/7、E—1.5/4。

4.L 型空气压缩机:L—22/7、L—20/7、L—11/7、6L—50/8、L—10/7、L 型 10—60m^3、5L—40/8、7L—100/8、4C—20/8、4L—20/2、4L—50/2、5L—5/5—20。

5.各种工艺用压缩机:4M—20 氮氢气压缩机、4M—12 二氧化碳压缩机、H8—36/320 氮氢气压缩机、CO_2、M、H、D、6M、MH—92/314 型工艺用压缩机。

6.其他型号压缩机:F—0.27/150、Z 型 3—6m^3、Q 型 6—200m^3、CSWP4330、HPY—18/7、HPY—3/6—K、BQ—4.8/2、BD—5.4/2、BD—7/2、7O7PUAS、830PUAS 螺杆压缩机、LG—40/8、LG—40/7 螺杆压缩机、2D12Ⅲ—100/8 空压机。

7.压缩机配件产品:联轴器、安全阀、防污阀、环状阀、网状阀、空压机中冷却器。

(二)获得国家批准的一级品的单位:

武汉气体压缩机厂、武汉空气压缩机厂、湖北黄石市长江换热器厂、沈阳空气压缩机制造厂、宁波镇海机械制造有限公司、广州空压机厂、宁波天元压缩机有限公司、沈阳气体压缩机股份有限公司、上海压缩机有限公司、四川自贡汇东压缩机有限公司、北京第一通用机械厂、河北定兴气体压缩机有限公司、石家庄三元压缩机有限公司、无锡压缩机股份有限公司、沈阳东陵压缩机有限公司、西安八达压缩机有限公司、南京压缩机股份有限公司、重庆气体压缩机厂、柳州空压机集团有限公司、江西南翔压缩机有限公司、湖南常德通用机械厂、台州环天机械有限公司、江西气体压缩机有限公司、中国人民解放军第四八一二工厂、上海东方压缩机厂、浙江煤矿机械总厂、佛山珊瑚压缩机有限公司、浙江开山股份有限公司、重庆华西压缩机厂、安徽马鞍山正棱压缩机有限公司、自贡山川气体压缩机有限公司、贵州省都匀空压机厂、温州荣德气阀有限公司。

(二)获得国家批准的合格的产品：

1.V 型空气压缩机：V—0.08/10、V—0.42/10、V—0.67/7、V—0.36/12.5、V—0.3/10、V—4/7、V—6/7、V—0.3/10—B、V—0.67/7—B、V—0.6/7、V_F—3/7、V_F—6/7。

2.W 型空气压缩机：W—0.08/10、W—0.9/7、W—2.5/5、W—12.5/7、W—0.8/12.5、W—1.8/10、W—1.4/7、W—3/5、W—10/7、W—0.8/10—B、W—0.9/7—B、W—2/7、WY—14/7、WY—12/7。

3. 各种型号空压机：E—0.12/10、E—0.35/7、2D 系列空压机、L 系列空压机、2VF—6/7、2VF—9/7、707BUAS、830BUAB 螺杆压缩机。

4、各种工艺用压缩机：6M16、6M25、6M40、6M20、4M12、4M45、4M8、4M50、2D20。

(四)获得国家批准的合格品单位：

北京第一通用机械厂、沈阳空气压缩机制造有限公司、宁波镇海机械制造有限公司、武汉气体压缩机厂、上海压缩机有限公司、广州空气压缩机厂、沈阳气体压缩机股份有限公司、宁波天元压缩机有限公司、自贡汇东空压机有限公司、河北省定兴气体压缩机厂、石家庄三元压缩机有限公司、慈溪空压机配件有限公司、沈阳东陵空压机配件有限公司、四川华西通用机器公司、沈阳兴华机械厂、上海大隆机器厂、西安八达压缩机有限公司、江西南翔空压机有限公司、湖南常德通用机械厂、上海第五压缩机厂、无锡压缩机股份有限公司、南京压缩机股份有限公司、南京华冠压缩机有限公司、台州环天机械有限公司、天津气体压缩机厂、余姚大隆空压纲配件有限公司、重庆华西压缩机厂、自贡山川气体压缩机有限公司、温州荣德气阀有限公司、温州建庆实业公司、上海东方压缩机厂、佛山珊瑚压缩机有限公司、贵州都匀空压机厂、重庆气体压缩机厂。

三、获奖的单位和产品

(一)荣获国家级奖的单位和产品

北京第一通用机械厂生产的 G2V—5/200 隔膜空气压缩机。中国人民解放军第四八一二工厂生产的 WW—2.5/1.0—Q 空气压缩机。余姚大隆空压机配件有限公司生产的 MTW104A 型低噪声圆锯机。浙江开山股份有限公司生产的 HP—1.4/4 滑片空气压缩机。上海压缩机有限公司生产的 LG—40/8、MH—92/314、LG—40/7、2D12Ⅲ—100/8 空气压缩机和 H8—36/320 氮氢气压缩机。自贡山川压缩机有限公司生产的 VWJ—10/7 空气压缩机。柳州空压机集团有限责任公司生产的 D—100/8—C、WW—42/7 空气压缩机。江西气体压缩机有限公司生产的 4L—20/8 气体压缩机。重庆气体压缩机厂生产的 V—1.5/3—250 天燃气压缩机。

(二)受省部级奖励的企业单位和产品

沈阳空气压缩机制造有限公司生产的 3、6、9 空气压缩机。宁波镇海机械制造有限公司生产的 V—0.3/10 空压机。武汉气体压缩机厂生产的 BD—4.8/2、BD—5.4/2、BD—7/2 空压机。武汉空气压缩机厂生产的 V—0.3/7—B、V—0.6/7—B、W—0.9/7—8 空压机。上海压缩机有限公司生产的 LG31 × 2/22—100/13 空压机。H121A—57/320、4M8K4—36/320 氮氢气压缩机。广州空气压缩机厂生产的 W—0.9/7。宁波天元压缩机有限公司生产的 CE—20/30F、F—0.27/150、CE—0.42/150 空压机。北京第一通用机械厂生产的 4L—20/8、G2V—5/200 隔膜压缩机。自贡汇东空压机有限公司生产的 W—0.9/7、W—1.6/10 空气压缩机。沈阳东陵空压机有限公司生产的 V—0.36/7、W—0.9/7 空压机。江西南翔空压机有限公司生产的 W—2/5 空压机。天津气体压缩机厂生产的 3W—0.9/7 空压机。中国人民解放军第四八一二工厂生产的 V_W—0.45/10—Q、W_W—0.6/10—Q 空气压缩机。浙江开山股份有限公司生产的凿岩机系列。马鞍山正棱压缩机有限公司生产的 2V—0.6/7—B。自贡山川空压机生产的 2VF—3/8 空气压缩机。柳州空压机集团有限责任公司生产的 V_Y—9/7、Z_W—6/7、L—22/7、D—100/7、ZW—3/7 空气压缩机。江西气体压缩机有限公司生产的 L5.5—40/8、2L3.5—20/7、3L—10/8 工艺用压缩机。重庆气体压缩机厂生产的 2V—1/350。

(三)获市级奖的企业单位和产品

广州空气压缩机厂生产的 Z—0.1/10 空压机。北京第一通用机械厂生产的 GD2—120/35—350 氧气车载隔膜压缩机、G23V—20/1—25 隔膜压缩机。沈阳东陵空压机有限公司生产的 V—0.36/7、V—0.67/7、W—0.9/7 空压机。上海压缩机有限公司生产的 LG—16/7 喷油螺杆空压机、LG63C—430/3.8 二氧化碳螺杆压缩机、MW—17.2/11—54 活塞式氢气压缩机、M—225/314 氮氢气压缩机。沈阳兴华机械厂生产的V—0.6/7空压机。江西南翔空压机有限公司生产的 W—1.8/5、Z—0.9/7—12、Z—1.5/8 空气压缩机。天津气体压缩机厂生产的 3W—0.9/7 空气压缩机。衢州煤矿机械总厂生产的 S—3.5/5 空气压缩机。浙江开山股份有限公司生产的 W—1.8/5、W—2.5/5、2V—3.5/5 空气压缩机。北京金环压缩机厂生产的 2V—0.6/7B、2V—0.3/14、JQE—1/3 全无油膜式压缩机。自贡山川压缩机有限公司生产的 V_Y—9/7 移动式空气压缩机。柳州空压机集团有限责任公司生产的 WW—42/7 气体压缩机。

四、企业单位在创品牌和科研方面的情况

上海压缩机有限公司的“精业”商标为上海市名牌产品著名商标。

马鞍山正棱压缩机有限公司的“正棱”商标为安徽省名牌产品著名商标。

武汉气体压缩机厂的 BDW—7.5/1.5 空压机获市重点科研奖。

中国人民解放军第四八一二工厂的小型全无油压缩机

获省级科研奖。

余姚大隆空压机配件有限公司的低噪声圆锯获市级研制奖。

重庆气体压缩机厂的 YW4L—302/4 型微电脑控制站获市级研制奖。

真空获得及应用设备行业国家统检综述

为贯彻落实机电部通用机械行业对“工艺突破口”工作现场会议的精神，真空行业为使这项工作扎实地开展，于1989年7月在浙江省椒江市召开了“工艺突破口”现场工作会议，会议期间浙江真空设备集团有限公司和淄博真空设备厂有限公司分别以《应用质量管理办法，探讨工艺工作的科学管理》和《定置管理以及建立文明生产秩序》为题做了经验交流，其它各厂也都分别交流了各自的体会和做法。此次会议促进了行业“工艺突破口”工作的开展。又于1990年在山东省淄博市召开了第二次会议。对行业“八五”规划和工艺技术装备进行了讨论，并对开展“工作艺破口”工作进行了小结和交流。

1990年行业为了配合产品质量升级工作，举办了“产品可靠性试验研究工作”学习班。行业内主要企业都派人参加了学习班，通过学习学员统一了思想，增强了对此项工作重要性的认识，并提出1991～1992年在全行业开展产品可靠性考核工作。

1990年根据机械电子工业部[1990]005号文《关于下达1990年创优计划的通知》的精神，对淄博真空设备厂有限公司2X—4、2X—8和2X—30A型旋片泵，兰州真空设备有限责任公司K—630A型扩散泵，浙江真空设备集团有限公司H—150型滑阀泵和沈阳真空设备厂2X—70型旋片泵创优产品进行了复查检测，都达到了行业分等规定一等品水平。

1991年4月在北京召开了行业产品可靠性工作研讨会，上海曙光机械制造厂、上海通用机械研究所等10个单位参加了会议。会议讨论了旋片泵可靠性考核规范和落实产品可靠性工作计划。同时各企业分别介绍了开展产品可靠性工作取得的成绩和经验等。

1991年行业对广东真空设备厂股份有限公司的三个规格，上海真空泵厂的三个规格及北京仪器厂两个规格创部优产品的旋片泵进行了复测。复测的结果较好，没有发现质量问题，基本上都达到产品分等规定的优等品水平。

1992年第二季度，国家真空设备质检中心对6个省市8家企业的2个品种，5个规格的旋片真空泵、真联旋片真空泵进行了抽查。广东真空设备厂股份有限公司生产的2X—30型泵为一等品，国投南光有限公司生产的2X—4型、温岭真空机械厂生产的2X—4A型和上海真空泵厂生产的2XZ—0.5型泵为合格品，其余为不合格品，总合格率为50%。

1992年11月16～18日在浙江省嘉兴市召开了真空设备行业质量工作会议，参加会议的有20个单位的31名代表。会议期间国家真空设备质检中心副主任邢军传达了国发[1992]41号文“关于质量工作决定”。质检中心检验室主任李春影在会上通报了1992年国家监督抽查旋片真空泵的质量情况。此次会议统一了思想，提高了认识，交流了经验，互通了信息，加强了质量工作。

1993年12月上海真空泵厂2XZ—4A型直联旋片泵通过归口单位沈阳真空技术研究所和上海市有关专家组成的产品可靠性小组的考核。

1994年第二季度国家真空设备质量监督检验中心对山东、辽宁、江苏、浙江四省和北京市及上海市的13个企业生产的旋片真空泵进行了抽查。抽查结果大中型企业生产的这种泵合格率为100%，集体小型企业合格率仅为33%。此次抽查较好的企业有淄博真空设备厂有限公司、北京仪器厂、上海第二真空泵厂和黄岩市求精真空泵厂。

1995年行业对第一批申请推荐的真空获得产品进行了全性能测试。送检产品有广东真空设备厂股份有限公司2X—8型旋片泵，上海真空泵厂2XZ—4型直联旋片泵、2X—70A型旋片泵和ZJ—150型罗茨泵，浙江真空设备集团有限公司的ZJ—150、ZJ—300B、ZJ—600、ZJ—1200A型罗茨泵和南京真空泵厂的2XZ—0.5、2XZ—0.4型直联旋片泵，经检测各项指标全部合格，并向广大用户推荐。

1995年4月行业协会在大连召开了质量工作交流会，会议由国家真空设备质量监督检验中心副主任李春影主持，并传达了机械部机械科[1995]1号文，《关于加强质量工作，开创机械工业质量工作新局面的通知》，质检中心检验室主任龙芳向与会人员通报了1992～1994年真空产品抽检情况。会议期间有6个单位做了有关产品质量管理等方面的经验交流。与会人员学习讨论了1号文件精神，进一步提高对产品质量工作的认识，并表示应抓紧对GB/T—19000和ISO9000标准认证体系的学习和贯彻，以便为与国际市场接轨做好准备。

1995年5月国家真空设备质量监督检验中心举办了“真空获得设备检验员培训班”。学员来自全国各地生产真空获得设备的企业。由东北大学姚民生教授讲授了旋片泵、扩散泵的原理和结构。质检中心主任李春影和检验室主任龙芳对旋片泵、罗茨泵、蒸汽流泵及阀门等产品的性能测试试验方法做了详细介绍。学员们不仅系统地了解了各种泵的原理和结构及检验标准方法，还进行了实际操作。通过考核最后有27名学员获得了质检中心颁发的上岗证。

1996年第三季度，受国家技术监督局的委托，国家真空设备质检中心，又对量大面广的滑阀真空泵进行了监督检查。此次抽查了浙江、上海、辽宁等省市8个企业、8种规格，受检企业数占全国生产此类产品的企业40%左右，产量占60%左右。包括国有企业、乡镇企业、股份制企业和私营企业。检查结果有5个合格，抽样合格率62.5%，其中国有企业合格率为66.7%，其他企业60%。总体来看抽查合格率不算太低，说明我国生产的滑阀泵在设计、制造水平上已趋向成熟，各项技术指标比较稳定，已接近国外同类产品水平。

1998年真空设备行业开展了争名牌活动，各企业除了加强质量教育、强化质量意识外还着重抓了质量体系认证工作。如沈阳真空设备厂顺利地通过了中国机械工业质量认证中心对该厂质量保证体系的认证。该厂产品全面采用“恒星”牌注册商标。同年11月该厂生产的旋片泵经外商考察认可，第一期出口2X—70型旋片真空泵58台。淄博真空设备厂有限公司和北京仪器厂相继取得了ISO—9001质量体系认证。

1999年，行业借1998年争创名牌的东风，在进一步加强管理，提高设计水平，改进加工设备和完善测试手段等方面做了大量工作，使产品质量保持稳中有升的局面，如沈阳真空技术研究所、北京仪器厂、淄博真空设备厂有限公司等10多个重点企业相继采用了计算机(CAD)辅助设计，从国外引进加工中心和测试仪器，提高了设计效率和产品质量。1999年质检中心对一些企业的真空设备样机进行了抽查，产品样机合格的企业在“真空通讯”刊物上，向全行业通报。

从1989～2000年，真空行业经10多年努力使行业内各企业整体素质和管理水平以及产品质量都有较大提高，增强了市场竞争能力，较好地满足了用户需要。

自1988年11月建立行业以来到2000年，获得ISO9000质量认证的企业10个；获得部、省、市产品质量管理奖的企业7个(9次)；获得国家、部、省市优质产品奖的企业15个(25项奖次)。

获部、省、市产品质量管理奖企业名单

企业名称	获奖等级	年份
淄博真空设备厂有限公司	连续三年获部、省、市质量管理奖，1989年获省一级质量管理企业称号。1990年获部质量管理奖，1991年获省质量管理奖	1988～1990
淄博真空设备厂有限公司	2X型系列旋片泵和W型系列往复泵被山东省质量技术监督局评为1997～1998年度免检产品。	1997～1998
兰州真空设备厂有限责任公司	被甘肃省评为一级质量管理企业。	1990
浙江真空设备集团有限公司	被浙江省评为一级质量管理企业。	1989
浙江真空设备集团有限公司	浙江省名牌认定委员会认定“ZZ”牌真空泵为名牌产品。包括滑阀泵、罗茨泵、水环泵、往复泵及各类真空机组。	1996
北京仪器厂(集团)	被北京市评为市质量管理奖企业。	1990
上海曙光机械制造厂	工艺突破口取得市级验收	1990
上海真空泵厂	工艺突破口取得市级验收	1990
广东真空设备厂股份有限公司	工艺空破口取得省级验收	1990

中国通用机械工业年鉴

2002

China General Machinery Industry Yearbook

标准

标　准 BIAOZHUN

China General Machinery Industry Yerqrbook

- 国家标准
- 行业标准
- 国际国外标准
- 淘汰（作废）标准

国 家 标 准

泵行业

序号	标准编号	标准名称	代替标准
1	GB/T 2816—1991	井用潜水泵　型式和基本参数	GB 2816—1981
2	GB/T 2817—1991	井用潜水泵　技术条件	GB 2817—1981
3	GB/T 3214—1991	水泵流量的测定方法	GB 3214—1982
4	GB 3215—1982	炼厂、化工及石油化工流程用离心泵　通用技术条件	
5	GB 3216—1989	离心泵、混流泵、轴流泵和旋涡泵　试验方法	GB 3216—1982
6	GB/T 5656—1994	离心泵　技术条件(Ⅱ类)	GB 5656—1985
7	GB/T 5657—1995	离心泵　技术条件(Ⅲ类)	GB 5657～5659—1985
8	GB 5660—1985	轴向吸入离心泵　底座尺寸和安装尺寸	
9	GB 5661—1985	轴向吸入离心泵　机械密封和软填料用的空腔尺寸	
10	GB 5662—1985	轴向吸入离心泵(16bar)　标记、性能和尺寸	
11	GB 6490.1—1986	水轮泵　名词术语及定义	
12	GB 6490.2—1986	水轮泵　试验方法	
13	GB 6490.3—1986	水轮泵　型式与基本参数	
14	GB 7021—1986	离心泵　名词术语	
15	GB 7782—1996	计量泵	
16	GB 7784—1987	机动往复泵　试验方法	
17	GB 7785—1987	往复泵　分类和名词术语	
18	GB 9069—1988	往复泵　噪声声功率级的测定　工程法	
19	GB 9233—1988	一般机动往复泵　基本参数	
20	GB 9234—1997	机动往复泵　技术条件	GB 9234—1988
21	GB 9235—1988	蒸汽往复泵　试验方法	
22	GB 9236—1988	计量泵　技术条件	
23	GB 9481—1988	中小型轴流泵　型式与基本尺寸	
24	GB 10886—1989	三螺杆泵　型式与基本参数	
25	GB 10887—1989	三螺杆泵　技术条件	
26	GB 11473—1989	往复泵　型号编制方法	
27	GB/T 12785—1991	潜水电泵　试验方法	
28	GB/T 13006—1991	离心泵、混流泵和轴流泵　汽蚀余量	JB 3562—1984
29	GB/T 13007—1991	离心泵　效率	JB 3559—1984 JB 3560—1984 JB 3563—1984
30	GB/T 13008—1991	混流泵、轴流泵　技术条件	ZBJ 71009—1988
31	GB/T 13363—1992	化工用往复泵　技术条件	
32	GB/T 13364—1992	往复泵　机械振动测试方法	
33	GB/T 13929—1992	水环真空泵和水环压缩机　试验方法	
34	GB/T 13930—1992	水环真空泵和水环压缩机　气量测定方法	
35	GB/T 14794—1993	蒸汽往复泵	JB 1053—1985 JB 4097—1985
36	GB/T 16907—1997	离心泵　技术条件(Ⅰ类)	

风机行业

序号	标准编号	标准名称	代替标准
1	GB 1236—2000	工业通风机—用标准化风道进行性能试验	GB 1236—1985
2	GB/T 2888—1991	风机和罗茨鼓风机噪声测量方法	JB 2888—1982
3	GB/T 3235 —1999	通风机基本型式尺寸参数及性能曲线	GB 3235—1982
4	GB 10178—1988	通风机　现场试验	
5	GB/T 13274—1991	一般用途轴流通风机　技术条件	JB 1416—1986
6	GB/T 13275—1991	一般用途离心通风机　技术条件	JB 1416—1986
7	GB/T 13466—1992	交流电气传动风机(泵类、压缩机)系统经济运行通则	

（续）

序号	标准编号	标准名称	代替标准
8	GB/T 13467—1992	通风机系统电能平衡测试与计算方法	
9	GB/T 13470—1992	通风机系统经济运行	
10	GB/T 16941—1997	流程工业用透平机压缩机—设计、制造规范与数据表	
11	GB/T 17774—1999	工业通风机尺寸	

压缩机行业

序号	标准编号	标准名称	代替标准
1	GB/T 3853—1998	容积式压缩机验收试验	
2	GB/T 4974—1989	压缩机、凿岩机械与气动工具优先压力	
3	GB/T 4975—1995	容积式压缩机术语　总则	
4	GB/T 4976—1985	压缩机　分类	
5	GB/T 4980—1985	容积式压缩机噪声声功率级的测定　工程法	
6	GB/T 7022—1986	容积式压缩机噪声声功率级的测定　简易法	
7	GB/T 7777—1987	往复活塞压缩机机械振动测量与评价	
8	GB 7786—1987	动力用空气压缩机和隔膜压缩机噪声声功率极限值	
9	GB/T 7787—1987	往复活塞空气压缩机　基本参数	
10	GB 10892—1989	固定的空气压缩机　安全规则和操作规程	
11	GB/T 10893—1989	压缩空气干燥器　规范与试验	
12	GB/T 13276—1991	容积式空气压缩机进气滤清消声器	
13	GB/T 13277—1991	一般用压缩空气质量等级	
14	GB/T 13278—1991	一般用干螺杆空气压缩机　技术条件	
15	GB/T 13279—1991	一般用固定式往复活塞空气压缩机　技术条件	
16	GB/T 13280—1991	工艺流程用螺杆压缩机　技术条件	
17	GB/T 13928—1992	微型往复活塞空气压缩机	
18	GB/T 15487—1995	容积式压缩机　流量测量方法	

阀门行业

序号	标准编号	标准名称	代替标准
1	GB/T 1047—1995	管道元件的公称通径	
2	GB/T 1048—1990	管道元件公称压力	
3	GB/T 11698—1989	船用法兰连成一片接金属阀门的结构长度	
4	GB/T 12220—1989	通用阀门标志	
5	GB/T 12221—1989	法兰连接金属阀门结构长度	
6	GB/T 12222—1989	多回转阀门驱动装置的连接	
7	GB/T 12223—1989	部分回转阀门驱动装置的连接	
8	GB/T 12224—1989	钢制阀门一般要求	
9	GB/T 12247—1989	蒸汽疏水阀分类	
10	GB/T 12248—1989	蒸汽疏水阀术语	
11	GB/T 12249—1989	蒸汽疏水阀标志	
12	GB/T 12250—1989	蒸汽疏水阀结构长度	
13	GB/T 12712—1991	蒸汽供热系统凝结水回收及蒸汽疏水阀技术管理要求	
14	GB/T 15188.1—1994	阀门的结构长度　对焊连接阀门	
15	GB/T 15188.2—1994	阀门的结构长度　对夹连接阀门	
16	GB/T 15188.3—1994	阀门的结构长度　内螺纹连接阀门	
17	GB/T 15188.4—1994	阀门的结构长度　外螺纹连接阀门	
18	GB/T 12225—1989	通用阀门　铜合金铸件技术条件	
19	GB/T 12226—1989	通用阀门　灰铸铁件技术条件	
20	GB/T 12227—1989	通用阀门　球墨铸铁件技术条件	
21	GB/T 12228—1999	通用阀门　碳素钢锻件技术条件	
22	GB/T 12229—1989	通用阀门　碳素钢铸件技术条件	
23	GB/T 12230—1999	通用阀门　奥式体钢铸件技术条件	
24	GB/T 4213—1992	气动调节阀	
25	GB/T 7512—1999	液化石油气瓶阀	
26	GB/T 8464—1998	水暖用内螺纹连接阀门	
27	GB 10877—1989	氧气瓶阀	
28	GB 10879—1989	溶解乙炔气瓶阀	

（续）

序号	标准编号	标准名称	代替标准
29	GB/T 12232—1989	通用阀门　法兰连接铁制闸阀	
30	GB/T 12233—1989	通用阀门　铁制截止阀与升降式止回阀	
31	GB/T 12234—1989	通用阀门　法兰和对焊连接钢制闸阀	
32	GB/T 12235—1989	通用阀门　法兰连接钢制截止阀和升降式止回阀	
33	GB/T 12236—1989	通用阀门　钢制旋启式止回阀	
34	GB/T 12237—1989	通用阀门　法兰和对焊连接钢制球阀	
35	GB/T 12238—1989	通用阀门　法兰和对夹连接蝶阀	
36	GB/T 12239—1989	通用阀门　隔膜阀	
37	GB/T 12240—1989	通用阀门　铁制旋塞阀	
38	GB/T 12241—1989	安全阀　一般要求	
39	GB/T 12243—1989	弹簧直接载荷式安全阀	
40	GB/T 12244—1989	减压阀　一般要求	
41	GB/T 12246—1989	先导式减压阀	
42	GB/T 13438—1992	氩气瓶阀	
43	GB/T 13439—1992	液氯瓶阀	
44	GB/T 13932—1992	通用阀门　铁制旋启式止回阀	
45	GB/T 14173—1993	平面钢闸阀　技术条件	
46	GB/T 15185—1994	铁制和铜制球阀	
47	GB 15382—1994	气瓶阀　通用技术条件	
48	GB/T 12242—1989	安全阀　性能试验方法	
49	GB/T 12245—1989	减压阀　性能试验方法	
50	GB/T 12251—1989	蒸汽疏水阀　试验方法	
51	GB/T 13927—1992	通用阀门　压力试验	

气体分离设备行业

序号	标准编号	标准名称	代替标准
1	GB/T 10606.1—1989	空气分离设备术语　基本术语	
2	GB/T 10606.2—1989	空气分离设备术语　单元设备	
3	GB/T 10606.3—1989	空气分离设备术语　稀有气体提取设备	
4	GB/T 10606.4—1989	空气分离设备术语　低温液体贮运设备	
5	GB/T 10606.5—1989	空气分离设备术语　透平膨胀机	
6	GB/T 10606.6—1989	空气分离设备术语　低温液体泵	
7	GB/T 10607—1989	空气分离设备　产品型号编制方法	

真空获得及应用设备行业

序号	标准编号	标准名称	代替标准
1	GB/T 3163—1993	真空技术术语	
2	GB/T 3164—1993	真空技术系统图用图形符号	
3	GB/T 6070—1995	真空法兰	
4	GB/T 16709—1996	真空技术管路配件装配尺寸	
5	GB 4982—1985	夹紧型真空快卸法兰	
6	GB 4983—1985	拧紧型真空快卸法兰	
7	GB 6071.1—1985	超高真空法兰结构型式	
8	GB 6071.2—1985	超高真空法兰尺寸	
9	GB 6070.3—1985	超高真空法兰用铜密封垫	
10	GB/T 8105.1 ~ 8105.2—1999	真空规管接头	
11	GB 7775—1987	蒸汽流真空泵加热时间和加热功率测试方法	
12	GB 7776—1987	蒸汽流真空泵泵液返流率测试方法	
13	GB 7774—1987	涡轮分子泵性能测试方法	
14	GB/T Ⅲ64—1999	真空镀膜设备通用技术条件	
15	GB/T 18193—2000	真空技术质谱检漏仪校准	

(续)

分离机械行业

序号	标准编号	标准名称	代替标准
1	GB 4774—1984	离心机和过滤机　名词术语	
2	GB 7779—1987	离心机　型号编制方法	
3	GB 7780—1987	过滤机　型号编制方法	
4	GB 7781—1987	分离机　型号编制方法	
5	GB 10894—1989	分离机械噪声声功率级的测定	
6	GB 10895—1989	离心机和分离机机械振动测试方法	
7	GB 10901—1989	离心机性能测试方法	
8	GB 13327—1991	带式真空过滤机　技术条件	
9	GB/T 13218—1991	带式真空过滤机　型式与基本参数	
10	GB/T 13755—1992	三足式离心机　技术条件	
11	GB/T 13756—1992	三足式离心机　型式与基本参数	
12	GB/T 15186—1994	分离机　型式与基本参数	
13	GB 5745.1—1995	船用碟式分离机　型式与基本参数	
14	GB 5745.2—1995	船用碟式分离机　技术条件	
15	GB 5745.3—1995	船用碟式分离机　陆上试验方法	

减变速机

序号	标准编号	标准名称	代替标准
1	GB/T 10107.1—1988	摆线针轮行星传动　基本术语	
2	GB/T 10107.2—1988	摆线针轮行星传动　图示方法	
3	GB/T 10107.3—1988	摆线针轮行星传动　几何要素代号	

行　业　标　准

泵行业

序号	标准编号	标准名称	代替标准
1	JB/T 443—1992	长轴离心深井泵　技术条件	JB 443—1985
2	JB/T 1050—1993	单级双吸清水离心泵　型式与基本参数	JB 1050—1984
3	JB/T 1051—1993	多级清水离心泵 型式与基本参数	JB 1051—1984
4	JB 1052—1985	蒸汽往复热油泵　技术条件	JB 1052—1967
5	JB/T 2727—1993	立式多级筒形离心泵 型式与基本参数	JB 2727—1982
6	JB/T 3564—1992	长轴离心深井泵　型式与基本参数	JB 3564—1984
7	JB/T 3565—1992	长轴离心深井泵　效率	JB 3565—1984
8	JB 3788—1984	微型离心泵　基本参数	
9	JB/T 4297—1992	泵产品涂漆　技术条件	JB 4297—1986
10	JB 5118—1991	农用污水污物潜水电泵　型式与基本参数	
11	JB 5119—1991	农用污水污物潜水电泵 技术条件	
12	JB/T 5294—1991	大型立式单级单吸离心泵　技术条件	
13	JB/T 5411—1991	隔膜计量泵用安全阀和补偿阀	
14	JB/T 5412—1991	隔膜计量泵用隔膜与限制板	
15	JB/T 5413—1991	混流泵、轴流泵开式叶片　验收技术条件	
16	JB/T 5414—1991	热水离心泵　技术条件	
17	JB/T 5415—1991	微型离心泵　技术条件	
18	JB 6269—1992	井泵装置现场　测试规程	
19	JB/T 6280.1—1992	电动大型喷灌机　技术条件	
20	JB/T 6280.2—1992	电动大型喷灌机　试验方法	
21	JB/T 6433—1992	大、中型立式混流泵　型式与基本参数	
22	JB/T 6434—1992	输油齿轮泵	

（续）

序号	标准编号	标准名称	代替标准
23	JB/T 6435.1—1992	小型多级离心泵　型式与基本参数	
24	JB/T 6435.2—1992	小型多级离心泵　技术条件	
25	JB/T 6436—1992	计量泵调量表	
26	JB/T 6437—1992	油隔离泵	
27	JB/T 6442—1992	高温清洗机	
28	JB/T 6534—1992	离心式污水泵　型式与基本参数	JB 2975—1981
29	JB/T 6535—1992	离心式污水泵　技术条件	JB 2975—1981
30	JB/T 6536—1992	凝结水泵　技术条件	
31	JB/T 6537—1992	管道式离心油泵　型式与基本参数	
32	JB/T 6538—1992	往复式增压泵	
33	JB/T 6662.1—1993	轻小型管道输水灌溉机组　型式与基本参数	
34	JB/T 6662.2—1993	轻小型管道输水灌溉机组　技术条件	
35	JB/T 6663.1—1993	轻小型单级离心泵　型式与基本参数	
36	JB/T 6663.2—1993	轻小型单级离心泵　技术条件	
37	JB/T 6664.1—1993	自吸泵　型式与基本参数	
38	JB/T 6664.2—1993	自吸泵　技术条件	
39	JB/T 6664.3—1993	自吸泵　自吸性能试验方法	
40	JB/T 6665.1—1993	轻小型柴油机—泵直联机组　型式与基本参数	
41	JB/T 6665.2—1993	轻小型柴油机—泵直联机组　技术条件	
42	JB/T 6666.1—1993	导叶式混流泵　型式与基本参数	NJ 314—1984
43	JB/T 6666.2—1993	导叶式混流泵　技术条件	
44	JB/T 6667.1—1993	蜗壳式混流泵　型式与基本参数	NJ 315—1984
45	JB/T 6667.2—1993	蜗壳式混流泵　技术条件	NJ 316—1984
46	JB/T 6878.1—1993	管道式离心泵　型式与基本参数	
47	JB/T 6878.2—1993	管道式离心泵　技术条件	
48	JB/T 6879—1993	离心泵铸件过流部位尺寸公差	
49	JB/T 6880.1—1993	泵用灰铸铁件	
50	JB/T 6880.2—1993	泵用铸钢件	
51	JB/T 6880.3—1993	泵用抗摩白口铸铁件	
52	JB/T 6881—1993	泵可靠性测定试验	
53	JB/T 6882—1993	泵可靠性验证试验	
54	JB/T 6883—1993	大、中型立式轴流泵　型式与基本参数	
55	JB/T 6884—1993	液下式离心泵　型式与基本参数	
56	JB/T 6909—1993	超高压泵	
57	JB/T 6910—1993	微量计量泵	
58	JB/T 6911—1993	往复泵产品零件热处理　技术条件	
59	JB/T 6912—1993	泵产品零件无损检测　磁粉探伤	
60	JB/T 6913—1993	泵产品清洁度	
61	JB/T 7255—1994	水环真空泵和水环压缩机	
62	JB/T 7256—1994	自吸离心泵　型式与基本参数	
63	JB/T 7731.1—1995	小型汽油机直联高速离心泵　型式与基本参数	
64	JB/T 7731.2—1995	小型汽油机直联高速离心泵　技术条件	
65	JB/T 7742—1995	小型磁力传动离心泵	
66	JB/T 7743—1995	旋涡泵	ZBJ 71016—1989 ZBJ 71007—1988
67	JB/T 7867—1997	旋转式喷头	
68	JB/T 7872—1995	喷灌机械　名词术语	
69	JB/T 7876.1—1995	手动泵　型式与基本参数	GB 8092.1—1987
70	JB/T 7876.2—1995	手动泵　技术条件	GB 8092.2—1987
71	JB/T 7876.3—1995	手动泵　试验方法	GB 8596—1988
72	JB/T 8059—1996	高压锅炉给水泵　技术条件	
73	JB/T 8060—1996	托架式离心泵　型号标记、性能和尺寸	
74	JB/T 8091—1998	螺杆泵　试验方法	JB/T 8019—1995
75	JB/T 8092—1996	小型潜水电泵	GB 9477—1988
76	JB/T 8093—1995	往复式高压清洗机　试验方法	GB 10881—1989
77	JB/T 8094.1—1995	清洗机用往复式高压泵　型式与基本参数	GB 10882—1989

（续）

序号	标准编号	标准名称	代替标准
78	JB/T 8095.1—1995	离心油泵　型式与基本参数	GB 10883—1989
79	JB/T 8096—1998	离心式渣浆泵	JB/T 8096.1—1995 JB/T 5295—1991
80	JB/T 8097—1995	泵的振动测量与评价方法	GB 10889—1989
81	JB/T 8098—1995	泵的噪声测量与评价方法	GB 10890—1989
82	JB/T 8099.1—1995	油田用容积式稠油泵　基本参数	GB 11474—1989
83	JB/T 8399—1996	轻小型喷灌机	ZBB 91023.1—1990 ZBB 91023.2—1990
84	JB/T 8400—1996	无泄漏磁力传动塑料自吸泵	
85	JB/T 8543.1—1997	泵产品零件无损检测　泵受压铸钢件射线检测方法及底片等级分类	
86	JB/T 8543.2—1997	泵产品零件无损检测　渗透检测	
87	JB/T 8644—1997	单螺杆泵	GB 10884—1989
88	JB/T 8645—1997	潜水螺杆泵	GB 10885—1989
89	JB/T 8687—1998	泵类产品抽样检查	
90	JB/T 8688—1998	塑料离心泵	
91	JB/T9090—1999	容积泵零部件液压与渗漏试验	
92	JB/T 9087—1999	油田用往复式油泵、注水泵	
93	JB/T 9088—1999	往复式杂质泵	
94	JB/T 9089—1999	试压泵	
95	JB/T 5415—2000	微型离心泵	
96	JB/T 8095—1999	离心油泵　型式与基本参数	
97	JB/T 8097—1999	泵的振动测量与评价方法	
98	JB/T 8098—1999	泵的噪声测量与评价方法	
99	JB/T 8857—2000	离心式潜污泵	
100	JB/T 10114—1999	输油离心泵　型式与基本参数	
101	JB/T 10179—1999	混流式、轴流式潜水泵	
102	ZBB 91010—1988	IB 型单级离心泵　型式与基本参数	
103	ZBB 91011—1988	IB 型单级离心泵　技术条件	
104	ZBB 91028.1—1990	微型泵　型式与基本参数	
105	ZBB 91028.2—1990	微型泵　技术条件	
106	ZBB 91034—1990	ZMB 系列中压活塞隔膜泵	
107	ZBJ 71001—1987	往复式高压清洗机　技术条件	
108	ZBJ 71005—1988	油田用往复式油泵、注水泵　基本参数	
109	ZBJ 71006—1988	往复式杂质泵　技术条件	
110	ZBJ 71008—1988	微型离心泵　外形和安装尺寸	
111	ZBJ 71010.1—1988	船用电动往复泵　基本参数	JB 2876—1981
112	ZBJ 71010.2—1988	船用电动往复泵　技术条件	JB 2877—1981
113	ZBJ 71012—1989	试压泵　基本参数	
114	ZBJ 71013—1989	手动试压泵　技术条件	
115	ZBJ 71014—1989	电动试压泵　技术条件	
116	ZBJ 71015—1989	电动试压泵　试验方法	
117	ZBJ 71017—1989	离心式污水潜水电泵　型式与基本参数	
118	ZBJ 71018—1990	往复泵　零、部件液压与渗漏试验	
119	ZBJ 71019—1990	油田用往复式油泵、注水泵　技术条件	
120	ZBJ 71020—1990	油田用转子式稠油泵　技术条件	
121	ZBJ 71021—1990	油田用转子式稠油泵　试验方法	
122	ZBJ 71022—1990	往复式微、小型清洗机　型式与基本参数	
123	ZBJ 71023—1990	往复式微、小型清洗机　技术条件	
124	ZBJ 71024—1990	往复式微、小型清洗机　试验方法	
125	NJ 152—1985	水轮泵　技术条件	

风机行业

序号	标准编号	标准名称	代替标准
1	JB/T 2977—1992	风机和罗茨鼓风机术语	
2	JB/T 3165—1999	离心和轴流式鼓风机压缩机热力性能试验	

（续）

序号	标准编号	标准名称	代替标准
3	JB/T 4113—1995	整体齿轮增速组装型离心式压缩机	
4	JB/T 4296—1999	矿井轴流式通风机	
5	JB/T 4355—1993	矿井离心通风机	
6	JB/T 4357—1999	工业蒸气锅炉用离心引风机	
7	JB/T 4358—1999	电站锅炉离心送风机和引风机	
8	JB/T 4359—1994	一般用途轴流式压缩机	
9	JB/T 4362—1999	电站轴流式通风机	
10	JB/T 4364—1999	风机配套消声器性能试验方法	
11	JB/T 4365—1997	专用的润滑、轴密封和控制油系统	
12	JB/T 6443—1992	离心压缩机	
13	JB/T 6444—1992	风机包装通用技术条件	
14	JB/T 6445—1992	通风机叶轮超速试验	
15	JB/T 6885—1993	通风机圆形法兰尺寸	
16	JB/T 6886—1993	通风机涂装　技术条件	
17	JB/T 6887—1993	风机用铸铁件　技术条件	
18	JB/T 6888—1993	风机用铸钢件　技术条件	
19	JB/T 6889—1993	风机用铸铁件缺陷修补　技术条件	
20	JB/T 6890—1993	风机用碳钢铸件缺陷补焊　技术条件	
21	JB/T 6891—1993	风机用消声器　技术条件	
22	JB/T 7258—1994	一般用途的离心式鼓风机	
23	JB/T 7259—1994	烧结厂用离心式鼓风机	
24	JB/T 7676—1995	能量回收透平膨胀机　技术条件	
25	JB 8523—1997	防爆通风机　技术条件	
26	JB/T 8822—1998	高温离心通风机　技术条件	
27	JB/T 8689—1998	通风机振动检测及其限值	
28	JB/T 8690—1998	工业通风机噪声限值	
29	JB/T 8940—1999	通风机产品型号编制方法	
30	JB/T 8941.1—1999	一般用途罗茨鼓风机第1部分　技术条件	
31	JB/T 8941.2—1999	一般用途罗茨鼓风机第2部分　性能试验方法	
32	JB/T 9099—1999	冷却塔轴流通风机　技术条件	
33	JB/T 9100—1999	矿井局部通风机　技术条件	
34	JB/T 9101—1999	通风机转子平衡	ZB J 72042—1990
35	JB/T 10213—2000	通风机焊接质量检验　技术条件	ZB J 72038—1990
36	JB/T 10214—2000	通风机铆焊件　技术条件	ZB J 72039—1990
37	JB/T 10281—2001	消防排烟通风机　技术条件	JB/T 53063—1993
38	JB/T 53063—1999	一般用途离心通风机产品　质量分等	JB/T 53064—1993
39	JB/T 53064—1999	离心压缩机产品　质量分等	JB/T 53266—1994
40	JB/T 53266—1997	整体齿轮增速组装型离心压缩机产品　质量分等	JB/T 53269—1994
41	JB/T 53269—1999	冷却塔轴流通风机　质量分等	JB/T 53270—1994
42	JB/T 53270—1999	电站轴流式风机　质量分等	JB/T 53274—1994
43	JB/T 53274—1999	一般用途的离心式鼓风机　质量分等	JB/T 53275—1994
44	JB/T 53275—1999	工业锅炉用离心引风机　质量分等	JB/T 53276—1994
45	JB/T 53276—1999	一般用途轴流通风机　质量分等	JB/T 53277—1994
46	JB/T 53277—1999	烧结厂用离心式鼓风机　质量分等	JB/T 53278—1994
47	JB/T 53278—1999	一般用途轴流压缩机　质量分等	JB/T 53279—1994
48	JB/T 53279—1997	收透平膨胀机　质量分等	JB/T 53281—1994
49	JB/T 53281—1999	矿井轴流式通风机　质量分等	JB/T 53282—1994
50	JB/T 53282—1999	一般用途罗茨鼓风机产品　质量分等	JB/T 53283—1994
51	JB/T 53283—1999	高温离心通风机产品　质量分等	
52	JB/T 53285—1999	电站锅炉离心送风机和引风机产品　质量分等	JB/T 53285—1994
53	JB/T 53288—1999	矿井局部通风机产品　质量分等	JB/T 53288—1994
54	JB/T 53289—1999	防爆通风机产品　质量分等	JB/T 53289—1994

压缩机行业

序号	标准编号	标准名称	代替标准
1	JB/T 2231.1—1999	往复活塞压缩机零部件　第1部分：轴销外径	
2	JB/T 2231.2—1999	往复活塞压缩机零部件　第2部分：气缸直径	

（续）

序号	标准编号	标准名称	代替标准
3	JB/T 2231.3—1999	往复活塞压缩机零部件　第3部分:薄壁轴瓦	
4	JB/T 2231.4—1999	往复活塞压缩机零部件　第4部分:环状阀片	
5	JB/T 2231.5—1999	往复活塞压缩机零部件　第5部分:气阀安装尺寸	
6	JB/T 2236—1991	往复活塞压缩机连杆小头衬套	
7	JB/T 2409—1999	螺杆压缩机转子和同步齿轮　基本参数及尺寸	
8	JB/T 2589—1999	容积式压缩机　型号编制方法	
9	JB/T 3771—1992	移动式压缩机底盘　技术条件	
10	JB/T 4223—1994	车装容积式空气压缩机机组　技术条件	
11	JB/T 4253—1993	一般用喷油滑片空气压缩机	
12	JB/T 5297—1991	石油工业用容积式天然气压缩机　基本参数	
13	JB/T 5233—1991	罐车用风冷滑片空气压缩机	
14	JB/T 5439—1991	压缩机球墨铸铁零件的超声波探伤	
15	JB/T 5440—1991	压缩机锻钢零件的超声波探伤	
16	JB/T 5441—1991	压缩机铸钢零件的超声波探伤	
17	JB/T 5442—1991	压缩机重要零件的磁粉探伤	
18	JB/T 5447—1991	往复活塞压缩机铸铁活塞环	
19	JB/T 6430—1992	一般用喷油螺杆空气压缩机	
20	JB/T 6431—1992	容积式压缩机用灰铸铁件　技术文件	
21	JB/T 6432—1992	压缩空气净化设备　型号编制方法	
22	JB/T 6539—1992	微型空气压缩机用钢制压力容器	
23	JB/T 6905—1993	隔膜压缩机	
24	JB/T 6907—1993	摩托压缩机　技术条件	
25	JB/T 6908—1993	容积式压缩机锻件　技术条件	
26	JB/T 7238—1994	无油润滑往复活塞灌充食用二氧化碳压缩机技术条件	
27	JB/T 7239—1994	往复活塞压缩机用网状阀片	
28	JB/T 7240—1994	一般用往复活塞压缩机主要零部件技术条件	
29	JB/T 7662—1995	容积式压缩机术语　回转压缩机	
30	JB/T 7663.1—1995	容积式压缩机　包装技术条件	
31	JB/T 7663.2—1995	容积式压缩机　涂漆技术条件	
32	JB/T 7664—1995	压缩空气净化术语	
33	JB/T 7665—1995	通用机械噪声声功率级现场测定　声强法	
34	JB/T 8052—1996	无润滑液化石油气循环压缩机	
35	JB 8524—1997	容积式空气压缩机　安全要求	
36	JB/T 8541—1997	往复活塞压缩机机械振动分级	
37	JB/T 8685—1998	工艺流程用往复压缩机设计结构规范及数据表	
38	JB/T 8867—2000	往复活塞空气压缩机　储气罐	
39	JB/T 8933—1999	全无油润滑往复活塞空气压缩机	
40	JB/T 8934—1999	直联便携式往复活塞空气压缩机	
41	JB 8935—1999	工艺流程用压缩机安全要求	
42	JB/T 9102.1—1999	往复活塞压缩机金属平面填料　第1部分:三斜口密封圈	
43	JB/T 9102.2—1999	往复活塞压缩机金属平面填料　第2部分:三斜口刮油圈	
44	JB/T 9102.3—1999	往复活塞压缩机金属平面填料　第3部分:三、六瓣密封圈	
45	JB/T 9102.4—1999	往复活塞压缩机金属平面填料　第4部分:径向切口刮油圈	
46	JB/T 9102.5—1999	往复活塞压缩机金属平面填料　第5部分:密封圈和刮油圈用拉伸弹簧	
47	JB/T 9102.6—1999	往复活塞压缩机金属平面填料　第6部分:密封圈和刮油圈技术条件	
48	JB/T 9103.1—1999	往复活塞乙炔压缩机　技术条件	
49	JB/T 9103.2—1999	往复活塞乙炔压缩机　性能试验方法	
50	JB/T 9104—1999	容积式压缩机用球墨铸铁件　技术条件	
51	JB/T 9105—1999	大型往复活塞压缩机　技术条件	
52	JB/T 9106—1999	注油器	
53	JB/T 9107—1999	往复压缩机术语	
54	JB/T 50015—1999	9.8MPa的无油润滑往复活塞灌充食用二氧化碳压缩机　产品质量分等	
55	JB/T 53054—1999	一般用往复活塞空气压缩机　产品质量分等	

（续）

序号	标准编号	标准名称	代替标准
56	JB/T 53055—1999	往复活塞氮氢气压缩机　产品质量分等	
57	JB/T 53056—1999	一般用喷油螺杆空气压缩机　产品质量分等	
58	JB/T 53073—1999	隔膜压缩机　产品质量分等	
59	JB/T 53175—2000	往复活塞压缩机环状阀片　产品质量分等	
60	JB/T 53176—1999	中高压车装风冷往复活塞空气压缩机　产品质量分等	
61	JB/T 53187—1997	无润滑液化石油气循环压缩机　产品质量分等	
62	JB/T 53188—1999	往复活塞乙炔压缩机　产品质量分等	
63	JB/T 53225—2000	一般用喷油滑片空气压缩机　产品质量分等	
64	JB/T 53250—1999	罐车用风冷滑片空气压缩机　产品质量分等	

阀门行业

序号	标准编号	标准名称	代替标准
1	JB/T 74—1994	管路阀法兰　技术条件	
2	JB/T 7928—1999	通用阀门　供货要求	
3	JB/T 8530—1997	阀门电动装置型号编制方法	
4	JB/T 2203—1999	弹簧式安全阀　结构长度	
5	JB/T 2205—2000	减压阀结构长度	
6	JB/T 5300—1991	通用阀门　材料	
7	JB/T 6438—1992	阀门密封面等离子弧堆焊技术条件	
8	JB/T 7248—1994	阀门用低温钢铸件　技术条件	
9	JB/T 7744—1995	密封面等离子弧堆焊用合金粉末	
10	JB/T 1308—1999	PN 250 MPa 超高压阀门和管件　技术条件	
11	JB/T 450—1992	PN 16.0 ~ 32.0MPa 锻造角式高压阀门、管件、紧固件　技术条件	
12	JB/T 2766—1992	PN 16.0 ~ 32.0MPa 锻造高压阀门　结构长度	
13	JB/T 2768—1992	PN 16.0 ~ 32.0MPa 管子、管件、阀门端部尺寸	
14	JB/T 2769—1992	PN 16.0 ~ 32.0MPa 螺纹法兰	
15	JB/T 2770—1992	PN 16.0 ~ 32.0MPa 接头螺母	
16	JB/T 2771—1992	PN 16.0 ~ 32.0 MPa 接头	
17	JB/T 2772—1992	PN 16.0 ~ 32.0 MPa 盲板	
18	JB/T 2773—1992	PN 16.0 ~ 32.0 MPa 双头螺柱	
19	JB/T 2774—1992	PN 16.0 ~ 32.0 MPa 阶端双头螺柱及螺孔尺寸	
20	JB/T 2775—1992	PN 16.0 ~ 32.0 MPa 螺母	
21	JB/T 2776—1992	PN16.0 ~ 32.0MPa 透镜垫	
22	JB/T 2777—1992	PN16.0 ~ 32.0MPa 无孔透镜垫	
23	JB/T 2778—1992	PN16.0 ~ 32.0MPa 管件和紧固温度标记	
24	JB/T 5298—1991	管线用钢制平板闸阀	
25	JB/T 5299—1998	液控止回蝶阀	
26	JB/T 6441—1992	压缩机用安全阀	
27	JB/T —1993	排污阀	
28	JB/T 6901—1993	封闭式眼镜阀	
29	JB/T 7245—1994	制冷装置用截止阀	
30	JB/T 7376—1994	气动空气减压阀　技术条件	
31	JB/T 7550—1994	空气分离设备用切换蝶阀	
32	JB/T 7745—1995	管线球阀	
33	JB/T 7746—1995	缩径锻钢阀门	
34	JB/T 7747—1995	针形截止阀	
35	JB/T 7749—1995	低温阀门技术条件	
36	JB/T 8527—1997	金属密封蝶阀	
37	JB/T 8528—1997	普通型阀门电动装置　技术条件	
38	JB/T 8529—1997	隔爆型阀门电动装置　技术条件	
39	JB/T 1831—1997	阀门手动装置　技术条件	
40	JB/T 8691—1998	对夹式刀形闸阀	
41	JB/T 8692—1998	烟道蝶阀	
42	JB/T 8937—1999	对夹式止回阀	
43	JB/T 9093—1999	蒸汽疏水阀　技术条件	
44	JB/T 9094—1999	液化石油气设备用紧急切断阀　技术条件	

（续）

序号	标准编号	标准名称	代替标准
45	JB/T 5298—1991	通用阀门　流量系数和流阻系数的试验方法	
46	JB/T 6439—1992	阀门受压铸件磁粉探伤检验	
47	JB/T 6440—1992	阀门受压铸件射线照相检验	
48	JB/T 6899—1993	阀门的确耐火试验	
49	JB/T 6902—1993	阀门铸件液体渗透检查方法	
50	JB/T 6903—1993	阀门锻钢件超声波检查方法	
51	JB/T 6904—1993	气瓶阀的检验与试验	
52	JB/T 7748—1995	阀门清洁度与测定方法	
53	JB/T 7927—1999	阀门铸钢件　外观质量要求	
54	JB/T 9092—1999	阀门的检验与试验	
55	JB/T 8862—2000	阀门电动装置　寿命试验规程	
56	JB/T 53036—1999	止回阀　产品质量分等	
57	JB/T 53072—1999	封闭式眼镜阀　产品质量分等	
58	JB/T 53162—1999	闸阀　产品质量分等	
59	JB/T 53165—1999	高压平衡截止阀　产品质量分等	
60	JB/T 53166—1999	隔膜阀　产品质量分等	
61	JB/T 53167—1999	球阀　产品质量分等	
62	JB/T 53168—1999	多回转阀门电动装置　产品质量分等	
63	JB/T 53170—1999	弹簧直接载荷式安全阀　产品质量分等	
64	JB/T 53171—1999	蝶阀　产品质量分等	
65	JB/T 53172—1999	液化石油气瓶阀　产品质量分等	
66	JB/T 53173—1999	阀门碳素钢铸件　产品质量分等	
67	JB/T 53174—1999	截止阀　产品质量分等	
68	JB/T 53177—1999	溶解乙炔气瓶阀　产品质量分等	
69	JB/T 53183—1999	阀门用灰铸铁件　产品质量分等	
70	JB/T 53200—1999	对夹式刀形闸阀　产品质量分等	
71	JB/T 53217—1999	氧气瓶阀　产品质量分等	
72	JB/T 53242—1999	管线用钢制平板闸阀　产品质量分等	
73	JB/T 53243—1999	通用阀门球墨铸铁件　产品质量分等	
74	JB/T 53265—1999	先导式减压阀　产品质量分等	

气体分离设备行业

序号	标准编号	标准名称	代替标准
1	JB/T 1035—1994	铜制空气分离设备　制造技术规范	JB 1035—1979
2	JB/T 2549—1994	铝制空气分离设备　制造技术规范	JB 2549—1979
3	JB/T 2902—1993	一般往复活塞高压氧气压缩机　技术条件	JB 2902—1981
4	JB/T 3356—1992	低温液体容器　基本参数	JB 3356—1983
5	JB/T 3356.1—1999	低温液体容器性能试验方法	ZBJ 76006—1988
6	JB/T 4334—1992	静压空气轴承透平膨胀机　技术条件	JB 4334—1986
7	JB/T 5902—2001	空气分离设备用氧气管道　技术条件	JB/T 5902—1992
8	JB/T 5903—1996	水电解制氢设备	JB 5903—1992 ZBJ 76009.1—1988 ZBJ 76009.2—1988 ZBJ 76032—1992
9	JB/T 5904—1992	低压透平膨胀机　基本系列参数	
10	JB/T 5904.1—1999	低压透平膨胀机　技术条件	ZBJ 76033—1990
11	JB/T 5904.2—1999	低压透平膨胀机制造技术要求	JB/Z 343—1989
12	JB/T 5905—2000	真空多层绝热低温液体容器	JB/T 5905—1992
13	JB/T 6427—1992	吸附制氧、制氮设备	
14	JB/T 6428—2000	无润滑往复活塞高纯氮气压缩机	JB/T 6428—1992
15	JB/T 6429—1992	小型空气分离设备用纯化器	
16	JB/T 6892—1993	往复活塞氧气压缩机　技术条件	
17	JB/T 6893—1993	往复活塞中压氧气压缩机　性能试验方法	
18	JB/T 6894—2000	增压透平膨胀机　技术条件	JB/T 6894—1993
19	JB/T 6895—1993	铝制空气分离设备　安装焊接技术规范	
20	JB/T 6896—1993	空气分离设备　表面清洁度	

（续）

序号	标准编号	标准名称	代替标准
21	JB/T 6897—2000	低温液体槽车	JB/T 6897—1993
22	JB/T 8694—1998	往复活塞氧气压缩机网状阀　技术条件	
23	JB 6898—1997	低温液体贮运设备使用安全规则	JB 6898—1993
24	JB/T 7260—1994	空气分离设备铜焊缝射线照相和质量分级	
25	JB/T 7261—1994	铝制板翅式换热器　技术条件	
26	JB/T 7262—1994	铝制板翅式换热器　型号编制方法	
27	JB/T 7263—1994	空气分离设备用13X分子筛验收技术条件	
28	JB/T 7264—1994	回热式制冷机　技术条件	
29	JB/T 7550—1994	空气分离设备用切换蝶阀	
30	JB/T 7551—1994	天然气分离与液化设备　术语	
31	JB/T 7672—1995	空气分离设备　流程图图形符号和文字代号	ZBJ 76007—1988
32	JB/T 8056—1996	糟粕造粒机	
33	JB/T 8058—1996	空气分离设备用活性气化铝　验收技术条件	
34	JB/T 8542—1997	小型空气分离设备	ZBJ 76015.1—1989 ZBJ 76015.2—1989
35	JB/T 8693—1998	大中型空气分离设备	ZBJ 76010.1—1988 ZBJ 76010.2—1988
36	JB/T 8856—2001	溶解乙炔设备	ZBJ 76020—1990 ZBJ 76021—1990
37	JB/T 8942—1999	氩提取设备	ZBJ 76014.1—1989 ZBJ 76014.2—1989
38	JB/T 9071—1999	铝制空气分离设备氩弧焊工艺规程及焊接工艺评定	JB/Z 167—1989
39	JB/T 9072—1999	固定式真空粉末绝热低温液体贮槽	ZBJ 76003—1988
40	JB/T 9073—1999	空气分离设备用离心式低温液体泵	ZBJ 76004—1988 ZBJ 76005—1988
41	JB/T 9074—1999	纯氮设备	ZBJ 76008.1—1988 ZBJ 76008.2—1988
42	JB/T 9075—1999	无润滑往复活塞式高压氧气压缩机　技术条件	ZBJ 76011—1989
43	JB/T 9076—1999	往复式低温液体泵　技术条件	ZBJ 76013—1989
44	JB/T 9077—1999	粉末普通绝热贮槽	ZBJ 76022—1990
45	JB/T 9078.1—1999	天然气分离设备　技术条件	ZBJ 76023—1990
46	JB/T 9078.2—1999	天然气分离设备　性能试验方法	ZBJ 76024—1990
47	JB/T 9079.1—1999	活塞式膨胀机　技术条件	ZBJ 76025—1990
48	JB/T 9079.2—1999	活塞式膨胀机　性能试验方法	ZBJ 76026—1990
49	JB/T 9080.1—1999	PN 0.1MPa90°　焊接铝弯管	ZBJ 76027—1990
50	JB/T 9080.2—1999	PN 0.1MPa90°　焊接铝弯管	ZBJ 76028—1990
51	JB/T 9081—1999	空气分离设备用低温截止阀和节流阀　技术条件	ZBJ 76030—1990
52	JB/T 9082—1999	水电解制氢设备　术语	ZBJ 76031—1990

真空获得及应用设备行业

序号	标准编号	标准名称	代替标准
1	JB 5278.1—1991	铜丝密封可烘拷真空法兰连接型式	
2	JB 5278.2—1991	铜丝密封可烘烤真空法兰结构尺寸	
3	JB 5278.3—1991	铜丝密封可烘烤真空法兰铜丝密封圈结构尺寸	
4	JB 1090—1991	J型真空用橡胶密封圈型式及尺寸	
5	JB 1091—1991	JO型骨架型真空用橡胶密封圈型式及尺寸	
6	JB 1092—1991	O型真空用橡胶密封圈型式及尺寸	
7	JB/T 7673—1995	真空设备型号编制方法	
8	JB/T 7266—1949	容积真空泵性能测量方法	
9	JB/T 8106—1999	容积真空泵　噪声测量方法	
10	B/T 8107—1999	容积真空泵　振动测量方法	
11	JB/T 5971—1992	单级多旋片真空泵	
12	B/T 8944—1999	单级旋片真空泵	
13	JB/T 6533—1997	旋片真空泵	
14	JB/T 1246—1997	滑阀真空泵	
15	JB/T 7675—1995	往复真空泵	

（续）

序号	标准编号	标准名称	代替标准
16	JB/T 6921—1993	罗茨真空泵机组	
17	JB/T 7674—1995	罗茨真空泵	
18	JB/T 7265—1994	蒸汽流真空泵	
19	JB/T 8472.1—1996	蒸汽流真空泵抽气速率(体积流率)的测定	
20	JB/T 8472.2—1996	蒸汽流真空泵临界前级压力的测定	
21	JB/T 8540—1997	水蒸汽喷射真空泵	
22	JB/T 4081—1991	溅射离子泵型式与基本参数	
23	JB/T 4082—1991	溅射离子泵技术条件	
24	JB/T 2965—1992	溅射离子泵性能测试方法	
25	JB/T 9125—1999	立式涡轮分子泵	
26	JB/T 4077—1991	高真空插板阀型式与基本参数	
27	JB/T 4078—1991	高真空挡板阀型式与基本参数	
28	JB/T 4079—1991	高真空蝶阀型式与基本参数	
29	JB/T 4080—1991	高真空电磁阀型式与基本参数	
30	JB/T 4083—1991	电磁真空带充气阀型式与基本参数	
31	JB/T 5410—1991	低真空电磁压差充气阀型式与基本参数	
32	JB/T 6446—1992	真空阀门技术条件	
33	JB/T 6923—1993	真空加压浸渍设备	
34	JB/T 6922—1993	真空蒸发镀膜设备	
35	JB/T 8946—1999	真空离子镀膜设备	
36	JB/T 8945—1999	真空溅射镀膜设备	
37	JB/T 53017—1999	旋片真空泵　产品质量分等	
38	JB/T 53014—1999	单级多旋片真空泵　产品质量分等	
39	JB/T 53015—1999	低真空电磁压差充气阀　产品质量分等	
40	JB/T 53016—1999	往复真空泵　产品质量分等	
41	JB/T 53018—1999	罗茨真空泵　产品质量分等	
42	JB/T 53019—1999	油扩散真空泵　产品质量分等	
43	JB/T 53020—1999	油扩散喷射真空泵　产品质量分等	
44	JB/T 53021—1999	真空镀膜设备　产品质量分等	
45	JB/T 53022—1999	滑阀真空泵　产品质量分等	
46	JB/T 53022—1999	真空阀门　产品质量分等	

分离机械行业

序号	标准编号	标准名称	代替标准
1	JB/T 3200—1997	外滤面转鼓真空过滤机	
2	JB/T 4333—1997	厢式压滤机和板框压滤机　技术条件	
3	JB/T 5282—1999	翻斗真空过滤机	
4	JB/T 5283—1997	非金属滤板滤框	
5	JB/T 8101—1999	离心卸料离心机	
6	JB/T 8102—1999	带式压榨过滤机	
7	JB/T 8103—1999	碟式分离机　技术条件	
8	JB/T 8104—1999	厢式压滤机和板框压滤机　试验方法	
9	JB 8525—1997	离心机　安全要求	
10	JB/T 8947—1999	固定室式带式真空过滤机用橡胶滤带	
11	JB/T 9095—1999	离心机分离机锻焊件无损探伤技术规范	
12	JB/T 9097—1999	加压叶滤机	
13	JB/T 8652—1997	螺旋卸料过滤离心机	
14	JB/T 8653—1997	固定室式带式真空过滤机	
15	JB 8686—1998	分离机　安全要求	
16	JB/T 9098—1999	管式分离机　技术条件	
17	JB/T 6418—1992	分离机械清洁度测定方法	
18	JB/T 7217—1994	分离机械涂装通用技术条件	
19	JB/T 7218—1994	筒式加压过滤机滤芯	
20	JB/T 7219—1994	筒式加压过滤机滤芯性能试验方法	
21	JB/T 7241—1994	进动卸料离心机　技术条件	
22	JB/T 7242—1994	碟式酵母分离机	

(续)

序号	标准编号	标准名称	代替标准
23	JB/T 7243—1994	离心萃取机型号编制方法	
24	JB/T 8051—1996	离心机转鼓强度计算规范	
25	JB/T 5285.2—1991	真空净油机　技术条件	
26	JB/T 5285.3—1991	真空净油机　性能试验方法	
27	JB/T 5286—1991	纸板硅藻土板框式压滤机	
28	JB/T 5287.1—1991	碟式啤酒分离机	
29	JB/T 5287.2—1991	碟式乳品分离机	
30	JB/T 5287.3—1991	碟式胶乳分离机	
31	JB/T 6419—1992	碟式淀粉分离机	
32	JB/T 7231—1994	碟式植物油分离机	
33	JB/T 5284—1991	防爆型刮刀卸料离心机	
34	JB/T 7220—1994	刮刀卸料离心机	
35	JB/T 445—1992	上悬式离心机　技术条件	
36	JB/T 447—1992	活塞推料离心机　技术条件	
37	JB/T 502—1991	螺旋卸料沉降离心机　型式与基本参数	
38	JB/T 4063—1991	活塞推料离心机　型式与基本参数	
39	JB/T 4064—1992	上悬式离心机　型式与基本参数	
40	JB/T 4335—1991	螺旋卸料沉降离心机　技术条件	
41	JB/T 5152—1991	板框厢式压滤机　型式与基本参数	
42	JB/T 5153.1—1991	板框式加压滤油机　型式与基本参数	
43	JB/T 5153.2—1991	板框式加压滤油机　技术条件	
44	JB/T 8285	真空净油机	
45	JB/T 8865	卧式活塞推料离心机条状筛网	
46	JB/T 8866	筒式加压过滤机	
47	YY 0021—1990	旁滤式离心机　技术条件	

减变速机行业

序号	标准编号	标准名称	代替标准
1	JB/T 2982—1994	摆线针轮减速机	
2	JB/T 53324—1997	摆线针轮减速机　产品质量分等(内部使用)	
3	JB/T 5288.1—1991	摆线针轮减速机　温升测定方法	
4	JB/T 5288.2—1991	摆线针轮减速机　清洁度测定方法	
5	JB/T 5288.3—1991	摆线针轮减速机　承载能力及传动效率测定方法	
6	B/T 7253—1994	摆线针轮减速机　噪声测定方法	
7	JB/T 5561—1991	双摆线针轮减速机	
8	JB/T 7683—1995	机械无级变速器　分类及型号编制方法	
9	JB/T 6950—1993	行星锥盘无级变速器	
10	JB/T 50150—1999	行星锥盘无级变速器　质量分等	
11	JB/T 6951—1993	三相并列连杆脉动无级变速器	
12	JB/T 53083—1999	三相并列连杆脉动无级变速器　质量分等	
13	JB/T 7515—1994	四相并列连杆脉动无级变速器	
14	JB/T 6952—1993	齿链式无级变速器	
15	JB/T 7010—1993	环锥行星无级变速器	
16	JB/T 7668—1995	多盘式无级变速器	
17	JB/T 7686—1995	锥盘环盘式无级变速器	
18	JB/T 7254—1994	无级变速摆线针轮减速机	
19	JB/T 50020—××××	无级变速摆线针轮减速机　产品质量分等(内部使用)报批稿	
20	JB/T 7346—1994	机械无级变速器试验方法	

行业(内部使用)标准

泵行业

序号	标准编号	标准名称	代替标准
1	JB/T 50080—1996	潜水电泵可靠性考核评定方法	
2	JB/T 50099—1997	潜水螺杆泵　产品质量分等	
3	JB/T 50111—1998	塑料离心泵　产品质量分等	
4	JB/T 51032—1993	轻小型单级离心泵　产品质量分等	
5	JB/T 51033—1993	轻小型柴油机—泵直联机组　产品质量分等	
6	JB/T 51034—1993	自吸泵　产品质量分等	
7	JB/T 51038—1993	电动大型喷灌机　产品质量分等	
8	JB/T 51185.1—1994	蜗壳式混流泵产品质量分等　质量指标	JB/NQ 25.1—1987
9	JB/T 51185.2—1994	蜗壳式混流泵产品质量分等　试验方法	JB/NQ 25.2—1987
10	JB/T 51185.3—1994	蜗壳式混流泵产品质量分等　检验规则	JB/NQ 25.3—1987
11	JB/T 51186—1996	轻小型喷灌机产品质量分等	JB/T 51186.1 ~ 3—1994
12	JB/T 51187.1—1994	井用潜水电泵产品质量分等　质量指标	JB/NQ 77.1—1990
13	JB/T 51187.2—1994	井用潜水电泵产品质量分等　试验方法	JB/NQ 77.2—1990
14	JB/T 51187.3—1994	井用潜水电泵产品质量分等　检验规则	JB/NQ 77.3—1990
15	JB/T 51202.1—1994	轴流泵产品质量分等　质量指标	JB/NQ 117.1—1987
16	JB/T 51202.2—1994	轴流泵产品质量分等　试验方法	JB/NQ 117.2—1987
17	JB/T 51202.3—1994	轴流泵产品质量分等　检验规则	JB/NQ 117.3—1987
18	JB/T 51203.1—1994	单级离心泵产品质量分等　质量指标	JB/NQ 118.1—1987
19	JB/T 51203.2—1994	单级离心泵产品质量分等　试验方法	JB/NQ 118.2—1987
20	JB/T 51203.3—1994	单级离心泵产品质量分等　检验规则	JB/NQ 118.3—1987
21	JB/T 51204.1—1994	长轴离心深井泵产品质量分等　质量指标	JB/NQ 119.1—1990
22	JB/T 51204.2—1994	长轴离心深井泵产品质量分等　试验方法	JB/NQ 119.2—1990
23	JB/T 51204.3—1994	长轴离心深井泵产品质量分等　检验规则	JB/NQ 119.3—1990
24	JB/T 51218.1—1994	水轮泵产品质量分等　质量指标	JB/NQ 164.1—1988
25	JB/T 51218.2—1994	水轮泵产品质量分等　试验方法	JB/NQ 164.2—1988
26	JB/T 51218.3—1994	水轮泵产品质量分等　检验规则	JB/NQ 164.3—1988
27	JB/T 51230—1996	小型潜水电泵　产品质量分等	JB/T 51230.1 ~ 3—1994
28	JB/T 51231.1—1994	手动泵产品质量分等　质量指标	JB/NQ 193.1—1989
29	JB/T 51231.2—1994	手动泵产品质量分等　试验方法	JB/NQ 193.2—1989
30	JB/T 51231.3—1994	手动泵产品质量分等　检验规则	JB/NQ 193.3—1989
31	JB/T 51232.1—1994	导叶式混流泵产品质量分等　质量指标	JB/NQ 202.1—1990
32	JB/T 51232.2—1994	导叶式混流泵产品质量分等　试验方法	JB/NQ 202.2—1990
33	JB/T 51232.3—1994	导叶式混流泵产品质量分等　检验规则	JB/NQ 202.3—1990
34	JB/T 51234.1—1994	ZMB 系列中压活塞隔膜泵产品质量分等　质量指标	
35	JB/T 51234.2—1994	ZMB 系列中压活塞隔膜泵产品质量分等　试验方法	
36	JB/T 51234.3—1994	ZMB 系列中压活塞隔膜泵产品质量分等　检验规则	
37	JB/T 51242.1—1994	农用污水污物潜水电泵产品质量分等　质量指标	JB/NQ 222.1—1990
38	JB/T 51242.2—1994	农用污水污物潜水电泵产品质量分等　试验方法	JB/NQ 222.2—1990
39	JB/T 51242.3—1994	农用污水污物潜水电泵产品质量分等　检验规则	JB/NQ 222.3—1990
40	JB/T 53058—1999	管道式离心泵　产品质量分等	
41	JB/T 53059—1999	离心式污水泵　产品质量分等	
42	JB/T 53060—1999	离心式渣浆泵　产品质量分等	
43	JB/T 53061—1999	化工用离心泵　产品质量分等	
44	JB/T 53062—1999	一般清水离心泵　产品质量分等	
45	JB/T 53159—1999	船用电动往复泵　产品质量分等	JB/TQ 8—1988
46	JB/T 53163—1999	机动往复泵　产品质量分等	JB/TQ 396—1987
47	JB/T 53192—1999	计量泵　产品质量分等	JB/TQ 622—1987
48	JB/T 53193—1999	蒸汽往复泵　产品质量分等	JB/TQ 624—1987
49	JB/T 53194—1999	电动试压泵　产品质量分等	JB/TQ 625—1987
50	JB/T 53211—1999	往复式杂质泵　产品质量分等	JB/TQ 692—1988

（续）

序号	标准编号	标准名称	代替标准
51	JB/T 53212—1999	蒸汽往复热油泵　产品质量分等	JB/TQ 693—1988
52	JB/T 53240—1999	往复式高压清洗机　产品质量分等	JB/TQ 784—1989
53	JB/T 53241—1999	往复式微小型清洗机　产品质量分等	JB/TQ 785—1989
54	JB/T 53251—1999	油田用转子稠油泵　产品质量分等	JB/TQ 858—1990
55	JB/T 53290—1999	低温泵　产品质量分等	JB/TQ 405—1986
56	JB/T 53291—1999	高压锅炉给水泵　产品质量分等	JB/TQ 406—1986
57	JB/T 53292—1999	长轴离心深井泵　产品质量分等	JB/TQ 470—1986 JB/TQ 407.1—1990 JB/TQ 470.2—1990 JB/TQ 470.3—1990
58	JB/T 53297—1999	旋涡泵　产品质量分等	JB/TQ 573—1987
59	JB/T 53299—1999	单级水环真空泵　产品质量分等	JB/TQ 580—1990
60	JB/T 53300—1999	单级、两级石油化工流程泵　产品质量分等	JB/TQ 667—1988
61	JB/T 53301—1999	两级水环真空泵　产品质量分等	JB/TQ 668—1988
62	JB/T 53302—1999	三螺杆泵　产品质量分等	JB/TQ 669—1988
63	JB/T 53303—1999	单螺杆泵　产品质量分等	JB/TQ 670—1988
64	JB/T 53304—1999	小型磁力驱动离心泵　产品质量分等	JB/TQ 788—1989
65	JB/T 53305—1994	大型立式单级单吸离心泵　产品质量分等	JB/TQ 791—1989
66	JB/T 53306—1994	管道式离心油泵　产品质量分等	JB/TQ 794—1989
67	JB/T 53307—1994	混流泵、轴流泵　产品质量分等	JB/TQ 795—1989
68	JB/T 53308—1994	凝结水泵　产品质量分等	JB/TQ 797—1989
69	JB/T 53312—1994	齿轮泵　产品质量分等	JB/TQ 808—1989
70	JB/T 53313—1994	微型离心泵　产品质量分等	JB/TQ 840—1990

注：凡标准编号为1994年的行业内部标准无新文本，仍可使用代替标准的文本。

国际国外标准

风机行业

序号	标准编号	标准名称	代替标准
1	API 614—1992	专用润滑、密封和调节油系统	
2	API 672—1996（13集）	石油、化工和气体工业用组装型整体齿轮增速离心式空气压缩机	
3	ISO 8011—1988	流程工业用透平压缩机设计、制造规范与数据表	
4	API 1617—1995	石油、化工和气体工业用离心压缩机	
5	IGC 工业气体协会标准（14集）	离心式氧压机实施准则	

淘汰（作废）标准

真空技术

序号	标准编号	标准名称	代替标准
1	GB/T 8105.1—1995	橡胶密封真空规管接头	
2	GB/T 8105.2—1995	金属密封真空规管接头	
3	JB/T 8106—1995	容积真空泵　噪声测量方法	
4	JB/T 8107—1997	容积真空泵　振动测量方法	
5	ZBJ 78011.1—1989	余摆线真空泵　型式与基本参数	
6	ZBJ 78011.2—1989	余摆线真空泵　技术条件	
7	ZBJ 78015.1—1989	立式涡轮分子泵　型式与基本参数	
8	ZBJ 78015.2—1989	立式涡轮分子泵　技术条件	

（上接485页）

（续）

序号	企业名称	经济效益综合指数（%）	资金保值增值率（%）	资产负债率（%）	流动资产周转率（次）	全员劳动生产率（元/人）	产品销售率（%）
24	常州减速机总厂	56.28	100.02	17.62	0.35	35487	87.08
25	永嘉县飞龙减速机厂	55.73	80.50	58.23	0.90	76130	91.07
26	上海浦南传动机械有限公司	54.94	100.19	78.06	0.58	13914	103.13
27	青岛金星机械有限公司	54.92	100.92	66.72	0.46	10909	88.51
28	兰州减速机厂	50.37	71.57	62.58	0.79	5195	97.58
29	福州市摆线针轮减速机厂	48.14	99.21	44.08	0.96	4115	98.91
30	宁波宁星减速机有限公司	45.91	100.62	81.74	0.37	—4524	100.00
31	景德镇市减速机厂	34.99	100.00	82.51	0.44	991	89.95
32	西安减速机厂	22.96	97.78	47.07	0.91	4263	100.56
33	大连橡胶塑料机械厂工业公司	—17.07	72.02	87.14	0.57	10783	100.76
34	江阴市明友减速机械有限公司	—976.94	70.06	98.54	1.29	25185	84.88
35	秦川机床集团有限公司减速机厂			79.87	2.03		90.55
36	河北北方减速机有限公司			74.91	0.84	18095	96.59
37	温州市午马变速机械有限公司		1032.00	43.57	1.27		100.00
38	永嘉县微型减速器厂					31597	97.44
39	温州市变速机械厂				0.56	10624	96.90
40	杭州减速机厂			55.33	0.79	47899	98.22
41	永嘉大力精密机械有限公司		90.36	67.27	1.08		100.00
42	武进市金星减速机有限公司			83.67	1.32	37657	88.64
43	山东淄博市博山奥博机械厂		468.60	71.07		16352	92.56
44	沈阳协同减速机制造有限公司		16.74	54.47	7.46		94.33
	平均值	93.24	152.31	55.44	1.30	26330	97.11

China General Machinery Industry Yearbook

中国通用机械工业 年鉴

2002

统计资料

统计资料

TONGJIZILIAO

China General Machinery Industry Yerqrbook

真实地记录，系统地反映，让复杂的事变简单。

来自权威部门的资料，使你对通用机械行业了如指掌！

中国通用机械工业技术引进项目

序号	产品	引进项目名称	合同号	引进地区	国内接受单位	国外技术转让方	合同签约日期	有效期(年)	技术引进方式代码	引进技术主要内容
1	风机	有关风机排管机组的技术转让合同	BGMAC-001	北京市	北京长城松下精工空调设备有限公司	松下精工株式会社	1996.01.22	6	A	技术转让
2	风机	HC型回转式风机生产技术进口合同	BKJS-9801	江苏省	百事德机械(江苏)有限公司	日本东浜工业株式会社	1998.12.20	3	J	为生产符合环保要求的低噪声风机,百事德机械公司向日本东浜工业株式会社购买HC型回转式风机生产所需的专有技术
3	风机	热交换器制造设计专有技术		辽宁省	沈阳鼓风机厂	瑞士 Calomfer 公司	1999.09.15		B	用于压缩机热交换器的热力学设计程序及组装、质量控制等专有技术
4	风机	PRO/E软件		辽宁省	沈阳鼓风机厂	美国 PTC 公司	1999.08.20		B	用于压缩机三维实体设计、实现机组装置的CAD设计
5	风机	铸造		山东省	山东省汇丰机械集团总公司	日本大晃机械工业株式会社	1999.12.08		G	铸造合资
6	风机	三维粘性设计软件		辽宁省	沈阳鼓风机厂	比利时(NUMCOA)公司	2000.10		A	国外用于压缩机流场三维粘性分析、计算
7	风机	成立中日合资铸造厂(山东丰晃铸造有限公司)		山东省	山东省汇丰机械集团总公司	日本大晃机械工业株式会社 日本世晃工业株式会社	1999.12.08		G	提高铸造质量及生产能力
8	风机	RTM注射		山东省	德州市玻璃钢制品总厂	美国	2000.03.06		L	
9	压缩机	CFC12中型半封闭制冷压缩机转换为HCFC22压缩机		北京市	北京冷冻机厂	美国 BROWN & SHARPE	1996.05.27		K	三坐标测量机及附件
10	压缩机	CFC12中型半封闭制冷压缩机转换为HCFC22压缩机		北京市	北京冷冻机厂	美国 CINCINNATI MILACRON	1996.11.15		K	卧式加工中心2台及附件
11	压缩机	CFC12中型半封闭制冷压缩机转换为HCFC22压缩机		北京市	北京冷冻机厂	美国 CINCINNATI MILACRON	1996.12.15		K	立式转塔铣床1台及附件
12	压缩机	CFC—12小型开启式制冷压缩机转产HCFC—22压缩机		安徽省	安徽省冷冻机厂	美国 BLISSFIELD 公司	1996.03.25	6	A	引进四种型号的制冷压缩机及技术,使用制冷剂为HCFC-22或HFC-134A
13	压缩机	CFC—12小型开启式制冷压缩机转产HCFC—22压缩机		安徽省	安徽省冷冻机厂	美国 BROWN & SHARP 公司	1996.05.27	2	K	进口计算机直接控制三坐标测量机
14	压缩机	CFC—12小型开启式制冷压缩机转产HCFC—22压缩机		安徽省	安徽省冷冻机厂	日本新鸿公司	1996.11.25	2	K	设备为数控卧式加工中心2台

（续）

序号	产品	引进项目名称	合同号	引进地区	国内接受单位	国外技术转让方	合同签约日期	有效期(年)	技术引进方式代码	引进技术主要内容
15	压缩机	CFC12 中行半封闭制冷压缩机转换为CHFC22型		北京市	北京冷冻机厂		1996.10.10	J		
16	压缩机	压缩机制造设备		辽宁省	沈阳华润压缩机有限公司		1996	J		
17	压缩机	压缩机散件		江苏省	无锡压缩机股份有限公司		1996	J		
18	压缩机	压缩机		重庆市	重庆通用机器厂		1996.08.27	I		
19	压缩机	小型半封闭CFC—12制冷压缩机生产转轨HCFC—22项目		江苏省	南京冷冻机厂	日本	1997.07.00		K	数控车削中心1台
20	压缩机	小型开启式压缩机制冷剂CFC—12转换为HCFC—22		安徽省	安徽省冷冻机厂	美国	1996.03.22	6	B	转让小型开启式压缩机制冷剂CFC—12转换为HCFC—22
21	压缩机	空调用压缩机技术转让合同		北京市	东芝万象乐制冷有限公司	日本东芝株式会社	1997.04.09、	0	B	空调用压缩机技术转让合同
22	压缩机	半封闭制冷压缩机制冷剂CFC—12转换为HCFC—22		江苏省	南京冷冻机总厂	英国	1997.05.08	10	B	提供制冷压缩机制冷剂由CFC—12转换为HCFC—22的技术，合同有效期10年
23	压缩机	小型半封闭压缩机制冷技术转让		上海市	上海通用机械集团公司	德国胡博·卡特技术公司	1997.09.07	0	B	引进小型半封闭制冷压缩机设备制造
24	压缩机	空调用压缩机制造技术转让合同		辽宁省	沈阳华润压缩机有限公司	日本三洋电机株式会社		0	B	压缩机制造技术转让
25	压缩机	小型半封闭制冷压缩机技术转让		天津市	天津天山制冷设备公司	德国胡博·卡特技术公司	1997.09.07	0	B	引进小型半封闭制冷压缩机设备，制造技术
26	压缩机	小型半封闭压缩机制冷技术转让		江苏省	镇江制冷设备厂	德国胡博·卡特技术公司	1997.09.07	0	B	引进小型半封闭制冷压缩机设计制造技术
27	压缩机	透平压缩机技术引进		重庆市	重庆通用机器厂	美国美国北方工程研究公司	1997.09.04	0	B	引进透平压缩机设计技术
28	压缩机	CFC12 中型半封闭制冷压缩机转换为HCFC22压缩机		北京市	北京冷冻机厂	英国 ARCTIC CIRCLE LIMITID	1996.03.13	10	B	半封闭制冷压缩机制造技术
29	压缩机	CFC—12 转换成 CFC—22 制冷剂的小型式压缩机技术转让合同	98BMSJ/200JK069US	浙江省	镇江制冷设备厂	美国比利斯费德公司	1998.08.12	6	A	提供技术培训
30	压缩机	制冷压缩机许可证转换技术合同	97BMSJ/200JK039NL	上海市	上海冷气机厂	格拉索公司	1997.10.03	5	A	合同标的为开启式制冷压缩机制冷剂CFC—12转换为HCFC—22的许可证技术

（续）

序号	产品	引进项目名称	合同号	引进地区	国内接受单位	国外技术转让方	合同签约日期	有效期(年)	技术引进方式代码	引进技术主要内容
31	压缩机	小型半封闭制冷压缩机技术转让	97BMSJ/200JK003GE	天津市	天津天山制冷设备公司	胡博·卡特技术公司	1997.09.07	4	A	提供6种型号的技术转让，培训中方技术人员6名，派1名技术人员进行技术指导和产品验收
32	压缩机	CFC—12 转换为 HCFC—22 制冷剂的中型开启式压缩机制造技术转让合同	98BMSJ/200JK065DE	浙江省	浙江春晖集团公司	德国胡博·卡特公司	1998.08.18	4	A	德方提供技术，培训中方技术人员
33	压缩机	CFC—12 转换成 HCFC—22 制冷剂的小型开启式压缩机制造技术转让合同	98BMSJ/200JK067US	浙江省	浙江春晖集团公司	美国比利斯费尔德公司	1998.08.12	6	A	美方提供技术，培训中方技术人员
34	压缩机	CFC—12 转换成 HCFC—22 制冷剂的小型开启式压缩机制造技术转让合同	98BMSJ/200JK067US	浙江省	浙江春晖集团公司	美国比利斯费尔德公司	1998.08.12	6	A	美方提供技术，培训中方人员
35	压缩机	制冷压缩机许可证转换技术合同	97BMSJ/200JK039NL	上海市	上海冷气机厂	格拉索公司	1997.10.03	5	B	
36	压缩机	气力输送压缩机滑片	CUSY-S980441	江苏省	南京压缩机股份有限公司		1998.12.14		F	
37	压缩机	CFC 离心压缩机转换成可替代的制冷剂离心压缩机的技术转让合同	97BMSJ/200JK001US	重庆市	重庆通用机器厂	美国北方工程研究公司	1997.09.04	3	A	美方提供七项技术软件，培训中方技术人员8人，派1名技术人员进行技术指导和试制样品，合同总价66.8万元
38	压缩机	小型半封闭压缩机技术转让	97BMSJ/200JK002GE	上海市	上海通用机械集团公司	胡博·卡特技术公司	1997.09.07	4	A	德方提供6种型号的技术转让，培训中方人员5名，派1名技术人员进行技术指导和产品验收
39	压缩机	CFC—12 转换为 HCFC—22 制冷剂的小型开启式压缩机制造技术转让合同	98BMSJ/200JK066US	浙江省	宁波冷冻机厂	美国比利斯费尔德公司	1998.08.12	6	A	美方提供技术，培训中方技术人员
40	压缩机	CFC—12 转换为 HCFC—22 制冷剂的中型开启式压缩机制造技术转让合同	98BMSJ/200JK063DE	四川	重庆冰洋冷冻机股份有限公司	德国胡博·卡特技术公司	1998.08.18	4	A	德方提供技术，培训中方技术人员
41	阀门	阀门加工设备		安徽省	安徽阀业有限公司(合肥)		1996.01.00		J	

(续)

序号	产品	引进项目名称	合同号	引进地区	国内接受单位	国外技术转让方	合同签约日期	有效期(年)	技术引进方式代码	引进技术主要内容
42	阀门	阀门		湖南省	淋潭电厂		1996.11.10		J	
43	阀门	苏州瓦特斯阀门有限公司技术许可合同		江苏省	苏州瓦特斯阀门有限公司		1996.05.02		B	
44	阀门	阀门生产设备		辽宁省	大连诺登阀门有限公司		1996		K	
45	阀门	气动阀门定位器技术转让合同		江苏省	徐州化工机械总厂		1996.07.25		B	
46	阀门	树脂砂造型线		江苏省	中核苏阀科技实业股份有限公司	日本太平洋制机	1991			引进日本技术，已批量生产
47	阀门	电站阀门生产设备及制造技术		湖北省	湖北高中压阀门有限责任公司	西班牙伟亚太平洋公司	1991			引进全套资料，解决了电站阀门硬质密封面堆焊的关键问题已投入批量生产
48	阀门	火力发电用高温高压用阀门产品及铸钢产品		山东省	国营青岛电站阀门厂	日本冈野阀门株式会社	1992			设计、制造质量保证铸钢技术，已批量生产
49	阀门	生产销售精密铸造阀门的产品，(1)精密铸造生产线；(2)球阀加工组装生产线	92HMEG 09027WJ	甘肃省	白银柯登精密铸造阀门有限公司	台湾柯登企业股份有限公司	1993			对分式、对夹式1/4～2in内螺纹球阀，已掌握有关技术，达到批量生产
50	阀门	意大利IMF树脂砂脱箱造型线		河南省	开封高压阀门厂	意大利	1993			全套设备及资料，该厂大部分铸钢件要用该设备造型，铸件质量大为改观，年产铸钢件3 000 t
51	阀门	挠性节能缓闭止回阀		湖北省	武汉市亚美蝶阀厂	奥地利	1994			引进图纸、样机，已批量生产
52	阀门	球阀生产线		江苏省	中核苏阀科技实业股份有限公司	美国circor公司	1995			引进美国技术，已批量生产，年出口1 000万美元
53	阀门	HALE阀(2、3、4、6in) 高性能耐腐蚀蝶阀2ft/2～12in D_B型法兰蝶阀DN300—2400		天津市	天津塘沽瓦特斯阀门有限公司	美国瓦特斯	1995 1995 1995			引进图纸，已批量生产 引进图纸，已批量生产 引进图纸，已批量生产
54	阀门	扇形偏心旋塞阀XF5800		湖北省	武汉市亚美蝶阀厂	美国克斯顿阀门制造公司	1996			引进图纸、样机，已批量生产

（续）

序号	产品	引进项目名称	合同号	引进地区	国内接受单位	国外技术转让方	合同签约日期	有效期(年)	技术引进方式代码	引进技术主要内容
55	阀门	909回流阀2 2~10in		天津市	天津塘沽瓦特斯阀门有限公司	美国瓦特斯	1996			引进图纸，已部分批量生产
		ACV自动控制阀(不带控制部分)1 4~16in					1996			引进图纸，已批量生产
		31B止回阀(1、2、3in)					1996			引进图纸，已批量生产
56	阀门	球式防腐偏心旋塞阀XF5900		湖北省	武汉市亚美蝶阀厂	美国克斯顿阀门制造公司	2000			引进图纸、样机，已少量生产
57	阀门	水道阀门生产线		江苏省	中核苏阀科技实业股份有限公司	德国DA公司	2000			引进德国技术，已批量生产
58	阀门	SOLON4—840DE加工中心		江苏省	中核苏阀科技实业股份有限公司	德国DS公司	2000			引进德国技术，已小批量生产
59	真空获得及应用设备	生产线设备(真空吹蜡机等)		安徽省	合肥精密铸造厂		1996		J	
60	真空获得及应用设备	户内真空断路器样机		福建省	福州第一开关厂	比利时EIB公司	1996.06	1	K	户内真空断路器开关样机11.5kV-25kA-1250A
61	真空获得及应用设备	真空断路器		福建省	福州第一开关厂	比利时EIB公司	1996.01	1	K	真空断路器17.5kV~2.5kV-1250A.42/95kV DC220V
62	真空获得及应用设备	真空设备生产工艺技改		浙江省	浙江真空设备集团公司	德国莱宝公司	1997.06.04		K	干式爪式真空泵
63	真空获得及应用设备	真空设备生产工艺技改		浙江省	浙江真空设备集团公司	美国VARIAN公司(瓦里安公司)	199706.04		K	947D氦质谱检漏仪
64	真空获得及应用设备	真空设备生产工艺技改		浙江省	浙江真空设备集团公司	意大利DEA公司	1997.03.06		K	SCTROCCO 201009三座标测量仪
65	真空获得及应用设备	真空设备生产工艺技改		浙江省	浙江真空设备集团公司	中国台湾张俊雄公司	1997.03.06		K	CP2500数控龙门刨床
66	真空获得及应用设备	真空设备生产工艺技改		浙江省	浙江真空设备集团公司	中国台湾杨铁公司	1997.03.06		K	MH630卧式加工中心，MV5A立式加工中心
67	真空获得及应用设备	真空断路器组装设备及软件	98FSBXA-40AB08202PL-2	安徽省	淮北开关厂	波兰	1998.06		B	真空开关生产线，真空断路器组装设备及软件
68	真空获得及应用设备	真空开关散件	98FSBXA-40AB08202PL-1	安徽省	淮北开关厂	波兰	1998.06		F	真空开关生产线、真空开关散件
69	真空获得及应用设备	真空包装机	CJPY-S990217	北京市	北京东方联华科技有限公司	NIHON YUU-WA CO.,LTD	1999.05.18		F	

（续）

序号	产品	引进项目名称	合同号	引进地区	国内接受单位	国外技术转让方	合同签约日期	有效期(年)	技术引进方式代码	引进技术主要内容
70	减变速器	变速器生产技术引进项目		河北省	唐山爱信齿轮有限责任公司	日本爱信AI(株)	1996.03	7	A	引进日本爱信AI(株)拥有的G.R.M三个系列专有技术
71	减变速器	关于更换搅拌机减速器技术合同	9601-00	北京市	北京大兴铸造有限公司	大发金属工业株式会社	1998.08.03	1	D	技术服务
72	减变速器	重型汽车变速器制造许可证提成费支付协议	99CA/ETN-0831	北京市	中国重型汽车集团公司	美国伊顿公司	1999.08.24		B	
73	减变速器	手动变速器外壳技术服务合同	技引003	天津市	天津丰田汽车发动机有限公司	日本国丰田汽车公司	1999.09.30	2	D	提供技术服务

注：技术引进方式字母代表：
A——技术转让；B——专有技术许可；C——技术咨询；
D——技术服务；G——合资技术许可；L——其他方法。

1999年通用机械进出口商品量值表

（单位：千美元）

商品编号	商品名称	计量单位	出口		进口	
			数量	金额	数量	金额
8481	龙头、旋塞、阀门及类似品	—	—	527972	—	518086
84811000	减压阀	套	4418462	4930	3100921	13192
		kg	1468989		612059	
84812010	油压传动阀	套	133300	1075	366669	29500
		kg	145468		1699845	
84812020	气压传动阀	套	60329	643	390840	12035
		kg	20655		309232	
84813000	止回阀	套	1704425	4664	440610	9398
		kg	2526844		599350	
84814000	安全阀或溢流阀	套	2398646	12824	7474877	27370
		kg	4216513		1189572	
84818011	调节阀	套	2794633	11090	3109446	68349
		kg	3704442		2425830	
84818019	其他未列名阀门	套	50897442	120129	13841303	220399
		kg	40506218		19471326	
84818090	龙头、旋塞及类似装置	套	350555705	192265	9703878	29142
		kg	41015460		2087523	
84819010	阀门零件	kg	54548798	116767	4511980	88370
84819090	龙头、旋塞及类似装置的零件	kg	18058411	63584	2484795	20330
8421	离心机；液体或气体的过滤、净化机器及装置	—	—	72368	—	423662
84211100	奶油分离器	台	294	89	49	902
84211210	干衣量不超过10kg的干衣机	台	9766	190	532	164
84211290	干衣量超过10kg的干衣机	台	2030	643	240	1901
84211910	脱水机	台	1811	464	724	4829
84211920	固液分离机	台	207	613	694	12768

（续）

商品编号	商品名称	计量单位	出口		进口	
			数量	金额	数量	金额
84211990	其他未列名离心机，包括离心干燥机	台	4597	5155	4595	36705
84212110	家用型水的过滤、净化机器及装置	台	947854	4505	98652	918
84212190	非家用型水的过滤、净化机器及装置	台	126498	4010	65970	78095
84212200	过滤或净化饮料的机器及装置	台	88832	120	1152	9180
84212300	内燃发动机的燃油过滤器	个	8749512	5250	1057311	10509
84212910	压滤机	个	28	107	243	8369
84212990	未列名液体过滤、净化机器及装置	个	1533983	4616	436462	76041
84213100	内燃发动机的进气过滤器	个	2794186	4236	672516	8549
84213910	家用型气体的过滤、净化机器及装置	个	2571434	14233	1606166	4868
84213991	静电除尘器	个	18	444	976	6759
84213999	其他非家用型气体的过滤、净化机器及装置	个	226274	5366	1147356	70417
84219110	干衣量不超过10kg的干衣机零件	kg	135525	391	4	0
84219190	其他离心机(包括离心干燥机)零件	kg	62692	1049	293776	3952
84219910	家用型过滤、净化装置零件	kg	2232052	4734	364161	2550
84219990	8421未列名机器的零件	kg	3895596	16154	7963309	86188
8422	洗碟机；瓶子等的洗涤或干燥机器；包装机等	—	—	30682	—	356128

2000年通用机械进出口商品量值表

（单位：千美元）

商品编号	商品名称	计量单位	出口		进口	
			数量	金额	数量	金额
84814000	安全阀或溢流阀	套	2028588	5058	9897707	19552
		kg	1968563		987182	
84818011	调节阀	套	577978	8089	2631065	60619
		kg	2971934		2376798	
84818019	其他未列名阀门	套	67539168	166272	28105370	245017
		kg	54584082		12600132	
84818090	龙头、旋塞及类似装置	套	521084314	297730	36446022	29680
		kg	66234083		1778128	
84819010	阀门零件	kg	90720694	190419	4510456	75340
84819090	龙头、旋塞及类似装置的零件	kg	44622260	131138	2421376	23075
8481	龙头、旋塞、阀门及类似品	—	—	811571	—	549133
84811000	减压阀	套	5685295	5533	3197939	21377
		kg	2444994		1255539	
84812010	油压传动阀	套	7008	902	920797	47247
		kg	25135		3055996	
84812020	气压传动阀	套	155478	846	568496	16692
		kg	51088		399211	
84813000	止回阀	套	2529465	5584	837034	10535
		kg	2930025		533996	
8413	液体泵，不论是否装有计量装置；液体提升机	—	—	279646	—	465810
84131100	分装燃料或润滑油的计量泵，加油站或车库用	台	2497	1508	3626	10012
84131900	其他装有或可装计量装置的液体泵	台	125637	1647	22671	15539
84132000	手泵，但装有或可装计量装置者除外	台	4597059	10893	60362	842
84133010	输出P≥132.39kW发动机用燃油泵	台	972	37	32426	12642
84133090	其他活塞内燃机用燃油、润滑油泵或冷却剂泵	台	538052	5857	915391	56773

（续）

商品编号	商品名称	计量单位	出口		进口	
			数量	金额	数量	金额
84134000	混凝土泵	台	122	5139	320	5644
84135010	气动往复式排液泵	台	4495	1114	6761	8401
84135020	电动往复式排液泵	台	429247	7622	102537	6677
84135030	液压往复式排液泵	台	10730	1757	211152	42649
84135090	未列名往复式排液泵	台	187262	1290	130647	9206
84136010	潜油电泵及潜水电泵	台	772226	26573	17769	9557
84136070	其他回转式排液泵	台	282985	4296	184034	13754
84137010	转速在10000r/min及以上的离心泵	台	39871	3301	4687	8586
84137090	未列名离心泵	台	3548994	54899	245752	39426
84138100	未列名液体泵	台	6745448	52130	2095221	125045
84138200	液体泵零件	台	11649	455	5826	4834
84139100	液体泵零件	kg	45540491	98089	5543603	92087
84139200	液体提升机零件	kg	1274196	3041	344462	4136
8414	空气泵或真空泵、气体压缩机、风机、风扇等	—	—	956279	—	1030260
84141000	真空泵	台	3204226	18001	201580	39263
84142000	手动或脚踏式空气泵	台	37275101	38633	642051	2035
84143011	冷藏、冷冻箱压缩机，电动机P≤0.4kW	台	363362	8193	3580340	91114
84143012	电机功率＞0.4，≤5kW冷藏或冷冻箱用压缩机	台	2826	389	162413	9302
84143013	电机功率＞0.4，≤5kW的空气调节器用压缩机	台	447949	27494	3335331	252189
84143014	电机功率＞5kW的空气调节器用压缩机	台	909	533	47467	41618
84143019	电机驱动的其他制冷设备用压缩机	台	76405	5239	91928	20292
84143090	非电动机驱动的制冷设备用压缩机	台	52381	4317	279579	41067
84144000	装在拖车底盘上的空气压缩机	台	2024	323	1255	1785
84145199	输出功率≤125W的未列名风机、风扇	台	26350697	57637	28231191	53776
84145930	离心通风机	台	15078	3776	4263	7948
84145990	未列名风机、风扇	台	5066455	16419	6880517	44689
84146000	罩平面最大边长≤120cm的通风、循环气罩	台	284987	7751	39842	3837
84148010	燃气轮机用的自由活塞式发生器	台	4	3	99	25
84148020	二氧化碳压缩机	台	12	2	11866	3208
84148090	其他空气泵，气体压缩机，通风罩，循环气罩	台	13557736	64709	2528455	230710
84149010	84143011至84143014及84143090所列机器零件	kg	3948536	14868	11049269	102975
84149020	84145110至84145190及84146000所列机器零件	kg	16929093	25520	5719144	12447
8421	离心机；液体或气体的过滤、净化机器及装置	—	—	96351	—	453201
84211100	奶油分离器	台	77	46	209	794
84211210	干衣量不超过10kg的干衣机	台	11092	109	872	260
84211290	干衣量超过10kg的干衣机	台	423	982	219	764
84211910	脱水机	台	8951	843	5323	12445
84211920	固液分离机	台	391	1594	1552	19241
84211990	其他未列名离心机，包括离心干燥机	台	10437	5374	7060	37892
84212110	家用型水的过滤、净化机器及装置	台	1317297	5150	52720	864
84212190	非家用型水的过滤、净化机器及装置	台	74834	5136	81603	95616
84212200	过滤或净化饮料的机器及装置	台	63304	174	586	8348
84212300	内燃发动机的燃油过滤器	个	9880103	6367	1608052	13712
84212910	压滤机	个	132	1481	200	4647

(续)

商品编号	商品名称	计量单位	出口		进口	
			数量	金额	数量	金额
84212990	未列名液体过滤、净化机器及装置	个	1140079	6599	1201971	61979
84213100	内燃发动机的进气过滤器	个	3292229	3983	1466982	15743
84213910	家用型气体的过滤、净化机器及装置	个	2237900	15313	311455	1591
84213921	工业用静电除尘器	个	290	46	1017	2310
84213922	工业用袋式除尘器	个	35	572	982	3817
84213923	工业用旋风式除尘器	个	115	353	580	3219
84213929	其他工业用除尘器	个	21	378	3605	5149
84213990	其他非家用型气全的过滤、净化机器及装置	个	393380	5367	712395	91153
84219110	干衣量不超过10kg的干衣机零件	kg	251683	706	17354	80
84219190	其他离心机(包括离心干燥机)零件	kg	107827	816	204807	4557
84219910	家用型过滤、净化装置零件	kg	5196248	9205	281246	4819
84219990	8421未列名机器的零件	kg	6683545	25677	5284182	64202
8422	洗碟机;瓶子等的洗涤或干燥机器;包装机等	—	—	46773	—	407035
84221100	家用型洗碟机	台	31749	2702	3192	728
84221900	非家用型洗碟机	台	1253	1251	843	1920
84222000	瓶子或其他容器的洗涤或干燥机器	台	10258	1158	6771	14780

1996年泵行业协会会员单位经济指标

企业名称	工业总产值		工业增加值(万元)	产品销售收入(万元)	产品销售成本(万元)	全年从业人员人数(人)
	不变价(万元)	当年价(万元)				
合计	467915	521468	158504	489282	347986	110456
1. 系统内小计	403973	453856	136762	428501	301174	94828
沈阳第一水泵厂	1450	1732	562	2496	1690	623
沈阳第二水泵厂	2401	2527	873	3457	2389	793
大连耐酸泵一分厂	527	609	38	593	344	220
大连水泵厂	1233	1118	-142	2220	2072	399
东港市水泵厂	98	115	-3	107	85	155
锦州水泵有限公司	1099	1109	178	986	876	400
葫芦岛水泵厂	1389	1550	504	1738	1217	507
长春水泵厂	3252	3837	426	3116	2353	1284
浑江水泵厂	313	330	107	318	233	364
肇东水泵厂	1028	1004	409	765	437	312
哈尔滨第二水泵厂	741	926	351	808	647	323
昌图县水泵厂	290	580	181	477	379	290
朝阳水泵厂	251	329	97	231	187	498
沈阳滑动轴承厂	774	791	477	773	435	460
沈阳水泵股份有限公司	21004	23896	6174	24974	16683	4888
沈阳潜水泵厂	3505	4582	919	4794	3194	1087
大连耐酸泵厂	11813	12856	3862	13274	8872	1997
本溪水泵厂	5200	4681	1903	4729	2682	1500
哈尔滨水泵厂	2100	2566	470	2769	2095	1246
北京第二水泵厂	1082	1669	586	1311	960	449
北京城西龙泉水泵厂	552	774	231	808	616	162
北京东方大禹工业泵股份有限公司	770	844	127	1053	791	482
天津市耐酸泵厂	2703	2757	1091	2393	1765	690
天津天工工程机械有限公司	9996	12296	4293	11147	8891	1894
天津市海河工业泵厂	626	631	246	569	422	215
保定水泵厂	1382	1540	600	1365	965	639

（续）

企业名称	工业总产值		工业增加值（万元）	产品销售收入（万元）	产品销售成本（万元）	全年从业人员人数（人）
	不变价（万元）	当年价（万元）				
唐山市水泵厂	3210	2939	1145	2981	1921	554
邢台水泵厂	514	592	102	647	472	446
石家庄市鹿泉钢铁公司冶金机械厂	380	410	283	204	144	321
丰润县水泵厂	810	1020	320	644	414	310
承德水泵厂	311	338	175	267	150	178
河北恒盛实业股份有限公司	2210	2210	780	2166	1179	420
武安市宏泰机械泵业有限公司	1605	1791	856	1441	909	296
山西黎城波涛泵业有限公司	1897	2273	660	2018	1491	605
赤峰水泵厂	274	409	-88	498	381	623
天津市机电工程技术学校	596	579	256	678	524	256
北京水泵厂	2572	2913	852	2797	2138	1391
天津泵业机械集团有限公司	10080	7518	3052	9004	5641	1436
石家庄泵业集团有限责任公司	11090	13964	6042	16504	10478	3067
阳泉市水泵厂	2450	2401	1147	2083	1217	1329
新疆水泵厂	2015	2536	964	2861	1969	781
新疆潜水泵厂	2227	2459	608	2014	1201	521
吴忠市水泵阀门厂	1422	1503	401	1037	640	412
陕西省关中水泵有限责任公司	854	887	411	884	481	446
青海西宁水泵厂	128	128	19	71	45	112
陕西德泉水泵排灌机械有限公司	1452	1914	861	1341	1066	518
陕西兴平市水泵厂	336	386	48	414	278	226
府谷黄河机械厂	470	465	193	445	365	310
兰州水泵总厂	2872	3038	933	2773	2094	1009
甘肃水泵厂	1677	1796	553	1580	1019	786
宝鸡水泵厂	3302	3373	676	3471	1914	1300
上海飞流制泵工程有限公司	1727	1802	528	2878	1860	452
江苏海狮泵业有限公司	3495	3581	495	3026	2633	347
上海莲盛水泵厂	2000	2400	926	1804	1150	407
上海凯士比泵有限公司	16518	18273	2023	19052	14558	1535
青州水泵厂	2354	2435	576	2337	2217	1214
山东双轮集团股份有限公司	12016	15781	3945	9019	6625	854
鲁南水泵厂	1059	1081	283	660	400	488
淄博饮料泵厂	858	717	246	754	594	269
南京古尔兹制泵有限公司	1225	1848	543	2153	1695	480
如皋市水泵厂	226	212	88	210	137	96
山东同泰集团股份有限公司	6615	7087	4075	6955	4869	1173
淄博真空设备厂	4010	4487	1577	3610	2396	784
南京泵厂	2259	2488	596	2115	1830	420
南京蓝深制泵集团股份有限公司	7006	9146	4108	9658	5825	578
徐州水泵厂	689	582	213	595	492	191
泰州泰东泵业有限公司				1101	719	
江苏省姜堰市水泵厂	1370	1650	617	1441	778	385
江苏振华泵业制造有限公司	1427	1450	518	625	392	522
连云港水泵厂	583	679	137	625	392	330
靖江市亚太泵业有限公司	1043	1134	233	1035	744	218
江苏利工集团有限公司	3473	3592	720	2956	1813	932
浙江水泵总厂	1838	2094	706	2076	1473	327
杭州斯来特泵业有限公司	7824	9773	2044	10035	7744	978
江山伟懋制泵有限公司	2382	2615	719	2609	1888	466
嵊州市水泵厂	536	575	163	485	282	206
杭州大路实业有限公司	1523	2001	848	1685	1180	400
苍南水泵厂	351	305	81	320	236	88
仙居机械厂	905	1014	466	1082	605	311
浙江真空设备集团有限公司	5019	6638	3893	5180	2587	1087
黄岩八一通用机械厂	1429	1939	498	2023	1295	572

（续）

企业名称	工业总产值 不变价（万元）	工业总产值 当年价（万元）	工业增加值（万元）	产品销售收入（万元）	产品销售成本（万元）	全年从业人员人数（人）
宁国工业泵厂	5869	5770	2398	2717	1838	509
江西赣州制泵有限责任公司	1601	1675	772	1697	1070	629
江西鹰潭泵业有限责任公司	1705	1837	934	1085	718	804
龙岩水泵厂	684	920	259	1127	699	480
晋江水泵厂	446	538	176	482	352	209
山东亚龙泵业集团总公司	7150	8221	2100	6623	4758	230
靖江耐腐设备总厂	2700	2160	444	964	541	240
杭州碱泵厂	2276	1427	476	1909	1234	153
博山第二水泵厂	1930	1930	530	1170	1557	244
高邮水泵厂	3305	3040	523	2966	2424	1102
泰安水泵厂	2011	2209	931	1998	1525	721
芜湖市水泵厂	437	539	119	415	330	231
上海大隆机械厂	22557	24804	4872	22642	19339	4037
上海深井泵厂	4148	4385	1579	4304	2805	385
上海第一水泵厂	5017	6706	2490	6585	4445	592
济南试金集团泵业有限公司	350	411	－79	528	450	882
山东博山水泵股份有限公司	8119	10196	2004	12217	8451	2199
无锡市水泵厂	9224	10730	3040	10066	7644	1074
长沙工业泵总厂	1047	1472	553	1754	1378	724
武汉第二水泵厂	214	259	58	194	161	407
武汉第四水泵厂	529	225	55	200	135	238
宜昌水泵总厂	2651	2748	322	1203	884	429
石首水泵厂	1627	1575	532	1699	1123	743
武穴水泵厂	2803	1879	1198	1003	525	461
天门水泵厂	3621	4081	1310	3159	2614	650
洛阳水泵厂	3548	3975	1251	1424	966	675
广州水泵厂	5000	4633	1752	3824	3215	331
广州第一水泵厂	9358	10156	3135	10105	7844	599
佛山柴油机厂	1204	1369	454	1388	1000	270
开平水泵厂	5380	4661	1125	2512	1834	437
桂林水泵厂	2335	2827	825	2745	2197	930
北海市水泵厂	681	719	196	405	314	167
八步水泵厂	532	738	281	715	450	376
漯河腾龙泵业有限责任公司	1355	1515	515	1633	1289	549
周口市泵业有限公司	622	621	267	455	325	234
黄石水泵总厂	445	468	－197	502	390	418
醴陵水泵厂	1336	1536	674	1295	884	423
长沙通大(集团)有限公司	14510	15556	3376	17619	12155	2303
武汉四方泵业集团有限公司	8238	6694	2068	6731	3965	2225
豫通泵业(集团)公司新乡	3551	5315	1513	3902	2433	1209
佛山水泵厂	7155	8434	2644	9251	5111	790
重庆工业泵厂	501	512	163	688	538	369
自贡凉高山水泵厂	2861	3093	410	594	350	317
成都水泵厂	1054	1475	631	1819	1100	602
昆明市水泵厂	2206	3003	1472	2839	1966	640
南部嘉陵泵业有限责任公司	1148	1312	369	1045	653	571
四川三台泵业有限公司	3117	2920	931	2864	2111	766
简阳试压泵厂	544	735	267	721	452	277
重庆第四水泵厂	531	598	132	694	552	244
南华县水泵厂	207	249	136	343	266	104
重庆水泵厂	4939	4704	2310	5002	2614	1350
新达机械集团股份有限公司	3739	4486	1570	3999	2958	1412
自贡市工业泵股份有限公司	3762	4357	1768	4137	2764	1590
2. 系统外小计	63942	67612	21742	60781	46811	15628
沈阳第三水泵厂	1303	1113	684	1005	591	320

（续）

企业名称	工业总产值 不变价（万元）	工业总产值 当年价（万元）	工业增加值（万元）	产品销售收入（万元）	产品销售成本（万元）	全年从业人员人数（人）
沈阳耐酸泵厂	290	361	176	361	220	361
盖州水泵厂	808	1004	109	1067	771	548
普兰店水泵厂	354	380	75	358	226	160
海城水泵厂	6420	6758	1313	5915	4840	1597
长春市第一水泵厂	1737	1807	482	972	855	287
北京丰台区北方水泵厂	589	739	469	476	361	176
北京渣浆泵厂	3757	4676	2006	4586	3635	1532
石家庄市通用水泵厂	414	348	110	346	272	125
邯郸市工业泵厂	500	382	180	247	156	250
山西阳泉市平坦泵业有限公司	730	1020	143	433	257	150
运城水泵制造公司	1532	1350	460	422	419	280
山西榆次潜水泵厂	733	956	264	505	446	466
汉沽农场水泵厂	1164	1139	477	963	726	336
陕西省水泵厂	557	490	37	415	332	432
宁夏电机总厂	2789	3109	288	3082	2207	1088
烟台市耐腐蚀集团有限公司	6000	3097	977	3710	2947	890
浙江丰球集团公司	12295	15947	7675	14573	11365	450
温岭市水泵厂	821	1214	602	1073	729	263
山东聊城化工机械厂	1100	1017	396	833	490	424
山东省潍坊生建集团	16253	16437	4237	15347	11322	1623
湘潭县花石水泵厂	1300	1300	390	914	575	235
禹州市煤矿水泵厂	205	186	50	150	71	128
自贡第二水泵厂	608	592	207	583	366	395

1997 年泵行业协会会员单位经济指标

企业名称	工业总产值 不变价（万元）	工业总产值 当年价（万元）	工业增加值（万元）	产品销售收入（万元）	产品销售成本（万元）	全年从业人员人数（人）
合计	523385	554301	176222	514588	363169	110066
1. 系统内小计	442512	472717	154170	445977	312900	94474
沈阳第一水泵厂	1300	1618	871	1420	920	728
沈阳第二水泵厂	2002	3478	1750	3788	2783	728
大连耐酸泵一分厂	1343	1357	507	1318	820	465
大连水泵厂	890	959	425	1647	1559	370
东港市水泵厂	212	239	65	175	114	155
锦州水泵有限公司	1320	1459	185	697	663	405
葫芦岛水泵厂	800	876	136	836	634	484
长春水泵厂	3146	3640	1453	3175	2339	1220
哈尔滨第二水泵厂	861	861	324	829	641	282
昌图县水泵厂	152	303	102	182	132	280
朝阳水泵厂	207	250	62	223	133	488
沈阳滑动轴承厂	627	742	433	609	294	483
丹东恒星泵业有限公司	6892	3113	1690	3208	1840	518
沈阳水泵股份有限公司	23018	25734	8237	24386	16597	4780
沈阳潜水泵厂	3628	4760	1284	4863	2901	1103
大连耐酸泵厂	12038	13039	4208	12877	8197	1742
本溪水泵厂	5500	4610	1500	5070	3109	1571
哈尔滨水泵厂	1900	2312	464	2704	2059	1231
北京第二水泵厂	953	1154	447	1126	812	405

（续）

企业名称	工业总产值		工业增加值（万元）	产品销售收入（万元）	产品销售成本（万元）	全年从业人员人数（人）
	不变价（万元）	当年价（万元）				
北京城西龙泉水泵厂	500	641	146	599	462	143
北京东方大禹工业泵股份有限公司	740	774	－163	744	613	450
天津市耐酸泵厂	2808	2832	1109	2588	1929	805
天津天工工程机械有限公司	13662	17700	3918	16905	12455	1844
天津市海河工业泵厂	467	500	189	462	360	200
保定水泵厂	829	821	－3	855	545	595
唐山市水泵厂	3100	2951	1244	2893	1859	545
邢台水泵厂	376	465	93	501	356	445
石家庄市鹿泉钢铁公司冶金机械厂	307	308	254	110	89	297
丰润县水泵厂	896	1005	300	526	362	310
承德水泵厂	177	210	152	177	92	161
河北恒盛实业股份有限公司	2400	2400	1027	1581	796	550
武安市宏泰机械泵业有限公司	1905	1997	953	1736	950	320
山西黎城波涛泵业有限公司	2000	2302	660	2125	1647	493
天津市机电工程技术学校	509	489	37	554	444	263
北京水泵厂	2623	3213	1093	3358	2441	1297
天津泵业机械集团有限公司	13382	9430	3775	13597	10032	1678
石家庄泵业集团有限责任公司	9267	12517	5089	14622	8740	3061
阳泉市水泵厂	1871	1897	961	1628	850	1276
新疆水泵厂	1680	2054	551	1717	1277	714
新疆潜水泵厂	2907	2745	668	2033	1174	490
吴忠市水泵阀门厂	998	1139	273	884	597	418
陕西省关中水泵有限责任公司	800	800	408	732	384	329
青海西宁水泵厂	99	99	32	49	35	110
陕西德泉水泵排灌机械有限公司	1203	1438	601	1015	808	548
陕西兴平市水泵厂	182	192	65	235	170	261
陕西扶龙泵业有限责任公司	927	1160	282	938	540	365
府谷黄河机械厂	503	437	131	401	277	300
西安泵阀总厂	5252	4803	1700	5327	3946	1367
兰州水泵总厂	2600	2292	666	1977	1582	1038
甘肃水泵厂	1019	1094	532	1286	826	738
宝鸡水泵厂	2847	2785	1195	2665	1609	1233
上海飞流制泵工程有限公司	1700	2001	983	3219	2311	444
江苏海狮泵业有限公司	3721	3764	553	3098	2780	332
上海莲盛水泵厂	924	1155	311	1346	905	250
上海凯士比泵有限公司	18003	18015	4281	19373	13785	1428
青州水泵厂	3063	3308	985	3247	2807	1158
山东双轮集团股份有限公司	15740	17710	5265	12174	9066	1264
淄博饮料泵厂	788	569	240	573	461	252
南京古尔兹制泵有限公司	1730	2293	433	2517	1960	463
如皋市水泵厂	262	267	34	203	118	50
山东同泰集团股份有限公司	8159	8506	4386	8334	6392	1291
淄博真空设备厂	3220	3439	1236	2934	1758	814
南京泵厂	1312	1433	220	1346	1134	340
南京蓝深制泵集团股份有限公司	8518	9540	3606	9387	5347	609
徐州水泵厂	408	363	95	361	301	179
泰州泰东泵业有限公司	1703	1486	403	1185	917	406
江苏省姜堰市水泵厂	2042	2127	332	2053	1613	389
江苏振华泵业制造有限公司	1204	1256	381	1469	767	546
靖江市亚太泵业有限公司	835	820	44	823	669	186
江苏利工集团有限公司	5122	5176	459	2402	1541	903
浙江水泵总厂	1940	2393	895	2406	1897	335
杭州斯来特泵业有限公司	7272	9088	2243	8920	6588	963
江山伟懋制泵有限公司	3093	3057	783	2427	1737	454
杭州大路实业有限公司	2038	2686	666	2335	1715	453

（续）

企 业 名 称	工业总产值 不变价（万元）	工业总产值 当年价（万元）	工业增加值（万元）	产品销售收入（万元）	产品销售成本（万元）	全年从业人员人数（人）
苍南水泵厂	342	293	100	302	216	80
仙居机械厂	851	979	382	798	465	268
浙江真空设备集团有限公司	3534	4093	1711	3414	1907	1080
黄岩八一通用机械厂	1300	1729	313	2027	1517	402
安徽三联泵业股份有限公司	7485	8476	2111	3200	2330	739
宁国工业泵厂	5939	5373	2291	2547	1639	458
江西赣州制泵有限责任公司	1401	1408	600	1361	901	593
江西鹰潭泵业有限责任公司	1275	1389	664	713	479	770
龙岩水泵厂	1117	1509	362	1287	773	525
晋江水泵厂	414	505	307	419	288	209
山东亚龙泵业集团总公司	7840	9500	2450	7800	7168	240
靖江耐腐设备总厂	4575	3660	867	959	520	240
杭州碱泵厂	2614	1741	582	1864	1088	149
博山第二水泵厂	2063	2063	569	1544	1273	244
高邮水泵厂	4050	3628	1055	3703	2895	1077
泰安水泵厂	1860	2029	837	1926	1315	741
芜湖市水泵厂	281	344	35	322	311	228
上海大隆机械厂	34094	36493	11429	37986	28562	3566
江苏振兴工业泵厂	800	1100	154	511	365	50
上海深井泵厂	3800	3882	1673	2829	2159	320
上海第一水泵厂	5049	5503	825	5394	3815	537
济南试金集团泵业有限公司	349	414	－136	391	320	856
山东博山水泵股份有限公司	7287	11739	4440	10555	7002	2207
无锡市水泵厂	7031	8329	2108	8512	6653	1079
长沙工业泵总厂	419	592	164	853	665	733
武汉第二水泵厂	181	202	－83	236	198	395
武汉第四水泵厂	388	281	79	130	88	185
宜昌水泵总厂	2064	2257	381	1054	776	403
石首水泵厂	1500	1403	511	1233	847	744
武穴水泵厂	3316	2236	1571	760	345	466
天门水泵厂	3697	3969	1277	3044	2522	638
洛阳水泵厂	3226	3769	1268	1516	1056	636
广州水泵厂	5013	4255	1451	3827	3119	312
广州第一水泵厂	11025	11587	4923	12046	8880	616
佛山柴油机厂	1006	1208	404	1185	940	228
开平水泵厂	5406	5090	1212	2637	1969	421
桂林水泵厂	2661	2959	1127	3197	2417	884
北海市水泵厂	359	397	123	235	181	169
八步水泵厂	381	522	171	557	368	524
漯河腾龙泵业有限责任公司	1235	1379	448	1632	1238	518
周口市泵业有限公司	354	350	156	267	182	222
新乡泵厂	1191	1191	202	832	585	225
长沙通大(集团)有限公司	12259	14177	3625	16096	10469	2316
武汉四方泵业集团有限公司	9009	7266	2054	7230	4343	2438
豫通泵业(集团)公司新乡	2656	3913	2988	3879	2469	1247
佛山水泵厂	7812	8196	2999	10080	6466	789
重庆工业泵厂	397	394	172	462	305	367
重庆第二水泵厂	141	142	32	155	101	228
自贡凉高山水泵厂	391	485	150	579	360	293
成都水泵厂	1292	1786	655	1663	910	530
昆明市水泵厂	1988	2814	1545	2554	1623	570
南部嘉陵泵业有限责任公司	1283	1364	326	880	576	552
四川三台泵业有限公司	2844	2664	797	2201	1739	743
简阳试压泵厂	615	857	360	862	553	270
重庆第四水泵厂	650	681	357	687	529	239

（续）

企业名称	工业总产值 不变价（万元）	工业总产值 当年价（万元）	工业增加值（万元）	产品销售收入（万元）	产品销售成本（万元）	全年从业人员人数（人）
南华县水泵厂	261	292	217	343	271	106
重庆水泵厂	6354	5831	2917	6293	3392	1799
新达机械集团股份有限公司	3464	3578	1288	3303	2150	1393
自贡市工业泵股份有限公司	3901	4005	1565	4267	2715	1596
2. 系统外小计	80873	81584	22052	68612	50268	15592
沈阳第三水泵厂	1350	1180	293	750	420	245
沈阳耐酸泵厂	130	161	90	216	199	538
盖州水泵厂	855	1092	362	1185	856	544
海城水泵厂	8587	9039	1818	8300	6532	1547
沈阳铸造总厂	1012	1419	－269	1614	2007	2875
北京丰台区北方水泵厂	323	476	323	368	255	120
石家庄市通用水泵厂	352	303	92	312	238	125
邯郸市工业泵厂	454	455	97	195	120	244
山西阳泉市平坦泵业有限公司	160	291	77	297	176	128
运城水泵制造公司	1093	1139	351	222	220	290
山西榆次潜水泵厂	755	1050	284	402	322	425
汉沽农场水泵厂	1208	1203	198	928	671	339
陕西省水泵厂	618	569	465	436	329	428
宁夏电机总厂	2558	2748	367	3030	2268	1018
烟台市耐腐蚀集团有限公司	7000	4080	1753	3410	2412	888
浙江丰球集团公司	9373	11702	2986	11658	7782	465
萧山水泵总厂	8728	7489	2135	6535	4298	399
温岭市水泵厂	798	1091	581	1094	718	253
建德市新安江矿山机械厂	177	194	55	204	161	84
高安市水泵厂	768	808	292	755	441	210
山东聊城化工机械厂	1500	1343	834	1115	651	423
靖江化工机泵阀门总厂	10652	10685	2569	5500	4512	667
山东省潍坊生建集团	17083	17460	4359	15147	11299	1617
湘潭县花石水泵厂	1256	1380	522	789	558	230
禹州市煤矿水泵厂	185	167	52	106	58	134
郑州电力机械厂	2402	2575	904	3060	2121	688
自贡第二水泵厂	581	569	218	339	241	377
都匀水泵厂	915	916	244	644	403	291

1998年泵行业协会会员单位经济指标

企业名称	工业总产值 不变价（万元）	工业总产值 当年价（万元）	工业增加值（万元）	产品销售收入（万元）	产品销售成本（万元）	全年从业人员人数（人）
合计	434141	460312	145676	438632	310949	85812
1. 系统内小计	382213	406148	130351	396694	274540	79887
沈阳第一水泵厂	912	1132	680	1284	857	674
沈阳第二水泵厂	1772	2215	416	2646	1976	609
大连耐酸泵一分厂	1289	1266	640	1385	926	303
大连水泵厂	73	46		96	85	120
锦州水泵有限公司	1050	1108	489	455	488	392
葫芦岛水泵厂	484	542	166	891	713	483
长春水泵厂	1110	1336	500	1302	979	801
哈尔滨第二水泵厂	1200	1200	391	1039	855	280
朝阳水泵厂	173	206	107	137	110	462

（续）

企 业 名 称	工业总产值		工业增加值（万元）	产品销售收入（万元）	产品销售成本（万元）	全年从业人员人数（人）
	不变价（万元）	当年价（万元）				
沈阳滑动轴承厂	624	751	440	455	217	455
沈阳水泵股份有限公司	21714	23991	6479	26458	20418	4583
沈阳潜水泵厂	4106	4404	1416	4387	2626	1093
大连耐酸泵厂	12260	12886	4442	12716	8006	1606
本溪水泵厂	3423	3200	679	3909	2518	1535
哈尔滨水泵厂	1400	1694	－110	1710	1379	1174
北京第二水泵厂	980	1087	537	978	669	395
北京东方大禹工业泵股份有限公司	403	417	－382	590	495	399
天津市耐酸泵厂	1871	1648	839	1572	1151	846
天津天工工程机械有限公司	17288	20708	5056	22104	17117	1765
天津市海河工业泵厂	570	605	148	514	447	170
保定水泵厂	601	469	－75	550	337	567
唐山市水泵厂	2610	2471	1024	2306	1417	527
邢台水泵厂	264	363	65	391	315	454
丰润县水泵厂	840	935	68	646	432	310
承德水泵厂	192	178	97	188	112	140
河北恒盛实业股份有限公司	1573	1573	775	1350	693	320
武安市宏泰机械泵业有限公司	1250	1318	600	1246	692	309
山西黎城波涛泵业有限公司	836	1035	286	1043	661	487
天津市机电工程技术学校	437	419	127	483	358	261
北京水泵厂	1418	1743	292	1332	1043	1236
天津泵业机械集团有限公司	16662	12385	5605	16832	12260	2698
石家庄泵业集团有限责任公司	8116	10885	4918	12503	6884	3107
阳泉市水泵厂	1925	1954	1073	1262	606	1150
新疆水泵厂	1527	1764	724	2052	1686	651
新疆潜水泵厂	3148	3052	950	2956	2021	487
吴忠市水泵阀门厂	924	1188	330	794	609	406
陕西省关中水泵有限责任公司	620	620	286	596	321	373
青海西宁水泵厂	29	29		38	28	95
陕西德泉水泵排灌机械有限公司	1020	1011	323	601	458	580
陕西兴平市水泵厂	115	123	25	125	88	282
陕西扶龙泵业有限责任公司	1016	1211	407	803	465	360
兰州水泵总厂	3010	3118	900	3015	2359	1035
甘肃水泵厂	389	419		322	234	764
宝鸡水泵厂	3426	3216	1058	3152	1847	1136
上海飞流制泵工程有限公司	1018	1010	132	1375	799	426
江苏海狮泵业有限公司	3002	3130	450	2452	2141	376
上海凯士比泵有限公司	20443	19921	5932	20669	14532	1289
山东双轮集团股份有限公司	12379	15307	5234	12132	9016	1259
南京古尔兹制泵有限公司	2193	2389	546	1974	2868	450
山东同泰集团股份有限公司	7028	7199	3194	7053	5373	1174
淄博真空设备厂	2399	2775	1064	2201	1246	788
南京蓝深制泵集团股份有限公司	8034	9114	2920	9111	5532	621
泰州泰东泵业有限公司	1218	1246	378	1122	870	241
江苏振华泵业制造有限公司	1450	1466	458	1549	799	527
靖江市亚太泵业有限公司	443	390	142	345	290	278
江苏利工集团有限公司	4653	4333	786	2251	1418	865
浙江水泵总厂	2002	2341	561	1542	1016	318
杭州斯来特泵业有限公司	5271	6532	1487	7196	5607	905
江山伟懋制泵有限公司	2651	2464	647	2154	1518	390
杭州大路实业有限公司	2345	2589	970	2451	1964	380
黄岩八一通用机械厂	1982	1811	412	1736	1312	378
安徽三联泵业股份有限公司	7500	8281	2079	5010	4078	748
宁国工业泵厂	5481	5005	2002	3160	2518	359
江西赣州制泵有限责任公司	905	827	251	1430	881	496

(续)

企 业 名 称	工业总产值		工业增加值（万元）	产品销售收入（万元）	产品销售成本（万元）	全年从业人员人数（人）
	不变价（万元）	当年价（万元）				
龙岩水泵厂	870	1119	356	1000	625	496
晋江水泵厂	211	230	69	258	161	200
山东亚龙泵业集团总公司	9016	10925	3278	8970	5741	240
靖江耐腐设备总厂	4026	4026	1033	1055	632	240
杭州碱泵厂	2500	1844	669	1809	1013	143
博山第二水泵厂	1580	1580	334	1111	908	224
泰安水泵厂	1167	1325	299	1275	930	718
芜湖市水泵厂	402	454	90	505	413	222
上海大隆机械厂	40005	42191	13579	32912	25948	3338
江苏振兴工业泵厂	650	650	50	630	465	56
上海深井泵厂	3841	3960	1109	3516	2657	302
上海第一水泵厂	5500	5885	1680	4388	2718	528
济南试金集团泵业有限公司	166	212	－198	206	143	807
上海水泵厂	1601	2279	572	5981	4615	480
山东博山水泵股份有限公司	6002	9731	3729	8004	5233	2206
无锡市水泵厂	7162	8511	2222	9315	7334	1176
宜昌水泵总厂	1820	2032	317	905	651	389
石首水泵厂	778	699	292	739	503	710
武穴水泵厂	1599	1007	450	567	380	332
广州第一水泵厂	11038	11601	3062	11087	8086	665
佛山柴油机厂	1003	1213	404	1109	877	194
开平水泵厂	3260	3022	676	1512	1091	385
桂林水泵厂	1954	2044	799	2269	1594	779
北海市水泵厂	259	280	120	238	187	160
八步水泵厂	448	585	329	627	382	442
漯河腾龙泵业有限责任公司	857	912	376	935	682	500
醴陵水泵厂	732	915	305	756	465	396
湖北洪湖工业泵厂	1068	1216	721	1131	498	304
长沙通大(集团)有限公司	12261	13883	4668	16434	10486	2288
武汉四方泵业集团有限公司	10821	8804	2634	8670	5903	3397
豫通泵业(集团)公司新乡	1936	2824	1008	2084	1321	1167
佛山水泵厂	10541	9858	4596	11495	8011	749
重庆工业泵厂	331	328	72	395	282	353
重庆第二水泵厂	105	105	28	121	92	208
成都水泵厂	1580	1806	745	2102	1424	522
南部嘉陵泵业有限责任公司	1822	2006	864	785	360	420
四川三台泵业有限公司	1516	1431	538	1578	1171	654
重庆川东机电有限公司(万县泵厂)	604	698	115	680	540	296
简阳试压泵厂	623	776	388	744	478	261
重庆第四水泵厂	332	354	157	477	334	217
南华县水泵厂	202	232	101	266	205	103
重庆水泵厂	6371	5596	2530	5635	3028	1674
新达机械集团股份有限公司	3002	3186	1099	2215	1661	1251
自贡市工业泵股份有限公司	3604	3762	1650	4075	2584	1547
2. 系统外小计	51928	54164	15325	51938	36408	5925
沈阳第三水泵厂	2160	2000	500	380	287	255
石家庄市通用水泵厂	343	296	107	304	258	110
邯郸市工业泵厂	123	121	23	136	96	222
山西榆次潜水泵厂	196	252	81	226	173	414
汉沽农场水泵厂	1041	1018	113	702	528	341
陕西省水泵厂	800	959	272	461	293	401
宁夏电机总厂	2930	3014	1100	3105	2419	1002
浙江丰球集团公司	14008	17280	5692	17269	10907	464
萧山水泵总厂	9023	6785	1967	6784	4642	391
温岭市水泵厂	720	1026	437	1224	864	239

(续)

企业名称	工业总产值		工业增加值(万元)	产品销售收入(万元)	产品销售成本(万元)	全年从业人员人数(人)
	不变价(万元)	当年价(万元)				
高安市水泵厂	807	890	311	796	465	201
山东省潍坊生建集团	17874	18623	4213	19335	14611	1425
湘潭县花石水泵厂	1300	1300	331	751	528	192
都匀水泵厂	603	600	178	465	338	268

1999年泵行业协会会员单位经济指标

企业名称	工业总产值		工业增加值(万元)	产品销售收入(万元)	产品销售成本(万元)	全年从业人员人数(人)
	不变价(万元)	当年价(万元)				
合计	457896	470684	148220	439985	315321	76824
1. 系统内小计	390559	401702	129353	372410	268085	68209
沈阳第一水泵厂	733	928	523	1059	751	266
沈阳第二水泵厂	1815	2220	648	2746	1955	470
大连耐酸泵一分厂	1406	1271	167	1395	1030	168
大连水泵厂	346	375	44	385	378	180
东港市水泵厂	190	209	112	197	155	85
葫芦岛水泵厂	127	140	-40	225	184	170
长春水泵厂	1007	1331	243	1144	836	703
肇东水泵厂	1620	1648	445	800	644	320
哈尔滨第二水泵厂	876	810	278	903	715	268
沈阳滑动轴承厂	363	411	243	278	153	212
丹东恒星泵业有限公司	2223	2403	962	1671	1046	460
丹东克隆集团有限公司	6321	6321	1954	5934	3595	389
沈阳皮拉密封有限公司	704	704	343	519	403	118
沈阳水泵股份有限公司	20583	22710	4700	20944	13563	2539
沈阳潜水泵厂	3323	3988	1364	4424	2573	1018
大连耐酸泵厂	10155	9838	2342	11412	7735	1270
本溪水泵厂	3294	2901	1362	3194	2053	997
哈尔滨水泵厂	1350	1508	100	1708	1357	703
北京第二水泵厂	959	983	542	932	613	367
北京城西龙泉水泵厂	572	619	292	444	322	120
北京东方大禹工业泵股份有限公司	155	157	-359	349	307	217
天津市耐酸泵厂	1483	1340	885	1659	1154	388
天津天工工程机械有限公司	492	625	-353	748	790	235
天津市海河工业泵厂	397	400	108	384	360	170
保定水泵厂	250	198	92	363	232	517
唐山市水泵厂	2396	2274	808	2403	1340	478
邢台水泵厂	286	362	75	420	313	229
丰润县水泵厂	511	574	26	345	219	310
承德水泵厂	195	210	91	147	85	136
河北恒盛实业股份有限公司	1800	1800	867	1174	648	320
武安市宏泰机械泵业有限公司	1501	1557	720	1295	711	364
山西黎城波涛泵业有限公司	890	1300	330	983	636	478
天津市机电工程技术学校	208	205	228	307	226	43
北京水泵厂	1537	1420	412	1672	1493	1134
天津泵业机械集团有限公司	18056	13351	5790	18874	14606	1627
石家庄泵业集团有限责任公司	8451	11107	4059	11541	6060	2811
阳泉市水泵厂	2195	2299	959	2183	1325	1192
新疆水泵厂	985	1080	357	1131	952	434

(续)

企业名称	工业总产值		工业增加值（万元）	产品销售收入（万元）	产品销售成本（万元）	全年从业人员人数（人）
	不变价（万元）	当年价（万元）				
吴忠市水泵阀门厂	972	1162	249	782	574	404
陕西省关中水泵有限责任公司	572	572	252	518	282	372
陕西德泉水泵排灌机械有限公司	918	932	290	565	451	548
陕西兴平市水泵厂	150	165	24	131	94	272
陕西扶龙泵业有限责任公司	719	846	281	647	366	355
宁夏电机有限责任公司	3078	3075	1076	2812	2120	939
兰州水泵总厂	2324	2408	722	1982	1700	838
甘肃水泵厂	310	348	-4	328	249	746
宝鸡水泵厂	2382	1631	164	1563	1095	955
上海飞流制泵工程有限公司	719	852	159	888	594	339
江苏海狮泵业有限公司	3085	3065	630	2633	1943	323
上海莲盛水泵厂	829	1021	743	934	710	110
上海水泵厂	2608	3913	976	2438	2119	240
山东双轮集团股份有限公司	15096	14930	5142	16523	11624	1248
淄博饮料泵厂	312	237	62	295	241	168
南京古尔兹制泵有限公司	1986	2157	557	2489	1757	335
招远水泵厂	1093	1075	184	1141	935	243
山东同泰集团股份有限公司	6006	6176	3525	4440	5070	1102
淄博真空设备厂	3337	3892	1357	2640	1544	713
南京泵厂	910	910	190	861	753	210
南京蓝深制泵集团股份有限公司	7712	7972	2844	9633	6636	620
徐州水泵厂	102	93	25	95	89	49
泰州泰东泵业有限公司	953	972	266	625	464	169
江苏振华泵业制造有限公司	1683	1701	767	1602	854	384
靖江市亚太泵业有限公司	365	308	23	333	287	247
江苏利工集团有限公司	4895	4223	625	2890	1904	851
浙江水泵总厂	1538	1781	484	1494	1063	271
杭州斯来特泵业有限公司	5076	6156	1827	5952	5048	772
江山伟懋制泵有限公司	2478	2116	542	2025	1498	376
杭州大路实业有限公司	2711	2896	1045	2720	1992	349
苍南水泵厂	200	204	67	221	162	46
仙居机械厂	489	525	153	421	266	242
浙江真空设备集团有限公司	3201	3788	1318	3381	2312	683
黄岩八一通用机械厂	1143	1322	263	1316	1271	339
安徽三联泵业股份有限公司	8510	9250	3080	8240	6370	715
宁国工业泵厂	4482	4071	1527	3363	2540	359
江西赣州制泵有限责任公司	1052	1077	290	1363	855	476
万载水泵厂	1111	989	376	872	473	313
龙岩水泵厂	480	632	203	629	503	291
晋江水泵厂	153	227	58	236	155	188
山东亚龙泵业集团总公司	9437	11440	2500	9001	6340	240
靖江耐腐设备总厂	4268	4268	1004	1118	670	240
杭州碱泵厂	2208	1426	750	1595	914	135
博山第二水泵厂	1184	1184	206	904	689	228
南京工业泵厂	244	239	48	303	151	204
高邮水泵厂	5905	5893	1077	5853	4957	1051
泰安水泵厂	1095	1234	519	1133	743	700
芜湖市水泵厂	353	381	98	501	425	216
上海大隆机械厂	35602	34257	8707	28715	23996	2493
上海华联泵业有限公司	1912	1912	1885	1647	1093	110
上海深井泵厂	3333	3200	961	2092	1433	218
上海第一水泵厂	4871	4141	1303	3845	2773	467
济南试金集团泵业有限公司	375	472	14	227	164	321
上海凯士比泵有限公司	20126	18990	5703	16832	13449	927
山东博山水泵股份有限公司	7700	11363	6435	9516	6094	2167

（续）

企 业 名 称	工业总产值		工业增加值（万元）	产品销售收入（万元）	产品销售成本（万元）	全年从业人员人数（人）
	不变价（万元）	当年价（万元）				
无锡市水泵厂	9226	10374	2401	10862	8562	1132
武汉第四水泵厂	500	505	146	460	327	156
宜昌水泵总厂	1828	2098	384	911	651	367
石首水泵厂	1775	1697	509	1632	1398	711
武穴水泵厂	1808	1203	670	531	327	334
洛阳水泵厂	2151	2536	768	1002	802	461
广州水泵厂	2883	2496	603	2465	1939	231
广州第一水泵厂	14725	15478	4281	12240	8970	665
开平水泵厂	3005	2872	705	1456	1039	323
桂林水泵厂	1817	1639	683	1620	1218	639
北海市水泵厂	267	301	138	260	207	150
八步水泵厂	607	717	272	657	426	332
漯河腾龙泵业有限责任公司	808	909	215	979	667	481
醴陵水泵厂	443	620	186	572	354	310
阳江市不锈钢泵有限公司	2000	2000	600	1800	1600	180
长沙通大(集团)有限公司	13385	15244	5597	16354	10586	2260
武汉四方泵业集团有限公司	8028	7151	1861	6382	4428	1779
豫通泵业(集团)公司新乡	1271	1705	603	1499	949	1164
佛山水泵厂	13115	12948	6345	12068	8319	733
重庆工业泵厂	199	191	103	252	170	164
自贡凉高山水泵厂	206	249	159	302	196	221
成都水泵厂	1659	1991	896	2053	1099	360
昆明市水泵厂	1066	1409	651	1753	1146	399
南部嘉陵泵业有限责任公司	1021	1173	495	466	301	225
四川三台泵业有限公司	1420	1253	384	1130	893	431
重庆川东机电有限公司(万县泵厂)	578	666	110	699	610	288
重庆第四水泵厂	520	560	212	643	453	188
南华县水泵厂	77	88	14	127	81	94
重庆水泵厂	4660	4065	1916	4196	2306	1325
新达机械集团股份有限公司	2186	2779	972	2407	1669	1000
自贡市工业泵股份有限公司	3217	3138	1183	3043	2025	1283
2. 系统外小计	67337	68982	18867	67575	47236	8615
盖州水泵厂	598	787	17	823	667	220
海城市三鱼泵业有限公司	5521	5812	1807	6328	4718	1570
北京丰台区北方水泵厂	142	191	64	268	195	105
石家庄市通用水泵厂	356	355	189	319	307	110
山西榆次潜水泵厂	271	316		193	168	335
汉沽农场水泵厂	1076	1021	400	781	546	365
新疆潜水泵厂	2594	2486	932	2436	1412	489
陕西省水泵厂	751	897	166	441	307	227
烟台市耐腐蚀集团有限公司	1704	1704	587	1600	811	819
浙江丰球集团公司	19193	23126	6057	22963	14711	473
萧山水泵总厂	8084	4864	1285	4548	3468	375
温岭市水泵厂	779	1140	526	1117	734	227
建德市新安江矿山机械厂	90	98	40	122	100	119
高安市水泵厂	897	985	353	927	562	210
山东聊城化工机械厂	2169	1949	838	1018	647	470
山东省潍坊生建集团	19427	19722	4661	20922	16027	1425
湘潭县花石水泵厂	1320	1320	320	423	65	190
郑州电力机械厂	1663	1505	273	1140	80	619
都匀水泵厂	702	704	352	293	27	267

2000年泵行业协会会员单位经济指标

企业名称	工业总产值 不变价（万元）	工业总产值 当年价（万元）	工业增加值（万元）	产品销售收入（万元）	固定资产合计（万元）	年末从业人数合计（人）
泵行业						
上海大隆机器厂	40052	36497	7114	31069	11163	1925
浙江丰球集团公司	22387	26100	4935	25908	9404	487
沈阳水泵股份有限公司	20761	21591	3310	15182	47518	2476
上海凯士比泵有限公司	20527	13945	2749	14185	6663	889
山东省潍坊生建集团	19879	20169	5012	20369	6847	1282
山东双轮集团股份有限公司	18698	16615	4255	17874	5445	1251
大连耐酸泵厂	16963	16546	1049	16544	15117	1583
天津泵业机械集团有限公司	16666	12543	5323	16940	12194	1457
博山水泵厂股份有限公司	15342	20148	6937	16355	7842	2176
广东省佛山水泵厂有限公司	13788	12971	5378	13659	3875	749
长沙通大(集团)有限公司	13329	14055	5869	17548	11349	1635
广州广一集团有限公司	12679	13325	3761	11735	3681	764
山东亚龙泵业集团总公司	9150	11090	2300	9000	3180	230
宁夏电机有限责任公司	8876	8638	2708	6163	4375	836
石家庄泵业集团有限责任公司	8868	11362	4920	13524	20121	2770
安徽三联泵业股份有限公司	8088	8763	2412	8338	7872	537
丹东克隆集团有限公司	7906	7906	2342	6069	2025	482
无锡市水泵厂	7893	8612	2324	8870	5705	895
南京蓝深制泵集团股份有限公司	7800	7766	2950	10335	4204	605
海城市三鱼泵业有限公司	7309	7694	2543	6980	6714	1540
山东同泰集团股份有限公司	6799	7030	3702	6238	3843	1132
重庆水泵厂	5880	5169	2320	4765	2607	1239
安徽莱恩电泵有限公司	5719	5541	1969	3720	4781	366
上海通用泵机设备有限公司第一水泵厂	5500	4678	1337	4915	3451	328
西安泵阀总厂	5319	4610	1603	4600	4454	981
埃梯梯飞力(沈阳)泵业有限公司	4155	4155	201	5026	4090	98
杭州斯来特泵业有限公司	3922	4377	1406	4656	2936	463
浙江真空设备集团有限公司	3879	4516	2244	4336	10820	647
沈阳潜水电泵股份有限公司	3408	4557	2240	4513	2195	714
上海深井泵厂	3358	2893	902	1933	326	176
南京古尔兹制泵有限公司	3354	3552	1243	3503	1157	323
杭州大路实业有限公司	3326	3630	1193	3006	1882	336
开平水泵厂	3235	3107	707	1410	1298	276
江山伟懋制泵有限公司	3163	2469	1521	2243	622	379
江苏海狮泵业制造有限公司	3055	2855	568	2299	1219	470
杭州碱泵厂	3044	2140	852	1932	414	142
自贡市工业泵股份有限公司	2750	2636	949	2501	4000	745
青州水泵厂	2731	2804	561	2653	1553	1063
本溪水泵厂	2588	2323	1139	2394	7660	787
武汉四方泵业集团有限公司	2558	2175	－490	2732	14834	1589
阳江新粤华不锈钢泵有限公司	2530	2530	810	2320	923	188
山东聊城化工机械厂	2528	2192	600	988	2118	475
宝鸡水泵厂	2467	1979	691	1315	2797	800
广州水泵厂	2465	2181	698	2151	1194	237
石首水泵厂	2412	2386	400	2404	675	657
阳泉市水泵厂	2411	2445	1150	1890	7986	1179
唐山市水泵厂	2362	2255	1016	2198	1089	477
丹东恒星泵业有限公司	2293	2357	1301	1616	1252	468
上海华联泵业有限公司	2215	2215	1060	1718	245	156

（续）

企 业 名 称	工业总产值 不变价（万元）	工业总产值 当年价（万元）	工 业 增加值（万元）	产 品 销售收入（万元）	固定资产 合 计（万元）	年末从业 人数合计（人）
郑州电力机械厂	2185	1905	521	1575	3302	575
洛阳水泵厂	2134	2559	827	1005	1347	382
天津市耐酸泵厂	2050	1897	428	1779	966	1191
江苏振华泵业制造有限公司	1991	2007	935	2009	549	372
兰州水泵总厂	1948	2009	203	1462	1962	690
沈阳第二水泵厂	1892	2456	866	2788	1105	340
河北恒盛实业股份有限公司	1852	1852	866	1205	1704	289
武安市宏泰机械泵业有限公司	1755	1728	745	1315	1793	388
桂林水泵厂	1728	1415	511	1423	2701	586
成都水泵厂	1692	2031	1105	2143	2155	346
上海水泵厂	1691	2280	567	2178	1497	130
宜昌水泵总厂	1670	1754	316	978	1946	326
襄樊五二五泵业有限公司	1639	1523	567	1309	358	195
上海莲盛泵业制造有限公司	1610	2013	404	2188	498	112
湘潭集团有限公司花石水泵厂	1520	1520	260	877	523	198
江苏利工集团有限公司	1462	1462	129	1063	2931	831
招远机电设备总厂	1388	1367	-210	2008	1368	262
哈尔滨第二水泵厂	1350	1259	410	1193	341	243
哈尔滨水泵厂	1300	1425	108	1748	5840	651
博山第二水泵厂有限公司	1220	1220	221	948	114	223
河南省豫通企业(集团)公司新乡泵厂	1196	1628	522	1199	3476	1113
四川新达泵业股份有限公司	1188	1345	471	1526	3294	864
四川三台泵业有限公司	1133	1028	319	984	803	402
国营汉沽农场水泵厂	1108	1084	452	756	266	365
北京第二水泵厂	1101	1089	598	896	1034	339
温岭市水泵厂	1092	1187	541	1145	560	144
烟台市耐腐泵集团有限公司	1084	1084	163	918	1898	710
昆明市水泵厂	1081	1347	640	1454	4422	398
赣州水泵制造有限公司	1070	1151	466	1146	2417	281
高安市水泵厂	1020	1100	453	1015	598	227
浙江水泵有限公司	1001	1315	-564	1422	652	210
漯河腾龙泵业有限责任公司	985	981	94	1170	1316	421
泰安新世纪泵业有限责任公司	978	1123	369	696	1800	691
佛山柴油机厂	940	1007	326	1014	849	166
吴忠仪表集团有限公司水泵阀门公司	809	1024	218	837	1238	316
沈阳第一水泵厂	806	993	610	1028	306	272
沈阳铸造厂	803	1043	129	1135	19473	633
山西黎城波涛泵业有限公司	791	1279	317	1202	1011	474
上海飞流制泵工程有限公司	760	866	225	856	150	289
陕西扶龙泵业有限责任公司	753	910	300	651	779	350
都匀水泵厂	739	737	279	853	483	263
泰州泰东泵业有限公司	730	749	69	485	167	160
陕西德泉水泵排灌机械有限公司	694	777	245	336	536	504
北京城西龙泉水泵厂	681	699	198	6549	376	107
江西万载水泵有限责任公司	667	577	221	310	541	198
仙居机械厂	569	634	344	568	1475	259
靖江市亚太泵业有限公司	561	501	142	532	346	163
北京东方大禹工业泵股份有限公司	551	560	7	224	2348	301
福州市水泵厂	530	716	186	425	327	159
陕西省关中水泵有限责任公司	524	524	206	306	890	368
八步水泵厂	518	598	263	572	1343	323
重庆第四水泵厂	510	563	228	721	416	174
丰润县水泵厂	500	526	125	324	596	243
重庆川东机电有限公司	496	507	64	548	1866	253

（续）

企业名称	工业总产值 不变价（万元）	工业总产值 当年价（万元）	工业增加值（万元）	产品销售收入（万元）	产品销售成本（万元）	全年从业人员人数（人）
济南试金集团泵业有限公司	492	528	137	450	2071	264
兴城水泵厂	483	585	124	955	559	82
长春水泵制造有限公司	443	602	339	675	3262	598
芜湖市水泵厂	434	471	126	502	310	202
大连水泵厂	427	466	-99	667	46	172
黄岩八一通用机械厂	403	487	335	1429	1670	207
淄博饮料泵厂	383	267	72	242	339	165
沈阳皮拉密封有限公司	382	382	200	416	1569	94
甘肃水泵厂	378	380	37	446	1593	724
盖州水泵厂	358	415	119	401	356	117
龙岩水泵厂	352	436	129	481	1189	276
邢台水泵厂	347	447	82	460	1402	192
陕西兴平市水泵厂	298	314	148	191	197	272
保定水泵厂	289	260	-20	314	980	459
北海市水泵厂	277	294	135	284	760	145
天津市海河工业泵厂	246	246	17	242	187	170
武汉第四水泵厂	237	269	90	143	208	97
朝阳水泵厂	236	245	102	219	501	149
天津市机电工程技术学校	208	205	228	279	45	43
沈阳滑动轴承厂	204	228	148	286	38	70
苍南水泵厂	192	188	69	182	113	46
自贡凉高山水泵厂	176	214	194	217	673	280
东港市水泵厂	171	180	134	176	31	75
重庆工业泵厂	153	138	6	167	399	115
晋江水泵厂	150	207	69	259	1670	148
承德水泵厂	150	165	144	126	72	149
南华县水泵厂	142	148	68	139	326	75
石家庄市通用水泵厂	123	104	45	171	311	59
如皋市水泵厂	120	135	26	152	108	36
北京丰台区北方水泵厂	114	159	4	243	361	85
徐州水泵厂	50	45	20	54	99	34
小计	466851	468237	134311	442589	400215	67530

1997年泵行业协会会员单位经济效益综合指数

序号	企业名称	经济效益综合指数（%）	资金保值增值率（%）	资产负债率（%）	流动资产周转率（次）	全员劳动生产率（元/人）	产品销售率（%）
	合计	77.66	114.14	66.78	0.86	15999	96.85
1	杭州碱泵厂	225.74	210.17	34.16	1.52	37792	102.18
2	广州第一水泵厂	210.91	194.91	46.19	1.99	79914	95.94
3	山东亚龙泵业集团总公司	185.96	113.00	47.20	2.55	102083	82.11
4	浙江振兴工业泵厂	162.64	100.00	28.28	2.84	23692	62.67
5	烟台东港耐腐蚀泵有限公司	162.21	111.62	56.79	1.15	19714	99.71
6	丹东市油泵厂	157.79	100.00	70.45	1.29	33399	92.19
7	潇山水泵总厂	148.84	134.13	72.09	1.17	53509	110.74
8	陕西省关中水泵厂	145.20	369.36	62.91	1.59	12080	91.38
9	山东日照集团股份有限公司	142.05	125.84	66.07	1.53	40686	96.00
10	宁国工业泵厂	138.77	108.05	59.07	0.71	53279	97.60
11	浙江丰球集团公司	137.59	65.39	45.78	1.79	64621	101.43
12	博山第二水泵厂	132.87	381.59	48.12	1.03	24213	80.71

（续）

序号	企业名称	经济效益综合指数（%）	资金保值增值率（%）	资产负债率（%）	流动资产周转率（次）	全员劳动生产率（元/人）	产品销售率（%）
13	武安市宏泰机械泵业有限公司	132.72	102.82	51.70	1.24	31661	98.50
14	山东双轮集团有限公司	126.72	117.00	78.91	1.11	44022	101.35
15	佛山水泵厂	125.09	112.46	59.57	1.24	38256	116.06
16	山东聊城化工机械厂	124.89	105.11	54.65	1.03	19670	95.90
17	杭州钱江水泵厂	124.39	160.06	55.25	1.05	16776	93.71
18	南京兰深制泵集团股份公司	123.91	104.06	67.98	1.74	60605	95.62
19	海城市三鱼泵业有限公司	123.20	174.55	46.48	1.39	12218	91.82
20	南华县水泵厂	122.96	132.22	59.27	1.56	21058	78.77
21	广州水泵厂	121.68	111.41	58.60	1.42	45331	99.84
22	天门水泵厂	118.38	65.32	81.29	3.18	21724	98.01
23	杭州水泵厂	115.95	118.61	57.33	1.02	22958	97.44
24	大连耐酸泵厂分厂	115.76	493.19	64.50	0.48	9961	96.46
25	高安市水泵厂	113.99	100.00	43.91	1.32	13774	97.03
26	靖江耐腐设备总厂	113.53	84.53	32.29	0.83	36125	46.89
27	石家庄水泵厂	113.33	195.34	59.09	0.71	16636	104.96
28	新乡泵厂	107.17	110.48	42.61	0.74	8978	86.06
29	浙江水泵总厂	105.59	69.13	45.75	1.48	25867	100.54
30	天津市海河口工业泵厂	105.43	100.50	23.40	0.92	9430	92.40
31	上海飞流制泵工程有限公司	99.73	81.31	52.19	1.79	21893	113.64
32	唐山市水泵厂	99.43	103.38	40.75	1.74	22446	97.53
33	新疆潜水泵厂	99.08	122.56	54.69	0.97	13368	74.06
34	长沙水泵厂	98.85	104.88	55.12	1.00	15793	114.64
35	上海深井泵厂	98.85	100.00	78.33	0.87	46602	103.07
36	重庆水泵厂	98.63	96.59	65.47	1.19	16222	100.86
37	天津泵业机械集团有限公司	96.25	217.50	56.21	1.04	24138	101.06
38	山东省潍坊百事得机械总公司	94.40	58.31	83.59	0.92	27075	83.84
39	开平水泵厂	93.67	100.69	67.94	1.39	28578	51.73
40	哈尔滨第二水泵厂	93.54	113.46	57.79	0.63	10849	90.82
41	沈阳潜水泵厂	92.66	61.38	63.30	0.86	11823	101.16
42	沈阳第二水泵厂	92.39	126.67	66.93	0.67	22783	106.81
43	陕西扶风水泵厂	90.87	100.00	78.11	1.14	7668	81.90
44	温岭市水泵厂	90.77	102.29	40.85	1.36	22432	104.67
45	上海大隆机器厂	90.41	1299.68	76.77	0.90	30164	100.48
46	新乡豫通泵业集团	89.40	100.95	54.63	1.03	24037	96.19
47	新达机械集团股份有限公司	88.12	103.32	71.52	0.72	9233	100.08
48	简阳试压泵厂	87.45	103.18	62.41	0.97	13440	97.90
49	苍南水泵厂	87.13	103.11	65.56	1.16	12500	93.17
50	博山水泵厂	86.44	103.18	63.76	0.95	20072	90.92
51	浙江真空设备厂	85.99	103.04	62.12	0.46	15843	76.89
52	陕西德泉水泵排灌机械公司	85.48	184.80	65.24	1.09	12240	72.32
53	靖江化工机泵阀门总厂	87.74	100.00	56.45	1.45	39645	97.90
54	上海莲盛水泵厂	84.30	181.94	50.95	0.70	12440	136.28
55	四川三台泵业有限公司	84.16	190.31	61.90	0.87	10749	100.11
56	洛阳水泵厂	83.61	99.93	75.96	0.60	19659	97.90
57	河北恒盛实业股份有限公司	83.07	68.70	72.56	0.75	18667	98.00
58	安徽三联泵业股份有限公司	83.04	100.00	75.47	0.73	27740	98.11
59	昆明市水泵厂	82.22	101.65	77.58	1.34	25966	89.77
60	江山伟懋制泵有限公司	78.69	102.49	77.39	0.85	16519	98.40
61	黎城水泵厂	78.37	101.66	78.51	0.97	12526	98.18
62	江苏振华泵厂	77.57	101.07	72.19	0.96	6953	115.45
63	上海第一水泵厂	77.44	128.57	69.02	1.46	14398	107.94

（续）

序号	企业名称	经济效益综合指数（%）	资金保值增值率（%）	资产负债率（%）	流动资产周转率（次）	全员劳动生产率（元/人）	产品销售率（%）
64	邯郸市工业泵厂	76.75	100.00	77.03	0.38	4750	98.02
65	自贡市工业泵厂	75.14	102.92	65.71	0.78	9835	103.47
66	成都水泵厂	74.35	103.36	52.95	1.29	11677	101.85
67	上海凯士比泵有限公司	73.74	99.60	49.06	1.05	28521	109.05
68	汉沽农场水泵厂	73.41	130.46	84.18	0.68	5858	70.24
69	大连耐酸泵厂	73.37	101.47	65.14	0.79	23377	96.30
70	武汉四方泵业集团有限公司	73.19	101.32	68.42	0.78	9140	99.93
71	承德水泵厂	73.09	98.68	57.65	0.28	9383	114.29
72	天津市耐酸泵厂	73.00	81.08	66.07	1.20	14927	96.43
73	天津市天工工程机械制造厂有限公司	72.72	104.39	78.15	1.52	22326	95.45
74	佛山柴油机厂	72.38	102.06	77.28	0.98	16213	98.10
75	武穴水泵厂	71.74	96.35	75.79	0.42	34525	34.48
76	淄博饮料泵厂	70.98	100.49	75.68	1.23	9266	100.00
77	沈阳第一水泵厂	70.32	78.84	74.65	0.80	11336	96.42
78	漯河水泵厂	70.14	64.14	68.51	1.39	8651	106.02
79	无锡市水泵厂	69.79	99.27	70.58	0.90	19831	101.67
80	自贡凉高山水泵厂	68.91	88.57	71.46	0.70	4902	147.22
81	都匀水泵厂	68.17	100.00	62.11	0.68	8110	75.44
82	桂林水泵厂	67.55	101.44	63.25	1.27	12394	106.32
83	本溪水泵厂	67.44	97.57	66.24	1.00	9922	84.56
84	西安泵阀总厂	67.30	100.00	65.82	1.05	12308	97.06
85	江苏省姜堰市水泵厂	67.07	52.77	90.01	1.56	8737	94.12
86	江西赣州水泵厂	66.72	109.23	54.52	0.84	9934	108.45
87	新亚化工机械总厂	65.86	96.28	14.55	1.67	16963	81.72
88	盖州水泵厂	65.15	140.06	89.57	0.83	6549	100.00
89	泰安水泵厂	64.77	99.88	78.33	1.10	11450	83.29
90	南京泵厂	64.23	86.32	71.05	0.72	6471	93.93
91	沈阳水泵厂	63.19	119.00	69.39	0.44	16988	104.67
92	北京丰台区北方水泵厂	62.93	117.46	60.80	0.47	26950	82.98
93	宝鸡水泵厂	61.82	104.22	77.55	0.48	9332	107.58
94	北京第二水泵厂	61.35	129.57	55.48	0.83	10391	89.17
95	淄博真空设备厂	60.90	95.47	72.43	0.54	15665	97.06
96	沈阳滑动轴承厂	60.52	47.75	86.51	0.79	8965	69.68
97	青州水泵厂	59.11	100.58	53.06	0.74	8340	99.91
98	甘肃水泵厂	58.86	100.38	62.71	0.39	6889	120.48
99	北京门头沟水泵厂	57.59	101.26	78.97	0.61	9733	99.06
100	南京古尔兹制泵有限公司	57.36	100.00	44.75	0.94	9372	97.78
101	运城水泵制造公司	57.31	99.94	72.40	0.09	12525	48.90
102	龙岩水泵厂	56.88	100.05	52.27	0.49	7343	85.29
103	晋江水泵厂	56.71	100.24	27.89	0.66	14689	82.97
104	重庆工业泵厂	55.26	99.27	67.40	0.85	4704	100.51
105	宁夏电机总厂	52.41	109.35	84.61	0.45	3471	97.23
106	吴忠市水泵阀门厂	52.50	105.10	68.95	0.67	6412	89.64
107	长春水泵厂	51.42	99.71	88.44	0.68	11621	86.57
108	石首水泵厂	50.99	100.16	93.71	0.65	6891	98.57
109	江西鹰潭泵业有限责任公司	50.58	100.78	87.06	0.40	8771	83.44
110	阳泉市水泵厂	50.54	189.31	45.32	0.41	7362	86.66
111	高邮水泵厂	49.85	87.73	69.64	1.53	9679	102.40
112	周口市泵业有限公司	49.84	99.51	44.04	0.56	6960	93.71
113	靖江不锈钢泵阀总厂	48.29	100.00	48.92	0.77	5027	86.32
114	阳泉市平坦泵业有限公司	47.80	101.91	53.69	0.46	6696	102.06

（续）

序号	企业名称	经济效益综合指数（%）	资金保值增值率（%）	资产负债率（%）	流动资产周转率（次）	全员劳动生产率（元/人）	产品销售率（%）
115	石家庄市通用水泵厂	46.35	96.96	65.99	0.43	7797	84.49
116	武汉第二水泵厂	46.14	100.79	63.01	0.32	－2101	118.32
117	沈阳第三水泵厂	46.03	26.67	93.48	0.53	11939	63.56
118	南部嘉陵泵业有限责任公司	45.69	87.02	83.23	0.39	5719	103.01
119	山西榆次潜水泵厂	45.67	0.35	98.02	2.37	8176	96.00
120	重庆第四水泵厂	43.94	80.31	84.93	1.25	16072	105.87
121	大连水泵厂	42.22	112.05	60.25	0.53	11806	103.86
122	宜昌水泵总厂	41.37	96.80	63.20	0.53	9071	103.32
123	如皋市水泵厂	41.06	186.67	60.34	1.29	6071	72.66
124	徐州水泵厂	35.51	100.86	75.93	0.46	5163	99.45
125	泰州泰东泵业有限公司	34.00	65.48	88.37	1.06	9805	87.35
126	上海水泵厂	32.83	107.06	52.56	0.51	2103	
127	天津市机电工程技术学校	32.42	91.97	57.56	0.88	1446	100.00
128	八步机械厂	16.13	88.40	68.95	0.51	3145	114.94
129	黄岩八一通用机械厂	15.29	86.88	75.16	0.57	6925	109.20
130	自贡第二水泵厂	13.09	241.58	65.67	0.41	6566	59.58
131	仙居机械厂	11.56	87.19	51.73	0.93	13481	91.52
132	郑州电力机械厂	6.00	100.00	44.80	0.62	12521	87.22
133	湘潭县花石水泵厂	2.66	137.15	65.52	0.92	22886	65.58
134	兰州水泵总厂	－2.23	88.15	70.61	0.47	6521	86.69
135	建德市新安江矿山机械厂	－4.26	100.00	71.87	0.46	6548	103.61
136	哈尔滨水泵厂	－6.66	90.24	64.31	0.66	3766	98.53
137	青海西宁水泵厂	－11.76	46.25	94.63	0.20	2864	58.59
138	沈阳铸造厂	－13.70	96.64	64.19	0.10	－891	109.58
139	北京水泵厂	－15.80	75.04	80.89	0.74	8077	107.66
140	北海市水泵厂	－22.62	91.08	56.57	0.62	7284	81.86
141	新疆水泵厂	－24.18	87.87	63.58	0.65	7158	75.41
142	济南水泵厂	－26.24	37.80	88.06	0.24	－1563	88.89
143	葫芦岛水泵厂	－33.64	84.32	62.28	0.44	2734	114.73
144	府谷黄河机械厂	－35.46	84.60	83.98	0.30	4432	73.91
145	武汉第四水泵厂	－39.48	92.42	62.33	0.23	4000	48.75
146	丰润县水泵厂	－46.20	－255.12	108.14	0.69	9687	97.51
147	芜湖市水泵厂	－52.21	18.59	95.58	0.50	1528	64.83
148	邢台水泵厂	－60.97	74.50	85.53	0.46	2092	103.87
149	禹州市煤矿水泵厂	－64.18	106.45	75.79	0.35	3881	91.02
150	重庆第二水泵厂	－68.48	100.00	51.02	0.27	1321	114.08
151	沈阳耐酸泵厂	－82.24	85.09	53.70	0.20	2493	183.85
152	锦州水泵有限公司	－97.98	26.75	96.21	0.36	4600	90.61
153	东港市水泵厂	－103.31	－138.27	161.70	0.84	4174	75.73
154	靖江市工业泵厂	－109.81	－215.00	138.22	0.38	2366	104.76
155	陕西兴平市水泵厂	－136.24	－267.11	106.66	0.43	2494	128.65
156	石家庄市鹿泉钢铁公司冶金机械厂	－142.95	－183.25	115.24	0.37	8495	35.71
157	北京东方大禹工业泵股份有限公司	－153.19	75.62	46.48	0.21	－3437	111.76
158	朝阳水泵厂	－156.26	－316.67	102.85	0.18	1268	72.80
159	保定水泵厂	－160.52	51.30	93.89	0.48	－42	102.92
160	昌图县水泵厂	－169.39	－135.05	142.58	0.25	3517	69.31
161	长沙工业泵总厂	－228.78	－227.65	125.83	0.26	2240	105.41
162	陕西省水泵厂	－242.50	－999.35	177.69	0.32	10878	89.81

1998年泵行业协会会员单位经济效益综合指数

序号	企业名称	经济效益综合指数（%）	资金保值增值率（%）	资产负债率（%）	流动资产周转率（次）	全员劳动生产率（元/人）	产品销售率（%）
	合计	70.18	91.67	66.30	0.80	15975	97.17
1	山东亚龙泵业集团总公司	189.81	100.00	27.52	0.33	112717	82.11
2	浙江丰球集团公司	182.74	108.10	42.89	2.55	99868	99.12
3	杭州碱泵厂	178.30	40.45	66.49	1.52	60881	97.56
4	八步水泵厂	155.88	523.95	29.11	5.51	5349	106.15
5	佛山水泵厂	145.89	192.11	42.84	1.49	63905	116.61
6	广州第一水泵厂	141.68	103.24	52.08	1.54	43809	96.23
7	潇山水泵总厂	141.63	72.28	69.95	1.38	66384	71.11
8	山东同泰集团股份有限公司	121.50	92.41	70.50	1.10	28119	102.68
9	新疆潜水泵厂	121.23	109.28	57.15	1.16	20330	96.59
10	威海市水泵厂	118.15	121.54	73.08	0.92	33784	101.35
11	武安市水泵厂	117.57	97.39	64.88	0.78	18905	98.03
12	浙江振兴工业泵厂	115.95	93.44	62.69	1.42	10000	96.92
13	高安市水泵厂	115.74	101.77	43.06	1.27	15243	96.29
14	重庆水泵厂	110.01	124.67	60.58	0.92	16554	96.50
15	靖江耐腐设备总厂	107.58	109.80	32.31	0.83	43042	46.87
16	山东省潍坊生建集团	106.25	119.85	83.97	0.90	25853	98.61
17	湖北洪湖工业泵厂	99.86	100.00	72.39	1.65	20839	91.12
18	安徽三联泵业股份有限公司	98.16	221.51	58.69	0.99	25176	96.81
19	长沙通大集团长沙水泵厂	98.07	123.60	47.85	0.90	18042	108.39
20	石家庄水泵厂	97.93	103.95	59.79	0.52	12110	113.50
21	南京蓝深制泵集团股份有限公司	91.94	91.77	76.09	1.25	41650	95.01
22	温岭市水泵厂	89.31	100.58	46.98	1.60	15943	100.58
23	上海凯士比泵有限公司	89.17	101.39	48.46	1.08	45978	103.16
24	南华县水泵厂	88.42	125.23	68.33	1.10	8563	104.31
25	杭州钱江水泵厂	88.10	90.17	60.43	0.99	24337	95.75
26	上海第一水泵厂	87.77	205.35	37.09	1.39	29569	83.60
27	上海深井泵厂	87.65	100.07	76.29	1.17	34575	87.05
28	天津市武业泵总厂	86.86	107.00	57.51	1.26	28169	97.38
29	上海水泵厂	86.18	103.77	51.37	1.06	23362	262.44
30	新亚机械集团靖江机泵制造公司	85.60	87.06	16.20	1.47	11548	77.86
31	唐山水泵厂	84.40	68.03	52.45	1.40	20301	102.91
32	宁国工业泵厂	83.88	79.24	74.32	0.76	56215	98.36
33	上海隆机械厂	83.62	100.53	78.26	0.67	37418	77.74
34	天津工程机械制造厂	83.45	101.96	79.17	1.88	23386	106.74
35	河北恒盛实业股份有限公司	81.68	100.08	73.56	0.60	24225	98.47
36	上海飞流制泵工程有限公司	81.10	100.75	56.96	0.61	3056	156.44
37	浙江水泵总厂	80.99	111.02	47.01	1.24	14840	68.26
38	简阳试压泵厂	80.53	113.64	57.81	0.82	11667	98.45
39	杭州斯来特泵业有限公司	79.57	180.64	44.70	0.82	12889	100.64
40	大连耐酸泵厂	79.53	76.72	72.86	0.87	25914	95.90
41	醴陵水泵厂	79.51	100.00	63.71	0.88	6162	95.52
42	沈阳潜水泵厂	79.45	103.19	63.46	0.70	12064	98.66
43	天津市海河工业泵厂	79.22	99.96	22.87	1.05	7747	84.96
44	成都水泵厂	78.94	100.02	54.75	1.40	12251	121.87
45	湘潭县花石水泵厂	78.44	90.35	68.54	0.82	17240	74.08
46	陕西扶龙泵业有限责任公司	78.14	81.81	84.60	0.78	9756	74.65
47	自贡市工业泵股份有限公司	77.88	114.32	65.64	0.66	10059	108.48
48	江西赣州制泵有限责任公司	77.58	94.39	56.72	1.12	6463	169.65
49	新达机械集团股份有限公司	74.75	156.45	55.77	0.52	8194	101.29

（续）

序号	企业名称	经济效益综合指数（%）	资金保值增值率（%）	资产负债率（%）	流动资产周转率（次）	全员劳动生产率（元/人）	产品销售率（%）
50	江苏振华泵业制造有限公司	74.00	104.63	73.03	0.98	8576	104.09
51	哈尔滨第二水泵厂	73.95	79.42	51.10	1.19	13957	70.00
52	陕西省关中水泵厂	72.57	98.23	65.08	0.99	8882	96.13
53	武汉四方泵业集团股份有限公司	71.84	121.32	69.73	0.62	9483	98.49
54	本溪水泵厂	71.42	65.89	78.46	0.58	4681	98.91
55	承德水泵厂	71.03	99.73	55.82	0.30	7368	97.75
56	新乡豫通泵业集团新乡水泵厂	70.61	99.99	55.14	0.52	5737	98.51
57	无锡市水泵厂	69.41	106.68	71.21	0.87	18173	107.57
58	都匀水泵厂	68.30	106.88	61.48	0.47	6389	80.00
59	江山伟懋制泵有限公司	67.00	87.91	80.02	0.71	17565	98.74
60	天津市机电工程技术学校	66.93	98.78	60.74	0.79	5032	100.00
61	黎城水泵厂	65.68	90.11	81.48	0.55	4768	100.77
62	沈阳第一水泵厂	64.11	68.69	80.77	0.77	8228	110.51
63	桂林水泵厂	62.06	100.02	65.49	0.78	9302	112.72
64	开平水泵厂	61.26	98.62	70.51	0.66	18950	51.03
65	天津市耐酸泵厂	60.52	129.78	60.32	0.39	11508	91.44
66	沈阳水泵厂	60.41	107.64	67.56	0.47	13128	118.47
67	四川三台泵业有限公司	60.06	100.45	61.82	0.70	8000	108.32
68	大连耐酸泵一分厂	58.82	69.2	77.54	0.52	16843	109.24
69	宝鸡水泵厂	58.51	99.90	80.31	0.50	9633	98.88
70	兰州水泵总厂	57.15	100.05	72.79	0.65	8419	96.60
71	北京第二水泵厂	57.06	100.13	57.08	0.79	12134	85.19
72	南部嘉陵泵业有限责任公司	56.16	100.30	84.20	0.34	15695	56.83
73	宁夏电机总厂	55.42	121.03	82.76	0.44	10577	99.54
74	博山第二水泵厂	55.08	58.27	65.00	1.06	14136	81.39
75	长春水泵厂	54.58	105.16	74.57	0.91	5069	116.47
76	邯郸市工业泵厂	53.00	100.00	77.84	0.25	1604	131.40
77	江苏利工集团有限公司	52.11	212.87	35.52	0.71	9724	83.20
78	淄博真空设备厂	51.22	101.34	73.44	0.38	11556	75.78
79	沈阳第二水泵厂	51.16	75.51	72.13	0.42	5364	110.74
80	泰安水泵厂	47.50	100.07	79.34	0.68	3599	74.19
81	新疆水泵厂	47.29	94.74	64.84	0.71	8877	107.77
82	晋江水泵厂	47.28	100.84	27.67	0.41	3103	112.17
83	陕西德泉水泵排灌机械有限公司	46.37	48.99	73.35	0.41	7406	61.23
84	龙岩水泵厂	46.11	101.82	50.94	0.35	5421	89.37
85	漯河水泵厂	46.01	95.83	70.15	0.76	6887	110.64
86	阳泉市水泵厂	44.97	97.04	49.23	0.32	8929	66.02
87	大连水泵厂	44.16	50.40	51.48	0.05	0	208.70
88	陕西省水泵厂	43.81	113.72	89.00	0.48	5673	89.99
89	博山水泵厂	43.68	91.01	67.74	0.65	10483	86.69
90	石家庄市通用水泵厂	41.52	98.43	68.40	0.39	13625	89.86
91	石首水泵厂	40.32	96.07	93.99	0.37	4455	108.30
92	佛山柴油机厂	34.00	93.32	80.11	0.90	16150	91.43
93	重庆第四水泵厂	30.85	108.06	83.87	0.84	7201	100.85
94	汉沽农场水泵厂	29.96	81.04	88.02	0.44	3399	59.63
95	沈阳滑动轴承厂	29.06	－285.45	129.34	0.71	8035	62.32
96	重庆工业泵厂	28.53	87.35	69.11	0.92	2050	115.85
97	重庆第二水泵厂	18.81	84.11	57.31	0.23	1273	105.71
98	黄岩八一通用机械厂	15.91	50.10	88.02	0.49	12015	96.85
99	沈阳第三水泵厂	15.55	160.78	89.93	2.80	21176	95.0
100	宜昌水泵总厂	14.49	74.85	70.38	0.47	7114	91.83
101	芜湖市水泵厂	4.96	89.73	96.13	0.75	3538	105.51
102	丰润县水泵厂	－2.28	－154.97	112.11	0.75	1971	104.81
103	重庆川东机电有限公司	－3.49	100.00	60.17	0.39	3312	80.23

（续）

序号	企业名称	经济效益综合指数（%）	资金保值增值率（%）	资产负债率（%）	流动资产周转率（次）	全员劳动生产率（元/人）	产品销售率（%）
104	吴忠市水泵阀门厂	－5.70	87.34	73.93	0.55	6291	77.69
105	北海市水泵厂	－14.11	91.99	59.01	0.62	6780	90.71
106	泰州泰东泵业有限公司	－29.30	2.24	99.76	0.93	9952	89.33
107	青海西宁水泵厂	－39.32	－329.73	114.85	0.19	0	131.03
108	葫芦岛水泵厂	－20.23	88.96	60.52	0.61	3044	107.75
109	靖江市亚太泵业有限公司	－75.67	123.13	83.88	0.29	5794	128.46
110	北京水泵厂	－86.73	64.13	89.16	0.31	1878	102.41
111	朝阳水泵厂	－50.04	396.54	85.53	0.25	1950	63.11
112	武穴水泵厂	－88.18	67.39	82.28	0.31	21542	58.49
113	邢台水泵厂	－63.03	68.29	90.17	0.37	1051	109.37
114	哈尔滨水泵厂	－63.07	85.88	70.06	0.41	－756	104.43
115	山西榆次潜水泵厂	－128.30	－2118.5	153.91	1.30	1505	108.73
116	保定水泵厂	－102.14	8.30	99.52	0.33	－1689	118.12
117	济南水泵厂	－214.60	2.30	99.69	0.17	－1897	84.43
118	陕西兴平市水泵厂	－217.09	－337.01	123.06	0.23	896	128.46
119	甘肃水泵厂	－223.26	68.06	73.95	0.10	0	83.29
120	北京东方大禹工业泵股份有限公司	－171.06	85.81	52.29	0.16	－9026	152.28
121	锦州水泵有限公司	－184.60	－353.59	110.38	0.25	11609	95.04

1999年泵行业协会会员单位经济效益综合指数

序号	企业名称	经济效益综合指数（%）	资金保值增值率（%）	资产负债率（%）	流动资产周转率（次）	全员劳动生产率（元/人）	产品销售率（%）
	合计	64.07	120.16	63.92	0.70	18119	94.43
1	杭州碱泵厂	199.67	142.41	56.21	1.15	82971	111.99
2	浙江丰球集团公司	190.64	110.52	39.92	2.83	107419	99.50
3	徐州水泵厂	182.11	100.00	84.28	0.12	6044	101.08
4	上海华联泵业有限公司	170.45	100.00	41.48	1.41	171364	86.14
5	山东亚龙泵业集团总公司	158.63	117.09	31.63	2.92	85928	83.36
6	广州第一水泵厂	157.13	112.19	52.32	1.44	61244	97.28
7	山东双轮集团股份有限公司	156.13	148.00	62.78	1.05	42266	105.84
8	丹东克隆集团有限公司	149.34	100.00	30.90	0.80	50361	89.42
9	佛山水泵厂	140.07	101.69	44.63	1.55	84557	93.20
10	潇山水泵总厂	125.85	114.11	66.10	1.15	59637	100.86
11	高安市水泵厂	114.97	101.89	46.74	1.37	17099	97.46
12	安徽三联泵业股份有限公司	114.18	168.38	32.27	1.54	39631	100.00
13	靖江耐腐设备总厂	108.91	105.91	31.35	0.83	41833	70.29
14	山东省潍坊生建集团	108.16	135.19	81.21	0.90	32632	101.18
15	宁国工业泵厂	108.01	138.22	68.84	0.76	51888	73
16	武安市宏泰机械泵业有限公司	107.38	101.15	63.80	0.93	19069	97.05
17	唐山市水泵厂	105.40	120.23	49.72	1.45	17691	103.87
18	杭州大路实业有限公司	98.93	108.21	59.69	1.11	29106	101.93
19	江苏海狮泵业有限公司(新亚)	97.76	38.76	64.75	1.62	19941	87.28
20	海城市三鱼泵业有限公司	96.43	100.00	46.74	1.03	11293	108.88
21	河北汉沽农场水泵厂	95.95	367.39	61.06	0.47	11695	51.71
22	山东同泰集团股份有限公司	94.00	120.13	61.37	0.75	32996	106.01
23	南京蓝深制泵集团股份有限公司	93.81	98.49	74.56	1.28	44381	98.63
24	天津泵业机械集团有限公司	92.06	108.08	59.32	1.17	46114	97.15
25	温岭市水泵厂	91.74	103.78	47.93	1.28	22456	96.67
26	新疆潜水泵厂	91.66	100.00	59.71	0.81	19798	90.02

（续）

序号	企业名称	经济效益综合指数（%）	资金保值增值率（%）	资产负债率（%）	流动资产周转率（次）	全员劳动生产率（元/人）	产品销售率（%）
27	上海莲盛水泵厂	91.18	100.00	64.52	0.72	50273	90.99
28	长沙通大集团有限公司	89.76	117.21	46.54	0.75	21718	88.91
29	哈尔滨第二水泵厂	86.76	105.77	49.15	0.98	11230	120.49
30	广州水泵厂	85.92	100.00	70.40	0.79	27110	99.16
31	沈阳潜水电泵股份有限公司	83.56	103.78	62.98	0.65	10992	97.99
32	丹东恒星泵业有限公司	82.92	100.00	78.92	1.02	19347	100.00
33	重庆第四水泵厂	81.36	108.29	83.34	1.13	9843	96.96
34	江苏振华泵业制造有限公司	80.08	96.74	73.91	1.08	19156	93.94
35	南京古尔兹制泵有限公司	79.11	104.29	48.01	0.80	11597	100.37
36	万载水泵厂	77.69	100.00	61.52	0.76	13367	96.97
37	宁厦电机有限责任公司	76.77	100.00	80.42	0.38	11556	100.72
38	陕西扶龙泵业有限责任公司	76.37	98.45	84.90	0.59	6715	85.22
39	成都水泵厂	76.06	100.01	55.98	1.18	18949	118.53
40	上海深井泵厂	75.78	81.19	79.33	0.89	43335	90.69
41	山东聊城化工机械厂	75.72	100.00	71.81	0.59	20186	101.59
42	沈阳第二水泵厂	75.34	101.82	61.59	0.59	12041	91.13
43	武汉四方泵业集团有限公司	74.51	235.39	48.20	0.39	11546	90.84
44	大连耐酸泵厂	73.62	109.68	70.16	0.83	17208	106.61
45	上海第一水泵厂	73.05	100.15	35.67	1.26	32122	95.07
46	石家庄水泵厂	73.04	101.39	60.75	0.45	10391	103.13
47	河北恒盛实业股份有限公司	72.72	98.84	72.09	0.52	27088	98.50
48	浙江水泵总厂	71.38	100.30	45.50	1.18	15211	83.89
49	山东博山水泵厂股份有限公司	71.21	101.88	71.46	0.69	19931	92.57
50	高邮水泵厂	70.93	100.00	76.40	1.78	10157	99.36
51	泰州泰东泵业有限公司	69.07	-3056.8	108.80	0.52	12736	66.56
52	重庆水泵厂	68.84	103.35	59.36	0.61	16246	98.13
53	无锡市水泵厂	68.42	111.93	69.64	0.94	18535	104.05
54	南京泵厂	66.95	100.00	60.73	0.75	7917	94.62
55	天津市耐酸泵厂	66.92	99.88	64.56	0.38	26119	123.81
56	南京工业泵厂	64.78	100.00	38.93	0.70	2397	126.78
57	江山伟懋制泵有限公司	64.09	99.18	80.64	0.63	16607	103.97
58	江西赣州制泵股份有限公司	63.87	99.61	60.14	0.90	5972	127.39
59	浙江真空设备集团有限公司	63.15	100.00	54.69	0.53	14752	90.47
60	北京城西龙泉水泵厂	62.84	100.00	73.32	0.52	19987	96.93
61	阳江市不锈钢泵有限公司	61.93	100.00	89.00	0.78	35714	90.00
62	昆明市水泵厂	60.53	100.00	72.73	1.11	12860	114.19
63	沈阳水泵股份有限公司	60.31	99.94	67.90	0.39	13014	97.92
64	漯河腾龙泵业有限责任公司	58.60	100.38	70.22	0.79	3846	103.08
65	承德水泵厂	57.78	77.46	63.62	0.26	6213	93.33
66	北京第二水泵厂	57.30	99.91	59.29	0.68	13806	89.01
67	桂林水泵厂	56.68	100.0	64.49	0.5	11719	99.33
68	杭州斯来特泵业有限公司	56.19	81.18	47.21	0.67	19261	93.63
69	大连耐酸水泵一分厂	56.09	109.71	75.96	0.57	9017	109.28
70	天津市海河工业泵厂	55.78	98.17	20.92	0.80	5890	92.00
71	都匀水泵厂	55.35	103.85	60.80	0.44	13048	70.74
72	陕西德泉水泵排灌机械有限公司	55.13	99.85	74.03	0.66	7812	58.15
73	上海飞流制泵工程有限公司	55.09	96.88	55.56	0.40	3799	120.77
74	南华县水泵厂	54.96	92.63	70.31	0.49	1250	110.23
75	博山第二水泵厂	54.84	99.91	67.85	0.63	8987	86.99
76	阳泉市水泵厂	54.42	100.24	51.19	0.57	7934	96.26
77	重庆川东机电有限公司(万县泵厂)	53.83	102.30	52.27	0.46	3269	104.95
78	沈阳第一水泵厂	53.24	41.74	90.75	0.75	13369	96.44
79	淄博真空设备厂	52.59	64.91	72.41	0.42	16182	79.09
80	洛阳水泵厂	52.53	100.00	76.31	0.30	14071	96.18

（续）

序号	企业名称	经济效益综合指数（%）	资金保值增值率（%）	资产负债率（%）	流动资产周转率（次）	全员劳动生产率（元/人）	产品销售率（%）
81	醴陵水泵厂	51.34	95.52	61.55	0.71	4190	106.77
82	苍南水泵厂	50.96	100.00	66.18	0.59	16093	109.80
83	招远水泵厂	50.08	100.00	78.14	0.26	7799	111.91
84	黎城波涛泵业有限公司	49.66	88.58	83.67	0.52	4687	75.62
85	八步水泵厂	47.46	37.57	71.83	0.65	6879	95.12
86	上海水泵厂	45.92	100.00	50.67	0.48	17022	62.31
87	新达机械集团股份有限公司	45.40	88.69	63.79	0.76	7623	100.90
88	烟台市耐腐蚀集团有限公司	45.05	100.00	38.20	0.32	7102	89.67
89	石首水泵厂	44.46	94.20	94.36	0.75	7494	90.04
90	肇东水泵厂	44.22	100.00	93.82	0.49	13670	48.54
91	黄岩八一通用机械厂	44.08	172.23	77.75	0.35	6556	82.15
92	本溪水泵厂	43.32	94.42	81.68	0.54	15509	118.44
93	天津市机电工程技术学校	41.32	88.80	53.08	0.67	53776	99.51
94	上海凯士比泵有限公司	40.88	100.00	47.43	0.85	51572	94.74
95	开平水泵厂	40.77	94.63	71.55	0.54	20718	51.64
96	吴忠市水泵阀门厂	39.15	283.91	32.55	0.51	5134	86.32
97	陕西省关中水泵有限责任公司	36.91	94.35	67.75	0.73	7875	90.56
98	重庆工业泵厂	36.57	92.27	70.45	0.56	3322	106.81
99	自贡市工业泵股份有限公司	35.23	95.92	67.23	0.48	9308	97.10
100	江苏利工集团有限公司	33.72	91.75	33.99	0.87	8424	91.19
101	盖州水泵厂	32.32	100.00	98.53	0.53	573	100.00
102	四川三台泵业有限公司	30.04	87.92	62.95	0.51	64932	107.50
103	宜昌水泵总厂	26.37	52.19	83.70	0.63	8941	89.13
104	上海大隆机器厂	21.29	98.51	81.33	0.47	31906	80.95
105	武汉第四水泵厂	20.91	100.00	54.78	0.77	9266	91.09
106	石家庄市通用水泵厂	20.78	92.84	68.61	0.38	18766	70.99
107	沈阳滑动轴承厂	19.85	98.78	120.18	0.35	4750	71.29
108	芜湖市水泵厂	16.25	5.42	99.80	0.70	4184	135.43
109	陕西省水泵厂	13.51	98.74	89.95	0.41	5932	63.66
110	东港市水泵厂	10.04	-100.00	105.01	0.79	12000	89.95
111	湘潭县花石水泵厂	1.16	39.84	88.66	0.53	16842	55.00
112	建德市新安江矿山机械厂	0.31	100.00	55.49	0.82	3048	126.53
113	北海市水泵厂	0.07	92.46	61.25	0.70	7909	91.03
114	晋江水泵厂	-2.21	99.33	28.65	0.37	4599	103.52
115	兰州水泵总厂	-6.49	85.89	77.33	0.40	7421	82.89
116	哈尔滨水泵厂	-8.16	96.81	71.68	0.44	1265	103.25
117	豫通泵业集团公司新乡	-11.99	92.35	59.04	0.36	3830	94.13
118	南部嘉陵泵业有限责任公司	-14.89	86.96	85.91	0.19	17234	57.46
119	北京丰台区北方水泵厂	-16.34	100.00	66.65	0.30	4292	109.26
120	自贡凉高山水泵厂	-16.44	100.00	77.43	0.36	7228	140.16
121	泰安水泵厂	-16.79	84.26	82.24	0.62	6570	87.84
122	大连水泵厂	-19.03	183.75	55.50	0.13	2137	114.40
123	仙居机械厂	-37.33	100.00	62.47	0.39	5873	96.38
124	靖江市亚太泵业有限公司	-44.83	65.93	88.34	0.31	1094	164.29
125	新疆水泵厂	-45.47	84.07	69.11	0.40	6532	97.31
126	宝鸡水泵厂	-55.40	76.83	84.48	0.24	2444	97.98
127	沈阳皮拉密封有限公司	-67.26	100.00	10.06	0.81	28583	73.72
128	邢台水泵厂	-69.79	54.37	94.64	0.42	2559	113.81
129	丰润县水泵厂	-70.64	-133.53	116.25	0.40	747	67.94
130	郑州电力机械厂	-74.42	100.00	31.19	0.26	4842	95.68
131	龙岩水泵厂	-76.33	86.82	55.00	0.22	4844	99.53
132	淄博饮料泵厂	-77.41	100.00	87.39	0.61	4819	122.78
133	北京水泵厂	-77.72	48.09	94.80	0.41	3742	119.79
134	保定水泵厂	-96.08	-950.96	104.03	0.19	2121	183.33

（续）

序号	企业名称	经济效益综合指数（%）	资金保值增值率（%）	资产负债率（%）	流动资产周转率（次）	全员劳动生产率（元/人）	产品销售率（%）
135	长春水泵厂	-114.37	47.64	88.83	0.69	2338	66.27
136	葫芦岛水泵厂	-162.15	78.27	68.39	0.17	-2108	181.43
137	山西榆次潜水泵厂	-182.38	-194.13	164.51	1.27	-	69.30
138	甘肃水泵厂	-189.10	60.59	83.56	0.10	-49	94.54
139	陕西兴平市水泵厂	-210.33	-161.64	137.66	0.24	799	89.09
140	天津天工工程机械有限公司	-227.63	159.62	46.25	0.22	-9897	110.56
141	北京东方大禹工业泵股份有限公司	-242.94	86.41	56.92	0.09	-1584	192.99
142	济南试金集团泵业有限公司	-266.68	-5804.3	119.96	0.32	420	66.95
143	武穴水泵厂	-267.44	-181.41	120.31	0.38	33104	49.21

2000年泵行业协会会员单位经济效益综合指数

序号	企业名称	综合指数（%）	资金保值增值率（%）	资产负债率（%）	流动资产周转率（次）	全员劳动生产率（元/人）	产品销售率（%）
1	杭州碱泵厂	247.19	171.35	33.66	1.33	57181	89.53
2	安徽三联泵业股份有限公司	199.05	762.59	44.41	1.47	42094	98.00
3	丹东克隆集团有限公司	189.77	120.29	48.33	0.65	54848	96.85
4	浙江丰球集团公司	183.22	108.52	42.48	3.31	102174	99.50
5	南京蓝深制泵集团股份有限公司	169.36	518.89	72.42	1.52	48046	123.76
6	山东亚龙泵业集团总公司	159.85	105.26	32.36	2.86	100000	81.33
7	襄樊五二五泵业有限公司	159.49	100.00	72.07	0.89	29816	90.68
8	广东省佛山水泵厂有限公司	141.79	105.15	55.95	1.21	71132	105.30
9	安徽莱恩电泵有限公司	137.68	111.60	66.23	0.89	55309	99.93
10	江苏海狮泵业制造有限公司	137.65	225.95	51.27	1.21	12294	86.02
11	武安市宏泰机械泵业有限公司	127.49	102.45	62.39	1.00	19605	80.56
12	广州广一集团有限公司	121.03	116.48	48.74	1.13	49292	98.69
13	高安市水泵厂	119.15	105.41	47.81	1.47	22879	96.36
14	山东双轮集团股份有限公司	118.94	96.60	69.40	1.05	43177	97.42
15	上海华联泵业有限公司	117.71	128.28	21.59	1.70	67949	90.74
16	上海莲盛泵业制造有限公司	116.56	100.84	64.89	1.74	36071	108.96
17	博山水泵厂股份有限公司	110.83	108.26	68.79	0.95	31924	96.11
18	哈尔滨第二水泵厂	101.17	111.46	54.90	1.05	17071	98.57
19	黄岩八一通用机械厂	101.17	84.15	79.36	0.43	14135	110.88
20	南京古尔兹制泵有限公司	101.06	105.25	51.78	0.98	30097	98.76
21	山东省潍坊生建集团	100.40	79.57	85.32	0.73	37044	100.32
22	唐山市水泵厂	98.36	107.90	46.91	1.13	21298	99.33
23	温岭市水泵厂	96.00	102.23	51.63	1.18	36067	96.80
24	沈阳潜水电泵股份有限公司	94.23	91.13	66.60	0.65	31241	107.50
25	淄博饮料泵厂	92.24	692.23	91.28	0.56	4337	91.01
26	宁夏电机有限责任公司	91.57	106.23	79.71	0.81	30323	95.90
27	杭州大路实业有限公司	91.07	109.41	54.34	1.10	36935	92.12
28	广州水泵厂	90.84	77.13	55.45	1.32	25174	104.77
29	山东同泰集团股份有限公司	90.45	101.74	62.50	1.14	36690	100.70
30	江苏振华泵业制造有限公司	90.24	97.05	71.81	1.39	24605	106.93
31	湘潭县花石水泵厂	90.05	124.01	68.12	0.73	13542	67.43
32	上海通用泵机电设备有限公司	89.54	100.18	34.62	1.62	40271	110.09
33	上海大隆机器厂	89.41	107.40	80.57	0.49	31120	84.74
34	天津泵业机械集团有限公司	86.82	126.57	56.71	0.86	35989	97.15
35	沈阳第二水泵厂	85.96	105.03	57.25	0.74	24814	113.40
36	海城市三鱼泵业有限公司	85.82	119.69	43.09	1.15	16023	90.73
37	长沙通大（集团）有限公司	85.00	52.19	66.50	0.78	31812	112.04

（续）

序号	企业名称	经济效益综合指数（%）	资金保值增值率（%）	资产负债率（%）	流动资产周转率（次）	全员劳动生产率（元/人）	产品销售率（%）
38	河北恒盛实业股份有限公司	82.44	121.92	70.20	0.51	29965	98.49
39	丹东恒星泵业有限公司	82.13	100.00	63.74	0.63	32854	93.98
40	重庆水泵厂	81.81	158.12	37.39	0.65	18442	90.29
41	苍南水泵厂	80.72	102.76	66.39	0.49	17250	96.81
42	赣州水泵制造有限公司	78.62	178.78	51.44	0.58	14036	106.26
43	上海深井泵厂	78.40	100.13	84.26	0.66	44000	69.10
44	成都水泵厂	78.39	47.78	74.80	1.83	31127	120.83
45	福州市水泵厂	75.37	100.00	84.38	0.47	11625	81.98
46	石家庄泵业集团有限责任公司	75.30	108.27	64.72	0.49	17684	103.48
47	浙江真空设备集团有限公司	74.77	105.47	52.31	0.81	34103	98.14
48	靖江市亚太泵业有限公司	74.61	107.99	86.84	0.49	8712	127.94
49	重庆第四水泵厂	71.62	106.00	83.21	1.11	12678	96.45
50	沈阳滑动轴承厂	69.37	16.00	77.89	0.35	16308	142.11
51	陕西扶龙泵业有限责任公司	68.38	97.28	85.78	0.56	8696	82.31
52	无锡市水泵厂	68.36	98.53	72.14	0.72	25708	102.15
53	西安泵阀总厂	66.65	100.00	70.30	0.62	15567	101.13
54	北京城西龙泉水泵厂	66.57	100.53	74.50	0.65	17838	122.17
55	汉沽农场水泵厂	63.90	100.85	62.79	0.42	12386	36.16
56	重庆川东机电有限公司	63.26	210.63	45.17	0.36	2488	108.09
57	上海水泵厂	62.36	100.12	48.85	0.47	36346	99.61
58	南华县水泵厂	61.07	99.75	70.35	0.58	7976	96.62
55	昆明市水泵厂	60.71	99.72	71.84	0.81	15829	101.63
56	八步水泵厂	60.37	110.95	65.68	0.66	8108	104.01
57	兴城水泵厂	59.76	100.00	62.01	1.01	17000	123.96
58	石首水泵厂	58.66	138.77	92.63	1.03	10647	96.98
59	佛山柴油机厂	58.24	99.97	85.87	0.76	20396	100.70
60	杭州斯莱特泵业有限公司	58.02	100.21	44.36	0.58	21900	102.76
61	都匀水泵厂	57.28	107.77	56.95	0.55	10568	64.04
62	沈阳水泵股份有限公司	57.00	96.05	70.59	0.26	13115	86.19
63	北京第二水泵厂	56.66	100.18	58.11	0.64	16845	79.43
64	山东聊城化工机械厂	55.27	102.52	78.68	0.37	12685	100.18
65	上海飞流制泵工程有限公司	55.14	100.03	51.53	0.42	7353	110.16
66	山西黎城波涛泵业有限公司	55.01	100.77	83.40	0.66	6637	93.89
67	桂林水泵厂	54.82	101.01	62.03	0.52	8343	100.92
68	漯河腾龙泵业有限责任公司	54.40	96.53	72.89	0.78	2078	123.34
69	盖州水泵厂	54.32	462.14	92.92	0.26	9875	100.00
70	沈阳第一水泵厂	54.16	0.00	102.94	0.91	22498	98.89
71	浙江水泵有限公司	52.82	100.15	46.97	1.06	－19184	108.14
72	博山第二水泵厂有限公司	52.70	96.25	71.29	0.66	9910	85.25
73	洛阳水泵厂	52.07	100.05	78.03	0.33	20372	96.21
74	阳泉市水泵厂	50.15	98.22	55.47	0.41	9688	79.96
75	埃梯梯飞力(沈阳)泵业有限公司	50.05	100.00	58.97	0.65	22333	94.66
76	晋江水泵厂	49.10	43.96	73.75	0.50	4107	125.12
77	宜昌水泵总厂	48.99	100.04	84.19	0.68	8980	100.51
78	青州水泵厂	48.42	100.00	57.04	0.50	5243	79.67
79	哈尔滨水泵厂	47.21	90.89	71.42	0.42	1342	104.14
80	开平水泵厂	47.01	95.68	72.09	0.49	35505	46.44
81	如皋市水泵厂	44.06	100.00	86.86	1.16	7222	102.22
82	江山伟懋制泵有限公司	41.97	69.30	86.70	0.64	39817	98.18
83	阳江新粤华不锈钢泵有限公司	41.61	0.00	106.41	1.01	43064	88.14
84	芜湖市水泵厂	36.43	21.97	83.63	0.60	6000	106.37

（续）

序号	企业名称	经济效益综合指数（%）	资金保值增值率（%）	资产负债率（%）	流动资产周转率（次）	全员劳动生产率（元/人）	产品销售率（%）
85	江西万载水泵有限责任公司	34.11	0.00	100.00	0.26	11693	95.84
86	上海凯士比泵有限公司	30.25	84.37	54.63	0.78	30511	101.33
87	招远机电设备总厂	30.01	90.42	79.76	0.41	－8140	109.58
88	东港市水泵厂	29.96	155.44	107.30	0.68	17867	85.56
89	大连耐酸泵厂	26.61	163.17	58.13	0.67	6520	93.43
90	济南试金集团泵业有限公司	25.62	100.90	117.73	0.61	6009	85.80
91	天津市机电工程技术学校	20.11	90.05	56.86	0.60	13514	87.43
92	天津市海河工业泵厂	19.06	97.50	19.18	0.56	1000	97.56
93	石家庄市通用水泵厂	13.20	93.43	70.93	0.20	8491	111.54
94	北海市水泵厂	7.93	91.38	62.99	0.82	9184	101.02
95	自贡市工业泵股份有限公司	1.95	89.94	72.49	0.37	9751	97.88
96	四川三台泵业有限公司	－2.02	17.32	90.80	0.50	7757	104.47
97	沈阳铸造厂	－2.04	100.00	70.23	0.06	1515	105.37
98	陕西德泉水泵排灌机械有限公司	－3.65	90.57	76.48	0.33	7775	52.51
99	本溪水泵厂	－7.98	86.51	84.54	0.36	14471	113.90
100	泰安新世纪泵业有限责任公司	－14.29	131.48	80.26	0.25	5271	66.61
101	四川新达泵业股份有限公司	－21.06	91.90	56.31	0.51	5263	97.92
102	长春水泵制造有限公司	－21.53	81.66	90.98	0.28	5425	91.03
103	承德水泵厂	－21.98	74.46	74.14	0.21	10746	93.94
104	保定水泵厂	－25.76	562.82	140.24	0.18	－422	133.85
105	兰州水泵厂	－28.15	82.56	81.55	0.28	2532	72.77
106	自贡凉高山水泵厂	－31.35	204.94	62.65	0.27	6929	125.70
107	陕西省关中水泵有限责任公司	－34.50	85.94	71.98	0.40	6643	58.40
108	河南省豫通企业(集团)公司新乡	－35.41	91.06	61.19	0.28	4635	88.33
109	北京丰台区北方水泵厂	－51.68	99.39	63.78	0.28	411	152.64
110	吴忠仪表集团有限公司水泵阀门公司	－51.79	89.68	38.41	0.49	6563	93.26
111	泰州泰东泵业有限公司	－52.06	245.89	124.88	0.53	4313	64.22
112	丰润县水泵厂	－52.11	104.98	115.46	0.36	5132	60.08
113	烟台市耐腐泵集团有限公司	－52.77	94.14	40.68	0.18	2254	106.09
114	武汉第四水泵厂	－56.69	86.68	59.60	0.24	7692	94.80
115	邢台水泵厂	－72.29	16.69	99.14	0.46	4495	92.84
116	大连水泵厂	－75.80	86.60	57.15	0.19	－5756	122.10
117	沈阳皮拉密封有限公司	－78.31	94.59	10.26	0.53	21255	108.90
118	龙岩水泵厂	－84.78	100.00	60.08	0.18	4674	110.32
119	天津市耐酸泵厂	－85.11	75.07	72.66	0.44	3715	93.78
120	陕西兴平市水泵厂	－86.03	117.26	141.79	0.32	5434	96.82
121	宝鸡水泵厂	－89.60	67.43	87.98	0.22	8597	67.10
122	武汉四方泵业集团有限公司	－91.70	87.80	50.16	0.18	－2942	121.24
123	江苏利工集团有限公司	－95.55	89.53	34.22	0.37	1741	78.39
124	朝阳水泵厂	－105.52	118.08	105.56	0.43	6866	96.33
125	郑州电力机械厂	－107.87	105.07	4.09	0.28	8569	90.50
126	徐州水泵厂	－110.63	72.52	88.44	0.07	4762	148.98
127	重庆工业泵厂	－136.64	52.50	57.62	0.39	205	113.04
128	甘肃水泵厂	－169.18	38.86	92.84	0.15	497	117.37
129	仙居机械厂	－189.64	130.61	60.85	0.61	13282	89.91
130	北京东方大禹工业泵股份有限公司	－253.20	85.11	62.33	0.06	303	66.43
	平均值	65.59	102.52	65.20	0.66	19301	96.12

1996年风机行业协会会员单位经济指标

企业名称	工业总产值		工业增加值（万元）	产品销售收入（万元）	产品销售成本（万元）	全年职工年末人数合计（人）
	不变价（万元）	当年价（万元）				
合　计	262641	276293	89296	261017	189385	52634
1. 系统内小计	235151	244950	79827	229692	165944	46508
沈阳鼓风机厂	33863	29930	14609	31458	22859	4373
沈阳风机厂	2430	2758	897	2661	1657	910
沈阳人民风机厂	1435	1539	549	1678	1192	691
沈阳冷暖风机厂	310	289	91	195	126	859
锦州市风机厂	168	205	35	210	105	288
吉林市鼓风机厂	2010	1861	840	1377	1097	965
四平鼓风机厂	5488	5763	3164	6072	3367	1699
四平市通风机厂	114	148	33	76	111	446
哈尔滨市暖风机厂	2008	2008	660	1141	579	430
佳木斯鼓风机厂	776	888	160	619	435	302
陕西鼓风机厂	23677	23177	7837	19090	13270	4053
陕西骊山风机厂				653	364	
西安风机厂	667	588	221	508	357	300
西安朝阳风机厂	61	67	13	69	40	110
北京鼓风机厂	658	822	153	791	478	1181
北京风机二厂	1681	2059	763	2637	1937	292
天津市鼓风机总厂	5237	6023	1724	6158	3561	702
天津市通风机厂	1683	1854	518	1551	1205	394
天津市暖风机厂	1042	1396	569	1349	1113	360
石家庄市风机厂	1745	1688	641	1409	1210	272
保定风机厂	938	1055	338	1029	869	624
张家口市宣化风机厂	502	474	110	532	476	203
山西鼓风机厂	1507	1313	480	677	421	617
包头市风机厂	961	1078	467	1233	1015	317
新疆七一风机厂	822	1026	443	848	600	235
新疆迎宾风机厂	548	691	298	552	335	125
上海鼓风机厂	22005	23810	10000	16741	16603	1817
上海彭江机械厂	177	183	－35	184	142	136
上海通用风机厂	2833	3315	508	2302	1734	230
南京鼓风机厂	1485	1917	－111	2046	1758	539
南通风机厂	2868	3348	1228	3409	2476	686
无锡中策机电设备有限公司	1605	1626	607	1726	1187	331
宁波风机厂	1910	2514	802	2573	1656	426
余姚风机总厂	1716	1722	635	1459	1196	152
浙江省上虞风机厂	48680	50176	9679	47725	35096	905
浙江省浦江县鼓风机厂	1768	2018	479	1793	1574	1020
济南风机厂	2303	1946	832	1966	1356	760
济南通风机厂	400	400	32	360	345	113
济南市第二风机厂	800	800	223	678	413	238
山东省章丘鼓风机厂	6365	7435	2675	7525	5098	1346
青岛风机厂	1602	1703	668	1979	1419	459
淄博风机厂	1342	1577	414	1470	758	372
枣庄市通用机械厂	699	839	229	883	607	370
福州鼓风机厂	1032	1310	723	1349	955	414
安徽省风机厂	1723	2186	680	1921	1172	749
南昌市鼓风机厂	375	500	229	436	301	351
武汉鼓风机厂	5041	5694	2006	4422	2702	1782

（续）

企业名称	工业总产值		工业增加值（万元）	产品销售收入（万元）	产品销售成本（万元）	全年职工年末人数合计（人）
	不变价（万元）	当年价（万元）				
武汉市消声器厂	205	307	96	145	115	353
武汉市通风机厂	279	384	162	433	297	218
武汉市和平鼓风机厂	70	70	30	54	40	60
武汉鼓风机厂英山分厂	1528	1557	354	693	505	320
湖北省风机厂	4029	4250	850	3179	1874	679
长沙鼓风机厂	6277	8760	2328	8896	6058	1529
长沙罗茨鼓风机配件厂	462	866	338	973	665	133
长沙市第二风机厂	366	368	130	355	231	240
长沙市湘江风机厂	224	227	19	281	253	220
重庆通用机器厂	11887	10359	3288	10464	6740	3004
重庆鼓风机厂	842	1055	342	1121	830	362
重庆江北风机厂	388	337	90	407	274	311
成都风机厂	799	838	260	766	560	249
四川省川北风机厂	762	770	117	525	240	268
新乡市鼓风机厂	1891	1907	671	2850	2101	646
河南省周口风机厂	1408	1757	645	1500	1029	683
贵州鼓风机总厂	534	713	168	936	537	538
广州风机厂	485	484	182	761	529	305
佛山市风机厂	798	964	196	1004	721	173
北海市风机厂	1059	1612	378	1449	982	353
大理通用机械厂	866	1004	312	1004	782	337
四川鼓风机厂	2019	2602	755	5004	3618	1583
2. 系统外小计	27490	31343	9469	31325	23441	6126
鞍山风机厂	1532	1498	－70	2062	1702	690
黑龙江省肇东市风机厂	535	594	210	382	287	165
呼和浩特风机厂	568	694	197	609	376	218
宁夏银川风机厂	302	420	39	337	240	344
甘肃省靖远通风机厂	483	548	259	461	306	164
天津环保产业集团有限责任公司	2338	2338	908	3100	2409	391
上海长风鼓风机厂	190	183	63	233	215	120
上海鼓风机厂长征分厂	1383	1502	406	1251	778	245
常熟市鼓风机厂	3458	4054	1222	4025	2779	515
无锡市通风机厂	2390	2329	829	2725	2081	154
张家港市空调风机厂	874	874	179	865	624	73
杭州余杭鼓风机厂	678	806	153	615	383	142
山东电力设备厂	6004	6999	1877	6541	5940	872
山东省文登风机厂	2600	2820	915	2201	1381	295
武汉鼓风机厂新洲分厂	570	625	286	486	313	153
宜昌市鼓风机厂	40	40	2	33	37	123
成都电力机械厂	3273	4628	1945	4982	3274	1223
梧州市风机厂	272	391	49	417	316	239

1997 年风机行业协会会员单位经济指标

企业名称	工业总产值		工业增加值（万元）	产品销售收入（万元）	产品销售成本（万元）	全年职工年末人数合计（人）
	不变价（万元）	当年价（万元）				
合　计	263346	289065	92675	288670	205504	50246
1. 系统内小计	237116	257715	83255	261263	185320	44966
沈阳鼓风机厂	36004	31702	13462	32521	23865	4340
沈阳风机厂	1985	2818	939	3009	1958	889

（续）

企业名称	工业总产值		工业增加值（万元）	产品销售收入（万元）	产品销售成本（万元）	全年职工年末人数合计（人）
	不变价（万元）	当年价（万元）				
沈阳人民风机厂	1435	1478	582	1856	1337	703
沈阳冷暖风机厂	379	436	110	362	200	757
锦州市风机厂	200	205	70	244	127	389
吉林市鼓风机厂	1745	1529	410	1432	1259	729
四平金丰股份有限公司	5923	5581	2784	7639	4521	1650
哈尔滨市暖风机厂	1275	1275	439	1353	826	426
陕西鼓风机(集团)有限公司	26901	24391	8616	28508	20633	4097
其中:陕西骊山风机厂	733	1123	315	703	429	355
西安风机厂	212	375	122	373	286	288
西安朝阳风机厂	56	88	23	68	52	61
北京鼓风机厂	858	1197	194	901	598	939
北京风机二厂	1747	2061	803	2279	1539	295
天津市鼓风机总厂	4275	5313	1661	5593	3489	714
天津市通风机厂	2121	2280	719	2054	1499	411
天津市暖风机总厂	1290	1337	548	1353	1006	345
石家庄市风机厂	1589	1615	644	1426	1088	268
保定风机厂	1010	184	530	892	659	651
张家口市宣化风机厂	557	536	126	610	540	192
山西鼓风机厂	924	1138	458	488	310	589
内蒙古天福风机有限公司	642	855	223	896	729	301
新疆七一风机厂	638	984	473	948	662	218
新疆迎宾风机厂	600	741	334	605	389	126
上海鼓风机厂	18898	21812	7950	21318	15351	1785
上海彭江机械厂	166	190	－109	199	159	129
上海通用风机厂	2909	2909	1412	2343	1840	228
南京鼓风机厂	1743	2244	33	2745	2476	508
南通风机厂	2498	3720	1383	3610	2623	669
无锡中策机电设备有限公司	1732	1734	633	1676	989	316
无锡市通风机厂	2100	2100	250	1950	1021	151
宜兴市华光特种风机厂	805	858	208	726	508	114
宁波风机厂	1292	2228	986	2384	1600	403
余姚风机总厂	1110	1378	736	1377	1102	161
浙江上风集团公司	58158	64188	15405	62904	45374	925
浙江省浦江县鼓风机厂	1186	1311	111	1353	1347	971
济南风机厂	1577	2596	798	2009	1418	713
济南市第二风机厂	595	951	244	600	381	241
山东省章丘鼓风机厂	7208	8386	2984	8639	6283	1387
山东临沂市风机厂	1038	1158	256	773	609	228
山东文登风机厂	2700	2860	769	2027	1134	308
青岛风机厂	992	1524	596	1767	1250	449
淄博风机厂	1000	1880	165	1500	800	438
枣庄市通用机械厂	327	411	83	375	273	374
福建东亚鼓风机股份有限公司	890	1344	719	1352	903	391
安徽省风机厂	950	1306	510	1104	753	748
南昌市鼓风机厂	237	320	120	257	172	313
武汉鼓风机厂	4862	6026	2024	5257	3494	1608
武汉市通风机厂	177	186	60	258	184	209
武汉市和平鼓风机厂	118	128	26	78	56	60
湖北省鼓风机有限公司	1146	1694	207	506	344	245
湖北省风机厂股份有限公司	3860	4264	725	2825	1722	668
长沙鼓风机厂	3531	5705	1685	6764	4425	1477
长沙罗茨鼓风机配件厂	430	710	288	773	561	131
长沙市第二风机厂	192	282	126	317	251	242

（续）

企业名称	工业总产值 不变价（万元）	工业总产值 当年价（万元）	工业增加值（万元）	产品销售收入（万元）	产品销售成本（万元）	全年职工年末人数合计（人）
长沙市湘江风机厂	167	212	28	203	196	224
重庆通用机器厂	11743	10523	3653	11074	7276	3047
重庆鼓风机厂	699	1080	359	1079	756	368
重庆俞州风机厂	274	309	291	327	247	196
重庆江北风机厂	139	192	17	190	115	298
成都风机厂	582	802	329	679	453	239
四川鼓风机总厂	1250	1649	500	4987	3746	1547
四川省川北风机厂	475	672	142	686	499	250
新乡市鼓风机厂	1761	1850	726	2213	1539	671
河南省周口鼓风机厂	819	1035	327	1132	799	615
贵阳鼓风机总厂	194	254	115	313	296	521
广州风机厂	300	657	348	719	500	281
佛山市风机厂	364	573	159	612	421	146
北海市风机厂	815	1473	322	1054	862	305
大理通用机械厂	741	917	287	819	640	290
2. 系统外小计	26230	31350	9420	27407	20184	5280
鞍山风机厂	1430	1411	175	2420	1651	675
黑龙江省肇东市风机厂	375	400	104	361	237	223
呼和浩特风机厂	447	577	144	525	490	181
宁夏银川风机厂	382	434	122	499	310	350
甘肃省靖远通风机厂	339	427	195	429	289	172
天津环保产业集团有限责任公司	2522	3315	508	2302	1808	376
上海长风鼓风机厂	209	251	10	283	297	98
上海鼓风机厂长征分厂	908	1210	446	1014	653	224
常熟市鼓风机厂	3338	3996	1263	4016	2769	504
张家港市空调风机厂	972	986	195	972	662	77
杭州余杭鼓风机厂	408	563	142	500	379	138
山东电力设备厂	10189	11541	4120	8478	6933	654
武汉鼓风机厂新州分厂	400	450	136	382	248	153
宜昌市鼓风机厂	39	39	9	39	35	124
成都电力机械厂	4076	5410	1773	4847	3189	1114
梧州市风机厂	196	340	78	340	264	217

1998 年风机行业协会会员单位经济指标

企业名称	工业总产值 不变价（万元）	工业总产值 当年价（万元）	工业增加值（万元）	产品销售收入（万元）	产品销售成本（万元）	全年职工年末人数合计（人）
合　计	270936	286083	91546	279749	197534	47791
1. 系统内小计	174972	180476	63636	178555	128190	40786
沈阳鼓风机厂	40381	34974	16045	34918	26024	4048
沈阳风机厂	1397	2073	689	23167	1635	819
沈阳人民风机厂	1500	1603	591	1062	799	525
沈阳冷暖风机厂	792	841	841	0	0	717
锦州市风机厂	153	185	81	147	82	386
吉林市鼓风机厂	1253	1071	216	812	777	713
四平金丰股份有限公司	3916	3678	1660	4716.4	2916.7	1060
哈尔滨市暖风机厂	1491	1491	608	1217	759	266
陕西鼓风机(集团)有限公司	33503	30030	8826	31507	23197	3998
其中：陕西骊山风机厂	1119	1201	336	746	483	355

(续)

企业名称	工业总产值 不变价（万元）	工业总产值 当年价（万元）	工业增加值（万元）	产品销售收入（万元）	产品销售成本（万元）	全年职工年末人数合计（人）
西安风机厂	228	294	79	287	232	279
西安朝阳风机厂	201	201	40	16	8	117
北京鼓风机厂	893	897	176	704	510	945
北京风机二厂	2178	2234	966	1969	1349	300
天津市鼓风机总厂	4190	5031	1565	5421	3709	839
天津市通风机厂	2420	2596	868	2033	1373	518
天津市暖风机厂	863	869	381	810	543	349
石家庄市风机厂	1509	1539	700	1658	1358	267
保定风机厂	574	689	156	448	355	635
张家口市宣化风机厂	590	527	162	470	363	183
山西鼓风机厂	815	963	450	510	362	644
内蒙古天福风机有限公司	902	913	318	996	794	298
新疆七一风机厂	664	817	465	773	533	211
上海鼓风机厂	19448	20773	7884	20860	15066	1712
南京鼓风机厂	431	577	－122	760	750	496
南通风机厂	2635	3701	1539	3453	2573	652
无锡市通风机厂	1920	1920	210	1850	1321	136
宁波风机厂	1298	2073	827	1834	1149	368
济南风机厂	1234	2097	886	1839	1335	715
济南市第二风机厂	387	468	191	501	323	234
山东省汇丰机械集团总公司	7851	8625	2501	9399	6793	1374
山东省文登风机厂	2278	2320	671	1736	1140	302
青岛风机厂	930	1541	696	1534	960	440
淄博风机厂	1213	1385	307	1385	490	316
临沂市风机厂	1716	1716	267	872	732	238
枣庄市通用机械厂	467	459	－53	378	417	371
福建东亚鼓风机股份有限公司	880	1150	445	1219	815	371
安徽省风机厂	983	1462	509	1425	960	741
南昌市鼓风机厂	272	207	66	196	147	307
武汉鼓风机厂	5212	6393	1938	6368	4535	1515
其中：武汉市消声器厂	198	270	48	206	161	351
武汉市通风机厂	131	143	49	166	134	182
武汉市和平鼓风机厂	218	218	65	100	56	45
湖北省风机厂股份有限公司	3500	3751	488	2329	1388	585
长沙鼓风机厂	3729	5928	1952	6304	4554	1486
长沙罗茨鼓风机配件厂	517	714	190	663	521	134
长沙市第二风机厂	128	207	85	196	143	240
长沙市湘江风机厂	144	158	－1	202	200	221
重庆通用工业（集团）有限责任公司	10423	10654	3112	9296	6235	3726
重庆鼓风机厂	559	858	335	781	565	362
重庆江北风机厂	84	117	48	151.1	90.1	274
成都风机厂	510	631	284	539	363	188
四川鼓风机总厂	1170	1606	818	3862	2737	1629
新乡市鼓风机厂	1050	1085	293	1583	1220	672
河南省周口鼓风机厂	615	663	354	628	493	867
贵阳鼓风机总厂	220	275	49	275	207	496
广州风机厂	309	530	300	511	412	253
佛山市风机厂	484	588	87	567	352	150
北海市风机厂	518	1119	224	925	814	282
大理通用机械厂	797	848	259	725	521	293
浙江省浦江县鼓风机厂	299			351		296
2. 系统外小计	95963	105607	27909.9	101194	69344	7005
鞍山风机厂	961	1145	62	1477	1190	652

（续）

企业名称	工业总产值		工业增加值（万元）	产品销售收入（万元）	产品销售成本（万元）	全年职工年末人数合计（人）
	不变价（万元）	当年价（万元）				
黑龙江省肇东市风机厂	467	550	160	379	276	129
呼和浩特风机厂	365	455	110	448	310	155
宁夏银川风机厂	561	717	297	468	321	372
甘肃省靖远通风机厂	502	563	266	448	357	167
天津环保产业集团有限责任公司	2036	2036	731	1958	1127	319
新疆迎宾风机厂	458	557	283	440	255	125
上海长风鼓风机厂	154	153	18	134	122	56
上海鼓风机厂长征分厂	600	768	290	680	474	185
上海通用风机厂	2744	2744	1354	2283	1621	210
无锡中策机电设备有限公司	1249	1221	496	1357	773	287
宜兴华兴特种风机厂	1101	939	288	1181	786	121
常熟市鼓风机厂	2832	3228	968	3258	2031	488
张家港市空调风机厂	440	430	167	402	250	70
杭州余杭鼓风机厂	677	830	109	446	319	129
余姚风机总厂	928	1296	609	941	735	157
浙江上风集团公司	67029	71758	15783	70817	48284	931
山东电力设备厂	6358	7437	2630	6193	4729	666
武汉鼓风机厂新洲分厂	423	423	124	331	214	110
湖北鼓风机有限公司	1390	1945	644	768	562	210
宜昌市人和风机衬套有限责任公司	23	26	10	26	20	24
成都电力机械厂	4119	5642	2263	5871	3964	984
四川省川北风机厂	335	445	109	580	391	250
梧州市风机厂	211	299	139	308	233	208

1999年风机行业协会会员单位经济指标

企业名称	工业总产值		工业增加值（万元）	产品销售收入（万元）	产品销售成本（万元）	全年职工年末人数合计（人）
	不变价（万元）	当年价（万元）				
合计	291579	295581	90151	289096	212767	37881
1. 系统内小计	186414	181916	61915	1787014	130630	31179
沈阳鼓风机厂	42445	36504	13697	34504	27677	2598
沈阳风机厂	2392	2308	671	1322	660	759
沈阳人民风机厂	1580	1659	600	1301	1027	340
沈阳冷暖风机厂	892	938	154	435	286	420
锦州市风机厂	100	112	72	94	54	386
吉林市鼓风机厂	2458	2392	622	2319	2289	713
四平金丰股份有限公司	4258	3842	1677	5833	3926	860
哈尔滨市暖风机厂	1025	876	299	925	593	207
陕西鼓风机(集团)有限公司	33622	31761	9988	31635	22853	3786
其中:含陕西骊山风机厂	927	1008	300	656	422	342
西安风机厂	323	387	98	294	260	81
西安市阳普工业锅炉厂	370	370	105	33	29	117
北京鼓风机厂	963	960	168	749	584	477
北京风机二厂	2197	2109	800	2082	1385	302
天津市鼓风机总厂	3128	3664	1417	4058	3054	536
天津市通风机厂	2597	2841	967	2560	1650	512
天津市暖风机总厂	926	1063	432	1124	802	154
石家庄市风机厂	2176	2181	822	2519	2069	251
保定风机厂	416	452	－45	252	502	615

（续）

企业名称	工业总产值		工业增加值（万元）	产品销售收入（万元）	产品销售成本（万元）	全年职工年末人数合计（人）
	不变价（万元）	当年价（万元）				
张家口市宣化风机厂	591	514	148	506	401	129
山西鼓风机厂	567	564	210	542	391	416
内蒙古天福风机有限公司	744	812	440	849	525	228
新疆七一风机厂	612	765	202	779	545	206
上海鼓风机厂有限公司	19859	17829	5405	17487	11732	1422
上海长风鼓风机厂	115	145		132	149	144
上鼓南京鼓风机有限公司	400	342				
江苏大通风机股份有限公司	2098	2403	627	2395	1709	471
无锡市通风机厂	2090	2090	200	2060	1639	140
常熟市鼓风机厂	3102	3628	1108	3655	2360	461
宁波风机有限公司	1740	2256	1077	2133	1386	348
济南风机厂	1961	2352	932	2884	2219	671
济南市第二风机厂	728	728	469	292.2	189.1	89
山东省汇丰机械集团总公司	10313	11065	3430	11716	8267	1346
山东省文登风机厂	2120	2280	1446	1672	1053	306
青岛风机厂	1532	1803	762	1563	956	426
枣庄市通用机械厂	791	617	137	601	531	371
福建东亚鼓风机股份有限公司	1201	1602	708	1538	946	360
安徽省风机厂	1113	1205	318	1033	690	771
南昌市鼓风机厂	116	138	40	158	116	296
武汉鼓风机厂	7325	7218	2546	7254	4883	1263
武汉市消声器厂	254	277	33.5	166	136	96
武汉市通风机厂	193	215	90	201	148	113
武汉市和平鼓风机有限责任公司	121	104	36	104	63	45
湖北省风机厂	3101	3387	558	2383	1370.8	480
长沙鼓风机厂	5028	6205	2321	6498	4490	1437
长沙罗茨鼓风机配件厂	435	595	139	514	404	131
长沙市第二风机厂	172	178	52	169	140	79
长沙市湘江风机厂	152	157	40	176	170	72
重庆通用工业(集团)有限责任公司	7792	6702	1411	7171	6049	2000
重庆鼓风机厂	800	899	362	772	563	230
重庆江北风机厂	184	189	-17	168	166	53
成都风机厂	667	612	258	449	311	99
四川鼓风机有限责任公司	1481	1854	1019	3190	2171	897
新乡市鼓风机厂	1736	1909	611	2008	1488	663
周口鸿基鼓风机有限公司	787	866	303	740	564	296
贵阳鼓风机总厂	138	167	-78	181	169	476
广州风机厂	254	291	408	485	403	202
佛山市风机厂	646	782	230	693	452	126
北海鼓风机实业公司	628	889	177	800	599	256
大理通用机械厂	537	588	217	547	386	262
浙江省浦江县鼓风机有限公司	252	215				
重庆渝州风机厂	70	60				188
2. 系统外小计	105165	113665	28236	110392	82137	6702
鞍山风机厂	851	935	-168	1245	927	621
肇东市风机制造总厂	650	556	161	401	300	240
呼和浩特风机厂	498	598	140	543	297	150
宁夏银川风机厂	616	821	360	614	416	372
甘肃省靖远通风机厂	506	559	245	415	292	166
天津环保产业集团有限责任公司	1900	1810	778	1810	1023	240
新疆迎宾风机厂	522	573	272	414	253	116
上海鼓风机厂长征分厂	687	782	299	784	500	177
上海通用风机股份有限公司	1928	2222	673	2092	1622	216

（续）

企业名称	工业总产值		工业增加值（万元）	产品销售收入（万元）	产品销售成本（万元）	全年职工年末人数合计（人）
	不变价（万元）	当年价（万元）				
无锡中策机电设备有限公司	1661	1576	935	1722	1127	318
宜兴市华兴特种风机厂	1189	1120	444	1203	845	120
张家港市空调风机厂	563	563	196	520	343	70
杭州余杭鼓风机厂	506	506	255	526	408	112
余姚风机总厂	1170	942	332	942	770	140
浙江上风集团公司	73688	80056	16417	78568	58637	936
山东电力设备厂	9983	10939	3089	9271	7919	670
淄博风机厂	1306	1410	375	2032	1234	236
临沂市风机厂	1703	1456	645	809	653	198
武汉鼓风机厂新洲分厂	350	366	110	378	285	110
湖北鼓风机有限公司	1251	1281	277	751	565	120
宜昌市人和风机衬套有限责任公司	25	19	6	19	14	22
成都电力机械厂	2936	3718	1869	4491	3147	974
四川省川北风机厂	488	589	113	473	305	182
梧州市风机厂	188	268	71	369	255	196

2000年风机行业协会会员单位经济指标

企业名称	工业总产值		工业增加值（万元）	产品销售收入（万元）	产品销售成本（万元）	全年职工年末人数合计（人）
	不变价（万元）	当年价（万元）				
浙江上风集团公司	78442	86768	18058	86006	19246	946
沈阳鼓风机厂	39839	34195	11940	32450	33621	2604
陕西鼓风机(集团)有限公司	34060	32534	10080	32245	23857	3689
上海鼓风机厂有限公司	22513	16762	6165	16511	10695	1335
山东省汇丰机械集团总公司	12537	12937	4010	12380	6986	1149
重庆通用工业(集团)有限责任公司	7722	6725	1739	7038	9059	1833
吉林市鼓风机厂	6712	5737	864	4312	3829	721
武汉鼓风机厂	6663	6313	1264	3223	19601	1038
长沙鼓风机厂	6268	7167	1895	6528	5612	1353
常熟市鼓风机厂	5570	6496	1818	6338	1780	442
四平金丰股份有限公司	4616	4010	1659	5914	2771	705
天津市鼓风机总厂	3712	4239	1852	4402	4438	517
江苏大通风机股份有限公司	3619	3880	1540	3270	19432	
湖北省风机厂股份有限公司	3300	3502	341	2819	2389	479
山东省文登风机厂	3088	3321	1162	2469	611	350
济南风机厂	2950	3013	1168	2912	993	572
成都电力机械厂	2950	3720	1385	5279	4986	746
山东省德州市玻璃钢制品总厂	2945	2517	855	2518	578	458
天津市通风机厂	2778	2909	1102	2777	380	314
沈阳风机厂	2705	2568	840	2079	2865	505
上海通用风机股份有限公司	2655	2655	1094	2620	1002	238
石家庄市风机厂	2482	2311	1006	2330	1132	245
淄博风机厂	2300	1966	690	2214	504	269
无锡市通风机厂	2300	2208	372	2208	953	140
天津环保产业集团有限责任公司	2070	1769	804	1850	2581	215
无锡中策机电设备有限公司	2061	2045	1215	2051	552	276
北京风机二厂	1997	1932	641	2258	1825	263
宁波风机有限公司	1806	2458	1068	2303	995	338
沈阳人民风机厂	1700	1732	650	1474	822	321

（续）

企业名称	工业总产值		工业增加值（万元）	产品销售收入（万元）	产品销售成本（万元）	全年职工年末人数合计（人）
	不变价（万元）	当年价（万元）				
新乡市鼓风机厂	1649	1666	905	2020	2297	524
临沂市风机厂	1566	1056	269	733	456	176
宜兴市华兴特种风机厂	1520	1299	475	1258	494	114
青岛风机厂	1510	1822	792	1647	331	408
沈阳川益集团公司	1500	1282	447	1377	2000	150
四川鼓风机有限责任公司	1409	1744	663	3279	3095	897
湖北鼓风机有限公司	1253	1295	403	760	398	120
沈阳冷暖风机厂	1200	1482	698	1006	1588	306
周口鸿基鼓风机有限公司	1152	1297	481	946	1039	324
天津市暖风机总厂	1101	1216	425	1265	201	183
北京当代复合材料有限公司	1070	1244	475	2051	426	130
哈尔滨暖风机厂	1060	1060	386	899	873	182
福建东亚鼓风机股份有限公司	1041	1335	570	1305	1120	319
鞍山风机二厂	971	971	528	1108	499	117
安徽省风机厂	955	1086	314	912	1688	760
内蒙古天福风机有限公司	950	1019	468	516	831	98
枣庄通用机械厂	910	707	145	618	220	358
鞍山风机厂	876	949	4	1283	1293	588
重庆鼓风机厂	868	1032	329	928	195	225
北海鼓风机实业公司	828	1152	230	928	2077	236
余姚风机总厂	790	749	244	749	190	136
张家港市英德利空调风机有限公司	779	666	200	808	73	75
新疆七一风机厂	772	992	224	1031	203	170
德州巨龙风机有限公司	750	803	306	802	889	186
宁夏银川风机厂	740	842	253	819	1674	372
佛山市风机厂	676				812	655
长沙华南风机制造总厂	640	546	247	507	443	86
上海鼓风机厂长征分厂	602	678	180	652	466	175
肇东市风机制造总厂	600	513	215	450	42	174
张家口市宣化风机厂	592	525	151	549	548	126
沈阳市通风机厂	548	468	206	505	127	120
甘肃省靖远通风机厂	511	525	242	528	224	168
长沙罗茨鼓风机配件厂	502	429	168	425	399	121
西安凯瑟通风设备有限公司	444	379	138	430	138	57
新疆迎宾风机厂	418	436	184	404	87	79
山西鼓风机厂	417	443	115	600	1272	406
杭州余杭鼓风机厂	385	329	57	305	245	114
大理通风机械厂	376	457	179	539	368	202
西安风机厂	367	449	124	349	380	65
梧州市风机厂	331	363	135	322	300	181
武汉市新洲搏力风机制造有限公司	300	256	51	240	84	86
长沙市第二风机厂	293	253	51	276	326	82
呼和浩特市新超风机有限公司	286	302	77	299	1181	80
广州风机厂	261	306	96	482	1621	151
营口市鼓风机厂	236	202	94	292	14	43
长沙市湘江风机厂	190	193	50	193	315	75
武汉和平风机有限责任公司	181	116	27	116	42	45
锦州市风机厂	168	179	109	150	478	70
武汉市通风机厂	160	201	8	220	360	88
南昌鼓风机厂	146	176	69	147	218	284
小计	309210	305879	90482	299617	201075	32725

1996年风机行业协会会员单位经济效益综合指数

序号	企 业 名 称	经济效益综合指数（%）	产品销售率（%）	工业增加值率（%）	成本费用利润率（%）	全员劳动生产率（元/人）	流动资产周转率（次）
	合计	88.64	98.2	33.7	3.7	16971	0.95
1	浙江省上虞风机厂	354.57	97.1	40.5	12.2	107780	3.59
2	余姚风机总厂	245.20	84.6	33.8	4.8	42333	4.15
3	长沙罗茨鼓风机配件厂	182.36	115.3	27.3	15.0	25606	2.17
4	四平鼓风机厂	151.69	106.0	44.4	27.4	16891	0.74
5	上海通用风机厂	148.80	76.9	43.3	9.0	24195	1.92
6	上海鼓风机厂	146.67	98.9	35.7	1.7	53716	1.06
7	淄博风机厂	144.14	93.2	23.9	5.8	11242	3.86
8	新疆迎宾风机厂	141.16	79.9	35.3	10.8	24228	1.50
9	新疆七一风机厂	140.56	73.6	37.9	14.2	18691	1.54
10	石家庄市风机厂	135.68	121.3	38.8	24.8	23480	0.49
11	无锡中策机电设备有限公司	113.34	98.5	37.2	11.8	18065	0.86
12	天津市鼓风机总厂	111.01	102.0	29.0	1.8	25161	1.84
13	山东省章丘鼓风机厂	108.50	89.7	30.4	10.0	19716	1.07
14	沈阳鼓风机厂	105.34	98.0	40.9	1.4	33654	0.68
15	青岛风机厂	105.11	95.0	32.8	2.6	14428	1.63
16	宁波风机厂	103.18	86.9	27.2	2.6	19005	1.61
17	重庆鼓风机厂	98.63	93.6	27.3	1.6	9421	1.70
18	济南风机厂	97.63	106.8	36.4	0.15	11020	1.96
19	北京风机二厂	97.07	100.5	31.4	2.8	25258	1.02
20	长沙鼓风机厂	92.69	101.4	22.6	4.7	15407	1.34
21	湖北省风机厂	91.74	94.0	17.7	1.7	12555	1.63
22	福州鼓风机厂	86.08	102.9	46.8	4.0	17368	0.64
23	天津市暖风机厂	85.93	96.6	25.5	0.6	15546	1.32
24	新乡市鼓风机厂	85.74	109.7	29.2	3.9	10458	1.32
25	南通风机厂	84.06	92.2	31.2	0.1	17567	1.02
26	包头市风机厂	82.90	110.0	34.2	3.0	14269	0.86
27	安徽省风机厂	81.11	87.4	27.0	1.3	9383	1.32
28	重庆通用机器厂	78.46	129.4	27.0	2.0	10960	0.92
29	大理通用机械厂	77.98	99.6	31.1	1.0	9204	1.43
30	成都风机厂	77.50	92.2	34.0	0.7	12745	1.39
31	天津市通风机厂	75.60	89.4	24.4	0.1	11500	1.21
32	北海市风机厂	75.50	107.6	64.3	0.1	10708	0.86
33	哈尔滨市暖风机厂	74.88	91.0	24.4	1.7	15103	0.75
34	济南通风机厂	74.26	90.0	67.0	0.3	2712	0.93
35	陕西鼓风机厂	73.93	103.8	32.2	0.8	20209	0.51
36	山西鼓风机厂	73.59	96.1	37.1	12.0	7842	0.31
37	沈阳人民风机厂	71.99	103.3	29.8	1.8	7938	1.03
38	枣庄市通用机械厂	71.53	105.5	23.0	0.0	6181	1.25
39	佛山市风机厂	67.86	101.5	25.5	3.9	10370	1.32
40	南昌市鼓风机厂	66.57	90.0	52.6	0.0	6469	0.55
41	河南省周口风机厂	64.56	96.2	21.4	0.2	9637	1.12
42	武汉鼓风机厂英山分厂	64.43	96.2	24.4	0.1	11273	0.90
43	四川鼓风机厂	63.44	76.4	30.1	1.8	4942	1.10
44	西安风机厂	61.72	106.2	33.1	0.1	7245	0.63
45	济南市第二风机厂	59.75	75.4	29.4	2.4	9409	0.60
46	武汉市通风机厂	58.42	99.5	6.8	1.7	7009	0.84
47	沈阳风机厂	57.93	88.5	27.8	0.1	9879	0.70

（续）

序号	企 业 名 称	经济效益综合指数（%）	产品销售率（%）	工业增加值率（%）	成本费用利润率（%）	全员劳动生产率（元/人）	流动资产周转率（次）
48	四川省川北风机厂	52.81	100.1	23.4	1.9	4366	0.60
49	贵州鼓风机总厂	51.61	121.6	20.3	0.5	3148	0.80
50	武汉鼓风机厂	48.66	80.8	29.9	0.04	10763	0.37
51	长沙市第二风机厂	43.67	90.2	30.2	-7.4	5384	0.94
52	陕西骊山风机厂	43.04	67.1	25.2	0.3	7910	0.40
53	吉林市鼓风机厂	41.17	61.0	38.6	0.3	8814	0.30
54	沈阳冷暖风机厂	38.03	63.3	28.0		1069	1.00
55	佳木斯鼓风机厂	37.36	71.8	17.4	0.6	5387	0.50
56	张家口市宣化风机厂	35.92	107.7	20.1	-6.9	5339	0.97
57	西安朝阳风机厂	31.73	97.0	26.9	-17	1150	0.29
58	北京鼓风机厂	29.00	115.2	15.9		1221	0.20
59	保定风机厂	28.42	99.4	26.8	-7.9	5434	0.55
60	广州风机厂	20.57	117.1	29.5	-14.5	5993	0.73
61	锦州市风机厂	-0.99	89.3	32.2	-17.5	1216	0.61
62	武汉市和平鼓风机厂	-3.49	77.0	20.0	-13.0	5000	0.48
63	上海彭江机械厂	-8.51	100.0	-1.7	-12.1	-2985	1.53
64	南京鼓风机厂	-9.47	107.2	-4.7	-12.4	-2067	0.97
65	浙江省浦江县鼓风机厂	-11.95	110.0	49.5	-22.0	4545	0.55
66	长沙市湘江风机厂	-28.72	113.2	7.0	-27.0	900	0.80
67	四平市通风机厂	-41.06	90.5	60.9	-37.7	737	0.10
68	武汉市消声器厂	-79.46	82.5	36.4	-36.0	2719	0.80
69	重庆江北风机厂	-87.37	120.2	22.7	-83.0	2897	0.79
70	无锡市通风机厂	227.94	97.4	60.7	15.4	52468	2.41
71	张家港市空调风机厂	173.97	99.0	35.1	10.3	24520	2.20
72	山东省文登风机厂	156.26	88.3	59.9	19.5	31553	0.89
73	天津环保产业集团有限责任公司	142.22	128.3	33.5	14.5	23895	1.66
74	常熟市鼓风机厂	126.76	96.6	25.7	5.4	23500	2.10
75	甘肃省靖远风机厂	98.04	96.5	41.3	6.8	15578	0.82
76	上海鼓风机厂长征分厂	86.38	98.0	23.2	0.8	16351	1.27
77	武汉鼓风机厂新洲分厂	80.15	87.0	46.0	0.5	21029	0.58
78	成都电力机械厂	73.03	104.2	43.5	-2.2	14279	0.94
79	黑龙江省肇东市风机厂	71.55	95.6	33.3	2.1	12727	0.74
80	杭州余杭鼓风机厂	53.02	91.7	16.1	0.7	11007	0.52
81	山东电力设备厂	51.26	81.8	22.9	-6.9	21209	0.99
82	梧州市风机厂	44.25	115.0	20.0	-1.7	2178	0.66
83	鞍山风机厂	32.85	116.6	-1.8	-5.3	-1040	0.71
84	上海长风鼓风机厂	17.13	127.2	35.0	-15.3	5200	0.75
85	宜昌市鼓风机厂	12.27	83.5	3.0	-0.2	1201	1.30
86	呼和浩特风机厂	1.66	89.1	29.1	-19.5	9032	0.70
87	宁夏银川风机厂	-25.79	86.4	4.6	-32.7	1143	0.35
88	福州化工机械修造厂						

1997年风机行业协会会员单位经济效益综合指数

序号	企 业 名 称	经济效益综合指数（%）	总资产贡献率（%）	资本保值增值率（%）	资产负债率（%）	流动资产周转率（次）	成本费用利润率（%）	全员劳动生产率（元/人）	产品销售率（%）
	标准值及权数		10.7×20	120×16	60×12	1.52×15	3.71×14	16500×10	96×13
1	浙江上风集团公司	285.03	30.03	140.3	28.0	4.22	12.51	169100	98.0
2	四平金丰股份有限公司	221.75	16.5	106.1	47.8	0.83	35.70	16621	103.6
3	无锡市通风机厂	200.46	33.2	52.4	60.3	2.18	42.30	16129	93.0

（续）

序号	企业名称	经济效益综合指数（%）	总资产贡献率（%）	资本保值增值率（%）	资产负债率（%）	流动资产周转率（次）	成本费用利润率（%）	全员劳动生产率（元/人）	产品销售率（%）
4	余姚风机总厂	194.26	35.17	51.8	57.0	4.90	3.50	46226	99.9
5	张家港市空调风机厂	174.59	33.4	122.0	36.5	2.43	10.30	25325	98.6
6	山东文登风机厂	169.15	12.3	114.1	51.0	0.67	23.00	24955	90.3
7	石家庄市风机厂	146.09	12.0	114.5	47.0	0.50	17.12	24030	110.0
8	上海通用风机厂	144.88	15.5	68.2	75.3	1.67	7.97	63926	90.0
9	天津环保产业集团	144.20	15.8	148.3	20.5	1.34	15.63	13511	76.9
10	新疆七一风机厂	141.03	21.2	101.4	38.4	1.48	10.91	20845	88.5
11	淄博风机厂	127.06	11.9	133.0	61.5	1.09	12.9	4125	99.0
12	宜兴华兴特种风机厂	120.39	14.2	100.0	48.0	0.34	8.00	30588	102.6
13	常熟市鼓风机厂	118.70	12.3	102.7	56.2	2.17	4.56	24765	98.0
14	无锡中策机电设备公司	105.06	10.2	130.0	29.1	0.78	8.00	19720	96.6
15	长沙罗茨鼓风机配件厂	103.12	11.3	102.6	30.8	1.49	4.42	21176	135.4
16	新疆迎宾风机厂	99.37	15.5	84.1	38.2	1.21	3.29	26614	81.7
17	上海鼓风机厂有限公司	99.00	9.4	140.2	73.5	0.81	0.93	44142	99.8
18	重庆鼓风机厂	96.13	13.9	127.7	36.2	1.61	2.76	9849	100.4
19	北京风机二厂	92.30	5.5	125.9	26.6	1.00	5.40	27132	97.6
20	山东电力设备厂	90.53	3.6	126.6	30.1	1.40	1.90	32551	81.43
21	山东章丘鼓风机厂	90.00	6.8	94.0	50.8	1.39	3.38	22072	100.3
22	青岛风机厂	38.90	14.2	102.6	48.7	1.44	2.38	13137	99.0
23	湖北省风机厂股份有限公司	88.23	13.8	101.3	65.0	1.45	9.98	10303	96.0
24	福建东亚鼓风机股份有限公司	37.58	6.7	102.9	63.3	0.70	4.30	17140	10.4
25	重庆通用机器厂	86.77	9.9	103.4	74.0	0.84	2.30	21216	94.9
26	天津市通风机厂	85.92	10.5	111.1	52.2	1.74	0.22	17753	39.9
27	新乡市鼓风机厂	82.40	6.4	102.2	61.0	1.00	4.52	5421	98.0
28	宁波风机厂	81.72	10.4	100.3	50.0	1.30	0.13	23650	106.3
29	沈阳人民风机厂	81.31	10.1	101.1	90.1	1.07	1.80	8423	107.9
30	天津市暖风机厂	80.75	11.1	100.4	37.9	1.36	0.63	15612	101.2
31	天津市鼓风机总厂	80.56	7.0	102.0	76.4	1.15	1.30	23661	103.3
32	山东临沂市风机厂	78.66	7.0	100.0	60.5	0.79	3.64	11689	86.9
33	陕西鼓风机(集团)有限公司	77.79	6.1	107.8	77.1	0.64	2.90	21211	96.6
34	四川鼓风机总厂	75.47	7.2	105.0	70.1	1.00	3.08	3130	111.3
35	南通风机厂	76.44	3.1	101.3	74.6	1.47	0.30	20392	93.1
36	成都风机厂	75.98	8.4	99.2	47.8	1.41	0.45	14301	97.6
37	济南风机厂	72.39	6.7	100.1	68.3	1.90	0.05	10955	74.5
38	长沙鼓风机厂	71.82	5.8	101.4	37.22	1.16	1.59	11375	145.6
39	沈阳鼓风机厂	71.55	5.8	101.0	76.0	0.60	0.43	30777	90.4
40	黑龙江省肇东东风机厂	70.09	6.5	105.7	79.4	0.60	3.20	3628	92.5

1998年风机行业协会会员单位经济效益综合指数

序号	企业名称	经济效益综合指数（%）	总资产贡献率（%）	资本保值增值率（%）	资产负债率（%）	流动资产周转率（次）	成本费用利润率（%）	全员劳动生产率（元/人）	产品销售率（%）
	标准值及权数		10.7×20	120×16	60×12	1.52×15	3.71×14	6500×10	96×13
1	四平金丰股份有限公司	417.40	15.3	119.1	24.2	0.43	90.8	14472	91.9
2	上海通用风机厂	366.80	13.39	115.4	74.0	1.45	65.2	64476	90.0
3	浙江上风集团公司	288.50	28.2	129.21	25.0	3.77	15.7	171368	98.7

（续）

序号	企业名称	经济效益综合指数（%）	总资产贡献率（%）	资本保值增值率（%）	资产负债率（%）	流动资产周转率（次）	成本费用利润率（%）	全员劳动生产率（元/人）	产品销售率（%）
4	天津环保产业集团有限责任公司	209.80	40	64.8	62.9	1.77	18.4	22915	96.2
5	无锡市通风机厂	167.80	20	99.0	70.9	1.74	17.0	14384	96.0
6	余姚风机总厂	155.60	24.7	88.6	67.1	2.50	7.00	38532	72.6
7	张家港空调风机厂	132.40	14.4	100.6	34.0	1.50	11.5	23857	93.4
8	石家庄市风机厂	128.70	13.4	103.0	36.7	0.60	12.2	26515	108.0
9	新疆七一风机厂	117.80	17.5	96.9	38.7	1.10	7.5	22356	86.3
10	宜兴华兴特种风机厂	116.80	15.8	107.8	52.8	2.03	3.8	24000	98.7
11	上海鼓风机厂	109.30	14.84	106.68	73.0	0.75	1.2	45053	100.3
12	山东省文登风机厂	102.90	7.00	103.0	52.0	0.56	9.0	22218	94.9
13	无锡中策机电设备有限公司	99.64	9.20	95.0	30.0	0.66	9.5	16104	86.0
14	常熟市鼓风机厂	96.59	5.31	102.0	59.3	2.06	4.2	19516	97.4
15	淄博风机厂	96.45	11.90	108.0	98.3	1.16	2.7	9654	100.0
16	宁波风机厂	86.81	8.95	102.6	81.0	1.09	1.2	21813	87.7
17	陕西鼓风机(集团)有限公司	85.28	6.56	103.7	72.86	0.70	3.1	21564	96.6
18	北京风机二厂	83.99	4.70	101.8	29.5	0.85	4.2	32962	85.0
19	南通风机厂	83.67	8.60	100.4	75.0	1.20	0.2	23242	92.2
20	沈阳鼓风机厂	82.51	4.68	105.7	71.0	0.61	0.8	39097	94.8
21	天津市鼓风机总厂	82.42	5.76	106.9	76.1	0.91	2.1	18453	104.0
22	山东省汇丰机械集团公司	80.67	6.77	100.0	52.7	1.31	1.7	18151	102.5
23	湖北省鼓风机有限公司	80.44	7.08	75.6	75.3	0.92	0.3	31857	93.8
24	新疆迎宾风机厂	79.90	8.70	126.6	38.8	0.78	5.1	2264	79.00
25	青岛风机厂	78.72	10.50	103.0	52.0	0.88	1.4	15676	86.0
26	济南风机厂	76.47	8.11	100.1	68.0	1.53	0.1	12444	84.9
27	内蒙古天福风机有限公司	75.96	9.50	102.8	81.8	0.66	0.4	10530	102.0
28	黑龙江省肇东市风机厂	74.51	4.70	152.4	77.7	0.60	1.9	12269	68.9
29	湖北省风机厂	73.71	9.19	100.1	66.1	1.16	0.0	8351	98.3
30	哈尔滨市暖风机厂	73.30	9.80	100.0	43.0	1.15	0.1	17078	81.0
31	四川鼓风机总厂	73.03	6.09	104.3	74.2	0.81	2.2	5152	99.1
32	天津市通风机厂	72.86	6.40	113.0	65.0	0.97	0.3	16853	88.0
33	山东临沂风机厂	72.10	8.40	70.0	69.0	0.76	1.7	11172	94.0
34	成都电力机械厂	71.56	5.16	112.8	39.8	0.74	0.3	27054	104.0
35	长沙罗茨鼓风机配件厂	70.42	8.41	87.7	19.0	1.57	0.1	14184	108.4
36	张家口市宣化风机厂	69.77	6.62	101.5	72.6	0.73	1.0	8642	96.8
37	成都风机厂	67.82	5.50	99.0	47.0	1.20	0.2	14932	99.0
38	福建东亚鼓风机股份有限公司	67.75	6.09	100.4	61.4	0.73	0.6	11772	104.5
39	重庆通用工业(工业)有限责任公司	64.45	5.00	161.2	56.1	0.46	0.3	8165	87.3
40	大理通用机械厂	63.53	5.48	98.8	61.8	1.3	－1.29	11004	97.6
41	陕西骊山风机厂	62.97	3.10	122.5	82.1	0.36	0.4	9473	101.4
42	武汉市和平风机厂	62.95	8.06	114.3	97.3	0.51	－1.9	14444	48.2
43	甘肃省靖远通风机厂	62.89	3.99	102.0	48.2	0.66	1.2	15928	84.9
44	安徽省风机厂	62.80	5.90	75.0	87.0	0.76	0.0	6811	94.0
45	天津市暖风机厂	62.74	7.40	99.00	35	0.88	0.2	11038	93.0
46	武汉鼓风机厂新洲分厂	61.88	3.52	125.10	61.12	0.32	－0.9	15200	78.3
47	新乡市鼓风机厂	61.76	3.49	101.27	64.51	0.60	1.15	3772	120.3
48	沈阳人民风机厂	60.34	3.30	99.70	62.50	0.58	0.4	10765	108.0
49	沈阳风机厂	56.62	2.90	101.60	71.60	0.40	0.3	8371	97.3
50	佛山市风机厂	56.16	3.17	92.72	65.81	0.73	－0.2	8158	97.3
51	济南市第二风机厂	54.68	3.32	100.40	67.00	0.39	0.04	8162	94.0
52	山西鼓风机厂	53.82	0.50	111.80	80.00	0.15	0.7	7785	97.0
53	重庆鼓风机厂	51.47	5.82	96.10	44.50	1.11	－2.7	9214	92.0
54	西安风机厂	51.04	1.30	99.20	77.10	0.40	0.0	2777	105.8

（续）

序号	企业名称	经济效益综合指数（%）	总资产贡献率（%）	资本保值增值率（%）	资产负债率（%）	流动资产周转率（次）	成本费用利润率（%）	全员劳动生产率（元/人）	产品销售率（%）
55	山东电力设备厂	50.25	2.94			0.85	0.0	40030	88.2
56	沈阳冷暖风机厂	43.85	0.00	100.00	86.00	0.00	0.0	11489	47.0
57	鞍山风机厂	43.23	3.01	96.96	71.40	0.41	-2.3	957	106.6
58	武汉鼓风机厂	41.33	5.34	50.57	86.43	0.59	-5.12	12416	98.3
59	长沙鼓风机厂	34.76	2.19	96.46	40.91	0.93	-5.6	13236	100.8
60	北海市风机厂	27.66	1.25	73.80	58.80	0.53	-4.8		86.1
61	宜昌市人和风机衬套有限公司	21.44	-0.28	56.50	50.40	0.37	-4.1	4333	100.0
62	宁夏银川风机厂	14.65	2.35	98.90	16.07	0.88	-8.5	7989	90.5
63	四川省川北风机厂	9.22	0.70	63.30	91.00	0.55	-11	6240	100.2
64	贵州鼓风机总厂	-11.90	-0.44	95.34	67.22	0.19	-14.1	976	99.6
65	河南省周口鼓风机厂	-23.90	-3.24	139.76	77.42	0.47	-18.3	265	90.7
66	南昌鼓风机厂	-25.50	-2.21	98.90	76.80	0.35	-18.4	2149	110.0
67	杭州余杭鼓风机厂	-27.90	1.60	34.71	96.70	0.30	-20.3	8736	99.1
68	南京鼓风机厂	-36.70	-4.00	100.00	46.00	0.40	-19.0	-2411	115.0
69	上海鼓风机厂长征分厂	-37.00	-3.70	74.90	66.00	0.60	-21.9	14872	106.8
70	长沙市第二风机厂	-44.80	-9.34	273.94	38.79	0.67	-24.7	3533	93.7
71	武汉市消声器厂	-49.00	-11.20	61.08	72.04	0.93	-20.5	1396	77.8
72	重庆江北风机厂	-62.10	-4.20	-116.50	116.20	0.42	-22.1	2128	117.9
73	呼和浩特风机厂	-72.70	2.19	-120.00	93.30	0.60	-27.2	6790	96.9
74	北京鼓风机厂	-77.30	-5.22	78.08	81.07	0.12	-34.4	1890	101.5
75	锦州市风机厂	-94.30	-3.70	86.00	53.00	0.30	-34.0	3600	101.0
76	武汉市通风机厂	-97.10	-7.20	74.40	68.60	0.50	-34.1	3261	107.0
77	广州风机厂	-97.50	-6.37	83.92	49.24	0.49	-34.7	11538	90.7
78	长沙市湘江风机厂	-101.00	-11.60	72.00	80.10	0.65	-34.0		128.0
79	上海长风鼓风机厂	-119.00	-10.50	71.00	70.00	0.41	-37.3	3182	87.6
80	保定风机厂	-120.00	-5.20	94.76	61.70	0.34	-38.9	2416	52.0
81	吉林市鼓风机厂	-183.00	-6.87	23.40	98.00	0.14	-54.6	3000	76.0
82	梧州市风机厂	-214.00	-17.30	73.80	61.10	0.54	-59.8	6465	92.6
83	西安朝阳风机厂	-217.00	-7.36	100.00	2.77	0.10	-58.8	4517	9.0
84	枣庄市通用机械厂	-290.00	-36.60	-719.70	259.11	0.82	-52.0	-1417	83.0

1999年风机行业协会会员单位经济效益综合指数

序号	企业名称	经济效益综合指数（%）	总资产贡献率（%）	资本保值增值率（%）	资产负债率（%）	流动资产周转率（次）	成本费用利润率（%）	全员劳动生产率（元/人）	产品销售率（%）
	标准值及权数		10.7×20	120×16	60×12	1.52×15	3.71×14	16500×10	96×13
1	浙江上风集团公司	285.59	25.53	115.5	30.8	3.55	14.7	175961	98.1
2	四平金丰股份有限公司	159.22	6.30	64.0	34.1	0.50	25.3	19430	108.8
3	张家港市空调风机厂	154.80	19.00	109.7	29.0	1.47	12.9	28000	92.3
4	天津环保产业集团有限责任公司	143.14	11.10	67.0	30.3	1.03	15.4	32417	100.0
5	石家庄市风机厂	137.55	14.59	101.8	42.6	1.04	9.3	33559	141.2
6	无锡市通风机厂	135.48	10.00	104.1	70.0	1.94	14.0	14286	98.0
7	上海通用风机股份有限公司	130.93	11.50	212.3	57.5	1.19	6.8	30872	95.0
8	山东省汇丰机械集团总公司	124.48	10.80	109.7	50.7	1.36	8.9	28184	101.4
9	宜兴市华兴特种风机厂	122.73	13.97	105.4	53.6	2.09	3.6	37000	103.7
10	山东省文登风机厂	120.68	7.92	100.0	50.4	0.52	9.1	47249	91.3
11	余姚风机总厂	119.26	20.52	93.2	76.7	2.00	3.8	22883	100.00

（续）

序号	企业名称	经济效益综合指数（%）	总资产贡献率（%）	资本保值增值率（%）	资产负债率（%）	流动资产周转率（次）	成本费用利润率（%）	全员劳动生产率（元/人）	产品销售率（%）
12	无锡中策机电设备有限公司	112.98	10.20	100.0	29.3	0.83	7.5	28593	109.0
13	新疆七一风机厂	108.52	16.50	102.0	33.8	1.30	5.7	9791	88.6
14	宜昌市人和风机衬套有限公司	107.36	10.68	127.1	25.0	0.39	10.4	2864	100.0
15	常熟市鼓风机厂	106.54	8.50	102.8	58.7	1.97	4.8	23180	98.0
16	淄博风机厂	105.95	12.82	105.7	94.6	1.60	7.1	17523	96.5
17	天津市暖风机总厂	105.17	18.13	100.4	35.9	1.20	0.8	27699	105.8
18	天津市通风机厂	100.36	13.00	112.0	65.0	1.10	4.3	18959	89.0
19	呼和浩特风机厂	98.23	7.40	338.1	74.2	0.93	1.0	9131	97.0
20	宁波风机有限公司	92.42	10.82	104.7	80.0	1.38	2.4	27615	94.7
21	北京风机二厂	89.11	5.19	101.9	29.0	0.97	4.06	26299	98.7
22	陕西鼓风机（集团）有限公司	88.33	7.37	125.4	72.8	0.70	3.6	26038	98.8
23	枣庄市通用机械厂	88.08	18.70	101.0	47.6	1.24	0.0	3682	97.4
24	济南风机厂	87.56	10.20	103.8	67.6	2.32	0.1	13489	101.1
25	青岛风机厂	86.79	10.00	102.0	43.0	1.26	2	17714	87.0
26	新疆迎宾风机厂	86.08	8.74	96.4	43.9	0.63	3.9	23431	72.3
27	沈阳鼓风机厂	84.63	5.13	115.3	67.4	0.69	0.8	44399	97.4
28	山东电力设备厂	82.88	2.58	103.4	39.9	1.10	0.0	46170	98.4
29	福建东亚鼓风机股份有限公司	81.52	7.34	101.3	60.4	0.92	2.3	19395	96.5
30	长沙罗茨鼓风机配件厂	76.87	5.80	100.1	23.2	1.18	0.2	10685	161.0
31	湖北省风机厂	76.18	9.73	101.0	66.2	1.15	0.7	11629	97.7
32	内蒙古天福风机有限公司	76.06	11.87	102.7	80.4	0.53	1.7	15953	96.1
33	天津市鼓风机总厂	75.23	5.14	114.9	70.7	0.77	0.8	28690	100.8
34	上海鼓风机厂有限公司	73.57	5.44	94.5	73.2	0.63	0.2	37196	97.8
35	成都风机厂	72.32	4.05	100.1	47.6	1.01	0.1	24827	102.6
36	宁夏银川风机厂	71.30	4.74	103.9	65.6	0.57	3.3	9945	104.6
37	重庆鼓风机厂	70.27	7.15	100.4	51.5	0.93	0.3	15462	88.0
38	哈尔滨市暖风机厂	68.20	5.47	99.8	48.2	0.68	1.2	13756	95.6
39	武汉鼓风机厂	66.70	4.50	100.0	56.3	0.75	0.1	20043	97.6
40	四川鼓风机有限责任公司	66.10	5.80	106.6	73.8	0.68	1.8	10987	97.3
41	长沙鼓风机厂	66.04	4.42	100.3	40.9	0.85	0.3	15798	98.9
42	沈阳人民风机厂	64.19	5.20	100.6	64.4	0.70	0.6	13605	96.0
43	临沂市风机厂	63.26	7.40	106.0	98.2	0.70	2.2	13485	84.0
44	张家口市宣化风机厂	62.91	6.11	100.6	71.7	0.8	0.08	11465	106.6
45	济南市第二风机厂	62.73	0.35	95.5	67.2	0.22	0.0	52670	40.1
46	大理通用机械厂	61.28	5.30	100.0	59.2	0.99	-0.5	8147	95.9
47	湖北省鼓风机有限公司	60.40	7.20	46.0	89.8	1.25	0.3	18716	96.4
48	新乡市鼓风机厂	59.96	4.79	99.6	65.2	0.63	0.2	10115	104.1
49	甘肃省靖远通风机厂	57.54	3.43	104.1	50.6	0.55	0.0	14671	80.7
50	沈阳风机厂	49.11	1.82	10.3	72.9	0.22	0.6	9810	99.8
51	肇东市风机制造总厂	47.64	2.00	103.0	79.0	0.60	1	7303	72.0
52	陕西骊山风机厂	43.74	3.12	100.6	83.4	0.32	0.4	8772	71.5
53	佛山市风机厂	42.58	0.29	103.8	69.1	0.67	-2.9	18254	88.6
54	沈阳冷暖风机厂	40.61	1.10	175.0	94.0	0.33	0.0	3370	60.0
55	鞍山风机厂	40.35	3.27	79.6	7.0	0.37	0.4	0	86.2
56	武汉鼓风机厂新洲分厂	39.62	2.50	91.5	64.1	0.35	-3.7	10980	115.5
57	北海鼓风机实业公司	27.71	2.05	98.0	58.0	0.49	-6.0	6462	93.8
58	武汉和平风机有限责任公司	27.01	5.03	25.0	99.2	0.40	-2.2	8067	100.0
59	山西鼓风机厂	26.93	1.24	29.3	93.8	0.26	0.0	5187	97.0
60	上海鼓风机厂长征分厂	25.97	4.46	87.1	70.7	0.80	-9.7	16915	116.4

（续）

序号	企业名称	经济效益综合指数（%）	总资产贡献率（%）	资本保值增值率（%）	资产负债率（%）	流动资产周转率（次）	成本费用利润率（%）	全员劳动生产率（元/人）	产品销售率（%）
61	成都电力机械厂	22.70	0.70	103.7	44.1	0.60	－9.2	16126	108.3
62	梧州市风机厂	18.58	1.70	89.0	59.9	0.71	－7.7	3498	84.7
63	安徽省风机厂	9.21	2.04	85.8	88.6	0.49	－7.8	4160	94.3
64	江苏大通风机股份有限公司	2.04	－0.15	75.8	80.0	0.87	－12.1	13010	113.6
65	上鼓南京风机有限公司	－1.22	－8.50	65.0	80.0	0.00	0.0	0	0.0
66	吉林市鼓风机厂	－3.18	－0.34	－129.7	103.0	0.46	－1.9	8761	96.9
67	周口鸿基鼓风机有限公司	－22.62	－1.68	81.7	80.0	0.64	－16.2	9970	91.9
68	四川省川北风机厂	－26.18	6.37	32.0	97.0	0.47	－17.3	6348	100.0
69	南昌鼓风机厂	－34.90	－2.47	82.1	75.3	0.29	－19.8	1400	165.2
70	武汉市通风机厂	－39.34	－4.10	147.0	63.0	0.50	－24.0	8200	135.0
71	重庆通用工业（集团）有限责任公司	－45.09	－2.00	82.0	73.0	0.30	－21.0	5008	95.0
72	上海长风鼓风机厂	－45.11	－9.42	66.4	83.1	3.31	－22.9	0	91.0
73	贵州鼓风机总厂	－58.51	－1.70	99.4	67.7	0.12	－24.6	0	98.8
74	西安风机厂	－88.31	－0.69	－10.8	103.1	0.93	－30.4	12074	100.3
75	锦州市风机厂	－106.56	－5.00	89.0	56.0	0.20	－37.0	3200	108.0
76	杭州余杭鼓风机厂	－113.18	2.44	－690.0	128.5	0.44	－13.0	21795	105.7
77	长沙市湘江风机厂	－113.96	－10.00	28.0	94.0	0.68	－33.0	4385	106.0
78	长沙市第二风机厂	－118.00	－12.78	74.8	50.0	0.70	－37.1	6544	95.5
79	北京鼓风机厂	－120.66	－5.16	62.1	88.0	0.13	－36.4	3944	80.2
80	广州风机厂	－125.66	13.80	58.8	67.8	0.46	－54.5	19902	149.5
81	武汉市消声器厂	－186.25	－6.45	－558.4	220.5	0.53	－22.3	3160	98.9
82	重庆江北风机厂	－202.98	－22.08	－108.8	186.5	0.70	－37.6	0	102.0
83	保定风机厂	－229.06	12.80	60.8	69.8	0.19	－73.6	0	40.7
84	西安阳普工业锅炉厂	－294.94	－25.8	69.4	46.3	0.18	74.4	8974	42.2

2000年风机行业协会会员单位经济效益综合指数

序号	企业名称	经济效益综合指数（%）	资金保值增值率（%）	资产负债率（%）	流动资产周转率（次）	全员劳动生产率（元/人）	产品销售率（%）
1	浙江上风集团公司	282.60	165.53	24.03	2.59	192931	99.12
2	张家港市英德利空调风机有限公司	183.20	114.32	34.72	1.99	26640	121.32
3	鞍山风机二厂	170.80	191.00	73.88	1.37	44615	91.76
4	四平金丰股份有限公司	170.30	108.30	32.50	0.60	21854	101.20
5	德州巨龙风机有限公司	148.10	106.30	11.30	3.20	13387	99.80
6	淄博风机厂	137.60	107.74	50.40	2.01	33495	103.51
7	石家庄市风机厂	135.10	99.40	49.34	0.94	41073	100.82
8	天津环保产业集团有限责任公司	134.30	112.00	24.10	0.87	51395	88.07
9	山东省汇丰机械集团总公司	130.70	111.55	48.47	1.26	32287	100.40
10	上海通用风机股份有限公司	128.00	121.16	47.09	1.54	45966	90.02
11	余姚风机总厂	121.60	141.75	66.80	1.25	18059	100.00
12	常熟市鼓风机厂	118.50	101.12	57.38	1.67	40310	98.00
13	新疆七一风机厂	116.10	95.00	35.00	0.90	12823	106.25
14	无锡中策机电设备有限公司	113.40	89.51	38.38	0.92	45339	101.22
15	武汉市新洲搏力风机制造有限公司	106.70	79.08	63.17	3.48	6375	93.75
16	天津市通风机厂	105.70	118.00	60.00	1.01	34223	91.54
17	临沂市风机厂	103.40	298.00	45.10	0.54	15301	88.00
18	宁波风机有限公司	98.68	104.53	82.53	1.37	31143	97.72
19	山东省德州市玻璃钢制品总厂	95.36	107.60	41.50	1.58	18668	100.00

（续）

序号	企业名称	经济效益综合指数（%）	资金保值增值率（%）	资产负债率（%）	流动资产周转率（次）	全员劳动生产率（元/人）	产品销售率（%）
20	宜兴市华兴特种风机厂	94.30	109.60	54.10	1.79	41304	96.80
21	宁夏银川风机厂	92.62	112.60	66.80	0.68	12432	95.13
22	天津市暖风机总厂	91.68	91.00	35.11	1.44	24561	104.00
23	北京当代复合材料有限公司	91.22	97.70	74.00	1.14	36538	100.96
24	无锡市通风机厂	88.50	80.16	75.76	1.93	26571	100.00
25	上海鼓风机厂有限公司	88.47	145.88	64.53	0.62	44899	98.75
26	山东省文登风机厂	88.11	10.30	51.00	0.68	33200	98.30
27	江苏大通风机股份有限公司	87.07	137.08	76.26	1.17	34682	94.85
28	陕西鼓风机(集团)有限公司	85.50	106.93	74.16	0.60	26844	98.55
29	沈阳鼓风机厂	84.16	104.23	64.72	0.64	46321	96.96
30	湖北省风机厂股份有限公司	82.69	176.79	55.53	1.36	7104	100.14
31	福建东亚鼓风机股份有限公司	81.24	96.12	59.61	0.79	16710	98.80
32	长沙华南风机制造总厂	80.82	101.08	42.91	1.33	29058	108.60
33	营口市鼓风机厂	80.15	118.60	77.87	0.68	21860	102.47
34	北京风机二厂	80.14	100.47	30.80	1.00	22896	105.70
35	济南风机厂	78.86	98.52	71.94	1.79	17055	93.26
36	天津市鼓风机总厂	78.75	75.30	76.10	0.92	35142	100.00
37	甘肃省靖远通风机厂	76.82	100.10	49.71	0.67	14152	109.00
38	长沙市湘江风机厂	74.77	327.03	79.50	0.73	6806	101.04
39	内蒙古天福风机有限公司	74.09	100.70	80.37	0.40	47273	96.90
40	青岛风机厂	71.42	23.68	86.83	1.44	18845	95.66
41	湖北鼓风机有限公司	70.28	18.98	97.86	1.47	36636	96.45
42	佛山市风机厂	69.08	46.98	77.60	1.59	6932	107.07
43	重庆鼓风机厂	68.40	100.36	59.96	0.90	14758	91.18
44	沈阳人民风机厂	66.21	100.82	69.78	0.61	19403	108.50
45	广州风机厂	64.90	162.84	55.09	0.61	5969	128.10
46	武汉鼓风机厂	64.41	199.96	58.40	0.28	10915	77.90
47	张家口市宣化风机厂	63.94	101.58	71.88	0.82	11789	114.10
48	四川鼓风机有限责任公司	62.67	140.99	67.80	0.69	7273	111.80
49	吉林市鼓风机厂	62.18	225.00	64.00	0.40	12000	75.00
50	哈尔滨暖风机厂	60.66	99.50	65.36	0.47	19892	105.85
51	大理通用机械厂	60.13	86.02	58.73	0.90	8524	100.00
52	长沙鼓风机厂	59.24	49.17	59.56	0.97	13239	89.98
53	沈阳市通风机厂	59.00	98.08	76.00	0.72	17167	105.56
54	肇东市风机制造总厂	58.90	104.00	72.00	0.78	12356	87.72
55	新乡市鼓风机厂	58.62	87.40	60.31	0.69	16248	96.28
56	新疆迎宾风机厂	57.40	100.92	33.30	0.65	18969	92.56
57	西安凯瑟通风设备有限公司	53.32	93.60	58.00	1.51	24211	113.46
58	沈阳风机厂	51.42	94.00	74.30	0.33	15970	98.00
59	南京鼓风机厂股份有限公司	47.25	85.71	35.50	1.57	28700	64.80
60	鞍山风机厂	44.57	135.93	68.89	0.38	66.00	126.40
61	武汉和平风机有限责任公司	42.02	23.00	87.42	0.48	6279	63.26
62	北海鼓风机实业公司	36.97	98.04	60.86	0.53	9366	97.05
63	山西鼓风机厂	36.36	100.00	94.00	0.31	2758	105.00
64	沈阳川益集团公司	29.63	57.60	57.60	0.46	29800	96.54
65	周口鸿基鼓风机有限公司	29.38	96.04	81.35	0.77	14888	83.04
66	成都电力机械厂	26.98	73.27	55.88	0.71	15544	95.75
67	梧州市风机厂	24.36	108.20	59.50	0.59	7500	88.70
68	重庆通用工业(集团)有限责任公司	18.28	196.88	47.33	0.40	9053	93.13
69	安徽省风机厂	－0.77	83.86	90.45	0.44	4110	81.68
70	杭州余杭鼓风机厂	－12.10	－11.70	132.00	0.31	5229	102.13
71	武汉市通风机厂	－29.80	86.07	67.37	0.45	859	96.00
72	上海鼓风机厂长征分厂	－30.70	71.09	77.13	0.66	10509	104.09

（续）

序号	企业名称	经济效益综合指数（%）	资金保值增值率（%）	资产负债率（%）	流动资产周转率（次）	全员劳动生产率（元/人）	产品销售率（%）
73	南昌鼓风机厂	-33.90	66.16	86.00	0.29	2393	113.64
74	长沙市第二风机厂	-52.30	72.40	62.06	1.15	6158	108.70
75	枣庄通用机械厂	-52.70	-8.89	191.60	0.72	4048	90.00
76	长沙罗茨鼓风机配件厂	-70.10	87.02	33.93	1.08	13125	77.53
77	呼和浩特市新超风机有限公司	-70.90	39.12	95.87	0.73	6722	96.03
78	西安风机厂	-111.00	-286.70	112.10	1.12	16945	100.70
	平均值	102.01	113.09	57.23	0.87	26787	96.91

1996年压缩机行业协会会员单位经济指标

企业名称	工业总产值 不变价（万元）	工业总产值 当年价（万元）	产品销售收入（万元）	产品销售成本（万元）	工业增加值（万元）	年末职工人数（人）
沈阳气体压缩机厂	21000	20468	24856	18464	2772	4376
沈阳空气压缩机制造厂	5101	5752	5350	3873	1405	2382
沈阳市小型压缩机厂	1076	1082	905	538	257	443
沈阳市东陵空压机厂	2200	2600	1836	1521	1600	440
鞍山无油空压机厂	1602	1676	1499	916	393	736
大连空压机厂	698	650	1131	1065	125	272
大连气体压缩机厂	1829	1526	2809	2078	954	729
丹东市空压机厂	179	179	125	81	20	104
长春市空压机厂	1077	1213	1034	811	-556	959
肇源县空压机厂	203	231	91	61	133	121
北京第一通用机械厂	9052	9051	8383	5183	1627	2049
山西太原气体压缩机厂	951	1261	1281	936	335	947
山西太原第二气体压缩机厂	185	232	242	152	65	165
天津市气体压缩机厂	575	662	613	469	-159	724
河北省吴桥空压机厂	670	858	776	470	295	473
石家庄路明压缩机厂	855	925	863	687	470	159
山西省长治通用机械厂	480	676	386	306	378	227
北京金环压缩机厂	2810	2655	3058	2263	596	367
内蒙古兴和空压机厂	108	108	76	58	28	108
山西省桓曲县空压机厂	110	128	84	64	104	194
上海压缩机有限公司	22096	21503	21830	17627	5229	2530
上海东方压缩机厂	7711	6908	6257	4923	1942	754
上海微型空压机厂	1080	1120	986	820	273	178
上海嘉定机械制造有限公司	3697	4668	4063	2592	2329	407
上海通联压缩机厂	1500	1500	1386	1081	234	136
上海大隆机器厂	22557	24804	22642	19339	4872	4037
江西气体压缩机厂	4064	5394	6001	4343	1383	2303
江西第二气体压缩机厂	1097	1117	502	223	342	682
宁波天元压缩机有限公司	1037	1197	1102	852	433	215
余姚通用集团公司	12524	12979	12846	8106	6791	1050
宁波镇海机械总厂	1659	1447	1276	935	450	243
杭州美亚加压缩机有限公司	4371	4065	3978	3439	1030	385
福建压缩机总厂	1574	1557	1496	1201	557	561
余姚空压机配件厂	789	674	737	445	180	220
浙江开山股份有限公司	11825	10889	10967	9155	1868	853
浙江衢州煤矿机械厂	9008	9052	7855	5878	2504	1707
无锡压缩机股份有限公司	10808	13090	15844	10965	4637	2132
无锡第二压缩机厂	1705	1673	1537	1497	612	395

(续)

企业名称	工业总产值		产品销售收入（万元）	产品销售成本（万元）	工业增加值（万元）	年末职工人数（人）
	不变价（万元）	当年价（万元）				
南京股份压缩机有限公司	15203	14949	15194	12054	4726	1917
南京华冠压缩机有限公司	7018	7196	7064	5063	2163	652
蚌埠压缩机总厂	8200	8259	7177	5171	4076	2714
徐州空压机厂	456	471	388	241	143	188
铁道部徐州机械厂	3614	3853	3066	1774	1591	1193
济南空压机厂	510	605	622	534	160	140
济南压缩机厂	1429	1499	1567	1112	547	433
青岛空气压缩机厂	1267	1261	1099	847	564	275
安庆市四八一二工厂	1482	1973	1778	1136	593	1103
马鞍山正棱压缩机有限公司	4628	3262	2891	2056	884	394
江苏大力集团股份有限公司	14705	12706	12542	10106	3860	984
苏州空压机厂	474	510	402	299	152	87
烟台蓝星压缩机有限公司	1610	1328	1026	804	329	362
山东潍坊百事得机械厂	16253	16473	15347	11322	4237	1623
扬州市气阀厂	1149	1152	1067	619	360	404
重庆气体压缩机厂	3258	3376	4163	2752	1024	1351
四川华西通用机器公司	8310	8373	10034	7845	1891	2509
重庆压缩机配件厂	774	0	943	545	368	312
重庆小型压缩机厂	412	599	604	436	237	166
自贡空压机总厂	1813	1378	2462	1686	864	1218
自贡市机械一厂	2075	2081	2299	1752	261	1966
四川宜宾天宇压缩机厂	459	546	362	234	179	254
西安压缩机厂	3097	3720	3332	2331	1208	644
咸阳压缩机厂	759	1008	867	630	263	779
新疆矿山设备灯具厂	166	185	142	174	34	245
柳州压缩机总厂	12122	11493	11043	7403	3840	2958
柳州第二空压机总厂	13218	12281	13742	9467	2870	2549
柳州市微型空压机厂	2020	1886	1754	1409	149	502
桂林市空压机厂	105	110	123	107	41	62
株洲市空气压缩机厂	169	201	188	207	59	396
湘潭压缩机厂	1346	1662	1707	1107	640	891
常德通用机械厂	1429	1709	1421	909	527	778
湖南益阳空压机厂	800	860	576	347	509	398
湖北压缩机有限公司	1074	1204	996	697	273	769
武汉市空气压缩机厂	310	378	236	180	118	686
佛山珊瑚压缩机厂	1870	2055	1670	1180	523	194
广州空气压缩机厂	2477	3106	3191	2153	989	447
开封市空气压缩机厂	1349	1568	1135	878	700	361
武汉气体压缩机厂	444	489	439	265	131	368
湖北省天门市压缩机厂	610	681	311	238	144	121
柳州市活塞环厂	619	214	193	117	78	150
武汉市第二空压机厂	320	379	235	213	115	524

1997年压缩机行业协会会员单位经济指标

企业名称	工业总产值		产品销售收入（万元）	产品销售成本（万元）	工业增加值（万元）	年末职工人数（人）
	不变价（万元）	当年价（万元）				
沈阳气体压缩机厂	20000	19203	19587	13733	4440	4227
沈阳空气压缩机制造厂	5622	6217	6048	4452	1298	2349
鞍山无油空压机厂	2003	2037	1724	1078	525	576
大连气体压缩机厂	1958	2355	2408	1759	801	739

（续）

企业名称	工业总产值		产品销售收入（万元）	产品销售成本（万元）	工业增加值（万元）	年末职工人数（人）
	不变价（万元）	当年价（万元）				
长春市空压机厂	506	580	726	774	－184	911
沈阳市小型压缩机厂	624	577	459	426	49	443
大连空气压缩机厂	589	627	928	737	188	272
丹东市空压机厂	241	219	206	147	8	81
北京第一通用机械厂	7590	7018	7521	5730	3204	1896
北京金环压缩机厂	2461	2410	2774	2121	825	327
山西省太原气体压缩机厂	753	985	913	723	215	931
山西第二太原气压机厂	102	128	131	89	11	164
山西省长治通用机器厂	431	603	463	376	206	227
山西省垣曲县空压机厂	140	164	78	60	62	194
山西省平陆县阀门厂	1063	591	408	334	275	257
河北省石家庄路明压缩机厂	742	791	710	538	220	158
河北省吴桥空压机厂	596	796	684	406	228	458
河北省保定空压机厂	312	652	311	453	107	703
天津市气体压缩机厂	618	708	583	471	93	668
上海压缩机有限公司	40993	40493	45224	32884	10525	2264
上海东方压缩机厂	6507	5847	6322	4677	1664	722
上海嘉定机械制造有限公司	3586	4525	3564	2229	2495	370
上海大隆机器厂	34095	36493	37986	28562	11428	3566
上海微型空压机厂	1280	1305	1030	790	13	162
江西气体压缩机厂	5005	6559	5787	4330	2417	2176
江西第二气体压缩机厂	672	690	190	141	213	695
宁波天元压缩机有限公司	893	989	1114	908	326	202
余姚通用集团公司	12140	12620	12439	6541	6230	1080
宁波镇海机械制造厂	1283	1206	1214	877	657	226
杭州美亚加压缩机有限公司	2981	2894	2695	2228	761	372
福建压缩机总厂	1730	1509	1509	1223	590	531
浙江开山股份有限公司	11095	9667	12515	10584	1949	813
浙江煤矿机械总厂	6221	6971	6454	4961	2047	1703
余姚空压机配件厂	714	610	547	321	200	150
南昌空压机厂	201	212	180	108	66	63
无锡压缩机股份有限公司	14958	16740	16451	12447	5130	2102
无锡市第二压缩机厂	1368	1246	1178	1130	381	303
南京压缩机股份有限公司	10998	12070	13008	10518	4681	1572
蚌埠压缩机总厂	8314	8339	5261	3952	2717	2708
南京华冠压缩机有限公司	5681	5750	5588	3949	1900	596
铁道部徐州机械厂	3229	3252	2689	1500	1185	1196
济南压缩机厂	1411	1472	1547	1062	568	427
青岛空气压缩机厂	1238	1203	1283	996	381	243
济南空压机厂	213	332	371	332	72	120
徐州空压机厂	351	361	325	206	107	183
安庆市四八一二厂	1344	1802	1806	1116	577	1084
江苏大力集团股份有限公司	13936	11288	11255	9083	3621	981
马鞍山正棱压缩机有限公司	4073	2742	2494	1822	1006	386
烟台蓝星压缩机有限公司	1727	1735	445	366	698	363
山东百事得机械总厂	17083	17460	15147	11298	4360	1617
扬州市气阀厂	1211	1195	992	543	516	373
苏州空压机厂	465	464	423	372	155	78
南京三达机械有限公司	2673	2632	2214	1391	1132	94
重庆气体压缩机厂	2580	2733	4173	2660	1328	1329
四川华西通用机器公司	10043	9104	10015	7005	1194	2500
重庆压缩机配件厂	592	770	732	470	345	335
自贡空压机总厂	1578	1792	2064	1413	726	1179
自贡市机械一厂	1620	1623	2004	1521	100	1892

（续）

企业名称	工业总产值		产品销售收入（万元）	产品销售成本（万元）	工业增加值（万元）	年末职工人数（人）
	不变价（万元）	当年价（万元）				
四川宜宾天宇压缩机有限公司	355	432	283	114	152	237
西安压缩机厂	1838	2404	3238	2360	775	620
新疆矿山设备灯具厂	162	177	173	165	32	231
重庆小型压缩机厂	324	476	559	392	139	154
柳州压缩机总厂	12242	11610	10719	7415	4002	2801
柳州第二空压机总厂	16138	15018	14711	10533	5044	2089
柳州微型空压机厂	2193	1870	2316	1875	227	565
桂林市空压机厂	71	73	196	140	46	62
株洲市空压机厂	370	416	278	255	128	393
湖南常德通用机器厂	1104	1346	1121	749	375	796
湖南益阳空压机厂	350	352	366	322	158	405
湖北压缩机有限公司	1554	1650	1229	903	621	816
武汉市空压机厂	313	373	328	254	139	686
佛山珊瑚压缩机有限公司	1686	1814	1671	1190	548	177
广州市空气压缩机厂	2476	2981	3168	2108	1003	438
开封市空气压缩机厂	923	1050	811	628	471	370
武汉市空气压缩机厂	444	478	478	338	201	368
湖北天门市压缩机厂	113	147	125	115	54	118
武汉市第二空压机厂	380	540	551	240	276	508
柳州市活塞环厂	552	195	244	148	71	152

1998 年压缩机行业协会会员单位经济指标

企业名称	工业总产值		产品销售收入（万元）	产品销售成本（万元）	工业增加值（万元）	年末职工人数（人）
	不变价（万元）	当年价（万元）				
沈阳气体压缩机股份有限公司	23818	20976	20020	14411	5006	4115
沈阳空气压缩机厂	5627	5888	4679	3902	1164	2020
长春市空气压缩机厂	477	524	551	564	100	903
大连气体压缩机厂	1911	2430	2532	1832	826	625
大连空气压缩机厂	500	511	731	541	132	272
鞍山无油空压机有限公司	2201	2222	1000	616	551	727
沈阳市小型压缩机厂	232	151	197	238	40	252
丹东市空压机厂	220	201	119	89	64	77
锦州市空压机厂	79	74	60	87	22	214
沈阳市东陵空压机厂	640	800	101	118	229	204
北京第一通用机械厂	5712	5163	8065	5988	9457	2109
北京金环压缩机厂	1720	1743	1836	1458	1600	321
天津市气体压缩机厂	442	453	439	315	499	616
山西省太原气体压缩机厂	1001	1074	1047	851	1189	915
山西省长治通用机械厂	402	570	460	399	442	226
山西省桓曲县空压机厂	68	82	49	38	392	128
山西省平陆县阀片厂	805	286	306	211	152	184
石家庄路明压缩机有限公司	916	1020	732	593	861	186
河北省吴桥空压机厂	371	495	596	350	883	431
北京通用机械附件厂	187	239	232	230	164	184
山西省太原第二气体压缩机厂	68	84	81	54	97	61
上海压缩机有限公司	36150	32282	38889	31680	8768	2145
上海东方压缩机厂	5725	4740	4662	3511	1234	522
上海大隆机器厂	40005	42191	32912	25948	13579	3338
上海嘉定机械有限责任公司	1680	2092	1972	1405	1167	270
余姚通用集团公司	9035	9490	10070	6074	6193	947

（续）

企业名称	工业总产值		产品销售收入（万元）	产品销售成本（万元）	工业增加值（万元）	年末职工人数（人）
	不变价（万元）	当年价（万元）				
江西气体压缩机厂	4822	5906	5832	4377	1826	2031
江西第二气体压缩机厂	950	957	113	107	239	692
宁波天元压缩机有限公司	1123	1210	1093	872	320	316
宁波镇海机械制造有限公司	1232	1053	970	639	402	243
福建压缩机总厂	1820	1229	1174	906	376	518
浙江开山股份有限公司	8872	7130	7173	5857	1328	545
浙江衢州煤矿机械总厂	5005	4620	5072	4027	1560	1428
余姚空压机配件厂	610	521	486	312	261	100
无锡压缩机股份有限公司	14370	15797	15952	12348	5536	1990
南京压缩机股份有限公司	12165	12650	12215	9798	4655	1663
蚌埠压缩机总厂	7253	7297	5144	4254	2654	2637
无锡第二压缩机厂	1322	1142	1428	1228	388	339
无锡压缩机总厂小型压缩机分厂	1940	2038	2198	1775	583	234
南京华冠压缩机有限公司	6358	6104	5256	3610	2263	642
铁道部徐州机械厂	2456	2955	2402	1796	1207	1140
济南市压缩机厂	1632	1718	1756	1268	582	434
济南市空压机厂	213	260	268	238	70	119
青岛空气压缩机厂	680	676	442	398	135	235
徐州空压机厂	219	226	158	98	77	180
江苏大力集团股份有限公司	12601	11642	11000	8293	3525	1004
马鞍山正棱压缩机有限公司	1520	1038	1316	1013	428	353
烟台蓝星压缩机有限公司	869	806	218	178	198	364
山东潍坊生建集团	17874	18623	19335	14611	4213	1425
安庆四八一二工厂	1661	2202	2012	1246	637	1090
扬州市气阀厂	1084	1057	954	560	500	356
苏州空压机厂	623	734	528	473	104	98
南京三达机械有限公司	2842	2536	2689	1627	1293	94
南通轻工机械厂	1002	1304	1290	927	503	691
江苏劲风压缩机制造公司	1903	1640	929	560	316	258
国营常熟机械总厂	1598	1561	1613	1485	332	526
苏州制氧机厂	4546	4459	5189	4020	1496	733
重庆气体压缩机厂	3754	3619	4032	2237	1698	1196
四川华西通用机器公司	7374	6692	7056	4939	304	2365
重庆压缩机配件厂	372	483	431	280	155	282
自贡空压机总厂	2118	2749	1809	1250	890	1154
自贡市机械一厂	1795	1804	2066	1515	175	1847
四川宜宾天宇压缩机有限公司	289	332	241	108	121	221
西安压缩机厂	1866	2277	2735	2027	842	590
新疆矿山设备灯具总厂	64	73	69	77	－3	167
重庆小型压缩机厂	261	361	424	297	79	145
都匀空压机厂	603	600	465	338	178	268
柳州压缩机总厂	13290	12527	12440	9308	3951	2603
柳州第二空压机总厂	13883	12641	14237	11002	4247	2455
柳州微型空压机厂	4327	2968	2211	1815	559	505
桂林市空压机厂	63	74	87	79	22	56
株洲市空压机制造厂	62	71	178	230	25	393
湖南常德通用机械厂	1078	1287	1018	678	316	781
湖南益阳空压机厂	456	502	459	396	100	408
湖北压缩机有限公司	2009	2171	1023	810	691	786
武汉市空气压缩机厂	181	238	230	174	95	681
武汉市第二空气压缩机厂	380	540	551	240	276	508
广州市空气压缩机厂	2125	2461	2403	1715	981	409
开封市空气压缩机厂	1093	1150	511	421	702	334
佛山市珊瑚压缩机有限公司	1706	1818	1434	1097	686	159

（续）

企业名称	工业总产值		产品销售收入（万元）	产品销售成本（万元）	工业增加值（万元）	年末职工人数（人）
	不变价（万元）	当年价（万元）				
湖北天门市空压机厂	0	0	58	70	6	63
柳州市活塞环厂	538	196	256	151	66	147
湘潭压缩机股份有限公司	1038	1341	1170	670	363	719
广西南宁南风机器总厂	192	232	180	152	35	474

1999 年压缩机行业协会会员单位经济指标

企业名称	工业总产值		产品销售收入（万元）	产品销售成本（万元）	工业增加值（万元）	年末职工人数（人）
	不变价（万元）	当年价（万元）				
沈阳气体压缩机股份有限公司	20352	18474	15200	11070	5100	2354
沈阳空气压缩机制造厂	5701	5592	4047	3422	1399	1346
长春市空气压缩机厂	354	345	457	379	－56	218
大连气体压缩机厂	1100	1583	1546	1118	496	608
大连空气压缩机厂	380	397	653	484	185	238
鞍山无油空压机有限公司	2400	2394	852	514	601	441
沈阳小型压缩机厂	0	0	72	97	8	527
丹东市空压机厂	161	152	166	117	5	35
锦州市空压机厂	180	180	79	55	80	58
延边昌源通用机械有限公司	607	815	468	318	146	100
北京第一通用机械厂	4603	4212	5176	3249	1621	1976
北京金环压缩机厂	1404	1444	1635	1066	426	315
天津市气体压缩机厂	461	541	474	396	195	543
山西省太原气体压缩机厂	1257	1365	1316	1056	618	923
山西省长治通用机械厂	241	316	255	232	64	172
山西桓曲县空压机厂	56	66	26	21	21	128
山西省平陆县阀门厂	802	248	275	183	139	186
石家庄路明压缩机有限公司	1157	1219	589	445	481	150
河北吴桥空压机厂	417	564	505	312	153	360
天津市压缩机厂	450	450	412	363	120	80
内蒙古兴和县空气压缩机厂	95	105	98	70	31	163
上海压缩机有限公司	34072	30335	32001	28144	4886	2423
上海东方压缩机厂	5085	4003	4401	3312	912	575
上海大隆机器厂	35603	34256	28715	23996	8706	2493
上海嘉定机械有限责任公司	1385	1589	1311	971	1159	287
余姚通用集团公司	7447	7685	8332	6484	4743	859
江西气体压缩机厂	5114	5725	5903	4412	1144	1731
江西第二气体压缩机厂	322	322	144	130	83	154
宁波天元压缩机有限公司	983	1074	1097	930	370	316
宁波镇海机械制造有限公司	741	633	641	481	273	196
福建压缩机总厂	1325	1311	1127	856	536	497
浙江开山股份有限公司	10436	7833	6999	5662	2336	537
浙江衢州煤矿机械总厂	3871	3634	3724	2917	－80	1355
余姚市大隆空压机配件有限公司	587	502	502	353	140	120
宁波市北仑通用设备有限公司	93	149	148	123	58	36
南昌空压机厂	170	170	163	134	47	54
慈溪市超超空压机配件有限公司	110	121	121	99	37	35
杭州嘉美净化设备有限公司	3685	3685	2637	1850	1911	61
杭州西湖台钻总厂	5539	6098	6260	4695	1759	675
无锡压缩机股份有限公司	15252	16063	16795	14211	4224	989
南京压缩机股份有限公司	10502	11203	10613	7998	4103	1397
蚌埠压缩机总厂	5003	5571	5070	4455	1867	2063

（续）

企业名称	工业总产值 不变价（万元）	工业总产值 当年价（万元）	产品销售收入（万元）	产品销售成本（万元）	工业增加值（万元）	年末职工人数（人）
无锡市第二压缩机厂	1324	1054	1591	1298	252	321
无锡压缩机总厂小型压缩机分厂	1714	1816	1750	1301	535	222
南京华冠压缩机有限公司	5303	5351	5869	4378	1913	616
铁道部徐州机械厂	2819	2887	2653	1877	1360	1129
济南市压缩机厂	1791	1876	1805	1289	635	434
济南市空压机厂	110	230	226	202	81	120
青岛空气压缩机厂	803	717	439	366	251	229
徐州空压机厂	244	206	158	109	32	170
江苏大力集团股份有限公司	13107	12222	10236	8672	3730	1002
马鞍山正棱压缩机有限公司	2143	1338	877	662	574	342
烟台蓝星压缩机有限公司	1866	1649	283	223	986	349
山东潍坊生建集团	19427	19722	20922	16027	4661	1420
安庆四八一二厂	1851	2418	2307	1261	910	1097
扬州市气阀厂	886	886	848	516	320	304
苏州市空压机厂	534	668	503	462	140	140
南京三达机械有限公司	2763	2458	3418	2303	1057	97
南通轻工机械厂	1185	1357	1177	757	533	620
江苏劲风压缩机制造公司	0	1284	795	588	193	216
国营常熟机械总厂	1397	1393	1650	1449	228	487
重庆气体压缩机厂	3675	3676	3599	2099	1373	886
四川华西通用机器公司	7384	6576	6307	4570	1499	2330
自贡空压机总厂	1866	2247	1299	871	715	1085
自贡市机械一厂	1988	1773	2001	1411	330	1797
西安压缩机厂	1851	2280	2314	1693	802	507
重庆小型压缩机厂	226	319	371	275	86	133
贵州都匀空压机厂	702	704	458	294	247	269
柳州压缩机总厂	9388	9222	9940	7349	3246	2440
柳州第二空压机总厂	14299	12884	14878	11594	4115	1999
柳州微型空压机总厂	4510	2905	2475	2034	553	422
桂林市空压机厂	36	42	153	135	33	56
常德通用机械厂	1011	1205	919	629	325	538
湖南益阳空压机厂	481	511	315	255	169	408
湖北压缩机有限公司	1219	1393	1020	840	637	758
武汉气体压缩机厂	134	147	146	101	55	155
广州空气压缩机厂	1772	2005	2081	1434	778	377
开封市空气压缩机厂	499	526	347	329	223	341
佛山市珊瑚压缩机有限公司	1406	1495	1366	996	525	161
柳州市活塞环厂	511	178	211	133	76	145
湘潭压缩机股份有限公司	829	968	724	437	442	705
武汉市空气压缩机厂	254	308	259	188	108	94

2000 年压缩机行业协会会员单位经济指标

企业名称	工业总产值 不变价（万元）	工业总产值 当年价（万元）	工业增加值（万元）	产品销售收入（万元）	固定资产合计（万元）	年末从业人数合计（人）
上海大隆机器厂	40053	36497	7114	31068	11163	1925
上海压缩机有限公司	39224	34100	8013	36555	10633	2321
柳州空压机集团有限责任公司	29456	26633	8850	28862	36641	3912
沈阳气体压缩机股份有限公司	20600	18156	5603	15496	30343	2152
山东潍坊生建集团	19879	20169	5012	20369	6847	1282

（续）

企业名称	工业总产值		工业增加值（万元）	产品销售收入（万元）	固定资产合计（万元）	年末从业人数合计（人）
	不变价（万元）	当年价（万元）				
无锡压缩机股份有限公司	17781	17989	4582	18262	8343	837
浙江开山股份有限公司	15990	9592	2052	8886	3565	448
南京压缩机股份有限公司	12362	12502	4502	11987	5528	1108
江苏大力集团股份有限公司	11064	8466	3183	10019	4550	881
四川华西通用机器公司	5952	5177	435	5152	4134	1404
南京华冠压缩机有限公司	5769	5418	1441	5980	5043	429
北京第一通用机械厂	5398	4995	522	6009	7689	1232
江西气体压缩机有限公司	5205	5779	1854	5843	3518	1092
重庆气体压缩机厂	5072	4640	1824	4739	3884	767
蚌埠压缩机总厂	4993	5320	1864	4335	2242	1192
上海东方压缩机厂	4901	3780	999	3860	800	237
沈阳空气压缩机制造厂	4757	4313	1441	4432	11821	777
柳州市微型空压机厂	4070	2602	602	2127	1767	377
浙江省衢州煤矿机械总厂	4008	3740	889	3735	4918	1044
南京英格索兰压缩机有限公司	3673	3370	1170	3648	2125	106
宁波欣达螺杆压缩机有限公司	3571	3052	688	2782	2728	145
台州环天机械有限公司	2705	2312	485	2170	845	239
鞍山无油空气压缩机有限公司	2406	2229	602	817	842	220
济南市压缩机厂有限公司	2362	2407	701	2228	874	439
无锡压缩机总厂型压缩机分厂	2087	2175	681	2304	311	214
安庆四八一二工厂	2001	2578	935	2345	4473	1096
上海博莱特压缩机有限公司	1800	1350	78	1054	41	62
广州市空气压缩机厂	1745	1930	760	1933	728	331
烟台蓝星压缩机有限责任公司	1730	1495	377	308	804	353
国营常熟机械厂	1659	1635	519	1829	2686	446
马鞍山正棱压缩机有限公司	1377	809	29	748	2210	223
石家庄市长安金源压缩机厂	1363	1367	463	567	117	153
无锡市第二压缩机厂	1348	1125	394	1709	235	298
西安压缩机厂	1198	1510	692	1962	538	441
北京金环压缩机厂	1181	1232	522	1309	648	310
常德通用机械厂	1142	1307	412	980	3540	520
福建压缩机总厂	1109	1137	482	1050	763	364
佛山市珊瑚压缩机有限公司	1107	1177	336	1137	238	144
自贡山川气体压缩机有限责任公司	1106	1357	479	657	967	482
扬州市成功机械有限公司	1052	1005	352	1024	308	289
上海嘉定机械有限责任公司	1033	1163	514	1016	1141	189
湖北压缩机有限公司	926	931	356	573	2617	748
宁波天元压缩机有限公司	882	975	437	1049	1174	169
余姚捷华压缩机有限公司	857	1044	312	1090	748	162
山西省平陆县阀片厂	802	249	152	281	269	168
贵州省都匀空压机厂	739	737	279	583	483	263
湘潭压缩机股份有限公司	709	830	228	799	2416	539
天津压缩机厂	688	588	140	540	128	70
余姚市大隆空压机配件有限公司	681	582	276	503	180	110
青岛空气压缩机厂	679	811	799	472	175	517
吴桥空气压缩机有限责任公司	614	755	216	667	90	365
沈阳市东陵空压机有限公司	600	700	235	35	269	139
南通轻工机械有限公司	598	711	249	584	0	373
柳州活塞环厂	586	210	79	210	647	145
慈溪市超空压机配件有限公司	579	653	194	611	147	92
长春空压机厂	506	488	92	661	1889	215
大连空气压缩机厂	493	518	190	674	307	195
天津气体压缩机厂	478	521	131	561	510	199

（续）

企业名称	工业总产值		工业增加值（万元）	产品销售收入（万元）	固定资产合计（万元）	年末从业人数合计（人）
	不变价（万元）	当年价（万元）				
开封市空气压缩机厂	477	499	178	450	376	280
宁波镇海机械制造有限公司	427	363	17	420	16	60
延边昌源通用机械有限公司	325	443	133	276	3	108
河北省定兴气体压缩机厂	256	293	31	209	1697	633
湖南益阳空气压缩机厂	221	239	3	109	868	90
武汉市空气压缩机厂	203	233	81	232	402	93
武汉气体压缩机厂	187	196	60	282	214	132
徐州空压机厂	183	138	18	115	73	151
南昌空压机厂	166	166	59	158	90	23
北京华德通用机械附件厂	163	215	60	220	335	144
沈阳市兴华机械厂	153	145	37	79	115	50
济南市空压机厂	115	126	30	190	58	120
重庆小型压缩机厂	107	147	39	255	143	118
内蒙古兴和县气体压缩机厂	92	92	18	57	11	163
丹东市空压机厂	78	78	－9	71	72	58
山西省垣曲空压机厂	63	70	20	74	203	128
桂林市空气压缩机厂	52	58	18	53	27	56
重庆华西压缩机厂	49	51	19	91	101	91
重庆竞力微小型压缩机厂	24	24	－5	24	46	39
小计	310047	282469	77625	274551	210490	37487

1996年压缩机行业协会会员单位经济效益综合指数

序号	企业名称	经济效益综合指数（%）	产品销售率（%）	资金利税率（%）	工业增加值率（%）	成本费用利润率（%）	全员劳动生产率（元/人）	流动资金周转次数（次）
一、生产大、中、小型压缩机企业								
1	余姚通用集团公司	283.7	101.8	33.8	45.1	38.2	65424	1.3
2	无锡压缩机股份有限公司	112.7	109.3	9.6	30.0	6.4	21068	1.4
3	南京压缩机股份有限公司	106.0	100.7	8.4	27.6	3.5	24782	1.2
4	无锡压缩机总厂小型压缩机分厂	104.5	104.2	9.7	26.3	5.1	20037	1.2
5	济南压缩机厂	104.2	104.5	11.9	30.9	3.5	12993	1.6
6	山东省潍坊百事得机械总公司	94.3	92.5	4.2	22.0	0.8	27692	1.2
7	西安压缩机厂	93.6	88.1	7.1	32.5	0.2	18556	1.5
8	上海压缩机有限公司	88.4	102.2	5.6	20.5	0.8	20434	1.3
9	大连气体压缩机厂	85.1	105.9	7.0	31.3	4.6	13104	1.0
10	苏州空压机厂	78.9	97.6	6.8	26.3	0.3	17471	0.8
11	蚌埠压缩机总厂	73.7	84.8	6.2	42.3	0.1	15158	0.7
12	铁道部徐州机械厂	65.7	89.0	3.4	36.3	0.6	13633	0.7
13	重庆气体压缩机厂	65.1	109.9	4.2	26.6	2.7	7464	0.9
14	湖南益阳空气压缩机厂	61.0	96.0	1.5	52.8	0.0	13118	0.5
15	自贡空压机总厂	59.2	105.8	3.4	40.0	0.1	7260	0.7
16	江西气体压缩机厂	58.5	93.0	5.6	21.8	1.7	5961	0.8
17	柳州压缩机总厂	58.2	94.9	1.8	28.6	0.8	12694	0.6
18	湘潭压缩机厂	56.9	100.8	2.5	32.9	0.1	7240	0.9
19	河北省吴桥空压机厂	56.8	100.2	4.7	29.7	0.0	6197	0.8
20	柳州第二空气压缩机厂	56.5	109.7	1.5	19.8	0.9	11250	0.7
21	沈阳气体压缩机厂	52.6	104.2	4.1	11.2	0.4	6395	0.8
22	四川华西通用机器公司	51.9	105.5	3.1	18.6	0.2	7567	0.7
23	北京第一通用机械厂	50.0	96.8	3.1	15.4	0.0	8658	0.6
24	常德通用机械厂	48.1	87.7	2.1	26.9	0.1	6620	0.7

（续）

序号	企 业 名 称	经济效益综合指数（%）	产品销售率（%）	资金利税率（%）	工业增加值率（%）	成本费用利润率（%）	全员劳动生产率（元/人）	流动资金周转次数（次）
25	沈阳市小型压缩机厂	43.7	96.2	2.1	20.8	0.0	5711	0.5
26	沈阳空气压缩机制造厂	43.1	98.7	1.0	21.0	0.0	7220	0.5
27	湖北压缩机有限公司	38.7	98.4	1.5	19.9	1.2	3569	0.4
28	太原气体压缩机厂	10.1	96.0	－2.7	22.6	－16.2	3493	0.8
29	咸阳压缩机厂	－9.5	99.4	－6.0	26.1	－22.1	3407	0.5
30	长春市空气压缩机厂	－94.6	82.4	－14.5	－40.0	－40.6	－5656	0.3
31	丹东市空压机厂	－110.9	96.3	－47.1	12.3	－35.2	2128	1.4
二、生产微型压缩机企业								
1	上海嘉定机械制造有限责任公司	218.4	96.7	22.7	47.4	13.1	56392	1.9
2	南京华冠压缩机有限公司	146.6	87.1	15.5	25.6	11.0	33639	1.3
3	石家庄路明压缩机有限公司	138.0	103.6	22.4	43.8	－0.5	29012	0.9
4	江苏大力集团股份有限公司	134.8	102.5	7.8	25.5	4.2	39835	1.5
5	沈阳市东陵空压机厂	127.8	78.5	10.0	58.4	1.9	34409	1.2
6	佛山市珊瑚压缩机有限公司	126.0	99.5	14.0	21.8	6.1	26959	1.3
7	宁波天元压缩机有限公司	107.2	92.7	8.3	30.7	15.2	20140	0.7
8	广州空气压缩机厂	106.8	99.5	8.0	27.1	0.7	21178	1.9
9	开封市空气压缩机厂	105.9	82.6	9.4	38.2	1.5	19022	1.7
10	杭州美亚加压缩机有限公司	102.8	97.9	6.3	22.1	2.3	27811	1.2
11	宁波镇海机械总厂	93.8	90.3	8.5	27.0	4.4	18293	1.1
12	浙江开山股份有限公司	93.7	101.2	4.4	14.9	1.1	22080	1.6
13	大庆肇源县空气压缩机厂	93.1	34.6	9.9	56.5	5.6	13300	1.2
14	上海通联压缩机厂	91.3	92.4	8.0	13.4	19.5	13606	0.3
15	重庆小型压缩机厂	91.2	111.9	10.4	30.3	1.3	14036	1.1
16	青岛空气压缩机厂	91.0	93.0	6.4	40.2	3.2	18800	1.0
17	北京金环压缩机厂	89.9	113.2	7.7	18.9	0.4	16022	1.4
18	上海东方压缩机厂	83.4	90.4	3.0	24.3	0.0	24897	1.0
19	济南空压机厂	82.3	98.3	7.4	23.5	1.8	11034	1.4
20	马鞍山正棱压缩机有限责任公司	78.7	95.0	3.2	23.5	0.3	22100	0.9
21	重庆压缩机配件厂	76.0	97.0	6.2	33.3	0.0	14391	0.9
22	余姚空压机配件厂	75.1	94.7	9.6	22.5	5.5	8182	0.7
23	上海微型空气压缩机厂	73.8	93.8	5.2	21.9	5.8	15167	0.5
24	无锡市第二压缩机厂	71.2	92.6	4.0	30.7	0.0	15111	0.9
25	山西省长治通用机械厂	68.7	97.0	1.1	50.9	0.5	16652	0.6
26	四川宜宾天宇压缩机有限公司	68.3	94.0	3.0	29.4	0.1	7075	1.6
27	杨州市气阀厂	65.3	93.6	7.5	26.9	0.1	8510	0.8
28	烟台蓝星压缩机有限责任公司	64.4	111.0	4.2	21.9	4.8	8480	0.7
29	福建压缩机总厂	63.5	98.5	4.6	30.7	0.0	9772	0.8
30	浙江衢州煤矿机械总厂	62.3	81.8	2.0	24.2	0.9	14399	0.9
31	桂林市空气压缩厂	57.3	93.6	3.6	31.8	1.7	6833	0.8
32	湖北省天门市空气压缩机厂	56.6	45.7	3.6	25.0	－0.3	15920	0.6
33	大连空气压缩机厂	54.5	83.1	5.0	15.0	1.3	4596	1.0
34	鞍山无油空压机厂	53.3	90.0	4.7	19.9	0.1	5362	0.9
35	上海大隆机器厂	52.5	101.0	1.1	16.1	－1.2	11622	0.8
36	徐州空压机厂	48.5	82.2	2.2	26.7	0.3	7730	0.6
37	江西第二气体压缩机厂	46.0	98.0	1.1	28.9	5.7	5104	0.2
38	柳州市活塞环厂	44.4	110.7	0.2	31.6	0.1	5342	0.6
39	太原第二气体压缩机厂	43.8	99.2	6.9	24.6	0.4	3693	1.2
40	安庆市四八一二厂	43.4	101.4	0.3	28.0	0.9	5338	0.6
41	武汉市空气压缩机厂	40.0	69.0	－8.1	28.4	－31.8	1873	0.2
42	武汉市第二空气压缩机厂	37.5	92.3	2.6	26.0	－2.0	2212	0.6
43	内蒙古兴和县空压机厂	37.2	80.6	2.3	25.9	1.4	2592	0.4
44	武汉气体压缩机厂	5.5	93.9	－4.1	22.9	－14.8	3531	0.6
45	自贡机械一厂	－20.0	109.9	－6.6	12.5	－24.6	1326	0.5
46	山西省垣曲县空压机厂	－32.2	79.7	－9.6	73.2	－37.6	5361	0.2
47	新疆矿山设备灯具总厂	－36.2	96.8	－9.1	15.5	－28.9	1365	0.3
48	株洲市空气压缩机厂	－42.0	145.3	－11.9	25.3	－35.1	1443	0.3
49	天津市气体压缩机厂	－82.7	90.3	－21.7	－20.6	－34.0	－2672	0.5
50	柳州市微型空压机厂	－222.7	117.9	－52.9	8.9	－95.7	3699	0.6

1997 年压缩机行业协会会员单位经济效益综合指数

序号	企业名称	经济效益综合指数（%）	总资产贡献率（%）	资金保值增值率（%）	资产负债率（%）	流动资金周转率（次）	成本费用利润率（%）	全员劳动生产率（元/人）	产品销售率（%）
一、生产大、中、小型压缩机企业									
1	余姚通用集团公司	251.1	24.7	103.8	53.2	1.1	31.5	58387	102.0
2	上海压缩机有限公司	182.9	18.7	334.5	45.0	1.5	10.3	38953	103.7
3	无压总厂小型压缩机分厂	123.3	16.4	110.3	55.3	1.5	5.0	26653	95.1
4	济南压缩机厂	97.8	12.3	105.0	70.8	1.5	3.5	12909	105.8
5	无锡压缩机股份有限公司	95.0	8.2	103.4	55.7	1.4	3.2	24244	97.7
6	山东省维坊百事得机械总公司	94.4	8.2	58.3	83.6	0.9	7.3	27081	83.8
7	大连气体压缩机厂	88.5	9.3	105.0	54.2	0.8	4.5	10913	101.5
8	南京压缩机股份有限公司	31.3	6.2	101.1	66.9	0.9	1.6	25791	107.7
9	柳州第二空压机总厂	30.0	3.5	139.6	62.2	0.7	2.8	20064	99.9
10	西安压缩机厂	74.2	7.5	100.2	49.9	1.3	0.3	12484	99.6
11	河北省吴桥空压机厂	72.4	8.1	175.1	63.8	0.7	－0.2	4978	99.2
12	沈阳气体压缩机厂	72.0	5.8	168.5	65.3	0.6	0.5	10245	100.2
13	上海东方压缩机厂	71.6	7.1	97.6	83.4	1.0	0.0	22795	108.0
14	重庆气体压缩机厂	70.6	8.0	100.5	72.1	0.9	0.3	9940	119.3
15	苏州空压机厂	68.2	6.3	100.0	47.7	0.7	0.2	15816	98.5
16	江西气体压缩机厂	63.8	5.3	100.1	64.4	0.7	1.0	10742	88.1
17	柳州压缩机总厂	63.7	3.4	115.0	49.9	0.5	0.3	13946	104.7
18	北京第一通用机械厂	58.5	1.9	103.4	81.0	0.5	0.4	16266	127.0
19	四川华西通用机器分司	58.2	5.6	104.4	67.9	0.6	0.3	4789	98.7
20	自贡空压机总厂	56.1	5.3	100.8	73.7	0.6	0.1	6080	101.0
21	湖北压缩机有限公司	54.7	3.9	108.1	65.9	0.6	0.7	7638	101.7
22	沈阳空气压缩机制造厂	52.8	3.3	104.3	69.0	0.5	0.03	6407	96.1
23	湖南常德通用机械厂	50.7	2.8	100.0	63.9	0.5	0.04	4832	93.6
24	铁道部徐州机械厂	42.3	3.4	101.6	58.4	0.5	－3.0	9834	75.7
25	蚌埠压缩机总厂	32.7	3.0	92.0	91.3	0.4	－2.7	10089	71.2
26	湖南益阳空压机厂	－37.6	－1.7	92.6	－48.7	0.3	－21.4	3930	122.4
27	太原气体压缩机厂	－38.9	－1.4	6.2	39.0	0.6	－18.2	2307	92.7
28	丹东市空压机厂	－65.3	2.4	0.0	192.5	1.7	－3.0	988	98.4
29	沈阳市小型压缩机厂	－93.2	－6.2	0.0	109.6	0.3	－31.0	1090	92.0
30	长春市空气压缩机厂	－145.5	－7.4	20.6	97.6	0.2	－40.5	－1945	121.7
31	河北省保定空气压缩机厂	－274.0	－13.7	0.0	129.0	0.2	－64.3	－2427	90.0
二、生产微型压缩机企业									
1	武汉市空压机厂	179.7	－2.6	1265.2	72.1	0.2	－2.5	2029	88.2
2	上海嘉定机械制造有限责任公司	176.9	13.6	162.6	48.1	1.2	14.1	66539	91.2
3	上海大隆机 KKD 厂	127.3	9.9	295.0	76.8	0.9	5.3	30164	100.5
4	南京华冠压缩机有限公司	120.1	8.5	98.2	43.6	0.9	11.0	30449	100.8
5	佛山市珊瑚压缩机有限公司	106.2	12.2	105.4	70.3	1.1	4.3	29505	101.8
6	上海微型空气压缩机厂	104.1	23.1	108.0	96.5	0.7	6.4	778	100.0
7	宁波天元压缩机有限公司	101.5	6.1	101.1	33.3	0.6	10.3	16219	113.0
8	广州空气压缩机厂	97.4	14.4	100.9	74.0	1.9	0.4	22641	101.4
9	宁波镇海机械制造有限公司	95.2	5.6	104.0	42.0	1.1	4.7	27605	100.7
10	北京金环压缩机厂	39.1	9.3	98.9	54.4	1.5	0.4	24475	114.0
11	江苏大力集团股份有限公司	88.8	8.2	98.3	70.4	1.2	0.6	36873	98.8
12	浙江开山股份有限公司	86.4	7.1	98.5	50.8	1.6	1.1	23425	100.6
13	马鞍山正棱压缩机有限公司	75.5	6.3	100.2	71.8	0.8	1.3	25746	86.7
14	重庆小型压缩机厂	72.8	7.8	95.7	63.6	1.1	0.9	9026	107.8
15	大连空气压缩机厂	72.1	7.5	180.0	62.0	0.7	0.0	6912	95.0
16	青岛空气压缩机厂	72.1	7.0	92.5	72.5	0.9	1.6	14883	94.7
17	四川宜宾天宇压缩机有限公司	71.1	5.8	102.7	58.9	1.5	0.1	6154	116.7
18	扬州市气阀厂	70.6	9.9	95.8	66.2	0.7	0.1	13800	92.1

（续）

序号	企业名称	经济效益综合指数（%）	总资产贡献率（%）	资金保值增值率（%）	资产负债率（%）	流动资金周转率（次）	成本费用利润率（%）	全员劳动生产率（元/人）	产品销售率（%）
19	余姚空压机配件厂	69.3	11.8	76.4	83.6	0.6	0.9	13333	96.9
20	杭州美亚加压缩机有限公司	69.0	7.1	95.5	82.3	0.7	0.8	20375	96.5
21	开封市空气压缩机厂	65.0	3.5	100.0	21.0	1.3	0.2	12730	87.7
22	石家庄路明压缩机有限公司	60.8	2.8	98.4	70.0	0.8	0.6	13924	102.5
23	鞍山无油空压机厂	60.7	4.3	91.5	74.8	1.2	0.01	9194	97.0
24	浙江衢州煤矿机械总厂	60.0	5.8	95.5	72.0	0.6	0.4	12141	91.5
25	桂林市空压机厂	58.6	0.1	99.4	44.5	1.0	1.0	7419	113.7
26	无锡市第二压缩机厂	55.4	3.0	99.9	68.0	0.6	0.01	10026	98.4
27	山西省长治通用机械厂	55.2	4.9	100.0	80.8	0.6	0.0	9075	100.0
28	烟台蓝星压缩机有限公司	54.3	1.5	106.0	93.1	0.3	2.0	19448	88.4
29	柳州市活塞环厂	49.9	1.7	103.0	79.5	0.6	0.4	4830	110.3
30	山西省平陆阀片厂	43.8	2.3	101.3	82.3	0.2	0.1	11364	69.1
31	徐州空压机厂	43.8	1.3	98.6	70.0	0.5	－0.9	5847	85.0
32	柳州市微型空压机厂	35.3	10.2	－	118.0	1.1	－0.3	4127	112.0
33	福建压缩机总厂	31.4	6.3	17.5	93.2	1.1	－4.4	10669	101.1
34	济南空压机厂	20.8	－2.3	112.4	59.2	0.8	－6.9	5538	94.9
35	天津市气体压缩机厂	12.0	4.0	47.0	95.0	0.4	－5.3	1735	81.6
36	安庆市四八一二工厂	－12.5	－0.0	93.0	49.6	0.6	－15.6	5274	97.0
37	自贡市机械一厂	－16.5	0.7	88.8	70.7	0.4	－16.2	529	121.3
38	武汉市气体压缩机厂	－30.4	－2.1	－	104.6	0.6	－12.4	5462	99.6
39	株洲市空压机厂	－47.9	－9.6	－	64.9	0.6	－19.7	3232	64.2
40	湖北天门市空压机厂	－54.7	0.2	－	96.0	0.3	－19.6	4696	85.0
41	太原第二气体压缩机厂	－79.3	－10.7	59.2	76.7	0.7	－25.8	886	102.4
42	新疆矿山设备灯具总厂	－80.5	－3.8	68.5	78.2	0.3	－28.4	1379	90.4
43	重庆压缩机配件厂	－89.0	－7.8	50.7	66.9	0.7	－30.7	10392	76.2
44	山西省垣曲县空压机厂	－107.2	0.06	47.5	92.3	0.2	－35.6	3212	99.4
45	江西第二气体压缩机厂	－152.3	－3.3	117.4	75.4	0.1	－49.6	3227	98.1

1998 年压缩机行业协会会员单位经济效益综合指数

序号	企业名称	经济效益综合指数（%）	总资产贡献率（%）	资产保值增值率（%）	资产负债率（%）	流动资金周转率（次）	成本费用利润率（%）	全员劳动生产率（元/人）	产品销售率（%）
一、生产大、中、小型压缩机企业									
1	余姚通用集团公司	218.6	15.3	106.1	49.0	0.9	27.7	63388	106.3
2	无锡压缩机总厂小型压缩机分厂	121.2	18.6	102.6	69.0	2.2	3.2	24809	107.9
3	山东潍坊生建集团	105.5	12.0	119.9	84.0	0.9	6.3	26937	98.6
4	济南市压缩机厂	97.6	13.5	101.1	70.9	1.6	3.4	13441	102.9
5	上海压缩机有限公司	95.2	6.2	91.0	50.9	1.1	2.3	40239	97.0
6	无锡压缩机股份有限公司	94.0	8.3	105.4	62.4	1.2	3.1	26979	101.0
7	南京压缩机股份有限公司	85.1	6.5	101.5	63.5	1.1	2.2	27222	96.4
8	大连气体压缩机厂	79.4	10.2	105.3	72.1	0.8	2.4	12111	102.1
9	西安压缩机厂	71.9	5.7	107.0	51.8	1.2	0.1	13849	104.0
10	湘潭压缩机股份有限公司	70.8	3.7	101.3	32.1	1.2	2.7	4993	98.7
11	柳州第二空压机总厂	70.7	3.4	104.4	60.7	0.7	2.2	17125	99.1
12	苏州空压机厂	68.7	7.6	100.3	40.5	0.9	0.2	10612	97.3
13	重庆气体压缩机厂	65.1	5.6	104.0	74.2	0.8	0.8	13307	104.5
14	沈阳气体压缩机股份有限公司	65.0	5.9	111.1	67.1	0.6	0.7	12080	97.6
15	上海东方压缩机厂	64.1	5.4	102.6	81.9	0.7	0	19494	98.0
16	江西气体压缩机厂	63.6	5.9	106.2	63.3	0.7	0.9	8737	96.7
17	柳州压缩机总厂	60.7	2.4	105.3	55.1	0.5	0.7	14660	99.0
18	河北省吴桥空压机厂	57.3	18.1	116.7	59.5	0.6	－7.8	4674	126.1
19	湖北压缩机有限公司	54.1	3.0	101.9	68.8	0.5	0.5	8758	102.3

（续）

序号	企业名称	经济效益综合指数（%）	总资产贡献率（%）	资产保值增值率（%）	资产负债率（%）	流动资金周转率（次）	成本费用利润率（%）	全员劳动生产率（元/人）	产品销售率（%）
20	湖南常德通用机械厂	47.2	2.1	101.7	65.3	0.4	0	4010	98.0
21	沈阳空气压缩机厂	45.8	0.8	92.8	64.9	0.4	0.2	8284	88.5
22	北京第一通用机械厂	15.6	1.5	84.1	84.5	0.5	-7.2	5824	118.2
23	蚌埠压缩机总厂	0.0	0.1	71.1	93.5	0.4	-8.7	10072	81.6
24	北京通用机械附件厂	-17.4	-6.6	100.0	48.6	0.8	-14.5	5508	98.3
25	湖南益阳空压机厂	-18.2	0.3	93.2	50.2	0.4	-16.1	2409	91.8
26	四川华西通用机器公司	-21.5	-0.2	86.7	70.9	0.4	-15.8	1251	99.5
27	铁道部徐州机械厂	-28.8	-1.5	83.1	68.1	0.4	-18.2	10578	83.4
28	自贡空压机总厂	-29.9	-1.9	84.6	79.6	0.4	-16.5	7766	68.2
29	山西省太原气体压缩机厂	-37.5	-2.3	45.2	95.8	0.7	-17.3	5951	102.8
30	丹东市空压机厂	-54.7	-7.5	0.0	176.2	1.0	-17.9	8260	94.0
31	长春市空压缩机厂	-119.2	4.6	0.0	102.6	0.2	-33.7	1099	102.7
32	沈阳市小型压缩机厂	-176.3	-8.5	0.0	120.4	0.1	-45.3	1587	60.9
二、生产微型压缩机企业									
1	南京华冠压缩机有限公司	111.2	6.6	99.0	48.1	0.8	9.0	34709	81.8
2	佛山市珊瑚压缩机有限公司	103.6	13.7	96.5	66.8	1.2	1.1	42609	95.0
3	宁波镇海机械制造有限公司	95.8	5.4	102.0	47.0	1.1	6.1	19052	92.1
4	武汉市第二空气压缩机厂	95.7	12.2	100.0	54.9	1.3	6.6	5433	47.4
5	上海嘉定机械有限责任公司	90.1	6.2	114.4	46.1	0.6	2.9	39690	112.8
6	江苏大力集团股份有限公司	87.5	8.0	88.4	73.7	1.3	1.5	35321	98.2
7	广州市空气压缩机厂	84.0	10.7	100.4	71.4	1.5	0.2	23082	92.0
8	上海大隆机器厂	83.5	4.9	100.5	78.3	0.7	3.4	39462	88.4
9	宁波天元压缩机有限公司	78.2	2.3	106.4	28.7	0.7	6.1	9846	90.0
10	余姚空压机配件厂	77.1	11.1	56.4	85.5	0.7	2.4	21750	96.0
11	浙江省开山股份有限公司	76.4	5.2	96.4	50.1	1.1	0.1	22585	100.2
12	重庆小型压缩机厂	71.1	5.6	101.8	62.5	0.8	1.6	5448	137.1
13	马鞍山正棱压缩机有限公司	61.0	4.0	100.1	70.8	0.4	0.1	11568	147.5
14	烟台蓝星压缩机有限公司	60.1	1.0	105.4	65.7	0.1	4.1	5449	104.6
15	开封市空气压缩机厂	59.1	2.1	99.6	22.0	0.8	0.4	21801	57.9
16	石家庄路明压缩机有限公司	58.7	3.4	97.6	59.2	0.7	-1.5	22213	94.2
17	浙江衢州煤矿机械总厂	56.7	4.5	99.9	70.9	0.4	0.1	10324	107.0
18	无锡市第二压缩机厂	56.2	3.9	99.5	75.1	0.7	0.0	12131	1005
19	大连空气压缩机厂	55.5	4.8	101.3	61.5	0.6	0.0	5455	92.0
20	山西省长治通用机械厂	51.8	3.9	100.0	82.9	0.5	0.0	12863	98.1
21	柳州市活塞环厂	47.0	2.1	109.4	80.9	0.6	0.4	4552	90.8
22	福建压缩机总厂	46.9	6.0	87.4	93.0	0.8	-2.0	9353	95.0
23	扬州市气阀厂	46.4	6.6	96.6	68.8	0.6	-4.2	14045	96.4
24	沈阳市东陵空压机厂	43.6	3.5	114.6	83.7	0.1	0.0	10133	74.4
25	山西省平陆县阀片厂	43.5	1.9	100.0	82.8	0.2	0.1	7337	107.0
26	安庆四八一二工厂	32.6	1.2	99.3	47.3	0.6	-4.5	5876	94.2
27	天津市气体压缩机厂	22.2	1.8	282.6	87.2	0.2	-9.0	466	102.6
28	柳州市微型空压机总厂	20.0	3.5	0.0	116.2	1.0	2.0	10771	72.6
29	济南市空压机厂	19.7	1.0	70.6	58.3	0.6	-7.0	5600	96.2
30	鞍山无油空压机有限公司	13.5	3.5	46.6	97.8	0.8	-6.8	7486	99.2
31	北京金环压缩机厂	3.9	-3.0	79.9	65.8	1.1	-11.4	11364	101.4
32	武汉市空气压缩机厂	-1.0	-3.4	296.4	16.7	0.1	-15.8	1395	84.5
33	桂林市空压机厂	-12.1	-2.8	93.8	35.3	0.7	-14.0	3929	91.9
34	四川宜宾天宇压缩机有限公司	-13.2	0.1	96.5	67.9	0.7	-15.3	5238	87.7
35	自贡市机械一厂	-17.6	-0.3	88.3	73.2	0.4	-14.8	937	103.5
36	徐州空压机厂	-20.2	-8.7	91.2	72.9	0.3	-10.3	4278	69.9
37	青岛空气压缩机厂	-31.2	-3.6	91.6	74.0	0.3	-16.8	5601	96.8
38	重庆压缩机配件厂	-101.4	7.0	32.1	82.4	0.4	-30.8	5500	81.6
39	山西太原第二气体压缩机厂	-107.8	-10.4	43.7	88.8	0.5	-31.5	984	115.5
40	湖北天门市空压机厂	-126.3	-3.4	0.0	112.2	0.1	-31.3	882	0

（续）

序号	企业名称	经济效益综合指数（%）	总资产贡献率（%）	资产保值增值率（%）	资产负债率（%）	流动资金周转率（次）	成本费用利润率（%）	全员劳动生产率（元/人）	产品销售率（%）
41	江西第二气体压缩机厂	－129.7	－2.6	88.9	78.9	0.1	－42.1	3626	97.7
42	山西恒曲县空压机厂	－210.0	－4.1	－34.8	102.8	0.1	－56.5	2250	97.5
43	株洲市空压机制造厂	－210.8	－40.2	65.1	55.2	0.5	－49.6	667	187.3
44	锦州市空压机厂	－214.0	－16.2	53.3	76.6	0.2	－56.7	1033	100.0
45	新疆矿山设备灯具设备厂	－223.1	－13.5	156.0	81.6	0.04	－62.9	－144	85.0

1999 年压缩机行业协会会员单位经济效益综合指数

序号	企业名称	经济效益综合指数（%）	总资产贡献率（%）	资金保值增值率（%）	资产负债率（%）	流动资金周转率（次）	成本费用利润率（%）	全员劳动生产率（元/人）	产品销售率（%）
一、生产大、中、小型压缩机企业									
1	无锡压缩机总厂小型压缩机分厂	114.8	15.9	100.2	65.6	1.9	4.2	23362	96.4
2	山东潍坊生建集团	112.0	9.8	136.4	81.0	0.9	7.2	33245	101.2
3	济南市压缩机厂	100.8	13.5	103.4	71.4	1.6	3.8	14598	96.2
4	无锡压缩机股份有限公司	99.9	5.7	102.5	58.4	1.2	3.6	40076	104.7
5	南京压缩机股份有限公司	86.3	6.5	104.0	61.8	0.9	2.8	26163	95.8
6	柳州第二空压机总厂	79.7	4.5	103.4	59.1	0.7	3.2	19918	104.7
7	苏州空压机厂	65.5	6.7	100.6	43.5	0.8	0.4	10000	87.3
8	沈阳气体压缩机股份有限公司	61.4	4.4	100.5	70.5	0.3	0.9	18299	96.0
9	河北省吴桥空压机厂	61.2	3.2	129.2	24.1	1.1	0.2	4334	87.8
10	西安压缩机厂	56.8	6.6	97.4	51.0	1.0	－3.1	15161	90.0
11	江西气体压缩机厂	55.7	4.2	101.0	66.2	0.6	0.04	6632	108.2
12	上海东方压缩机厂	55.4	6.5	32.3	92.7	0.8	0.0	17709	109.9
13	湖北压缩机有限公司	51.7	1.3	100.7	70.6	0.4	1.3	8471	98.4
14	沈阳市空气压缩机厂	49.0	1.1	101.0	67.6	0.3	1.3	10409	71.5
15	湖南常德通用机械厂	45.8	1.5	100.0	64.6	0.3	0.0	6286	90.7
16	重庆气体压缩机厂	42.8	5.1	96.6	77.8	0.6	3.9	15873	95.7
17	上海压缩机有限公司	39.0	0.6	90.7	52.7	1.0	－5.9	18800	100.2
18	柳州压缩机总厂	32.7	1.4	96.7	63.5	0.4	－5.0	12831	98.4
19	余姚通用集团公司	31.1	－0.8	100.7	54.2	0.6	－10.3	48596	87.9
20	大连气体压缩机厂	27.2	3.6	78.7	77.7	0.5	－5.0	8039	103.8
21	蚌埠压缩机总厂	19.3	3.0	73.0	92.0	0.4	－5.3	8903	83.3
22	铁道部徐州机械厂	18.3	1.6	105.8	69.7	0.4	－8.5	12292	92.6
23	湘潭压缩机股份有限公司	13.9	－0.7	96.1	35.8	0.5	－8.7	7950	101.2
24	丹东市空压机厂	10.6	10.4	0.0	182.6	1.3	－9.9	820	114.7
25	北京第一通用机械厂	－2.9	0.6	92.1	85.7	0.3	－12.1	8508	123.2
26	四川华西通用机器公司	－22.8	－0.9	79.1	79.2	0.3	－16.4	6433	102.0
27	湖南益阳空压机厂	－34.8	－1.2	93.4	56.1	0.3	20.0	4142	99.8
28	自贡空压机总厂	－47.2	－3.1	87.5	78.1	0.3	－20.7	10229	67.9
29	山西省太原气体压缩机厂	－89.8	－8.4	－62.9	102.7	0.8	－24.1	6747	95.2
30	武汉市气体压缩机厂	－102.7	－5.3	0.0	116.9	0.2	－27.9	3503	99.3
31	长春市空气压缩机厂	－137.8	－2.8	0.0	107.6	0.1	－38.9	－2578	108.2
32	沈阳市小型压缩机厂	－301.8	－13.5	0.0	136.5	0.05	－73.4	152	0.0
二、生产微型压缩机企业									
1	南京华冠压缩机有限公司	106.1	7.2	109.0	47.4	0.8	8.0	30756	90.0
2	浙江开山股份有限公司	102.1	6.0	101.7	54.3	1.0	2.1	43100	94.5
3	佛山市珊瑚压缩有限公司	101.8	11.0	106.0	66.4	1.2	2.9	33439	100.0
4	江苏大力集团股份有限公司	86.0	7.4	89.1	76.4	1.3	1.2	37263	98.5
5	宁波镇海机械制造有限公司	78.9	13.2	100.4	48.0	0.7	0.1	13000	101.0
6	石家庄路明压缩机有限公司	78.6	5.5	101.1	27.7	0.7	1.0	31645	97.1
7	延边昌源通用机械有限公司	77.5	7.5	105.9	64.0	1.2	2.2	14600	71.9
8	宁波天元压缩机有限公司	74.6	1.9	100.1	36.8	0.8	4.7	11746	99.9

（续）

序号	企业名称	经济效益综合指数（%）	总资产贡献率（%）	资金保值增值率（%）	资产负债率（%）	流动资金周转率（次）	成本费用利润率（%）	全员劳动生产率（元/人）	产品销售率（%）
9	北京金环压缩机厂	70.1	5.2	103.4	59.3	0.9	0.6	13271	111.8
10	余姚市大隆空压机配件公司	68.9	13.3	87.0	92.2	1.5	-1.7	11667	100.0
11	烟台蓝星压缩有限责任公司	68.2	1.4	75.9	64.4	0.2	3.2	28249	93.7
12	内蒙古兴和县空气压缩机厂	66.6	9.1	100.0	57.0	0.5	1.6	1902	93.3
13	重庆小型压缩机厂	65.2	4.5	101.8	55.5	0.7	1.0	6466	121.0
14	大连空气压缩机厂	59.4	5.9	99.3	63.2	0.5	0.0	7773	106.5
15	无锡第二压缩机厂	55.3	4.0	100.0	74.8	0.7	0.3	7613	101.6
16	广州空气压缩机厂	55.2	6.4	88.0	73.1	1.5	-3.8	15685	99.1
17	鞍山无油空压机有限公司	54.7	4.0	145.2	97.0	0.7	0.0	11807	96.1
18	安庆四八一二工厂	54.6	2.3	102.5	53.8	0.7	0.01	8349	93.6
19	马鞍山正棱压缩机有限公司	50.9	3.6	100.0	71.3	0.3	0.03	16494	68.2
20	开封市空气压缩机厂	49.4	1.8	99.9	19.9	0.5	0.0	6353	86.1
21	浙江省衢州煤矿机械总厂	47.5	4.6	98.3	67.7	0.3	-1.4	-546	136.0
22	山西省平陆县阀片厂	42.8	1.8	100.1	82.7	0.1	0.1	7527	110.9
23	柳州市活塞环厂	42.3	1.1	100.0	84.2	0.4	0.5	5278	93.8
24	山西长治通用机械厂	39.2	1.4	100.0	83.2	0.3	0.0	4266	97.2
25	天津市压缩机厂	35.0	-1.1	102.5	42.6	0.6	-4.2	13636	97.8
26	桂林市空压机厂	34.9	6.3	93.4	42.9	0.7	-6.1	6111	83.3
27	福建压缩机总厂	32.8	4.8	70.0	95.0	1.0	-4.1	10576	90.3
28	济南市空压机厂	28.4	2.3	98.0	59.1	0.6	-6.3	6750	98.3
29	上海嘉定机械有限责任公司	27.2	1.4	74.5	63.4	0.3	-10.2	40975	129.6
30	上海大隆机器厂	19.3	-0.1	98.5	81.3	0.5	-9.1	31907	81.0
31	柳州微型空压机总厂	18.4	1.8	0.0	116.7	0.7	-1.4	12626	78.5
32	扬州气阀厂	2.2	3.9	22.4	91.7	0.5	-9.5	9772	104.2
33	自贡市机械一厂	-22.3	-1.3	87.8	76.4	0.4	-14.5	1832	79.6
34	天津气体压缩机厂	-25.8	-4.4	241.5	75.3	0.2	-20.4	4534	109.8
35	江西第二气体压缩机厂	-40.9	-1.2	91.6	85.9	0.1	-19.3	5533	99.7
36	徐州空压机厂	-61.3	-4.7	54.3	81.0	0.3	-21.1	1882	76.7
37	青岛空气压缩机厂	-68.6	-31.4	49.6	87.1	0.3	-11.7	11009	104.3
38	锦州市空压机厂	-72.7	-5.0	75.5	85.2	0.3	-24.8	3941	79.4
39	武汉市空气压缩机厂	-125.5	-10.0	84.9	21.2	0.2	-39.5	11134	76.3
40	山西恒曲县空压机厂	-253.5	-3.9	0.0	112.5	0.1	-68.1	1625	72.7

2000年压缩机行业协会会员单位经济效益综合指数

序号	企业名称	经济效益综合指数（%）	资金保值增值率（%）	资产负债率（%）	流动资金周转率（次）	全员劳动生产率（元/人）	产品销售率（%）
1	慈溪市超空压机配件有限公司	220.70	305.60	54.40	1.80	24250	99.10
2	南京英格索兰压缩机有限公司	198.80	262.00	34.20	1.40	114706	84.50
3	无锡压缩机股份有限公司	141.80	123.10	52.10	1.10	55878	100.90
4	无锡压缩机总厂小型压缩机分厂	131.00	86.00	74.80	2.50	31239	105.90
5	台州环天机械有限公司	124.40	279.00	75.50	0.80	21460	93.90
6	石家庄市长安金源压缩机厂	108.40	138.50	88.00	3.70	29490	97.20
7	浙江开山股份有限公司	104.60	140.20	53.40	1.10	42484	93.70
8	上海博莱特压缩机有限公司	100.20	168.30	67.10	1.10	12581	78.10
9	佛山市珊瑚压缩机有限公司	99.50	108.30	61.30	1.10	24000	80.60
10	山东潍坊生建集团	98.60	79.60	85.30	0.70	37044	100.30
11	南京压缩机股份有限公司	96.50	103.30	61.50	1.00	39982	96.00
12	济南市压缩机厂有限公司	93.20	103.90	74.40	1.60	16189	92.60
13	宁波天元压缩机有限公司	92.80	100.90	48.20	1.60	47778	87.10

（续）

序号	企业名称	经济效益综合指数（%）	资金保值增值率（%）	资产负债率（%）	流动资金周转率（次）	全员劳动生产率（元/人）	产品销售率（%）
14	宁波欣达螺杆压缩机有限公司	92.80	100.90	48.20	1.60	47778	87.10
15	延边昌源通用机械有限公司	90.00	98.70	65.50	0.50	12913	79.50
16	余姚捷华压缩机有限公司	88.60	106.30	91.70	1.30	25091	95.70
17	重庆气体压缩机厂	87.00	226.70	59.30	0.80	21792	94.60
18	上海大隆机器厂	85.70	107.40	80.60	0.50	31120	84.70
19	江苏大力集团股份有限公司	85.20	69.40	82.30	1.40	35367	118.40
20	南京华冠压缩机有限公司	81.50	130.00	38.50	0.70	33589	90.40
21	南昌空压机厂	78.80	87.70	54.50	1.10	23600	95.20
22	南通轻工机械有限公司	77.10	100.70	67.50	1.60	6501	83.30
23	上海东方压缩机厂	76.30	148.00	88.30	0.90	31815	102.30
24	重庆小型压缩机厂	72.70	98.60	50.70	0.50	3305	166.00
25	天津市压缩机厂	72.10	0.00	106.00	0.80	20000	86.40
26	江西气体压缩机有限公司	69.50	125.20	62.80	0.60	14131	108.40
27	北京金环压缩机厂	68.10	90.60	60.30	0.90	12009	105.60
28	河北省吴桥空压机有限责任公司	67.50	100.20	48.20	1.20	6000	87.30
29	北京华德通用机械附件厂	65.90	138.90	58.30	0.30	3941	102.80
30	柳州空压机集团有限责任公司	65.50	122.30	63.00	0.50	22962	100.80
31	广州市空气压缩机厂	63.80	91.30	73.50	1.50	22353	92.80
32	沈阳气体压缩机股份有限公司	62.40	86.30	75.20	0.30	24350	96.10
33	大连空气压缩机厂	61.80	101.00	61.00	0.60	9744	94.00
34	上海压缩机有限公司	60.90	98.60	59.40	1.10	33527	103.50
35	扬州市成功机械有限公司	60.40	7.30	91.20	1.90	12308	102.70
36	无锡市第二压缩机厂	59.00	95.50	76.60	0.80	13090	99.20
37	中国人民解放军四八一二工厂	58.60	101.70	47.60	0.70	8570	95.80
38	贵州省都匀空压机厂	56.40	107.80	56.90	0.40	10608	64.00
39	常德通用机械厂	53.70	131.00	52.80	0.30	7788	96.80
40	开封市空气压缩机厂	52.50	93.40	20.40	0.70	5313	101.60
41	西安压缩机厂	49.50	100.50	49.40	0.80	14914	105.40
42	沈阳空气压缩机制造厂	47.70	95.40	70.10	0.30	14586	84.10
43	山西省平陆县阀片厂	44.10	99.90	82.70	0.10	9024	112.70
44	浙江省衢州煤矿机械总厂	42.10	96.40	66.70	0.40	7867	111.30
45	马鞍山正棱压缩机有限公司	41.60	95.30	72.30	0.20	1272	78.50
46	柳州活塞环厂	40.60	98.70	84.40	0.60	5486	81.00
47	宁波镇海机械制造有限公司	39.00	17.00	61.80	0.60	3036	99.70
48	湖北压缩机有限公司	37.30	82.60	77.30	0.20	4830	99.00
49	沈阳市兴华机械厂	36.10	105.00	55.00	0.30	－3810	91.00
50	烟台蓝星压缩机有限责任公司	29.30	16.20	90.90	0.20	10922	98.40
51	柳州市微型空压机厂	27.00	0.00	115.70	0.60	15279	75.80
52	福建压缩机总厂	25.30	62.80	96.80	0.10	13242	96.60
53	自贡山川气体压缩机有限责任公司	22.20	95.00	67.10	0.50	9504	77.80
54	重庆华西压缩机厂	19.50	104.50	65.70	－0.50	2021	203.90
55	湘潭压缩机股份有限公司	19.30	83.70	51.20	0.70	4230	89.30
56	蚌埠压缩机总厂	19.00	70.10	94.00	0.30	15316	94.20
57	青岛空气压缩机厂	11.50	87.40	84.30	0.30	35670	59.90
58	国营常熟机械总厂	8.10	93.50	67.60	0.50	11234	105.90
59	桂林市空气压缩机厂	2.10	91.50	40.60	0.30	3462	87.90
60	四川华西通用机器公司	1.80	87.80	81.00	0.30	3537	100.60
61	武汉气体压缩机厂	－5.50	123.20	121.10	0.40	6187	143.90
62	北京第一通用机械厂	－16.20	92.70	86.90	0.40	4203	101.40
63	天津市气体压缩机厂	－25.20	25.40	67.90	0.30	7043	87.20
64	上海嘉定机械有限责任公司	－25.80	91.80	62.90	0.20	21872	69.00
65	济南市空压机厂	－53.50	88.80	65.60	0.50	2500	101.60
66	徐州市空压机厂	－57.50	71.30	87.40	0.20	1176	84.10

（续）

序号	企业名称	经济效益综合指数（%）	资金保值增值率（%）	资产负债率（%）	流动资金周转率（次）	全员劳动生产率（元/人）	产品销售率（%）
67	余姚市大隆空压机配件有限公司	－69.90	96.90	48.60	0.60	13277	114.80
68	鞍山无油空气压缩机有限公司	－75.80	0.00	106.80	0.70	25837	96.30
69	武汉市空气压缩机厂	－80.40	85.50	22.30	0.20	8710	91.80
70	山西省垣曲空压机厂	－88.50	0.00	80.80	0.20	1563	78.60
71	长春空压机厂	－95.10	0.00	111.80	0.20	4279	104.10
72	丹东市空压机厂	－124.20	0.00	214.00	0.30	－1552	99.00
73	河北省定兴气体压缩机厂	－146.20	84.40	41.30	0.30	459	97.30
74	重庆竞力微小型压缩机厂	－159.40	0.00	233.90	0.50	－864	100.00
75	沈阳市东陵空压机有限公司	－250.50	73.00	87.60	0.00	14780	93.00
76	湖南益阳空气压缩机厂	－283.90	69.50	68.60	0.10	316.00	87.40
	平均值	58.60	104.50	69.90	0.60	20097	96.80

1996年阀门行业协会会员单位经济指标

企业名称	工业总产值		工业增加值（万元）	产品销售收入（万元）	产品销售成本（万元）	全年职工平均人数（人）
	不变价（万元）	当年价（万元）				
合计	268216	272887	80925	265442	189068	60994
一、系统内小计	237362	241885	70813	225880	159276	55896
北京市阀门总厂	1214	1327	－12	1338	861	483
天津市阀门公司	3877	3790	1056	3772	2889	488
天津市阀门厂	970	1215	422	1076	612	529
天津市北方阀门控制设备公司	1712	1712	600	1384	925	93
石家庄市阀门二厂	1247	1168	436	1343	1058	811
河北省承德高压阀门管件厂	1890	2080	615	1861	1158	371
沈阳第一阀门厂	1580	1435	505	1368	738	553
锦州阀门总厂	1330	1447	387	1548	1035	840
长春高中压阀门有限责任公司	1900	2019	345	1736	882	1068
哈尔滨阀门总厂	350	435	34	408	321	747
牡丹江阀门总厂	449	565	105	690	470	621
上海阀门二厂	2900	2793	911	2967	2515	337
上海耐莱斯·詹姆斯伯雷阀门有限公司	8000	8371	2243	8420	5767	305
上海开维喜阀门有限公司	2400	2783	868	2639	2660	168
上海精工阀门厂有限公司	1553	1718	832	1552	980	506
苏州高中压阀门厂	4401	4457	1105	4699	3555	710
扬州双良阀门制造有限公司	1201	1412	542	1029	835	552
锡山市阀门厂	7546	4750	738	3017	2113	807
国营海安阀门厂	1850	1869	677	1874	1307	690
泰州市阀门厂	2001	2164	899	1770	1284	558
南通市电站阀门有限公司	2502	2445	939	2500	1869	625
南通高中压阀门厂	2171	2579	935	2530	2012	503
吴江市东吴机械有限责任公司	4806	4108	981	3294	2622	449
常州市兰陵阀门厂	497	497	149	478	354	29
杭州华惠阀门有限公司	4235	4141	1721	3532	2148	844
浙江高中压阀门厂	5539	6173	2248	3090	2459	666
宁波万安集团股份有限公司	6708	5899	1353	4985	4081	549
镇江市铸造阀门厂	920	969	214	628	453	225
浙江超达阀门股份有限公司	868	868	322	868	604	76
浙江石化阀门有限公司	1872	1700	525	1510	1058	150
浙江五洲阀门有限公司	4225	3611	649	3250	2373	130

（续）

企业名称	工业总产值		工业增加值（万元）	产品销售收入（万元）	产品销售成本（万元）	全年职工平均人数（人）
	不变价（万元）	当年价（万元）				
浙江罗浮锅炉附件厂	527	451	127	449	360	62
福建省三明高中压阀门厂	8790	9231	2419	9174	6407	1644
国营青岛电站阀门厂	3132	4158	1102	4042	2205	1630
开封高压阀门厂	7418	7598	3156	6888	3848	3061
广州市广州阀门厂	1273	1194	176	1135	672	402
广东明珠球阀集团股份有限公司	4507	5066	1267	2858	1664	1046
自贡高压阀门股份有限公司	7405	7367	1914	7154	4625	2480
四川广汉阀门厂	500	648	109	681	580	281
西安泵阀总厂	5109	4355	1555	4922	3589	1445
兰州高压阀门厂	3521	3589	505	3595	1906	1816
天津塘沽瓦特斯阀门有限公司	13586	14508	5129	15075	10845	870
天津市大站阀门总厂	28475	26880	5810	24200	19741	4150
石家庄三环阀门股份有限公司	2097	2559	1791	1958	1042	460
泊头市阀门制造有限责任公司	500	500	150	398	267	242
包头阀门总厂	1507	1913	574	2657	2032	1516
阳泉阀门股份有限公司	1850	1969	701	2091	1397	766
铁岭阀门股份有限公司	10118	11606	2529	10537	7065	3360
上海阀门五厂	4222	5166	1594	5538	3779	445
启东阀门厂	3542	3707	976	3728	2307	468
宁波阀门厂	1212	1236	418	1217	899	216
南昌市八一阀门厂	951	984	408	830	633	384
赣州赣阀实业有限公司	1184	1307	392	1130	849	478
福州阀门总厂	2090	2676	648	2779	2306	941
益都阀门有限公司	4604	5110	1527	5235	4143	1385
淄博市临淄阀门厂	2510	2371	593	2135	1539	225
许昌昌源阀门制造有限公司	695	715	308	820	528	398
鹤壁市宝马阀门有限公司	726	1142	320	1511	1138	615
武汉阀门水处理机械股份有限公司	1219	1433	520	1012	593	993
武汉市亚美蝶阀厂	1363	1625	939	1094	698	195
湖北洪城通用机械股份有限公司	6309	5452	1928	5750	2788	1703
长沙市阀门厂	2364	2318	1119	2416	1421	383
桂林市阀门总厂	1172	1219	389	959	559	403
自贡工业阀门制造有限公司	1103	1242	460	1135	822	583
四川省邛崃阀门制造有限公司	650	655	283	737	521	324
四川省南充阀门厂	415	570	115	675	547	195
四川省犍为县岷江阀门厂	558	649	158	697	512	380
贵阳贵林阀门制造有限责任公司	214	271	-31	360	461	253
上海良工阀门厂	10220	10307	3289	10257	7258	1249
安徽省屯溪高压阀门厂	2215	2437	789	1965	1306	770
郑州市宇明工业总公司阀门厂	1150	983	342	736	488	301
中南焦作氨阀股份有限公司				284	188	
湖北高中压阀门有限责任公司	1236	1333	286	1019	718	952
沈阳第二阀门厂	850	1105	425	1074	731	451
浙江海工阀门厂	850	850	243	780	603	58
浙江黄岩特种阀门厂	200	267	99	200	156	40
广东省韶关市阀门厂	511	666	-79	842	544	394
二、系统外小计	30854	31001	10112	39562	29792	5098
中核集团苏州阀门厂	21660	20855	6546	28173	21556	2095
第五七一九工厂阀门分厂	1500	1282	956	1162	870	139
天津新星阀门厂	1156	1342	309	1892	1424	435
山西省汾阳阀门厂	2002	1655	528	1577	1124	740
安徽省白湖阀门厂	4167	5353	1595	6301	4348	1178
甘肃省兰州阀门厂	369	514	178	457	470	511

1997年阀门行业协会会员单位经济指标

企业名称	工业总产值 不变价（万元）	工业总产值 当年价（万元）	工业增加值（万元）	产品销售收入（万元）	产品销售成本（万元）	全年职工平均人数（人）
合计	285054	289498	89951	282134	204651	58565
一、系统内小计	251303	254443	77162	237234	169874	53402
北京市阀门总厂	1660	1670	244	2107	1552	441
天津市阀门公司	4800	4680	1325	5224	4020	445
天津市阀门厂	915	1040	434	1140	682	384
天津市北方阀门控制设备公司	1848	1580	497	1365	914	99
石家庄市阀门二厂	1029	992	463	1062	883	716
河北省承德高压阀门管件厂	2000	2179	654	1868	1232	360
沈阳第一阀门厂	1628	1600	689	1559	801	523
锦州阀门总厂	887	1015	－75	1235	990	833
长春高中压阀门有限责任公司	1700	1803	222	1748	910	1106
哈尔滨阀门总厂	681	879	－93	994	1021	612
牡丹江阀门总厂	552	608	116	483	373	572
上海阀门二厂	3000	3019	1075	3003	2693	302
上海耐莱斯·詹姆斯伯雷阀门有限公司	9825	10950	2662	11033	7889	312
上海开维喜阀门有限公司	2539	2840	1246	2857	2322	168
上海精工阀门厂有限公司	1700	1840	998	1734	1118	488
苏州高中压阀门厂	4501	3965	1537	4867	3667	686
扬州双良阀门制造有限公司	1006	1158	334	733	675	549
锡山市阀门厂	6424	3870	775	3006	2226	527
国营海安阀门厂	2111	2135	683	2789	2216	678
泰州市阀门厂	1361	1470	331	1372	1059	539
南通市电站阀门有限公司	2290	2236	834	2161	1627	637
南通高中压阀门厂	2443	2732	922	2635	1912	490
吴江市东吴机械有限责任公司	5213	4455	1160	2811	2120	415
常州市兰陵阀门厂	505	505	145	484	358	31
杭州华惠阀门有限公司	4685	3978	1481	3776	2493	822
浙江高中压阀门厂	3874	4247	1511	2760	1963	507
宁波万安集团股份有限公司	5165	4791	590	3120	2762	504
镇江市铸造阀门厂	873	935	132	556	442	216
温州挺宇集团有限公司	6018	5144	771	5088	4257	210
浙江方正阀门厂	671	958	298	813	561	95
浙江超达阀门股份有限公司	1226	1226	430	1004	645	85
浙江石化阀门有限公司	2992	2720	1072	2600	1884	150
浙江五洲阀门有限公司	4694	4012	803	3691	2694	152
浙江罗浮锅炉附件厂	573	489	146	484	387	67
福建省三明高中压阀门厂	9215	10326	2352	10151	6776	1566
国营青岛电站阀门厂	2850	3596	968	2898	1637	1550
开封高压阀门厂	7029	7074	2850	6344	3166	3043
广州市广州阀门厂	807	819	－29	989	925	377
广东明珠球阀集团股份有限公司	9363	11485	2527	8017	5796	1036
自贡高压阀门股份有限公司	7683	7791	2220	7123	4344	2382
四川广汉阀门厂	518	650	224	696	490	278
西安泵阀总厂	5252	4803	1699	5327	3946	1381
兰州高压阀门厂	3629	3659	2065	3598	2904	1801
天津塘沽瓦特斯阀门有限公司	16022	15759	4798	15729	11149	867
天津市大站阀门总厂	24310	22150	6110	23600	18577	3696
石家庄三环阀门股份有限公司	2083	2519	1156	1865	1030	383
泊头市阀门制造有限责任公司	429	429	125	397	326	259

（续）

企业名称	工业总产值		工业增加值（万元）	产品销售收入（万元）	产品销售成本（万元）	全年职工平均人数（人）
	不变价（万元）	现价（万元）				
包头阀门总厂	1141	1550	621	1405	972	1445
阳泉阀门股份有限公司	1095	1288	551	1011	789	745
铁岭阀门股份有限公司	8609	9377	3457	8953	5971	3394
上海阀门五厂	4600	5947	1702	5895	4402	430
启东阀门厂	5468	5361	1608	5063	3182	480
宁波阀门厂	1493	1486	520	1401	1024	214
南昌市八一阀门厂	964	993	401	741	539	374
赣州赣阀实业有限公司	2606	3002	906	2134	1592	578
福州阀门总厂	1916	2322	679	2142	1753	771
益都阀门有限公司	4803	5372	1748	5497	4461	1398
淄博市临淄阀门厂	1508	1435	358	1079	545	160
许昌昌源阀门制造有限公司	770	787	192	929	574	398
鹤壁市宝马阀门有限公司	392	701	210	799	651	548
武汉阀门水处理机械股份有限公司	1499	1821	637	1561	1053	974
武汉市亚美蝶阀厂	1336	1590	504	1171	708	199
湖北洪城通用机械股份有限公司	9590	8294	3055	6186	3388	1677
长沙市阀门厂	2455	2369	1155	2246	1128	375
桂林市阀门总厂	915	912	326	878	550	365
自贡工业阀门制造有限公司	1201	1370	411	1099	854	539
四川省邛崃阀门制造有限公司	495	555	215	604	442	298
四川省南充阀门厂	500	637	146	792	618	208
四川省犍为县岷江阀门厂	603	720	304	719	522	378
贵阳贵林阀门制造有限责任公司	194	263	11	162	256	275
上海良工阀门厂	9501	9739	2870	8972	6440	966
安徽省屯溪高压阀门厂	2240	2604	1574	1677	1114	779
郑州市宇明工业总公司阀门厂	1251	1070	420	844	593	315
中南焦作氨阀股份有限公司				304	194	
湖北高中压阀门有限责任公司	712	753	－21	893	717	854
沈阳第二阀门厂	900	1016	452	1106	784	441
浙江海工阀门厂	1100	1100	394	1150	914	68
浙江黄岩特种阀门厂	288	475	155	288	238	54
广东省韶关市阀门厂	583	754	127	639	497	362
二、系统外小计	33751	35055	12789	44900	34777	5163
中核集团苏州阀门厂	23757	24043	8879	34021	27259	2127
第五七一九工厂阀门分厂	2000	1710	1138	1530	1108	154
天津新星阀门厂	1211	1306	231	1358	1030	419
山西省汾阳阀门厂	2027	1738	535	1586	1138	748
安徽省白湖阀门厂	4263	5592	1711	5919	3798	1219
甘肃省兰州阀门厂	493	666	296	487	444	496

1998年阀门行业协会会员单位经济指标

企业名称	工业总产值		工业增加值（万元）	产品销售收入（万元）	产品销售成本（万元）	全年职工平均人数（人）
	不变价（万元）	当年价（万元）				
合计	288033	291096	90031	278307	209909	56428
一、系统内小计	256632	258476	78294	238490	177347	51309
北京市阀门总厂	1750	1693	491	1810	1521	415
天津市阀门公司	5979	5764	1419	6392	4961	454
天津市阀门厂	1122	1228	497	1583	1051	502
天津市北方阀门控制设备公司	1507	1288	201	1249	998	99

（续）

企业名称	工业总产值		工业增加值（万元）	产品销售收入（万元）	产品销售成本（万元）	全年职工平均人数（人）
	不变价（万元）	现价（万元）				
石家庄市阀门二厂	826	813	70	627	629	708
河北省承德高压阀门管件厂	2168	2293	663	2245	1684	303
沈阳第一阀门厂	1768	1650	814	1632	935	516
锦州阀门总厂	1101	1230	90	928	677	887
长春高中压阀门有限责任公司	953	1028	190	984	827	1088
哈尔滨阀门总厂	74	90	－94	110	143	513
牡丹江阀门总厂	100	121	－1	154	120	564
上海阀门二厂	2750	3256	871	2865	2947	228
上海耐莱斯·詹姆斯伯雷阀门有限公司	10935	11060	3820	10500	7372	314
上海开维喜阀门有限公司	3105	3543	342	3677	3245	167
上海精工阀门厂有限公司	1225	1302	622	1502	990	464
苏州高中压阀门厂	2397	2936	1281	3332	2297	662
扬州双良阀门制造有限公司	682	738	153	510	479	512
锡山市阀门厂	5757	3468	961	2867	2063	519
国营海安阀门厂	2230	2353	823	2546	2015	616
泰州市阀门厂	438	521	140	588	579	516
南通市电站阀门有限公司	1417	1379	535	1866	1446	630
南通高中压阀门厂	2717	2975	953	3170	2447	490
吴江市东吴机械有限责任公司	3689	3153	926	2476	1830	350
常州市兰陵阀门厂	588	588	176	550	413	36
杭州华惠阀门有限公司	3862	3950	1507	3875	2464	783
浙江高中压阀门厂	2925	3103	936	2647	1770	460
宁波万安集团股份有限公司	3331	2941	337	2713	2431	439
镇江市铸造阀门厂	724	782	239	590	500	168
温州挺宇集团有限公司	7722	6600	1003	6286	5233	214
浙江方正阀门厂	787	1125	398	1085	748	105
浙江超达阀门股份有限公司	2041	2334	863	2268	1548	138
浙江石化阀门有限公司	4180	3800	2012	3195	2396	151
浙江五洲阀门有限公司	5405	4620	970	4158	3036	182
浙江罗浮锅炉附件厂	596	509	163	497	398	70
良精集团阀门有限公司	6000	5725	500	5257	4206	317
福建省三明高中压阀门厂	9258	9555	2348	10031	7225	1520
国营青岛电站阀门厂	2201	2545	613	1321	406	1474
开封高压阀门厂	5211	5454	2022	4302	3336	2997
广州市广州阀门厂	538	566	－130	747	970	343
广东明珠球阀集团股份有限公司	10625	14221	2844	11081	7796	1229
自贡高压阀门股份有限公司	9002	8425	3459	8718	5650	2353
四川广汉阀门厂	415	520	174	561	391	261
西安泵阀总厂	5700	5011	1662	5454	3973	1345
兰州高压阀门厂	1715	1629	385	1651	1777	1780
天津塘沽瓦特斯阀门有限公司	12725	13231	4096	13417	9478	858
天津市大站阀门总厂	33410	30110	8840	24810	1927	2640
石家庄三环阀门股份有限公司	3654	3142	1293	2997	1872	434
泊头市阀门制造有限责任公司	251	251	71	180		
包头阀门总厂	718	996	270	883	604	1360
阳泉阀门股份有限公司	1461	1585	745	1495	1113	491
铁岭阀门股份有限公司	8801	8928	3306	7860	6319	4058
上海阀门五厂	5003	6223	1742	5468	3842	402
启东阀门厂	5768	5861	1672	5563	3482	526
宁波阀门厂	1197	1216	250	1290	916	202
南昌市八一阀门厂	932	991	375	798	623	321
赣州赣阀实业有限公司	3100	3433	1522	2490	1872	549

（续）

企业名称	工业总产值		工业增加值(万元)	产品销售收入(万元)	产品销售成本(万元)	全年职工平均人数(人)
	不变价(万元)	现价(万元)				
福州阀门总厂	1324	1666	413	1864	1554	524
益都阀门有限公司	4254	5055	1802	4239	3433	1471
淄博市临淄阀门厂	1025	989	321	956	769	120
许昌昌源阀门制造有限公司	910	998	366	995	586	398
鹤壁市宝马阀门有限公司	426	752	225	647	525	494
武汉阀门水处理机械股份有限公司	1000	1210	208	836	503	962
武汉市亚美蝶阀厂	1189	1416	382	1188	706	185
湖北洪城通用机械股份有限公司	8500	7387	2862	6507	4347	1620
长沙市阀门厂	3284	2742	1634	2752	1484	359
桂林市阀门总厂	947	908	350	985	584	306
自贡工业阀门制造有限公司	889	1043	393	1033	768	493
四川省邛崃阀门制造有限公司	517	592	210	498	415	287
四川省南充阀门厂	236	305	51	476	318	175
四川省犍为县岷江阀门厂	644	751	342	686	478	305
贵阳贵林阀门制造有限责任公司	100	154	36	135	128	284
上海良工阀门厂	11200	11002	3068	9513	7353	885
安徽省屯溪高压阀门厂	1699	2464	1598	2004	1453	773
郑州市宇明工业总公司阀门厂	1059	905	429	842	564	292
中南焦作氨阀股份有限公司				312	196	
湖北高中压阀门有限责任公司	710	723	14	703	699	558
沈阳第二阀门厂	840	966	416	882	620	463
浙江海工阀门厂	1580	1580	481	1620	1270	119
浙江黄岩特种阀门厂	350	500	224	350	249	59
广东省韶关市阀门厂	415	518	37	614	446	320
二、系统外小计	31401	32620	11737	39817	32562	5119
中核集团苏州阀门厂	21632	21923	7862	30086	25800	2076
第五七一九工厂阀门分厂	2341	2001	1417	1617	1292	154
天津新星阀门厂	908	982	216	1102	860	431
山西省汾阳阀门厂	1839	1558	317	1299	966	750
安徽省白湖阀门厂	4342	5688	1736	5348	3367	1214
甘肃省兰州阀门厂	339	468	189	366	276	494

1999年阀门行业协会会员单位经济指标

企业名称	工业总产值		工业增加值(万元)	产品销售收入(万元)	产品销售成本(万元)	全年职工平均人数(人)
	不变价(万元)	当年价(万元)				
合计	278307	276534	83803	295162	220847	50192
一、系统内小计	249463	245904	75174	256553	191880	45175
北京市阀门总厂	2462	2354	800	3038	2665	352
天津市阀门公司	5809	5580	1735	7138	5554	378
天津市阀门厂	938	1096	525	1615	1224	483
天津市北方阀门控制设备公司	1628	1391	320	1273	1052	99
石家庄市阀门二厂	2158	2152	975	1976	1180	673
河北省承德高压阀门管件厂	1724	1894	581	1564	999	308
沈阳第一阀门厂	141	1259	465	1348	661	505
锦州阀门总厂	635	710	-253	918	749	909
长春高中压阀门有限责任公司	503	514	-589	892	735	1069
哈尔滨阀门总厂	92	105	-134	108	105	126
牡丹江阀门总厂			-178	119	123	558
上海阀门二厂	1352	1295	346	2406	2082	166

（续）

企 业 名 称	工业总产值		工业增加值（万元）	产品销售收入（万元）	产品销售成本（万元）	全年职工平均人数（人）
	不变价（万元）	当年价（万元）				
上海耐莱斯·詹姆斯伯雷阀门有限公司	10269	8422	3344	8251	5815	297
上海开维喜阀门有限公司	4110	4391	234	4418	4038	173
上海精工阀门厂有限公司	839	851	355	1099	765	331
苏州高中压阀门厂	2208	2615	713	3649	2618	632
扬州双良阀门制造有限公司	1316	1708	354	1658	1356	491
锡山市阀门厂	5181	3121	986	2636	1900	448
国营海安阀门厂	1803	1716	613	2346	1884	566
泰州市阀门厂	242	314	26	397	368	508
南通市电站阀门有限公司	1571	1571	522	1610	1237	600
南通高中压阀门厂	2639	2861	1041	3093	2138	482
吴江市东吴机械有限责任公司	3496	2988	754	2400	1752	331
常州市兰陵阀门厂	735	735	221	716	598	37
杭州华惠阀门有限公司	3182	3256	926	3223	2262	732
浙江高中压阀门厂	2924	3100	1177	2041	1265	437
宁波万安集团股份有限公司	3635	3316	619	3371	2956	4384
镇江市铸造阀门厂	866	935	308	760	620	171
温州挺宇集团有限公司	8236	7040	1133	6890	5992	213
浙江方正阀门厂	731	986	306	963	674	15
浙江超达阀门股份有限公司	2512	2663	1105	2792	2185	157
浙江石化阀门有限公司	4235	3850	2039	3250	2491	165
浙江五洲阀门有限公司	5920	5060	1222	4500	3230	182
浙江罗浮锅炉附件厂	712	608	191	604	486	71
良精集团阀门有限公司	6480	6156	800	6322	5058	358
浙江永一阀门厂	460	393	98	393	315	
福建省三明高中压阀门厂	11202	11929	3503	12070	8941	1507
国营青岛电站阀门厂	2801	3056	764	3471	2493	1406
开封高压阀门厂	5711	5502	1911	4484	3355	2838
广州市广州阀门厂	257	277	－209	324	376	310
广东明珠球阀集团股份有限公司	11002	15672	3135	27695	23572	1228
自贡高压阀门股份有限公司	6092	5703	3358	8857	6007	1125
四川广汉阀门厂	332	416	141	448	313	249
西安泵阀总厂	4260	3740	1423	4019	2734	1352
兰州高压阀门厂	1252	1650	780	1829	1336	1523
天津塘沽瓦特斯阀门有限公司	12990	13290	3678	14372	10057	856
天津市大站阀门总厂	29430	25670	7810	21040	15570	3250
石家庄三环阀门股份有限公司	5551	6052	2057	3425	2268	870
泊头市阀门制造有限责任公司	194	194	71	230	156	135
包头阀门总厂	608	860	310	1641	1287	1281
阳泉阀门股份有限公司	1514	1480	820	1205	897	502
铁岭阀门股份有限公司	6674	6792	1518	7895	6604	1664
上海阀门五厂	5100	5018	1584	4666	3258	354
启东阀门厂	5573	5768	1695	5142	3045	515
宁波阀门厂	1233	1253	491	1285	955	186
南昌市八一阀门厂	870	866	359	759	615	302
赣州赣阀实业有限公司	1778	1890	968	1257	945	360
福州阀门总厂	1555	1846	588	1976	1435	472
益都阀门有限公司	3948	4484	1831	4656	3935	1459
淄博市临淄阀门厂	540	524	131	479	326	78
许昌昌源阀门制造有限公司	915	970	399	879	474	420
鹤壁市宝马阀门有限公司	526	618	369	565	435	460
武汉阀门水处理机械股份有限公司	875	1069	183	1012	543	443
武汉市亚美蝶阀厂	1396	1662	352	1574	1031	186
湖北洪城通用机械股份有限公司	8000	6528	3033	8194	5162	813

（续）

企业名称	工业总产值 不变价（万元）	工业总产值 当年价（万元）	工业增加值（万元）	产品销售收入（万元）	产品销售成本（万元）	全年职工平均人数（人）
长沙市阀门厂	3608	3182	1844	2844	1458	354
桂林市阀门总厂	1242	1104	509	978	593	295
自贡工业阀门制造有限公司	658	759	336	949	680	481
四川省邛崃阀门制造有限公司	299	347	129	388	333	276
四川省南充阀门厂	200	293	59	374	291	146
四川省犍为县岷江阀门厂	553	672	232	628	426	288
贵阳贵林阀门制造有限责任公司	98	136	6	171	140	284
上海良工阀门厂	10400	9575	2211	8235	5770	774
安徽省屯溪高压阀门厂	1407	1787	1174	1404	880	749
郑州市宇明工业总公司阀门厂	1014	867	428	800	525	300
中南焦作氨阀股份有限公司	296	450	116	382	237	203
湖北高中压阀门有限责任公司	773	773	58	719	696	451
沈阳第二阀门厂	920	1063	457	618	434	462
浙江海工阀门厂	2200	2200	663	2050	1557	127
浙江黄岩特种阀门厂	300	485	193	300	223	59
广东省韶关市阀门厂	310	429	31	492	382	295
二、系统外小计	28844	30630	8629	38609	28967	5017
中核集团苏州阀门厂	20144	20748	5452	29209	22356	2027
第五七一九工厂阀门分厂	1487	1271	759	1112	831	126
天津新星阀门厂	856	875	175	838	668	412
山西省汾阳阀门厂	1818	1525	412	1749	1329	758
安徽省白湖阀门厂	4179	5750	1639	5420	3559	1196
甘肃省兰州阀门厂	360	461	193	280	223	498

2000年阀门行业协会会员单位经济指标

企业名称	工业总产值 不变价（万元）	工业总产值 当年价（万元）	工业增加值（万元）	产品销售收入（万元）	固定资产合计（万元）	年末从业人数合计（人）
天津市大站集团公司	25746	23114	7720	20100		3280
天津塘沽瓦特斯阀门有限公司	12507	12995	3201	13193	3416	693
广东明珠球阀集团股份有限公司	11079	15182	3037	11308	6707	948
福建省三明高中压阀厂	10834	11479	3459	11323	16410	1330
上海耐莱斯詹姆斯伯雷阀门有限公司	10816	8863	3200	8746	2898	278
湖北洪城通用机械股份有限公司	10076	8192	4067	9782	9003	856
上海良工阀门厂	8359	7698	1673	7250	1077	693
大连高压阀门厂	7740	6609	1204	6691		989
浙江良精阀门集团有限公司	7128	6931	1064	7020	3132	372
浙江五洲阀门有限公司	7003	5985	2034	5660	1813	252
石家庄三环阀门股份有限公司	6720	7030	2690	4412	3760	862
启东阀门厂	5823	6018	1586	5194	1501	500
锡山市阀门厂	5438	3199	988	2658	955	414
自贡高压阀门股份有限公司	5408	4982	1484	5403	4192	1088
西安泵阀总厂	5319	4610	1603	4600	4454	981
天津市阀门公司	5113	4370	1597	5382	1550	371
上海开维喜阀门有限公司	4807	5905	301	6042	690	121
开封高压阀门厂	4559	4340	1233	3343	5466	1650
安徽省白湖阀门厂	4381	6538	1757	5547	3571	1200
北京市阀门总厂	4230	4037	1009	4186	6707	303
铁岭阀门股份有限公司	4222	4193	1397	4455	5522	1330
山东益都阀门股份有限公司	4148	4570	1297	5038	3161	1151

（续）

企 业 名 称	工业总产值		工 业 增加值 （万元）	产 品 销售收入 （万元）	固定资产 合 计 （万元）	年末从业 人数合计 （人）
	不变价 （万元）	当年价 （万元）				
石家庄阀门一厂有限公司	3698	3028	1494	2278		774
长沙市阀门厂	3674	3028	1466	2751	932	360
浙江正华阀门厂	3655	3124	1286	2638		240
南通高中压阀门厂	3396	3616	1060	3846	672	425
杭州华惠阀门有限公司	3319	3245	1024	3423		693
天津市渤海阀门厂	3314	2832	618	2051	1371	260
青岛电站阀门厂	3303	3572	887	3929	10096	855
宁波万安股份有限公司	3167	2880	464	3129	1657	391
浙江高中压阀门厂	2913	3089	1170	1777	1021	347
吴江市东吴机械有限公司	2561	2189	796	2152	989	365
石家庄市阀门二厂	2274	2448	1133	1830	3653	627
成都乘风阀门有限责任公司	2154	2255	1426	3798		558
来安县新星阀门制造有限公司	2138	1667	300	1178		440
河北蝶飞阀门有限公司	1906	1913	390	1943	1530	229
苏州高中压阀门厂	1897	2220	721	4165	323	542
山西省汾阳阀门厂	1794	1516	352	1710	1183	774
天津市北方阀门控制设备公司	1790	1530	270	1350	139	99
兰州高压阀门厂	1746	1805	453	43294	8520	1299
国营海安阀门厂	1718	1692	579	1251	540	524
阳泉阀门股份有限公司	1651	1604	904	2227	839	530
承德市高压阀门管件厂	1535	1654	529	1373	909	303
五七一九工厂阀门分厂	1497	1264	616	1071		124
沈阳第一阀门厂	1490	1839	536	1445	1266	290
南通市电站阀门厂	1426	1242	357	1305	687	550
宁波阀门厂	1390	1414	659	1517	596	172
上海阀门二厂	1362	1353	572	2737	631	141
黄山高压阀门有限公司	1304	1702	1161	1108	3257	658
镇江市铸造阀门厂	1269	1308	397	1268	136	162
福州阀门总厂	1254	1457	332	1311	4039	432
武汉市亚美蝶阀厂	1203	1432	424	1588	50	156
扬州双良阀门厂	1136	1237	342	1346	1372	424
桂林市阀门总厂	1125	951	354	908	741	274
广州市广州阀门厂	1124	1226	－254	1219	9732	550
湖北高中压阀门有限公司	1038	1050	581	839	4824	823
天津新星阀门厂	902	867	159	899	1088	414
天津市阀门厂	897	1047	518	5382	1550	294
沈阳第二阀门厂	890	980	443	600	430	462
自贡工业阀门制造有限公司	883	1003	420	1027		356
浙江方正阀门厂	862	1150	413	1112	600	89
淄博市临淄阀门厂	850	821	278	784	725	85
昆明市阀门厂	756	838	348	877		318
浙江罗浮锅炉附件厂	736	629	194	628	451	78
河南鹤壁宝马阀门有限公司	717	852	247	538	812	447
上海市精工阀门厂	708	756	293	818		408
许昌昌源门制造有限公司	612	676	297	727	504	420
广汉阀门厂	450	583	190	627	342	62
韶关市阀门厂	430	532	16	506	533	217
四川省邛崃阀门制造有限责任公司	363	407	138	359	280	76
桂林市阀门厂	355	425	119	398	885	96
泰州市阀门厂	324	382	40	206	369	115
甘肃省兰州阀门厂	322	375	133	403	304	497
长春高中压阀门有限责任公司	294	324	100	448	2173	283
泊头市阀门厂	272	272	96	240	122	99
赣州赣阀实业有限公司	236	263	26	271	273	111

（续）

企业名称	工业总产值 不变价（万元）	工业总产值 当年价（万元）	工业增加值（万元）	产品销售收入（万元）	固定资产合计（万元）	年末从业人数合计（人）
阜宁县阀门有限公司	220	188	15	229	498	253
贵标阀门制造有限责任公司	199	252	154	271	754	125
沈阳市新民高中压阀门厂	170	233	111	203		187
潍坊化工阀门厂	169	205	-45	194	33	655
四川省南充阀门厂	128	206	59	185	491	74
小计	254421	249487	75758	282396	160881	41274

1996年阀门行业协会会员单位经济效益综合指数

序号	企业名称	经济效益综合指数（%）	工业产品销售率（%）	资金利税率（%）	增加值率（%）	成本费用利润率（%）	全员劳动生产率（元/人）	流动资金周转率（次）
	合计	69.9	99.6	4.7	29.7	1.3	11662	0.90
	一、系统内小计	69.5	98.4	4.7	29.8	1.8	11499	0.86
1	天津市北方阀门控制设备公司	218.4	80.8	26.8	35.0	15.3	64516	0.80
2	上海耐莱斯詹姆斯伯雷阀门有限公司	212.5	100.4	15.4	26.8	13.1	73528	1.26
3	广东明珠球阀集团股份有限公司	200.3	86.9	16.2	47.7	65.4	23126	0.28
4	石家庄市阀门三厂	195.3	98.6	21.2	68.9	21.6	38930	1.22
5	天津塘沽瓦特斯阀门有限公司	190.0	100.7	14.6	35.4	10.6	58949	1.44
6	武汉市亚美蝶阀厂	156.5	83.8	11.1	48.1	9.6	48138	0.96
7	长沙市阀门厂	150.1	97.0	18.8	48.3	5.2	29243	1.54
8	上海阀门五厂	141.1	107.2	12.8	30.8	3.4	35809	1.55
9	山东省淄博阀门厂	141.0	89.7	16.6	25.0	8.2	26955	1.69
10	安徽省和县阀门总厂	140.9	97.6	6.0	35.1	8.3	44316	1.25
11	启东阀门有限公司	139.6	85.1	20.8	26.3	6.6	20333	1.80
12	浙江高中压阀门厂	126.7	100.0	8.6	36.4	0.9	33756	1.63
13	大丰县阀门厂	115.3	92.4	8.6	9.4	1.0	15171	3.13
14	南通高中压阀门厂	108.0	109.0	6.5	36.3	1.1	18588	2.08
15	上海阀门厂	107.8	114.1	7.8	35.4	0.0	26568	1.25
16	上海良工阀门厂	104.9	99.5	6.9	31.9	0.1	20017	1.34
17	天津市阀门公司	104.6	97.6	8.0	27.9	3.2	21639	1.49
18	泊头市阀门厂	103.6	98.0	21.6	30.0	0.2	7109	1.20
19	建湖阀门总厂	101.6	113.3	4.6	38.6	3.7	26530	0.95
20	上海阀门二厂	100.6	104.8	4.6	32.6	0.3	27039	1.31
21	湖北沙市阀门厂	97.5	102.7	9.0	35.4	14.3	11323	0.80
22	上海市精工阀门厂	96.4	93.0	9.4	48.4	2.6	16457	1.05
23	上海良工开维喜公司	96.3	97.0	-7.8	31.2	-7.2	51649	1.18
24	南通市电站阀门厂	95.2	99.8	7.8	38.4	0.4	15022	1.60
25	宁波阀门厂	93.3	97.5	3.6	33.8	0.9	19351	1.70
26	宁波万安集团股份公司	93.2	94.9	5.9	22.9	4.4	23854	0.90
27	成都阀门厂	91.6	119.5	6.2	25.1	1.7	14286	1.60
28	沈阳第二阀门厂	91.4	118.2	12.0	38.5	1.5	9424	1.10
29	阜宁县阀门厂	91.3	111.6	12.7	44.3	1.2	7002	1.20
30	山东益都阀门有限公司	91.3	97.8	9.9	29.9	3.0	11028	1.40
31	杭州华惠阀门有限公司	89.0	92.0	5.2	41.5	3.4	20385	0.87
32	承德高压阀门管件厂	87.1	107.3	7.2	29.6	0.3	16577	1.16
33	许昌市阀门厂	82.9	111.3	7.4	43.0	1.8	7744	1.30

（续）

序号	企业名称	经济效综合指数(%)	产品销售率(%)	资金利税率(%)	增加值率(%)	成本费用利润率(%)	全员劳动生产率(元/人)	流动资金周转率(次)
34	泰州市阀门厂	81.2	96.1	6.9	35.3	0.1	13670	1.14
35	自贡工业阀门制造有限公司	81.1	91.4	7.7	37.0	0.9	7882	1.50
36	苏州高中压阀门厂	77.9	110.7	5.6	24.8	1.3	15563	0.89
37	锡山市阀门厂	76.4	67.0	8.7	15.5	7.6	9145	0.98
38	四川省邛崃阀门厂	74.8	103.0	7.4	35.0	0.7	6948	1.20
39	国营海安阀门厂	74.2	105.2	5.9	36.2	1.5	9812	1.00
40	西安泵阀总厂	74.0	103.1	4.7	35.7	0.3	10764	1.18
41	重庆阀门厂	71.0	84.3	7.6	37.5	0.0	9721	0.89
42	四川省南充阀门厂	70.2	110.6	6.9	20.2	0.2	5903	1.30
43	福建省三明高中压阀门厂	68.5	98.1	3.5	26.2	1.1	14711	0.80
44	江西赣州阀门厂	68.3	90.7	5.7	33.6	1.8	8201	0.90
45	鞍山阀门总厂	67.4	107.4	5.9	39.2	6.3	4507	0.60
46	安徽省屯溪高压阀门厂	66.7	97.6	4.3	32.4	0.9	10243	0.91
47	自贡泵阀制造有限公司	66.6	100.2	5.6	34.0	0.1	8830	0.90
48	开封高压阀门厂	66.0	101.6	4.4	41.5	1.9	10310	0.58
49	阳泉阀门股份有限公司	65.4	105.0	4.6	35.6	1.0	9151	0.80
50	应成市阀门厂	63.9	91.7	3.6	50.4	0.8	11580	0.47
51	沈阳第一阀门厂	62.0	97.0	4.5	35.2	0.0	9132	0.75
52	扬州阀门厂	62.0	142.7	2.0	38.4	-0.9	9821	0.63
53	四川省犍为县岷江阀门厂	61.0	107.8	1.7	24.3	-7.4	4180	1.70
54	广州市黄埔阀门厂	60.1	109.8	-1.9	43.5	-11.2	21081	1.10
55	桂林市阀门厂	58.9	97.2	-1.8	47.1	-8.1	17194	1.15
56	自贡高压阀门股份有限公司	57.7	104.5	4.3	26.0	2.0	7718	0.57
57	新宾县阀门厂	56.3	122.1	4.6	28.9	0.0	6182	0.56
58	河南省周口阀门厂	55.9	97.0	3	46.2	0.9	8621	0.40
59	鹤壁市阀门厂	55.1	133.5	3.8	28.0	0.0	5047	0.60
60	石家庄市阀门二厂	55.0	120.6	3.3	37.3	0.3	5376	0.57
61	辽宁省铁岭阀门厂	54.9	86.0	4.0	21.8	0.9	8706	0.70
62	福州阀门总厂	53.8	97.6	4.9	24.2	0.0	6889	0.60
63	青岛电站阀门厂	51.7	98.1	2.5	26.5	0.0	6761	0.46
64	新民高中压阀门厂	50.3	131.0	3.2	33.3	0.0	3140	0.51
65	安徽省来安县阀门厂	50.3	99.5	4.3	7.7	0.4	5614	0.81
66	天津市阀门厂	46.2	88.5	0.5	34.7	-5	7970	0.97
67	桂林市阀门总厂	44.9	78.7	1.5	26.8	-4.2	8094	0.90
68	大连高压阀门厂	42.9	102.6	0.7	12.9	0.1	5317	0.78
69	通城阀门厂	41.5	85.4	1.7	30.0	0.2	6294	0.40
70	兰州高压阀门厂	37.1	101.2	2.5	14.1	0.1	2779	0.44
71	长春市高中压阀门厂	35.5	70.3	2.5	17.1	0.9	3234	0.46
72	南昌阀门总厂	29.0	100.2	0.2	21.6	0.0	1490	0.28
73	湘潭市阀门厂	25.6	117.2	-7.6	35.4	-10.8	5409	1.3
74	北京市阀门总厂	19.8	83.7	1.5	-0.9	0.6	-240	0.23
75	盘锦阀门厂	9.2	77.1	-6.6	45.8	-16.5	8095	0.63
76	武汉阀门厂	6.8	72.8	-4.0	45.4	-19.5	6550	0.60
77	兰州底压阀门厂	1.2	113.9	-3.3	26.3	-19.6	3009	0.50
78	牡丹江阀门总厂	0.7	121.9	-3.0	18.6	-17.6	1691	0.40
79	包头阀门总厂	0.4	98.5	-6.5	17.1	-14.1	2154	0.70
80	瓦房店红旗阀门公司	-6.1	86.2	-7.2	40.0	-22.5	3040	0.80
81	湖北高中压阀门公司	-9.9	76.4	-4.9	21.5	-21.9	3004	0.63
82	广州市广州阀门厂	-12.6	93.7	-5.0	14.8	-22.9	4793	0.37
83	呼和浩特市阀门厂	-24.9	77.0	-4.5	38.9	-31.4	2909	0.24
84	湖南高中压阀门厂	-27.4	128.0	-2.4	5.9	-31.6	222	0.18
85	广东省韶关市阀门厂	-27.4	107.5	-7.7	-11.9	-19.5	-2005	0.50

（续）

序号	企业名称	经济效综合指数(%)	产品销售率(%)	资金利税率(%)	增加值率(%)	成本费用利润率(%)	全员劳动生产率(元/人)	流动资金周转率(次)
86	靖江市阀门厂	-28.7	102.0	-12.8	13.9	-24.2	2409	0.70
87	浙江省永康阀门厂	-32.7	86.9	-8.5	13.4	-28.7	1884	0.50
88	贵阳阀门厂	-36.2	120.9	-10.7	-11.5	-23	-1139	0.50
89	天津第三阀门厂	-36.6	166.7	-7.3	-13.5	-30.7	-267	0.20
90	重庆第二阀门厂	-60.8	159.6	-14.3	-47.9	-35.7	-2789	0.10
91	哈尔滨阀门总厂	-61.2	88.3	-10.5	7.8	-42.6	454	0.50
	二、系统外小计	73.1	106.7	4.5	29.2	-0.6	12754	1.13
92	五七一九工厂阀门分厂	189.9	90.4	20.7	50.2	5.3	54187	1.38
93	苏州阀门厂	128.8	112.3	9.6	31.4	1.8	31246	1.74
94	上海气体阀门总厂	98.6	102.7	10.4	27.6	5.6	14035	1.26
95	安徽省白湖阀门厂	98.3	98.7	9.9	29.8	2.5	13540	1.60
96	天津新星阀门厂	64.3	112.4	4.4	23.0	4.0	7097	0.80
97	山西省汾阳阀门厂	63.9	99.4	3.8	31.9	6.6	7136	0.60
98	潍坊化工阀门厂	40.5	81.9	1.6	33.3	1.4	6093	0.62
99	南京阀门厂	8.7	151.8	-5.6	24.6	-17.4	4118	0.60
100	国营九二〇厂	5.4	102.5	-4.4	25.1	-17.9	3909	0.70
101	合肥阀门总厂	-7	101	-5.1	5.1	-15.7	1317	0.50
102	甘肃省兰州阀门厂	-31.3	101.6	-10.6	34.7	-30.7	3487	0.40

1997年阀门行业协会会员单位经济效益综合指数

序号	企业名称	经济效益综合指数(%)	总资产贡献率(%)	资本保值增值率(%)	资产负债率(%)	流动资产周转率(次)	成本费用利润率(%)	全员劳动生产率(元/人)	产品销售率(%)
	合计		6.7	124.9	64.1	0.80	2.2	13676	98.4
	一、系统内小计		6.5	117.7	64.7	0.76	2.3	13296	98.3
1	广东明珠球阀股份公司	277.0	17.0	229.4	25.2	0.53	42.2	40692	99.4
2	天津市北方阀门控制设备公司	176.3	27.3	108.5	59.7	0.85	12.8	50202	86.4
3	上海NJ阀门有限公司	169.6	14.5	125.0	54.7	1.33	9.4	85314	100.5
4	天津塘沽瓦特斯阀门公司	140.7	9.6	101.5	22.2	1.30	10.0	55340	98.4
5	长沙市阀门厂	135.8	18.5	110.2	56.2	1.60	7.0	31933	95.2
6	焦作氨阀股份有限公司	135.4	7.1	506.0	11.4	0.56	5.6	5663	93.3
7	湖北洪城阀门厂	135.4	7.8	225.7	29.8	0.60	13.3	18215	85.5
8	启东阀门厂	130.6	19.1	127.6	67.6	1.60	5.4	32160	92.6
9	阜宁县阀门厂	120.2	20.9	112.0	62.0	1.30	5.6	11425	102.7
10	浙江高中压阀门厂	114.6	21.0	141.2	77.1	1.10	1.5	29803	111.1
11	上海阀门五厂	106.7	10.6	134.5	68.5	1.70	1.4	39570	99.1
12	安徽省和县阀门总厂	105.7	7.3	154.0	74.6	1.50	3.5	37627	97.6
13	武汉市亚美蝶阀厂	101.8	11.1	100.1	55.8	1.10	4.1	25317	103.6
14	天津市阀门公司	100.3	14.3	103.7	77.24	1.69	1.0	29780	105.6
15	锡山市阀门厂	97.6	12.5	79.1	47.0	0.97	5.9	14706	80.9
16	宁波阀门厂	95.5	9.0	101.2	40.0	2.00	1.6	24299	94.3
17	许昌市阀门厂	94.9	16.1	99.7	58.3	1.50	1.8	4834	111.0
18	四川广汉阀门厂	94.2	13.8	101.0	60.0	1.69	2.2	8057	96.6
19	成都阀门厂	91.5	9.6	91.4	47.0	1.80	1.4	13661	133.0
20	南通高中压阀门厂	90.7	10.9	103.3	71.4	1.80	1.1	18816	108.5
21	江西赣州阀门股份公司	88.3	3.9	263.2	67.8	0.60	2.3	15690	89.5
22	上海市精工阀门厂	87.3	12.1	86.2	71.7	1.22	1.1	20453	96.8
23	山东蓝都阀门股份公司	85.4	7.8	101.5	65.4	1.40	3.2	12505	98.9
24	沈阳第二阀门厂	85.2	15.1	97.3	79.6	1.10	1.4	10249	114.2
25	国营海安阀门厂	84.8	7.8	181.0	63.6	1.29	0.8	10074	98.7

(续)

序号	企业名称	经济效益综合指数(%)	总资产贡献率(%)	资本保值增值率(%)	资产负债率(%)	流动资产周转率(次)	成本费用利润率(%)	全员劳动生产率(元/人)	产品销售率(%)
26	苏州高中压阀门厂	83.7	8.6	101.9	53.6	1.09	1.3	22407	93.3
27	安徽省屯溪高压阀门厂	83.3	11.3	112.6	51.1	0.72	1.3	20209	81.3
28	石家庄市阀门二厂	82.5	3.0	328.9	65.9	0.4	0.5	6206	97.6
29	大丰县阀门厂	82.0	14.0	98.8	84.3	1.73	0.0	12004	99.6
30	承德高压阀门管件厂	78.5	12.2	101.5	74.8	0.88	0.3	18158	102.1
31	上海阀门厂	77.3	11.7	94.4	97.2	1.24	0.2	26226	96.1
32	耒安新星阀门有限公司	76.8	6.5	138.5	86.1	0.60	0.1	37960	93.7
33	上海良工阀门厂	76.7	7.8	116.2	84.0	1.11	0.1	29711	92.1
34	杭州华惠阀门有限公司	76.4	9.6	102.3	73.6	0.88	1.0	18012	100.0
35	四川省南充阀门厂	73.4	9.1	100.8	66.8	1.30	0.2	6901	112.0
36	南通市电站阀门厂	73.0	7.6	100.3	58.4	1.10	0.4	13085	97.0
37	上海良工开维喜公司	72.2	-1.4	84.9	64.3	1.40	-5.2	74178	100.2
38	福建省三明高中压阀门厂	69.4	7.0	101.0	67.3	0.70	1.3	13404	97.0
39	沈阳第一阀门厂	67.8	7.6	101.6	67	0.76	0.4	13174	97.4
40	四川省邛崃阀门厂	67.8	9.8	99.1	67.2	0.90	0.03	5584	104.2
41	西安高压阀门厂	67.2	6.1	100.7	65.8	1.05	0.2	12305	97.0
42	自贡工业阀门制造有限公司	66.1	8.0	81.4	56.6	1.10	0.3	7623	85.5
43	泊头市阀门厂	65.9	7.4	100.2	63.4	1.00	0.1	6735	97.9
44	开封高压阀门厂	62.7	7.0	101.3	75.7	0.44	1.4	9366	85.5
45	石家庄阀门一厂股份公司	59.0	8.5	94.3	84.1	0.50	0.0	11680	100.9
46	大连高压阀门厂	56.3	5.2	100.5	84.3	0.75	0.17	11547	99.1
47	自贡高压阀门股份有限公司	55.8	5.0	102.8	76.9	0.47	0.24	9320	108.5
48	福州阀门总厂	55.8	4.5	73.3	37.1	0.70	0.1	8805	96.1
49	北京阀门总厂	54.6	2.2	100.1	32	0.25	0.6	5522	125.7
50	鞍山阀门总厂	53.2	2.0	98.1	76.8	0.40	2.1	7063	98.4
51	辽宁省铁岭阀门厂	52.5	5.5	69.9	79.4	0.50	0.8	10186	93.2
52	广州市广州阀门厂	49.1	2.8	100.5	61.5	0.27	0.23	-820	98.0
53	靖江市天助阀门有限公司	49.0	9.6		86.4	1.60	-2.0	4874	116.0
54	天津市阀门厂	47.5	6.7	92.9	71.9	1.05	-4.7	11299	108.6
55	兰州高压阀门厂	47.2	-1.1	104.2	65.8	0.41	0.14	11464	100.3
56	青岛电站阀门厂	47.0	3.9	100	72.7	0.28	0.0	6243	86.3
57	长春高中压阀门厂	39.3	3.5	100.2	83.1	0.30	0.2	2006	69.2
58	山西阳泉阀门股份公司	36.0	2.5	98.9	67.4	0.30	-3.6	7393	106.5
59	宁波万安股份有限公司	35.5	3.1	91.6	55.3	0.64	-5.5	11702	94.8
60	泰州市阀门厂	25.4	3.1	89.8	73.4	0.89	-6.8	4263	102.7
61	沈阳新民高压阀门厂	22.2	4.0	-54.5	100.2	0.50	0.2	3360	105.7
62	青岛高中压阀门厂	9.6	2.6	-22.9	107.7	0.84	-4.7	8980	101.2
63	抚顺辽新高中压阀门厂	3.8	0.4	50.0	89.1	0.62	-7.6	1653	108.4
64	桂林市阀门总厂	2.7	3.6	81.1	77.1	0.70	-12.0	6739	93.1
65	武汉阀门水处理厂	-1.0	1.6	113.2	68.3	0.80	-14.1	6538	93.5
66	广州阀门厂(原黄埔阀门厂)	-1.8	-0.6	88.8	57.5	1.80	-17.9	19132	100.7
67	河南省周口阀门厂	-13.8	2.2	92.7	65.5	0.13	-16.8	4918	136.0
68	自贡泵阀制造有限公司	-22.3	0.9	78.4	79.9	0.40	-15.5	5944	102.4
69	包头阀门总厂	-29.5	-0.9	72.2	89.7	0.40	-15.7	4296	89.8
70	南昌阀门总厂	-37.8	-1.7	59.7	96.6	0.22	-15.4	1400	86.3
71	湖北省通城阀门厂	-42.2	0.3	74.1	92.7	0.18	-19.3	5180	114.3
72	鹤壁市阀门厂	-44.6	-1.9	70.2	89.5	0.30	-19.3	3054	105.9
73	兰州低压阀门厂	-60.2	-1.6	89.2	60.4	0.30	-26.5	2421	106.8
74	扬州阀门厂	-60.6	-4.5	89.4	33.9	0.48	-28.3	6077	164.1
75	牡丹江阀门总厂	-79.4	-0.1	45.3	95	0.28	-27.0	2019	79.5
76	湖北高中压阀门有限公司	-81.6	-1.5	79.3	70.9	0.52	-31.6	-246	118.6
77	哈尔滨阀门总厂	-89.7	-6.8	114.2	115.7	1.20	-22.0	-1046	108.4
78	广东省韶关市阀门厂	-128.6	-3.1	-277.5	108.6	0.50	-27.1	3517	89.0
79	浙江省永康阀门厂	-174.5	-9.6	14.0	99	0.60	-47.5	870	103.3
80	重庆第二阀门厂	-239.3	-6.7	-73.7	149.6	0.50	-58.9	-3930	131.0

（续）

序号	企业名称	经济效益综合指数（%）	总资产贡献率（%）	资本保值增值率（%）	资产负债率（%）	流动资产周转率（次）	成本费用利润率（%）	全员劳动生产率（元/人）	产品销售率（%）
	二、系统外小计		7.8	184.7	60.4	1.06	1.8	16464	98.7
81	五七一九工厂阀门分厂	136.9	13.7	91.4	72.9	1.03	4.4	87103	84.2
82	苏州阀门厂	120.9	9.8	265.8	37.7	1.41	1.84	33752	102.2
83	天津新星阀门厂	119.3	10.9	165.4	103.6	0.90	13.5	5501	109.1
84	上海气体阀门总厂	98.9	9.1	109.3	67.2	0.96	7.2	12550	97.5
85	安徽省白湖阀门厂	93.7	13.2	117.1	81.1	1.30	3.4	14142	99.4
86	山西省汾阳阀门厂	65.7	6.8	38.5	81.5	0.60	5.1	7150	95.0
87	潍坊化工阀门厂	50.9	1.5	100.6	95.6	0.20	4.2	3785	97.8
88	合肥阀门总厂	10.7	0.2	92.9	75.7	0.50	－7.6	5556	81.1
89	南京阀门厂	－57.6	0.4	5.6	99.4	0.46	－20.9	3618	95.0
90	甘肃省兰州阀门厂	－69.6	－2.2	－212.6	107.8	0.50	－14.5	5958	83.8

1998年阀门行业协会会员单位经济效益综合指数

序号	企业名称	经济效益综合指数（%）	总资产贡献率（%）	资本保值增值率（%）	资产负债率（%）	流动资金周转率（次）	成本费用利润率（%）	全员劳动生产率（元/人）	产品销售率（%）
	合计	49.5	4.4	91.2	65.9	0.70	－2.2	11667	97.6
	一、系统内小计	48	4.4	87.7	68.2	0.69	－2.2	11285	97.8
1	广东明珠球阀集团股份有限公司	273.4	28.7	89.0	33.4	0.75	42.5	23950	100.7
2	浙江五洲阀门有限公司	256.0	48.0	104.0	36.0	3.20	7.5	110494	93.4
3	长沙市阀门厂	156.4	20.1	129.5	53.7	1.50	9.0	46591	101.8
4	天津市北方阀门控制设备公司	153.3	12.2	174.0	48.2	1.65	13.3	20303	97
5	上海耐莱斯詹姆斯伯雷阀门公司	152.7	10.8	86.2	61.3	1.10	6.20	102793	94.9
6	浙江方正阀门厂	149.6	19.9	104.0	26.1	1.66	11.5	22668	97.6
7	上海阀门厂	122.6	6.5	537.0	87.8	0.92	0.03	21008	97.5
8	启东阀门厂	120.0	13.9	156.9	68.7	2.20	3.1	26737	95.0
9	天津塘沽瓦特斯阀门有限公司	115.0	8.5	107.1	17.2	1.00	9.0	39452	100.7
10	石家庄市阀门三厂	113.0	11.8	135.7	31.3	1.20	7.6	21059	100.2
11	江西省萍乡市阀门厂	110.6	14.9	89.3	59.8	0.60	9.8	3085	103.9
12	天津市阀门公司	102.3	11.9	132.5	71.2	1.78	1.35	27718	104.1
13	锡山市阀门厂	96.7	11.0	83.4	64.2	0.83	4.8	26272	89.3
14	上海市精工阀门厂	93.1	11.5	195.3	41.6	1.12	0.0	10780	118.2
15	成都阀门厂	92.7	11.4	100.2	51.8	1.80	1.6	10988	127.0
16	武汉市亚美蝶阀厂	92.0	11.0	122.1	48.7	1.10	2.3	14833	125.0
17	湖北洪城通用阀门公司	91.5	6.2	54.4	43.8	0.50	9.8	17374	84.5
18	许昌昌源阀门有限公司	91.1	13.7	102.4	56.0	1.70	1.7	7168	97.0
19	上海阀门五厂	86.9	8.6	99.2	68.0	1.50	0.5	29781	88.0
20	自贡高压阀门股份有限公司	86.3	7.3	137.6	68.5	0.54	4.04	13425	119.4
21	南昌八一阀门厂	83.4	8.1	200.2	53.8	1.20	0.4	8746	90.0
22	淄博市临淄阀门厂	82.6	9.6	35.1	90.9	0.80	6.4	21038	97.1
23	南通高中压阀门厂	81.8	8.9	100.4	75.3	1.70	1.1	15181	105.5
24	安徽省和县阀门厂	77.6	4.8	100.1	72.3	1.10	1.9	23942	97.2
25	山东益都阀门有限公司	76.4	5.6	101.2	64.8	1.00	4.0	8811	85.2
26	上海良工阀门厂	76.1	8.8	102.4	84.0	1.14	0.0	30159	86.5
27	承德高压阀门管件厂	75.3	11.8	79.9	79.0	1.05	0.01	20699	98.3
28	沈阳市第二阀门厂	73.3	9.7	96.6	59.7	0.90	1.6	6678	83.8
29	昆明市阀门厂	72.8	9.1	101.0	57.2	0.9	0.90	10242	91.6
30	杭州华惠阀门有限公司	72.5	8.8	102.0	76.5	0.78	0.97	16085	105.4

（续）

序号	企业名称	经济效益综合指数（%）	总资产贡献率（%）	资本保值增值率（%）	资产负债率（%）	流动资金周转率（次）	成本费用利润率（%）	全员劳动生产率（元/人）	产品销售率（%）
31	浙江高中压阀门厂	70.3	19.4	67.0	79.0	1.07	-4.1	16394	99.5
32	自贡工业阀门有限公司	69.7	9.3	100.4	56.8	1.00	0.2	5808	98.7
33	桂林市阀门总厂	68.7	9.4	100.2	77.2	0.80	0.1	10634	105.6
34	宁波阀门厂	68.7	8.8	15.1	86.8	1.70	2.1	10413	99.8
35	江西赣州赣阀股份公司	67.6	0.4	113.5	69.0	0.60	2.3	21403	93.6
36	四川广汉阀门厂	67.3	9.6	76.3	18.7	1.30	0.3	4547	96.5
37	沈阳第一阀门厂	66.5	7.1	100.7	71.7	0.69	0.6	14438	98.1
38	靖江天助阀门有限公司	64.5	7.1	191.9	73.7	0.90	-3.0	5026	114.1
39	国营海安阀门厂	63.6	4.6	100.2	65.6	1.10	0.3	10826	93.9
40	安徽省屯溪高压阀门厂	63.5	6.0	100.0	53.7	1.00	0.1	12183	69.0
41	铁岭阀门集团有限责任公司	62.7	6.6	146.4	73.8	0.50	0.3	6683	81.8
42	西安高压阀门厂	62.5	5.5	100.4	68.9	0.80	0.3	12017	97.2
43	福建省三明高中压阀门厂	62.2	5.9	100.0	72.2	0.60	0.6	12184	103.0
44	江苏省金坛市阀门厂	62.2	7.4	71.2	83.4	1.20	0.1	12763	90.9
45	阳泉阀门股份有限公司	59.5	2.8	100.9	67.5	0.50	1.0	11957	98.8
46	南通市电站阀门厂	57.4	6.7	43.5	79.0	1.10	0.1	7454	125.8
47	江西船用阀门厂	56.9	4.2	113.6	76.6	0.60	0.1	13849	90.3
48	大连高压阀门厂	56.8	7.1	100.3	85.6	0.50	0.1	11446	100.3
49	天津市阀门厂	55.9	6.7	93.6	75.7	1.50	-2.7	7734	105.9
50	北京市阀门总厂	55.6	2.1	98.6	28.9	0.24	0.9	10451	106.4
51	福州阀门总厂	55.6	5.0	89.2	44.7	0.80	0.0	5348	105.6
52	来安县新星阀门制造有限公司	55.0	5.1	106.0	85.6	0.68	0.2	11430	93.0
53	镇江市铸造阀门厂	54.9	10.5	71	77.6	1.52	-4.0	11279	94.2
54	广州市广州阀门厂	54.2	3.4	100.8	58.4	0.2	1.07	-3083	118.5
55	阜宁县阀门厂	50.4	5.5	120.0	73.0	1.70	-2.0	5125	99.7
56	河北省泊头市阀门厂	50.2	2.9	100.2	67.1	0.40	0.3	3878	95.6
57	苏州高中压阀门厂	48.5	4.1	50.1	77.7	0.70	0.04	13508	90.0
58	沈阳市新民高中压阀门厂	43.5	4.3	111.1	100.4	0.50	0.04	2190	106.0
59	石家庄阀门一厂股份有限公司	41.7	4.1	66.8	89.4	0.40	-0.7	10481	94.1
60	洛阳市阀门厂	36.7	2.4	101.0	98.6	0.20	0.3	2361	97.1
61	四川省南光阀门厂	33	4.9	91.3	69.2	0.60	-7.3	1932	156.0
62	青岛电站阀门厂	24.8	0.9	99.8	73.5	0.11	-3.7	3072	97.0
63	宁波万安股份有限公司	13.5	1.4	87.0	58.8	0.60	-8.7	2792	95.1
64	上海良工开维喜阀门有限公司	8.5	-7.0	67.2	75.5	1.60	-8.9	15353	101.5
65	英山恒通阀门有限公司	7.5	4.7	82.5	172.3	2.50	0.3	18635	95.2
66	四川省邛崃阀门厂	-18.4	-1.8	72.5	74.9	0.70	-15.4	5453	102.0
67	广州市黄埔阀门厂	-26.6	-0.2	87.0	60.9	0.70	-20.1	9894	97.5
68	呼和浩特市阀门厂	-57.5	-0.8	84.9	69.9	0.20	-24.4	1691	93.9
69	武汉阀门水处理股份公司	-61.9	-1.0	85.6	72.6	0.30	-26.1	1530	97.6
70	奉化中石化高中压阀门厂	-65.3	1.1	108.0	130.0	0.60	-27	5905	145.0
71	鞍山阀门总厂	-75.1	-1.6	92.5	79.5	0.10	-29	4961	94.9
72	包头阀门总厂	-76.3	-3.3	56.1	94.2	0.30	-25.8	1223	98.2
73	泰州市阀门厂	-79.0	-7.0	65.9	82.5	0.40	-27.2	1941	129.8
74	湖北高中压阀门有限公司	-97.4	-2.8	77.4	76.6	0.40	-33.6	211	97.2
75	通城阀门厂	-122.5	0.2	-341.3	125.2	0.20	-19.8	4774	60.7
76	开封高压阀门厂	-150.0	-6.0	61.6	85.7	0.30	-45.3	5510	102.7
77	长春高中压阀门厂	-163.0	-9.0	33.0	93.5	0.20	-44.4	1309	91.8
78	鹤壁宝马阀门有限公司	-183.0	-6.6	-134.0	116.5	0.40	-41.6	2080	78.2
79	扬州阀门厂	-191.0	-10.9	41.3	62.2	0.48	-57.9	2365	186.8
80	牡丹江阀门总厂	-197.0	0.3	-21.2	101.0	0.08	-56.0	-10	127.6
81	自贡泵阀制造有限公司	-199.8	-11.5	19.2	95.8	0.20	-54.5	998	149.5
82	重庆阀门厂	-259.0	-11.0	3.0	99.0	0.10	-66.0	-3067	82.6
83	兰州高压阀门厂	-520.0	-21.3	34.9	85.9	0.20	-130.0	1944	101.7

（续）

序号	企业名称	经济效益综合指数（%）	总资产贡献率（%）	资本保值增值率（%）	资产负债率（%）	流动资金周转率（次）	成本费用利润率（%）	全员劳动生产率（元/人）	产品销售率（%）
84	石家庄市阀门二厂	－534.0	－23.0	24.2	89.2	0.30	－135.0	858	69.8
85	浙江省永康阀门厂	－905.1	－13.5	－4884	121.6	0.50	－61.9	1571	89.0
	二、系统外小计	56.2	4.2	109.0	51.8	0.79	－2.1	14666	96.6
1	五七一九工厂阀门分厂	150.3	19.6	103.7	73.3	1.10	3.9	90877	82.5
2	苏州阀门分厂	87.2	5.0	110.3	32.4	1.00	2.3	31939	104.6
3	安徽省白湖阀门厂	85.6	9.3	146.2	77.4	1.00	3.2	9325	98.4
4	上海气体阀门总厂	71.9	7.1	154.1	55.2	0.80	0.2	9039	95.6
5	天津新星阀门厂	50.0	2.6	125.7	84.5	0.30	0.4	3965	110.2
6	山西省汾阳阀门厂	0.1	3.0	26.2	95.6	0.40	－7.6	4255	81.7
7	甘肃省兰州阀门厂	－33.5	－2.5	161.0	102.9	0.40	－17.8	2366	95.9
8	南京阀门厂	－215.0	－2.4	－986.0	110.3	0.22	－33.1	1760	139.0
9	潍坊化工阀门厂	－681.0	－20.4	－268.0	156.0	0.07	－160.0	470	76.3

1999 年阀门行业协会会员单位经济效益综合指数

序号	企业名称	经济效益综合指数（%）	总资产贡献率（%）	资本保值增值率（%）	资产负债率（%）	流动资金周转率（次）	成本费用利润率（%）	全员劳动生产率（元/人）	产品销售率（%）
	合计	56.5	4.7	86.5	68.7	0.67	－0.45	13580	100.5
1	浙江五洲阀门有限公司	302.5	47.0	113.0	45.0	3.60	12.2	155000	89.0
2	长沙市阀门厂	158.0	19.0	104.7	52.2	1.30	11.2	50481	91.5
3	上海耐莱斯·詹姆斯伯雷阀门公司	154.4	9.8	106.3	57.9	0.90	4.3	117320	101.4
4	浙江超达阀门股份有限公司	153.5	17.7	81.6	40.3	2.40	6.7	56745	104.8
5	天津市渤海阀门厂	152.3	14.8	124.4	58.0	1.10	14.6	29080	95.4
6	浙江罗浮锅炉附件厂	150.0	14.3	104.9	19.9	1.57	13.99	25722	99.3
7	广东明珠球阀集团股份有限公司	148.4	9.0	78.6	53.9	0.42	21.7	18108	101.3
8	浙江黄岩特种阀门厂	146.1	25.8	104.4	83.3	1.70	9.6	17293	100.0
9	浙江方正阀门厂	129.7	15.2	103.1	25.9	1.48	9.35	20433	98.3
10	自贡高压阀门股份有限公司	128.5	10.4	108.5	65.4	0.67	10.0	27252	172.6
11	石家庄阀门三厂	124	9.5	240.3	31.0	0.70	9.6	18535	101
12	天津塘沽瓦特斯阀门有限公司	119.8	11.2	95.1	23.5	1.00	9.3	36493	106.6
13	启东阀门厂	111.2	12.9	104.8	71.9	2.00	3.9	26359	92.8
14	宁波阀门厂	111.1	14.0	109.4	86.8	1.90	4.9	22202	102.8
15	锡山市阀门厂	109.0	10.6	96.0	61.9	0.80	6.7	31227	94.9
16	浙江高中压阀门厂	107.9	18.8	138.0	70.0	1.00	1.4	27110	102.0
17	五七一九工厂阀门分厂	107.3	14.1	35.4	90.7	0.6	3.0	68633	107.6
18	浙江正华阀门厂	106.7	12.6	72.3	55.5	1.96	3.1	28821	96.0
19	成都乘风阀门有限责任公司	106.6	12.5	56.0	66.3	0.90	5.70	14018	116.2
20	天津市阀门公司	106.2	10.4	127.7	67.4	1.51	1.43	40836	110.2
21	浙江良精阀门集团有限公司	105.6	11.3	104.2	30.9	1.30	5.2	20105	102.7
22	湖北洪城通用机械股份有限公司	97.8	4.7	101.5	45.3	0.50	9.7	27447	61.3
23	郑州市宇明阀门厂	88.7	7.8	100.3	43.6	0.70	5.3	20779	92.5
24	安徽省白湖阀门厂	84.3	8.3	114.6	75.7	0.90	4.3	8511	104.0
25	许昌昌源阀门制造有限公司	82.9	12.5	100.2	57.7	1.50	0.9	7655	87.3
26	石家庄市阀门二厂	81.7	6.8	180.0	83.7	0.94	2.9	12421	91.5
27	淄博市临淄阀门厂	81.2	7.2	59.2	96.9	0.40	8.5	14394	98.1
28	自贡工业泗门制造有限公司	79.8	8.9	74.8	67.1	0.90	0.4	5171	111.0
29	南通高中压阀门厂	78.9	8.1	101.1	75.8	1.50	1.2	17027	100.4

（续）

序号	企业名称	经济效益综合指数（%）	总资产贡献率（%）	资本保值增值率（%）	资产负债率（%）	流动资金周转率（次）	成本费用利润率（%）	全员劳动生产率（元/人）	产品销售率（%）
30	武汉市亚美蝶阀厂	75.2	8.1	98.8	53.7	1.20	1.0	13568	91.2
31	上海市精工阀门厂	74.1	8.9	107.6	36.2	0.82	0.2	6861	132.9
32	中核苏州阀门股份有限公司	73.8	4.0	98.8	45.3	0.60	1.4	28291	94.3
33	山东益都阀门有限公司	73.2	5.1	100.2	64.6	0.90	2.7	11550	100.4
34	安徽省和县阀门总厂	72.7	4.3	100.0	75.6	0.80	2.1	22321	97.7
35	昆明市阀门厂	70.3	6.2	100.4	59.8	1.00	0.4	10524	119.0
36	沈阳第二阀门厂	70.2	8.4	98.1	59.7	0.60	2.0	7317	84.7
37	桂林市阀门总厂	67.4	8.0	105.2	76.9	0.70	0.2	16574	87.1
38	南昌市八一阀门厂	67.1	8.2	99.2	47.2	1.10	0.5	7150	88.7
39	江西赣州赣阀股份公司	66.7	2.1	90.4	65.8	0.40	2.3	21620	100.8
40	泊头市阀门厂	66.4	9.7	94.7	63.9	0.5	0.1	4528	119.0
41	承德高压阀门管件厂	65.5	10.2	96.8	81.1	0.74	-0.1	14681	90.0
42	镇江市铸造阀门厂	65.1	11.9	94.0	84.2	1.10	-1.2	14259	97.5
43	北京市阀门总厂	62.8	1.0	100.2	31.9	0.39	0.7	20327	123.2
44	南通市电站阀门厂	62.8	7.5	99.5	77.2	1.0	0.1	7433	102.5
45	福建省三明高中压阀门厂	62.3	4.7	102.0	75.6	0.60	0.7	17684	98.4
46	广州市广州阀门厂	60.7	3.6	101.2	58.6	0.08	4.1	-5368	113.6
47	福州阀门总厂	60.5	3.6	100.7	46.1	1.10	0.20	8975	104.0
48	沈阳第一阀门厂	60.3	6.0	100.8	72.3	0.52	0.7	8783	104.4
49	国营海安阀门厂	58.9	3.2	100.8	69.4	0.80	0.5	9726	108.0
50	上海阀门厂	58.8	6.1	71.5	91.4	0.90	0.04	18241	112.0
51	西安高压阀门厂	58.3	5.4	100.3	68.5	0.60	0.4	10242	86.8
52	山西阳泉阀门股份有限公司	57.8	2.9	100.8	69.8	0.40	1.2	14285	81.4
53	上海良工阀门厂	55.8	5.3	50.6	92.4	0.93	0.004	26518	86.0
54	苏州高中压阀门厂	53.0	4.1	100.1	76.6	0.70	0.04	8137	95.6
55	宁波万安股份有限公司	49.7	3.4	105.3	59.0	0.70	-3.3	15509	99.7
56	来安县新星阀门制造有限公司	49.3	5.4	100.7	86.0	0.61	0.4	6983	94.0
57	杭州华惠阀门有限公司	46.3	5.3	93.5	78.4	0.60	-2.1	10561	96.7
58	天津市阀门厂	44.5	2.3	93.9	78.2	1.20	-2.3	7948	97.1
59	甘肃省兰州阀门厂	44.0	1.6	130.9	102.3	0.30	1.6	3540	94.7
60	天津新星阀门厂	43.6	1.7	101.2	82.9	0.30	0.5	3540	94.7
61	上海良工开维喜阀门有限公司	43.0	0.7	83.1	86.3	1.60	-2.7	11823	101.2
62	扬州阀门厂	33.7	4.0	65.9	70.7	2.62	-8.9	4751	99.4
63	山西省汾阳阀门厂	27.8	2.7	173.2	93.2	0.50	-7.2	5475	114.7
64	铁岭阀门股份有限公司	19.9	3.0	55.0	72.0	0.70	-7.9	7661	111.9
65	青岛电站阀门厂	10.3	2.3	96.4	75.8	0.27	-8.66	4254	98.2
66	江西省萍乡市阀门厂	1.1	1.5	89.5	60.0	0.50	-12.2	3609	96.3
67	浙江省永康阀门厂	-4.7	1.5	84.0	129.8	0.90	-8.5	13694	114.5
68	广州市黄埔阀门厂	-30.1	0.3	73.6	69.3	0.50	-20.0	6846	112.6
69	石家庄阀门一厂股份有限公司	-32.2	1.8	67.2	93.3	0.30	-18.4	12213	84.7
70	英山恒通阀门制造有限公司	-37.1	3.0	87.1	190.7	0.80	0.1	17962	95.8
71	四川省邛崃阀门厂	-38.7	-6.2	64.7	78.2	0.60	-18.4	3438	126.4
72	四川省南光阀门厂	-42.0	0.7	28.9	91.4	0.50	-19.8	2345	127.9
73	兰州高压阀门厂	-59.6	-1.0	75.2	89.5	0.30	-23.4	2913	93.9
74	开封高压阀门厂	-71.1	-1.1	-119.0	124.9	0.60	-18.2	5974	98.7
75	武汉阀门水处理机械股份公司	-82.0	-3.5	85.9	78.4	0.40	-30.5	2884	103.0
76	鹤壁宝马阀门有限公司	-97.7	-3.8	131.9	122.7	0.30	-31.0	5557	120.9
77	湖北高中压阀门有限公司	-102.6	-2.5	64.3	84.1	0.50	-34.3	1099	93.0
78	大连高压阀门厂	-111.5	-5.48	22.1	96.8	0.33	-32.1	-1702	100.4
79	广东省韶关市阀门厂	-123.2	-3.0	75.4	160.3	0.70	-25.7	646	77.6
80	泰州市阀门厂	-174.2	-13.0	15.0	97.5	0.25	-46.4	337	145.8
81	自贡泵阀制造有限公司	-269.4	-3.8	-73.7	103.3	0.00	-76.4	70	274.0
82	潍坊化工阀门厂	-277.0	-18.8	-47.4	195.7	0.19	-59.2	728	102.0
83	重庆阀门厂	-323.4	-1.0	-1300.0	110.00	0.22	-43.0	2897	97.0
84	长春高中压阀门厂	-405.9	-16.1	57.3	103.9	0.30	-109.0	-6885	169.5
85	牡丹江阀门总厂	-421.1	-6.7	-1002.0	111.6	0.06	-71.6	-3192	0.0
86	沈阳市新民高中压阀门厂	-706.1	1.3	-5243.0	121.6	0.10	0.0	5189	45.8

2000年阀门行业协会会员单位经济效益综合指数

序号	企业名称	经济效益综合指数（%）	总资产贡献率（%）	资本保值增值率（%）	资产负债率（%）	流动资产周转率（次）	成本费用利润率（%）	全员劳动生产率（元/人）	产品销售率（%）
	一、平均	76.6	6.0	108.3	67.1	0.8	2.5	16048	98.8
	1.系统内平均	79.2	6.2	108.6	65.7	0.8	2.8	16981	98.6
1	浙江五洲阀门有限公司	274.0	52.7	126.0	41.9	4.6	10.5	80714	94.6
2	湖北洪城通用机械股份有限公司	212.0	17.8	112.4	37.0	1.2	26.2	51570	107.6
3	广东明珠球阀集团股份有限公司	211.9	14.0	93.9	43.7	0.7	34.1	19768	100.4
4	浙江方正阀门厂	168.1	20.0	30.7	75.6	1.4	14.5	29741	94.1
5	长沙市阀门厂	151.7	17.0	98.7	60.0	0.9	12.7	42464	90.5
6	长春高中压阀门有限责任公司	149.2	-1.6	823.7	54.1	0.9	0.5	2642	132.7
7	上海耐莱斯詹姆斯伯雷阀门有限公司	149.0	8.7	92.4	59.0	1.0	5.0	108714	101.0
8	沈阳新民高中压阀门厂	145.4	16.0	378.8	79.6	0.7	16.4	3702	87.0
9	成都乘风阀门有限责任公司	145.2	16.2	123.1	70.5	1.0	12.1	24735	129.6
10	浙江罗浮锅炉附件厂	145.1	12.9	111.6	25.2	1.3	14.0	24910	99.9
11	天津市大站集团公司	137.3	9.8	102.4	21.0	2.4	13.2	26217	87.0
12	浙江正华阀门厂	134.9	15.2	143.9	55.0	1.7	3.8	53583	86.4
13	宁波阀门厂	128.3	15.6	121.5	84.7	2.0	5.3	36646	107.4
14	浙江良精阀门集团有限公司	124.0	12.1	145.9	19.8	1.7	6.4	25141	101.3
15	广州市广州阀门厂	118.8	10.6	114.4	73.4	0.2	16.2	-3480	99.1
16	启东阀门厂	114.6	14.1	102.3	72.3	1.9	4.5	26233	93.1
17	广汉阀门厂	108.9	13.0	150.0	65.0	1.6	3.7	20217	89.0
18	天津市渤海阀门厂	105.6	11.3	196.0	79.0	1.1	4.5	24051	92.7
19	锡山市阀门厂	105.3	10.9	89.6	66.1	0.9	5.7	34097	86.3
20	淄博市临淄阀门厂	99.6	12.9	75.2	99.6	0.7	7.2	29285	99.3
21	天津市阀门公司	99.3	8.5	101.6	65.8	1.2	1.9	42566	105.3
22	天津唐沽瓦特斯阀门有限公司	99.2	8.4	104.7	28.7	1.0	5.3	33418	100.9
23	天津市北方阀门控制设备公司	90.9	7.5	101.8	50.3	1.0	3.5	27272	88.2
24	南通高中压阀门厂	87.2	11.0	113.0	77.9	1.4	0.9	19973	115.6
25	河北蝶飞阀门有限公司	87.0	7.9	77.4	76.6	1.3	4.7	14885	101.3
26	自贡高压阀门股份有限公司	85.8	5.7	103.7	64.2	0.4	6.8	10399	107.4
27	石家庄三环阀门股份有限公司	83.3	7.2	109.9	23.4	1.2	2.6	25467	99.5
28	武汉亚美蝶阀厂	81.8	11.1	98.5	43.5	1.3	0.3	19528	99.4
29	镇江市铸造阀门厂	79.0	11.4	101.0	87.1	1.5	0.1	20196	96.0
30	自贡工业阀门制造有限公司	76.8	8.5	130.6	58.2	1.0	0.9	8222	100.4
31	福建省三明高中压阀门厂	74.5	4.9	169.7	64.0	0.5	0.3	20324	99.7
32	上海阀门二厂	74.0	5.5	90.0	91.0	1.7	0.2	32368	93.0
33	许昌昌源阀门制造有限公司	72.2	9.0	109.0	54.0	1.1	0.4	5476	106.0
34	沈阳第二阀门厂	71.0	8.3	97.9	60.3	0.6	2.1	7411	88.8
35	山东益都阀门股份有限公司	69.7	4.9	101.5	67.6	1.0	1.4	12999	105.7
36	承德市高压阀门管件厂	69.5	8.3	137.4	74.1	0.7	0.0	13798	93.4
37	吴江市东吴机械有限公司	65.7	4.9	107.8	62.4	1.1	0.1	21810	46.1
38	阳泉阀门股份有限公司	65.6	4.1	101.1	70.4	0.6	0.9	17663	114.8
39	北京市阀门总厂	64.7	1.8	98.5	35.6	0.5	0.6	25674	99.9
40	昆明市阀门厂	64.2	5.2	106.0	52.9	0.7	0.6	10819	104.0
41	西安泵阀总厂	63.6	6.0	100.6	70.3	0.6	0.3	15352	101.1
42	沈阳第一阀门厂	63.0	5.2	97.4	73.4	0.5	0.8	16602	105.8
43	上海良工阀门厂	61.3	6.4	100.0	92.5	0.8	0.1	21185	96.5
44	南通市电站阀门厂	59.8	7.1	99.6	76.7	0.8	0.1	6193	105.1
45	苏州高中压阀门厂	58.3	4.9	100.0	77.0	0.9	0.1	9014	106.2
46	浙东高中压阀门厂	57.9	11.1	139.1	63.5	0.9	-8.3	27176	100.7

（续）

序号	企业名称	经济效益综合指数（%）	总资产贡献率（%）	资本保值增值率（%）	资产负债率（%）	流动资产周转率（次）	成本费用利润率（%）	全员劳动生产率（元/人）	产品销售率（%）
47	四川省邛崃阀门制造有限公司	57.8	－1.7	467.8	45.0	0.9	－10.8	13822	96.6
48	泊头市阀门厂	57.5	5.3	100.0	69.0	0.5	0.1	8288	97.8
49	国营海安阀门厂	57.0	3.1	101.0	65.5	0.6	0.6	9289	100.2
50	黄山高压阀门有限公司	56.3	3.4	104.6	53.0	0.4	0.3	11280	89.0
51	杭州华惠阀门有限公司	55.0	6.0	98.1	79.5	0.6	－0.7	12761	99.8
52	来安县新星阀门制造有限公司	54.8	5.8	101.0	86.0	0.6	0.5	7474	101.0
53	青岛电站阀门厂	53.9	1.5	150.5	69.8	0.3	0.1	7498	103.6
54	天津市阀门厂	53.7	3.6	95.3	77.5	1.1	－1.9	12509	119.9
55	福州阀门总厂	52.7	2.9	87.4	50.4	0.7	0.2	5645	106.9
56	石家庄阀门一厂有限公司	45.7	2.6	87.9	94.2	0.3	0.2	20545	75.2
57	桂林市阀门厂	37.5	2.9	100.0	85.0	1.2	－3.2	17184	93.7
58	大连高压阀门厂	37.4	5.2	202.8	100.0	0.6	－6.6	12174	109.1
59	扬州双良阀门制造有限公司	37.2	2.8	27.0	91.9	0.7	0.1	6092	111.3
60	宁波万安股份有限公司	35.0	1.4	122.8	53.6	0.6	－5.6	11121	92.6
61	上海开维喜阀门有限公司	34.8	－1.1	74.2	92.5	1.2	－2.4	13506	101.7
62	湖北高中压阀门有限公司	26.3	2.6	－37.9	106.4	0.7	0.5	14524	79.9
63	桂林市阀门总厂	21.7	2.7	89.4	66.0	0.6	－8.7	12568	102.0
64	河南鹤壁宝马阀门有限公司	3.0	3.0	－9.3	124.0	0.2	－1.7	3974	115.0
65	兰州高压阀门厂	－3.3	－2.4	119.6	89.2	0.6	－11.3	2881	126.8
66	赣州赣阀实业有限公司	－17.9	－0.3	－26.1	109.6	0.2	－6.5	1807	95.3
67	上海市精工阀门厂	－30.6	－5.6	48.1	65.5	0.6	－17.1	8375	119.8
68	开封高压阀门厂	－55.8	－2.7	72.2	132.1	0.4	－19.2	6697	98.0
69	石家庄市阀门二厂	－58.3	－0.4	－14.8	102.7	0.7	－21.6	15573	78.9
70	铁岭阀门股份有限公司	－100.7	－7.8	61.9	82.3	0.3	－30.7	7551	97.8
71	泰州市阀门厂	－128.0	－3.2	－130.6	103.9	0.1	－31.1	17906	92.7
72	贵标阀门制造有限责任公司	－140.0	－4.7	347.0	98.7	0.3	－52.0	832	108.5
73	四川省南充阀门厂	－141.0	－4.9	－101.5	109.3	0.3	－34.0	4573	90.0
74	阜宁县阀门厂有限公司	－145.5	－9.2	27.2	91.6	0.3	－41.8	577	122.3
75	韶关市阀门厂	－412.7	－30.9	157.9	223.1	0.7	－68.8	488	100.6
小计	二、系统外平均	24.0	2.9	89.6	93.6	0.5	－5.1	6370	104.3
76	甘肃省兰州阀门厂	128.7	6.4	277.1	97.8	0.5	15.3	1955	113.0
77	五七一九工厂阀门分厂	99.6	10.7	72.6	92.6	0.6	4.5	50273	105.8
78	安徽省白湖阀门厂	84.1	8.2	117.1	71.9	0.9	3.8	9779	103.0
79	山西省汾阳阀门厂	53.5	3.4	152.1	90.4	0.4	0.1	4613	112.8
80	天津新星阀门厂	42.3	2.1	97.8	84.8	0.3	0.2	3368	94.5
81	潍坊化工阀门厂	－506.6	－18.0	51.3	146.3	0.1	－127.0	－486	94.8

1996年气体分离设备行业协会会员单位经济指标

企业名称	工业总产值		工业增加值（万元）	产品销售产值（万元）	产品销售收入（万元）	年末资产总计（万元）
	（不变价）（万元）	当年价（万元）				
开封空分集团有限公司	16826	14517	7476	15648	18104	41775
四川空分设备（集团）有限责任公司	14195	13845	4693	14449	15341	32565
江西制氧机厂	5645	5547	1540	5349	5043	13511
自贡市机械一厂	2075	2081	261	2286	2299	10975
苏州制氧机研究所	6531	6490	2218	6016	5531	10149
邯郸制氧机厂	2009	2393	406	2209	2402	11966
杭州制氧机集团有限公司	31992	29640	13178	29748	29253	96627
哈尔滨环保制氧设备工业公司	9118	7799	1256	7597	8821	21348
余杭市通用设备有限公司	1440	1231	195	781	781	2557
哈尔滨环保制氢设备工业公司	4000	3749	－190	3614	2294	16385
苏州竞立制氢设备有限公司	2806	2329	803	2141	2142	2882
全行业	96637	89621	31835	89838	91411	260740

1997年气体分离设备行业协会会员单位经济指标

企业名称	工业总产值（不变价）（万元）	工业总产值（当年价）（万元）	工业增加值（万元）	产品销售产值（万元）	产品销售收入（万元）	年末资产总计（万元）
开封空分集团有限公司	16428	14011	5335	15766	18812	46563
四川空分设备(集团)有限责任公司	17328	16254	5564	17400	18384	36812
江西制氧机厂	5695	5606	1564	5541	4530	14490
自贡市机械一厂	1620	1623	1002	1969	2004	10450
苏州制氧机研究所	5601	5012	1410	5696	6593	12775
邯郸制氧机厂	918	1064	163	1056	995	16898
杭州制氧机集团有限公司	31488	29148	10289	28369	29055	98449
哈尔滨环保制氧设备工业公司	9118	7798	2538	9158	7179	20943
余杭市通用设备有限公司	2356	2014	267	1568	1432	3198
哈尔滨环保制氢设备工业公司	5224	4629	450	4376	2284	17160
苏州竞立制氢设备有限公司	2231	1907	558	3017	3017	4537
全行业	98007	89066	282370	93916	94284	282274

1998年气体分离设备行业协会会员单位经济指标

企业名称	工业总产值（不变价）（万元）	工业总产值（当年价）（万元）	工业增加值（万元）	产品销售产值（万元）	产品销售收入（万元）	年末资产总计（万元）
开封空分集团有限公司	11731	10674	3652	10597	12536	36841
四川空分设备(集团)有限责任公司	21065	19048	6455	16326	15747	37882
江西制氧机厂	4882	4866	1634	4810	3731	16851
自贡市机械一厂	1795	1804	175	1867	2066	10111
苏州制氧机研究所	4546	4459	1496	4963	5189	12925
邯郸制氧机厂	1271	1326	－137	1227	1447	16818
杭州制氧机集团有限公司	31088	27939	10069	28086	27859	98111
哈尔滨环保制氧设备工业公司	4998	4272	1902	4693	5009	21032
余杭市通用设备有限公司	1050	1246	225	988	990	2794
杭氧液空	8494	7260	1701	7927	7927	15235
哈尔滨环保制氢设备工业公司	4800	4103	328	3979	3354	20455
苏州竞立制氢设备有限公司	1301	1112	127	1437	1437	4226
河北电力	7191	7014	1135	6542	6146	8078
全行业	104212	95123	28760	93442	93437	301357

1999年气体分离设备行业协会会员单位经济指标

企业名称	工业总产值（不变价）（万元）	工业总产值（当年价）（万元）	工业增加值（万元）	产品销售产值（万元）	产品销售收入（万元）	年末资产总计（万元）
开封空分集团有限公司	12879	11609	3983	11283	13207	42160
四川空分设备(集团)有限责任公司	19054	16397	5011	17834	17487	42387
江西制氧机厂	5018	5013	1800	5069	4518	16811
自贡市机械一厂	1988	1773	330	1411	2001	10068
苏州制氧机研究所	5320	5285	1639	4619	4133	11984
邯郸制氧机厂	2296	2447	1041	2105	2047	17600
杭州制氧机集团有限公司	46738	42310	13613	41223	43265	111387
哈尔滨环保制氧设备工业公司	1551	1325	－1125	985	1477	22485
余杭市通用设备有限公司	1536	1536	297	1240	1270	2564
杭氧液空	5670	5670	1907	5670	4199	15422
哈尔滨环保制氢设备工业公司	1550	1325	－2224	1259	2226	20375
苏州竞立制氢设备有限公司	1571	1571		1913	1913	3884
河北电力	5377	6513	556	6214	7522	
全行业	110548	102774	26829	100825	105265	317126

2000年气体分离设备行业协会会员单位经济指标

企 业 名 称	工业总产值 (不变价)(万元)	工业总产值 当年价(万元)	工业增加值(万元)	产品销售产值(万元)	产品销售收入(万元)	年末资产总计(万元)
开封空分集团有限公司	14328	12556	4288	12255	16012	51374
四川空分设备(集团)有限责任公司	17953	15155	4612	17585	17706	39470
江西制氧机厂	5931	5947	2162	5893	4805	18883
自贡市机械一厂	1009	911	191	935	1010	8488
苏州制氧机研究所	5959	5959	1377	5638	5573	12544
邯郸制氧机厂	1532	1567	152	1787	1760	16443
杭州制氧机集团有限公司	43997	38480	15853	37849	45158	143311
哈尔滨环保制氧设备工业公司	1466	1254	-674	1512	1363	22058
余杭市通用设备有限公司	1838	1838	413	1698	1698	2698
杭氧液空	5571	5571	2245	5571	5288	26264
大连林德	3596	3596	1121	4450	4185	10114
哈尔滨环保制氢设备工业公司	2506	2142		2059	2616	16435
苏州竞立制氢设备有限公司					343	3369
全行业	105686	94976	31739	97232	107517	371451

1996年气体分离设备行业协会会员单位经济效益综合指数

序号	企 业 名 称	经济效益综合指数(%)	资本保值增值率(%)	流动资产周转率(次)	全员劳动生产率(元/人)	资产负债率(%)
1	苏州竞立制氢设备有限公司	152.0	105.81	1.15	63189	62.73
2	开封空分集团有限公司	112.2	133.78	0.68	17198	59.33
3	苏州制氧机研究所	102.9	101.79	0.85	27864	61.85
4	杭州制氧机集团有限公司	88.5	104.04	0.52	20049	60.93
5	四川空分设备(集团)有限责任公司	75.8	100.34	0.96	16172	60.73
6	余杭市通用设备有限公司	71.0	119.83	0.63	16074	75.04
7	江西制氧机厂	61.1	132.35	0.78	13107	81.32
8	哈尔滨环保制氧设备工业公司	47.6	104.68	0.74	5911	54.28
9	自贡市机械一厂	-26.9	81.86	0.50	1325	68.54
10	邯郸制氧机厂	-38.5	87.90	0.36	1681	70.73
11	哈尔滨环保制氢设备工业公司	-150.5	-57.28	0.29		108.78
	全行业	57.5	102.10	0.63	12887	65.13

1997年气体分离设备行业协会会员单位经济效益综合指数

序号	企 业 名 称	经济效益综合指数(%)	资本保值增值率(%)	流动资产周转率(次)	全员劳动生产率(元/人)	资产负债率(%)
1	苏州竞立制氢设备有限公司	150.6	102.69	1.18	45366	75.69
2	余杭市通用设备有限公司	85.8	95.28	0.84	20523	80.98
3	杭州制氧机集团有限公司	83.6	102.92	0.57	16563	60.52
4	苏州制氧机研究所	77.3	98.49	0.99	18217	61.83
5	四川空分设备(集团)有限责任公司	77.2	104.82	0.96	19306	63.58
6	开封空分集团有限公司	75.8	100.18	0.64	12427	63.45
7	哈尔滨环保制氧设备工业公司	65.7	100.59	0.61	12330	53.12
8	江西制氧机厂	54.1	108.52	0.66	13776	81.10
9	自贡市机械一厂	-16.5	88.76	0.43	529	70.70
10	哈尔滨环保制氢设备工业公司	-202.5	-258.93	0.31	2126	121.70
11	邯郸制氧机厂	-210.0	55.78	0.13	706	60.71
	全行业	50.7	94.58	0.63	11799	66.55

1998 年气体分离设备行业协会会员单位经济效益综合指数

序号	企业名称	经济效益综合指数（%）	资本保值增值率（%）	流动资产周转率（次）	全员劳动生产率（元/人）	资产负债率（%）
1	四川空分设备(集团)有限责任公司	72.8	101.04	0.74	23085	64.25
2	苏州制氧机研究所	72.4	103.84	0.76	20054	60.83
3	杭州制氧机集团有限公司	65.9	101.24	0.51	19088	60.62
4	哈尔滨环保制氧设备工业公司	58.5	100.13	0.45	9596	53.26
5	开封空分集团有限公司	55.8	100.43	0.45	8696	53.6
6	余杭市通用设备有限公司	54.7	79.41	0.52	20455	89.44
7	江西制氧机厂	50.9	101.36	0.51	15970	83.53
8	苏州竞立制氢设备有限公司	25.5	90.84	0.49	11239	76.29
9	自贡市机械一厂	-15.8	88.30	0.44	937	73.24
10	邯郸制氧机厂	-142.5	70.04	0.21	-592	72.35
11	哈尔滨环保制氢设备工业公司	-231.7	-177.08	0.35	1560	131.99
12	杭氧液空			1.88	404344	22.37
13	河北电力			1.46	19468	
	全行业	36.7	95.56	0.57	12357	66.53

1999 年气体分离设备行业协会会员单位经济效益综合指数

序号	企业名称	经济效益综合指数（%）	资本保值增值率（%）	流动资产周转率（次）	全员劳动生产率（元/人）	资产负债率（%）
1	杭氧液空	171.8	103.79	0.94	127147	20.45
2	余杭市通用设备有限公司	114.8	103.65	0.92	28567	75.72
3	杭州制氧机集团有限公司	76.1	107.30	0.70	25369	58.69
4	四川空分设备(集团)有限责任公司	75.4	101.19	0.74	20714	67.67
5	苏州制氧机研究所	70.5	101.12	0.64	23997	59.92
6	开封空分集团有限公司	60.3	109.20	0.53	11111	55.73
7	江西制氧机厂	51.6	101.30	0.48	17685	83.27
8	苏州竞立制氢设备有限公司	38.3	94.41	0.63		75.67
9	邯郸制氧机厂	1.2	99.06	0.31	4581	73.83
10	自贡市机械一厂	-19.3	87.81	0.43	3385	76.40
11	哈尔滨环保制氧设备工业公司	-123.7	90.04	0.12		60.64
12	哈尔滨环保制氢设备工业公司	-186.8	-122.46	0.20		139.33
13	河北电力			1.42	5685	
	全行业	45.6	102.42	0.60	12421	64.25

2000 年气体分离设备行业协会会员单位经济效益综合指数

序号	企业名称	经济效益综合指数（%）	资本保值增值率（%）	流动资产周转率（次）	全员劳动生产率（元/人）	资产负债率（%）
1	杭氧液空	219.4	107.09	0.50	162703	49.97
2	余杭市通用设备有限公司	104.9	96.13	1.12	41310	65.68
3	杭州制氧机集团有限公司	83.3	104.75	0.58	35322	56.41
4	苏州制氧机研究所	69.1	100.00	0.77	21685	62.06
5	开封空分集团有限公司	59.1	103.09	0.54	12062	64.29
6	四川空分设备(集团)有限责任公司	51.2	96.50	0.67	20398	67.14
7	江西制氧机厂	47.4	100.00	0.45	13653	85.11
8	自贡市机械一厂	-58.5	27.98	0.21	2178	92.30
9	哈尔滨环保制氧设备工业公司	-182.1	81.92	0.10		67.78
10	邯郸制氧机厂	-213.1	54.53	0.24	1424	84.72
11	大连林德			1.17	112136	9.62
12	哈尔滨环保制氢设备工业公司			0.27		164.18
13	苏州竞立制氢设备有限公司		49.69	0.14		86.03
	全行业	43.7	99.62	0.52	16760	66.41

1996 年真空行业协会会员单位经济指标

企 业 名 称	工业总产值		工 业 增加值 （万元）	产品销售 收 入 （万元）	全年职工 年末人数 （人）
	不变价 （万元）	当年价 （万元）			
广东真空设备厂股份有限公司	10023	8331	1360	4014	509
上海真空泵厂	6060	6667	3398	5950	721
浙江真空设备集团有限公司	5019	6638	3898	5180	1100
上海阀门二厂	2900	2793	911	2967	332
淄博真空设备厂	4010	4487	1303	4110	784
北京仪器厂	4567	4963	1914	4814	1348
兰州真空设备厂	3449	3160	1404	494	830
上海曙光机械制造厂	1169	1064	203	1428	372
沈阳真空设备厂	1200	1492	440	1225	637
南京真空泵厂	716	849	350	764	397
广东佛山水泵厂	7155	8434	2644	9251	790
抚顺真空设备厂	2628	3804	1307	3304	1319
黄岩求精真空泵厂	198	239	66	239	60
台州佳力真空设备有限公司	351	330	246	325	60
中国贵航集团黔江机械厂	1574	1974	509	1553	1596
浙江温岭真空仪器厂	260	380	120	300	58
大连第二公共汽车公司机械厂	203	212	42	165	195
合计	51482	55817	20115	46082	11108

1997 年真空行业协会会员单位经济指标

企 业 名 称	工业总产值		工 业 增加值 （万元）	产品销售 收 入 （万元）	全年职工 年末人数 （人）
	不变价 （万元）	当年价 （万元）			
兰州真空设备有限责任公司	2782	2410	897	2118	817
浙江真空设备集团有限公司	3534	4093	1711	3414	1080
广东真空设备厂股份有限公司	10610	8970	1207	3698	547
上海真空泵厂	5908	5012	1842	4594	678
淄博真空设备厂	3220	3439	1236	3200	814
北京仪器厂(集团)	4157	4442	1624	4451	1131
上海曙光机械制造厂	2006	1797	111	1710	352
上海阀门二厂	3000	3019	1075	3003	265
抚顺真空设备厂	539	669	59	826	1301
沈阳真空设备厂	867	1155	397	556	685
南京真空泵厂	770	930	451	825	386
杭州真空设备厂	2974	3929	1276	5275	861
中国喷射真空技术集团总公司(辽阳北方真空设备厂)	441	410	166	291	226
成都南光实业股份有限公司	9593	10359	4525	9513	3620
承德达优真空工程有限公司	520	520	313	616	267
沈阳教学仪器厂	1107	1107	380	105	297
沈阳蓝菱真空设备制造公司	405	405	102	242	51
佛山水泵厂	7812	8196	2999	10080	789
浙江临海市精工真空设备厂	405	360	55	213	45
锦州真空设备制造总厂	500	488	—	458	483
合计	61150	61710	20426	55189	14695

1998 年真空行业协会会员单位经济指标

企业名称	工业总产值		工业增加值（万元）	产品销售收入（万元）	全年职工年末人数（人）
	不变价（万元）	当年价（万元）			
兰州真空设备有限责任公司	2710	2344	667	2269	811
浙江真空设备集团有限公司	3039	3507	1512	3135	998
广东真空设备厂股份有限公司	13619	11557	950	2994	468
淄博真空设备厂	3263	3775	1133	2900	788
上海真空泵厂	5909	5016	841	3289	560
上海曙光机械制造厂	1154	1017	249	830	239
北京仪器厂	3253	3506	1391	3609	1203
国投南光有限公司	5940	6245	2495	5947	3389
上海阀门二厂	2750	3256	871	2865	176
沈阳真空设备厂	808	955	226	548	671
锦州真空设备制造总厂	666	665	-55	412	433
抚顺真空设备厂	241	290	-348	127	1295
杭州真空设备厂	2438	3317	706	3659	772
沈阳市真空机械三厂	1552	1600	544	1400	229
承德达优真空工程有限公司	344	344	151	221	252
南京真空泵厂	780	886	403	670	358
中喷真空集团总公司北方真空设备厂	46	40	0	85	123
佛山水泵厂	10541	9858	4594	11495	749
临海市精工真空设备厂	350	407	74	184	48
浙江黄岩求精真空泵厂	153	184	44	170	55
大连市第二公共汽车公司机械厂	174	179	30	107	180
台州市佳力真空设备有限公司	301	294	87	232	33
合计	60031	59242	16564	47146	13828

1999 年真空行业协会会员单位经济指标

企业名称	工业总产值		工业增加值（万元）	产品销售收入（万元）	全年职工年末人数（人）
	不变价（万元）	当年价（万元）			
合计	69322	67624	93427	53937	11806
系统内小计	38870	36404	80437	25733	5972
浙江真空设备集团有限公司	3201	3788	1318	3381	683
广东真空设备厂股份有限公司	15060	11826	1142	3051	367
兰州真空设备有限责任公司	2766	2384	715	2276	629
淄博真空设备厂	3337	3892	1357	2640	713
上海真空泵厂	4560	3815	1033	3600	481
上海曙光机械制造厂	1528	1316	128	1032	206
上海阀门二厂	1352	1295	346	2406	154
沈阳真空设备厂	1400	1611	840	822	489
锦州真空设备制造总厂	303	303	-129	108	149
抚顺真空设备有限公司	247	297	-4	192	329
杭州真空设备厂	2840	3185	652	3669	530
沈阳市真空机械三厂	967	996	265	871	208
中国贵航集团贵阳黔江机械厂	807	1194	140	1313	942
临海市精工真空设备厂	282	282	53	170	36
沈阳市真空泵厂	220	220	190	200	56
系统外小计	30452	31220	12990	28204	5834
国投南光有限公司	7253	7494	2772	7034	2255
北京仪器厂(集团)	4261	4549	1561	4481	738
成都仪器厂	871	904	483	729	793

（续）

企业名称	工业总产值		工业增加值（万元）	产品销售收入（万元）	全年职工年末人数（人）
	不变价（万元）	当年价（万元）			
深圳亨达莱真空技术工程公司	733	815	200	701	53
南京真空泵厂	810	999	500	830	241
承德达优真空工程有限公司	93	93	32	60	221
广东省佛山水泵厂	13115	12948	6345	12068	733
台州市黄岩医疗器械厂	409	460	180	301	151
沈阳蓝菱真空设备制造公司	172	172	44	172	55
辽阳射流真空设备厂	233	266	163	225	120
台州市佳力真空设备有限公司	324	313	100	280	36
浙江黄岩求精真空泵厂	130	155	55	195	55
辽宁创业教学仪器有限公司	1689	1693	451	876	282
沈阳市三环真空技术研究所	359	359	105	253	101

2000 年真空行业协会会员单位经济指标

企业名称	工业总产值		工业增加值（万元）	产品销售收入（万元）	固定资产合计（万元）	全年职工年末人数（人）
	不变价（万元）	当年价（万元）				
佛山水泵厂	13788	12971	5378	13659	3875	749
成都仪器厂	9494	9901	5722	11424	15842	780
国投南光有限公司	8720	9405	3525	9033	19464	1863
北京仪器厂	4799	5236	1425	5399	4240	646
淄博真空设备厂	3960	3769	1132	3301	2830	557
广东真空设备厂股份有限公司	3907	3811	945	2985	5550	310
浙江真空设备集团有限公司	3879	4516	2244	4236	10820	647
上海真空泵厂	3252	2640	911	2671	1054	331
杭州真空设备厂	3159	3585	751	3936	3750	472
兰州真空设备有限责任公司	3059	2767	798	2603	3099	673
上海曙光机械制造厂	2206	1904	517	1991	2247	202
宁波爱发科真空技术有限公司	1925	1935	7709	1587	636	52
辽宁创业教学仪器有限公司	1689	1693	451	876	1672	282
衡阳市真空机电设备有限公司	1600	1600		1247	624	71
中国贵航集团贵阳黔江机械厂	1409	1726	372	1635	5628	902
上海阀门二厂	1362	1353	572	2737	631	141
沈阳真空设备厂	1200	1482	697	1006	99	306
沈阳市真空机械三厂	945	975	344	916	927	222
南京真空泵厂	681	875	408	853	1484	250
深圳亨达莱真空技术工程公司	540	600	220	513	879	38
辽阳北方真空设备厂	500	515	445	89	405	94
黄岩医疗器械厂	451	533	226	311	42	78
台州市佳力真空设备有限公司	436	411	120	304	317	35
锦州真空设备制造总厂	430	430	9	132	428	138
成都成华电子仪器厂	406	406		491	12	25
抚顺真空设备厂	360	323	328	104	770	248
台州环球真空设备厂	312	457	81	304	317	78
沈阳蓝菱真空设备制造公司	310	308	308	247	150	52
临海市精工真空设备厂	280	280	50	190	110	25
沈阳市三环真空技术研究所	269	269	44	387	93	102
沈阳市真空泵厂	265	226	236	134	165	63
辽阳射流真空设备厂	233	266	163	225	163	120
浙江黄岩求精真空泵厂	148	178	53	220	9	39
承德达优真空工程有限公司	93	93	32	60	806	221
小计	76067	77439	36215	75888	89202	10812

1999年分离机械行业协会会员单位经济指标

企业名称	工业总产值		工业增加值（万元）	产品销售收入（万元）	产品销售成本（万元）	全年职工年末人数（人）
	不变价（万元）	当年价（万元）				
合计	95589	108085	33080	96050	73582	22047
1.系统内小计	20552	21213	6581	20697	16435	5400
四川江北机械厂	5852	6023	2684	5669	3972	1609
广重离心机制造公司	4452	5025	1188	5751	4861	278
上海化工机械厂	2283	2478	604	2886	2331	663
无锡通用机械厂	3947	3007	414	2835	2307	594
青海农牧机械厂	1251	1585	390	651	524	389
湘潭离心机厂	1606	1675	898	1232	948	733
北京水泵厂	1160	1420	403	1672	1492	1134
2.系统外小计	75037	86871	26498	75353	57147	16647
辽阳制药机械股份公司	4507	5446	2789	4968	3785	1961
徐州生力轻工机械有限公司	538	479	121	442	286	271
靖江市制药机械厂	—	1756	692	1500	751	253
上海石化机械总厂	11394	14463	5290	14300	12728	2033
浙江轻工机械厂	1110	1227	438	1249	653	418
安庆船用柴油机厂	2761	3477	1569	3232	2046	990
唐山市化工机械厂	750	797	300	788	511	318
四川自贡滤油机厂	719	1033	219	995	556	156
石家庄新生机械厂	1667	1567	342	2358	1516	2241
上海远东制药机械总厂	5116	4487	1502	3852	3043	560
连云港市化工机械厂	490	548	61	539	376	342
杭州防腐设备有限公司	1310	1314	525	1589	1247	140
广东汕头离心机厂	69	67	27	74	85	151
杭州化工机械厂	2995	2809	1277	2628	2164	500
南京绿洲机器厂	23299	28348	6337	18425	13830	2671
蚌埠轻工制药机械总厂	1049	917	327	940	607	387
吉化集团公司机械厂	9365	9276	2213	9901	7408	2179
浙江建华压滤机有限公司	4043	4043	943	3484	2812	467
杭州兴源过滤机有限公司	2714	2989	902	2583	1557	199
金华铁路机械厂	1141	980	589	668	445	160
杭州初阳压滤机有限公司	—	850	37	840	740	250

2000年分离机械行业协会会员单位经济指标

企业名称	工业总产值		工业增加值（万元）	产品销售收入（万元）	固定资产合计（万元）	全年职工年末人数（人）
	不变价（万元）	当年价（万元）				
南京绿洲机器厂	24470	30983	6860	16102	12085	2602
吉化集团公司机械厂	18686	18086	5872	16705	8063	1967
上海石化机械制造有限公司	11571	12999	4469	8063	12263	1994
高邮市通用过滤机厂	10044	11160	1969	8753	966	375
上海远东制药机械总厂	7635	5503	2841	4906	4817	540
无锡通用机械厂	6813	5455	1330	5456	4662	588
重庆江北机械厂	6600	7095	3004	6209	3038	1557
陕西汉中变压器有限公司	5009	4724	1526	3534	3341	535
杭州兴源过滤机有限公司	4590	4497	1801	4043	2609	314
浙江建华压滤机有限公司	4531	4531	954	3526	2325	305

(续)

企业名称	工业总产值		工业增加值（万元）	产品销售收入（万元）	固定资产合计（万元）	全年职工年末人数（人）
	不变价（万元）	当年价（万元）				
辽阳制药机械股份公司	4196	4716	1372	4468	5868	1808
杭州化工机械厂	3718	3802	1565	3275	1911	464
上海化工机械厂	3486	3646	69	4372	5546	588
安庆船用柴油机厂	3168	3645	1343	3412	2425	967
杭州防腐设备有限公司	2363	2338	1019	1962	489	149
广重离心机制造公司	2350	2657	530	3923	4189	232
石家庄新生机械厂	2078	1938	609	2429	2710	2196
湘潭离心机厂	2003	2079	929	2125	1379	470
沪江离心机制造有限公司	1500	1350	396	1200	2000	85
浙江轻机实业有限公司	1385	1696	980	1889	1787	381
蚌埠轻工制药机械总厂	1204	1020	402	1078	586	372
泰恒通用机械公司	1082	905	93	943	783	568
金华铁路机械厂	1020	859	526	822	175	156
连云港市化工机械厂	978	1017	469	919	190	250
四川自贡滤油机厂	771	1047	157	1012	579	156
徐州生力轻工机械有限公司	453	458	125	373	578	259
广东汕头离心机厂	89	82	34	95	433	126
靖江赛德力制药机械公司		2007	600	1718	290	253
杭州初阳压滤机有限公司		993	288	984	371	179
小计	131792	141287	42131	113796	86457	20436

1999 年分离机械行业协会会员单位经济效益综合指数

序号	企业名称	经济效益综合指数（%）	资本保值增值率（%）	资产负债率（%）	全员劳动生产率（元/人）	产品销售率（%）
	合计	24.16	91.06	79.01	15014	91.79
	1.系统内小计					
1	重庆江北机械厂	—	33.99	93.73	15668	97.13
2	广重离心机制造公司	78.50	100.64	88.65	40979	9.95
3	上海化工机械厂	63.03	98.14	67.67	9527	107.50
4	无锡通用机械厂	—	95.40	87.30	10023	93.30
5	青海农牧机械厂	—	191.35	114.12	3051	47.75
6	湘潭离心机厂	3.69	86.89	74.56	10431	97.91
7	北京水泵厂	—	48.09	94.80		111.76
	2.系统外小计					
8	杭州防腐设备有限公司	113.30	160.62	65.33	34288	113.52
9	靖江市制药机械厂	99.92	100.42	78.57	27468	89.76
10	杭州兴源过滤机有限公司	99.91	138.95	92.71	39230	94.67
11	金华铁路机械厂	91.76	104.58	54.61	36788	73.47
12	浙江建华压滤机有限公司	81.32	102.81	63.35	23691	94.39
13	上海石化机械总厂	—	76.93	61.75	25554	99.13
14	蚌埠轻工制药机械厂	75.83	99.80	40.50	8732	97.85
15	连云港市化工机械厂	—	71.25	76.82	2244	106.67
16	广东汕头离心机厂	—	72.89	88.90	1750	141.54
17	南京绿洲机器厂	70.93	100.67	71.17	23315	93.82
18	浙江轻工机械厂	70.45	145.44	47.10	10451	101.84
19	四川自贡滤油机厂	66.05	85.76	62.21	14006	99.49

（续）

序号	企业名称	经济效益综合指数（%）	资本保值增值率（%）	资产负债率（%）	全员劳动生产率（元/人）	产品销售率（%）
20	杭州化工机械厂	63.82	112.95	90.54	25430	77.83
21	安庆船用柴油机厂	62.17	100.27	63.51	15912	97.77
22	杭州初阳压滤机有限公司	59.83	101.15	77.23	1456	98.81
23	石家庄新生机械厂	54.68	127.20	89.80	1549	116.20
24	唐山市化工机械厂	54.12	100.03	42.51	9687	102.38
25	上海远东制药机械总厂	51.63	115.19	73.29	25857	103.48
26	吉化集团公司机械厂	47.24	84.54	95.38	10156	98.86
27	辽阳制药机械股份公司	30.41	87.96	79.51	14961	90.74
28	徐州生力轻工机械有限公司	28.65	60.49	88.51	4416	77.61

2000年分离机械行业协会会员单位经济效益综合指数

序号	企业名称	经济效益综合指数（%）	资金保值增值率（%）	资产负债率（%）	流动资金周转率（次）	全员劳动生产率（元/人）	产品销售率（%）
1	广重离心机制造公司	165.17	853.23	55.40	0.73	21811	104.91
2	杭州初阳压滤机有限公司	137.01	286.15	7.92	1.00	46553	90.00
3	高邮市通用过滤机厂	135.03	109.56	72.98	3.32	52364	79.51
4	上海远东制药机械总厂	115.90	150.06	82.37	1.47	60446	93.81
5	杭州防腐设备有限公司	112.00	138.32	66.62	1.27	73862	76.58
6	泰恒通用机械公司		156.02	112.46	0.32	2017	112.47
7	浙江轻机实业有限公司	111.29	103.49	52.45	0.95	26214	111.35
8	杭州兴源过滤机有限公司	89.70	130.60	54.52	0.62	33718	93.31
9	连云港市化工机械厂	87.33	98.29	77.59	1.21	18194	96.80
10	金华铁路机械厂	82.61	97.23	65.12	1.01	34075	85.41
10	上海石化机械制造有限公司		129.97	54.76	0.71	22492	100.02
11	沪江离心机制造有限公司	81.06	100.02	76.79	0.78	52326	103.98
12	广东汕头离心机厂		77.01	91.26	0.14	2659	139.66
13	靖江赛德力制药机械公司	76.33	100.38	83.29	1.45	23696	92.42
14	吉化集团公司机械厂	75.66	261.10	90.50	0.36	29156	88.61
15	湘潭离心机厂	75.12	104.56	75.76	0.69	19560	102.22
16	蚌埠轻工制药机械总厂	71.93	100.35	42.18	1.08	10604	100.74
17	陕西汉中变压器有限公司	70.27	100.31	59.81	0.74	28684	74.81
18	南京绿洲机器厂	69.50	85.43	74.55	0.82	25846	97.83
19	杭州化工机械厂	67.31	101.71	89.49	0.88	32534	65.03
20	浙江建华压滤机有限公司	66.76	101.33	77.23	1.42	14182	99.01
21	上海化工机械厂	64.48	165.68	59.01	1.08	1090	114.18
22	四川自贡滤油机厂	61.78	98.86	63.35	0.84	10083	95.26
23	重庆江北机械厂	58.49	135.43	97.18	0.98	18796	90.73
24	石家庄新生机械厂	54.56	128.30	88.30	0.50	2688	100.30
25	无锡通用机械厂	53.29	70.90	92.38	0.82	22577	100.03
26	安庆船用柴油机厂	37.83	94.58	128.20	0.48	13705	87.07
27	辽阳制药机械股份公司	17.73	93.92	79.91	0.37	7598	86.67
28	徐州生力轻工机械有限公司	28.03	149.19	85.73	0.54	4717	93.38
	平均值	47.88	121.32	75.74	0.69	20444	92.94

1999 年干燥设备行业协会会员单位经济指标

序号	企业名称	工业总产值		工业增加值（万元）	产品销售收入（万元）	产品销售成本（万元）	全年职工年末人数（人）
		不变值（万元）	当年价（万元）				
	合计	85522	86912	21552	73723	53201	12471
1	辽宁国能集团股份有限公司	7471	6524	2109	7052	3828	1135
2	淄博真空设备厂	3037	3542	1007	2209	1196	713
3	阿城市机械工业有限责任公司	1001	1001	700	95	82	245
4	夹江燎原机械制造公司	512	503	120	540	460	222
5	连云港市农业机械厂	197	173	36	106	63	183
6	靖江天达有限公司		4319	388	3784	2802	150
7	广东真空设备厂	15060	11826	1141	3050	2098	367
8	承德输送机集团有限责任公司	14601	14816	5008	16220	12191	2605
9	哈尔滨东宇农业工程机械有限公司	1182	1210	248	1226	1006	70
10	常州市一步干燥设备厂	2350	2233	575	2150	1188	135
11	浙江省龙泉市双益有限公司	148	161	61	161	125	25
12	靖江星轮高速机电设备制造公司	1230	1230	861	1102	573	161
13	上海远东制药机械总厂	5116	4487	1043	3852	3043	596
14	成都望江干燥设备厂	1569	1569	243	1357	1236	140
15	锡山市林洲干燥机厂	3800	4200	910	3695	3071	204
16	山东天力干燥设备有限公司	3000	3000	517	2683	1805	122
17	三门峡金渠集团化工机械有限公司	4453	4700	747	5944	4892	1729
18	青海农牧机械厂	1251	1285	390	651	524	389
19	解放军三四一九工厂	1100	1050	1879	962		718
20	自贡雷鸣机械制造有限公司	500	560	68	500	300	103
21	浙江尔乐干燥设备厂	1000	1050	31	785	681	69
22	沈阳兴华干燥设备厂	308	308	136	225	142	44
23	辽宁开原立达(集团)公司	3611	4013	702	4013	2752	202
24	重庆广厦干燥设备工程公司	977	977	225	977	680	108
25	锡山市昂利达干燥设备厂	1480	1480	348	1312	115	150
26	太仓工业搪瓷厂	1098	1010	285	1061	885	178
27	杭州钱江食品机械厂	530	453	177	417	334	73
28	常州市明星干燥设备厂	606	606		274	216	63
29	大连干燥设备厂	180	180	10	160	119	30
30	吴县自力化工设备有限公司	400	450	70	400	280	50
31	东台市食品机械厂	2286	2286	481	1811	1514	150
32	江阴市干燥成套设备厂	750	940	232	830	540	65
33	蚌埠市烘干设备厂	273	303	123	282	241	76
34	嘉兴市电热仪器厂	443	393	36	368	283	238
35	上海新翔热风炉厂	276	276	84	270		24
36	锡山市华庄散热器厂	340	340	88	290	241	68
37	沈阳化工研究院(机修厂)	218	316	8		116	61
38	海安县轻工机械刀片厂	760	760	75	720	576	268
39	四川省农机研究所设计院	290	290		280	250	40
40	阜新市热源设备厂	702	665	269	496	348	89
41	上海医用分析仪器厂	1407	1419	124	1415	1374	413

2000年干燥设备行业协会会员单位经济指标

企业名称	工业总产值		工业增加值（万元）	产品销售收入（万元）	产品销售成本（万元）	全年职工年末人数（人）
	不变价（万元）	当年价（万元）				
沈阳化工研究院	12000	12000	1560	7225	2625	1062
承德输送机集团有限责任公司	11687	11252	3673	16219	12637	2558
辽宁国能集团股份有限公司	7175	6340	113	7436	4600	952
上海远东制药机械总厂	6735	5503	2885	4906	4257	519
三门峡金渠集团化工机械有限公司	5334	5505	1214	4587	2655	1519
浙江真空设备集团公司	3897	4516	2244	4236	2527	647
江苏省范群干燥设备厂	3580	3580	1251	3058	1987	280
锡山市林洲干燥机厂	3500	3700	1132	3600	2980	138
淄博真空设备厂	3460	3269	700	3396	2251	557
浙江尔乐干燥设备厂	3000	3000	2050	2100	1785	102
锡山市昂利达干燥设备厂	3000	2950	523	2566	2024	158
山东天力干燥设备有限公司	2980	2980	610	2763	2175	133
辽宁开原立达(集团)公司	2921	3246	552	3246	2247	168
黑龙江白桦清选机械厂	2595	2601	762	2140	1376	816
东台市食品机械厂	2591	2591	562	2332	1952	150
常州市一步干燥设备厂	2296	2296	518	2181	1524	138
上海医用分析仪器厂	2000	2500	1000	1327	1133	255
常州长江干燥设备厂	1500	1500	262	1169	262	90
靖江星轮高速机电设备制造公司	1465	1465	918	1358	625	165
成都望江干燥设备厂	1313	1123	151	1123	922	150
哈尔滨东宇农业工程机械有限公司	1222	1250	255	1246	1018	70
阿城市机械工业有限责任公司	1200	1200	700	639	161	506
重庆厦干燥设备工程公司	1150	1150	290	1150	805	108
解放军三四一九工厂	1143	1102	239	1516	1022	667
常州振兴干燥设备厂	1058	1109	322	705	492	76
常州市明星干燥设备厂	800	800	360			
靖江天达有限公司	782	851	153	370	321	286
江阴市干燥成套设备厂	780	912	216	840	714	60
杭州钱江食品机械厂	749	640	163	636	512	61
浙江省龙泉市双益有限公司	736	801	230	695	607	53
上海新翔热风炉厂	655	595		548		
锡山市华庄散热器厂	643	643	104	540	46	58
太仓工业搪瓷厂	576	518	67	580	494	162
夹江燎原机械制造公司	531	546	132	288	230	216
福州三发干燥设备有限公司	494	466	278	112	105	69
阜新市热源设备厂	426	381	87	508	334	70
沈阳兴华干燥设备厂	380	380	163	240	150	45
自贡雷鸣机械制造有限公司	300	300		260	980	102
吴县自力化工设备有限公司	300	250	20	275	200	20
连云港市农业机械厂	270	233	85	242	198	160
嘉兴市电热仪器厂	187	148	20	283	230	220
大连干燥设备厂	160	160	11	140	104	28
佳木斯北方烘干设备制造厂	59	59		41	46	11
小计	97630	96410	26579	88818	61326	13703

1999年干燥设备行业协会会员单位经济效益综合指数

序号	企业名称	经济效益综合指数(%)	总资产贡献率(%)	资本保值增值率(%)	资产负债率(%)	流动资产周转率(次)	成本费用利润率(%)	全员劳动生产率(元/人)	产品销售率(%)
	平均	114.36	20.20	94.97	72.01	1.81	2.49	17282	88.90
1	上海新翔热风炉厂	395.60	92.68	113.64	200.00	13.48		35000	97.64
2	常州市一步干燥设备厂	314.37	87.00	116.88	53.23	5.58	8.42	42593	96.28
3	辽宁国能集团股份有限公司	290.18	12.68	242.10	20.92	0.42	53.96	18581	82.57
4	江阴市干燥成套设备厂	275.70	114.44	96.27	13.89		3.27	35692	91.49
5	大连干燥设备厂	268.87	112.13	100.20	37.82	2.12	6.72	3333	88.89
6	成都望江干燥设备厂	242.43	8.68	100.53	151.62	1.30	36.04	36643	86.49
7	哈尔滨东宇农业工程机械有限公司	230.97	44.29	84.44	28.77	5.00	12.40	35429	101.32
8	吴县自力化工设备有限公司	225.55	43.72	150.00	57.14	8.00	3.45	14000	88.89
9	辽宁开原立达(集团)公司	220.09	27.49	101.14	32.52	1.48	26.42	34752	100.00
10	靖江星轮高速机电设备制造公司	187.35	26.28	93.92	41.02	1.08	16.61	53478	89.59
11	蚌埠市烘干设备厂	162.70	46.18		42.70	1.80	-20.69	16184	27.06
12	锡山市林洲干燥机厂	162.05	22.83	48.35	113.07	1.35	10.02	44608	91.66
13	沈阳兴华干燥设备厂	161.90	34.26		66.22	1.25	11.15	30909	85.39
14	靖江天达有限公司	155.57	15.05	-0.06	100.04	5.40	7.00	25867	90.18
15	山东天力干燥设备有限公司	143.20	13.89	124.34	33.18	3.46	5.93	42418	89.42
16	自贡雷鸣机械制造有限公司	142.00	9.33	101.68	26.67	2.17	18.07	6602	89.29
17	浙江尔乐干燥设备厂	135.33	5.82	73.68	74.79	0.70	21.20	4420	74.76
18	东台市食品机械厂	127.66	18.30	89.87	69.87	1.88	4.58	32067	92.04
19	四川省农机研究所设计院	127.63	13.95	138.90		5.60	3.57		100.00
20	锡山市华庄散热器厂	105.80	17.13		53.81	2.87	4.07	12916	85.36
21	浙江省龙泉市双益有限公司	104.47	6.48	102.37	20.25	0.52	10.97	24400	100.00
22	上海远东制药机械总厂	90.17	3.92	115.19	73.29	4.51	-4.27	17505	103.48
23	杭州钱江食品机械厂	88.57	5.43	81.73	52.65	0.99	5.36	24247	92.05
24	解放军三四一九工厂	80.33	4.10	78.34	68.91	0.28	0.25	26167	212.95
25	广东真空设备厂	77.45	4.60	104.28	72.70	0.71	0.45	31090	96.45
26	锡山市昂利达干燥设备厂	75.13	4.17	57.14	72.58	0.87	2.66	23200	93.58
27	太仓工业搪瓷厂	70.50	-0.83	-32.18	101.75	1.03	-10.06	16011	104.95
28	承德输送机集团有限责任公司	67.59	3.79	101.03	55.95	0.61	1.29	19226	99.42
29	阜新市热源设备厂	65.94	5.65	99.65	128.70	1.00	-5.54	30270	68.49
30	重庆广厦干燥设备工程公司	65.92	5.53			0.77	5.80	20833	100.00
31	夹江燎原机械制造公司	59.68	3.76	100.00	89.60	0.67		5405	85.09
32	淄博真空设备厂	58.63	2.48	135.55	55.69	0.35	0.96	14223	67.14
33	海安县轻工机械刀片厂	52.20			51.06	1.38	3.57	3798	97.40
34	上海医用分析仪器厂	37.72	6.50		139.60	0.47	-5.92	2998	99.74
35	三门峡金渠集团化工机械有限公司	14.85	0.41	-54.43	145.04	0.58	-8.05	4320	106.19
36	常州市明星干燥设备厂	11.77	-1.76	142.11	88.78	0.35	-5.97		0.45
37	沈阳化工研究院(机修厂)	-8.27	-2.89	105.63	24.24		-5.98	1311	
38	嘉兴市电热仪器厂	-15.68	-2.55	65.83	79.13	0.83	-15.13	1504	92.62
39	连云港市农业机械厂	-38.95	-2.21	83.05	72.56	0.28	-19.79	1967	76.30
40	青海农牧机械厂	-110.00	-3.06	191.35	114.12	0.13	-44.47	10026	58.91
41	阿城市机械工业有限责任公司	-118.03	-7.65	70.61	84.50	0.22	-41.42	28571	49.95

2000年干燥设备行业协会会员单位经济效益综合指数

序号	企业名称	经济效益综合指数（%）	资金保值增值率（%）	资产负债率（%）	流动资产周转率（次）	全员劳动生产率（元/人）	产品销售率（%）
1	东台市食品机械厂	512.30	107.00	76.60	1.85	37470	90.00
2	江阴市干燥成套设备厂	440.00	197.00	54.60	0.86	36000	97.30
3	锡山市华庄散热器厂	395.78	121.30	75.00	2.09	17930	85.50
4	吴县自力化工设备有限公司	388.80	140.40	94.95	16.00	10000	80.00
5	常州市一步干燥设备厂	202.87	28.20	50.70	4.44	37540	95.00
6	常州振兴干燥设备厂	190.38	149.80	37.50	1.54	42370	69.30
7	重庆广厦干燥设备工程公司	180.00	57.70	87.10	0.88	17260	100.00
8	辽宁开原立达(集团)公司	178.70	110.70	29.17	1.09	32860	100.00
9	沈阳化工研究院	172.20	123.50	44.60	0.84	4762	41.67
10	靖江星轮高速机电设备制造公司	165.00	109.00	44.40	1.10	55640	93.00
11	哈尔滨东宇农业工程机械有限公司	146.00	330.00	4.40	2.16	36430	99.70
12	淄博真空设备厂	136.50	21.50	86.43	0.64	12567	74.00
13	沈阳兴华干燥设备厂	131.65	175.50	69.90	0.89	30200	63.00
14	锡山市林洲干燥机厂	125.00	94.30	51.40	2.05	820229	110.00
15	杭州钱江食品机械厂	124.15	154.00	66.40	1.26	26720	99.40
16	常州长江干燥设备厂	121.80	308.70	22.60	1.30	291	77.90
17	江苏省范群干燥设备厂	110.94	151.00	45.70	2.25	44680	85.40
18	浙江省龙泉市双益有限公司	107.71	100.00	20.70	2.15	118700	87.00
19	锡山市昂利达干燥设备厂	102.50	105.50	68.00	1.46	33100	97.00
20	常州市明星干燥设备厂	94.90	183.00	86.40		60830	62.50
21	成都望江干燥设备厂	90.87	100.50	62.55	1.57	10067	100.00
22	三门峡金渠集团化工机械有限公司	89.90	-15.80	88.30	2.26	7990	88.76
23	上海新翔热风炉厂	89.50	155.00	16.60			84.90
24	福州三发干燥设备有限公司	78.00	465.00	11.50	0.13	2481	44.60
25	大连干燥设备厂	71.20	1.07	38.20	1.48	3786	87.50
26	辽宁国能集团股份有限公司	66.24	24.60	66.70	0.34	1182	137.00
27	阜新市热源设备厂	65.50	108.00	111.00	1.022	12430	136.00
28	上海远东制药机械总厂	60.90	105.60	75.81	1.02	55590	103.90
29	山东天力干燥设备有限公司	57.00	114.60	27.54		45860	93.00
30	浙江尔乐干燥设备厂	56.10	98.70	66.50	1.55	20	70.00
31	浙江真空设备集团有限公司	55.84	95.00	54.70	0.80	34680	98.16
32	黑龙江白桦清选机械厂	54.50	98.30	58.47	0.357	9338	99.80
33	承德输送机集团有限责任公司	52.20	100.50	58.70	0.55	14400	99.90
34	夹江燎原机械制造公司	48.00	118.00	88.30		6111	102.00
35	解放军三四一九工厂	42.80	3.88	49.95	0.58	3582	137.00
36	自贡雷鸣机械制造有限公司	32.30	100.40	36.30	0.87		86.70
37	太仓工业搪瓷厂	-27.40	1120.00	102.70	0.57	41	112.00
38	阿城市机械工业有限责任公司	-28.57	62.90	88.80	0.22	13834	208.00
39	连云港市农业机械厂	-96.80	-514.00	66.56	0.46	5288	100.00
40	嘉兴市电热仪器厂	-98.00	2.65	99.20	0.86	909	166.90
41	靖江天达有限公司	-199.40	84.00	49.00	0.66	7430	66.04
42	上海医用分析仪器厂	-488.30	112.30	142.30	0.436	39220	128.00
43	佳木斯北方烘干设备制造厂	-743.00	-169.80	110.00			71.00
	平均值	78.10	119.00	62.90	1.60	19988	96.10

1996 年减变速机行业协会会员单位经济指标

企业名称	工业总产值（不变价）（万元）	工业总产值（当年价）（万元）	工业增加值（万元）	产品销售收入（万元）	产品销售成本（万元）	全年职工年末人数（人）
合计	111513	121085	30974	109742	80112	18296
天津市减速机总厂	8736	12959	3764	12657	8732.3	2299
上海减速机械厂	2833	3879	1083	4011	2907	753
广东江门电机股份有限公司	7155	8699	3180	9797	9303	1195
西安减速机厂	855	1098	343	1184	907	375
大连橡胶塑料机械厂工业公司	255	367	110	439	347	83
黑龙江萝北减速机械厂	329	463	130	253	186	119
沈阳变速机械总厂	1936	2048	707	1344	786	1712
地方国营象山机械厂	1465	1563	625	806	392	249
兰州市减速机厂	667	808	176	900	728	447
常州市兰陵减速机厂	500	500	160	359	256	50
江苏泰隆减速机集团公司	8607	9116	2096	8735	6019	1066
山东临朐机械电子总厂	4002	4156	1039	2253	1528	860
杭州福成机械有限公司	3532	3382	653	3488	2690	308
国营星光工模具厂	11682	11732	3321	10840	7762	998
江苏泰兴减速机(集团)	17607	17886	4685	15386	9570	1933
常州减速机总厂	1933	2744	1564	2305	1698	291
山东淄博博机集团公司	5693	6406		5700	4424	587
扬州琼花传动机械总厂	8917	7322	1330	8057	6405	913
常州减速机厂	5818	6467	1416	4765	3250	292
上海浦南传动机械厂	1371	1172	411	1397	927	240
平阳减速机总厂	2612	2459	468	2226	1837	200
温州市变速机械厂	337	362		332	224	117
宁波摆线减速机厂	991	1001	118	7513	875	120
苏州化工设备二厂	1741	1605	685	897	1266	348
永嘉县减速机厂	755	1056	282	703	1031	251
武进牛塘特种轴承厂	1723	1723	120	1243	1564	250
永嘉县变速机厂	229	235	74	174	235	27
永嘉县微型减速器厂	277	295	98	223	294	30
永嘉县行星变速器厂	473	501		309	425	45
神州摆线针轮减速机厂	283	397	79	269	333	168
宁波减速机厂	645	910	294	725	902	340
宁波人和机械有限公司	1386	1274	313	734	988	187
宁波无级变速器厂	1118	1074	320	581	875	168
温岭市变速器厂	231	310	144	300	423	175
沈阳化工设备厂	1773	2081	395	767	865	730
青岛金星机械制造股份有限公司	843	1002	158	231	364	220
瑞安通力变速机械有限公司	2203	2533	632	1327	2070	150

1997 年减变速机行业协会会员单位经济指标

企业名称	工业总产值（不变价）（万元）	工业总产值（当年价）（万元）	工业增加值（万元）	产品销售收入（万元）	产品销售成本（万元）	全年职工年末人数（人）
合计	111502	116559	33445	67022	104875	15781
天津市减速机总厂	6898	10118	3747	11130	6626	2231
上海减速机械厂	2901	3569	1781	3572	2482	619

（续）

企 业 名 称	工业总产值		工 业 增加值 （万元）	产品销售 收 入 （万元）	产品销售 成 本 （万元）	全年职工 年末人数 （人）
	（不变价） （万元）	（当年价） （万元）				
江苏泰隆减速机(集团)公司	8406	8904	2131	8460	5440	1202
广东江门电机股份有限公司	7772	9437	3079	8766	8294	1179
兰州减速机厂	691	831	236	867	672	440
西安减速机厂	721	885	230	510	386	360
上海振华机械修配厂	546	546	288	671	414	40
大连橡胶塑料机械厂工业公司	384	473	142	479	392	82
黑龙江萝北减速机械厂	367	383	65	195	128	116
常州市兰陵减速机厂	320	320	103	280	204	50
国营星光工模具厂	14588	14630	3790	14036	11024	1127
地方国营象山机械厂	1245	1292	413	802	429	223
常州市减速机厂	3994	4780	1660	4346	3267	278
杭州福成机械有限公司	4269	4086	822	3774	3030	408
平阳减速机总厂	2900	2615	545	2611	2211	200
瑞安通力变速机械有限公司	2335	2685	685	2610	1783	150
武进牛塘特种轴承厂	2000	2000	485	2051	1743	300
常州减速机总厂	1755	2441	1392	2080	1382	291
宁波摆线减速机厂	701	758	425	673	525	135
永嘉行星变速机械厂	688	713	114	586	408	37
永嘉减速机厂	562	773	227	689	460	251
青岛金星机械制造股份有限公司	497	598	228	559	367	220
温州市变速机械厂	444	477	120	385	270	135
宁波减速机厂	414	599	148	654	551	325
福州市摆线针轮减速机厂	372	274	75	392	331	156
永嘉县变速机厂	242	238	87	238	183	27
苏州化工设备二厂	1401	1153	413	1093	832	336
江苏泰兴减速机(集团)	18500	18510	4774	17000	11503	1882
永嘉县微型减速器厂	282	296	104	282	217	28
淄博博机集团总公司	5903	6572	1971	5685	4623	584
温州市江南减速机械厂	1008	1013	214	865	669	61
张家港第二纺织机械厂	552	596		718	614	110
扬州琼花传动机械总厂	8922	6977	1533	7817	6285	1099

1998 年减变速机行业协会会员单位经济指标

企 业 名 称	工业总产值		工 业 增加值 （万元）	产品销售 收 入 （万元）	产品销售 成 本 （万元）	全年职工 年末人数 （人）
	（不变价） （万元）	（当年价） （万元）				
合计	127451	132031	34902	118800	96571	18935
系统内小计:19	70946	75774	22401	69843	55281	10326
天津市减速机总厂	7686	9858	2388	11864	8647	2091
上海市减速机械厂	2473	3163	1321	3372	2341	561
广东江门电机股份有限公司	7148	8903	3068	8120	7708	1149
国营星光工模具厂	21992	22003	7592	18072	14261	972
江苏泰隆减速机集团公司	9583	9583	2591	9169	6480	1306
秦川机床集团有限公司减速机厂	654	741	89	640	477	95
无锡中策太湖化工机械有限公司	1048	1077	404	1024	882	233
大连橡胶塑料机械厂工业公司	1780	1920	593	2041	1557	449
西安减速机厂	648	823	243	776	595	351
兰州减速机厂	401	476	157	505	422	425
宁波宁星减速机有限公司	470	470	151	415	319	
山东省临朐机械电子总厂	3860	3613	1150	2387	1826	870
景德镇市减速机厂	452	452	136	400	288	492

（续）

企业名称	工业总产值（不变价）（万元）	工业总产值（现行价）（万元）	工业增加值（万元）	产品销售收入（万元）	产品销售成本（万元）	全年职工年末人数（人）
黑龙江省萝北减速机械厂	359	393	261	178	110	108
江苏安达防爆机电集团有限公司	7630	7630	1292	6937	6031	502
常州市兰陵减速机厂	460	460	160	400	310	50
杭州福成机械门业有限公司	3428	3280	582	3187	2547	378
上海市振华机械修配厂	409	409	91	409	240	86
地方国营象山县机械厂	466	520	133	338	241	208
系统外小计 29	56505	56777	12501	54945	41290	8609
江苏省泰兴减速机厂(集团)	20103	20103	5477	19206	13263	1883
泰州市琼花传动机械总厂	10600	8793	1656	8574	7213	1099
山东淄博博机集团总公司	4017	4501	800	4147	2557	567
武进市牛塘特种轴承厂	2500	2500	380	2504	2196	360
浙江通力变速机械有限公司	2192	2520	806	2550	1590	130
平阳减速机总厂	1938	1988	390	1891	1595	150
上海浦南传动机械有限公司	1042	898	209	930	629	227
宁波中意液压马达有限公司	1108	1312	744	1240	885	194
常州减速机总厂	1348	1817	960	1635	1186	241
温州市江南减速机厂	1190	1190	178	1093	862	81
宁波摆线减速机厂	983	1046	210	886	672	129
宁波人和机械有限公司	1239	1059	401	1043	880	168
苏州华佳化工装备制造有限公司	653	490	151	581	422	322
江阴市明友减速机械有限公司	542	542	131	547	434	90
青岛金星机械有限公司	599	694	272	566	407	220
桂林市建工机械厂	200	247		266	237	278
永嘉县浙南减变速机厂	597	597		597	480	40
宁波减速机厂	231	340	53	443	367	322
浙江省永嘉县无级变速机厂	650	765	40	316	262	45
温州市午马变速机械有限公司	303	337	53	337	283	52
张家港市第二纺织机械厂	373	511	264	364	253	100
永嘉县微型减速器厂	284	298	105	290	225	28
温州市变速机械厂	323	348	195	307	233	117
神州市摆线针轮减速机厂	239	328	96	272	211	157
重庆化工机械厂	2646	2845	-1188	2925	2898	1436
温岭市变速器厂	94	131	35	131	92	54
永嘉县变速机厂	210	210	70	201	155	28
永嘉行星变速机械厂	710	780	91	950	665	101
沈阳协同减速机制造有限公司	188	184	54	154	140	30

1999 年减变速机行业协会会员单位经济指标

企业名称	工业总产值（不变价）（万元）	工业总产值（当年价）（万元）	工业增加值（万元）	产品销售收入（万元）	产品销售成本（万元）	全年职工年末人数（人）
合计	136624	137070	32615	128542	98295	14602
系统内小计:13	66730	67639	16516	64403	48892	7819
天津市减速机总厂	8180	10399	4075	11813	8419	1609
上海市减速机械厂	2091	2630	702	2935	1903	432
广东江门电机股份有限公司	8602	10016	3351	9046	6051	1020
国营星光工模具厂	28703	25325	2795	23155	19864	968
江苏泰隆减速机集团公司	11509	11509	3306	10631	7119	1508
山东临朐天源机械有限公司	3077	2857	714	2075	1706	516
无锡中策太湖化工机械有限公司	1125	1125	488	1127	988	222
大连橡胶塑料机械厂工业公司	1475	1599	401	1733	1327	293
西安减速机厂	562	706	207	699	558	243

（续）

企业名称	工业总产值（不变价）（万元）	工业总产值（当年价）（万元）	工业增加值（万元）	产品销售收入（万元）	产品销售成本（万元）	全年职工年末人数（人）
兰州减速机厂	456	513	194	551	478	352
宁波宁星减速机有限公司	247	252	65	234	164	55
黑龙江省萝北减速机厂	285	290	140	193	151	109
景德镇市减速机厂	418	418	76	210	166	492
系统外小计:28	69894	69431	16100	64139	49402	6783
江苏省泰兴减速机厂(集团)	24117	24117	6068	23189	15591	1602
泰州市琼花传动机械总厂	19554	16697	1698	15682	14249	1099
山东淄博博机集团总公司	5215	5841	910	5332	4759	652
武进市牛塘特种轴承厂	3000	3000		2933	2612	420
浙江通力变速机械有限公司	2395	2750	1053	2620	1704	168
平阳减速机总厂	1876	1876	395	1865	1619	150
上海浦南传动机械有限公司	1585	1355	271	1018	806	221
宁波中意液压马达有限公司	1440	1565	44	1421	1065	187
常州减速机总厂	1374	2090	1205	1516	1103	243
温州市江南减速机厂	1233	1233	1849	1114	865	89
宁波摆线减速机厂	1049	1116	174	918	674	133
沈阳沈板传动机械有限公司	900	920	132	905	601	98
永嘉县行星变速机械厂	689	706		590		45
江阴市明友减速机械有限公司	669	669	938	532	425	89
青岛金星机械有限公司	583	583	257	421	248	220
浙江博能传动有限公司	430	430	357	430	348	58
永嘉县减速机厂	430	615	181	524		67
沈阳市恒宇减速机厂	420	420		410	316	56
浙江省永嘉县减速机二厂	413	479		417		33
温州市午马变速机械有限公司	407	452	437	453	379	72
张家港市第二纺织机械厂	370	524	260	345	265	100
永嘉县微型减速器厂	352	365	119	355	280	32
温州市变速机械厂	332	357	206	371	273	108
神州市摆线针轮减速机厂	290	367	107	385	310	139
沈阳化工设备厂	246	304	68	321	465	603
温岭市变速器厂	191	242	96	230	166	41
永嘉县变速机厂	189	213	69	203	151	28
永嘉大力精密机械有限公司	145	145		163	130	30

2000年减变速机行业协会会员单位经济指标

企业名称	工业总产值 不变价（万元）	工业总产值 当年价（万元）	工业增加值（万元）	产品销售收入（万元）	固定资产合计（万元）	全年职工年末人数（人）
江苏省泰兴减速机厂	30089	30089	7466	29589	9088	1886
广东星光机电有限公司	23186	19153	4576	18053	6609	979
泰州市琼花传动机械总厂	22816	22816	2320	21578	6067	1189
江苏泰隆减速机集团公司	11509	11509	3306	13091	6201	1508
天津市减变速机总厂	8868	11277	3797	12495	6325	1534
广东江门电机股份有限公司	8647	9047	2545	8617	1596	981
山东淄博博机集团总公司	5419	6276	1433	5698	1360	673
杭州减速机厂	4347	4161	1064	3059	2095	232
武进市牛塘特种轴承厂	3240	3240	621	2955	918	450
浙江通力变速机械有限公司	3189	3503	1305	2989	731	195
上海市减变速机械厂	2779	3033	1410	3034	1354	418
温州三联集团有限公司	2673	2646	554	2631	1107	180

（续）

企业名称	工业总产值		工业增加值（万元）	产品销售收入（万元）	固定资产合计（万元）	全年职工年末人数（人）
	不变价（万元）	当年价（万元）				
温州市江南减速机厂	2452	2452	368	2147	771	75
宁波中意液压马达有限公司	1976	2148	716	1887	321	194
常州减速机总厂	1645	2160	1123	1510	876	241
宁波摆线减速机厂	1637	1528	250	1164	455	135
上海浦南传动机械有限公司	1454	1245	249	1284	343	195
无锡中策太湖化工机械有限公司	1154	1154	416	1080	1071	189
江阴市明友减速机械有限公司	1124	1124	727	926	894	180
大连橡胶塑料机械厂工业公司	1066	1180	356	1074	730	288
河北北方减速机有限公司	880	880	380	980	521	210
永嘉县华东变速机厂	664	699	197	676	197	38
秦川机库集团有限公司减速机厂	660	751		1426		
张家港市第二纺织机械厂	587	850	260	635	135	100
青岛金星机械有限公司	583	583	240	473	217	220
永嘉县减速机厂	582	816	237	545	448	65
浙江变速电机有限公司	578	578	140	579	480	38
西安减速机厂	576	711	170	685	3188	322
兰州减速机厂	557	703	230	702	907	290
山东淄博市博山奥博机械厂	548	457	90	381	180	66
浙江东方传动机械有限公司	534	548	162	516	386	31
温州市午马变速机械有限公司	497	497		497	543	72
永嘉县飞龙减速机厂	390	392	383	357	69	55
武进市金星减速机有限公司	366	361	130	320	125	40
永嘉县微型减速器厂	338	351	105	342		
温州市变速机械厂	330	355	120	344	273	105
沈阳协同减速机制造有限公司	300	300		284	17	56
温岭市变速机厂	259	233	117	297	48	43
永嘉大力精密机械有限公司	218	218		218	124	30
永嘉县变速机厂	212	221	76	215	121	28
福州市摆线针轮减速机厂	201	276	81	273	185	143
景德镇市减速机厂	189	219	55	201	218	492
宁波宁星减速机有限公司	139	103	－22	131	476	52
浙江省永嘉县减速机二厂	71	71	29	72	244	18
小计	149529	150914	37780	146009	58014	14378

1996 年减变速机行业协会会员单位经济效益综合指数

序号	企业名称	产品销售率（%）	资金利税率（%）	增加值率（%）	成本费用利润率（%）	全员劳动生产率（元/人）	流动资产周转率（次）
	合计	94.37	8.32	24.51	5.42	16859	1.19
1	天津市减速机总厂	96.54	4.19	24.64	1.06	16401	0.96
2	上海减速机械厂	112.49	0.77	26.61	－1.09	14096	0.76
3	广东江门电机股份有限公司	98.71	14.92	30.52	1.83	26303	1.87
4	西安减速机厂	105.56	－1.62	26.16	－11.91	9262	0.88
5	大连橡胶塑料机械厂工业公司	103.00	9.02	24.93	3.50	13265	0.97
6	黑龙江萝北减速机械厂	63.93	0.64	25.48	0.60	12641	0.25
7	沈阳变速机械总厂	58.69	0.69	31.45	0.07	4216	0.28
8	地方国营象山机械厂	94.18	5.63	36.73	6.63	24131	0.63
9	兰州市减速机厂	128.22	3.48	18.23	0.02	3803	0.71
10	常州市兰陵减速机厂	86.00	3.16	30.37	1.13	32000	1.11

（续）

序号	企业名称	产品销售率（%）	资金利税率（%）	增加值率（%）	成本费用利润率（%）	全员劳动生产率（元/人）	流动资产周转率（次）
11	江苏泰隆减速机集团公司	99.00	20.15	19.95	10.35	17842	2.41
12	山东临朐机械电子总厂	83.23	6.23	22.91	2.02	12010	0.85
13	杭州福成机械有限公司	95.39	6.16	17.47	0.76	20541	1.98
14	国营星光工模具厂	96.88	8.57	24.49	7.02	33958	1.09
15	江苏泰兴减速机(集团)	86.02	20.77	22.87	10.93	24225	2.89
16	常州减速机总厂	97.96	6.13	49.81	4.45	52838	0.63
17	山东淄博博机集团公司	96.36	16.61		15.44		1.92
18	扬州琼花传动机械总厂	110.34	8.49	15.43	4.00	14492	1.65
19	常州减速机厂	96.29	12.28	19.28	16.57	48493	0.73
20	上海浦南传动机械厂	118.77	9.68	29.11	8.48	17342	1.08
21	平阳减速机厂	96.62	9.70	16.49	4.96	23400	1.41
22	温州市变速机械厂	91.71	4.94		3.36		0.46
23	宁波摆线减速机厂	100.90	5.92	10.51	2.04	9484	1.30
24	苏州化工设备二厂	78.94	6.49	37.64	0.08	19296	0.88
25	永嘉县减速机厂	88.92	5.73	22.86	－0.77	12030	0.54
26	武进牛塘特种轴承厂	73.36	9.96	6.03	8.73	4800	1.42
27	永嘉县变速机厂	100.00	11.61	26.91	10.17	27407	1.27
28	永嘉县微型减速器厂	116.61	15.34	28.41		33793	1.70
29	永嘉县行星变速器厂	84.83	12.58		7.95		1.48
30	福州摆线针轮减速机厂	90.43	13.50	17.51	1.83	6786	1.80
31	宁波减速机厂	91.54	－1.99	27.55	－12.68	7946	0.75
32	宁波人和机械有限公司	88.30	5.16	21.40	3.76	17214	0.77
33	宁波无级变速器厂	96.37	7.52	26.17	7.61	19301	0.79
34	温岭市变速器厂	104.52	8.77	37.63	0.32	7294	0.74
35	沈阳化工设备厂	74.72	－0.37	17.71	0.00	5456	0.41
36	青岛金星机械制造股份有限公司	54.89	6.50	14.85	8.43	7182	0.50
37	瑞安通力变速机械有限公司	95.62			10.00	42133	

1997年减变速机行业协会会员单位经济效益综合指数

序号	企业名称	总资产贡献率（%）	资产保值增值率（%）	资产负债率（%）	流动资产周转率（次）	成本费用利润率（%）	全员劳动生产率（元/人）	产品销售率（%）
	合计	14.2	54.1	53.4	1.2	6.9	21445	96.9
1	天津市减速机总厂	7.5	101.2	54.3	0.8	1.1	16608	107.4
2	上海减速机械厂	5.2	245.3	47.9	0.7	0.0	25220	99.2
3	江苏泰隆减速机(集团)公司	16.9	96.0	33.9	1.9	9.6	18462	95.7
4	广东江门电机股份有限公司	11.2	102.7	52.6	1.4	1.8	25658	92.9
5	兰州减速机厂	6.3	100.0	39.6	0.7	0.0	5342	100.7
6	西安减速机厂	1.2	127.8	54.2	0.4	－13.8	6214	101.9
7	上海振华机械修配厂			90.0	1.1	0.2	64009	122.9
8	大连橡胶塑料机械厂工业公司	5.2	100.0	93.2	1.1	3.0	17096	95.1
9	黑龙江萝北减速机械厂	1.9	325.3	72.2	0.2	0.0	5586	55.1
10	常州市兰陵减速机厂	10.8	21.4	97.6	1.6	1.9	20600	87.5
11	国营星光工模具厂	3.7	113.7	76.1	1.2	5.6	36442	101.9
12	地方国营象山机械厂	9.3	120.1	69.0	0.5	1.7	17280	78.6
13	常州市减速机厂	10.6	105.4	37.1	0.6	17.1	61482	98.0
14	杭州福成机械有限公司	13.9	120.6	62.6	1.1	5.8	20435	92.4
15	平阳减速机总厂	12.3	103.5	43.6	1.4	4.7	27250	99.8
16	瑞安通力变速机械有限公司	30.9	99.6	52.1	2.3	6.0	45667	97.2
17	武进牛塘特种轴承厂	18.0	105.3	33.1	1.7	8.4	16167	102.6

（续）

序号	企业名称	总资产贡献率(%)	资产保值增值率(%)	资产负债率(%)	流动资产周转率(次)	成本费用利润率(%)	全员劳动生产率(元/人)	产品销售率(%)
18	常州减速机总厂	3.0	107.9	24.6	0.5	5.8	48842	93.2
19	宁波摆线减速机厂	6.6	109.3	72.9	0.7	4.5	33180	90.8
20	永嘉行星变速机械厂	28.5	100.0	48.6	1.8	20.6		82.2
21	永嘉减速机厂	7.7	89.8	68.1	0.4	-9.5	9718	95.5
22	青岛金星机械制造股份有限公司	11.4	103.2	57.5	0.8	1.7	10364	98.2
23	温州市变速机械厂	3.1	76.6	11.8	0.6	0.8	8889	80.5
24	宁波减速机厂	-11.3	80.0	47.9	0.5	-27.5	4566	108.2
25	福州市摆线针轮减速机厂	16.3	474.4	50.7	2.3	4.3	4808	143.1
26	永嘉县变速机厂	11.0	105.5	37.7	1.3	10.7	32222	100.0
27	苏州化工设备二厂	6.1	101.0	74.9	0.8	0.1	11902	94.0
28	江苏泰兴减速机(集团)	20.8	85.8	37.0	2.4	8.8	25328	91.8
29	永嘉县微型减速器厂	9.9	113.8	34.6		0.4	38519	95.3
30	淄博博机集团总公司				1.9	12.1	33866	94.9
31	温州市江南减速机械厂	10.3		59.3	1.4	9.8	35082	66.0
32	张家港第二纺织机械厂	2.9		90.1	1.0	-5.9		86.9
33	扬州琼花传动机械总厂	12.1	125.6	37.0	1.0	2.6	15239	100.2

1998年减变速机行业协会会员单位经济效益综合指数

序号	企业名称	经济效益综合指数(%)	总资产贡献率(%)	资本保值增值率(%)	资产负债率(%)	流动资产周转率(次)	成本费用利润率(%)	全员劳动生产率(元/人)	生产销售率(%)
	合计	79.38	7.01	117.75	44.90	1.17	1.65	17662	96.89
	系统内小计:19	85.70	6.63	124.80	40.03	1.19	3.08	20209	96.39
1	常州市兰陵减速机厂	154.72	14.12	550.00	87.21	1.36	1.28	32000	87.00
2	国营星光工模具厂	146.70	10.03	186.13	59.69	1.48	4.68	76451	92.98
3	江苏泰隆减速机集团公司	131.45	18.75	97.41	36.86	1.70	8.67	21448	99.96
4	广东江门电机股份有限公司	96.19	10.18	99.49	53.35	2.10	1.24	26425	87.12
5	天津市减速机总厂	89.33	9.80	104.55	52.69	1.04	3.78	11012	113.29
6	杭州福成机械门业有限公司	79.99	6.31	88.56	45.74	0.91	4.15	15388	98.02
7	秦川机床集团有限公司减速机厂	73.44	13.39	41.96	79.41	0.78	2.45	9889	86.37
8	上海市减速机械厂	68.12	2.00	101.00	49.41	0.80	1.38	22860	104.00
9	黑龙江萝北减速机械厂	55.39	0.92	121.23	69.70	0.28	0.21	25598	58.27
10	大连橡胶塑料机械厂工业公司	52.30	5.00	58.00	83.00	0.65	0.09	12753	101.04
11	上海市振华机械修配厂	46.16	5.61	10.57	89.74	0.76	0.50	11098	100.00
12	西安减速机厂	31.50	1.65	132.31	46.37	0.80	-6.12	7126	91.49
13	兰州减速机厂	-2.11	0.77	92.72	45.78	0.43	-12.22	3634	98.95
14	地方国营象山县机械厂	-148.13	-3.99	63.36	77.80	0.23	-46.37	6394	81.73
15	无锡中策太湖化工机械有限公司		3.94	49.11	0.78	1.01	16096	95.08	
16	宁波宁星减速机有限公司		1.86	55.70	0.52	-7.78	2063	100.00	
17	山东省临朐机械电子总厂		3.24	72.58	0.72	0.03	13279	94.77	
18	景德镇市减速机厂		7.36	78.15	0.48	0.07	2758	96.90	
19	江苏安达防爆机电集团有限公司		15.05	28.45	2.29	4.55	26530	90.92	
	系统外小计:29	72.39	7.39	110.69	49.76	1.29	-0.18	14408	96.68
20	永嘉县行星变速机械厂	212.73	20.77	208.52	53.73	2.09	25.74	9000	89.87
21	浙江通力变速机械有限公司	175.69	23.85	168.30	25.50	2.32	7.79	62000	101.19
22	江苏省泰兴减速机厂(集团)	141.44	19.87	104.75	43.39	2.19	7.80	29150	95.54
23	武进市牛塘特种轴承厂	127.86	17.96	133.10	48.55	1.79	4.75	26000	100.00
24	永嘉县微型减速机厂	126.01	8.50	103.24	33.70	0.88	11.72	38889	96.98
25	宁波中意液压马达有限公司	124.54	13.10	109.70	44.50	0.90	8.22	37949	100.61
26	永嘉县变速机厂	109.46	6.70	103.00	28.30	0.93	10.67	25000	95.71

（续）

序号	企业名称	经济效益综合指数（%）	总资产贡献率（%）	资本保值增值率（%）	资产负债率（%）	流动资产周转率（次）	成本费用利润率（%）	全员劳动生产率（元/人）	生产销售率（%）
27	温州市江南减速机厂	107.93	11.51	95.67	38.53	1.72	5.92	23474	91.76
28	泰州市琼花传动机械总厂	107.12	8.98	100.20	43.70	1.74	2.80	15.68	91.21
29	平阳减速机总厂	99.92	11.15	97.80	47.22	0.95	3.17	34978.32	99.43
30	常州减速机总厂	89.99	5.00	102.00	23.03	0.35	5.89	38400	99.56
31	宁波人和机械有限公司	88.52	8.13	105.00	60.86	1.00	2.45	23728	102.74
32	温州市午马变速机械有限公司	88.45	7.90	135.00	66.67	1.31	3.16	10192	100.00
33	浙江县永嘉县无级变速机厂	85.89	3.80	166.00	44.63	1.66	3.65	8900	90.00
34	宁波市摆线减速机厂	85.65	6.83	128.23	67.60	0.84	4.06	16248	83.94
35	沈阳协同减速机制造有限公司	74.24	5.80	101.20	26.09	1.77	1.32	18000	83.70
36	青岛金星机械有限公司	71.20	10.30	97.30	63.38	0.66	0.54	12364	83.71
37	温岭市变速器厂	68.21	5.00	100.90	37.13	0.29	4.85	6784	93.89
38	江阴市明友减速机械有限公司	56.25	17.40	75.00	97.12	0.80	-4.76	13820	103.51
39	温州市变速机械厂	50.78	3.16	105.47	14.94	0.56	0.09	16508	88.22
40	福州市摆线针轮减速机厂	47.20	4.67	133.58	44.20	1.43	-4.57	6154	82.93
41	张家港市第二纺织机械厂	27.02	4.32	43.27	93.22	0.55	-6.41	28652	84.34
42	苏州华佳化工装备制造有限公司	-52.65	-4.45	67.28	81.82	0.46	-21.96	4632	109.18
43	宁波减速机厂	-117.18	-13.00	72.00	57.17	0.42	-35.61	1630	123.24
44	山东淄博博机集团总公司			1.37	16.05	14210	93.96		
45	上海浦南传动机械有限公司		5.00	75.20	0.47	0.65	9087	103.56	
46	桂林市建工机械厂			100.00	17.56	125.51			
47	永嘉县浙南减变速机厂		14.56	0.00	1.54	14.72	100.00		
48	重庆化工机械厂		-27.28	82.90	0.82	-50.08	-8115	102.99	

1999年减变速机行业协会会员单位经济效益综合指数

序号	企业名称	经济效益综合指数（%）	总资产贡献率（%）	资本保值增值率（%）	资产负债率（%）	流动资产周转率（次）	成本费用利润率（%）	全员劳动生产率（元/人）	生产销售率（%）
	合计	67.72	9.01	101.32	50.83	1.26	2.27	17121	97.19
	系统内小计:13	61.47	5.28	90.16	61.49	0.85	-0.22	14591	99.61
1	江苏泰隆减速机集团公司	107.98	14.94	101.75	37.49	1.79	3.91	22190	97.02
2	国营星光工模具厂	92.39	6.31	69.37	74.97	1.64	3.89	29085	99.57
3	广东江门电机股份有限公司	90.07	9.51	100.72	52.45	1.33	1.65	27675	90.39
4	无锡中策太湖化工机械有限公司	75.81	5.46	101.80	48.74	0.85	1.99	21143	100.18
5	天津市减速机总厂	72.86	6.39	99.85	54.07	1.02	0.21	18713	107.79
6	宁波宁星减速机有限公司	63.68	3.60	27.41	81.74	0.60	5.13	11584	100.00
7	上海市减速机械厂	61.20	4.68	96.38	48.06	0.76	0.03	11873	112.09
8	大连橡胶塑料机械厂工业公司	58.28	4.40	105.59	85.52	0.67	0.16	12088	105.07
9	山东临朐天源机械有限公司	55.78	4.13	100.63	73.89	0.57	0.20	11101	87.71
10	兰州减速机厂	52.48	4.62	100.00	43.35	0.53	0	4715	101.56
11	黑龙江省萝北减速机厂	50.99	2.04	93.97	72.29	0.26	0.05	13122	102.76
12	景德镇市减速机厂	40.51	2.36	79.75	82.51	0.25	-1.60	1600	89.71
13	西安减速机厂	-22.86	0.19	95.00	47.35	0.80	-18.51	4799	101.13
	系统外小计:28	94.16	11.14	110.45	49.40	1.50	3.70	23286	95.80
14	江苏省泰兴减速机厂(集团)	152.40	22.89	132.52	29.81	2.63	6.38	37830	96.16
15	浙江通力变速机械有限公司	148.04	25.20	80.52	47.31	1.92	4.54	54587	85.48
16	浙江博能传动有限公司	136.82	14.85	240.30	20.10	1.12	3.38	64909	100.00
17	宁波市摆线减速机厂	127.57	12.10	139.35	63.74	0.71	12.95	12290	84.81
18	温岭市变速器厂	127.42	8.31	101.31	37.09	5.68	3.83	11420	100.00
19	永嘉县微型减速机厂	124.38	10.23	104.57	29.89	1.08	10.44	35863	100.00
20	温州市江南减速机厂	118.07	10.17	117.47	58.27	1.13	8.50	24719	100.00

（续）

序号	企业名称	经济效益综合指数（%）	总资产贡献率（%）	资本保值增值率（%）	资产负债率（%）	流动资产周转率（次）	成本费用利润率（%）	全员劳动生产率（元/人）	生产销售率（%）
21	宁波中意液压马达有限公司	105.02	14.32	107.96	37.13	1.12	8.51	2112	88.52
22	山东淄博博机集团总公司	104.70	13.63	100.00	44.72	2.04	4.46	12755	91.29
23	温州市午马变速机械有限公司	103.48	8.76	37.78	84.36	2.37	1.35	54652	100.22
24	泰州市琼花传动机械总厂	98.09	9.99	105.17	21.69	2.97	2.09	18096	95.18
25	平阳减速机总厂	95.83	8.17	97.82	44.55	1.03	4.80	26340	99.39
26	沈阳沈板传动机械有限公司	80.63	6.73	100.00	60.97	0.80	3.55	13177	100.00
27	永嘉县变速机厂	73.04	7.51	102.63	41.45	0.72	0.56	100.00	
28	福州市摆线针轮减速机厂	71.68	8.39	99.44	47.45	1.72	－0.28	6263	100.00
29	常州减速机总厂	64.85	1.30	106.10	21.70	0.33	2.37	32871	87.28
30	青岛金星机械有限公司	61.27	5.44	99.77	66.54	0.43	0.48	11682	100.00
31	张家港市第二纺织机械厂	54.73	9.78	120.41	86.03	0.56	－3.32	18309	75.99
32	上海浦南传动机械有限公司	53.36	2.87	94.85	79.50	0.48	0.10	14089	100.00
33	沈阳化工设备厂	40.40	0.41	100.00	70.29	0.22	0	913	93.04
34	温州市变速机械厂	35.48	3.75	98.71	23.81	0.60	－4.99	16954	97.43
35	武进市牛塘特种轴承厂		20.52	110.78	49.78	2.13	6.88	97.78	
36	永嘉县行星变速机械厂		7.10	132.78	1.58		100.00		
37	江阴市明友减速机械有限公司		2.35	83.51	97.62	0.87	－1.04	89.74	
38	永嘉县减速机厂				18909	100.00			
39	沈阳市恒宇减速机厂		38.21	139.55	47.61	5.28	7.28	100.00	
40	浙江省永嘉县减速机二厂		19.12	128.83	15.22		100.00		
41	永嘉县大力精密机械有限公司		8.63	100.00	57.81	1.05	13.29	23548	100.00

2000年减变速机行业协会会员单位经济效益综合指数

序号	企业名称	经济效益综合指数（%）	资金保值增值率（%）	资产负债率（%）	流动资产周转率（次）	全员劳动生产率（元/人）	产品销售率（%）
1	浙江东方传动机械有限公司	159.71	448.40	20.25	1.36	52620	94.16
2	宁波中意液压马达有限公司	142.46	111.67	44.76	1.23	35402	103.86
3	永嘉县华东变速机厂	138.93	103.46	23.97	3.06	50500	96.71
4	浙江变速电机有限公司	131.45	101.41	22.05	2.18	36842	100.17
5	浙江通力变速机械有限公司	127.44	111.43	49.22	2.08	64217	101.46
6	江苏省泰兴减速机厂	125.70	87.87	54.80	2.80	40033	99.74
7	温州市江南减速机厂	123.05	120.14	58.27	1.07	49040	87.56
8	宁波摆线减速机厂	120.23	126.86	59.86	0.81	19871	89.07
9	温州三联集团有限公司	112.14	335.02	31.45	0.97	34978	99.43
10	山东淄博博机集团总公司	108.78	104.91	44.75	2.23	18691	90.79
11	江苏泰隆减速机集团公司	108.18	127.97	51.23	2.02	27370	97.02
12	广东星光机电有限公司	101.16	131.62	65.85	1.26	53365	101.79
13	泰州市琼花传动机械总厂	98.25	97.14	62.91	3.30	20280	95.06
14	永嘉县变速机厂	96.49	102.56	41.46	0.73	28040	97.29
15	永嘉县减速机厂	92.31	100.00	50.11	0.33	25951	67.03
16	张家港市第二纺织机械厂	85.49	143.26	82.15	1.45	17955	81.65
17	广东江门电机股份有限公司	71.30	98.21	52.53	1.33	242045	95.45
18	武进市牛塘特种轴承厂	70.97	111.34	49.00	1.89	13800	91.20
19	天津市减变速机总厂	68.42	118.30	51.71	1.06	19540	105.76
20	上海市减变速机械厂	68.32	100.02	38.45	0.84	30333	100.82
21	温岭市变速机厂	67.80	102.82	31.02	0.72	16281	92.24
22	无锡中策太湖化工机械有限公司	67.55	108.81	47.49	0.75	21984	93.59
23	浙江省永嘉县减速机二厂	63.30	50.00	40.85	1.13	17059	101.41

（下转 348 页）

China General Machinery Industry Yearbook

中国通用机械工业 年鉴

2002

大事记

大事记 DASHIJI

China General Machinery Industry Yerqrbook

回顾行业大事

1996～2000年通用机械工业大事记

一九九六年

1月

4日　苏州制氧机厂张风华厂长被江苏省组织部、宣传部、计划及经济委员会总工会评为“江苏省依靠职工办企业优秀厂长经理”。

有关部门批准1996年1月8日浙江真空设备集团暨浙江真空设备集团有限公司在椒江成立。该集团以集团公司为核心，由海门电子仪器厂等8家紧密层企业和由临海市路桥真空机械铸造有限公司等12家松散型企业组成的多法人经济联合会。该集团暨集团公司已从过去一个行业一个企业的经营方式发展到多种行业集团化经营方式。

10日　江苏省吴县市人民政府授予苏州制氧机厂的“650m^3/h高纯氮设备产品部省级新产品奖”。

17日　杭州制氧机集团公司提供给娄塘制氧厂的全精馏制氩1 000m^3/h空分设备获得成功。

27日　江西省委副书记舒惠国到江西制氧机厂检查工作。

30日　美国APCI公司Mr.Hilgor到四川空分设备(集团)有限责任公司洽谈贮槽采购事宜。

2月

8日　由苏州制氧机厂与中国冶金建设集团公司合资兴建的苏州华福低温容器有限公司在苏州吴县市新区建成投产。张凤华厂长出任总经理。

3月

5日　中国工业自动化仪表产品质量监督检验中心来文证明：苏州制氧机厂仪电厂已取得了仪表盘生产许可证。

9日　苏州制氧机厂低温液体贮槽项目顺利通过省级竣工验收，交付使用。

13～17日　在福建厦门召开了风协统信网协调组会议。会议由风协企业管理部负责人李万纯同志主持，秘书长钟浩同志参加会议。会议审核汇总了风协会员单位1995年各项经济技术指标和产量明细；计算了各会员单位的综合效益指数和全行业排序；对销售收入、利税总额前20名进行了排序；研究落实了“八五”统计资料汇编工作；讨论推荐了第四届统计信息网协调组成员单位和人员名单。

15～16日　在机械工业部重大装备司和气体分离设备行业协会的组织下在杭州市富阳召开大中型空分设备价格协商会议。杭州制氧机集团有限公司、开封空分设备厂、四川空气分离设备厂、中国空分设备公司等单位就合同的份额比例分配、价格、行业内优先配套及组织形式等方面自愿达成联合经营的协议。

17～21日　在福建厦门召开了风协统信网成立十周年暨第四次大会。风协秘书长钟浩同志做统信网十年来工作报告；表彰了统计工作先进集体和先进个人；讨论修订了《统信网组织工作条例》；通过了第四届统信网协调组成员单位和人员名单；会议指出了1995年企业报表存在的问题，并对1996年报表提出了具体要求，希望全体统计工作者通过自己的努力，把行业统计工作推向一个新水平。

23日　沈阳水泵厂核级泵的设计、制造许可证通过了机械工业部和国家核安全局的联合评审。

27～30日　在杭州市召开了压协理事会二届五次会议，有30个理事单位54名代表出席了会议。会议审议通过了秘书处为召开第三次会员大会进行改选换届而准备的工作总结和协会《章程》、《组织工作条例》、《经费管理办法》等三个文件的修改稿以及修改情况的说明；确定给协会理事长、常务副理事长、副理事长、理事单位发悬挂式荣誉证书；对9个拟除名单位提出了处理意见。

30日　杭州制氧机集团有限公司俞兴华总经理代表公司与杭州市国有资产管理局签订《杭州市国有资产授权经营责任书》，责任书明确，该公司经营性国有资产增值率平均每年增长6%以上，非经营性国有资产保值率为100%。

开封空分设备厂被评为“1995年度中国机械工业优秀企业”；四川空气分离设备厂厂长单金铭被评为“第四届中国机械工业优秀企业家”。

杭州制氧机集团有限公司列入国家支持的首批300家国家重点国有企业，同年7月20日，国家经贸委、财政金融司发文［财金(1996)6号］将该公司列入国家经贸委信息中心“千户企业联网”。

4月

1日　杭州制氧机集团有限公司“八五”部规划技改项目通过机械工业部、浙江省计经委等有关部门组织的竣工验收。这次技改总投资为4 990万元，用于增添设备47台(套)及CAD/CAM软件，建设生产厂房5 368m^2，使该公司取得较好技术经济效益，体现“三上一提高”。

12～15日 （塘沽）召开阀协出口产品工作会议商讨制订阀门行业出口阀门产品的参考价，交流出口工作经验。

26日 在北京召开第三届理事会临时会议。会议通过了沈阳水泵厂厂长张乐群任协会理事长的提议，同时确定了下一次理事会的时间、地点及会议内容。

26～28日 中国通用机械工业协会在北京召开第三届会员代表大会，会议选举机械工业部重大装备司副司长，隋永滨任中通协理事长，并通过任命李国良为中通协秘书长。

28日 杭州制氧机集团有限公司被浙江省政府评为“浙江省科技进步重大贡献奖”。

杭州制氧机集团有限公司团委被共青团中央、国家经贸委、劳动部评为1995年全国青年岗位能手活动优秀组织单位；该公司工会女职工委员会被中华全国总工会授予“全国女职工先进集体称号”；取得国家技术监督局“完善计量检测体系”合格证。

化工部西南化工研究院变压吸附分离工程研究所为山东肥城阿斯德化工股份公司设计的1500m³/h纯CO的变压吸附工业装置投产。该装置是国内最大的变压吸附制CO工业装置，所产CO纯度98%，提取率>60%，与亚洲最大的甲酸生产装置配套。该装置的投产标志着我国变压吸附提纯CO技术已走向成熟。

5月

4日 美国APCI公司来苏州制氧机厂洽谈贮槽项目。

6日 江苏省机械工业厅授予苏州制氧机厂“1995年安全生产先进单位”。

10日 开封空分设备厂顺利通过河南机械电子工业厅的“安全性评价”复评认证。

16～19日 在成都召开了中国通用机械真空设备行业协会第三届会员大会，出席会议的有30个会员单位、48名代表。中通协副理事长闵国府、机械部科技司许可证办公室副主任高世国参加了会议，并做了重要讲话。于溥代表第二届理事会做了以题为“团结奋斗、开创真空事业的美好未来”工作报告。秘书长邢军对《协会章程》、《组织条例》、《经费管理办法》的修改做了说明，并做了1992～1995年度的协会财务收支决算报告。会议选举产生了真空设备行业协会第三届理事会，讨论通过了“工作报告”、“协会章程”、“组织条例”和“经费管理办法”。表彰了11名行业协会活动积极分子。选举于溥为理事长。任命邢军为秘书长。

16～20日 在宁波市召开了行业统计信息网组长年会。总结了上一年的统计信息工作，确定了1996年统计信息工作计划，评选了统计网先进个人。根据协会《统计信息网工作条例》有关条款的规定，对常务组长厂进行了改选。

21～23日 杭州制氧机集团有限公司ISO9001质量体系运转情况通过挪威船级社（DNV）、浙江省质量体系审核中心（ZQAC）联合审核组的定期审核。同年11月22日，也通过了DNV、ZQAC的定期审核。

25～29日 由苏州竞立制氢设备有限公司设计制造的我国第一台DQ—200/1.6型压力水电解制氢设备在四川硬质合金厂通过机械部的鉴定。总体性能指标均达到设计要求。

杭州制氧机集团有限公司研制的KDON—122Y/160Y型空分设备被杭州市经委、科委评为1995年度杭州市优秀新产品一等奖。

杭州制氧机集团有限公司获浙江省计经委、省体改委、省总工会、省文化厅、省文联颁发的“浙江省企业文化艺术先进单位”。

国家科委、计委、经贸委联合公布106项“九五”期间重点推广的节能科技成果。本行业有杭州制氧机集团有限公司、西安交通大学研制的“三元等温型透平压缩机”和苏州制氧机厂、华北石油设计院、西安交通大学研制的“天然气润滑轴承透平膨胀”两项节能科技成果。

国家科委批准化工部西南化工研究院变压吸附分离工程研究所为“全国变压吸附气体分离技术研究推广中心”，并正式挂牌。

26日 （武汉）召开阀协第二届第六次理事会议决定召开阀协第五次会员大会的议事日程，商议第三届理事会推荐名单。审查批准浙江石化阀门厂等5家企业入会。

27日 大连耐酸泵厂取得了中华人民共和国民用核承压设备设计、制造资格许可证。

28日 （武汉）召开阀协第三届第一次理事会选举袁茂臻为理事长，同时选出8家副理事长单位。选出秘书长万家齐、副秘书长白流金、李名章、康家桥通过阀门协会章程的修改稿。

28～30日 （武汉）召开阀协第五次会员大会总结报告第二届理事会工作，交流了抓产品开发、加强管理、提高产品质量、大力发展出口产品、进行股份制试点、提高企业经济效益等方面的经验。举行换届选举，通过无记名投票选出27名理事单位。

6月

6日 根据机械工业部机重［1996］12号文的要求，在对协会有关会员单位“八五”规划完成情况进行调查的基础上，完成了《压缩机行业“八五”期间发展情况总结报告》，并上报机械部重大装备司和中国通用机械工业协会。

6～9日 在河南开封市召开了行业劳动管理委员会第六次会议。讨论通过了第一届劳动管理委员会工作报告，确定了1996年工作任务，通过了对协会《劳动管理工作条例》的修改意见；选举产生了由16个委员会单位18名委员组成的行业第二届劳动管理委员会。推选上海压缩机有限公司副总经理蔡淳华为主任委员。

7～12日 在长沙组织了风机行业“八五”期间统计资料汇编工作。汇编收集了风协93个企业会员单位1991～1995年的各项主要经济技术指标完成情况，基本反映了风机行业各会员单位的现状和5年中的发展变化情况。

10日，长沙水泵厂设计研制的立式斜流泵、耐海水循环泵用双相钢材质通过了国家级鉴定。

开封空分设备厂首套采用DCS计算机控制的6 000m^3/h空分设备在石家庄钢厂开车成功。

14～18日　组织部分会员企业参加了在北京展览馆举办的"96中国国际机械基础件工业展览会"。展览会期间，泵生产企业洽谈了19个项目、签订了6项合同，价值140多万元。

16～21日　在福建厦门召开了风协财务价格工作委员会第九次会议及工作会议。会议由主任委员沈阳鼓风机厂总会计师田红星同志主持，对前一阶段财务价格活动做了总结。各位委员对当前形势及企业面临的困难，企业的财务管理，行业如何开展财务价格活动进行了认真讨论，提出了广泛意见和建议，并统一了思想，对有关问题达成共识。

会议期间经到会全体工作人员的努力，完成了风机行业1995年和1995年两个年度78个单位的经济效益综合评价指标，经济财务指标，产品制造成本及价格的汇总工作。

24～26日　在浙江省余姚市召开了行业工艺网组长厂扩大会。工艺网正副组长单位的代表和重点骨干企业工艺部门的领导出席了会议。总结了工艺网建立以来的工作，商定了工艺网今后的活动事项。

25日　江西省副省长朱英培一行在九江市副市长余秉绶的陪同下到江西制氧机厂检查工作。

26日　开封空分设备厂建立现代企业制度试点方案通过省级论证，河南省体改委、开封市政府联合下文批复该厂改制为国有独资公司——开封空分集团有限公司。

江西省经委、省机械厅组织对江西制氧机厂"八五"技改项目专用车生产线进行竣工验收。

杭州制氧机集团有限公司党委被中共浙江省委和中共杭州市委评为省、市先进基层党组织。

7月

1日　开封空分设备厂正式推行以成本控制为核心的新经济责任制，各单位在"各尽所能，按劳分配"的原则下，模拟市场核算，根据利润指标完成情况计酬。

4日　国务院副总理吴邦国考察开封空分设备厂，并题词"加快企业改革，增强企业后劲"。

5日　由哈尔滨环保制氢设备工业公司科研人员改进的DQ/4型制氢设备、JQ—4/1.5型干燥装置被列为"八五"科研项目，并通过了部级验收。

31日　杭州制氧机集团有限公司承担的社会职能逐步分离，"杭政办(1996)45号文"正式批复，同意杭氧中学和杭氧小学移交政府办学。

开封空分设备厂新的真空钎焊炉成功钎焊长5.9m、3.3m、5.7m三件大的板式换热器。

杭州制氧机集团有限公司为"1995年度出口创汇500万美元以上国有大中型生产企业"，受到机械工业部表彰。

8月

5～9日　在辽宁兴城召开了风协部分企业办公室工作研讨会，有9个单位的厂办主任参加了会议。会议由沈阳鼓风机厂厂长助理王国彬同志主持，就办公室工作如何适应社会主义市场经济体制的需要；如何发挥行政办公室在企业中的作用；怎样围绕企业经营活动开展调查研究工作；怎样当好厂长的参谋和助手；如何履行办公室的职能和职责等进行了广泛讨论，交流了经验，沟通了信息。

杭州制氧机集团有限公司获浙江省统计局"省大中型企业科技统计工作先进集体"。

9月

18日　苏州制氧机厂仪电分厂顺利通过中国电子行业质量体系认证委员会ISO9002质量认证的审核，领取了ISO9002质量体系认证合格证书。

22日　开封空分设备厂生产的PSAO—20型变压吸附制氧设备和KDN—50/40Y型空分设备顺利通过河南省机电厅组织的评审，两种产品均被评为一等品。

四川空分集团暨四川空分设备(集团)有限责任公司成立。28日正式挂牌运作。单金铭出任公司董事长兼总经理。

25日　中国科协党组第一书记兼副主席张玉台到杭州制氧机集团有限公司参观考察。

28日　邯郸制氧机厂建厂50周年厂庆。

10月

7日　国家经贸委公布了8个部委联合颁发的机械工业第17批节能机电产品推广项目，我行业被列入的有哈尔滨制氧厂生产的KDON—350/700型空分设备和余杭通用机械设备联合公司生产的ZY型系列变压吸附制氧设备。

10日　开封空分设备厂为印度尼西亚提供的第四套空分设备KDON—1500/1500—9型顺利开车成功。

10～16日　在长沙召开了第三届理事会第三次会议。会议讨论通过了1996年工作总结、1997年工作安排、财务决算、增补理事单位和吸收新会员的建议；会议还审议了《泵行业企业管理基础工作指导标准(讨论稿)》和《泵行业企业管理现代化成果申报及奖励办法(试行草案)》。

11～12日　在北京召开了风协第三届理事会第二次会议。中国通用机械工业协会副理事长李昌礼、秘书长李国良、副秘书长关又昌等到会并讲了话。会议传达了中通协1996年理事长扩大会议精神；风协理事长梁铁山同志做了1996年工作总结，提出了1997年工作要点；秘书处郭绍华同志汇报了会费收缴情况；会议对不履行会员义务，连续3年不交纳会费的哈尔滨市风机厂、哈尔滨市锅炉辅机厂、营口市风机厂、个旧市通风机械厂等4个单位给予除名；经本单位申请，秘书处及地区组厂调查推荐，理事会讨论审议，吸收张家港市空调风机厂、无锡中策机电设备有限公司、武汉市和平风机厂等3个单位为风协第六批会员。

15～17日　在陕西临潼召开了风协职工思想政治工作委员会第二届成员大会，到会23个单位36名代表。会议由上海鼓风机厂党委书记孙嘉祥同志主持，陕西鼓风机厂党委副书记张锡庆同志致开幕词，沈阳鼓风机厂党委常务副书记白允清同志做工作报告。会议选举了风协第二届职工思想政治工作委员会；讨论修订了组织《工作条例》；评选了1992年以来的典型经济18个，优秀政工论文4篇，表扬32篇。

16～18日　(四川彭州)召开阀协部分重点骨干企业财务价格工作会，会议主题是：内抓学邯钢经验、降成本、增效应；外抓市场竞争、整顿、调整产品销售价格。

17日　邯郸制氧机厂 50m^3/h 系列空分设备通过河北省机械厅组织的等级品复审，定为一等品。

18日　天津工业泵总厂召开建厂40周年庆祝大会。参加庆祝的有机械部、中国通协、天津市企业家协会、劳模协会、国家商检局、海军及行业厂和用户代表共200余人。

23日　在北京市召开了压协第三次会员大会。有88个会员单位的代表参加，机械部重大装备司隋永滨副司长到会并发表讲话。会议审议了4年来的工作总结及经费收支情况报告，通过了修改后的协会《章程》、《组织工作条例》和《经费管理办法》。新选出的第三届理事会成员召开了三届一次理事会会议，经过民主协商，确定了理事分工，推选沈阳气体压缩机厂厂长郑平为理事长，北京第一通用机械厂厂长杨德荣为常务副理事长，选出了13个单位领导为副理事长，姜希武为协会秘书长，贺汝桢为常务副秘书长，常东晨为副秘书长。

26日　由兰州真空设备厂研制生产的首台 ZR—146—8 型真空钎接设备(6500mm × 1700mm × 1124mm)和四川空分设备(集团)有限责任公司生产的大型铝板翅式换热器(5400mm × 830mm × 800mm 单元)通过机械部鉴定。

开封空分设备厂首套分子筛净化增压膨胀流程的 KDON—4500/4500 型空分设备在山西大同钢厂一次开车成功。至此，该厂开发的 6000m^3/h 及其以下所有规格的这种流程的空分设备已全部投入运行。

1996年机械工业部公布了1995年机械产品质量等级。杭州制氧机集团有限公司的 KDON 型 6 000m^3/h 等级分子筛增压流程空分设备被机械工业部评为优等品；哈氧的 KZON—50/120、KZO—50 型空分设备，杭氧的 KDON 型 3 200m^3/h 等级分子筛增压流程空分设备，开封空分设备厂的 1 000m^3/h空分设备等4个产品分别被地方省厅评为一等品。

化工部西南化工研究院变压吸附分离工程研究所的“从 CO 混合气中提纯 CO 的研究开发项目”获国家“八五”科技攻关重大科技成果奖。主要研制人员受到江泽民主席的接见。

江苏省人民政府授予苏州制氧机厂“江苏省先进集体称号”(苏府奖等052号，省长：郑斯林)。

11 月

6～9日　气体分离设备行业协会小型空分设备经营研讨会在苏州制氧机厂召开。为保护行业共同利益，推动有序竞争，会议就价格等6个方面，统一联合经营达成共识。

14～18日　在浙江建德召开1996年统计年报工作会议。80多名统计员参加了会议。会议传达了机械部关于机械工业统计指标方面的文件，布署了1996年度年报工作。

19～21日　(温州)召开阀协第三届第二次理事会。

研究阀协1997年工作和阀协秘书处的机构设置。

阀协秘书处设置：

技术开发部：主任　李名章(兼)、工作人员　梁文鹭

企业管理部：主任　康家桥(兼)、工作人员　刘亚良

经营信息部：主任　白流金(兼)、工作人员　孙　英

综合办公室：主任　郭　雷

对外联络部：业务合并到综合办公室。

审查批准乐清市镇江阀门厂入会，并决定通知天津第三阀门厂履行会员义务，如无效，取消会员资格。

20日　四川空分设备(集团)有限责任公司顺利通过 ISO9001 质量认证。

根据机械部机械人任[1996]089号文决定，任命杨明华为中国空分设备公司总经理。根据中国空分设备公司中空办(96)033号文，原由沈昌炽同志担任的气体分离设备行业协会理事长职务由杨明华同志担任。

化工部西南化工研究院变压吸附分离工程研究所的“从氨厂变换气中脱除 CO_2 的变压吸附工艺”获中国专利四川省首届最佳项目。

杭州制氧机集团有限公司的8.0 MPa 等级高压铝制板式换热器获浙江省机械厅优秀新产品一等奖；PLPN—56.7/36—0.2型中压增压氮气透平膨胀机获浙江省机械厅优秀新产品二等奖。

杭州制氧机集团有限公司科协被中国科协、国家经贸委、国家计委评为全国第六届“讲理想、比贡献”先进集体，荣获“奉献奖”。

20～21日　在沈阳召开了风协第六批新会员会议。武汉市和平风机厂、张家港市空调风机厂、无锡中策机电设备有限公司等3个单位的5名代表参加了会议。会议主要内容介绍了风协概况、风机行业的发展历史，风协的主要任务及风协1997年工作要点，布置了1997年统计报表工作等。会议期间理事长梁铁山、沈鼓厂长苏永强等领导会见了各位代表。

11月　沈阳水泵研究所完成了核三级泵、设备冷却泵、重要冷冻水泵、冷却水升压泵的研制，性能达到国际同类产品先进水平。

12 月

12日　哈尔滨制氧机厂经2年的实施正式通过哈尔滨市经贸委组织的“八五”老工业基地 1 000～6 000m^3/h 空分设备技改项目验收。

11～13日　中国通用机械气体分离设备行业协会制氢用户服务网在苏州成立，挂靠在苏州竞立制氢设备有限公司。

17日　开封空分设备厂在北京召开的全国 CAD 应用工程会议上被全国科学技术委员会、全国电子信息系统推广办公室及国家技术监督局授予“全国 CAD 应用工程先进单位”，该厂

厂长唐树勋在会上作了典型发言。

19～20日　受机械工业部委托，江西省机械厅组织有关专家一行8人到江西制氧机厂进行“国家安全级企业”复审，以855.6分的优秀成绩通过复审。

25日　开封空分设备厂为国内石化行业生产的首台国产高压绕管式换热器通过了中国石化总公司组织的专家验收，结束了中国石化行业高压绕管式换热器全部依靠进口的历史。

25～27日　哈尔滨制氧机厂经北京9000标准质量体系认证中心的专家现场评审，根据评审结果，专家一致认为应现场推荐注册，并于1997年1月22日正式颁发认证证书。

开封空分设备厂与日本酸素公司合作制造的、目前国内最大的PSAO—1200型变压吸 附制氧设备在沈阳顺利开车成功。

开封空分设备厂为加快CAD应用工程前进的步伐，投资1 000多万元建成的科技大楼已投入使用。

杭州制氧机集团有限公司被机械工业部评为“八五”机械工业节能节材先进单位、“八五”标准化工作先进集体；被中国设备管理协会评为1995年度全国设备管理优秀单位。

杭州制氧机集团有限公司适应市场需求，开发销售60m^3/h、350m^3/h小型空分设备，122L/h、150L/h、400L/h和800L/h液氧液氮设备，20～600m^3/h多种变压吸附制氮设备，多种制药用离心式压缩机等新产品。来图加工、首次完成日本IHI公司大型往复压缩机的精密零部件6套及供省送变电工程公司重300t、高175m越江高压输电大型铁塔2座等。

哈尔滨制氧机厂的KDN—800/40Y型纯氮设备经国家经贸委组织的专家评审，被认定为1996年度国家级新产品。

哈尔滨制氧机厂接哈尔滨对外经济合作局正式文件，获得全国机电行业进出口业务资格单位，是全国机电行业527家。

化工部西南化工研究院变压吸附分离工程研究所为浙江镇海炼油化工股份有限公司设计的5万m^3/h变压吸附制氢设备投产，该装置是目前亚州最大的一套变压吸附制氢设备。该设备的投产标志着大型变压吸附设备国产化已完全能替代引进。该设备十床四均抽真空的工艺流程具有非常独特之处，在国际上也属首创。

1996年获得ISO质量体系认证的单位有25个；阀协获得API产品认证的单位有11个。

一九九七年

1月

9～13日　在哈尔滨召开1997年第一次秘书处工作会议。会议重点讨论通过了1997年工作安排；讨论决定组成《十年大事记(暂定)》一书编委会；决定组织部分企业参加’97首届中国国际通用机械展览会。

13～15日　气体分离设备行业协会第二次小型空分设备经营联席会议在开封召开，行业内有关的会员单位都派代表参加了会议。同时还召开了大中型空分设备经营协调会议。

22日　哈尔滨制氧机厂通过了“北京9000标准质量体系认证中心”ISO9001质量体系评审，正式颁发了证书。

兰州真空设备有限责任公司研制开发的4m^{3}低温液体贮槽通过甘肃省新产品鉴定。

25日　在辽宁铁岭召开协会专业网络负责人会议。会议传达了第三届理事会第三次会议精神，安排了1997年的工作计划。

28日　国际集团及中国机械设备(集团)公司成立，中国空分设备公司为其成员。

机械工业部公布第二批技术进步示范工程试点企业名单中有四川空分设备(集团)有限责任公司和哈尔滨制氧机厂。机械部已认定的第一、二批试点企业中有杭州制氧集团有限公司和开封空分集团有限公司。

机械工业部确定列入机械工业企业建设技术中心，本行业有杭州制氧机集团有限公司、开封空分集团有限公司和四川空分设备(集团)有限责任公司3家。

机械工业部确定1 058种产品为重点开发产品，本行业有30 000m^3/h等级空分设备和15 000～30 000m^3/h大型空分设备2种。

3月

14～21日　在广西北海召开了风协统信网协调组会议。会议进行了1996年度行业各项经济技术指标，产品产量明细汇总；进行了各企业会员综合效益指数计算排序，并对工业增加值、销售收入，实现利税总额、利润总额、全员劳动生产率、产品出口情况前40名排序。

20～23日　在上海召开“泵行业建立现代企业制度研讨会”。6个单位的代表在会上介绍了企业改革、改组、改造，实现资产重组的成功经验和遇到的问题。与会代表对建立现代企业制度中7个专题进行了热烈讨论，并取得共识。这次会议对泵行业加速建立现代企业制度进程起到了积极的推动作用。

从4月份起，阀协对江苏省苏南、苏北的扬州、苏州、海安、南通地区及浙江省温州地区等有关阀门厂进行了调查。

4月

9日　上海化工研究院的“低温填料精馏塔的设计方法研究和研制”通过上海市科委专家论证，获上海市科技发展基金。

21～25 日，在汕头市召开了压协三届二次理事会会议，有 26 个单位 39 人参加。会议分析了压缩机行业面临的形势，审议通过了 1996 年工作总结、1997 年工作计划及年度财务预决算报告，交流了开展“三大战役”和“学邯钢”的经验，提出了配合中国通用机械工业协会办好“国际通用机械展览会”和开好“第二届国际压缩机技术会议”的意见和要求。

23～24 日　气体分离设备行业协会理事长扩大会议在山东菏泽市召开。机械部重大装备司隋永斌副司长、秦安处长参加了会议。会议就行业体制改革和联合经营的两大问题进行了研讨，取得了共识，成立了行业体制改革领导小组。

25～26 日　气体分离设备行业协会第三届理事会第三次会议在山东菏泽市召开。朱燧炎秘书长作了年度工作报告和 1997 年协会工作活动计划。会议交流了各单位生产经营情况，面对行业经济形势、激烈的市场竞争，要求联合，维护行业的共同利益。会议确认杨明华为协会理事长。审议接纳兰州真空设备厂和锡山市雪浪化工填料厂 2 单位为协会成员单位。

30 日　机械工业部第二设计研究院通过了“北京中设质量体系认证中心”ISO9001 质量体系评审，已认证注册。

开封空分设备厂正式通过“中国机械工业质量体系认证中心”ISO—9001 质量体系认证审核，同年 5 月 16 日正式颁发认证证书。

中国空分设备公司获得“建设工程设备招标甲级资格”。

5 月

18 日　开封空分集团有限公司成立。

18～22 日　在辽宁兴城召开了风协统计工作会议，到会除综合统计人员外，部分企业的厂长、科处长也参加了会议。沈阳鼓风机厂北方电脑应用开发公司高级工程刘晓光同志结合沈鼓的实践讲授了计算机在企业综合统计工作中的应用，并用微机进行了现场演示。沈鼓高级统计师沈雅莲同志讲授了行业统计指标解释及有关统计工作方面的理论知识，会议还总结了 1996 年行业报表情况，对九 1997 报表工作提出了具体要求。

23 日　苏州制氧机有限责任公司注册成立。

25 日　四川空分设备（集团）有限责任公司、机械工业部第二设计研究院被机械工业部授予“全国机械工业文明单位”称号。

杭州制氧机集团有限公司获得“全国机械工业安全先进单位”和“全国机械工业卫生先进单位”称号。

29 日　杭州制氧机集团有限公司第二期国产化基地技改通过评审，进入实施。

机械部第二设计研究院的“杭州信安建设监理有限公司”为国家建设部批准的我国第三批 180 家甲级资质建设监理单位。

26～7 月 1 日　中通协与中国贸促会机械行业分会主办的“97’首届中国国际通用机械展览会”。

6 月

28 日　兰州真空设备有限责任公司成立。原兰州真空设备厂厂长高天赦任公司董事长，尚心德任总经理，刘新平、彭平、吴晨任副总经理，刘民贤任公司党委书记。

江苏省机械工业厅授予苏州制氧机有限责任公司“1996 年度安全生产企业”。

四川空分设备（集团）有限责任公司（川牌）和江西制氧机厂（五峰牌）获得汽车生产资格。

国家经贸委择优推荐国家级机电新产品 934 项通报表彰，我行业有哈尔滨制氧机厂的 KDON—6000/13000 型空分设备。

7 月

30～31 日　行业体制改革领导小组会议在成都市召开。隋永斌副司长、黄鹂副处长出席会议。会议就工作小组提出的两个方案进行了讨论，要求进一步修改方案。成立行业合作委员会，同时还召开了大中型空分设备经营协调会议。

8 月

8 日　杭州制氧机集团有限公司顾晓萍被第一次全国基本单位普查办公室授予“全国基本单位普查全国先进个人荣誉称号”。

苏州制氧机有限责任公司设计生产的 KDN—1000/50Y 型高纯氮设备在南京华正工程一次安装调试成功。

机械工业部公布第二批开展名牌产品认定工作，其中有气体分离设备类 6000m^3/h 以上空分设备。11 月，由本协会制定空气分离设备产品评价实施细则。

16～19 日　在山东日照召开秘书处第二次工作会议。会议重点研究落实筹备第四届会员大会和十年大庆有关事宜；研究编辑出版《泵行业奋进的十年》（暂定名）一书的有关内容，并确定管廷海任该书主编；会议还落实了参加“杭州国际展览会”的单位；通报行业推荐名牌产品计划和名牌产品评价细则。

由西安交通大学主办，中国通用机械压缩机行业协会、中国流体工程学会、中国制冷学会协办的第二届国际压缩机技术会议在四川省成都市召开。参加会议的有企业家、科学家、专业工程技术人员以及来自 11 个国家的 36 名外国专家共 170 多人。会上收到论文 69 篇，其中外国论文 36 篇，通过理论的研讨和交流对国内外压缩机及制冷工程的发展起到了促进作用。会议期间还请西安交大郁永章、杨绍侃、朱其芳教授分别就国内外容积式压缩机的现状与发展、噪声和消声对策以及依靠技术振兴压缩机行业等问题作了专题讲座。

19～20 日　在四川省成都市召开了压协技术委员会会议，有 21 个单位 18 名委员 4 名顾问委员参加，总结了 1996 年的工作，安排了 1998 年的活动计划，选举产生了第二届技术委员会，由 24 个单位 25 名成员组成，并确定了委员分工。

9 月

17～20 日　在重庆召开了风协技

术工作研讨会，有45个单位67名代表参加了会议。会议由风协介绍了风机行业“九五”规划及2010年展望，提出了风机行业1997～1998年技术发展工作要点，沈阳鼓风机研究所介绍了国外风机产品技术发展趋势。部分企业介绍了新产品开发、新工艺应用、CAD开发与应用、企业改革等方面的经验，邀请了有关厂家介绍了旋压设备、数控切割设备、新型涂装设备、动平衡机及耐磨材料在风机行业的应用等。

19～21日 （昆明）召开阀协第三届第三次理事会总结报告阀协1997年工作，介绍阀门行业状况。审查批准燎原仪器厂信实公司和萍乡市阀门厂入会。

20日 经北京市经委批准，北京市仪器仪表控股公司决定北京仪器厂和北京仪表厂合并，组建北仪集团。

23～27日 在北京国际会议中心举办了97国际真空展示会。此次展示会由真空协会和中国真空学会办公室主办。沈阳真空技术研究所和中国真空学会办公室承办。由真空协会理事长于溥主持，真空学会副理事长董元昌致开幕词。中国科协书记常志海、机械工业部副总工程师孟祥恩、电子工业部原副部长蒋崇憬为开幕式剪彩。参加开幕式的还有机械部重大装备司副司长、中通协理事长隋永滨、中国电子基础产品装备公司党委书记王莱瀛、技术顾问叶德培、中国通用石化机械工程公司总经理、中通协副理事长李昌礼、电子工业部经济运行司金东、马俊明处长、基础产品司王勃化处长、机械部重大装备司石化通用处副处长、中通协副秘书长宋绍曾和中通协副秘书长张驹等领导。中央电视台、北京电视台的记者到开幕现场采访并报道了展示会盛况。此次参展的国家有中国、美国、日本、德国、瑞士、意大利等国家以及台湾地区的著名国际真空公司及国内从事真空技术研究、生产真空设备、仪器仪表与应用产品的厂家和合资公司共103家。展出120个摊位，展出面积2 200m^2。其中外国厂商13家、19个摊位，国内厂家及合资公司90家，展出摊位101个。

30日 经国务院批准公布“千户重点国有企业”第一批300家，第二批212家。其中第一批全国机械工业企业65家中有杭州制氧机集团有限公司。

四川空分设备（集团）有限责任公司的低温液体贮槽（ZCF—0.3～100m^3系列）取得机械工业部第一批公布的采用国际标准和国外先进标准认可证。

10月

10～15日 在无锡召开第三届理事会第四次会议。会议讨论通过了1997年工作总结、1998年工作安排；审查了财务收支情况；会议决定由秘书处做好恢复“行评、行检”的前期准备工作；另外要求秘书处协助企业贯彻ISO9000系列标准认证工作和做好参加展览会的准备工作。

12日 机械工业部包叙定部长在四川省副省长王金祥等省市领导的陪同下，对四川空分设备（集团）有限责任公司的生产经营、管理、经济效益及打好“三大战役”情况做实地考察。

12～16日 在重庆市召开了财务价格委员会年会，总结了工作，交流了“学邯钢，降成本”的工作经验，并对几个典型产品的成本构成同销售比价进行了调研，针对4L—20/8及5L—40/8空压机两种产品的平均售价都低于平均成本，从而使企业利润下降，以致出现亏损的情况，会议建议各企业应引起重视，狠抓降低成本工作。

17～22日 在四川省成都市召开了统计网组长年会，有9个单位15名代表参加，总结了年度工作，交流了工作经验，讨论了部分经济指标的统计方法，评选了统计网先进个人，并就如何在市场经济条件下做好统计工作进行了专题研讨，统一了思想认识。

21～23日 在福建厦门召开了风协第三届理事会第三次会议。中通协副秘书长张驹同志到会并讲了话，介绍了有关信息。理事长梁铁山同志做了九七年风协工作总结，提出了九八年工作要点；秘书处郭绍华同志汇报了会费收缴情况和收支情况；会议根据各地区组长厂调查推荐，经理事会审议、批准宜兴市华兴特种风机厂，山东省临沂市风机厂、重庆渝州风机厂等三个单位为风协第七批会员。根据《章程》的有关规定，对佳木斯通风设备有限责任公司（原佳木斯鼓风机厂）、四平市金成通风有限公司（原四平市通风机厂）、福州市化工机械修造厂等3个单位不履行会员义务，连续3年不交纳会费给予除名，会议还讨论了第四届会员大会的有关问题，拟于1998年10月在上海举行。

21～24日 （杭州）召开阀协企业管理工作会议总结第二届企管委员会四年来的工作，交流了推行现代企业制度的经验、推荐、选举产生了阀协第三届企业管理委员会，并通过修改了第三届企管工作委员会章程。

按照机械工业部(1997)440号文，对各行业协会进行整顿的精神，阀门协会参加了整顿工作，并将整顿资料上报中国通用机械工业协会。

23～26日 在北京召开了各地区正副组长单位协会工作联络员会议，有12个单位21人参加。交流了地区活动情况和开展“三大战役”、“学邯钢”的工作经验，研究了三届二次理事会的准备工作和会费缴纳情况，对要求入会单位提出了推荐意见，对如何庆祝压协成立十周年进行了专题研究，并提出了相应的建议。

28日 化工部西南化工院变压吸附工程研究所的“从一氧化碳混合气中提纯一氧化碳”项目荣获1997年四川省科技成果一等奖。

开封空分集团有限公司为中原石化公司提供的两套KDN—3000型高纯氮设备通过河南省机械厅组织的鉴定，并评定为一等品。

哈尔滨制氧机厂被国家经贸委、对外经济贸易合作部批准（第16批）为扩大机电产品出口生产企业。

11月

3～5日 气体分离设备行业体制改革座谈会在北京召开，隋永滨副司长主持会议，秦安处长、黄鹂副处长、协会正副理事长参加了会议。孙昌基副部长、朱森第总工程师到会作了重要讲话。会议就联合经营和联合改组问题进行了讨论，取得了共识。

15日 江苏省技术监督局授予苏州制氧机有限责任公司“计量保证确认单位”。

17～19日 自贡市机械一厂研制生产的BNY—20/350型变压吸附制氮车

通过了机械工业部军工司委托四川省机械厅组织的鉴定。认为样机的研制是成功的，可取代同类深冷制氮设备，特别适合部队使用，为国防现代化提供了一种更新换代的优良装备。可投入小批量生产，提供部队使用。

18～21日　协会在杭州举办了“首届中国国际泵、阀、电机及相关设备展览会”。有78家泵生产厂参展。会上达成订货意向近千万元，现场交易几十万元。这次展览会的参观人数大约8000人左右。

22日　杭州制氧机集团有限公司通过ASME联检换证。

25日　杭州机械电子控股(集团)有限公司正式成立，杭州市政府决定杭州制氧机集团有限公司进入该公司，俞兴华被聘任副董事长(党委委员)，潘云龙被聘任监事会副主席。

12月

3～4日　在沈阳召开了风协第七批新会员会议。会议由风协秘书长钟浩同志主持，介绍了风协1998年工作要点和发展方向，并对新会员提出了希望和要求。郭绍华同志介绍了风协概况、风机行业发展历史及风协组织的作用和任务等。李万纯同志布置了1997年统计报表的有关问题和要求。会议期间风协理事长梁铁山、沈阳鼓风机厂厂长、党委书记苏永强同志会见了新会员单位的领导。

3日　开封空分集团有限公司为湖北鄂城钢铁厂提供的KDON—6000/6000—3型全精馏无氢制氩空分设备试车成功。同月29日，通过了机械工业部重大装备司组织的专家评定。

8日　开封空分集团有限公司为天津铁厂提供的KDO—15000型液氧内压缩流程空分设备开车成功。

9日　化工部西南化工院变压吸附工程研究所提供配套已经通过国家验收的浙江镇海炼化公司炼油700万t/a改造工程的6万m^3/h变压吸附提氢设备，采用真空变压吸附新工艺，产品氢回收率达96.32%，居世界领先水平。

12日　苏州制氧机有限责任公司顺利通过了江苏省科委“高技术企业”复查。同日，江苏省机械工业厅授予该公司“江苏省机械工业双文明先进企业”。

18日　哈尔滨制氧机厂的KDON—6000/13000型、KDON—350/700型和KDN—800/40Y型空分设备取得机械工业部颁发的采用国际标准和国外先进标准认可证书。

杭州制氧机集团有限公司被浙江省计经委评为“1996年度浙江节能先进企业”；被浙江省机械厅评为“浙江省机械工业‘八五’工艺工作先进企业”。

由机械工业部第二设计研究院和杭州制氧机集团有限公司共同编制的《杭州制氧机集团有限公司“八五”技术改造项目》荣获1997年度机械工业部科学技术进步二等奖。

苏州竞立制氢设备有限公司张碧航总经理、丁九明副总经理获苏州市“讲理想、比贡献”二等功。

编辑出版工作：

出版发行阀协“八五”年鉴(阀协1991～1995年统计年鉴)

“八五“年鉴从1996年7月起进行汇编，至1996年12月终审定稿。

编辑出版了“1997年阀门产品市场参考价格”

苏州阀门厂股票于1997年在深交所上市。

1997年底获得ISO9000质量体系认证的单位有34家。

获得API产品认证的单位有11家。

一九九八年

2月

10日　苏州制氧机有限责任公司的“华福牌SY5170GYQF液体槽车”获国家、部省级新产品奖。

2月　中国核工业部总公司经总经理赵宏为泵协题词：“拓展泵协服务领域，为我国核工业发展做贡献。”

2月　国家计委核电办付主任汤紫忱为泵协成立十周年题词：“改革开放，振兴泵业，中外合作，再创辉煌。”

2月　杭州制氧机集团有限公司研制生产的低压PCF—800型二氧化碳化设备通过浙江省机械厅组织的省级鉴定。

3月

7日　河北电力设备厂的新产品“一拉得35kW无人值守智能箱式变电站”通过电力部技术评审，同意并网运行，批量生产。

11～17日　在南昌市召开了风协统计信息网协调组会议。全体协调组成员参加了会议，并邀请了部分会员单位的综合统计参加。会议完成了风机行业1997年统计年鉴和产品产量明细汇总工作，完成了中通协要求的32项主要经济指标汇总，对各会员(企业)单位的综合效益指数、销售收入、工业增加值、所有者权益、利税总额、利润总额、全员劳动生产率等进行了前40名排序。

18～23日　在西安召开了秘书处工作会议。会议重点讨论了第四届会员大会及泵协成立十周年大庆等有关议题。

22～25日　河北电力设备厂通过“中国新时代质量体系认证中心”ISO9001质量体系审核。同月28日获得该中心颁发的认证证书。

4月

1日　由风机协会委托沈阳鼓风机研究所起草了《中国机械工业名牌产品评价实施细则(鼓风机、通风机)1998年适用》，上报机械部名牌产品办公室及中通协。

19～22日　在山西省大同市召开

了压协统计信息网组长年会。会议重点研究了行业报表的指标体系，对年度、半年度的统计指标进行了修改，明确了部分统计指标的计算方法，确定了1998年统计信息网的主要工作任务，研究了7项指标的具体要求，统一思想认识和统计方法，增添了本行业必要的统计内容。

4月　上海环球分子筛有限公司通过德国ISO9002认证。

5月

6～9日　在无锡市召开了压协技术委员会工作会议，有27个单位的32名代表参加了会议。讨论通过了年度工作总结和1999年工作计划。由无锡压缩机股份有限公司总工蒋尚鸿、沈阳气体压缩机厂总工潘祖琨、西安交大能源和动力学院教授金光熹、合肥通用所压缩机分所所长谭跃进、北京工业大学热能工程系教授孙嗣莹、柳州第二空压机总厂总工吴扬、北京金环压缩机厂技术副厂长陈岚，分别作了经验介绍和专题发言。

会议还要求各会员单位配合西安交大做好《压缩机技术手册》的编写和出版工作。

9～10日　(昆明)召开阀协第三届第四次理事会总结阀协十年工作，研究阀协第六次会员大会议事日程同意派3～4名代表去日本参加成立"亚洲阀门联合会"筹备会事宜。同意万家齐、白流金同志辞去秘书长和副秘书长职务，并被聘为顾问。同意李名章同志辞去副秘书长职务。决定：副秘书长康家桥临时全面负责协会秘书处工作，理事长提名郭雷为副秘书长。审查批准天津市大站集团公司和浙江温州五洲阀门厂入会。决定取消扶余阀门厂会员资格(长期不履行会员义务)。

11～15日　(昆明)召开阀协第六次会员大会总结十年来阀门协会的工作，交流企业改革的先进经验。通报关于成立"亚洲阀门联合会"一事。

15日　中船总公司第718研究所研制的XQQ04型气象电解槽顺利通过鉴定。

21～25日　在哈尔滨市召开了压协三届三次理事会议。有27个理事单位46名代表参加。会议审议通过了1997年工作总结和1998年工作计划以及年度财务预决算3个报告。交流了深化改革，转换机制，组织开展机械工业"三大战役"和学邯钢、降成本、抓管理、增效益的经验。讨论同意吸收沈阳市配套开关厂等11个单位为新会员，对不履行协会会员义务的8个厂家作了除名处理。会议还就筹备1999年第二届国际通用机械展和组织压协成立十周年庆祝活动进行了专题讨论。

28日　杭州制氧机集团有限公司自行设计制造的多级全三元流氧气透平压缩机试车成功。

杭州制氧机集团有限公司圆满完成配扬子石化公司20 000m^3/h空分设备的亚洲最大的压缩机末端冷却器。该换热器重78t，长13.5m，直径2.8m，是将空冷塔、气液分离器和冷却塔合为一体的叠片式换热器。

烟台净化设备厂总工程师蔡杰博士荣获山东省优秀中青年科学家科研奖励基金。

6月

10日　杭州制氧机集团有限公司1 000m^3/h全精馏制氩空分设备通过省级鉴定。

13日　杭州制氧机集团有限公司以实际得分928.71分(应得1000分)顺利通过浙江省机械厅的"安全级企业"复审。

上海环球分子筛有限公司被中国化工信息中心统计确认为1997年度利税处于全国化工系统第225位。

6月　全国政协常委、原机械工业部部长何光远为泵协题词："发展中的中国泵业。"

6月　国家机械工业局副总工程师中国通协理事长隋永滨为泵协题词："发展泵业，为社会主义建设服务。"

6月　阀协统计工作会议在无锡召开。布置修改后的《阀门行业主要经济指标交流表》的填报工作。

6月　上海阀门二厂完成了厂区搬迁工作。在上海虹桥经济开发区建成占地面积6 000m^2的新厂区。王维欣担任厂长。

6月　沈阳真空设备厂完成了4个车间搬迁工作，并新建2 000m^2厂房，已投入使用。

7月

7月　杭州制氧机集团有限公司副总经理毛绍融同志被浙江省团委、浙江省计经委、浙江省劳动厅联合评为第三届浙江省十大杰出青年岗位能手。

7月　杜英林同志出任抚顺真空设备有限公司总经理。

7月　冯其元同志出任广东真空设备厂股份有限公司董事长兼总经理。

8月

14日　四川空分设备(集团)有限责任公司的KDON—1000/1000型空分设备、KDON—6000/13000型空分设备被机械部评为1997年度名优产品，证书分别为(97)ZP—36—018、(97)ZP—36—017。

哈尔滨环保制氢设备工业公司经过职代会民主选举，公司新一届领导班子产生，潘明生任总经理，方鸿斌任党委书记。

18日　根据国家计委评估中心等四个单位联合以机价研字[1998]004号文件，关于填报《机电产品出厂价格》和《介绍产品申请表》的通知要求，风协收集了13个会员单位的产品价格，整理了离心通风机73个型号535个规格，轴流通风机37个型号228个规格，罗茨鼓风机13个型号61个规格，离心鼓风机24个型号及部分消声器、旋涡气泵等价格汇总工作，上报中国机械电子工业价格研究会，为编制《中国机电产品出厂价格目录》做了大量前期工作。

25日　四川省机械厅李成云厅长一行4人到四川空分设备(集团)有限责任公司了解企业生产经营及职工思想状况。

江苏省计经委授予苏州制氧机有限责任公司"1996～1997年度省技术改造先进单位。"

8月　按照通用机械工业协会的统一部署，为了协调行业产品价格，抑制压价竞争，对行业主要单位的代表产品的成本现价进行了重点调查，有28个单位提供了价格资料并进行了分析整理，在机械工业价格研究会上进行了讨论，组织11个行业厂进行讨论协商，制定了246种产品销售价格，编入《中国机电产品出厂价格目录》，为下一步在行业内确定自律价格和开展协调工作创造了条件。

8月　对浙江温州、杭州，河南郑州，东北沈阳市、长春地区的一些阀门厂家进行了调查，了解企业改革和经营状况。

8月　浙江真空设备集团有限公司进行机构和人员调整，曹羽出任董事长，王西龙出任总经理。

9月

1～4日　气体分离设备行业协会"'98空分设备技术交流暨展示会"在萧山召开。

8～14日　在沈阳召开了第四届会员大会暨泵协成立十周年庆祝大会。会议讨论通过了理事长张乐群《加大服务力度、开创行业管理工作新局面》的报告。审议通过了泵协《章程》、《组织工作条例》、《经费管理办法》修改草案和财务收支情况汇报；选举产生了新一届理事会；发展吸收了新会员；通过了《泵行业质量振兴实施计划》及泵技术发展与21世纪展望，部分企业进行了企业管理、市场营销等经验交流。

11日　开封空分集团有限公司产品出口专项技术改造项目通过河南省经贸委的竣工验收。

21日　开封空分集团有限公司自行设计、制造、安装提供给天津铁厂的$15000m^3/h$空分设备正式投入运行，各项技术指标均达到或超过设计能力。

23日　杭州制氧机集团有限公司"CAD1550工程"的大型成套空分设备集成设计系统率先通过国家机械工业局会同科技部和地方主管部门的验收。

23日　开封空分集团有限公司为加大环保产业开发力度，正式成立了环保工程公司，承接了开封抗生素厂废水处理设备的研制，并承包该工程的整体设计安装。

杭州制氧机集团有限公司的西湖牌大型空分设备($6000m^3/h$等级以上的分子筛增压膨胀流程)再次获得浙江省名牌产品称号。

杭州制氧机集团有限公司研制生产的离心式鼓风机通过浙江省机械厅的鉴定，综合性能达到了国内先进水平。

杭州市经委(98)25号《关于杜忠海等同志职务任免的通知》，市经委委派杜忠海任杭州制氧机集团有限公司董事会董事长。

10月

7日　余杭市川空通用设备有限公司召开董事会，确定了在单金铭董事长领导下的吴志明总经理负责制。原经营者葛水福退出经营，川空方永久性经营。

15～20日　在柳州市召开了压缩机生产管理网第十七届年会，有10个单位20名代表参加。由北京第一通用机械厂等10家企业作了发言，就改革生产机制，加强对半成品和零部件管理，强化生产过程中的质量控制，加速新产品开发，采用"敏捷制造"技术等课题进行了交流和探讨，达到了企业间取长补短共同提高的目的。

19～22日　在重庆市召开了压协工艺网网长扩大会议，有13个单位17名代表参加。压协副理事长、重庆气体压缩机厂厂长吴重江到会讲话，由北京第一通用机械厂王胜英处长、柳州第二空压机总厂陈运达处长、南京压缩机股份有限公司沈鉴副部长分别作了经验介绍。与会代表还围绕工艺管理上水平，推广"四新"成果，针对工艺难题开展技术攻关，以及如何组织好工艺网的活动等问题，广泛深入地进行了研究探讨。

22日　开封空分集团有限公司通过了GB/T19022.1—1994计量体系的认证，计量管理工作达到了国际标准。

邯郸制氧机厂研制成功WXTQ－90型涡旋汽车空调压缩机。

30～11月2日　在温州召开中国减变速机行业协会十周年庆典暨第四届全体会员大会，共有44个会员单位87名代表参加了会议。会议选举天津减速机总厂李红厂长为理事长，天津石化通用机械研究所刘雅生，上海减速机械厂乔华山，温州变速机厂余心强四位同志为副理事长，天津减速机总厂、天津石化通用机械研究所、温州变速机械厂、上海减速机械厂、广东江门电机股份有限公司、兰州减速机厂、重庆化工机械厂、山东淄博博机集团总公司、浙江通力变速机械有限公司、平阳减速机总厂、沈阳化工设备厂、苏州化工设备二厂、宁波市浙东变速四厂、国营星光工模具厂、萝北减速机厂共十五个单位被推选为理事单位。会议期间召开了四届一次理事会，根据理事长提名，任命了天津减速机总厂王远征为秘书长。理事会作出了四项决议。(一)关于99年"一号工程"的决议(二)关于欠交会费的决议(三)关于批准申请人会的决议(四)关于除名沈阳行星摆线减速机厂会员单位的决议，结止四届会员大会，会员单位已达到62家。

编制出版了《中国通用机械风机行业年鉴》第三集。收集汇总了风协会员单位1995～1997年3年期间的技改技措、技术引进情况；新产品试制，新工艺、新材料的应用；产品质量、贯彻国际标准、ISO9000系列标准认证、出口创汇、企业改革、企业大事记、风机行业协会大事记等。

1998年按照通用机械工业协会要求，责成专人对无锡压缩机股份有限公司组建技术中心一事开展了专题调研，并于10月份以"坚持以科技为先导，提高企业自我发展能力"为正题，以"无锡压缩机股份有限公司组建技术中心初见成效"为副题，写出了专题报告，在"通协简讯"转载，获专项成果一等奖。

11月

13日　杭州制氧机集团公司通过挪威船级社(DNV)ISO9001质量体系的换证审查。

18日　杭州制氧机集团有限公司KDON—$15000m^3/h$空分设备在包头铜公司建成投产。

18～19日　气体分离设备行业协会理事长单位总经理会议在上海召开，主要就联合和大中型空分设备价格自律问题进行了讨论。机械工业局副总工程师隋永滨出席会议。

22日　苏州制氧机有限责任公司顺利通过AR_1、CR_2级压力容器制造资格换证工作。

24～27日　(广东兴宁市)召开阀协财务价格委员会第三届第五次会议研究当前国有企业状况,学习广球创业经验,制订1999年阀门产品市场参考价格。选举阀协第四届财务价格委员会委员。25日　杭州制氧机集团有限公司大型空分设备国产化基地一期技术改造项目通过国家级验收。

西南化工研究设计院变压吸附分离工程研究所获国家科技进步推广类一等奖。

杭州制氧机集团有限公司被国务院列入第二批第2期被稽察企业。稽察员已到公司。

28日　开封市委、市政府对开封空分集团有限公司党、政主要领导进行调整,曾建晟同志任公司董事长、总经理、党委副书记,戴思聪同志任公司党委书记、副董事长。

29日　开封空分集团有限公司提供给鄂城钢铁集团公司的KDON—6000/6000—3型空分设备通过专家鉴定,处国内领先水平,达到国际90年代初水平。

四川空分设备(集团)有限责任公司KDON—12000/24000型空分设备在黑龙江黑化集团正式投产,通过性能考核。

1998年底阀协会员单位获得ISO9000质量体系认证的单位有51家。

11月　根据三届三次理事会决议,为庆祝中国通用机械压缩机行业协会成立十周年,编撰出版了《光辉的十年》文集,其中包括中央、省、市领导视察各行业厂的历史记录,国家机械工业局和中国通协领导为祝贺压协成立十周年的题词,压协领导和23家协会成员单位为庆祝协会成立十周年撰写的各类文章,以及行业活动大事记,行业十年成就综述等,印发给各会员单位,荣获通用机械工业协会专项成果二等奖。

一九九九年

1月

4日　江西制氧机厂的新产品化工液体罐式集装箱、低温液体罐式集装箱通过江西省经贸委鉴定。

7日　开封空分集团有限公司获国家环保总局颁发的《环境污染防治工程专项设计资格证书》(乙级)。

11日　以山东益都阀门有限公司董事长唐振方为团长和康家桥(阀协秘书处)、刘长利(塘沽厂)、程传庆(合肥所)四人组成的代表团应日本工业协会邀请,赴日本东京商讨筹建亚洲阀门联合组织事宜。

23日　开封空分集团有限公司自行开发的QYD型金属平面密封气动蝶阀获国家实用新型专利。

苏州制氧机有限责任公司的低温工程技术中心被苏州市政府认定为苏州市第二批市级技术中心。

3月

12～17日　在成都召开了风协统信网协调组扩大会议,有15个单位17名综合统计及部门领导参加了会议。会议由风协秘书处郭绍华和石雪松同志主持,传达了中通协1998年11月统计工作会议精神及国家机械局行业管理司周建平司长在1998年10月烟台机械工业统计工作会议上的讲话摘要,会议完成了1998年度风机行业各项经济技术指标的审核及汇总工作,产品产量明细汇编,以及经济效益综合指数和6项主要经济指标的排序工作。

28日　杭州制氧机集团有限公司被中国石化总公司认定为大型乙烯冷箱国产化基地。苏州制氧机有限责任公司吴其蒙荣获1998年度江苏省有突出贡献的中青年专家称号。

4月

9～11日　中国通用机械工业协会在大连召开三届二次全体理事会议,会议决定并选举设立了理事会。

18～23日　在厦门召开了秘书处工作会议及办公室主任会议。会议传达了上级有关精神,重点讨论通过了1999年工作安排;审议通过了《联络员工作职责》。

20～24日　在宁波市镇海召开了压协劳动管理委员会第七次年会。会上,贺汝桢常务副秘书长介绍了压缩机行业协会成立十一年来,劳动管理委员会组织和开展活动的情况,通报了通协理事会的会议精神,介绍了协会工作的19项任务。由各单位交流了狠抓体制改革、减员增效以及如何调动科技人员积极性,稳定科技队伍等方面工作经验。

20～26日　在上海召开了压协技术委员会年会,有25个委员和顾问委员参加。赵祥凤主任作技术委员会1998年工作总结和1999年工作安排报告。学习了国机规〔1999〕169号文关于《编制“十五”分行业发展规划》的通知;听取了郁永章教授关于《压缩机技术手册》撰稿情况的说明,并以“依靠技术革新,振兴搞活企业”为主题,广泛进行了经验交流,进而增强了依靠科技搞活企业的决心和信心。

24日　杭州制氧机集团有限公司首次为主成套提供给慈溪城市污水处理设备投入运行。

4月　在天津召开了财务价格工作委员会会议。恢复了财价委组织,选举了新的一届财务价格工作委员,天津减速机总厂财务处处长王汝令为主任,广东江门电机股份有限公司财务部经理林炳垣为副主任,上海减速机械厂、山东博机集团公司、兰州减速机厂、常州减速机总厂,佛山国营星光工模具厂为财价委委员单位。会上讨论通过了减变速机行业协会财务价格工作委员会工作条例,组织制定减变速机行业产品平均成本价的方案。

1999年根据四届一次理事会决议,开始实施“一号工程”,即为了维护行业协会成员厂及消费者的利益，针对市场上假冒伪劣产品在全国范围内进行产品质量抽查及打假活动，以达到净化环境、规范市场，给企业创造公平竞争的条件。减变速机行业协会与机械部减变速机产品检测中心，共同向国家机械工业局及国家技术质量监督局打报告争取支持，同时天津减速机总厂、上海减速机械厂、广东江门电机股份有限公司等国有企业，也联名上书，表达企业意愿。随后，在各地区技术质量监督局的支持下，分地区进行了产品质量抽查及打假活动，取得了一定实效。

5月

12日 （浙江临安市）召开阀协第三届第五次理事会总结阀协1998年的工作，唐振方汇报到日本访问，筹建亚洲阀门制造商组织的情况，讨论取消会员资格和批准入会事宜，明确阀协秘书处工作人员分工。审查批准重庆市阀门行业协会等18家单位入会。决定对长期不履行会员义务的8家单位取消会员资格。

13日 开封空分集团有限公司“九五”技改双加项目建成，通过河南省经贸委组织的竣工验收。

15～20日 在昆明市召开了压协三届四次理事会议，有29个单位代表共51人出席。

会议学习了《国家机械工业局社团工作暂行规定》、传达了通协三届二次理事会议精神。讨论通过了1998年工作总结和1999年工作计划、年度财务预决算及会费改革缴纳办法。会议同意吸收宁波欣达螺杆压缩机有限公司、慈溪市超超空压机配件有限公司两个单位为新会员，同意对天津渤龙压缩机制造有限公司和常熟机械总厂予以取消会籍。对长期不参加行业活动和不履行义务的沈阳空压机制造厂，免去其理事单位职务，由鞍山无油空压机厂出任理事单位。为了减繁轻赋，把会费由原来的9个档次改为5个档次，降低了会费交纳数额，减轻了企业负担。

26日 浙江省委常委、秘书长王国平、杭州市人大副主任张明光率省市有关部门领导到杭州制氧机集团有限公司考察。

邯郸制氧机厂生产的第一套秸秆饲料加工设备试制成功，指标达到设计要求。

5月 按照国家机械局和通用机械工业协会的部署，会同合肥通用机械研究所一起，配合国家机械工业局规划研究院，进行了制定“十五规划”的前期调研工作，向22个重点骨干企业发出了调查函，根据调研情况起草了“压缩机行业产品市场发展预测”，上报国家机械工业局。

6月

15～19日 在哈尔滨市召开了压协统计信息网年会，五个地区的正副组长参加了会议。会上总结了工作，统一了报表计算方法及要求，提出2000年的工作任务是，努力提高企业统计资料的准确率和上报率，为促进行业的发展提供有价值的数据，会上还表彰了统计信息工作的先进个人。

16～18日 在昆明召开了风协第三届理事会第四次会议。会议由副理事长戚杰和余德保同志传达了中通协三届二次理事会会议精神；理事长梁铁山同志对1998年工作做了总结，提出了1999年工作要点；各地区组长厂汇报了地区活动情况和今后打算；会议中讨论拟定了风协《章程》《组织工作条例》《经费管理办法》（修订草案）；讨论了关于召开风协第四届会员大会和成立风协技术工作委员会等问题，并达成了一致意见。

17～21日 在武汉召开了四届三次理事会议。会议讨论通过了1998年工作总结，1999年工作安排；审查了财务收支情况汇报；通过了《泵行业价格自律行为规则》（讨论稿）；发展吸收了新会员。

泵协与阀协和永嘉县人民政府联合举办了“中国泵阀产业发展战略专家研讨会”。国家部委、公司及部分大专院校、科研院所等30多个单位的专家和代表出席了会议。

四川省企业经济产业类型指导委员会批准四川空分设备（集团）有限责任公司为综合成长型和科技型企业。

7月

29日 开封空分集团有限公司“工业废水和城市污水富氧曝气成套设备国产化”项目列入国家计委环保装备发展专项计划。

四川空分设备（集团）有限责任公司“扩大空分设备等产品出口专项技改项目”竣工验收合格。

7月 北京仪器仪表总公司任命陶梦为北京仪器厂（集团）厂长。

8月

2日 设在开封空分集团有限公司内的河南省机械电子工业厅制冷设备产品质量检验站通过了河南省技术监督局组织的计量认证评审。

江西制氧机厂的新产品化工液体罐式集装箱、低温罐式集装箱、低温液体贮罐、液态二氧化碳贮罐获江西省优秀新产品奖。

9月

2日 开封空分集团有限公司“规整填料塔技术在低温精馏空分设备中的应用”获河南省机械工业科技进步一等奖。

6～9日 在浙江萧山召开了风协第四届会员大会，出席会议66个会员单位102名正式代表及非会员单位14名列席代表。国家机械工业局隋永滨副总工程师参加了会议并讲了话，国家机械工业局规划发展司工业装备规划处黄鹂处长、中国通用机械工业协会文生才主任出席了会议。会议由风协副理事长上海鼓风机厂有限公司总经理戚杰同志主持，副理事长陕西鼓风机（集团）有限公司总经理温长生同志致开幕词；理事长沈阳鼓风机厂原党委书记梁铁山同志代表第三届理事会做了题为“积极探索，不断实践，努力开创行业协会建设和发展的新局面”的工作报告；风协财务审查小组组长、副理事长沈阳风机厂厂长高树源同志做了1995年8月至1999年7月期间的财务收支审查报告；会议选举了由22个理事单位23名同志组成的风协第四届理事会；讨论通过了风协《章程》《组织工作条例》和《经费管理办法》(修改草案);表彰了45名行业活动积极分子;有13个单位进行了经验交流。

会议期间召开了风协第四届理事会第一次会议,根据中通协理事长隋永滨同志提名,选举了沈阳鼓风机厂厂长苏永强同志为理事长,选举上海鼓风机厂有限公司总经理戚杰、陕西鼓风机(集团)有限责任公司总经理温长生、武汉鼓风机厂厂长余德保、重庆通用工业(集团)有限责任公司董事长傅正全、沈阳风机厂厂长高树源等五名同志为副理事长;任命徐常武同志为秘书长,郭绍华同志为副秘书长。聘请梁铁山同志为名誉理事长。决定沈阳风机厂为东北地区组长厂、陕西鼓风机集团有限公司为华北西北地区组长厂、上海鼓风机厂有限公司为华东地区组长厂、武汉鼓风机厂为中南西南地区组长厂。

15~18日　在福建省建阳市召开了压协财务价格委员会第七次年会,共有15人参加。贺汝桢常务副秘书长传达了通协1999年财务价格工作委员会三届一次会议精神,学习了国家计委价格〔1999〕177号文关于《低价倾销工业品的成本认定办法(试行)》。代表们结合本企业"学邯钢"、降成本的实际情况,交流了控制采购费用、降低生产成本,加强资金管理的工作经验,对行业典型产品的成本状况进行了分析,并制订了15个典型产品的行业平均成本及建议销售价格。

11日　开封空分集团有限公司为上海焦化公司进口的17 000m^3/h空分设备配置的570m^3/h全精馏制氩设备一次开车成功。

17日　江西制氧机厂JXY9370GYQ液化气体运输半挂车通过江西省机械厅鉴定。

22日　杭州制氧机集团有限公司为中国"神舟"号飞船顺利上天提供液氧液氮设备。

29日　邯郸制氧机厂研制的PLC控制600m^3/h纯氮设备一次试车成功。

余杭市川空通用设备有限公司实现资产多元化,进行资产重组,机构调整。

9月　在温州召开以民营企业为主的《推进现代企业制度现场会》,交流推进现代企业制度的经验。

9月　在浙江省永嘉县,由中阀协与温州泵阀协会、永嘉县政府共同组织召开的《永嘉泵阀产业发展战略全国研讨会》,通过专家咨询和提供资料,为永嘉县编写"十五"科技进步纲要提供依据。

10月

3日　江西省副省长王君一行到江西制氧机厂检查工作。

18日　在上海展览中心举办了"99国际真空设备、仪器仪表及应用新产品交流会"。展示会由中国真空学会、中国通用机械真空设备行业协会和上海市真空学会主办。开幕式由真空学会副理事长、沈阳真空技术研究所总工程师于溥主持,真空学会副理事长董元昌致开幕词。上海市科委主任朱寄萍、上海市科协常务副主任陈勇福为开幕式剪彩。参加此次展示会有中国、美国、德国、日本、意大利和瑞士等国家一百余家著名的生产真空设备、仪器仪表、真空电子器件和材料及真空应用新产品公司、企业、大专院校和科研单位。展示面积2 100m^2,110个标准摊位。展出产品1 500余种,有各种真空泵、镀膜机、真空干燥机等,新产品有爪式无油真空泵、干式真空泵、低温泵、复合式分子泵和螺旋液环泵、分子束外延、气相沉积、电子束焊接机和各种真空炉以及真空灭弧装置及高压灭弧电源装置;还有各类真空仪器仪表等。

25日　中国台北阀门行业组成的访问团到北京与中阀协及部分会员厂进行了交流。

10月　根据中国通用机械工业协会的要求,组织专人对南京压缩机股份有限公司依靠自己的力量实施扭亏解困的情况进行了专题调研,并于10月份以"深化改革,稳中求进"为正题,以"南京压缩机股份有限公司自我解困的几项举措"为副题,写出了专题报告上报通用协会。

10月　经锦州市政府批准,锦州真空设备制造总厂实行股份制。同时为搞活国有资产存量、扩大生产规模、完善工艺措施和开发新产品的需要,该厂已搬迁到新址,占地面积为2.4万m^2,为企业进一步发展奠定了基础。

11月

1日　杭州制氧机集团有限公司获国家机械工业基础管理规范企业称号;通过DNV定期审核;通过ISO90001质量体系证书定期检查,继续有效。

9~11日　中国通用机械工业协会在杭州召开第三届常务理事会第一次会议,会议根据隋永滨理事长提议,讨论通过张雨豹任中通协秘书长,于黛印、温顺如任副秘书长。会议讨论通过了"关于中国通用机械工业协会今后重点工作的设想"。会议讨论通过了"中国通用机械工业协会第四届会员代表、理事会、常务理事会及理事长、副理事长的产生办法"。

8~12日　在浙江省温州市召开了压协联络员会议。6个地区的正副组长单位共16人出席了会议。会议由贺汝桢常务副秘书长主持,学习了党的十四届四中全会《关于国有企业改革与发展若干重大问题的决定》,讨论了协会《章程》、《组织工作条例》、《经费管理办法》三个文件的修改稿,研究了下届理事会成员单位名单,提出了调整和增补建议,对三年以上不交纳会费不履行会员义务的单位提出了处理意见,为召开三届五次理事会和第四次会员大会进行改选换届作了一些必要的准备工作。

12日　杭州制氧机集团有限公司再度被国务院列入520家重点企业。

22~24日　(天津塘沽)召开阀协第三届第六次理事会总结阀协1999年的工作,为2000年换届改选工作做准备。审查批准浙江海工阀门厂等4家企业入会。

25日　邯郸制氧机厂第一台湿法脱硫除尘设备安装调试成功,脱硫除尘完全达标。

四川空分设备(集团)有限责任公司的BPO—350/165型低温液体泵获省新产品二等奖;BPO4X2—8/130型低温液体泵获四川省新产品三等奖。

12月

1日　杭州制氧机集团有限公司公司总部和18个将改制为有限公司的单位开始按独立法人模拟运行。

2～3日　在山东省章丘市召开了风协技术工作委员会成立会议。有16个单位19名代表参加了会议。会议由风协秘书长徐常武同志主持，讨论制定了“风协技术工作委员会工作条例”，选举产生了第一届技术工作委员会由15名同志组成，并选举了主任委员和副主任委员；讨论制订了2000年工作计划；介绍交流了部分企业的科技及技术管理方面的经验。

10～11日　中国通用机械工业协会在北京召开了“通用机械行业统计分析工作会议暨秘书长工作会议”，中通协秘书处及其九个行业分会的秘书长、副秘书长和统计员等出席了会议。会议布置了1999年统计年报及2000年机械工业年鉴编写工作；为加强行业统计信息及综合分析工作，会议讨论通过了《关于做好通用机械行业统计及综合分析工作的若干意见》；会议拟定重新组建中通协技术经济工作委员会；会议决定2001年举办“中国国际通用机械——流体机械”展览会；并布置了前期筹备工作；会议布置了做好1999年工作总结及2000年工作计划的工作。

15日　由开封空分集团有限公司研制开发的“多股流高压绕管式换热器”通过省级验收，具备成批生产系列产品的能力。

20日　由开封空分集团有限公司开发设计的KDON—6000/6000—3型空分设备被国家经贸委评为1999年度国家级新产品。“6000m^3/h”等级空分设备获河南省机械工业科技进步一等奖。

中国船舶重工集团第七一八研究所研制的ZDQ—80型水电解制氢设备获中国船舶重工集团第七研究院科技进步二等奖。

江西制氧机厂的化工液体罐式集装箱和低温液体罐式集装箱获国家优秀新产品奖。

四川空分设备(集团)有限责任公司大中型空分设备获四川省名牌产品称号；低温液体贮槽和贮运设备系列通过名牌产品复查确认。

苏州制氧机有限责任公司通过ISO9001质量体系认证。

四川天一科技股份有限公司提供给浙江镇海炼化股份公司的$5\times10^4 m^3/h$变压吸制氢设备获“1999年度化工行业优秀工程设计一等奖”；设计的变压吸附脱除二氧化碳分离技术，获“四川省科技进步三等奖”。

1999年国家机械工业局所属的68个科研院所的转制方案最终确定。沈阳真空技术研究所进入了中国机械装备集团公司。另根据国机企[1999]025号文任命卞小佳为该所所长。

二○○○年

1月

9～11日　哈尔滨环保制氢设备工业公司通过长城(天津)质量保证中心组织的ISO9001国际质量体系认证。

武汉晶科科技实业有限公司JK型过滤器经武汉市产品质量检验所检测合格，2000年1月被湖北省制冷学会，武汉市制冷学会确定为推荐产品。

2月

8日　邯郸制氧机厂研制生产的PLC控制的600m^3/h高纯氮设备在吉林华星集团公司一次开车成功。

3月

6日　四川省副省长王金祥一行4人到四川空分设备(集团)有限责任公司考察。

10日　开封空分集团有限公司列入国家计委环保装备国产化专项的“工业和城市污水富氧曝气处理大套设备国产化项目”已开工建设，项目总投资3878万元。

13日　邯郸制氧机厂颁布“关于低温贮罐系列产品实行借资经营、封闭运行的办法”，同月30日召开“低温设备中心成立大会”。

16～20日　在郑州市召开了风协统计信息网协调组会议。到会11个单位11名同志，风协副秘书长郭绍华和办公室主任石雪松同志参加并主持了会议。会议总结了1999年统计工作情况，提出了16个统计方面的学术专题研究参考课题；完成了1999年度风机行业各项经济技术指标统计汇编；产品产量明细汇编；中通协企业基本概况汇编；风机行业会员单位经济效益综合指数及主要经济指标排序工作。

3月～5月　中阀协对全国阀门行业状况开展了调查，了解到93个阀门行业会员厂和75个阀门非会员厂的基本情况。

广州广重分离机械有限公司于2000年3月通过ISO9000质量体系认证复审，结论为合格。2000年该公司完成了异地技术改造，基本建设投资8 000万元，技术更新改造投资1 156万元。

4月

10日　开封空分集团有限公司“40 000m^3/h大型空分设备项目”被国家经贸委列入2000年重大技术装备创新研制计划。

13～15日　中国通用机械工业协会在北京举办了“首届通用机械市场需求预测及发展战略研讨会”全国通用机械行业企事业单位共120多位代表参加了研讨会。研讨会特邀有关专家学者及政府官员到会做了：“十五”通用机械行业技术发展方向及市场预测；“十五”期间国债技术改造项目安排；推进西气东输，加快天然气发展；“十五”期间机械工业运行走势和机械产品出口形势；加入世贸组织通用机械行业面临的机遇与挑战及应对策略；我国海洋石油勘探开发形势；通用机械行业“十五”规划情况；“十五”重大技术装备项目情况等专题报告。会议还进行了交流、研讨。

18日 （湖南长沙）召开阀协第三届第七次理事会总结阀协四年工作及阀协第三届理事会的工作通过了召开第七次会员大会的具体安排。审查批准浙江永一阀门厂等3家企业入会。

19~21日 （湖南长沙）召开阀协第七次会员大会总结报告第三届理事会的工作选举产生了阀协第四届理事会(31名理事单位)通过了阀协新章程，在大会上交流了企业改制、市场开发等方面的经验。

20日 （长沙）召开阀协第四届第一次理事会选举开封高压阀门厂黄志远厂长为理事长，并选出10个副理事长单位。推举袁茂臻为名誉理事长。聘任康家桥为秘书长，郭雷为副秘书长。

24日 苏州制氧机有限责任公司与西安交通大学研制的新型气体轴承透平膨胀机在北京通过教育部鉴定，达到国际先进水平。

浙江轻机实业有限公司于2000年4月完成转制，从原来的国有企业转变为有限责任公司，总股本1 100万元，企业职工股占90%，国有股占10%。

《减变速机行业简讯》于2000年4月创刊，是减变速机行业协会的内部刊物，每季度发行一期。刊物分设行业动态、政策信息、企业论坛、技术点滴、产品介绍等栏目，由减变速机行业协会秘书处编辑，面向全行业发行。

5月

10~16日 在四川省成都市召开了压协三届五次理事会，有27个理事单位45人参加了会议。会上，传达了通协第三届常务理事会第一次会议精神，学习了国家经贸委《关于加快培育和发展工商领域协会的若干意见(试行)》，通报了1999年联络员会议准备改选换届和修改协会《章程》、《组织工作条例》、《经费管理办法》3个文件的情况。会上讨论通过了1999年工作总结和2000年工作计划以及年度财务预决算3个报告，会议同意吸收温州市空压机气阀厂等3个单位为新会员，并对连续3年不缴纳会费、不参加行业活动的沈阳空气压缩机制造厂等5个单位作了取消会籍的处理。

会上，沈阳气体压缩机股份有限公司、上海压缩机有限公司、南京压缩机股份有限公司、太原气体压缩机厂、无锡压缩机股份有限公司、柳州空压机集团有限责任公司、沈阳东陵空压机厂、西安压缩机厂、蚌埠压缩机总厂分别介绍了深化改革，转换机制；加强管理，开拓市场；狠抓质量，取证达标；降低成本，增加效益；扭亏增盈，摆脱困境；组建集团，发挥优势，以及依靠科技进步，调整产品结构，实行中外合资，促进自身发展等方面的工作经验。代表们还就“入世”问题开展了专题讨论，针对中国加入世贸组织以后将给我们压缩机行业带来的机遇、挑战和影响，提出了一些很好的意见、办法和措施。会后，根据理事会提议由协会秘书处汇总讨论情况，并参照有关资料，以《压缩机行业如何应对加入世界贸易组织》为题，写出了专题材料。其中包括如何正确认识入世的机遇和挑战，企业应当采取的应对措施和要尽快学会运用世贸组织的有关规则等，并通过《压协简讯》印发给会员单位参考。

11日 开封空分集团有限公司通过GB/T19001质量体系换证。

24日 中国环境保护公司与开封空分集团有限公司就双方合资成立“开封中环环保工程有限公司”达成框架协议。

25~29日 在威海召开四届三次理事会议。会议讨论通过了四届三次理事会工作报告；审议通过了1999年财务报告；审议通过了泵行业“十五”技术市场发展预测；发展吸收了新会员。

与国家机械局第二设计研究院共同完成了《泵行业“十五”发展规划》的制订、修改与完善。

6月

12日 开封空分集团有限公司生产的ZKQ48500GZD冷库和ZKQ1960型冷库工程被评为“河南机械工业科技进步一等奖”。

16~19日 在山西省太原市召开了压协统计信息网组长年会。有六个地区正副组长和重点企业的代表共15人参加了会议。

会上，传达了三届五次理事会议精神，对在生产经营状况极为困难的情况下，较好地完成了1999年上半年和全年统计资料的汇总、上报和反馈等统计工作，给予充分肯定。

代表们还讨论通过了2000年至2001年统计信息网的主要工作，决定利用现代化通讯手段，在行业重点企业中试行季度资料网上传递。

会上还修改审议了统计信息网的工作条例。部分地方作了修改，要求各成员单位今后要按照修改后的工作条例贯彻执行。对不提供行业报表的单位，提出了通报批评。会上对统计信息网进行了改选换届，经过民主讨论一致推选沈阳气体压缩机股份有限公司继续担任统计信息网常务组长厂。

中国通用机械真空设备行业协会第四届会员大会于2000年6月21~24日在南京召开。参加会议的有35个会员单位68名代表。中通协秘书长张雨豹到会做了重要讲话。大会通过了三届大会以来的“工作报告”、“协会章程”、“组织条例”和“经费管理办法”。选举产生了18家理事单位。理事长由沈阳真空技术研究所所长卞小佳担任，任命李春影为协会秘书长。

25日 杭州制氧机集团有限公司第六代大中型空分设备新产品通过鉴定，达到国际90年代中期水平。

上海化工机械厂于2000年7月通过由上海质量体系审核中心关于ISO9001质量体系认证，体系覆盖范围为离心机，过滤机的设计、开发、生产、安装及服务的全过程。

8月

2~4日 江西制氧机厂通过国家技术监督局组织的三类压力容器设计、制造许可证的换证工作。

3日 中国通用机械工业协会在北京召开“秘书长工作会议”，会议专题研究了在2001年举办“首届中国国际流体机械展览会——泵、风机、压缩机、阀门及配套产品与技术专业展览会”的方案及工作计划。该展览会确定于2001年9月19日至22日在上海国际展览中心举办。根据工作计划会议，布置了各项组织的开展。

20日 开封空分集团有限公司生产的KDN—3000—3型高纯氮设备被国

家经贸委评为2000年度国家级新产品。

24～26日　四川空分设备(集团)有限责任公司通过压力容器换证检查。

28日　北京北大先锋科技有限公司研制的PU—8型制氧分子筛生产线投入运行,生产出合格产品。

31日　四川空分设备(集团)有限责任公司研制的700Q0.33—4.5型轴流污水潜水泵通过省级鉴定。

余杭市川空通用设备有限公司生产的各种低温液体贮槽顺利通过"国家低温容器监检中心"的性能检测。

9月

10日　开封空分集团有限公司"40 000m³/h大型空分设备国产化技改项目"被国家经贸委列入第四批国债资金技改计划,项目总投资5 000万元。

11日　以色列环保专家科莱恩·海姆先生到开封空分集团有限公司进行城市污水处理技术交流和指导。

13～17日　在北京召开了压协技术委员会年会,有21个单位26名代表(其中委员16人,顾问委员4人)参加了会议。总结了上一年的工作,安排了当年的工作任务,同时通过民主协商,选举产生了新一届技术委员会。委员们通过讨论,共同推选无锡压缩机股份有限公司总工蒋尚鸿为主任委员,推选沈阳气体压缩机股份有限公司总工吴丰、北京第一通用机械厂副总工李琳、上海压缩机有限公司总工邵有惠、柳州空压机集团有限责任公司副总经理李梅、南京压缩机股份有限公司总工葛如昕、华西通用机器公司总工王有志、压协技术部主任陈洪俊为副主任委员。会议还对2001年8月份在无锡召开国际压缩机技术会议一事进行了专题研讨。

15日　苏州制氧机有限责任公司与上海交通大学联合开发的"太阳能吸附式制冷/空调项目"可行性研究报告进行了专家论证。同年10月18日,该项目作为2000年吴县高新技术产业发展基金项目,并获得了基金经费。

16～18日　在沈阳召开了风机行业档案管理研讨会。有8个单位13名代表参加了会议。会议由秘书长徐常武同志主持。沈阳鼓风机厂技术副厂长兼总工程师刘云飞同志参加了会议并讲了话。会议围绕创新思维与档案工作、电子文件与电子档案管理的问题与对策、企业档案信息资源开发及风机行业档案管理的特点等方面进行了研讨。沈鼓厂档案中心主任郭庆丰同志介绍了档案管理工作的经验。

安庆船用柴油机厂于2000年9月通过由中国船级社关于ISO9001质量体系认证。

10月

10月　在长沙召开了第二十二届泵协生产管理研讨会。

21日　中国风机网正式建立。由中国通用机械风机行业协会与沈阳鼓风机研究所主办,西安交通大学流体工程研究所协办,开通了《中国风机网》(Chinafan.org)。主要在两个方面开展工作,一是为风机生产企业服务;二是为风机用户服务。为风机生产企业提供行业动态、新产品信息、新技术转让、行业标准、人才交流、新书介绍等;为风机用户提供上网查询风机产品,网上选型、网上订货、网上疑难问题解答及了解风机行业生产企业的现状、规模等。

21～23日　在北京召开了风机行业技术交流大会。会议由风协秘书长徐常武同志主持,中通协副秘书长于黛印同志到会致词,国家机械工业局副总工程师隋永滨同志到会,并就机械工业及风机行业目前形势、发展趋势及努力方向做了重要讲话。会议介绍了风机行业"十五"发展规划;交流了14项风机技术专题;举办了新闻发布会;介绍了中国风机网情况;与风机相关配套厂如动平衡机、数控技术、特种耐磨陶瓷粘片、测振仪器仪表及涂装设备等8个企业参加了会议,介绍和展示了各自产品在风机工业中的应用情况。

25～28日　中国通用机械工业协会在北京举办了"第二届通用机械市场需求预测及发展战略研讨会——城市基础设施建设技术发展与市场分析专题研讨会",全国通用机械行业企事业单位计100多位代表参加了研讨会。研讨会邀请有关专家、学者及政府官员到会做了:"十五"期间城市基础设施建设(污水处理、垃圾处理、城市燃气供应及给排水)发展规划及设备市场需求前景;城市给水工程技术发展方向及设备需求情况;城市垃圾处理技术发展方向及对设备的需求,国内外水平对比和市场前景;城市污水处理工艺及设备;污水处理工艺对设备的需求及市场前景预测等专题报告。与会代表与报告人进行了直接对话、交流。会议安排参观考察了北京高碑店污水处理厂。

29日　开封空分集团有限公司承担的国家863/CIMS应用示范工程通过国家863专家组的验收。

30日　开封空分集团有限公司GB/T19001质量体系和AR_1级压力容器制造资格证通过国家复审,并获得设计、制造许可证。

11月

6日　哈尔滨制氧机厂GB/T19001－1994质量体系通过北京9000质量体系认证中心组织的年度监督审核。

10～12日　(广东番禺)召开阀协第四届第二次理事会总结报告2000年阀协工作,确认开封高压阀门厂新任贺领厂长担任理事长。同意推荐西安泵阀总厂为理事单位。审查批准温州市泵阀工业协会等8家单位入会。决定对长期不履行会员义务的9家单位按自动退会处理:决定对改变生产方向及改组合并的2家单位取消会员资格。

14日　杭州制氧机集团有限公司承担的国家863/CIMS重点科技项目,浙江省重大攻关项目和杭州市重大示范项目——杭氧集团CIMS应用示范工程一期项目通过浙江省科技厅和浙江省CIMS推广应用专家组的联合验收和鉴定,达到国内领先水平。

19～23日　中国通用机械工业协会为推动我国通用机械产品的出口,组织20多家企业参加了"阿联酋迪拜秋季国际贸易博览会"。

24日　杭州制氧机集团有限公司顺利通过了美国ASME总部和英国劳氏专家组的联合检查。这是继1988年通过ASME质量体系认证以来,公司第四次通过ASME换证联检。

27～30日　在湖南长沙市召开了中国通用机械压缩机行业协会第四次会员大会。有67个单位106人参加了会议。(下转页543页)

China General Machinery Industry Yearbook

中国通用机械工业年鉴

2002

附录

附　录 FULU

China General Machinery Industry Yerqrbook

了解行业协会，沟通上下联系

刊登企业名录，方便信息交流

附录

中国通用机械工业协会及各行业协会概况

中国通用机械工业协会简介

China General Machinery Industry Association

中国通用机械工业协会(简称中通协,英文缩写 CGMIA)于 1989 年 4 月经国家民政部批准依法组建成立。中通协是以泵、风机、压缩机、阀门、气体分离及液化设备、真空获得及应用设备、分离机械、减变速机、干燥设备等 9 个通用机械行业的生产企业为主,以及有关的科研设计院所、工程和贸易公司、大专院校等,在自愿参加的原则下组成的全国性、大型工业行业组织,具有社会团体法人资格。中通协现有团体会员一千多家,代表了中国通用机械工业的主体,并随着中国社会主义市场经济的发展正在进一步发展壮大。

通用机械行业是机械工业的重要组成部分,包含的专业繁多、产品品种庞杂。通用机械广泛服务于国民经济各个领域。

中通协做为行业、企业及政府之间的"桥梁"和"纽带",其宗旨是推动我国通用机械行业和企业的快速、健康发展。其职能是:为通用机械行业、企业的改革与发展提供各项服务;作为政府的参谋和助手,协助政府管理通用机械行业;规范行业行为,通过协调、监督,维护行业、企业的合法权益。

中通协常设办事机构为秘书处。下设综合部、行业发展部、展览办公室、标准质量认证办公室四个职能部门,以及通用机械咨询服务中心、机电设备调剂中心、人才流动中心三个服务实体。中通协聘请和组织有关专家、学者和专业人员组成了四个工作委员会:技术经济工作委员会、财务价格工作委员会、经营管理工作委员会和劳动教育工作委员会。

中通协为更加专业化的为行业、企业及政府服务,设立了 9 个专业分会:中国通用机械泵行业协会、中国通用机械风机行业协会、中国通用机械压缩机行业协会、中国通用机械阀门行业协会、中国通用机械气体分离设备行业协会、中国通用机械真空设备行业协会、中国通用机械分离机械行业协会、中国通用机械减变速机行业协会、中国通用机械干燥设备行业协会。

中国通用机械工业协会理事长:隋永滨

秘书长:张雨豹

副秘书长:于黛印　温顺如

业务范围及分工

综合部:办公行政事务;后勤服务;财务;人事劳资;《中国通用机械》会刊编辑出版;工作计划;内部管理。

行业发展部:统计与分析;交流与研讨;行业发展规划制定;项目论证、评审、验收;成果评审、鉴定、验收;《年鉴》编辑;调查研究;咨询服务;培训;出国考察;反倾销、反补贴。

展览办公室:定期组织国际展览会;组织国内区域性、专业性展览、展销会;组织出国参展和参观展览、展销会。

标准质量认证办公室:参与行业标准制订、修订及实施等标准化工作;参与行业产品质量认证及质量管理工作;参与行业许可证的审查、审核及换发证工作;相关培训。

通用机械咨询服务中心:技术咨询与服务;企业管理及改制咨询服务;市场预测及经营咨询服务。

机电设备调剂中心:二手机电设备供需调剂;通用机械设备经营服务。

人才流动中心:通用机械人才库建立;工程技术人员及技师推荐、招聘服务。

地　址:北京市西城区月坛南街 26 号
邮　编:100825
电　话:(010)68596566、68536533、68539270
传　真:(010)68539270

中国通用机械工业协会组织机构图

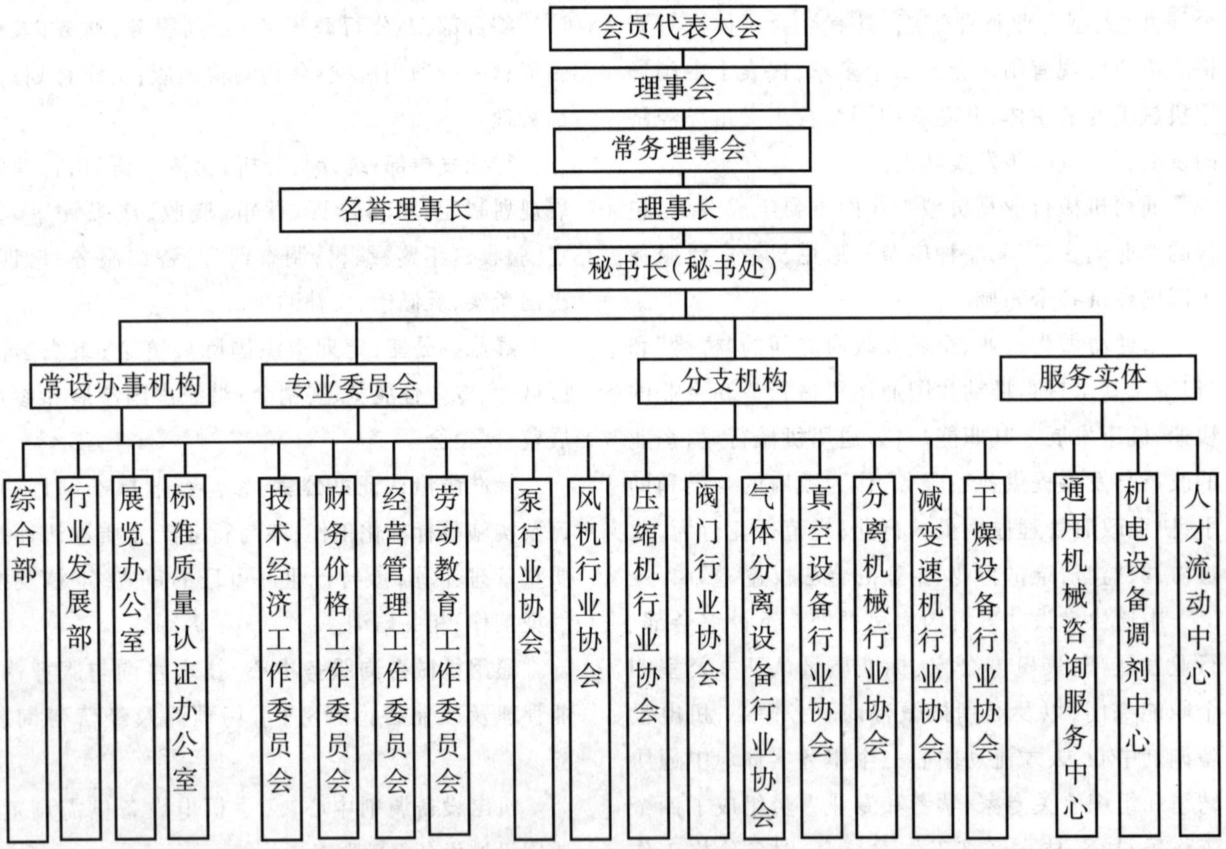

中国通用机械泵行业协会简介

泵行业协会是由国内泵行业的企事业单位自愿组成的。在中国通用机械工业协会领导下，以协调同行业关系，维护会员共同利益、贯彻执行国家的法律、法规和有关政策，协助政府进行行业管理、促进行业发展的跨地区、跨部门的全国性行业组织和社会技术经济团体，是政府与企业之间密切联系的纽带和桥梁，是政府对行业管理的助手。

泵行业协会于1988年9月10日成立，在理事会领导下的常设办事机构是秘书处，秘书处设在沈阳。秘书处下设综合办公室、技术质量办公室、企业管理办公室、《泵业动态》编辑部。同时还设有农业泵工作委员会（北京）、中泵泵产品成套销售总公司（北京），及东北（大连）、华北（石家庄）、华东（上海）、中南（长沙）、西南（重庆）、西北（兰州）6个分部。

泵行业协会共有236个会员单位，其中企业会员单位有214个，包括了全国泵行业的精华——国家骨干、重点企业31家。科研院所和大专院校有22个，汇集了全国科研、教学、技术的全部力量和优势。并设有国家工业泵质量检验中心和国家农机具质量监督检验中心。

泵行业协会的广大会员单位拥有各类高、精、尖生产设备，完善的测试、计量、理化手段，强大的科研、设计、工艺、技术队伍，具有承担各种大型技术密集型成套产品的科研、设计、制造能力。每年开发新产品400多种，产品出口世界40多个国家和地区。

全体会员企业拥有固定资产原值70.2亿元。各种设备3.8万台，工程技术人员15 000多人，其中高级工程技术人员约占25%。在材料运用方面，具有对129种金属材料的运用技术。其中包括对40多种耐腐蚀金属材料的冶炼、铸造、加工、检验技术。在金属冶炼方面，拥有精炼炉VOD、AOD、AODC和真空感应炉，在钢铁成分分析方面，有直读光谱仪、X光荧光光谱仪、红外碳硫分析仪。在材料性能试验方面有电子拉伸试验机。在计算机应用方面，开展了CAPP、CAD、CAM、FEA、CAT、FAX等项工作。在机械加工方面采用了加工中心及数控设备。在泵产品试验方面拥有最大的试验场，其起重设备75t；电机功率为6 300kW；水池容量为5 600m^3，可测流量为75 000m^3/h，测试台精度为B级。

可以承担大型技术密集型成套产品的科研、设计与制造任务。可以为火电站、核电站、合成氨、尿素、乙烯、炼油装置、长输油管线、环保城市污水处理等重大工程项目提供全套用泵。

中国通用机械泵行业协会是我国泵制造业科学研究、设计制造、人员培训、质量管理、经营管理、标准化工作等方面活动的唯一的行业组织。

我们愿与港、澳、台同胞、海外侨胞及各国同行、客商密切联系，开展业务，增进友谊，共同发展。

地　址：辽宁省沈阳市铁西区重工街熊家岗路28号
邮　编：110026
电　话：(024)5820204、5820452
传　真：(024)5820790

泵行业协会组织机构图

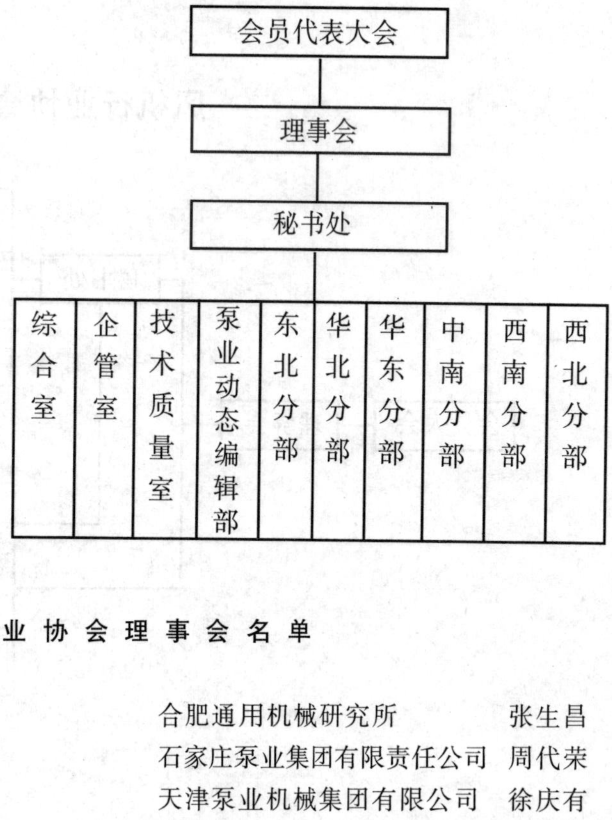

中国通用机械泵行业协会理事会名单

理事长	沈阳水泵股份有限以司	郑　平
副理事长	上海水泵厂	谭聚申
	无锡锡泵制造有限公司	高盘林
	合肥通用机械研究所	张生昌
	石家庄泵业集团有限责任公司	周代荣
	天津泵业机械集团有限公司	徐庆有

通大集团长沙水泵厂	吴京生		兰州水泵总厂	吴亚非
中国农机院排灌所	兰才有		重庆水泵厂	陈　晴
大连耐酸泵厂	乔廷安		武汉四方泵业集团有限公司	白　瑞
沈阳水泵研究所	卢　东	秘 书 长	泵行业协会秘书处	李玉坤

中国通用机械风机行业协会简介

风机行业协会是经原机械工业部批准,民政部备案的跨地区、跨部门的行业组织和社会经济团体,是政府与企业之间密切联系的桥梁和纽带,是政府管理行业的助手,是中国通用机械工业协会九个专业协会之一。

风机协会于1988年11月正式成立,现有会员单位91个,其中企业会员82个,公司1个,院校4个,研究院所4个。拥有员工32 725人,工程技术人员3 819人。全年产品产量达25.7万台,工业总产值达30.6亿元。

生产的品种有离心、轴流式压缩机,离心、罗茨及叶氏鼓风机,离心、轴流通风机等七大类,产品达230多个系列4 500多个规格。基本可以满足石油、化工、空分、冶金、水泥、电力、矿山、纺织、环保、地铁、隧道等各个领域的需求。近年来已为国家重大建设项目提供了各种性能优良的配套风机,同时产品同口世界30多个国家和地区。

随着我国经济体制改革的不断深化,协会的职能正在进一步增强,风机协会将根据风机行业的特点,努力建设成为全行业技术、生产与管理经验交流中心,经济技术情报信息中心,技术经济咨询中心,企业经营管理指导中心和专业人才培训基地,在“双向”服务中做出应有的贡献。

风机协会常设办事机构——秘书处设在沈阳。

地　址:沈阳市铁西区云峰北街36号
邮　编:110021
电　话:(024)25801590、25801591、25870570
传　真:(024)25870570
中国风机网:www.chinafan.org
Email:fjxh@263.net

风机行业协会组织机构图

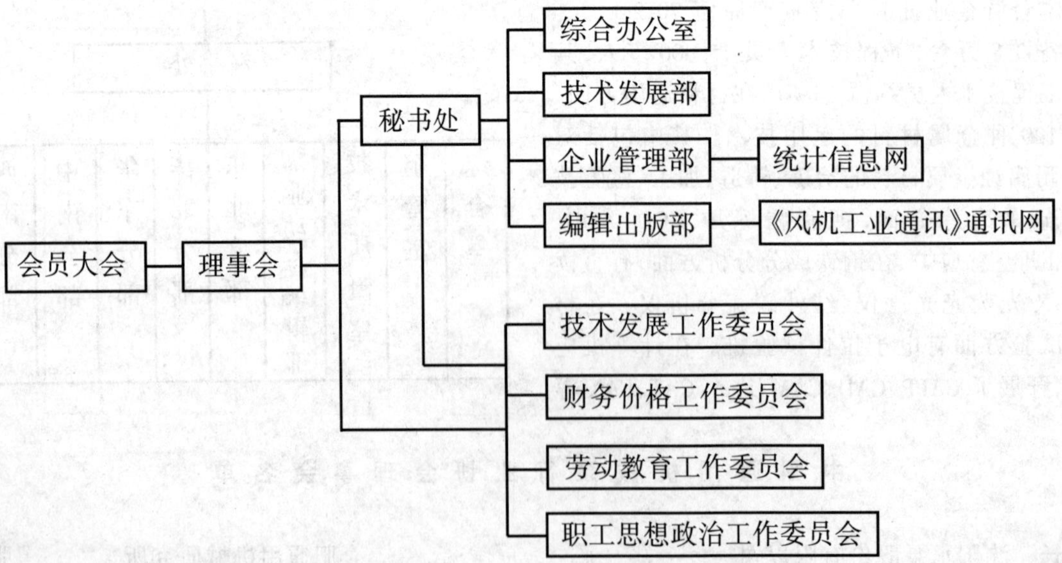

中国通用机械风机行业协会理事会名单

理事长	沈阳鼓风机厂	苏永强		宁波风机有限公司	何三钱
副理事长	上海鼓风机厂有限公司	戚　杰		石家庄市风机厂	乔增起
	陕西鼓风机(集团)有限公司	印建安		江苏大通风机股份有限公司	张文魁
	武汉鼓风机厂	余德保		吉林市鼓风机厂	何宗岩
	重庆通用工业(集团)有限责任公司	傅正全		成都电力机械厂	戚大中
	沈阳风机厂	刘万军		机械工业风机制造联营公司	吕守业
理　事	广州风机厂	俞渭伦		机械部合肥通用机械研究所	朱晓农
	山东省汇丰机械集团总公司	方润刚		西安交大能动学院流体机械研究所	秦国良
	长沙鼓风机厂有限责任公司	苏春模		沈阳鼓风机研究所	马将发
	天津市鼓风机总厂	杨　光		浙江上风集团公司	徐灿根
	四平金丰股份有限公司	王友河	秘书长	风机行业协会秘书处	徐常武
	北京风机二厂	刘树成			

中国通用机械压缩机行业协会简介

压缩机行业协会是由从事压缩机生产及有关科研、教学等企事业单位组成。协会于 1987 年正式成立。现有 120 余个会员单位。随着中国改革开放的发展,我们压缩机行业通用“七五、八五、九五”发展规划的实施,通过技术引进、消化吸收已具备了生产各种类型压缩机的能力。不仅能满足国民经济各部门发展的需要,而且还不断出口美国、英国、德国、日本以及东南亚等国家。

协会成立十余年来一直遵循:协会是政府部门与企业单位之间联系的桥梁,是政府部门进行行业管理的助手。遵循为协会会员单位服务,维护各会员单位的合法权益,协调并促进全员单位之间的横向联系,开拓对外交流和对外贸易,增强企业活力和对市场的应变能力。

协会在国家主管部门和中国通用机械工业协会的领导和支持下,为促进压缩机行业的发展和现化化建设做出了积极地贡献。

协会全称:中国通用机械压缩机行业协会

地　址:北京市朝阳区光华路第一小学内
邮　编:100020
电　话:(010)65004232
传　真:(010)65004332

压缩机行业协会组织机构图

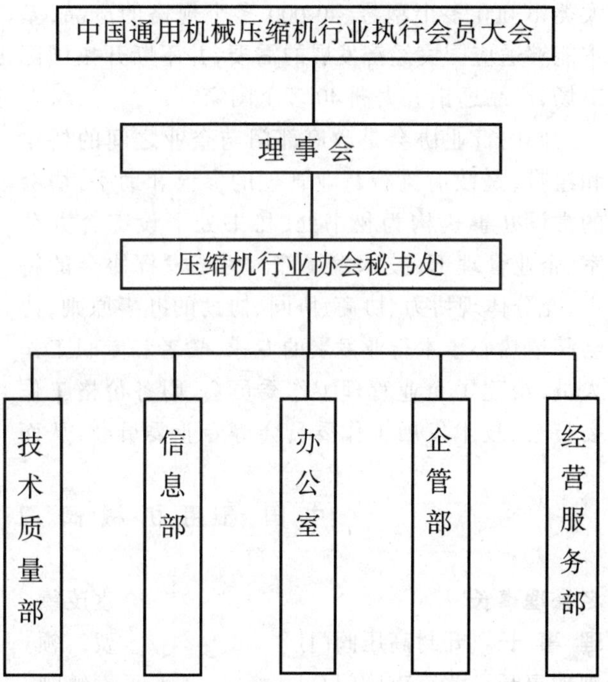

中国通用机械压缩机行业协会理事会名单

理事长	沈阳气体压缩机股份有限公司	金光根	长春市空气压缩机厂	杨　青
常务副理事长	北京第一通用机械厂	崔程久	鞍山无油空压机有限公司	李雨时
副理事长	上海压缩机有限公司	周惠民	上海东方压缩机厂	顾　龙

	无锡压缩机股份有限公司	李国良
	中国铁道建筑总公司徐州机械总厂	薛保福
	中国人民解放军第四八一二工厂	姚干银
	合肥通用机械研究所	谭跃进
	南京压缩机股份有限公司	李培生
	柳州空压机集团有限责任公司	曾水田
	广州空气压缩机厂	谢世华
	重庆气体压缩机厂	吴重江
	华西通用机器公司	刘发江
秘书长	压缩机行业协会秘书处	王兴亚

中国通用机械阀门行业协会简介

阀门行业协会(CVA)于1988年6月成立,是中国通用机械工业协会的分支机构,是以从事阀门生产经营为主体,包括有关科研院所,大专院校等企、事业单位,在自愿参加的原则下,组织的跨地区、跨部门的全国性行业组织。协会现有会员167家,其中:阀门制造厂152家;研究院所10家;经营性公司5家。按2000年末统计,现有职工7万人,其中工程技术人员6 000人,固定资产原值38亿元,工业总产值38亿元,阀门产量19万吨,年销售收入37亿元,出口总额5亿元。

阀门行业协会所属的会员单位,是全国阀门生产、科研的主要企、事业单位。在协会的阀门生产厂中有厂办专业研究所7个,技术力量雄厚,产品测试手段齐全。协会成员厂目前已能生产阀门12大类,3 000多个型号、40 000多个规格的产品,基本能够适应国民经济发展的需要,并不断开拓国际市场,产品远销五大洲40多个国家。

阀门行业协会是政府部门与企业之间的桥梁和纽带,是政府进行行业管理的参谋和助手,协会的常设办事机构为秘书处,秘书处下设综合办公室、企业管理部、技术发展部。为了发挥协会的特点,充分体现协力、协商、协同、协助的办事原则,协会聘请热心于本行业发展的专家、学者和专职工作人员,组建了企业管理工作委员会、财务价格工作委员会、技术发展工作委员会等专业委员会,从而形成一个能发挥重要职能的健全组织。

地　址:北京市天坛东路76号
邮　编:100061
电　话:(010)67119580
传　真:(010)67119580

阀门行业协会组织机构图

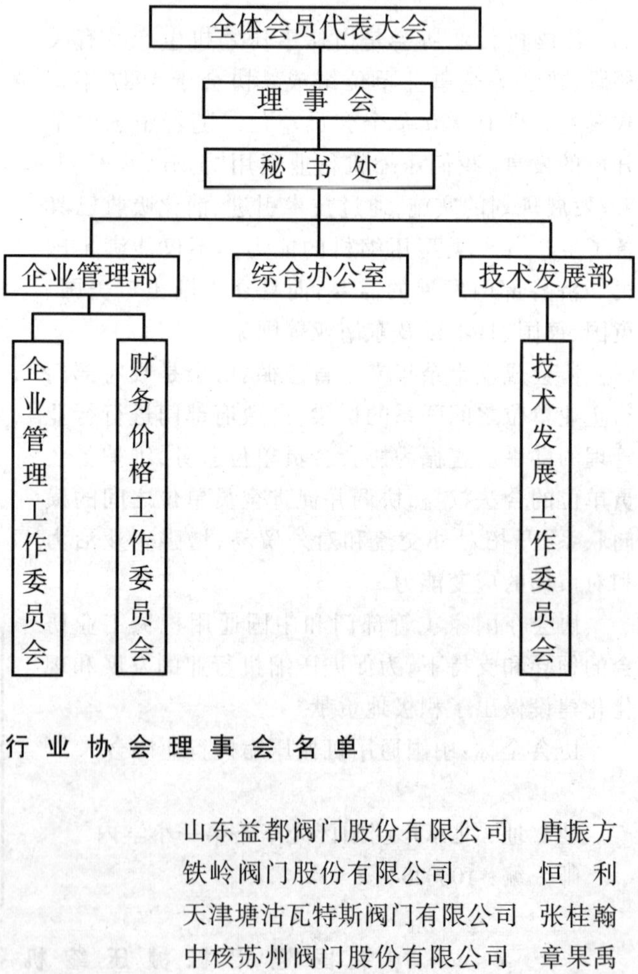

中国通用机械阀门行业协会理事会名单

名誉理事长		袁茂臻
理 事 长	开封高压阀门厂	贺　领
副理事长	北京市阀门总厂	袁继刚
	大连高压阀门厂	于传奇
	机械工业部合肥通用机械研究所	黄明亚
	兰州高压阀门厂	方立新
	上海阀门厂	郭岳德
	山东益都阀门股份有限公司	唐振方
	铁岭阀门股份有限公司	恒　利
	天津塘沽瓦特斯阀门有限公司	张桂翰
	中核苏州阀门股份有限公司	章果禹
	自贡高压阀门股份有限公司	刘世雄
秘 书 长	阀门行业协会秘书处	康家桥
副秘书长		郭　雷

中国通用机械气体分离设备行业协会简介

气体分离设备行业协会成立于1989年4月，是由全国从事气体分离及液化设备的科研、设计、制造的企事业单位，依法自愿组织起来的，不以赢利为目的的行业性社会经济团体，受国家经贸委的指导。

本协会是社会中介组织和自律性行业管理组织，以协调同行业关系，维护成员共同利益，贯彻执行国家的法律、法规和有关政策，协助政府进行行业管理，为企业和政府服务，促进行业共同发展为宗旨。行业协会在政府和企事业单位之间起着桥梁和纽带作用，沟通本行业与其他有关行业和单位的联系，加强合作、相互促进、共同发展。

协会的办事机构为秘书处，在理事会的领导下负责日常工作。秘书处下设综合信息、技术发展、企业管理三个部、开展各项活动。此外，协会还设立了各种专业委员会和管理委员会，开展专题性的各项活动。

协会任务、服务范围

1. 研究行业发展的方向和目标，为政府部门制定行业发展规划、技术发展政策、结构调整等进行前期研究，并提供建议。

2. 对本行业发展的有关技术经济政策和法规制定提出建议；组织订立行规、行约，维护会员单位的合法权益，向政府部门反映行业共同愿望和要求。

3. 组织起草、修订本行业的国家标准、推荐性标准、行业标准，并推行标准的贯彻实施。

4. 协助政府搞好本行业的质量管理工作，对企业产品质量，现场运转的空分设备质量进行诊断和咨询，服务用户。

5. 组织本行业技术和经济信息网络，进行交流、人才培训、专题调研。提供综合技术经济信息和有关资料，推动行业技术进步和企业现代化管理，为提高企业经济效益服务。

6. 及时了解市场动态，进行市场预测，组织举办行业展览，为企业开拓市场，沟通供需渠道，提供服务。

7. 开展本行业价格情况的调查研究和协调工作，为政府部门提供政策调整的建议。

8. 为建设项目、技术改造项目、技术引进项目等进行可行性研究和报告等。

9. 接受委托进行科研成果、新产品评议、鉴定的评审工作。

10. 承办政府部门、企事业单位委托的其他服务。

地　址：杭州市东新路462号(原152号)
邮　编：310004
电　话：(0571)85362574
传　真：(0571)85377083
网　址：www.cngspa.com
E-mail：info@cngspa.com

气体分离设备行业协会组织机构图

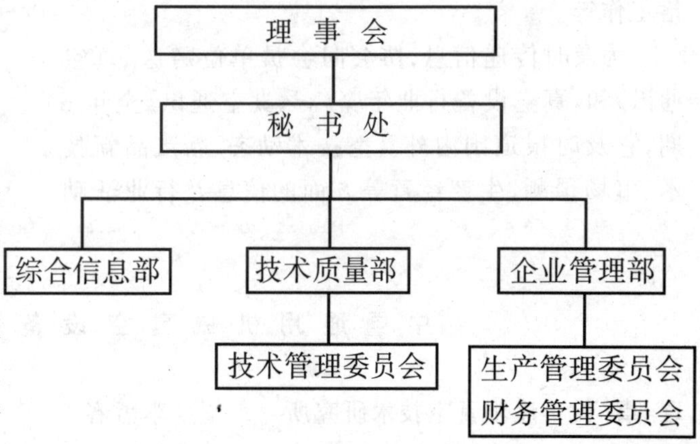

中国通用机械气体分离设备行业协会理事会名单

理事长	杭州制氧机集团有限公司	毛绍融		开封空分集团有限公司	曾建晟
副理事长	中国空分设备公司	徐伟民		气体分离设备行业协会	朱燧炎
	四川空分设备(集团)有限责任公司	单金铭	**秘书长**	气体分离设备行业协会	朱燧炎

中国通用机械真空设备行业协会简介

真空设备行业协会是从事真空设备的生产、科研、教学、经营等单位，按照自愿参加，平等互利的原则，协商组织起来的跨地区、跨部门的全国性的行业组织和社会经济团体。

行业协会是政府与企业之间密切联系的纽带和桥梁；是政府管理行业的助手；协会一方面协助政府加强行业管理，反映行业的共同愿望和要求，传达贯彻政府的方针政策，维护会员单位的共同利益。另一方面为企业服务，及时提供经济政策信息和科技动态信息，开拓对外交流和贸易渠道，增强企业对外经贸活动的能力，协调并促进会员单位之间的横向联系。

真空行业协会已从1988年成立时的近20个会员单位，发展成为今天的70多个，会员单位分布在全国各地。目前全国生产真空设备的骨干、重点企业都是真空行业协会的会员单位，此外，协会还拥有一批科研院所和大专院校会员单位。

根据协会章程和工作安排，协会定期召开全体会员大会、理事会及秘书处工作会议。协会组织会员单位开展技术交流、专题研讨并举办大型国际真空展示会等，协会还在会员单位中开展统计工作、质量管理工作、标准化工作、信息工作以及财务价格工作等。

为及时传递信息，协会向会员单位赠送《真空通讯》和《真空设备行业年鉴》。《真空通讯》全年6期，它及时报道国内外真空技术动态、新产品新技术、市场预测、生产经营等方面的信息及行业活动情况。《真空设备行业年鉴》是协会秘书处每年根据会员单位的统计年报和整个行业经济生产状况以及取得的成就而编辑出版，并赠与有关单位的刊物。

地　址：沈阳市沈河区万柳塘路2号

邮　编：110042

电　话：(024)24121929

传　真：(024)24121929

真空设备行业协会组织机构图

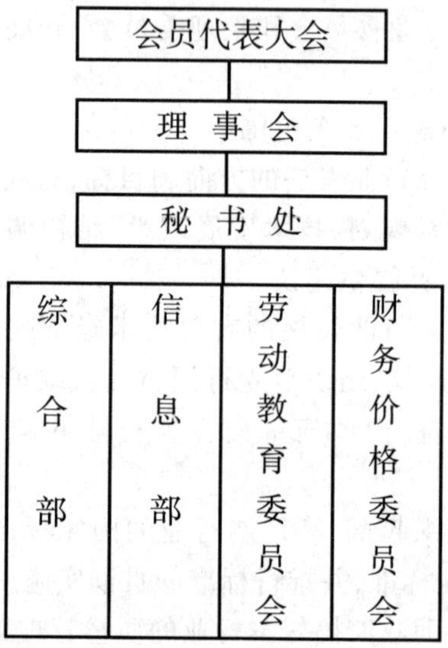

中国通用机械真空设备行业协会理事会名单

理 事 长　沈阳真空技术研究所　李孟春

副理事长　(按姓氏笔画为序)

浙江真空设备集团有限公司　王西龙

沈阳恒星实业公司　孔立仁

上海曙光机械制造厂　孙　凯

广东真空设备厂股份有限公司　冯其元

沈阳真空技术研究所　李春影

兰州真空设备有限责任公司　尚心德

淄博真空设备厂有限公司　黄　毅

北京仪器厂(集团)　陶　梦

国投南光有限公司　靳　毅

上海真空泵厂　潘铁宝

秘 书 长　真空设备行业协会秘书处　李春影

中国通用机械分离机械行业协会简介

中国通用机械分离机械行业协会系中国通用机械工业协会的一个专业分会。协会成立于1988年11月,其地址设在中国最大的经济、贸易、金融城市——上海市。全行业有58个会员单位,其中企业51个,科研、大专院校单位6个,用户1个,共有职工近十万人,生产的品种达1500多种规格型号,其中28个骨干企业2000年销售产值达14亿元,分离机械行业是一个新兴的行业,有着广阔的发展前景。改革开放以来,我国的分离机械技术及装备发展十分迅速,从根本上扭转了我国分离机械行业落后的局面,目前从事分离机械技术的科研单位和大专院校有十几个,专家几十名。目前我国的分离机械设备门类齐全,除少数大型设备仍需进口外,基本上满足了国内市场的需求,其中许多分离设备已接近和达到国际90年代技术水平。

分离机械行业协会的主要骨干企业有:重庆江北机械厂、上海化工机械厂、广州广重集团离心机制造公司、南京绿洲机器厂、湖南湘潭离心机厂、石家庄新生机械厂、浙江轻工机械厂、无锡通用机械厂、杭州化工机械厂、吉化集团公司机械厂、上海远东制药机械总厂、杭州防腐设备有限公司、杭州兴源过滤机有限公司、青海农牧机械厂、四川自贡压滤机厂、蚌埠轻工制药机械厂、辽阳制药机械股份有限公司、杭州建华集团压滤机有限公司、核工业总公司七二〇厂等。主要科研所有:合肥通用机械研究所、上海离心机械研究所、江苏省化工机械研究所、辽宁精密过滤机械研究所等。主要大专院校有:天津大学化工学院、四川大学化工学院等。

分离机械行业生产的重点产品有:三足式离心机、上悬式离心机、活塞推料离心机、离心卸料离心机、刮刀卸料离心机、螺旋沉降离心机、管式分离机、碟式分离机、室式分离机、自动厢式压滤机、板框压滤机、转鼓真空过滤机、硅藻土过滤机、盘式翻斗真空过滤机、真空滤油机、滤水器等,行业设备主要适用于:化工、制药、轻工、石油、冶炼、染料、食品酿造、造纸和环保部门。

本行业的服务宗旨是:为国内提供技术先进的分离设备,质量第一,信誉第一,真诚合作,共创美好未来,为祖国的经济建设服务,为发展石化工业、环保工业、食品工业等贡献我们的力量。全体会员单位愿广交各界朋友,竭诚为广大用户服务,欢迎同行企业加盟行业协会。

地　址:上海市瞿溪路1236号
邮　编:200023
电　话:(021)63051093
传　真:(021)63051093

分离机械行业协会组织机构图

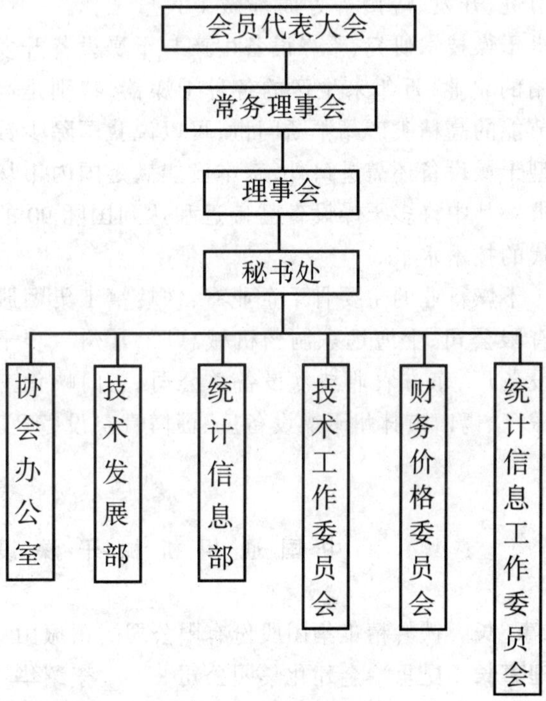

中国通用机械分离机械行业协会理事会名单

理事长	上海化工机械厂	路来芳
副理事长	重庆江北机械厂有限公司	钟庆昭
	广州广重分离机械有限公司	孟继柱
	南京绿洲机器厂	孙　伟
	合肥通用机械研究所	赵　扬
秘书长	分离机械行业协会秘书处	郑芳顺

中国通用机械干燥设备行业协会简介

干燥行业协会成立于1993年12月,协会秘书处座落在风景秀丽的辽宁铁岭市。全行业有79个会员单位,其中企业70个,科研单位9个;生产的产品品种达2 000多种规格型号,总销售产值达8亿元;从业人数达45 000人,其中工程技术人员有6 000人左右。干燥行业是一个新兴的行业,有着广阔的发展前景。本协会的服务宗旨是:为国内外提供最新的干燥装备,质量领先,信誉第一,真诚合作,共创美好未来。

改革开放以来,我国干燥技术及装备的发展十分迅速,从根本上扭转了我国干燥行业落后的局面。目前从事干燥技术研究的单位有十几个。中国化工工程学会干燥技术专业组集中了国内化学工程界、农业工程界等行业的几十名干燥专家。在这些专家的推动下,经过十几年的努力,我国在干燥技术理论研究,干燥行业新技术、新工艺、新设备的引进、开发、应用等方面都做了大量工作。一些从事干燥技术研究、干燥设备生产与干燥设备开发应用的企业,近年来生产的各种干燥器,特别是高效节能的高精尖产品不断问世,可以说我国除少数大型干燥设备还需进口外,基本已能满足国内市场需求。其中许多干燥设备已接近和达到国际90的年代的技术水平。

干燥行业的主要骨干企业有:铁岭精工集团股份有限公司、上海远东制药机械总厂、常州一步干燥设备厂、东方农业技术设备总公司、三门峡化工机械厂、锡山市林州干燥设备厂、淄博真空设备厂、昆明重型机械工业总公司起重设备公司、上海医用分析仪器厂、浙江龙泉双益有限公司、四川望江干燥设备厂、江苏星轮高速机电设备制造公司、太仓工业搪瓷厂、山东干燥中心等。

干燥设备行业生产的重点产品有:TZ系列谷物烘干机、ZTZ系列种子干燥机、振动流化床干燥机、旋转、闪蒸干燥机、气流干燥机、离心(压力)喷雾干燥机、真空冷冻干燥机、真空振动干燥机、沸腾干燥机、造粒机、真空刮膜转鼓蒸发器、管束式干燥机、回转筒干燥机等。

干燥设备行业协会的设备主要适用于:化工、制药、轻工以及食品、粮食、种子、饮料、矿渣、酒糟、火柴、复合肥、茶叶、木材、香菇等行业的干燥和冷却作业。设备能满足不同产量、不同水份含量、不同粒度、不同质量等技术要求。干燥设备行业协会的成员单位为国民经济发展提供了大量的干燥设备。在替代进口、节约能源、减少污染、提高效率、技术改造和设备更新等方面做出了积极的贡献。

干燥设备行业协会秘书处下设联销服务机构——干燥行业协会联销中心,它广泛地为国民经济各个领域提供各种优质、高效的干燥装备和工程咨询服务。

地　址:辽宁省铁岭市汇工街98号
邮　编:112002
电　话:(0410)4001511
传　真:(0410)4563960

中国通用机械干燥设备行业协会理事会名单

理事长	铁岭精工集团股份有限公司	田振山
副理事长	昆重冶金建化集团公司	李绍华
	金渠集团化工机械有限公司	许建庄
	常州一步干燥设备厂	查国才
	上海远东制药机械总厂	史伟勤
	上海医用分析仪器厂	王建勇
	哈尔滨东宇农业技术设备总公司	奚河宾
	锡山市林洲干燥设备厂	周才君
	山东淄博真空设备厂	燕洪顺
	解放军三四一九工厂	徐　江
秘书长	干燥设备行业协会秘书处	周德仁

中国通用机械减变速机行业协会简介

中国通用机械减变速机行业协会始建于1988年8月，在国家机械委通用总局(国家机械工业局)主管部门的指导下，跨地区、跨7个部委以生产各类减变速机的企业为主，同时吸收有关科研院校等事业单位组建而成。

其宗旨：适应市场经济的发展，发挥行业协会纽带和桥梁作用，密切政府与企业间的联系，发展和推动行业的各种形式联合与合作，做好组织交流、协调、咨询、服务等工作。促进我国减变速机行业的发展，更好地满足国民经济的发展需要。

根据国家的方针政策，法律、法规为会员单位开展全方位服务。反映企业的愿望和要求，维护会员单位的正当权益。并承担政府部门委托的管理工作，协助政府搞好管理。

中国通用机械减变速机行业协会理事长：天津市减速机总厂厂长李红

中国通用机械减变速机行业协会秘书长：王远征

协会秘书处在协会理事会的领导下主持日常工作，其下设三个部：技术部、管理部、信息部。

根据2000年统计，中国通用机械减变速机行业协会现有会员单位63个，其中生产企业60个。共有在册职工14 379人，其中工程技术人员1 445人，拥有固定资产72 976万元，主要生产设备拥有量约为4 521台，其中：金属切削机床4 090台，锻压设备195台，数控机床236台，具有当代世界先进水平的柔性加工制造系统，已在企业中被采用，从而使减变速机的制造工艺达到了国际先进水平。

行业协会企业2000年工业总产值(当年价)152 813万元，产品销售收入146 018万元。

ISO9000系列质量保证体系的认证，采用计算机综合检测质量的全性能，从而使产品质量与国际水平同步。

减变速机产品广泛地应用在机械、化工、石油、冶金、国防、轻工、纺织、食品、制药、环保、起重运输、通讯等各领域。

行业已形成生产各类形式的：摆线针轮减速机、机械无级变速器、圆弧蜗轮减速机、行星齿轮减速机、圆柱齿轮减速机(含硬齿面)、电动滚筒等系列产品。为满足各类传动机构中的减速机构的速比要求，愿为广大用户提供所需的特殊或非标的各类形式的减变速机产品。

地　址：天津市河东区程林庄路8号
邮　编：300160
电　话：(022)24325185
传　真：(022)24328568

减变速机行业协会组织机构图

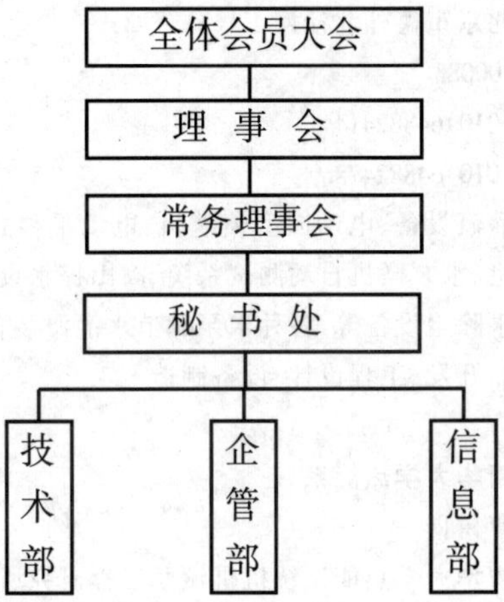

中国通用机械减变速机行业协会理事会名单

理事长	天津减速机总厂	李　红
副理事长	天津石化通用机械研究所	刘雅生
	温州变速机械厂	余心强
	上海减速机械厂	杨俊龙
秘书长	减变速机行业协会秘书处	王远征

通用机械行业企业名录

泵行业

企业名称：北京北方水泵厂
法人代表：李金亭
地　　址：北京市右安门外玉泉营27号
邮　　编：100054
电　　话：(010)63581145
传　　真：(010)63569103
主要产品：多级离心泵、SZZ型水环真空泵、污水泵、锅炉给水泵、ZX型自吸泵、DG型多级泵、稳压泵

企业名称：中国农业机械化科学研究排灌机械研究所
法人代表：金宏智
地　　址：北京市德外北沙滩1号
邮　　编：100083
电　　话：(010)64882414
传　　真：(010)64882472
主要产品：灌溉设备、电动园型喷灌机、电动平移式喷灌机、水泵微机自动测试系统、高山提水设备、喷水除尘设备等，各种水泵和节水灌溉装备的产品开发、工程设计、设备制造

企业名称：清华大学热能系
法人代表：曹树良
地　　址：清华大学热能系统机机械及工程研究所
邮　　编：100084
电　　话：(010)62782251
传　　真：(010)62785699

企业名称：天津天工建设机械有限公司
法人代表：肖墨庄
地　　址：天津市河东区津塘公路156号
邮　　编：300180
电　　话：(022)24390497
传　　真：(022) 84374420
主要产品：高压泵、计量泵、管道清洗车

企业名称：天津市科海泵业有限公司
法人代表：于家麒
地　　址：天津市红桥区本溪路南口
邮　　编：300131
电　　话：(022)26652065
传　　真：(022)26652729
主要产品：ISG、ISE、SG型管道泵

企业名称：天津泵业机械集团有限公司
法人代表：徐庆有
地　　址：天津市北辰区果园南道10号
邮　　编：300400
电　　话：(022)26393701
传　　真：(022)26391556
主要产品：单、双三螺杆泵；船(陆)用离心泵；齿轮泵；螺杆压缩机；机电一体化产品

企业名称：河北恒盛实业股份有限公司
法人代表：王　旭
地　　址：河北省泊头市河东北街61号
邮　　编：062150
电　　话：(0317)8223033
传　　真：(0317)8225812
主要产品：NYP型、3RP型介质泵、GNB高粘度介质泵，RY离心热油泵，WZW自吸污水泵，齿轮油泵，KCB、ZCY、YCB型螺杆式油泵，3G型、ZW、W型、PCB圆弧泵，AQ节能联轴器

企业名称：石家庄泵业集团有限责任公司
法人代表：周代荣
地　　址：石家庄和平东路19号
邮　　编：050011
电　　话：(0311)6088906
传　　真：(0311)6033212
主要产品：潜水渣浆泵；衬胶泵；泥浆泵；溶液泵；泡沫泵；污水泵；潜水泵；化工泵；耐腐蚀泵；中开泵；油浆泵；渣浆搅动机；耐磨料浆泵；旋流泵

企业名称：石家庄杂质泵研究所
法人代表：杨　文
地　　址：石家庄市和平东路19号
邮　　编：050011
电　　话：(0311)6082674、6088906

传　　真：(0311)6033212
主要产品：渣浆泵、污水泵、潜水泵、水处理用泵、油浆泵、控泥泵

企业名称：唐山市水泵厂
法人代表：张素祥
地　　址：唐山市路北区大庆道 104 号
邮　　编：063000
电　　话：(0315)3206171
传　　真：(0315)3207547

企业名称：河北省汉沽农场水泵厂
法人代表：陈守纪
地　　址：天津市宁河县芦台火车站东
邮　　编：301500
电　　话：(022)25592946
传　　真：(022)25592639
主要产品：175QJ 潜水泵、299QJ 潜水泵、YQS 潜水电机、CL 螺旋型双螺杆泵

企业名称：山西天河泵业有限公司
法人代表：成崇才
地　　址：山西省祁县东观
邮　　编：030901
电　　话：(0354)6310208
传　　真：(0354)5310128
主要产品：WQ 系列无堵塞污水潜水电泵、QS 型系列小型湿式潜水电泵、QJ 系列井用潜水电泵、小型单相潜水电泵

企业名称：山西省黎城县波涛泵业有限公司
法人代表：刘廷北
地　　址：山西省黎城县城内鼓楼街 42 号
邮　　编：047600
电　　话：(0355)6564643
传　　真：(0355)6564643
主要产品：单级单吸渣水离心泵(IS 型系列)、D 型、DA 型多级离心泵、锅炉给水泵、热水泵、污水泵、渣浆泵、泥浆泵、潜污泵、软轴承等

企业名称：阳泉水泥厂
法人代表：吕慕禹
地　　址：山西省阳泉市南庄路 118 号
邮　　编：045000
电　　话：(053)2032975
传　　真：(053)2028877
主要产品：LZ 型、LQ 型、LK 型、LS 型渣浆泵、液下泵、D、DG、DE、MD、DF 型多级泵、锅炉给水泵、单吸泵、蒸汽往复泵、电动往复泵、试压泵

企业名称：山西省阳泉市平埋泵业有限公司
法人代表：闫爱国
地　　址：阳泉市洪城路 65 号
邮　　编：045000
电　　话：(0353)40432006
传　　真：(0353)4043206
主要产品：IS 单吸泵、IR 热水泵、D 型多级泵、DG 型锅炉给水泵、DA 型多级泵

企业名称：东港市水泵厂
法人代表：管明顺
地　　址：辽宁省东港市马家店镇
邮　　编：118319
电　　话：(0415)7922254
主要产品：轴流泵、污水泵、农用泵、纸浆泵、自动喷灌泵、中型螺杆启闭机、中型卷扬式启闭机、HW 系列混流泵、IS、IB 系列离心泵

企业名称：沈阳第一水泵厂
法人代表：贾忠实
地　　址：沈阳市铁西区应昌街 9 号
邮　　编：110021
电　　话：(024)25874611
传　　真：(024)25843731
主要产品：Y、AY、IY 型油泵，N 型冷凝泵，疏水泵，LDYN 型凝结水泵；DG 型锅炉给水泵，IH 型化工泵，P 型污水泵，G 型管道泵，IS 清水泵，BJ 型钛泵，FY 型润滑油泵

企业名称：沈阳水泵胶份有限公司
法人代表：郑　平
地　　址：沈阳市铁西区熊家岗路 28 号
邮　　编：110026
电　　话：(024)25820670
传　　真：(024)25820108
主要产品：电站用泵、石化用泵、军工泵、柱电主泵、环保用泵、城市供给排水用泵、超临界机组用泵等

企业名称：锦州水泵有限公司
法人代表：张　辉
地　　址：锦州市解放西路 118 号
邮　　编：121016
电　　话：(0416)5178775
传　　真：(0416)5179575
主要产品：清水离心泵、锅炉给水泵、立式多级泵、立式长轴泵、自吸泵、纸浆泵、渣浆 、LC 立式长轴泵，R 型、RG 热水泵，ISGB、ISG 离心泵，D、DG 型泵、S、SH 型中开泵

企业名称：沈阳皮拉密封有限公司

法人代表：松野忠邦
地　　址：沈阳市铁西区应昌街7号
邮　　编：110021
电　　话：(024)25872922
传　　真：(024)5847467
主要产品：各种给水泵用机械密封，AY泵用金属波纹管密封，(10～10 000)MW火电厂锅炉给水泵、前置泵、凝结水泵密封，500t炼油、303t乙烯合成氨装置用泵、输油管线用泵密封，高楼给水、制药、船舶、航空、食品加工用泵密封，过滤器、换热器、分离器、缓冲压力缸密封

企业名称：海城三鱼泵业有限公司
法人代表：戴喜东
地　　址：辽宁省海城市中小镇
邮　　编：114216
电　　话：(0412)3860178
传　　真：(0412)3860388
主要产品：微型泵、潜水泵及电动机

企业名称：埃梯梯飞力(沈阳)泵业有限公司
法人代表：博霖森
地　　址：沈阳市于洪区洪湖北街1号
邮　　编：001141
电　　话：(024)25834138
传　　真：(024)25833498
主要产品：B2000系列污水潜水泵、C3000系列污水潜水泵、潜水搅拌器、曝气系列产品

企业名称：丹东边境经济合作区克隆集团有限公司
法人代表：臧　克
地　　址：丹东市黄海大街18号
邮　　编：118008
电　　话：(0415)6221005
传　　真：(0415)6225536
主要产品：焊接金属波纹管机械密封，弹簧式机械密封，CM系列大功率磁力驱动泵，安全防护式挠性膜片联轴器

企业名称：朝阳高新泵业有限公司
法人代表：高占祥
地　　址：辽宁省朝阳市中山大街三段13号
邮　　编：122000
电　　话：(0421)3902401
传　　真：(0421)3902598
主要产品：单级、多级离心泵、W型旋涡泵、PW型污水泵、GCA型锅炉给水泵、RG型热水循环泵、SLP型固液泵、ISG单级单吸直联泵、PB型纸浆泵

企业名称：辽宁盖州水泵厂
法人代表：王政敏
地　　址：辽宁省盖州市盖州路85号
邮　　编：115200
电　　话：(0417)7812474
传　　真：(0417)7812474
主要产品：JC系列长轴深井泵、井用潜水电泵

企业名称：兴城水泵总厂
法人代表：刘吉全
地　　址：兴城市铁西1003号
邮　　编：125100
电　　话：(0429)5432526
传　　真：(0429)5432580
主要产品：IS系列产品、D型多级泵、DL、LG型立式多级泵、真空泵、其他泵

企业名称：大连耐酸泵厂分厂
法人代表：李秀夫
地　　址：大连市甘井子区虹港路69号
邮　　编：116033
电　　话：(0411)6300962
传　　真：(0411)6300962
主要产品：耐腐蚀泵

企业名称：普兰店市水泵厂
法人代表：姜德武
地　　址：大连普兰店市城子坦镇，城中路一段
邮　　编：116224
电　　话：(0411)3432502
传　　真：(0411)3432172
主要产品：混流泵、离心泵、深井泵、热水泵、石化流程泵

企业名称：长春见特泵业制造有限公司
法人代表：董庆武
地　　址：长春市小南街33号
邮　　编：130052
电　　话：(0431)2687691
传　　真：(0431)2687691
主要产品：AY系列、DY系列、IR系列泵

企业名称：吉林泵类商品质量监督检验站
法人代表：钟文才
地　　址：长春市人民大街182号
邮　　编：130022
电　　话：(0431)5384838
传　　真：(0431)5388081

企业名称：哈尔滨水泵厂
法人代表：宋成惠
地　　址：哈尔滨市太平区宏伟路126号

邮　　编：150056
电　　话：(0451)7695872
传　　真：(0451)7672919
主要产品：YQ型液化石油泵、MS、MSL型多级泵、400型自动给水装。ISA单级泵、消防生活水设备、锅炉稳压设备、SH中开泵、SE真空泵

企业名称：哈尔滨第二水泵厂
法人代表：宋成惠
地　　址：哈尔滨市太平区大有坊街103号
邮　　编：150056
电　　话：(0451)2401764
传　　真：(0451)2408454
主要产品：热(冷)水循环泵，单级单吸清水离心泵，调速泵(变频)，稠油泵，超声波增油装置，单级双吸中开泵，立式多级离心泵，水环真空泵，锅炉给水泵，潜水泵

企业名称：上海经济区水泵联营公司
法人代表：李颖书
地　　址：上海西藏南路991号
邮　　编：200011
电　　话：(021)63771203
传　　真：(021)63675815
主要产品：液下泵；化工泵；污水泵；潜水泵；自吸泵；管道泵；往复泵；单级离心泵；中开离心泵；轴流泵；混流泵；锅炉给水泵；冷凝泵；船用泵；热水循环泵；旋涡泵；耐腐蚀泵等

企业名称：上海凯士比泵有限公司
法人代表：金伟明
地　　址：上海闵行江川路1400号
邮　　编：200245
电　　话：(021)64302888
传　　真：(021)64301504
主要产品：中开泵、流程泵、电站泵

企业名称：上海深井泵厂
法人代表：高乃庄
地　　址：上海市平凉路731号
邮　　编：200082
电　　话：(021)65899038
传　　真：(021)65898092
主要产品：深井泵，潜水泵(井用)，SC系列直角齿轮箱，防砂、地热深井泵，立式船用液化气泵，深井泵用推力盘

企业名称：上海莲励泵业制造有限公司
法人代表：朱秋根
地　　址：上海市青浦区莲盛镇练西路2646号
邮　　编：201722
电　　话：(021)59271627
传　　真：(021)59271080
主要产品：LIS、LISW、LISG、LSB、LIH、LVP、LHP、LDL、LQDL、LTSWA、LDG、LMS、LGC(A)、LSBA、LS、LSH、LQW、LYW、LLW、LBL、LW、LQBY、LDBY、XBD型电气变频控制箱(柜)，LG型供水设备机组等系列产品

企业名称：中船重工集团七院第七〇四研究院
法人代表：冯永祥
地　　址：上海市衡山路10号
邮　　编：200031
电　　话：(021)64718118(总机)
传　　真：(021)64339552

企业名称：靖江市庆功耐腐泵阀制造有限公司
法人代表：张荣杰
地　　址：江苏省靖江市新桥镇宏大北路138号
邮　　编：214537
电　　话：(0523)4321139
传　　真：(0523)4323218
主要产品：耐腐蚀化工离心泵、液下泵，不锈钢阀门，螺杆泵，磁力泵，油泵，熔融尿素泵，悬臂式料浆泵，耐浓硫酸立式泵、液下高温熔盐泵、强制循环泵、多功能立式泵

企业名称：无锡市锡泵制造有限公司
法人代表：高盘林
地　　址：无锡市清扬路207号
邮　　编：214023
电　　话：(0510)5754456
传　　真：(0510)5736120
主要产品：2000ZXB以上大型泵，ZLB型轴流泵，HD型导叶式混流泵，Q型潜水电泵，HW、HL型混流泵，S型双吸泵，Z型渣浆泵，W型污水泵，IS型清水型

企业名称：江苏振华泵业制造有限公司
法人代表：巫　进
地　　址：江苏省姜堰市通扬中路56号
邮　　编：225500
电　　话：(0523)8213639
传　　真：(0523)8216235
主要产品：各类船用水泵及辅机、油泵柴油机应急消防泵，全系列压力水柜、热水柜，水幕喷头；CP、CP(I)、CP(J)喷射泵系列，立式、卧式离心泵，排污泵系列

企业名称：连云港市水泵厂

法人代表：杨世荣
地　　址：连云港市海州区江化工北路27号
邮　　编：222023
电　　话：(0518)5252513
传　　真：(0518)5252513
主要产品：IS离心泵，DL多级泵，ZL轴流泵，SY输盐泵，LS卤水泵，IG管道泵

企业名称：浙江省机电设计研究院
法人代表：谢开炎
地　　址：浙江省杭州市劳动路
邮　　编：310002
电　　话：(0571)87012116
传　　真：(0571)87012116

企业名称：浙江黄岩八一通用机械厂
法人代表：王永康
地　　址：浙江省台州市黄岩区黄椒路69号
邮　　编：318020
电　　话：(0576)4275617
传　　真：(0576)4275765
主要产品：工业泵(IS型、ZSG、BY、LD、DL泵等)

企业名称：苍南水泵厂
法人代表：陈绍合
地　　址：浙江省苍南县宜山镇球山路37号
邮　　编：325803
电　　话：(0577)64381303
传　　真：(0577)64388159
主要产品：IS型单级离心泵、IH型化工离心泵、DX型小流量化工泵、SZB型水环式真空泵、各种特殊材料化工泵及配件

企业名称：建德市新安江矿山机械有限公司
法人代表：王根生
地　　址：浙江省建市新安江镇康乐路5号
邮　　编：311600
电　　话：(0571)64723560
传　　真：(0571)64723560
主要产品：PW污水泵，R型热水循环泵及配件，单级单吸离心泵，化工泵(SH衬里泵、FSB—L型氟塑料合金泵、FP型塑料泵)

企业名称：杭州碱泵有限公司
法人代表：陈晓云
地　　址：杭州市西湖区留下街52号
邮　　编：310023
电　　话：(0571)85229210
传　　真：(0571)85229381
主要产品：IJ系列耐腐蚀离心泵、HT系列化工通道泵、HTZ系列通道纸浆泵、AZ系列浆泵、HZW系列轴流泵、HG系列管道泵、JF系列工业破碎机

企业名称：浙江水泵总厂有限公司
法人代表：汤立生
地　　址：浙江省临海市鲤山路72号
邮　　编：317000
电　　话：(0576)5181704
传　　真：(0576)5181926
主要产品：锅炉给水泵，多级离心泵，热水泵，冷热油泵，离心式真空泵，泥浆泵，立式多级泵，凝结泵，污水泵，单级泵，往复式蒸汽泵

企业名称：浙江丰球集团有限公司
法人代表：何智慧
地　　址：浙江省诸暨市浣纱南路143号
邮　　编：311800
电　　话：(0575)7014455
传　　真：(0575)7013168
主要产品：不锈钢潜水泵，单、三相小型潜水泵，塑料潜水泵，高扬程(多级)潜水泵，污水泵，射流泵，自吸泵，切割式污水泵，管道泵，不锈钢离心泵，大型潜水排污泵，涡壳式潜水混流泵

企业名称：杭州斯莱特泵业有限公司
法人代表：丁祥明
地　　址：浙江省杭州市杭海路40号
邮　　编：310061
电　　话：(0571)86047975
传　　真：(0571)86046192
主要产品：QY系列充油式潜水电泵，QX系列下吸式潜水电泵，QDX系列单相下吸式潜水电泵，QYF喷泉用—不锈钢潜水电泵，QENP柱电站用不锈钢潜水电泵，WQK系列工程用污水潜水电泵，IH、G系列、DWG、SHGL系列工业用泵

企业名称：杭州大路实业有限公司
法人代表：屠锦秀
地　　址：浙江省杭州市萧山区红山农场
邮　　编：311234
电　　话：(0571)82699052
传　　真：(0571)82699410
主要产品：磁力传动化工流程泵，化工物料泵，氟塑料化工离心泵，外环流活塞泵，计量泵，自吸式污水泵，通道式无堵塞耐腐蚀泵、污水泵、灰渣泵，离心式、通道式纸浆泵；上浆泵；粗浆泵；药液循环泵；单级清水离心泵

企业名称：浙江真空设备集团有限公司
法人代表：王西龙

地　　址：浙江台州椒江轮渡路389号
邮　　编：318000
电　　话：(0576)8224051
传　　真：(0576)8881395
主要产品：H型(2H+(15~70)、H+(70~600)、三J型 三J+(300~1200)、SK型 SK15~30W型、W15~60、三JP型30~2200

企业名称：杭州振兴工业泵制造有限公司
法人代表：童小龙
地　　址：浙江省杭州市萧山区红垦3号桥
邮　　编：311234
电　　话：(0571)82699701
传　　真：(0571)82699329
主要产品：XJ纸浆泵；PJ上浆泵；LT除渣泵；CJ浓浆泵；s、sh中开泵；TSWA多级泵，LYT高速悬臂式氯气透平压缩机

企业名称：机械工业第二设计研究院
法人代表：周子范
地　　址：浙江省杭州市石桥路338号
邮　　编：310022
电　　话：(0571)88151867
传　　真：(0571)88139575
主要产品：有资格和能力提供各类工程的可行性研究、咨询、设计、工程总承包、建筑监理、项目管理、设备成套、非标设计和自动化生产线的研制和承包等工程全过程、全方位服务

企业名称：浙江求精泵阀制造有限公司
法人代表：许定珍
地　　址：浙江省温州市瓯北镇三桥工业区
邮　　编：325105
电　　话：(0577)67315645-4
传　　真：(0577)67315797
主要产品：WQDL潜水排污泵；YWZ高效无堵塞液下泵；AS型潜水排污泵；ZW型自吸无堵塞排污泵；NL污水泥浆泵；IS、IH单级单吸清水(防腐)离心泵；ISW系列卧式离心泵；SG系列管道泵；ISG系列单级单吸管道离心泵

企业名称：合肥通用机械研究所
法人代表：梵高定
地　　址：合肥市长江西路888号
邮　　编：230031
电　　话：(0551)5312800-2280
传　　真：(0551)5312185
主要产品：高速泵，小流量高扬程化工泵，液下泵，标准化工泵，计量泵，高压化肥泵

企业名称：安徽三联泵业股份有限公司
法人代表：刘积道
地　　址：安徽省和县环城西路
邮　　编：238200
电　　话：(0565)5312047
传　　真：(0565)5312336
主要产品：SCP系列自吸泵，系列离心泵，系列双吸泵，系列多级泵，系列化工泵，系列真空泵，系列潜污泵，系列污水泵，系列泥浆泵，系列湘浆泵，液下清浆泵；XGL—IV变频、XQS气压消防(生活)系列、QW型自动排污电控柜；XGL—IV型液位控制箱

企业名称：安徽莱恩电泵有限公司
法人代表：薛继长
地　　址：安徽省宁国市城关嵩全路
邮　　编：242300
电　　话：(0563)4131109
传　　真：(0563)4131111
主要产品：离心泵、多级泵、消防泵、化工流程尖、齿轮泵、水环泵、双弦线螺杆泵

企业名称：福建省泵类产品质量监督检验站
法人代表：马栋棋
地　　址：福建省福州市六一路115号
邮　　编：350005
电　　话：(0591)3359300、3369347
传　　真：(0591)3352247
主要产品：ф300水泵闭式试验台、ф80水泵闭式试验台、电泵安全认证检验台

企业名称：福建省晋江泵业公司
法人代表：陈英培
地　　址：福建省晋江市安海镇南环路
邮　　编：362261
电　　话：(0595)5786166
传　　真：(0595)5790845
主要产品：IS型单级泵；DA1、D、DG型多级泵；GC、GB型齿轮泵；BH型(JWB)家用泵；SG不环式真空泵；TZ型不锈钢泵；JF型家用泵；GL型管道泵等

企业名称：江西省瑞洪泵业有限公司
法人代表：黄正春
地　　址：江西省高安市独城镇独新路14号
邮　　编：330813
电　　话：(0795)5462332
传　　真：(0795)5462331
主要产品：IS系列单级单吸渣水离心泵、GD系列单级离心管道泵、C、HW型农用混流泵、喷灌泵

企业名称：江西万载水泵有限责任公司
法人代表：郭洪基
地　　址：江西省万载县城
邮　　编：361000
电　　话：(0795)8222323
传　　真：(0795)8822209
主要产品：IS泵、DL立式多级泵、D、DG卧式多级泵、HW型混流泵、ISG管道泵。QBT型消防(生活)系列全自动变频调速供水设备

企业名称：山东博泵科技股份有限公司
法人代表：孙龙平
地　　址：山东省淄博市博山区柳杭路27号
邮　　编：255200
电　　话：(0533)4180208
传　　真：(0533)4182018
主要产品：IS、IISR单级离心泵，DA1多级离心泵，SH、S、SA双吸中开泵，DL、DLR立式多级泵，ISG单级立式离心泵，KT空调泵，QW潜水排污泵，IH标准化工泵ISY轻油泵，DC、DG锅炉给水泵，DDM多级泥泵，YH液下泵，YHF耐腐蚀液的泵，WPS、XPS自动给水设备

企业名称：博山第二水泵厂有限公司
法人代表：周涛明
地　　址：山东淄博市博山区颜北路131号
邮　　编：255200
电　　话：(0533)4183648
传　　真：(0533)4183783
主要产品：离心泵、多级泵、泥浆泵、自动给水设备、节能鼓风机、环保鼓风机

企业名称：山东亚龙泵业集团总公司
法人代表：王介顺
地　　址：山东省济宁市济安桥北路
邮　　编：272141
电　　话：(0537)2230988
传　　真：(0537)2239101
主要产品：节能泵、离心泵、潜水泵、管道泵等

企业名称：济南试金集团泵业有限公司
法人代表：高爱林
地　　址：山东省济南市济微路136—8号
邮　　编：250022
电　　话：(0531)7168165
传　　真：(0531)7169163
主要产品：轴流泵、深井泵、多级离心泵、熔盐泵、潜污泵、潜轴泵

企业名称：山东同泰集团股份有限公司
法人代表：马志先
地　　址：山东省日照市海曲西路125号
邮　　编：276800
电　　话：(0633)8286827
传　　真：(0633)8285655
主要产品：IS、ISR系列单级泵；IH、IHT化工流程泵；IL、ILR、ISG单级立式泵；DL、DLR多级立式泵；S、Sh中开泵；D、KD、DA系列多级泵；DG锅炉泵；次高压锅炉泵、CLX纸浆泵；LXW污水泵；QW系列潜污泵

企业名称：襄樊五二五泵业有限公司
法人代表：程少东
地　　址：湖北宜城市上大堰镇(214信箱)
邮　　编：441404
电　　话：(0710)4393938
传　　真：(0710)4394098
主要产品：单级单吸离心泵、单级双吸离心泵、轴流泵、混流泵、化工流程泵、耐腐蚀泵、液下泵、污水泵、计量泵、其它泵表面冷却器、硫酸分布器、搅拌浆、耐腐蚀阀门

企业名称：郑州电力机械厂
法人代表：何毅敏
地　　址：郑州市陇海东路7号
邮　　编：450004
电　　话：(0371)6310544
传　　真：(0371)6310544
主要产品：300MW以下机组容量火力发电机组的全容量及半容量多级离心式锅炉给水泵、卧式循环水泵、凝结泵、OS系列水封式阀门

企业名称：河南省豫通企业(集团)公司新乡水泵厂
法人代表：毛克林
地　　址：河南省新乡市和平路北段53号
邮　　编：453002
电　　话：(0373)3383921
传　　真：(0373)3383858
主要产品：IS单级单吸离心泵D、IY单级单吸输油离心泵、ISR单级单吸热水离心泵、IH单级单吸化工离心泵、ISL立式单级清水离心泵、D系列单级多吸离心泵、MD系列耐磨多级离心泵、真空泵及压缩机、污水泵、旋流式输送泵、锅炉给水泵

企业名称：新乡泵厂
法人代表：张庆祯
地　　址：新乡市建设路中段付27号

邮　　编：453002
电　　话：(0373)3383921
传　　真：(0373)3382858
主要产品：IS单级单吸清水离心泵、D型多级离心泵、SE、SK系列真空泵、DG锅炉给水泵、SH单级双吸离心泵、MD耐腐多级泵

企业名称：漯河腾龙泵业有限责任公司
法人代表：唐学禹
地　　址：河南省漯河市黄河路东段68号
邮　　编：462000
电　　话：(0395)3133133
传　　真：(0395)3130201
主要产品：单级单吸离心泵、单级双吸离心泵、小型潜水电泵、蜗壳式混流泵、纸浆泵、离心泵式污水泵

企业名称：华中科技大学水机教研室
法人代表：张克危
地　　址：湖北武昌喻家山
邮　　编：430074
电　　话：(027)87543728
传　　真：(027)87540724

企业名称：湖北省机电研究设计院
法人代表：常恒毅
地　　址：武汉市武昌石碑岭14号
邮　　编：430070
电　　话：(027)87880088转3116

企业名称：黄石市水泵总厂
法人代表：徐光明
地　　址：湖北省黄石市李家坊
邮　　编：435000
电　　话：(0714)6355477
传　　真：(0714)6354182
主要产品：SK、SZ系列真空泵、IS系列单吸单级清水泵、PNW系列泥浆泵、PW型污水泵、D型多级泵、ZB系列渣浆泵

企业名称：宜昌水泵总厂
法人代表：郑科荣
地　　址：宜昌市北门外正街138号
邮　　编：443000
电　　话：(0717)6735717
传　　真：(0717)6736308
主要产品：IT油泵系列、IR热水泵系列、WB15－14汽油机水泵系列、IS单级离心泵系列、DA型、新D型多级离心泵系、DG型多级锅炉给水泵系列、D型多级清水泵、MD矿用耐磨泵系列、化工锅炉给水泵等

企业名称：石首市水泵厂
法人代表：刘毅钊
地　　址：湖北省石首市中山路80号
邮　　编：434400
电　　话：(0716)7273426
传　　真：(0716)7273410
主要产品：单级单吸离心泵、单级双吸离心泵、BZ型渣浆泵、D型多级泵

企业名称：长沙通大(集团)有限公司(长沙水泵厂)
法人代表：吴京生
地　　址：湖南省长沙市芙蓉南路68号
邮　　编：410007
电　　话：(0731)5215460
传　　真：(0731)5212978
主要产品：TKX、LKX、LBX型立式斜流泵，YJ、YJG型源江单级单吸立式离心清水泵，XJ、XY(湘江湘芙)大型单级双吸中开离心清水泵，挖泥船泵，立式多级外筒型冷凝泵，立式、斜式、卧式轴流泵，化工泵、无堵塞泵、立轴卷叶式全调节混流泵等

企业名称：湘潭泵业集团有限公司花石水泵厂
法人代表：马光荣
地　　址：湘潭县花石镇
邮　　编：411218
电　　话：(0732)7261028
传　　真：(0732)7860018
主要产品：单级多吸离心泵，D、DL型立式卧式多级泵，锅炉泵，清水离心泵，热水泵，输油泵，消防泵，真空泵，耐腐蚀泵，旋涡泵，潜水排污泵，立、卧式抽浆泵，油气混输泵

企业名称：广州广一集团有限公司
法人代表：莫志林
地　　址：广州大道南788号
邮　　编：510300
电　　话：(020)84293188
传　　真：(020)84215649
主要产品：单级单吸清水离心泵，多级离心泵、旋涡泵、热水泵、耐腐蚀泵、污水泵、管道泵

企业名称：开平市水泵厂
法人代表：黄绍伦
地　　址：广东省开平市三昌区新昌东河路59号
邮　　编：529300
电　　话：(0750)2393816
传　　真：(0750)2398498
主要产品：XA型系列单级离心泵、S、SH单级双吸离心

泵、DL立式多级泵、IS单级单吸离心泵、Z型直联泵、SK型水环真空泵、ZBK型罗茨真空泵、G型系列管道泵

企业名称：广州水泵厂
法人代表：韩普桐
地　　址：广州市北郊黄婆洞大石岗路68号
邮　　编：510420
电　　话：(020)86330834
传　　真：(020)86330593
主要产品：IS单级离心泵、DL立式多级离心泵、D、DG卧式多级离心泵、XBD消防泵、MC中浓浆泵、YH化工液下泵、YW液下污水泵、S型中开双吸泵、IF型化工离心泵、管道泵、BH型变频调速恒压供水设备、空调泵

企业名称：广东省佛山水泵厂有限公司
法人代表：陈汉祖
地　　址：广东省佛山市河湾路14号
邮　　编：528000
电　　话：(0757)2817559
传　　真：(0757)2822323
主要产品：系列水环真空泵、离心泵、混流泵、潜污泵、全自动陶瓷废水净化设备、消防泵

企业名称：广西北海市水泵厂
法人代表：杜德伟
地　　址：广西北海市北部湾东路34号
邮　　编：536007
电　　话：(0779)2054105
传　　真：(0779)2053572
主要产品：单级单吸清水离心泵、两相流纸浆泵、无堵塞纸浆泵、锅炉给水泵、混流泵、漩涡泵

企业名称：桂林市水泵厂
法人代表：蒋于竞
地　　址：广西桂林市叠彩区芦笛路87号
邮　　编：541001
电　　话：(0773)2602600
传　　真：(0773)2601371
主要产品：单级单吸清水离心泵、单级双吸清水离心泵、多级离心泵、耐腐蚀泵、化工离心泵、糖泵

企业名称：广西贺州地区八步机械厂
法人代表：杨　平
地　　址：广西贺州市鞍山西路1号
邮　　编：542800
电　　话：(0774)5282649
传　　真：(0774)5290048
主要产品：多级泵、旋涡泵、IS型全系列泵、中开泵系列、D6、D12系列多级泵、DG6、DG12系列锅炉给水泵

企业名称：自泵市工业泵股份有限公司
法人代表：乔路良
地　　址：四川省自泵市汇东区南苑街15号
邮　　编：643000
电　　话：(0813)8105772
传　　真：(083)8101305
主要产品：泥浆泵、渣浆泵、灰渣泵、液下渣浆泵、砂砾泵、化工流程泵

企业名称：四川省农业机械研究设计院
法人代表：刘和宁
地　　址：四川省成都市二环路东4段中沙路5号
邮　　编：610066
电　　话：(028)4513952
传　　真：(028)4514124

企业名称：四川三台泵业有限公司
法人代表：罗志明
地　　址：四川省三台县
邮　　编：621100
电　　话：(0816)5221701
传　　真：(0816)5221701
主要产品：淡水泵、海水泵、机油泵、斯太尔发动机冷却泵、自吸泵

企业名称：四川新达泵业股份有限公司
法人代表：李培福
地　　址：四川省达州市新达路25号
邮　　编：635000
电　　话：(0818)2658226
传　　真：(0818)2650409
主要产品：S、Sh全系列泵，DA1、D型多级泵，IS全系列泵，CP化工泵，ZW强制循环泵，真空化工泵

企业名称：重庆川东电机有限公司
法人代表：李　昶
地　　址：重庆万州区金龙经济开发区大同工业园
邮　　编：404000
电　　话：(023)58130724
传　　真：(023)58124469
主要产品：单级单吸清水离心泵、系列三相异步电动机

企业名称：自贡凉高山水泵厂
法人代表：陈祥东
地　　址：四川省自贡市大安区凉高山凉大路36号
邮　　编：643012
电　　话：(0813)5806315

传　　真：(0813)5806393
主要产品：清水泵、杂质泵、化工泵级配件

企业名称：贵州省都匀水泵厂、都匀空压机厂
法人代表：吴柏清
地　　址：贵州省都匀市桐州路 49 号
邮　　编：558800
电　　话：(0854)8260690
传　　真：(0854)8224730
主要产品：IS、D、DL、DA、DG、GC、S 型离心水泵、VF－3/7、2VF－6/7、V－6/7、2VF－9/7 型空气压缩机、剪板机、压力机

企业名称：赣州水泵制造有限公司
法人代表：许先达
地　　址：赣州市文明大道 10 号
邮　　编：341000
电　　话：(0797)8122707
传　　真：(0797)8122707
主要产品：S 型双吸泵，DL 立式多级泵，XD、XBD、911 消防泵，EBS 变频给水设备，ECB 轴流泵，低速低噪管道泵

企业名称：陕西省关中水泵有限责任公司
法人代表：张宏洲
地　　址：陕西省宝鸡市眉县首善街 139 号
邮　　编：722300
电　　话：(0917)5542067
传　　真：(0917)5542212
主要产品：IS 型离心泵、IR 热水泵、D 型多级泵、ZX 型自吸泵、SZG－8 真空 、HW 型混流泵

企业名称：宝鸡水泵厂
法人代表：李发彦
地　　址：陕西省宝鸡市人民路 3 号
邮　　编：721001
电　　话：(0917)3514223
传　　真：(0917)3512725
主要产品：喷水式柱塞泥浆泵、油田用泵(洗井泵、注水泵)、高压渣水机、AY 型离心输油泵、蒸汽往复泵、电动往复泵、成套化肥生产用泵、锅炉给水泵、IS(R)单级离心泵、潜污泵

企业名称：陕西省水泥厂
法人代表：黄建刚
地　　址：陕西省富平县庄里建材路 1 号
邮　　编：711711
电　　话：(0913)8615616
传　　真：(0913)8615502
主要产品：单级双吸清水离心泵，单级单吸清水离心泵、锅炉给水泵

企业名称：昆明水泵厂
法人代表：柯真尧
地　　址：云南省昆明市白龙路 494 号
邮　　编：650224
电　　话：(0871)5631412
传　　真：(0871)5633104
主要产品：渣水泵、化工泵、多级泵、环保渣浆泵、真空泵、潜水泵、砂泵、锅炉给水泵、旋涡泵

企业名称：昆明市电机制造厂
法人代表：张贵全
地　　址：云南省昆明市关上关通路 12 号
邮　　编：650200
电　　话：(0871)7168024
传　　真：(0871)7186057
主要产品：潜水泵、吸沙泵、混流泵、自吸泵

企业名称：兰州水泵总厂
法人代表：吴亚非
地　　址：兰州市民主东路 210 号
邮　　编：730000
电　　话：(0931)8829221
传　　真：(0931)8825908
主要产品：学级双吸中开式离心泵、化工流程泵、单级多吸离心泵、单级单吸清水离心泵、单级单吸热水循环泵、单级单吸离心油泵、旋涡泵、杂浆泵

风机行业

企业名称：北京风机二厂
法人代表：刘树诚
地　　址：北京市海淀区西三旗东路
邮　　编：100096
电　　话：(010)82901118
传　　真：(010)82903915
主要产品：4/T4—72、9—19/26、4—79、DBFA、DBFE 离心风机；Y5—47、G/Y4—73、GDG、GG、GDGY(流化床)锅炉风机；DW、WT、DDW 屋顶风机；T35、03—12、DDT40、ZF、YW60(消防排烟)轴流风机；SJG 斜流风机；BK、BKJA、2K57、DJS(射流)矿用风机；SRZ、SRL/SZL、GS、Q、DNF 等产品；KML/W、FM、RFM、DLM、DGM 空气幕；高温风机

企业名称：北京当代复合材料有限公司(中韩合资)
法人代表：许占奎
地　　址：北京市海淀区香山普安店 220 号
邮　　编：100093
电　　话：(010)62591488

传　　真：(010)62591806
主要产品：GYF 系列高温消防排烟风机，GFW 型排烟(厨房)风机，GXF、SJG 系列斜流风机，CDZ 系列轴流风机，BDW(WT，WS)系列屋顶风机，DZF、PDZF 系列风机箱，防火阀，排烟防火阀，通风管道，板块组装水箱，冷却塔

企业名称：北京兴华通风设备厂
法人代表：郭久奇
地　　址：北京市怀柔县雁栖镇兴华通风设备厂
邮　　编：101407
电　　话：(010)61668076
传　　真：(010)61668076
主要产品：低噪声轴流风机，防爆、防腐超低噪声轴流风机，玻璃钢离心式屋顶风机，混流、斜流式管道通风机，高温排烟风机，厨房专用风机，中低高压离心通风机，喷雾降温风机；风机用标准减震台座，各种型号的通风消声器，各种风机箱

企业名称：天津环保产业集团有限责任公司
法人代表：杜宝山
地　　址：天津市津南区咸水沽东双桥西
邮　　编：300350
电　　话：(022)28391537
传　　真：(022)28390803
主要产品：各种消防排烟风机，各式屋顶风机，$\frac{G}{Y}$4—73№8～20D 鼓引风机，14—65—21 №4～6F、4—90—21 №6～20F 低噪声空调风机，高温轴流风机

企业名称：天津市鼓风机总厂
法人代表：杨　光
地　　址：天津市河北区古北道 2 号
邮　　编：300232
电　　话：(022)26341651
传　　真：(022)26341651
主要产品：MJL、PJL 密集型系列罗茨鼓风机，ML 系列煤气罗茨鼓风机，L 系列罗茨鼓风机，WL 系列水产养殖、污水处理曝气风机，TGD 系列双级罗茨鼓风机，SL 系列三叶罗茨鼓风机，MJLS 密集型系列罗茨鼓风机，PJLS 密集型系列罗茨鼓风机，D 系列多级离心鼓风机，隧道风机，XPB 系列高压旋喷泥浆泵及高压清洗设备等

企业名称：天津市鼓风机总厂五分厂
法人代表：毛炳泉
地　　址：天津市红桥区勤俭道纪念馆路 109#
邮　　编：300131
电　　话：(022)26379298
传　　真：(022)26543626
主要产品：曝气鼓风机，通用型鼓风机，高温风机，SDS、SDF 系列隧道射流风机，SDT、SDA 系列隧道施工对旋轴流风机，离心通风机，锅炉鼓、引风机，轴流通风机，玻璃钢离心轴流风机，动平衡测试及非标产品，风机配件及配套产品

企业名称：石家庄市风机厂
法人代表：乔增起
地　　址：河北省石家庄市桥西区石铜路 18 号
邮　　编：050091
电　　话：(0311)3834677
传　　真：(0311)3833992
主要产品：离心式通引风机、轴流风机、排尘风机、防腐防爆风机、高压通风机、炼铁炉专用风机、煤粉风机、高温排烟风机、屋顶风机、斜流风机、循环硫化床背景腾炉专用风机、隧道风机、地铁风机、高温风机、粮食风机等

企业名称：山西省运城防爆风机厂
法人代表：李长法
地　　址：运城市安邑火车站道北 2 号
邮　　编：044000
电　　话：(0359)2420422
传　　真：(0359)2420280
主要产品：BK、BD 系列对旋轴流式主要通风机，JSFA、DSFA 系列对旋轴流式局部通风机，SDF 系列隧道风机，SLF 系列射流风机

企业名称：山西鼓风机厂
法人代表：张钱龙
地　　址：山西省原平市永兴北路 27 号
邮　　编：034100
电　　话：(0350)8242839
传　　真：(0350)8242994
主要产品：L4—8 罗茨鼓风机，9—19、9—26、$\frac{Y}{G}$4—73—12、4—72—12、Y5—47、Y5—48、Y6—41 离心通风机，BT35—11、T35—11、BK54—11、30K4—11 轴流风机

企业名称：沈阳鼓风机厂
法人代表：苏永强
地　　址：沈阳市铁西区云峰北街 36 号
邮　　编：110022
电　　话：(024)25801868
传　　真：(024)25854719
主要产品：大、中型离心压缩机、组装式小流量离心压缩机，鼓风机，高速污水处理鼓风机，矿井隧道通风机，电站用动、静叶可调式轴流通风机，电站用离心通风机，大型电站脱硫风机，地铁风机，

射流风机

企业名称：沈阳人民风机厂
法人代表：张　伟
地　　址：沈阳市于洪区洪泽湖街5号
邮　　编：110141
电　　话：(024)25891954
传　　真：(024)25891954
主要产品：离心通风机，轴流通风机，防爆离心、轴流通风机，防腐离心、轴流通风机，锅炉鼓引风机，排尘风机，消防高温排烟风机，粮食干燥通风机，污水处理C20—C60曝气风机，罗茨鼓风机，核潜艇、水面舰艇风机，双吸双速空调风机，屋顶风机，玻璃钢风机

企业名称：鞍山风机厂
法人代表：赵洪杰
地　　址：辽宁省鞍山市铁西区共同街一号
邮　　编：114011
电　　话：(0412)8812520
传　　真：(0412)8813202
主要产品：20T/h、35T/h、50T/h、75T/h、130T/h、220T/h 循环流化床锅炉鼓、引风机(电站专用风机)，Y5—47、Y6—52、AY7—41系列锅炉引风机，GY4—73—12系列鼓引风机，9—19、9—26、4—72系列离心通风机，W5—47、W4—73、W9—19、W9—26高温风机、T35轴流风机，AYX75—1 №19.5D引风机

企业名称：鞍山市风机二厂
法人代表：李成林
地　　址：鞍山市铁西区大西街108号
邮　　编：114011
电　　话：(0412)8414543、8414681
传　　真：(0412)8414193
主要产品：全系列离心通风机，全系列锅炉鼓、引风机，35t/h、75t/h流化床锅炉鼓、引风机，全系列排尘通风机，全系列轴流通风机，全系列防爆防腐轴流通风机，高温风机，屋顶离心、轴流通风机，砖窑轴流通风机，管道轴流通风机，暖风机，电控柜风机，罗茨鼓风机，喷雾风机，消防高温排烟风机，斜流通风机

企业名称：营口市鼓风机厂
法人代表：徐国智
地　　址：辽宁省大石桥市文化路2号
邮　　编：115100
电　　话：(0417)5606678
传　　真：(0417)5606678
主要产品：一般离心通风机，工业锅炉鼓引风机，高压离心通风机，高温离心通风机，煤粉离心通风机，排尘离心通风机，防腐离心通风机，防爆离心通风机，一般轴流通风机，矿井轴流通风机，离心鼓风机

企业名称：吉林市鼓风机厂
法人代表：何宗岩
地　　址：吉林市昌邑区兴华街临山1号
邮　　编：132002
电　　话：(0432)2778338
传　　真：(0432)2776511
主要产品：KZS、KZS(BD)系列(防爆对旋型)矿井轴流风机，离心通风机，735、BT35轴流风机，风机配套消音器，特殊用途风机(防腐、防爆、耐磨)，粮库专用风机，KZS系列、KZS(BD)系列矿井风机，锅炉鼓引风机，Y/G4－73(F)系列电站锅炉风机

企业名称：佳木斯市佳大通风机厂
法人代表：李凤玉
地　　址：红霞东段南60号
邮　　编：154007
电　　话：(0454)8791584
传　　真：(0454)8791584
主要产品：各系列双吸离心风机，GY系列锅炉鼓引风机，L21－L84系列罗茨风机，LWD60系列高压罗茨风机，W55B6－21.6C系列铝材退火炉用高温风机，钟罩式退火炉WA6－12#系列风机工业炉用波纹号弗管、幅射管卡口加热元件、中央空调机组1～12万m^3/h轴流风机和P5振动剪切机等

企业名称：上海鼓风机厂有限公司
法人代表：戚　杰
地　　址：上海市共和新路3000号
邮　　编：200072
电　　话：(021)56650577(总机)
传　　真：(021)56651514
主要产品：各系列离心压缩机，D系列离心鼓风机，L系列罗茨鼓风机，SAF、PAF、FAF、RAF系列大型电站轴流风机，TAF系列隧道轴流通风机，TAS系列隧道射流通风机，GAF系列矿井轴流通风机，WAF系列风洞装置及通风机，84个系列大型工业离心风机，GB6、G150、G158系列子午加速流风机，双吸离心风机，环保风机，高温风机，核电站风机，船用风机，冷却塔风机，一般锅炉风机

企业名称：上海鼓风机厂长征分厂
法人代表：李龙弟

地　　址：上海普陀区真北支路 420 号
邮　　编：200333
电　　话：(021)52823954
传　　真：(021)52816789
主要产品：L10×7LD－1、L10×11LD－1、L20×20WD－1、L30×20LD－1、L30×40LD－1、L41×49WD－1、L48×66WD－1、L48×66WD－2、L21～23LD、3L21～23LD、L41～42LD、3L41～42LD、L51～53LD、L93LD 罗茨风机

企业名称：**上海通用风机股份有限公司**
法人代表：金德发
地　　址：上海市奉浦开发区通风机厂站
邮　　编：201400
电　　话：(021)57425888
传　　真：(021)57425887
主要产品：KDF、KJF、KAF 空调离心通风机，T4－72、4－79、4－72、4－68 离心通风机，XYT、HL3－2A/XYT 消防排烟轴流风机，B4－72，BKDF 防爆风机，暖通设备相关产品

企业名称：**江苏大通风机股份有限公司**（南通风机厂）
法人代表：张文魁
地　　址：江苏省南通市闸西市街 207 号
邮　　编：226002
电　　话：(0513)5544311(总机)
传　　真：(0513)5544316
主要产品：离心风机，轴流风机，消防高温轴流风机，"GEF"项目锅炉风机，流化床风机，混流风机，火(水)力发电站专用风机，除尘、斜流、层次、防爆、高温耐磨风机，中央空调机组末端装置，非标风机，组合式中央空调机组，工业涂装工程设备

企业名称：**鄞县华实传动机械厂**
法人代表：戎惠芬
地　　址：宁波东钱湖工业园区莫高公路 58 号
邮　　编：315121
电　　话：(0574)88370903
传　　真：(0574)88370903
主要产品：JS 型系列蛇形弹簧式，JM 型系列膜片式，GⅠCL、GⅡCL 型鼓形齿式，TL 型弹性套柱销式，HL 型弹性柱销式，ZL 型弹性柱销齿式，YL 凸缘式和 ML 型系列梅花弹性联轴器

企业名称：**江苏省宝应县晨光风机制造有限公司**
法人代表：马学庆
地　　址：宝应县城北黄浦镇溪河路 16 号
邮　　编：225806
电　　话：(0514)8361900
传　　真：(0514)8362402
主要产品：DFW 系列空调，净化用离心式通风机，L 型系列风淋室，直流电机用冷却通风机

企业名称：**溧阳市鼓风机厂**
法人代表：张荣福
地　　址：江苏省溧阳市茶亭镇
邮　　编：213332
电　　话：(0519)7468400
传　　真：(0519)7469021
主要产品：各式离心通风机，各式锅炉鼓、引风机，高压风机，排尘风机，轴流风机，煤粉风机，流化床风机，GD30K$_2$－12 防水造纸风机，DWT、BDWT、DW4－75 屋顶风机，HTF、HL、SWF 高温排烟风机，JFC、AS、MS 烟草风机

企业名称：**泰兴市风机厂**
法人代表：殷根章
地　　址：江苏省泰兴市大庆东路 88 号
邮　　编：225400
电　　话：(0523)7665601
传　　真：(0523)7665601
主要产品：各系列一般通风机及其防腐、防爆等派生产品，各系列工业锅炉用离心通、引风机，及以上各种风机的零配件及配套件

企业名称：**锡山市洛社先锋通风设备厂**
法人代表：马建光
地　　址：江苏省无锡市惠山区洛社镇双庙
邮　　编：214189
电　　话：(0510)3322239
传　　真：(0510)3324070
主要产品：KDF 空调风机，各式锅炉鼓、引风机，C6－48 排尘风机，6－23、6－30 谷物粉末输送风机，5－27、5－34 系列影机化工通风机，T30、T40、T35 轴流风机，离心通风机，高压风机，印刷包装机械用风机，DF1～DF8 型离心通风机，电机冷却风机，L 系列离心风机，G 系列轴流风机

企业名称：**南通金通灵风机有限公司**
法人代表：季　伟
地　　址：江苏南通钟秀西路百花小区
邮　　编：226001
电　　话：(0513)5518949
传　　真：(0513)5598073
主要产品：KTF、4－82、4－79、4－72、T4－72、9－19、G4－73、Y4－73 系列离心通风机，YDW 系列低噪声前倾多翼叶风机，工业高温风机

企业名称：**杭州三星风机制造有限公司**

法人代表：周强国
地　　址：杭州市德胜路久盛巷4号
邮　　编：310004
电　　话：(0571)85351560
传　　真：(0571)85351559
主要产品：DZT型、BZJ型轴流风机，GLF型水泥立窑风机，DWT型屋顶风机，HTF型消防排烟风机，SWF型混流风机，DF型低噪风机箱，DLF型厨房滤油烟机，4-72型离心风机，9-$\frac{19}{26}$型高压离心风机，C4-68离心风机Y6-30-12锅炉引风机，Y5-47型锅炉引风机

企业名称：宁波风机有限公司
法人代表：何三钱
地　　址：浙江省宁波市江东南路165号
邮　　编：315041
电　　话：(0574)87833517
传　　真：(0574)87833024
主要产品：各系列离心通风机，各系列锅炉通、引风机，DZT、T35、T40、FZ40-11等系列轴流通风机，ARTN、MECN、MT、AN系列烟草专用风机，循环流化床锅炉专用风机，中密度板生产线，SNY水泥主窑专用风机，HTF消防高温排烟风机、风机用消声器等

企业名称：余姚风机总厂
法人代表：胡炎峰
地　　址：浙江省余姚市临山镇十字南路29号
邮　　编：315460
电　　话：(0574)62055140
传　　真：(0574)62055141
主要产品：DF系列离心通风机，盘管空调器专用风机，KDF系列空调用离心通风机，排烟轴流风机及风机箱，高压排尘离心通风机，锅炉离心引风机

企业名称：余姚市大隆空压机配件有限公司
法人代表：严洪新
地　　址：余姚市华山镇华山村
邮　　编：315456
电　　话：(0574)62496978
传　　真：(0574)62497885
主要产品：各种压缩机配件、压缩机气阀总成、种种阀片，加工制造

企业名称：浙江上风实业股份有限公司
法人代表：徐灿根
地　　址：浙江省上虞市上浦经济开发区
邮　　编：312375
电　　话：(0575)2366591
传　　真：(0575)2366328
主要产品：HTF系列高温消防排烟风机，SWF系列混流风机，DWT系列屋顶式通风机，JF-L2系列冷却塔专用风机，DTF(R)系列地铁隧道轴流通风机，GJL系列空气冷却器，SDS系列隧道式单体速冻装置，SLD系列流态化连续速冻装置

企业名称：泉州泉风电机有限公司
法人代表：蔡子章
地　　址：福建泉州东门鹿园军塑大厦
邮　　编：362000
电　　话：(0595)2683818
传　　真：(0595)2684818
主要产品：小型交直散流热风机，TDY系列永磁低速同步电机，微移电机

企业名称：萍乡江南防爆风机厂
法人代表：臧延伟
地　　址：江西省萍乡市跃进路21号
邮　　编：337055
电　　话：(0799)6811141
传　　真：(0799)6835223
主要产品：YBT系列矿用隔爆型局部通风机，YBF系列煤矿用小型地面抽出机，BXK系列防爆小型开关，KBSG矿用隔爆式干式变压器

企业名称：济南风机厂
法人代表：杨小屏
地　　址：济南市三孔桥北凤凰山路66号
邮　　编：250033
电　　话：(0531)5952683
传　　真：(0531)5952425
主要产品：离心通风机，离心引风机，高压离心风机，排尘离心风机，冶炼排烟风机，轴流风机，双吸通引风机，耐磨离心风机，循环流化床风机，高温风机，煤粉风机

企业名称：山东华龙风机集团公司烟台市风机厂
法人代表：郝希久
地　　址：山东省烟台市芝罘区黄务办事处南里
邮　　编：264004
电　　话：(0535)6798788
传　　真：(0535)6798658
主要产品：锅炉专用引风机，T35系列轴流风机，BQX系列碎玻璃清洗装置，玻璃接料机，平板彩绘玻璃系列成套生产设备，HGL系列印铁涂料烘干炉，MJ系列煤气交换器，KJ系列空气交换器，ZZ系列总烟道闸板，SQH型混合机，GX油水分离器，CQG系列贮气罐，X1.5型旋转闸板，4

－72、8－09、9－12、9－19、9－26、C6－48、4－68系列离心通风机，10－24系列瓶模冷却专用风机，5－54、4－55、4－66、5－63系列池壁冷却专用风机，THL－D系列电加热热风循环退火炉，KHL－D系列烤花炉，THL－YQ系列燃油、气、煤玻璃制品退火炉，KHL－YQ系列烤花炉

企业名称：张店鑫源冷暖风机厂
法人代表：李光远
地　　址：山东省淄博市张店西郊彭家村
邮　　编：255095
电　　话：(0533)3881008
传　　真：(0533)3881321
主要产品：T35、T40、T30、GD40系列轴流式风机，4－72、4－73、9－19、9－26高中压离心风机，5－27、5－32、6－27、DF系列塑机影化风机，WT4－85、WS4－85、WT35系列屋顶式风机，Q、GS、NC型暖风机，SR2、GL型轧片式绕制式各种型号加热器

企业名称：山东博山同汇鼓风机厂
法人代表：周涛明
地　　址：山东省淄博市博山区颜北路131#
邮　　编：255200
电　　话：(0533)4188546
传　　真：(0533)4183783
主要产品：SLW、L系列罗茨鼓风机

企业名称：山东省江丰机械集团总公司
法人代表：方润刚
地　　址：山东省章丘市明水大街141号
邮　　编：250200
电　　话：(0531)3250025
传　　真：(0531)3214543
主要产品：L系列罗茨鼓风机，RR系列罗茨鼓风机(引进日本技术产品)，C系列多级离心鼓风机(西安交大技术)，ZLB系列罗茨真空泵，SSR系列三叶罗茨鼓风机(中日合资)，水泥用H系列回转烘干机，立窑、MB系列管磨机，QYP系列预加水成球盘，ZXF系列漩涡鼓风机，GRL系列供料器，FL系列分路阀

企业名称：山东省德州市玻璃钢制品总厂
法人代表：王庆华
地　　址：山东省德州市新湖南路128号
邮　　编：253007
电　　话：(0534)2621714
传　　真：(0534)2645297
主要产品：玻璃钢冷却塔、风机，通风空调配件，不燃型无机玻璃钢通风管道，FFH防火阀，FPY排烟阀，HTF系列消防高温排烟风机，缠绕管、罐系列产品，空调器，新风机组，风机盘管系列产品，RTM产品，实验室设备系列产品，高强度复合风管

企业名称：淄博风机厂
法人代表：王涛怡
地　　址：山东省淄博市周村区南郊镇
邮　　编：255302
电　　话：(0533)6060225
传　　真：(0533)6060225
主要产品：高压离心通风机，锅炉鼓、引风机，引风机，M6－31煤粉风机，BMJ防爆煤气加压风机，T35、T40轴流风机，GYF消防排烟风机，K40、K45矿用风机，防爆对旋轴流式风机，JK67、JK58系列局扇风机，SJG系列斜流风机，BDK62防爆侧移轴移式轴流通风机

企业名称：青岛风机厂
法人代表：葛　林
地　　址：青岛市李沧区夏庄路124号
邮　　编：266100
电　　话：(0532)7610198
传　　真：(0532)7897794
主要产品：CQ、CLQ系列船用离心通风机，CZ、CLZ、CZF系列船用轴流通风机，JCDL－S系列舰船用低噪声阻尼型离心通风机，CBL系列船用防爆离心通风机，CBZ系列船用防爆轴流通风机，高压、中压离心通风机，C6－48系列排尘离心通风机，轴流通风机，烟草专用通风机

企业名称：新乡市鼓风机厂
法人代表：张四海
地　　址：河南省新乡市解放路302号
邮　　编：453000
电　　话：(0373)2021682(销)
传　　真：(0373)2015340
主要产品：SNL系列水泥立窑专用风机，10t/h—130t/h循环流化床锅炉鼓、引风机，系列锅炉鼓、引风机，煤粉风机，低噪声锅炉引风机，高压鼓风机，离心通风机，罗茨风机，旋风式、袋式、多管式、湿式、组合式、电除尘各种型号除尘器，各种规格消声器

企业名称：周口鸿基鼓风机有限公司
法人代表：刘圣军
地　　址：河南省周口市川汇区健康路1号
邮　　编：466001
电　　话：(0394)8582641
传　　真：(0394)8585970

主要产品：离心风机，轴流风机，4－72、9－19、Y5－48系列锅炉鼓引风机，L41－L93罗茨风机

企业名称：武汉鼓风机厂
法人代表：余德保
地　　址：武汉市关山二路
邮　　编：430074
电　　话：(027)87801073
传　　真：(027)87801358
主要产品：ML－H_1－R、AL－R系列电站风机，D系列烧结鼓压风机，ML、L系列罗茨鼓风机，G/Y4－73系列锅炉送引风机，9－19、9－26系列一般离心风机，风机用消声器，地铁等交通线用消声屏

企业名称：武汉市新洲搏力风机制造有限公司
法人代表：周西山
地　　址：武汉市阳逻经济开发区施岗街
邮　　编：430415
电　　话：(027)89650462
传　　真：(027)8965518
主要产品：各种系列离心风机，T35、BT35GD系列管道轴流风机，HTF消防排烟风机

企业名称：武汉和平风机有限责任公司
法人代表：谢维金
地　　址：武汉市汉阳区曾家岭137号
邮　　编：430051
电　　话：(027)84633653
传　　真：(027)84633653
主要产品：排尘风机，污水处理风机，高温风机，锅炉离心通、引风机，空调风机，ZTH准已交石源舰船用低噪通风机，WT消防高温通风机，SJG斜(混)流通风机，BDF低噪风机箱，4－72离心通风机，9－19高压通风机，BDK变风量空调器，T35、T40、DF系列轴流通风机

企业名称：长沙罗茨鼓风机配件厂
法人代表：胡建荣
地　　址：湖南省长沙市劳动东路七号
邮　　编：410014
电　　话：(0731)5583671
传　　真：(0731)5593254
主要产品：罗茨鼓风机配件、配套件，定做各种进口风机配件、各种新品风机配件

企业名称：广东德庆九洲风机厂
法人代表：唐秀礼
地　　址：广东省德庆县九市镇三洲工贸开发区
邮　　编：626639
电　　话：(0758)7660028
传　　真：(0758)7660016
主要产品：11－62A、E、OFA型、DT柜式多翼式低噪声离心系列，4－72A、C、D式、Y5－97－11、9－19、9－26、C6－48、C6－46、CER系列离心风机，GD、JS方形、T35－11、T40、30K4A、C、LF、SF(DZ－11)、FAD(S)方型、TAD(S)圆筒型、T30系列轴流风机，BS4－72、FT30C式、T35、BDL、BDW系列玻璃钢风机，CF(A)多翼式离心风机，JS低噪声方形轴流风机

企业名称：长沙市湘江风机厂
法人代表：吴公庭
地　　址：长沙市雨花区井奎路45号
邮　　编：410004
电　　话：(0731)5588104
传　　真：(0731)5598840
主要产品：锅炉鼓引风机，离心通引风机，高温风机，煤粉、排尘风机，轴流、斜流、混流风机，消防高温风机，送纸风机，屋顶风机及普通防爆离心通风机，单、双吸离心通风机，高压离心风机等

企业名称：四川鼓风机有限责任公司
法人代表：黄耀荣
地　　址：四川达州市通川区北外高家坝路1号
邮　　编：635001
电　　话：(0818)2300178
传　　真：(0818)2300089
主要产品：L系列罗茨鼓风机(经改进设计)，MJL系列密集型罗茨鼓风机机组(集两器两阀)，3R系列低噪三叶式罗茨鼓风机，4－72、9－19、9－26、Y4－73等系列离心通(引)风机，C20～C500、D100～D700离心鼓风机及高温风机等，石板材加工成套设备(切石机、磨石机、切边机)

企业名称：四川宣汉矿用风机厂
法人代表：肖大孟
地　　址：四川宣汉县东乡镇解放北路23#
邮　　编：636150
电　　话：(0818)5223786
传　　真：(0818)5223786
主要产品：DSF_A－5、JZD №5.6、JZD №6.3、JZD №08、JZD №10型低噪声对旋轴流式局部通风机(含工程用风机)，BKF №6.7、BKF №08、BKF №10、BKF№12、BKF№13、BKF№15、BKF№17地面抽出式轴流主扇通风机(单级)，BKFD №12、BKFD№13、BKFD№14、BKFD№16、BKFD№20、BKFD№22、BKFD№24、BKFD№25地面抽出式主要通风机(对旋)，JD－1、JD－2调度绞车，KC·04、KC·075矿车

企业名称：**重庆通用工业(集团)有限责任公司**
法人代表：傅正全
地　　址：重庆市江北区玉带山1#
邮　　编：400021
电　　话：(023)67662414
传　　真：(023)67661054
主要产品：离心式冷水机组，离心式低温机组，螺杆式冷(热)水机组，活塞式制冷机组，户式中央空调，中央空调末端设备，离心通风机，离心式鼓风机，离心式压缩机，罗茨式风机，叶氏风机，高温风机，特殊风机，特种军工改装车，豪华客车

企业名称：**重庆鼓风机厂**
法人代表：严子渝
地　　址：重庆市江北区玉带山1号
邮　　编：400021
电　　话：(023)67657723
传　　真：(023)67658639
主要产品：各种离心通风机，高压离心通风机，各式引风机，高温通风机，煤粉离心通风机，LYF_2 型立窑风机，6－23、6－30型输送风机，WT35－11、WT40－11型屋顶轴流通风机，T35－11、T40－11、BT35－11型轴流通风机，$GD30K_2$－12、GD35－12型系列管道风机，排尘离心通风机，R9－19、R4－75型热风机，各式风机，风机箱、混流风机、XPF型、SWF至DBF型、XPFC型高温消防风机

企业名称：**大理通用机械厂**
法人代表：李　峻
地　　址：云南省大理市凤仪镇北街32号
邮　　编：671005
电　　话：(0872)2481075
传　　真：(0872)2482556
主要产品：中低压离心风机，离心通风机，M9－26煤粉通风机，离心锅炉引风机，锅炉离心风机，锅炉离心引风机，XS纤维物送料风机，SF系列节能低噪声轴流风机

企业名称：**陕西鼓风机集团有限公司**
法人代表：印建安
地　　址：陕西省西安市临潼区代王镇
邮　　编：7106111
电　　话：(029)3931400
传　　真：(029)3931422
主要产品：轴流压缩机，离心鼓风机，压缩机，能量回收透平机，各种通风机

企业名称：**西安凯瑟通风设备有限公司**
法人代表：孙家玮
地　　址：西安市西影路乙46号
邮　　编：710054
电　　话：(029)5521499
传　　真：(029)5526564
主要产品：YT35系列机翼形高效低噪轴流通风机，TX系列机翼形高效低噪斜流通风机，W－X系列机翼形消防高温排烟轴流风机，屋顶风机，LN系列多翼式离心通风机，DFX系列低噪声风机箱，YQR系列暖风机，C_{II} 系列离心式鼓风机，行业推广各系列离心风机

企业名称：**陕西华夏风机修造厂**
法人代表：宋安基
地　　址：陕西省华县火车站南
邮　　编：714108
电　　话：(0913)4762358
主要产品：离心式鼓、引风机，轴流通风机

企业名称：**甘肃省靖远通风机厂**
法人代表：洪尚严
地　　址：甘肃省靖远县五大坪
邮　　编：730616
电　　话：(0943)6182058
传　　真：(0943)6182454
主要产品：一般低中高压离心通风机，工业锅炉用通、引风机，高温通风机，排尘、煤粉、防腐离心通风机，谷物、粉末输送风机，化铁炉、水泥窑、烧结砖瓦窑用风机，矿井离心轴流通风机，一般轴流通风机，其他用途风机

企业名称：**贵阳大有风机科技实业公司**
法人代表：宾良生
地　　址：贵阳市花溪大道北段262号
邮　　编：550007
电　　话：(0851)5110883
传　　真：(0851)5115487
主要产品：排尘离心通风机，煤粉离心通风机，T40－11、T35－11、SWF通用及消防用、煤矿地面用轴流风机，屋顶风机，斜流风机，风机箱，4－72－11型离心风机，9－19、9－26等高压离心风机，$\begin{matrix}G\\Y\end{matrix}$4－73、Y5－47、Y5－418等锅炉风机，M7－29等煤粉风机

企业名称：**新疆风机有限责任公司**(原新疆七一风机厂)
法人代表：宋黎林
地　　址：乌鲁木齐市水磨沟区温泉西路34号
邮　　编：830017
电　　话：(0991)4872210

传　　真：(0991)4872210
主要产品：各式离心鼓(引)风机，轴流通风机，离心通风机，高压离心通风机，排尘风机，RML/W－S 型空气幕，Q、GS、NC 型轴流式暖风机，SRI 型散热器

企业名称：新疆米泉市长风风机制造有限责任公司
法人代表：马　岗
地　　址：新疆米泉市友好路 12 号
邮　　编：831401
电　　话：(0994)5295043
传　　真：(0994)5295944
主要产品：离心、轴流通风机，锅炉引、鼓风机，防爆轴流风机，散碎物料输送风机，多翼式风机，矿用主扇

企业名称：嘉兴鼓风机厂
法人代表：陈爱林
地　　址：浙江省嘉兴市七星镇兴星路 19 号
邮　　编：314002
电　　话：(0573)3888005、3888116
传　　真：(0573)3888111
主要产品：4－72、T4－72、4－79、C6－46、C6－48、C4－73、9－19、9－26、6－23、$^{G}_{Y}$4－73、Y5－47、Y5－48、$^{G}_{Y}$9－35、GY、Y6－30、T40、T35、GD30K－2、GCJE 人造毛皮风机，JFCZ 人造毛皮风机

企业名称：宜兴市通风设备厂
法人代表：张洪祥
地　　址：宜兴市杨蓉镇安多路 143 号
邮　　编：214255
电　　话：(0510)7271618
传　　真：(0510)7271257
主要产品：各种型号离心系列鼓引风机，防爆风机，锅炉鼓引风机，高温排烟风机，屋顶风机，轴流风机，变风量空调器，风机盘管，各种型号除尘设备回转反映布袋除尘器等及各种(矿山用)离心风机，1～20 万风量组合式中央空调器，变风量新风机组，系列除尘设备

企业名称：内蒙古天福风机有限公司
法人代表：刘恒瑞
地　　址：内蒙古包兴市青山区东友谊大街
邮　　编：014030
电　　话：(0472)5153614
传　　真：(0472)5155142
主要产品：4－72 系列，$^{G}_{Y}$4 系列玻璃钢通风机，循环流化床锅炉配套送，引风机，$^{G}_{Y}$6－41，M9－26，M6－31、M7－16，离心通风机，轴流通风机，玻璃钢通风机

企业名称：沈阳风机厂
法人代表：高树源
地　　址：沈阳市于洪区青海路 81 号
邮　　编：110141
电　　话：( )25891515
传　　真：( )25911471
主要产品：矿井离心风机 K4－73№25F、28F，矿井轴流风机 1K58№18、24、28、2K58№18、24、28、30，F 型电站风机$^{G}_{Y}$4－73№20F、22F、25F、28F、29.5F，锅炉鼓引风机$^{G}_{Y}$4－73№10D～29.5D，流化床锅炉风机

企业名称：丹东市工业通风机厂
法人代表：任守伦
地　　址：丹东市元宝区爱民街 76 号
邮　　编：118000
电　　话：(0415)2181734
主要产品：4－68 型，4－72 型，B/F4－72 型，4－79，4－2×79 型，8－09，9－12 型，9－19，9－26 型，G/Y4－68 型，G/Y4－73 型，Y5－48 型，Y6－30 型，Y5－47 型，G/Y6－41 型，Y6－25 型，C4－73 型，T35、BT35、BFT35 型，T40 型，5－29，5－36 型通风机

企业名称：长沙市第二风机厂
法人代表：蔡正炎
地　　址：湖南长沙市雨花区香桦槟路 52 号
邮　　编：410014
电　　话：(0731)5582572
传　　真：(0731)5583287
主要产品：一般离心通风机，锅炉引风机，一般轴流通风机，矿山通风引风机，风机型号如：4－72、9－19、9－26、Y4－73、Y5－47、Y6－30、T－35、T－40 系列风机

企业名称：长沙市湘江风机厂
法人代表：吴云庭
地　　址：湖南省长沙市井奎路 45 号
邮　　编：410004
电　　话：(0731)5588104
传　　真：(0731)5598840
主要产品：锅炉引风机，离心通风机，高温风机，轴流、斜流、混流风机，物料输送风机，消防高温排烟风

机,屋顶风机,煤粉、排烟、排尘风机等

企业名称:北海鼓风机实业公司
法人代表:徐　光
地　　址:北海市四川北路30号
邮　　编:536000
电　　话:(0779)3065757
传　　真:(0779)3036337
主要产品:各种系列鼓风机

企业名称:南海市远大风机有限公司
法人代表:梁远章
地　　址:广东省南海市桂城石肯
邮　　编:528200
电　　话:(0757)6365177
传　　真:(0757)6363799
主要产品:4-72、$\genfrac{}{}{0pt}{}{G}{X}$4-73、Y5-47、$\genfrac{}{}{0pt}{}{G}{X}$8-39、$\genfrac{}{}{0pt}{}{G}{Y}$9-38、$\frac{G}{Y}$9-35、T4-72、9-19、9-26、Y5-48、4-79、C6-46、C6-48、C4-73、4-68、5-36、6-30、14-46、11-62、T35、T40、30K4 风机及配件

企业名称:宁夏银川风机厂
法人代表:师光林
地　　址:宁夏银川市城区胜利街友爱路52号
邮　　编:750004
电　　话:(0951)4091451(总机)
传　　真:(0951)4080404
主要产品:L41-L43LD、L61-L64LD、L81-L84WD 罗茨鼓风机,4-72、$\genfrac{}{}{0pt}{}{G}{Y}$4-73、Y4-68、Y5-48、C6-48、9-19、9-26、9-28、M7-29 等离心通风机,T30、T35、BT35、T40 系列轴流通风机 Y25-45

压缩机行业

企业名称:北京第一通用机械厂
法人代表:崔程久
地　　址:北京市昌平区沙河镇沙阳路15#
邮　　编:100026
电　　话:(010)69731795
传　　真:(010)69731804
主要产品:2D12-100/8 型空压机、2D12-150/3 煤气压缩机、4L-20/8 空压机、2D12-70/0.1-13 石油气压缩机、Q2V-5/200 隔膜压缩机

企业名称:北京金环压缩机厂
法人代表:李爱玲
地　　址:北京市崇文区广渠门夕照寺中街31号
邮　　编:100061
电　　话:(010)67125231
传　　真:(010)67117039
主要产品:V-0.14/10C、W-0.8/10、W-1.2/10、V-0.3/14、W-0.6/14 有油润滑、全无油润滑、矿用空压机和净化器

企业名称:北京华德通用机械附件厂
法人代表:姚　昆
地　　址:北京市海淀区西三旗东街减速机厂内
邮　　编:100096
电　　话:(010)82911803
传　　真:(010)82924596
主要产品:各种型号气体压缩机冷却器、冷凝器、油气桶以及冷却器组件的芯子配件和各种换热器、贮气缸、分汽缸等非标容器

企业名称:天津市压缩机厂
法人代表:汤宗友
地　　址:天津市东丽区津塘公路四号桥北驯海路43号
邮　　编:300300
电　　话:(022)24390234
传　　真:(022)24398646
主要产品:活塞式往复式空气压缩机,MTA 系列涡旋式空气压缩机,LG 系列双螺杆,OG 系列单螺杆,GW 系列隔膜无油各类压加容器,储气罐

企业名称:石家庄市三原压缩机厂
法人代表:闫俊生
地　　址:石家庄市南二环东路赵口村北
邮　　编:050021
电　　话:(0311)5491075
传　　真:(0311)5491075
主要产品:V-0.36/12.5、V-0.67/7、W-0.8/12.5、W-1/7、W-0.9/7、W-2.68/5、1V-3/7、2V-6/7、W-3/5 压缩机

企业名称:河北省吴桥空压机有限责任公司
法人代表:陈金胜
地　　址:河北省吴桥县柔因镇长江东路37号
邮　　编:061800
电　　话:(0317)7341755
传　　真:(0317)7341146
主要产品:空气压缩机及配件,排气量 0.5~12m^3/min、排气压力 0.2~1.25MPa

企业名称:河北省定兴气体压缩机厂
法人代表:闫金行
地　　址:河北省定兴县城兴华路
邮　　编:072650
电　　话:(0312)6912627

传　　真：(0312)6912345
主要产品：L－22/7、VF－3/7、VF－6/7空压机、一二类钢制压力容器

企业名称：山西太原气体压缩机厂
法人代表：孙过灶
地　　址：山西省太原市西太堡111号
邮　　编：030006
电　　话：(0351)7073012
传　　真：(0351)7044967
主要产品：L、D、V型往复压缩机、螺杆压缩机及干燥器等，5L－40/8、2D12－100/8空压机，D－80/1.5，D－60/8、D－120/1.5煤气机，LG－20/8螺杆压缩机

企业名称：山西省太原第二气体压缩机厂
法人代表：周　坚
地　　址：太原市迎泽巴双塔南路11号
邮　　编：030006
电　　话：(0351)7040482
传　　真：(0351)7087794
主要产品：排气量0.05～3m^3，压力0.3～1.6MPa，各种压缩机LW－10m^3、LW－20m^{3}消声过滤器

企业名称：山西省长治通用机械有限公司
法人代表：马枝胜
地　　址：山西省长治市南门外信义村南
邮　　编：047105
电　　话：(0355)3032662
主要产品：Z－0.36/10－C、V－0.67/10－C、VW－0.45/10－Q、W－0.9/10－C、VF－3/7、VF－6/7、W－1.5/5长通牌空气压缩机和一、二类压力容器

企业名称：山西省垣曲县空气压缩机厂
法人代表：卫荣民
地　　址：县城北大街2号
邮　　编：043700
电　　话：(0359)60231777
主要产品：Z－0.36/7、V－0.3/10、V－0.67/7－B、W－0.9/7－B、CW－1.5/5、CW－2.1/5、VF－3/7、VF－6/7、VF－9/7空气压缩机

企业名称：沈阳气体压缩机股份有限公司
法人代表：金光根
地　　址：沈阳市铁西区云峰北街18号
邮　　编：110025
电　　话：(024)25873880
传　　真：(024)25852167
主要产品：2D20系列、4M50系列、4M20系列、6M32系列、2D16系列、2D32系列、4M40系列、6M50系列气体压缩机

企业名称：沈阳市兴华机械厂
法人代表：张永财
地　　址：沈阳市东陵区江东街91号
邮　　编：110043
电　　话：(024)24822544
传　　真：(024)24822544
主要产品：V－0.36/7、V－0.9/7、W－2.0/6、W－3.0/5、V0.4－10、W－1.6/7、W－2.68/5、W－2.8/5、V－0.6/7、W－1.86/6、W－2.5/5、W－2.5/5空气压缩机

企业名称：鞍山无油空压机有限公司
法人代表：李雨时
地　　址：辽宁省鞍山市铁东区矿工路68号
邮　　编：114004
电　　话：(0412)5843309、5843141
传　　真：(0412)5843181
主要产品：无油30余种型号，排气量0.015～3m^3/min，排气压力0.7～1.4MPa有油10余种型号，排气量0.36～6m^3/min，排气压力0.7～1.0MPa

企业名称：长春市空压机厂
法人代表：杨　春
地　　址：长春市小南街152－1号
邮　　编：130052
电　　话：(0431)2682499
传　　真：(0431)8755013
主要产品：Z、V、W、L型四个系列200多种有油、无油、风冷、水冷、固定、移动、中低压空压机、工艺用压缩机，排气量0.08～50m^3/min，压力0.15～4.0MPa

企业名称：延边昌源通用机械有限责任公司
法人代表：刘太华
地　　址：吉林省敦化市工农路83号
邮　　编：133700
电　　话：(0433)6222416、6222510
传　　真：(0433)6222409
主要产品：HYCW系列无油润滑摆杆式空气压缩机，HPW系列无油润滑滑片式空气压缩机，往复式活塞空气压缩机

企业名称：上海压缩机有限公司
法人代表：周惠民
地　　址：上海市中山北路864号
邮　　编：200070
电　　话：(021)56551018
传　　真：(021)56552111

主要产品：工艺用往复式、螺杆式、离心式压缩机和螺杆式空气压缩机，供石化用氢气压缩机、二氧化碳压缩机、火炬气螺杆压缩机

企业名称：上海第五压缩机厂
法人代表：陈　思
地　　址：上海市浦三路2557号
邮　　编：200124
电　　话：(021)50840676
传　　真：(021)58492507
主要产品：V－3/7－1、V－6/7－1、L－11/7、4L－20/7、VF－3/7、VF－3/7－1、VF－6/7、VF－6/7－1、V－8/4、V－5/3.5压缩机

企业名称：上海博莱特压缩机有限公司
法人代表：曹妙生
地　　址：上海市江扬南路1428弄2#
邮　　编：200431
电　　话：(021)56995798
传　　真：(021)56752224
主要产品：BLY30A($3m^3$)、BLY50A($6m^3$)系列螺杆压缩机以及各种规格微型和小型往复式空气压缩机

企业名称：贺尔碧格(上海)有限公司
法人代表：张　宁
地　　址：上海市漕河泾新兴技术开发区贺阀路34号
邮　　编：200233
电　　话：(021)64850855
传　　真：(021)64850958
主要产品：贺尔碧格产品系列的各类压缩机气阀，活塞环、填料、气量调节器和控制阀及曲轴箱减压阀，提供相关的技术咨询和售后服务

企业名称：中国铁道建筑总公司徐州机械总厂
法人代表：薛保福
地　　址：江苏省徐州市中山北路254号
邮　　编：221007
电　　话：(0516)7768261
传　　真：(0516)7767080
主要产品：动力用活塞压缩机3～$20m^3$/min，隔膜式压缩机G－15/8－350型，排气压力0～40MPa

企业名称：南京压缩机股份有限公司
法人代表：李培生
地　　址：南京市中华门外小街龙家凹1号
邮　　编：210012
电　　话：(025)2415588
传　　真：(025)2411128
主要产品：活塞压缩机、螺杆压缩机、涡片压缩机、空气净化，粉状气力输送系统等

企业名称：无锡压缩机股份有限公司
法人代表：李国良
地　　址：无锡市塘南路114号
邮　　编：214026
电　　话：(0510)5024889
传　　真：(0510)5019865
主要产品：螺杆式、活塞式、工艺流程用、离心式压缩机及通用机械设备、纺织机械、发电设备

企业名称：江阴市压缩机厂
法人代表：郁松宝
地　　址：无锡北外马镇东街16号
邮　　编：214406
电　　话：(0510)6521999、6521125
传　　真：(0510)6521999
主要产品：动力空压机V、Z、W、H型0.36－40、0.7－30，工艺流程用特种气体压缩机V、P、Z、H、D型0.02－40、0.15－16，军用高压压缩机

企业名称：无锡市第二压缩机厂(无锡力源压缩机有限公司)
法人代表：许京沪
地　　址：无锡市健康路康运路1号
邮　　编：214031
电　　话：(0510)2855215、2855982
传　　真：(0510)2855215
主要产品：排气量0.036～$11m^3$/min，压力0.7～3.0MPa的Z型、V型、W型、L型有油及无油活塞式压缩机40多个品种

企业名称：泰州市晨阳压缩机有限公司
法人代表：薛端阳
地　　址：泰州市口岸镇柴墟东路1号
邮　　编：225321
电　　话：(0523)6912109
传　　真：(0523)6912109
主要产品：各类有油、无油、全无油压缩机，并生产氢气、氧气、天然气、碳酸钙等特种气体压缩机

企业名称：浙江衢州煤矿机械总厂
法人代表：鲁寿桦
地　　址：浙江省衢州市劳动路93号
邮　　编：324000
电　　话：(0570)3025503
传　　真：(0570)3022844
主要产品：空气压缩机系列产品，矿用单体液压专柜系列产品，气动式凿岩机系列产品

企业名称：宁波镇海机械制造有限公司

法人代表：朱海雄
地　　址：宁波镇海经济开发区 B 区
邮　　编：315209
电　　话：(0574)86303002
传　　真：(0574)86303484
主要产品：W－0.8/12.5、W－0.9/7、V－0.67/7、V－0.24/10、V－3/8－1、V－6/8－1、W－0.6/10、W－2/5－C、W－2/5－D 微小型空压机及各种压力容器

企业名称：宁波天元压缩机有限公司
法人代表：徒宏海
地　　址：浙江省宁波市长春路 35#
邮　　编：315010
电　　话：(0574)87294520
传　　真：(0574)88351523
主要产品：微型中、高、低、压空气压缩机、联轴器

企业名称：宁波欣达螺杆压缩机有限公司
法人代表：赵宏明
地　　址：浙江省宁波市东吴镇
邮　　编：315113
电　　话：(0574)88489707
传　　真：(0574)88489226
主要产品：LGFD－11～LGFD－75 系列风冷喷油螺杆空压机，LGWD－22～LGWD－75 系列水冷喷油螺杆空压机，1.2～2.4m^3/min 系列机车配套螺杆空压机

企业名称：余姚捷华压缩机有限公司
法人代表：陈六宝
地　　址：浙江省余姚市新建北路 62 号
邮　　编：315400
电　　话：(0574)62633563
传　　真：(0574)62633563
主要产品：驱动功率 280kW 以下，排气量 0.25～80m^3/min，排气压力 0.1～30MPa，大中小型空压机 LF004－LF100 型风冷热泵冷(热)水机组及配套的 FD 风机盘管机组，空气压缩机、风冷热泵空调机

企业名称：浙江慈溪市超超空压机配件有限公司
地　　址：浙江省慈溪市道林镇
邮　　编：315320
电　　话：(0574)63502995
传　　真：(0574)63505656
主要产品：安全阀、单向阀、球阀、放水阀、调节阀、螺母、连杆和零星配件等 9 大类 100 多个品种和规格

企业名称：中国人民解放军第四八一二工厂
法人代表：姚干银
地　　址：安徽省安庆市菱湖北路 40 号
邮　　编：246016
电　　话：(0556)5312810、5312820
传　　真：(0556)5313448
主要产品：全无油润滑空压机及配件、一二类压力容器、柴油机缸套、柴油机气缸盖体、船用空压机整机及配件、橡胶减震器

企业名称：福建压缩机总厂
法人代表：张书成
地　　址：福建省建阳市民主南路 78 号
邮　　编：354200
电　　话：(0599)5823781、5822157
主要产品：活塞式、螺杆式空压机及空气净化设备

企业名称：江西气体压缩机有限公司
法人代表：胡恩和
地　　址：江西省赣州市南河路 23 号
邮　　编：341000
电　　话：(0797)8226011
传　　真：(0797)8225995
主要产品：空压机、胶印机、一二类压力容器

企业名称：济南空压机厂
法人代表：米寿岭
地　　址：济南市济洛路 16 号
邮　　编：250032
电　　话：(0531)5702092
传　　真：(0531)5704016
主要产品：VF－6/7、W－1/7、W－0.6/10、V－0.48/7、V－0.3/10、VF－3/7、W－0.67/14、V－0.67/7、V－0.36/7、V－0.25/7 微小型空压机、一二类压力容器

企业名称：山东省潍坊生建压缩机厂
法人代表：邵宗水
地　　址：山东省潍坊市健康西街 207 号
邮　　编：261011
电　　话：(0536)8324961
传　　真：(0536)8325324
主要产品：L－11/7、L－22/7、VW－3/7、VW－6/7、VW－11/7、VW－22/7、VW－40/8、V－60/8、V－120/2.5、D－100/8、DW－100/8、LG－13/7、LG－23/7、LG－41/8、4M16－75/320、6MD20－110/320 压缩机

企业名称：武汉气体压缩机厂
法人代表：杨映功
地　　址：湖北省武汉市武昌区和平大道 523 号

邮　　编：430062
电　　话：(027)86811129
传　　真：(027)86711959
主要产品：Z－0.17/7、V－0.36/7、W－1.6/10 风冷移动式空压机，BD－5.4/2、BD－7/2、BDD－7/2 无油润滑摆动式空压机，无油润滑滑片式空压机

企业名称：武汉市空气压缩机厂
法人代表：高　宇
地　　址：武汉市江岩区丹水池菜园街 1#
邮　　编：430012
电　　话：(027)82324025
传　　真：(027)82311046
主要产品：Z、V、W 型移动式空气压机，排气量 0.022～6m^3/min，排气压力 0.7～1.25MPa，固定式 VF－3/8、VF－6/8 空压机

企业名称：武汉三叶空气压缩机制造有限公司
法人代表：肖国斌
地　　址：武汉市桥口区发展大道 24#
邮　　编：430034
电　　话：(027)83522647
传　　真：(027)83526361
主要产品：各种微型、小型空气压缩机、活塞式压缩机、智能控制器、油水分离器，2V－6/8 型、W－2.58/5 型、W－0.9/8 型、W－0.8/10 型、V－0.3/7 型、V－3/8 型、W－1.6/10 型、V－0.6/7 型、V－0.4/10 型、V－0.15/7 型

企业名称：湖北省黄石市长江换热器厂
法人代表：余延富
地　　址：湖北省黄石市石料山龚家巷 113#
邮　　编：435000
电　　话：013707233802
传　　真：(0714)6361093
主要产品：KLZ 重型系列空气冷却器，KLQ 轻型系列空气冷却器，YL 系列、SL 系列、BLG 系列、GLL 系列滑油，淡水冷却器，JB 系列

企业名称：广州空气压缩机厂
法人代表：谢世华
地　　址：广州市新市崇溪岗贝路
邮　　编：510410
电　　话：(020)36328279
传　　真：(020)36328594
主要产品：微型空气压缩机、压缩空气净化器、压缩空气干燥器、压缩空气冷却器、压力容器、电线电缆自行充气设备等几大类产品

企业名称：成都长征空压机有限公司
法人代表：顾荣生
地　　址：成都市金牛区洞子口新桥
邮　　编：610081
电　　话：(028)3111414
传　　真：(028)3113104
主要产品：W－1.6/10－C、Z－0.3/10－C、W－1.0/7－C、Z－0.17/7－C、W－0.9/7－C、Z－0.12/7－C、V－0.67/7－C、V－0.74/7－C、V－0.08/8－C、Z－0.12/7－C、V－0.67/7－C、CY10－B 油雾分离器、空压机

企业名称：重庆气体压缩机厂
法人代表：吴重江
地　　址：重庆市沙坪坝区七桥东风新国村 1 号
邮　　编：400037
电　　话：(023)65202820
传　　真：(023)65215521
主要产品：L、V、W、Z、S、LG、OG 型 7 个系列近 300 个规格的中小型、高中低压压缩机，排气量 0.09～80m^3/min，排气压力 0.1～41.4MPa，车用天然气加气站，压缩机系列，风冷高中低压压缩机系列

企业名称：重庆小型压缩机厂
法人代表：刘岳陆
地　　址：渝中区大坪正街一巷七号
邮　　编：400042
电　　话：(023)68899448
传　　真：(023)68812260
主要产品：Z、V、W 型三个系列，排气量 0.022～3m^3/min，工作压力 0.7～3.0MPa

企业名称：咸阳秦渭空压机厂
法人代表：王青栋
地　　址：咸阳市渭城区马家窑
邮　　编：712000
电　　话：(0910)3211452
传　　真：(0910)3211452
主要产品：VF－3/7－1、VF－6/7－1、W－2.58/5 压缩机

企业名称：柳州压缩机集团有限责任公司
法人代表：曾水田
地　　址：柳州市城站路 94 号
邮　　编：545005
电　　话：(0772)3837346
传　　真：(0772)3834041
主要产品：L、D、W 系列压缩机（其中包括活塞式无油和有油压缩机）螺杆系列压缩机及大型工艺压缩机、塑料成型机等

阀门行业

企业名称：北京市阀门总厂
法人代表：袁继刚
地　　址：北京市崇文区培新街3号
邮　　编：100061
电　　话：(010)67121025
传　　真：(010)67125134
主要产品：疏水阀、切断阀、氧化阀、闸阀、截止阀、止回阀、球阀、蝶阀

企业名称：中国通用机械工程总公司
法人代表：黄　劲
地　　址：北京市宣武区太平街甲2号
邮　　编：100050
电　　话：(010)63033203
传　　真：(010)63010347
主要产品：石油、化工、医药、环保成套项目安装服务、项目设计；自营代理出口业务；外销贸易和转口贸易

企业名称：中国航天科技集团公司第十一研究所(京)
法人代表：于继曾
地　　址：北京市东高地南大红门路1号
邮　　编：100076
电　　话：(010)68382104
传　　真：(010)68382214
主要产品：安全阀、特种阀、高温阀、低温阀、调节阀、物料阀、呼吸阀

企业名称：北京华北阀门公司
法人代表：郑晓惠
地　　址：北京市通州区北苑52号
邮　　编：101149
电　　话：(010)60531182
传　　真：(010)60531182
主要产品：闸阀、截止阀、止回阀、蝶阀、球阀、疏水阀、安全阀、管路附件

企业名称：天津塘沽瓦特斯阀门有限公司
法人代表：张桂翰
地　　址：天津市塘沽区永泰路5号
邮　　编：300450
电　　话：(022)65727778
传　　真：(022)25718857
主要产品：蝶阀、闸阀、止回阀

企业名称：天津市阀门公司
法人代表：韩有生
地　　址：天津市东丽区大毕庄工业区
邮　　编：300251
电　　话：(022)26750323
传　　真：(022)26327858
主要产品：阀门驱动装置(电动、气动、手动)、电动执行机构(户外、防爆、核级)、控制器、控制台、控制屏

企业名称：天津市阀门厂
法人代表：王声遐
地　　址：天津市东丽区金钟河道大毕庄
邮　　编：300251
电　　话：(022)26776095
传　　真：(022)26321181
主要产品：球阀、闸阀、截止阀、止回阀、蝶阀

企业名称：天津新星阀门厂
法人代表：陈瑞俊
地　　址：天津市西青区梨园头村南
邮　　编：300381
电　　话：(022)23975616
传　　真：(022)23976290
主要产品：闸阀、截止阀、蝶阀、止回阀

企业名称：天津市北方阀门控制设备公司
法人代表：刘　平
地　　址：天津市北辰区宜兴埠高科技园区
邮　　编：300402
电　　话：(022)26300975
传　　真：(022)26300975
主要产品：阀门电动装置、手动装置

企业名称：天津市大站集团公司
法人代表：王孝杰
地　　址：天津市津南区小站镇大站村
邮　　编：300353
电　　话：(022)28611407
传　　真：(022)28618611
主要产品：闸阀、球阀、截止阀、止回阀

企业名称：天津市渤海阀门厂
法人代表：张英江
地　　址：天津市津南区北闸口镇光明工业小区
邮　　编：300353
电　　话：(022)28613066
传　　真：(022)28616740
主要产品：蝶阀、止回阀、闸阀、伸缩节、短节

企业名称：石家庄市阀门二厂
法人代表：高文亮
地　　址：河北省石家庄跃进路143号

邮　　编：050031
电　　话：(0311)5068064
传　　真：(0311)5068064
主要产品：截止阀、安全阀、止回阀、液化气阀、液化气中央供气系统

企业名称：石家庄三环阀门股份有限公司
法人代表：魏明义
地　　址：河北省石家庄市桥头街43号
邮　　编：050021
电　　话：(0311)6114144
传　　真：(0311)6032579
主要产品：蝶阀、盲板阀、插板阀、球阀、切断阀

企业名称：泊头市阀门厂
法人代表：王连栋
地　　址：河北省泊头市红旗大街
邮　　编：062150
电　　话：(0317)8222226
传　　真：(0317)8222596
主要产品：闸阀、截止阀、旋塞阀

企业名称：河北省承德高压阀门管件厂
法人代表：于集川
地　　址：河北省隆化县城
邮　　编：068150
电　　话：(0314)7063877
传　　真：(0314)7062043
主要产品：闸阀、截止阀、止回阀、安全阀、球阀

企业名称：河北省蝶飞阀门有限公司
法人代表：李顺连
地　　址：河北省宁晋县城高新技术开发区
邮　　编：055550
电　　话：(0319)5804667
传　　真：(0319)5804150
主要产品：蝶阀

企业名称：阳泉阀门股份有限公司
法人代表：荣保生
地　　址：山西省阳泉市新建路366号
邮　　编：045000
电　　话：(0353)2022607
传　　真：(0353)2022607
主要产品：闸阀、蝶阀、止回阀

企业名称：山西省汾阳阀门厂
法人代表：张同胜
地　　址：山西省汾阳市太和桥街92号
邮　　编：032200
电　　话：(0358)7333771
传　　真：(0358)7332195
主要产品：闸阀、止回阀、截止阀

企业名称：国营辽原仪器厂信实公司
法人代表：王宝贵
地　　址：山西省闻喜县五号信箱
邮　　编：043800
电　　话：(0359)7050384
传　　真：(0359)7050510
主要产品：闸阀、蝶阀、90°阀门装置(手动)

企业名称：包头阀门总厂
法人代表：王志伟
地　　址：内蒙包头市昆区民族西路8号
邮　　编：014010
电　　话：(0472)5154466
传　　真：(0472)5152792
主要产品：闸阀、截止阀、止回阀、球阀、蝶阀、管夹阀

企业名称：铁岭阀门股份有限公司
法人代表：恒　利
地　　址：辽宁省铁岭高银川区广裕街118号
邮　　编：112002
电　　话：(0410)4603426
传　　真：(0410)4605151
主要产品：蝶阀、闸阀、止回阀、排气阀

企业名称：大连高压阀门厂
法人代表：于传奇
地　　址：辽宁省大连市沙河口区鞍山路63号
邮　　编：116022
电　　话：(0411)4606281
传　　真：(0411)4605234
主要产品：闸阀、截止阀、球阀、波纹管阀

企业名称：沈阳第一阀门厂
法人代表：班立平
地　　址：辽宁省沈阳市沈河区南三径街25号
邮　　编：110014
电　　话：(024)22855726
传　　真：(024)22822240
主要产品：截止阀、安全阀、球阀、真空阀(波纹管)

企业名称：沈阳第二阀门厂
法人代表：伊　丽
地　　址：辽宁省沈阳市皇姑区寿山路二巷一号
邮　　编：110035
电　　话：(024)86414068
传　　真：(024)86414068

主要产品：减压阀、疏水阀、过滤器、截止阀、球阀

企业名称：盘锦阀门厂
法人代表：张文阁
地　　址：辽宁省盘锦市石新镇
邮　　编：124113
电　　话：(0427)5981587
主要产品：闸阀、截止阀

企业名称：锦州阀门有限公司
法人代表：张铁军
地　　址：辽宁省锦州市古塔区士英里 76 号
邮　　编：121001
电　　话：(0416)4566943
传　　真：(0416)4566943
主要产品：闸阀、截止阀、止回阀、球阀、蝶阀

企业名称：鞍山亨通阀门有限公司
法人代表：姚志旭
地　　址：辽宁鞍山市立山区北胜利路 450 号
邮　　编：114031
电　　话：(0412)6830988
传　　真：(0412)6831038
主要产品：闸阀、球阀、止回阀、蝶阀、特种阀门

企业名称：长春高中压阀门有限责任公司
法人代表：刘俊茂
地　　址：吉林省长春市吉林大路 457 号
邮　　编：130031
电　　话：(0431)4838569
传　　真：(0431)4842670
主要产品：闸阀、节流阀、安全阀、排渣阀

企业名称：长春远东化机有限公司
法人代表：李建国
地　　址：吉林省长春市绿园区支农路双丰 2 号
邮　　编：130112
电　　话：(0431)5992453
传　　真：(0431)7099771
主要产品：闸阀、截止阀、球阀、蝶阀、管件

企业名称：哈尔滨阀门总厂
法人代表：傅黎明
地　　址：黑龙江哈尔滨市香坊区公滨路 101 号
邮　　编：150030
电　　话：(0451)5309116
传　　真：(0451)5309116
主要产品：闸阀、截止阀、止回阀、蝶阀、球阀、安全阀、Y型过滤器

企业名称：哈尔滨哈锅阀门股份有限公司
法人代表：李荣时
地　　址：黑龙江哈尔滨市动办区大庆路 17 号
邮　　编：150046
电　　话：(0451)2680498
传　　真：(0451)5676755
主要产品：安全阀、截止阀、闸阀、调节阀、止回阀、节流阀

企业名称：牡丹江阀门总厂
法人代表：倪世诚
地　　址：黑龙江省牡丹江市大庆街 19 号
邮　　编：157009
电　　话：(0453)6824993
主要产品：闸阀、截止阀、止回阀、球阀

企业名称：上海阀门厂
法人代表：郭岳德
地　　址：上海市安亭昌吉路 28 号
邮　　编：201805
电　　话：(021)59577580
传　　真：(021)59578580
主要产品：安全阀、闸阀、截止阀、止回阀、蝶阀、球阀

企业名称：上海良工阀门厂
法人代表：丁士夫
地　　址：上海市杨浦区荆州路 101 号
邮　　编：200082
电　　话：(021)65411700
传　　真：(021)65455925
主要产品：闸阀、截止阀、止回阀、平板阀、球阀、蝶阀、深冷阀、电站阀、核电阀

企业名称：上海阀门二厂
法人代表：王维欣
地　　址：上海市沪青平公路 271 弄 90 号
邮　　编：201101
电　　话：(021)64219055
传　　真：(021)64203727
主要产品：闸阀、真空阀门

企业名称：上海阀门五厂
法人代表：郑超坤
地　　址：上海市民和路 177 号
邮　　编：200070
电　　话：(021)56629911
传　　真：(021)56631223
主要产品：隔膜阀、蝶阀、截止阀、止回阀、管夹阀

企业名称：上海耐莱斯·詹姆斯伯雷阀门有限公司
法人代表：李仲光

地　　址：上海市四平路 1063 号
邮　　编：200092
电　　话：(021)65021410
传　　真：(021)65020368
主要产品：球阀、蝶阀、控制阀

企业名称：上海市通用机械技术研究所
法人代表：华小龙
地　　址：上海市长宁路 113 号
邮　　编：200042
电　　话：(021)62525570
传　　真：(021)62108159
主要产品：设计各种非标阀门

企业名称：上海市机械工程学会阀门专业委员会
法人代表：孔彪龙
地　　址：上海市长宁路 113 号
邮　　编：200042
电　　话：(021)62131032
传　　真：(021)62108159
主要产品：开展学术活动

企业名称：中船总公司第七研究院第 704 所
法人代表：冯永祥
地　　址：上海市衡山路 10 号
邮　　编：200031
电　　话：(021)64718118－4805
传　　真：(021)64339552
主要产品：蝶阀、球阀、截止阀、安全阀、减压阀、闸阀

企业名称：上海开维喜阀门有限公司
法人代表：冯顺昌
地　　址：上海市江浦路 945 号
邮　　编：200082
电　　话：(021)65375580
传　　真：(021)65455817
主要产品：闸阀、截止阀、止回阀

企业名称：上海市精工阀门厂有限公司
法人代表：金振国
地　　址：上海市浦东川北路 2786 号
邮　　编：201204
电　　话：(021)58912164
传　　真：(021)58911671
主要产品：球阀、闸阀、截止阀(不锈钢)

企业名称：上海华东阀门有限公司
法人代表：张文权
地　　址：上海市长寿路 569 弄 2 号 1 楼 B 座
邮　　编：200060
电　　话：(021)62771338
传　　真：(021)62778096
主要产品：经营各种高中低压阀门

企业名称：上海梅陇阀门实业公司
法人代表：陆正高
地　　址：上海市梅陇路 400 号
邮　　编：200237
电　　话：(021)64101740
传　　真：(021)64101740
主要产品：安全阀、闸阀、截止阀、止回阀、球阀

企业名称：上海气体阀门总厂
法人代表：薄建中
地　　址：上海市宝山区罗泾镇新川沙路
邮　　编：200949
电　　话：(021)56872899
传　　真：(021)56879516
主要产品：气瓶阀、气管阀、气体汇流排、气体减压器、石油气调压器、黄铜球阀、燃油喷嘴

企业名称：上海自来水公用阀门厂
法人代表：常　枢
地　　址：上海市大连西路 38 号
邮　　编：200092
电　　话：(021)65315854
传　　真：(021)65319951
主要产品：闸阀、蝶阀、止回阀

企业名称：上海汉威特种阀门制造有限公司
法人代表：王志明
地　　址：上海市宁武路 269 号
邮　　编：200090
电　　话：(021)65184711
传　　真：(021)65431747
主要产品：旋转阀、球阀、蝶阀、旋塞、插板阀、闸阀、截止阀、止回阀

企业名称：江苏省阀门工业协会
法人代表：秦玉梅
地　　址：江苏南京市鼓楼三条巷 12 号 402 室
邮　　编：210008
电　　话：(025)3300256
主要产品：行业管理服务、技术咨询服务

企业名称：中核苏州阀门股份有限公司
法人代表：邵渭敏
地　　址：江苏苏州市人民路 679 号
邮　　编：215001
电　　话：(0512)7533655

传　　真：(0512)7533587
主要产品：闸阀、截止阀、止回阀、球阀、膈膜阀、旋塞阀、蝶阀、真空阀

企业名称：苏州高中压阀门厂
法人代表：金立勇
地　　址：江苏苏州市闾胥路123号
邮　　编：215008
电　　话：(0512)8263140
传　　真：(0512)8288977
主要产品：闸阀、截止阀、止回阀、蝶阀、球阀、调节阀、安全阀

企业名称：南京华宁阀门有限公司
法人代表：丁维宁
地　　址：江苏南京市宁江云居寺
邮　　编：211123
电　　话：(025)2290611
传　　真：(025)2265514
主要产品：闸阀、截止阀、节流阀、安全阀、球阀、调节阀、蝶阀

企业名称：扬州双良阀门制造有限公司
法人代表：田　旭
地　　址：江苏扬州市运河南路29号
邮　　编：225003
电　　话：(0514)7233135
传　　真：(0514)7234199
主要产品：闸阀、截止阀、疏水阀、安全阀、球阀

企业名称：锡山市阀门厂
法人代表：陈水宝
地　　址：江苏锡山市甘露镇
邮　　编：214117
电　　话：(0510)8751896
传　　真：(0510)8751896
主要产品：球阀、截止阀、闸阀、止回阀、蝶阀(不锈钢、超低碳)

企业名称：国营海安阀门厂
法人代表：唐永年
地　　址：江苏海安县曲塘镇车站东路
邮　　编：226661
电　　话：(0513)8603078
传　　真：(0513)8603715
主要产品：闸阀、截止阀、止回阀、安全阀、减温减压阀、主蒸气阀

企业名称：泰州市阀门厂
法人代表：季时华
地　　址：江苏泰州市口泰公路19号
邮　　编：225300
电　　话：(0523)6335529
传　　真：(0523)6335529
主要产品：闸阀、截止阀、止回阀、调节阀

企业名称：阜宁县阀门厂有限公司
法人代表：张明亮
地　　址：江苏阜宁县阜城东大街36号
邮　　编：224400
电　　话：(0515)7213908
传　　真：(0515)7212098
主要产品：蒸气疏水阀、仪表阀、管件

企业名称：南通市电站阀门有限公司
法人代表：陈昭和
地　　址：江苏如皋市环城北路皋北桥西
邮　　编：226500
电　　话：(0513)7501911
传　　真：(0513)7501011
主要产品：闸阀、截止阀、止回阀、调节阀、节流阀、仪表阀

企业名称：南通市高中压阀门厂
法人代表：方　琦
地　　址：江苏南通市唐闸西市街
邮　　编：226002
电　　话：(0513)5544297
传　　真：(0513)5541508
主要产品：闸阀、截止阀、止回阀、灰渣阀

企业名称：启东阀门厂
法人代表：张逸芳
地　　址：江苏省启东市南阳镇
邮　　编：226232
电　　话：(0513)3335898
传　　真：(0513)3335998
主要产品：球阀、蝶阀、冶金阀、非标阀

企业名称：江苏神通阀门有限公司
法人代表：吴建新
地　　址：江苏省启东市南阳镇
邮　　编：226232
电　　话：(0513)3335898
传　　真：(0513)3335998

企业名称：镇江市铸造阀门厂
法人代表：钱存根
地　　址：江苏省杨中西来桥镇
邮　　编：212221
电　　话：(0511)8561436

传　　真：(0511)8561889
主要产品：闸阀、截止阀、止回阀、球阀、蝶阀

企业名称：江苏省建湖阀门总厂
法人代表：刘锦林
地　　址：江苏建湖县城建北路491号
邮　　编：224700
电　　话：(0515)6213331
传　　真：(0515)6213331
主要产品：闸阀、截止阀、球阀、止回阀、蝶阀、调节阀

企业名称：建湖县管阀件厂
法人代表：薛广林
地　　址：江苏建湖县蒋营镇蔷薇南路
邮　　编：224762
电　　话：(0515)6558180
传　　真：(0515)6558315
主要产品：闸阀、截止阀、球阀、止回阀

企业名称：常州市阀门驱动装置厂
法人代表：梅鹤康
地　　址：江苏省常州市横山桥镇
邮　　编：213119
电　　话：(0519)8601551
传　　真：(0519)8601549
主要产品：阀门电动装置、阀门气动装置

企业名称：盐城九龙阀门制造有限公司
法人代表：潘明顺
地　　址：江苏建湖县蒋营镇蔷薇南路
邮　　编：224762
电　　话：(0515)6558180
传　　真：(0515)6558315

企业名称：金坛市金威液压机械有限公司
法人代表：段国庆
地　　址：江苏金坛市后阳街88号
邮　　编：213215
电　　话：(0519)2611028
传　　真：(0519)2611118
主要产品：闸阀、座板阀、蝶阀

企业名称：大丰市阀门厂
法人代表：黄志明
地　　址：江苏大丰市通商镇人民路35号
邮　　编：224142
电　　话：(0515)3332024
传　　真：(0515)3332099
主要产品：闸阀、截止阀、止回阀、球阀、过滤器、手动装置

企业名称：吴江市东吴机械有限责任公司
法人代表：王时荣
地　　址：江苏吴江市
邮　　编：215213
电　　话：(0512)3291914
传　　真：(0512)3291913
主要产品：安全阀

企业名称：常州市兰陵阀门厂
法人代表：梅志培
地　　址：江苏常州市东门外横山桥镇
邮　　编：213119
电　　话：(0519)8601690
传　　真：(0519)8600918
主要产品：多回转阀门电动装置、部分回转阀门电动装置、手动装置

企业名称：丹阳市通达阀门厂
法人代表：李惠聪
地　　址：江苏省丹阳市西环路131号
邮　　编：212309
电　　话：(0511)6529101
传　　真：(0511)6529101
主要产品：蝶阀

企业名称：温州市泵阀工业协会
法人代表：黄作兴
地　　址：浙江温州市水心十七中路29号
邮　　编：325028
电　　话：(0577)88533286
传　　真：(0577)88501748
主要产品：行业管理

企业名称：温州环球阀门制造有限公司
法人代表：吴光华
地　　址：浙江温州市永嘉瓯北码道北路95号
邮　　编：325105
电　　话：(0577)67313601
传　　真：(0577)67311636
主要产品：闸阀、截止阀、节流阀、止回阀、调节阀

企业名称：温州市华厦阀门制造有限公司
法人代表：陈占基
地　　址：浙江温州市瓯海永中城北工业街
邮　　编：325024
电　　话：(0577)86932197
传　　真：(0577)86932948
主要产品：球阀

企业名称：永嘉县东方自动化仪表厂

法人代表：王汉克
地　　址：浙江省永嘉县瓯北镇庐桥西路
邮　　编：325102
电　　话：(0577)67354895
传　　真：(0577)67352338
主要产品：调节阀、控制阀、减压阀、球阀、蝶阀

企业名称：浙江大氟隆阀门有限公司
法人代表：麻益周
地　　址：浙江省永嘉县瓯北镇张堡工业区
邮　　编：325105
电　　话：(0577)67315866
传　　真：(0577)67315844
主要产品：蝶阀、球阀、止回阀、截止阀、隔膜阀管件(衬里耐腐阀门)

企业名称：机械部第二设计研究院
法人代表：周子范
地　　址：浙江省杭州市石桥路338号
邮　　编：310022
电　　话：(0571)88144101
传　　真：(0571)8814311
主要产品：机械工业行业规划、企业规划、机械工厂设计、技术改造、项目设计、民用建筑、专用设备设计、节能环保工程设计、技计算机应用设计

企业名称：杭州华惠阀门有限公司
法人代表：王生根
地　　址：浙江余杭市闲林埠北山路11号
邮　　编：311122
电　　话：(0571)88681315—8215
传　　真：(0571)88681419
主要产品：高中压阀门、减温减压装置

企业名称：浙江高中压阀门厂
法人代表：邢生贵
地　　址：浙江临安市锦城镇西墅街154号
邮　　编：311300
电　　话：(0571)63722788
传　　真：(0571)63714143
主要产品：闸阀、截止阀、止回阀、球阀、节流阀、蝶阀、料浆阀、排污阀

企业名称：浙江桐庐阀门总厂
法人代表：柴为民
地　　址：浙江桐庐县桐庐镇浮桥埠
邮　　编：311500
电　　话：(0571)64618805
传　　真：(0571)64618404
主要产品：铜阀、闸阀、截止阀、止回阀

企业名称：浙江省永康阀门厂
法人代表：李海平
地　　址：浙江永康市苏溪工业区驮山
邮　　编：321200
电　　话：(0579)7151440
主要产品：球阀

企业名称：奉化市高中压阀门制造有限公司
法人代表：刘小培
地　　址：浙江奉化市大桥镇新丰路4号
邮　　编：315500
电　　话：(0574)8923605
传　　真：(0574)8923605
主要产品：闸阀、蝶阀

企业名称：温州市挺宇集团有限公司
法人代表：潘挺宇
地　　址：浙江温州市吴桥路90弄5号
邮　　编：325000
电　　话：(0577)88620035
传　　真：(0577)88620035
主要产品：球阀、切断阀、蝶阀

企业名称：温州市旭龙阀门有限公司
法人代表：林少龙
地　　址：浙江温州新桥工业区金蟾大道
邮　　编：325006
电　　话：(0577)88412633
传　　真：(0577)88411874
主要产品：滑板阀、换向阀、旋转阀、球阀、取样阀、止回阀

企业名称：浙江方正阀门厂
法人代表：方存正
地　　址：浙江永嘉县瓯北镇大甲工业区
邮　　编：325102
电　　话：(0577)67356279
传　　真：(0577)67358449
主要产品：闸阀、截止阀、球阀、止回阀

企业名称：浙江超达阀门股份有限公司
法人代表：黄明金
地　　址：浙江永嘉县瓯北镇码道工业区
邮　　编：325102
电　　话：(0577)67311670
传　　真：(0577)67311151
主要产品：闸阀、球阀、止回阀、截止阀、蝶阀、氧气阀、安全阀

企业名称：浙江石化阀门有限公司

法人代表：杨荣水
地　　址：浙江温州市海滨工业区机场大道 397 号
邮　　编：325024
电　　话：(0577)86872988
传　　真：(0577)86872770
主要产品：闸阀、球阀、蝶阀

企业名称：浙江正华阀门厂
法人代表：王志荣
地　　址：浙江温州市瓯海永昌衙成街 117 号
邮　　编：325024
电　　话：(0577)86935246
传　　真：(0577)86920971
主要产品：闸阀、球阀、蝶阀、截止阀、柱塞阀、仪表阀、呼吸阀、管体

企业名称：浙江五洲阀门有限公司
法人代表：陈锦法
地　　址：浙江温州市瓯海区永昌工业大道
邮　　编：325024
电　　话：(0577)86935224
传　　真：(0577)86933224
主要产品：闸阀、球阀、蝶阀、截止阀、止回阀

企业名称：乐清市慎江阀门厂
法人代表：叶旭强
地　　址：浙江乐清市七里巷工业区
邮　　编：325604
电　　话：(0577)62671603
传　　真：(0577)62672751
主要产品：闸阀、截止阀、止回阀、球阀、蝶阀

企业名称：浙江保一阀门集团有限公司
法人代表：张臣明
地　　址：浙江温州市瓯北三桥工业区
邮　　编：325105
电　　话：(0577)67315888
传　　真：(0577)67315333
主要产品：闸阀、截止阀、球阀、蝶阀、安全阀、液化阀、天燃气阀

企业名称：玉环县楚门亨特阀门厂
法人代表：郑亨保
地　　址：浙江省玉环县楚门镇
邮　　编：317605
电　　话：(0577)67416612
传　　真：(0577)67416673
主要产品：球阀

企业名称：浙江罗浮锅炉附件厂

法人代表：周健和
地　　址：浙江省永嘉瓯北镇东方工业区
邮　　编：325102
电　　话：(0577)67353358
传　　真：(0577)67354888
主要产品：安全阀、球阀

企业名称：浙江良精阀门集团有限公司
法人代表：余胜者
地　　址：浙江省温州市瓯北三桥工业园区
邮　　编：325102
电　　话：(0577)67358975
传　　真：(0577)67350965
主要产品：闸阀、截止阀、止回阀、球阀、蝶阀

企业名称：温州市南方高中压阀门厂
法人代表：陈德星
地　　址：浙江省温州市永嘉县下堡工业区
邮　　编：315100
电　　话：(0577)67254843
传　　真：(0577)67250733
主要产品：闸阀、截止阀、止回阀、蝶阀、水封阀、电站阀、真空阀

企业名称：凯喜姆阀门有限公司
法人代表：章成忠
地　　址：浙江省温州永强大道 2211 号
邮　　编：325024
电　　话：(0577)86936898
传　　真：(0577)86936250
主要产品：闸阀、止回阀、截止阀、球阀

企业名称：浙江黄岩特种阀门厂
法人代表：章祖翼
地　　址：浙江省台州市黄岩区大桥路 151 号
邮　　编：318020
电　　话：(0576)4225856
传　　真：(0576)4229752
主要产品：蝶阀

企业名称：浙江海工阀门厂
法人代表：夏福荣
地　　址：浙江温州市瓯海永中镇镇标路 10 号
邮　　编：325024
电　　话：(0577)86876789
传　　真：(0577)86875885
主要产品：闸阀、截止阀、球阀、止回阀

企业名称：浙江永一阀门厂
法人代表：赵春岳

地　　址：浙江温州市永嘉县瓯北东方工业区
邮　　编：325102
电　　话：(0577)67353541
传　　真：(0577)67361988
主要产品：安全阀、闸阀、截止阀、蝶阀

企业名称：浙江宣达实业集团有限公司
法人代表：叶际宣
地　　址：浙江温州市永嘉瓯北镇西岸工业区
邮　　编：325102
电　　话：(0577)67352038
传　　真：(0577)67355693
主要产品：衬里蝶阀、球阀、隔膜阀、金属硬密封蝶阀、高温蝶阀

企业名称：浙江伯特利实业集团有限公司
法人代表：黄胜丰
地　　址：浙江温州市三桥工业区伯特利工业园
邮　　编：325105
电　　话：(0577)67361666
传　　真：(0577)67350222
主要产品：闸阀、截止阀、止回阀、球阀、蝶阀、旋塞阀

企业名称：宁波埃美柯铜阀门有限公司
法人代表：沈国强
地　　址：浙江宁波市大闸北路1号
邮　　编：315020
电　　话：(0574)87676118—114
传　　真：(0574)87355998
主要产品：闸阀、球阀、截止阀、止回阀、管道配件(黄铜)

企业名称：宁波阀门厂
法人代表：石建明
地　　址：浙江省宁波市新义路27号
邮　　编：315020
电　　话：(0574)87675630
传　　真：(0574)87356352
主要产品：对夹式蝶阀

企业名称：宁波宁海县经济开发区外环路
法人代表：张勤昌
地　　址：浙江宁海县经济开发区外环路
邮　　编：315600
电　　话：(0574)65599568
传　　真：(0574)65580407
主要产品：液化石油气瓶阀、调压器

企业名称：机械部合肥通用机械研究所
法人代表：樊高定
地　　址：安徽省合肥市长江西路888号
邮　　编：230031
电　　话：(0551)5318899
传　　真：(0551)5318899
主要产品：阀门产品开发研究、阀门CAD研究、阀门标准化技术委员会、阀门产品质量检测中心、阀门成套咨询服务

企业名称：黄山高压阀门有限公司
法人代表：洪旌林
地　　址：安徽黄山市屯溪区徽山路17号
邮　　编：245000
电　　话：(0559)2512801
传　　真：(0559)2511480
主要产品：高中压阀门

企业名称：安徽省白湖阀门厂
法人代表：张文权
地　　址：安徽省庐江县白湖镇
邮　　编：231508
电　　话：(0565)7561240
传　　真：(0565)7561208
主要产品：闸阀、截止阀、止回阀、蝶阀

企业名称：安徽省和县阀门总厂
法人代表：周思龙
地　　址：安徽和县县城南门横江街20号
邮　　编：238200
电　　话：(0565)5351198
传　　真：(0565)5351894
主要产品：闸阀、止回阀、船用阀

企业名称：黄山良业阀门有限公司
法人代表：项美根
地　　址：安徽黄山市屯溪区阳湖洽阳中村1号
邮　　编：245041
电　　话：(0559)2521450
传　　真：(0559)2521450
主要产品：阀门电动装置(HZ、HQ、HKQ)

企业名称：福建省三明高中压阀门厂
法人代表：李红生
地　　址：福建省三明市长安路23号
邮　　编：365001
电　　话：(0598)8332050
传　　真：(0598)8242868
主要产品：闸阀、截止阀、止回阀、球阀

企业名称：福州阀门总厂
法人代表：林瑞义
地　　址：福建福州市福兴投资区龙安路364号

邮　　编：350014
电　　话：(0591)3621140
传　　真：(0591)3365091
主要产品：截止阀、止回阀、闸阀、蝶阀

企业名称：福建省明星阀门厂
法人代表：洪永明
地　　址：福建南安市英都芸林工业区 23 号
邮　　编：326305
电　　话：(0595)6166692
传　　真：(0595)6169805
主要产品：蝶阀、疏水阀、止回阀、排气阀、过滤品

企业名称：泉州市玉机阀门制造有限公司
法人代表：傅科技
地　　址：福建省南安市玉叶工业园 1 号
邮　　编：362300
电　　话：(0595)6299888
传　　真：(0595)6287631
主要产品：蝶阀

企业名称：南昌阀门总厂
法人代表：雷海平
地　　址：江西南昌市解放西路塔子桥南路
邮　　编：330002
电　　话：(0791)8211429
传　　真：(0791)8211429

企业名称：南昌市八一阀门厂
法人代表：熊墨安
地　　址：江西南昌市湾里磨盘山北路
邮　　编：330004
电　　话：(0791)3760411
传　　真：(0791)3760045

企业名称：赣州赣阀实业有限公司
法人代表：吴翘辉
地　　址：江西赣州市开发区金坪工业大道
邮　　编：341000
电　　话：(0797)8376448
传　　真：(0797)8378818

企业名称：江西省萍乡市阀门厂
法人代表：戴萍来
地　　址：江西萍乡市八一汪公潭 89 号
邮　　编：337055
电　　话：(0799)6833935
传　　真：(0799)6823797

企业名称：山东益都阀门股份有限公司
法人代表：唐振方
地　　址：山东省青州市香山路 7 号
邮　　编：262500
电　　话：(0536)3280361
传　　真：(0536)3280645
主要产品：闸阀、截止阀、止回阀、蝶阀、球阀、氯气阀、尿素阀、八通阀

企业名称：国营青岛电站阀门厂
法人代表：潘修义
地　　址：山东青岛市李沧区瑞金路 29 号
邮　　编：266043
电　　话：(0532)4816731
传　　真：(0532)4816730
主要产品：闸阀、截止阀、止回阀、调节阀、节流阀、安全阀、排污阀、减压阀

企业名称：青岛高中压阀门厂
法人代表：仇宗连
地　　址：山东省青岛市城阳北城马路 16 号
邮　　编：266228
电　　话：(0532)2518215
传　　真：(0532)2518215
主要产品：闸阀、截止阀、止回阀

企业名称：潍坊化工阀门厂
法人代表：刘书琦
地　　址：山东省潍坊市安顺路 12 号
邮　　编：261011
电　　话：(0536)8324165
传　　真：(0536)8324165
主要产品：截止阀、节流阀、止回阀、闸阀、液位计

企业名称：淄博市临淄阀门厂
法人代表：于建华
地　　址：山东省淄博市临淄区路山镇
邮　　编：255418
电　　话：(0533)7680081
传　　真：(0533)7680205
主要产品：截止阀、闸阀、蝶阀

企业名称：开封高压新门厂
法人代表：贺　领
地　　址：河南省开封市新宋路西段 93 号
邮　　编：475002
电　　话：(0378)2925211
传　　真：(0378)2924630
主要产品：闸阀、截止阀、止回阀、节流阀、安全阀、球阀、柱塞阀

企业名称：中南阀门公司
法人代表：袁茂臻
地　　址：河南省开封市新宋路
邮　　编：475002
电　　话：(0378)2925211—2227
传　　真：(0378)2924630
主要产品：经销各种阀门

企业名称：郑州市蝶阀厂
法人代表：房四平
地　　址：河南郑州市上街区中心路130号
邮　　编：450041
电　　话：(0371)8938210
传　　真：(0371)8938211
主要产品：蝶阀、止回阀

企业名称：洛阳市谷水阀门铸钢厂
法人代表：方大社
地　　址：河南省洛阳市建设路276号
邮　　编：471003
电　　话：(0379)4215708
传　　真：(0379)4221725
主要产品：闸阀、截止阀、球阀、安全阀、止回阀(铸钢毛坯)

企业名称：河南省周口阀门厂
法人代表：曹志军
地　　址：河南省周口市建设路中段12号
邮　　编：466001
电　　话：(0394)8223318
传　　真：(0394)8223318
主要产品：闸阀、截止阀、止回阀、蝶阀

企业名称：许昌昌源阀门制造有限公司
法人代表：臧　杰
地　　址：河南省许昌市建设路180号
邮　　编：461000
电　　话：(0374)3313959
传　　真：(0374)3314018
主要产品：旋塞、截止阀

企业名称：河南鹤壁宝马阀门有限公司
法人代表：于喜有
地　　址：河南鹤壁市汤河街9号
邮　　编：458000
电　　话：(0392)2661603
传　　真：(0392)2623869
主要产品：闸阀、蝶阀、旋塞阀

企业名称：中南焦作氨阀股份有限公司
法人代表：郭述发
地　　址：河南焦作市马村区光明大道15号
邮　　编：454171
电　　话：(0391)3948880
传　　真：(0391)3948880
主要产品：制冷氨截止阀

企业名称：洛阳市阀门厂
法人代表：林贵荣
地　　址：河南省洛阳市西工区七一路9号
邮　　编：471000
电　　话：(0379)3934887
传　　真：(0379)3936124
主要产品：闸阀、截止阀、蝶阀、止回阀

企业名称：郑州市宇明工业总公司阀门厂
法人代表：高治安
地　　址：河南郑州市荥阳汜水镇
邮　　编：450141
电　　话：(0371)4899401
传　　真：(0371)4899306
主要产品：安全阀、球阀、蝶阀、闸阀、止回阀、排污阀等

企业名称：武汉阀门水处理机械股份有限公司
法人代表：黄立武
地　　址：湖北武汉市青山区冶金大道64号
邮　　编：430080
电　　话：(027)86862628
传　　真：(027)86863847
主要产品：安全阀、球阀、蝶阀、截止阀、止回阀、排污阀等

企业名称：武汉市亚美蝶阀厂
法人代表：李锦会
地　　址：湖北省武汉市徐家棚团结路68号
邮　　编：430062
电　　话：(027)86716160
传　　真：(027)86815158
主要产品：蝶阀、旋塞阀

企业名称：湖北高中压阀门有限责任公司
法人代表：陶明星
地　　址：湖北武汉市阳逻开发区新阳大道
邮　　编：431415
电　　话：(027)86964602
传　　真：(027)86961514
主要产品：闸阀、截止阀、止回阀、蝶阀、安全阀、电站阀、控制阀

企业名称：湖北洪城通用机械股份有限公司
法人代表：王洪运

地　　址：湖北荆沙市沙市区红门路3号
邮　　编：424000
电　　话：(0716)8213211
传　　真：(0716)8211623
主要产品：蝶阀、闸阀、各类环保水工机械

企业名称：应城市阀门厂
法人代表：祁火元
地　　址：湖北应城市长江埠秋湖路36号
邮　　编：432405
电　　话：(0712)3611342
传　　真：(0712)3611410
主要产品：蝶阀、阀门电动装置

企业名称：英山恒通阀门制造有限公司
法人代表：姜元山
地　　址：湖北英山县温泉镇陵园街74号
邮　　编：436700
电　　话：(0713)7012650
传　　真：(0713)7012231
主要产品：闸阀、截止阀、止回阀、旋塞阀、球阀、蝶阀

企业名称：湖北省通城阀门厂
法人代表：龙宏欣
地　　址：湖北通城县隽水镇民主路177号
邮　　编：437400
电　　话：(0715)4322373
传　　真：(0715)4322715
主要产品：止回阀、闸阀、蝶阀 ZB、QB 阀门驱动装置

企业名称：长沙市阀门厂
法人代表：刘普成
地　　址：湖南省长沙市赤岗北路10号
邮　　编：410007
电　　话：(0731)5499454
传　　真：(0731)5496586
主要产品：蝶阀

企业名称：湖南七一机械股份有限公司
法人代表：白鸿谋
地　　址：湖南省常德市德山乾明路56号
邮　　编：415001
电　　话：(0736)7316268
传　　真：(0736)7312995
主要产品：蝶阀、闸阀、止回阀

企业名称：广州市广州阀门厂
法人代表：刘洪良
地　　址：广东省广州市黄埔区蟹山路48号
邮　　编：510700
电　　话：(020)82270173
传　　真：(020)82289189
主要产品：闸阀、止回阀、截止阀、节流阀、减压阀、蝶阀、隔膜阀、平板阀

企业名称：广东省韶关市阀门厂
法人代表：凌有瑞
地　　址：广东省韶关市工业东路24号
邮　　编：512026
电　　话：(0751)8769791
传　　真：(0751)8769791
主要产品：闸阀、蝶阀、止回阀、柱塞阀、焊接阀、衬里阀、污水阀、调压器、建机产品

企业名称：汕头市阀门厂
法人代表：张光希
地　　址：广东省汕头市汕樟路135号
邮　　编：515041
电　　话：(0754)8667842
传　　真：(0754)8665386
主要产品：球阀、蝶阀、水封煤气阀、气动Y型截止阀

企业名称：广东明珠球阀集团股份有限公司
法人代表：张坚力
地　　址：广东省兴宁市兴城镇
邮　　编：514500
电　　话：(0753)3332706
传　　真：(0753)3337950
主要产品：球阀

企业名称：桂林市阀门厂
法人代表：劳乃光
地　　址：广西桂林市东安街42号
邮　　编：541002
电　　话：(0773)3831637
传　　真：(0773)3831637
主要产品：闸阀、止回阀、截止阀、节流阀、球阀、蝶阀、过滤器

企业名称：桂林市阀门总厂
法人代表：张思言
地　　址：广西桂林市东安街北巷31号
邮　　编：514002
电　　话：(0773)3831719
传　　真：(0773)3837115
主要产品：蝶阀、减压阀、疏水阀、薄膜阀、闸阀、排污阀、球阀、截止阀

企业名称：成都乘风阀门有限责任公司
法人代表：丁　骐

地　　址：四川省成都市外北崇义桥
邮　　编：610504
电　　话：(028)3911495
传　　真：(028)3912020
主要产品：闸阀、蝶阀、止回阀、球阀、平板阀、衬胶闸阀、截止阀

企业名称：中国东方电气集团公司阀门管道成套分公司
法人代表：曾　宏
地　　址：四川成都市一环路西一段114号
邮　　编：610041
电　　话：(028)7744878
传　　真：(028)7774140
主要产品：经营高中低压阀门管件和成套项目

企业名称：自贡高压阀门股份有限公司
法人代表：夏朝嘉
地　　址：四川省自贡市火车站路
邮　　编：643000
电　　话：(0813)2700062
传　　真：(0813)3900246
主要产品：球阀、闸阀、截止阀、止回阀、节流阀、安全阀、蝶阀、电站阀、特种阀

企业名称：自贡市铸钢厂
法人代表：夏朝嘉
地　　址：四川省自贡市大安区马冲口
邮　　编：643010
电　　话：(0813)2204918
传　　真：
主要产品：通用阀门、电站阀门(铸钢毛坯)

企业名称：四川广汉阀门厂
法人代表：周开勋
地　　址：四川省广汉市玉溪路二段
邮　　编：618300
电　　话：(0838)5222502
传　　真：(0838)5223759
主要产品：截止阀、闸阀、止回阀、节流阀

企业名称：自贡工业阀门制造有限公司
法人代表：刘昌全
地　　址：四川自贡市自流井上桥路3—1号
邮　　编：643000
电　　话：(0813)2202514
传　　真：(0813)2202514
主要产品：截止阀、闸阀、球阀、止回阀、旋塞阀

企业名称：自贡泵阀制造有限公司
法人代表：刘志伦
地　　址：四川自贡市自流井区同兴中路54号
邮　　编：643000
电　　话：(0813)2200277
主要产品：闸阀、止回阀、截止阀、旋塞阀、蝶阀

企业名称：四川省邛峡阀门制造有限公司
法人代表：洪福财
地　　址：四川省邛崃市北街156号
邮　　编：611530
电　　话：(0823)8791138
传　　真：(0823)8799879
主要产品：闸阀、电动阀、液压阀、截止阀、套管伸缩器

企业名称：自贡飞球特种阀门制造有限公司
法人代表：吴建林
地　　址：四川省自贡市檀木林冲57号
邮　　编：643000
电　　话：(0813)2406888
传　　真：(0813)2203317
主要产品：球阀、闸阀、截止阀、安全阀、止回阀

企业名称：四川省南充阀门厂
法人代表：王体武
地　　址：四川省南充市嘉陵区嘉南路59号
邮　　编：637115
电　　话：(0817)3634365
传　　真：(0817)3634365
主要产品：闸阀、蝶阀、截止阀、止回阀

企业名称：四川省犍为县岷江阀门厂
法人代表：杜永谦
地　　址：四川省犍为县玉津镇凤石街
邮　　编：614400
电　　话：(0833)4222593
主要产品：球阀

企业名称：中国人民解放军第5719工厂阀门分厂
法人代表：刘建平
地　　址：四川省彭州市丽春镇
邮　　编：611937
电　　话：(028)2898026
传　　真：(028)3898026
主要产品：平板阀、孔板阀

企业名称：重庆市阀门行业协会
法人代表：廖明忠
地　　址：重庆市渝中区厚池街41号302室
邮　　编：400012
电　　话：(023)63736134
传　　真：(023)63831587

企业名称：重庆阀门厂
法人代表：李显尧
地　　址：重庆市渝中区化龙桥正街132号
邮　　编：400043
电　　话：(023)63861512
传　　真：(023)63861512

企业名称：贵阳贵标阀门制造有限责任公司
法人代表：陈同学
地　　址：贵州省贵阳市白云区粑粑坳
邮　　编：550014
电　　话：(0851)4861294

企业名称：昆明市阀门厂
法人代表：尹懋明
地　　址：云南省昆明市穿金公路729号
邮　　编：650224
电　　话：(0871)5631590
传　　真：(0871)5631590
主要产品：闸阀、止回阀、截止阀、球阀

企业名称：西安泵阀总厂
法人代表：冯瑞璞
地　　址：陕西省西安市长缨东路47号
邮　　编：710032
电　　话：(029)2523754
传　　真：(029)2523754
主要产品：闸阀、球阀、截止阀、调节阀、减压阀、钛阀、三用阀、油气阀、清管阀

企业名称：兰州高压阀门厂
法人代表：方立新
地　　址：甘肃省兰州市西固合水路58号
邮　　编：730060
电　　话：(0931)7556711
传　　真：(0931)7558452
主要产品：闸阀、截止阀、止回阀、节流阀、球阀、蝶阀、旋塞阀

企业名称：甘肃工业大学石油化工学院
法人代表：洪　毅
地　　址：甘肃省兰州市七里河区兰工坪
邮　　编：730050
电　　话：(0931)2401296
传　　真：(0931)2333806
主要产品：培养阀门行业科技人才

企业名称：兰州低压阀门厂
法人代表：吴连生
地　　址：甘肃省兰州市西固合康乐路29号
邮　　编：730060
电　　话：(0931)7355365
传　　真：(0931)7355365
主要产品：闸阀、截止阀、止回阀

企业名称：甘肃省兰州阀门厂
法人代表：黄凤翔
地　　址：甘肃省兰州市城关大沙坪351号
邮　　编：730046
电　　话：(0931)8364911
传　　真：(0931)8363819
主要产品：闸阀、蝶阀、止回阀、截止阀、底阀、旋塞阀

企业名称：国营九二〇厂
法人代表：刘金海
地　　址：甘肃省平凉市西郊路88号
邮　　编：744000
电　　话：(0933)8213492
传　　真：(0933)8215169
主要产品：疏水阀

企业名称：白银柯登精密铸造阀门有限公司
法人代表：李慎元
地　　址：甘肃省白银市西区经七路1号
邮　　编：730900
电　　话：(0943)8229066
传　　真：(0943)8223392
主要产品：球阀、蝶阀、精铸件、管件

气体分离及液化设备行业

企业名称：北大先锋科技有限公司
法人代表：叶丽宁
地　　址：北京密云县工业开发区兴云路
邮　　编：101500
电　　话：(010)89099866
传　　真：(010)89099472
主要产品：变压吸附制氧设备及配套用的吸附剂

企业名称：北京创文气体设备有限公司
法人代表：陈美娟
地　　址：北京市丰台区大井东里1号
邮　　编：100071
电　　话：(010)63711244
传　　真：(010)63730514
主要产品：变压吸附分离制氮、制氧设备

企业名称：军事医学科学院卫生装备研究所
法人代表：王　政

地　　址：天津市河东区万东路 106 号
邮　　编：300161
电　　话：(022)84656856
传　　真：(022)24555975
主要产品：部队用变压吸附制氧设备

企业名称：天津市大陆制氢设备有限公司
法人代表：许俊明
地　　址：天津市河东区富民路 118 号
邮　　编：300182
电　　话：(022)84283224
传　　真：(022)84261949
主要产品：水电解制氢设备及配套机器

企业名称：邯郸制氧机厂
法人代表：杨中维
地　　址：河北邯郸市邯钢西路 4 号
邮　　编：056018
电　　话：(0310)4031628
传　　真：(0310)4043867
主要产品：小型空分设备及配套机器变压吸附分离设备

企业名称：河北电力设备厂
法人代表：刘月田
地　　址：河北邯郸市电厂路 33 号
邮　　编：056004
电　　话：(0310)7020995
传　　真：(0310)7021243
主要产品：电厂用设备、水电解制氢设备

企业名称：大连林德工艺装置有限公司
地　　址：大连市金州区龙湾路 5—1 号
邮　　编：116100
电　　话：(0411)7660746
传　　真：
主要产品：空分设备、变压吸附设备

企业名称：哈尔滨制氧机厂
法人代表：马　健
地　　址：哈尔滨市南岗区哈西大街 109 号
邮　　编：150080
电　　话：(0451)6663391
传　　真：(0451)6665686
主要产品：中小型空分设备及配套机器

企业名称：哈尔滨环保制氢设备工业公司
法人代表：潘明生
地　　址：哈尔滨市南岗区哈西大街 107 号
邮　　编：150080
电　　话：(0451)6661844
传　　真：(0451)6662026
主要产品：水电解制氢设备及配套机器除尘设备

企业名称：上海环球分子筛有限公司
地　　址：上海华山路 2088 号汇银广场南楼 1203 室
邮　　编：200245
电　　话：(021)54070555
传　　真：(021)54070836
主要产品：空分设备、化工设备用分子筛吸附剂

企业名称：上海雪锋分子筛厂
法人代表：张志国
地　　址：上海天目西路 290 号东楼 14 层 C 座
邮　　编：200070
电　　话：(021)33030447
传　　真：(021)33030443
主要产品：吸附剂

企业名称：上海新奥分子筛有限公司
法人代表：郑淑敏
地　　址：上海沪太路 6061 号
邮　　编：201908
电　　话：(021)56010777
传　　真：(021)56012777
主要产品：吸附剂

企业名称：苏州制氧机有限公司
法人代表：张凤华
地　　址：苏州市木渎东街
邮　　编：215101
电　　话：(0512)6261420
传　　真：(0512)6262675
主要产品：小型空分设备及配套机器，天然气分离设备，低温液体贮槽、槽车

企业名称：苏州竞立制氢设备有限公司
法人代表：张碧航
地　　址：苏州市吴中区枫津路 16 号
邮　　编：215128
电　　话：(0512)5656801
传　　真：(0512)5259304
主要产品：水电解制氢设备及配套机器氢气纯化设备

企业名称：南京天一无机化工厂
法人代表：李德龙
地　　址：南京市江宁路 25 号
邮　　编：210006
电　　话：(025)6625978
传　　真：(025)6623819
主要产品：吸附剂

企业名称：江苏苏净集团有限公司
法人代表：钱宝荣
地　　址：苏州市虎丘路一号桥
邮　　编：215008
电　　话：(0512)7232678
传　　真：(0512)5330406
主要产品：变压吸附分离设备、膜分离设备氨分解制氢设备等

企业名称：江阴市气化机械厂
法人代表：薛三兴
地　　址：江苏省江阴市青阳镇锡澄路69号
邮　　编：214401
电　　话：(0510)6509182
传　　真：(0510)6503824
主要产品：集成型变压吸附制氮设备

企业名称：张家港市华晟净化设备有限公司
法人代表：曹学成
地　　址：张家港市兆丰镇
邮　　编：215622
电　　话：(0520)8650216
传　　真：(0520)8652265
主要产品：空分设备、化工设备、空调用空气净化设备

企业名称：锡山市雪浪化工填料厂
法人代表：朱夏霖
地　　址：无锡市南门外雪浪镇
邮　　编：214125
电　　话：(0510)5180367
传　　真：(0510)5180030
主要产品：化工、空分设备用填料

企业名称：杭州新亚低温工业设备有限公司
法人代表：韩　澎
地　　址：杭州市环成北路33号
邮　　编：310004
电　　话：(0571)85198279
传　　真：(0571)85198277
主要产品：低温液体泵

企业名称：龙飞集团有限公司
法人代表：林楼飞
地　　址：浙江乐清市宁康西路338号
邮　　编：325600
电　　话：(0577)62517888
传　　真：(0577)62517999
主要产品：变压吸附制氧设备、医用氧设备

企业名称：浙江建德市梅城电化分析仪器厂
法人代表：宋雪华
地　　址：浙江建德梅城工业区
邮　　编：311604
电　　话：(0571)64141740
传　　真：(0571)64142512
主要产品：配套空分设备、变压吸附设备用气体分析仪

企业名称：瑞气空分设备有限公司
法人代表：陈孝通
地　　址：浙江温州市经济技术开发区33号小区
邮　　编：325011
电　　话：(0577)86531111
传　　真：(0577)86554210
主要产品：变压吸附分离制氮、制氧设备，膜分离制氮设备

企业名称：杭氧液空有限公司
法人代表：骏马伯乐
地　　址：杭州拱宸桥北三里洋
邮　　编：310015
电　　话：(0571)88171155
传　　真：(0571)88170109
主要产品：大型空分设备、填料塔

企业名称：长兴化工厂
法人代表：李矿明
地　　址：浙江长兴县青山路7号
邮　　编：313100
电　　话：(0572)6041046
传　　真：(0572)6022753
主要产品：变压吸附设备用吸附剂

企业名称：杭州川空通用设备有限公司
法人代表：吴志明
地　　址：余杭临平保障桥
邮　　编：311100
电　　话：(0571)86222971
传　　真：(0571)86242415
主要产品：小型空分设备、低温液体贮槽

企业名称：杭州制氧机集团有限公司
法人代表：许虎忠
地　　址：杭州市东新路90号
邮　　编：310004
电　　话：(0571)85372001
传　　真：(0571)85373857
主要产品：大中小型空分设备及配套机器，环保设备、变压吸附分离设备

企业名称：中国空分设备公司
法人代表：徐伟民
地　　址：杭州市东新路152号
邮　　编：310004
电　　话：(0571)85371161
传　　真：(0571)85372555
主要产品：空分设备成套工程招标

企业名称：烟台宝源净化有限公司
法人代表：于泽久
地　　址：烟台市高新技术开发区
邮　　编：264003
电　　话：(0535)6715579
传　　真：(0535)6715566
主要产品：空分设备、空调等配套用净化设备

企业名称：江西制氧机厂
法人代表：邹学文
地　　址：江西九江妙智
邮　　编：332008
电　　话：(0792)8903190
传　　真：(0792)8903200
主要产品：低温液体贮槽、槽车，液化气贮槽、槽车、液体泵

企业名称：开封空分集团有限公司
法人代表：曾建晟
地　　址：开封市公园路28号
邮　　编：475002
电　　话：(0378)2925977
传　　真：(0378)2921298
主要产品：大中小型空分设备及配套机器，冷链设备、污水处理设备，变压吸附分离设备

企业名称：四川空分设备(集团)有限责任公司
法人代表：单金铭
地　　址：四川简阳
邮　　编：641400
电　　话：(0832)7015522
传　　真：(0832)7015916
主要产品：大中小型空分设备及配套机器，天然气分离设备，低温液体贮槽、槽车

企业名称：自贡市机械一厂
法人代表：向朝益
地　　址：四川自贡市人民路48号
邮　　编：643010
电　　话：(0813)2203081
传　　真：(0813)2204442
主要产品：氢气、乙炔气压缩机，乙炔气瓶

企业名称：四川天一科技股份有限公司
法人代表：陈　健
地　　址：成都机场路，445信箱
邮　　编：610225
电　　话：(028)5881919
传　　真：(028)5881909
主要产品：变压吸附分离设备(H_2、O_2、N_2、CO_2等)

真空获得及应用设备

企业名称：北京仪器厂(集团)
法人代表：陶　梦
地　　址：北京市建国门外朗家园
邮　　编：100022
电　　话：(010)65936296
主要产品：真空泵、真空机组、真空镀膜机等

企业名称：首都航天机械公司工业电炉厂
法人代表：蒋中秋
地　　址：北京南苑三营门(北京34信箱)
邮　　编：100076
电　　话：(010)68380421
主要产品：真空炉

企业名称：北京电炉厂
法人代表：贾士贵
地　　址：北京市宣武区南菜园乙15号
邮　　编：100054
电　　话：(010)63264309
主要产品：真空炉

企业名称：电子部第十二研究所
法人代表：耿学清
地　　址：北京市朝阳区酒仙桥路13号
邮　　编：100016
电　　话：(010)64361731
主要产品：真空电子

企业名称：北京市四方特种油品厂
法人代表：李正元
地　　址：北京市通州区北关牛作坊300号
邮　　编：101100
电　　话：(010)69548922
主要产品：真空泵油

企业名称：北京中科科仪技术发展有限责任公司
法人代表：金鹤鸣
地　　址：北京市中关村(北京2724信箱)
邮　　编：100080

电　　话：(010)62565522
主要产品：真空泵、薄膜设备、检漏仪等

企业名称：承德市达优真空工程有限公司
法人代表：张学鹏
地　　址：河北承德市水泉沟路14号
邮　　编：067000
电　　话：(0314)2192384
主要产品：真空应用设备、真空获得设备

企业名称：沈阳真空技术研究所
法人代表：李孟春
地　　址：沈阳市沈河区万柳塘路2号
邮　　编：110042
电　　话：(024)24121929
主要产品：真空炉、真空镀膜机、电工干燥、浸渍设备等

企业名称：沈阳恒星实业有限公司
法人代表：孔立仁
地　　址：沈阳市东陵区南塔街129巷14号
邮　　编：110015
电　　话：(024)23893102
主要产品：真空泵、真空机组、真空镀膜机等

企业名称：沈中仪技术发展有限中心
法人代表：雷震霖
地　　址：沈阳市和平区三好街96号
邮　　编：110003
电　　话：(024)23893850
主要产品：真空泵、高真空机组等

企业名称：锦州真空设备制造总厂
法人代表：马铁明
地　　址：锦州市古塔区士英里74号
邮　　编：121000
电　　话：(0416)2328038
主要产品：真空泵、真空炉等

企业名称：抚顺真空设备有限公司
法人代表：杜英林
地　　址：抚顺市新抚区粮栈路29号
邮　　编：113008
电　　话：(0413)2634897
主要产品：真空泵、真空机组

企业名称：沈阳市真空机械三厂
法人代表：郭英占
地　　址：沈阳市新城子区道义乡
邮　　编：110135
电　　话：(024)89730491
主要产品：真空泵、真空机组、真空镀膜机等

企业名称：沈阳市真空泵厂
法人代表：栾胜泰
地　　址：沈阳市皇姑区崇山中路42－8号
邮　　编：110031
电　　话：(024)86844844
主要产品：真空泵

企业名称：沈阳蓝菱真空设备制造公司
法人代表：李世贵
地　　址：沈阳市皇姑区崇山东路鸭绿江街51－3号
邮　　编：110044
电　　话：(024)86897049
主要产品：真空泵、真空机组等

企业名称：辽阳北方真空设备厂
法人代表：郑定财
地　　址：辽宁辽阳市文圣区新兴街97号
邮　　编：111000
电　　话：(0419)2122584
主要产品：真空泵

企业名称：沈阳市三环真空技术研究所
法人代表：刘克俭
地　　址：沈阳市皇姑区珠江街90号
邮　　编：110036
电　　话：(024)86413284
主要产品：真空泵、太阳能集热管等

企业名称：大连第二公共汽车公司机械厂
法人代表：孙茂深
地　　址：大连市甘井子区华东路26号
邮　　编：116031
电　　话：(0411)6602405
主要产品：真空泵、真空机组

企业名称：辽阳射流真空设备厂
法人代表：李文中
地　　址：辽阳市太子河区石嘴子266号
邮　　编：111001
电　　话：(0419)3153052
主要产品：真空泵

企业名称：北票市真空设备有限公司
法人代表：高俊旺
地　　址：辽宁北票市桥北街东段37号
邮　　编：122100
电　　话：(0421)5832991
传　　真：(0421)5830477

主要产品：高、低真空阀门

企业名称：北票凯迪真空设备厂
法人代表：吴炜和
地　　址：辽宁北票市振兴街西段80号
邮　　编：122100
电　　话：(0421)5820169
主要产品：真空阀门

企业名称：沈阳真龙真空设备有限公司
法人代表：林　森
地　　址：沈阳市沈河区十一纬路119号
邮　　编：110014
电　　话：(024)22855860
主要产品：真空泵、真空机组

企业名称：上海真空泵厂
法人代表：潘铁宝
地　　址：上海市青浦县白鹤镇
邮　　编：201709
电　　话：(021)59741685
主要产品：真空泵、真空机组等

企业名称：上海曙光机械制造厂
法人代表：孙　凯
地　　址：上海市浦东南路2250号
邮　　编：200127
电　　话：(021)58896555
主要产品：真空泵、真空镀膜机等

企业名称：上海阀门二厂
法人代表：王维欣
地　　址：上海市沪青平公路1002号
邮　　编：201101
电　　话：(021)64207955
主要产品：真空阀门

企业名称：上海市通用机械技术研究所
法人代表：华小龙
地　　址：上海市长宁路113号
邮　　编：200042
电　　话：(021)2525570
主要产品：真空设备

企业名称：南京真空泵厂
法人代表：聂京祥
地　　址：南京市浦口区盘城宁扬路118号
邮　　编：210044
电　　话：(025)7011460
主要产品：真空泵

企业名称：上海惠丰真空设备技术有限公司
法人代表：惠进德
地　　址：上海市长宁区番禺路75弄1号1楼
邮　　编：200052
电　　话：(021)62479669
主要产品：真空泵油

企业名称：宁波爱发科真空技术有限公司
法人代表：徐　健
地　　址：宁波市大庆南路75号
邮　　编：315020
电　　话：(0574)7676679
主要产品：真空泵

企业名称：泰兴新型工业泵厂
法人代表：李冠喜
地　　址：江苏泰兴市根思路21号
邮　　编：225401
电　　话：(0523)7684442
主要产品：真空泵

企业名称：海门市轻工机械四厂
法人代表：杨庆辉
地　　址：江苏海门市江滨镇
邮　　编：226103
电　　话：(0513)2234018
主要产品：真空阀门

企业名称：上海汇翌特种真空润滑油厂
法人代表：刘建秀
地　　址：上海市政立路499号
邮　　编：200433
电　　话：(021)65102806
主要产品：真空泵油

企业名称：浙江真空设备集团有限公司
法人代表：王西龙
地　　址：浙江台州市椒江区轮渡路389号
邮　　编：318000
电　　话：(0576)8224051
主要产品：真空泵、真空机组、真空镀膜机等

企业名称：杭州真空设备厂
法人代表：李小鸣
地　　址：杭州市绍兴路161号
邮　　编：310004
电　　话：(0571)5372051
主要产品：真空泵、真空机组

企业名称：临海精工真空设备厂
法人代表：谭灵华
地　　址：浙江临海市大洋路
邮　　编：317000
电　　话：(0576)5114173
主要产品：真空泵

企业名称：温岭真空泵厂
法人代表：郭福东
地　　址：浙江温岭南泉工业区 A 区
邮　　编：317500
电　　话：(0576)6222522
主要产品：真空泵

企业名称：玉环真空泵厂
法人代表：郑达君
地　　址：浙江玉环县城中路 103 号
邮　　编：317600
电　　话：(0576)7224770
主要产品：真空泵

企业名称：台州市佳力真空设备有限公司
法人代表：陈顺法
地　　址：浙江台州市椒江区环城东路 7 号
邮　　编：317700
电　　话：(0576)8224430
主要产品：真空泵

企业名称：黄岩求精真空泵厂
法人代表：蔡根森
地　　址：浙江黄岩头陀镇
邮　　编：318026
电　　话：(0576)4998188
主要产品：真空泵

企业名称：温岭市石桥真空机械厂
法人代表：蒋招友
地　　址：浙江温岭市石桥头街大桥路 32 号
邮　　编：317515
电　　话：(0576)6288121
主要产品：真空泵

企业名称：台州环球真空设备厂
法人代表：赵计春
地　　址：浙江台州市椒江区机场路 36 号
邮　　编：318000
电　　话：(0576)8225902
主要产品：真空泵、真空机组

企业名称：淄博真空设备厂有限公司
法人代表：黄　毅
地　　址：山东淄博市博山区双山街 160 号
邮　　编：255200
电　　话：(0533)4181008
主要产品：真空泵、真空机组、真空干燥机等

企业名称：山东博山真空泵厂
法人代表：刘增禄
地　　址：山东淄博市博山区白塔镇
邮　　编：255202
电　　话：(0533)4682109
主要产品：真空泵

企业名称：衡阳市真空机电设备有限公司
法人代表：李云平
地　　址：湖南衡阳市蒸湘北路 50 号
邮　　编：421001
电　　话：(0734)8296082
主要产品：真空镀膜机

企业名称：广东真空设备厂股份有限公司
法人代表：冯其元
地　　址：广东肇庆市厂排街 1 巷 60 号
邮　　编：526020
电　　话：(0758)2825595
主要产品：真空泵、真空镀膜机、包装机等

企业名称：广东省佛山水泵厂有限公司
法人代表：陈汉祖
地　　址：广东佛山市河滨路 14 号
邮　　编：528000
电　　话：(0757)2816081
主要产品：真空泵、真空机组

企业名称：国投南光有限公司
法人代表：刘蜀伟
地　　址：四川成都市三官堂街 1 号
邮　　编：610062
电　　话：(028)4522862
主要产品：真空泵、真空镀膜机等

企业名称：成都仪器厂
法人代表：叶建重
地　　址：成都市人民中路三段三号
邮　　编：610031
电　　话：(028)6626211
主要产品：真空仪表

企业名称：成都正华电子仪器厂
法人代表：陈传新

地　　址：成都市多宝寺路 14 号
邮　　编：610051
电　　话：(028)4313964
主要产品：真空仪表

企业名称：成都瑞普电子仪器公司
法人代表：刘　平
地　　址：成都市高新技术开发区标准厂房 14A3
邮　　编：610041
电　　话：(028)5184552
主要产品：真空仪表

企业名称：自贡市大通真空设备制造有限公司
法人代表：杨跃伟
地　　址：四川自贡市大安区大冲头路 41 号
邮　　编：643010
电　　话：(0813)5106987
主要产品：真空泵

企业名称：兰州真空设备有限责任公司
法人代表：尚心德
地　　址：兰州市七里河区龚北路 29 号
邮　　编：730050
电　　话：(0931)2869011
主要产品：真空泵、真空炉、真空镀膜机等

企业名称：中国贵航集团贵阳黔江机械厂
法人代表：张　峰
地　　址：贵阳市小河经济开发区(22 信箱)
邮　　编：550009
电　　话：(0851)3833008
主要产品：真空炉

分离机械行业

企业名称：北京希达过滤技术开发公司
法人代表：胡成杰
地　　址：北京市海淀区羊坊店东路 9 号
邮　　编：100038
电　　话：(010)63965602
传　　真：(010)63965614
主要产品：各种液体过滤芯、过滤器、无电源自动软水控制器、反渗透装置等

企业名称：北京华昌丰机电技术开发中心
法人代表：刘智刚
地　　址：北京市房山区前朱各庄华四处
邮　　编：102400
电　　话：(010)81348066
传　　真：(010)69328425
主要产品：过滤器

企业名称：石家庄新生机械厂
法人代表：王腾飞
地　　址：石家庄市仓安路 218 号
邮　　编：050091
电　　话：(0311)3831916(总机)
传　　真：(0311)3826354
主要产品：三足式离心机、板框压滤机、厢式压滤机、真空过滤机

企业名称：辽阳制药机械股份有限公司
法人代表：吴利久
地　　址：辽阳市胜利路一段 2 号
邮　　编：111000
电　　话：(0491)2263474
传　　真：(0491)2262106
主要产品：三足式离心机、卧式螺旋卸料离心机、碟片分离机、淀粉离心机

企业名称：吉化集团机械有限公司
法人代表：李铁夫
地　　址：吉林市龙潭区遵义东路 9 号
邮　　编：132021
电　　话：(0432)3989481
传　　真：(0432)3037061
主要产品：卧式螺旋卸料离心机、卧式防爆刮刀卸料离心机、虹吸式刮刀离心机、过滤螺旋离心机

企业名称：上海化工机械厂
法人代表：陆来芳
地　　址：上海市翟溪路 1236 号
邮　　编：200023
电　　话：(021)63035970(总机)
传　　真：(021)56032194
主要产品：卧式刮刀离心机、上悬式重力卸料离心机、卧式螺旋卸料、沉降离心机、活塞推料离心机、转鼓真空过滤机、带式浓缩压榨脱水机

企业名称：上海离心机械研究所
法人代表：程国良
地　　址：上海市龙吴路 1590 号
邮　　编：200231
电　　话：(021)54096009(总机)
传　　真：(021)54096200
主要产品：高速管式离心机、生物离心机、卧式螺旋离心机、三足式离心机等

企业名称：上海石化机械制造有限公司
法人代表：孙荣根

地　　址：上海市金山石化经一路91号
邮　　编：200540
电　　话：(021)57943943－8229
传　　真：(021)57943544
主要产品：立式沉降离心机、真空过滤机、立式、卧式压榨机

企业名称：上海远东制药机械总厂
法人代表：陈沪生
地　　址：上海市浦东金桥金业路777号
邮　　编：201206
电　　话：(021)58995687
传　　真：(021)58991944
主要产品：三足式自动卸料离心机、吊袋式不锈钢离心机、夹套式、快开式压滤机

企业名称：锡山市分离机械厂
法人代表：吴中友
地　　址：江苏省锡山市厚桥镇
邮　　编：214106
电　　话：(0510)8721295
传　　真：(0510)8723259
主要产品：卧式螺旋沉降离心机、碟式分离机

企业名称：金华铁路机械厂
法人代表：楼斌良
地　　址：金华市工人路493号
邮　　编：321001
电　　话：(0579)2363102
传　　真：(0579)2363101
主要产品：LW系列卧式螺旋卸料离心机

企业名称：靖江市赛德力制药机械有限公司
法人代表：顾根生
地　　址：靖江柏木桥东首
邮　　编：214511
电　　话：(0523)4590259
传　　真：(0523)4590118
主要产品：三足式上卸料离心机，刮刀、吊袋卸料离心机，自动卸料离心机

企业名称：苏州优耐特机械制造有限公司
法人代表：王　进
地　　址：苏州市人民南路48号
邮　　编：215007
电　　话：(0512)5657075
传　　真：(0512)5656443
主要产品：卧式螺旋卸料沉降离心机、三足式离心机、离心卸料离心机、离心过滤机

企业名称：无锡通用机械厂有限公司
法人代表：顾红兵
地　　址：无锡市南长街706号
邮　　编：214023
电　　话：(0510)5754441
传　　真：(0510)5751892
主要产品：自动厢式压滤机、板框式压滤机、带式压滤机、带式浓缩一体化装置

企业名称：连云港化工机械厂
法人代表：史文鲁
地　　址：连云港市海州江化南路62号
邮　　编：222023
电　　话：(0518)5103604
传　　真：(0518)5103604
主要产品：三足式离心机等

企业名称：启东海鹰机电集团公司
法人代表：杨裕能
地　　址：江苏启东市人民西路1258号
邮　　编：226200
电　　话：(0513)3343038
传　　真：(0513)3318348
主要产品：管道过滤器系列、精细过滤器系列等

企业名称：张家港沪江离心机制造有限公司
法人代表：黄　平
地　　址：张家港市常阴沙农场红旗镇
邮　　编：215623
电　　话：(0520)8640886
传　　真：(0520)8640886
主要产品：三足式离心机

企业名称：江苏省化工机械研究所
法人代表：杨辉章
地　　址：南京市北京西路17号
邮　　编：210024
电　　话：(025)3318186
传　　真：(025)6634231
主要产品：开发、研制卧式螺旋离心机，沉降式分离机等

企业名称：南京绿洲机器厂
法人代表：孙　伟
地　　址：南京市中华门外新建
邮　　编：210039
电　　话：(025)6700476
传　　真：(025)6700352
主要产品：碟片分离机、卧式螺旋卸料离心机、船用机械

企业名称：杭州化工机械厂

法人代表：王初琛
地　　址：杭州市艮山西路405号
邮　　编：310004
电　　话：(0571)85192645
传　　真：(0571)85193523
主要产品：卧式刮刀离心机、带式压榨过滤机、带式真空过滤机、转鼓真空过滤机、翻盘式真空过滤机等

企业名称：杭州防腐设备有限公司
法人代表：贺仲宪
地　　址：杭州市莫干山路花园岗(汽车北站对面)
邮　　编：310011
电　　话：(0571)88193261
传　　真：(0571)88091216
主要产品：聚丙烯厢式压滤机、板框压滤机

企业名称：杭州轻机实业有限公司
法人代表：蔡伯春
地　　址：杭州市沈半路153号
邮　　编：310015
电　　话：(0571)88281374
传　　真：(0571)88281492
主要产品：精油分离机、植物油分离机、乳胶分离机、双级活塞推料离心机

企业名称：浙江建华集团压滤机公司
法人代表：黄荫堂
地　　址：杭州市沈半路2号
邮　　编：310015
电　　话：(0571)88029065
传　　真：(0571)88011506
主要产品：板框式、厢式、隔膜挤榨式压滤机、三足式离心机、翻斗真空过滤机

企业名称：浙江青田特种设备制造有限公司
法人代表：刘建宗
地　　址：浙江青田县温溪镇
邮　　编：323903
电　　话：(0578)6851565
传　　真：(0578)6855958
主要产品：卧式螺旋卸料离心机、卧式螺旋卸料过滤离心机、带式浓缩压榨脱水一体机

企业名称：杭州初阳压滤机有限公司
法人代表：沈玲美
地　　址：杭州市体育场路391号
邮　　编：310006
电　　话：(0571)85068006
传　　真：(0571)85068009
主要产品：全自动厢式压滤机

企业名称：杭州兴源过滤机有限公司
法人代表：朱兴源
地　　址：杭州市郊良渚镇
邮　　编：311113
电　　话：(0571)88777777
传　　真：(0571)88778255
主要产品：过滤机、压滤机、带式压榨过滤机

企业名称：合肥通用机械研究所分离机械室
法人代表：赵　扬
地　　址：合肥市长江西路888号
邮　　编：230031
电　　话：(0551)5312185
传　　真：(0551)5312185
主要产品：各类分离机械设备技术开发、产品标准编制

企业名称：安庆船用柴油机厂
法人代表：周鲁惠
地　　址：安庆市渡江路18号
邮　　编：246003
电　　话：(0556)5523720
传　　真：(0556)5516944
主要产品：淀粉分离机、胶乳分离机、大型过滤器、浓缩分离机

企业名称：蚌埠轻工制药机械总厂
法人代表：严继华
地　　址：蚌埠市前进路550号
邮　　编：233000
电　　话：(0552)4016228
传　　真：(0552)4014982
主要产品：三足式吊袋、重力、刮刀、自动等型式离心机、厢式压滤机

企业名称：高邮市通用过滤机厂
法人代表：金凤林
地　　址：高邮市横泾镇
邮　　编：225634
电　　话：(0514)4862204
传　　真：(0514)4862053
主要产品：板框压滤机、立式加压过滤机、无菌膜过滤装置

企业名称：中核总公司七二〇厂
法人代表：王用泽
地　　址：南昌市九〇一信箱(南昌大桥北头)
邮　　编：330101
电　　话：(0791)3701898

传　　真：(0791)3701720
主要产品：带式真空过滤机、压榨机板框压滤机等

企业名称：山东莱芜万利兴树脂有限公司
法人代表：陈玉文
地　　址：山东莱芜市凤城东大街111号
邮　　编：271100
电　　话：(0634)6212877
传　　真：(0634)6236488
主要产品：针刺无纺滤布、机织滤布等

企业名称：武汉晶科科技有限公司
法人代表：程祥林
地　　址：武汉市石乔口经济发展区古田二路北特一号
邮　　编：430034
电　　话：(027)83826573
传　　真：(027)83826406
主要产品：JK型激光负离子多功能过滤器

企业名称：湖南湘潭离心机厂
法人代表：李继良
地　　址：湖南省湘潭市易俗何
邮　　编：411228
电　　话：(0732)7881221
传　　真：(0732)7880281
主要产品：离心机、过滤机、分离机

企业名称：武汉三鑫自控设备有限公司
法人代表：陈育平
地　　址：武汉市武昌区中北路154号
邮　　编：430077
电　　话：(027)86774227
传　　真：(027)68774227
主要产品：双刃式全自动免清洗滤水器、全自动双筒式滤油器

企业名称：广东汕头市离心机厂
法人代表：黄建林
地　　址：汕头市潮汕路金园工业城9B1片
邮　　编：515064
电　　话：(0754)8101539
传　　真：(0754)8101539
主要产品：三足式离心机

企业名称：广州广重离心机制造公司
法人代表：李健航
地　　址：广州市海珠区工业大道122号
邮　　编：510252
电　　话：(020)84369817－2265
传　　真：(020)84369817－2269
主要产品：卧式刮刀离心机、上悬式重力卸料离心机、碟片分离机

企业名称：四川自贡市滤油机厂
法人代表：卢宗信
地　　址：自贡市贡井区艾叶街平康路20号
邮　　编：643020
电　　话：(0813)3100597
传　　真：(0813)3100597
主要产品：真空净油机、透平油过滤机、抗燃油净化机、滤油机、全自动滤水器

企业名称：重庆江北机械厂
法人代表：钟庆昭
地　　址：重庆市北碚区水土镇
邮　　编：400714
电　　话：(023)68230481(总机)
传　　真：(023)60230242
主要产品：卧式刮力离心机、卧式螺旋卸料沉降离心机、活塞推料离心机、三足式离心机、压滤机、过滤机

企业名称：陕西省汉中变压器有限公司
法人代表：钱为蓉
地　　址：陕西省汉中市天汉西路
邮　　编：723000
电　　话：(0916)2212841
传　　真：(0916)2212260
主要产品：JYJ系列真空净油机、CTCQ型汽轮机油真空净油机

企业名称：青海农牧机械制造有限公司
法人代表：白子明
地　　址：青海省西宁市祁连西路182号
邮　　编：810003
电　　话：(0971)5130176
传　　真：(0971)5131300
主要产品：电动、手动两用牛奶分离机、净乳机

干燥设备行业

企业名称：铁岭精工机械股份有限公司
法人代表：迟庆余
地　　址：辽宁省铁岭市银州区汇工街98号
邮　　编：112002
电　　话：(0410)1001511
传　　真：(0410)4563960
主要产品：各种规格管束干燥机、振动流化床干燥机，旋转快速闪蒸干燥机，液体蒸发浓缩干燥机，自动化物流仓储成套设备，谷物、水稻干燥机，种子加工处理生产线，精米加工机械

企业名称：**阿城市机械工业有限公司**
法人代表：李大伟
地　　址：黑龙江省阿城市艳川北大街 288 号
邮　　编：150300
电　　话：(0451)3722414

企业名称：**四川夹江燎原机械厂**
法人代表：吴朝凯
地　　址：四川省夹江县迎春东路 44 号
邮　　编：614100
电　　话：(0833)5661431

企业名称：**江苏天达干燥设备集团公司**
法人代表：刘江辉
地　　址：江苏省靖江市江平路 422 号
邮　　编：214501
电　　话：(0523)4834538

企业名称：**星轮高速机电设备制造公司**
法人代表：高中良
地　　址：江苏省靖江市城西桥南
邮　　编：214500
电　　话：(0523)4810595

企业名称：**江苏太仓工业搪瓷厂**
法人代表：钱吉圭
地　　址：江苏省太仓市城北东路 33 号
邮　　编：215400
电　　话：(0520)3522292

企业名称：**浙江龙泉双益有限公司**
法人代表：叶圣益
地　　址：浙江省龙泉市东路
邮　　编：323700
电　　话：(0578)7124765

企业名称：**成都望江干燥设备厂**
法人代表：龙海云
地　　址：四川省成都市外东下五桂桥
邮　　编：610063
电　　话：(028)4534957

企业名称：**山东天力干燥设备有限公司**
法人代表：史永春
地　　址：山东省济南市经十路东首科院路 19 号
邮　　编：250014
电　　话：(0531)2969899

企业名称：**武汉粮科院机械厂**
法人代表：徐昌洪
地　　址：湖北省武汉市开昌阜刀泉南路 3 号
邮　　编：430079
电　　话：(027)87802513

企业名称：**大连干燥设备厂**
法人代表：姜义军
地　　址：辽宁省大连市普兰店西海街 10 号
邮　　编：116200
电　　话：(0411)9690965

企业名称：**沈阳兴华干燥设备厂**
法人代表：胡　林
地　　址：沈阳市铁西区北三东路 12 号
邮　　编：110025
电　　话：(024)25863856

企业名称：**沈阳化工研究院**
法人代表：李　斌
地　　址：沈阳市沈辽东路
邮　　编：110021
电　　话：(024)25861925

企业名称：**常州明显干燥设备厂**
法人代表：缪丽娟
地　　址：江苏省常州市五角坊东村 15 号
邮　　编：213004
电　　话：(0519)8811996

企业名称：**杭州钱江食品机械厂**
法人代表：杜克庸
地　　址：浙江杭州市庆春门外三叉村秋浔路
邮　　编：310016
电　　话：(0571)6042825

企业名称：**承德输送集团公司**
法人代表：金鼎玉
地　　址：河北省承德市双塔山
邮　　编：067001
电　　话：(0314)4044591

企业名称：**大连理工大学**
法人代表：于才渊
地　　址：大连中山路 158 号理工大学化工学院
邮　　编：116012
电　　话：(0411)3631333－3260

企业名称：**吴县自立化工设备有限公司**
法人代表：马雪明
地　　址：江苏省苏州市吴县黄埭镇埭北西路

邮　　编：215143
电　　话：(0512)5482602

企业名称：沈阳真空技术研究所
法人代表：卞晓佳
地　　址：沈阳市沈河区万柳塘路2号
邮　　编：110042
电　　话：(024)24809925

企业名称：四川省农机研究设计院
法人代表：郭　骅
地　　址：四川省成都市二环路东西段牛沙便道
邮　　编：610066
电　　话：(028)4444201

企业名称：江苏连云港干燥设备厂
法人代表：马树奎
地　　址：江苏省连云港市海洲新建路10号
邮　　编：222023
电　　话：(0518)6530129

企业名称：表海食品机械厂
法人代表：白子明
地　　址：青海省西宁市祁连路97号
邮　　编：810003
电　　话：(0971)5132869

企业名称：浙江嘉兴电热器厂
法人代表：蒋少华
地　　址：浙江省嘉兴市新胜东外路1号
邮　　编：314015
电　　话：(0573)3400839

企业名称：浙江尔乐干燥设备厂
法人代表：王兴东
地　　址：浙江省温州市欧海经济开发区东方路29号
邮　　编：325014
电　　话：(0577)8710773

企业名称：上海新翔热风炉厂
法人代表：何雪龙
地　　址：上海市丰贤县胡桥镇
邮　　编：201417
电　　话：(021)57459263

企业名称：四川成都市农机研究所
法人代表：李雪阳
地　　址：四川省成都市外西清江中路二环路口
邮　　编：610073
电　　话：(028)7326206

企业名称：江苏江阴市南方干燥设备厂
法人代表：殷新宝
地　　址：江苏省江阴市云亭镇
邮　　编：214400
电　　话：(0510)6151034

企业名称：江苏武进干燥设备研究所
法人代表：顾阿兴
地　　址：江苏省常州市焦溪镇查家湾
邮　　编：213116
电　　话：(0519)8902333

企业名称：江苏无锡华东能源设备厂
地　　址：江苏省常州市无锡东北塘浦巷
邮　　编：214191
电　　话：(0510)3771964

企业名称：江苏海安轻工刀片机械厂
法人代表：丁维机
地　　址：江苏省海安县中坝北路23号
邮　　编：226600
电　　话：(0513)812731

企业名称：黑龙江省白桦清选机厂
法人代表：王　龙
地　　址：黑龙江省宝清县肇镇
邮　　编：155624
电　　话：(0454)5307938

企业名称：江苏靖江强力干燥设备厂
法人代表：夏德昌
地　　址：污蔑省靖江市新港
邮　　编：214513
电　　话：(0523)4211906

企业名称：上海市恒欣化工有限公司
法人代表：季炳奎
地　　址：上海市普蛇万灯路110号
邮　　编：200333
电　　话：(021)56613128

企业名称：浙江瑞安市化工设备厂
法人代表：刘德康
地　　址：浙江省瑞安市沿江西路291号
邮　　编：325200
电　　话：(0577)5623607

企业名称：浙江真空设备厂
法人代表：马荣法

地　　址：浙江省椒江市
邮　　编：317700
电　　话：(0576)8224051

企业名称：**广东真空设备厂**
法人代表：冯其元
地　　址：广东省肇庆市厂排街
邮　　编：526020
电　　话：(0758)2835572

企业名称：**安徽蚌埠烘干设备厂**
法人代表：吴之爱
地　　址：安徽省蚌埠市涂山路 642 号
邮　　编：233010
电　　话：(0552)4081722

企业名称：**浙江武义茶机制造总厂**
法人代表：季连祥
地　　址：浙江省武义县武阳镇琉路 10 号
邮　　编：3212200
电　　话：(0579)7641032

企业名称：**上海伟华干燥设备厂**
法人代表：徐子铭
地　　址：上海市浦东张家浜路 1 号
邮　　编：200122
电　　话：(021)63289112

企业名称：**新疆农垦科学院农机研究所**
法人代表：陈学庚
地　　址：新疆石河子市
邮　　编：832000
电　　话：2513274 - 5276

企业名称：**江苏无锡华庄散热器厂**
法人代表：陈金星
地　　址：江苏省锡山市华庄镇周潭桥
邮　　编：214133
电　　话：(0510)2300614

企业名称：**铁岭热源设备厂**
法人代表：袁德义
地　　址：辽宁省铁岭市银州区铁西英城子
邮　　编：112002
电　　话：(0410)4560338

企业名称：**辽宁省阜新热源设备厂**
法人代表：张元仲
地　　址：辽宁省阜新市四合路马家店大桥南侧
邮　　编：123000
电　　话：(0418)82980898

企业名称：**辽宁省开原立达集团公司**
法人代表：郭立春
地　　址：辽宁省开原市文化路经济开发区
邮　　编：112300
电　　话：(0410)3822807

企业名称：**宜兴市江南制冷干燥设备厂**
法人代表：杨技华
地　　址：江苏省宜兴市沪宜公路南漕镇
邮　　编：214217
电　　话：(0510)7851013

企业名称：**佳木斯北方机械制造厂**
法人代表：赵中兴
地　　址：黑龙江省佳木斯市友谊路西段 489 号
邮　　编：154004
电　　话：(0454)8556064

企业名称：**江苏江阴市干燥成套设备厂**
法人代表：李兴昌
地　　址：江苏省江阴市南闸镇
邮　　编：214405
电　　话：(0510)6181761

企业名称：**河北省保定机械电器研究所**
法人代表：王信田
地　　址：河北省保定市新北街 208 号
邮　　编：071000
电　　话：(0312)5063341

企业名称：**沈阳三友干燥设备厂**
法人代表：王德福
地　　址：沈阳市沈河区南一街 103 - 2 号
邮　　编：110014
电　　话：(024)22820398

企业名称：**江苏省东台市食品机械厂**
法人代表：何贤用
地　　址：江苏东台市港镇浪港路
邮　　编：224237
电　　话：(0515)5721474

企业名称：**重庆广厦干燥设备工程公司**
法人代表：徐泽民
地　　址：重庆市渝北区两路镇双凤路 128 号
邮　　编：401120
电　　话：(023)67823244

企业名称：自贡雷鸣机械制造公司
法人代表：雷建国
地　　址：四川自贡市大安区凉高山李产路13号
邮　　编：643012
电　　话：(0813)5806004

企业名称：上海金桥喷雾干燥成套设备厂
法人代表：姜志华
地　　址：上海浦东金桥金明路368号
邮　　编：201206
电　　话：(021)58545772

企业名称：锡山市益达干燥设备厂
法人代表：吴建新
地　　址：锡山市前洲镇前洲村
邮　　编：214181
电　　话：(0510)3399550

企业名称：江苏常州市振兴干燥设备厂
法人代表：张才虎
地　　址：武进县焦溪镇三河口泥沙工业区
邮　　编：213115
电　　话：(0519)8675284

企业名称：浙江工业大学化工技术与装备研究所
法人代表：吴添祖
地　　址：杭州市朝晖六区
邮　　编：310032
电　　话：(0571)8320627

企业名称：福州三发发干燥设备有限公司
法人代表：裴通晓
地　　址：福州市金山开发区金塘路
邮　　编：350002
电　　话：(0591)3749168

企业名称：江苏省范群干燥设备厂
法人代表：范炳喜
地　　址：江苏省武进市三河口镇东
邮　　编：213115
电　　话：(0519)8677668

企业名称：江苏省常州市长江干燥设备厂
法人代表：查一统
地　　址：常州市焦溪镇工业开发区
邮　　编：213116
电　　话：(0519)8901888

减变速机行业

企业名称：天津减速机总厂
法人代表：李　红
地　　址：天津市河东区程林庄路8号
邮　　编：300160
电　　话：(022)24328924
传　　真：(022)24328568
主要产品：行星摆线针轮减速机，JZQ圆柱齿轮减速器，XMB行星摩擦式无级变速机，XJL行星齿轮减速机，各式电动滚筒，ZQ型圆柱齿轮减速机，自动扶梯曳引机，圆弧齿圆柱蜗杆减速机。

企业名称：沈阳协同减速机制造有限公司
法人代表：王家恒
地　　址：沈阳市大东区辽沈二街6号
邮　　编：110044
电　　话：(024)88120241
传　　真：(024)88118688

企业名称：黑龙江省洪武实业有限公司萝北减速机厂
法人代表：周洪武
地　　址：黑龙江省萝北县风翔大街110号
邮　　编：154201
电　　话：(0468)6822459
传　　真：(0468)6823795
主要产品：(1)X系列行星摆线针轮减速机(2)JZQ系列齿轮减速器(3)GL—P型锅炉排减速器(4)风冷式摆线电动滚筒

企业名称：上海减速机械厂
法人代表：杨俊龙
地　　址：上海长寿路19号
邮　　编：200060
电　　话：(021)62668870
传　　真：(021)62661941
主要产品：于纺织、印染、轻工食品、冶金矿山、石油化工、起重运输及工程机械等领域中的摆线针轮减速机及装置，各种低压阀门，“环球牌”摆线针轮减速机是采用行星式传动原理及摆线针齿啮合的新颖传动机械

企业名称：常州减速机总厂
法人代表：马岳明
地　　址：江苏常州西郊隔湖
邮　　编：213149
电　　话：(0519)6361256
传　　真：(0519)6361355
主要产品：B系列、X系列摆线减速机，ZLYJ、BJ系列塑料挤出机专用减速机，SW系列水泥机械专用减速机，ZDY、ZLY和ZSY硬齿面减速机，ZLYD转刷式曝气机减速机，机架

企业名称：江苏泰隆减速机股份有限公司
法人代表：殷根章
地　　址：江苏泰兴市大庆东路88号
邮　　编：225400
电　　话：(0523)7668005
传　　真：(0523)7665426
主要产品：摆线针轮减速机，圆柱齿轮减速器，中硬齿面减速机，蜗轮蜗杆减速机，电动滚筒，二次包络蜗杆减速机，行星齿轮减速机，圆弧蜗杆减速机，罗茨风机等

企业名称：江苏鸿泰集团泰州市琼花传动机械总厂
法人代表：周德才
地　　址：泰州市高港区野徐镇
邮　　编：225326
电　　话：(0523)6131722
传　　真：(0523)6131724
主要产品：摆线针轮减速机系列，圆柱齿轮减速机系列，蜗轮蜗杆减速机系列，电动滚筒系列，数控加工中心，高精工轴承等

企业名称：江苏省泰兴减速机厂(集团)
法人代表：张国林
地　　址：江苏省泰兴市姚王镇
邮　　编：225402
电　　话：(0523)7635681
传　　真：(0523)7635683
主要产品：TA系列齿轮减速器，TC系列轴装式齿轮减速器，BW(BL)系列摆线针轮减速机，ZDY、ZLY、ZSY系列硬齿面圆柱齿轮减速器，DBY、DCY系列圆锥圆柱齿轮减速器，TX、NGW型行星齿轮减速器，QJ、ZQA系列起重机减速器，油冷式电动滚筒等

企业名称：无锡市明友机电工业有限公司
法人代表：杜庆明
地　　址：江苏省无锡市江阴璜土镇
邮　　编：214445
电　　话：(0510)6651061
传　　真：(0510)6051520
主要产品：摆线针轮减速机，蜗轮减速机，电动机

企业名称：无锡中策太湖化工机械有限公司
法人代表：金为民
地　　址：江苏省无锡市江海西路东汀路1号
邮　　编：214046
电　　话：(0510)3115849
传　　真：(0510)3102160
主要产品：专业生产摆线针轮减速机，各类机架及化工搅拌装置

企业名称：苏州优耐特机械制造有限公司
法人代表：王　进
地　　址：苏州市人民南路48号
邮　　编：215007
电　　话：(0512)7536817
传　　真：(0512)5656443
主要产品：摆线减速机、化工设备

企业名称：宁波市摆线减速机厂
法人代表：蔡月光
地　　址：宁波市江北区市桥北街
邮　　编：315032
电　　话：(0574)87560000
传　　真：(0574)87584427
主要产品：一、X、B系列摆线针轮减速机功率0.12—45kW、减速比9—7569 二、MB机械无级变速机　功率0.18—7.5kW 三、蜗轮蜗杆减速机功率0.18—22kW

企业名称：浙江博能传动有限公司
法人代表：林智昊
地　　址：浙江省永嘉县瓯北镇西岸工业区
邮　　编：325102
电　　话：(0577)67358360
传　　真：(0577)67355768
主要产品：斜齿轮减速机、伞齿轮减速机、无级变速机、蜗轮减速机

企业名称：浙江省永嘉微型减速器厂
法人代表：金纯尧
地　　址：温州市瓯北镇墙北街10号
邮　　编：325102
电　　话：(0577)67362622
传　　真：(0577)67355249
主要产品：WB系列微型摆线针轮减速器，MB系列机械无级变速器，WJ系列中空轴型蜗轮减速器，X，B系列摆线减速器。

企业名称：永嘉县飞龙减速机厂
法人代表：李文兴
地　　址：温州瓯北罗浮沿河路16号
邮　　编：325102
电　　话：(0577)67330088
传　　真：(0577)67321906
主要产品：WB、X系列摆线针轮减速机，B系列减速机，为开拓更为广阔的市场，近期企业又推出MB系列无级机和组合型系列减变速机。

企业名称：宁波宁星减速机有限公司

法人代表：岑周瑜
地　　址：浙江慈溪市逍林镇
邮　　编：315321
电　　话：(0574)63501736
传　　真：(0574)63501736
主要产品：摆线针轮减速机 ZL(W)D1#—8#，功率0.25kW—18.5kW，速比齐全，输出转速以0.3转/分—223转/分的宁星牌减速机

企业名称：浙江午马变速机械有限公司
法人代表：吕锦弟
地　　址：浙江省温州市蒲州第三工业区
邮　　编：325011
电　　话：(0577)86527111
传　　真：(0577)86527090
主要产品：MB、MBN行星锥盘无级变速机；RV、WVF系列蜗杆减速机；T、R系列同轴式硬齿面圆柱齿轮减速机；S系列齿轮—蜗杆减速机；X、B系列摆线针轮减速机；Wb系列微型摆线减速机

企业名称：浙江变速电机有限公司
法人代表：吴恩珍
地　　址：浙江省温州市瓯北塘头工业区
邮　　编：325102
电　　话：(0577)67353353
传　　真：(0577)67351353
主要产品：MB系列无级变速机，X系列摆线针轮减速机，WB微型摆线减速机，YEJ电磁制动电动机，YCT电磁调整电动机，FD机械调速电动机，TJ型油浸式电动滚筒等调速机电设备。

企业名称：永嘉县减速机二厂
法人代表：柯树炎
地　　址：浙江省永嘉县瓯北镇西岸工业区
邮　　编：325102
电　　话：(0577)67352096
传　　真：(0577)67358291
主要产品：用于各种传动机械中的WB、X、B型摆线针轮减速机

企业名称：永嘉县减速机厂
法人代表：林庆灯
地　　址：永嘉县瓯北镇三桥工业园区
邮　　编：325102
电　　话：(0577)67332267
传　　真：(0577)67334793
主要产品：X、B、BJ系列摆线针轮减速机

企业名称：温州三联集团有限公司
法人代表：王庆忠
地　　址：浙江省平阳县敖江大道390号
邮　　编：325401
电　　话：(0577)63632128
传　　真：(0577)63638650
主要产品：针轮摆线减速机，无级变速器，硬齿面轴装式减速机，三环减速机，双输出轴减速机，少齿差减速机，蜗轮蜗杆提升机

企业名称：永嘉县浙南减速机厂
法人代表：林晋辉
地　　址：浙江永嘉瓯北镇张堡工业区
邮　　编：325105
电　　话：(0577)67314215
传　　真：(0577)67314217
主要产品：摆线针轮减速机X、B系列功率：0.37—75kW速比：9—5133，WB微型摆线减速机WB系列，功率0.04—2.2kW速比：9—4189

企业名称：浙江通力变速机械有限公司
法人代表：项建忠
地　　址：浙江省瑞安市林通力大道
邮　　编：325207
电　　话：(0577)65590088
传　　真：(0577)65590138
主要产品：1.MB系列转臂行星无级变速机；2.S系列蜗轮蜗杆减速机；3.R系列斜齿轮硬齿面减速机；4.K系列螺旋伞齿轮减速机；5.F系列平行轴斜齿轮减速机

企业名称：杭州减速机厂
法人代表：高福根
地　　址：浙江省肖山市头蓬镇
邮　　编：311226
电　　话：(0571)82607288
传　　真：(0571)82581044
主要产品：各种蜗轮减速机，摆线减速机，齿轮减速机

企业名称：江南减速机厂
法人代表：叶少华
地　　址：温州市鹿城高新技术产业园区
邮　　编：325028
电　　话：(0577)68710094
传　　真：(0577)68626587
主要产品：摆线减速机、化工设备

企业名称：浙江省永嘉展拓机械有限公司
法人代表：苏胜妙
地　　址：永嘉县瓯北镇深河路1—3号
邮　　编：325102
电　　话：(0577)67332029

传　　真：(0577)67331355
主要产品：摆线减速机，无级变速机，抱索器

企业名称：山东省淄博市博山奥博机械厂
法人代表：徐其国
地　　址：山东淄博博山五岭路48号
邮　　编：255200
电　　话：(0533)4151498
传　　真：(0533)4155669
主要产品：摆线针轮减速机，齿轮减速机，蜗轮减速机，JWB系列无级变速器，以及YCT、YCJ系列减速电机

企业名称：广东江门电机股份有限公司
法人代表：张励泉
地　　址：广东省江门市紫坭路41号
邮　　编：529020
电　　话：(0750)3333556
传　　真：(0750)33332554
主要产品：Y系列及Y_2系列电动机，JXJ、XJ系列摆线针轮减速电动机。YCT系列电磁调速电动机，JP_2系列磨光电动机，YD系列多速电动机，YTD系列电梯电动机，LFM系列工业用脱水机电机，SG系列管道泵

企业名称：西安市减速机厂
法人代表：李汉录
地　　址：西安市南郊草场坡甲字50号
邮　　编：710061
电　　话：(029)5251460
传　　真：(029)5251911
主要产品：摆线针轮减速机，齿轮减速机，蜗轮减速机

企业名称：兰州减速机厂
法人代表：刘　勇
地　　址：兰州市城关区天水路80号
邮　　编：730000
电　　话：(0931)8618771
传　　真：(0931)8618094
主要产品：摆线针轮减速机，轴装式行星摆线针轮减速机，锥面包络蜗轮蜗杆减速机，链条炉排减速机，锅炉辅机，拉拔设备，非标准减变速传动装置

(上接476页)

会上，由三届常务副理事长、北京第一通用机械厂厂长崔程久致开幕词，中国通用机械工业协会秘书长张雨豹到会讲话，肯定了压协三届理事会和秘书处四年来的工作成绩，通报了国家机械局机构改革的进展情况，对做好协会工作提出了希望和要求。金光根理事长代表第三届理事会向第四次会员大会作了总结报告；三届常务副秘书长贺汝桢作了四年财务收支情况报告；三届副理事长、广州空气压缩机厂厂长谢世华作了关于修改协会《章程》、《组织工作条例》和《经费管理办法》三个文件的说明；三届副理事长、上海东方压缩机厂厂长盛伟中作了关于推荐第四届理事会组成单位的建议说明；三届副理事长、上海压缩机有限公司总经理周惠民主持，采取无记名投票的方式选举产生了压协第四届理事会及33个理事单位，并召开了四届一次会议，作了理事分工。选举结束后进行经验交流，有数十个单位代表在大会上作了发言。介绍了该企业体制改革、调整产品结构，狠抓产品质量，实现扭亏解困、增加经济效益的经验。西安交大郁永章教授还就国外压缩机企业的生产经营方式、各类压缩机的发展趋势、市场变化情况作了专题讲座。

最后，新任副理事长、南京压缩机股份有限公司总经理李培生作了会议总结，新任理事长沈阳气体压缩机股份有限公司金光根致闭幕词，并一致通过了会议纪要：

一、同意压协三届理事会所做的四年工作总结；

二、同意修改后的协会《章程》、《组织工作条例》和《经费管理办法》三个文件；

三、同意秘书处的4年财务收支情况报告；

四、决定组织会员单位参加2001年9月在上海举办的“中国国际流体机械展览会”。

重庆江北机械厂于2000年11月通过由四川巴蜀质量认证中心关于ISO9001质量体系认证。2000年12月，通过由国家技术监督局对D型离心机质量抽查，全部参数均达到合格标准。2000年还获得重庆市“重合同守信用”荣誉称号。

无锡通用机械厂于2000年11月通过由上海SAC质量认证中心关于ISO9001质量认证体系的复审，结论为合格。2000年机械工业环保机械产品质量监督检测中心对FH12固液分离机进行抽查，结论为合格。

行业协会作为协办和支持单位，于11月组织会员单位参展由上海技术市场主办的第一届中国国际过滤材料研讨会暨展览会。

12月

4日　开封空分集团有限公司“40000m^3/h大型空分设备国产化技改项目”列入2000年国家重点技术改造项目计划。

7～11日　中国通用机械工业协会在重庆召开了第三

届理事会第三次全体会议。隋永滨理事长在会上做了“继往开来，振兴通用机械行业”的工作报告，对第三届理事会成立四年来中通协的工作进行全面总结；分析了当前协会工作存在的问题；对今后加强协会工作提出了设想和建议。会议讨论通过了“中国通用机械工业协会展览工作规划”。会议讨论通过了“2001年中国国际流体机械展览会”前期工作总结、展览会举办方案、下一步工作计划并做了参展动员。会议讨论通过了“中国通用机械工业协会第四届理事会”换届方案。

14～16日中国通用机械工业协会在厦门召开“秘书长工作会议暨财务工作会议”。会议讨论审议和审定了九个行业分会及中通协秘书处2000年工作总结、2001年工作计划，并对2001年的重点工作做了布置。为加强整个通协内部的财务管理，会议研究分析了《关于行业分会财务管理办法》的执行情况、学习了新的《会计法》，研究制定了《行业分会财务管理办法实施细则》。

15～18日　在海南省海口市召开了风协第四届理事会第二次会议，有18个单位25名代表出席了会议。会议由秘书长徐常武同志主持。沈阳鼓风机厂邓常辉副厂长代表理事长苏永强同志参加会议并讲了话，名誉理事长梁铁山同志出席了会议。会议传达了中通协第三届理事会第三次会议精神；总结了风协2000年工作，制定了2001年工作要点；汇报了会费收缴情况；讨论了对不能履行会员义务，不按时交纳会费的单位除名问题。讨论吸收了沈阳市通风机厂、沈阳川益集团公司、营口市鼓风机厂、鞍山市风机二厂、北京当代复合材料有限公司、西安凯瑟通风设备有限公司、山东省德州市玻璃钢制品总厂、德州巨龙风机有限公司、长沙华南风机制造总厂、贵阳风机厂等10个单位为风协第八批新会员；会议介绍了中国风机网情况、介绍了2001年中国国际流体机械展览会及机械工业图文集（风机卷）的有关工作。

26日　邯郸制氧机厂取得国家技术监督局颁发的AR_1级新压力容器制造许可证。

27日　国家经贸委经贸产（2000）1238号文正式批复同意杭州制氧机集团有限公司实施债转股。实施债转股以后，公司向工商银行借入的1.35亿元贷款全部转为华融公司在杭氧的股权。

28日　开封空分集团有限公司“开封中环环保工程有限公司”董事会成立，并召开第一次股东会议及第一次董事会，付光超任董事长。

苏州制氧机有限责任公司研制的低温液体罐式集装箱获2000年国家级新产品。

2000年兰州真空设备有限责任公司进行了人员调整，尚心德出任董事长，彭平出任总经理。

2000年因工作调动浙江真空设备集团有限公司曹羽不再担任董事长职务，由王西龙出任董事长兼总经理。

在分离机械协会的努力下，分别于2000年1月、4月、9月成立组建新一届行业统计信息工作委员会、财务价格工作委员会和技术工作委员会，并分别拟订了3个工作委员会工作条例、产品价格自律条约和工作计划，并公布3个工作委员会成员名单。

蚌埠轻工制药机械总厂于2000年12月被蚌埠市政府授予“中小型科技企业”的荣誉称号。

南京绿洲机器厂于2000年通过ISO9000的2000年版转换工作，复审结论为合格。同时经国家商标局注册的“绿洲牌”碟式，卧螺式离心机通过由南京市质量监督局的质量抽查，结论为合格，并于当年被南京市人民政府命名为南京市名牌产品。

吉化集团机械有限责任公司，于2000年由原吉化公司机械厂转制而成，顺利完成了职工入股工作，公司现有美国工程师协会颁发的U和U_2设计制造许可证，2000年通过ISO9001质量体系监督检查，结论为合格。